기업가정신과 창업

성공적인 출발부터 성장까지

Entrepreneurship *Successfully Launching New Ventures* 6th Edition

기업가정신과 창업

성공적인 출발부터 성장까지

Bruce R. Barringer · R. Duane Ireland 지음

박선영 · 최자영 · 김창완 · 김경환 · 김용범 · 김민서 옮김

Pearson Education South Asia Pte Ltd
63 Chulia St
#15-01
Singapore 049514

Pearson Education offices in Asia: *Bangkok, Beijing, Ho Chi Minh City, Hong Kong, Jakarta, Kuala Lumpur, Manila, Seoul, Singapore, Taipei, Tokyo*

3 2 1
26 25 24

Cover Image: Victor Baro/Shutterstock

발행일: 2024년 2월 22일
공급처: 한빛아카데미㈜(02–336–7112/question@hanbit.co.kr)
ISBN: 978–981–3350–11–3(93320)
가격: 38,000원

http://pearson.com/asia

역자 서문

매년 미국 라스베이거스에서 열리는 CES 2024에서 국내 벤처 및 창업기업 116개 사가 CES 혁신상을 수상했다. 미국 소비자기술협회가 세계를 선도할 혁신 기술과 제품에 수여하는 상인 CES 최고 혁신상(Best Innovation Award)은 27개 사에 수여되었다. 이 중에서 국내 8개 기업이 수상했고 7개 사가 벤처창업기업이었다. 국내 수상 기업의 86.6%에 해당하는 기업이 벤처창업기업이며 창업기업의 업력이 7년 이내인 경우가 97개 사(72.4%)인 것은 실로 놀라움을 금할 수 없다.

또한 우리나라의 2023년 GDP는 1조 8,102억 달러(국내총생산 기준)로 국가경쟁력 순위에서 10위를 차지했다. 또한 글로벌혁신지수(Global Innovation Index)를 기반으로 한 국가혁신지수 역시 2022년 6위, 2023년 10위를 차지함으로써 세계 속의 대한민국의 위상과 국력이 날로 증가하고 있다. 특히 2022년 81개 지표 중 7개 부문 지표에서 1위를 차지했는데, 이는 국내총생산 대비 특허 출원, GDP 대비 국제특허 PCT 출원, GDP 대비 디자인 출원, 인구 대비 연구원의 수, 인구 대비 기업연구원의 수, 정부 온라인 서비스, 전자정부 온라인 참여 부분이었다. 이 중 특허 출원, PCT 국제특허 출원, 지식재산의 디자인 출원은 혁신과 관련된 창업 및 기업가정신과 밀접한 관련이 있다.

이와 같이 대한민국의 위상이 날로 증가하고 있는 것은 바로 혁신 및 기업가정신, 도전과 창의성을 중심으로 한 벤처 및 창업기업의 성과에 기인한다고 여겨진다. 창업 및 벤처기업의 육성과 성장은 국가경쟁력과 직결된다. 국내 벤처기업협회(KOVA) 홈페이지에서 확인된 벤처기업의 국내총생산 성장 기여도를 보면 2014년에 35%였으며 2025년에는 50%를 예상하고 있다. 이를 위해 일자리 창출 300만 개, 해외 진출 벤처기업 비중 70% 달성을 목표로 하고 있다. 1995년 12월 벤처기업협회가 설립된 이후 벤처기업 및 창업을 장려하기 위한 특별법의 도입이 제안되어 벤처기업육성에 관한 특별조치법(이하 벤처기업특별법)이 1997년 10월 1일자로 시행되었다. 이와 같이 대한민국 정부가 창업 및 중소기업의 성장 모토가 되는 법률 제정을 시작한 이후 2000년 초반에 1차 벤처 붐이 일었으며, 2020년 전후로 제2의 벤처 붐을 다시 맞이했다.

국내 벤처기업의 수를 보면 1998년 2,042개, 2022년에는 3만 5,123개로 약 17배 증가했으며, 현재까지 일관성 있게 창업과 혁신을 주도하는 정책이 꾸준히 이루어지고 있어 대한민국은 명실공히 창업국가, 창업대국이다. 벤처기업의 정의는 나라마다 상이하나, 대체로 신기술 창업을 의미한다. 이 신기술 창업은 국부 창출의 원동력으로 간주되고 있으며, 많은 창업기업이 벤처기업, 중소기업, 중견기업으로 성장하기 때문에 최근에는 창업 및 벤처기업의 수가 국가경쟁력지수로도 쓰인다. 이뿐만 아니라 2023년 12월 말 현재 기술 우위 경쟁력을 확보한 이노비즈 기업의 수는 22,383개나 된다. 2023년 1,000억 매출 벤처기업 869개 사, 2년 연속 1,000억 매출 기업 569개 사, 이 중 매출 1,000억을 넘는 슈퍼가젤형 기업도 82개 사나 되어 국내 창업 생태계는 진정한 질적·양적 성장을 이루면서 또 다른 고도 성장기를 맞고 있다.

국내 창업학의 학문적인 역사는 20년이 넘었다. 과학기술정보통신부(과거 교육부)로부터 Brain Korea(BK) 교육사업인 인재 양성 국가 프로젝트의 일환으로 2002년 벤처창업사업단이 시작되면서 창업 교과목이 대학에 본격적으로 도입되기 시작했다. 창업학 및 벤처창업학의 역사가 정식으로 시작된 2000년대 초반 이후 대학원 수업으로 창업 교과목 개설이 시작되었고, 현재는 대다수의 국내 대학에서 수많은 창업교육자, 창업학자가 배출되고 있다.

본인은 BK사업단의 벤처창업전문대학원 국내 1호 주임교수로 시작해, 중소벤처기업부와 함께 창업대학원을 기획하며 경험한 것을 토대로 지난 23년간 국내에서 수많은 제자를 배출하고 후배 교수들도 이끌어온 바 있다. 창업대학원을 정식으로 시작하기에 앞서 시범교육사업의 일환으로 2002년 EIP(Entrepreneurship Intensive Program)의 주임교수로 다양한 교재를 만들었고, 강의자들을 초빙해 공동수업과 연구를 하면서 중소벤처기업부가 주관하는 창업전문대학원으로의 발판을 마련한 바 있다. 이런 과정에서 제공된 교과목들이 과연 적합한지, 다양한 교과목이 어떻게 수업과 실습 등을 거쳐 검증될 수 있는지, 수강생들의 호응 및 반응은 어떠한지, 과연 창업 수업이 실사구시 학풍으로 이론적·학문적 정당성 및 실무적 시사점과 시장에서의 적합도를 도출해낼 수 있는지를 각각 검증하는 시간과 경험을 가졌다. 국내 최초 국가 프로젝트의 일환으로 진행된 창업 수업인바, 대학원 수강자의 대부분은 대기업, 중소 중견기업, 연구소 등에서 조기 은퇴했거나 재직 시 사내기업 창업, 연구소 창업 등에 대한 열망과 의욕이 높은 분들이었고, 이들 중 적지 않은 수강생들이 석박사학위를 소지하고 있었을 정도였다. 바야흐로 그때로부터 20년이 지난 현재 창업 및 혁신 연구는 시중에서 지식재산과 같이 축적된 부로 여겨질 만큼 창업학회, 벤처창업학회, 중소기업학회, 경영학회, 경영교육학회, 기술경영경제학회 등에서 매우 중요한 학문 영역의 축을 이루어가고 있다.

이와 같이 국내에서도 창업 연구와 창업 교과목을 통해 학부생, 대학원생, 일반인들도 많은 경험과 지식을 습득하게 되었고, 다양한 창업 교재가 이미 국내에서 출판되었다. 그럼에도 불구하고 창업 및 기업가정신을 가르치고 있는 한국창업학회의 대표 교수들은 보다 우수한 창업 교재를 제공해야 한다는 사명감으로 한자리에 모였으며, 세계적인 대학교재 전문 출판사인 Pearson이 출간한 Barringer, Ireland 교수의 교재 《Entrepreneurship: Successfully Launching New Ventures》 제6판을 번역하게 되었다. 이 교재의 주된 내용은 창업과 기업가정신이며, 기업가정신의 중요성뿐만 아니라 실무적 차원에서 깊고 넓은 경험을 하신 이론과 실무를 동시에 가르치는 창업 분야 최고의 교수님들을 모시고 이 교재를 번역하게 되었다.

《기업가정신과 창업: 성공적인 출발부터 성장까지》 번역진의 강점은 첫째, 창업 관련 이론과 실무 지식을 모두 보유하고 있고, 둘째, 창업과 관련된 다양한 강의 및 오랜 경험을 활용한 실무적 강의 능력을 갖추고 있으며, 셋째, 학회 활동과 동시에 정부(중소벤처기업부)의 정책 입안 등 다차원에서 창업을 연구하고 가르쳐온 경력을 보유하고 있다는 점이다. 한마디로 번역진은 이 책을 성공적으로 론칭할 수 있을 뿐만 아니라 전체 내용과 관련된 강의 콘텐츠를 가장 효과적으로 가르쳐온 교수들이기 때문에 이 번역서의 집필에 참여하게 되었다.

이 창업 교재는 창업과 혁신을 기반으로 이론 및 관련 실무를 터득할 수 있도록 구성된바, 향후 지속 가능한 창업 생태계를 이루는 데 있어 반드시 필요한 창업 인재 양성에 매우 유용한 교재가 될 것으로 확신한다. 창업 교육가, 창업 희망자, 창업 실무자, 학부생, 대학원생, 창업보육센터 종사자, 대기업 사내 창업 관련자, 연구소 창업을 이해해야 하는 정부 및 공공 행정가 등 다양한 영역의 사람들에게 도움이 되기를 희망한다.

일감호를 바라보면서
역자 대표 박선영

저자 서문

제6판의 새로운 내용

제6판은 완전히 새롭게 개정되었다. 각 장에서는 독자에게 기업가정신뿐만 아니라 현재 진행 중인 기업가정신 및 기업가정신의 현황에 대한 일례들을 더해 창업 및 기업가정신에 대한 기초적인 이해와 통찰력을 제공한다. 기업가정신을 설명하기 위해 학술 문헌과 실무적 차원의 경험들로부터 얻어낸 통찰력을 모두 사용하며, 창업가뿐만 아니라 현재 비즈니스를 잘 이끌어가고 있는 기업가로부터 동일한 통찰력을 이끌어내서 활용한다. 이와 같은 통찰력은 기업가가 사용하는 수많은 정보 원천, 즉 팟캐스트, 블로그, 신문, 회사 웹사이트 등을 포함한 다양한 출처뿐 아니라 《Wall Street Journal》, 《Fortune》과 같은 인기 잡지 및 간행물 등을 총망라한다. 이뿐만 아니라 학술 문헌 등을 활용해 연구자들이 성공한 창업가와 창업기업을 통해 배우게 된 것들을 정확하게 최신 설명과 함께 곁들여서 제공하고자 했다.

제6판에서 새로워진 내용은 다음과 같이 다섯 가지로 요약할 수 있다.

첫째, 서문 사례를 갱신했다.

각 장에서 기업가정신을 가지고 있는 창업기업에 관한 정보를 제공하며, 대학 때 창업을 했거나 졸업 즉시 곧바로 창업한 기업의 창업자에 관한 정보를 볼 수 있다. 15개 장 모두 서문 사례가 제공되어 창업가의 개별 인터뷰 등을 간략하게 볼 수 있다.

둘째, 특집의 내용을 새롭게 선보였다.

세 가지 특집의 내용이 새롭게 바뀌었다. '영리한 창업기업'은 창업 상식에 대한 내용을 다루고 있으며, '성공을 위한 파트너십'은 기업이 성공하기 위해 실행하는 파트너십에 관한 내용이며, '무엇이 잘못됐는가?'는 기업의 어떤 점이 잘못되어 실패했는지에 관해 다룬다. 이러한 구성의 특집을 통해 독자는 창업가가 직면하게 될 최신 이슈를 눈여겨볼 수 있다. 또한 각 특집은 창업가가 직면한 다양한 문제를 처리하기 위해 취할 수 있는 여러 가지 해법을 제안하기도 한다.

셋째, 각 장 마지막의 사례를 새롭게 추가하고 갱신했다.

대부분의 사례가 이번 판에 새로 추가되었다. 예를 들어 사례 10.2를 통해 Kickstarter가 어떻게 창업가가 종잣돈을 획득하는 경로로 점점 더 발전하게 되었는지 등을 배울 수 있다. 또한 기존 사례 일부는 내용이 갱신되었다. 각 장의 마지막에는 두 가지 사례가 제시되어 독자가 창업 비즈니스의 원칙을 생각하게 하고 이 원칙과 룰이 각 회사가 당면한 상황에 어떻게 적용되는지 배울 수 있다. 각 사례의 끝에는 독자의 학습 효과 증진을 위한 추가 토의를 제공한다. 이는 독자의 학습 효과를 향상시키기 위해 추가로 질문과 연습문제를 제공한다는 의미로 각 장이 끝나기 전에 또 다른 토론을 할 수 있도록 했다.

넷째, 'You Be the VC'를 새롭게 추가하고 갱신했다.

'You Be the VC'는 각 장의 끝부분에 있다. 이 특집은 독자에게 창업자의 펀딩을 위한 '피치', 즉 투자자 유치를 위한 설득용 프레젠테이션을 제공한다. 이와 같은 상황에 직면하게 되면 수업의 열기는 더해지고 상황이 역동적으로 변하면서 뜨거운 토론이 진행될 수 있다. 벤처 창업자를 설정하고 학생들이 벤처 캐피털리스트가 되어 자금을 지원해줄 것인지를 시뮬레이션하게 되면서 학생들이 실제적으로 VC가 될 수 있게 한다. 대부분의 내용이 새로 추가되었다.

다섯째, 참고문헌의 양과 질을 업데이트했다.

기업가정신과 창업자의 실천에 대해 깊이 이해하기 위해 최신 저명 학술지 연구를 업데이트했으며 여기에서 값진 아이디어와 통찰력을 도출할 수 있다. 연구의 질도 더 높여서 기업가정신의 연구 및 연습에 많은 양의 정보를 제공해 독자에게 통찰력과 아이디어를 도출할 수 있게 했다. 《Strategic Entrepreneurship Journal》, 《Journal of Business Venturing》, 《Entrepreneurship Theory and Practice》, 《Academy of Management Journal》, 《Strategic Management Journal》, 《Organization Science》 등의 저명한 학술지에서 최신 학술 연구를 발췌해 연구 자료를 업데이트했고, 이와 같은 저명 학술지의 기사와 기업가정신이 새롭게 태어나는 것이 서로 밀접한 관련이 있음을 시사하고 싶었다. 기업가의 노고와 의존도 그리고 기업가정신의 성공 여부는 이와 같은 참고문헌 자료 및 학술지 등이 창업학 및 기업가정신에 기여하는 정도와도 연관성이 높으므로 최신 자료들로 업데이트했다.

창업 및 기업가정신 교과목에서 교수 학습의 도전 해결하기

창업을 시작하는 사람들을 위한 기업가정신의 매력은 사람들의 삶을 향상시킬 수 있는 잠재력을 지닌 제품이나 서비스를 창출하는 능력에 달려 있다. 기업가는 돈, 시간, 에너지로 이익을 창출하고 싶어 하고 동시에 개별 소비자에게도 변화를 가져다주고 싶어 한다. 왜냐하면 자신의 제품이나 서비스를 구매하는 사람과 지역 사회와의 상호작용을 통해 성공을 이루고 꿈을 실현하기 때문이다.

그들의 꿈과 성공을 위해 이 책을 제안한다. 성공적인 창업을 위해 창업가는 특별한 창업 활동 세트를 따라야 한다. 우리는 이것을 '창업 프로세스'라고 부른다. 이 프로세스는 상호 연계된 네 가지 단계로 구성되어 있다. 즉 ① 기업가가 되기로 결심하기, ② 성공적인 비즈니스 아이디어 개발하기, ③ 아이디어에서 창업기업으로 전환하기, ④ 창업기업 경영 및 성장하기이다.

창업가가 되는 것은 쉽지 않은 일이나, 이 책에서 보여준 바대로 창업 활동 단계를 잘 따르면 창업 성공 가능성이 높아진다고 말하고 싶다. 이와 같은 독특한 프로세스를 따름으로써 야심 찬 창업가는 성공 가능성을 높이고, 만족감이 높아져 지역 사회에 기여도가 높아진다. 이와 같은 창업 프로세스를 간략하고 명확하게 설명해서 독자에게도 생명을 불어넣는 프로세스를 보여주고자 한다.

축약하면, 이 책은 네 가지 중요한 단계로 구성되었으며 다음 15개 장으로 구성되어 있다.

제1부 기업가가 되기로 결심하기

제1장 기업가정신 소개

제2부 성공적인 비즈니스 아이디어 개발하기

제2장 기회 인식 및 아이디어 도출

제3장 타당성 분석

제4장 효과적인 비즈니스 모델 개발

제5장 산업 및 경쟁사 분석

제6장 사업 계획서 작성

제3부 아이디어에서 창업기업으로 전환하기

제7장 적절한 윤리적·법적 기반 마련

제8장 신규 벤처의 재무 건정성 및 실행 가능성 평가

제9장 신생벤처팀 구성

제10장 자금 조달 및 투자 유치

제4부 창업기업 경영 및 성장하기

제11장 마케팅 이슈

제12장 지식재산의 중요성

제13장 성장에 대한 준비와 도전 평가

제14장 기업 성장을 위한 전략

제15장 프랜차이즈

이 외에도 이 책은 비즈니스 창업뿐만 아니라 취업 능력을 배양하는 다양한 스킬, 즉 비즈니스 윤리, 사회적 책임감, 비판적 창의적 사고 능력, 협업 스킬, 비즈니스 현장과 관련된 데이터 사용과 분석, 데이터 분석을 적용 및 해석하는 방법 등도 함께 제공하고 있다.

저자 소개

Bruce R. Barringer 오클라호마주립대학교 기업가정신 프로그램의 교수이자 학과장이며 N. Malone Mitchell Jr.와 Student Ventures 주임교수를 맡고 있다. Bruce는 미주리대학교에서 박사학위, 아이오와주립대학교에서 MBA를 취득했다. 그의 연구 관심 분야는 타당성 분석, 기업 성장, 기업벤처 기업가정신, 조직 간 관계가 비즈니스에 미치는 영향 등이다. 지난 수년 동안 그는 여러 분야, 특히 신기술 기반의 인큐베이터 및 학생 주도 기업가정신 활동 및 창업 클럽 등에서 활발한 활동을 했다.

Bruce의 연구는 《Strategic Management Journal》, 《Journal of Management》, 《Journal of Business Venturing》, 《Journal of Small Business Management》, 《Journal of Developmental Entrepreneurship》 등의 저널에 주로 게재되었다. 그는 다섯 권의 책 《Entrepreneurship Successfully Launching New Ventures》(Pearson, 2019), 《Preparing Effective Business Plans》(Pearson, 2015), 《Launching a Business: The First 100 Days》(Business Expert Press, 2013), 《The Truth About Starting a Business》(FT Press, 2009), 《What's Stopping You? Shatter the 9 Most Common Myths Keeping You from Starting Your Own Business》(FT Press, 2008)의 주 저자 또는 공동 저자이다.

Bruce의 외부 관심사는 달리기, 트레일 바이크 타기, 수영이다.

R. Duane Ireland 텍사스A&M대학교의 Mays 비즈니스 스쿨 석좌교수이자 Benton Cocanougher 학과장과 동 대학 부학장으로 재직 중이다. 또한 과거에는 리치몬드대학교, 베일러대학교, 오클라호마주립대학교에서도 재직한 바 있다. 그의 연구 관심 분야는 전략적 기업가정신, 비공식 지하경제의 기업가정신, 기업 사내벤처, 효과적인 자원 관리 등이다.

Duane의 연구는 《Academy of Management Journal》, 《Academy of Management Review》, 《Academy of Management Executive》, 《Academy of Management Perspectives》, 《Academy of Management Annals》, 《Administrative Science Quarterly》, 《Strategic Management Journal》, 《Journal of Management》, 《Strategic Entrepreneurship Journal》, 《Journal of Business Venturing》, 《Entrepreneurship Theory and Practice》 등의 저널에 주로 게재되었다. 또한 기업가정신과 전략적 경영 분야의 학술 서적 및 교과서를 공동 집필했다.

Duane은 《Academy of Management Journal》, 《Academy of Management Review》, 《Journal of Management》, 《Journal of Business Venturing》 등 수많은 저널의 편집위원으로 활동했다. 또한 3년 동안 《Academy of Management Journal》의 편집위원장을 역임했으며, 미국 경영학 아카데미 제69대 회장을 역임한 바 있다. 그는 미국 경영학회 종신회원임과 동시에 Mays 비즈니스 스쿨의 종신학자로서 다양한 공로상과 연구상 등을 수상한 바 있다. 학자의 길 외에 기타 외부 관심사는 달리기, 독서, 가족과 함께 시간 보내기 등이다.

요약 차례

차례

PART 1 기업가가 되기로 결심하기

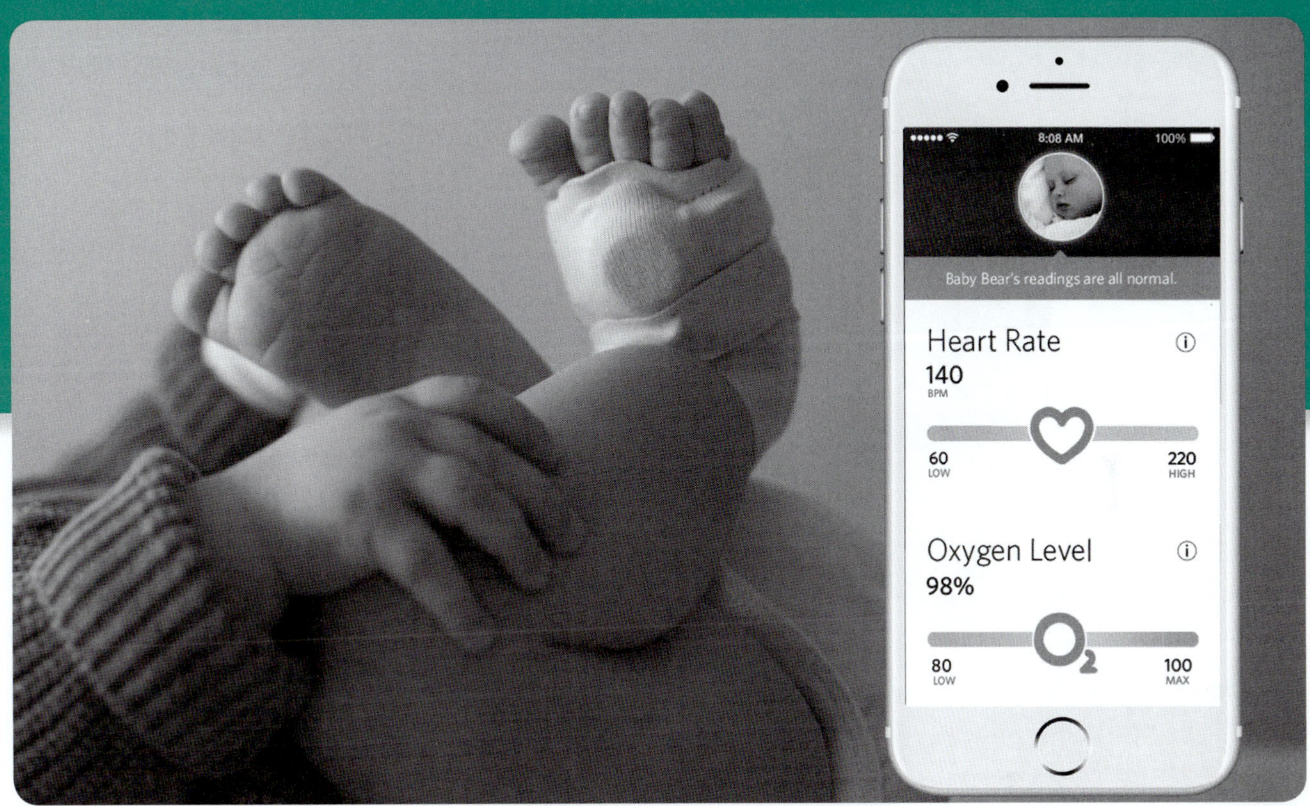

Owlet Baby Care, Inc.

SUPERJAM과 친해지기

창업자

Fraser Doherty

Fraser Doherty와의 대화

내가 들은 최고의 조언

당신의 열정을 따라가라. 그렇게 하면 훨씬 수월하다! 나는 자전거를 정말 좋아하는데, 이 때문에 일하기가 훨씬 편하다.

기업가로서 가장 큰 고민

경쟁에서 앞서 나갈 만큼 충분히 빠르게 혁신하지 못하고 있다는 것

일하지 않을 때 하는 것

40년 된 폭스바겐 캠핑카를 타고 시골길 드라이브하기

내가 가장 좋아하는 스마트폰 앱

SuperJam 레시피 앱

나의 첫 창업 경험

열 살 때 TV 위에서 닭을 부화시켜 계란 판매

스마트폰 음악 리스트에서 가장 좋아하는 밴드

The Smiths

Twitter에서 가장 좋아하는 팔로우 대상

Stephen Fry

CHAPTER 1

기업가정신 소개

SUPERJAM

전형적인 기업가 이야기

• Web: http://www.superjam.co.uk • Facebook: SuperJam 100% Fruit Spread • SuperJam's Recipe App

스코틀랜드에서 성장한 Fraser Doherty는 어린 시절부터 새로운 제품에 대한 아이디어를 고안하며 시간을 보냈다. 그가 생각해낸 수익 창출 아이디어 모두가 성공적이지는 않았다. 예를 들면, 그의 달걀 판매 사업은 여우가 모든 닭을 먹어버려 갑작스레 종료되었다. 그럼에도 불구하고 그는 창업에 대한 강한 열망을 가지고 있었다.

14세 때 Doherty는 잼 만들기에 도전했다. 할머니가 만들어주신 잼을 항상 즐겨 먹었던 그는 여기에 사업 기회가 있다고 생각했다. 소량으로 만들어 집집마다 판매하면서 사람들이 정말로 그의 잼을 좋아한다는 것을 깨달았다. 이후 Doherty의 잼 사업은 지역 상점과 농산물 시장으로 확장되었으며, 《Edinburgh Evening News》에 소개되자 먼 지역에서도 더욱 많은 주문이 들어왔다.

사업을 확장하기로 결정한 Doherty는 시장 조사를 통해 최근 수십 년 동안 잼 판매가 감소하고 있음을 발견했다. 잼은 구식이라는 이미지와 더불어 사람들이 토스트에 잼보다 더 건강한 대안을 선호하기 시작한 것이다.

이 스코틀랜드의 젊은 기업가가 생각한 해결책은 현대 사람들을 위한 새로운 스타일의 잼이었다. Doherty의 'SuperJam'은 전통적인 레시피에 따라 과일 주스로 제작했으며 설탕이나 인공 향료는 전혀 들어가지 않았다. 또한 그는 과감하게 특정 슈퍼마켓에서만 제품을 판매하기로 결정했다.

그러나 Fraser는 여러 가지 어려움에 직면했다. 당시 그는 부모님의 부엌에서 매주 수백 병의 잼을 만들었다. 부모님이 저녁 식사를 준비하느라 고군분투하고 있다는 사실은 차치하고서라도, 사업은 더 이상 성장할 수 없는 상황이었다.

17세의 나이에 그는 공장을 운영할 형편도 아니었고, 브랜드를 만들기 위해 디자인 대행사에 지불할 돈도 없었다. 대형 슈퍼마켓에 어떻게 접근해야 할지도 전혀 몰랐다. 그가 가진 것이라곤 제품에 대한 열정과 훌륭한 레시피뿐이었다.

Fraser가 처음 찾아간 슈퍼마켓은 '바이어와의 만남'의 날에 방문한 Waitrose였다. Fraser는 시니어 잼 바이어에게 자신의 아이디어를 발표했고, 바이어는 마음에 들지만 갈 길이 멀다고 말했다. 그는 Fraser에게 생산 시설을 갖추고 브랜드를 만든 다음 합리적인 가격의 제품을 가지고 돌아오라고 조언했다.

Fraser는 영국 전역을 돌며 여러 식품 제조업체에 자신의 100% 과일 잼을 소개하고 그들에게 확신을 주기 위해 노력했다. 그는 식품 제조업체들에 지금 자신은 투자할 자금이 없지만, 장기적인 안목을 가지고 투자한다면 이익을 얻을 것이라고 설명했다. 그리고 동일한 방법으로 여러 광고 대행사를 찾아다니며 브랜드를 만들 수 있도록 도와달라고 설득했다. 결국 2년간의 끈질긴 노력 끝에 Doherty는 마침내 한 공장과 광고 대행사를 설득

학습목표

1. 기업가정신, 사내 기업가정신, 창업기업의 특성에 대해 설명할 수 있다.
2. 사람들이 기업가가 되기로 결정하는 세 가지 주요한 이유를 설명할 수 있다.
3. 성공한 기업가의 네 가지 주요 특성을 파악할 수 있다.
4. 기업가정신에 관한 다섯 가지 속설에 대해 설명할 수 있다.
5. 스타트업 기업의 세 가지 유형을 설명할 수 있다.
6. 미국에서 기업가의 인구통계가 어떻게 변화하는지에 대해 토론할 수 있다.
7. 경제와 사회에 대한 기업가정신과 창업기업의 긍정적인 효과를 토론할 수 있다.
8. 창업 프로세스를 설명할 수 있다.
9. 기업가정신과 창업 프로세스를 이해함으로써 자신의 진로 성공에 도움을 줄 수 있다.

해서 함께 일하게 되었다.

SuperJam은 스코틀랜드 국립 박물관에 스코틀랜드를 상징하는 다른 브랜드인 Irn-Bru, Tunnock's, Baxters와 함께 '스코틀랜드의 상징적 브랜드'로 전시되어 있다. 2010년 Fraser는 《SuperJam Cook》을 통해 자신의 잼 제조 비법을 전 세계에 공유했으며, 2011년에는 자서전이자 잼 이야기인 《SuperBusiness》를 출간했다. Fraser는 2010년부터 런던메트로폴리탄대학교에서 기업가 겸 강사로 활동하고 있으며, 그곳에서 기업가정신에 관한 여러 측면을 주제로 강연과 발표를 진행하고 있다.

Doherty는 SuperJam이 급성장하는 동안 고객과 긴밀한 관계를 유지해왔으며, 비즈니스에서 기술적인 부분이 차지하는 역할과 특히 소셜 네트워크가 고객과 의미 있는 대화를 유지하는 데 있어 어떤 역할을 하는지 잘 인식하고 있었다.

디지털 소셜 네트워킹을 배경으로 하는 SuperJam 티 파티는 우리가 상상하는 가상 세계와는 거리가 먼 행사이다. 회사는 주로 요양원이나 보호 시설에서 혼자 사는 노인들을 위해 이 행사를 진행한다. 현재까지 영국 전역에서 350회 이상의 행사를 진행했으며, 라이브 음악, 춤, 푸짐한 스콘, SuperJam이 어우러진 이 행사에는 매번 최대 600명의 사람이 모인다.

부엌 식탁에서 소박하게 시작해 창업벤처로 회사를 성장시킨 Fraser는 현재 전 세계 2,000여 개 슈퍼마켓에 SuperJam을 공급하고 있으며, 다양한 상을 수상했다. Fraser는 '올해의 스코틀랜드 기업인상'(2009), 'Smarta 100 Award'(2010), 《Inc.》 매거진 선정 '30세 이하 30인'(2010) 등 20개가 넘는 권위 있는 상을 휩쓸었다. 또한 'Times Young Power List'(2011), NatWest Enterprise Awards 최종 후보(2012), Ben & Jerry's의 'Join Our Core' 최종 후보(2012)에도 올랐다.[1]

이 책의 첫 번째 장에서는 창업기업의 성공적인 시작에 관해 다루면서, 기업가정신을 정의하고 왜 사람들이 기업가가 되려고 하는지에 대해 논의하고자 한다. 그리고 성공한 기업가의 특성과 기업가정신에 대한 속설, 스타트업 기업의 다양한 유형과 미국 및 전 세계적으로 변화하는 기업가의 인구통계 등에 대해 살펴볼 것이다. 그다음으로, 새로운 기업의 경제적 및 사회적 영향뿐만 아니라 기업가정신을 가진 기업이 대기업에 가져다주는 중요성도 포함해서 기업가정신의 중요성을 설명한다. 이 장을 마무리하면서, 창업 프로세스를 소개할 것이다. 이 프로세스는 스타트업 기업을 성공적으로 시작하고 운영하기 위한 기초이며, 이 책의 내용을 여러분에게 전달하는 데 사용하는 틀이기도 하다.

기업가정신 소개

전 세계적으로 기업가정신에 대한 관심이 매우 높다. 이러한 주장이 과장돼 보일 수 있지만, 이를 뒷받침하는 증거 중 일부를 Global Entrepreneurship Monitor(GEM)에서 제공하고 있다. GEM은 여러 국제 대학과 국제 소기업 위원회 간의 공동 연구로, 미국을 포함한 112개 국가에서의 기업가정신을 조사하고 있다. GEM에서 특히 관심을 가지는 것은 총 초기 단계 창업 활동(total early stage entrepreneurial activity, TEA)으로, 이는 막 창업한 기업과 창업한 지 3년 반 미만인 기업의 활동을 의미한다. GEM 연구에 포함된 국가의 총 초기 단계 창업 활동 비율의 예시가 표 1.1에 나와 있다. 좋은 직장이 부족한 저소득 국가에서는 기업가의 창업 활동 비율이 높은 편이지만, 독일(4.7%), 영국(6.9%), 미국(11.9%)과 같은 고소득 국가에서도 그 비율이 높다는 것을 알 수 있다. 미국의 11.9%는 미국 성인 8.5명 중 1명이 사업을 시작하거나 시작한 지 3년 반 이내에

표 1.1 초기 창업 활동 비율(18~64세)

국가	창업 인구 비율	국가	창업 인구 비율
아르헨티나	17.7%	독일	4.7%
브라질	21.0%	필리핀	17.2%
칠레	25.9%	스페인	5.7%
중국	12.8%	영국	6.9%
핀란드	6.6%	미국	11.9%

출처: Based on D. Kelley, S. Singer, and M. Herrington, *Global Entrepreneurship Monitor 2015/6 Global Report* (Babson, Universidad del Desarrollo, Universiti Tun Abdul Razak, Tecnologico de Monterrey, and International Council for Small Business, 2015/6).

창업기업을 소유하거나 관리한다는 것을 의미한다.[2]

GEM 연구는 응답자가 새로운 사업을 시작하는 것이 매력적인 기회를 활용하기 위한 것인지, 아니면 소득을 얻기 위한 것인지를 파악한다. GEM 연구에 따르면, 조사 대상 국가의 대다수 사람은 소득보다는 매력적인 기회를 찾아 기업가의 길을 선택하는 것으로 나타났다. 실제로 독일이나 미국과 같은 혁신적 성향이 강한 국가에서는 소득을 얻기 위해 사업을 시작하는 사람보다 기회를 추구해서 사업을 시작하는 사람이 3.4 대 1.0의 비율로 훨씬 많다.[3]

언론에서 자주 반복되는 기업가정신에 대한 비판 중 하나는 대부분의 새로운 사업이 실패한다는 것이다.[4] 그러나 이는 사실이 아니다. 처음 몇 년 안에 10개 중 9개의 사업이 실패한다는 통계가 자주 사용되는데 이 통계는 과장된 것이다. 미국 노동통계국에 따르면, 창업한 기업의 절반 이상이 5년 후에도 여전히 존재한다.[5] 10년 후에는 그 수가 3분의 1로 조금 줄어들지만, 일부 기업은 성공해서 다른 회사에 매각되거나 인수되었기 때문에 사라진 것이다. 전반적으로 이러한 통계는 고무적이지만, 실패한 기업의 비율을 고려해보면 단순히 사업을 시작하고 운영하려는 동기만으로는 충분하지 않으며 탄탄한 사업 아이디어, 훌륭한 재무 관리, 효과적인 실행이 수반되어야 성공 가능성을 극대화할 수 있다. 이 책에서는 창업의 다양한 예를 살펴보고 성공적인 신규 벤처와 그렇지 못한 기업을 구분하는 요인에 대해 논의하고자 한다.

많은 사람이 기업가로서의 진로를 매력적으로 생각한다. 친구나 아는 사람들을 떠올려보라. 아마도 지금이나 미래에 기업가가 되고 싶어 하는 한두 명의 사람을 알고 있을 것이다. 창업과 관련된 책의 수는 기업가정신이 대중적으로 주목받고 있음을 나타내는 또 다른 지표이다. 예를 들어, Amazon.com에는 현재 기업가정신과 관련된 5만 8,510권의 도서와 중소기업과 관련된 8만 686권의 도서가 등록되어 있다. 3년 전에는 기업가정신에 관한 책이 불과 3만 6,900권뿐이었다.

기업가정신이란 무엇이며 왜 중요한가

학습목표 1

기업가정신, 사내 기업가정신, 창업 기업의 특성에 대해 설명할 수 있다.

기업가(entrepreneur)라는 단어는 '~사이'라는 뜻의 *entre*와 '가지다, 취하다'라는 뜻의 *prendre*라는 불어에서 유래했다. 이 단어는 원래 판매자와 구매자 사이에서 '위험을 감수'하거나 새로운 벤처를 시작하는 것처럼 임무를 '수행'하는 사람을 묘사하기 위해 사용되었다.[6] 발명가와 기업가는 다르다. 발명가는 새로운 것을 창조하지만 기업가는 발명을 실행 가능한 비즈니스로 변화시키기 위해 필요한 자원(자본, 사람, 비즈니스 모델, 전략, 위험을 감내하는 능력)을 모아서 통합한다.[7]

기업가정신은 개인이 미래의 재화와 서비스를 개발할 목적으로 현재 자신이 통제할 수 있는 자원에 관계없이 기회를 추구하는 과정이다.[8] 어떤 사람은 기업가정신을 단순하게 아이디어를 비즈니스로 전환하는 기술로 정의하기도 한다. 본질적으로, 기업가의 행동은 사람들로 하여금 기회를 식별하고 유용한 아이디어를 실행으로 옮기려고 노력하게 만든다.[9] 이러한 행동이 요구하는 과제는 개인 또는 그룹으로 이루어질 수 있으며, 일반적으로 창의성, 추진력, 위험을 감수하려는 의지가 필요하다.

이 책에서는 새로운 비즈니스를 시작하는 기업가나 창업팀 관점에서의 기업가정신에 중점을 둔다. 그렇지만 기존 기업도 기업가정신을 가지고 운영할 수 있다. 일반적으로 기업가정신을 강조하는 기존 기업은 능동적이고 혁신적이며 위험을 감수한다. 예를 들어, Google은 창업 행동이 분명하게 드러나는 회사로 널리 알려져 있다. Google의 공동창립자 중 한 명인 Larry Page는 Google의 창업 문화의 중심에 있다. 타인을 설득하고 상상력을 자극하는 능력을 갖춘 Page는 지속적으로 Google 직원들이 혁신적인 제품을 계속 개발하도록 영감을 주고 있다. Google의 혁신이 얼마나 널리 퍼져 있는지 알아보려면 여러분과 여러분이 아는 사람들이 Google 검색 엔진, Gmail, Google 지도, Google Earth, Google Home을 얼마나 자주 사용하는지 생각해보라. Google은 현재 Android용 가상 현실 플랫폼과 자율 주행 자동차 등 광범위한 혁신을 위해 노력하고 있다. 마찬가지로 Facebook이나 Dropbox의 행보를 살펴보면 이들의 성장과 성공에 대한 능력을 금방 알아차릴 수 있을 것이다. 이러한 성장과 성공은 두 기업 내의 여러 수준에서 창업 행동의 역사를 드러낸다. 또한 나스닥(거의 3,100개의 회사가 상장된 최대의 미국 주식 시장)에 상장된 많은 회사, 예를 들어 Apple, Zynga, Facebook, Amgen은 일반적으로 창업기업으로 여겨진다.

앞서 언급했듯이 기존 기업도 창업 행동을 할 수 있다. 이런 의미에서 창업 행동을 지향하는 기존 기업은 **사내 기업가정신**(corporate entrepreneurship)을 실천하는 기업이다.[10] 모든 기업은 매우 보수적인 기업부터 매우 혁신적인 기업까지 다양한 개념적 연속성을 가진다. 이 연속성에서 기업의 위치를 **창업 강도**(entrepreneurial intensity)라고 한다.[11] 앞서 언급한 바와 같이, 창업기업은 일반적으로 적극적인 혁신가이며 계산된 위험을 감수하는 것을 회피하지 않는다. 반면 보수적인 기업은 '기다리고 보자'는 태도를 취하고, 덜 혁신적이며 위험을 회피한다.

개인이나 기업에 기업가정신이 얼마나 중요한지를 보여주는 가장 설득력 있는 지표 중 하나는 기업가답게 행동하기 위해 기울이는 노력의 정도이다. 창업 강도가 높은 기업일수록 관료주의를 없애기 위한 방법을 정기적으로 모색한다. 예를 들어, 영국의 대기업인 Virgin 그룹은 조직을 소규모로 유지하고 직원들에게 기업가정신을 심어주기 위해 노력한다. Virgin 그룹은 영국에서 가장 잘 알려진 브랜드 중 하나이며 항공, 음악 등 다양한 비즈니스에 관여하고 있다. 다음 인용문에서 Virgin의 창립자이자 CEO인 Richard Branson은 회사가 어떻게 혁신적인 방식으로 운영되는지 설명하고 있다.

> "큰 것이 아름답다"는 말이 통용되곤 하지만, 우리 벤처기업 중 하나가 너무 커지면 우리는 그 기업을 더 작은 단위로 나눈다. 나는 관리 담당 부책임자, 영업 담당 부책임자, 마케팅 담당 부책임자에게 가서 "축하합니다. 이제 당신은 새로운 회사의 전무 이사, 영업 이사, 마케팅 이사가 되었습니다"라고 말

한다. 이렇게 할 때마다 관련 직원들은 해야 할 일이 더 많아지지는 않았지만 성과에 대한 동기 부여가 커지고 업무에 대한 열정이 더 커졌다. 그 결과는 놀라웠다. Virgin Music을 매각할 당시만 해도 자회사 음반사가 50개에 달했는데, 그중 60명 이상의 직원을 보유한 회사는 단 한 곳도 없었다.[12]

사람들이 왜 기업가가 되는가

사람들이 기업가가 되어 창업하는 세 가지 주요 이유는 자신이 직접 상사가 될 수 있고, 자신만의 아이디어를 추진할 수 있으며, 재정적인 보상을 얻을 수 있기 때문이다.

학습목표 2

사람들이 기업가가 되기로 결정하는 세 가지 주요한 이유를 설명할 수 있다.

스스로 상사 되기

기업가가 되는 첫 번째 이유는 자신이 상사가 될 수 있기 때문이라는 것이 가장 일반적이다. 하지만 그렇다고 해서 기업가가 함께 일하기 어렵다거나 권위를 인정하는 데 어려움을 겪는다는 의미는 아니다. 오히려 많은 기업가가 자신의 회사를 소유하고 싶다는 오랜 야망을 가지고 있었거나 기존 직장에서 일하는 데 좌절감을 느꼈기 때문에 자신이 스스로 상사가 되고 싶어 한다. 기존 직장에서 일하면서 느낀 좌절감 때문에 기업가가 된 사례로 맞춤형 소셜 초대장을 만드는 VeryWendy의 창립자인 Wendy DeFeudis가 있다. 그녀는 대기업에서 일하는 것보다 스스로를 위해 일하는 것이 더 만족스럽다며 다음과 같이 말했다.

> 나는 항상 내가 상사가 되고 싶었다. 회사 구조에 갇혀 있다고 느꼈다. 콘셉트를 진행하기 전에 여러 사람에게 아이디어를 설명하고 온갖 종류의 내부 회의에 참석해야 하는 것이 답답하고 시간 낭비라고 생각했다.[13]

일부 기업가는 초기에는 파트타임으로 회사를 운영하면서 기존 직장에서 자신의 비즈니스를 소

Pressmaster/Shutterstock

창업자로서의 커리어는 무한한 가능성을 품고 있다. 이 세 젊은 창업자들은 그래픽 디자인 사업을 시작하고 있다. 그들은 웹사이트 디자인부터 로고 디자인, 비즈니스 브랜딩에 대한 큰 열정을 가지고 있다.

유하는 것으로부터 점진적으로 전환한다. 이러한 방식이 모든 상황에서 가능한 것은 아니지만, 파트타임으로 비즈니스를 시작하면서 가치 있는 경험을 쌓고, 번 돈을 저축하며, 직장을 그만두기 전에 자신이 정말 이 사업을 좋아하는지 확인할 수 있다. 케이터링이나 재무 설계와 같은 일부 비즈니스에서는 고객 목록을 구축하는 데 시간이 걸린다. 일부 기업가는 고객 목록이 충분히 커지고 수익성이 높아져 풀타임 비즈니스가 가능해지는 시점에 맞춰 퇴사 시점을 정하기도 한다.[14]

자신만의 아이디어 추구하기

사람들이 창업하는 두 번째 이유는 자신만의 아이디어를 추구하기 위해서이다.[15] 어떤 사람은 타고난 감각이 뛰어나 새로운 제품이나 서비스에 대한 아이디어를 발견하면 그 아이디어를 실현시키고 싶어 한다. 기존 기업 내에서 혁신하는 기업가는 일반적으로 자신의 아이디어가 알려질 수 있는 메커니즘을 가지고 있다. 그러나 기존 기업은 종종 혁신에 저항하며, 이런 경우 직원들의 좋은 아이디어는 실현되지 못한 채로 남게 된다.[16] 일부 직원은 그 아이디어에 대한 열정과 헌신 때문에 자신의 아이디어를 개발하기 위한 방편으로 자신만의 사업을 시작하기 위해 회사를 떠나기도 한다.

이러한 일련의 사건들은 기업이 아닌 곳에서도 일어날 수 있다. 예를 들어, 어떤 사람은 취미, 여가 활동, 일상생활을 통해 시장에 없는 새로운 제품이나 서비스에 대한 필요성을 인지하게 된다. 만약 그 아이디어가 비즈니스로 확장할 수 있을 만큼 충분히 실행 가능하다면, 그 아이디어를 부업이나 전업으로 실행할 회사를 만들기 위해 엄청난 시간과 에너지를 투자한다. 이 책의 제2장과 3장에서는 기업가가 아이디어를 발견하고 그 아이디어가 실행 가능한 사업 기회인지 판단하는 방법에 대해 집중적으로 살펴볼 것이다.

많은 기업가는 자신의 창업 아이디어가 성공을 거두고 그 아이디어가 창출하는 긍정적인 결과를 볼 때 큰 만족감을 느낀다. Thumbtack의 창립자 Marco Zappacosta가 그 예이다. Thumbtack은 사람들이 사진작가, 집 페인트공, 피아노 교사 등 지역 서비스 제공자를 빠르게 찾을 수 있는 온라인 플랫폼이다. 2009년 Thumbtack을 설립할 당시 Zappacosta는 미국 전역에서 새로운 고객을 찾는 데 어려움을 겪고 있는 지역 서비스 제공업체가 있으며, 신뢰할 수 있는 서비스 제공업체를 찾는 일반인도 있다는 사실을 깨달았다. Zappacosta는 Thumbtack이 어떻게 문제를 해결하는지뿐만 아니라 평범한 사람의 삶에 어떠한 변화를 가져오는지에 대해 다음과 같이 말했다.

> 서비스가 필요한 사람과 서비스를 제공할 사람을 연결하는 것은 거시적인 관점에서 매우 중요한 문제이며, 사람들에게 큰 영향을 미칠 수 있는 만족스러운 일이다. 하지만 더 큰 기쁨은 개인에게 영향을 미친 이야기에서 나온다. 예를 들면, 브루클린의 해충 방제 담당자가 우리에게 꽃을 보내 감사의 인사를 전하거나 바쁜 엄마가 Thumbtack을 통해 생일 파티를 열 수 있었다며 사진을 보내오는 이야기에서 보람을 느낀다. 이러한 일들에 기분이 정말 좋았고, 이러한 순간들이 바로 우리에게 큰 동기 부여를 준다.[17]

Thumbtack은 창립 이래 수백만 명의 사람에게 현지 서비스 제공업체와 연결할 수 있도록 지원하고 있으며, 매년 10억 달러 이상의 거래가 플랫폼을 통해 이루어지고 있다.[18]

재정적 보상 추구

사람들이 창업하는 세 번째 이유는 재정적 보상 때문이다. 그러나 이 동기는 일반적으로 앞의 두 가지 동기에 비해 상대적으로 중요하지 않으며, 때때로 기대한 만큼 성과를 내지 못하기도 한다. 평균적으로 기업가는 일반 직장에서 비슷한 책임감을 가진 사람보다 더 많은 돈을 벌지 못한다. 기업가정신의 재정적 매력은 바로 높은 잠재력에 있다. Amazon.com의 Jeff Bezos, Facebook의 Mark Zuckerberg, Google의 Larry Page와 Sergey Brin과 같은 사람들은 회사를 설립해서 수십억 달러를 벌었다. 돈은 또한 사람들을 하나로 묶는 요소이다. 수익을 창출하고 회사의 가치를 높이는 것은 사람들이 결집할 수 있는 확고한 목표이다. 하지만 돈이 창업의 주된 동기가 되는 경우는 드물다. 심지어 일부 기업가는 창업의 재정적 보상으로 회사에 대한 통제권을 잃게 된다면 그것이 더 쓰라린 결과를 가져올 수 있다고 말한다. 예를 들어, Virgin Records를 매각한 후 Richard Branson은 이렇게 말했다. "나는 기업을 팔고 나서 거리를 걸으며 울었다. 내 손에는 10억 달러의 수표가 있었지만, 당신이 나를 그때 봤다면 미친 사람으로 생각했을 것이다."[19] Branson에게 그것은 단순한 돈 문제가 아니었다. 그것은 사업을 시작했을 때의 열정과 그의 아이디어가 성공을 거둔 것에 대한 모든 감정을 포함하고 있었다.

성공한 기업가의 특징

학습목표 3

성공한 기업가의 네 가지 주요 특성을 파악할 수 있다.

기업가에게 나타나는 행동은 여러 가지가 있지만, 성공한 기업가에게 공통적으로 나타나는 몇 가지 특성이 있다. 새로운 벤처를 시작하거나 기업가정신을 가진 회사에서 일하고 있는 사람들은 이러한 특성을 가지고 있다. 이 특성들은 그림 1.1과 같으며, 구체적으로 설명하면 다음과 같다.

비즈니스에 대한 열정

성공한 기업가에게서 보이는 가장 중요한 특성은 **비즈니스에 대한 열정**이다. 이러한 특성은 새

Antonio Guillem/Shutterstock

창업자의 커리어에서 가장 만족스러운 것 중 하나는 사람들의 삶을 향상시키는 제품을 세상에 선보이는 것이다. 이 젊은 여성은 두 명의 창업자가 시작한 온라인 스트리밍 음악 서비스를 통해 제공되는 뮤직비디오를 즐기고 있다.

그림 1.1 성공한 기업가의 네 가지 주요 특성

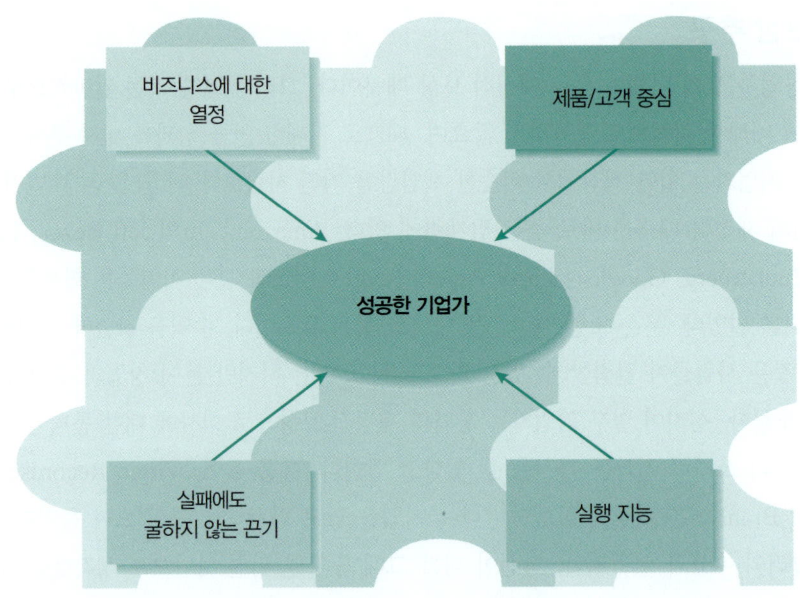

로운 사업이든 기존 사업이든 상관없이 모두 나타난다. 아이디어에 대한 열정이 비즈니스를 시작하고 어려운 시기에도 비즈니스를 지속하는 원동력이 되는 경우가 많다. 운동선수들이 훈련에 유용하다고 평가하는 혁신적인 웨이트 컴프레션 장비를 만드는 회사인 Titin의 설립자 Patrick Whaley는 이러한 감정을 이렇게 표현했다. "나는 더 나은 훈련 방법이 있다는 것에 열정을 가지고 있다. 이것이 바로 이 제품을 디자인하고 개발하게 된 계기이며, 내가 이 일을 계속할 수 있는 원동력이다."[20]

사람들의 삶을 변화시키는 것이 많은 사회적기업의 주된 동기이며, 사회적 목표를 추구하기 위해 유망한 직업을 포기하고 창업하는 경우도 많다. Room to Read의 창업자이자 《Leaving Microsoft to Change the World》의 작가인 John Wood가 그런 경우이다. Wood는 개발도상국 어린이들을 돕겠다는 강한 열정을 가지고, Microsoft를 퇴사하기 전부터 소량의 Microsoft 주식을 현금화해 책을 사고 학교를 짓기 시작했다. 《Forbes》 잡지에 게재된 인터뷰에서 Wood는 다음과 같이 말했다.

> 나는 여행을 다니면서 학교, 책, 도서관을 이용할 수 없는 세계에서 가장 가난한 지역의 어린이들을 많이 만났고, 그들을 돕기 위해 소량의 주식을 현금화하기 시작했다. Microsoft 주식 200주면 네팔 시골에 학교 하나를 지을 수 있는 금액이었다.[21]

Wood는 결국 Microsoft를 떠나 Room to Read에 전념하기 시작했다. Room to Read는 2000년 설립 이래 1,070만 명 이상의 어린이에게 서비스를 제공하고, 1,295권의 도서를 출판했으며, 전 세계 개발도상국의 어린 독자들에게 1,800만 권 이상의 도서를 전달했다.[22]

열정은 영리 기관과 비영리 기관 모두에 매우 중요하다. 왜냐하면 회사를 설립하거나 영리기업이나 사회적기업을 성장시키는 과정은 보람 있지만 동시에 힘든 작업이기 때문이다. 열정이 중요한 이유는 표 1.2에 나와 있는 것처럼 크게 다섯 가지이다. 각각의 이유는 열정이 가져다주는 개인적인 특성을 반영하며, 이러한 특성 중에서 하나만 빠져도 성공적인 창업 조직을 시작하고 유지하기가 훨씬 더 어려워질 것이다.

표 1.2 성공적인 창업 조직을 시작하기 위해 열정이 중요한 다섯 가지 이유

열정이 중요한 이유	설명
1. 학습하고 반복하는 능력	창업자가 모든 해답을 가지고 있는 것은 아니다. 피드백을 받아들이고, 변화를 만들며 전진하기 위해서는 열정과 의욕이 필요하다. 어떠한 부분에서 변화가 필요한지 분명하게 드러나지는 않지만 열정은 정답을 찾아가는 과정을 활기차고 즐겁게 만들어준다.
2. 오랜 기간 동안 열심히 일하려는 의지	일반적으로 기업가는 기존 직장에 다니는 사람보다 더 많은 시간을 일한다. 자신이 하는 일에 열정을 가지고 있어야만 지속적으로 일할 수 있다.
3. 좌절과 '반대'를 극복하는 능력	기업가는 기업이나 사회적기업을 운영하는 동안 좌절을 경험하고, 잠재 고객, 투자자 등으로부터 '안 된다'는 말을 많이 듣게 된다. 계속 나아갈 수 있는 에너지는 아이디어에 대한 열정에서 나온다.
4. 조직과 자신의 한계에 대한 피드백을 들을 수 있는 능력	당신은 창업 과정 중에 많은 사람을 만날 것이다. 일부는 선의로, 일부는 그렇지 않은 의도로 당신에게 조직을 어떻게 개선하고 당신이 어떻게 발전해야 할지 말해줄 것이다. 좋은 의도를 가진 사람들의 말에 기꺼이 귀를 기울이고 도움이 된다면 기꺼이 변화를 시도해야 한다. 하지만 나쁜 의도를 가진 사람들의 피드백에 기죽지 않고 이를 무시할 수도 있어야 한다.
5. 힘든 상황에서도 포기하지 않는 인내와 끈기	인내와 끈기는 열정에서 비롯된다. 기업가로서 힘든 날도 있을 것이다. 창업 조직을 구축하는 것은 수많은 도전이 따르는 일이다. 열정은 기업가에게 힘든 시기를 이겨낼 수 있는 동기를 부여한다.

출처: Based on A. Sack, "Why Is Passion So Important to a Startup?" A Sack of Seattle blog, https://asack.typepad.com/a_sack_of_seattle/2010/03/why-is-passion-so-important-to-a-startup.html (posted March 16, 2010, accessed May 22, 2011).

여기서 한 가지 주의할 점이 있다. 기업가는 열정을 가져야 하지만 장밋빛 미래를 꿈꿔서는 안 된다. 열정만 있으면 모든 것이 가능하다고 믿는 것은 오산이다. 사업 아이디어에 열정을 가지는 것도 중요하지만, 잠재적인 결함과 위험을 이해하는 것도 중요하다. 또한 기업가는 가장 효과적인 비즈니스 아이디어는 그들의 열정이 기술과 일치하며 합당한 비즈니스 기회가 될 수 있는 영역에 있을 때 실현된다는 것을 알아야 한다.

열정의 중요성과 기업의 성공 및 실패를 결정하는 데 중요한 다른 요소들을 설명하기 위해 각 장마다 '무엇이 잘못됐는가?'라는 제목의 특집이 실려 있다. 이 장의 특집에서는 세탁, 픽업, 배달 서비스인 Prim이 궁극적으로 실패한 이유가 창업자가 사업 아이디어에 대한 열정을 유지하지 못했기 때문임을 알 수 있다.

제품/고객 중심

성공적인 기업가의 두 번째 특징은 **제품/고객 중심**이다. 이러한 특성은 "컴퓨터는 우리가 만든 가장 놀라운 도구이지만, 가장 중요한 것은 가능한 한 많은 사람이 컴퓨터를 사용할 수 있게 하는 것이다"라고 말한 Apple의 공동창립자 Steve Jobs의 말에서 잘 드러난다.[23] 이 말은 모든 비즈니스에서 가장 중요한 두 가지 요소, 즉 제품과 고객에 대한 이해를 강조한다. 경영, 마케팅, 재무 등에 대해 생각하는 것도 중요하지만, 고객을 만족시킬 수 있는 좋은 제품을 만들지 못한다면 이러한 기능들은 아무런 의미가 없다.

이 철학은 WhitePages.com의 창립자인 Alex Algard에게서도 볼 수 있다. WhitePages.com은 1997년에 전화번호부를 대신할 수 있는 정확하고 빠른 무료 온라인 대안을 소비자에게 제공하기 위해 시작되었다. 이 사이트는 북미에서 사람들이 관련성 있고 정확한 연락처 정보를 빠르게 찾을 수 있는 가장 신뢰할만한 출처 중 하나이다. 1997년에 1인 기업으로 시작해서 오늘날 수백만 달러 규모의 회사로 성장할 수 있었던 비결이 무엇이냐는 질문에 Algard는 사용자와 고객 모

무엇이 잘못됐는가?

Prim: 열정과 결단력 부족이 어떻게 비즈니스를 죽였는가

Prim의 아이디어는 세탁 산업을 혁신하는 것이었다. 미국에서 세탁 서비스를 이용해서 옷을 세탁하고 개는 사람들이 점점 더 많아지고 있다. 이러한 서비스의 문제점은 번거롭다는 것이다. 대부분의 경우 고객은 세탁물을 봉투에 담아 세탁소에 맡긴 다음 나중에 세탁물을 찾아야 한다. 많은 서비스가 하루 중 가장 바쁜 시간대에 줄을 서기 때문에 드라이버가 세탁물을 맡기거나 픽업하기 위해 기다려야 한다.

Prim은 2013년 중반에 출시되었으며 그해 초에 유명한 비즈니스 액셀러레이터인 Y Combinator의 프로그램을 통과했다. Prim의 세탁 서비스는 고객이 세탁물을 봉투에 담은 다음 온라인에서 픽업 및 배달 시간을 선택하면 된다. 가격은 봉투 하나에 25달러, 봉투 추가 시 봉투당 15달러이다. 봉투는 제3자 배송 서비스로 모집한 드라이버가 픽업한다. (Rickshaw는 Prim이 사업을 시작한 도시의 배달 서비스 이름이다.) 모든 세탁물은 그날 늦게나 다음 날 일찍 세탁하고 개어져서 돌아온다. 고객과 픽업 및 배달을 담당하는 드라이버 간에는 현금이 오가지 않는다. 모든 비용은 Prim의 웹사이트를 통해 결제한다. Prim은 언론의 호평과 초기 모멘텀을 얻었다. 서비스를 종료했을 당시에는 40명의 고객으로부터 하루에 1,000파운드의 세탁물을 처리하며 성장하고 있었다. 무엇이 잘못되었을까?

Prim에는 두 가지 문제가 있었다. 첫째, Prim은 고객의 옷을 가져간 순간부터 혁신적인 파괴자에서 구식 기업으로 전락했다. 고객의 옷을 기존 세탁소로 가져가서 세탁 및 개기 서비스로 활용한 것이다. Prim은 여러 세탁 서비스와 대량 할인을 협상했지만, 할인은 서면이 아닌 구두로만 이루어졌다. Prim이 예상하지 못한 것은 파트너십의 악화였다. 세탁 서비스 업체들은 처음에는 Prim과의 협력에 긍정적인 반응을 보였지만, 자체적으로 배달 서비스를 운영하면서 결국 Prim이 고객과 수익을 빼앗아 간다고 생각했다. 짧은 역사 동안 Prim은 3개의 다른 세탁 서비스를 거쳤다.

Prim의 두 번째 문제점은 창업자들의 열정과 결단력이 부족했다는 점이다. 현지 세탁 서비스와 협력하는 것이 취약한 비즈니스 모델이라는 현실에 직면한 Prim의 설립자 Yin Yin Wu와 Xuwen Cao는 결단을 내려야 했다. 자체 세탁 서비스를 구축하거나 임대해야 할 것인가? 이는 대량의 세탁물을 세탁하고 개는 시설을 짓고 직원을 고용하는 데 수십만 달러가 필요하다는 점을 고려하면 쉽지 않은 결정이었다. 더 큰 문제는 새로운 시장에 진입할 때마다 이 단계를 반복해야 한다는 점이다. Wu와 Cao는 두 달간의 고심 끝에 사업을 종료하기로 결정했다. 자체 세탁 서비스를 구축하면 5~10년 안에 1,000~1,500만 달러의 매출을 올릴 수 있는 수익성 있는 비즈니스를 구축할 수 있을 것으로 예상했지만, 두 사람은 그 방향으로 나아가고 싶지 않았다. 두 사람 모두 대학에서 컴퓨터 공학을 전공했고 세탁업에 대한 직접적인 경험은 없었다. 〈CNN Money〉에 게재된 기사에서 Y Combinator의 파트너 Garry Tan은 Wu와 Cao가 Prim을 폐업한 이유에 대해 "그들은 실제로 세탁을 하고 싶었던 것이 아니라 연결자가 되고 싶었던 것"이라고 말했다.

비판적 사고를 위한 문제

1. 열정이 기업가 성공의 중요한 요소인 이유는 무엇인가? Prim의 창업자들은 회사를 설립하는 데는 열정을 가졌지만 세탁업에 대한 열정은 별로 없었다. 이러한 조합은 어떤 면에서 문제가 될 수 있을까?
2. Prim의 공동창업자들이 어떻게 하면 세탁 서비스업자들이 결국 Prim이 자신들의 사업을 빼앗을 것으로 보고 협력하는 데 주저하게 되리라는 것을 더 잘 예측할 수 있었을까?
3. Prim은 직접 드라이버를 고용해 고객의 세탁물을 픽업하고 배송하는 대신 타사 배송 서비스를 활용했다. 이러한 접근 방식이 다른 시장에서 Prim의 성장을 제한했다고 생각하는가?
4. Prim을 시작한 샌프란시스코에는 여러 혁신적인 세탁 서비스가 있다. 이러한 서비스에는 공공 사물함에 세탁물을 맡기는 LaundryLocker(https://laundrylocker.com), 파운드 단위로 요금을 지불하는 배달 서비스인 Sfwash(https://sfwash.com), 잠금 장치가 있는 특수 가방이 필요한 Sudzee(https://sudzee. com) 등이 있다. 각 서비스를 조사해보고 가장 가능성이 높다고 생각하는 서비스를 선택하고 그 선택의 근거를 설명하라. 해당 서비스를 Prim의 접근 방식과 비교하라.

출처: J. P. Mangalindan, "Prim: Anatomy of a Folded Startup," *CNNMoney*, available at https://tech.fortune.com/2014/01/22-primanatomy-of-a-folded-startup (posted January 22, 2014, accessed March 14, 2014); J. Constine, "Prim Laundry Startup Throws in the Towel," TechCrunch, available at https://techcrunch.com/2014/01/06/prim-laundry-shuts-down (posted January 6, 2014, accessed March 14, 2014).

두에게 가치를 제공하는 것의 중요성뿐만 아니라 기업이 가치를 성공적으로 전달하고 있는지를 측정하는 방법에 대한 자신의 생각을 담아 다음과 같이 말했다.

> 우리가 항상 고수해온 철학은 우리가 만드는 모든 것이 사용자와 고객 모두에게 실질적인 가치를 제

공해야 한다는 것이다. 우리가 가치 있는 무언가를 제공하는 데 성공했는지 여부를 가늠하는 가장 좋은 척도는 고객, 즉 광고주가 기꺼이 비용을 지불하는지 여부이다.[24]

제품/고객 중심에는 제품 기회를 발견하고 이를 완성할 때까지 지켜보는 부지런함도 포함된다. 예를 들어, 1980년대 초 Steve Jobs와 다른 여러 Apple 직원들은 Xerox 연구 시설을 견학했을 때 Apple Macintosh에 대한 아이디어가 떠올랐다. 그들은 그래픽 아이콘과 풀다운 메뉴를 표시하는 컴퓨터를 보고 놀라움을 금치 못했다. 또한 이 컴퓨터를 통해 사용자는 마우스라는 작은 바퀴 달린 장치를 사용해서 데스크톱을 탐색할 수 있었다. Jobs는 이러한 혁신을 바탕으로 최초의 사용자 친화적인 컴퓨터인 Macintosh를 만들기로 결심했다. Macintosh 팀은 이 신제품을 개발하는 2년 반 동안 제품/고객에 집중해서 배우기 쉽고 재미있게 사용할 수 있으며 다양한 잠재 사용자의 욕구를 충족하는 고품질의 컴퓨터를 만들었다.[25] Apple의 초기 역사와 특히 고품질 제품을 만들기 위한 노력은 〈Pirates of the Silicon Valley〉(2005), 〈JOBS〉(2013)를 비롯한 여러 영화에서 묘사되었다.

제품/시장에 초점을 맞춘 추가적인 사례는 미국 공영 라디오(NPR)에서 제작하는 주간 팟캐스트인 〈How I Built This〉에서 확인할 수 있다. 각 에피소드에서는 유명 기업 창업자와의 심층 인터뷰를 통해 기업을 어떻게 설립하고 고객을 확보했는지에 대한 전체적인 개요를 소개한다. Airbnb의 공동창업자 Joe Gebbie, Angie's List의 창업자 Angie Hicks, Dermalogica의 창업자 Jane Wurwand, Patagonia의 창업자 Yvon Chouinard 등이 게스트로 출연했다.[26]

실패에도 굴하지 않는 끈기

기업가는 기본적으로 새로운 것에 도전하기 때문에 실패할 가능성이 존재한다. 게다가 새로운 비즈니스를 개발하는 과정은 과학자가 실험실에서 경험하는 것과 다소 유사하다. 예를 들어, 화학자는 일반적으로 특정 목표를 달성하기 위한 최적의 조합을 찾기 위해서 수많은 화학 물질을 조합해 봐야 한다. 이와 비슷한 방식으로 새로운 비즈니스 아이디어를 개발할 때도 성공하기까지 어느 정도의 실험이 필요하다. 이 과정에서 좌절과 실패는 필연적으로 발생한다. 기업가의 진정한 시험은 이러한 좌절과 실패를 인내하는 능력에 있다.

인기 있는 온라인 리뷰 사이트인 Yelp의 공동창업자 Jerry Stoppelman과 Russel Simmons는 성공에 이르는 데 필요한 끈기의 정도를 잘 보여주는 예이다. 2004년에 설립된 Yelp의 원래 아이디어는 사람들이 새로운 레스토랑, 치과 의사, 배관공을 찾을 때 보통 친구에게 추천을 요청한다는 점에서 착안했다. Yelp는 사람들에게 친구 목록에서 이메일을 보내 추천을 요청할 수 있는 기능을 제공하기 위해 시작되었다. 메시지에는 친구가 쉽게 응답할 수 있는 링크가 포함되어 있었으나 사업 계획은 성공하지 못했다. 사람들은 추천할만한 내용이 없는 친구로부터 이메일 메시지를 너무 많이 받는다고 불평하기 시작했다. 이쯤 되면 Yelp는 망할 수도 있었지만 Stoppelman과 Simmons는 비즈니스를 유지하는 데 필요한 끈기를 보여주었다. 흥미롭게도 Yelp의 사업 계획에서 효과가 있었던 한 가지 측면은 두 사람이 뒤늦게 고려한 기능인 직접 리뷰를 작성할 수 있는 기능이었다. 사람들은 친구의 추천 요청에 응하기보다는 누가 시키지 않아도 자신이 좋아하는 레스토랑이나 미용실에 대한 정보를 공유하는 것을 즐기고 있었다. 2005년, Yelp는 방향을 전환해 사업 계획을 수정했다. 새로운 계획은 '친구에게 이메일 보내기' 아이디어를 버리고 사람들이 지역 비즈니스에 대한 리뷰를 적극적으로 작성할 수 있는 플랫폼을 제공하는 데 중점을 두었다. 오늘날 Yelp는 인터넷에서 가장 인기 있는 리뷰 사이트 중 하나가 되었다.

기업가가 직업적 장애물과 함께 개인적인 장애물을 극복할 수 있는 충분한 끈기를 가지는 것도 중요하다. 여성용 레이스 소재 레그 워머를 만드는 Grace & Lace의 설립자 Rick과 Melissa Hinnant가 그 예이다. 2010년에 이 부부는 아이를 유산하는 비극을 겪었다. Melissa는 병원에 입원해 있는 동안 자신의 아이에게 담요를 떠주는 환영을 보고 난 뒤 바느질에 대한 열망에 불이 붙었다. 2011년 가을 그녀는 처음으로 레이스 레그 워머를 만들었는데 가는 곳마다 사람들이 그녀를 멈춰 세우고 어디서 구했는지 물어보곤 했다. 이 경험은 현재 본격적인 여성 의류 회사로 성장한 Grace & Lace로 이어졌다.[27] 2013년 Grace & Lace는 〈Shark Tank〉에 출연했고 Barbara Corcoran의 제안을 받았다. Corcoran은 Rick과 Melissa가 출연한 에피소드를 떠올리면서 이들이 아이를 잃은 슬픔을 극복하고 보여준 끈기에 대해 이렇게 말했다.

> 지난 시즌(시즌 5)은 레이스 부츠 양말과 레그 워머를 디자인하는 Grace & Lace의 프레젠테이션이 가장 좋았다. Melissa와 Rick이 〈Shark Tank〉 무대에 등장했을 때, 그들은 모든 훌륭한 사업가가 결승선에 오르는 데 필요한 열정과 현명함을 모두 발산했다. 그들이 사업 첫해에 80만 달러의 매출을 올렸다는 것을 발표했을 때 모든 이의 관심을 한 몸에 받았다. 하지만 내가 주목한 것은 Melissa와 Rick의 뒷이야기, 즉 개인적인 실패에도 불구하고 극도의 회복 탄력성을 보여준 이야기였다. 그들이 들려준 이야기는 그들이 어려움에 부딪혀도 계속해서 나아갈 줄 아는 훌륭한 기업가라는 것을 보여주었다.[28]

실행 지능

탄탄한 아이디어를 실행 가능한 비즈니스로 만들어내는 능력은 성공적인 기업가의 핵심 특성이다. 일반적으로 이러한 능력을 **실행 지능**(execution intelligence)이라고 한다.[29] 대부분의 경우 실행 지능은 스타트업의 성공과 실패를 결정짓는 중요한 요인이다. 고대 중국 속담에는 "사업을 시작하는 것은 매우 쉽지만 사업을 유지하는 것은 매우 어렵다"는 경고가 있다.

비즈니스 아이디어를 효과적으로 실행할 수 있는 능력은 비즈니스 모델 개발, 새로운 벤처팀 구성, 자금 조달, 파트너십 구축, 재무 관리, 리더십 및 직원들의 동기 부여 등을 의미한다. 또한 생각, 창의력, 상상력을 행동과 측정 가능한 결과로 전환하는 능력도 요구된다. Amazon.com의 창립자인 Jeff Bezos는 "아이디어는 쉽다. 어려운 것은 실행이다"라고 말했다.[30] 많은 기업가에게 가장 힘든 시기는 회사를 설립한 직후이다. 이러한 현실을 란제리 회사 창업자 Jodi Gallaer는 "내 일에서 가장 도전적인 부분은 모든 것을 처음 해보는 것"이라고 표현했다.[31]

실행력의 좋은 예로 The Bouqs Company가 있다. 이 회사는 온라인 꽃 배달 서비스를 제공하고 있다. The Bouqs는 2012년에 Jason Tabis와 J. P. Montufar가 온라인 주문형 꽃 배달 업계의 현실에 불만을 품고 공동 설립한 회사이다. 당시 미국에서 판매하는 꽃의 약 90%는 콜롬비아나 에콰도르에서 생산되었으며, 최종 소비자에게 전달되기까지 여러 단계의 유통업체와 도매업체를 거쳤다. 또한 온라인으로 진행되는 대부분의 주문은 현지 플로리스트가 처리했는데, 플로리스트는 고객이 주문한 꽃을 정확하게 보유하고 있을 수도, 그렇지 않을 수도 있다. Tabis와 Montufar는 주로 실행 지능을 통해 이점을 창출함으로써 업계에 도전장을 내밀었다. 기존의 유통 채널을 활용하는 대신 콜롬비아, 에콰도르, 칠레, 미국, 캐나다 전역의 꽃 재배업체와 직접 관계를 맺었다. The Bouqs 웹사이트를 통해 주문한 꽃은 주문 당일에 절화해서 농장에서 바로 배송하기 때문에 10~14일이 걸리던 꽃이 2~4일 만에 고객에게 도착할 수 있었다. 이렇게 배송 기간을 단축한 덕분에 경쟁사보다 더 신선하고 매력적인 꽃을 고객에게 제공할 수 있었다. 온라인 꽃 주문의 다른 측면도 개선했다. 고객이 꽃을 선택하는 데 부담되지 않도록 선택 가능한 꽃을 신중하게 선별해서 구매 가능한 꽃만 표시했다. 가격은 투명하게 책정했으며, 모든 품목의 가격은 숨겨진 수수료 없이 제품과 배송비를 포함해 40달러로 책정했다. 게다가 The Bouqs는 지속 가능한 친환경 농업을 실천하는 농장에서만 꽃을 공급받았다.[32] 그 결과, The Bouqs는 소비자 및 기업 고객을 모두 확보한 성공적인 주문형 온라인 꽃 배달업체로 성장했다. 2012년 이후부터는 1,900만 달러 이상의 자금을 조달하고 있다.[33]

초기 단계의 기업이 실행 지능을 배울 수 있는 한 가지 방법은 스타트업 인큐베이터와 액셀러레이터 프로그램에 참여하는 것이다. 각 장마다 잘 관리되는 창업기업이 성과를 개선하기 위해 사용하는 도구나 기법의 예를 소개하는 '영리한 창업기업' 특집을 제공한다. 이 장의 '영리한 창업기업'에서는 스타트업 인큐베이터나 액셀러레이터 프로그램에 참여하는 이점에 대해 논의한다.

기업가에 대한 일반적인 오해

학습목표 4

기업가정신에 관한 다섯 가지 속설에 대해 설명할 수 있다.

기업가가 누구인지, 아이디어를 발전시키기 위해 회사를 설립하는 동기가 무엇인지에 대해 많은 잘못된 인식이 존재한다. 일부 잘못된 인식은 벤처 캐피털을 통해 자금을 유치해서 소규모 사업을 수백만 달러 규모의 회사로 성장시킨 두 명의 대학생과 같은 일반적이지 않은 기업가를 다루는 미디어 때문에 발생한다. 기사에서는 이러한 기업가들이 일반적이지 않고 예외적이며, 그들의 성공은 본질적으로 탄탄한 사업 아이디어를 상업화하기 위한 적절한 계획을 신중하게 실행한 결과라는 점을 거의 언급하지 않는다. 실제로 각 장의 서두에서 살펴볼 많은 기업가의 성공은 창업 과정의 다양한 측면을 신중하게 고려해서 실행한 결과이다. 기업가에 대한 가장 일반적인 오해와 진실에 대해 알아보자.

오해 1: 기업가는 만들어지는 것이 아니라 타고난 것이다

이 속설은 어떤 사람은 유전적으로 기업가가 될 소질이 있다는 잘못된 믿음에서 나왔다. 기업가의 심리적, 사회학적 요인에 대한 수백 개의 연구 결과의 공통점은 기업가가 다른 사람들과 유전적으로 다르지 않다는 것이다. 이러한 점은 처음부터 기업가로 '태어나는' 사람은 없으며 누구나 기업가가 될 수 있는 잠재력을 가지고 있다는 의미로 해석할 수 있다. 기업가가 되느냐 안 되느냐는 환경, 인생 경험, 개인적 선택에 달려 있다.[34] 하지만 기업가와 일반적으로 연관되는 성격적 특성과 특징이 있으며, 이는 표 1.3과 같다. 이러한 특성은 시간이 지남에 따라 개발되며 개인의 사회적 배경에서 진화한다. 예를 들어, 자영업을 하는 부모를 둔 사람이 기업가가 될 가능성이 더 높다는 연구 결과가 있다.[35] 아버지나 어머니가 직장에서 독립하는 모습을 보고 자란 개인은 독립에 매력을 느낄 가능성이 높다.[36] 마찬가지로, 기업가를 개인적으로 아는 사람은 기업가 지인이나 롤모델이 없는 사람에 비해 새로운 회사를 창업할 가능성이 2배 이상 높다.[37] 기업가를 아는 것이 긍정적

영리한 창업기업

스타트업 인큐베이터 및 액셀러레이터: 멘토, 파트너, 투자자, 기타 중요한 스타트업 자원에 접근할 수 있는 현명한 방법

미국 내 스타트업 인큐베이터 및 액셀러레이터 프로그램의 수가 계속 증가하고 있다. 인큐베이터는 스타트업에 공유 운영 공간을 제공하는 조직이다. 인큐베이터는 대학, 정부, 비영리단체의 후원을 받고 있다. 또한 인큐베이터는 스타트업 비즈니스에 네트워킹 기회, 멘토, 공유 장비에 대한 접근성을 높여준다. 인큐베이터는 일반적으로 참가자에게 지분을 요구하지 않으며 시드 자금도 투자하지 않는다. 인큐베이터는 1980년대에 큰 인기를 끌었으며, 현재까지도 다양한 분야의 창업 생태계에 기여하고 있다.

액셀러레이터는 새로운 개념이다. 액셀러레이터는 대부분 영리 조직으로, 프로그램에 참여하는 기업에 소액의 지분을 받는 대가로 소액의 시드 자금을 투자한다. 대부분의 액셀러레이터 프로그램은 스타트업을 그룹별로 선발해서 10~15주간의 집중 프로그램을 진행한다. 액셀러레이터는 일반적으로 무료 사무실 공간, 무료 Wi-Fi 및 웹 호스팅과 같은 특전, 멘토와의 주간 회의, 효과적인 투자 설명을 위한 코칭을 제공한다. 이 프로그램은 일반적으로 참가자가 투자자, 멘토, 기자 그룹을 상대로 비즈니스 아이디어를 발표할 수 있는 기회를 제공하는 '데모 데이(Demo Day)'와 함께 종료된다. 좋은 프로그램일수록 데모 데이에 200명 이상의 투자자가 참석한다. 인큐베이터나 액셀러레이터 프로그램에 참여하는 가장 큰 장점은 멘토링 기회를 제공한다는 점이다. 또한 기업가가 잠재적인 공동창업자, 비즈니스 파트너, 투자자를 만날 수 있는 좋은 기회이다.

가장 유명한 두 가지 액셀러레이터 프로그램은 Y Combinator와 TechStars이다. Y Combinator는 실리콘밸리에 있다. 이 프로그램은 각 스타트업에 7%의 지분을 획득하는 조건으로 12만 달러의 자금을 투자한다. 참가자는 1년에 2, 3개월 단위로 선발하지만 사무실 공간은 제공하지 않는다. 대신 이 프로그램에는 스타트업 창업자가 개별적으로 또는 그룹으로 Y Combinator 파트너와 만나 조언을 구할 수 있는 '오피스 아워(office hours)'가 있다. 또한 창업자는 매주 실리콘밸리 생태계의 유명 인사들과 대화할 수 있는 만찬에 참여할 수 있다. Y Combinator의 모토는 "사람들이 원하는 것을 만들어라"이다. TechStars는 3개월 프로그램이라는 점에서 Y Combinator와 유사하다. TechStars는 1만 8,000달러의 자금을 투자해 6%의 지분을 확보한다. 콜로라도주 볼더에서 시작된 TechStars는 현재 도시와 테마를 중심으로 26개의 프로그램을 운영하며 사업을 확장하고 있다. 애틀랜타, 시카고, 볼더, 뉴욕, 런던,

표 1.3 기업가의 공통적인 특성과 특징

적당한 수준의 위험을 감수하는 사람	낙관적 성향
설득력 있음	인맥이 좋은 사람
기획하는 사람	무언가를 달성하는 데 보람을 느끼는 사람
자원을 모으고 활용할 줄 아는 사람	기회에 민감한 사람
창의적인 사람	자신감이 있는 사람
결단력이 있는 사람	스스로 할 줄 아는 사람
끈기 있는 사람	에너지가 있는 사람
불확실성을 잘 견디는 사람	일에 대한 철학이 있는 사람
비전을 가지고 있는 사람	집중력이 좋은 사람

인 영향을 줄 수 있는 이유는 다른 기업가를 직접 관찰함으로써 창업 과정과 관련된 모호함과 불확실성이 줄어들 수 있기 때문이다.

오해 2: 기업가는 도박꾼이다

기업가에 대한 두 번째 오해는 기업가가 도박꾼이며 큰 위험을 감수한다는 것이다. 사실 기업가는

시애틀, 기타 여러 도시에 TechStars 지사를 두고 있으며, Alexa(음성 기반 기술), 사물 인터넷, 음악, 리테일 등 다양한 테마에 집중하고 있다.

Y Combinator와 TechStars에 입학하는 것은 매우 경쟁이 치열하지만, 미국 도시에는 점점 더 많은 스타트업 인큐베이터와 액셀러레이터가 생겨나고 있다. 유망한 사업 아이디어를 가진 열심히 일하는 스타트업 창업자라면 해당 프로그램을 이용할 수 있다. 대부분은 식품, 의료 기기, 소프트웨어, 모바일, 기술 등 특정 산업이나 부문에 집중한다. 스타트업 인큐베이터는 널리 퍼져 있으며, 미국 5개 도시의 스타트업 인큐베이터 및 액셀러레이터 목록을 정리하면 다음과 같다. 지역 스타트업 인큐베이터나 액셀러레이터는 현지 기업가나 투자자에게 문의하거나 간단한 Google 검색을 통해 확인할 수 있다.

Capital Innovators는 세인트루이스에 위치한 스타트업 액셀러레이터이다. 기술 스타트업에 5만 달러의 시드 자금, 사무실 공간, 주간 네트워킹 이벤트 참여, 후속 자금 지원 기회를 제공한다.

Excelerator Labs는 시카고에 위치한 여름 집중 액셀러레이터이다. 매년 봄에 10개 기업을 선발해 13주간의 여름 집중 프로그램에 참여시킨다. 이 프로그램은 참가자와 일대일로 협력하는 전국 각지의 멘토를 유치한다는 점에서 독특하다.

Capital Factory는 텍사스주 오스틴에 위치한 스타트업 인큐베이터/액셀러레이터이자 공유 오피스이다. 또한 예비 창업가를 위한 밋업 및 기타 이벤트를 주최한다. 액셀러레이터 프로그램은 멘토링 기회를 제공하고 기업가와 투자자를 연결해준다. 2015년에는 5만 명 이상의 기업가, 프로그램, 디자이너가 Capital Factory 프로그램과 이벤트에 참여했다.

EnterpriseWorks는 일리노이대학교 Research Park의 일부이다. 이곳은 대학 연구실에서 나온 연구를 상업화하는 초기 단계의 기술 기업을 호스팅하는 스타트업 인큐베이터다. 화학 과학, 생명 공학, 소프트웨어 개발, 재료 과학 등의 분야에 중점을 둔 스타트업이 주로 입주해 있다.

Food-X는 뉴욕에 본사를 둔 비즈니스 액셀러레이터로, 식품 관련 비즈니스 창업에 중점을 두고 있다. 3개월 동안 진행되는 이 프로그램은 최대 5만 달러의 시드 자금, 다른 식품 기업가들과의 공유 오피스, 세계적 수준의 식품 기업, 투자자, 언론사와의 네트워킹 기회를 제공한다. 참가자는 매주 3~5명의 전문가 멘토와 만나 식품 벤처를 테스트, 검증, 고도화할 수 있다.

비판적 사고를 위한 문제

1. 만약 여러분이 새로운 벤처를 시작한다면, 인큐베이터나 액셀러레이터 프로그램에 참여하는 것이 도움이 될까? 만약 참여한다면 주요 혜택은 무엇이라고 생각하는가?
2. 재학 중인 대학이나 거주하고 있는 도시 또는 인근 도시에서 스타트업 인큐베이터 또는 액셀러레이터 프로그램의 예를 찾아보라. 그리고 그 프로그램에 대해 설명하라. 여기에서 언급한 프로그램 중 어떤 것과 가장 유사한가?
3. 유망한 사업 아이디어가 있다면 대학 재학 중에 무엇을 하면 졸업 후 유명한 스타트업 인큐베이터나 액셀러레이터 프로그램에 입학할 가능성을 높일 수 있을까?
4. 스타트업 인큐베이터나 액셀러레이터 프로그램에 참여하는 참가자가 만날 수 있는 멘토 유형을 목록으로 작성해보라.

대부분의 사람처럼 일반적으로 **적당한 수준의 위험**을 감수하는 경향이 있다.[38] 이는 Hartford의 2015년 중소기업 성공 연구에서 확인된 사실로, 79%의 참가자가 스스로를 위험하기보다는 보수적이라고 평가했다.[39] 기업가가 도박꾼이라는 생각은 두 가지 근거가 있다. 첫째, 기업가는 일반적으로 덜 구조화된 일자리를 가지고 있으므로 일반 직장의 관리자나 직원보다 더 불확실한 가능성에 직면하게 된다.[40] 예를 들어, 소셜 네트워크 컨설팅 서비스를 시작하는 기업가는 주정부 기관에서 일하는 사람보다 덜 안정적인 직업을 가지게 된다. 둘째, 많은 기업가가 성취에 대한 강한 욕구를 가지고 있으며 종종 도전적인 목표를 설정하는데, 이러한 행동은 때때로 위험을 감수하는 것과 동일시되기도 한다.

오해 3: 기업가는 주로 돈에 의해 동기 부여된다

기업가가 경제적 보상을 추구하지 않는다고 생각하는 것은 순진한 생각이다. 그러나 앞서 설명한 바와 같이 기업가가 새로운 회사를 시작하고 인내하는 주된 이유가 돈 때문인 경우는 거의 없다. 스타트업에서 돈의 중요성과 역할은 유명한 로봇 청소기인 Roomba의 제조업체 iRobot의 창립자이자 CEO인 Colin Angle의 관점에서 살펴볼 수 있다. Angle은 회사의 미션에 대해 다음과 같이 말했다.

"멋진 물건을 만들고, 훌륭한 제품을 제공하고, 재미있게 즐기고, 돈을 벌고, 세상을 바꾸자"라는 미션은 회사 초창기에 엄청난 변화가 우리를 둘러싸고 있는 가운데서도 우리를 공통의 목적으로 하나로 묶어주었다. 미션은 우리의 목표가 즐기면서 돈 벌기라는 것을 상기시켜 주었다. 무엇보다도 우리의 미션은 돈을 버는 것뿐만 아니라 그 과정에서 세상을 변화시키는 것임을 일깨워주었다.[41]

일부 기업가는 돈을 추구하는 것이 정신을 산만하게 할 수 있다고 경고한다. 미디어 업계의 거물인 Ted Turner는 "돈이 정말 큰 이유라고 생각하면 돈을 잃을까 봐 너무 두려워서 돈을 얻지 못할 것"이라고 말했다.[42] 마찬가지로 1985년 《Forbes》 매거진에서 미국 최고 부자로 선정된 후 모든 미디어의 주목을 받았던 Sam Walton은 이렇게 말했다.

사실 돈은 내게 그다지 큰 의미가 없고, 기록을 남긴다는 의미에서도 마찬가지다. 돈이 있는 것을 부끄러워하지는 않는다. 하지만 남에게 과시하기 위한 화려한 라이프스타일은 적절하지 않다고 생각한다. 특히 사람들이 돈을 위해 열심히 일하는 벤턴빌에서는 더욱 그렇다. 우리 모두는 알고 있다. 모든 사람이 바지는 한 다리씩 걸쳐 입는다는 것을… 나는 아직도 내가 미용실에 머리를 자르러 갔던 것이 뉴스가 되었다는 게 믿어지지 않는다. 내가 미용실 말고 어디서 머리를 자르겠는가? 왜 나는 픽업트럭을 몰까? 내 개들을 데리고 다닐 때 롤스로이스에라도 태워야 하는가?[43]

오해 4: 기업가는 젊고 에너지가 넘쳐야 한다

창업 활동은 다양한 연령대에 걸쳐 상당히 고르게 분포되어 있다. Kauffman 창업 활동 지수에 보고된 최근 기업 소유자의 연령 분포가 표 1.4에 나와 있다. 기업 소유자의 비율은 네 가지 주요 연령 범주에 걸쳐 상당히 고르게 분포되어 있다. 이러한 연령 분포를 고려하면 놀랍지 않게도 대부분의 기업 소유자는 새로운 벤처를 시작하기 전에 직장 경력을 가지고 있다. 에너지가 넘치는 것도 중요하지만, 투자자들은 대개 새로운 벤처에 투자할 때 창업가(또는 창업팀)의 강점을 가장 중요한 투자 기준으로 꼽는다.[44] 벤처 캐피털리스트들은 종종 강력한 사업 아이디어를 가진 평범한 기업가에게 투자하는 것보다 보통의 사업 아이디어를 가진 강력한 기업가에게 투자하는 것을 선호한다고 말한다. 투자자의 관점에서 기업가를 '강력하게' 보이게 하는 것은 제안된 사업 분야에 대한 경험, 사업에 도움이 될 기술과 능력, 탄탄한 평판, 성공한 경력, 사업 아이디어에 대한 열정이다. 이 다섯 가지 자질 중 처음 네 가지는 젊은 기업가보다는 어느 정도 나이가 있는 기업가에게 유리하다.

표 1.4 기업 소유자의 연령 분포

연령	기업 소유자 비율(%)
20~34세	24.7
35~44세	22.9
45~54세	26.6
55~64세	25.8

출처: R. W. Fairlie, A. Morelix, E. J. Reedy, and J. Russell, 2015 *The Kauffman Index of Startup Activity: National Trends*, available at Kauffman_index-startup_activity_national_trends_2015-1.pdf.

오해 5: 기업가는 주목받는 것을 좋아한다

물론 일부 기업가는 화려하게 주목을 받는다. 그렇지만 대다수의 기업가는 대중의 관심을 받지 않는다. 실제로 많은 기업가가 독점적인 제품이나 서비스를 개발하기 때문에 오히려 대중의 관심을 피하려고 한다. 나스닥에 상장된 3,100여 개의 회사 중 많은 기업이 기업가가 창업했으며, 이들 중 많은 기업가가 여전히 회사에 적극적으로 관여하고 있다. 하지만 이 기업가들 중에서 당신은 몇 명의 이름을 알고 있는가? 아마도 세 명 혹은 네 명? 대부분의 사람은 Amazon.com의 Jeff Bezos, Facebook의 Mark Zuckerberg, Google의 Larry Page와 Sergey Brin, Tesla와 SpaceX의 Elon Musk 정도를 떠올릴 것이다. 이들은 자신이 주목받기를 원했는지 여부와 관계없이 자주 뉴스에 나온다. 그러나 우리 중 대다수는 우리가 자주 사용하고 있는 Netflix, YouTube, DIRECTV의 창립자는 알지 못한다. 이러한 기업가들은 대부분 주목을 피하거나 미디어의 관심을 받지 않는다. 그들은 사회에서 기업가가 항상 주목받기를 원한다는 흔한 오해와는 거리가 멀다.

스타트업 기업의 유형

학습목표 5

스타트업 기업의 세 가지 유형을 설명할 수 있다.

그림 1.2에서 볼 수 있듯이 스타트업 기업에는 생계형 기업, 라이프스타일 기업, 창업기업의 세 가지 유형이 있다.

생계형 기업(salary-substitute firms)은 고용주를 위해 일할 때와 비슷한 수준의 소득을 소유주에게 제공하는 소규모 회사다. 세탁소, 편의점, 레스토랑, 회계 법인, 소매점, 미용실 등이 생계형 기업의 예이다. 대다수의 소규모 비즈니스가 이 범주에 속한다. 생계형 기업은 고객에게 특별히 혁신적이진 않지만 쉽게 구할 수 있는 일반적인 제품이나 서비스를 제공한다.

라이프스타일 기업(lifestyle firms)은 소유주에게 특정 라이프스타일을 추구하고 이를 통해 생계를 유지할 수 있는 기회를 제공한다. 라이프스타일 기업에는 개인 트레이너, 프로 골프 및 테니스 선수, 숙소 소유자, 여행 가이드 등이 포함된다. 이러한 기업은 혁신적이지도 않고 빠르게 성장하지도 않는다. 일반적으로 라이프스타일 기업은 특정 스포츠, 취미, 여가 활동을 홍보하며 소수의 직원만 고용한다.

창업기업(entrepreneurial firms)은 새로운 제품과 서비스를 시장에 출시한다. 앞서 언급했듯이 기업가정신의 본질은 가치를 창출하고 그 가치를 고객에게 전달하는 것이다. 여기서 **가치**는 값어치나 중요성, 실질적인 유용성을 의미한다. 창업기업은 기회를 창출하고 포착해서 새로운 제품과 서비스를 시장에 출시한다. Dropbox, Facebook, Uber는 창업기업의 대표적인 성공 사례로 잘

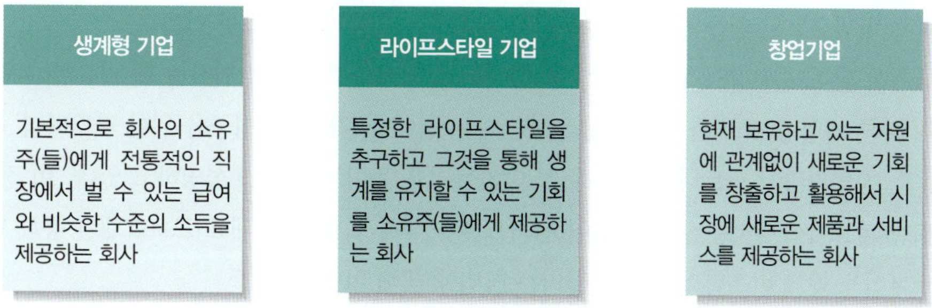

생계형 기업	라이프스타일 기업	창업기업
기본적으로 회사의 소유주(들)에게 전통적인 직장에서 벌 수 있는 급여와 비슷한 수준의 소득을 제공하는 회사	특정한 라이프스타일을 추구하고 그것을 통해 생계를 유지할 수 있는 기회를 소유주(들)에게 제공하는 회사	현재 보유하고 있는 자원에 관계없이 새로운 기회를 창출하고 활용해서 시장에 새로운 제품과 서비스를 제공하는 회사

그림 1.2 **스타트업 기업의 유형**

성공을 위한 파트너십

캠퍼스 홍보대사와 캠퍼스 대표 프로그램을 통한 대학생과의 파트너십

스타트업이 비즈니스를 알리는 새로운 방법으로 '캠퍼스 홍보대사'와 '캠퍼스 대표' 프로그램이 있다. 대부분의 캠퍼스 홍보대사와 캠퍼스 대표 프로그램은 인턴십과 취업의 중간 정도에 해당하며 다양한 프로그램이 존재한다. 이벤트, 행사, 소셜 미디어를 통해 캠퍼스에서 브랜드를 홍보할 학생을 모집하는 프로그램도 있다. 다른 프로그램에서는 학생에게 YouTube 동영상, 회사 메인 웹사이트에 게시할 기사, 캠퍼스에서 사용되는 회사 제품의 Instagram 사진 등의 콘텐츠 제작을 요청하기도 한다. 학생들은 이러한 프로그램을 통해 이력과 업무 경험을 쌓으면서 약간의 돈도 벌 수 있고, 흥미로운 회사에 접근할 수 있는 좋은 기회로 활용할 수 있다. 캠퍼스 홍보대사 및 캠퍼스 대표 프로그램을 운영하는 기업은 일반적으로 ① 밝은 성격, ② 효과적인 의사소통 능력, ③ 제품에 대한 심도 있는 지식과 애정, ④ 효과적인 마케팅 기술, ⑤ 통찰력 있는 피드백과 조언을 제공할 수 있는 능력을 갖춘 학생을 찾는다. 다음은 세 가지 캠퍼스 홍보대사 및 캠퍼스 대표 프로그램의 예와 운영 방식이다.

Apple: Apple 캠퍼스 대표는 회사의 캠퍼스 대표 팀과 직접 협력해서 지역 캠퍼스에서 Apple 제품을 알리기 위한 맞춤화된 홍보 전략을 세운다. Apple 제품에 대한 워크숍 기획 및 진행, 전단지 및 기타 홍보 자료 제작 및 배포, Apple 소프트웨어 및 하드웨어의 창의적인 활용을 강조하는 경진대회 및 이벤트 운영 등의 활동을 수행한다. Apple 캠퍼스 대표는 시간당 약 10~11달러를 받으며 주당 최대 15시간을 근무한다. Apple 캠퍼스 대표 프로그램은 www.apple.com/education/campusreps에서 온라인으로 신청할 수 있다.

Flex Watches: Flex Watches는 다채롭고 유연한 스포츠 시계이다. 시계는 다양한 색상으로 출시되며, 각 색상은 각기 다른 사회나 자선 단체를 상징한다. 각 시계 구매 가격의 10%는 해당 단체에 기부한다. 이 회사의 캠퍼스 홍보대사 프로그램에서는 캠퍼스에서 Flex Watches를 대표할 활기차고 사회적인 마인드를 가진 학생을 찾고 있다. 캠퍼스 대표는 학생들에게 회사 제품 및 자선 파트너십을 홍보하고, 그 노력에 대한 보상으로 현금과 Flex Watch 제품을 지급받는다. 캠퍼스 대표는 Facebook과 Instagram을 모두 활발하게 사용해야 한다. 지원은 https://flexwatches.com/campusreps에서 할 수 있다.

Her Campus Media: Her Campus Media는 여대생을 위한 최고의 커뮤니티다. 여대생들은 자기 지역 캠퍼스에 Her Campus 지부를 설립하기 위해 모집된다. 각 지부에서는 캠퍼스 특파원을 등록하고, 특파원은 콘텐츠를 제작 및 편집해서 지부 웹사이트에 업로드한다. 콘텐츠는 스타일, 뷰티, 건강, 사랑, 인생, 커리어 등 여대생이 관심을 가지는 여섯 가지 주제를 주로 다룬다. 현지 특파원은 회사의 전국 팀과 협력해 캠퍼스에서 Her Campus 이벤트를 조직한다. Her Campus는 저널리즘, 홍보, 마케팅, 기업가정신에 관심이 있는 여대생을 대상으로 한다. Her Campus 지부 설립에 대한 자세한 정보는 www.hercampus.com/start-your-own-my-campus-chapter에서 확인할 수 있다.

이 외에도 유명한 캠퍼스 홍보대사나 캠퍼스 대표 프로그램을 운영하는 기업으로는 Chipotle, Victoria's Secret, CBS Sports, Adobe, Amazon, Rent the Runway, Prezi, and Monster Energy Drink 등이 있다.

비판적 사고를 위한 문제

1. 대학 경험의 일환으로 캠퍼스 홍보대사나 캠퍼스 대표 프로그램에 참여하면 도움이 될 것이라 생각하는가? 왜 그러한가?
2. 캠퍼스 홍보대사나 캠퍼스 대표 프로그램에 참여하는 것이 언젠가 자신의 사업을 준비하는 데 어떤 면에서 도움이 되는가?
3. Apple, Flex Watches, Her Campus Media와 같은 기업이 캠퍼스 홍보대사나 캠퍼스 대표 프로그램을 후원하는 이유는 무엇이라고 생각하는가? 기업은 어떤 이점을 얻을 수 있는가?
4. 캠퍼스 홍보대사 프로그램을 시작하면 가장 큰 혜택을 얻을 수 있는 스타트업 유형은 무엇인가?

알려져 있다. 이러한 유형의 기업을 이끄는 기업가는 기회를 포착한 후 고객에게 가치 있고 중요하며 다른 방법으로는 얻을 수 없는 유용성을 제공하는 제품과 서비스를 만든다.

이 책에서 살펴보는 창업기업의 특징 중 하나는 잠재력을 최대한 발휘하는 데 필요한 지원을 얻기 위해 다른 기업 및 조직과 파트너십을 맺는다는 점이다. 각 장의 '성공을 위한 파트너십' 특집을 찾아보면, 창업기업이 파트너십을 통해 성공 가능성을 높이는 방법을 설명하고 있다. 이 장의 '성공을 위한 파트너십'에서는 일부 기업이 캠퍼스 홍보대사 및 캠퍼스 대표 프로그램을 통해 대학생과 파트너십을 맺고 비즈니스를 널리 알리는 방법에 대해 설명한다.

다음으로, 최근 새롭게 떠오르는 기업가의 특징에 대해 알아보자. 기업가가 되기로 결정한 사람들의 유형에 대해 알게 되면 깜짝 놀랄 수도 있다. 이러한 특징을 알아보는 동안 당신의 지인 중에 이러한 특징에 정확히 부합하는 사람이 있는지 생각해보라. 그 사람들 중에서 기업가가 될 것이라고 예상되는 사람이 있는가?

기업가의 인구통계 변화

학습목표 6

미국에서 기업가의 인구통계가 어떻게 변화하는지에 대해 토론할 수 있다.

지난 10년 동안 미국과 전 세계 창업기업의 인구통계가 변화하고 있다. 미국 내 2,790만 개의 기업[45] 중 여성, 소수 민족, 시니어(노년층)가 소유한 기업의 수가 점점 더 많아지고 있다. 이는 미국 경제의 기업 부문에서 매우 흥미로운 발전이다. 다만 우려되는 부분은 밀레니얼 세대이다. 밀레니얼 세대(18~34세)는 기업가가 되려는 의지는 높지만, 놀랍게도 기업가의 길을 선택하는 비율은 매우 낮다. 각 장의 첫머리에 소개한 젊은 기업가들처럼 이러한 추세에는 많은 예외가 있다.

여성 기업가

여전히 남성이 여성보다 창업할 확률이 높지만 여성 소유의 기업 수는 증가하고 있다. American Express OPEN의 연구에 따르면, 2016년 기준 미국에는 1,130만 개의 여성 소유 기업이 있다. 놀랍게도 이들 기업은 약 900만 명의 직원을 고용하고 있으며 연간 1조 6,000억 달러 이상의 매출을 기록하고 있다. 2007~2016년까지 여성 소유 기업의 수는 45% 증가했으나 전체 기업의 증가율은 단지 9%만 증가한 것으로 나타났다. 그 결과 지난 9년 동안 여성 소유 기업의 수는 전국 평균보다 5배나 빠른 속도로 성장했다.

2007년의 29%에서 현재 미국 기업의 38%가 여성이 대주주로 있는 것으로 나타났다. 1,130만 개의 여성 소유 기업 중 44%는 소수 민족이 소유하고 있다. 2002년 이후 급격히 증가한 이 비

Gino Santa Maria/Shutterstock

미래의 기업가들의 얼굴이다. 그들은 과거 어느 때보다도 더 많은 여성을 포함하게 될 것이며, 더욱 다양한 인종으로 구성될 것이다.

율에는 아프리카계 미국인이 소유한 190만 개의 여성 소유 기업을 포함하며, 아시아계 미국인이 8.1%, 라틴계 미국인이 16.5%를 소유하고 있다.

여성 소유 기업이 가장 많은 10개 주는 캘리포니아, 텍사스, 플로리다, 뉴욕, 조지아, 일리노이, 미시간, 오하이오, 노스캐롤라이나, 펜실베이니아이다. 여성 소유 기업은 미국 경제의 모든 부문에서 찾아볼 수 있다. 특히 4개 부문에서 두드러지는데, 이 부문은 여성 소유 기업 10개 중 약 6개(61%)를 차지한다. 이러한 부문으로는 기타 서비스(헤어 및 네일 살롱, 반려동물 관리업 등), 건강 관리 및 사회 지원(탁아소, 가정 간호 서비스 등), 전문/과학/기술 서비스(변호사, 회계사, 건축사 등), 행정 지원 및 폐기물 관리 서비스(사무실 행정 지원, 여행사 등) 등이 있다.[46]

여성 소유 기업을 지원하고 응원하는 단체의 수는 계속 증가하고 있다. 이러한 단체의 예로는 여성 기업가들이 자신의 이야기를 공유하고 서로를 지지하고 격려할 수 있는 포럼을 제공하는 전미 여성 비즈니스 소유자 협회(National Association of Women Business Owners, www.nawbo.org)가 있다.[47]

소수 민족 기업가

미국에서는 소수 민족 기업가가 크게 증가했다. 가장 포괄적인 통계는 Minority Business Development Agency(www.mbda.gov)에서 확인할 수 있다. 소수 민족 기업가에 대한 가장 최신 데이터는 2012년으로, 여성 기업가에 대한 2016년 데이터와는 대조적이다. 이 데이터에 따르면 미국에는 2007년 이후 38% 증가한 800만 개의 소수 민족 소유 기업이 있다. 이러한 증가는 매우 고무적이다. 소수 민족 소유 기업의 평균 총수입은 5만 8,119달러로 2007년보다 약간 감소했다. 소수 민족 소유 기업이 주로 활동하는 산업 분야는 의료 및 사회 지원(13%), 행정 지원과 폐기물 관리 및 처리(12%), 전문/과학/기술 서비스(10%), 건설(9%), 소매(8%), 운송 및 소매업(7%), 부동산 및 임대업(5%), 기타(37%)이다. (기타는 나머지 모든 산업을 포괄하는 개념이다.)[48]

여성 기업가와 마찬가지로 소수 민족 기업가의 성장을 촉진하는 중요한 요소는 이들을 홍보하고 지원하는 단체의 수이다. 예를 들어 라틴 비즈니스 협회, 흑인 비즈니스 협회, 아메리칸 인디언 기업 개발 센터, 아시아 비즈니스 협회, 미국 상무부 산하 소수 민족 비즈니스 개발 기관 등이 있다.

시니어 기업가

창업하는 시니어의 수는 상당하며 계속 증가하고 있다. 미국 중소기업청(SBA)에 따르면, 62세 이상의 개인이 창업하는 비율은 1988년 4.2%에서 2015년 5.4%로 증가했다.[49] 미국 중소기업청은 시니어 기업가의 증가가 미국 경제에 도움이 된다고 평가하고 있다. 이러한 성장 패턴은 새로운 경력의 토대로서 새로운 사업을 시작하려는 시니어들에게도 환영받을 것이다.

시니어 기업가의 증가는 기업의 규모 축소, 삶의 개인적인 성취를 추구하는 고령 근로자의 욕구 증가, 미래의 의료 서비스 비용 및 기타 지출을 지불하기 위해 추가 수입이 필요하다는 고령층의 우려 증가 등 여러 요인에 기인한다. 60세 이상 연령대에 있는 많은 사람은 상당한 비즈니스 경험과 활용할 수 있는 재정적 자원, 뛰어난 활력과 건강을 갖추고 있어 다양한 산업 분야에서 사업을 시작하기에 이상적인 후보자이다. 또한 기대 수명이 꾸준히 증가함에 따라 미국인들은 더 오래 살 뿐만 아니라 더 건강하게 오래 살고 있으며, 이전 세대보다 더 오랫동안 직장이나 창업에 종사할 가능성이 높다.

밀레니얼 세대 기업가

밀레니얼 세대 사이에서 기업가로서 커리어를 쌓고자 하는 열망이 높다. 벤틀리대학교의 설문조사에 따르면 밀레니얼 세대의 66%는 창업을 하고 싶고, 37%는 스스로 일하고 싶고, 25%는 회사를 소유하고 싶다고 답했다. 이러한 통계는 고무적이지만 밀레니얼 세대의 창업 방향을 온전히 반영하지는 못한다. 예를 들어, 2013년 미국 전체 기업 중 30세 미만이 소유한 기업은 3.6%에 불과하다.[50] EY와 EIG의 2016년 연구에서는 젊은이들에게 기업가가 되기 위한 제약 요인이 무엇인지 조사했다. 연구 결과 벤틀리대학교 설문조사를 통해서 밝혀지지 않았던 부분을 확인할 수 있었다. 밀레니얼 세대는 압도적인 비율(78%)로 기업가가 성공할 수 있다고 생각하며, 절반 이상이 창업을 고려한 적이 있다고 답했다. 이들이 창업 욕구를 행동으로 옮기지 못하는 가장 큰 장애물은 재정 부족, 창업 의욕 부족, 실패에 대한 두려움, 창업 프로세스에 대한 지식 부족인 것으로 나타났다.[51] 다른 요인으로는 기업 일자리의 매력, 학자금 부채, 저축 부족, 위험 회피 등이 있다.[52]

밀레니얼 세대가 특히 창업을 직업으로 고려하게 만드는 여러 가지 요인이 있다. 미국 내 2,300개 이상의 대학에서는 학부나 대학원 수준에서 기업가정신에 관한 강의를 하나 이상 제공하고 있다. 대부분의 기업가정신 교육은 비즈니스 스쿨에서 이루어지지만 공학, 농업, 법학, 호텔 경영, 간호학 등 다른 많은 대학과 학과에서도 기업가정신 과정을 제공하고 있다. 또한 여러 단체에서 제공하는 활동을 통해 대학생들이 기업가가 되는 것을 고려하도록 장려하고 있다. 이러한 조직에는 학생이 주도하는 스타트업에 투자하는 학생 운영 벤처 펀드인 Dorm Room Fund부터 54시간

표 1.5 대학생들이 기업가정신에 대해 더 많이 배우거나 비즈니스 아이디어를 발전시킬 수 있도록 지원하는 기관

기관명	설명	웹사이트 주소
3-Day Startup	학생이 회사를 시작하고 창업 역량을 키울 수 있는 3일 프로그램을 제공한다.	http://3daystartup.org
CEO(Collegiate Entrepreneurs' Organization)	240개 이상의 대학 캠퍼스에 지부를 둔 최고의 창업 네트워크	www.c-e-o.org
CollabFinder	전국의 학생들이 스타트업 및 기타 프로젝트에서 팀을 구성하는 데 사용하는 웹 플랫폼이다. 예를 들어 경영대 학생들은 이 플랫폼을 사용해서 비즈니스 아이디어에 대해 공동 작업할 공대 학생을 찾을 수 있다.	www.collabFinder.com
College Startup	대학 캠퍼스에서 떠오르는 기업가, 기업, 이벤트를 중점적으로 다루는 스타트업 뉴스 사이트이다.	www.collegestartup.org
Dorm Room Fund	학생 주도의 투자 기금으로 학생이 시작한 스타트업에 투자하며, 기금은 First Round Capital에서 지원한다.	http://dormroomfund.com
Entrepreneurs' Organization	9,500명 이상의 사업주로 구성된 글로벌 비즈니스 네트워크로 매년 Global Student Entrepreneur Award 프로그램을 진행한다.	www.gsea.org
Startup Weekend	개발자, 마케터, 제품 관리자, 스타트업 애호가들이 모여 아이디어를 공유하고 팀을 구성하며 제품을 만들고 스타트업을 시작하는 54시간 동안 진행되는 행사이다.	http://startupweekend.org
VentureWell	교수와 학생 혁신가에게 창업할 수 있도록 자금을 지원하고 교육하는 비영리 단체이다.	www.venturewell.org

안에 팀을 구성하고 스타트업을 시작할 수 있도록 지원하는 Startup Weekend에 이르기까지 다양한 기관이 있다. 이러한 기관의 예가 표 1.5에 나와 있다. 대학에 진학하지 않았거나 대학 교육을 받지 않은 밀레니얼 세대가 창업가로서의 커리어를 고려할 때 이용할 수 있는 곳들도 있다. 예를 들어, 미국 전역의 SBA 중소기업 개발 센터(SBDC)는 창업가 지망생이 이용할 수 있다. SBDC 상담원은 모든 연령대의 사람에게 격려와 조언을 제공하고 다양한 무료 비즈니스 컨설팅 및 교육 서비스를 제공하고 있다.

가업가정신과 창업기업의 긍정적인 효과

학습목표 7

경제와 사회에 대한 기업가정신과 창업기업의 긍정적인 효과를 토론할 수 있다.

경제와 사회에 미치는 기업가정신의 중요성은 1934년에 하버드대학교에서 대부분의 연구를 수행한 오스트리아 경제학자인 Joseph Schumpeter에 의해 알려지기 시작했다. Schumpeter는 그의 저서 《경제발전의 이론(The Theory of Economic Development)》에서 기업가가 새로운 제품과 기술을 개발하면서 시간이 지남에 따라 기존의 제품과 기술이 쓸모없게 된다고 주장했으며, 이 과정을 **창조적 파괴**(creative destruction)라고 정의했다. 새로운 제품과 기술은 대체로 기존 제품보다 더 우수한 경우가 많으며, 개선된 제품과 기술로 인해 소비자의 수요가 증가해 창조적 파괴는 경제성장을 촉진한다. 또한 새로운 제품과 기술은 사회 모든 요소의 생산성을 높일 수 있다.[53]

창조적 파괴 과정은 현재 사용 가능한 것을 개선하는 스타트업에서 가장 효과적으로 시작된다. 이 기술을 실천하는 소규모 기업을 흔히 '혁신가' 또는 '변화의 주체'라고 부른다. 창조적 파괴 과정은 새로운 제품과 기술에만 국한되지 않으며, 새로운 가격 전략(예: 안경 분야의 Warby Parker), 새로운 유통 채널(예: 도서 분야의 전자책), 새로운 소매 형식(예: 가구 분야의 IKEA, 식료품점 분야의 Whole Foods Market) 등이 포함될 수 있다.

이제부터 기업가정신의 중요성에 대해 좀 더 자세히 살펴보자.

창업기업의 경제적 효과

창업 행동은 두 가지 이유에서 경제의 강화와 안정에 큰 영향을 미치게 된다.

혁신 **혁신**은 새로운 것을 창조하는 과정이며, 이는 창업 과정의 핵심이다.[54] 미국 중소기업청에 따르면 소규모 혁신 기업은 직원 1인당 특허 수 측면에서 대기업 혁신 기업보다 생산성이 16배 더 높은 것으로 나타났다. 소규모 기업은 특정 산업에서 특허를 내는 활동에 특히 혁신적인 경향이 있다. 예를 들어, 소규모 기업은 스마트 그리드와 태양 에너지 분야에서 특허의 32% 이상을 가지고 있으며, 배터리와 연료 전지 분야에서는 특허의 15%를 차지하고 있다.[55]

일자리 창출 미국 중소기업청에 따르면 중소기업은 미국에서 상당한 수의 신규 일자리를 창출하고 있다. 예를 들어, 2014년에 500명 미만의 직원을 두고 있는 기업들은 약 300만 개의 민간 부문 일자리 중 거의 200만 개를 창출했다. 최근 미국 경제 회복기에 창출된 1,100만 개의 일자리 중 700만 개 이상이 소규모 기업에서 창출되었다. 소규모 기업이 일자리를 창출하는 능력의 핵심은 자본을 현명하게 활용하는 그들의 역량이다.[56]

최근 Kauffman 재단에서 실시한 연구에서는 이러한 수치를 확인하고 추가적인 통찰력을 제공하고 있다. 이 연구에 따르면 기업의 크기보다 연령이 더 중요한 것으로 나타났다. 지난 30년 동안 창업한 지 1년 미만의 기업이 연평균 150만 개의 일자리를 창출한 것으로 나타났다. 또한 신생기업과 젊은 기업은 시장에 경쟁을 불어넣고 혁신을 촉진함으로써 경제에 활력을 주고 있다.[57]

창업기업이 사회에 미치는 영향

창업기업의 혁신은 사회에 큰 영향을 가져다준다. 우리의 삶을 더 편리하게 만들고, 직장에서의 생산성을 높이고, 건강을 증진시키고, 우리를 즐겁게 해주는 모든 새로운 제품과 서비스를 생각해보자. 예를 들어, 생명공학 산업에서 선구자 역할을 하고 있는 창업기업인 Amgen은 사람들의 삶을 극적으로 개선할 수 있는 수많은 의약품을 생산하고 있다. 예를 들어 화학 요법 치료를 받는 암 환자의 감염 발생률을 낮추는 NEUPOGEN®이 있다. 향상된 건강 관리 외에도 스마트폰, 소셜 네트워크, 인터넷 쇼핑, 익일 배송, 디지털 사진 촬영 등도 있다. 이 모든 제품은 우리 세대에게 새로운 것이지만, 이 제품들이 없는 세상은 상상할 수 없게 되었다.

그러나 혁신은 사회가 고민해야 하는 도덕적, 윤리적 문제를 야기한다. 예를 들어, 바코드 스캐너 기술과 인터넷은 기업이 고객의 구매 행동을 더 쉽게 추적할 수 있게 해주었지만 이로 인해 개인 정보 보호 문제가 발생하고 있다. 마찬가지로 생명공학 기술로 인해 많은 식품의 유통기한이 더 쉽게 연장되었지만 일부 연구자와 소비자는 생명공학 식품(유전자 변형 식품)이 장기적으로 건강에 미치는 영향에 대해 의문을 제기하기도 한다.

창업기업이 대기업에 미치는 영향

창업기업은 경제와 사회에 미치는 영향 외에도 대기업의 효율성에도 긍정적인 영향을 끼친다. 예를 들어, 일부 창업기업은 대기업이 제조 및 판매하는 제품에 들어가는 부품을 생산하는 주문자상표부착생산(OEM) 기업이다. 따라서 스마트폰, 디지털카메라, 개선된 처방약과 같은 많은 흥미로운 신제품은 삼성, Apple, Johnson & Johnson과 같은 강력한 브랜드를 가진 대기업의 노력으로만 나온 결과물이 아니다. 이러한 제품들은 창업기업들의 최첨단 부품이나 연구 개발 노력으로 생산된 것이다.

많은 창업기업이 대기업의 효율성과 효과를 높이는 제품 및 서비스 생산을 중심으로 전체 비즈니스 모델을 구축한다. 예를 들어, 점점 더 많은 미국 기업이 해외 시장에서 경쟁하고 있다. 이러한 노력들은 종종 기업이 외국 고객과의 커뮤니케이션을 위해 번역가를 고용하게 만들며, 때론 대기업의 요구에 대응하기 위해 창업기업을 설립하기도 한다. 서로 다른 언어를 사용하는 두 명 이상의 사람에게 실시간 번역 서비스를 제공하는 온라인 서비스를 개발한 스타트업 회사인 SpeakLike가 그 예이다. 이 서비스의 비용은 번역가를 고용하는 데 드는 비용보다 훨씬 저렴하다. SpeakLike의 고객 중 상당수가 대기업이다. 마찬가지로 Box는 고객이 데이터 파일을 클라우드에 저장할 수 있도록 하는 스타트업이며, 현재 《Fortune》 선정 500대 기업 중 대다수가 Box의 구독자이다.

창업 프로세스

학습목표 8

창업 프로세스를 설명할 수 있다.

이 책에서 설명하는 창업 프로세스는 네 단계로 구성된다.

1단계 기업가가 되기로 결심하기
2단계 성공적인 비즈니스 아이디어 개발하기
3단계 아이디어에서 창업기업으로 전환하기
4단계 창업기업 경영 및 성장하기

그림 1.3은 이 책을 읽으면서 학습하게 될 창업 프로세스의 모델이다. 이 프로세스는 이 책의 내용을 개발하는 가이드 또는 프레임워크이다. '기업가가 되기로 결심하기'와 '성공적인 비즈니스 아이디어 개발하기' 사이에 있는 양방향 화살표는 때때로 아이디어를 개발하는 것이 한 사람을 기업가가 되도록 만든다는 것을 의미한다. 창업 프로세스의 네 가지 주요 단계와 각 단계의 구성 요소(그림 1.3 참조)에 대해 알아보자.

기업가가 되기로 결심하기(제1장)

앞서 설명한 것처럼 사람들은 스스로 상사가 되고, 자신의 아이디어를 추구하고, 금전적 보상을 추구하기 위해 기업가가 된다. 일반적으로 어떤 **트리거 이벤트**(triggering event)가 계기가 되어

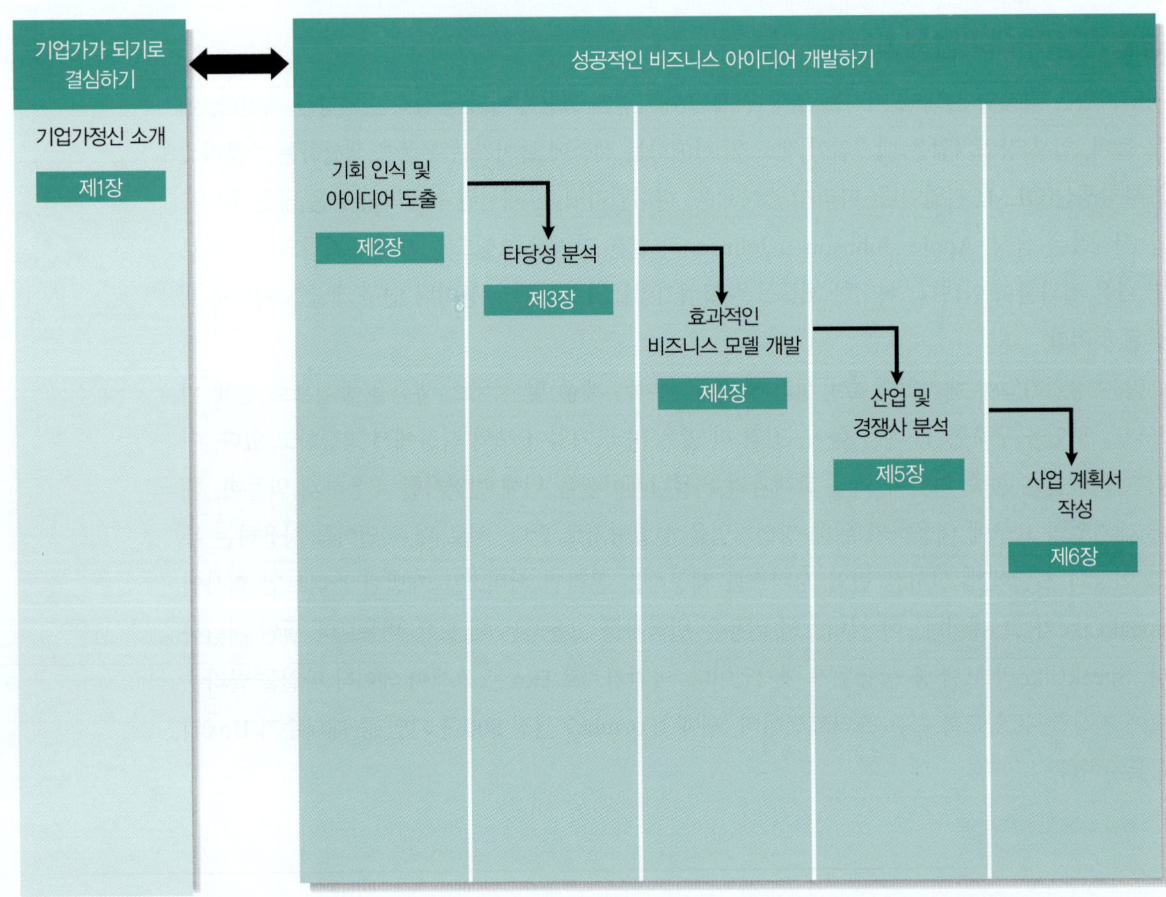

그림 1.3 **창업 프로세스의 기본 모델**

기업가가 되는 경우가 많다.[58] 예를 들어, 직장을 잃어서 사업을 시작하기에 적절한 시기라고 판단하거나, 유산을 상속받아 생애 처음으로 회사를 창업할 수 있는 자금이 생길 수 있다. 라이프스타일 문제도 창업의 계기가 될 수 있다. 예를 들어, 어떤 여성은 가장 어린 자녀가 학교에 입학하기 전까지는 창업을 미루기로 결정할 수 있다.

성공적인 비즈니스 아이디어 개발하기(제2~6장)

많은 신규 비즈니스가 실패하는 이유는 기업가가 열심히 일하지 않았기 때문이 아니라 처음부터 진정한 기회가 없었기 때문이다. 성공적인 비즈니스 아이디어를 개발하려면 기회 인식, 타당성 분석, 효과적인 비즈니스 모델 개발, 산업 분석, 사업 계획서 작성 등이 필요하다. 제2장에서는 기업가가 기회를 인식하는 방법을 과학적으로 살펴보고 기회 인식 과정이 일반적으로 어떻게 전개되는지 설명한다. 제3장에서는 아이디어가 실행 가능한 비즈니스 기회인지 판단하는 방법인 타당성 분석을 위주로 살펴본다. 제4장에서는 효과적인 비즈니스 모델 개발이라는 중요한 주제를 집중적으로 다룬다. 기업의 **비즈니스 모델**은 이해관계자를 위해 가치를 창출하고, 제공하고, 포착하는 방법에 대한 계획 혹은 레시피이다. 창업기업이 성공하려면 가치를 창출하고, 전달하고, 포착하는 것과 관련된 문제를 명확하게 이해해야 한다. 제5장에서는 산업 및 경쟁사 분석을 살펴본다. 기업이 경쟁할 산업을 파악하는 것은 기업가의 성공에 매우 중요하다. 제6장에서는 사업 계획서를 작

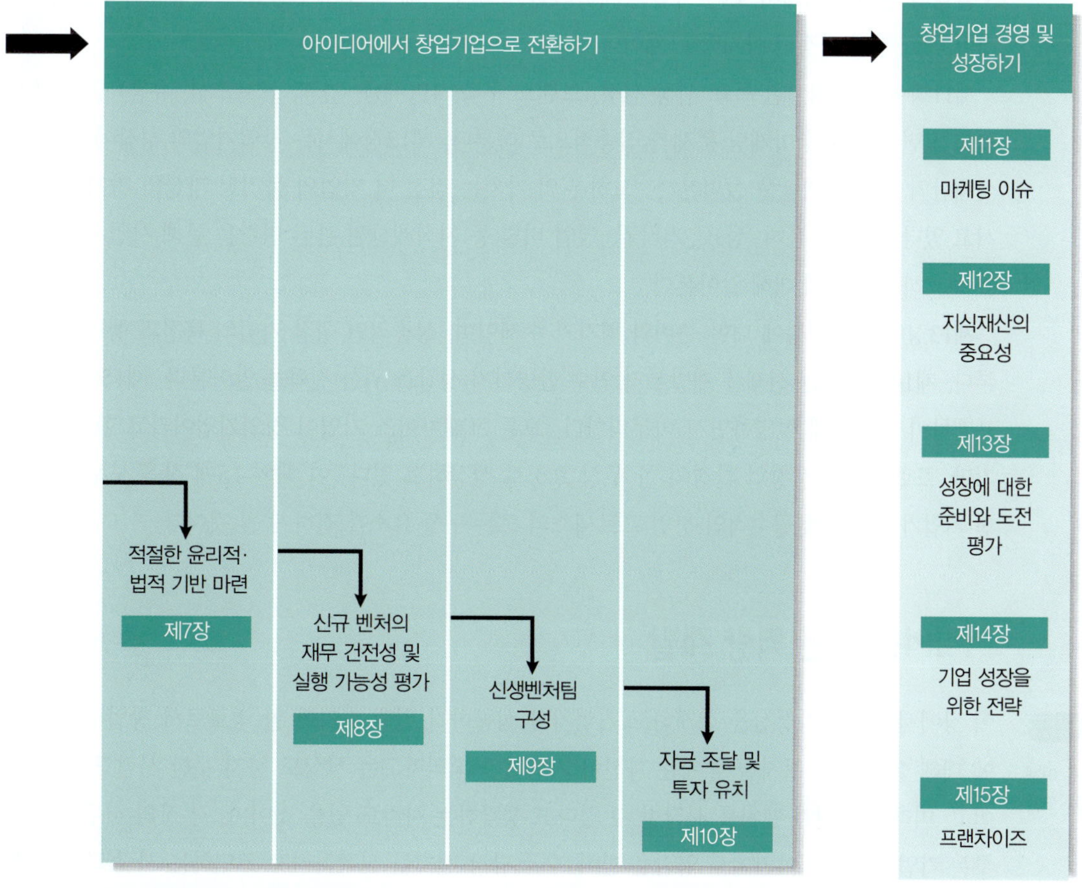

그림 1.3 **창업 프로세스의 기본 모델**(계속)

성하는 방법에 대해서 알아본다. **사업 계획서**는 비즈니스 벤처의 모든 측면을 간결하게 설명하는 서면 문서이다. 일반적으로 자금을 조달하고 우수한 비즈니스 파트너를 유치하기 위해서는 서면 사업 계획서가 필요하다. 일부 기업가는 참을성이 없어 사업 계획서를 작성하는 데 오랜 시간을 투자하고 싶어 하지 않는다.[59] 이러한 접근 방식은 대개 잘못된 선택이다. 사업 계획서를 작성하는 것은 기업가가 사업의 모든 측면을 신중하게 고려하게 만든다. 또한 새로운 벤처가 사업 초기 단계에서 사업을 어떻게 추진해야 하는지를 안내할 수 있는 일련의 마일스톤(이정표)을 설정하는 데 도움을 준다.

아이디어에서 창업기업으로 전환하기(제7~10장)

아이디어를 현실화하기 위한 첫 번째 단계는 적절한 사업 소유 형태 선택 등 회사에 적합한 윤리적, 법적 기반을 마련하는 것이며, 이러한 문제는 제7장에서 설명한다. 제8장에서는 새로운 벤처의 재무 건전성과 실행 가능성을 평가하는 중요한 주제를 다룬다. 이 장에는 기존 및 추정 재무상태표를 작성하고 분석하는 데 필요한 중요한 정보가 포함되어 있다. 제9장에서는 신생벤처팀을 구성하는 데 중점을 둔다. 제10장에서는 자금 조달 또는 자금 조달의 중요한 과제들을 살펴보고 자금 조달을 위해 회사가 선택할 수 있는 옵션에 대해 알아본다.

창업기업 경영 및 성장하기(제11~15장)

오늘날의 경쟁 사회에서 모든 기업은 지속적인 성공을 위해 적절하게 경영하고 성장해야 한다. 이것이 바로 창업 과정의 마지막 단계이다.

제11장에서는 적절한 목표 시장 선정, 브랜드 구축, 4P(제품, 가격, 프로모션, 유통) 등 창업기업이 직면한 고유한 마케팅 문제를 집중적으로 다룬다. 제12장에서는 창업기업의 성장에 있어 지식재산의 중요한 역할을 살펴본다. '노하우'의 가치는 점점 더 기업의 물리적 자산의 가치를 넘어서고 있다. 더불어 특허, 상표, 저작권, 영업 비밀 등 지식재산권 관련 법령을 통해 사업 아이디어를 보호하는 방법에 대해 알아본다.

제13장에서는 성장에 대한 준비와 평가가 주제이며, 성공적인 성장 기업의 특징과 행동을 살펴본다. 제14장에서는 신제품 개발부터 인수 합병까지 성장을 위한 전략을 알아본다. 제15장에서는 프랜차이즈에 대해 설명하면서 마무리한다. 모든 프랜차이즈 기업이 창업기업이라고 할 수는 없지만, 프랜차이즈는 창업 환경의 한 구성 요소로 성장하고 있다. 이 책의 15개 장을 모두 학습하면 기업가의 성공에 필수적인 창업 프로세스의 모든 구성 요소를 접하게 될 것이다.

커리어를 위한 역량 개발

학습목표 9

기업가정신과 창업 프로세스를 이해함으로써 자신의 진로 성공에 도움을 줄 수 있다.

이 장에서는 기업가정신을 소개하고 기업가가 성공하기 위해 따라야 할 경로로서 창업 프로세스에 대해 설명했다. 독자들 중에는 자신이 기업가가 되리라고는 상상도 하지 못한 사람도 있을 것이고, 미래에 언젠가 벤처를 시작할 수 있다고 생각하는 사람도 있을 것이며, 각 장의 서두에서 다루는 기업가들의 이야기에서 영감을 받아 지금 당장 벤처를 시작하려고 고민하는 사람도 있을 것이다. 세 가지 유형의 독자 모두에게 이 책의 내용은 조직 환경에서 개인의 성공에 중요한 '취업 역량'을 다루는데, 어떻게 그러한지 살펴보자.

기업 윤리와 사회적 책임 UN과 기업 이사회를 비롯한 다양한 출처에서 윤리적인 비즈니스 관행에 대한 필요성과 약속이 계속 강화되고 있다. 사회적 책임에 대해서도 전 세계 각국에서 기업이 이해관계자에게 미치는 영향에 대한 책임을 져야 한다고 점점 더 요구하고 있다. 창업기업의 성과에 대한 강력한 윤리 문화의 중요성은 제7장에서 자세히 설명한다. 이 장에서 읽게 될 자료에서는 윤리적이며 장단기적으로 직원들의 윤리적 행동을 유도하는 문화를 구축하는 방법을 설명한다. 이러한 통찰력은 여러분이 일하려는 영리/비영리 조직은 물론 창업벤처에도 적용할 수 있다.

비판적 사고 제2장에서 설명하는 바와 같이 비판적 사고는 잠재적 기회를 연구해서 확인한 기회가 실행 가능한 비즈니스 벤처의 토대가 될 수 있는지 판단하는 것과 관련이 깊다. 기회 확인은 본질적으로 개인이나 조직이 가치 있는 결과에 도달하는 데 도움이 될 가능성이 있는 기회를 구체화하는 목표 지향적인 프로세스이다. 그러나 때로는 가치 있는 결과에 도달하지 못할 때도 있다. 이 문제를 해결하기 위해 각 장에 '무엇이 잘못됐는가?'라는 특집을 추가했다. 이 특집은 기업가가 성공을 추구하면서 취한 비효율적인 행동을 설명하고 있다. 각 장의 마지막에는 기업가가 저지른 실수를 피하기 위해 무엇을 했어야 하는지에 대해 비판적으로 생각하도록 유도하는 일련의 질문이 있다.

협업 각 장에는 '성공을 위한 파트너십'이라는 제목의 특집도 실려 있다. 이 특집에서는 기업가가 어떤 목표를 달성하기 위해 다른 사람이나 조직과 협력하는 방법을 설명한다. 각 사례에서 파트너십을 통해 사람들은 때때로 독립적으로 일할 때보다 함께 일함으로써 더 많은 것을 성취할 수 있다는 것을 알 수 있다.

데이터 해석 능력 데이터에 접근하고 해석하는 방법을 배우는 것은 책 전체에서 다루고 있으며, 특히 제5장에서 다루고 있다. 이 장을 공부하면 기업이 경쟁사에 대한 데이터를 수집하는 방법과 이러한 데이터를 사용해서 경쟁사를 능가하기 위해 취해야 할 조치를 파악하는 방법을 배울 수 있다.

요약 Chapter Summary

1. 기업가정신은 개인이 현재 보유하고 있는 자원에 관계없이 기회를 추구하는 과정이다. 사내 기업가정신은 조직 수준에서 기업가정신의 개념을 구체화한 것이다. 창업기업은 능동적이고 혁신적이며 위험을 감수한다. 반면에 보수적인 기업은 '관망하는' 자세를 취하고 혁신성이 떨어지며 위험을 회피한다.
2. 사람들이 기업가가 되어 회사를 창업하기로 결심하는 세 가지 주요 이유는 스스로 상사가 되고 싶어서, 자신의 아이디어를 추구하고 싶어서, 재정적 보상을 추구하기 위해서이다. 이 중 상사 또는 관리자가 되고자 하는 열망은 대부분의 개인이 기업가가 되려는 결정의 원동력이다. 창업 노력으로 재정적 보상을 얻으려는 욕구는 중요하지만, 사람들이 창업을 결심하는 다른 두 가지 이유 다음으로 중요한 요소이다.
3. 비즈니스에 대한 열정, 제품/고객 중심, 실패에도 굴하지 않는 끈기, 실행 지능은 성공적인 기업가의 네 가지 주요 특성이다. 이 네 가지 특성 중 창업하려는 기업에 대한 열정은 성공한 기업가들이 공통적으로 가지고 있는 가장 일반적인 특성이다. 일반적으로 기업가의 열정은 자신의 회사

가 사람들의 삶에 변화를 가져올 것이라는 믿음으로 나타난다. 항상 고객의 니즈를 충족하는 제품이나 서비스에 집중하고, 기업가로서 기회를 지속적으로 추구하는 끈기를 보이며, 창업 아이디어를 실행 가능한 사업 운영으로 만들어내는 능력은 성공적인 기업가의 또 다른 주요 특성이다.

4. 기업가정신에 관한 가장 일반적인 다섯 가지 오해는 '기업가는 만들어지는 것이 아니라 타고난 것이다', '기업가는 도박꾼이다', '기업가는 주로 돈에 의해 동기 부여된다', '기업가는 젊고 에너지가 넘쳐야 한다', '기업가는 주목받는 것을 좋아한다' 등이다. 이러한 오해들의 문제점을 확인하지 않으면 기업가로서의 방향과 이후 행동에 영향을 미칠 수 있다. 기업가의 과제는 오해를 주의 깊게 검토하고 각 오해가 기업가정신에 대한 접근 방식에 부정적인 영향을 미치지 않도록 예방하는 것이다.
5. 스타트업 기업에는 세 가지 유형이 있다. 창업기업은 현재 보유하고 있는 자원에 관계없이 기회를 인식하고 포착해서 새로운 제품과 서비스를 시장에 출시한다. 창업기업은 혁신을 강조하지만, 생계형 기업이나 라이프스타일 기업은 그렇지 않다. 생계형 기업의 경우, 기업가는 다른 기업의 직원으로 일할 때 얻을 수 있는 수입과 비슷하거나 동일한 수준의 수입을 얻고자 한다. 라이프스타일 기업은 창업자가 특정 라이프스타일을 경험하고 싶은 욕구(예: 사냥 여행 가이드)를 추구하고 이를 통해 충분한 수입을 얻을 수 있는 기업이다.
6. 미국과 전 세계에서 창업기업의 인구통계학적 구성이 변화하고 있다. 점점 더 많은 여성, 소수 민족, 고령자, 밀레니얼 세대가 창업 과정에 적극적으로 참여하고 있다는 증거가 늘어나고 있다. 이러한 그룹이 성공적인 창업벤처를 개발하기 위한 기반으로 창업 프로세스를 적절히 활용할 수 있다.
7. 기업가정신과 이와 관련된 창업 행동이 전 세계 경제의 강화와 안정에 상당히 긍정적인 영향을 미치는 것으로 밝혀지고 있다. 창업기업이 기여하는 분야는 혁신과 일자리 창출이 가장 크다. 창업 행동은 사회에도 큰 영향을 미친다. 우리의 삶을 더 편리하게 만들고, 직장에서의 생산성을 높이고, 건강을 개선하고, 새로운 방식으로 우리를 즐겁게 해줄 수 있는 새로운 제품과 서비스를 쉽게 떠올릴 수 있다. 또한 창업기업은 대기업의 효율성에 긍정적인 영향을 미친다. 대기업의 효율성과 효과성을 높이는 데 도움이 되는 제품과 서비스를 생산하는 것을 중심으로 전체 비즈니스 모델을 구축한 많은 창업기업이 존재한다.
8. 그림 1.3에 나와 있는 창업 프로세스의 네 가지 요소는 기업가가 되기로 결심하기, 성공적인 비즈니스 아이디어 개발하기, 아이디어에서 창업기업으로 전환하기, 창업기업을 경영하고 성장시키기이다. 이러한 각 요소는 기업가의 성공에 중요한 역할을 한다. 따라서 이 책의 나머지 장에서는 이러한 요소에 대해 자세히 살펴볼 것이다.
9. 이 책을 읽은 후 어떤 독자는 기업가가 되고 싶지 않다고 결정할 것이고, 어떤 독자는 언젠가는 기업가가 되는 것이 바람직하다고 결론을 내릴 것이며, 또 다른 독자는 가능한 한 빨리 창업벤처를 창업하기로 결심할 것이다. 하지만 모든 독자에게 이 책에서 설명하는 도구, 기술, 개념은 '취업 역량'을 더욱 발전시킬 것이다. 특히 기업가정신을 공부함으로써 창업기업에서 윤리적인 사업 관행을 사용하는 것의 중요성에 대해 배우는 동시에 그러한 기업이 모든 행동에서 사회적 책임을 다할 것을 약속한다는 것을 확신하게 될 것이다. 이러한 결과를 가능하게 하는 것은 강력한 조직 문화이며, 이 책을 읽고 나면 이를 더 잘 이해할 수 있을 것이다. 이 책에서 소개한 창업 도구, 기술, 개념을 사용하는 방법을 고민함으로써 비판적 사고 능력을 향상하고, 고객과 사회에 봉사하고 투자에 대한 긍정적 수익을 얻는 등 창업기업이 원하는 목표를 추구하기 위해 다른 기업과 협력하는 것의 중요성을 깨닫게 될 것이다.

주요 용어 Key Term

가치	비즈니스에 대한 열정	실행 지능	창업기업
기업가정신	사내 기업가정신	적당한 수준의 위험	창조적 파괴
라이프스타일 기업	사업 계획서	제품/고객 중심	트리거 이벤트
비즈니스 모델	생계형 기업	창업 강도	혁신

복습 문제 Review Question

1. 창업 강도가 높은 기업의 특징은 무엇인가? 이를 어떻게 달성할 수 있는가?
2. GEM 연구는 기업가정신에 대해 어떠한 통찰력을 제공하는가?
3. 창업과 관련된 실패율에 대한 증거는 무엇을 보여주는가?
4. 기업가정신이란 무엇인가?
5. 레스토랑을 창업한 사람과 대형 레스토랑 체인 매장의 매니저로 취업해 일을 시작한 사람은 어떤 면에서 다른가?
6. 높은 수준의 기업가정신을 추구하는 기업의 세 가지 주요 특성은 무엇인가?
7. 기업가가 되려는 이유들은 보통 어떻게 순위를 매기는가?
8. 기업가가 시간이 지남에 따라 기존 직업에서 자신의 비즈니스를 소유하는 것으로 전환하려면 어떻게 해야 하는가?
9. 열정이 성공적인 기업가의 중요한 특징인 이유는 무엇인가?
10. 열정은 창업 프로세스와 어떠한 부분에서 잘 어우러진다고 생각하는가?
11. 비즈니스 아이디어를 효과적으로 실행하는 데 필요한 기술과 능력은 무엇인가?
12. 비즈니스를 시작하려는 사람이 이용할 수 있는 스타트업 유형에는 어떤 것이 있는가?
13. 기업가정신에 대한 다섯 가지 일반적인 오해는 무엇인가?
14. 기업가는 어느 정도까지 돈에 의해 동기를 부여받는가?
15. 창업 프로세스의 네 가지 특징적인 부분은 무엇이며 각 부분 간의 관계는 어떠한가?
16. 기업가는 타고나는 것이지 만들어지는 것이 아니라는 개념에 동의하는가?
17. 창업기업은 어떻게 대기업에 긍정적인 영향을 미칠 수 있는가?
18. Joseph Schumpeter의 **창조적 파괴**라는 용어는 무엇을 의미하는가?
19. 일반적으로 기업가정신은 전 세계 경제와 사회에 어떤 영향을 미치는가?
20. 이 장에서 설명하는 미국 내 기업가의 인구통계학적 구성에는 어떤 변화가 있는가?

응용 문제 Review Question

1. 이 장의 첫머리에 나온 사례를 다시 읽은 후, SuperJam 초기에 Fraser Doherty가 효과적이고 현명하게 취한 조치들을 모두 찾아보라.
2. 여러분이 경영대학의 학장이고 학교가 더 많은 기업가정신 과정을 제공하는 것에 관심이 있다고 가정해보자. 하지만 놀랍게도 일부 교수들은 기업가정신은 경험을 통해서만 배울 수 있는 역량이라고 주장하며 이를 반대하고 있다. 이 장의 자료를 사용해서 기업가정신을 가르칠 수 있다고 주장해보라.
3. 경영학을 가르치는 강사인 Peter는 수업 시간에 학생들에게 그룹을 구성해서 졸업 후 추진할 수 있는 몇 가지 사업 아이디어를 발표하라고 요청했다. 특히 한 그룹은 동네에 생태 관광 센터를 개발하겠다는 아이디어로 그의 관심을 끌었는데, 이는 현실적이고 실현 가능해 보였으며 사업을 실행하는 단계로 넘어갈 수 있는 좋은 기회라고 생각했다. 하지만 Peter가 학생들과 이야기를 나누다 보니 학생들이 기업가정신에 대해 많은 오해를 하고 있으며, 이를 직업으로 삼는 것을 두려워하고 있다는 사실을 알게 되었다. Peter는 어떻게 하면 이들의 두려움을 덜어주고 잠재력을 발휘하도록 설득할 수 있을까?
4. 창업을 고민하는 사람들이 자주 묻는 질문 중 하나는 "처음 창업하는 사람이 창업하기 전에 무엇을 알아야 하는가?"이다. 이 장에서 소개한 정보를 바탕으로 창업자가 창업을 시작하기 전에 알아야 할 사항은 무엇인가?
5. 친구가 당신에게 조언을 구하러 찾아왔다. 그녀는 15년 동안 기업에서 근무한 후 마침내 건강한 삶에 초점을 맞춘 웰니스 센터를 창업하는 꿈을 이루기로 결심했다. 하지만 아직은 조금 망설이고 있으며 창업의 긍정적인 효과에 대해 더 자세히 알고 싶어 한다. 그녀가 왜 창업 과정을 시작해야 하는지 결정할 수 있도록 도우라.
6. 기업가정신 수업을 듣는 한 신입생 그룹이 기업가가 되는 것은 해당 기업가 개인에게만 긍정적인 영향을 미친다고 주장하는 것을 들었다. 그들은 기업가가 사회와 국가에 어떤 이익이 된다고 믿지 않는다. 그들은 창조적 파괴가 경제 활동을 자극하고 사회의 모든 요소의 생산성을 증가시킨다고 믿지 않는다. 이들에게 기업가정신과 창업기업이 경제와 사회에 미치는 긍정적인 영향에 대해 설명해보자.

You Be the VC 1.1 회사명: Shyp

• Web: www.shyp.com • Facebook: Shyp • Twitter: @shyp

사업 아이디어: 가장 저렴한 옵션을 통해 개인과 기업에 물품을 픽업, 포장, 배송하는 배송 서비스 만들기

개요: 누가 택배 배송을 좋아하는가? 분주하게 배송할 상품을 상자에 포장하고, 우체국이나 UPS로 가서 줄을 서서 기다린 다음, 거기서 부르는 가격대로 지불해야 한다. 고객에게 제품을 배송하는 비즈니스의 경우 상황은 더욱 심각하다. 많은 온라인 판매자에게 배송은 가장 큰 비용 범주이자 가장 골치 아픈 문제 중 하나이다. 온라인 판매가 지속적으로 증가함에 따라 비즈니스에서 배송 문제는 더욱 심각해질 것이다.

더 이상은 그럴 필요가 없다. Shyp은 배송의 모든 번거로움을 덜어주는 배송 서비스를 개발했다. 사용 방법은 다음과 같다. 고객이 모바일 앱에 접속해 택배 수령지와 목적지 주소를 입력하고 배송할 택배 사진을 업로드한다. 목표 시간인 20분 이내에 택배 기사가 도착해서 물품을 가져간다. '여기서부터 배송해드립니다'라는 회사 슬로건에 걸맞게 Shyp은 상품을 상자에 넣고 송장을 준비한 다음 USPS, UPS, FedEx, 현지 배송업체 등 가장 저렴한 방법으로 배송한다. Shyp은 이 모든 과정을 배송비 5달러로 처리한다. Uber나 Lyft와 달리 Shyp의 모든 직원은 독립 사업자가 아니라 건강 보험과 같은 혜택을 받는 직원이다. 독립 사업자로 계약하지 않기 때문에 Shyp은 건강한 문화를 구축하고 계약자와 직원에 대한 논쟁에서 벗어날 수 있다.

Shyp은 두 가지 방식으로 수익을 창출하는데, 첫 번째는 픽업 수수료 5달러이다. 회사가 수익을 창출하는 두 번째 방법은 배송량이 많기 때문에 배송업체와 큰 폭의 할인을 협상하는 것이다. 이렇게 해서 고객에게 청구하는 배송 소매가와 실제 지불하는 배송비 사이의 차액을 수익으로 가져간다.

Shyp은 개인과 기업 고객 모두에게 서비스를 제공한다. 이 회사는 고객이 온라인 소매업체에 물건을 반품할 때 자사 서비스를 이용한다는 사실을 일찍이 파악했다. 그 결과 온라인 판매자의 반품을 처리하는 Shyp Returns라는 서비스를 출시하고 Amazon, Target, Bonobos와 같은 이커머스 기업과 파트너십을 맺었다. 이제 Shyp이 운영되는 커뮤니티에서 해당 회사의 고객은 직접 반품하지 않고 Shyp을 사용해서 반품할 수 있다. Shyp은 eBay와도 비슷한 계약을 맺고 있다. Shyp은 소규모 비즈니스에도 서비스를 제공한다. 사실상 Shyp이 운영되는 커뮤니티에서 수많은 온라인 소매업체의 배송 부서가 되어 배송과 관련된 번거로움을 덜어주고 있다. Shyp의 비즈니스 모델의 장점은 거의 모든 사람에게 의미 있는 두 가지 방식으로 고객에게 혜택을 제공한다는 것이다. 특히 Shyp을 사용하면 고객의 시간과 비용을 절약할 수 있다.

현재 Shyp은 로스앤젤레스, 뉴욕, 샌프란시스코, 시카고에서 이용할 수 있다. 곧 새로운 도시를 추가할 계획이다.

- 이 장에서 다룬 자료를 바탕으로, 투자를 결정하기 전에 회사 설립자에게 어떤 질문을 할 것인가? 어떤 대답이 여러분을 만족시킬까?
- 개요와 회사 웹사이트에 제공된 정보만 보고 투자 결정을 내려야 한다면 이 회사에 투자하겠는가? 왜 그러한가? 혹은 왜 그렇지 않은가?

You Be the VC 1.2 회사명: Vital Vio

• Web: www.vitalvio.com • Facebook: Vital Vio • Twitter: @vitalvio

사업 아이디어: 의료 시설, 비행기, 체육관, 식당, 사무실 건물, 공중화장실 등 고위험 환경에서 박테리아 및 기타 유기체를 죽이는 LED 조명을 설계, 제조, 판매

개요: 사람들은 매일 감염될 위험이 높은 환경에서 시간을 보낸다. 애틀랜타의 질병통제센터에 따르면 병원이나 요양원과 같은 의료 환경에 있는 환자 25명 중 1명은 의료 관련 감염이 발생한다고 한다. 이는 심각한 문제이다. 병원에서 흔히 감염되는 MRSA(메티실린 내성 포도상구균)는 항생제에 내성이 있다. 미국에서만 매년 9만 9,000명의 사망자가 병원 내 감염과 연관되어 있다.

비행기, 교실 건물, 식당, 체육관, 공중화장실 등 대부분의 사람이 자주 출입하는 고위험 환경도 있다. 예를 들어, 비행기 좌석 앞주머니에는 황색포도상구균이 168시간, 고무 팔걸이에는 대장균이 최대 96시간 동안 생존한다. 마찬가지로 피트니스 센터와 헬스장의 운동 기구 손잡이에도 박테리아가 많이 서식한다는 연구 결과가 있다. 비행기 청소 직원과 다른 사람들은 이러한 위험을 인식하고 있으며, 가장 취약한 표면을 주기적으로 소독하기 위해 최선을 다하고 있다. 그럼에도 불구하고 이러한 환경에서 감염이 발생하면 심각한 건강상의 합병증을 유발할 수 있다.

Vital Vio는 이러한 문제를 새로운 방식으로 해결하는 조명 시스템을 설계, 제조, 판매하고 있다. 이 조명은 특허 출원 중인 LED 기술로 만든 정밀한 백색광 스펙트럼을 방출해 사람이나 동물에게 악영향을 주지 않으면서 해로운 박테리아를 죽인다. 병원 등에서는 이미 자외선을 사용해 표면을 소독하고 있지만 자외선은 사람이 흡수하기에 안전하지 않다. Vital Vio는 기존 조명 시스템과 캐비닛 조명에 새로 장착할 수 있는 천장 조명을 판매한다. 일단 설치하면 Vital Vio의 기술은 거리에 따라 다른 속도로 방의 모든 영역을 항상 소독한다. Vital Vio의 시스템은 빛을 조작

해서 MRSA, 대장균, 살모넬라균과 같은 특정 박테리아를 자동으로 오염 제거하는 방식으로 작동한다. 세척 제품과 종이 타월로 카운터를 수동으로 닦는 것과 같은 기존의 오염 제거 방법은 효과적일 수 있지만 간헐적이다. Vital Vio의 자동적 접근 방식의 장점은 조명이 켜져 있는 한 오염 제거가 지속적으로 이루어진다는 점이다.

Vital Vio는 특정 시장에서 경쟁하기 위해 독점적인 LED 조명을 제조하고 다른 분야에서 경쟁하는 제조업체에 기술 라이선스를 허가한다.

- 이 장에서 다룬 자료를 바탕으로, 투자를 결정하기 전에 회사 설립자에게 어떤 질문을 할 것인가? 어떤 대답이 여러분을 만족시킬까?
- 개요와 회사 웹사이트에 제공된 정보만 보고 투자 결정을 내려야 한다면 이 회사에 투자하겠는가? 왜 그러한가? 혹은 왜 그렇지 않은가?

사례 1.1 CASE

SoulCycle: 전형적인 기업가 이야기

• Web: www.soulcycle.com • Facebook: SoulCycle • Twitter: @soulcycle

Bruce R. Barringer(오클라호마주립대학교)
R. Duane Ireland(텍사스A&M대학교)

소개

다음과 같은 상황을 상상해보라. 당신은 스트레스가 많은 하루를 보내고 있다. 머릿속은 복잡하고 직장에서 해결해야 할 문제가 있다. 휴대폰에서는 오후 4시 SoulCycle 운동을 상기시켜 주는 윙윙거리는 소리가 들린다. SoulCycle 스튜디오로 짧은 여정을 떠난다. 당신이 들어가면 데스크의 젊은 여성이 이름을 부르며 반갑게 맞이한다. 그녀가 물 한 병을 건네준다(당신이 Dasani 브랜드의 물을 좋아한다는 것을 기억하고 있다). SoulCycle에는 휴대폰을 반입할 수 없으므로 iPhone을 가방에 넣는다. 스튜디오에 들어가 고정식 자전거를 하나 고른다. 향초로 불을 밝힌 방은 어둡다. 스피닝 수업이 시작되고, 당신과 30명의 다른 라이더들이 속도를 높인다. 음악은 마음을 안정시켜 준다. 오후 4시 수업을 선택한 이유는 Jessica라는 강사가 마음에 들었기 때문이다. Jessica는 밀어붙여야 할 때와 물러나야 할 때를 잘 알고 있다. 당신은 직장에서의 문제에 대해 생각하기 시작하면서 잠시 운동 중이라는 사실을 잊어버린다. 전에는 생각하지 못했던 해결책이 떠오른다. Jessica는 45분간의 세션이 끝나기 전에 마지막으로 한 번 더 활력을 불어넣고 당신을 원래 상태로 돌려놓는다. 당신은 방금 신체뿐만 아니라 정신 건강에도 좋은 일을 했다고 생각하며 스튜디오를 나선다. 피곤한 느낌 대신 상쾌한 기분이 든다.

이것이 Julie Rice와 Elizabeth Cutler가 2006년에 만든 SoulCycle 경험이다. 이것이 그들이 해낸 방법이다.

블라인드 데이트

1990년대에 Julie Rice는 로스앤젤레스에서 탤런트 에이전트로 일했다. 그녀는 스트레스 해소에 도움이 되는 실내 사이클 운동을 알게 되었다. 로스앤젤레스 지역에서는 사람들이 운동을 중심으로 사교를 즐겼다는 점에서 사이클링은 그녀의 사교의 장이기도 했다. 피트니스 센터와 부티크 스튜디오도 운동을 하나의 경험으로 만들려고 노력했다. 2000년대 초, Rice는 뉴욕으로 이사했다. 그녀는 피트니스 센터를 찾으려고 노력했지만 자신의 요구를 충족하는 피트니스 센터를 찾을 수 없었다. 뉴욕에서 피트니스 센터는 그저 피트니스 센터에 불과했다. 사람들은 다른 방식으로 친목을 도모하고 경험을 찾았다.

결국 Rice는 실내 사이클링 센터를 찾았고, 2006년에 한 강사가 Elizabeth Cutler를 소개해주었다. Cutler도 뉴욕에 이주한 사람으로, Rice와 뉴욕의 피트니스 센터에 대한 불만을 공유했다. 두 사람은 '블라인드 데이트'로 만나게 되었고, 둘 다 단순한 운동뿐만 아니라 사람들을 만나고 커뮤니티의 일부가 될 수 있는 피트니스 센터를 찾고 있음을 알게 되었다. 두 사람은 서로에게 호감을 느꼈고 자신들만의 피트니스 센터를 여는 것에 대해 이야기하기 시작했다. Rice는 첫 만남 후 택시 문이 닫히기 전에 Cutler로부터 한 통의 문자를 받았다고 회상한다. "나는 부동산을 알아볼 테니 넌 수건을 알아봐"라는 내용이었다.

SoulCycle의 첫 번째 스튜디오

며칠 후 Cutler는 Craigslist에서 한 가지 가능성을 발견했다. 맨해튼 어퍼웨스트사이드에 있는 오래된 댄스 스튜디오였다. 적절한 구역으로 구분되어 있고 5년 전대 계약이 되어 있었기 때문에 Rice와 Cutler는 아이디어가 제대로 실현되지 않으면 다른 사람에게 공간을 임대할 수도 있겠다고 생각했다. 그들은 그것을 받아들여 스피닝 스튜디오를 열기로 결정했다. 스피닝은 고강도 실내 사이클링이다. 돈이 많지 않았기 때문에 프런트 데스크는 IKEA 캐비닛으로 만들었다. 스튜디오는 건물 뒤쪽 로비에 있었기 때문에 고객이 스튜디오를 찾으려면 긴 복도를 걸어가야 했다. 그들은 한 가지 큰 실수를 저질렀다. 임대 계약서에 서명한 후에야 건물 전면에 간판을 달 수 없다는 사실을 알게 된 것이다. 그들은 스튜디오 이름을 SoulCycle이라고 부르기로 결정했다.

Rice와 Cutler는 가격에 대해 많은 이야기를 나눴다. 그들은 45분 스피닝 세션에 28달러를 청구하기로 결정했다(현재는 34달러). 또한 월 멤버십 없이 수업당 요금을 부과하기로 결정했다. 사람들은 자신이 지불한

Araya Diaz/Stringer/Getty Images

로스앤젤레스의 SoulCycle 스튜디오

것에 가치를 두므로, 사전에 스피닝 수업에 28달러를 지불한다면 수업에 참석할 가능성이 높다고 판단했다. 또한 수업당 28달러를 지불하게 만들기 위해서 어떤 유형의 경험을 고객에게 제공해야 하는지도 알고 있었다.

Rice와 Cutler는 첫 고객을 확보하기 위해 동네를 직접 방문하며 인맥을 활용했다. 그들은 뉴욕시에서 만날 수 있는 많은 건강 및 뷰티 에디터에게 선물 가방을 전달했다. 또한 사람들에게 SoulCycle에 대한 입소문을 낼 수 있는 비결은 바로 자신들이 제공하는 경험이라고 확신했다. 당시 뉴욕시에는 요가 및 필라테스 스튜디오를 제외하고는 피트니스 부티크가 없었다. 그저 주류 피트니스 센터가 많았고, 그중 일부는 스피닝을 여러 수업 중 하나로 제공했다. SoulCycle은 뉴욕 최초의 스피닝 부티크를 운영하기로 결심했고, Rice와 Cutler는 이를 성공시키기로 결심했다.

SoulCycle 경험

강사 SoulCycle 경험은 강사와 함께 시작된다. 스피닝 클래스는 강사가 참가자와 마주 보고 자전거를 타면서 진행한다. 강사는 페이스메이커이자 코치이고 동기 부여자이다. SoulCycle이 문을 열었을 당시 스피닝 강사들은 파트타임으로 일하거나 여러 피트니스 센터에서 일하며 수입을 벌었다. Rice와 Cutler는 이를 바꾸기로 결심하고 강사를 풀타임으로 고용했다. 그 결과 최고의 강사를 확보할 수 있었고 고객들은 일관성 있는 서비스를 받을 수 있었다. 강사에게 건강 보험이 포함된 정규직 일자리를 제공함으로써 최고의 강사들이 스피닝 강사를 직업으로 삼을 수 있는 기회를 제공했다. 이를 통해 SoulCycle은 최고의 강사를 계속 보유할 수 있는 기회를 크게 늘릴 수 있었다.

음악 SoulCycle 경험의 가장 큰 부분은 음악이다. 각 강사는 각 세션에 맞는 재생 목록을 엄선한다. 45분간의 전체 체험 동안 음악이 재생된다. 음악은 세션 강도의 기복과 흐름에 맞춰 선택한다. 모든 세션이 동일하지 않으며 강사마다 선호하는 음악 스타일이 다르다. SoulCycle은 매달 스튜디오에서 재생하는 노래의 '베스트' 목록을 발표한다. 하지만 개별 재생 목록은 공개하지 않으므로 음악을 들으려면 직접 참석해야 한다.

분위기 분위기가 독특하다. 스튜디오는 은은한 조명이 켜져 있고 대부분의 빛은 향초에서 나온다. 스피닝 세션 중에는 스마트폰 사용이 금지되어 있다. 시끌벅적하고 단체 지향적이면서 동시에 조용하고 프라이빗한 경험을 제공하기 위해서이다. SoulCycle 경험은 새로운 친구를 사귀는 데도 도움이 된다. 많은 사람이 비슷한 스케줄을 가지고 있거나 같은 강사를 좋아하기 때문에 SoulCycle 세션에서 서로를 자주 보게 된다. 이는 SoulCycle 밖에서의 우정으로 이어진다. SoulCycle의 이러한 측면은 첫 번째 스튜디오에서 시작되었다. 긴 복도를 기억하는가? 긴 복도의 예상치 못한 장점은 사람들이 세션을 오가며 서로 인사하거나 함께 복도를 걸으면서 친해지는 등의 상호작용을 만들어냈다는 것이다. SoulCycle은 다른 많은 스튜디오에서도 이러한 디자인 요소를 의도적으로 고수했다.

SoulCycle은 기술적으로 진보된 동시에 원시적이다. 둘 다 의도한 것이다. 고정식 자전거와 사운드 시스템은 최첨단이다. 동시에 스튜디오에는 시계가 없고, 랭킹도 없으며(일부 스피닝 스튜디오에서는 누가 가장 열심히 타는지에 따라 라이더의 순위를 매긴다), 게임도 없다. 사람들은 Fitbit이나 기타 기기를 착용해서 스스로를 모니터링할 수 있다. 하지만 SoulCycle에 관한 한 순수한 경험은 순수할수록 좋다.

SoulCycle의 모든 분위기는 회사가 제공하려는 경험을 강화하기 위한 것이다. 사람들이 좋은 운동뿐만 아니라 음악, 은은한 조명, 노래 가사, 강사의 친근함, 우정을 쌓는 것 등에서 기쁨과 만족감을 찾길 원한다. 이것이 바로 이 회사의 비결이다.

교육 Rice와 Cutler는 SoulCycle이 확장성을 가지기 위해서는 SoulCycle 경험을 완벽하게 만들고 반복하기 쉽고 배우기 쉽게 만들어야 한다는 것을 알고 있었다. 그래서 첫날부터 교육에 집중했다. 신규 강사는 8주간의 교육 프로그램을 거친다. 매일 오전 9시부터 오후 5시까지 학교에 출근해서 일주일에 5~6회 정도 추가로 라이딩을 한다. 프런트 데스크에서 근무하며 고객과 가장 직접적으로 소통하는 직원들은 SoulCycle 호스피털리티 스쿨을 거친다. 호스피털리티 스쿨은 브랜드의 역사, 고객 서비스의 정의, 효과적으로 고객을 응대하는 방법, 동료와 소통하는 방법과 같은 주제를 중심으로 다룬다. SoulCycle 교육 철학의 핵심 중 하나는 직급에 관계없이 모든 신입사원이 SoulCycle 스튜디오의 프런트 데스크에서 근무하는 것이다. Rice와 Cutler가 보기에 프런트 데스크는 신입사원이 SoulCycle의 문화를 경험하고 배우기에 가장 좋은 장소이다.

성장기

첫 번째 SoulCycle 스튜디오는 성공적이었다. 개업한 지 6개월 만에 수익을 내기 시작했고 수업 대기자 명단이 생겼다. Rice와 Cutler는 초기 몇 달 동안에는 하루에 75명 정도만 서비스를 제공할 수 있을 것으로 생각했지만, 실제로는 200~300명이 이용했다. SoulCycle 경험의 강점을 통해 말 그대로 제품을 위한 시장을 창출한 것이다.

SoulCycle의 두 번째 스튜디오가 뉴욕 트라이베카 지역에 문을 열었다. 초창기에는 사람들이 SoulCycle 수업에 일찍 도착해서 대기자 명단에 이름을 적어야 했다. 이를 개선하기 위해 SoulCycle은 뉴욕의 피트니스 부티크를 위한 최초의 온라인 예약 시스템을 개발했다. 이 시스템은 곧바로 인기를 얻었다. 많은 클래스가 온라인에서 시간표를 공개한 지 몇 분 만에 마감되었다. SoulCycle은 2006년에 첫 번째 스튜디오를 오픈하면서 자체 브랜드 의류를 판매하기 시작했다. 2010년에는 전자상거래를 추가했다. SoulCycle은 현재 매년 12개의 자사 브랜드 컬렉션을 출시하고 있다. 일반적으로 상의 한 벌이 약 40달러에 판매되며 바지와 스웨트셔츠의 경우 85달러 이상이다. 많은 SoulCycle 애호가가 다양한 조합의 SoulCycle 의상을 보유하고 있다.

SoulCycle의 초기 성장은 주로 뉴욕시 지역에서 이루어졌으며, 그곳에서 스튜디오를 꾸준히 늘려나갔다. 2011년, 회사는 캘리포니아로 확장하기로 결정했다. 당시 Rice와 Cutler는 SoulCycle을 Equinox Fitness에 매각했다. 공동창업자들은 빠른 성장이 예상되는 사업을 관리하기 위해 숙련된 인력이 필요하다고 생각했다. Rice와 Cutler는 계속 남아서 SoulCycle을 Equinox의 브랜드 중 하나로 관리하고 있다.

현황 및 과제

현재 미국 내 85개 지점에서 매주 약 2만 명의 라이더가 SoulCycle을 이용하고 있다. 12세부터 85세까지 다양한 연령대의 라이더가 이용 중이다. 이 회사는 1,500명의 직원을 고용하고 있으며 2014년에는 1억 1,200만 달러 이상의 매출을 기록했다.

SoulCycle은 지속적인 성공과 함께 여러 가지 도전에 직면해 있다. Peleton(www.peleton.com)과 같은 회사는 현재 사람들이 풍부한 멀티미디어 연결을 통해 집에서 스피닝 클래스를 경험할 수 있는 고품질의 고정식 자전거를 만들고 있다. 수업은 온디맨드 방식으로 제공하므로 아카이브에 저장된 수업을 원할 때마다 좋아하는 강사의 수업으로 들을 수 있다. 그래서 특정 시간에 스튜디오에 나올 필요가 없다. SoulCycle을 모방한 여러 업체도 생겨났으며, 이에 SoulCycle은 45분 수업에 34달러라는 현재 요금보다 저렴한 가격으로 수업을 제공하고 있다.

토의 문제

1. Julie Rice와 Elizabeth Cutler에게서 이 장에서 논의한 성공하는 기업가의 특징 중 어떤 것을 발견할 수 있는가? 이러한 특징들이 SoulCycle의 성공에 어느 정도 기여했다고 생각하는가?
2. SoulCycle의 기본 서비스인 45분 스피닝 클래스가 고객의 삶에 어떠한 '가치'를 더할 수 있는가?
3. 1~10점까지(10점일수록 높음) 점수를 매겨 실행 지능 측면에서 SoulCycle을 평가하라. 이 영역에서 SoulCycle이 특히 잘했다고 생각하는 것을 다섯 가지 이상 나열하라. 점수로 순위를 정해보라.
4. Peleton이 SoulCycle에 제기하는 도전에 대해 논의해보라. 만약 여러분이 SoulCycle에 대한 Peleton의 위협에 대응하는 방법을 조언해달라는 요청을 받는다면 어떻게 하라고 말하겠는가?

출처: SoulCycle Homepage, www.soulcycle.com (accessed January 25, 2017); J. Rice and E. Cutler. "A Fireside Chat with SoulCycle Co-Founders Elizabeth Cutler and Julie Rice," Pando Daily Podcast, https://pando.com/events/soulcycle/ (posted March 11, 2015, accessed January 25, 2017); N. Hong. "How I Built It: Cycling Chain SoulCycle Spins Into Fast Lane," *The Wall Street Journal*, Sept 18, 2013; C. Wischhover. "How SoulCycle is Growing Its Cult Appeal With Apparel," *Fashionista*, June 25, 2013.

사례 1.2 CASE

PatientsLikeMe: 중증 질환을 앓고 있는 사람들을 서로 연결해서 지원과 조언을 교환할 수 있게 하기

• Web: www.patientslikeme.com • Facebook: PatientsLikeMe • Twitter: @patientslikeme

Bruce R. Barringer(오클라호마주립대학교)
R. Duane Ireland(텍사스A&M대학교)

소개

슬프지만 가슴 따뜻한 이야기이다. 1998년 캘리포니아에서 꿈에 그리던 집을 짓고 있던 29세의 건장한 목수인 Stephen Heywood는 최악의 소식을 들었다. 그가 근위축성 측삭 경화증(ALS), 즉 루게릭병 진단을 받은 것이다. 형제인 Jamie와 Ben은 그가 끈질기게 병마와 싸우며 치료법을 찾는 동안 곁을 지켰다. Stephen은 결국 루게릭병에 걸렸지만, 그의 용기 있는 여정은 퓰리처상 수상 작가 Jonathan Weiner의 자전적 영화 〈So Much So Fast〉와 책 《His Brother's Keeper》를 통해 영원히 기억될 것이다.

Stephen이 질병으로 인한 일상적인 어려움을 극복하도록 돕고, 의사 결정을 내려야 하는 상황에서 종종 이용 가능한 정보가 부족함을 직접 경험하면서 Jamie와 Ben의 삶의 방향이 크게 바뀌었다. 1999년, Jamie Heywood는 Stephen과 다른 사람들이 루게릭병과 싸우는 것을 돕기 위해 루게릭병 치료 개발 연구소라는 단체를 설립했다. 오늘날에도 이 단체는 충분한 자금과 인력을 유지하며 다양한 연구 활동을 지원하고 있다. 2005년, Jamie와 동생 Ben은 한 걸음 더 나아가 질병을 앓고 있는 사람들이 서로 대화하고 경험을 공유하며 질병에 더 잘 대처할 수 있는 기술을 서로 배울 수 있는 웹 기반 회사인 PatientsLikeMe를 설립했다.

PatientsLikeMe는 출시 이후 괄목할만한 성공을 거두었다. 어떤 질환을 앓고 있는 환자라도 누구나 사이트에 가입할 수 있다. 그 결과, 현재 약 50만 명의 회원이 2,700개 이상의 질환에 대한 경험을 공유하고 있다. 특히 주목할만한 것은 9,000명의 루게릭병 회원으로,

Tyler Olson/Shutterstock

PatientsLikeMe는 환자들이 같은 질환을 앓고 있는 다른 환자들과 연결할 수 있는 수단을 제공한다. 커뮤니티의 환자들은 정보를 공유하고 서로를 도와준다. 그 과정에서 질환의 특성에 대한 데이터를 생성한다.

PatientsLikeMe는 전 세계에서 가장 큰 온라인 루게릭병 환자 커뮤니티를 보유하고 있다. PatientsLikeMe의 성공의 핵심에는 다음과 같은 독특한 가치 제안이 있다. 이 플랫폼은 환자에게 매우 의미 있는 방식으로 상호작용할 수 있도록 도와준다. PatientsLikeMe는 의료 업계가 환자와 환자 치료에 대한 사고방식을 바꾸는 것이 목표 중 하나라는 점에서 대담한 기업이기도 하다. 이러한 목표를 달성하기 위해 PatientsLikeMe는 의료 업계와 대립하는 것이 아니라 협력하고 있다. 실제로 이 회사의 주요 수익원은 온라인 환자 커뮤니티에서 수집하고 취합한 데이터를 의료 회사에 판매해서 의료 회사가 제품 결정의 모든 측면에서 '환자의 목소리'를 반영할 수 있도록 하는 것이다.

가치 제안

개인의 의료 정보는 사적인 것이므로 가족과 의료 서비스 제공자만 알 수 있어야 한다는 일반적인 생각과는 정반대의 가치 제안을 하는 것이 PatientsLikeMe이다. PatientsLikeMe는 사람들이 다른 사람들을 돕기 위해 자신의 경험을 공개적으로 공유하는 것을 응원한다. 회원 대부분이 자신의 시간과 에너지를 많이 소모하는 질병을 앓고 있지만, 다른 사람의 삶을 개선하기 위해 기꺼이 시간과 노력을 들여 정보를 공유한다는 점에서 고무적이다.

PatientsLikeMe의 운영 방식은 이렇다. 먼저 가까운 사람이 신경 질환인 파킨슨병 진단을 받았다고 가정해보자. PatientsLikeMe에서 그 사람은 파킨슨병을 앓은 지 3년, 5년, 10년 이상 된 사람들과 교류할 수 있다. 친구나 사랑하는 사람이 "3년 후에는 어떨까요? 무엇을 할 수 있고 무엇을 할 수 없을까요? 이 질병에서 가장 무서운 부분은 무엇인가요?"라고 질문할 수 있다. 이들은 또한 질병을 앓고 있는 사람들이 가장 많이 하는 질문을 할 수도 있다. "내 상태를 고려할 때 내가 기대할 수 있는 최선의 결과는 무엇이며 어떻게 하면 거기에 도달할 수 있을까요?" 이 질문은 의료 전문가보다는 질병을 앓고 있어 모든 감정과 두려움을 진정으로 이해하는 사람이 대답할 수 있다.

PatientsLikeMe의 서비스는 이러한 유형의 상호작용을 촉진할 뿐만 아니라 회원들로부터 현재 겪고 있는 증상, 복용 중인 약물, 질병이 삶에 미치는 영향에 대한 자세한 정보를 수집한다는 점에서 특별하다. 그리고 이 데이터를 회원과 다른 사람들이 볼 수 있도록 취합해서 보여주며 더 심층적으로 분석한다. 예를 들어, 환자는 특정 약물을 얼마나 오래 복용했는지, 부작용은 없었는지, 약물이 효과적이었다고 생각하는지 등 특정 약물에 대한 경험을 공유할 수 있다. 이것은 방금 약을 처방받은 사람들이 가장 알고 싶어 하는 정보이다. 또한 회원들은 자신의 경험에 대해 서로 직접 소통할 수 있다. 예를 들어, Carbidopa-Levodopa는 파킨슨병 환자에게 흔히 처방하는 약물이다. 'Mary O.'라는 사용자가 자신의 프로필에 다음과 같은 내용을 보고했다고 하자. "처음 Carbidopa-Levodopa를 복용하기 시작했을 때는 졸렸지만 시간이 지나면서 몸이 적응해 더 이상 그런 부작용이 없습니다." 한 환자가 Carbidopa-Levodopa를 처방받은 지 얼마 되지 않았다면 Mary O.에게 이런 메시지를 보낼 수 있다. "얼마나 졸렸나요? 출근할 수 없을 정도로 심했나요? 몸이 적응하기까지 얼마나 걸렸나요? 카페인을 드셨나요? 도움이 되었나요?" 그러면 Mary O.는 질문에 대답할 것이다. 게다가 이러한 교류의 결과로 그 환자와 Mary O.는 정기적으로 연락을 주고받기 시작할 수 있으며, Mary O.는 환자에게 중요한 정보 및 지원의 원천이 될 수 있다.

PatientsLikeMe의 가치 제안에서 주목할만한 점은 회원들이 교환하는 정보와 데이터를 집계하고 표시하는 방식이 다른 어떤 곳에서도 찾아볼 수 없다는 것이다. 그리고 회원들이 매우 개인적인 건강 관련 이슈에 대해서 솔직하게 공유하려는 것이 놀라울 정도이다. 웹사이트와 회원 커뮤니티를 유지하는 것 외에도 PatientsLikeMe는 의료계에서 권위 있는 목소리를 내고 있으며 80개 이상의 동료 검토를 거친 연구 결과를 발표했다. 최근 PatientsLikeMe의 홍보 담당 부사장인 Sally Okun은 의사처럼 환자도 자신의 상태에 대해 쉽게 이야기하고 메모를 비교할 수 있도록 '환자 어휘집'을 구축하는 아이디어에 대해 TEDMED에서 주목할만한 프레젠테이션을 했다. "의료계 종사자라면 누구나 이해받고 싶어 하는가?"라는 제목의 8분짜리 강연은 www.tedmed.com 검색창에 'Sally Okun'을 입력하면 볼 수 있다.

수익 동인

서비스는 사용자에게 무료로 제공하지만 PatientsLikeMe는 영리를 목적으로 하는 벤처기업이다. 이 회사는 회원들이 공유하는 정보를 취합해서 파트너에게 판매함으로써 수익을 창출한다. 파트너에는 제약 회사, 의료 기기 회사, 보험 회사, 의료 서비스 제공자 등 의료 커뮤니티의 구성원이 포함된다. 예를 들어, 파킨슨병 환자가 특정 약물에 어떻게 반응하는지에 대한 종합적인 데이터는 해당 약을 만드는 회사에서 관심을 가질만한 정보이다. 이러한 정보의 공유는 다시 환자에게로 돌아가 도움을 준다. 예를 들어, 파킨슨병 치료제 제조업체가 약을 복용하는 사람 중 상당수가 피로를 경험한다는 사실을 알게 되면, 해당 문제를 해결하기 위해 약을 조정할 수 있다. 환자가 약물 부작용으로 피로를 경험하지 않는다는 것은 환자의 기분이 좋아질 뿐만 아니라 결근 일수가 줄어들거나 직장을 그만두지 않고 직업을 유지할 수 있다는 의미로도 해석할 수 있다. 이러한 유형의 결과 때문에 대부분의 환자는 자신의 개인 데이터가 대규모 데이터베이스에 포함되어 의료 업계 기업에 전달되기를 간절히 원한다. 결국 환자들의 경험과 목소리는 의료 회사가 환자와 치료에 대한 결정을 내릴 때 연구하는 데이터의 일부가 된다. PatientsLikeMe는 환자 데이터를 판매한다는 사실을 매우 투명하게 공개하고 있으며, 데이터 공유를 회사의 사명에 필수적인 요소로 간주한다. 회원의 명시적인 동의 없이 개인 식별 정보를 공유하거나 판매하지 않는다.

PatientsLikeMe 웹사이트에는 광고나 스폰서십이 없다. 이 회사의 유일한 목적은 회원의 이익을 의료계와 일치시키는 것이다.

앞으로의 과제

PatientsLikeMe는 사업 범위를 확장하고 있다. 원래는 생명을 위협하는 질병에만 초점을 맞춘 사이트였지만, 모든 환자에게 문호를 개방했다. 이러한 확장으로 인해 불임(남성과 여성 모두), 우울증을 포함한 기분 상태, 청력 상실과 같은 문제에 초점을 맞춘 커뮤니티가 생겨났다. 빠른 성장은 모든 기업이 직면한 도전 과제이며, PatientsLikeMe는 빠르게 성장하는 단계에 있다. 실제로 이 사례를 작성한 시점에 PatientsLikeMe는 2,700개 이상의 질환에 대한 커뮤니티를 지원하고 있다. 최근의 몇 가지 발전은 PatientsLikeMe의 미래에 긍정적인 징조이다. 환자의 치료 결과를 개선하는 데 있어 이 회사 플랫폼의 효과가 최소 세 건의 연구를 통해 확인되었다. 2017년 초, PatientsLikeMe는 인간의 건강과 질병에 대한 이해를 높이기 위해 디지털 라이프 기업 iCarbonX와 광범위한 파트너십을 체결했다. 파트너십 체결과 함께 iCarbonX와 다른 투자자들이 PatientsLikeMe에 1억 달러를 투자했다.

PatientsLikeMe와 같은 서비스를 둘러싼 몇 가지 우려도 있다. 회사는 이러한 우려를 공개적으로 인정하지만, 이점이 위험보다 더 크다고 생각한다. 한 가지 우려는 일부 고용주가 고비용 또는 고위험 질병을 앓고 있는 사람을 고용하기를 원하지 않을 수 있다는 것이다. 다시 말하지만, 일부 사람은 현재 또는 미래의 고용 기회를 위태롭게 할 수 있는 질병의 존재를 PatientsLikeMe 프로필에 공개할 수 있다. 또 다른 우려는 2017년 초부터 시행된 건강보험개혁법(ACA)의 통과로 인한 미국의 의료 정책 및 전반적인 의료 시스템 변화에 대한 불확실성과 그 영향이다.

현재 PatientsLikeMe는 공격적으로 앞으로 나아가고 있다. 현재 제공하는 가치와 함께 회사의 가장 중요한 목표는 이전에는 없던 데이터에 대한 접근을 제공해서 의료 산업에 종사하는 기업들의 생각을 바꾸는 것이다. 즉, 환자가 겪는 여정을 더 잘 이해함으로써 의료계가 환자의 핵심 질병을 치료하는 것을 넘어 환자의 신체적, 사회적, 정신적 삶의 모든 측면에 영향을 미칠 수 있는 제품을 개발할 수 있기를 희망하는 것이다.

토의 문제

1. 이 장에서 설명한 사람들이 비즈니스를 시작하게 되는 세 가지 이유 중에서 Jamie와 Ben이 PatientsLikeMe를 시작하기로 결정한 주된 동기는 무엇인가?
2. PatientsLikeMe를 선도하는 사람들은 '제품/고객 중심'을 어떻게 실천하는가? 그들은 '실행 지능'을 어떻게 실천하는가?
3. PatientsLikeMe는 어떤 유형의 스타트업 회사인가?

출처: PatientsLikeMe website, www.patientslikeme.com (accessed January 27, 2017); J. Engel, "PatientsLikeMe Nabs $100M, Works to Advance Personalized Medicine," Xconomy, available at https://www.xconomy.com/boston/2017/01/06/patientslikeme-nabs-100m-works-to-advance-personalizedmedicine/?single_page=true (posted January 6, 2017, accessed January 27, 2017); R. Bradley, "Rethinking Health Care with PatientsLikeMe," *Fortune*, April 15, 2013.

에세이 문제

1. 성공한 기업가의 네 가지 주요 특징과 특성은 무엇인가? 이 장의 서두에서 소개한 기업가 Fraser Doherty의 경험과 성공을 가장 잘 설명하는 것은 네 가지 특성 중 어떤 것인가?
2. 실행 지능이란 무엇인가? 이 개념에 대한 이해를 바탕으로 이 장의 '무엇이 잘못됐는가?'에서 다룬 Prim이 보여주는 실행 지능에 대해 생각해보라. 1~10까지의 척도 중 10이 '뛰어난 실행 지능'을 나타낼 때, Prim의 실행 지능을 몇 점으로 평가하며 그 이유는 무엇이라고 생각하는가?

미주 Endnote

1. SuperJam homepage, www.superjam.co.uk; "Fraser Doherty: 'How I Set Up SuperJam,'" Newbusiness.co.uk, www.newbusiness.co.uk/articles/entrepreneurs/fraser-doherty-how-i-set-superjam (accessed September 5, 2011, originally posted December 21, 2009); "Q&A: Fraser Doherty—SuperJam," Inspiresme.co.uk, www.inspiresme.co.uk/interviews/q-a—fraser-doherty—superjam (accessed September 5, 2011, originally posted May 31, 2011).
2. D. Kelley, S. Singer, and M. Herrington, *Global Entrepreneurship Monitor*, 2016/16 (Babson, Universiti Tun Abdul Razak, Tecnologico de Monterrey, Universidad del Desarrollo, and International Council for Small Business, 2015), Babson College, MA.
3. D. Kelley, S. Singer, and M. Herrington, *Global Entrepreneur*

ship Monitor, 2016/16 (Babson, Universiti Tun Abdul Razak, Tecnologico de Monterrey, Universidad del Desarrollo, and International Council for Small Business, 2015), Babson College, MA.

4. N. Khelil, "The Many Faces of Entrepreneurial Failure," *Journal of Business Venturing* 31, no. 1 (2016): 72–94.
5. Bureau of Labor Statistics, United States Department of Labor, available at https://www.bls.gov/bdm/entrepreneurship/bdm_chart3.htm (accessed December 19, 2016).
6. I. O'Neil and D. Ucbasaran, "Balancing 'what matters to me' with 'what matters to them': Exploring the legitimation process of environmental entrepreneurs," *Journal of Business Venturing* 31, no. 2 (2016): 133–152.
7. P. Vogel, "From Venture Idea to Venture Opportunity," *Entrepreneurship Theory and Practice* 2017, in press; D. Grichnik, J. Brinckmann, L. Singh, and S. Manigart, "Beyond Environmental Scarcity: Human and Social Capital as Driving Forces of Bootstrapping Activities," *Journal of Business Venturing* 29, no. 2 (2014): 310–326.
8. C. Eesley, "Institutional Barriers to Growth: Entrepreneurship, Human Capital and Institutional Change," *Organization Science* 27, no. 5 (2016): 1290–1306; C. S. Hayter, "Conceptualizing Knowledge-Based Entrepreneurship Networks: Perspectives from the Literature," *Small Business Economics* 41, no. 4 (2013): 899–911.
9. E. Mollick, "Filthy Lucre? Innovative Communities, Identity, and Commercialization," *Organization Science* 27, no. 6 (2016): 1472-1487; S. A. Alvarez and J. B. Barney, "Entrepreneurial Opportunities and Poverty Alleviation," *Entrepreneurship Theory and Practice* 38, no. 1 (2014): 159–184.
10. M. de Lurdes Calisto and S. Sarkar, "Organizations as Biomes of Entrepreneurial Life: Towards a Clarification of the Corporate Entrepreneurship Process," *Journal of Business Research* 70, no. 1 (2017): 44–54; R. M. Holmes, S. A. Zahra, R. E. Hoskisson, K. DeGhetto, and T. Sutton, "Two-Way Streets: The Role of Institutions and Technology Policy in Firms' Corporate Entrepreneurship and Political Strategies," *Academy of Management Perspectives* 30, no. 3 (2016): 247–272.
11. M. Drnovsek, M. S. Cardon, and P. C. Patel, "Direct and Indirect Effects of Passion on Growing Technology Ventures," *Strategic Entrepreneurship Journal* 10, no. 2 (2016): 194–213; M. A. Uy, M.-D. Foo, and R. Ilies, "Perceived Progress Variability and Entrepreneurial Effort Intensity: The Moderating Role of Venture Goal Commitment," *Journal of Business Venturing* 30, no. 3 (2015): 375–389.
12. R. Branson, *Losing My Virginity* (New York: Time Warner, 1999).
13. Ladies Who Launch Homepage, www.ladieswho-launch.com (accessed January 27, 2017).
14. U. Uygur and S. M. Kim, "Evolution of Entrepreneurial Judgment with Venture-Specific Experience," *Strategic Entrepreneurship Journal* 10, no. 2 (2016): 169–193; B. Barringer, *The Truth About Starting a Business* (Upper Saddle River, NJ: Financial Times, 2009).
15. L. F. Edelman, T. Manolova, G. Shirokova, and T. Tsukanova, "The Impact of Family Support on Young Entrepreneurs' Start-Up Activities," *Journal of Business Venturing* 31, no. 4 (2016): 428–448; T. J. Bae, S. Qian, C. Miao, and J. O. Fiet, "The Relationship Between Entrepreneurship Education and Entrepreneurial Intentions: A Meta-Analytic Review," *Entrepreneurship Theory and Practice* 38, no. 2 (2014): 217–254.
16. D. Courpasson, F. Dany, and I. Marti, "Organizational Entrepreneurship as Active Resistance: A Struggle Against Outsourcing," *Entrepreneurship Theory and Practice* 40, no. 1 (2016): 131–160.
17. M. Luenendonk, "Interview with Marco Zappacosta from Thumbtack, www.cleverism.com, December 15, 2014 (accessed December 19, 2016).
18. Thumbtack Homepage, www.thumbtack.com (accessed December 19, 2016).
19. D. Carnoy, "Richard Branson," *Success,* April 1998, 62–63.
20. Patrick Whaley, in "*Shark Tank Secrets to Success*" by M. Parrish and D. Kingswell: Los Angeles, CA, 107.
21. J. Wood, "John Wood, 43, Founder of Room to Read and Author of *Leaving Microsoft to Change the World*," in K. Finneran, "In Pictures: The Greatest Risk They Ever Took," *Forbes*, January 20, 2010.
22. Room to Read Annual Report, 2015, https://roomtoread.org (accessed January 27, 2017).
23. K. Farrell and L. C. Farrell, *Entrepreneurial Age* (New York: Allworth Press, 2001).
24. M. Sullivan, "Interview with Alex Algard, Founder, WhitePages.com," BusinessInterviews.com (accessed March 5, 2014).
25. R. D. Jager and R. Ortiz, *In the Company of Giants* (New York: McGraw-Hill, 2007).
26. How I Built This Homepage, www.npr.org/podcasts/510313/how-i-built-this (accessed December 21, 2016).
27. Grace and Lace Homepage, www.graceandlace.com (accessed December 20, 2016).
28. B. Corcoran, "The Best Entrepreneurs Don't Know When to Quit, LinkedIn, September 6, 2014, https://www.linkedin.com/pulse/20140906172705-264544111-the-best-entrepreneurs-don-t-know-when-to-quit.
29. B. Schemmann, A. M. Herrmann, M.M.H. Chappin, and G. J. Heimeriks, "Crowdsourcing Ideas: Involving Ordinary Users in the Ideation Phase of New Product Development," *Research Policy* 45, no. 6 (2016): 1145–1154; P. H. Kim, K. C. Longest, and S. Lippmann, "The Tortoise Versus the Hare; Progress and Business Viability Differences Between Conventional and Leisure-Based Founders," *Journal of Business Venturing* 30, no. 2 (2015): 185–204.
30. L. Hazleton, "Profile: Jeff Bezos," *Success,* July 1998: 60.
31. Ladies Who Launch Homepage, www.ladieswho-launch.com (accessed April 16, 2006).
32. The Bouqs Homepage, www.thebouqs.com (accessed December 20, 2016.
33. Crunchbase, The Bouqs Company, www.crunchbase.com (accessed December 19, 2016).
34. T. Saxton, C. L. Wesley II, and M. K. Saxton, "Venture Advocate Behaviors and the Emerging Enterprise," *Strategic Entrepreneurship Journal*, 10, no. 1 (2016): 107–125; M. Lofstrom, T. Bates, and S. C. Parker, "Why Are Some People More Likely to Become Small-Business Owners Than Others: Entrepreneurship Entry and Industry-Specific Barriers," *Journal of Business Venturing* 29, no. 2 (2014): 232–251.
35. B. F. Blumberg and G. A. Pfann, "Roads Leading to Self-Employment: Comparing Transgenerational Entrepreneurs and Self-Made Start-Ups," *Entrepreneurship Theory and*

Practice 40, no. 2 (2016): 335–357; G. N. Powell and K. A. Eddleston, "Linking Family-to-Business Enrichment and Support to Entrepreneurial Success: Do Female and Male Entrepreneurs Experience Different Outcomes?" *Journal of Business Venturing* 28, no. 2 (2013): 261–280.

36 M. D. Burton, J. B. Sorensen, and S. D. Dobrev, "A Careers Perspective on Entrepreneurship," *Entrepreneurship Theory and Practice* 40, no. 2 (2016): 237–247; H. A. Ndofor and R. L. Priem, "Immigrant Entrepreneurs, the Ethnic Enclave Strategy, and Venture Performance," *Journal of Management* 37, no. 3 (2011): 790–818.

37. Y. Engel, C. van Burg, and S. Khapova, "Past Career in Future Thinking: How Career Management Practices Shape Entrepreneurial Decision Making," *Strategic Entrepreneurship Journal* 11, no. 2 (2017): 122–144; M. R. Marvel, "Human Capital and Search-Based Discovery: A Study of High-Tech Entrepreneurship," *Entrepreneurship Theory and Practice* 37, no. 2 (2013): 403–419.

38. T. Minola, M. Brumana, G. Campopiano, R. P. Garrett, and L. Cassia, "Corporate Venturing in Family Business: A Developmental Approach of the Enterprising Family," *Strategic Entrepreneurship Journal* 10, no. 4 (2016): 395–412; J.P.J. de Jong, S. K. Parter, S. Wennekers, and C.-H. Wu, "Entrepreneurial Behavior in Organizations: Does Job Design Matter?" *Entrepreneurship Theory and Practice* 39, no. 4 (2015): 981–995.

39. The Hartford 2015 Small Business Success Study, September 29, 2015, available at https://www.thehartford.com/our-company/success-study-2015 (accessed January 28, 2017).

40. D. Miller and I. Le Breton-Miller, "Underdog Entrepreneurs: A Model of Challenge-Based Entrepreneurship," *Entrepreneurship Theory and Practice* 41, no. 1 (2017): 7–17; D. Miller and C. Sardais, "Bifurcating Time: How Entrepreneurs Reconcile the Paradoxical Demands of the Job," *Entrepreneurship Theory and Practice* 39, no. 3 (2015): 489–512.

41. C. Angle, "Iterate Again," in D. Cohen and B. Feld (eds.), *Do More Faster* (Hoboken, NJ: John Wiley & Sons, Inc., 2011), 50.

42. C. Williams, *Lead, Follow, or Get Out of the Way* (New York: Times Books, 1981), 111.

43. S. Walton, *Made in America: My Story* (New York: Doubleday, 1992).

44. U. Uygur and S. M. Kim, "Evolution of Entrepreneurial Judgment with Venture-Specific Experience," *Strategic Entrepreneurship Journal* 10, no. 2 (2016): 169–193; F. Rojas and E. Huergo, "Characteristics of Entrepreneurs and Public Support for NTBFs," *Small Business Economics* 47, no. 2 (2016): 363–382.

45. SBA, Frequently Asked Questions, available at https://www.sba.gov/sites/default/files/FAQ_Sept_2012.pdf (accessed December 20, 2016).

46. The 2016 State of Women-Owned Business Report, american Express-Open, available at https://www.womenable.com/content/userfiles/2016_State_of_Women-Owned_Businesses_Executive_Report.pdf (accessed December 20, 2016).

47. National Association of Women Business Owners Homepage, www.nawbo.org (accessed December 20, 2016).

48. Minority Business Development Agency Homepage, www.mbda.gov (accessed December 20, 2016).

49. D. Wilmoth. "The Ascent of the Senior Entrepreneur," U.S. Small Business Administration Office of Advocacy Economic Research Series, Washington, DC, August 18, 2016.

50. J. Meyer, "Millennials Want to be Entrepreneurs, So Why Aren't They Starting Businesses? Part 1." *Forbes,* July 20, 2015.

51. Economic Innovation Group Homepage, available at www.eig.org/millennial# (accessed December 20, 2016).

52. M. Bacon, "Why Millennials Choose To Join Corporate America Over Becoming Entrepreneurs," *Forbes*, November 17, 2016.

53. J. A. Schumpeter, *The Theory of Economic Development* (Cambridge, MA: Harvard University Press, 1994).

54. J. Wu, S. Si, and X. Wu, "Entrepreneurial Finance and Innovation: Informal Debt as an Empirical Case," *Strategic Entrepreneurship Journal* 10, no. 3 (2016): 257-273; W. J. Baumol, "Formal Microeconomic Structure for Innovative Entrepreneurship Theory," *Entrepreneurship Research Journal* 1, no. 1 (2011): 1–3.

55. SBA, "Small Businesses Lead the Way in Green Technology Innovation," available at www.sba.gov/advocacy/809/29201 (accessed March 14, 2014).

56. Contreras-Sweet, Small Businesses Create 2 Million Jobs, available at https://www.sba.gov/blogs/small-businesses-create-2-million-jobs, Published on January 15, 2015 (accessed December 20, 2016).

57. Entrepreneurship Policy Digest, "The Importance of Young Firms for Economic Growth," Ewing Marion Kauffman Foundation, September 25, 2014, available online at https://www.kauffman.org/~/media/kauffman_org/resources/2014/entrepreneurship%20policy%20digest/september%202014/entrepreneurship_policy_digest_september2014.pdf

58. Y. Snihur, B. S. Reiche, and E. Quintane, "Sustaining Actor Engagement during the Opportunity Development Process," *Strategic Entrepreneurship Journal* 11, no. 1 (2017): 1–17; A. D. Cruz, C. Howorth, and E. Hamilton, "Intrafamily Entrepreneurship: The Formation and Membership of Family Entrepreneurial Teams," *Entrepreneurship Theory and Practice* 37, no. 1 (2013): 17–46.

59. K. M. Smolka, I. Verheul, K. Burmeister-Lamp, and P.P.M.A.R. Heugens, "Get it Together! Synergistic Effects of Causal and Effectual Decision-Making Logics on Venture Performance," *Entrepreneurship Theory and Practice* 2017, in press; B. Barringer, *Preparing Effective Business Plans* (Upper Saddle River, NJ: Prentice Hall, 2009).

PART 2 성공적인 비즈니스 아이디어 개발하기

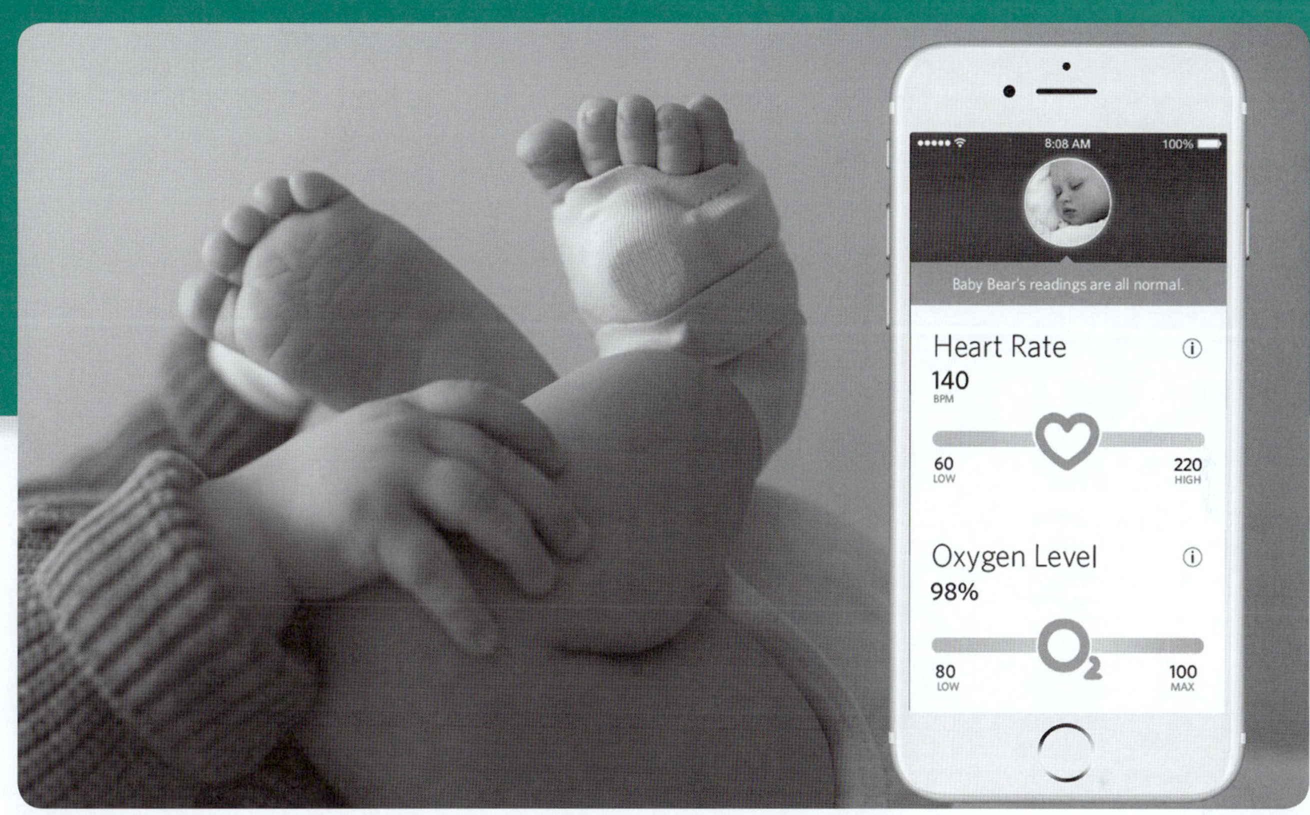

Owlet Baby Care, Inc.

WIIVV와 친해지기

Wiivv Wearables, Inc./Photo Credit: Shamil Hargovan

공동창업자

Shamil Hargovan

클레어몬트매케나칼리지 철학, 정치, 경제학 학사, 2010

Louis-Victor (LV) Jadavji

클레어몬트매케나칼리지 국제관계 및 리더십 연구 학사, 2015

Shamil Hargovan과의 대화

스마트 앱에서 가장 좋아하는 밴드

Daft Punk

내가 들은 최고의 조언

인생의 모든 일에는 이유가 있다.

기업가로서 가장 놀랐던 때

개인 생활을 가지기 어려운 것

신규 창업자를 위한 조언

당신의 비전을 위해 주변의 모든 사람을 기업가로 만들기 전까지는 진정한 기업가가 아니다.

첫 창업 경험

스탠퍼드 연구소에서 대학 인턴십을 스타트업 아이디어(Kicklight.com)로 전환한 것

가장 좋아하는 스마트폰 앱

Wunderlist

기업가로서 가장 큰 고민

단기적인 전략적 상승과 하락에도 흔들리지 않고 비전에 충실하는 것

학생으로서 가장 좋은 점

내가 누구이며 무엇을 위해 존재하는지 파악할 수 있는 자유와 시간

일하지 않을 때 하는 것

아내 Jillian, 반려견 Xena와 함께 야외 활동을 즐기는 것

CHAPTER 2

기회 인식 및 아이디어 도출

WIIVV

발 통증과 피로를 해결하는 맞춤 3D 프린팅 깔창

• Web: http://wiivv.com • Facebook: wiivvit • Twitter: @wiivvit

Shamil Hargovan과 Louis-Victor (LV) Jadavji는 2013년 3D 프린팅 콘퍼런스에서 만났다. 두 사람은 곧 두 가지 공통점을 발견했다. 첫째, 둘 다 캘리포니아에 있는 클레어몬트매케나칼리지와 관계가 있었다. Hargovan은 졸업생이었고 Jadavji는 재학생이었다. 둘째, 두 사람 모두 3D 프린팅에 적극적인 관심을 가지고 있었다.

콘퍼런스 이후에도 Hargovan과 Jadavji는 계속 연락을 주고받았다. 당시 Hargovan은 Hewlett-Packard에서 그룹 제품 관리자 및 3D 프린팅 책임자로 근무하고 있었다. Jadavji는 학교에 남아 샌프란시스코 베이 지역의 소프트웨어 회사에서 일했다. 두 사람은 3D 프린팅에 대한 관심을 계속 공유했다. Hargovan은 3D 프린팅을 사용해서 헬멧과 같은 운동선수용 제품을 제작하는 등 HP 업무 외적으로도 여러 가지 아이디어를 구상하고 있었다. 2014년 초, Jadavji는 의료 보조 깔창에 대해 좋지 않은 경험을 한 후 3D 프린팅을 활용해서 사용자에게 최대한의 지지력을 제공하는 맞춤형의 저렴한 깔창을 만들어야겠다는 생각이 떠올랐다.

그해 4월, Hargovan과 Jadavji는 3D 프린팅 깔창 아이디어를 함께 연구하기로 결심했다. 이 아이디어는 여러 측면에서 의미가 있었다. 첫째, 많은 사람이 발에 문제가 있어도 해결책을 찾지 못한다. 간호사나 경비원처럼 하루 종일 서 있거나 걷는 시간이 많은 사람이 가장 취약하다. 둘째, 발 피로 및 기타 문제가 있는 사람들을 돕는 제품에 대한 시장에는 격차가 존재했다. 시장의 한쪽 끝에는 400달러가 넘는 의료 보조 맞춤형 깔창이 있다. 비용뿐만 아니라 의료 보조 깔창을 착용하려면 족부 전문의를 방문해야 하고 시간이 많이 걸리는 과정이기도 했다. 시장의 반대쪽 끝에는 저렴한 인솔이 있는데, 이것은 기본적으로 신발에 넣는 작은 쿠션과 같은 제품이다. 인솔은 맞춤 제작이 아니기 때문에 발에 잘 맞지 않거나 적절한 지지력을 제공하지 못하는 경우가 많다. 이 둘의 중간 지점에 있는 제품, 즉 합리적인 가격에 빠르게 구할 수 있는 고품질의 맞춤형 깔창이 부족했다. Hargovan과 Jadavji는 3D 프린팅이 바로 그 중간 지점에 적합하다고 생각했다.

두 사람이 설립한 Wiivv는 2014년과 2015년에 구체화되었다. 아이디어를 구체화하고 제조 공정을 개발하고 제품을 테스트하는 데는 시간이 걸렸다. 공정과 제품을 테스트하기 위해 Wiivv는 Wiivv 100이라는 그룹을 구성했다. 이들은 발로 뛰는 데 많은 시간을 보내는 사람들이었으며, 3D 프린팅으로 제작한 맞춤형 인솔의 베타 테스트에 참가했다. 이 그룹은 6개월 동안 72번의 반복을 통해 제품을 개선했다. 일부 테스터는 설문조사를 받았고, 다른 테스터는 Wiivv 사무실로 데려와 인터뷰하고 다양한 길이와 유형의 인솔을 사용한 후 검사했다. Wiivv 100은 궁극적으로 이 제품의 강력한 지지자가 되어 소셜 미디어를 통해 Wiivv를 널리 알렸다.

Wiivv는 2016년 초 Kickstarter 캠페인을 통해 출시했다. 이 캠페인은 2,765명의 후원자로부터 23만 5,054달러를 모금했다. 사실 이 캠페인의 목적은 모금보다는 고품질의

학습목표

1. 기회와 아이디어의 차이점을 설명할 수 있다.
2. 기업가가 기회를 파악하기 위해 사용하는 세 가지 일반적인 방법을 설명할 수 있다.
3. 기업가의 개인적 특성 중 사업 기회를 인식하는 데 기여하는 특성에 대해 설명할 수 있다.
4. 기업가가 아이디어를 창출하는 데 사용하는 기술을 파악하고 설명할 수 있다.

3D 프린팅 커스텀 인솔을 합리적인 가격에 구매할 수 있는 시장이 있다는 것을 입증하기 위한 것이었다. 동영상이 포함된 Wiivv의 Kickstarter 캠페인을 보려면 www.kickstarter.com에 접속해서 'Wiivv'를 입력하면 된다. 이 캠페인은 성공적이었으며 당시 3D 프린팅 제품으로는 가장 큰 규모의 Kickstarter 캠페인이었다. 이 캠페인이 제공한 시장 검증은 Wiivv가 향후 투자자로부터 자금을 조달하는 데 도움이 되었으며 상당히 긍정적인 홍보 효과를 창출했다.

Wiivv의 작동 방식은 정말 훌륭하다. Wiivv 맞춤형 인솔을 구매하려면 먼저 Wiivv 웹사이트에 접속해서 구매 코드를 구입한다. 코드 가격은 구매하는 인솔에 따라 69달러 또는 89달러이다. 그런 다음 Wiivv 앱을 다운로드하고 짧은 튜토리얼을 시청한 후 원하는 대로 인솔을 맞춤 제작한다. 다양한 색상(바닥 면)과 패턴(윗면) 중에서 선택할 수 있다. 그런 다음 스마트폰으로 발 사진을 다섯 장 찍는다. 앱이 이 과정을 안내해주며, 몇 분도 걸리지 않는다. 그리고 기본적인 결제 과정을 거쳐 마무리하게 된다. 7~14일 후에 맞춤형 인솔이 우편으로 도착한다. 인솔 사용법은 간단하다. 신발에 넣기만 하면 된다. 소유하고 있는 모든 신발에 깔창을 넣거나 뺄 수 있다. 대부분의 사람은 발의 피로가 줄어든다는 점에서 즉시 차이를 느낀다. 완전히 만족스럽지 않다면 Wiivv는 30일 만족 보장 서비스를 제공한다.

Wiivv의 내부 운영은 상당히 복잡하다. 이 회사는 인솔을 제조하기 위해 적응형 제조라는 프로세스를 사용한다. 맞춤형 핏을 제공하는 인솔의 일부는 3D 프린팅으로 제작하고 나머지는 전통적인 제조 공정을 통해 제작한다. 인솔을 주문하고 사진을 찍는 방법에도 사용자 경험에 대한 많은 고민이 담겨 있다. 촬영한 사진이 Wiivv에 전달되면, Wiivv의 상업용 3D 프린터가 이해할 수 있는 데이터로 변환된다. Wiivv의 모든 제품은 캘리포니아주 샌디에이고에서 제조한다.

Wiivv는 비즈니스 성장을 위해 두 차례의 시드 라운드와 한 차례의 시리즈 A 라운드를 통해 788만 달러의 자금을 조달했다. Wiivv의 궁극적인 비전은 사람들이 보다 활동적인 라이프스타일을 영위할 수 있도록 맞춤형 신발, 교정 신발, 웨어러블 제품을 생산해 사람들의 삶에 정신적 활력을 더하는 것이다. 인솔 외에도 두 번째 제품 라인을 준비 중이지만 아직 공개적으로 발표하지는 않았다.

이 장에서는 아이디어와 기회의 차이를 이해하는 것의 중요성에 대해 설명한다. 아이디어는 흥미로우며 그 가능성으로 우리의 호기심을 자극할 수 있지만, 모든 아이디어가 실제로 기업가가 추구해야 할 기회의 원천이 되는 것은 아니다. 이 장에서는 아이디어와 기회의 차이점을 설명하는 것 외에도 기업가가 기회를 발견하기 위해 사용하는 접근 방식과 기회를 창출할 수 있는 외부 환경의 요인이나 조건에 대해서도 논의한다. 또한 실행 가능한 비즈니스 기회를 포착하는 데 능숙한 사람들과 관련된 특성들이 있음을 알게 될 것이다.

기회와 아이디어의 차이점

학습목표 1

기회와 아이디어의 차이점을 설명할 수 있다.

기본적으로 기업가는 기회를 인식하고 이를 성공적인 비즈니스로 연결시킨다.[1] **기회**란 새로운 제품, 서비스, 비즈니스에 대한 니즈를 만들어내는 유리한 조건이나 상황을 말한다. 대부분의 창업 벤처기업은 두 가지 방법 중 하나로 시작한다. 일부 벤처기업은 외부에서 자극을 받는다. 이러한 경우는 Jeff Bezos가 Amazon.com을 설립했던 것처럼 기업가가 창업을 결심하고 기회를 찾은 후 사업을 시작하게 된다. 1994년 Bezos는 뉴욕의 투자 회사에서 잘나가던 직장을 그만두고 매력적인 투자처를 찾아 전자상거래 회사를 설립할 계획을 세우고 시애틀로 향했다. Wiivv와 같은 다른 회사는 내부적으로 자극을 받는다. 이러한 경우에 기업가는 문제나 **기회 격차**(opportunity

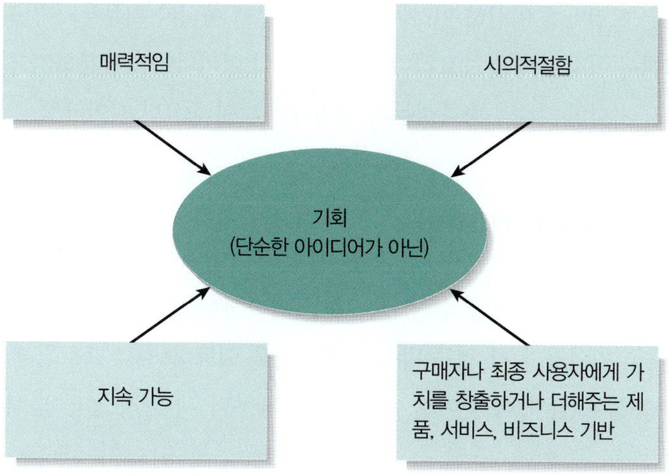

매력적임

시의적절함

기회
(단순한 아이디어가 아닌)

지속 가능

구매자나 최종 사용자에게 가치를 창출하거나 더해주는 제품, 서비스, 비즈니스 기반

그림 2.1 기회의 네 가지 주요 특성

gap)를 인식하고 문제를 해결하거나 확인된 불균형을 해소하기 위해 비즈니스를 시작한다. 앞선 사례에서 Wiivv의 창업자들은 "맞춤 제작 깔창과 신발로 모든 걸음에 더 나은 기반이 되려고" 한다.[2] 생체 공학 회사인 Wiivv는 3D 매핑 기술을 사용해서 고객이 원하는 만큼 신발이 잘 맞지 않는 문제를 해결한다.

기업가가 새로운 비즈니스를 시작하는 두 가지 방법 중 어떤 방법을 선택하든 새로운 기회를 발견하기는 어렵다. 이미 출시된 제품의 다른 버전이 아닌 제품, 서비스, 비즈니스 기회를 파악하는 것은 어려운 일이다. 창업가가 기회 인식 과정에서 흔히 저지르는 실수는 자신이 좋아하거나 열정을 가지고 있는 현재 사용 가능한 제품이나 서비스를 선택한 다음, 그보다 좀 더 나은 버전을 중심으로 비즈니스를 구축하려고 시도하는 것이다. 이러한 접근은 합리적으로 보이지만 일반적으로는 그렇지 않다. 기회 인식의 핵심은 기업가가 만들어 팔고 싶은 제품이 아니라 사람들이 필요로 하고 기꺼이 구매할 의향이 있는 제품이나 서비스를 파악하는 것이다.

그림 2.1에서 볼 수 있듯이 기회는 네 가지 주요 특성을 가진다. 즉 ① 매력적이고, ② 시의적절하며, ③ 지속 가능하고, ④ 구매자나 최종 사용자에게 가치를 창출하거나 더해주는 제품, 서비스, 비즈니스에 기반을 둔다. 기업이 기회를 활용하기 위해서는 **기회의 창**(window of opportunity)이 열려 있어야 한다. 기회의 창이라는 용어는 기업이 새로운 시장에 현실적으로 진입할 수 있는 기간을 비유적으로 표현하는 용어이다. 신제품 시장이 형성되면 기회의 창이 열리게 된다. 시장이 성장함에 따라 기업은 시장에 진입해서 수익성을 확보하려고 노력한다. 어느 시점에 시장이 성숙해지면 기회의 창은 닫히게 된다. 인터넷 검색 엔진이 이 경우에 해당한다. 최초의 검색 엔진인 Yahoo는 1995년에 등장했고, 이후 Lycos, Excite 등이 추가되면서 시장이 빠르게 성장했다. 1998년 Google이 첨단 검색 기술을 앞세워 시장에 진입했다. 그 이후로 검색 엔진 시장은 성숙해졌고 기회의 창은 줄어들었다. 오늘날 신생 검색 엔진 회사는 이미 자리를 잡은 경쟁사보다 강력한 이점을 제공하거나 특정한 틈새 시장을 탁월하게 공략하지 않는다면 성공하기가 매우 어렵다. Microsoft의 검색 엔진인 Bing은 약 20.9%의 시장 점유율(Google의 63.9%에 비해)로 입지를 다지고 있지만, 이는 Microsoft가 Google과의 정면 경쟁에서 막대한 노력을 기울인 후에야 가능한 일이었다.[3]

기회와 아이디어에는 차이가 있다는 것을 이해하는 것이 중요하다. **아이디어**는 생각, 느낌, 관념이다. 아이디어는 기회의 기준을 충족할 수도 있고 그렇지 않을 수도 있다. 많은 창업벤처기업이 실패하는 이유는 창업자가 열심히 일하지 않았기 때문이 아니라 처음부터 진정한 기회가 없었기 때문이라는 점에서 이것은 매우 중요하다. 새로운 사업 아이디어에 흥분하기 전에 그 아이디어가 니즈에 부합하고 기회의 기준을 충족하는지 이해하는 것이 중요한 것이다.

기회를 파악하는 세 가지 방법

학습목표 2

기업가가 기회를 파악하기 위해 사용하는 세 가지 일반적인 방법을 설명할 수 있다.

기업가가 새로운 벤처기업이 추구할 수 있는 기회를 파악하는 데 사용하는 세 가지 접근 방식이 있다(그림 2.2 참조). 기업가가 각 접근 방식의 중요성을 이해하면 각 프로필에 맞는 기회와 아이디어를 찾을 가능성이 훨씬 더 높아질 수 있다. 이제부터 세 가지 접근 방식에 대해 설명할 것이다.

트렌드 관찰

기회를 파악하기 위한 첫 번째 접근 방식은 트렌드를 관찰하고 트렌드가 어떻게 기업가가 추구할 기회를 창출하는지 연구하는 것이다. 따라야 할 가장 중요한 트렌드는 경제 트렌드, 사회 트렌드, 기술 발전, 정치적 활동 및 규제 변화이다. 기업가나 잠재적 기업가로서 이러한 분야의 변화를 계속 인식하는 것이 중요하다. 비교 쇼핑 사이트인 Become.com의 설립자 Michael Yang은 예리한 관찰력과 변화하는 환경 트렌드를 놓치지 않으려는 의지가 성공적인 기업가의 핵심 자질이라고 믿고 있다.

> 훌륭한 기업가의 가장 중요한 자질 중 하나는 예리한 관찰력이다. 기본적으로 사람들의 일상생활에서 무엇이 필요한지 파악하고, 그 니즈를 충족하는 혁신적인 새로운 아이디어와 서비스를 생각해내는 것이다. 나는 항상 트렌드를 예측하고 이러한 니즈를 해결하기 위해 무엇이 필요한지 지속적으로 관찰하는 기업가가 시장에서 성공할 확률이 높다고 믿는다.[4]

새로운 비즈니스 아이디어를 발굴하기 위해 환경 트렌드를 살펴볼 때는 두 가지 주의 사항을 기억해야 한다. 첫째, 트렌드와 유행을 구분하는 것이 중요하다. 신규 비즈니스는 일반적으로 유행을 활용할 수 있을 만큼 빠르게 성장할 수 있는 자원이 부족하다. 둘째, 각 트렌드를 개별적으로 논의하더라도 서로 연결되어 있으므로 새로운 비즈니스 아이디어를 브레인스토밍할 때 동시에 고려해야 한다. 예를 들어, 스마트폰이 대중화된 이유 중 하나는 모바일 인구의 증가(사회 트렌드), 전자기기의 지속적인 소형화(기술 트렌드), 온라인 뱅킹 및 비교 쇼핑을 통해 사용자의 자금 관리를 개선하는 기능(경제 트렌드) 등 여러 트렌드가 동시에 융합되어 비롯된 혜택 때문으로 볼 수 있다. 이러한 트렌드 중 하나라도 존재하지 않았다면 스마트폰은 지금처럼 성공하지 못했을 것이며, 앞으로 더 큰 성공을 기대할 수도 없었을 것이다.

그림 2.3은 앞서 언급한 환경적 요인과 기회 격차 간의 관계를 요약한 것이다. 이제 기업가가 이러한 각 요소를 연구해서 비즈니스, 제품, 서비스 기회 격차를 파악하는 데 도움이 되는 방법을

그림 2.2 기회를 파악하는 세 가지 방법

트렌드 관찰	문제 해결	시장에서 틈새 찾기

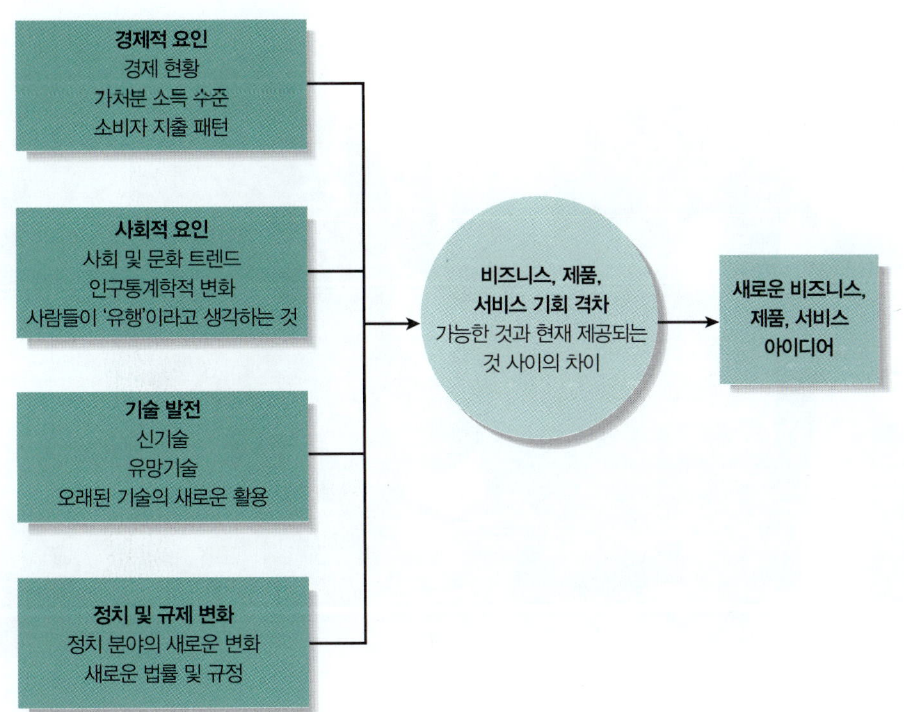

그림 2.3 환경 트렌드가 시사하는 비즈니스, 제품, 서비스의 기회 격차

살펴보자.

경제적 요인 새로운 비즈니스 아이디어가 적합한 분야와 피해야 할 분야를 구분하는 데 도움이 되는 여러 가지 경제적 요인이 있다. 이러한 요인으로는 소비자 지출의 증가 또는 감소 여부, 주택 착공 건수의 증가 또는 감소 여부, 국제 무역의 강세 또는 약세, 금리의 안정, 하락, 상승 여부와 같은 주제가 포함된다. 이 장이 작성된 시점(2017년 봄)에는 개인 소득이 증가하고, 주택 착공 건수가 증가했으며, 국제 무역은 보합세를 보였고, 금리는 조금씩 상승하고 있었다.

개인 소득이 증가하면 소비자는 더 많은 돈을 쓸 수 있고 삶을 향상시키는 부가적인 제품과 서비스를 기꺼이 구매할 의향이 생긴다. 이는 부가적인 제품이나 서비스를 제공하는 스타트업에 유리하다. 예를 들어, 사례 1.1의 주인공인 SoulCycle은 도시의 트렌디한 스튜디오에서 스피닝 클래스를 제공하며 수업료는 세션당 34달러이다. 개인 소득이 증가하고 경제가 호황일 때 SoulCycle은 이 가격으로 신규 회원을 확보할 가능성이 더 높다. 반대로 개인 소득이 감소하면 사람들은 지출할 돈이 적을 뿐만 아니라 지출할 의향도 적어져 현금을 쌓아두는 것을 선호하게 된다. 이러한 환경은 소비자와 기업의 비용 절감을 돕는 스타트업에 비즈니스 기회를 제공한다. 소비자와 기업의 가스비 절약을 돕기 위해 시작한 GasBuddy가 그 예이다. GasBuddy의 웹사이트(www.gasbuddy.com)로 이동해서 사이트가 어떻게 운영되는지 확인해보라. 사람들이 돈을 절약할 수 있도록 도와주는 유사한 서비스의 예로는 사용자가 부채를 줄이고 지출을 관리할 수 있도록 도와주는 앱인 YouNeedaBudget이 있다. GasBuddy와 YouNeedaBudget은 모두 개인 소득이 증가하기보다는 감소할 때 더 많은 사용자를 확보할 가능성이 높다.

평가해야 할 또 다른 중요한 경제적 요인은 누가 소비할 돈이 있고 어디에 소비하는가이다. 예를 들어, 여성 노동 인구의 증가와 이에 따른 가처분 소득의 증가는 지난 몇 년 동안 전문직 여성을 타깃으로 하는 온라인 소매업체와 부티크 의류 매장의 증가에 크게 영향을 미쳤다. 마찬가지

베이비붐 세대가 노화하면서, 이 연령대에 특화된 서비스를 제공하는 기업의 기회가 커질 것이다. 유기농 식품, 여행, 노인들이 가족이나 친구들과 쉽게 소통할 수 있게 하는 기술 분야의 확장을 주목해야 한다.

StockLite/Shutterstock

로 미국 내 소수 민족의 구매력 증가로 인해 이들을 위한 레스토랑과 슈퍼마켓이 급증하고 있다. 베이비붐 세대도 주목해야 할 또 다른 그룹이다. 1946~1964년 사이에 태어난 베이비붐 세대는 대규모로 은퇴하고 있으며, 향후 5년 정도에 걸쳐 더 많은 수가 은퇴할 예정이다. 미국에서는 약 7,600만 명이 베이비붐 세대로 분류되며, 현재 매일 약 1만 명이 은퇴하고 있다. 이들은 자산의 상당 부분을 은퇴 후 생활에 도움이 되는 상품과 서비스에 투자할 것으로 예상된다. 베이비붐 세대는 이전 세대에 비해 가처분 소득이 더 많기 때문에 이러한 추세는 여러 분야에서 새로운 비즈니스를 창출할 것이다. 베이비붐 세대가 많은 소비를 하는 분야로는 의료, 여행, 소비재 등이 있다. 이 장의 'You Be the VC 2.1'의 주인공 PillPack은 처방받은 약을 효과적으로 복용하는 데 어려움을 겪는 베이비붐 세대를 돕기 위한 제품을 만든다. 높은 에너지 비용과 사회적 책임에 대한 열망으로 인해 기업과 소비자의 에너지 효율을 높이는 데 도움이 되는 제품과 서비스를 개발하는 스타트업도 점점 더 많이 생겨나고 있다. 2010년에 설립된 Nest(www.nest.com)가 그 예이다. 2014년에 Google에 인수된 Nest는 세계 최초의 학습형 온도 조절기를 개발했다. 가정이나 기업에서 사용할 수 있는 이 온도 조절기는 사용자의 온도 조절을 학습해서 건물의 쾌적함과 에너지 효율을 최적화하도록 스스로 프로그래밍한다.[5]

경제 트렌드를 이해하면 피해야 할 분야를 파악하는 데도 도움이 된다. 예를 들어, 경제가 성장하지 않거나 감소하고 있을 때 공립학교에 제품이나 서비스를 판매하는 회사를 설립하는 것은 현명한 결정이 아니다. 경제(국가, 주, 지방)가 성장하지 않아 세수가 감소하면 학교의 예산이 삭감되며, 예산이 삭감되면 학교에서 새로운 제품과 서비스를 구매할 수 있는 여력이 줄어들기 때문이다.

사회적 요인 사회적 요인이 트렌드에 미치는 영향과 그것이 새로운 제품, 서비스, 비즈니스 아이디어에 미치는 영향을 이해하는 것은 기회 파악의 기본적인 부분이다. 제품이나 서비스가 존재하는 이유는 그 제품이 충족시키는 순수한 욕구보다 사회적 욕구 충족과 더 관련이 있는 경우가 많다. 예를 들어 패스트푸드 레스토랑의 확산은 사람들이 패스트푸드를 좋아해서라기보다는 사람들이 바빠서 직접 식사를 준비할 시간이 없는 경우가 많기 때문이다. 마찬가지로 Facebook, Snapchat, Instagram과 같은 소셜 네트워킹 사이트는 웹사이트에 정보와 사진을 게시하는 데 사용할 수 있기 때문에 인기가 있는 것이 아니다. 이러한 사이트가 인기 있는 이유는 사람들이 서로 연결되고 소통할 수 있게 해주기 때문이며, 이는 인간의 본능적인 경향이다.

사회 트렌드의 변화는 사람과 기업의 행동 방식과 우선순위를 정하는 방식을 변화시킨다. 이러한 변화는 제품과 서비스의 개발 및 판매 방식에도 영향을 미친다. 다음은 현재 개인의 행동 방식과 우선순위 결정에 영향을 미치는 사회 트렌드의 예시이다.

- 인구 고령화
- 인구의 다양성 증가
- 밀레니얼 세대의 노동력 진입
- 모바일 디바이스 사용 증가
- 건강과 웰빙에 대한 관심 증가
- 풍력, 태양열, 바이오 연료 등 청정 에너지에 대한 관심 증가
- 소도시와 농촌에서 도시로의 지속적인 인구 이동
- 개인화에 대한 욕구(사람들이 각자의 취향과 필요에 맞게 맞춤화할 수 있는 제품과 서비스에 대한 니즈 창출)

이러한 각 트렌드는 새로운 비즈니스 아이디어의 원동력이 되고 있다. 예를 들어, 소도시와 농촌에서 도시로 사람들이 지속적으로 이동하면서 도시의 교통 혼잡이 가중되고 있다. 차량 공유 서비스인 Zipcar나 자전거 공유 서비스인 Zagster와 같은 비즈니스는 부분적으로 이 문제를 해결하기 위해 시작했다. 마찬가지로 인구 고령화는 시력 관리부터 재택 건강 관리, 시니어 데이트 사이트에 이르기까지 다양한 비즈니스 기회를 창출하고 있다. 노화와 관련된 안과 질환인 녹내장을 치료하기 위한 새로운 접근법을 개발 중인 Glaukos가 그 예이다.

모바일 디바이스의 확산은 전 세계 기업가에게 비즈니스 기회를 열어주는 사회 트렌드이다. 2016년 기준 전 세계적으로 21억 명 이상의 사람들이 휴대 전화를 소유하고 있으며 2020년에는 그 수가 28억 7,000만 명으로 증가할 것으로 예상된다. 휴대 전화에서 Apple iPhone과 Android 탑재 스마트폰 비율이 점점 더 높아지고 있다.[6] 스마트폰의 보급은 미국뿐만 아니라 전 세계적으로 새로운 비즈니스를 창출할 것이다. 때로는 여러 사회 트렌드가 융합되어 더욱 매력적인 비즈니스 아이디어가 탄생하기도 한다. 예를 들어, 헬스케어 분야의 스타트업인 CareZone은 노부모와 시댁 식구 5명의 간병을 보다 효율적으로 관리할 방법을 찾고 있던 Jonathan Schwartz가 설립한 회사이다. CareZone은 스마트폰, 태블릿, 컴퓨터용 앱으로, 한 사람의 간병에 관련된 사람들이 안전한 온라인 환경에서 정보를 공유하고 저장할 수 있도록 지원한다. 인구 고령화와 스마트폰 앱 및 기타 커넥티드 디바이스 사용 증가라는 두 가지 사회 트렌드에 힘입어 CareZone의 잠재력은 더욱 커지고 있다.

Facebook, Twitter, LinkedIn과 같은 소셜 네트워킹 사이트에 대한 관심이 높아지는 것도 눈에 띄는 사회 트렌드이다. 2016년 미국 거주자의 78%가 소셜 미디어 프로필을 보유하고 있으며, 이는 전년 대비 5% 증가한 수치이다. 추정에 따르면 전 세계 소셜 미디어 이용자 수는 2016년에

19억 6,000만 명에 달했으며 2018년에는 25억 명으로 늘어날 것으로 예상된다.[7] 소셜 네트워크는 사람들이 서로 소통하고 상호작용할 수 있는 새로운 방법을 제공할 뿐만 아니라 다른 비즈니스를 구축할 수 있는 플랫폼의 역할도 한다. 예를 들어, 인기 온라인 게임인 FarmVille과 Scramble의 제작사 Zynga는 Facebook에서 애플리케이션 위젯으로 작동하는 브라우저 기반 게임을 만들어 인기를 얻었다. 이와 유사하게, 기업가는 특정 틈새 시장에 맞는 소셜 네트워크를 시작할 목적으로 사업을 시작하기도 한다. 사례 1.2에서 소개한 중증 질환자를 위한 소셜 네트워킹 사이트인 PatientsLikeMe를 그 예로 들 수 있다.

기술 발전 기술의 발전은 종종 경제 및 사회 변화와 맞물려 기회를 창출한다. 예를 들어, 건강 및 웰빙에 대한 관심 증가와 기술 사이에는 많은 부분이 겹친다. Fitbit Charge 2, Jawbone Up과 같은 웨어러블 디바이스는 움직임과 수면을 모니터링해서 사람들이 건강한 라이프스타일을 유지할 수 있도록 도와준다. 실제로 Statista에 따르면 웨어러블 디바이스의 글로벌 시장 규모는 2018년 190억 달러에 달할 것으로 예상되며, 이는 2013년의 10배가 넘는 수치이다.[8] 190억 달러로 예상되는 이 시장에는 다양한 용도의 웨어러블 디바이스가 포함된다. 예를 들어, Valedo Back Therapy는 센서를 사용해서 사용자의 허리 통증을 감지하는 웨어러블 기기이다. 이 기기는 센서가 수집한 데이터를 기반으로 사용자가 통증을 완화할 수 있는 운동을 게임 형식으로 제시한다.[9]

기술 발전은 또한 사람들이 일상적인 업무를 더 좋고 편리한 방식으로 수행할 수 있도록 도와준다. 예를 들어, OpenTable.com은 사용자가 온라인으로 레스토랑을 예약할 수 있는 웹사이트로 현재 미국 대부분 지역을 포함하고 있다. 예를 들어 샌프란시스코 여행을 계획하고 있다면 OpenTable.com에 접속해서 방문하려는 도시 지역을 선택하고 해당 지역의 레스토랑에 대한 설명, 리뷰, 고객 평점, 메뉴를 확인할 수 있다. 그런 다음 레스토랑을 예약하고 지도와 찾아가는 길을 인쇄할 수 있다. OpenTable.com이 지원하는 기본적인 기능은 레스토랑을 찾고, 가격과 메뉴를 비교하고, 경쟁 레스토랑에 대해 잘 아는 사람들에게 조언을 구하고, 길을 찾는 등 사람들이 항상 해왔던 일이다. OpenTable.com은 사람들이 이러한 작업을 보다 편리하고 신속하게 수행할 수 있도록 도와준다.

기술 발전의 또 다른 측면은 일단 기술이 만들어지면 이를 발전시키는 제품이 등장한다는 것이다. 예를 들어, Apple iPhone, iPad, 이와 유사한 기기의 탄생은 호환되는 기기를 생산하는 산업 전체를 탄생시켰다. 예를 들어, Rokit Boost는 스마트폰 케이스, 헤드폰, 휴대용 USB 충전기, 블루투스 스피커를 만드는 고급 모바일 액세서리 회사이다. 스마트폰 산업의 발전이 없었다면 Rokit Boost는 존재하지 않았을 것이다. 마찬가지로 스마트폰 앱을 개발하는 스타트업도 점점 더 많아지고 있다. 'You Be the VC 10.2'의 주인공인 Lumo BodyTech가 그 예이다. Lumo BodyTech는 사용자의 달리기 형태를 분석하고 개인 맞춤형 코칭을 제공해 사용자가 달리기 목표를 초과 달성할 수 있도록 도와주는 스마트폰 앱을 개발했다.

정치적 활동 및 규제 변화 정치 및 규제 변화는 비즈니스 아이디어의 기반이 되기도 한다. 예를 들어, 새로운 법안은 종종 그 규정을 활용하기 위해 출범하는 스타트업에 박차를 가한다. 2010년 미국에서 건강보험개혁법(ACA)이 처음 통과되었을 때 이런 일이 일어났다. 새로운 규정, 의사와 병원이 전자 기록으로 전환하도록 장려하는 인센티브, 보건복지부가 보유한 방대한 양의 데이터

(병원 품질 및 요양원 환자 만족도 등) 공개 등은 기업가가 전자 의료 기록 스타트업, 환자의 약물 모니터링을 돕는 앱, 이와 유사한 회사를 창업할 수 있는 기회를 제공했다.[10] 2017년 1월 20일에 백악관에 입성한 새 행정부가 제안한 ACA 개정안 역시 기업가에게 기회를 제공했다.

어떤 경우에는 특정 정부 규제가 업계에 유리한 방향으로 발전할지 여부에 따라 전체 산업이 좌우되기도 한다. 예를 들어, 드론이나 공중 무인 항공기 사용을 상용화할 준비가 된 여러 스타트업이 있다. 드론은 농부가 농작물에 뿌릴 최적의 비료 수준을 결정하고, 원격지에 의약품을 배달하고, 영화 제작자가 상공에서 촬영할 수 있도록 돕는 등 다양한 용도로 활용할 수 있다. 2016년 6월부터 미국 연방항공청(FAA)은 운전자의 시야 내, 최대 무게 55파운드, 주간에만 작동, 최대 고도 지상 400피트 등 특정 조건하에서 드론을 사용할 수 있도록 허용했다. 'You Be the VC 8.1'에서 소개한 CyPhy Works를 포함한 여러 회사에서 주거 지역에서의 드론 택배 배송과 같은 보다 진보된 응용 프로그램을 위해 노력하고 있다. 드론 스타트업은 미국 연방항공청(FAA)이 드론을 더 다양한 용도로 사용할 수 있도록 보다 자유로운 규칙과 기준으로 개정하기를 기다리고 있다. 또한 드론 기술이 발전해야 택배 배송과 같은 미래의 응용이 가능하고 경제적으로도 매력적일 수 있다.

정치적 변화는 새로운 비즈니스 및 제품 기회도 창출한다. 예를 들어, 전 세계의 정치적 불안정과 테러 위협으로 인해 많은 기업이 보안에 더욱 민감해지고 있다. 이러한 기업들은 물리적 자산과 지식재산을 보호하고 고객과 직원을 보호하기 위해 새로운 제품과 서비스가 필요하다. 이 분야

표 2.1 환경 트렌드의 변화로 새로운 비즈니스 및 제품 기회를 창출한 사례

변화하는 환경 트렌드	새로운 비즈니스, 제품, 서비스 기회 결과	관련 회사의 출현
경제 트렌드		
개인 소득 증가	기술 제품, 여행 서비스, 유기농 식품	Jawbone, Hipmunk, Whole Food Markets
가처분 소득으로 은퇴에 접어든 베이비붐 세대	노인을 위한 가정 내 돌봄·건강·웰니스 앱, 노인을 위한 재무 서비스와 여행 관련 서비스	Honor, Guardian Medical Monitoring, Betterment, Senior Travel Services
사회 트렌드		
다양하고 맛있고 건강한 음식에 대한 관심 증가	건강식 레스토랑, 외국식 포장 식품, 수제 맥주, 기능성 음료	Froozer, Beyond Meat, Hint(생수), Popchips
과체중의 위험성을 경고하는 새로운 의학 정보로 인한 피트니스에 대한 관심 증가	피트니스 센터, 필라테스 및 요가 스튜디오, 운동 앱, 체중 감량 프로그램 및 앱	SoulCycle, 24 Hour Fitness, Yogaview(시카고), Peloton, Noom
기술 발전		
스마트폰	스마트폰 운영 체제, 스마트폰 앱, 스마트폰 액세서리	Android, Instagram, Snapchat, Rokit Boost, iSkin
웨어러블 기술	웨어러블 피트니스 기기, 웨어러블 라이프스타일 기기(예: Google Glasses), 웨어러블 기술 기기	Apple Watch, Spectacles, Oculus Rift, Recon Jet
정치 및 규제 변화		
강화된 환경 및 노동 기준	컨설팅 회사, 규정 준수를 모니터링하는 소프트웨어	MobileEpiphany, SWAC, ESS Group, Air Quality Consultants
건강보험개혁법	전자 건강 기록, 새로운 1차 진료 모델, 보다 효율적인 진료 제공을 위한 앱 및 기술	CareCloud, VillageMD, Aledade, Ginger.io, Dispatch

의 스타트업으로는 Bill Gates가 일부 자금을 투자한 매사추세츠주 월섬에 본사를 둔 스타트업인 Evolv가 있다. 2013년에 설립한 Evolv는 여러 분야의 전문가로 팀을 구성해 현재 테러 관련 위협에 대응하기 위한 새로운 기술을 식별, 발명, 적용하고 있다. 이 회사가 개발한 Evolv Mosaiq는 센서, 인공 지능, 인간의 IQ를 결합한 현재 세계에서 가장 진보된 위협 탐지 시스템 중 하나로 손꼽히는 보안 플랫폼이다.[11]

표 2.1은 기회를 얻기 위한 환경 트렌드의 변화와 이를 활용할 수 있는 후속 개념에 대한 추가적인 예시를 보여준다.

문제 해결

기회를 파악하는 두 번째 접근 방식은 문제를 인식하고 해결 방법을 찾는 것이다. 사람들이 일상생활에서 직면하는 문제를 관찰하거나 직관, 우연, 뜻밖의 발견을 통해 문제를 인식할 수 있다. 우리에게는 아직 해결되지 않은 많은 문제가 있다. 마케팅 전문가인 Philip Kotler는 이러한 이슈와 문제에 주목하는 것이 어떻게 비즈니스 아이디어로 이어질 수 있는지에 대해 다음과 같이 말한다.

> 문제를 찾아보라. 사람들은 밤새 잠을 자기가 어렵고, 집 안의 잡동사니를 치우고, 저렴한 휴가를 찾고, 가족의 기원을 추적하고, 정원의 잡초를 없애는 등의 문제에 대해 불평하고 있다. Common Cause의 설립자인 Jone Gardner는 "모든 문제는 훌륭하게 위장한 기회이다"라고 말했다.[12]

이러한 관찰에 따라 많은 회사가 자신의 삶에서 문제를 경험한 후 그 문제에 대한 해결책이 비즈니스 기회라는 것을 깨달은 사람들에 의해 시작되었다. 예를 들어, 1991년 Jay Sorensen은 딸을 학교에 데려다주기 위해 동네 드라이브스루 커피숍에서 나오다가 종이컵이 너무 뜨거워서 커피를 무릎에 떨어뜨렸다. 이 경험을 계기로 Sorensen은 단열 컵 슬리브를 발명하고 이것을 판매하기 위한 회사를 설립했다. 그가 설립한 회사인 Java Jacket은 창업 이후 40억 개 이상의 컵 슬리브를 판매했다. 마찬가지로 뉴욕대학교 재무학과 학생인 Katie Shea와 Susie Levitt은 수많은 여성이 밤늦게까지 하이힐을 신은 뒤 맨발로 집에 걸어가는 것을 보고 휴대하기 편하고 착용감이 편안한 신발을 만들기 위해 CitySlips라는 회사를 설립했다. 그들은 대부분의 여성 핸드백에 쉽게 들어가는 포켓 사이즈의 지퍼 파우치에 넣을 수 있는 접이식 플랫 슈즈를 만들었다. 여성이 신발을 신으면 파우치는 펼쳐서 토트백으로 만들어 하이힐을 휴대할 수 있다. 두 사람은 2009년부터 CitySlips를 판매하기 시작했으며, 현재 500개 이상의 매장에서 CitySlips 제품을 판매하고 있다.[13]

기술의 발전은 종종 대중에게 판매하는 방식대로 기술을 사용할 수 없는 사람들에게 문제를 초래하기도 한다. 예를 들어, 일부 노인들은 버튼이 작고 글자를 읽기 어렵고 시끄러운 방에서 휴대전화로 통화하는 사람의 목소리가 잘 들리지 않는 등 기존 휴대 전화를 사용하기 어렵다고 느낀다. 이러한 문제를 해결하기 위해 GreatCall은 고령 사용자를 대상으로 판매하는 휴대폰 라인을 생산하고 있다. 예를 들어, Jitterbug Flip은 간단하고 사용하기 쉬운 휴대폰이며, Jitterbug Smart는 2017년에 이 회사가 생산한 가장 큰 스마트폰이다. 두 휴대폰은 모두 전화를 쉽게 걸 수 있는 대형 키패드, 선명한 사운드, 읽기 쉬운 텍스트, 간단한 문자 메시지 기능을 제공하며 강력한 스피커가 내장되어 있다. 호주에서 설립한 또 다른 회사인 Kisa는 어린이를 위해 특별히 설계한 휴대 전화를 만들었다. 이 휴대폰은 심플한 디자인으로 어린이가 미리 설정한 최대 10개의 전화번호로 전화를 걸 수 있다. 휴대폰 뒷면에는 SOS 버튼이 있으며 의료 정보나 연락처를 입력할 수 있다. 크고 밝은 디스플레이는 어린이가 통화할 수 있는 사람의 이름과 사진을 표시하는 등 다양한 방식으로 사용자가 지정할 수 있다. 예를 들어 화면에 엄마, 아빠, 할머니, 할아버지, Sarah 이모, Jason 삼촌 등의 정보가 입력된 상자를 표시할 수 있다. 어린이는 상자를 누르기만 하면 전화를 걸 수 있다. 이 휴대폰은 어린이가 휴대하기에 부담스럽지 않을 정도로 가벼우면서도 놀이터에서 한두 번 넘어져도 견딜 수 있을 만큼 내구성이 뛰어나다.[14]

몇몇 비즈니스 아이디어는 새로운 트렌드와 연관된 문제들을 인식함으로써 얻을 수 있다. 예를 들어, 인공 감미료 섭취에 대한 사람들의 우려가 커지면서 Diet Pepsi나 Diet Coke와 같은 전통적인 저칼로리 탄산음료의 판매량이 감소하고 있다. 이러한 추세는 Sparkling Ice나 Spindrift Soda와 같이 맛있으면서도 천연 재료로 만든 저칼로리 음료를 생산하는 스타트업에 새로운 기회를 열어주었다. 마찬가지로 스마트폰의 확산으로 사람들은 더 나은 연결 상태를 유지할 수 있게 되었지만, 일정 시간 동안 휴대폰을 충전하기 위해 전기에 접근할 수 없는 문제가 발생하고 있다. 많은 기업이 혁신적인 방법으로 이 문제를 해결하고 있다. 예를 들어, 무게가 4온스도 안 되는 70달러짜리 Eton BoostTurbin 2000은 2,000mAh 배터리와 일반적인 스마트폰을 완충할 수 있는 충분한 전력을 제공하는 수동 회전 레버가 결합된 장치이다. 장치 자체는 USB 포트나 수동 회전 레버를 통해 충전할 수 있다. 155달러의 HiNation HiLight는 부피는 조금 더 크지만 더 많은 전력을 공급하고 다양한 기능을 갖추고 있다. 이 장치는 iPhone을 세 번 이상 충전할 수 있는 배터리가 탑재되어 있으며 장치는 태양열을 통해 약 10시간 안에 충전할 수 있다.

어떤 경우에는 개인이 명백한 문제를 발견하지만, 어떤 이유에서인지 아무도 유의미한 방식으로 해결하지 못하는 경우가 있다. 이럴 땐 약간의 창의력만 있으면 비즈니스를 만들 수 있다. 예를 들어, Jeannine Fradelizio는 파티를 여는 걸 좋아했다. 그녀는 북부 캘리포니아의 와인 산지 근

표 2.2 문제 해결을 위해 만들어진 비즈니스

기업가	연도	문제	해결책	회사명
Annie Halsall & Sara Maskopf	2015	낯선 지역에서는 부모가 유모차 이용이 가능한 상점과 레스토랑을 쉽게 알 수 없다.	부모가 '어린이 친화적인' 요소에 따라 장소를 평가할 수 있는 'Yelp'와 유사한 온라인 플랫폼	Winnie (www.winnie.com)
David Zhang & Clement Perrot	2014	스마트폰으로 찍은 사진을 친구들과 즉시 공유할 수 있는 실물 사진을 얻을 방법이 없다.	몇 초 안에 아름다운 사진을 인쇄할 수 있는 스마트폰용 즉석카메라 케이스	Prynt (www.pryntcases.com)
Parking Panda	2011	콘서트나 주요 스포츠 행사가 열리는 도시에서는 주차 공간을 찾기가 쉽지 않다.	사용자가 도시에서 보장된 주차장을 찾고 예약할 수 있는 웹 기반 플랫폼	Parking Panda (www. parkingpanda.com)
Sherwin Sheik	2011	집에 있고 싶어 하는 노인을 위해 신뢰할 수 있는 간병인을 찾는 것은 쉽지 않으며, 대부분의 전문 간병인 서비스는 비용이 많이 든다.	가족이 특정 요구 사항과 예산에 맞는 간병인을 쉽게 찾고 고용할 수 있는 온라인 플랫폼	CareLinx (www.carelinx.com)
Perry Chen, Yancey Strickler, Charles Adler	2009	인디 영화, 음반 앨범, 음식 관련 프로젝트와 같은 창의적인 프로젝트에 자금을 조달할 수 있는 플랫폼에 쉽게 접근할 수 없다.	아티스트, 음악가, 기타 창의적인 프로젝트에 참여하는 사람들이 대중으로부터 자금을 모금할 수 있도록 지원하는 웹 기반 '크라우드펀딩' 플랫폼	Kickstarter

영리한 창업기업

Careem: 문제 해결을 위한 모바일화

중동 최초이자 선도적인 택시 예약 앱 기반 서비스인 Careem은 두 명의 기업가가 지역 문제를 해결하기 위해 시도한 결과 탄생한 것이다. 스탠퍼드대학교에서 교육을 받은 39세의 파키스탄인 Mudassir Sheikha와 그의 스웨덴 동료 Magnus Olsson은 McKinsey & Company의 컨설턴트 자격으로 여러 지역으로 여행을 다녔다. 중동 및 북아프리카(MENA) 지역을 여행하는 동안 그들은 쉽고 빠르며 효율적이고 신뢰할 수 있는 교통수단을 찾는 데 어려움을 겪었다. 또한 Uber가 전 세계 여러 시장에서 통근자들의 요구에 부응하는 훌륭한 솔루션을 제공하고 있지만 아직 중동 및 북아프리카 지역에는 진출하지 않았다는 사실을 알게 되었고, 이것이 매력적인 기회라는 것을 깨달았다. 기술에 정통한 두 컨설턴트는 택시 예약 서비스의 글로벌 혁신에 영감을 받고 아직 서비스가 제공되지 않는 시장을 파악한 후 2012년 아랍에미리트 두바이에서 Careem을 시작했다. 처음에는 비즈니스 고객을 대상으로 서비스를 시작했지만, 곧 사용자들이 공항 이동, 학교 데려다주기, 픽업 등 개인적인 용도로 차량을 예약하고 있다는 사실을 알게 되었다.

지역적으로 확장

Careem은 매월 30%의 성장률을 기록하며 아랍에미리트에서 가장 성공적인 스타트업 중 하나로 평가받고 있다. 출시 5년 만에 11개국 60개 도시로 서비스를 확장했으며, 1,000만 명 이상의 등록 사용자를 확보하고 25만 명 이상의 계약직 드라이버를 보유하고 있다. Careem은 중동에서 사람과 물건을 운송하는 선도적인 기업이 되겠다는 야심 찬 계획을 가지고 있다. 일부 국가에서는 자동차 보유율이 2~5%에 불과하고 7억 명에 달하는 대규모 인구를 보유한 중동 지역은 하루 이동 건수가 1억 5,000만에서 2억 건에 달하는 잠재력을 지니고 있으며, 이는 Careem 입장에서 엄청난 기회이다.

홈 어드밴티지 활용하기

현지 업체인 Careem은 해당 지역의 소비자, 지형, 인프라, 이웃, 도로, 출퇴근 수요에 대한 타의 추종을 불허하는 통찰력을 보유하고 있어 Uber보다 더 나은 지도를 개발하고 경쟁 우위를 확보할 수 있는 기회에 빠르게 대응할 수 있었다. 이 지역의 많은 도시와 인근 지역이 Google 지도와 Nokia 지도로는 제대로 커버되지 않았기 때문에 Careem은 자체 팀을 파견해 위치 데이터베이스를 구축했다. 아랍어로 '관대하다'는 뜻의 브랜드 이름도 현지 소비자들에게 잘 먹혔다.

현지에서 가장 좋아하는 음악 재생

문화적, 전통적 가치에 대한 친숙함은 현지 시장에 성공적으로 서비스

처에 살고 있기 때문에 그녀의 파티에는 항상 좋은 와인이 있었다. Fradelizio는 사람들이 와인 잔을 내려놓을 때 어떤 잔이 자신의 것인지 잊어버려서 음료를 버리거나 다른 사람의 잔에 손을 뻗는 경우가 많다는 사실을 발견했다. 이 문제를 해결하기 위해 처음에는 서랍에서 마커를 꺼내 와인 잔에 사람들의 이름을 적었다. 사람들이 그 아이디어를 좋아하자 Fradelizio는 자신이 사업 아이디어를 떠올렸다는 것을 깨달았다. 그녀는 무독성이고 냄새가 나지 않으며 와인의 향기를 방해하지 않는 마커가 필요했다. 또한 번짐 없이 빠르게 건조되어야 하고 쉽게 씻어낼 수 있어야 했다. 그녀는 화학자의 도움을 받았고, 약 1년 후인 2011년에 Wine Glass Writer가 탄생했다. 오늘날 Wine Glass Writer는 미국과 여러 외국의 와이너리, 요리 전문점, 기타 소매점에서 판매하고 있으며, 2015년 매출은 150만 달러를 돌파했다.[15]

문제 해결을 위해 비즈니스를 시작한 사람들의 추가 사례가 표 2.2에 정리되어 있다.

새로운 유형의 창업벤처기업인 소셜벤처는 빈곤, 기아, 수도 및 전기와 같은 서비스에 대한 접근성 부족 등 다양한 사회 문제를 해결하기 위해 시작한다. 이러한 벤처는 영리기업 또는 비영리 기관일 수 있다. 많은 비즈니스는 문제를 해결하려는 시도에서 기회를 발견할 때 만들어진다. '영리한 창업기업'에서는 중동 지역에서 효율적인 교통수단을 찾는 데 어려움을 겪던 전직 McKinsey 직원 두 명이 창업한 중동 지역 차량 예약 앱 Careem의 사례를 소개한다.

를 제공하는 데 도움이 되었다. 2017년 10월까지 여성의 운전이 금지되었던 사우디아라비아에서 Careem은 전체 고객의 거의 80%를 차지할 정도로 많은 여성 고객을 확보하고 있다. 이에 더해 여성이 편리하게 여행을 계획할 수 있도록 사전 예약 기능까지 도입했다. 두바이에서는 여성 운전기사가 운전하는 여성 전용 차량 서비스인 Ameera 서비스를 출시했다. 2016년 9월, 사우디아라비아에서 Careem은 이드 알 아드하(Eid-al Adha) 축제(주로 양이나 염소 등 동물을 제물로 바치고 가족, 친구, 가난한 사람들에게 나눠주는 이슬람 축제) 기간에 특별한 차량 서비스를 운영했다. 이 축제를 위해서 사람들은 농장으로 이동해 제물을 바친 후 집으로 가져와야 한다. Careem은 이 서비스를 제공하기 위해 운전기사가 동물을 구해서 고객을 위해 제물로 바친 후 전통에 따라 고객의 집으로 가져다주는 서비스를 제공했다. 고객이 살아 있는 동물을 집까지 가져오길 원하는 경우, Careem은 이것을 위한 픽업 차량도 준비했다.

경쟁자 대처

Uber는 국제적인 인지도를 갖춘 글로벌 브랜드로서 2013년에 매력적인 기회를 제공하는 중동 시장에 진출했으며, 이로 인해 경쟁 구도가 바뀌게 되었다. Uber와 Careem은 그 기회를 활용하기 위해 경쟁 전략을 채택했다. Careem은 선점자의 우위와 현지 지향성으로 이미 시장에서 강력한 입지를 확보하고 있었다. 글로벌 지배력을 바탕으로 Uber는 4억 2,500만 달러의 자금을 조달한 반면, Careem은 150억 달러의 자금을 조달했다. 변화하는 경쟁 상황과 공격적인 상대에 직면한 Careem은 더 개선된 지도, 사전 예약 서비스, 전용 콜센터, 다양한 차량 등 현지에 더욱 특화된 솔루션을 제공하는 데 집중했다. 특별한 서비스로 리무진 정도만 운영하는 다른 서비스들과 달리, Careem은 모든 사람에게 다른 승차 경험을 제공한다고 주장한다. 예를 들어 두바이에서 Careem은 이코노미, 비즈니스, Careem 키즈, MAX, 퍼스트 클래스, Ameera 등과 같은 다양한 유형의 차량을 제공했다. Uber가 글로벌 지배를 추구하는 동안, Careem은 현지의 필요와 욕구에 중점을 둔 지역 선도 기업이 되는 데 집중하고 있다.

비판적 사고를 위한 문제

1. Shiekha와 Olson이 중동에서 Careem을 출시해 해결한 시장 불균형을 파악해보라. 중동 지역에서의 개인적인 출퇴근 경험이 기회를 발견하는 데 어떤 역할을 했는가?
2. 현지 플레이어가 되는 것이 지역 사용자의 욕구를 충족하는 데 어떤 도움이 되었는지 설명하라. 지역적 인기에 기여한 요인은 무엇인가?
3. 중동에서 택시 예약 부문이 성숙해짐에 따라 혁신성 및 선점자 우위와 같은 요소가 지속 가능성과 지속적인 성공에 얼마나 관련이 있는가?
4. 글로벌 리더인 Uber와의 치열한 경쟁을 고려할 때, Careem이 그 지역에서 우위를 유지할 수 있을 것이라고 생각하는가?

출처: Frank Kane, "Gentlemen, Start Your Engines: It's Uber vs Careem," *The National*, November 24, 2015, available at https://www.thenational.ae/business/gentlemen-start-your-engines-it-s-uber-vs-careem-1.13430 (Accessed November 7, 2017); Parmy Olson, "Meet the Unicorn That's Beating Uber in The Middle East," Forbes, June 15, 2017, available at https://www.forbes.com/sites/parmyolson/2017/06/15/dial-a-caravan/ (Accessed November 7, 2017).

시장에서 틈새 찾기

시장의 틈새는 세 번째 비즈니스 기회의 원천이다. 소비자가 필요하거나 원하는 제품이지만 특정 지역에서는 구할 수 없거나 아예 구할 수 없는 경우가 많다. 이러한 문제의 일부는 주로 가격으로 경쟁하고 일반적인 소비자를 대상으로 가장 인기 있는 품목을 제공하는 Walmart나 Costco와 같은 대형 유통점이 만들어낸 것이다. 이러한 접근 방식은 대형 유통점이 규모의 경제를 달성할 수 있게 해주지만, 시장에는 불균형을 남긴다. 이것이 바로 의류 부티크, 전문점, 이커머스 웹사이트가 존재하는 이유이다. 이러한 비즈니스는 Walmart와 Costco가 대량으로 판매할 수 없어 취급하지 않는 상품을 판매한다.

시장에서의 제품 틈새는 잠재적으로 실현 가능한 비즈니스 기회를 의미한다. 예를 들어, Tish Cirovolo는 시중에 여성을 위해 특별히 제작된 기타가 없다는 사실을 깨달았다. 이 틈새를 충족시키기 위해 그녀는 여성 전용 기타를 만드는 회사인 Daisy Rock guitars를 설립했다. Daisy Rock guitars는 스타일리시하고 여성스러운 색상으로 제품을 출시하며 여성의 작은 손과 체형에 맞는 디자인 기능을 갖추고 있다. 이와 비슷한 방식으로 텍사스 휴스턴에 위치한 Southpaw Guitars는 왼손잡이 연주자를 위해 설계 및 생산된 기타만을 취급한다. 완전히 다른 업종의 스타트업으로는 'You Be the VC 9.1'의 주인공인 TopTal이 있다. TopTal은 기업이 엄격한 심사를 거

stockbroker/123rf.com

시장에는 채워야 할 틈새가 많이 있다. 이 기업가는 STEM(과학, 기술, 공학, 수학) 프로젝트에 관심이 있는 학생들을 위한 방과 후 프로그램을 운영하는 스타트업을 설립했다. 이 아이들은 최근 같은 연령대의 학생들을 대상으로 한 전국 로봇 경진대회에 참가했다.

쳐 계약직으로 일할 의향이 있는 최고 수준의 소프트웨어 엔지니어링 개발자와 디자이너를 찾을 수 있는 플랫폼을 지원함으로써 온라인 채용 업계의 틈새를 해소하고 있다.

시장의 틈새를 채우기 시작한 기업들의 추가 사례가 표 2.3에 나와 있다.

시장에서의 틈새는 일반적으로 사람들이 필요한 제품이나 서비스를 찾지 못해 좌절하고 다른 사람들도 같은 감정을 느낀다는 것을 인지할 때 파악된다. 이러한 예로는 표준 사이즈보다 '큰 사이즈'의 의류에서 스타일리시한 옷을 찾지 못해 좌절감을 느낀 Lorna Ketler와 Barb Wilkins가 있다. 이러한 불만을 해소하기 위해 그들은 몸에 꼭 맞는 재미있고 스타일리시한 '플러스 사이즈' 의류를 판매하는 매장인 Bodacious를 창업했다. Ketler와 Wilkins의 경험은 특정 고객의 공감을 불러일으킬 수 있는 틈새를 메워 적절한 조화를 이룰 때 비즈니스 아이디어가 얼마나 강력한 힘을 발휘할 수 있는지 보여준다. Bodacious의 성공을 되돌아보며 Wilkins는 다음과 같이 말한다.

표 2.3 시장의 틈새를 채우기 위해 탄생한 기업들

시장에서의 틈새	새롭게 발생한 비즈니스 기회	회사명
24시간 운영하는 피트니스 센터의 부재	24시간 피트니스 센터를 운영해 근무 시간이 불규칙한 사람들을 위한 편의 제공	Anytime Fitness, 24 Hour Fitness, Snap Fitness
아이의 지적 발달에 초점을 맞춘 장난감과 장난감 가게 부족	교육용 장난감을 판매하는 장난감 매장·장난감 제조업체·웹사이트, 장난감과 스마트폰 앱의 조합	Wonder Workshop, Little Bits, Osmos Genius Kit, Ubolly
공학 분야에서 경력을 쌓는 여성의 수가 너무 적음	여학생에게 코딩을 가르치는 영리 및 비영리 단체, 학령기 여학생을 공학 관련 프로젝트에 참여시키는 방과 후 프로그램, 어린 여학생이 공학에 흥미를 가질 수 있는 인터랙티브 도서 및 게임	Girls Who Code, Engineering for Kids, GoldieBlox, Roominate
표준 사이즈가 몸에 잘 맞지 않는 사람들에게 유행 의류를 판매하는 의류 매장 부족	큰 사이즈 의류, 임부복, 키가 크거나 작은 사람들을 위한 의류 등 표준 사이즈가 잘 맞지 않는 사람들에게 유행 의류를 판매하는 부티크 및 소매점	Casual Male XL, Fashions to Figure, Motherhood Maternity

위험을 감수하고 그 결실을 맺어 사람들이 매일 "당신이 여기 있어서 정말 기뻐요"라고 말할 때마다 정말 보람을 느낀다. 우리 매장에서는 사람들이 울기도 했다. 자주 있는 일이다. 그들은 (자신에게 맞는 옷을 찾아서) 너무 행복해서 우는 것이다. 한 여성은 자신에게 맞는 청바지를 입었는데 한 시간 후에 전화해서 "집에 있어도 여전히 잘 어울려요!"라고 말했다. 몸이 아프거나 아이를 낳는 등 신체에 변화가 생기면 많은 감정을 느끼게 된다. 이럴 때 자신에게 맞는 옷을 살 수 있다면 기분이 나아지는 데 도움이 된다.[16]

해결해야 할 문제를 발견하는 방식과 유사하게 우연이나 기회를 통해 시장의 틈새를 발견하는 경우가 있다. 한 예로 Simple Gum Natural Chewing Gum의 탄생을 들 수 있다. 2012년 Caron Proschan은 친구와 함께 녹즙과 샐러드로 점심을 먹던 중 주머니에 껌을 넣으려고 손을 뻗었다. 껌을 보자마자 그녀는 방금 먹은 건강한 식사와는 완전히 대조된다는 것을 깨달았다. 그녀는 건강에 좋은 껌을 찾기 시작했지만 찾을 수 없었다. 그녀는 좌절하지 않고 직접 껌을 만들기로 결심했다. 그녀는 자신에게 맞는 '건강한 껌'을 만들 수 있는 적절한 레시피와 제조법을 찾으려고 노력했지만 두 가지 모두 실패로 돌아가고 말았다. 결국 그녀는 혼자 힘으로 만족스러운 껌을 개발했고 1년 후 Simple Gum이 탄생했다. 현재 미국 전역의 약 1,200개 매장에 입점해 있으며 Amazon.com의 껌 카테고리에서 꾸준히 베스트셀러를 차지하고 있다.[17]

환경 트렌드의 변화, 문제 해결, 시장의 틈새 발견 등 사업 기회를 추구할 때 기업가가 명심해야 할 한 가지는 그 기회를 궁극적으로 성공적인 비즈니스로 만들어야 한다는 것이다. '무엇이 잘못됐는가?'에서는 사진을 저장하고 정리할 수 있는 마땅한 서비스가 없다는 창업자들의 불만에서 출발한 Everpix를 소개한다. 안타깝게도 이 특집에서 볼 수 있듯이 창업자들은 비즈니스를 희생하면서까지 기회에 집중하는 데 너무 많은 시간을 보냈다.

기업가의 개인적 특성

학습목표 3

기업가의 개인적 특성 중 사업 기회를 인식하는 데 기여하는 특성에 대해 설명할 수 있다.

Michael Dell은 어떻게 '직접 조립하는' 컴퓨터 회사라는 아이디어를 떠올렸을까? PopCap Games의 설립자 Dave Roberts는 '캐주얼' 전자 게임 시장이 크고 성장하고 있다는 사실을 어떻게 알아챘을까?

연구자들은 어떤 사람이 다른 사람보다 기회를 더 잘 인식할 수 있는 몇 가지 특성이 있다는 것을 발견했다. 우리는 이미 기회를 새로운 제품, 서비스, 비즈니스에 대한 필요성을 창출하는 유리한 상황으로 정의했으며, **기회 인식**(opportunity recognition)이라는 용어는 수익성 있는 새로운 비즈니스나 새로운 제품 및 서비스의 가능성을 인지하는 과정을 의미한다. 즉, 기회는 인식하기 전에는 추구할 수 없다. 이제 기회 인식에 탁월한 사람들이 공유하는 몇 가지 구체적인 특징을 살펴보자.

산업 경험

여러 연구에서 산업 내에서의 이전 경험이 창업가가 비즈니스 기회를 인식하는 데 도움이 되는 것으로 나타났다. 예를 들어, 기업가이자 교수인 Michael Glauser는 스타트업이 성공하기 위해 충족해야 하는 다섯 가지 기준 중 하나가 경험이라고 말한다(나머지 네 가지는 진정한 필요, 적절한

무엇이 잘못됐는가?

훌륭한 제품으로 문제를 해결한 회사가 폐업한 이유

2009년, Pierre-Olivier Latour는 친구와 함께 아시아를 여행했다. 그는 촬영한 모든 사진을 저장하고 정리하는 것이 너무 어려워서 좌절감을 느꼈다. 미국으로 돌아온 그는 동료 프랑스 엔지니어인 Kevin Quennesson에게 자신의 불만을 토로했다. Quennesson은 사진에 대해 다른 불만을 가지고 있었는데, 사진을 많이 찍을수록 사진을 다시 볼 기회가 줄어든다는 점을 지적했다. Quennesson은 이러한 점이 모순이라고 생각했다. 자신의 삶을 더 많이 기록할수록 자신이 좋아서 기록한 것을 보고 즐길 가능성이 줄어든다는 것이다.

Latour와 Quennesson은 이 두 가지 불만이 결합된 것을 문제로 인식했다. 시중에는 사람들이 사진을 다시 찾아보도록 유도하는 방식으로 사진을 저장하고 정리할 수 있는 마땅한 솔루션이 없었기 때문이다. 두 사람은 창업을 결심하고 이 문제를 해결할 수 있는 사진 저장 및 정리 서비스의 프로토타입을 만들기로 했다. 2011년 6월, 샌프란시스코의 한 회사에서 인터랙션 및 시각 디자인을 담당하고 있던 Wayne Fan을 만나 공동창업자로 영입했다. 세 사람은 그 후 몇 달 동안 Everpix라는 이름의 프로토타입 서비스를 구축했다. 이 서비스는 데스크톱과 온라인에서 사진을 원활하게 찾아서 업로드한 다음 최고의 사진을 강조하도록 구성했다. 서비스는 빠르고 디자인이 깔끔했으며 사용법이 간단했다.

Everpix는 엔젤 투자자로부터 총 180만 달러의 투자를 유치하고 제품 개발을 계속했다. 2013년 3월에 Everpix 1.0의 첫 번째 버전을 출시했다. Everpix 앱에 접속하면 지난 1년 이상의 모든 사진을 볼 수 있는 무료 옵션을 제공했다. 월 4.99달러나 연간 49달러를 내면 사진을 무제한으로 저장할 수 있는 서비스를 제공했다. 플래시백이라는 멋진 기능 중 하나는 사용자에게 지난 몇 년 동안 같은 날 찍은 사진을 매일 이메일로 전송하는 것이었다. 전반적인 서비스는 극찬을 받았으며 사용자들은 이 서비스를 좋아했다. Everpix 앱은 1,000개가 넘는 리뷰 중 평균 평점 4.5점(1~5점 척도)을 받았다. 창업자들은 매력적이고 탄탄한 제품으로 자신들이 해결하고자 했던 문제를 해결하고 있는 것처럼 보였다. 그러던 2013년 여름, Everpix는 문을 닫았다. 무엇이 잘못되었을까?

요약하자면, Everpix의 창업자들은 비즈니스를 구축하는 대신 서비스를 완성하는 데 너무 많은 시간과 에너지를 소비했다. 이 서비스는 널리 확산되지 않았는데, Everpix 가입자가 친구들과 사진을 공유하면서 친구를 Everpix 회원으로 만드는 것이 쉽지 않았기 때문이다. Everpix 팀은 이 문제를 인식하고 서비스를 더 널리 알릴 수 있는 방법을 모색했다. 한 가지 아이디어는 구독자의 친구가 계정을 만들어야만 구독자가 공유한 사진을 다운로드할 수 있게 하는 것이었지만, 이 아이디어는 팀의 철학에 부합하지 않는 것으로 판단해 선택되지 않았다. 또한 그들은 광고나 프로모션에 거의 투자하지 않았다. 투자받은 180만 달러는 모두 서비스 구축에 사용했다. 그래서 다른 사진 앱이 수백만 명의 사용자를 끌어모으고 있을 때 Everpix의 가입자는 1만 9,000명도 채 되지 않았다.

폐업하기 몇 주 전부터 Everpix의 창립자들은 추가 자금을 조달하기 위해 동분서주했다. 엔젤 투자나 벤처 캐피털 업계에 잘 알려져 있어서 이들과 여러 차례 미팅을 가졌다. 제품의 품질과 구성원의 자질에 대해 끊임없이 칭찬을 받았지만, 문제는 비즈니스였다. 투자자들은 수많은 앱이 쏟아져 나오고 소비자들이 앱을 쉽게 바꿀 수 있다는 사실에 겁을 먹기 시작했다. 게다가 Everpix의 경쟁사들은 서비스를 무료로 제공하는 반면, Everpix의 비즈니스 모델은 유료 구독에 의존하고 있었다. 투자자들은 하나둘씩 투자를 거절했으며, 잠재적 인수자에게 여러 차례 제안을 했지만 모두 거절당했다. 결국 Everpix는 자금이 부족해져 사업을 지속할 수 없게 되었다.

비판적 사고를 위한 문제

1. 이 장에서 언급한 내용을 토대로 비즈니스를 시작해서 문제를 해결하고자 할 때 이 특집에서 배우고 피할 수 있는 세 가지 '핵심' 목록을 작성하라.
2. 문제를 해결할 기회를 추구하는 것과 비즈니스를 구축하는 것 사이에는 어느 정도 차이가 있을까? Everpix는 어떤 점에서 두 가지 모두 실패했을까?
3. 이 특집에 따르면 Everpix는 광고와 프로모션에 거의 투자하지 않았다. 이러한 결정이 Everpix의 실패에 얼마나 큰 영향을 미쳤다고 생각하는가?
4. 벤처 캐피털리스트는 종종 대박을 터트리려고만 한다는 비판을 받는다. 즉, 그들은 보통의 성과를 내는 회사보다는 최고의 성과를 내는 회사에 투자하려고 한다. 돌이켜보면 Everpix는 일반적인 성과를 낼 수 있는 비즈니스를 구축하고 있었다고 생각하는가, 아니면 대단한 성과를 낼 수 있는 비즈니스를 구축하고 있었다고 생각하는가? 답을 설명해보라.

출처: C. Newton, "Out of the Picture: Why the World's Best Photo Startup is Going Out of Business," The Verge, available at https://www.theverge.com/2013/11/5/5039216/everpix-life-and-death-inside-the-worlds-best-photo-startup (posted November 5, 2013, accessed March 19, 2014); The Sublog, "Everpix, Snapchat, and The Startup Life," November 7, 2013, available at http://subimage.com/blog/2013/11/07/everpix-snapchat-and-the-startup-lie/#.Uym15qMo670 (posted November 7, 2013, accessed March 19, 2014).

자원, 구매 고객, 건전한 비즈니스 모델이다). 물론 특정 산업에서 일하는 것은 특정 산업의 특성에 대한 통찰력을 얻을 수 있는 가장 중요한 방법이다. 특히 Glauser는 산업 경험에 대해 다음과 같이 말한다.

> 산업의 제품, 서비스, 문제점을 파악하면 시행착오를 통한 학습의 함정을 피하는 데 도움이 될 뿐만 아니라 이해관계자에게 자신이 이 비즈니스를 구축할 적임자라는 확신을 줄 수 있다. 잠재적인 팀원, 투자자, 고객, 공급업체, 전략적 파트너에게 당신의 경험과 신뢰성은 매우 중요하다. 비즈니스를 구축할 수 있는 기술과 경험이 없다면 힘든 싸움을 하게 될 것이다.[18]

스타트업의 성공을 위한 산업 경험의 중요성에 대한 설명은 여러 가지가 있다. 한 산업에서 일하면서 소외된 틈새 시장을 발견할 수 있다. 또한 특정 분야에서 일하는 동안 해당 산업에서 인맥을 쌓아 기회로 이어질 수 있는 통찰력을 얻을 수도 있다.[19]

대부분의 경우 산업에서 이전 경험이 중요하지만, 때로는 산업 외부에 있던 사람이 새로운 시각으로 산업에 진입해서 결과적으로 산업 경험자가 어려워한 방식으로 혁신을 이룰 수 있다는 사례가 있다는 점도 중요하다. 이러한 생각은 Virgin 그룹의 창립자인 Richard Branson이 말한 바 있다. 한 블로그 게시물에서 Branson은 기업가가 해당 산업에서 사업을 시작하기 위해 그에 대한 사전 지식이 필요한지에 대한 질문을 받았는데, 그 질문에 다음과 같이 대답했다.

> 스타트업을 시작하기 전에 해당 산업에 대한 경험이 있어야 하는지에 대한 질문에 얽매이지 말라. 그 대신 개선이 필요한 사소한 세부 사항이라도 좋으니 당신이 고객으로서 원하는 변화에 대해 생각하라.

Branson은 이어서 Virgin 그룹의 성공적인 음악 레이블이자 소매점 체인인 Virgin Music의 시작에 대해 다음과 같이 말했다.

> 우리는 작은 레코드 가게를 운영하다가 레코딩 스튜디오를 갖춘 레코드 레이블을 설립한 후 대형 음악 메가스토어를 포트폴리오에 추가했다. 우리는 음악 팬이긴 했지만 이러한 비즈니스에 대한 지식은 거의 없었다. 하지만 이것이 반드시 단점은 아니라는 것을 깨달았다. 우리는 젊고 고집스러웠기에 우리만의 방식으로 일을 처리하는 것을 좋아했고, 역설적이게도 그 결과 우리 사업은 크게 성공하게 되었다.[20]

산업 경험 없이 성공적인 기업을 창업한 다른 사례도 있다. 예를 들어, Uber의 창업자인 Travis Kalanick, Garrett Camp, Oscar Salazar는 운송 업계에서 일한 경험이 전혀 없었다. 마찬가지로 Tesla의 창업자인 Elon Musk도 자동차 업계에서 일한 경험이 없었다. 여기서 얻을 수 있는 교훈은 업계 경험이 많을수록 좋지만, 스타트업의 성공을 위해 반드시 필요한 것은 아니라는 것이다. 실제로 어떤 경우에는 창업가가 해당 산업의 '전통적인' 업무 방식에 고착되어 오히려 불리하게 작용할 수도 있다.

인지적 요인

기회 인식은 타고난 기술일 수도 있고 인지적 과정일 수도 있다.[21] 기업가에게는 다른 사람이 놓치는 기회를 포착할 수 있는 '육감'이 있다고 생각하는 사람들도 있다. 이 여섯 번째 감각을 **기업가적**

기민함(entrepreneurial alertness)이라고 하는데, 일반적으로는 의도적으로 탐색하지 않고도 사물을 알아차릴 수 있는 능력으로 정의한다.[22] 대부분의 기업가는 이러한 관점에서 자신을 바라보며 자신이 다른 사람보다 더 '기민하다'고 생각한다. 기민함은 주로 학습된 기술이며, 특정 분야에 대한 지식이 많은 사람은 그렇지 않은 사람보다 해당 분야의 기회에 더 예민하게 반응하는 경향이 있다. 예를 들어 컴퓨터 엔지니어는 변호사보다 컴퓨터 업계의 요구와 기회에 더 예민하게 반응할 것으로 기대할 수 있다.

기업가적 기민함에 대한 연구 결과는 명확하지 않다. 몇몇 연구자는 기민함이 단순히 사물을 알아차리는 것을 넘어 보다 목적의식을 가진 노력을 수반한다고 주장한다. 예를 들어, 어떤 학자는 기회를 찾는 사람(즉, 기업가)과 찾지 않는 사람 사이의 중요한 차이점은 시장에 대한 상대적인 평가라고 생각한다.[23] 즉, 기업가는 시장의 규모를 파악하고 그 가능성을 추론하는 데 다른 사람보다 더 뛰어날 수 있다.

소셜 네트워크

개인의 소셜 네트워크 범위와 깊이는 기회 인식에 영향을 미친다.[24] 사회적 및 직업적 인맥이 탄탄한 사람은 인맥이 적은 사람보다 더 많은 기회와 아이디어에 노출될 수 있다. 이러한 노출은 새로운 비즈니스 창업으로 이어질 수 있다. 오랜 기간에 걸친 연구 결과에 따르면, 창업자의 40~50%가 사회적 인맥을 통해 아이디어를 얻은 것으로 나타났다.[25] 관련 연구에서는 **개인 기업가**(solo entrepreneurs, 스스로 사업 아이디어를 발굴한 사람)와 **네트워크 기업가**(network entrepreneurs, 사회적 인맥을 통해 아이디어를 발굴한 사람)의 차이점을 조사했다. 연구진은 네트워크 기업가가 개인 기업가보다 훨씬 더 많은 기회를 발견했지만, 자신을 특별히 기민하거나 창의적이라고 묘사할 가능성은 적다는 것을 확인했다.[26]

소셜 네트워크가 상대방 인식에 미치는 영향을 설명하는 개념으로 강한 유대 관계와 약한 유대 관계 간의 차이점을 들 수 있다. 다른 사람과의 관계를 '유대'라고 하며, 우리는 모두 관계를 맺고 있다. **강한 유대 관계**(strong-tie relationships)는 동료, 친구, 배우자 간의 유대 관계와 같이 잦은 상호작용이 특징이다. **약한 유대 관계**(weak-tie relationships)는 일상적인 지인 간의 유대 관계와 같이 상호작용이 빈번하지 않은 것이 특징이다. 이 분야의 연구에 따르면, 일반적으로 같은 생각을 가진 사람들 사이에서 형성되는 강한 유대 관계는 개인이 이미 가지고 있는 통찰력과 아이디어를 강화하는 경향이 있기 때문에 기업가는 강한 유대 관계보다 약한 유대 관계를 통해 새로운 비즈니스 아이디어를 얻을 가능성이 더 높다.[27] 반면에 우연히 알게 된 사람들 사이에서 형성되는 약한 유대 관계는 같은 생각을 가진 사람들 사이에서 형성되는 경우가 많지 않기 때문에 한 사람이 다른 사람에게 완전히 새로운 아이디어를 촉발하는 말을 할 수 있다. 예를 들어, 전기 기술자가 식당 주인에게 비즈니스 문제를 해결할 방법을 설명한다고 가정해보자. 해결책을 들은 식당 주인은 "우리 회사나 업계의 다른 사람이라면 이런 해결책을 들어본 적이 없었을 거예요. 저에게는 완전히 새로운 통찰이어서 문제 해결에 도움이 될 것 같군요"라고 말할 수 있다.

창의성

창의성(creativity)은 참신하거나 유용한 아이디어를 창출하는 과정이다. 기회 인식은 적어도 부

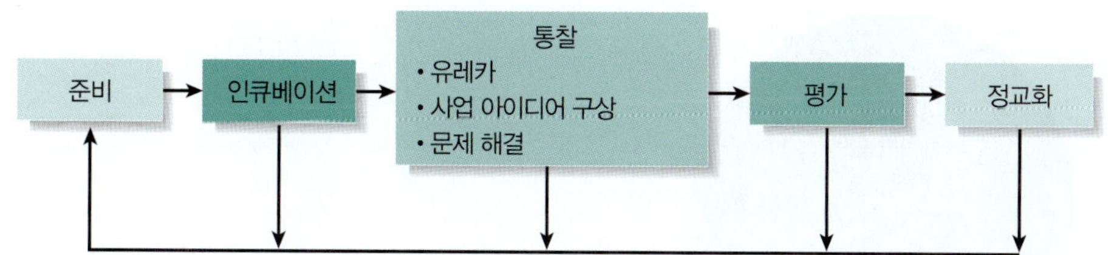

그림 2.4 창의적 아이디어 도출을 위한 5단계

분적으로는 창의적인 과정일 수 있다. 사례를 통해 보면, 많은 제품, 서비스, 비즈니스의 탄생에 창의성이 개입해 있음을 쉽게 알 수 있다. 회사 내에서 일하는 기업가들로 구성된 팀들이 점점 더 그 회사의 창의성의 원천이 되고 있다.[28]

개인의 경우, 창의적 프로세스는 그림 2.4와 같이 다섯 단계로 나눌 수 있다.[29] 이 단계들이 기회 인식 과정과 어떤 관련이 있는지 살펴보자. 그림에서 가로 화살표는 창의적 프로세스가 다섯 단계를 거쳐 진행됨을 보여준다. 세로 화살표는 어느 단계에서든 개인(예: 창업가)이 막히거나 계속 진행하기에 충분한 정보나 통찰력이 없을 경우, 최선의 선택은 준비 단계로 돌아가 더 많은 지식이나 경험을 쌓은 후에 다시 진행해야 한다는 것을 의미한다.

준비 준비는 기업가가 기회를 인식하는 과정에 가져오는 배경, 경험, 지식이다. 운동선수가 뛰어난 기량을 발휘하기 위해 연습을 해야 하는 것처럼, 창업가도 기회를 포착하기 위해 경험이 필요하다. 연구 결과에 따르면 스타트업 아이디어의 50~90%는 창업자의 이전 업무 경험에서 나오는 것으로 나타났다.

인큐베이션 인큐베이션은 아이디어를 고려하거나 문제에 대해 생각하는 단계로, '숙고'하는 단계이다. 인큐베이션은 의식적인 활동인 경우도 있고, 무의식적인 활동으로 다른 활동을 하는 동안 발생할 수도 있다. 어떤 작가는 이 현상을 '의식 밖에서 아이디어들이 끊임없이 움직인다'고 표현했다.

통찰 통찰은 문제에 대한 해결책이 보이거나 아이디어가 떠오를 때 번쩍이는 인식이다. 이를 '유레카' 경험이라고 부르기도 한다. 비즈니스에서는 기업가가 기회를 인식하는 순간이다. 때때로 이러한 경험은 프로세스를 진전시키기도 하고, 때로는 준비 단계로 돌아가도록 유도하기도 한다. 예를 들어, 기업가가 기회의 잠재력을 인식했지만 이를 실행하기 전에 더 많은 지식과 생각이 필요하다고 느낄 수 있다.

평가 평가는 아이디어를 면밀히 검토하고 실행 가능성을 분석하는 창의적 단계이다. 많은 기업가가 실수로 이 단계를 건너뛰고 아이디어가 실행 가능한지 확인하기 전에 아이디어를 구현하려고 한다. 평가는 기업가가 아이디어의 실행 가능성을 솔직하게 살펴봐야 하기 때문에 창의적 프로세스에서 특히 어려운 단계이다. 제3장에서는 새로운 비즈니스 아이디어의 실현 가능성을 평가하는 방법에 대해 설명할 것이다.

정교화 정교화 단계는 창의적인 아이디어가 최종 형태로 완성되는 단계로, 세부 사항을 구체화하고 아이디어를 새로운 제품, 서비스, 비즈니스 콘셉트와 같은 가치 있는 것으로 전환하는 단계

그림 2.5 기회 인식 프로세스

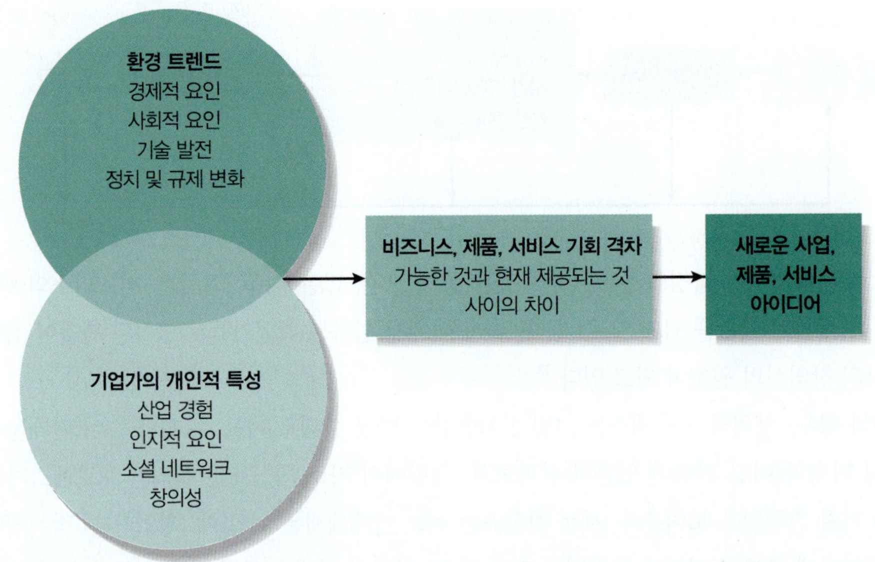

이다. 신규 비즈니스의 경우 사업 계획서를 작성하는 시점이다.

그림 2.5는 기회 인식 프로세스를 보여준다. 그림에서 볼 수 있듯이 기회 인식의 두 가지 측면은 상호 의존적이기 때문에 환경 트렌드에 대한 인식과 기업가의 개인적 특성 사이에는 연관성이 있다. 예를 들어, 소셜 네트워크를 잘 구축한 기업가는 소셜 네트워크를 제대로 구축하지 않은 기업가보다 새로운 기술 트렌드를 인식하는 데 더 유리한 위치에 있을 수 있다. 또는 디지털화와 같은 새로운 기술 트렌드를 인지한 기업가가 해당 주제에 대해 자세히 알아보기 위해 콘퍼런스나 워크숍에 참석해 소셜 네트워크를 확장할 수도 있다.

아이디어 창출을 위한 기술

학습목표 4

기업가가 아이디어를 창출하는 데 사용하는 기술을 파악하고 설명할 수 있다.

일반적으로 기업가는 기회보다 더 많은 아이디어를 발굴하는데, 이는 기본적으로 기회를 활용할 수 있는 최선의 방법을 찾기 위해 많은 아이디어가 필요하기 때문이다.[30] 제품, 서비스, 비즈니스에 대한 새로운 아이디어 창출을 촉진하기 위해 여러 가지 기법이 사용되고 있는데, 그중 몇 가지 기법을 살펴보자.

브레인스토밍

새로운 비즈니스 아이디어를 창출하는 일반적인 방법은 **브레인스토밍**(brainstorming)이다. 일반적으로 브레인스토밍은 특정 주제에 대해 여러 가지 아이디어를 도출하는 과정이다. 한 사람이 노란 메모지를 들고 앉아서 흥미로운 비즈니스 아이디어를 적는 것부터 여러 사람이 참여하는 사회자가 이끄는 공식적인 '브레인스토밍 세션'에 이르기까지 다양한 접근 방식이 있다.

정석대로 브레인스토밍을 진행하는 세션에서 그룹의 리더는 참가자에게 아이디어를 공유해달라고 요청한다. 한 사람이 아이디어를 공유하고, 다른 사람이 이에 반응하고, 또 다른 사람이 그 반응에 반응하는 식으로 진행된다. 플립 차트나 전자 화이트보드는 일반적으로 모든 아이디어를 기록하는 데 사용된다. 생산적인 세션은 자유롭고 활기차게 진행된다. 브레인스토밍 세션에서 생

표 2.4 브레인스토밍 세션의 규칙

규칙	설명
1	킬킬대기, 눈썹 치켜올리기, 회의나 의심을 나타내는 표정 등을 포함한 어떠한 비판도 허용되지 않는다. 비판은 창의성을 저해하고 자유로운 아이디어의 흐름을 방해한다.
2	규칙이나 제약 없이 자유롭게 아이디어를 표현하는 자유분방함을 장려하며, 아이디어는 많을수록 좋다. 기발하거나 엉뚱한 아이디어라도 좋은 아이디어나 문제 해결책이 될 수 있다.
3	세션은 빠르게 진행되며 속도를 늦출 수 있는 어떤 것도 허용되지 않는다. 시간을 들여 깔끔하게 적는 것보다 아이디어의 본질을 포착하는 것이 더 중요하다.
4	아이디어를 빠르게 확장하는 것을 장려한다. 즉, 한 아이디어를 통해 다른 아이디어로 빠르게 발전하게 만드는 것을 의미한다.

성된 아이디어는 필터링 및 분석이 필요하지만 나중에 수행하면 된다.

정석대로 브레인스토밍 세션을 진행하기 위한 네 가지 엄격한 규칙은 표 2.4와 같다. 표에서 확인할 수 있듯이 브레인스토밍 세션에서 가장 중요한 규칙은 킬킬대기, 눈썹 치켜올리기, 회의나 의심을 나타내는 표정 등을 포함한 어떤 비판도 허용되지 않는다는 것이다. 비판은 창의성을 저해하고 자유로운 아이디어의 흐름을 방해한다.

새로운 비즈니스 아이디어를 창출하기 위한 브레인스토밍 세션은 형식적이지 않은 경우가 많다. 예를 들어, 인기 있는 여드름 치료 제품인 Proactiv를 개발하는 동안 회사 설립자 중 한 명인 Katie Rodan 박사는 자신의 집에서 디너 파티를 주최하고 게스트들과 함께 브레인스토밍 세션을 진행했다. 게스트에는 비즈니스 임원, 시장 조사자, 마케팅 컨설턴트, FDA 규제 변호사 등이 포함되어 있었다. Rodan은 이 그룹이 자신과 공동창업자가 브레인스토밍을 통해 Proactiv를 구체화하고 회사 설립 과정을 진전시키는 여러 아이디어를 도출하는 데 도움을 줬다고 말한다.[31]

브레인스토밍 과정의 일환으로 일부 사람과 그룹은 생각을 정리하기 위해 마인드맵을 작성한다. **마인드맵**(mind map)은 정보를 시각적으로 정리하는 데 사용하는 다이어그램이다.[32] 마인드맵은 계층 구조로 되어 있고 전체를 이루는 요소들 간의 관계를 보여주며, 페이지의 중앙에 배치되는 하나의 개념을 중심으로 만들어진다. 중앙에서부터 가지가 생성되고, 가지는 중앙 아이디어에서 파생되는 새롭고 연관된 아이디어를 반영하게 된다. 그런 다음 각 가지를 기반으로 추가 세부 사항이 포함된 하위 가지를 만들 수 있다. Coolest(www.coolest.com)의 제작자가 초기 브레인스토밍 과정의 일부로 마인드 매핑을 사용했다고 상상해보라. Coolest는 내장 블렌더, 블루투스 스피커, 타이다운 스트랩(쿨러 위에 물건을 올려놓을 수 있는), LED 조명, 대형 타이어(모래사장에 적합), 내장 USB 충전기, 내장 수납 공간을 모두 갖춘 세계 최초의 롤링 쿨러인 Coolest Cooler를 제작하고 있다. Coolest의 창립자는 마인드맵을 만들 때 '새로운 혁신적인 쿨러'를 마인드맵의 중심에 두고 쿨러에 탑재할 기능을 설명하는 가지를 만들었을 것이다. 각 가지에는 기능을 더 자세히 정의하는 하위 가지가 있었을 것이다. 궁극적으로 일부 기능은 수용하고 일부는 폐기했을 것이다. 추가 가지에서는 비용, 마케팅, 제조 등과 같은 주제를 언급했을 수도 있다. 요점은 마인드맵이 Coolest 팀이 아이디어를 시각적으로 정리하고 상호 관계를 더 잘 파악하는 데 도움이 되었다는 것이다. 마인드 매핑에 도움이 되는 Bubble.us, MindMode, Mindomo와 같은 온라인 도구들이 많이 있다.

조직은 각자 다른 방식으로 브레인스토밍하고 새로운 아이디어를 창출한다. 이 스타트업은 사무실 공간의 지정된 벽에 포스트잇 메모를 붙여 브레인스토밍을 진행하고 있다.

ESB Professional/Shutterstock

브레인스토밍의 한계는 오로지 개인의 상상력에 달려 있다. 학생들에게 **버그 보고서**(bug report)를 작성하도록 요청하는 것은 브레인스토밍을 가르치기 위해 교실에서 널리 사용하는 기법이다. 버그 보고서를 작성하기 위해 학생들은 일상생활에서 '버그'처럼 자신을 불편하게 만드는 조건이나 '사물'을 50~75개 나열하게 된다. 학생들에게 불편을 느끼는 여러 가지 조건이나 사물을 파악하도록 요청하면 캠퍼스 주차, 기숙사 음식, 지저분한 룸메이트 등과 같은 평범한 것들만 적을 가능성을 줄일 수 있다. 또한 학생들이 친구들과 포커스 그룹을 열어 '버그' 목록에 포함될 수 있는 조건을 브레인스토밍하도록 권장할 수도 있다.

포커스 그룹

포커스 그룹은 논의 중인 이슈와 관련해서 선정한 5~10명의 사람으로 구성된 모임이다. 포커스 그룹은 새로운 비즈니스 아이디어 창출 등 다양한 목적으로 사용된다.

포커스 그룹은 일반적으로 특정 주제에 대해 잘 알고 있고 질문에 응답하기 위해 모인 사람들로 구성하며, 그룹 토론의 상호작용을 통해서 문제를 조명할 수 있다. 포커스 그룹은 일반적으로 성인용 캐주얼 전자 게임과 같이 비즈니스에 대한 일반적인 아이디어는 정해졌으나 아이디어를 더욱 구체화할 필요가 있을 때 브레인스토밍의 후속 조치로 가장 효과적이다. 일반적으로 포커스 그룹은 숙련된 진행자가 진행한다. 진행자의 주요 목표는 그룹을 '집중시키고' 활발한 토론을 유도하는 것이다. 포커스 그룹 세션의 효과는 대부분 진행자가 질문을 던지고 토론을 진행하는 능력에 달려 있다. 예를 들어, 커피를 판매하는 지역 소매점(여러분이나 친구가 자주 가는 지역 커피숍을 생각해보라)에서 자주 방문하는 고객 7~10명으로 구성된 포커스 그룹을 진행해 그룹에 "우리 카페의 어떤 점이 마음에 들지 않습니까?"라고 질문할 수 있다. 한 고객이 "카페에서 집에서 추출할 수 있는 1파운드짜리 스페셜티 원두커피를 팔고 있죠. 이것도 괜찮지만 며칠 만에 커피가 다 떨어질 때가 많아요. 새로 사러 가게에 다시 가기까지 일주일이 걸릴 때도 있거든요. 3파운드나 5파운드짜리를 판다면 커피가 자주 떨어지지 않아서 더 많이 사용할 수 있을 것 같아요. 1파운드짜리 두세 개를 한꺼번에 살 수도 있겠지만 가격이 좀 비싸요. 하지만 대량 구매 시 가격을 조금만 할인해준다면 3파운드나 5파운드짜리를 살 의향도 있어요"라고 대답할 수 있다. 그런 다음 진행자가 그룹에 "3파운드나 5파운드짜리 제품이 있다면 몇 명이나 사시겠습니까?"라고 질문할 수 있다. 5명이 손을 들면 카페에서 새로운 제품 라인에 대한 아이디어를 발견한 것이다.

Napkin Labs라는 비교적 새로운 서비스는 기업이 Facebook 및 기타 사이트의 팔로워를 보다 친밀한 구조의 온라인 커뮤니티로 유도해 포커스 그룹으로 활용할 수 있도록 도와주는 서비스다. 예를 들어, Modify는 맞춤형 시계를 제작하는 회사인데, 이 회사의 시계는 페이스, 스트랩, 슬라이더를 교체할 수 있으며 두 가지 크기로 제공된다. Modify는 Napkin Labs를 사용해서 사람들이 어떤 새로운 색상과 디자인을 원하는지, 어디에서 시계를 판매했으면 하는지에 대해 의견을 제시하게 한다. 각 랩에서는 "우리 시계를 어디에서 판매해야 할까요?"와 같은 도전 과제를 제시한다. 참가자들 사이에서 대화가 시작되면 각 참가자는 다른 참가자가 무슨 말을 하는지 알 수 있고 그들의 의견에 반응할 수 있다. Modify의 창립자인 Aaron Schwartz에 따르면, 한 랩에서 서핑 전문 가게에서 자사 시계를 판매하는 것에 대해 놀라울 정도로 큰 관심을 보였다고 한다. UserVoice나 Get Satisfaction과 같은 다른 온라인 회사들도 비슷한 방식으로 기업이 사용자와 소통할 수 있도록 지원하고 있다.[33]

도서관 및 인터넷 조사

새로운 비즈니스 아이디어를 창출하기 위한 세 번째 접근 방식은 도서관 및 인터넷 조사를 하는 것이다. 아이디어를 선정한 다음 그 아이디어에 대한 조사를 진행하는 것은 자연스러운 일이다. 이 접근 방식은 너무나도 당연한 것이다. 성인용 캐주얼 전자 게임 개발과 같은 일반적인 아이디어가 광범위한 도서관 및 인터넷 조사와 결합되어 가장 적합한 유형의 캐주얼 게임에 대한 통찰을 얻게 된다면 최고의 아이디어가 떠오를 수 있다.

도서관은 비즈니스 아이디어 창출을 위한 정보 출처로 잘 활용하지 않는 경우가 많다. 도서관을 활용하는 가장 좋은 방법은 업계 전문 잡지, 무역 저널, 업계 보고서 등 유용한 리소스를 추천해줄 수 있는 사서와 일반적인 관심 분야에 대해 논의하는 것이다. 한 주제에 관한 무역 저널 여러 권을 간단히 훑어보는 것만으로도 새로운 아이디어를 떠올릴 수 있다. 대학이나 대형 공공 도서관을 통해 매우 강력한 검색 엔진과 데이터베이스를 이용할 수도 있는데, 이를 개인적으로 이용하려면 수백, 수천 달러의 비용이 든다. 예를 들어 모든 주요 산업 및 산업 내 하위 카테고리에 대한 시장 조사를 발간하는 IBISWorld(www.ibisworld.com)를 들 수 있다.

인터넷 조사도 중요하다. 처음부터 시작하는 경우 Google이나 Bing에 '새로운 사업 아이디어'를 입력하면 된다. 이 작업을 수행하면 '가장 인기 있는', '최신' 신규 비즈니스 아이디어에 대한 신문 및 잡지 기사 링크를 볼 수 있다. 이러한 유형의 기사는 본질적으로 평범하지만, 새로운 비즈니스 아이디어를 처음부터 생성하려는 경우 출발점이 될 수 있다. 특정 아이디어를 염두에 두고 있다면 관심 주제와 관련된 키워드를 사용해서 Google의 '이메일 알림'을 설정하는 것도 유용한 방법이다. Google 이메일 알림은 주제와 관련된 보도 자료, 뉴스 기사, 블로그 게시물 등 최신 Google 검색 결과를 이메일로 업데이트해주는 서비스이다. 무료로 제공되는 이 기능을 사용하면

성공을 위한 파트너십

비즈니스 아이디어를 수익성으로 연결하기 위해 멘토 찾기

사업 아이디어를 수익성 있는 회사로 만드는 것은 쉽지 않다. 멘토를 찾아 활용하는 것은 아이디어를 사업 기회와 회사로 전환할 수 있는 확률을 높이기 위해 기업가가 사용할 수 있는 방법 중 하나이다. **멘토**(mentor)는 창업자보다 경험이 풍부해서 기꺼이 상담과 조언을 제공할 수 있는 사람이다. 멘토는 일반적으로 시장이나 비즈니스의 특정 측면에 대한 경험이 있을 것이다. 비즈니스를 시작하는 방법에 대한 조언을 제공하는 책과 웹사이트는 많지만 질문에 답하고, 지원해주고, 어려운 부분을 극복할 수 있도록 도와주는 정보를 얻는 데 있어 경험 많은 사람이 곁에 있는 것만큼 좋은 것은 없다.

그렇다면 멘토를 찾고 그 사람이 멘토 및 멘티 관계에 동의하도록 설득하려면 어떻게 해야 할까? 그 3단계 과정을 알아보자.

1단계: 잠재적 멘토 파악하기

첫째, 지인 네트워크(전문가, 사업주, 코치 등)를 살펴보고 자신에게 도움이 될만한 사람이 있는지 알아봐야 한다. 많은 초보 창업가가 자신의 전문 지식을 공유하고 멘토링 관계를 맺고 싶어 하는 사람들이 얼마나 많은지 알고 놀라게 된다. 둘째, 현재 대학에 재학 중이거나 대학을 졸업한 경우 대학 동문 네트워크에서 멘토를 찾아볼 수 있다. 동문은 종종 대학에서 주최하는 프레젠테이션이나 사업 계획 경진대회의 심사위원으로 활동하므로 이를 통해 연결할 수 있다. 또 다른 방법은 LinkedIn을 이용하는 것이다. LinkedIn 검색창에 소속 대학교를 입력한 다음 찾고 있는 지원 유형의 직함을 입력하면 된다. 예를 들어, 오클라호마주립대학교에 재학 중인 학생으로서 자금 조달에 대한 도움을 찾고 있다면 'CFO 오클라호마주립대학교'를 입력하면 된다. 그러면 LinkedIn 프로필에 자신을 CFO(최고 재무 책임자)라고 밝힌 모든 오클라호마주립대학교 졸업생이 나열된다. 그런 다음 LinkedIn 내의 비공개 이메일 서비스를 통해 해당 사람과 연결할 수 있다. 대부분의 사람은 대학 시절에 대한 좋은 추억을 가지고 있으며 모교의 학생과 연결되는 것을 기쁘게 생각한다.

세 번째 방법은 웹사이트, 잡지 기사를 검색해서 자신에게 적합한 사람을 알려줄 수 있는 네트워킹 이벤트에 참석하는 것이다. 예를 들어, 1 Million Cups는 Kauffman 재단이 후원하는 네트워킹 행사로 미국 전역 111개 도시에서 일주일에 한 번씩 열린다. 1 Million Cups 웹사이트(www.1millioncups.com)에서 가장 가까운 장소를 찾을 수 있다. 매주 수요일 오전에 한두 개의 초기 단계 스타트업이 다양한 동료, 교육자, 자문가에게 회사를 소개하므로 인맥을 쌓을 수 있는 좋은 기회로 활용할 수 있다.

2단계: 최초 연락하기

잠재적인 멘토에게 연락하는 것은 어려운 과정이다. 멘토로 원하는 유형의 사람은 리더의 위치에 있고 바쁘기 때문에 접근하는 방식이 중요하다. 대부분의 사람은 이메일로 연락을 취한다. 이메일을 통해 잠재적 멘토에게 접근할 경우 몇 가지 법칙이 있는데 다음과 같다.

- 제목에 생각을 담아야 한다. 받는 사람이 공감할 수 있는 내용을 생각하라. 예를 들어, 노터데임대학교 학생이고 노터데임대학교 동문과 연결하려는 경우 '엔젤 투자자와 연결하는 방법에 대한 빠른 조언을 찾고 있는 노터데임대학교 학생'이라고 입력할 수 있다.
- 이메일은 짧고 간결하게 작성해야 한다. 긴 이메일 메시지는 잘 읽히지 않는다.
- 상대방에게 연락을 취하는 이유를 구체적으로 설명해서 자신이 보낸 이메일이 상대방에게 단체 메일로 여겨지지 않도록 해야 한다.
- 자신이 누구인지, 무엇을 성취하고 싶은지 정확하게 요약해서 전달해야 한다. 가능하다면 상대방에게 제안할 수 있는 것도 포함시켜야 한다. 때로는 진심 어린 감사의 마음만 전해도 충분할 때도 있다. 그런 경우에는 꼭 감사의 마음을 표현하라.
- 구체적인 요청을 해야 한다. '저는 창업 과정에서 조언을 해줄 경험이 풍부한 기업가를 찾고 있습니다'와 같은 표현은 적절하지 않다. 대부분의 경우 이러한 표현은 처음부터 너무 많은 것을 요구하는 부탁이 될 수 있다. 대신 구체적인 것을 요청해야 한다. 예를 들어, 식품 회사를 시작하려는데 연락하려는 사람이 Whole Foods에서 제품을 판매하는 사람이라면 Whole Foods에 제품을 입점하기 위해 어떻게 접근해야 하는지에 대한 조언을 요청할 수 있다.

3단계: 멘토/멘티 관계 관리하기

인내심을 가져야 한다. 멘토와 관계를 형성하기 위해서는 시간이 걸린다. 처음의 상호작용은 짧고 요점만 전달할 수 있지만 시간이 지남에 따라 그 길이와 내용이 늘어날 수 있다. 또한 멘토가 여러분과 함께 일하기 쉽게 만들어야 한다. 멘토와 대화하기 가장 좋은 시간이 퇴근 시간인 오후 6시부터 6시 30분 사이라면, 당신이 그 시간에 맞출 수 있도록 조정해야 한다. 또한 사람들은 예의 바르고, 겸손하고, 재미있는 사람과 관계를 유지하려는 경향이 훨씬 더 높다는 사실을 기억해야 한다.

멘토에게 진행 상황을 업데이트해서 후속 조치를 취해야 한다. 멘토가 비즈니스에 긍정적인 결과를 가져다주는 조언을 해주었다면 멘토에게 그 조언이 도움이 되었다는 사실을 알려줘야 한다. 좀 더 과감하게 멘토에게 내가 실수했다거나 내 접근 방식이 잘못되었다고 말해도 괜찮다는 것을 알려주어야 한다. 또한 멘토에게 "당신이 제 입장이라면 어떻게 하시겠습니까?" 또는 "제가 가장 개선해야 할 부분이 무엇이라고 생각하시나요?"와 같은 핵심을 꿰뚫는 질문을 주저하지 말아야 한다.

마지막으로, 멘토와의 관계가 발전해서 성과를 내고 있다면 그 관계를 유지해야 한다. 멘토의 시간을 존중하고 감사의 마음을 기지고 멘토의 허락 없이 다른 사람에게 멘토를 추천하지 않아야 한다. 또한 멘토가 관심을 가지고 있는 주제에 대한 기사 링크를 가끔씩 멘토에게 보내는 등 간단한 방법이라도 보답할 수 있는 방법을 찾아봐야 한다.

비판적 사고를 위한 문제

1. 당신의 교육 과정, 비즈니스(새로 시작하는 경우), 인생 전반에서 멘토를 통해 가장 큰 도움을 받을 수 있는 분야는 어디라고 생각하는가? 멘토와 멘티 관계에 대해 기대하는 바는 무엇인가?
2. 캠퍼스 및 주변 커뮤니티에서 잠재적인 멘토와 연결할 수 있는 기회 목록을 작성해보라. 어떤 기회가 당신에게 잠재적 멘토와 연결하기에 가장 좋을 것이라고 생각하는가?
3. LinkedIn으로 이동해서 내학 이름과 관심 있는 직무 분야(마케팅, 재무, 기업가정신, 엔지니어링 등)를 입력하라. 몇 개의 검색 결과가 나왔는가? 검색 결과를 살펴보면서 연결하고 싶은 사람을 발견했는가?
4. 멘토를 두는 것이 기업가의 성공과 실패에 어느 정도 영향을 미칠 수 있다고 생각하는가? 당신의 인생에서 어느 시점에 멘토가 있었는가? 만약 있었다면 멘토가 어떤 방식으로 도움을 주었는지 간략하게 설명해보라.

출처: S. Shellenbarger. "Cold Call Your Future Mentor," *The Wall Street Journal*, October 19, 2016, D1; R. DiResta, B. Forrest, and R. Vinyard. *The Hardware Startup*, Cambridge, England: O'Reilly, 2015.

특정 주제에 대한 뉴스 기사와 블로그 게시물을 매일 받아볼 수 있다. 또 다른 방법은 Twitter에서 관심 있는 업계의 비즈니스 리더와 전문가를 팔로우하는 것이다. 트위터에서 팔로우하고 싶은 사람을 찾는 가장 좋은 방법은 검색창에 '#' 기호 다음에 관련 키워드를 입력하는 것이다. 예를 들어 태양광 발전에 관심이 있다면 검색창에 '#태양광 발전'을 입력하면, 태양광 발전 주제에 대해 트윗한 사람이나 회사가 모두 검색 결과에 표시될 것이다.

기업가에게 아이디어가 생기면 그 아이디어를 수익성 있는 비즈니스로 전환하는 어려운 과정이 시작된다. 이 책의 나머지 장에서는 이 과정을 중점적으로 다룬다. 이 장의 '성공을 위한 파트너십'에서 설명하는 것처럼 멘토를 구하는 것은 창업가가 창업 프로세스를 성공적으로 활용할 가능성을 높일 수 있는 한 가지 방법이다. 이 특집에서는 멘토를 찾고 멘토와 멘티 관계에 동의하도록 설득하는 3단계 프로세스를 제공한다.

기타 기법

기업은 아이디어를 창출하기 위해 다양한 기법을 사용한다. 일부 기업에서는 **고객 자문위원회**(customer advisory boards)를 구성해 정기적으로 모여서 새로운 아이디어로 이어질 수 있는 욕구, 원하는 것, 문제점에 대해 논의한다. 다른 기업은 **일상생활 연구**(day-in-the-life research)와 같은 다양한 형태의 인류학적 연구를 수행한다. Intuit은 일상생활 연구를 실시하는 기업이다. 이 회사는 정기적으로 테스터 팀을 사용자의 가정과 회사에 파견해 제품이 어떻게 작동하는지 확인하고 새로운 제품 아이디어를 위한 통찰을 얻는다. Intuit은 Turbotax(세금 준비 및 신고 서비스), Mint(사용자가 일상적인 재무 관리를 할 수 있도록 도와주는 서비스), Quickbooks(기업이 매출, 지출을 추적하고 결제를 수락하는 등의 작업을 할 수 있는 서비스), Proconnect(전문 세무 소프트웨어) 등의 주요 제품에 이 기법을 사용했다.

요약 Chapter Summary

1. 아이디어는 생각, 느낌, 관념이다. 기회는 매력적이고, 지속적이며, 시의적절하고, 구매자나 최종 사용자에게 가치를 창출하거나 더해주는 제품이나 서비스에 기반을 둔 아이디어다. 모든 아이디어가 기회는 아니다. 일단 기회를 인식하면 기회가 열리고 그 기회를 채울 시장이 커진다. 어느 시점에 시장이 성숙하고 경쟁자가 포화 상태가 되면 기회의 창은 닫히게 된다.
2. 트렌드를 관찰하고, 문제를 해결하고, 시장에서 틈새를 찾는 것은 기업가가 비즈니스 기회를 파악하기 위해 사용하는 세 가지 일반적인 접근 방식이다. 경제적 요인, 사회적 요인, 기술 발전, 정치적 행동 및 규제 변화는 기회를 창출하는 데 가장 중요한 네 가지 환경 트렌드이다. 두 번째 접근 방식을 통해 기업가는 자신과 다른 사람이 삶의 다양한 부분에서 직면하는 문제를 파악하고, 파악한 문제를 해결하기 위한 상품이나 서비스를 개발한다. 사람들과 그들이 취하는 행동을 주의 깊게 관찰하는 것은 고객에게 가치를 창출할 수 있는 문제를 찾는 데 탁월한 방법이다. 시장에서 틈새를 찾는 것은 비즈니스 기회를 발견하는 세 번째 방법이다. 일반적으로 이것이 작동하는 방식은 어떤 사람들은 왼손잡이 연주자를 위해 만들어진 기타나 왼손을 주로 사용하는 사람들을 위한 가위와 같이 특화된 제품을 구매하는 데 관심이 있다는 것을 기업가가 인식하는 것이다.
3. 시간이 지나면서 연구 결과와 실제 기업가들에 대한 관찰을 통해 어떤 사람은 다른 사람보다 기회를 더 잘 인식하는 것으로 나타났다. 산업 경험, 인지적 요인, 소셜 네트워크, 창의성은 연구자들이 밝혀낸 주요 개인적 특성으로, 이러한 특성은 어떤 사람이 다른 사람보다 비즈니스 기회를 인식하는 데 더 뛰어나게 만든다.
4. 기업가는 새로운 제품과 서비스에 대한 아이디어를 발굴하기 위해 여러 가지 기법을 사용한다. 브레인스토밍은 많은 아이디어와 문제 해결책을 신속하게 도출하는 데 사용하는 기법 중 하나이다. 브레인스토밍 세션을 진행하는 한 가지 이유는 제품, 서비스, 비즈니스 기회를 나타낼 수 있는 아이디어를 창출하기 위해서이다. 두 번째 기법으로는 기업가가 사용하는 포커스 그룹이 있으며, 포커스 그룹은 논의 중인 이슈와 관련된 공통된 특성을 기준으로 선발한 5~10명으로 구성된 모임을 의미한다. 포커스 그룹을 실시하는 이유 중 하나는 제품이나 비즈니스 기회로 이어질 수 있는 아이디어를 창출하기 위해서이다. 실제 도서관의 소장 자료와 인터넷 사이트를 신중하고 광범위하게 검색하는 것은 세 번째 기법이다. 여기서 기업가는 열린 마음으로 방대한 양의 정보와 데이터를 분류해 혁신적인 제품이나 서비스를 만들어서 해결할 수 있는 문제를 파악할 수 있다.

주요 용어 Key Term

강한 유대 관계	기회 격차	멘토	일상생활 연구
개인 기업가	기회의 창	버그 보고서	창의성
고객 자문위원회	기회 인식	브레인스토밍	포커스 그룹
기업가적 기민함	네트워크 기업가	아이디어	
기회	마인드맵	약한 유대 관계	

복습 문제 Review Question

1. 제품 기회 격차란 무엇인가?
2. 기업가는 제품 기회 격차가 존재하는지 어떻게 알 수 있는가?
3. 기회란 무엇인가?
4. 기회의 특성은 무엇이며 각 특성이 중요한 이유는 무엇인가?
5. 비즈니스 기회를 창출하는 데 가장 중요한 네 가지 환경 트렌드는 무엇인가? 각 환경 트렌드의 예와 해당 트렌드가 창출할 수 있는 비즈니스 기회의 유형을 제시하라.
6. '문제 해결'을 통해 기업가는 어떻게 비즈니스 기회를 창출할 수 있는가?
7. 시장에서 틈새를 찾아 비즈니스 기회를 창출하려면 어떻게

해야 하는가?

8. 기회 인식이라는 용어의 의미는 무엇인가?
9. 새로운 비즈니스 기회를 창출하기 위해 환경 트렌드를 관찰할 때 기업가가 염두에 두어야 할 두 가지 주의 사항은 무엇인가?
10. 기업가적 기민함이란 무엇이며 기업가에게 왜 중요한가?
11. 광범위한 소셜 네트워크가 기업가에게 비즈니스 기회를 포착하는 데 어떤 이점을 제공하는가?
12. 약한 유대 관계와 강한 유대 관계의 차이점은 무엇인가? 기업가가 아이디어를 찾는 데 가장 도움이 될 가능성이 높은 것은 어떤 유형이며 그 이유는 무엇인가?
13. 브레인스토밍이란 무엇인가?
14. 창의성은 기회 인식 프로세스에 어떻게 기여하는가?
15. 창의적 아이디어 도출을 위한 5단계 과정은 무엇인가?
16. 기회와 아이디어의 차이점은 무엇이며 이러한 차이가 기업가에게 중요한 이유는 무엇인가?
17. 브레인스토밍에서 '비판 금지'가 가장 중요한 규칙인 이유는 무엇인가?
18. 포커스 그룹은 새로운 비즈니스 아이디어를 창출하는 데 어떻게 사용되는가?
19. 기업은 어떻게 새로운 아이디어를 장려하고 보호할 수 있는가?

응용 문제 Application Question

1. Sean Parker는 창업하기로 결심했다. 그는 매력적인 기회를 찾아 Jeff Bezos가 Amazon.com을 창업했을 때처럼 이커머스 회사를 창업할 계획이다. 대학을 갓 졸업한 새내기 기업가로서 그는 문제나 기회 격차를 인식하고 이를 해결하기 위한 비즈니스를 만들어야 한다. 그러나 그는 여전히 아이디어와 기회의 차이점을 이해하지 못한다. 그는 어떻게 자신의 새로운 아이디어를 단순한 아이디어가 아니라 기회가 되도록 만들 수 있는가?
2. 이 장에서 논의했거나 표 2.2에서 열거한 스타트업들 외에 문제 해결을 위해 시작한 세 개의 스타트업을 찾아보라. 세 스타트업이 해결하려는 문제와 그 해결 방법을 간략하게 설명하라.
3. 중고 및 빈티지 의류 매장은 한때 가난한 사람들의 쇼핑 장소로 여겨졌다. 전 세계 많은 도시와 마을에서 이러한 상점은 이제 일반 체인 소매점보다 꼭 방문해야 하는 장소가 되었다. 이러한 상점은 빠르게 변화하는 패션 트렌드에 발맞춰 일반 소매점에서는 구비하지 않은 멋진 의류를 찾을 수 있다는 점이 매력적이다. 중고 및 빈티지 의류 매장에서는 유행을 타지 않고 스타일리시하며 내구성이 뛰어난 제품을 합리적인 가격에 찾을 수 있다. 기업가로서 이러한 유형의 소매점에 대한 수요를 어떻게 평가하는가?
4. Masie's Ice-Cream Parlor의 창립자인 James North는 그의 매장에 새로운 크리에이티브 매니저를 임명했다. 그는 새로운 매니저에게 자신의 비즈니스에 도입할 수 있는 새로운 아이디어와 기회를 계속 찾아보라고 조언해야 한다. 그가 매니저에게 언급해야 할 핵심 사항은 무엇인가?
5. 일반적으로 비즈니스는 거품이 끼지 않는다고 생각하는데, 실제로 개인 기업가가 존재할 수 있는가? 지원 네트워크 없이 혼자만의 노력으로 사업을 시작하고 운영하려 한다면 성공할 수 없다. 그렇다면 개인 기업가는 실패할 수밖에 없는 운명인가? 이러한 사람들은 우리가 생각하는 것만큼 고독한가?
6. 당신의 강한 유대 관계와 약한 유대 관계의 목록을 작성해 보자. 각 목록에 적어도 5명의 인맥을 포함하라. 약한 유대 관계 목록에서 2명의 이름을 선택하고, 이 사람들이 어떤 유형의 새로운 사업 아이디어를 생각해낼 수 있을지 추측해 보라.
7. 열정적인 젊은 사업가인 Haley Branson은 자신의 관심 분야에 대한 아이디어를 바탕으로 사업을 시작하려고 몇 번 시도한 적이 있다. 하지만 이전에 시도했던 모든 사업은 실패로 돌아갔다. 특히 자신의 아이디어에 대한 믿음이 컸기 때문에 상당히 속상해하고 있다. Haley에게 아이디어가 성공하지 못한 이유를 어떻게 설명하겠는가?
8. 제1장 사례 1.2의 주인공 PatientsLikeMe의 공동창업자 Jamie Heywood와 Ben Heywood는 어떻게 도서관 및 인터넷 조사를 활용해서 사업 아이디어를 구체화할 수 있었는가?

You Be the VC 2.1 회사명: PillPack

• Web: www.pillpack.com • Facebook: PillPack • Twitter: @PillPack

사업 아이디어: ① 모든 처방전을 동기화해 동시에 리필할 수 있도록 하고, ② 각 고객이 14일 동안 복용해야 하는 약을 정확히 우편으로 배송하며, ③ 각 고객의 약을 작은 플라스틱 약포지에 분류해서 넣고 고객이 복용해야 하는 정확한 요일과 시간을 라벨로 부착해서 전통적인 약국보다 이용하기 쉬운 온라인 약국 구축하기

개요: 미국 인구의 약 10.6%, 즉 3,000만 명이 하루에 다섯 가지 이상의 처방약을 복용하고 있다. 이 범주에 속하는 많은 사람이 처방전이 동기화되지 않아 한 달에 여러 번 약국을 방문한다. 그리고 집에 도착하면 약을 일일 복용량에 맞춰 분류해야 한다. 이 작업은 하루 중 다른 시간에 다른 약을 복용하는 노인 환자에게는 어려울 수 있다. 또한 손이 떨리거나 시력이 저하되어 약을 알약 상자에 분류하는 것이 어려운 사람들에게도 힘들다.

온라인 약국인 PillPack은 이러한 문제를 해결할 수 있는 시스템을 개발했다. 첫째, 이 회사는 모든 고객의 처방전을 동기화해 동시에 리필할 수 있도록 만들었다. 둘째, 처방약은 눈에 잘 띄지 않는 작은 변조 방지 상자에 넣어 2주마다 우편으로 배송한다. 셋째, 상자 안에는 재활용 가능한 플라스틱 디스펜서인 PillPack이 들어 있으며, 측면에는 각 약품의 이미지와 설명이 표시된 대형 라벨이 부착되어 있다. 각 PillPack 안에는 작은 플라스틱 약포지가 여러 개 줄지어 들어 있으며, 각 약포지 안에는 고객이 복용해야 하는 특정 처방약, 일반의약품, 비타민이 들어 있고 요일과 시간대별로 라벨이 부착되어 있다. 각 약포지는 쉽게 떼어낼 수 있다. 사용자는 약을 더 이상 분류할 필요가 없다. 알약 상자도 필요 없으며, 약국에서 줄을 서서 기다릴 필요도 없다. PillPack은 디자인 싱킹 원칙(https://designthinking.ideo.com/?p=409 참조)을 적용해서 약을 주문하고 복용하는 과정을 최대한 단순하고 오류 없이 만들었다.

PillPack의 목표 시장은 하루에 다섯 가지 이상의 처방약을 복용하는 개인이다. PillPack은 아버지가 운영하던 약국에서 일하며 자란 T. J. Parker가 구상한 서비스다. 그는 종종 아버지의 고객에게 약을 배달하곤 했는데, 무더기로 있는 약병들과 약을 분류하고 제때 복용하는 것을 잊지 않기 위해 냉장고 문에 스프레드시트를 붙여놓은 것을 보고 더 나은 방법이 있어야 한다고 확신했다. 2012년 매사추세츠 약학 및 보건과학대학을 졸업한 후, Parker는 PillPack을 개발하기 시작했다.

2014년 초에 출시한 PillPack은 49개 주에서 이용할 수 있는 풀서비스 약국이다. 서비스는 무료이며 고객은 일반적으로 평소 내던 본인 부담금만 지불하면 된다. PillPack에 가입하려면 PillPack 웹사이트로 이동해 현재 복용 중인 모든 약품의 이름과 현재 이용 중인 약국을 입력하면 된다. 나머지는 PillPack이 알아서 처리한다.

- 이 장에서 다룬 자료를 바탕으로, 투자를 결정하기 전에 회사 설립자에게 어떤 질문을 하겠는가? 어떤 대답이 여러분을 만족시킬까?
- 개요와 회사 웹사이트에 제공된 정보만 보고 투자 결정을 내려야 한다면 이 회사에 투자하겠는가? 왜 그러한가? 혹은 왜 그렇지 않은가?

You Be the VC 2.2 회사명: soleRebels

• Web: www.solerebels.com, gardenofcoffee.com • Facebook: www.facebook.com/soleRebels • Twitter: @solerebels

사업 아이디어: 재활용 및 천연 제품을 활용하고 수공예 기술을 사용해 제품 제작하기

개요: Bethlehem Tilahun Alemu는 에티오피아 아디스아바바에서 태어나고 자랐다. 그녀는 2005년 대학을 졸업한 후 에티오피아 최초의 글로벌 브랜드인 soleRebels를 설립했다. 이 신발 회사는 지역 사회를 기반으로 운영되며 세계공정무역기구(WFTO)의 공정 무역 인증을 받은 기업으로 성장했으며 개발도상국에서 탄생한 최초의 글로벌 신발 브랜드이다.

불과 10년 만에 이 기업은 아프리카의 Nike라고 불리며 전 세계에 진출했다. 이 회사는 2016년에 약 12만 5,000켤레의 신발을 판매했으며 1,200개 이상의 일자리를 창출했다. 2018년에 새로운 생산 시설이 완공되면 에티오피아 직원 수가 3,000명으로 늘어나고 매출도 1,000만 달러 이상으로 증가할 것이다.

처음부터 이 회사는 '연민 구매'라는 개념에서 벗어나기를 원했다. 연민 구매는 소비자에게 제품의 질, 디자인, 가치를 기반으로 하는 것이 아닌 자선과 개발도상국 지원을 위해 제품 구매를 유도하는 개념이다. 결과적으로, 이 브랜드는 소비자가 디자인과 창작 과정에 참여하는 개개인을 알고 이해하며 평가하기를 원하는 장인정신을 따른다.

문화를 보존하는 것도 브랜드에서 중요하다. 이 회사의 제품은 에티오피아의 문화 예술을 활용하는 것을 목표로 한다. 독창적인 디자인은 자동차 타이어를 밑창으로 사용하며, 샌들은 에티오피아 군인과 민간인이 수세대에 걸쳐 신어온 전통적인 스타일이다. 각 스타일은 국제 시장에 어필하기 위해 다양한 고유 색상을 갖추고 있다.

2016년, Alemu는 에티오피아 최초의 브랜드 로스터리 카페가 있는 아디스아바바에서 새로운 벤처를 시작했다. 콘셉트는 커피 공급망을 재정의하고 에티오피아 커피 문화에서 최고를 상징하는 브랜드로 만드는 것

이다. Alemu는 공정 무역 및 기타 파생 개념과는 다른 '원산지 무역'이라는 개념을 고집했다. Alemu는 soleRebels 사업을 통해 많은 것을 배웠으며, 이를 바탕으로 새로운 기업인 Garden of Coffee를 설립해 미국, 독일, 중국, 일본, 영국, 호주에 로스터리 카페를 오픈할 예정이다.

주요 차별화 요소는 원두부터 컵까지 에티오피아 사람이 전체를 통제하고 소유하며 운영한다는 점이다. Garden of Coffee는 커피의 소싱, 수출, 로스팅, 소매를 담당한다. 로스터리 카페에서 고객은 현장에서 커피 로스팅을 주문할 수 있다. 숙련된 로스터가 전통적인 팬 로스팅 기법을 사용하며, 고객은 6단계의 로스팅 수준을 선택할 수 있다. 또한 고객은 에티오피아의 유명 커피 재배 지역에서 생산한 다양한 원두를 선택할 수 있다.

Garden of Coffee는 에티오피아의 각 재배 지역에 맞는 독특한 이미지를 개발했다. 패키지에는 해당 지역과 관련된 전통적인 색상과 공예품을 넣었으며, 커피가 재배된 지역을 표시하는 지도가 포함되어 있다. 또한 패키지에는 원두 품종, 로스팅 수준과 날짜, 로스터의 이름, 로스팅 장소가 표시되어 있다.

- 이 장에서 다룬 자료를 바탕으로, 투자를 결정하기 전에 회사 설립자에게 어떤 질문을 하겠는가? 어떤 대답이 여러분을 만족시킬까?
- 개요와 회사 웹사이트에 제공된 정보만 보고 투자 결정을 내려야 한다면 이 회사에 투자하겠는가? 왜 그러한가? 혹은 왜 그렇지 않은가?

사례 2.1 CASE

PledgeMusic과 ZinePak: 팬의 참여를 통한 음악 산업의 새로운 비즈니스 창출

• Web: www.pledgemusic.com • Facebook: PledgeMusic • Twitter: @PledgeMusic
• Web: www.zinepak.com • Facebook: The ZinePak • Twitter: @ZinPak

Bruce R. Barringer(오클라호마주립대학교)
R. Duane Ireland(텍사스A&M대학교)

기회는 발견하기 어렵지만, 일단 발견하면 산업에 새로운 활기를 불어넣는 비즈니스가 탄생할 수 있다. 이 사례에서 소개하는 두 스타트업이 바로 그런 경우이다. 두 스타트업은 모두 음악 산업 스타트업으로, 소위 연예인의 '광팬'이라 불리는 사람들이 원하는 것을 모두 얻지 못한다는 인식에 기반하고 있다. 두 회사 모두 음악 산업에 새로운 개념을 도입했으며, 그 과정에서 뮤지션에게는 새로운 수익원을, 팬에게는 좋아하는 밴드와 소통할 수 있는 새로운 방법을 만들어냈다. 먼저 PledgeMusic에 대해 알아본 다음 ZinePak에 대해 알아보자.

PledgeMusic

2000년대 초, Benji Rogers는 뮤지션으로 생계를 꾸려가고 있었다. 라이브 공연을 하면서 팬들에게 익숙한 곡을 연주하면 사람들은 종종 그에게 다가와 "다음 작업은 뭐예요? 데모 작업 중이신가요?"라고 묻곤 했다. 그래서 그는 데모곡을 여러 곳에 무료로 올려놓았지만 수익이 전혀 나지 않았다. 그러던 중 그는 팬들에게 "다음 앨범을 지금 선주문하면 앨범 녹음 과정 전체에 필요한 비용을 지원할 수 있으며, 앨범이 완성되면 배송은 물론 전체 앨범 제작 과정을 볼 수 있게 해드리겠다"고 말할 수 있는 솔루션이 필요하다는 생각이 들었다. 음악가로서 Rogers가 실망했던 한 가지는 음악 팬들이 지출할 수 있는 금액이 제한되어 있다는 점이었다. 팬들은 아티스트의 음악을 사고, 콘서트에 가고, 티셔츠가 있으면 구매할 수 있지만 그 이상으로 나아갈 방법이 없었다. Rogers가 보기에 각 밴드에는 돈을 쓸 곳이 있다면 기꺼이 더 많은 돈을 쓸 '광팬'이 있었으나 음악 산업이 돈을 벌 기회를 놓치고 있었다.

Rogers는 이 아이디어가 누군가 실행에 옮길 수 있을 만큼 좋은 아이디어라고 생각해서 여러 음악 업계 임원에게 제안했다. 그때마다 그가 받은 대답은 "직접 만들지 그래요?"였다. 결정적인 순간은 Rogers가 암스테르담에서 공연하던 때에 찾아왔다. 그에게 다가온 팬은 나중에 알고 보니 지식재산권 변호사였다. Rogers는 팬들이 앨범을 선주문하고 그 대가로 앨범이 만들어지는 과정을 볼 수 있는 플랫폼을 만들겠다는 아이디어를 그에게 공유했고, 그 팬은 "이 아이디어는 다른 사람에게 말하지 마세요. 당신이 그 아이디어를 직접 시장에 출시하는 것을 돕고 싶습니다"라고 말했다.

2009년, Rogers가 자신의 아이디어를 시장에 출시하기 위해 설립한 PledgeMusic이 탄생했다. 암스테르담에서 만난 팬의 도움으로 자금을 마련할 수 있었다. 대체로 PledgeMusic은 사람들이 프로젝트에 자금을 지원하기 위해 모금할 수 있는 크라우드펀딩 플랫폼인 Kickstarter나 Indiegogo와 비슷하다. 원래의 설정은 오늘날 PledgeMusic이 운영되는 방식과 매우 유사하다.

PledgeMusic의 운영 방식은 다음과 같다. 뮤지션은 두 가지 유형의 프로젝트 중 하나를 설정할 수 있는데, 첫 번째는 목표형 프로젝트다. 목표형 프로젝트에는 달성하고자 하는 특정 금전적 목표가 있다. 일반적으로 아티스트는 CD 제작과 같은 프로젝트를 완료하기 위한 자금을 목표로 설정한다. Kickstarter와 유사하게, 목표형 프로젝트가 성공하려면 펀딩 목표에 도달해야 한다. 목표를 초과 달성할 수는 있지만 미달할 수는 없다. 프로젝트의 목표가 달성되지 않으면 서약을 한 사람에게 비용이 청구되지 않는다. 두 번째 유형은 비목표형 프로젝트다. 일반적으로 이미 제작한 제품에 대한 선주문이다.

대부분의 크라우드펀딩 플랫폼과 마찬가지로 프로젝트에는 뮤지션이나 밴드가 모금 목적을 설명하는 동영상을 게시하는 페이지가 포함된다. 이는 앨범, 뮤직비디오, 콘서트 투어, 기타 음악 관련 활동들이 될 수 있다. 앨범이나 뮤직비디오 혹은 밴드가 자금을 모으는 어떤 것이든 선주문할 수 있다. 또한 특정 유형의 혜택에 대한 대가로 다양한 금액을 약정할 수도 있다. 혜택은 후원 금액에 따라 달라진다. 10달러를 후원하면 앨범이 발매되었을 때 디지털 다운로드를 받을 수 있고, 더 큰 금액을 후원하면 아티스트와의 Skype 채팅, 아티스트의 스튜디오에서 하루 동안 음반을 감상하거나 앨범에 참여하는 등 고도로 개인화된 혜택을 받을 수 있다. 개인화된 경험 중 일부는 가격이 비싸지만 일생에 단 한 번뿐인 경험을 제공한다. 예를 들어, 이 특집을 작성할 당시(2017년 봄) 소울, R&B 가수이자 작곡가인 Morgan Jones는 새 앨범의 선주문을 판매하기 위해 PledgeMusic 프로젝트를 진행하고 있었다. 10달러를 후원하면 앨범을 디지털 다운로드받을 수 있고, 55달러를 후원하면 사인이 담긴 앨범과 다른 여러 아이템을 받을 수 있으며, 100달러를 후원하면 좋아하는 Morgan Jones 노래의 가사를 아티스트가 직접 쓰고 사인한 앨범을 받을 수 있다. 2만 5,000달러를 후원하면 Jones와 그녀의 밴드 전체가 후원자의 결혼식에서 연주를 해준다! 각 PledgeMusic 후원에는 Rogers의 독창적인 비전과 PledgeMusic이 가치를 더하는 독특한 방식에 필수적인 AccessPass가 함께 제공된다. AccessPass를 통해 자신이 후원한 프로젝트가 어떻게 만들어지는지 지켜볼 수 있다. 앨범이나 뮤직비디오를 제작하는 동안 그 여정을 함께 공유할 수 있는 독점 콘텐츠가 꾸준히 전송된다. 콘텐츠에는 비디오, 오디오, 사진이 포함된다. 이 콘텐츠는 창작 과정을 엿볼 수 있는 기회를 제공하며, 앨범이나 뮤직비디오가 어떻게 제작되는지, 당신이 좋아하는 뮤지션이 사생활에서 어떤 사람인지를 알려준다. 뮤지션의 관점에서 보면, AccessPass는 팬이 후원을 할 수 있는 인센티브를 제공하고, 팬 커뮤니티를 형성하게 하며, 앨범이나 비디오 출시에 대한 관심을 높여준다. 기회 인식의 관점에서 보면, PledgeMusic이 음악 팬들에게 제공하는 참여 기회는 시장의 틈새를 채우고 있다. 아래 그림을 살펴보면, 음악 산업의 세 가지 부문과 각 부문의 전문성과 강조점을 보여준다. 음악 산업은 크게 팬들의 소비, 전통적인 크라우드펀딩 플랫폼을 통한 뮤지션의 자금 조달(모금), PledgeMusic을 통한 음악 팬들의 참여로 구분할 수 있다.

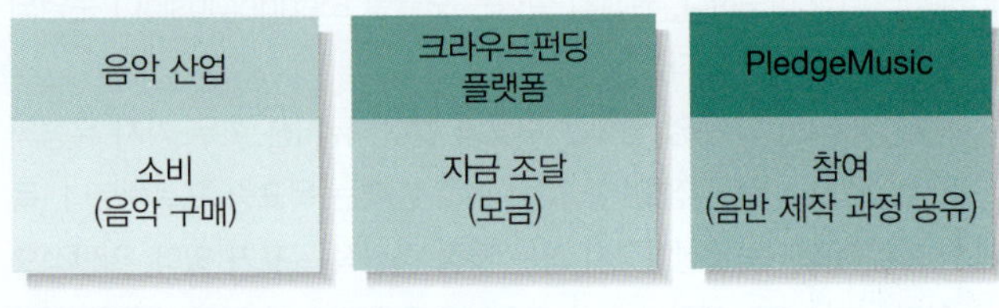

음악 산업의 다양한 분야별 전문 분야

Zinepak

PledgeMusic의 창립자 Benji Rogers와 마찬가지로, ZinePak의 창립자인 Brittany Hodak과 Kim Kaupe도 열정적인 음악 팬들이 음악 그 이상을 원한다는 사실을 깨달았다. 팬들은 좋아하는 뮤지션과 더 깊은 방식으로 소통하기를 원한다. 콘서트에 참석하면 부분적으로 이러한 니즈를 달성할 수 있다. 하지만 콘서트는 비싸고 자주 열리지 않는다. 예를 들어 Katy Perry 팬의 상당수는 그녀에 대해 더 알고 싶지만 Katy Perry 콘서트에는 참석하지 못할 수도 있다. 바로 이러한 사람들을 위해 ZinePak이 등장했다.

Hodak과 Kaupe는 2010년 뉴욕의 한 광고 대행사에서 일하면서 만났다. Hodak은 음악을 전공한 반면 Kaupe는 출판업에 종사했다. 당시 뮤지션들은 음악을 넘어 팬들과 소통하는 방법을 막 배우던 시기였다. Facebook이 자리를 잡았고 Twitter가 막 인기를 끌기 시작하던 시기였다. 대부분의 뮤지션은 자신의 Facebook 페이지를 일주일에 한 번씩 업데이트하고 이제 막 트윗하는 방법을 배우고 있었다. 당시에는 Instagram, Snapchat, Periscope가 없었고, 영국에서 바다 건너 Spotify가 막 등장하던 시기였다. Hodak은 Kaupe와 함께 사업을 시작해야겠다고 마음먹었다. 그녀의 아이디어는 뮤지션의 일반 팬들은 CD를 구입해 음악을 듣는 것으로 만족할 수 있지만, 소위 '광팬'이라고 불리는 열성 팬들은 더 많은 것을 원한다는 전제에 기반하고 있었다. Hodak이 대학 시절부터 생각해온 구체적인 아이디어는 음악 광팬을 위한 맞춤형 인터랙티브 콘텐츠를 제작하는 회사를 설립하는 것이었다. 예를 들어 Taylor Swift의 새 CD를 한정판으로 제작하는 것이 그 예이다. 한정판에는 15.99달러에 판매하는 CD와 함께 Swift와의 인터뷰, 헤어 스타일리스트 및 비디오그래퍼와의 인터뷰, 스티커, 타투 스티커, 포스터, 자석, 비하인드 사진 등 팬들이 관심을 가질만한 내용들이 포함된 64쪽 분량의 잡지 스타일의 책이 제공될 것이다. 이 패키지는 더 높은 가격에 판매할 수 있으며, Swift의 팬들에게 그녀와 그녀의 음악에 더 깊이 '참여'할 수 있는 기회를 제공할 것이다. 추가적으로 그 당시 CD를 판매하는 소매업체의 매출이 감소하고 있었다. Hodak은 CD를 매력적인 콘텐츠와 함께 묶어 판매함으로써 CD 판매량을 증가시키는 방법을 제공하면 잠재적인 제품 판매자에게 어필할 수 있을 것이라고 생각했다.

Hodak과 Kaupe는 이 아이디어를 실행에 옮기기로 결심하고 2011년에 ZinePak을 출시했다. 뮤지션을 위한 맞춤형 제품을 만들겠다고 구상한 이들은 회사와 같은 이름을 붙이고 ZinePak이라고 불렀다. 비즈니스는 ZinePak을 만든 다음 밴드나 소매업체에 넘겨 유통 및 판매하는 에이전시 모델을 따랐다. 이를 통해 초기 투자 비용을 낮추고 자체적으로 자금을 조달할 수 있었다. 첫 번째 고객은 어린이들이 대중가요를 부르는 앨범 브랜드인 Kidz Bop이었다. 프로젝트는 순조롭게 진행되었고 첫 번째 콘셉트 검증(proof of concept)은 성공적으로 검증되었다. 첫해에는 총 6개의 프로젝트를 수행했고 이듬해에는 24개의 프로젝트를 수행했다. 처음 2년 동안은 Hodak, Kaupe, 직원 한 명이 프리랜서의 도움을 받아 프로젝트를 해냈다. 인쇄와 제본은 타사 공급업체에서 담당했지만 Hodak과 Kaupe는 프로세스를 계속 철저하게 관리했다. 대부분의

Billion Photos/Shutterstock

PledgeMusic은 이 가수와 같은 뮤지션이 모금을 할 수 있는 플랫폼을 제공한다. 모금액은 CD, 뮤직비디오, 콘서트 투어, 기타 음악 관련 활동에 사용할 수 있다.

ZinePak은 CD보다 3~5달러 더 비싼 가격에 판매한다. 일부는 뮤지션과 밴드가 투어 중에 판매하고 일부는 Walmart와 같은 소매업체를 통해 판매하고 있다.

2014년, Hodak과 Kaupe는 〈Shark Tank〉의 출연 제의를 받아 한 에피소드에 출연하게 되었다. 이 에피소드는 2014년 9월에 녹화해서 2015년 4월에 방영되었다. 쇼를 준비하기 위해 두 사람은 두 시즌의 〈Shark Tank〉 에피소드를 시청하고 프로그램에서 참가자들에게 던진 질문들의 목록을 작성했으며, 가장 자주 묻는 질문에 어떻게 대답할지 연습했다. Hodak과 Kaupe는 프로그램에서 회사 지분 10%에 대한 대가로 72만 5,000달러를 요구했다. 그들은 조금 다른 조건으로 Robert Herjavec과 Barbara Corcoran과 거래를 성사시켰지만, 방송 후에는 실현되지 않았다. 하지만 많은 〈Shark Tank〉 참가자가 경험하는 'Shark Tank 효과'를 누렸다. 그들은 〈Shark Tank〉 에피소드를 본 뉴욕 메츠와 보스턴 레드삭스 구단으로부터 제작 제의를 받았다. 두 구단 모두 이 프로그램을 본 후 연락이 왔다.

ZinePak은 회사를 성장시키기 위해 음악을 넘어 프로 스포츠 팀, 브랜드, 영화 스튜디오, 운동선수, 패션 레이블을 위한 ZinePak을 제작하고 있다. ZinePak을 완성하는 데는 8~10주가 소요된다. 아이디어는 여전히 참여다. 거의 모든 연예인, 스포츠 팀, 유명인, 주요 이벤트(예: 아카데미 컨트리 뮤직 어워드)에서 가장 열정적인 팬들에게 판매할 수 있는 고

ZinePak을 제작한 연예인과 기타 업체 및 행사들

Katy Perry	아카데미 컨트리 뮤직 어워드
Brad Paisley	디즈니 〈겨울왕국〉
KISS	American Girl
Johnny Cash	뉴욕 메츠 키즈 클럽
Toby Keith	보스턴 레드삭스 키드 네이션 패스포트
Taylor Swift	Duke Basketball Camp
Justin Bieber	DigiTour

품질 콘텐츠를 확보하는 데 도움이 된다. 사실 ZinePak은 무명으로 시작했지만, 지금은 상황이 역전되어 아티스트들이 'ZinePak이 있어야 한다'며 ZinePak에 문의를 해오고 있다. 이것은 아이디어의 품질과 ZinePak이 시장에서 충족하고 있는 니즈를 보여준다.

위 표는 ZinePak이 한정판 ZinePak을 제작한 연예인과 기타 업체 및 행사들이다.

토의 문제

1. PledgeMusic과 ZinePak에 유리하게 작용하는 환경 트렌드는 무엇인가? 각 회사에 불리하게 작용하는 환경 트렌드는 무엇인가?
2. PledgeMusic과 ZinePak은 시장에서 어떤 틈새를 채우고 있는가? 1~10점(10점일수록 높음) 척도 중에서 각 회사가 당신이 파악한 격차를 얼마나 훌륭하게 채우고 있다고 생각하는가?
3. 뮤지션이 광팬과 더 잘 소통할 수 있는 추가 비즈니스 아이디어를 한두 가지 제안해보라.

출처: PledgeMusic Homepage, www.pledgemusic.com (accessed February 4, 2017); ZinePack Homepage, www.zinepack.com (accessed February 4, 2017); B. Rogers and A. Warner, "How Benji Rogers is Revolutionizing the Music Industry with PledgeMusic," Mixergy Podcast, available at https://mixergy.com/interviews/benji-rogers-pledgemusic/ (posted April 20, 2015, accessed February 4, 2017); K. Kaupe and J. Agolli, "TE 2.7 Kim Kaupe: Co-Founder of Zinepak", available at https://www.stitcher.com/podcast/jordan-agolli/teenage-entrepreneur/e/te-27-kim-kaupe-cofounder-of-zinepak-44963070 (posted June 19, 2016, accessed February 4, 2017).

사례 2.2 CASE

Rover.com: 웃지 말라, 이것은 인상적인 비즈니스 아이디어이다

• Web: www.rover.com • Facebook: Rover.com • Twitter: @RoberDotCom

Bruce R. Barringer(오클라호마주립대학교)
R. Duane Ireland(텍사스A&M대학교)

소개

26세의 기술 회사 영업 담당자인 Jill은 골든 리트리버 Rex와 함께 침실이 2개인 타운하우스에 살고 있다. Jill은 한 달에 두 번 정도 출장을 가는데, 출장을 갈 때 Rex의 돌봄과 관련해서 세 가지 옵션이 있다. 첫째는 이웃에게 Rex의 돌봄을 부탁할 수 있지만 이마저도 번번이 실패하고 믿을 만한 사람을 찾지 못했다. 둘째는 부모님 댁에 데려갈 수 있지만 부모님은 1시간 정도 떨어진 곳에 살고 있다. 셋째는 Jill이 사는 곳에서 가까운 두 개의 애견호텔(kennel) 중 한 곳에 Rex를 데려가는 것이다. 애견호텔에 문제가 있는 것은 아니지만 전형적인 애견호텔이다. 개들은 하루 종일 우리 안에 갇혀 지내는데, 한 달 전에는 Rex가 다른 개에게 병이 옮은 채로 집으로 돌아왔다.

Jill은 Rex를 사랑하고 Rex를 포기할 계획이 없지만, 여행할 때마다 Rex와 함께 무엇을 해야 할지 결정해야 하는 문제가 생긴다.

애견호텔에서의 나쁜 경험이 비즈니스 아이디어로 이어지다

많은 사람이 Jill과 같은 고민을 가지고 있다. 여행할 때 반려견에게 적절한 숙소를 찾는 데 어려움을 겪거나, 신나는 여행을 위해 짐을 꾸릴 때 반려견의 크고 슬픈 눈망울이 자신을 쳐다보는 것 같아 기분이 좋지 않다. 반려인과 도그 시터 및 도그 워커(주인 대신 개를 돌보는 일을 하는 사람)를 연결해주는 서비스인 Rover.com에 대한 아이디어는 Greg Gottesman이 그의 노란 래브라도 Ruby Tuesday가 기존 애견호텔에서 좋지 않은 경험을 한 후 떠오른 것이다. Gottesman은 이 아이디어가 실현 가능한지 알아보기 위해 2011년 시애틀에서 열린 Startup Weekend 행사에서 프레젠테이션을 했다. Startup Weekend는 전국 각지에서 열리는 행사이며, 누구나 비즈니스 아이디어를 발표하고 동료들로부터 피드백을 받을 수 있다. Gottesman의 아이디어는 최우수상을 수상했고, 6개월 후 그는 Rover.com을 출시했다.

Gottesman의 프레젠테이션은 훌륭했지만, 약간의 조사가 사업 아이디어를 검증하는 데 도움이 되었다. 미국에는 5,400만 가구 이상이 반려견을 키우고 있다. 반려동물 미용 및 하숙 시장 규모는 연간 약 57억 달러이다. 더욱 고무적인 사실은 현재 반려인의 8%만이 외출 시 반려견을 애견호텔에 맡긴다는 점에서 시장이 훨씬 더 커질 수 있다는 것이다. 그 결과, 반려인의 92%는 위에 소개한 Jill과 같이 여행을 계획하는 동안 반려견을 맡길 곳을 찾기 위해 노력하는 것으로 나타났다. 또한 설문조사에 따르면 미국인 대다수가 반려동물을 가족으로 여기는 것으로 나타났다. 실제로 반려견은 반려견의 '주인'보다 반려견의 '부모'로 인식될 가능성이 더 높다. 전반적으로 미국의 반려동물 사료 및 제품에 대한 연간 지출은 지난 10년간 약 40% 증가했다. 또 다른 중요한 요인은 Airbnb, Uber, Lyft와 같은 기업이 개척한 P2P 경제의 부상으로 사람들이 온라인 플랫폼을 통해 다른 사람들과 연결해서 필요를 충족시키려는 경향이 있다는 점이다. 이러한 모든 요인을 종합해볼 때, Gottesman은 반려견을 돌봐줄 사람이 필요한 사람과 기꺼이 돌봐줄 사람을 연결해주는 서비스에 사람들이 돈을 쓸 것이라고 믿었다. Gottesman의 직감은 옳은 것으로 검증되었다. 2016년에 Rover.com은 반려인과 반려견 시터를 연결해 1억 달러 이상의 수익을 올렸다. 미국 내 1만 개의 지역 사회에 6만 5,000명의 시터가 있으며, 8초마다 누군가 이 서비스를 예약한다. 그리고 Gottesman의 예상대로 Rover 고객의 3분의 2는 반려동물 돌봄을 위해 이전에 가족, 친구, 이웃에게 부탁했던 사람들이었다.

Rover 운영 방식

Rover의 서비스는 웹사이트와 앱을 통해 운영한다. 반려인의 경우, 웹사이트에 표시된 안내에 따라 위치를 입력하고 반려견을 돌봐줄 날짜를 선택하면 된다. 반려견을 자신의 집에서 돌보길 원하는지 시터의 집에서 돌보길 원하는지 선택할 수 있다. 그러면 Rover가 승인한 반려견 시터의 프로필이 제공된다. 프로필에는 가격(1박당), 사진, 후기, 자격증, 시터에 대한 전체 설명이 포함되어 있다. 후기는 특히 유용하다. 예를 들어, 오클라호마주 스틸워터에 있는 Rover.com 시터인 Ella에 대해 한 고객은 다음과 같은 후기를 남겼다. "Ella는 관리가 까다로운 제 반려견을 여러 번 돌봐주었고 훌륭한 일을 해줬어요. 제 반려견들은 둘 다 구조된 아이들이라 주변에 낯선 사람들이 있으면 무서워해요. Ella는 최고의 돌봄을 제공하기 위해 강아지들이 편안하게 지낼 수 있도록 필요한 모든 시간을 기꺼이 할애해주었어요. 매우 친절하고 배려심 많은 도그 시터/워커를 찾는 분에게 Ella를 추천하고 싶어요." Rover 시터는 하룻밤에 10~150달러를 청구한다(Ella는 40달러를 청구한다). Rover의 가장 큰 시장인 샌프란시스코에는 500명 이상의 시터가 등록되어 있다.

Rover는 방문 서비스, 반려견 데이케어, 강아지 산책 서비스도 제공한다. 방문 서비스는 시터가 30회 동안 집에 방문해서 반려견에게 먹이를 주고 함께 놀아주는 서비스다. 고객에겐 1회 방문당 요금이 부과된다(보통 약 15달러). 이 서비스는 반려견을 키우고 싶지만 기본적인 돌봄에 어려움을 겪는 노년층에게 특히 유용하다. 반려견 데이케어를 이용하면 낮에 직장에 있거나 부재중일 때 시터 집에 반려견을 맡길 수 있다. 한 번만 방문하거나 월~금 오전 7시 30분부터 오후 5시 30분까지 정기적인 일

Martin Novak/Shutterstock

반려인을 안심시키고 즐거운 시간을 보낼 수 있도록 Rover.com은 시터가 머무는 동안 돌보는 반려견의 사진을 전송할 수 있는 앱을 제공하고 있다.

정에 따라 이용할 수 있다. 시터는 개를 돌보고 놀이 시간을 충분히 가지게 해준다. 강아지 산책은 방문 서비스와 비슷하다. 시터가 집에 들러 30분 동안 반려견을 산책시켜 준다. 보통 1회 방문당 15달러 정도의 비용이 든다. 2011년 Rover가 출시되었을 당시에는 야간 반려동물 돌봄 서비스만 제공했다. 서비스를 추가한 것은 Rover뿐만 아니라 6만 5,000명의 시터에게도 좋은 일이었다. 추가 수입원을 확보할 수 있었기 때문에 일부 시터는 정규직을 그만두고 Rover를 전업으로 삼기도 했다.

Rover 시터가 되고 싶다면 웹사이트에서 신청 절차를 안내하고 있다. 프로필을 만들고 Rover의 승인을 받아야 한다. 신중한 심사 과정을 거쳐 지원자의 약 20%를 승인한다. Rover는 고객 청구를 처리하고 15%의 수수료를 받는다. 상위 Rover 시터들은 한 달에 수천 달러의 수입을 올리고 있다. Rover 시터는 원하는 만큼만 일할 수 있다. 시터의 프로필에는 시터 이용 가능 시간이 표시된 달력이 포함되어 있다. 반려견이 시터의 집에 머무는 평균 기간은 4일이 조금 넘는다. Rover는 반려인과 도그 시터 모두를 보호할 수 있는 추가적인 보호 조치를 제공한다. 예를 들어, Rover를 통해 예약한 모든 숙박에는 긴급 수의사 진료비, 재산 피해, 배상 책임 등에 대한 프리미엄 보험이 포함되어 있다.

재미있는 일 만들기

Rover는 반려인과 도그 시터 모두에게 즐거운 경험을 선사한다. 예를 들어, 2013년에 Rover는 Rover 시터와 함께 있는 동안 반려견의 경험을 담은 동영상을 무료로 제공하는 Rover Reel을 도입했다. 시터는 자신이 돌보는 반려견의 사진을 5장 이상 찍어 Rover 지원팀에게 보낸다. 그러면 지원팀에서 배경과 음악이 포함된 동영상 앨범을 제작해서 반려인에게 사본을 보내준다. 이 동영상 앨범은 꽤 멋지고 온라인으로 공유할 수도 있다. Rover의 최신 발명품은 현재 모바일 앱의 일부인 Rover 카드다. Rover 카드를 통해 보호자는 GPS 기반의 반려견 산책 지도, 사진, 기타 메시지 등 반려인과 실시간으로 정보를 주고받을 수 있다.

Rover는 또한 반려인이 시터를 이용하기 전에 '만남의 시간'을 가질 것을 권장한다. 이 제안은 반려인(반려견과 함께)과 서로 합의한 시간과 장소에서 시터를 만나 서비스 이용 전에 대화를 나누는 것이다. 만남은 Rover의 웹사이트를 통해 예약할 수 있다.

앞으로의 과제와 성장 계획

Rover의 잠재력은 많은 주목을 받고 있다. 현재 Jogs for Dogs와 DogVacay를 비롯한 여러 경쟁사가 있다. Rover는 국제적으로 확장할 계획을 가지고 있다. 호주, 브라질, 영국 등 여러 나라에서 유사한 서비스가 등장하고 있다. Rover는 1만 개의 지역 사회에 진출해 있으나 대부분의 비즈니스는 대도시를 중심으로 이루어지고 있다. Rover는 교외 지역과 소도시로 사업을 확장하는 것을 목표로 하고 있다.

현재까지 Rover는 9,090만 달러의 자금을 조달했다. 가장 최근에는 2016년 9월에 4,000만 달러의 시리즈 E 라운드 투자를 유치했다. 2018년에는 기업 공개(IPO)를 계획하고 있다. 2015~2016년까지 회사 규모가 2배로 증가했으며 현재 175명의 직원이 근무하고 있다.

토의 문제

1. 미국에서는 어떤 환경 트렌드가 Rover.com의 비즈니스 발전을 뒷받침하고 있는가?
2. 어떻게 하면 Rover.com은 포커스 그룹을 사용해 현재 및 잠재 고객과 그들의 요구 사항을 더 잘 이해할 수 있을까?
3. 이 장에서는 진정한 비즈니스 기회는 매력적이고, 지속적이며, 시의적절하고, 구매자에게 가치를 창출하는 제품이나 서비스에 기반을 두고 있어야 한다고 언급했다. Rover의 서비스는 이러한 기준을 각각 어느 정도 충족하는가?

출처: Rover Homepage, www.rover.com (accessed February 7, 2017); B. Romano, "Rover Raises $40M in Race to Control Dog Services Marketplace," Xconomy, http://www.xconomy.com/seattle/2016/10/03/rover-raises-40m-in-race-to-control-dog-services-marketplace/ (posted October 2, 2016, accessed February 7, 2017); T. Soper, "Rover Raises $40M as Dog-Sitting Platform Eyes IPO and Aims for Profitability", Geekwire, http://www.geekwire.com/2016/rover-raises-40m-dog-sitting-platform-eyes-ipo-aims-profitability/ (posted on October 3, 2016, accessed February 7, 2017).

에세이 문제

1. Janet Parrish와 그녀의 오랜 친구 Allison Graebner는 중고 아동복을 판매하는 온라인 비즈니스를 시작하려고 한다. 아이들과 함께하는 것을 좋아하고 상대적으로 소득이 낮은 가정이 '좋은' 옷을 감당할 수 있는 가격에 구매할 수 있도록 돕고 싶다는 열망이 두 사람의 창업 의도이다. 이들은 '브레인스토밍'을 통해 사업 시작 방법에 대한 아이디어를 도출하고자 한다. Janet과 Allison에게 어떻게 브레인스토밍을 설명하고 그 과정을 설명할 것인가? 브레인스토밍을 사용할 때 피해야 할 구체적인 문제는 무엇이며, 파악한 문제를 피하는 것이 중요한 이유는 무엇인가?
2. You Be the VC 2.2에서는 Bethlehem Tilahun Alemu가 에티오피아의 장인 기술과 전통의 핵심 요소를 활용해 두 개의 비즈니스를 구축한 사례를 살펴봤다. 기업가가 이러한 기술과 기회를 파악하고 이를 중심으로 비즈니스를 구축하기 위해 어떤 단계를 밟아야 하는가? 이러한 종류의 문제를 해결하는 과정에 대해 자세히 설명해보라.

미주 Endnote

1. E. Prandelli, M. Pasquini, and G. Verona, "In User's Shoes: An Experimental Design on the Role of Perspective Taking in Discovering Entrepreneurial Opportunities," *Journal of Business Venturing* 31, no. 3 (2016): 287–301; P. Vandor and N. Franke, "See Paris and . . . *Found a Business*? The Impact of Cross Cultural Experience on Opportunity Recognition Capabilities," *Journal of Business Venturing* 31, no. 4 (2016): 388–407.
2. About Wiivv: A 3D Printed Body Perfect Gear Company, available at https://wiivv.com/about/us.com (accessed January 29, 2017).
3. comScore Releases November 2015 U.S. Desktop Search Engine Rankings, available online at www.comScore (posted December 16, 2015, accessed December 30, 2016).
4. M. Yang, "Interview with Michael Yang, CEO of Become.com," available at https://www.npost.com/?s=become.com (accessed March 18, 2014).
5. Nest Homepage, www.nest.com (accessed December 26, 2016).
6. Statista, "Number of Smartphone Users in the United States from 2010 to 2021 (in millions), available at https://www.statista.com/statistics/201182/forecast-of-smartphone-users-in-the-us/ (accessed December 26, 2016).
7. Statista, "Percentage of U.S. Population with a Social Media Profile from 2008 to 2016," available at https://www.statista.com/statistics/273476/percentage-of-us-population-with-a-social-network-profile/ (accessed December 26, 2016).
8. Statista, "Facts and Statistics on Wearable Technology," available at https://www.statista.com/topics/1556/wearable-technology/ (accessed December 26, 2016).
9. Valedo Homepage, www.valedotherapy.com (accessed January 1, 2017).
10. S. Ventura, "The Impact of the Affordable Care Act, Six Years Later," Berkley Online Masters in Public Health, available at http://onlinemph.berkeley.edu/affordable-care-act-six-years-later/ (accessed January 29, 2017).
11. Evolv Homepage, www.evolvtechnology (accessed January 1, 2017).
12. P. Kotler, *Marketing Insights from A to Z* (New York: John Wiley & Sons, 2003), 128.
13. CitySlips Homepage, www.cityslips.com (accessed January 29, 2017).
14. About Us, Kisa Homepage, www.kisaphone.com.au (accessed January 29, 2017).
15. E. Garone. "Whose Glass is That? Now You Know," *The Wall Street Journal*, May 2, 2016, R2.
16. Ladies Who Launch Homepage, www.ladieswholaunch.com (accessed January 2, 2017).
17. A. Westevelt. "In Search of a Healthy Piece of Gum." *The Wall Street Journal*, May 5, 2016, R4.
18. M. Glauser, 2016, "5 Things Your Business Must Have to Succeed," Entrepreneur.com, https://www.entrepreneur.com/article/272598 (accessed January 29, 2017).
19. C. Smith, J. B. Smith, and E. Shaw, "Embracing Digital Networks: Entrepreneurs' Social Capital Online," *Journal of Business Venturing* 32, no. 1 (2017): 18–34; S. L. Newbert, E. T. Tornikoski and N. R. Quigley, "Exploring the Evolution of Supporter Networks in the Creation of New Organizations," *Journal of Business Venturing* 28, no. 2 (2014): 281–298.
20. R. Branson, "No Experience? No Problem." *The Star Online*, available at https://www.thestar.com.my/metro/smebiz/news/2015/07/06/no-experience-no-problem/ (posted July 6, 2015, accessed January 2, 2017).
21. R. J. S. Dheer and T. Lenartowicz, "Multiculturalism and Entrepreneurial Intentions: Understanding the Mediating Role of Cognitions," *Entrepreneurship Theory and Practice* (2017), in press; C. Welter, R. Mauer, and R. J. Wuebker, "Bridging Behavioral Models and Theoretical Concepts: Effectuation and Bricolage in the Opportunity Creation Framework," *Strategic Entrepreneurship Journal* 10, no. 1 (2016): 5–20.
22. D. Hjorth and R. Holt, "It's Entrepreneurship, not Enterprise: Ai Weiwei as Entrepreneur," *Journal of Business Venturing Insights* 5 (2016): 50–54; M. McCaffrey, "On the Theory of Entrepreneurial Incentives and Alertness," *Entrepreneurship Theory and Practice* 38, no. 4 (2014): 891–911; I. M. Kirzner, *Perception, Opportunity, and Profit: Studies in the Theory of Entrepreneurship* (Chicago: University of Chicago Press, 1979).

23. I. M. Kirzner, "The Primacy of Entrepreneurial Discovery," in *The Prime Mover of Progress*, ed. A. Seldon (London: Institute of Economic Affairs, 1980), 5–30.
24. Y. Engel, M. Kaandorp, and T. Elfring, "Toward a Dynamic Process Model of Entrepreneurial Networking Under Uncertainty," *Journal of Business Venturing* 32, no. 1 (2017): 35–51; J. M. Pollack, M. W. Rutherford, A. Seers, A. E. Coy, and S. Hanson, "Exploring Entrepreneurs' Social Network Ties: Quantity versus Quality," *Journal of Business Venturing Insights* 6, (2016): 28–35.
25. J. E. Perry-Smith and P. V. Mannucci, "From Creativity to Innovation: The Social Network Drivers of the Four Phases of the Idea Journey," *Academy of Management Review* 42, no. 2 (2017): 53–79.
26. G. E. Hills, C. M. Hultman, S. Kraus, and R. Schulte, "History, Theory and Evidence of Entrepreneurial Marketing—An Overview," *International Journal of Entrepreneurship and Innovation Management* 11, no. 1 (2010): 3–18.
27. B. F. Blumbert and G. A. Pfann, "Roads Leading to Self-Employment: Comparing Transgenerational Entrepreneurs and Self-Made Start-Ups," *Entrepreneurship Theory and Practice* 40, no. 2 (2016): 335–357; J.-L. Arregle, B. Batjargal, M. A. Hitt, J. W. Webb, T. Miller, and A. S. Tsui, "Family Ties in Entrepreneurs' Social Networks and New Venture Growth," *Entrepreneurship Theory and Practice* 39, no. 2 (2015): 313–344.
28. M. Cardon, C. Post, and W. Forster, "Team Entrepreneurial Passion (TEP): Its Emergence and Influence in New Venture Teams," *Academy of Management Review* (2017), in press; A. C. Klotz, K. M. Hmieleski, B. H. Bradley, and L. W. Busenitz, "New Venture Teams: A Review of the Literature and Roadmap for Future Research," *Journal of Management* 40, no. 1 (2014): 226–255.
29. M. J. Mazzei, C. B. Flynn, and J. J. Haynie, "Moving Beyond Initial Success: Promoting Innovation in Small Businesses through High-Performance Work Practices," *Business Horizons* 59, no. 1 (2016): 51–60; A. Ross, "Establishing a System for Innovation in a Professional Services Firm," *Business Horizons* 59, no. 2 (2016): 137–147; J. J. Kao, *Entrepreneurship, Creativity, and Organization* (Upper Saddle River, NJ: Prentice Hall, 1989).
30. P. Davidsson, "Entrepreneurial Opportunities as Propensities: Do Ramoglou & Tsang Move the Field Forward?" *Journal of Business Venturing Insights* 7, June (2017): 82–85; D. Cooper, W. Peake, and W. Watson, "Seizing Opportunities: The Moderating Role of Managerial Characteristics on the Relationship between Opportunity-Seeking and Innovation Efficacy in Small Businesses," *Journal of Small Business Management* 54, no. 4 (2016): 1038–1058; S. A. Alvarez, J. B. Barney, and P. Anderson, "Forming and Exploiting Opportunities: The Implications of Discovery and Creation Processes for Entrepreneurial and Organizational Research," *Organization Science* 24, no. 1 (2013): 301–317.
31. K. Rodan, Entrepreneurial Thought Leaders Podcast, Stanford Technology Ventures Program, https://stvp.stanford.edu (accessed March 18, 2014).
32. Wikipedia, Mind Map (accessed January 2, 2016).
33. D. Freeman, "Turning Facebook Followers into Online Focus Groups," *The New York Times* (accessed January 2, 2012).

OWLET BABY CARE와 친해지기

Owlet Baby Care, Inc./Photo Credit: Jacob B. Colvin

공동창업자

Jacob Colvin

브리검영대학교 유럽학 학사, 2014

Kurt Workman

브리검영대학교 화학공학 학사

Zack Bomsta

브리검영대학교 전기공학 학사, 2014

Jordan Monroe

브리검영대학교 경영학 학사, 2014

Jacob Colvin과의 대화

일하지 않을 때 하는 것

아름다운 아내와 세 자녀와 함께 시간 보내기, 말 훈련, 야외 활동

기업가로서 가장 놀랐던 때

어디서 도움을 받을 수 있는지 안다면 많은 지원을 받을 수 있다는 것

가장 좋아하는 스마트폰 앱

Google Translate

스마트폰 음악 리스트에서 가장 좋아하는 밴드

Jack Johnson

신규 창업자를 위한 조언

열정을 가지고, 균형을 유지하며 끝까지 하라.

학생으로서 가장 좋은 점

훌륭한 멘토, 교수, 자원을 손쉽게 이용할 수 있으며 다른 학생들에게 긍정적인 영향을 줄 수 있다.

CHAPTER 3

타당성 분석

OWLET BABY CARE

비즈니스 아이디어 검증의 가치

• Web: www.owletcare.com • Facebook: Owlet Baby Monitors • Twitter: @owletbabycare

병원에서 갓 태어난 아기를 집으로 데려오는 모습을 상상해보라. 밤이 되면 아기가 평화롭게 잠을 자고 있는지, 아니면 뭔가 잘못되지는 않았는지 걱정하게 된다. 이러한 상황은 모든 부모가 공감할 수 있는 부분이다. 이러한 걱정으로부터 부모를 안심시키기 위해 브리검영대학교의 학생 네 명(Jacob Colvin, Kurt Workman, Zack Bomsta, Jordan Monroe)이 Owlet 스마트 양말을 만들었다. Owlet 스마트 양말은 이들이 창업한 Owlet Baby Care라는 회사에서 제작한다. 부모가 양말을 구입한 후 Owlet 앱을 다운로드하고 베이스 스테이션을 연결한 다음 양말을 아기의 발에 신기기만 하면 양말이 아기가 자는 동안 조용히 아기의 상태를 확인한다.

아기의 심박수나 산소 농도가 설정된 기준을 벗어나면 Owlet이 알려준다. 이는 병원과 클리닉에서 수년 동안 사용해온 맥박 산소 측정이라는 검증된 기술을 사용하는 것이다. 알림은 Wi-Fi를 통해 스마트폰으로 전달되며, 블루투스 기술을 통해 작은 그릇 크기의 장치인 베이스 스테이션으로도 전달된다. 베이스 스테이션은 모든 것이 정상일 때는 녹색으로 나타나지만 상황에 따라 색상이 바뀌고 다양한 소리가 울린다. 노란색 불빛과 함께 나오는 소리는 양말이 제대로 인식되지 않아 조정이 필요하거나 양말이 벗겨졌음을 의미한다. 파란색 점멸 표시등과 함께 자장가가 울리면 양말에 내장된 블루투스가 베이스 스테이션과 연결이 끊어졌음을 의미한다. 그리고 빨간색으로 깜박이는 표시등과 경보음이 함께 울리면 아기의 산소 농도가 설정된 기준 아래로 떨어졌거나 심박수가 기준치보다 너무 낮거나 높아졌음을 의미한다.

Owlet 스마트 양말에 대한 아이디어는 Workman과 Colvin이 브리검영대학교에 재학 중일 때 시작되었다. 그들은 비즈니스 아이디어를 제시하는 프로그램에 참여 중이었는데, 이 프로그램에서 소액의 시드 펀딩에 참여했다. 제품 콘셉트는 Workman과 유타대학교 병원에서 근무하며 맥박 산소 측정 기술을 광범위하게 연구한 경험이 있는 그의 친구 Tanor Hodges가 함께 생각한 것이었다. 맥박 산소 측정기는 급성 환자의 산소 수치와 심박수를 측정하는 데 사용한다. 두 사람은 Hodges가 파악한 기술적 문제를 해결하기 위해 병원에서 사용할 수 있는 무선 맥박 산소 측정기를 함께 개발하기 시작했다. 당시 Workman과 그의 아내는 아이를 임신 중이었고, 아이가 가족력 때문에 건강 문제를 겪을지도 모른다는 걱정을 하고 있었다. 또한 미숙아 쌍둥이를 낳고 집으로 돌아온 친척을 돕고 있었다. 쌍둥이에게는 지속적인 모니터링이 필요했고, 이를 보며 Workman은 '왜 가정에서 부모가 아기가 괜찮은지 확인할 수 있는(표준 베이비 모니터 외에) 무언가가 없을까?'라는 생각이 들었다. 그는 무선 맥박 산소 측정 기술을 가정에 도입할 방법이 있다면 부모가 안심하고 아기를 안전하게 보호할 수 있을 것이라고 생각했다.

학습목표

1. 타당성 분석이 무엇이며 왜 중요한지 설명할 수 있다.
2. 제품/서비스 타당성 분석을 설명하고, 그 목적을 설명할 수 있다. 이 영역에서 제안된 비즈니스가 고려해야 할 두 가지 주요 이슈에 대해 논의할 수 있다.
3. 산업/시장 타당성 분석의 목적을 설명하고, 이 분석을 완료할 때 고려해야 할 두 가지 주요 이슈에 대해 논의할 수 있다.
4. 조직 타당성 분석이 무엇이고 그 목적이 무엇인지 설명할 수 있으며, 이 분석을 완료할 때 고려해야 할 두 가지 주요 이슈에 대해 논의할 수 있다.
5. 재무 타당성 분석이 무엇인지와 그 중요성을 설명하고, 이 분석을 완료할 때 고려해야 할 가장 중요한 이슈에 대해 논의할 수 있다.
6. 타당성 분석 템플릿과 기업가가 이 템플릿을 사용하는 것이 중요한 이유를 설명할 수 있다.

이 아이디어를 가지고 Workman과 Colvin, Hodges는 다른 학급 팀원들과 함께 사업 계획 경진대회에 참가했다. 사업 아이디어는 맥박 산소 측정 기술을 사용해 가정에서 아기의 산소 수치와 심박수를 모니터링하고 수치가 설정된 기준을 벗어나면 부모에게 알림을 제공하는 장치를 만드는 것이었다. 그들은 깜빡이는 불빛만 있는 집에서 만든 아기 부츠를 포함한 아이디어의 초기 구상을 동영상으로 만들었다. 그런데 어찌 된 일인지 동영상이 유출되었다. 여러 부모로부터 이 장치를 구입할 수 있는지 묻는 이메일 메시지가 도착하기 시작했다. 이 기기는 아직 판매할 준비가 되지 않은 상태였지만, 부모가 기꺼이 돈을 지불할만한 가치가 있는 제품을 개발했다는 사실을 확인할 수 있었다.

2013년 1월, Owlet Baby Care가 출범하고 이 창업팀에 브리검영대학교에 재학 중이던 Zack Bomsta와 Jordan Monroe가 합류했다. 이들은 사업 계획 경진대회에 계속 참가해 초기 사업 자금을 조달했다. 또한 크라우드펀딩 캠페인도 진행했다. 당시 Kickstarter에서는 유아용품에 대한 캠페인을 허용하지 않았기 때문에 자체 웹사이트를 통해 캠페인을 진행했다. 이들은 30만 달러 이상을 모금해 아이디어에 대한 관심을 더욱 확인할 수 있었다. 그 후 콜로라도주 볼더에 본사를 둔 액셀러레이터인 TechStars에서 연락이 왔고, 사물 인터넷에 초점을 맞춘 뉴욕의 TechStars 프로그램에 참여하라는 제안을 받았다. 이들은 수락했고, 이후 3개월 동안 뉴욕에서 코칭을 받고 멘토들과 만나 아이디어를 구체화하는 데 도움을 받았다. 그 결과, 소액의 엔젤 투자와 더불어 2014년 4월에는 180만 달러 규모의 시드 라운드 투자를 유치할 수 있었다.

Owlet은 스마트 양말을 제대로 만들기 위해 광범위한 제품 타당성 분석을 수행했다. 스마트 양말과 이를 지원하는 구성 요소에는 패브릭, 소프트웨어, 하드웨어, 펌웨어, 앱, 연결성, 사용자 경험이 포함되었다. 각 요소를 개별적으로 테스트한 다음 이들이 서로 어떻게 상호작용하는지 테스트하는 것이 과제였다. 프로토타입을 테스트하기 위해 의료 전문가와 교류하고 신생아 가정에 직접 방문했다. 가정에 접근하기 위해 친구, 가족, 의사 사무실, 병원 등에 이메일을 보내거나 전화를 걸어 신생아가 있는 가족을 아는 사람이 있는지 물었다. 그런 다음 부모에게 다가가 검사에 참여할 의향이 있는지 물었다. 부모들의 반응은 매우 호의적이었다. 스마트 양말의 초기 버전과 시스템의 다른 부분은 매우 간단하게 만든 상태였다. 예를 들어, 그들은 베이스 스테이션의 모습을 구현하기 위해 발포 고무를 사용했다. 그리고 "이 장치를 집에서 어떻게 사용하시겠습니까?", "어디에 두시겠습니까?", "이 양말을 자녀에게 신기시겠습니까?" 등의 질문을 참가자에게 물어보았다. 일련의 테스트가 끝나면 참가자에게 시스템에서 마음에 드는 점과 마음에 들지 않는 점을 묻는 설문조사가 이어졌다. 이 테스트는 매우 유용했으며 수백 번의 반복으로 이어졌다. 가격과 관련해서는 다양한 가격대에 대해 상당한 규모의 A/B 테스트를 진행했다. 그들은 회사가 수익을 내기 위해서는 특정 가격대가 필요하다는 것을 알고 Owlet Baby Care 시스템에 대해 159달러, 179달러, 249달러 등 다양한 가격을 시도했다. 신기하게도 가격대가 높을수록 전환율이 더 높았다. 현재 이 시스템은 250달러에 판매하고 있다.

현재 Owlet Baby Care는 70명 이상의 직원과 2,000만 달러 이상의 연 매출을 기록하며 번창하고 있는 회사다. 장치를 소유한 부모 중 83%가 장치를 사용할 때 좀 더 숙면할 수 있다고 답했다. 2016년에는 미국 국립보건원(NIH)으로부터 150만 달러의 지원금을 받아 공동창업자들이 상상하지 못했던 방식으로 회사를 성장시키고 있다. Owlet의 스마트 양말은 인터넷과 클라우드 기반 서버를 통해 생성된 스마트 양말 데이터를 광범위하게 집계할 수 있다. 그 결과 Owlet은 현재 세계에서 가장 많은 유아 건강 데이터를 수집하고 있다. 매일 10억 건에 조금 못 미치는 유아의 심장 박동이 Owlet 스마트 양말을 통해 기록된다. 이 데이터는 제품에서 수집하는 다른 여러 생체 인식 정보와 함께 귀중한 의학 연구에 활용하고 있다.

타당성 분석

학습목표 1

타당성 분석이 무엇이며 왜 중요한지 설명할 수 있다.

타당성 분석(feasibility analysis)은 사업 아이디어가 실행 가능한지 판단하는 과정이다(그림 3.1 참조). 사업 아이디어가 그림 3.1과 같이 타당성 분석의 네 가지 구성 요소 중 하나 이상에 미치지 못하면 아이디어를 폐기하거나 다시 생각해야 한다. 많은 기업가가 사업 아이디어를 파악한 후 아

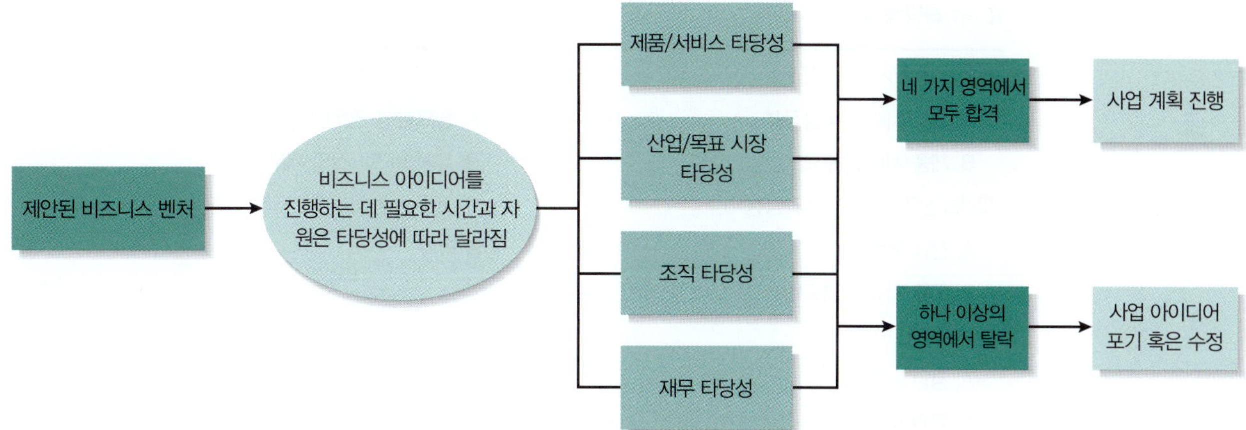

그림 3.1 성공적인 비즈니스 아이디어 개발에서 타당성 분석의 역할

이디어를 설명하고 지지를 얻기 위해 비즈니스 모델 개발(제4장 참조)로 바로 넘어가는 실수를 범한다. 이러한 진행 순서로 인해 사업 아이디어의 실현 가능성을 테스트하는 중요한 단계가 생략되거나 시간이 거의 주어지지 않는 경우가 많다.

타당성 분석을 완료할 때는 사업 아이디어를 단순한 아이디어로 생각하는 것에서 사업체로 생각하는 것으로 사고의 전환이 이루어져야 한다. 타당성 분석은 엄밀히 말해 제품이나 서비스 아이디어가 아닌 잠재적 비즈니스에 대한 평가다. 그림 3.1에 나와 있는 단계의 순차적 특성은 사업 아이디어의 장점을 검토하는 조사 부분과 프로세스의 계획 및 판매 부분을 명확하게 구분한다. 타당성 분석은 본질적으로 조사의 성격이 강하며 제안된 비즈니스의 장점을 비판하기 위해 고안된 것이다. 사업 계획서(제6장 참조)는 기획과 판매에 더 중점을 둔다. 저명한 저서 《The New Business Road Test》의 저자 John W. Mullins에 따르면, 전체 프로세스를 완료하는 것이 중요한 이유는 '내 모든 기회가 훌륭하다'는 모드에 빠지지 않기 위해서라고 한다. Mullins는 비즈니스 모델을 개발하고 사업 계획서를 작성하기 전에 비즈니스 아이디어의 장점을 제대로 조사하지 않으면 기업가가 잠재적인 비즈니스와 관련된 내재적 위험에 눈을 감고 지나치게 긍정적인 계획을 세우게 될 위험이 있다고 생각한다.[1]

이 장에서는 제품/서비스 타당성, 산업/목표 시장 타당성, 조직 타당성, 재무 타당성의 네 가지 주요 영역을 설명하면서 타당성 분석을 수행하는 방법론을 제시한다. 세 개의 부록에서는 보충 자료를 소개한다. 부록 3.1에서는 타당성 분석 인터뷰를 진행하기 위한 팁을 제공하고 효과적인 질문과 비효과적인 질문을 제시한다. 부록 3.2에는 타당성 분석을 완료하기 위한 템플릿인 First Screen이라는 도구가 포함되어 있다. 부록 3.3에는 First Screen 작성 시 도움이 되는 인터넷 자료에 대한 정보를 제공한다.

이 장에서 설명하는 타당성 분석의 접근 방식에 대한 개요가 표 3.1에 나와 있다. 타당성 분석을 완료하려면 1차 연구와 2차 연구가 모두 필요하다. **1차 연구**(primary research)는 분석을 진행하는 사람이나 팀이 직접 수집하는 연구이다. 여기에는 일반적으로 잠재 고객과의 대화, 업계 전문가로부터 피드백 받기, 포커스 그룹 수행, 설문조사 실시 등이 포함된다. **2차 연구**(secondary research)는 이미 수집한 데이터를 조사하는 것이다. 이 데이터에는 일반적으로 업계 연구, 인구조사국 데이터, 분석가 예측, 도서관 및 인터넷 조사를 통해 수집한 기타 관련 정보가 포함된다.

표 3.1 타당성 분석

제1부: 제품/서비스 타당성	제4부: 재무 타당성
A. 제품/서비스 바람직성	A. 필요한 총 창업 자금
B. 제품/서비스 수요	B. 유사 비즈니스의 재무 성과
제2부: 산업/목표 시장 타당성	C. 제안된 벤처의 전반적인 재무 매력도
A. 산업 매력도	종합 평가
B. 목표 시장 매력도	
제3부: 조직 타당성	
A. 경영 능력	
B. 자원 충분성	

부록 3.3의 인터넷 자료표는 2차 조사를 수행하는 데 유용하게 사용할 수 있을 것이다.

타당성 분석은 특정 아이디어의 장점을 테스트하지만, 얻은 피드백과 수행한 분석의 결과로 아이디어를 수정 및 변경할 수 있는 충분한 기회를 제공한다는 것이 중요하다. 타당성 분석의 핵심 목표는 잠재 고객의 피드백을 이끌어내고, 업계 전문가와 대화하고, 업계 동향을 연구하고, 재무를 검토하고, 다른 방식으로 아이디어를 면밀히 조사해 아이디어를 테스트하는 것이다. 이러한 유형의 활동은 아이디어가 실현 가능한지 여부를 판단하는 데 도움이 될 뿐만 아니라 아이디어를 구체화하는 데도 도움이 된다. 일부 경우에는 아이디어가 실현 가능하지 않다고 결론이 날 수도 있다. 유감스럽지만, 아이디어가 사업화하기에 충분한 가치가 없는지 나중에 아는 것보다 조기에 파악하는 것이 좋다.

이제 타당성 분석의 네 가지 영역에 대해 알아보자. 첫 번째로 살펴볼 영역은 제품/서비스 타당성이다.

제품/서비스 타당성 분석

학습목표 2

제품/서비스 타당성 분석을 설명하고, 그 목적을 설명할 수 있다. 이 영역에서 제안된 비즈니스가 고려해야 할 두 가지 주요 이슈에 대해 논의할 수 있다.

제품/서비스 타당성 분석(product/service feasibility analysis)은 제안하려는 제품이나 서비스의 전반적인 매력을 평가하는 것이다. 새로운 벤처를 시작할 때 고려해야 할 중요한 사항이 많지만, 제품이나 서비스 자체가 팔리지 않는다면 다른 것은 고려할 필요조차 없다. 제품/서비스 타당성 분석에는 제품/서비스의 바람직성과 제품/서비스 수요라는 두 가지 구성 요소가 있다.

제품/서비스 바람직성

제품/서비스 타당성의 첫 번째 구성 요소는 제안된 제품이나 서비스가 바람직하고 시장의 니즈를 충족하는지 확인하는 것이다. 제품이나 서비스의 기본적인 매력을 파악하기 위해서는 다음과 같은 질문을 스스로에게 던지고 다른 사람들에게도 물어봐야 한다.

- 이해가 되는가? 합리적인가? 실제 고객이 구매할만한 상품인가?
- 환경 트렌드를 활용하거나, 문제를 해결하거나, 시장의 격차를 메우는 것인가?
- 지금이 제품이나 서비스를 시장에 소개하기에 적절한 시기인가?

- 제품이나 서비스의 기본 디자인이나 콘셉트에 치명적인 결함이 있는가?

이러한 질문에 답하는 가장 좋은 방법은 '현장으로 나가서' 잠재 고객과 대화하고, 더 중요한 것은 경청하는 것이다. 부록 3.1에서는 타당성 분석 인터뷰를 수행하기 위한 팁을 제공하고 효과적인 질문과 비효과적인 질문의 예를 제시하고 있다. 잠재 고객과의 인터뷰는 린 스타트업 운동의 기본 모토이며, 제6장에서 더 자세히 언급할 예정이다. 잠재 고객으로부터 피드백과 조언을 구하는 데 특히 유용한 도구는 콘셉트 테스트를 실시하는 것이다.

콘셉트 테스트 **콘셉트 테스트**(concept test)는 잠재 고객과 업계 전문가에게 제품이나 서비스 아이디어에 대한 설명이 담긴 **콘셉트 설명서**(concept statement)를 보여주고 피드백을 요청하는 것이다. 일반적으로 다음과 같은 내용을 포함하는 한 쪽 분량의 문서이다.

- 제품이나 서비스에 대한 설명: 이 부분에는 제품이나 서비스의 기능을 자세히 설명한다. 실질적으로 작동하는 프로토타입이 없다면 참가자에게 보여줄 스케치나 대략적인 모델을 제시할 수 있다.
- 예상 목표 시장: 이 부분에는 제품이나 서비스를 구매할 것으로 예상되는 소비자나 기업을 나열한다.
- 제품이나 서비스의 혜택: 이 부분에는 제품이나 서비스의 혜택에 대해 설명하고 제품이나 서비스가 어떻게 가치를 더하거나 문제를 해결하는지 설명한다.
- 제품이나 서비스를 경쟁업체와 비교해서 어떻게 포지셔닝할 것인지에 대한 설명: 회사의 포지셔닝은 경쟁사 대비 자사의 제품이나 서비스가 어떤 위치에 있는지 설명한다.
- 회사 경영진에 대한 간략한 설명

콘셉트 설명서를 개발한 후에는 회사가 진출하려는 산업에 대해 잘 알고 있고 정보에 입각한 피드백을 제공할 수 있는 최소 25명에게 보여줘야 한다. 가족이나 친구에게 보여주려는 유혹은 피해야 하는데, 이들은 긍정적인 피드백을 주려는 경향이 있기 때문이다. 따라서 솔직하고 정보에 입각한 피드백과 조언을 제공할 수 있는 사람들에게 배포해야 한다. 잠재 고객은 귀중한 피드백을 얻을 수 있는 가장 풍부한 원천이다.

그림 3.2는 New Venture Fitness Drinks라는 가상의 회사에 대한 콘셉트 설명서이다. New Venture Fitness Drinks는 영양가 있는 피트니스 음료를 판매하며 스포츠 애호가를 겨냥하고 있다. 이 회사의 전략은 스무디 레스토랑과 유사한 소규모 레스토랑을 대형 종합운동장 근처에 배치하는 것이다. 콘셉트 설명서는 비교적 짧게(한 쪽 이하) 작성해 읽을 가능성을 높이는 것이 중요하다. 콘셉트 설명서 뒤에는 간단한 구매 의향 설문조사가 이어진다. 설문조사에서 수집한 정보는 표로 작성해서 주의 깊게 읽어야 한다. 이 콘셉트 설명서는 제품이나 서비스 아이디어를 강화하기 위해 반복적으로 사용할 수 있다. 예를 들어, 잠재 고객 그룹에 콘셉트 설명서를 보여주고 피드백을 받은 다음 아이디어를 수정하고, 두 번째 잠재 고객 그룹에 보여주고 아이디어를 수정하는 등의 과정을 반복할 수 있다. 목표는 제품이나 서비스가 제공하는 혜택과 고객이 필요로 하고 요구하는 것 사이에서 **제품/시장 적합성**(product/market fit)을 찾는 것이다. Ash Maurya는 저서 《Running Lean》에서 제품/시장 적합성을 "사람들이 원하는 것을 만들었는가?"로 정의한다.[2] 콘

그림 3.2 New Venture Fitness Drinks의 콘셉트 설명서

새로운 비즈니스 콘셉트
New Venture Fitness Drinks Inc.

제품
New Venture Fitness Drinks는 갈증을 느끼는 스포츠 애호가들을 위해 맛있고 영양이 풍부한 천연 피트니스 음료를 판매할 예정이다. 이 음료는 인기 스무디 레스토랑과 같은 크기의 작은 매장(600평방피트)을 통해 판매할 계획이다. 이 음료는 New Venture Fitness Drinks와 고객을 위해 세계적인 영양학자인 William Peters 박사와 스포츠 의학 전문가인 Michelle Smith 박사가 개발한 것이다.

목표 시장
New Venture Fitness Drinks는 운영 첫 3년 동안 3~4개의 레스토랑을 오픈할 계획이다. 모두 축구장과 소프트볼 경기장이 있는 대형 종합운동장 근처에 위치할 예정이다. 목표 시장은 스포츠 애호가들이다.

New Venture Fitness Drinks를 선택해야 하는 이유는?
스포츠 음료 산업은 계속 성장하고 있다. New Venture Fitness Drinks는 16온스에 1.50~2.50달러인 흥미로운 새 스포츠 음료를 소개할 것이다. 에너지바와 기타 일반 매장에서 판매하는 스포츠 간식도 판매할 것이다. 각 레스토랑에는 경기 후 스포츠 애호가들이 모일 수 있는 편안한 테이블과 의자(실내 및 실외 모두)가 마련되어 있다. 즐겁고 활기찬 분위기가 조성될 것이다.

특별한 서비스—다른 레스토랑에서는 이런 것을 제공하지 않는다
New Venture Fitness Drinks의 특별한 서비스로 레스토랑 인근 종합운동장에서 열리는 일부 스포츠 경기를 비디오로 촬영해서 레스토랑 내 비디오 모니터를 통해 경기 하이라이트를 재생할 예정이다. '하이라이트' 영상은 30분 분량의 영상으로 전날의 스포츠 경기 장면이 연속으로 재생된다. 이 특별한 서비스를 통해 축구를 즐기는 어린이부터 소프트볼 리그에 참여하는 성인에 이르기까지 스포츠 애호가들이 레스토랑에 들러 자신과 팀 동료들의 경기를 TV를 통해 볼 수 있다.

경영진
New Venture Fitness Drinks는 공동창업자인 Jack Petty와 Peggy Wills가 이끌고 있다. Jack은 전국적인 레스토랑 체인에서 16년의 경력을 가지고 있으며, Peggy는 4대 회계 법인에서 7년의 경력을 가진 공인 회계사다.

셉트 테스트 결과 "예"라는 답이 나왔다면 이것은 성공적인 비즈니스를 만들기 위한 첫 번째 중요한 시작점이 된다.

사업을 시작하기 전에 잠재 고객과 대화를 나누지 않을 때의 문제점은 단순히 직감이나 2차 조사만으로는 제품이 충분히 바람직한지 파악하기 어렵다는 것이다. 신규 비즈니스가 실패하는 일반적인 이유는 해당 벤처의 제품에 대한 시장이 충분히 크지 않기 때문이다. 이 시나리오는 Soggy Bottom Canoe and Kayak Rental이라는 비즈니스의 파트너였던 Matt Cooper에게도 적용된다. Cooper의 첫 번째 스타트업이었던 이 사업은 그의 표현을 빌리자면 '대재앙'이었다. Cooper와 그의 파트너는 미시시피의 국유림 근처에 10에이커의 부지를 소유하고 있었고, 그곳에서 카누 대여 사업을 하기로 결심했다. 그들은 부지 위에 세운 시설을 마무리하는 데 많은 투자를 했고 카누 32대, 카약 16대, 트레일러 4대, 밴 2대를 구입했다. 개장은 7월 4일 주말이었는데 모든 것이 완벽했다. Cooper의 말을 빌리자면 다음과 같은 일이 벌어졌다.

> 최고의 시설과 장비를 갖추기 전에 우리는 단 한 명의 잠재 고객과도 대화를 나누지 않았다. 보이스카우트 대원도, 교회 청소년 단체도, 서던미시시피대학교의 사교 클럽도 없었다. 그 결과, 우리가 사업을 운영한 7년 동안 전체 예약의 절반을 채운 횟수를 한 손으로 세어볼 수 있을 정도였다.[3]

Cooper는 계속해서 교훈을 얻었다고 인정한다. 그는 Soggy Bottom Canoe and Kayak Rental 경험을 회상하며 이렇게 말했다.

표 3.2 타당성 분석에 사용할 수 있는 온라인 도구

도구	설명	URL
3D 프린팅 서비스		
i.materialise	3D 프린팅 서비스를 통해 아이디어를 실물로 변환할 수 있다. 또한 디자인을 공유하고 판매할 수 있는 플랫폼을 제공한다.	http://i.materalise.com
Shapeways	아이디어를 실물로 변환해 제품 프로토타입으로 사용하거나 Shapeways 커뮤니티를 통해 판매할 수 있는 플랫폼을 제공한다.	www.shapeways.com
A/B 분할 테스트		
3 Minute Optimizer	기술 및 비기술 스타트업 모두를 위한 쉽고 효과적인 A/B 테스팅과 전환 추적을 제공한다.	www.3minuteoptimizer.com
Optimizely	목표를 달성하고 전환을 최적화하기 위해 웹페이지를 미세하게 조정할 수 있는 강력한 A/B 테스팅 플랫폼이다.	mmwww.optimizely.com
비즈니스 아이디어에 대한 피드백		
Growth Hackers	첫 고객을 확보하는 방법과 같은 비즈니스 아이디어에 대한 피드백을 받기에 적합한 포럼이다.	www.growthhackers.com
Meetup	오프라인 그룹 모임에 대한 정보를 제공하는 온라인 포털이다. Meetup을 통해 회원은 자신의 관심사에 맞는 그룹을 찾아 참여할 수 있다. '모임 그룹'의 일원이 되는 것은 비즈니스 아이디어에 대한 피드백을 받을 수 있는 좋은 방법이다.	www.meetup.com
Reddit	거의 모든 주제에 대해 온라인 토론을 진행하기 좋은 곳이다. Reddit에서 의견 게시를 쉽게 시작할 수 있으며 비즈니스 아이디어에 대한 피드백을 받을 수 있다.	www.reddit.com
Unassumer	고객이 진정으로 원하는 것이 무엇인지 빠르게 파악해 최고의 제품을 제공하는 데 집중할 수 있도록 도와준다.	www.unassumer.com
랜딩 페이지		
LaunchRock	몇 분 만에 '출시 예정' 랜딩 페이지를 생성하고 제품의 잠재 초기 사용자에 대한 이메일 주소 및 기타 유용한 분석을 수집할 수 있다.	www.launchrock.com
Ubounce	개발자의 도움이나 코딩 기술 없이도 간단한 랜딩 페이지를 만들고 A/B 분할 테스트를 수행할 수 있다.	www.ubounce.com
WuFoo	웹사이트나 렌딩 페이지에 삽입할 수 있는 양식을 쉽게 만들 수 있다. 랜딩 페이지의 이메일 가입 양식에 자주 사용된다.	www.wufoo.com
시장 조사		
AskYourTarget Market	특정 목표 시장을 대상으로 하는 설문조사를 설정할 수 있다.	www.aytm.com
CrowdPicker	CrowdPicker를 사용하면 잠재 고객 '다수'에게 어떤 로고, 태그라인, 회사 이름, 포장 디자인 등이 스타트업에 가장 적합한지 물어볼 수 있다.	www.crowdpicker.com
Google 트렌드	검색어(예: 달리기나 수영)를 입력하면 해당 검색어가 Google 검색어에서 상승 혹은 하락 추세를 보이는지 확인할 수 있다.	www.google.com/trends
Facebook Ads	Facebook 광고 캠페인을 구성해 특정 목표 시장이 새로운 제품 아이디어에 어떻게 반응하는지 평가할 수 있다. 이는 "첫 번째 베타 테스터가 되려면 이 양식을 작성해주세요"와 같이 간단한 내용일 수도 있다.	www.facebook.com/ads
Google AdWords	일반적으로 잠재 고객을 새로운 제품이나 서비스 아이디어에 대한 수요를 평가하는 랜딩 페이지로 안내하는 AdWords 캠페인을 구성할 수 있다.	www.google.com/adwords

(계속)

도구	설명	URL
온라인 화이트보드		
RealTimeBoard	컴퓨터에 화이트보드(그리기 및 지우기 기능 포함)를 만들고 팀원들과 실시간으로 협업할 수 있다.	http://realtimewhiteboard.com
Ziteboard	팀 협업에 이상적인 확대 가능한 온라인 화이트보드이다.	www.ziteboard.com
프로토타입 제작 서비스		
Proto Labs	CAD 도면으로 프로토타입을 제작할 수 있다.	www.protolabs.com
ThomasNet	프로토타입을 제작해주는 서비스는 아니지만, 가까운 지역의 프로토타입 제작 서비스를 찾을 수 있는 플랫폼이다.	www.thomasnet.com
Q&A 사이트		
Bright Journey	스타트업 관련 질문에 대한 Q&A 사이트	www.brightjourney.com
Stack Overflow	프로그래머를 위한 Q&A 사이트	www.stackoverflow.com
Quora	Quora 커뮤니티에서 비즈니스와 관련된 모든 질문을 할 수 있고 답변을 얻을 수 있는 플랫폼이다.	www.quora.com
설문조사		
Google Consumer Surveys	쉽고 빠르고 저렴하게 온라인 설문조사를 만들 수 있는 방법이다.	www.google.com/consumersurveys
Survey.io	스타트업이 자사 제품에 대해 고객이 좋아하는 것과 싫어하는 것을 빠르게 파악할 수 있도록 도와주는 고객 개발 플랫폼이다.	www.survey.io
Survey Monkey	온라인 설문조사를 만들고 배포하는 인기 있고 저렴한 방법이다.	www.surveymonkey.com
웹사이트 사용성 테스트		
Usertesting	테스트 회사의 테스터 네트워크가 웹사이트를 검토하고, 사용하는 동안 오디오 해설을 제공한다.	www.usertesting.com
Verify	화면이나 목업에 대한 사용자 피드백을 빠르게 수집하고 분석할 수 있다. 사람들이 무엇을 클릭하고, 무엇을 기억하고, 어떻게 느끼는지 확인할 수 있다.	www.verifyapp.com

지금도 나는 베타 테스트도 하기 전에 큰 투자를 하고 싶은 충동과 맞서 싸우고 있다. 그런 충동이 생길 때마다 나는 슬프게도 텅 빈 밴에 연결된 반짝이는 새 카누를 상상한다.[4]

일부 기업가는 정식 콘셉트 설명서를 개발하는 대신 잠재 고객과 아이디어를 이야기하거나 포커스 그룹을 통해 피드백을 요청하는 방식으로 초기 제품/서비스 타당성 분석을 수행한다. 가장 이상적인 조합은 정보에 입각한 피드백을 제공할 수 있는 25명 이상의 사람들에게 콘셉트 설명서를 배포하고 가능한 한 많은 잠재 고객 및 업계 전문가와 구두로 의견을 주고받는 것이다. 또한 기업가가 잠재 고객과 저렴한 비용으로 빠르게 연락하고 타당성 분석 프로세스의 다른 단계를 완료하는 데 도움이 되는 온라인 도구가 점점 더 많아지고 있다. 이러한 도구에는 비즈니스 아이디어에 대한 피드백을 얻고 첫 고객을 확보하는 방법에 대한 포럼인 Growth Hackers와 같은 서비스부터 제품 아이디어의 CAD 도면을 잠재 고객에게 보여줄 수 있는 실제 프로토타입으로 변환해주는 Shapeways와 같은 3D 프린팅 서비스까지 다양하다. 표 3.2는 타당성 분석에 사용할 수 있는 온라인 도구의 예시이다.

제품/서비스 수요

제품/서비스 타당성 분석의 두 번째 구성 요소는 제품이나 서비스에 대한 수요가 있는지 확인하는 것이다. 이를 위해 일반적으로 사용하는 세 가지 방법은 ① 잠재 고객과 직접 대면해 대화하기, ② Google Adwords 및 랜딩 페이지와 같은 온라인 도구를 활용해 수요 평가하기, ③ 도서관, 인터넷, 현장 조사이다.

잠재 고객과 직접 대면해 대화하기 제품이나 서비스가 사람들이 원하고 필요한 것인지 알 수 있는 유일한 방법은 고객과 직접 대화하는 것이다. 그런데 신기하게도 이런 일이 자주 일어나지 않는다. 120명의 창업자를 대상으로 한 한 연구에 따르면 절반 이상이 잠재 구매자로부터 피드백을 받지 않고 제품을 개발한 것으로 나타났다.[5] 결과적으로, 대부분은 이것을 실수라고 생각했다. 이 연구의 저자는 참가자 중 한 명이 "몇 시간 동안 (컴퓨터로) 시장 조사를 하는 것보다 5명의 고객과 대화하는 것이 더 많은 것을 배울 수 있다"라는 말을 했다고 언급했다. 이 아이디어는 판매하려는 제품의 일반적인 콘셉트에 대한 고객의 반응을 측정하는 것이 핵심이다. 기업가는 매력적인 문제를 해결한다고 생각한 제품 아이디어가 실제 고객과 대화해보면 반응이 미지근하다는 사실에 종종 놀란다.

어떤 경우에는 잠재 고객이 누구인지 잠시 멈추고 신중하게 생각해야 한다. 예를 들어, 의료 서비스에서 '고객'은 일반적으로 약을 사용하거나 의료 시술 혜택을 받을 환자가 아니다. 실제 고객 대신에 청구서를 지불할 주체는 보험 회사, 병원, 공공 건강보험 프로그램(메디케어, 메디케이드)인 경우가 많다. 또한 가능하다면 최대한 많은 관련 업계 종사자와 이야기를 나눠야 한다. 때때로 만나야 할 사람의 목록이 복잡해질 수 있지만, 아이디어의 초기 실현 가능성을 충분히 검토하고 포괄적인 피드백을 받는 것이 필요하다. 예를 들어 혁신적인 새로운 유형의 재택 의료 서비스를 출시하려고 한다고 가정해보자. 이 서비스를 이용하면 노인들이 보조 생활 시설이나 요양원에 가기 전에 집에 더 오래 머물 수 있고, 약을 제시간에 복용하는 것을 잊지 않도록 도와주며 기타 건

이 젊은 창업자는 잠재 고객들과 대화를 나누고 있다. 그녀는 자신과 다른 두 명의 창업자가 고려하고 있는 새로운 여행 서비스의 실행 가능성을 평가하고 있다.

표 3.3 새로운 유형의 재택 의료 서비스에 대한 제품/서비스 타당성 분석의 일환으로 대화해야 할 사람들의 범주

대화할 사람들의 범주	
1. 서비스의 잠재적 사용자	6. 공공 건강보험 프로그램(메디케어, 메디케이드) 담당자
2. 잠재적 서비스 사용자의 가족 구성원	7. 제약 회사
3. 의사	8. 요양원 및 요양 시설의 소유자/관리자
4. 간호사	9. 병원 및 의사 사무실 관리자
5. 건강보험 회사	10. 기타 홈 헬스케어 업계의 회사 설립자

강 관리 모니터링 서비스를 제공할 수 있다. 표 3.3에는 제품/서비스 타당성 분석의 일환으로 대화할 수 있는 사람들의 범주가 제시되어 있다. 목록이 길지만, 이러한 범주에 속한 사람들로부터 비즈니스 아이디어에 대한 풍부한 통찰력을 얻을 수 있다.

제품이나 서비스 아이디어에 대해 이야기하거나 콘셉트 설명에 대해 의견을 나눌 자격을 갖춘 사람을 찾는 한 가지 방법은 무역 협회에 연락하거나 업계 무역 박람회에 참석하는 것이다. 예를 들어, 제품 아이디어가 디지털 미디어 분야라면 디지털 미디어 협회(주로 온라인 오디오 및 비디오 산업에 전념하는 전국적인 무역 협회)에 연락해 해당 지역에 거주하는 회원 목록을 얻을 수 있다. 관심 있는 업계의 무역 박람회에 참석하면 도움을 줄 수 있는 수많은 사람과 직접 접촉할 수 있다. 무역 협회 디렉터리를 제공하는 웹사이트는 부록 3.3의 인터넷 자료표에 나와 있다. 온라인 설문조사는 많은 사람에게 빠르게 접근하는 데 유용하다. SurveyMonkey 및 Google Consumer Surveys와 같은 서비스를 통해 특정 목표 시장을 조사하고 매우 저렴한 가격으로 상세한 분석을 받을 수 있는 방법이 점점 더 쉬워지고 있다.

온라인 도구를 활용해 수요 평가하기 제품 수요를 평가하는 또 다른 일반적인 접근 방식은 설문조사 실시, Q&A 사이트 활용, 온라인 마케팅 리서치 수행과 같은 온라인 도구를 사용하는 것이다. 설문조사는 초기 데이터를 수집하는 것보다 대면 인터뷰를 통해 알게 된 내용을 검증하는 데 가장 효과적이다. 예를 들어, 표 3.3을 참조해서 시작하려는 재택 의료 서비스에 대해 여러 사람과 인터뷰한 결과 아이디어가 제품/시장 적합성에 가까워지고 있다고 생각되면 온라인 설문조사를 통해 더 많은 잠재 고객에게 아이디어를 추가로 검증할 수 있다. 이때 자신의 선입견에 부합하는 정보만 검색하는 경향인 **확증 편향**(confirmation bias)을 피하기 위해 주의해야 하며, 다양한 답변을 얻을 수 있는 질문을 해야 한다. SurveyMonkey와 Google Consumer Surveys는 훌륭한 온라인 설문조사 플랫폼이다. 효과적인 온라인 설문조사를 만드는 방법에 대한 지침을 제공하는 인쇄물 및 온라인 리소스가 많이 있다. 정보가 부족하거나 우연한 방식으로 설문조사를 실시하는 것보다는 차라리 설문조사를 실시하지 않는 편이 좋다.

제품/서비스 수요에 대한 피드백을 얻기 위해 활용할 수 있는 여러 Q&A 사이트가 있다. 결과는 대략적으로 나오지만 그래도 유용한 시간이 될 것이다. Quora는 훌륭한 Q&A 사이트이다. 시카고에서 음식 배달 서비스를 시작하려고 고민하고 있다고 가정해보자. Quora에서는 사업 계획서를 게시하고 피드백을 요청할 수는 없지만 "시카고에서 가장 좋은 음식 배달 서비스는 무엇인가요?" 또는 "시카고에 더 나은 음식 배달 서비스가 필요합니까?"와 같은 질문을 할 수 있다. Quora는 충분한 트래픽을 보유하고 있어 답변을 얻을 수 있으며, 답변을 통해 시카고에서 음식 배달 서비스에 대한 수요와 가장 강력한 경쟁자가 누구인지에 대한 통찰력을 얻을 수 있다. 또 다른 유용한 Q&A 사이트로는 Bright Journey가 있다. Bright Journey에서는 스타트업과 관련된 모든 질문을 할 수 있으며 이에 대한 답변을 받을 가능성이 높다.

시장 조사는 온라인으로도 할 수 있다. 예를 들어 Google 트렌드를 사용하면 검색어(예: 스키 또는 달리기)를 입력해 해당 용어가 Google 검색에서 상승 또는 하락 추세를 보이는지 확인할 수 있다. 예를 들어, 2017년 봄에 이 장을 저술하면서 Google 트렌드 검색창에 '달리기'라는 용어를 입력해봤더니, 달리기에 대한 검색 트렌드가 지속적으로 상승하는 추세를 보이고 있었다. 이 결과가 달리기 관련 창업 아이디어를 가진 사람에게 특정 아이디어에 대한 수요 가능성을 알려주지는 않지만, 달리기에 대한 관심이 여전히 높다는 것을 확인할 수 있다. 제품이나 서비스 아이디어에 대한 수요를 평가하기 위한 보다 좁은 범위의 접근 방식은 Google AdWords와 랜딩 페이지를 함께 사용하는 것이다. 작동 방식은 다음과 같다. 스노보더를 위한 새로운 유형의 선글라스를 개발해서 잠재 수요를 평가하고 싶다고 가정해보자. 이를 위한 한 가지 방법은 Google 검색 페이지에서 '스노보드', '선글라스'와 같은 키워드를 구매하는 것이다. Google의 AdWords 프로그램을 통해 키워드를 구매할 수 있다. 키워드를 구매하면 누군가 '스노보드'나 '선글라스'라는 용어를 검색할 때 자연 검색 결과의 상단이나 우측에 준비한 광고 링크가 표시된다. 링크 아래의 텍스트에는 '스노보더를 위한 혁신적인 새 선글라스'와 같은 문구를 표시한다. 누군가 이 링크를 클릭하면 온라인 마케터들이 랜딩 페이지라고 부르는 페이지로 이동하게 된다. **랜딩 페이지**(landing page)는 일반적으로 "여기를 클릭해 하와이 휴가를 구매하십시오"와 같은 직접적인 판매 문구를 제공하는 단일 웹페이지이다. LaunchRock(표 3.2 참조)과 같은 회사를 통해 저렴하게 제작할 수 있는 랜딩 페이지는 혁신적인 새 선글라스에 대한 아티스트의 그림을 보여주고 간단한 설명을 제공한 다음 "출시 예정—업데이트를 위해 이메일 주소를 입력하세요"와 같은 문구를 표시할 수 있다. 광고 게재 빈도는 Google의 자동 AdWords 키워드 경매를 통해 구매하는 상품에 따라 달라진다. Google은 광고를 클릭하는 사람 수와 광고를 보고 이메일 주소를 제공하는 사람 수에 대한 분석 정보를 제공한다. 제공받은 이메일 주소를 캡처할 수도 있다.

Google AdWords 사용의 장점은 광고를 클릭하는 사람들이 '스노보드'나 '선글라스'라는 용어를 검색하지 않았다면 광고를 볼 수 없었을 것이기 때문에 자체적으로 선택한 잠재 구매자 그룹으로부터 반응을 얻을 수 있다는 것이다. 가장 중요한 목적은 제품에 대한 흥미를 유발하는 것이다. 3일 동안 1만 명이 광고를 클릭하고 4,000명이 이메일 주소를 제공했다면 이는 제품에 대한 관심이 상당히 높다는 신호일 수 있다. 반면에 500명만 광고를 클릭하고 50명만 이메일 주소를 제공했다면, 이는 훨씬 덜 긍정적인 반응이다. 얼마나 많은 클릭이 제품 아이디어에 대한 고무적인 반응을 나타내는지에 대해서는 엄격하게 판단해야 한다. 일반적으로 AdWords와 랜딩 페이지 캠페인을 활용하는 것만이 수요를 평가하는 유일한 방법은 아니다. 앞서 설명한 것처럼 잠재 고객과 직접 대면해 대화하는 것이 좋다. 그러나 AdWords와 랜딩 페이지 캠페인을 운영하는 것은 새로운 제품이나 서비스 아이디어에 대한 수요를 평가하는 데 있어 또 다른 데이터 포인트를 얻을 수 있는 실용적이면서도 매우 저렴한 방법이다.

도서관, 인터넷, 현장 조사 제품이나 서비스 아이디어에 대한 수요를 평가하는 세 번째 방법은 도서관, 인터넷, 현장 조사를 실시하는 것이다. 잠재 고객과의 대화도 중요하지만, 해당 산업에 대한 2차 데이터를 수집하는 것도 도움이 된다. 예를 들어, Wonder Workshop은 아이들에게 코딩하는 방법을 가르치는 교육용 장난감을 제작한다. 좋은 아이디어인 것 같지만 이전 절에서 언급했듯이 '좋은 아이디어인 것 같다'는 것만으로는 충분하지 않다. 잠재 고객의 피드백과 업계 관련 데이터가 필요하다. 업계 관련 데이터는 "장난감 산업의 트렌드는 어떠한가? 업계 전문가들은 부모가 자녀를 위한 장난감을 구매할 때 가장 중요하게 고려하는 요소가 무엇이라고 말하는가? 대형 완구 산업 내에 '교육용 완구' 부문이 있는가? 그렇다면 이 부문은 성장하고 있는가, 아니면 축소되고 있는가? 교육용 완구 제조업체를 위해 교육용 완구 시장 수요에 대한 통계를 이미 가지고 있는 무역 협회가 있는가?" 등과 같은 유형의 질문에 답하는 데 도움이 될 것이다.

여기서 중요한 점은 특정 제품이나 서비스에 대한 잠재적 수요를 평가하기 위해서는 아카이브 연구뿐만 아니라 기본적인 형태의 리서치도 필요하다는 것이다. 대학이나 대학 도서관은 이러한 조사를 시작하기에 좋은 곳이며, 인터넷도 풍부한 자료를 제공한다. 부록 3.3의 인터넷 자료표는 활용할 수 있는 온라인 자료에 대한 구체적인 정보를 제공한다. 예를 들어, 대부분의 대학 도서관에서 무료로 이용할 수 있는 IBISWorld는 수백 개의 산업에 대한 최신 산업 보고서를 제공한다. 이 사이트에서는 '미국의 장난감, 인형 및 게임 제조'라는 제목의 보고서를 포함해 장난감 산업에 대한 여러 보고서를 작성하며, 자주 업데이트되고 있다. 이 보고서는 장난감 산업과 관련된 업계 동향을 이해하는 데 좋은 출발점이 될 수 있다. 보다 일반적인 인터넷 검색도 도움이 되는 경우가 많다. Google이나 Bing 검색창에 '교육용 장난감에 대한 시장 수요'와 같은 검색어를 입력하기만 해도 유용한 기사와 업계 보고서가 나오는 경우가 많다.

간단한 현장 조사도 제품이나 서비스 아이디어에 대한 수요 가능성을 파악하는 데 중요하다. 현장 조사관은 정보나 단서를 찾을 수 있는 곳이라면 어디든 찾아다니는 탐정이나 수사관과 같다. 부끄러워하지 말고, 사람들에게 제품이나 서비스 아이디어에 대해 어떻게 생각하는지 물어보라. 교육용 장난감을 판매하려는 아이디어가 있다면 일주일 동안 어린이집에서 자원봉사를 하며 아이들이 장난감을 어떻게 사용하는지 관찰하라. 장난감 가게 주인과 점심을 먹으며 아이디어를 논의해보고, 장난감 가게를 둘러보며 가장 많은 관심을 받는 장난감 종류를 관찰하는 시간을 가져보라. 실제로 비즈니스를 시작하면 직감이나 피상적인 정보에 의존해서 제품이나 서비스가 팔릴 것이라고 확신하기에는 너무 많은 것이 걸려 있다. 합리적인 제한 시간 내에서 최대한 많은 정보를 수집해야 한다.

비즈니스 아이디어에 실물 제품이 포함되는 경우, 위에서 설명한 단계에 따라 제품의 프로토타입을 제작하고 잠재 고객을 대상으로 테스트해야 한다. '영리한 창업기업'에서는 프로토타입 제작 과정을 설명한다. 이 특집에서 설명하는 대로 최종 목표는 고객이 구매하기를 바라는 버전이 아닌 고객이 원하는 버전의 제품을 만드는 것이다.

산업/목표 시장 타당성 분석

학습목표 3

산업/시장 타당성 분석의 목적을 설명하고, 이 분석을 완료할 때 고려해야 할 두 가지 주요 이슈에 대해 논의할 수 있다.

산업/목표 시장 타당성은 제안하려는 제품이나 서비스의 산업 및 목표 시장의 전반적인 매력도를 평가하는 것이다. 기업의 산업과 목표 시장 간에는 뚜렷한 차이가 있으므로 이 차이를 명확히 이해하는 것이 중요하다. **산업**은 컴퓨터, 어린이 장난감, 비행기, 소셜 네트워크와 같이 유사한 제품이나 서비스를 생산하는 기업들의 그룹이다. 기업의 **목표 시장**은 해당 산업에서 기업이 목표로 하

영리한 창업기업

프로토타입 제작: 고객이 원하는 것을 구축하는 방법

프로토타입은 콘셉트나 프로세스를 테스트하기 위해 제작한 제품의 초기 샘플, 모델, 출시이다. 아이디어는 잠재 사용자에게 샘플이나 모델을 보여주고 피드백을 받아 제품을 개선하는 것이다. Owlet Baby Monitor와 같은 하드웨어 제품을 만드는 경우 최종 디자인이 나오기 전까지 프로토타입을 여러 번 반복할 수 있다. 반복적인 프로토타입 제작 과정을 설명할 때 흔히 사용하는 문구 중 하나가 "일찍 그리고 자주 실패하라"이다. 이 문구는 큰 규모의 실패를 말하는 것이 아니라 좀 더 사소한 것을 의미한다. 제품 개발에는 잠재 고객을 대상으로 많은 테스트를 실행해야 한다는 철학이 담겨 있는 것이다. 각 테스트를 통해 잠재 고객이 마음에 들지 않는 부분은 버리고 마음에 들었던 부분을 기반으로 제품을 개선할 수 있다. 또한 무언가를 배울 수 있다. 예를 들어, Owlet은 고객들이 아기를 재운 후 집 안을 돌아다니면서 아기를 모니터링하기 위해 Owlet Baby Monitor 베이스 스테이션을 방에서 방으로 옮기는 것을 좋아한다는 사실을 관찰을 통해 알게 되었다. 이를 통해 Owlet은 베이스 스테이션이 작동하기 위에 벽에 고정될 필요가 없다는 것을 알게 되었다.

잠재 고객이 진화하는 프로토타입을 직접 만져보고 실험해볼 수 있도록 하는 등 테스트를 계속하면 제품이 점점 더 개선된다. 프로세스를 진행하면서 페이퍼 프로토타입에서 플라스틱 프로토타입, 금속 프로토타입, 최종 디자인과 유사한 형태로 프로토타입이 진화할 수 있다. 숙련된 제품 디자이너인 Dave Lyons는 프로토타입 제작의 가치를 "다양한 영역에서 가능한 한 빨리 디자인에서의 걸림돌을 제거하는 것"이라고 설명했다.

다음 예시에서는 프로토타입 제작 프로세스가 일반적으로 어떻게 작동하는지 설명하고 있다.

새로운 토스트기 디자인

대부분의 사람은 부엌에 토스트기를 가지고 있다. 새로운 유형의 토스트기를 발명했다고 상상해보자. 토스트기는 대형 스마트폰처럼 생겼고, 옆에서 전원을 켜며, 받침대 위에 올려져 있다. 빵을 상단에 넣으면 장치가 빵을 아래로 당겨 트레이에 떨어뜨리고 완벽하게 구워준다. 기기 전면에는 토스트의 굽기를 조절할 수 있는 노브가 있다. 이 기기의 장점은 매끈하며 테이블 위 공간을 거의 차지하지 않는다는 것이다. 작은 아파트, 이동식 주택, 캠핑카, 회사 휴게실과 같이 제한된 공간이지만 토스트기가 필요한 모든 장소에 적합하다. 이 예시에서는 내부 전자 장치가 아닌 장치 외관과 관련된 프로토타입 제작에 중점을 두겠다.

프로토타입 제작 프로세스의 단계

프로토타입 제작 프로세스의 적절한 단계는 발명하는 장치의 유형에 따라 다르지만, 이 사례에서는 토스트기의 프로토타입 제작 프로세스가 어떻게 발전할 수 있는지를 보여준다.

1단계 그림: 장치의 작동 방식을 설명하는 한두 단락의 글이 포함된 간단한 장치 그림이다. 20명에게 그림을 보여주고 피드백을 요청한다. 어떤 상황에서는 다양한 디자인 아이디어를 반영해 제품의 도면을 여러 장 그려서 사람들에게 각 디자인에서 마음에 드는 점과 마음에 들지 않는 점을 물어보는 것이 도움이 될 수 있다. 도면을 보여준 사람들에게 한 번에 토스트 한 조각만 구울 수 있는 토스터기를 구매할 의향이 있는지 물어보라.

2단계 실물 모형 제작: 그런 다음, 도면에서 받은 피드백을 바탕으로 장치의 실물 모형을 제작한다. 모형은 판지, 점토, 발포 고무, 나무로 만들 수 있다. 모형은 높이, 너비, 무게, 색상, 기타 특성 측면에서 장치가 어떻게 보일 것인지를 묘사해야 한다. 주방이 작은 사람들이 이 장치에 매력을 느낄 것이라는 가설을 테스트해보자. 주방 공간이 협소한 사람들을 찾아 집에 방문할 수 있는지 물어본다. 모형을 토스트기라고 생각해달라고 요청하고, 부엌이나 식료품 저장실 중 어디에 두는지 관찰한다. 현재 토스트기가 어디에 있는지, 토스트기가 너무 많은 공간을 차지하고 있지는 않은지 관찰한다. 참가자들에게 일주일 동안 이 모형을 부엌에 두도록 요청하고, 모형을 옮기는지 관찰한다. 참가자들에게 한 번에 빵 한 조각만 구울 수 있는 토스트기가 '괜찮았던' 횟수와 불편했던 횟수를 기록하게 한다. 일주일이 지난 후 설문조사를 실시해 피드백을 받는다. 그러면 많은 것을 알아낼 수 있다. 예를 들어, 기기의 높이가 너무 높아 대부분의 주방 상부장 아래의 조리대에 올려놓을 수 없다는 사실을 알게 될 수 있다. 또한 빵이 구워지는 정도를 조절하는 노브가 쉽게 조절하기 어렵다는 것을 알게 될 수도 있다.

3단계 CAD 도면: 가장 기본적인 질문에 대한 답을 얻고 디자인을 구체화했다면 제품의 다양한 구성 요소가 서로 어떻게 맞물릴지 CAD(컴퓨터 지원 설계) 도면을 작성해야 한다. 이 작업은 숙련된 CAD 디자이너에게 아웃소싱하거나 저렴하고 쉽게 도면을 완성할 수 있는 초보자용 CAD 프로그램에 투자할 수 있다. 도면을 직접 만들면 숙련된 CAD 디자이너가 할 수 있는 것보다 더 제한적이다. CAD 파일은 모형보다 더 정교한 장치 프로토타입을 만드는 데 사용할 수 있다. 플라스틱 부품은 3D 프린터를 통해 만들 수 있다. 판금 부품은 워터젯 및 레이저 커터로 자르고 접거나 눌러서 최종 모양을 만들 수 있다. 보다 완벽하게 프로토타입을 개발했다면 새로운 잠재 고객 그룹에 보여줘서 피드백을 받고 2단계에서 설명한 단계를 반복해야 한다. 최종 디자인이 결정되면 제조를 준비하기 위해 보다 정교한 CAD 도면을 만들 수 있다.

요약: 프로토타입 제작은 반복적인 프로세스다. 한 번의 프로토타입 제작

에서 얻은 피드백이 다음 단계에 영향을 끼친다. 핵심은 좋은 사용자의 피드백이다. 이상적으로는, 최종 결과물은 내가 만들고 싶고 누군가가 구매하기를 바라는 버전이 아니라 고객이 만들라고 말하는 버전이 되어야 한다.

비판적 사고를 위한 문제

1. 잠재 고객에게 처음부터 잘 개발한 프로토타입을 보여주는 것보다 1단계 및 2단계용으로 제작한 프로토타입과 같이 대략적인 프로토타입을 보여주면 어떤 이점이 있는가?
2. 이 특집의 새 토스트기 발명가가 프로토타입 제작 과정을 통해 배울 수 있는 사항을 나열하라.
3. 위에서 설명한 프로토타입 제작 과정에서 기기를 사용할 가능성이 있는 사람들의 집을 직접 방문해야 했던 이유는 무엇인가? 실험실에서 비슷한 정보를 얻을 수는 없었을까?
4. 인터넷 검색을 통해 '린 스타트업' 운동에 대해 알아보라. 린 스타트업 접근 방식에서 프로토타입 제작은 어떤 면에서 필수적인 부분인가?

출처: R. DiResta, B. Forest, and R. Vinyard, *The Hardware Startup* (Sebastopol, CA: O'Reilly Media, Inc., 2015); G. Douglas, "How to Build It: Lean Prototyping Techniques for Hardware," Edited by T. Eisenman. *Managing Startups* (Sebastopol, CA: O'Reilly Media, Inc., 2013, 7-14).

거나 어필하려는 영역이다. 대부분의 기업, 특히 창업 초기 스타트업은 일반적으로 전체 산업에 서비스를 제공하려고 하지 않는다. 대신 특정 목표 시장을 선택하거나 개척하고 해당 고객 그룹에 특별히 더 좋은 서비스를 제공하려고 노력한다. 예를 들어 Wonder Workshop은 전체 어린이 장난감 산업을 대상으로 하지 않는다. 이 회사의 목표 시장은 아이들에게 코딩하는 방법을 가르치는 교육용 장난감에 기꺼이 프리미엄을 지불할 의향이 있는 부모들이다.

산업/목표 시장 타당성 분석에는 산업 매력도와 목표 시장 매력도라는 두 가지 요소가 있다.

산업 매력도

산업은 전반적인 매력도 측면에서 차이가 있다.[6] 일반적으로 가장 매력적인 산업은 표 3.4에 나와 있는 특징을 가지고 있다. 특히 상위 세 가지 요인이 중요하다. 오래된 산업보다는 젊은 산업, 생애 주기의 후반부보다는 초반부, 집중된 산업보다는 분산된 산업이 반대의 특성을 가진 산업보다 신규 진입자를 더 잘 수용한다. 또한 구조적으로 매력적인 산업, 즉 스타트업이 다양한 목표 시장에 진입해 효과적으로 경쟁할 수 있는 산업을 선택하는 것이 좋다. 일부 산업은 진입 장벽이 너무 높거나 한두 개의 지배적인 플레이어가 존재해 잠재적인 신규 진입자가 원천적으로 차단되는 특징이 있다.

다른 요인들도 중요하다. 예를 들어, 환경 및 비즈니스 트렌드가 산업에 불리하게 혹은 유리하게 작용하는지는 산업의 장기적인 건전성과 새로운 목표 혹은 틈새 시장을 형성하는 데 중요하다. 경제 및 사회 트렌드의 변화가 기존 산업에 도움이 되는가, 해가 되는가? 수익 마진이 증가하

표 3.4 매력적인 산업의 특징

- 등장한 지 오래된 것보다는 최근에 등장한 산업
- 생애 주기 후기보다는 초기 단계 산업
- 집중되어 있는 것보다는 분산되어 있는 산업
- 축소보다는 성장하고 있는 산업
- 고객이 '가지고 싶어 하는' 제품이나 서비스가 아닌 '반드시 가져야 하는' 제품이나 서비스를 판매하는 산업
- 경쟁자가 많지 않은 산업
- 낮은 영업 이익보다는 높은 영업 이익을 기대할 수 있는 산업
- 휘발유나 밀가루와 같은 주요 원자재의 낮은 가격에 크게 의존하지 않고 수익성을 유지할 수 있는 산업

고 있는가, 감소하고 있는가? 혁신이 가속화되고 있는가, 주춤하고 있는가? 투입 비용이 증가하고 있는가, 감소하고 있는가? 산업의 주력 제품에 대한 새로운 시장이 열리고 있는가? 아니면 경쟁 산업에 의해 현재 시장이 폐쇄되고 있는가? 모든 측면을 다룰 수는 없지만, 진입하기로 선택한 산업이 스타트업에 좋은지 나쁜지에 대한 감각을 익혀야 한다.

이러한 각 문제를 다루는 정보는 IBISWorld, Mintel, BizMiner에서 발행하는 업계 보고서 및 대학이나 대형 공공 도서관 웹사이트를 통해 접근하는 경우 일반적으로 무료로 제공되는 유사한 유료 데이터베이스를 통해 이용할 수 있다. 이러한 자료는 부록 3.3의 인터넷 자료표에 제시되어 있다. 린 스타트업의 창시자 중 한 명인 Steve Blank는 자신의 블로그(https://steveblank.com/tools-and-blogs-for-entrepreneurs)에서 '스타트업 도구'라는 제목으로 시장 조사 도구에 대한 훌륭한 데이터베이스를 관리하고 있다. 부록 3.2에 포함된 타당성 분석 템플릿인 First Screen에는 사업 아이디어에 대한 투자 타당성 분석 단계에서 산업 매력도와 관련해 집중해야 할 가장 중요한 이슈에 주목하는 항목이 포함되어 있다.

위에서 제시한 일반적인 통념에는 예외가 있다. 표 3.4에 나타난 특성에 맞는 산업은 일반적으로 스타트업이 진출하기에 가장 좋은 곳이지만, 혁신이 많지 않은 오래된 산업은 파괴적 혁신의 기회가 될 수 있다. 안경 업계의 Warby Parker, 매트리스의 Casper, 개인 교통수단의 Uber, 고객 지원의 ZenDesk 등이 그 예이다.

목표 시장 매력도

앞서 목표 시장은 더 큰 시장 내에서 유사한 니즈를 가진 더 좁은 고객 그룹을 나타내는 부문이라고 설명했다.[7] 대부분의 스타트업은 적어도 초기에는 광범위한 시장에 참여하는 데 필요한 자원이 부족하다. 대신 더 작은 목표 시장에 집중함으로써 일반적으로 업계 리더와의 정면 경쟁을 피할 수 있고 특화된 시장에 매우 효과적으로 서비스를 제공하는 데 집중할 수 있다. 또한 대부분의 경우 스타트업이 완전히 새로운 시장에 완전히 독창적인 제품 아이디어를 도입하는 것은 현실적이지 않다. 대부분의 경우 각 영역에서 선구자가 되기에는 너무 많은 비용이 들기 때문이다. 대부분의 성공적인 스타트업은 기존 장난감 시장에 새로운 장난감을 도입한 Wonder Workshop처럼 기존 시장에 새로운 제품을 도입하거나, 개인 트레이너가 제공하는 기존 서비스에 웹 기반 실시간 피트니스 교육이라는 새로운 시장을 도입한 Etrainer처럼 기존 제품을 새로운 시장에 도입한다.

매력적인 목표 시장을 파악할 때 가장 어려운 점은 창업기업이 성공적인 출발을 할 수 있을 때까지는 제안된 비즈니스에 충분히 크면서도 더 큰 경쟁자를 끌어들이지 않을 만큼 작은 시장을 찾는 것이다. 남성용 언더셔츠 제조업체인 Tommy John은 이러한 기준에 부합하는 시장을 목표로 삼은 기업의 한 예이다. 2008년 맞춤형 남성 언더셔츠 제작으로 시작한 Tommy John은 현재 남성용 팬티, 양말, 기타 의류로 사업을 확장했다. 이 언더셔츠는 착용 시 '제2의 피부'처럼 느껴질 만큼 잘 맞는다는 점에 착안해 Second Skin이라는 브랜드로 판매하고 있다. 처음에는 한 소매업체를 통해 판매하기 시작했으나 나중에는 Neiman Marcus에서도 언더셔츠를 판매할 수 있게 되었다. 오늘날 Tommy John 언더셔츠는 전국 Neiman Marcus 매장에서 판매하고 있으며 다른 소매업체에도 진출해 있다. Tommy John은 전 세계 남성 언더셔츠 시장에서 활동하고 있지만 특화된 목표 또는 틈새 시장을 개척해서 성장세를 이어가고 있다. 성공 비결 중 하나는 명확하게 정의한 목표 시장에 집중한 것이다. 이 회사가 가장 많이 받는 질문은 "언제부터 여성용 속옷을 생산할 것인가?"이다. 지금까지는 남성용 언더셔츠인 Second Skin 라인에 집중하는 것을 선호하며 다른 시장은 고려하고 있지 않다.[8]

일반적으로 전체 산업의 매력을 평가할 수 있는 좋은 정보를 찾기는 쉽지만, 산업 내 소규모 목표 시장의 매력을 파악하는 것은 쉽지 않다. 특히 스타트업이 목표 시장을 개척하는 경우에는 더욱 어렵다. 이러한 상황에서는 정보에 입각한 판단을 내리기 위해 두 개 이상의 산업 및 시장의 정보를 수집하고 종합해야 하는 경우가 많다. 예를 들어, 앞서 설명한 예시와 같이 스노보더를 위한 새롭고 혁신적인 선글라스를 개발 중이라고 가정해보자. 이러한 제품의 경우 어떤 시장을 평가해야 할까? 당연히 선글라스 시장과 스노보드 시장을 포함한 여러 시장을 함께 연구해야 한다. 선글라스가 얼마나 잘 팔리는지뿐만 아니라 스노보드 액세서리 시장(및 스노보드를 타는 사람들의 수)이 증가하고 있는지 또는 감소하고 있는지를 아는 것이 중요할 것이다. 선글라스 시장은 상승 추세에 있지만 스노보드 액세서리 시장은 급격히 감소하는 경우, 두 시장이 모두 상승하는 경우보다 목표 시장이 훨씬 덜 매력적일 것이다.

조직 타당성 분석

학습목표 4

조직 타당성 분석이 무엇이고 그 목적이 무엇인지 설명할 수 있으며, 이 분석을 완료할 때 고려해야 할 두 가지 주요 이슈에 대해 논의할 수 있다.

조직 타당성 분석(organizational feasibility analysis)은 제안된 비즈니스가 성공적으로 시작할 수 있는 충분한 경영 전문성, 조직 경쟁력, 자원을 갖추고 있는지 확인하기 위해 수행한다.[9] 이 영역에서 고려해야 할 두 가지 주요 이슈는 경영 능력과 자원 충분성이다.

경영 능력

제안된 비즈니스는 개인 창업자나 대규모 그룹에 상관없이 초기 경영진의 능력이나 역량을 평가해야 한다.[10] 이 작업을 수행하려면 회사를 시작하는 개인이 자기 평가에 정직하고 솔직해야 한다. 이 분야에서 가장 중요한 두 가지 요소는 개인 창업자나 경영진의 사업 아이디어에 대한 열정과 회사가 참여할 시장에 대한 경영진이나 개인 창업자의 이해도이다.[11] 이러한 영역에서 강점을 대체할 수 있는 실질적인 대안은 없다.[12]

경영 능력을 정의하는 데는 여러 가지 추가 요인이 도움이 된다. 광범위한 전문적·사회적 네트워크를 가진 경영자는 동료와 친구에게 연락해 경험이나 지식의 공백을 메울 수 있다는 점에서 장점이 있다. 또한 잠재적인 신규 벤처는 어떤 유형의 새로운 창업팀을 구성할 수 있는지에 대한 아이디어가 있어야 한다.

신생벤처팀(new-venture team)은 창업 초기에 새로운 비즈니스를 관리하거나 관리를 돕는 창업자, 핵심 직원, 고문으로 구성된 그룹이다. 신규 벤처의 설립자가 회사 출범 후 회사에 합류할 것으로 예상되는 몇 명의 개인을 파악하고, 각 개인이 뛰어난 능력을 갖추었다면 잠재적 벤처의 조직 타당성에 대한 신뢰성이 생기게 된다. 신규 벤처가 이사회나 자문위원회에 합류할 의향이 있는 유능한 인재를 영입하는 경우에도 마찬가지다.

많은 예비 창업자가 사업 운영 능력을 평가하는 과정에서 발견하는 한 가지 사실은 창업을 도와

성공을 위한 파트너십

적합한 비즈니스 파트너 찾기

조직 타당성 분석을 수행하는 동안 많은 예비 비즈니스 창업자가 깨닫게 되는 한 가지 사실은 사업을 시작하는 데 도움을 줄 파트너가 한 명 이상 필요하다는 것이다. 예를 들어, 요리 웹사이트에 대한 훌륭한 아이디어는 있지만 마케팅이나 영업 경험이 없는 컴퓨터 프로그래머가 있을 수 있다. 이 경우 마케팅 및 영업 경험이 있는 파트너를 찾아야 성공적으로 비즈니스를 시작하고 운영할 수 있다. 비즈니스 파트너를 찾을 때 고려해야 할 다섯 가지 핵심 기준이 있다. 파트너를 잘못 선택하면 많은 마음고생과 사업적 어려움을 겪을 수 있으므로 이 기준을 제대로 파악해야 한다.

1. **필요한 기술과 경험을 파악하라.** 비즈니스에 필요한 기술과 경험 등 당신의 부족한 부분을 솔직하게 평가하라. 그리고 부족한 부분을 채워줄 수 있는 사람을 선택하라. 예를 들어, 당신이 숙련된 컴퓨터 프로그래머라면 다른 숙련된 컴퓨터 프로그래머와 파트너가 되고 싶지 않을 수도 있다. 마케팅이나 재무 등 벤처에 필요한 다른 역량을 갖춘 사람을 선택해야 한다.

2. **성격과 업무 습관이 서로 잘 맞는지 확인하라.** 나와 꼭 같은 사람이 필요하지는 않지만, 함께 일할 상대방과 편안하게 지낼 수 있어야 한다. 예를 들어, 프로젝트를 기한 내에 완료하기 위해 당신은 하루에 16시간씩 일하고 싶은데 당신의 파트너가 하루에 8시간만 일하고 싶어 해서 프로젝트 마감일을 재협상해야 한다면, 업무 스타일의 차이로 인해 갈등이 생길 수밖에 없다. 마찬가지로 고객과 미팅할 때 당신은 코트를 입고 넥타이를 매지만 파트너는 청바지를 입어도 괜찮다고 생각한다면 분명한 의견 차이가 드러날 수 있다.

3. **파트너와 공통의 목표와 열망을 가지고 있는지 확인하라.** 당신과 파트너가 같은 목표를 향해 나아가고 있는지 확인하라. 예를 들어, 당신은 10억 달러 규모의 회사를 설립하는 것이 목표인데 파트너는 회사를 매출 1,000만 달러로 성장시킨 다음 매각하는 것에 만족한다면 분명한 문제가 발생할 수 있다.

4. **올바른 장소에서 찾으라.** 아직 마음에 드는 사람이 없다면 잠재적 파트너를 어디에서 찾을 수 있는지 아는 것이 중요하다. 상공회의소의 믹서 행사와 같은 일반적인 네트워킹 이벤트는 대체로 비즈니스 파트너를 찾는 데 효과적이지 않다. 대신 엔지니어를 찾고 있다면 엔지니어링 무역 협회에 연락하거나 엔지니어링 무역 박람회에 참석하라. LinkedIn과 같은 전문가를 위한 소셜 네트워크 사이트도 인맥을 쌓는 효과적인 방법이 될 수 있다. 대부분의 도시에서 스타트업 네트워킹 이벤트가 열린다. 창업을 위해 사람들을 모으는 데 도움이 되도록 특별히 고안된 웹사이트와 이벤트도 있다. Startup Weekend(http://startupweekend.org), Founder2Be(www.Founder2be.com), CoFoundersLab(www.cofounderslab.com) 등이 그 예이다.

5. **변호사를 고용하라.** 잠재적인 파트너를 찾았고 앞서 설명한 네 가지 기준을 충족했다고 확신한다면 변호사를 고용해서 두 사람(또는 그 이상)이 함께 앉아 세부적인 사항을 논의해야 한다. 각 파트너가 비즈니스에 어떤 기여를 할 것인지, 비즈니스의 지분을 어떻게 나눌 것인지, 어떤 형태의 비즈니스 소유권을 선택할 것인지, 회사에서 각 파트너의 역할은 무엇인지 등을 결정해야 한다. 특정 파트너에게 충성하지 않는 사람을 고용하는 것이 중요하다. 공평하고 모두가 기분 좋게 생각할 수 있는 사람을 고용하라.

비판적 사고를 위한 문제

1. 자신의 성격과 업무 습관에 대해 생각해보라. (성격과 업무 습관 측면에서) 어떤 유형의 사람과 잘 어울릴 것 같고 어떤 유형의 사람과 끊임없이 갈등을 겪을 것 같은가?
2. 친한 친구와 비즈니스 파트너십을 맺는 것이 좋다고 생각하는가, 아니면 좋지 않다고 생각하는가? 좋은 친구가 좋은 비즈니스 파트너가 될 수 있는지 어떻게 분별할 수 있을까?
3. 비즈니스 파트너를 찾을 수 있는 장소(온라인 또는 오프라인)에 대해 이 특집에서 언급한 것 외에 몇 가지 제안을 제공하라.
4. LinkedIn을 살펴보는 시간을 가져보라. 비즈니스 파트너를 찾는 데 LinkedIn을 어떻게 활용할 수 있는가?

줄 파트너를 한 명 이상 찾는 것이 도움이 된다는 점이다. 적절한 비즈니스 파트너를 찾기 위한 팁은 '성공을 위한 파트너십'에서 확인할 수 있다. 제2장의 '성공을 위한 파트너십'에서 설명한 것처럼 타당성 분석 단계에서 연락할 수 있는 또 다른 그룹은 잠재적 멘토이다. 좋은 멘토는 의미 있는 조언을 제공하고 어려움을 극복하는 데 도움을 줄 것이다.

표 3.5 대부분의 스타트업 성공에 중요한 비재무적 자원 유형

- 경제적인 오피스 공간
- 실험실 공간, 제조 공간, 서비스 비즈니스를 시작하기 위한 공간
- 계약 제조업체나 서비스 제공업체
- 주요 관리 직원(현재 및 미래)
- 주요 지원 인력(현재 및 미래)
- 비즈니스 운영에 필요한 주요 장비(컴퓨터, 기계, 배송 차량)
- 비즈니스의 주요 측면에 대한 지식재산을 보호받을 수 있는 능력
- 창업의 경우 지방정부 및 주정부의 지원
- 유리한 비즈니스 파트너십을 형성하는 능력

자원 충분성

조직 타당성 분석의 두 번째 영역은 제안된 벤처가 앞으로 나아가기 위해 충분한 자원을 가지고 있거나 이를 확보할 수 있는 능력이 있는지를 결정하는 것이다. 조직 타당성 분석의 초점은 비재무적 요소에 있다. 가장 중요한 비재무적 자원을 파악하고 그 가용성을 평가하는 것이 목표이다. 예를 들어, 전문 기술을 가진 직원을 고용해야 하는 스타트업이 있다고 가정해보자. 만약 회사가 필요한 기술을 갖춘 인력들이 없는 지역에서 사업을 시작한다면 심각한 자원 충분성 문제가 발생하게 된다.

또 다른 주요 자원 충분성 이슈는 비즈니스의 주요 측면에 대한 지식재산을 보호받을 수 있는 역량이다. 이 이슈는 모든 스타트업에 적용되는 것은 아니지만, 신제품을 발명했거나 제품 제조, 서비스 제공 방식에 가치를 더하는 새로운 비즈니스 프로세스를 도입하는 기업에는 매우 중요하다. 스타트업이 신속하게 검증할 한 가지 방법은 자사의 제품이나 비즈니스 프로세스 아이디어에 대한 특허가 이미 출원되었는지 확인하는 것이다. Google Patents(www.google.com/patents)는 특허를 검색할 수 있는 사용자 친화적인 도구이다. 변리사를 고용하는 것을 대신할 수는 없지만, Google Patents를 사용하면 스타트업이 특정 제품이나 비즈니스 프로세스 아이디어와 관련해서 누군가가 먼저 특허를 출원했는지 여부를 빠르게 평가할 수 있다. 빠른 상표 검색을 위한 훌륭한 자료 출처로는 Trademarkia(www.trademarkia.com)가 있다. 제12장에서는 특허와 상표를 포함한 모든 형태의 지식재산에 대해 설명한다. 일부 예비 비즈니스에는 조사하고 파악해야 하는 규제 문제가 적용될 수도 있다. 예를 들어, 오늘날까지 Uber는 운영 방식이 현지 법규를 위반한다는 이유로 일부 관할권에서 법적으로 영업이 금지되어 있다.

자원 충분성을 테스트하기 위해 기업은 사업 아이디어를 추진하는 데 필요한 가장 중요한 비재무적 자원 6~12개를 나열하고 해당 자원을 사용할 수 있는지 확인해야 한다. 표 3.5는 많은 스타트업의 성공에 중요한 비재무적 자원 유형에 대한 목록을 제공하고 있다.

재무 타당성 분석

학습목표 5

재무 타당성 분석이 무엇인지와 그 중요성을 설명하고, 이 분석을 완료할 때 고려해야 할 가장 중요한 이슈에 대해 논의할 수 있다.

재무 타당성 분석(financial feasibility analysis)은 종합적인 타당성 분석의 최종 구성 요소이다. 타당성 분석의 경우 일반적으로 예비 재무 평가로 충분하며, 실제로 사업의 세부 사항이 필연적으로 변화할 수 있으므로 초기에 상세한 재무 예측을 준비하는 데 많은 시간을 할애하는 것은 비현

실적이기 때문에 이 시점에서 추가적인 엄격성은 필요하지 않다.

이 단계에서 고려해야 할 가장 중요한 문제는 필요한 총 창업 자금, 유사 비즈니스의 재무 성과, 제안된 벤처의 전반적인 재무 매력도이다.

제안된 신규 벤처가 타당성 분석 단계를 넘어서는 경우, 설립 후 첫 1~3년 동안의 재무적 생존 가능성을 입증할 수 있는 재무제표(또는 추정 재무제표)를 작성해야 한다. 제8장에서는 이러한 재무제표를 작성하기 위한 구체적인 지침을 제공한다.

필요한 총 창업 자금

첫 번째 이슈는 비즈니스가 첫 판매를 준비하는 데 필요한 총현금이다. 비즈니스를 시작하고 운영하는 데 필요한 모든 예상 자본 구매 및 운영 비용을 나열하는 실제 예산을 준비해야 한다. 총금액을 결정한 후에는 자금을 어디에서 조달할지 설명해야 한다. "투자자를 끌어들일 계획입니다" 또는 "돈을 빌릴 것입니다"와 같은 피상적인 설명은 피해야 한다. 궁극적으로 투자자나 대출 기관을 비즈니스에 참여시킬 수도 있지만, 초기 현금 수요를 어떻게 충당할 것인지에 대해서는 보다 신중한 설명이 필요하다. 투자 유치와 자금 조달에 대해서는 제10장에서 자세히 다룬다.

친구나 가족으로부터 자금을 조달하거나 신용카드나 주택담보대출(HELOC)과 같은 다른 수단을 통해 자금을 조달할 경우, 자금 상환을 위한 합리적인 계획을 수립해야 한다. 신규 벤처의 창업 비용을 어떻게 충당하고 상환할 것인지 보여주는 것은 중요한 사항이다. 많은 신규 벤처기업이 유망해 보이지만 시작에 필요한 자금을 조달할 방법이 없거나 초기 비용을 회수할 수 없는 경우가 많다. 창업 비용을 예측할 때는 관련 비용을 과소평가하기보다는 과대평가하는 편이 좋다. 모든 것이 잘못될 수 있다는 머피의 법칙은 스타트업 업계에 널리 퍼져 있으며, 창업 단계에서 예상치 못한 비용이 발생하지 않는 스타트업은 드물다.

창업자가 각 비즈니스를 시작하는 데 필요한 창업 비용을 결정하는 데 도움이 되는 워크시트가 온라인에 게시되어 있다. 창업 비용 워크시트는 SCORE(www.score.org) 및 미국 중소기업청(www.sba.gov)을 통해 확인할 수 있다.

유사 비즈니스의 재무 성과

재무 타당성 분석의 두 번째 요인은 이미 설립된 유사한 비즈니스와 비교하는 것이다. 물론 이 작업은 대략적인 수치를 제공하며 정확한 결과를 기대하기는 어렵다. 이 과정은 몇 가지 방법을 통해 이루어지며, 다소 발품을 팔아야 할 수도 있다.

첫째, 수천 개의 개별 기업에 대한 상세한 재무 보고서를 제공하는 방대한 아카이브 데이터를 온라인으로 이용할 수 있다. 가장 쉽게 얻을 수 있는 데이터는 Hoovers나 이와 유사한 출처를 통해 구할 수 있는 공개적으로 거래되는 기업에 관한 것이다. 그러나 이러한 기업들은 일반적으로 규모가 너무 커서 제안된 신규 벤처와 의미 있는 비교를 하기가 어렵다. 관건은 보다 유사성이 높은 소규모 기업의 재무 성과를 찾는 것이다. 이와 관련해서 도움이 되는 웹사이트의 예시를 부록 3.3의 인터넷 자료표에서 확인할 수 있다. IBISWorld, BizMiner, FindTheCompany는 각각가 조사하는 산업 분야의 기업 평균 매출과 수익성에 대한 데이터를 제공한다. ReferenceUSA는 많은 민간 기업에 대한 매출 추정치를 제공하지만, 이 서비스를 구독하는 도서관은 많지 않다이 창업가는 자신이 개발 중인 소셜 미디어 플랫폼을 위한 창업 예산을 짜고 있다. 재무 타당성 분석은 타당성 분석 프로세스에서 중요한 부분이다.

Pressmaster/Shutterstock

(이 출처는 일반적으로 대도시 도서관에서 이용할 수 있다). 비용 측면에서 매우 유용한 웹사이트는 BizStats.com으로, 기업가가 산업 분류별로 회사의 예상 수익을 입력하면(모든 산업에 적용되는 것은 아님) 같은 카테고리에 속한 미국 기업의 평균 수익성과 비용 비율을 보여주는 모의 손익계산서를 받아볼 수 있다. 또한 IBISWorld는 일반적으로 해당 산업에 속한 기업의 임금, 임대료, 사무실 및 관리비, 유틸리티와 같은 주요 항목에 대한 평균 비용(매출 대비 비율)을 차트로 제공한다. 회사의 매출과 순이익을 추정하는 데 도움이 되는 또 다른 출처는 BizMiner(www.bizminer.com)이다. BizMiner는 해당 산업에 속한 기업의 평균 매출과 수익성을 인쇄물로 제공하며 유사한 보고서보다 더 자세한 정보를 제공한다. 이 사이트는 유료이지만 서비스를 구독하는 대학 도서관을 통해 접근하면 무료로 이용할 수 있다.[13]

소규모 기업의 재무 데이터를 얻을 수 있는 다른 방법도 있다. 스타트업 기업가가 창업하려는 비즈니스와 유사한 비즈니스를 발견했는데 그 비즈니스가 직접적인 경쟁자가 아닐 가능성이 높을 경우, 해당 비즈니스의 소유주나 관리자에게 매출 및 수입 데이터를 공유해달라고 요청하는 것은 충분히 가능하다. 사업주나 경영자가 일반적인 정보(예: 연 매출이 300만 달러이고 매출의 약 9%를 순이익으로 남기고 있음)만 알려주겠다고 하더라도 정보가 아무것도 없는 것보다는 확실히 낫다. 간단한 인터넷 검색, ProQuest, LexisNexis Academic 검색도 도움이 된다. 스포츠 의류 산업에 관심이 있다면 '스포츠 의류 산업 매출'과 '스포츠 의류 산업 수익성'을 입력하기만 하면 스포츠 의류 회사의 매출과 수익성을 언급하는 기사로 연결되는 링크가 항상 표시된다.

간단한 관찰과 조사를 통해 유사 비즈니스의 매출 데이터를 얻을 수 있다. 예를 들어, 스무디 가게를 새로 오픈하려는 경우 해당 지역의 유사한 스무디 가게를 이용하는 고객 수와 방문당 평균 구매액을 추정해 예상되는 매출을 추정할 수 있다. 이를 위한 가장 기본적인 방법은 해당 매장을 자주 방문하고 하루 동안 다양한 시간대에 매장을 드나드는 고객의 수를 세는 것이다.

표 3.6 재무 타당성

- 명확하게 정의한 틈새 시장에서 첫 5~7년 동안 안정적이고 빠른 매출 증가
- 높은 비율의 반복 수익—기업이 고객을 확보하면 해당 고객이 반복적인 수익원을 제공한다는 것을 의미함
- 합리적인 수준의 확실성을 가지고 수입과 지출을 예측할 수 있는 능력
- 자금 조달 및 지속적인 성장을 위해 내부적으로 생성된 자금
- 투자자가 자신의 지분을 현금으로 전환할 수 있는 엑시트 기회(예: 인수나 기업 공개)의 여부

제안된 벤처의 전반적인 재무 매력도

제안된 벤처의 재무 매력을 평가하는 데는 여러 가지 다른 요소가 관련되어 있다. 이러한 평가는 주로 방금 설명한 대로 신규 벤처의 예상 매출과 수익률(또는 수익성)을 기반으로 한다. 타당성 분석 단계에서 예상 수익률은 판단의 기준이 된다. 보다 정확한 추정치는 향후 1~3년 동안의 추정 현금흐름표, 손익계산서, 재무상태표(재무 비율과 함께)가 포함된 재무제표(또는 추정 재무제표)를 준비해서 계산할 수 있다. 이 작업은 시간과 상황이 허락한다면 수행할 수 있지만, 일반적으로 신규 벤처 개발의 타당성 분석 단계보다는 사업 계획 단계에서 수행한다.

스타트업의 예상 수익률은 다음 요소와 비교해서 해당 벤처가 재정적으로 실현 가능한지 평가해야 한다.

- 투자한 자본 규모
- 비즈니스를 시작할 때 감수해야 하는 위험
- 투자받은 자금에 대한 기존 대안
- 기업가의 시간과 노력에 대한 기존 대안

겉으로 보기에는 유망해 보이지만 일부 기회는 재정적으로 그만한 가치가 없을 수도 있다. 예를 들어, 한 기업가 그룹이 투자한 자본에 비해 상대적으로 낮은 수익률(예: 약 3%)을 제공하는 자본 집약적이고 위험한 스타트업에 1,000만 달러를 투자하는 것은 경제적으로 합리적이지 않다. 수익률의 적정성은 또한 관련된 개인이 가진 대안에 따라 달라진다. 예를 들어, 연봉 15만 달러의 직장을 그만두고 새로운 회사를 창업하려는 개인은 연봉 5만 달러의 직장을 그만두려는 사람보다 더 높은 수익률을 요구한다.[14]

신규 비즈니스의 전반적인 재무 매력도를 평가하는 데 사용하는 다른 요소는 표 3.6에 나와 있다.

요약하자면 타당성 분석의 중요성은 시장에 출시했다가 빠르게 실패한 제품의 예를 통해 설명할 수 있다. 출시 9개월 만에 시장에서 철수한 가정용 탄산음료 제조기인 Keurig Kold에 초점을 맞춘 이 사례는 '무엇이 잘못됐는가?'에서 확인할 수 있다.

타당성 분석 템플릿

학습목표 6

타당성 분석 템플릿과 기업가가 이 템플릿을 사용하는 것이 중요한 이유를 설명할 수 있다.

부록 3.2에 나와 있는 First Screen은 창업기업이 타당성 분석을 완료하는 데 사용하는 템플릿이다. 타당성 분석이 창업가(또는 창업가 그룹)가 사업 아이디어의 타당성을 파악하기 위한 첫 번째 관문이기 때문에 First Screen이라고 부른다. 이 단계에서 사업 아이디어가 통과되면 다음 단계는

무엇이 잘못됐는가?

Keurig 가정용 탄산음료 머신은 처음부터 얼마나 타당했을까

Keurig Green Mountain은 스페셜티 커피 회사다. 다양한 브랜드의 커피, 핫 코코아, 차, 기타 음료를 부분적으로 공급, 제조, 판매하고 있다. Keurig 커피 머신은 매우 인기가 있다. 커피를 즐겨 마시는 사람은 Green Mountain 캡슐을 구매하고, 캡슐을 슬롯에 넣고 '8oz' 버튼을 누른 다음 커피 추출구 아래에 머그잔을 놓기만 하면 된다.

2015년, Keurig는 가정용 탄산음료 머신을 출시하기로 결정했다. 아이디어는 Keurig 커피 머신과 유사한 탄산음료용 제품을 만드는 것이었다. Keurig Kold(제품명)는 사람들이 집에서 1인분의 탄산음료를 빠르게 만들 수 있게 해주는 제품이다. Keurig는 Keurig Kold에 큰 기대를 걸었다. 심지어 미국 가정의 약 17%가 가지고 있는 것으로 추정되는 자사 커피 메이커를 능가할 수도 있다고 제안하기도 했다.

결과적으로 Keurig Kold는 비참한 실패작이었다. 출시 9개월 만에 시장에서 철수했다. 무엇이 잘못되었을까? 여러 가지가 있겠지만, 가장 중요한 것은 판매하기 전에 타당성 분석을 제대로 수행하지 않았을 것이다. '무엇이 잘못됐는가?'의 원인으로 다음과 같은 사실을 고려해볼 수 있다.

1. 제품이 너무 비쌌다. 이 머신은 369달러에 출시되었다. 이에 비해 집에서 가장 저렴하게 1인분 탄산음료를 만들 수 있는 SodaStream 모델의 가격은 79달러였다. Kold로 만든 탄산음료는 8온스당 약 50센트다. 이에 비해 Coke, Dr. Pepper, Pepsi Cola 등 브랜드 탄산음료 12팩은 일반적으로 Walmart나 다른 할인점에서 약 4.50달러에 구입할 수 있다. 즉 마트에서 구매할 수 있는 탄산음료는 12온스당 37.5센트다.
2. 너무 크고, 시끄럽고, 부피가 크고, 불편했다. Kold가 출시되자마자 구매자들은 너무 커서 공간을 너무 많이 차지한다고 불평했다. 관심이 있다면 Google 이미지로 이동해 Keurig Kold를 검색해서 직접 판단해보라. 소리도 시끄러웠으며, 작동하려면 플러그를 꽂아야 했기 때문에 전기를 쉽게 구할 수 없다면 피크닉에 가져가거나 야외 바비큐에서 사용할 수 없었다.
3. 캡슐은 한 가지 용량만 제공했다. Keurig Kold는 일회용 시럽 캡슐로 8온스짜리 탄산음료 한 잔을 만들었다. 음료의 용량을 늘릴 방법이 없었다. 대부분의 탄산음료 캔은 12온스다. 식당이나 편의점의 탄산수기계는 종종 훨씬 더 큰 용량을 제공한다.
4. 탄산음료 소비가 감소 추세였다. 미국인들이 영양 및 건강상의 이유로 탄산음료 소비를 줄이고 있는 시점에 Kold가 출시되었다.
5. 누가 집에서 탄산음료를 '만드는가'? Keurig Kold는 사람들에게 행동을 바꾸라고 요구했지만 이는 제품의 다른 모든 측면이 완벽하더라도 하기 어려운 일이다. 사람들은 항상 집에서 커피를 만들어왔다. Keurig 커피 머신은 사람들이 이미 해오던 일을 더 편리하고 효율적으로 할 수 있는 방법을 제공한 것이다. 하지만 사람들은 집에서 탄산음료를 만들어본 적이 없었다. Keurig Kold의 도전은 탄산음료 제조기를 만드는 것뿐만 아니라 집에서 탄산음료를 만들 수 있다는 아이디어를 사람들에게 판매하는 것이었다.

Keurig는 대기업이지만 Keurig Kold의 실패는 스타트업과 신생기업에 중요한 교훈을 준다. 즉 기업이 제품이나 비즈니스를 시장에 출시한 후가 아니라 출시하기 전에 타당성 여부를 판단하는 것이 매우 중요하다는 것이다. 그리고 이것은 제품 타당성 분석에만 해당되는 것이 아니다. 이 장에서 논의한 타당성 분석의 네 단계는 모두 중요하고 필수적이다.

비판적 사고를 위한 문제

1. Keurig Kold가 실패한 다섯 가지 원인 중 어떤 것이 가장 피해가 컸다고 생각하는가? 답을 설명해보라.
2. Keurig Kold가 제품을 출시하기 전에 수행했어야 했던 타당성 분석에 대해 설명하라. Keurig가 당신의 의견을 따랐다면 동일한 제품을 생산했을 것이라고 생각하는가? 제품이 어떤 면에서 달라졌을 것이라고 생각하는가?
3. 사람들의 행동을 바꾸는 것이 왜 그렇게 어려운가? 집에서 탄산음료를 만드는 것이 좋은 생각이라고 사람들을 설득하려면 어떻게 해야 할까?
4. 스타트업이 Keurig Kold의 실패로부터 타당성 분석에 대해 배울 수 있는 점이 무엇인지 200자 분량의 에세이를 작성하라.

출처: H. Peterson, "Why Keurig's At-Home Soda Machine Was Always Going to Fail?" Slate.com, available at http://www.slate.com/blogs/business_insider/2016/06/07/keurig_s_kold_an_at_home_soda_machine_was_doomed_to_fail.html (posted June 7, 2016, accessed February 10, 2017); A. Steele, "The One Simple Reason That Keurig Kold Failed: No One Makes Soda at Home," Zacks, https://www.zacks.com/stock/news/219798/the-one-simple-rea-son-that-keurig-kold-failed-no-one-makes-soda-at-home (posted June 7, 2016, accessed February 10, 2017).

사업 계획서를 작성하는 것이다.

First Screen 워크시트를 작성하는 메커니즘은 간단하다. 이 장에서 설명한 타당성 분석의 네 가지 영역을 매핑해 각 영역에서 가장 중요한 사항을 강조하는 것이다. 워크시트의 마지막 부분인 '종합 잠재력'에는 사업 아이디어의 잠재력이나 실현 가능성을 개선하기 위해 수정해야 할 사항을 제안할 수 있는 부분이 포함되어 있다. 예를 들어, 제품을 자체 제조할 계획으로 시작한 비즈니스가 First Screen을 작성하는 과정을 통해 제조 시설을 설립하는 데 필요한 자본금이 너무 높고 손익분기점에 도달하는 데 걸리는 시간이 너무 길다는 사실을 알게 될 수 있다. 따라서 파트 5의 5개 항목 중 2개 항목인 '초기 자본 투자'와 '손익분기점 도달 시간'은 '잠재력 낮음'으로 평가할 수 있다. 하지만 이것이 사업 아이디어의 끝은 아니다. 창업자는 '잠재력을 향상시키기 위한 제안'이라는 열에 "제품을 직접 제조하는 대신 계약 제조나 아웃소싱을 고려할 수 있다"라고 적을 수 있다. First Screen 워크시트의 가치는 이와 같은 문제에 주의를 기울이고 창업자가 대안을 생각하게 만든다는 것이다. 이 특정 제안이 현실적이고 더 나은 진행 방법이라고 판단되는 경우, 수정된 버전의 First Screen에서는 사업 콘셉트가 변화했기 때문에 앞서 언급한 두 가지 요소인 '초기 자본 투자'와 '손익분기점 도달 시간'을 '잠재력 낮음'이 아닌 '잠재력 높음'으로 평가할 수 있다. 타당성 분석 단계에서 사업 아이디어는 항상 유동적이고 변경될 수 있는 것으로 간주해야 한다. 동일한 사업 아이디어에 대해 여러 버전의 First Screen을 작성해도 손실은 거의 없지만, 스타트업이 사업 계획서를 작성하는 도중에 사업 타당성이 없다고 결론을 내리거나 문제를 해결하지 못한 채 실제로 사업을 시작하면 잃을 것이 훨씬 더 많다.

First Screen을 완성하는 데는 약간의 조사와 분석이 필요하지만, 긴 시간이 걸리는 과정은 아니다. 또한 섣부른 판단을 내려서도 안 된다. 이 장 전체에서 강조한 바와 같이, 가정과 추측이 아닌 사실과 양질의 정보에 기반한 분석에서 나온 아이디어가 가장 좋은 아이디어다. 부록 3.3에는 First Screen 분석을 완료하는 데 특히 도움이 될 수 있는 인터넷 자료표가 포함되어 있다. 이러한 자료들은 내용과 분석이 풍부하므로 시간을 내어 사용법을 익히는 것이 좋다.

비즈니스 아이디어의 First Screen을 작성할 때는 완전히 솔직하게 작성하는 것이 중요하다. 모든 항목에 '잠재력 높음'이라는 점수를 줄 수 있는 비즈니스는 없다. 또한 워크시트를 완성한 후에도 아이디어가 타당한지 여부를 판별할 수 있는 확실한 방법은 없다. First Screen은 타당성 분석과 마찬가지로 사업 아이디어의 타당성에 대한 전반적인 인상이나 느낌을 전달하기 위한 것이다. First Screen 워크시트의 사본은 MS Word 및 PDF로 제공된다.

요약 Chapter Summary

1. 타당성 분석은 사업 아이디어가 실행 가능한지 여부를 판단하는 과정이다. 사업 아이디어에 대한 예비 평가로, 아이디어를 추진할 가치가 있는지 여부를 판단하기 위한 목적으로 수행한다. 타당성 분석을 수행하기에 적절한 시기는 새로운 사업 아이디어에 대한 전망을 검토하는 초기 단계이다. 이 분석은 기회 인식은 낮지만 비즈니스 모델과 사업 계획을 개발하기 전에 수행한다.

2. 제품/서비스 타당성 분석은 제안하려는 제품이나 서비스의 전반적인 매력을 평가하는 것이다. 제품/서비스 타당성 분석의 두 가지 구성 요소는 제품의 바람직성과 제품 수요다. 제품 아이디어에 대한 예비 설명인 콘셉트 설명서는 타당성 분석 프로세스의 특정 측면에서 개발해 제안된 제품이나 서비스가 잠재 고객에게 의미가 있는지, 즉각적인 주의가 필요한 치명적인 결함이 있는지 확인하는 것이다. Google

AdWords 및 랜딩 페이지와 같은 온라인 도구를 사용하고 도서관, 인터넷, 현장 조사를 수행하는 것은 기업가가 제품이나 서비스에 대한 수요 가능성을 평가하는 데 사용하는 기법이다.

3. 산업/시장 타당성 분석은 제안하려는 제품이나 서비스에 대한 시장의 전반적인 매력을 평가하는 것이다. 타당성 분석을 위해 비즈니스가 이 영역에서 고려해야 할 두 가지 주요 이슈는 산업 매력도와 목표 시장 매력도이다. 목표 시장은 더 큰 시장 내에서 유사한 니즈를 가진 좁은 고객 그룹을 나타내는 부문이다. 대부분의 스타트업은 적어도 초기에는 광범위한 시장을 공략하는 데 필요한 자원이 부족하다. 대신 더 작은 목표 시장에 집중함으로써 일반적으로 업계 리더와의 정면 경쟁을 피할 수 있으며 특화된 시장에 매우 효과적으로 서비스를 제공하는 데 집중할 수 있다. 매력적인 산업은 오래되었거나 잘 정립된 산업보다는 '젊은' 산업, 제품 수명 주기의 후기 단계보다는 초기 단계에 있는 산업, 고도로 집중된(소수의 대기업이 경쟁을 지배하는) 산업보다는 분산된(다수의 기업이 경쟁하고 있지만 단일 기업이 시장 지배적 위치를 차지하지 않는) 산업 등 새로운 벤처가 선호하는 몇 가지 특성을 가지고 있다.
4. 조직 타당성 분석은 제안된 비즈니스가 성공적으로 사업을 시작하기에 충분한 경영 전문성, 조직 역량, 자원을 보유하고 있는지 판단하기 위해 수행한다. 이 영역에서 고려해야 할 두 가지 주요 이슈는 경영 능력과 자원 충분성이다. 경영 능력은 제안된 벤처의 초기 경영진의 능력을 판단하는 것이 목적이다. 자원 충분성은 제안된 벤처가 비즈니스를 성공적으로 수행할 수 있는 자원을 확보했는지를 판단하는 것이다.
5. 재무 타당성 분석은 사업 아이디어를 실행할 가치가 있는지에 대한 사전 재무 분석이다. 고려해야 할 가장 중요한 부분은 필요한 총 창업 자금, 유사 비즈니스의 재무 성과, 제안된 비즈니스의 전반적인 재무 매력도이다.
6. First Screen은 타당성 분석을 완료하기 위한 템플릿이다. 타당성 분석은 창업가(또는 창업가 그룹)가 사업 아이디어의 타당성을 판단하기 위한 첫 번째 관문이기 때문에 First Screen이라고 부른다.

주요 용어 Key Term

랜딩 페이지	신생벤처팀	조직 타당성 분석	프로토타입
목표 시장	재무 타당성 분석	콘셉트 설명서	확증 편향
산업	제품/서비스 타당성 분석	콘셉트 테스트	1차 연구
산업/목표 시장 타당성	제품/시장 적합성	타당성 분석	2차 연구

복습 문제 Review Question

1. 제대로 실행된 타당성 분석이 탐색하는 네 가지 영역을 어떻게 설명할 것인가?
2. 제품/서비스 타당성 분석이란 무엇인가?
3. 1차 연구와 2차 연구의 차이점은 무엇인가?
4. 콘셉트 테스트란 무엇인가?
5. 기업가가 분석 중인 제안된 제품이나 서비스에 대한 제품 수요를 평가하는 두 가지 방법은 무엇인가?
6. 제품/서비스 타당성 분석에서 현장 조사란 무엇인가?
7. 산업/목표 시장 타당성 분석이란 무엇인가?
8. 잠재 고객과 직접 대면해서 대화해야 하는 이유는 무엇인가?
9. 산업 타당성 분석의 목적은 무엇이며 고려해야 할 사항은 무엇인가?
10. 대부분의 스타트업이 처음부터 실질적인 수요가 많은 큰 시장보다는 상대적으로 작은 목표 시장에 집중하는 이유는 무엇인가?
11. 한 산업 내 소규모 목표 시장의 매력을 판단하는 방법에는 어떤 것이 있는가?
12. 조직 타당성 분석이란 무엇인가?
13. 조직 타당성 분석을 수행할 때 고려해야 할 두 가지 주요 이슈는 무엇인가?
14. 신생벤처팀이란 무엇인가?
15. 재무 타당성 분석이란 무엇인가?
16. 재무 타당성 분석의 주요 세 가지 구성 요소는 무엇인가?
17. 스타트업이 이미 설립된 유사한 비즈니스와 비교해 잠재적

인 재무 성과를 추정하는 데 사용할 수 있는 기법에는 어떤 것이 있는가?

18. 스타트업이 성공하기 위해 필수적인 비재무적 자원은 무엇인가?

19. 타당성 분석 템플릿을 First Screen이라고 부르는 이유는 무엇이며, 분석의 마지막 부분에는 무엇이 포함되는가?

응용 문제 Application Question

1. 당신의 친구인 Jackson Reed가 방금 흥미로운 이야기를 들려주었다. Jackson은 주말 동안 부모님 집에 있었는데 그곳에서 아버지가 Jackson이 이번 학기에 수강하는 수업 중 하나에서 사용하는 기업가정신 교재를 보았다. 그는 책을 훑어보며 타당성 분석에 관한 장을 공부하는 데 시간을 보냈다. 그런 다음 Jackson에게 "네가 어렸을 때 나는 세 개의 성공적인 비즈니스를 시작하고 판매했지만 타당성 분석을 한 번도 완료하지 않았어. 이 글을 쓴 사람이라면 뭐라고 말할 것 같니?"라고 물었다. Jackson이 아버지의 질문에 어떻게 답변하는 것이 좋겠는가?

2. 최근 기업가정신 수업에서 Steven Milton은 제품/서비스 타당성 분석을 수행하라는 과제를 받았다. 그는 캠퍼스에 있는 학생들에게 유용할 수 있는 제품이나 서비스를 제안해야 하며, 분석에는 전반적인 매력에 대한 평가가 포함되어야 한다. Steven은 분석에 '제품/서비스가 합당한가? 문제를 해결하거나 시장의 격차를 메울 수 있는가? 지금 이 제품/서비스를 소개하기에 좋은 시기인가? 결함은 없는가?'와 같은 질문을 포함시켜 제품의 매력을 판단해야 한다. Steven의 친구로서 그가 의도한 목표 시장에 적합한 제품/서비스를 제안하도록 돕고, 그의 제안을 바탕으로 타당성 분석을 수행하라.

3. 이 장의 앞부분에서 제시한 대로, 만약 당신이 New Venture Fitness Drinks의 콘셉트 설명서를 받은 사람 중 한 명이라면, 제품 아이디어의 타당성에 대해 회사에 어떤 피드백을 주었겠는가?

4. 홈 보안 업계에서 상당한 경험을 쌓은 Linda Toombs는 시중의 다른 제품보다 우수할 것으로 생각되는 새로운 홈 보안 경보기를 출시할 계획을 세우고 있다. Linda는 콘셉트 설명서를 개발하고 구매 의향 조사를 실시하는 방법을 알고 있지만, 제품 수요를 평가하는 데 도움이 될 수 있는 도서관 및 인터넷 조사에 대해서는 잘 모른다. 만약 Linda가 당신에게 조언을 구한다면, 성공적인 도서관 및 인터넷 검색을 수행하는 방법에 대해 어떤 조언을 해줄 것인가?

5. Marie Finn은 가정 청소 서비스 사업을 시작할 계획이다. Marie가 새로운 사업을 위해 수행해야 할 시장 타당성 분석의 잠재적 방법을 나열해보라.

6. 만약 당신이 기타, 드럼, 그 외 다른 종류의 악기를 판매하기 위해 재학 중인 대학 근처에서 악기 상점을 여는 데 관심이 있다면, 사업 아이디어의 산업/목표 시장 타당성에 대한 2차 조사를 하기 위해 어떤 온라인 자료를 활용하겠는가?

7. 당신은 근처 슈퍼마켓에서 전 직장 동료인 Allen Smith를 우연히 만났다. 당신이 말을 걸자 그는 곧 시작할 사업에 대해 열정적으로 이야기했다. 그는 당신의 동네에 피트니스 센터를 열 계획이다. 그런데 대화를 나누는 동안 그가 적절한 재무 타당성 분석에 대해 언급하지 않은 것을 발견했다. 그는 특히 재정적인 문제에 대해 제대로 된 계획 없이 맹목적으로 앞만 보고 달려가는 것 같았다. 친구로서 그가 이 분석을 완료할 때 고려해야 할 가장 중요한 재정 문제에 대해 조언하라.

8. 만약 당신이 체구가 작은 여성을 위한 스포츠 의류를 판매하기 위해 개발한 웹사이트를 출시할 가능성을 고려하고 있다면 웹사이트의 사용성과 관련해서 피드백을 수집하기 위해 취할 수 있는 구체적인 조치에는 어떤 것이 있는가?

9. 제안된 새로운 벤처의 전반적인 재무 매력도가 좋지 않다는 것을 시사하는 위험 신호에는 어떤 것이 있는가? 제안된 벤처가 현실적으로 타당성이 없음을 시사하는 위험 신호에는 어떤 것이 있는가?

10. 한 작은 레스토랑의 주인이 추가 테이블 예약을 유도하기 위해 새로운 아이디어를 찾고 있다. 그녀는 레스토랑 웹사이트에 몇 가지 기본 카피와 방문자가 이메일 주소를 입력할 수 있는 링크가 포함된 랜딩 페이지를 만들었다. 이메일을 보낸 모든 사람에게 메뉴 사본과 주인의 휴대폰 번호가 전송되어 예약이 이루어진다. 한 달이 지난 지금, 349명의 고객이 이메일 주소를 입력했고 63건의 예약을 받았다. 그녀는 적은 노력과 비용으로 얻은 반응에 매우 만족하고 있다. 잠재 고객에 대한 노출을 늘리려면 어떻게 해야 하는가?

You Be the VC 3.1

회사명: Eat Clean ME

• Web: eatcleanme.com • Facebook: Eat Clean ME

사업 아이디어: 한 도시의 건강식 선택지들을 하나의 앱에 모으고 음식을 고객의 집과 사무실로 배달하는 맞춤형 웰빙 및 건강식 주문 플랫폼 개발

개요: 중동 소비자들 사이에서 건강과 체력을 유지하는 것은 점점 더 큰 관심사이며 떠오르는 트렌드이다. 건강과 피트니스에 관심이 많은 오늘날의 소비자들은 음식과 그 영양학적 가치를 검토하는 데 많은 시간을 할애한다. 그러나 오늘날 많은 사람이 바쁜 생활을 영위하는 것을 고려할 때 좋은 식습관을 개발하고 유지하기는 쉽지 않다. 건강한 식단을 구성하는 데는 시간이 많이 소요될 뿐만 아니라 장보기, 준비, 보관, 청소 등 많은 노력이 필요하기 때문이다. 유제품, 설탕, 글루텐이 함유되지 않은 저칼로리 메뉴를 찾는 것도 쉽지 않은 일이기 때문에 외식을 통해 건강한 식사를 하는 것도 시간이 많이 소요될 수 있다.

그렇다면 소비자의 집 앞까지 다양한 건강식 옵션을 제공하는 앱 기반 플랫폼은 어떨까? Eat Clean ME(중동)는 아랍에미리트 두바이 시민에게 편리함과 건강한 식생활을 함께 제공하는 앱 기반 플랫폼이다. 두바이에는 젊고 가처분 소득이 높으며 건강과 피트니스에 관심이 많은 외국인 근로자가 많이 거주하고 있다. 현지 주민 또한 피트니스 정보에 밝고 피트니스에 대한 글로벌 가치를 더 많이 받아들이려는 열망을 가지고 있다.

Eat Clean ME는 도시 전역에 500개 이상의 건강식 메뉴 옵션을 제공하며 식단 및 영양 선호도를 지정함으로써 사용자가 맞춤 설정할 수 있다. 이 앱은 사용자의 위치를 물어보고 주변 지역에서 이용할 수 있는 건강식을 나열한다. 메뉴 옵션에는 가격, 결제 옵션, 예상 배달 시간과 함께 칼로리, 단백질, 탄수화물, 지방 함량과 같은 영양 수치에 대한 설명도 있다. 또한 사용자에게 현금이나 카드로 결제할 수 있는 옵션을 제공해 현지 관행대로 결제할 수 있다. 이 앱은 고객의 문의를 처리하고 음식 배달을 추적할 수 있는 콜센터를 지원한다. 또한 Eat Clean ME는 유용한 영양 정보가 포함된 건강 핸드북을 소비자에게 제공해 다이어트와 영양에 대한 인식을 높이고 있다. 또한 이 플랫폼에는 영양사가 좋은 식습관과 건강한 생활 방식을 따르는 방법에 대한 조언과 정보를 제공하는 블로그도 있다. Eat Clean ME는 자신이 먹는 음식에 대해 더 많은 정보를 얻고, 음식 선택을 통제하고, 사무실이나 집에서 주문하고, 음식을 배달받고, 다양한 제품 중에서 선택할 수 있는 매력적인 기능을 제공하고 있다.[15]

- 이 장에서 다룬 자료를 바탕으로, 투자를 결정하기 전에 회사 설립자에게 어떤 질문을 할 것인가? 어떤 대답이 여러분을 만족시킬까?
- 개요와 회사 웹사이트에 제공된 정보만 보고 투자 결정을 내려야 한다면 이 회사에 투자하겠는가? 왜 그러한가? 혹은 왜 그렇지 않은가?

You Be the VC 3.2

회사명: CADI Scientific—SmartSense

• Web: www.cadi.com.sg • Facebook: CADI Scientific • Twitter: @cadismartsense

사업 아이디어: 최초의 무선 환자 모니터링 시스템을 생산 및 판매해 중요한 의료 데이터를 지속적으로 측정하고 해당 정보를 의료진에게 전송함으로써 환자 치료를 개선하기

개요: 아픈 환자를 모니터링하는 것은 섬세한 균형이 필요하다. 환자는 회복을 위해 중단 없는 수면이 필요하지만, 의료진은 체온과 혈압과 같은 활력 징후를 정기적으로 확인해야 한다. 환자의 수면을 방해하지 않는 것과 환자의 징후를 정기적으로 확인하는 것은 서로 상충하는 부분이다.

네 명의 기업가 겸 과학자들이 SmartSense라는 무선 기기를 개발해 싱가포르, 방콕, 타이베이, 중동 지역의 병원에서 사용하고 있다. 1.2인치 너비의 이 장치는 환자의 신체에 테이프로 부착해서 활력 징후를 지속적으로 측정한다. 그런 다음 무선 주파수 기술로 천장에 장착한 송신기를 통해 간호사실 컴퓨터로 데이터를 무선으로 전송한다.

이 아이디어의 영감은 CADI Scientific의 설립자인 Zenton Goh와 아픈 자녀가 있는 동료가 커피를 마시며 나눈 대화에서 나왔는데, 동료와 그의 아내는 밤새 2시간마다 아기의 체온을 재기 위해 아기를 깨웠다고 말했다. 그 후 Goh는 부모와 아이가 방해받지 않고 수면을 즐길 수 있도록 아기의 체온을 모니터링하는 자동 무선 감지 시스템을 생각해냈다. 이 아이디어가 SmartSense로 발전했다.

이제 간호사는 몇 시간마다 체온과 혈압을 수동으로 확인해야 하는 수고를 덜 수 있고 환자는 중단 없는 휴식을 취할 수 있다. 또한 SmartSense는 확인 과정에서 발생할 수 있는 인적 오류의 가능성을 줄여준다. 의사는 Wi-Fi를 지원하는 디지털 어시스턴트나 병원 내 어디에서나 PC를 통해 이동 중에도 데이터를 확인할 수 있다.

혼잡한 병동에 이 시스템을 도입하는 것의 또 다른 장점은 동시에 열이 나는 환자군을 빠르게 발견하기가 매우 쉬워진다는 점이다. 병원 내 감염 발생률이 증가함에 따라 이는 점점 더 중요한 조기 경고 신호가 되고 있다. 이후 적외선 귀 및 이마 체온계와 같은 소비자 버전의 SmartSense를 생산해서 사람들이 집에서 체온과 혈압을 모니터링할 수 있게 되었다.

- 이 장에서 다룬 자료를 바탕으로, 투자를 결정하기 전에 회사 설립자에게 어떤 질문을 할 것인가? 어떤 대답이 여러분을 만족시킬까?
- 개요와 회사 웹사이트에 제공된 정보만 보고 투자 결정을 내려야 한다면 이 회사에 투자하겠는가? 왜 그러한가? 혹은 왜 그렇지 않은가?

사례 3.1 CASE

'빌린 것'—어떻게 타당성 분석이 오늘날의 Rent the Runway 비즈니스를 형성했는가

• Web: www.renttherunway.com • Facebook: RentTheRunway • Twitter: @RenttheRunway

Bruce R. Barringer(오클라호마주립대학교)
R. Duane Ireland(텍사스A&M대학교)

소개

2007년, Jennifer Hyman과 Jennifer Fleiss는 하버드 비즈니스스쿨에서 만났다. 같은 그룹에 속해 있던 두 사람은 금세 친구가 되었다. 두 사람 모두 기업가정신에 관심이 많았고 점심 식사를 함께하며 사업 아이디어에 대해 자주 이야기를 나누었다. 하버드에 오기 전 Hyman은 스타우드 호텔에서 근무하던 중 내부에서 사업을 시작할 수 있는 기회를 얻어 회사를 설립했다. 그녀는 웨딩 사업을 시작하고 허니문을 위한 첫 결혼 선물 등록 시스템을 출시했다. 그녀는 사람들이 결혼이 점점 늦어지기 때문에 더 이상 결혼 선물로 도자기 식기, 냄비, 프라이팬이 필요하지 않다고 생각했다. 그렇다면 결혼식 하객들이 신혼여행에 도움을 줄 수 있게 하면 어떨까? Fleiss는 Morgan Stanley와 Lehman Brothers에서 내부 전략 컨설턴트로 일했던 전력이 있으며 대학 지원자를 위한 에세이 첨삭 서비스도 설립한 바 있다.

Rent the Runway에 대한 아이디어는 Hyman과 Fleiss가 하버드대학교 2학년이던 2008년 11월에 시작되었다. 뉴욕 집으로 돌아가는 길에 Hyman은 언니 Becky를 방문했다. Bloomingdales의 바이어로 연간 6만 달러 정도의 수입을 올리고 있던 Becky는 결혼식에 입을 2,000달러짜리 Marchesa 레드 드레스를 막 구입한 상태였다. Hyman은 디자이너 옷들로 가득 찬 Becky의 옷장을 들여다보고 있었다. 그리고 그냥 가지고 있는 옷 중에서 입는 게 어떻겠냐며 언니를 놀리기 시작했다. Becky는 그 드레스들은 이미 입고 나간 것들이라고 했다. 그녀는 그 드레스들을 입고 사진을 찍었고, 그 사진들은 Facebook에 올라와 있었다. 그래서 결혼식을 위해 새로운 것이 필요하다고 느꼈다. Hyman은 Becky와 같은 여성들이 특별한 날을 위해 옷을 사지 않고 빌릴 수 있다면 어떨까 생각했다. 나중에 Hyman은 평균적으로 여성들이 1년에 28번 정도 특별한 날에 특별한 옷을 입는다는 사실을 알게 되었다. 결혼식, 새해 전야 파티, 데이트, 여학생 클럽 파티, 취업 면접, 동창회, 졸업식 등이 여기에 포함된다.

주말여행을 마치고 보스턴에 돌아온 Hyman은 Fleiss와 점심을 먹으며 자신의 아이디어에 대해 이야기했다. Fleiss는 아이디어가 재미있을 것 같다고 말했고, 두 사람은 이야기한 것에 대해 브레인스토밍을 시작했다. 아이디어가 타당성이 있는지 알아보기 위해 두 사람은 공급자 측면(디자이너 드레스 공급자)과 소비자 측면(드레스를 대여하는 여성) 모두를 검증할 필요가 있다고 생각했다.

타당성 분석

디자이너 두 사람은 여성 디자이너 의류의 디자이너인 공급자 측부터 시작하기로 결정했다. 공급자 측의 디자이너 중 한 명인 유명 패션 디자이너 Diane von Furstenberg에게 대화를 제안했다. Hyman은 Diane에게 자신이 하버드에 재학 중이며 사업 아이디어가 있는데 피드백을 받고 싶다는 요청을 이메일로 보냈다. Hyman은 다음 날 만나자는 28포인트 핫핑크 버블 글꼴로 작성된 답장을 받았다. Hyman과 Fleiss는 미팅을 위해 뉴욕으로 향했다. Rent the Runway의 원래 아이디어는 최종적으로 도달한 아이디어와는 조금 달랐다. 초기 아이디어는 Hyman과 Fleiss가 재고를 직접 소유하는 대신 유명 디자이너의 기존 재고를 소매가의 10%에 대여할 수 있는 플랫폼을 만드는 것이었다. 여성들에게 "가격의 10%만 내면 디자이너 옷을 빌릴 수 있는데 왜 구매합니까?"라는 메시지를 전달하려 했다. von Furstenberg는 이 아이디어를 싫어했다. 자신의 브랜드를 망치고 소매 매출을 잠식할 수 있다고 생각했기 때문이다. 하지만 그녀는 흔쾌히 두 젊은 여성과 디자이너 의류 산업에 대해 이야기하는 시간을 가졌다. 대화가 끝날 무렵, Hyman과 Fleiss는 이전에는 몰랐던 두 가지 사실을 알게 되었다. 첫째, 디자이너 의류를 구매하는 대부분의 여성은 50~60대라는 사실이다. 젊은 여성들은 비용 문제 그리고 저렴한 가격대에 매력적인 옷을 쉽게 구할 수 있기 때문에 구매를 망설인다. 둘째, 디자이너 패션은 뉴욕, 로스앤젤레스, 샌프란시스코와 같은 주요 대도시에 집중되어 있었다. 소도시와 지방에서는 디자이너가 매장을 유지할 만큼 수요가 충분하지 않았다. 이러한 통찰력의 조합은 Hyman과 Fleiss에게 '깨달음'의 순간을 만들어냈다. 디자이너 패션 업계는 고객 확보에 문제가 있었다. 젊은 여성들에게 시장을 개방하고 업계에 지리적 다양성을 가져올 수 있다면 어떨까? von Furstenberg는 자신의 옷을 젊은 여성들이 좋아할만한 것으로 만들 수 있다면 그들과 함께 일할 수 있을 것이라고 말했다.

2009년 여름 동안 Hyman과 Fleiss는 더 많은 디자이너를 만나 여성들의 비용을 절약해주는 것이 아닌 여성 디자이너 의류 산업에 젊은 여성들을 유인하고 지리적 다양성을 확보할 수 있는 방안으로 이 아이디어를 제안했다. 디자이너들의 동의를 얻는 것이 중요했던 이유는 Hyman과 Fleiss가 사업을 진행하기 위해서는 디자이너들이 필요하다는 것을 알고 있었기 때문이다. 소매점에 가서 재고를 구매할 수는 없었는데, 너무 비싸고 공급을 통제할 수 없었기 때문이다. 대신 그들은 도매로 구매한 뒤 디자이너와 구매한 것을 엄선하는 작업을 할 필요가 있었다. 수많은 회의에서 디자이너들이 von Furstenberg와 같은 우려를 표명하면서 난항을 겪었다. 그러나 그들은 진전을 이루기 시작했고, 몇몇 디자이너는 Hyman과 Fleiss가 사업을 시작하면 함께하기로 동의했다.

Megan Betteridge/Shutterstock

Rent the Runway는 다양한 행사에 어울리는 스타일리시한 드레스와 액세서리를 대여한다. 이 회사는 이 여성이 입고 있는 것과 같은 다양한 종류의 블랙 타이 드레스를 보유하고 있다.

Rent the Runway를 출시한 후에도 Hyman과 Fleiss는 여전히 설득해야 할 일이 많았다. 많은 유명 디자이너가 여전히 참여하지 않았기 때문이다. 그래서 그들은 드레스 대여 서비스를 시작하면서 웹사이트에 Rent the Runway 의상을 입고 행사장에서 찍은 사진을 업로드할 수 있는 공간을 마련했다. 고객 4명 중 1명이 사진을 올렸다. 그렇게 해서 젊은 여성들이 자신의 삶을 축하하는 수만 장의 사진이 쌓이기 시작했다. Hyman은 나중에 인터뷰에서 디자이너들이 Rent the Runway와 함께 작업하는 것을 편안하게 느끼도록 하는 데 사진이 결정적인 역할을 했다고 말했다. 디자이너들은 이 서비스가 어떤 고객층에게 어필할 수 있는지 직접 확인할 수 있었다.

고객 디자이너와 회의를 마친 다음 단계는 고객에게 아이디어를 검증하는 것이었다. 그들은 세 가지 테스트를 진행했는데, 첫 번째 테스트는 하버드에서 실시했다. 100벌의 드레스를 구입하고 50벌을 추가로 빌렸다. Hyman과 Fleiss는 구입한 드레스 대부분이 본인들 사이즈였기 때문에 사업이 잘 안 되더라도 최소한 환상적인 옷장을 가지게 될 것이라고 농담처럼 말했다. 그들은 여성들이 드레스를 대여할 수 있는 팝업 스토어를 열었다. 그리고 완성된 비즈니스의 모습을 시뮬레이션하기 위해 여성들에게 우편으로 드레스를 반납할 수 있는 봉투를 제공했다.

그들은 여성들에게 드레스를 입어보게 했다. "여성들이 드레스를 빌릴까?" "어떤 디자이너의 드레스를 빌릴까?" "얼마를 지불할까?" "어떤 경우에 대여할까?" "드레스를 우편으로 반납할 수 있을까?" "대여한 드레스는 망가진 채로 돌아올까?"와 같은 몇 가지 질문에 답을 찾기 위한 아이디어였다. 그들은 테스트를 통해 각 질문에 대한 통찰력을 얻었다. 또한 두 번째 '깨달음'의 순간도 있었다. 그들은 드레스를 입기 전후의 여성들을 관찰했다. 특히 Tory Burch 드레스를 입어본 한 여성이 눈에 띄었다. 그녀는 드레스를 입은 후 태도가 완전히 바뀌었다. 더 열정과 자신감이 넘쳐 보였다. Hyman과 Fleiss는 '이것이 우리 사업이다. 우리는 옷만 빌려주는 것이 아니다. 우리는 젊은 여성들에게 자신감과 결단력을 심어준다'라고 생각했다. 이 경험을 통해 Hyman과 Fleiss는 자신들의 포지셔닝에 대해 다시 한 번 생각하게 되었다. Rent the Runway는 단순히 여성들의 돈을 절약해주는 것이 아니다. 여성들에게 패션으로 멋진 순간을 선사하는 것이다.

두 번째 테스트는 예일대학교에서 진행했다. 테스트 기간 동안 여성들은 드레스를 구경할 수는 있었지만 입어볼 수는 없었다. 약 75%가 대여되었다. 세 번째 테스트에서 Hyman과 Fleiss는 1,000~2,000명의 친구, 가족, 지인에게 PDF 파일을 보냈다. 여성들은 드레스 사진을 볼 수는 있었지만 실물을 직접 보거나 입어볼 수는 없었다. 대여한 비율은 훨씬 적었지만 반응은 매우 뜨거웠고 이에 Hyman과 Fleiss는 용기를 얻었다.

Rent the Runway가 비즈니스가 되다

2009년 11월 9일, Rent the Runway는 이커머스 회사로 출범했다. Hyman과 Fleiss는 초기 재고 및 창업 비용으로 200만 달러 미만의 시드 라운드를 모금할 수 있었다. 처음에 이 사이트는 초대 전용 웹사이트였다. 회원 가입은 무료였지만 초대를 받거나 친구의 추천을 받아야만 가입할 수 있었다. 2주 만에 Rent the Runway는 10만 명의 회원을 확보했다. 이렇게 빠르게 많은 회원을 확보할 수 있었던 비결에는 세 가지가 있었다. 첫째, Hyman과 Fleiss는 타당성 분석 프로세스를 통해 많은 디자이너와 여성 디자이너 패션 업계 관계자들과 이야기를 나누며 입소문을 만들었다. 둘째, 친구, 가족, 친구의 친구, 기타 생각할 수 있는 모든 사람을 포함해 4만 명의 이메일 목록을 만들었다. Rent the Runway를 시작하자마자 이들에게 이메일을 보내 참여를 권유했다. 또한 이들에게 친구를 초대해달라고 요청했다. 셋째, 그들은 엄청난 행운을 얻었다. 출시 당일 《New York Times》 비즈니스 섹션 1면에 소개된 것이다. 네트워크에 있는 누군가가 신문사에 추천했고, 신문사에서 기사를 게재한 것이었다. 그 후 더 많은 홍보가 이어지면서 탄력을 받게 되었다.

Rent the Runway는 현재와 거의 동일한 방식으로 시작했지만 더 이상 초대를 받지 않아도 회원으로 가입할 수 있다. 고객은 Rent the Runway의 디자이너 드레스 중 하나를 소매가의 10%에 대여할 수 있다. 각 드레스에는 몸에 딱 맞는 사이즈를 보장하기 위해 추가 비용 없이 예비 사이즈가 포함되어 있다. 사이즈, 색상, 카테고리, 행사, 심지어 연령대별로도 드레스를 필터링할 수 있다.

고객은 더 적은 비용으로 두 번째 드레스를 주문할 수 있다. Rent the Runway는 고객에게 선불로 드레스를 반납할 수 있는 사전 배송 패키지를 제공한다. 대여 가격에는 드라이클리닝 및 재입고 비용이 포함되어 있다.

고객 '경청'

Rent the Runway는 출시 이후에도 경청과 테스트를 멈추지 않았다. 초창기에는 고객 피드백과 포커스 그룹에 집중해 프로세스와 서비스 개선에 주력했다. 이러한 접근 방식은 지속적인 관행이 되었다. 예를 들어, 이 회사는 고객 서비스 담당자를 '고객 인사이트 팀'이라고 부른다. 이 고객 인사이트 팀은 고객과 소통하면서 특정 드레스가 어떻게 어울리는지, 특정 의류에 가장 적합한 액세서리는 무엇인지에 대한 질문뿐만 아니라 회사가 비즈니스 모델을 어떻게 혁신해야 하는지에 대한 인사이트도 수집한다. 예를 들어, 고객 인사이트 팀은 "이 드레스에 어떤 목걸이가 가장 잘 어울릴까요?" 또는 "이 아이템에 어떤 귀걸이가 어울릴까요?"와 같은 액세서리에 대한 질문을 초기에 너무 많이 받아 예상보다 훨씬 일찍 사이트에서 액세서리 대여를 시작했다.

배운 교훈

Rent the Runway 출시 이후 Hyman과 Fleiss는 많은 인터뷰를 했으며, 이 사례에 대한 많은 정보를 여기서 얻었다. 그들은 자신들의 경험을 통해 얻은 서너 가지 교훈에 대해 자주 이야기한다. 첫째, 두 사람은 서로의 보완적인 강점이 비즈니스에 도움이 되었다고 생각한다. Hyman은 창의적이고 비전을 제시하는 사람이고, Fleiss는 실행하는 사람이다. 친구 사이였지만 우연히 서로를 선택한 것은 아니었다. 두 사람은 대학에서 여러 수업을 함께 들으면서 서로의 업무 습관과 사례 질문에 대한 답변 방식 그리고 어떻게 가치를 더 창출하는지 관찰할 기회가 있었다. 둘째, 이들은 패션 업계 경험이 없다고 해서 비즈니스에 손해가 된다고 생각하지 않는다. 오히려 경험이 없었기 때문에 새로운 시각으로 업계를 바라볼 수 있었다고 믿는다. 마지막으로, 이들은 아이디어를 시도하기 전에 테스트하고 검증하는 것을 중요하게 생각한다. Fleiss가 말한 내용을 살펴보면 Hyman과 Fleiss가 출시 전에 Rent the Runway를 검토한 방식과 현재 회사를 운영하는 방식은 이러한 정서와 완전히 일치한다.

Jennifer Fleiss의 타당성 분석

"많은 기업가가 저지르는 큰 실수 중 하나가 자신의 콘셉트에 대한 정보를 다른 사람들과 공유하기를 주저하는 것이다. Jenn(Hyman)과 나는 정반대로 했다. 가능한 한 많은 디자이너, 여성, 투자자와 아이디어를 공유하고 그들의 피드백을 활용해 원래 아이디어를 수정했다."

−Inc., "내가 받은 최고의 조언: Jennifer Fleiss," 2012년 9월 10일.

앞으로의 기회

Rent the Runway의 원래 비전의 본질은 그대로 유지되었지만, 회사는 몇 가지 변화를 겪었다. 현재 이 회사는 뉴욕, 워싱턴 D.C., 시카고, 로스앤젤레스, 라스베이거스 등 여러 곳에 지점을 두고 있으며 이커머스 사업도 함께 진행하고 있다.

2016년 3월에는 한 달에 139달러를 내면 언제든지 Rent the Runway 아이템을 3개씩 대여할 수 있는 무제한 요금제를 출시했다. 고객은 원하는 기간 동안 아이템을 보관하거나 새로운 아이템으로 교체할 수 있다. Rent the Runway는 제품 라인도 확장했다. 이제는 주얼리와 핸드백을 포함한 모든 액세서리 라인을 대여하며 란제리, 타이츠, 보정속옷, 화장품 등 필수품도 판매하고 있다. 2016년 10월 기준으로 600만 명 이상의 회원, 975명의 직원, 400명 이상의 디자이너 파트너가 Rent the Runway와 함께하고 있다.

이 회사는 남성 의류에 진출할 계획이 없으며, 대신 여성 디자이너 의류에 집중하는 것을 선호한다. 2017년 3월, 공동창립자 Jennifer Fleiss가 Rent the Runway의 임원직에서 물러났다. 그녀는 여전히 회사 이사회의 일원으로 남아 있으며 다른 초기 단계의 창업벤처를 준비할 계획이다. 현재 직접 회사를 경영하고 있는 Jennifer Hyman은 궁극적으로 기업 공개(IPO)를 준비하고 있다.

토의 문제

1. Hyman과 Fleiss가 사업을 시작하기 전에 사업 아이디어를 검토한 방법의 목록을 작성하라. Rent the Runway에 대한 초기 아이디어가 나온 후 사업을 시작하기까지 얼마나 걸렸는가? 두 사건 사이의 시간을 통해 Hyman과 Fleiss의 타당성 분석 프로세스에 대해 알 수 있는 것은 무엇인가?
2. Hyman과 Fleiss가 타당성 분석을 수행하지 않았다면 오늘날 Rent the Runway는 얼마나 다른 회사가 되었을까? 이 비즈니스가 지금처럼 성공할 수 있을 것이라고 생각하는가?
3. 이 사례의 '배운 교훈' 부분에서 언급하지 않은 Rent the Runway 이야기의 '시사점'을 두 가지 이상 제시하라.
4. 비즈니스 아이디어를 가진 젊은 기업가들이 Hyman과 Fleiss의 경험에서 무엇을 배울 수 있는가?

출처: Rent the Runway Homepage, www.renttherunway.com (accessed February 8, 2017); N. D'Souza-Wolfe. "Rent-a-Work Wardrobe", *The Wall Street Journal*, May 21, 2016, D2; Girlboss Radio, "Jenn Hyman, Co-Founder & CEO of Rent the Runway", available at https://www.girlboss.com/girlboss/2016/5/31/girlboss-radio-jenn-hyman-co-founder-ceo-rent-the-runway (posted April 14, 2016, accessed February 8, 2016); *Inc.* "Best Advice I Ever Got: Jennifer Fleiss". *Inc.*, September 10, 2012; "Open Q&A about Rent the Runway CEO of Rent the Runway Jennifer Hyman", available at https://www.youtube.com/watch?v=xjmSDeK4_x4 Draper TV (posted June 26, 2015, accessed February 8, 2017); Wikipedia, Rent the Runway (accessed February 8, 2017).

사례 3.2 CASE

Embrace Infant Warmer: 때로는 사업 시작이 생사의 문제가 될 수도 있다

• Web: https://embraceglobal.org • Facebook: Embrace • Twitter: @embracewarmer

Bruce R. Barringer(오클라호마주립대학교)
R. Duane Ireland(텍사스A&M대학교)

소개

스탠퍼드대학교 디자인스쿨의 '극한의 경제성을 위한 디자인' 수업에 등록했을 때만 해도 Rahul Panicker, Jane Chen, Linus Liang은 이 수업이 자신들의 삶을 바꿀 줄은 전혀 몰랐다. 그리고 3년 후, 저체온증으로 생존하지 못하는 인도 시골에서 태어난 미숙아들이 자신들이 디자인한 제품 덕분에 새로운 삶의 기회를 얻게 될 줄은 꿈에도 몰랐다.

'극한의 경제성을 위한 디자인' 수업에는 스탠퍼드 캠퍼스 전체에서 학생들이 모인다. 이 수업의 목표는 현실 세계의 어려운 문제에 대한 솔루션을 개발하는 것이다. Panicker, Chen, Liang이 맡은 프로젝트는 개발도상국에서 사용할 수 있는 저비용 유아 인큐베이터를 개발하는 것이었다. 이 주제는 세 사람이 전혀 모르는 분야였다. 그들은 전기 공학, MBA, 컴퓨터 공학을 전공하는 학생들이었다. 이들은 먼저 간단한 Google 검색을 했다. 그리고 개발도상국에서 매년 1,500만 명의 미숙아 및 저체중아가 태어나며, 그중 300만 명이 생후 28일 이내에 사망한다는 것을 알게 되었다. 이것은 1분에 6명의 아기들이 사망한다는 것을 의미한다. 사망의 가장 주된 원인은 저체온증이다. 미숙아는 체온을 조절할 수 있는 지방이 충분하지 않다. 결과적으로, 그들은 실온에서도 저체온으로 죽을 수 있다. 전 세계 저체중 출생아의 거의 절반이 인도에서 태어난다. 병원에는 미숙아의 생명을 구할 수 있는 열을 지속적으로 공급하는 인큐베이터가 있다. 하지만 인큐베이터는 한 대당 최대 2만 달러에 달하고, 지속적인 전기 공급이 필요하며, 작동하기 어렵다.

분명한 해결책은 인큐베이터 비용을 낮추는 것이었다. 이 팀은 불필요한 부품을 제거하고 더 저렴한 재료를 사용해서 기존 인큐베이터의 비용을 체계적으로 줄일 수 있었다. 이에 그치지 않고 Liang은 개발도상국의 인큐베이터를 연구하기 위해 네팔 여행 경비를 지원받았다. 병원을 방문하던 중 그는 이상한 점을 발견했는데, 많은 인큐베이터가 비어 있는 것이었다. 그리고 그는 슬픈 진실을 알게 되었다. 약 80%의 미숙아가 개발도상국의 시골 마을에서 태어난다는 것이다. 이 아이들은 병원으로 오지 못하거나 인큐베이터에 들어가지 못한다. 병원에 와서 인큐베이터에 들어가더라도 가족이 마을에 돌아가야 해서 아기가 나올 준비가 되기 전에 집으로 데려가는 경우가 많다.

스탠퍼드로 돌아온 팀은 이 통찰력을 어떻게 활용할지 고민했다. 가장 쉬운 방법은 기존의 인큐베이터를 재설계해 더 저렴하게 만드는 것이었다. 하지만 이는 정답이 아니었다. 더 어려운 과제는 미숙아가 태어난 시골 마을에서 미숙아를 살릴 수 있는 솔루션을 찾는 것이었다.

초기 프로토타입

이 팀은 '시골 마을의 의사와 부모가 미숙아를 구하는 데 사용할 수 있는 아기 보온 장치를 어떻게 만들 수 있을까'라는 더 어려운 과제를 해결해야 했다. 팀은 작업에 착수해 독창적인 디자인의 대략적인 프로토타입을 만들기 시작했다. 초기 프로토타입은 낡은 침낭, 아기 인형, 담요를 사용해 만들었다. 디자인은 작은 침낭처럼 생긴 휴대용 유아용 워머였다. 워머는 앞쪽에서 열리므로 엄마가 아기를 수유하고 친밀한 접촉을 유지할 수 있게 해준다. 이 가방에는 왁스와 같은 상변환 물질로 된 파우치가 들어 있어 아기를 정상 체온으로 최대 6시간 동안 따뜻하게 유지해준다. 이 파우치를 따뜻하게 하는 데는 30분 정도의 전기만 필요하기 때문에 전기가 공급되지 않는 지역에서는 매우 이상적이었다. 추가적인 보온을 위해 엄마들에게 최대한 피부를 맞대고 아기를 안아줄 것을 지시했다. 이러한 활동에서 착안해 개발팀은 이 제품을 'Embrace(포옹)'라고 불렀다.

수업이 끝나고 팀은 결정을 내려야 했다. 모두 장래가 촉망되는 유망주들이었다. 결국 팀원들은 떠날 수 없었다. 미숙아들의 생명이 위태로웠기 때문이다. 팀원들은 앞으로 나아갔고, 현재 Embrace Infant Warmer로 알려진 제품을 개발하기 위해 계속 노력했다.

Embrace Infant Warmer

이제 네 번째 스탠퍼드 학생인 Naganand Murty가 합류한 이 팀은 프로토타입을 인도에 가져가 고객 피드백을 요청했다. 이들은 신속한 프로토타입 제작 기술을 사용해 피드백을 반복하고 시골 환경에서 가장 관련성 높고 가치 있는 속성에 집중했다. 그들이 발견한 것 중 일부는 놀라웠으며 캘리포니아에 머물렀다면 결코 알 수 없었을 것이다. 예를 들어, 인도 여성들은 서양 의학이 매우 강력하다고 믿기 때문에 대체로 안전을 위해 서양 의약품을 권장 복용량보다 적게 섭취한다는 것을 알게 되었다. 이러한 지식은 Embrace Infant Warmer의 초기 프로토타입에 영향을 미쳤다. 초기 프로토타입의 경우 엄마들에게 37℃로 온도를 설정하라고 지시했다. 그런데 기기가 약 30℃로 설정되어 있다는 사실을 발견했다. 이 문제를 해결하기 위해 그들은 이상적인 온도를 기기에 사전 프로그래밍하고 'OK'와 'Not OK' 스위치를 넣었다. Chen은 Embrace에 관한 기사를 쓴 Helen Walters에게 Embrace Infant Warmer를 구체화하기 위해 스탠퍼드에 남지 않고 인도로 가기로 결정한 이유에 대해서 이렇게 말한다. "설계와 효과적인 구현에 중요한 뉘앙스가 너무 많고, 현지에서 매일 그 문화와 호흡하지 않으면 이해할 수 없는 뉘앙스도 너무 많다."

잠재 고객과 대화를 나누면서 다른 문제도 제기되었다. 예를 들어, 마을 주민들이 기기 대여 옵션과 같은 다양한 가격 옵션을 원한다는 사실을 알게 되었다. Chen은 《HBR》의 블로그 게시물에서 농촌 마을 주민들의 피드백을 바탕으로 한 변화에 대해 이렇게 말한다. "기업가는 종종 자신의 독창적인 제품 아이디어나 비즈니스 모델에 매몰되어 고객의 목소리에 귀를 기울이지 않는다. 반면에 우리(Embrace 팀을 의미)는 고객의 의견을 반영해서 제품을 수정하는 데 주저함이 없었다. 고객에게 가장 낮은 비용으로 최고의 가치를 제공할 수 있는 솔루션을 찾을 때까지 제품 기능과 가격 책정을 반복해서 검토할 것이다."

추진력 확보

Embrace Infant Warmer의 초기 프로토타입은 성공적이었고, 이를 계기로 개발팀은 계속 작업할 수 있는 용기를 얻었다. 워머의 스트랩부터 전면에 인쇄된 설명서에 이르기까지 디자인의 모든 측면에 마을 어머니들을 참여시키는 추가적인 현장 연구를 진행했다. 인도 시골 가정에서 시간을 보내면서 추가적인 통찰력을 얻을 수 있었다. Chen은 위에서 인용한 인터뷰에서 "시어머니가 의사결정권자인 경우가 많다"라고 말했다. 따라서 Embrace Infant Warmer를 사용하는 과정에 이러한 의사결정권자를 참여시킬 수 있는 방법을 모색하기로 결심했다. 2010년 12월, Embrace는 ABC의 뉴스 프로그램 〈20/20〉의 한 코너에 소개되었다. 이 프로그램에서는 임상 시험에서 Embrace Infant Warmer를 사용한 첫 번째 아이이자 이 기기로 생명을 구한 첫 번째 아이인 인도의 5파운드짜리 여아 Nisha의 사진을 소개했다.

Embrace Infant Warmer는 임상 시험을 마친 후 2011년 4월에 정식으로 출시했다. 최종 디자인을 결정하기까지 60회 이상의 반복 작업을 거쳤다. 모든 제조는 인도 벵갈루루에서 이루어진다. 일부 부품은 아웃소싱을 통해 생산하지만 최종 조립과 품질 테스트는 자체적으로 수행한다. 유통을 보장하기 위해 Embrace는 GE Healthcare와 같은 다국적 의료 기기 기업 및 현지 NGO와 파트너십을 맺고 있다. 새로운 조직 구조도 만들었다. Embrace는 도움이 필요한 사람들에게 아기 워머를 기부하고 교육 프로그램을 운영하는 비영리 부문과 정부 기관 및 개인 병원에 아기 워머를 판매하는 Embrace Innovations라는 영리 부문을 모두 보유하고 있다. 창립자들은 두 가지 접근 방식을 통해 회사의 번영과 성장, 그리고 점점 더 많은 미숙아를 구할 수 있기를 희망한다. 2014년 봄에는 Beyoncé가 12만 5,000달러를 기부했고, 이를 통해 Embrace는 사하라 사막 이남 아프리카의 여러 국가에 진출할 수 있었다. 불과 몇 달 후, Embrace의 공동창업자이자 CEO인 Jen Chen은 백악관에서 열린 메이커 페어(Maker Faire)에 초대를 받아 새로운 제조 혁명의 사례로 Embrace를 기리는 시간을 가졌다.

Little Lotus

2015년 11월, Embrace Innovations는 미국 시장을 겨냥한 유아용품 소매 라인인 Little Lotus(https://littlelotusbaby.com)를 출시했다. Little Lotus 출시 이전에 Embrace와 Embrace Innovations는 주로 인도 정부에 대한 판매에 의존했다. 매출은 감사한 일이지만 정부 계약에 의존하는 것은 지속 가능한 수익 모델이 아니다. Little Lotus는 포대기

Embrace Baby Warmer

와 침낭을 포함한 새로운 유아용품 라인으로, NASA에서 영감을 받은 기술로 아기를 이상적인 체온으로 유지한다. 이 원단은 아기가 너무 따뜻해지면 체온을 흡수하고 아기가 차가워지면 체온을 공급한다. Little Lotus 제품은 기술, 디자인, 예술, 사회적 영향력의 교차로이다. Little Lotus 제품을 사용하면 체온 변화가 적기 때문에 아기들이 하루에 평균 한 시간 더 잠을 잔다고 한다. TOMS와 Warby Parker가 개척한 '원포원' 모델에 따라 Little Lotus 제품 하나를 판매할 때마다 수익금의 일부가 도움이 필요한 엄마들을 위해 Embrace Baby Warmer를 구입하는 데 사용된다. Little Lotus 제품은 미국 및 기타 지역의 아기들에게 따뜻함과 편안함을 제공할 뿐만 아니라 Embrace Innovations와 전체 Embrace의 노력에 새로운 수익원과 추진력을 제공할 것이다.

오늘날의 Embrace

출시 후 약 5년 반이 지난 2016년 말 기준, Embrace Infant Warmer는 10개국에서 15만 명 이상의 아기 생명을 구하는 데 사용되었다. 회사의 목표는 100만 명의 아기의 삶에 영향을 미치는 것이다. Panicker와 Chen이 Embrace를 이끌고 있으며, 그들의 스탠퍼드 동료이자 공동창업자들은 다른 일을 하고 있다. 이 회사는 비공개 기업이며 수익률이 계속 성장 중이고 추가 제품을 시도하기에 충분하다는 것 외에는 재무 정보를 공개하지 않는다. 또한 시골 마을뿐만 아니라 병원과 진료소에서도 Embrace Infant Warmer를 사용하고 있으며, 조산아를 다른 장소로 옮길 때나 전통적인 인큐베이터가 모두 사용 중일 때 사용하고 있다.

Embrace Infant Warmer를 지속적으로 개선하는 것 외에도, Embrace는 영아 사망률을 높이는 다른 요인들을 해결하려는 포부를 가지고 있다. 잠재적으로 치명적인 다른 질환으로는 뇌수막염, 폐렴, 패혈증과 같은 감염, 설사 등이 있다.

2016년 10월에는 스탠퍼드 기술 벤처 프로그램에서 제작하는 우수한 팟캐스트인 eCorner에 Jen Chen이 출연해 Embrace와 Embrace Innovations에 대해 자세히 알아보는 시간을 가졌다. eCorner 팟캐스트는 ecorner.stanford.edu/podcasts에서 확인할 수 있다. 2016년 10월 26일에 녹음한 시즌 12의 에피소드 4를 찾아보라. Chen의 강연 제목은 '창업 여정을 포용하라'이다.

토의 문제

1. Embrace가 서비스를 제공하려는 목표 시장은 무엇이며, 해당 시장은 얼마나 매력적인가?
2. 이 사례에서 등장하는 Embrace 창립자들이 완료한 1차 연구의 예시는 무엇인가?
3. Embrace의 창립자들은 잠재 고객의 피드백을 구하기 위해 어떠한 조치를 취했으며 이러한 노력을 통해 무엇을 배웠는가?
4. Embrace의 재무 타당성 분석을 수행하라는 요청을 받는다면, 이 분석을 완료하기 위해 어떠한 문제를 고려하겠으며 이러한 문제가 중요한 이유는 무엇인가?

출처: Embrace Homepage, www.embraceglobal.com (accessed February 20, 2017); E. Weil, "Caring for Premature Babies, With a Little Help From Beyoncé", *The New York Times*, November 20, 2015; J. Chen, "Embrace the Entrepreneurial Journey," eCorner podcast, available at ecorner.stanford.edu/podcasts (posted October 26, 2016, accessed February 20, 2017); E. Lelon, "The Baby Saving Revolution: Obama and Beyoncé Embrace Founder, Jane Chen (You Will Too)", Huffington Post Blog, available at https://www.huffingtonpost.com/elise-lelon/the-baby-saving-revolution-nonprofit_b_5570683.html (posted July 10, 2014, accessed February 10, 2017); T. Kelley and D. Kelley, *Creative Confidence*, New York: Random House Publishing, 2013.

에세이 문제

1. 산업/목표 시장 분석을 수행할 때, 기업이 목표 시장을 파악하고 평가하는 것이 중요한 이유는 무엇인가? "무엇이 잘못됐는가?"에서 논의한 Keurig Kold에 관한 이야기를 활용해서, ① 목표 시장을 파악했더라면 Kold의 실패를 어떻게 막을 수 있었을지, ② 이 제품의 실현 가능한 목표 시장이 무엇이라고 생각하는지 설명하는 한두 단락 분량의 답변을 작성하라.
2. 이 장에서 조직 타당성 분석의 구성 요소를 설명하는 부분을 다시 읽어보고 'You Be the VC 3.2'에서 소개한 회사인 CADI Scientific에 대한 이해를 바탕으로, 이 벤처가 성공하는 데 기여할 것으로 생각되는 경영 전문성과 신생벤처팀의 유형을 한두 단락 분량으로 설명하라.

부록 3.1 타당성 분석 인터뷰 수행을 위한 팁

따라야 할 일반적인 경험 법칙

- 항상 상대방이 양질의 피드백을 제공할 수 있는지 확인하기 위해 대화 상대방의 자격을 검증해야 한다.
- 답을 알고 있어야 하는 질문은 절대 하지 않아야 한다. 예를 들어, 면접 대상자의 약력을 회사 웹사이트에서 쉽게 찾을 수 있고 학력이 제공되어 있다면 "대학 학위가 있습니까?"라는 질문은 하지 않아야 한다.
- '~하겠습니까?'로 끝나는 질문은 절대 하지 않아야 한다. 예를 들면 "만약 X 문제를 해결하는 제품을 만든다면 사용하시겠습니까?" "X를 해결해주는 제품에 얼마를 지불하시겠습니까?" "12개월 보증을 위해 1,000달러를 추가로 지불하시겠습니까?"와 같은 질문이다. 이러한 질문은 부정확한 데이터를 생성하는 경향이 있는 가상의 질문이다.
- 항상 인터뷰 대본을 준비하되, 인터뷰 대상자가 예상치 못한 방향으로 토론을 진행할 수 있도록 충분한 유연성을 허용해야 한다.
- 듣고 싶지 않은 말을 들을 마음의 준비를 해야 한다. 그렇지 않으면 솔직한 피드백을 구하기보다는 아이디어를 '판매'하려고 하는 자신을 발견하게 될 것이다.
- 개방형 질문을 해야 한다. "24시간 피트니스가 마음에 드십니까?"와 같이 "예" "아니오"로 답하는 질문은 최소화하고, 대신 "피트니스 센터에서 무엇을 찾으시나요?"와 같은 식으로 질문해야 한다.
- 인터뷰가 끝나면 인터뷰 대상자에게 이야기해야 할 다른 사람이 있는지 물어봐야 한다. 이는 추가 면접을 받는 가장 효과적인 방법 중 하나이다.

비효율적인 타당성 분석 인터뷰 질문의 예

- "음악, 맛있는 음식, 좋은 친구들(모두가 좋아하는 것)을 좋아하나요?"
- "하루 중 운동이나 독서할 시간을 충분히 확보하는 것과 같은 문제(모든 사람이 겪는 문제를 언급)가 있으신가요?"
- "체중 감량을 원하시나요, 더 많은 돈을 원하시나요, 더 많은 자유 시간을 원하시나요?"(그렇지 않은 사람이 있을까?)
- "직원들이 더 행복해질 수 있는 HR 교육 프로그램에 비용을 지불하시겠습니까?" 이 질문은 인터뷰 대상자의 직원이 행복하지 않다고 가정하고 있다.
- "비즈니스에서 가장 큰 문제가 무엇인지 말씀해주세요."(사람들이 울분을 토하게 만든다.)
- 유도 질문: 인터뷰 대상자를 논쟁의 한쪽으로 기울게 만드는 질문을 해서는 안 된다. 예를 들어 "우리 의료 시스템이 얼마나 나쁘다고 생각하십니까?"와 같은 질문이 있다. 대신 "우리 의료 시스템에 대한 인상은 어떻습니까?"라고 질문해야 한다.
- 가정을 포함한 질문: "맥주를 즐겨 마시는 곳은 어디인가요?"와 같은 질문은 하지 말아야 한다. 이 질문은 인터뷰 대상자가 맥주를 마신다고 가정한다. 모든 사람이 맥주를 마시는 것은 아니다. 이 질문에 대한 답을 아

는 것이 중요하다면 먼저 "맥주를 마십니까?"라고 묻는 것이 좋다.

효과적인 타당성 분석 인터뷰 질문의 예

- "평소 하루는 어떤가요?"(이 질문은 좋은 워밍업 질문이며 상대방의 주요 불만 사항에 대해 많은 것을 알 수 있다.)
- "(문제 기입)에서 가장 어려운 부분은 무엇인가요?"
- "(문제 기입)을 현재 어떻게 해결하고 계신가요?"
- "사용해본 솔루션 중에서 마음에 들지 않는 것은 무엇인가요?"
- "충족되지 않은 요구 사항은 무엇인가요?"
- "하루 중 가장 힘든 부분은 무엇인가요?"
- "이 문제에 대한 이상적인 해결책은 무엇이라고 생각하시나요?"
- "이 제품에 대해 친구에게 말할 가능성이 얼마나 되나요?"(또는 다른 사람에게 솔루션을 추천하시겠습니까?)
- "왜?" 이 질문은 가장 강력한 질문이므로 자주 물어봐야 한다. 상대방이 답변한 후 '왜'라고 질문하면 더 명확한 답변을 얻을 수 있고 문제의 핵심을 파악할 수 있는 경우가 많다.

부록 3.2 First Screen

파트 1: 사업 아이디어의 강점

각 아이템별로 가장 적합한 대답에 (−1), (0), (+1)점을 부여하라.

	낮은 잠재력(−1)	보통 잠재력(0)	높은 잠재력(+1)
1. 아이디어의 정도 • 환경 트렌드를 활용하는지 • 문제를 해결하는지 • 시장에서 만족되지 않은 니즈를 다루는지	약함	보통	강함
2. 시장 진입의 적시성	적절하지 않음	보통 적절	매우 적절
3. 소비자 또는 최종 사용자에게 '부가가치'를 제공하는 정도	낮음	보통	높음
4. 기존 경쟁 제품에 대한 고객 만족도	매우 만족	보통 만족	그다지 만족하지 않거나 만족함이 공존함
5. 소비자의 기본적인 습관이나 행동을 바꾸도록 요구하는 정도	근본적으로 변경이 필요함	보통의 변경이 필요함	작은 변경이 필요하거나 변경이 필요 없음

파트 2: 산업 관련 이슈

	낮은 잠재력(−1)	보통 잠재력(0)	높은 잠재력(+1)
1. 경쟁자의 수	많음	몇몇	없음
2. 산업 생애 주기 단계	성숙 단계 또는 하강 단계	성장 단계	도입 단계
3. 산업 성장률	낮은 성장 또는 성장 없음	보통 성장	매우 높은 성장
4. 고객 관점에서 산업의 제품 또는 서비스의 중요도	'부정이 공존함'	'긍정적임'	'꼭 소유하고 싶음'
5. 산업의 영업 이익	낮음	보통	높음

파트 3: 목표 시장과 고객 관련 이슈

	낮은 잠재력(−1)	보통 잠재력(0)	높은 잠재력(+1)
1. 제안된 신사업을 위한 목표 시장 규명	규명하기 어려움	규명할 수 있음	규명되어 있음
2. 잠재적 경쟁자들에 대한 '진입 장벽' 생성 가능성	생성할 수 없음	가능하거나 불가능할 수 있음	가능함
3. 고객의 구매력	낮음	보통	높음
4. 새로운 제품이나 서비스를 고객에게 쉽게 알릴 수 있는 정도	낮음	보통	높음
5. 목표 시장의 성장 잠재력	낮음	보통	높음

파트 4: 창업자(또는 창업자들)에 관련된 이슈

	낮은 잠재력(−1)	보통 잠재력(0)	높은 잠재력(+1)
1. 창업자 또는 창업자들의 산업에서의 경험	없음	보통	있음
2. 제안된 신사업의 제품이나 서비스에 관련된 창업자 또는 창업자들의 기술	없음	보통	있음
3. 관련 산업에서 창업자 또는 창업자들의 전문성과 인맥의 범위	없음	보통	넓음
4. 제안된 신사업이 창업자 또는 창업자들의 목표와 포부에 부합하는 정도	약함	보통	강함
5. 새로운 사업을 시작하고 성장시키기 위해 팀을 구성할 수 있는 가능성	낮음	보통	높음

파트 5: 재무 이슈

	낮은 잠재력(−1)	보통 잠재력(0)	높은 잠재력(+1)
1. 초기 자본 투자	높음	보통	낮음
2. 수익 경로의 수(기업이 수익을 창출할 수 있는 경로)	하나	둘 또는 셋	셋 이상
3. 손익분기점 도달 시간	2년 이상	1~2년	1년 이내
4. 유사 사업의 재무 성과	약함	보통	강함
5. 자기 자본이나 내부 자금으로 초기 제품(또는 서비스) 개발 및 초기 창업 비용을 조달할 수 있는 능력	낮음	보통	높음

종합 잠재력

각 파트는 5개의 항목으로 이루어져 있다. 각 파트는 −5~+5까지의 범위로 점수를 매길 수 있다. 이 점수는 참고용이며, 각 파트의 잠재력 높음, 보통, 낮음에 해당하는 점수에 대한 정해진 규칙은 없다. 순위는 개인적인 판단에 따라 결정한다.

점수(−5~+5)	각 부문별 사업 아이디어에 대한 전반적인 잠재력	잠재력을 향상시키기 위한 제안
파트 1: 사업 아이디어의 강점	잠재력 높음 잠재력 보통 잠재력 낮음	
파트 2: 산업 관련 이슈	잠재력 높음 잠재력 보통 잠재력 낮음	
파트 3: 목표 시장과 고객 관련 이슈	잠재력 높음 잠재력 보통 잠재력 낮음	
파트 4: 창업자(또는 창업자들)에 관련된 이슈	잠재력 높음 잠재력 보통 잠재력 낮음	
파트 5: 재무 이슈	잠재력 높음 잠재력 보통 잠재력 낮음	
전반적인 평가	잠재력 높음 잠재력 보통 잠재력 낮음	

요약

전반적인 평가에 대한 근거를 간략하게 요약하라.

부록 3.3 인터넷 자료표

부록 3.1의 First Screen 워크시트를 작성하는 데 도움이 되는 자료

출처	설명	First Screen에서 적용되는 부분	비용/가용성
American Factfinder (https://factfinder.census.gov)	인구 조사 데이터를 쉽게 얻을 수 있는 포털. 데이터를 빠르게 검색하는 한 가지 방법은 특정 지역(도시, 군, 우편번호별)에 대한 'Fact Sheet'를 얻는 것으로, 인구, 중간 가구 소득, 인구통계학적 분류(연령, 성별, 인종), 기타 정보를 제공한다.	파트 3	무료
BizMiner(www.bizminer.com)	산업 통계, 산업별(및 사업 규모별) 추정 재무제표 샘플, 산업별 창업 활동 및 실패율, 기타 이와 유사한 정보를 제공한다. 소규모 개인 기업에 대한 데이터를 제공한다.	파트 2, 3, 5	유료(대부분보다 저렴함). 대개 대학 도서관을 통해 접근할 경우 무료
BizStats(www.bizstats.com)	다양한 소매 카테고리에 대한 다양한 상세 재무 데이터를 제공한다. 이 사이트에서 사용자는 업종별로 기업의 예상 수입을 입력하면 그 대가로 모의 수입 현황을 받아볼 수 있다.	파트 2, 5	무료
City-Data.com (www.city-data.com)	주민 평균 연령, 평균 가구 소득, 거주자의 인종 혼합, 항공사진 등 도시에 대한 자세한 정보가 포함되어 있다.	파트 3	무료
County Business Patterns (http://www.census.gov/programs-surveys/cbp.html)	시, 카운티, 주 수준에서 경쟁업체 수를 포함한 비즈니스 활동을 살펴볼 수 있는 좋은 사이트이다. 예를 들어 특정 우편번호 구역이나 도시에 있는 세탁소(또는 기타 비즈니스)의 수를 찾을 수 있다.	파트 2, 3	무료
Crunchbase (www.crunchbase.com)	투자를 받은 스타트업 창업자의 약력 및 투자 이력을 분석하는 데 유용한 사이트이다.	파트 3, 5	무료
Factiva (https://www.dowjones.com/products/factiva/)	신문, 잡지, 저널, 사진, 라디오 및 텔레비전 대본 등 3만 6,000개 이상의 출처에서 수집한 콘텐츠를 통합하는 강력한 검색 엔진이다.	파트 1, 2, 3, 4, 5	유료. 대개 대학 도서관을 통해 접근할 경우 무료
FedStats (https://fedstats.sites.usa.gov/)	100개 이상의 연방 기관에서 생성한 정보에 쉽게 접근할 수 있다.	파트 1, 2, 3, 4, 5	무료
FindTheCompany (www.findthecompany.com)	미국 내 대부분의 상장 및 비상장 기업에 대한 정보를 제공하는 검색 엔진이다.	파트 2, 3, 5	무료
D&B Hoovers (www.hoovers.com)	회사, 산업, 사람, 제품에 대한 간략한 연혁과 재무 정보를 제공한다. 프리미엄 서비스는 상장 기업에 대한 자세한 재무 정보 및 10-K 보고서에 대한 접근을 제공한다.	파트 2, 3, 5	무료. 유료 기반의 프리미엄 버전을 제공하며, 대학 도서관을 통해 접근할 경우 대개 무료로 이용 가능
IBISWorld(www.ibisworld.com)	산업 통계, 트렌드, 구매자 행동, 예상 수익률 등 수백 개의 산업에 대한 자세한 보고서를 이용할 수 있다.	파트 1, 2, 3, 5	유료. 대개 대학 도서관을 통해 접근할 경우 무료
LexisNexis Academic (www.lexisnexis.com)	여러 가지 유용한 방법으로 검색할 수 있는 상장 및 비상장 기업의 매출 데이터에 접근할 수 있다. 스타트업이 유사한 비즈니스의 재무 성과를 추정하는 데 도움이 된다. '비즈니스' 메뉴의 '회사 재무'에서 확인할 수 있다.	파트 5	유료. 대개 대학 도서관을 통해 접근할 경우 무료

(계속)

출처	설명	First Screen에서 적용되는 부분	비용/가용성
MagPortal.com (www.magportal.com)	온라인 잡지 기사를 찾기 위한 검색 엔진 및 디렉터리이다. 스타트업이 관심 있는 제품/서비스 및 산업에 대한 잡지 기사에 접근할 수 있도록 지원함으로써 도움을 제공한다. 이 정보는 타당성 분석의 모든 영역에서 유용할 수 있다.	파트 1, 2, 3, 4, 5	무료
MakeMyPersona (www.makemypersona.com)	사용자의 이상적인 고객에 대한 일련의 질문에 답변하면 구매자 페르소나를 생성해주는 대화형 웹 기반 도구이다.	파트 3	무료
Mergent Online (www.mergentonline.com)	1만 개 이상의 미국 상장 기업에 대한 손익계산서, 재무상태표, 현금흐름 등의 재무 데이터에 거의 즉시 접근할 수 있다.	파트 2, 5	유료. 대개 대학 도서관을 통해 접근할 경우 무료
Mintel(www.mintel.com)	산업 통계, 트렌드, 구매자 행동, 예상 수익률 등 수백 개의 산업에 대한 자세한 보고서를 이용할 수 있다.	파트 1, 2, 3, 5	유료. 대개 대학 도서관을 통해 접근할 경우 무료
Nielsen MyBestSegments (www.claritas.com)	지역의 인구통계 정보와 생활 습관을 파악할 수 있는 도구를 제공한다.	파트 2, 3	무료
PewResearchCenter (www.pewresearch.org)	경제 상황, 정치적 태도, 소셜 미디어 사용과 같은 실질적인 데이터를 제공해 산업과 목표 시장을 더 잘 이해하는 데 사용할 수 있다.	파트 2, 3	무료
ProQuest (https://proquest.com)	《Wall Street Journal》 및 《New York Times》와 같은 출판물을 검색할 수 있는 매우 강력한 검색 엔진이다. 타당성 분석의 모든 영역에 유용하다.	파트 1, 2, 3, 4, 5	유료. 대개 대학 도서관을 통해 접근할 경우 무료
QuickFacts (https://census.gov/quickfacts)	인구, 중간 가구 소득, 연령별 인구조사 분석 및 기타 인구통계학적 특성 등 인구조사국 데이터에 매우 빠르게 접근할 수 있는 방법이다.	파트 2, 3	무료
ReferenceUSA (www.referenceusa.com)	상장 및 비상장 회사에 대한 연락처 정보, 예상 연간 매출, 신용 평가 점수, 설립 연도, 뉴스, 기타 정보를 제공한다. 다른 유사한 사이트들보다 비상장 회사에 대한 정보가 더 많다. 스타트업이 유사한 사업의 재무 성과를 추정하는 데 도움이 된다.	파트 5	유료. 대개 대학 도서관을 통해 접근할 경우 무료
Salary.com	특정 도시나 우편번호 구역 내에서 직책(예: 컴퓨터 프로그래밍)에 대한 급여 범위를 결정하는 데 유용한 사이트이다.	파트 5	무료
SimilarWeb (www.similarweb.com)	사용자가 모든 URL에 대한 웹사이트 트래픽을 평가할 수 있다. 이 정보는 유사한 비즈니스 아이디어의 매력을 평가하는 데 도움이 될 수 있다.	파트 1	무료
Standard & Poor's NetAdvantage(www.netadvantage.standard-poors.com)	산업 통계, 트렌드, 구매자 행동, 예상 수익률 등 수백 개의 산업에 대한 자세한 보고서를 이용할 수 있다.	파트 1, 2, 3, 5	무료. 유료 기반의 프리미엄 버전을 제공하며, 대학 도서관을 통해 접근할 경우 대개 무료로 이용 가능
ThomasNet (www.thomasnet.com)	소싱 부품, 장비, 원자재, 고객 제조 서비스를 위한 검색 엔진이다. 제품 제조에 드는 비용을 결정하는 데 유용하다.	파트 5	무료
U.S. Small Business Administration(www.sba.com)	대출 가능 여부, 자격, 보조금 출처 등을 설명한다. 사업 아이디어의 재무 타당성을 판단하는 데 도움이 된다.	파트 5	무료
Yahoo! Industry Center (http://biz.yahoo.com/ic)	산업별 디렉터리와 함께 각 산업에 속한 기업 목록, 최신 산업 관련 뉴스, 산업별 상위 기업의 실적 데이터를 제공한다.	파트 2, 3, 5	무료

미주 Endnote

1. J. Mullins, *The New Business Road Test* 4th Edition (London: FT Press, 2013).
2. A. Maurya, *Running Lean* (Sebastopol, CA: O'Reilly Media, Inc., 2012).
3. M. Cooper, "Bootstrapping Lessons from a Startup Disaster," *Inc.,* November 6, 2013.
4. M. Cooper, "Bootstrapping Lessons from a Startup Disaster," *Inc.,* November 6, 2013.
5. V. Onyemah, M. R. Pesquera, and A. Ali, "What Entrepreneurs Get Wrong," *Harvard Business Review*, May 2013.
6. M. Taussig, "Foreignness as both a Global Asset and a Local Liability: How Host Country Idiosyncrasies and Business Activities Matter," *Journal of International Business Studies* 48, no. 4 (2017): 498–522; S. Kiebzak, G. Rafers, and C. E. Tucker, "The Effect of Patent Litigation and Patent Assertion Entities on Entrepreneurial Activity," *Research Policy* 45, no. 1 (2016): 218–231.
7. C. Baert, M. Meuleman, M. Debruyne, and M. Wright, "Portfolio Entrepreneurship and Resource Orchestration," *Strategic Entrepreneurship Journal* 10, no. 4 (2016): 346–370.
8. B. Freed and T. Patterson, "Tom Patterson, Inventor & Founder of Tommy John Show," Got Invention Radio Podcast, https://gotinvention.com/pastshows.php?g=tom+patterson&d= (posted July 15, 2010, accessed March 20, 2014).
9. T. Wang, S. Thornhill, and J. O. DeCastro, "Entrepreneurial Orientation, Legitimation, and New Venture Performance," *Strategic Entrepreneurship Journal* (2017), in press; M. S. Baucus and C. R. Mitteness, "Crowdfunding: Avoiding Ponzi Entrepreneurs When Investing in New Ventures," *Business Horizons* 59, no. 1 (2016): 37–50.
10. Y. Engel, E. van Burg, E. Kleihn, and S. N. Khapova, "Past Career in Future Thinking: How Career Management Practices Shape Entrepreneurial Decision Making," *Strategic Entrepreneurship Journal*, 11, no. 2 (2017): 122–144; R. V. Toft-Kehler, K. Wennberg, and P. H. Kim, "A Little Bit of Knowledge Is a Dangerous Thing: Entrepreneurial Experience and New Venture Management," *Journal of Business Venturing Insights* 6, no. 4 (2016): 36–46.
11. M. Drnovsek, M. S. Cardon, and P. C. Patel, "Direct and Indirect Effects of Passion on Growing Technology Ventures," *Strategic Entrepreneurship Journal* 10, no. 2 (2016): 194–213; G. Kuechle, B. Boulu-Reshef, and S. D. Carr, "Prediction- and Control-Based Strategies in Entrepreneurship: The Role of Information," *Strategic Entrepreneurship Journal* 10, no. 1 (2016): 43–63.
12. D. Thiess, C. Siren, and D. Grichnik, "How Does Heterogeneity in Experience Influence the Performance of Nascent Venture Teams? Insights from the US PSED II Study," *Journal of Business Venturing Insights* 5 no. 2, (2016): 55–62.
13. BizMiner Homepage, www.bizminer.com (accessed February 12, 2017).
14. V. Failla, F. Melillo, and T. Reichestein, "Entrepreneurship and Employment Stability—Job Matching, Labour Market Value, and Personal Commitment," *Journal of Business Venturing* 32, no. 2 (2017): 162–177.
15. Afshan Ahmed, "Dubai's Eat Clean Website Makes Ordering Healthy Food Easier," *The National*, May 15, 2017, https://www.thenational.ae/lifestyle/wellbeing/dubai-s-eat-clean-website-makes-ordering-healthy-food-easier-1.637886; "Eatcleanme.com—Healthy Made Easy," Healthy Life, Happy Mind, September 2018, https://healthylifeandhappymind.com/2017/10/01/eatcleanme-com-healthy-made-easy/amp/.

INDIEU와 친해지기

18Love Music, LLC (dba IndieU)/Photo Credit: Natalie Edell

창업자

Natalie Edell

노스웨스턴대학교 라디오, 텔레비전 및 영화 학사, 2014

Natalie Edell과의 대화

스마트폰 음악 리스트에서 가장 좋아하는 밴드

요즘은 Nora Jones (나를 차분하고 침착하게 만들어준다.)

기업가로서 가장 놀랐던 때

성공이 쉽게 찾아오지 않을 때

첫 창업 경험

고등학교 3학년 때 아티스트 매니지먼트와 음반 계약 체결

가장 좋아하는 스마트폰 앱

Waze. 나는 길 찾기에 서툴다.

기업가로서 가장 큰 고민

올바른 방식으로 자금을 배분하고 있는지, 다음 단계로 나아갈 수 있는 충분한 자금을 확보하고 있는지?

내가 들은 최고의 조언

재미있게 즐겨라! 열정을 가지고 일을 하며 내가 만든 비전을 향해 매일매일 일할 수 있다는 것은 행운이다. 모든 사람에게 그런 기회가 주어지는 것은 아니다.

CHAPTER 4

효과적인 비즈니스 모델 개발

INDIEU

확정된 비즈니스 모델의 실행 및 미래 준비

• Web: www.indieu.com • Facebook: IndieU • Twitter: @indieumusic

만약 당신이 대학생이고 인디 음악을 즐긴다면, Natalie Edell에게 IndieU를 당신의 캠퍼스에 들여오도록 요청하는 것도 좋을 것이다. IndieU는 독립적이고 무명인 음악가들을 대학과 대학생에게 연결해주는 혁신적인 음악 플랫폼이다. 이 플랫폼은 아직 개발 중이지만, IndieU는 웹사이트를 통해 수많은 독립 뮤지션을 소개하고 지역 캠퍼스의 학생들이 콘서트나 개인 파티와 같은 이벤트를 만들어 뮤지션을 예약해서 연주할 수 있도록 할 계획이다. IndieU 계정을 생성하면 학생은 지역 캠퍼스에서 이벤트를 홍보하고 IndieU 플랫폼을 통해 티켓을 판매할 수 있다. 티켓 판매 수익은 IndieU, 밴드, 자선단체, 행사 주최자가 나눠 갖는다.

IndieU의 아이디어가 어디서부터 시작되었는지 묻자, Edell은 꽤 흥미로운 이야기를 했다. 그녀는 여덟 살 때 테니스를 시작했는데, 처음에는 프로 테니스 선수가 되는 것이 큰 꿈이었다. 고등학교 졸업반 시절, 그녀는 Chris Brown과 New Boyz의 콘서트에 다녀왔다. 친구들의 과감한 도전으로 그녀는 New Boyz의 매니저인 Greg Johnson에게 다가가서 New Boyz가 자신의 18번째 생일 파티에서 공연을 할 수 있는지 물어봤다. 많은 설득 끝에 결국 공연이 성사되었지만, 더 중요한 것은 Edell이 그해 여름 Johnson and Genuine Music Group에서 인턴십을 시작하게 되었다는 것이다. 그녀는 매일 Johnson과 함께 일하며 음악 비즈니스 실무에 익숙해지게 되었다. 또한 Organized Noize 및 DJ Khalil과 같은 그래미상을 수상한 프로듀서뿐만 아니라 New Boyz와 함께 작업할 기회도 얻게 되었다. 이 시기에 그녀는 뮤지션과 레이블을 연결해주기 위해 스스로 음악 산업에 뛰어들기 시작했다. 18세에 그녀의 첫 아티스트인 Luke Christopher가 Interscope Records와 계약했다.

이러한 경험을 바탕으로 Edell은 커뮤니케이션을 공부하고 테니스를 치기 위해 노스웨스턴대학교로 진학했다. 그녀는 또한 기업가정신 수업을 들었고 결국 노스웨스턴의 학생 비즈니스 인큐베이터에 가입하게 되었다. 그녀의 원래 사업 아이디어인 '18LoveMusic'은 Interscope Records와 뮤지션 간의 계약 경험에서 비롯된 것이다. 그녀는 뮤지션이 레이블과 계약을 하더라도 성공이 절대적으로 보장되지 않는다는 것을 보았다. 뮤지션들은 여전히 팔로워를 확보해야 했고, 수입을 레이블과 나눠야 했다. 그래서 그녀는 음악가가 의사결정에 더 목소리를 낼 수 있고 팬을 유기적으로 모을 수 있는 독립적인 아티스트 운동을 만들기로 결심했다. 이 아이디어는 여러 번의 수정을 거쳐 최종적으로 IndieU로 형태를 갖추게 되었다. 이 기간 동안 Edell은 아버지 Jeffrey Edell과 아이디어에 대해 의견을 나눴는데, 그는 곧바로 비즈니스 파트너가 되었으며 현재 IndieU의 회장이다.

이후 그녀는 ICM Partners에서 인턴십을 하고 Virgin Records에서 4개월을 보냈다. Virgin에서 Edell은 전 최고 크리에이티브 책임자이자 Virgin Records의 수석 부사장인 Ron Fair 밑에서 일했다. Fair는 아티스와의 회의, 회사 간 마케팅 회의, 작곡가, 프로듀서, 음악가, 에이전트, Virgin Records와 함께 일하고 싶어 하는 다른 사람들과 회의를 하며

학습목표

1. 비즈니스 모델을 설명하고, 그 중요성을 논할 수 있다.
2. 비즈니스 모델의 일반적인 두 가지 유형인 표준 모델과 파괴적 모델을 파악하고 설명할 수 있다.
3. 기업가가 자신의 기업을 위한 비즈니스 모델을 개발하는 데 사용할 수 있는 Barringer/Ireland 비즈니스 모델 템플릿의 구성 요소를 설명할 수 있다.

하루를 보냈다. Edell은 이 회의들에 참석해 음악 산업에 대해 직접 경험할 수 있는 기회를 얻었다.

노스웨스턴대학교를 졸업한 후, Edell은 IndieU에 전념하기 위해 고향인 로스앤젤레스로 돌아왔다. 가장 중요한 일은 효과적인 비즈니스 모델을 개발하는 것이었다. IndieU의 미션은 뮤지션이 팬을 모으는 동시에 대학생들을 지역 음악 현장에 참여하게 만드는 것이다. 이것을 실현하기 위한 첫 번째 핵심은 지역 브랜드 홍보대사로 봉사할 학생을 영입하는 것이다. 지역 브랜드 홍보대사는 봉사자로서 이벤트를 기획하고, IndieU 플랫폼을 위한 글과 비디오 콘텐츠를 만들며, 지역 뮤지션을 찾아 IndieU 웹사이트에 그들의 작품을 게시하도록 장려하고, 캠퍼스에서 IndieU를 홍보하는 등의 활동을 한다. 비록 학생들은 작업에 대한 대가를 받지 않지만, 즐겁게 일할 수 있고 이력서에 기재할 수 있는 좋은 활동이다. IndieU 플랫폼은 회사의 비즈니스 모델 성공의 두 번째 핵심이다. 이 플랫폼을 통해 IndieU 홍보대사 여부와 관계없이 학생은 계정을 만들고 자신의 캠퍼스와 연계할 수 있다. 등록을 마치면 학생은 IndieU 플랫폼을 통해 이벤트를 기획하고 관리할 수 있다. 학생은 또한 자신이 좋아하는 밴드를 팔로우하고, 친구의 음악 취향을 추적하며, 이벤트가 진행될 때 알림을 받고, 재생 목록을 만들고, IndieU 웹사이트에서 수천 곡의 노래를 무료로 스트리밍/다운로드할 수 있다. 라이브 이벤트를 기획하는 학생은 사실상 이벤트를 기획, 조직, 실행하고 수익을 공유하는 학생 기업가가 된다. 그들은 IndieU 플랫폼이 제공하는 서비스의 도움을 받을 것이다. IndieU는 플랫폼을 통해 판매하는 티켓 매출의 일정 부분을 수수료로 받아 수익을 창출한다. IndieU는 또한 최근 학생들에게 지역 음악 현장에 대해 더 많은 정보를 제공하고 전도유망한 음악가와 다가오는 이벤트를 홍보할 수 있는 대화형 디지털 잡지를 출시했다. IndieU 비즈니스 모델의 핵심 철학은 대학생들이 찾는 것은 차트 상위권에 있는 밴드보다 신선하고 독창적인 '새로운' 밴드라는 것이다. 이것이 IndieU의 핵심 역량이자 고유한 가치 제안의 본질이다. 즉 대학생을 새로운 인디 아티스트와 연결하고, 그들에게 신선한 새 음악을 선보이는 잊지 못할 대학 경험을 선사하는 것이다.

IndieU는 현재 펜실베이니아주립대학교, 인디애나대학교, 애리조나주립대학교, 스탠퍼드대학교, 미시간대학교 등을 포함한 20개 대학 캠퍼스에서 선보이고 있다. 추가적으로 400개 이상의 캠퍼스에서도 관심을 보이고 있다. 현재 IndieU 웹사이트에서는 1만 곡 이상의 노래를 제공하고 있으며 더 많은 노래가 추가될 예정이다. IndieU는 현재 자금 조달을 진행 중이며, 자금 조달이 완료되면 비즈니스 모델이 완전히 자리를 잡게 될 것이다.

이 장에서는 비즈니스 모델의 개념을 소개한다. **비즈니스 모델**은 기업이 이해관계자를 위해 가치를 창출, 전달, 확보하는 방법에 대한 기업의 기획 또는 방법이다.[1] 비즈니스 모델은 회사가 장단기적으로 성공할 수 있는 능력의 기초이며, 특히 고객에게 새로운 제품이나 서비스를 처음으로 소개하는 경우에는 그 중요성이 커진다.[2] 예를 들어, Dropbox에는 '프리미엄 비즈니스 모델'이라는 것이 있다. Dropbox는 일정 용량의 저장 공간을 제공하는 무료 계정을 일반 고객에게 제공하며, 더 큰 저장 공간을 가진 프리미엄 계정을 별도로 판매해 수익을 창출한다. Dropbox는 사용자에게 저장 용량에 기반한 월 사용료를 청구할 수 있지만, 이것이 비즈니스 모델은 아니다. 비즈니스 모델은 무료 계정을 통해 사용자에게 서비스를 소개하고, 궁극적으로 더 많은 유료 사용자를 가입시킬 것이라는 믿음을 기반으로 한다.

기업의 비즈니스 모델을 결정하는 적절한 시기는 사업 아이디어의 초기 검증 이후와 고객에게 제품이나 서비스를 제공하기 위해 기업의 운영 세부 사항을 구체화하기 전이다.[3] 이 순서는 그림 4.1에서 설명하고 있으며, 이 책의 전개 순서와 잘 일치한다. 제1장에서는 기업가로서의 결정을 다루었으며, 제2~3장에서는 사업 아이디어의 초기 유효성을 검증하는 것과 관련된다. 이 장에서는 비즈니스 모델을 결정하는 것을 다루며, 제5~15장은 기업의 비즈니스 모델을 구현하고 기업을 성장시키는 데 필요한 주제를 다룬다.

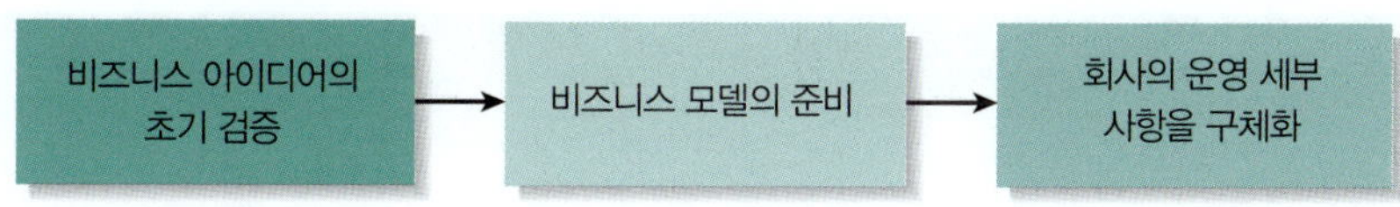

그림 4.1 회사의 비즈니스 모델을 결정하는 적절한 시기

이 장에서는 비즈니스 모델과 그 중요성에 대해 먼저 논의한다. 그런 다음 비즈니스 모델 개발을 위한 템플릿을 소개하고 논의한다. Barringer/Ireland 비즈니스 모델 템플릿이라 불리는 이 템플릿은 기업의 비즈니스 모델을 구성하는 4개의 범주와 12개의 항목으로 구성되어 있다. 이 템플릿은 8.5×11인치 크기의 종이에 작성하거나 더 확대해서 벽에 붙일 수 있으며, 기업가와 다른 사람들이 기업의 비즈니스 모델 요소를 생각하고 표시하는 데 도움이 되는 시각적 도구 역할을 한다.

중요한 요소는 타당성 분석과 마찬가지로 기업의 비즈니스 모델은 독립적으로 완성되어서는 안 된다는 것이다. 기업의 설립자는 기업의 비즈니스 모델을 구체화하는 과정에서 '건물 밖으로 나와' 잠재 고객과 대화를 나누어야 한다.[4] 이것은 우리가 이 장 전체에서 강조하는 효과적인 비즈니스 모델 개발의 한 가지 측면이다.

비즈니스 모델과 중요성

학습목표 1

비즈니스 모델을 설명하고, 그 중요성을 논할 수 있다.

앞서 언급한 바와 같이, 기업의 비즈니스 모델은 이해관계자를 위해 가치를 창출, 전달, 확보하는 방법에 대한 기획 또는 방법이다. Barringer/Ireland 비즈니스 모델 템플릿인 그림 4.2를 미리 살펴보자. 템플릿을 보면 알 수 있듯이 기업의 비즈니스 모델은 비즈니스의 핵심 측면을 나타낸다.

핵심 전략	
비즈니스 미션	차별화의 근거
목표 시장	제품/시장 범위

자원	
핵심 역량	핵심 자산

재무	
수익흐름(수익원)	
비용 구조(원가 구조)	자금 조달/펀딩

운영	
제품(또는 서비스) 생산	채널
	핵심 파트너

그림 4.2 Barringer/Ireland 비즈니스 모델 템플릿

영리한 창업기업

CoachUp: 한 기업이 이해관계자를 위한 가치를 창출, 전달, 확보하는 방법

• Web: www.coachup.com • Facebook: CoachUp • Twitter: @CoachUp

CoachUp은 흥미로운 회사이다. 2011년에 설립된 이 회사는 운동선수와 개인 코치를 연결해주는 온라인 플랫폼이다. 이 회사는 개인 코칭이 스포츠와 인생에서 다음 단계로 나아갈 수 있는 비결이라고 굳게 믿고 있다.

CoachUp은 Jordan Fliegel이 설립했는데, 아버지가 그를 위해 개인 코치를 고용하기 전까지는 평범한 고등학교 농구 선수였다. 코치는 브랜다이스대학교 농구팀 감독을 역임한 Greg Kristof였다. Kristof와의 수업을 통해 Fliegel은 고등학교 농구팀에 합류할 수 있었고, 대학과 해외 프로 리그에서 선수로 활약할 수 있었다. CoachUp의 웹사이트는 모든 주요 스포츠 종목에서 선수와 함께 일할 코치를 연결해준다. 사이트 출시 이후 수천 명의 선수가 1만 3,000명 이상의 코치와 연결되었다. CoachUp은 모든 코치를 상대로 필요한 코칭 경험을 검증한다. 코치는 CoachUp에서 직접 요금을 설정하기 때문에 가격은 다양하다. 1시간 수업료는 평균 40~60달러이다. CoachUp은 사이트를 통해 청구되는 코칭 비용의 일정 비율을 수수료로 가져가는 방식으로 수익을 창출한다. 수익은 코치가 진행한 수업 횟수에 따라 계산된다. 코치가 진행한 수업이 많을수록 수익의 비율이 높아진다. 활동적인 코치의 경우 코칭 수수료의 5~10%를 수수료로 부과한다. 덜 활동적인 코치의 경우 10~20%이다. 또한 각 코치는 연회비 9.99달러를 회원비로 지불한다. 이 회사는 모든 수업에 대해 100% 환불 보증을 제공한다.

CoachUp은 National High School Basketball Association, Positive Coaching Alliance, Sports Legacy Institute 등과 파트너십을 맺었다. 이 회사는 엔젤 투자자와 벤처 캐피털 회사로부터 자금을 조달했다.

CoachUp은 비즈니스 모델을 통해 모든 것을 달성한다. 이 장에서 언급했듯이 비즈니스 모델은 이해관계자를 위해 가치를 창출, 전달, 확보하는 방법에 대한 회사의 기획 또는 방법이다. CoachUp이 이러한 각 핵심 요소를 달성하는 방법은 다음과 같다.

- CoachUp은 선수가 개인 코치에게 접근할 수 있는 기회를 제공함으로써 가치를 창출한다. 대부분의 경우 선수는 CoachUp이 아니면 코치와 연결할 방법이 없었을 것이다. 어떤 경우에는 선수의 자신감을 높이거나 고등학교 팀을 만들도록 돕는 것이 목표이다. 다른 경우에는 선수가 대학 스포츠 장학금을 받거나 프로팀에 입단할 수 있도록 돕는 것이 목표이다. 대학 스포츠 장학금의 가치는 쉽게 수만 달러에 달할 수 있다. 만약 선수가 프로 팀에 합류한다면 더 많은 돈이 걸릴 수 있다. 코치는 운동선수의 목표 달성을 돕는 데서 오는 만족감과 코칭 실무 경험을 쌓고 추가 수입을 올릴 수 있는 기회를 통해 혜택을 얻는다.
- CoachUp은 선수와 코치 간의 매칭을 간편하게 해주는 플랫폼을 제공해 가치를 제공한다. 매칭을 위해 선수는 훈련 목표를 묻는 양식을 작성한다. 이후 CoachUp이 세 명의 코치를 추천하면 선수는 모든 프로필을 살펴본 후 실력, 가격, 후기별로 결과를 정렬해서 가장 적합한 코치를 찾을 수 있다. 각 트레이닝 세션이 끝나면 선수는 실행 가능한 피드백을 받을 수 있다. 모든 코치는 광범위한 코칭 경험을 보유하고 있으며 엄격한 신원 조회를 통과해야 한다. CoachUp은 선수에게 코칭 세션을 유료로 제공하고 코치의 수익을 직접 은행 계좌로 입금한다. CoachUp 플랫폼으로 예약한 모든 세션에 대해 100만 달러의 책임 보험을 제공한다.
- CoachUp은 매칭으로 얻은 수익을 통해 이해관계자에게 가치를 창출한다. CoachUp의 핵심 가치는 개인 코칭이 선수의 경기력과 삶의 기술을 향상시키고 코치에게 특별한 보람을 제공한다는 것이다. CoachUp은 핵심 가치를 매일 성공적인 코칭 세션에서 펼치는 것을 통해 무형 가치를 창출한다.

CoachUp 비즈니스 모델의 매력은 더 많은 선수와 코치가 프로그램에 참여할수록 입소문을 통해 CoachUp의 서비스에 대한 수요가 증가한다는 점이다. 또한 지속적으로 스포츠를 추가할 수 있을 것이다. CoachUp은 또한 모방하기 어려운 비즈니스 모델이다. 940만 달러의 자금을 조달했고, 플랫폼에 1만 3,000명의 코치를 보유하고 있으며, 수만 명의 선수가 서비스를 이용하고 있다.

비판적 사고를 위한 문제

1. CoachUp의 비즈니스 모델이 탄탄하다고 생각하는가? 회사의 비즈니스 모델을 변경할 수 있다면 무엇을 제안하겠는가?
2. CoachUp의 비즈니스 모델은 제2장에서 설명한 건전한 비즈니스 아이디어의 속성을 어느 정도 반영하고 있는가?
3. 이 장의 '무엇이 잘못됐는가?'를 읽어보라. 이 특집은 동종업계의 P2P 비즈니스 모델에 중점을 두며, P2P 접근 방식이 어떤 경우에는 효과가 있고 어떤 경우에는 그렇지 않다는 점을 지적한다. CoachUp의 P2P 비즈니스 모델이 다른 비즈니스와 어떻게 다르게 작동하고 있는지 생각해보라.
4. CoachUp에 대해 추가로 조사해보라. 회사를 위한 Barringer/Ireland 비즈니스 모델 템플릿을 작성하라.

출처: CoachUp Homepage, www.coachup.com (accessed February 11, 2017); CoachUp, Wikipedia, https://en.wikipedia.org/wiki/CoachUp (accessed February 11, 2017).

또한 핵심 측면이 서로 어떻게 조화를 이루고 서로를 지원하는지 설명한다. 예를 들어 기업 비즈니스 모델의 세 가지 중요한 요소는 목표 시장, 차별화 근거, 핵심 자산이다. IndieU의 경우 목표 시장은 대학생이고, 독립적이고 무명인 뮤지션을 대학과 대학생들에게 연결함으로써 차별화를 실현하며, 핵심 자산은 IndieU 브랜드 홍보대사로 봉사활동을 하는 대학생들이다. 이 예는 적어도 방금 언급한 세 가지 요소와 관련이 있으므로 잘 설계된 비즈니스 모델임을 보여준다. 각 요소는 다른 요소를 지원한다. 또한 시간이 지날수록 모방하기 어려운 비즈니스 모델이기도 하다. IndieU가 지역 캠퍼스의 자원봉사자 수를 늘리고 브랜드가 보다 널리 퍼지게 되면 경쟁업체가 IndieU가 이룬 성과를 따라잡기는 더 어려워질 것이다.

비즈니스 모델이 무엇인지 더 자세히 설명하기 위해 '영리한 창업기업'에서는 운동선수와 코치를 모아서 운동선수가 잠재력을 최대한 발휘할 수 있도록 돕는 회사 CoachUp에 대해 살펴볼 것이다. 여기에서는 CoachUp이 이해관계자를 위해 가치를 창출, 전달, 확보하는 방법을 보여준다.

비즈니스 모델의 일반적 범주

비즈니스 모델은 크게 표준 비즈니스 모델과 파괴적 비즈니스 모델의 두 범주로 나눌 수 있다.[5] 이제부터 각 모델에 대해 자세하게 설명할 것이다.

학습목표 2

비즈니스 모델의 일반적인 두 가지 유형인 표준 모델과 파괴적 모델을 파악하고 설명할 수 있다.

표준 비즈니스 모델

첫 번째 범주는 표준 비즈니스 모델이다. 이러한 유형의 모델은 사업을 시작하는 창업기업뿐만 아니라 기존 기업에서도 일반적으로 사용한다. **표준 비즈니스 모델**은 기업이 이해관계자를 위해 가치를 창출, 전달, 확보하는 방법을 결정하는 데 사용할 수 있는 기존의 계획 또는 방법을 나타낸다. 표준 또는 일반적인 비즈니스 모델은 여러 가지가 있다. 간단한 목록이 표 4.1에 나와 있다. 프리미엄 모델을 제외한 대부분의 표준 비즈니스 모델은 예전부터 존재해왔다. 실제로 온라인 기업이 활용하는 많은 비즈니스 모델은 원래 오프라인 기업에서 개발했으며 그것이 인터넷으로 옮겨 간 것이다. 예를 들어 Amazon은 새로운 비즈니스 모델을 발명하지 않았다. Amazon은 몇 년 전 Sears' Roebuck and Company가 개발한 우편 주문 비즈니스 모델을 온라인으로 옮긴 것이다. 마찬가지로 eBay도 경매 비즈니스 모델을 새롭게 개발한 것이 아니다. 경매 형식은 수 세기 동안 존재해왔다. eBay는 경매 형식을 온라인으로 옮긴 것이다. 그러나 Amazon.com과 eBay가 한 일은 성공적인 스타트업 사이에서 흔히 볼 수 있는 것처럼, 표준 비즈니스 모델을 채택하고 이를 하나 이상의 의미 있는 방식으로 발전시켜 새로운 가치 창출 방법을 만들어낸 것이다. 예를 들어 Birchbox는 구독 비즈니스 모델을 채택한 다음 이를 새로운 방식으로 발전시켰다. 이 회사는 구독자에게 매월 다양한 색조 및 기초 화장품 샘플을 제공해서 고객이 동일한 제품의 본 제품을 구매하도록 유도한다. 인터넷을 통해 운영하기 때문에 비용 구조가 낮고, 고객에게 제공하는 많은 샘플은 Birchbox의 고유한 고객층에게 제품을 알리고 싶어 하는 회사들이 무료로 제공한다. Birchbox 비즈니스 모델의 다른 요소는 기본 아이디어를 지원한다. Birchbox의 비즈니스 모델이 창출하는 다양한 '가치'는 여성(이제 남성도 포함)에게 평소에 시도하지 않았을 제품을 제공한다는 것이다. 이 모델을 통해 Birchbox는 자체적으로 구독 서비스와 온라인 판매라는 두 가지 수익원

표 4.1 표준 비즈니스 모델

구분	설명	예시
광고형 비즈니스 모델	광고주에게 고도로 타기팅된 고객군에 대한 접근을 제공하는 비즈니스 모델	Google, Facebook, Pinterest
경매형 비즈니스 모델	오늘날의 eBay와 유사한 경매 비즈니스 모델은 기원전 500년부터 존재해 온 모델로, 이 아이디어는 개인과 기업이 물건을 경매 방식으로 판매할 수 있는 플랫폼을 제공	eBay, uBid.com
브릭 앤 클릭 비즈니스 모델	기업이 오프라인(브릭)과 온라인(클릭)을 통합하는 비즈니스 모델	Apple, Barnes & Noble, J. Crew
프랜차이즈 비즈니스 모델	성공적인 제품 또는 서비스를 가지고 있는 프랜차이즈 사업주가 프랜차이즈 가맹점에 상표와 비즈니스 운영 방법을 라이선스로 제공하는 비즈니스 모델	24 Hour Fitness, Panera Bread, iLoveKickboxing.com
프리미엄 비즈니스 모델	기업이 기본 서비스 버전은 무료로 제공하고, 프리미엄 서비스 버전은 판매해서 수익을 창출하는 비즈니스 모델	Dropbox, Evernote, MailChimp
저비용 비즈니스 모델	비용을 낮추고 많은 고객을 서비스해서 수익을 창출하는 잘 수립된 비즈니스 모델	Southwest Airlines, Warby Parker, Costco
생산자/유통자 비즈니스 모델	제조업자가 제품을 제조하고 판매(온라인과 오프라인 또는 둘 다)하는 비즈니스 모델	Apple, Fitbit, Tesla Motors
P2P(Peer-to-Peer) 비즈니스 모델	한 비즈니스가 서비스를 제공하려는 개인과 해당 서비스가 필요한 다른 개인 사이에서 중개자 역할을 하는 모델	Airbnb, Uber, Task Rabbit
면도날형 비즈니스 모델	이 모델은 종속 상품을 다른 가격에 판매하는 것을 포함하며, 하나의 상품(면도기)은 할인 가격에 판매하고, 종속 상품(날)은 상당히 높은 이윤율로 판매	게임기와 게임, 휴대폰과 통화 요금, 프린터와 잉크 카트리지
구독형 비즈니스 모델	고객이 제품 또는 서비스에 접근하려면 월간, 분기별, 연간 구독료를 지불해야 하는 비즈니스 모델	Birchbox, Blue Apron, Netflix
전통 유통형 비즈니스 모델	기업이 다른 제조업체에서 생산한 제품이나 서비스를 원래 가격보다 높은 가격으로 소비자에게 직접 판매하는 비즈니스 모델. 온라인 또는 오프라인으로 판매	Amazon, Whole Foods Markets, Zappos

을 창출하며, Birchbox가 구독자에게 배포하는 샘플을 제공하는 회사에 추가적인 판매 기회를 제공한다. 사례 6.1에서 Birchbox에 대한 자세한 내용을 읽을 수 있다.

완벽한 비즈니스 모델은 없다는 점을 이해하는 것이 중요하다.[6] 각 표준 모델에는 고유한 강점과 약점이 있다. 예를 들어 구독 비즈니스 모델의 강점은 반복적인 수익이다. Birchbox에는 월 10달러(또는 1년에 한 번 지불하는 경우 99달러)를 지불하는 100만 명 이상의 구독자가 있다. 결과적으로 Birchbox가 구독자 기반을 유지한다면 매달 최소 1,000만 달러의 수익이 발생한다는 것을 알게 될 것이다. 구독 비즈니스 모델의 약점은 '이탈'이다. **이탈**은 구독 기반 비즈니스가 매달 잃는 구독자 수를 나타낸다. Birchbox가 매달 구독자의 10%를 잃는다면 균형을 유지하기 위해 매달 10만 명의 새로운 구독자를 모집해야 한다. 이것이 구독 기반 비즈니스 모델을 채택하는 회사가 일반적으로 높은 수준의 고객 서비스를 제공하는 이유이다. 그들은 높은 구독률을 유지하면서 이탈을 줄이고 기존 고객 교체와 관련된 비용을 피하기 위해 노력한다.

기업의 비즈니스 모델은 그 자체의 경계를 넘어서 중요한 역할을 한다. 예를 들어, IndieU의 비즈니스 모델은 대학생들이 IndieU 웹사이트에 소개할 지역 대학의 음악 현장에 대한 콘텐츠를 제공하기 위해 자발적으로 시간을 할애한다는 아이디어에서 기반한다. 이러한 원리를 작동시키기 위한 과제는 협력자가 참여하는 데 충분한 동기부여를 제공하는 것이다. IndieU의 경우 학생은 음악에 대한 열정을 가지고 있고, 업무 관련 경험을 얻고 이력서를 만들고 싶어 하기 때문에 참여한다. 분명히 IndieU는 이 학생들에게 시간을 들여 참여할 가치가 있는 풍부한 경험을 제공하고 있다. 많은 기업이 비즈니스 모델의 필수적인 부분으로 타인의 참여를 중요한 부분으로 삼는다. 한 예로 Apple과 특히 Apple 앱스토어를 들 수 있다. 2017년 2월 기준 수만 명의 개발자가 만든 200만 개 이상의 앱이 Apple 앱스토어를 통해 제공되었다. 이것은 Apple과 개발자 모두에게 윈-윈인 상황이다. 개발자는 플랫폼에 액세스해서 앱을 판매하고 Apple은 거기서 발생한 수익을 공유한다. 이와 같은 긍정적인 시나리오는 기업이 비즈니스 모델을 강화하고 확장하는 데 도움이 된다.

스타트업이 도입하는 비즈니스 모델과는 상관없이 신생기업이 경계해야 할 점은 어떠한 특정 비즈니스 모델이 상황에 관계없이 '홈런'이 될 것이라고 생각하는 것이다.[7] 이러한 의미에서 제1~3장에서 논의한 이슈들이 여전히 적용된다. 예를 들어, 기회의 강점을 평가하고 아이디어의 타당성을 검증해야 한다는 것이다. 이 장의 '무엇이 잘못됐는가?'에서는 이 점에 주목한다. 현재 P2P 비즈니스 모델은 Airbnb, Uber 등이 홈런을 터트렸듯이 핫한 모델이지만, P2P 비즈니스 모델을 활용하는 것만으로 기업의 성공이 보장되는 것은 아니다.

파괴적 비즈니스 모델

비즈니스 모델의 두 번째 범주는 파괴적 비즈니스 모델이다. **파괴적 비즈니스 모델**은 흔하지 않으며, 표준 비즈니스 모델의 프로필과 일치하지 않으면서도 충분한 영향력이 있어 해당 산업 또는 산업 내 중요한 틈새 시장에서 비즈니스 수행 방식을 혁신하거나 변경하는 모델이다.[8] 표 4.2에서는 실제로 4개의 다른 회사가 사용한 파괴적인 비즈니스 모델을 설명하고 있다.

표 4.2 네 가지 파괴적 비즈니스 모델

회사	파괴적 비즈니스 모델과 설명	파괴된 표준 비즈니스 모델
Dell	소비자가 컴퓨터를 맞춤으로 구매할 수 있는 소비자 직접 판매(D2C) 모델을 도입함 컴퓨터를 먼저 전화로, 그다음 웹을 통해 구입하는 개념을 소개함. 고객은 조립 전에 컴퓨터를 맞춤 설정하고 비용을 지불함. UPS 또는 FedEx를 통해 배송됨	컴퓨터는 미리 조립해서 상점으로 발송하며, 누군가가 구매할 때까지 선반 위에 놓여 있음. 고객이 구매하기 전에 컴퓨터가 조립되었기 때문에 맞춤 설정이 불가능함
Google	AdWords(온라인 광고 제품) 텍스트 광고를 소개함. 이 광고는 자연 검색 결과의 오른쪽 또는 상단에 나타나며, 클릭하면 검색자를 광고주의 웹사이트나 랜딩 페이지로 이동시킴. 텍스트 광고는 1달러부터 구매할 수 있음. Google의 초기 고객은 Yahoo의 서비스를 감당할 수 없는 소기업들이었음	Yahoo와 같은 회사들이 제공하는 전통적인 배너 광고임. 일부 서비스는 인터넷에서 광고를 하려면 최소 1만 달러의 광고 구매가 필요함
Salesforce.com	CRM(고객 관계 관리) 소프트웨어의 SaaS(소프트웨어 서비스) 제공업체 CRM 소프트웨어를 SaaS 제품으로 제공한 최초의 회사로, 처음으로 CRM을 소기업이 경제적으로 이용할 수 있게 만들었음. CRM을 클라우드로 이동함으로써, 영업 직원들이 인터넷 연결이 가능한 어느 곳에서든 CRM 서비스에 접근할 수 있게 했음	대형 라이선스 요금이 필요한 전통적인 설치형 CRM 소프트웨어는 Siebel Systems 및 PeopleSoft와 같은 공급업체가 제공함
Uber	탑승객과 개인 차량 소유자를 신속하게 연결해서 승차를 제공하려는 회사 탑승객에게 승차를 제공하려는 개인 차량 소유자를 연결시켜 주는 앱을 제공한 최초의 회사임. 이로 인한 이점은 다음과 같음. 깨끗한 차량, 택시 잡는 어려움을 피함, Uber를 통한 직접 청구로 승객과 운전자 간에 현금 거래가 없음, Uber가 가장 가까운 운전자의 위치를 파악하므로 픽업 시간이 줄어듦	지역 택시와 타운카 서비스

무엇이 잘못됐는가?

P2P 비즈니스 모델: 어떤 이에게는 좋지만, 어떤 이에게는 좋지 않은 모델

P2P(Peer-to-Peer) 비즈니스 모델은 현재 인기 있는 모델이다. P2P 비즈니스 모델 분야에서 가장 성공적인 기업 중 세 곳인 Airbnb, Uber, Lyft는 성장하고 있으며 기업 가치는 수십억 달러에 달한다. P2P 비즈니스는 제공할 서비스가 있는 개인과 서비스를 원하는 다른 사람을 매칭하는 중개인 역할을 한다. 예를 들어, Airbnb는 하루나 이틀 이상 머물 곳을 찾는 사람과 남는 방을 빌려줄 의향이 있는 사람을 연결해준다. Lyft와 Uber는 차량 서비스가 필요한 사람과 기꺼이 그들에게 이동 서비스를 제공하려는 운전자를 매칭시킨다.

P2P 비즈니스 모델의 잠재력에도 불구하고 몇몇 유명 P2P 비즈니스는 실패했다. 실패한 비즈니스에는 개인 전용기 소유자와 여행을 위해 전용기 좌석을 원하는 사람을 연결해주는 서비스인 BlackJet, 카풀 서비스인 Ridejoy, 진공청소기, 공구, 믹서기 등의 가정용품을 대여할 수 있는 서비스인 Neighborrow.com이 포함된다. 그렇다면 무엇이 잘못되었을까? BlackJet, Ridejoy, Neighborrow.com은 특정 서비스를 원하는 사람과 이를 제공할 의향이 있는 사람을 연결해준다는 점에서 Airbnb, Uber, Lyft와 매우 유사해 보인다. 이 세 창업벤처기업에 어떤 일이 일어났는지 살펴보자.

BlackJet의 기본 전제는 서비스에 가입하면 몇 분 안에 개인 전용기 좌석을 예약해서 원하는 장소로 이동할 수 있다는 것이다. BlackJet의 아이디어는 대규모의 개인 비행기 소유자를 가입시키고, 그들이 여행을 갈 때 BlackJet에 알리면 동일한 목적지로 이동하려는 BlackJet 회원에게 잔여 좌석이 있을 시 이를 제공하는 것이다. 이러한 탑승 서비스를 이용하려면 2,500달러의 연회비와 1회당 최대 4,000달러의 요금을 내야 한다. 결과적으로 이 서비스를 이용하기 위해 그렇게 비싼 비용을 지불할 의향이 있는 사람은 많지 않았다. 게다가 개인 전용기 이용은 사람들이 자주 필요로 하는 것이 아니기 때문에 BlackJet은 사람들의 마음속에서 가장 먼저 떠오르는 옵션이 아니었다. BlackJet의 과제를 더욱 복잡하게 만든 것은 BlackJet을 대체할 수 있는 서비스를 쉽게 구할 수 있다는 점이다. 연회비를 지불하지 않고도 누구나 항공사의 일등석 좌석을 예약하고 비교적 고급스러운 여행을 즐길 수 있다. 2013년 말에 문을 닫은 BlackJet은 이후 서비스를 재개했지만 2016년 중반에 영원히 문을 닫았다.

Ridejoy는 로스앤젤레스에서 샌프란시스코까지 장거리 차량 공유를 원하는 사람들을 연결하는 데 중점을 둔 카풀 서비스였다. 앞서 언급한 Lyft와 Uber는 단거리 차량 공유에 중점을 둔다. Ridejoy는 초기에는 성공을 거두었다. 출시 첫해인 2011년에는 사용자 수가 매달 약 30%씩 증가해 2만 5,000명 이상의 드라이버가 가입하고 약 1만 건의 차량 서비스를 완수했다. 하지만 투자자들을 만족시킬 만큼 빠르게 성장하지는 못했다. 게다가 대학 웹사이트의 카풀 포럼과 같은 무료 대체 서비스와의 경쟁도 있었다. 또한 일부 라이더는 서로를 알게 된 후 Ridejoy를 끊기 시작했다. 예를 들어, 포틀랜드에서 샌프란시스코로 이동할 때 10%의 거래 수수료를 Ridejoy에게 지불하는 대신, 차량 소유자와 라이더가 Ridejoy 웹사이트나 모바일 앱에서 신용카드로 결제하는 대신, 직접 현금으로 교환하기 시작한 것이다. Ridejoy는 2013년 여름에 사업을 중단하고 투자금 중 절반가량을 투자자들에게 돌려주었다.

Neighborrow.com은 진공청소기, 카메라, 공구, 전자제품과 같은 가정용품을 대여할 수 있는 플랫폼 서비스이다. 아이디어는 전기톱이나 고급 카메라를 1년에 한두 번밖에 사용하지 않는다면, 이웃이 원하는 물건을 소유하고 있고 적당한 비용으로 빌려줄 의향이 있을 시 굳이 사지 않고 그 사람에게 빌릴 것이라는 생각에서 출발했다. 이 사이트는 출시와 동시에 《USA Today》에 기사가 실리고 NBC의 아침 프로그램인 〈Today〉에 소개되는 등 많은 홍보를 받았다. 또한 수천 명의 사람이 가입해 자신의 물건을 등록했다. 그러나 문제는 실제로 서비스를 이용한 사람이 거의 없었다는 것이다. 이 회사가 결국 발견한 것은 사람들은 이웃으로부터 물건을 빌리는 것을 좋아하지 않는다는 점이었다. 또한 전동 드릴과 같은 품목을 빌리는 것은 일반적으로 긴급하게 필요한 것이 아니기 때문에 사람들은 '아, Neighborrow.com을 통해 빌릴 수 있겠구나'라고 생각하지 않았다. 《USA Today》에서 이 회사에 대한 기사를 읽었거나 TV에 소개된 적이 있더라도 곧 잊어버렸다. Neighborrow.com은 5년간의 운영 끝에 2011년에 문을 닫았다.

비판적 사고를 위한 문제

1. BlackJet, Ridejoy, Neighborrow.com은 회사를 설립하기 전에 어떻게 하면 궁극적으로 실패의 원인이 된 문제를 더 잘 예측할 수 있었을까?
2. 효과적인 비즈니스 모델을 구축하는 것과 관련해서 다른 P2P 비즈니스 모델 스타트업은 BlackJet, Ridejoy, Neighborrow.com의 실패로부터 무엇을 배울 수 있는가?
3. 이 특집에서 언급한 성공적인 P2P 비즈니스 모델 회사 중 하나인 Lyft를 살펴보라. BlackJet, Ridejoy, Neighborrow.com이 실패한 반면 Lyft가 성공한 이유는 무엇이라고 생각하는가?
4. 창업기업이 속한 산업이 P2P 비즈니스의 성공과 실패에 어떤 역할을 한다고 생각하는가? 어떤 산업은 다른 산업보다 P2P 비즈니스 모델을 더 잘 받아들일 수 있을까? 답변을 설명하라.

출처: D. Primack, "Celeb-backed BlackJet Is Grounded, Again," *Fortune*, May 5, 2016; S. E. Needleman and A. Loten, "Startups Want to Be the Next Airbnb, Uber," *The Wall Street Journal*, May 8, 2014, B4; D. Kander, "Lessons from Failure: Borrowing Tools from Your Neighbors," Entrepreneurship.org, available at https://www.entrepreneurship.org/resource-center/lessons-from-failure-borrowing-toolsfrom-your-neighbors.aspx (accessed February 12, 2017).

파괴적 비즈니스 모델에는 두 가지 유형이 있다. 첫 번째 유형은 '신시장 파괴'라고 한다. **신시장 파괴**는 이전에 공급되지 않았던 시장에 대응한다. Google과 AdWords 프로그램이 그 예이다. AdWords를 사용하면 광고주는 Google 홈페이지에서 키워드를 구매할 수 있으며, 해당 키워드를 사용할 때 검색 결과 측면(때로는 검색 결과의 위쪽에)에 텍스트 기반 광고가 나타난다. 즉 Google 검색창에 '유기농 스낵'이라는 단어를 입력하면 유기농 스낵을 판매하는 회사에서 비용을 지불한 광고가 표시된다. 광고는 일반적으로 클릭당 지불 방식으로 비용이 발생한다. 키워드 비용은 단어의 인기도에 따라 다르다. AdWords가 등장하기 전에는 소기업이 온라인 광고를 하려면 비용이 너무 많이 들었다. 예를 들어 한때 Yahoo는 광고주가 매력적인 배너 광고를 만드는 데 최소 5,000달러, 최소 광고 구매에 1만 달러 이상을 지출하게 했다. AdWords는 그것을 바꾸었다. 고객은 예산을 설정하고 구매한 키워드에 따라 하루에 1달러 정도만 지출하면 된다. 따라서 AdWords는 수많은 소기업이 온라인 광고를 할 수 있는 방법을 제공했다는 점에서 신시장 파괴적 비즈니스 모델이다.

파괴적 비즈니스 모델의 두 번째 유형은 **로엔드 시장 파괴**라고 한다. 이것은 하버드대 교수인 Clayton Christensen이 《The Innovator's Dilemma》라는 책에서 명쾌하게 설명한 파괴 유형이다.[9] 로엔드 시장 파괴는 산업 내 기업이 계속 제품이나 서비스를 개선해서 고객 요구나 욕구의 상당 부분보다 실제로 더 나은 상태로 만들게 되는 경우에 가능하다. 이러한 '성능 과잉 공급'은 단순하며 일반적으로 저비용 비즈니스 모델이 존재할 수 있는 기회를 제공한다. 미국의 Southwest Airlines와 유럽의 Ryanair를 예로 들 수 있다. Southwest는 United 및 American과 같은 기존 항공사가 제공하는 고급 서비스 제안에 대한 대안으로 포인트 투 포인트(point-to-point), 저비용, 실속형 비즈니스 모델을 만들었다. 실제로 경쟁사에 비해 다소 열등한 서비스를 제공하더라도, Southwest는 여전히 안전하고 편안한 여행을 원하지만 더 낮은 요금으로 편의 시설을 기꺼이 포기하려는 대규모 고객을 유치할 수 있었다. 로엔드 파괴 비즈니스 모델은 또한 일상적인 작업을 더 간단하고 저렴하며 편리한 방법으로 수행할 수 있도록 도입되었다. 만약 스타트업이 이 방향으로 간다면 강점이 설득력 있어야 하며, 회사는 파괴가 일어나도록 용기를 내야 한다. 이를 수행한 기업 중 하나로 차량 서비스를 제공하는 Uber가 있다. Uber는 2009년에 설립한 스타트업으로 개인 차량 소유자와 차량 서비스가 필요한 사람을 연결해준다. Uber는 문자 메시지나 앱을 통해 차량을 예약하고, 고객은 예약한 차량의 위치를 추적할 수 있으며, 지불은 앱을 통해 이루어져 승객과 운전자 간에 현금 거래가 없다. 또한 Uber는 서비스에 참여하는 차량과 운전자에 대해 엄격한 품질 기준을 유지한다. Uber는 일상적인 작업(승차)을 더 저렴하고 편리하게 수행할 수 있는 매력적인 기능을 제공했을 뿐만 아니라 사회적 반응도 일으켰다.[10] 택시 산업은 대부분의 고객 만족도 지표에서 낮은 점수를 받았기 때문에 소비자들은 새로운 것을 시도하려는 열망을 가지게 되었다. 그 결과 택시 산업은 친절한 운전자와 더 깨끗한 차량을 제공하는 등의 방식으로 서비스를 업그레이드하며 새로운 유형의 경쟁에 대응하고 있다. Uber는 또한 앱을 사용해 승차를 예약하는 것이 택시를 잡으려고 기다리는 것보다 훨씬 효율적이라 생각하는 기계에 능숙한 사람들에게 어필하고 있다.

Barringer/Ireland 비즈니스 모델 템플릿

학습목표 3

기업가가 자신의 기업을 위한 비즈니스 모델을 개발하는 데 사용할 수 있는 Barringer/Ireland 비즈니스 모델 템플릿의 구성 요소를 설명할 수 있다.

모든 사람이 비즈니스 모델의 구성 요소에 대해 정확히 동의하는 것은 아니지만, 많은 사람이 성공적인 비즈니스 모델에 일련의 공통 속성이 있다는 점에 동의한다. 이러한 속성은 종종 시각적 프레임워크나 템플릿에 정리되어 있어 개별 구성 요소와 그들의 상호 관계를 쉽게 볼 수 있다. 널리 사용되는 프레임워크 중 하나가 Alexander Osterwalder와 Yves Pigneur가 공동 저술한 책 《Business Model Generation》에서 대중화한 비즈니스 모델 캔버스이다.[11] 비즈니스 모델 캔버스는 기업이 이해관계자를 위해 어떻게 가치를 창출하고 전달하며 확보하는지 그 논리를 보여주는 아홉 가지 부분으로 구성되어 있다. 간단한 Google 검색으로 비즈니스 모델 캔버스를 볼 수 있다.

여기에서 사용된 비즈니스 모델 프레임워크인 Barringer/Ireland 비즈니스 모델 템플릿은 그림 4.2에 나와 있다. 이 템플릿은 4개의 주요 범주와 12개의 개별 항목으로 구성되어 있다는 점에서 비즈니스 모델 캔버스보다 약간 더 포괄적이다. 이 12개 항목이 기업의 비즈니스 모델을 구성한다. 기업가 또는 기업가 팀의 역할은 기업의 비즈니스 모델을 실행 가능하고 흥미로운 비즈니스로 만들 수 있도록 구성하는 것이다. Barringer/Ireland 비즈니스 모델 템플릿은 기업가가 12개 항목을 모두 결정할 때까지 비즈니스 모델을 설명하고 예측하며 수정하고 전환할 수 있는 도구이다. 부록 4.1에는 Barringer/Ireland 템플릿의 확장 버전이 포함되어 있다. 이 12개의 항목이 펼쳐져 있어 아이디어를 기록하고, 지우고, 아이디어가 변화할 때 다시 기록할 수 있는 공간을 제공한다. 개별 기업의 비즈니스 모델을 구성하는 데 도움이 되도록 템플릿을 자유롭게 복사해서 사용하라.

다음으로 기업 비즈니스 모델의 네 가지 범주와 12가지 개별 요소에 대해 논의할 것이다. 논의 내내 그림 4.2를 자주 참조할 것이다.

핵심 전략

비즈니스 모델의 첫 번째 구성 요소는 핵심 전략이다. **핵심 전략**은 기업이 경쟁자와 비교해서 어떻게 경쟁할 것인지에 대해 설명한다.[12] 비즈니스 미션, 차별화의 근거, 목표 시장, 제품/시장 범위가 핵심 전략의 주요 요소이다.

비즈니스 미션 기업의 **미션 또는 미션 선언문**은 그 비즈니스가 존재하는 이유와 비즈니스 모델이 어떤 목표를 달성해야 하는지를 설명한다.[13] 주의 깊게 작성하고 적절하게 사용한다면 미션 선언문은 비즈니스의 전반적인 우선순위를 명확히 표현하고 재무 및 도덕의 나침반 역할을 할 수 있다. 이런 의미에서 미션 선언문은 의사결정의 중심 기준이 된다. 기업의 미션은 비즈니스 모델 템플릿에서 완성해야 하는 첫 번째 항목이다. 잘 작성한 미션 선언문은 기업이 비즈니스 모델의 다른 요소에서 중요한 결정을 내릴 때 지속적으로 참조할 수 있다.

아주 광범위한 관점에서, 미션 선언문은 기업이 이해관계자를 위한 가치를 창출하려는 방법을 나타낸다. 예를 들어 Zynga의 미션은 "게임을 통해 세상을 연결한다"이다. Zynga는 FarmVille 및 Texas HoldEm Poker와 같은 소셜 게임 제작사로 웹사이트와 Facebook, Google+와 같은 소셜 네트워킹 플랫폼을 통해 플레이할 수 있다. Zynga의 미션 선언문은 기업의 비즈니스 모델의 다른 요소가 어떻게 구성되어야 하는지에 대한 지침을 제공한다. 이 기업은 다른 사업 활동이 아닌 게임에 집중할 것이며, 그 게임은 다른 사람과 함께 플레이하도록 디자인된 소셜 게임이다.

많은 기업가가 비즈니스 모델 템플릿을 확대해서 화이트보드에 붙여놓는다. 이 방법은 한 걸음 물러서서 잠정적 비즈니스 모델의 모든 부분이 어떻게 조화를 이루는지 살펴볼 수 있게 한다.

Zynga 비즈니스 모델의 나머지 11개 항목은 이러한 기본 전제를 뒷받침해야 한다.

미션 선언문 작성 시 고려해야 할 몇 가지 지침이 있다. 기업의 미션 선언문은 다음과 같아야 한다.

- '존재 이유'를 정의한다.
- 기업을 다르게 만드는 것이 무엇인지 설명한다.
- 위험하고 도전적이지만 달성 가능한 내용이어야 한다.
- 기업의 문화와 가치관을 나타내는 어조를 사용해야 한다.
- 열정을 전달하고 독자의 마음에 남아야 한다.
- 정직해야 하며, 회사가 '하지 말아야 할 것'을 주장하면 안 된다.

차별화의 근거 기업이 자신의 제품이나 서비스가 경쟁업체와 차별화되는 포인트를 명확하게 표현하는 것이 중요하다.[14] 이는 일부 연구자들이 기업의 가치 제안이라고 부르는 것과 유사하다. 기업의 **차별화 근거**는 소비자가 다른 회사의 제품보다 자신의 제품을 선택하게 만드는 요인이다.[15] 이는 문제를 해결하거나 고객의 요구를 충족하는 것이다.

Barringer/Ireland 비즈니스 모델 템플릿의 차별화 근거 부분을 완성할 때 설명을 2~3개 포인트로 제한하는 것이 가장 좋다. 또한 포인트의 가치를 쉽게 보고 이해할 수 있게 하라. 예를 들어 ZUCA(www.zuca.com)는 카트가 달린 배낭이다. Laura Udall은 초등학교 4학년 딸이 배낭을 메고 다니느라 허리가 아프다고 매일 불평했을 때 전통적인 배낭의 대안으로 이를 디자인했다. ZUCA는 두 가지 차별화 포인트가 있다. 첫째는 배낭을 카트 위에 올려 허리 통증을 완화할 수 있으며 둘째는 어린이나 성인이 앉을 수 있을 만큼 튼튼하다는 것이다. 이 회사의 웹사이트에는 ZUCA 위에 앉아 있는 아이들의 사진이 자주 등장하는데, 이를 보며 누구나 스쿨버스를 기다리는 아이에게 편리할 것이라고 상상할 수 있다. 이것이 쉽게 파악하고 기억할 수 있는 차별화 포인트이며 일부 부모들이 ZUCA의 제품과 솔루션을 선택하는 이유이다.

차별화 포인트가 제품의 기능보다는 혜택을 나타내게 하는 것도 회사의 차별화 근거를 결정할 때 기억해야 할 또 다른 중요한 포인트이다. 제품의 기술적 강점과 같은 기능에 초점을 맞춘 차별화 포인트는 제품이 무엇을 할 수 있는지를 나타내는 혜택에 초점을 맞춘 차별화 포인트보다 설득력이 떨어진다. 예를 들어 Laura Udall이 ZUCA를 소개했을 때 제품의 기능에 집중해서 다음과 같은 차별화 포인트를 나열했다. ① 배낭을 등에 메는 대신 캐리어처럼 끌어서 사용, ② 튼튼한 알루미늄 프레임 포함, ③ 여섯 가지 색상으로 제공됨. 이 기능들은 좋지만 일반적으로 제품을 구매하게 만드는 데는 부족하다. Laura Udall에게 더 좋은 접근 방식은 다음과 같이 제품의 혜택에 초점을 맞추는 것이었다. ① 배낭을 카트 위에 올려 허리 통증을 완화하고, ② 성인이나 어린이가 앉을 수 있을 만큼 견고하며, ③ 기능과 '멋' 사이에서 이상적인 균형을 유지함. 이러한 혜택에 초점을 맞춘 제품을 구매하면 자녀의 삶이 어떻게 향상되는지 부모에게 알려줄 수 있다.

목표 시장 기업이 경쟁할 목표 시장을 식별하는 것은 매우 중요하다.[16] 제3장에서 설명했듯이 **목표 시장**은 하나의 큰 시장 내에서 비슷한 관심사를 가진 좁은 고객 그룹을 나타내는 한 부분이다. 이러한 사례로 Snapchat이 있는데, 이 회사는 메시지 수신 후 10초에서 24시간 이내에 메시지가 사라지는 기능을 원하는 사람들을 대상으로 하고 있다.[17] 대부분의 신생기업은 넓은 시장을 목표로 판매를 시작하지 않는다. 대신 대부분은 넓은 시장 내의 신흥 시장 또는 틈새 시장을 파악하는 것부터 시작한다.[18]

기업의 목표 시장은 비즈니스 모델 템플릿에 명시해야 한다. IndieU의 목표 시장은 대학생과 무명의 독립 뮤지션이다. Zynga의 목표 시장은 온라인 게임 애호가이다. 목표 시장은 해당 기업이 어떤 유사한 관심을 가진 고객 그룹에 어필할지 파악하고 있다면 어떤 관련 변수든 기반으로 삼을 수 있다. 예를 들어, Birchbox의 창립자인 Hayley Barna와 Katia Beauchamp는 회사의 목표 시장에 대해 다음과 같이 썼다.

> 처음부터 우리는 항상 목표 시장이 특정 인구통계학적 특징이 아니라 심리적 특성이라고 말해왔다. 우리는 Birchbox가 나이와 배경에 관계없이 새로운 것을 시도하고 발견을 통해 배우길 기대하는 모든 여성에게 어필한다고 믿는다.[19]

기업이 의도한 시장과 기업의 제품이나 서비스에 긍정적으로 반응할 가능성이 가장 높은 사람들을 파악하는 것은 기업 비즈니스 모델의 모든 요소를 구체화하는 데 도움이 된다. 예를 들어, 새로운 것을 시도하고 발견을 통해 배우는 데 열광하는 모든 연령과 배경의 여성을 대상으로 하려면, 특정 핵심 역량 세트가 필요하다(자원에 대해 다루는 다음 절에서 핵심 역량을 정의함). 이를 위해서는 기대를 형성할 수 있는 능력이 있고 모든 연령대의 관심을 끄는 흥미로운 신제품을 보유한 파트너와 공급업체를 찾을 수 있는 사람을 파악해서 고용해야 한다. 만약 Barna와 Beauchamp가 Birchbox의 목표 시장을 16~31세 여성으로 잡고 '새로운 것을 시도하고 발견을 통해 배우는' 부분을 제외했다면, 회사의 전체 비즈니스 모델이 작동하는 데 다른 핵심 역량 세트가 필요했을 것이다. 이 같은 철학은 비즈니스 모델 템플릿 전반에 적용된다. 기업이 선택하는 목표 시장은 기업이 핵심 자산을 확보하는 일부터 자금 조달이나 펀딩, 파트너십 형성에 이르기까지 기업이 하는 모든 일에 영향을 미친다.

제품/시장 범위 제품/시장 범위는 핵심 전략의 네 번째 요소이다. 기업의 **제품/시장 범위**는 기업이 집중할 제품과 시장을 정의한다. 대부분의 기업은 처음에는 좁은 범위에서 시작해서 기업이 성장하고 재정적으로 안정되면 인접 제품 및 시장 기회를 추구한다. 앞에서 설명한 것처럼 신생기업은 일반적으로 다수의 제품을 생산하고 다수의 시장을 동시에 추구할 자원이 없다.

온라인 데이터 스토리지 회사인 Dropbox가 그 예다. Dropbox가 사업 아이디어를 발표했을 때 직면한 문제는 대부분의 사람이 자신이 그 문제를 가지고 있다는 것을 모른다는 점이었다. 사람들은 USB 메모리를 사용하거나 이메일 기능 등을 통해 다른 장치로 파일을 옮겼다. Dropbox의 솔루션은 훨씬 더 우아했다. 이 서비스를 통해 사용자는 각각의 디바이스에 특별한 폴더를 생성해서 데이터를 동기화하고 저장하는 데 사용할 수 있다. Dropbox는 사무실 컴퓨터와 같은 디바이스에서 파일을 작업하면 집에 있는 노트북과 같은 다른 디바이스에서 파일을 사용할 수 없는 문제를 완전히 해결했다. 2008년 Dropbox가 출시되었을 때 Dropbox에는 온라인 데이터 스토리지 서비스라는 단일 제품만을 가지고 있었다. 처음에 Dropbox가 추구한 초기 시장은 실리콘밸리의 기계에 능한 사람들이었다. 그 이후로 Dropbox의 시장은 모든 컴퓨터와 인터넷 사용자로 확장되었으며, 현재는 5억 명의 고객을 보유하고 있다. 그러나 처음 3년 동안은 새로운 서비스를 개발하는 것보다 온라인 데이터 스토리지 서비스의 품질을 지속적으로 개선하기를 선호하면서 초기 제품을 고수했다. 2012년이 되어서야 Dropbox는 Snapjoy를 인수해 두 번째 제품 라인을 추가했다. Snapjoy는 카메라, 스마트폰, 유명 사진 애플리케이션으로 찍은 모든 디지털 사진을 모으고 보관하고 볼 수 있는 서비스를 제공한다. 2013년 Dropbox는 모바일용 이메일 처리 서비스인 Mailbox와 사용자의 전체 인생의 추억을 공유할 수 있는 디지털 갤러리인 Carousel을 인수함으로써 세 번째와 네 번째 제품 라인을 추가했다. 2014년에는 실시간 협업 텍스트 편집기인 Hackpad와 3D 사진 공유 앱인 Bubbli를 인수해 다섯 번째와 여섯 번째 제품 라인을 추가했다. 2015년에 Dropbox는 일곱 번째 제품 라인인 기업용 클라우드 스토리지 비즈니스 Dropbox for Business를 추가했다. 2015년에는 또한 Mailbox와 Carousel의 서비스 종료를 발표해 회사가 선택한 각 제품과 시장이 얼마나 성공을 달성하고 있는지를 지속적으로 평가하고 있음을 보여주었다. 따라서 제품/시장 범위 측면에서 Dropbox의 경험은 다음과 같다.

- 출시: 단일 제품/실리콘밸리의 기계에 정통한 사용자
- 설립 후 1~2년: 단일 제품/증가하는 실리콘밸리의 기계에 정통한 사용자 및 회사의 서비스에 대해 이야기한 사람들
- 설립 후 3년: 단일 제품/모든 컴퓨터 및 인터넷 사용자
- 설립 후 4년: 2개 제품/모든 컴퓨터 및 인터넷 사용자
- 설립 후 5년: 4개 제품/모든 컴퓨터 및 인터넷 사용자
- 설립 후 6년: 6개 제품/모든 컴퓨터 및 인터넷 사용자
- 설립 후 7년: 연초에는 7개 제품, 최종적으로 5개로 줄임/모든 컴퓨터 및 인터넷 사용자

Barringer/Ireland 비즈니스 모델 템플릿을 완성하는 과정에서 기업은 초기 제품/시장 범위에 대해 명확하게 정의하고 예상되는 확장에 따라 향후 3~5년을 계획해야 한다. 위의 Dropbox의 경우와 같이 글머리 기호 형식이 허용된다. 기업 비즈니스 모델의 모든 측면과 마찬가지로 제품/시

장 범위 역시 모델의 다른 요소들에 영향을 미칠 것이다.

자원

비즈니스 모델의 두 번째 구성 요소는 자원이다. **자원**은 기업이 제품이나 서비스를 생산, 판매, 유통, 서비스하는 데 사용하는 투입물이다.[20] 기본적으로 기업은 비즈니스 모델이 작동할 수 있도록 충분한 양의 자원을 보유해야 한다.[21] 예를 들어, 기업은 차별화의 기반이 되는 특허(핵심 자산)가 필요할 수 있다. 마찬가지로 기업은 목표 시장의 요구 사항을 이해하기 위해 특정 영역(핵심 역량)에 대한 전문 지식이 필요할 수 있다. 더 깊은 수준에서, 회사의 가장 중요한 유형 및 무형 자원은 기업의 비즈니스 모델이 장기적으로 경쟁력을 유지하기 위해 모방하기 어렵고 대체할 수 없어야 한다. 이러한 기준을 충족하는 유형 자원으로 Uber의 32만 7,000명의 활성 운전자로 구성된 네트워크가 있다. 경쟁사가 비슷한 수의 운전자를 모으려면 엄청난 노력이 필요할 것이다. 또한 32만 7,000명의 운전자가 완수할 수 있는 승차 횟수에 대한 실질적인 대체 또는 실행 가능한 대안이 없다. 무형 자원의 예로는 Zappos의 고객 서비스 평판이 있다. Zappos는 모방하기 어렵고 대체하기 어려운 높은 수준의 고객 서비스를 제공하는 능력을 가지고 있기 때문에 지속적으로 매우 긍정적인 평가를 받고 있다.

자원은 시간이 지나면서 개발되고 축적된다.[22] 그러므로 Barringer/Ireland 비즈니스 모델 템플릿을 작성할 때 기업이 현재 보유하고 있는 자원을 기록해야 하지만 목표로 하는 자원 역시 염두에 두어야 한다. 예를 들어 Uber가 32만 7,000명의 운전자를 모집하기까지는 시간이 걸렸다. 회사가 첫 번째 비즈니스 모델 템플릿을 완성했을 때는 아마도 100명 정도의 운전자를 보유하고 있었을 것이다. 따라서 Barringer/Ireland 비즈니스 모델 템플릿의 주요 자산 부분을 적절하게 나타내려면 '100명의 운전자'(한 달에 운전자 5,000명 추가 목표)라고 표기하거나 정확한 숫자에 따라 달라질 것이다.

핵심 역량 **핵심 역량**은 기업의 비즈니스 모델을 지원하고 경쟁사와 차별화하는 특정 요소 또는 기능이다.[23] 핵심 역량은 기술 노하우, 효율적인 프로세스, 고객과의 신뢰 관계, 제품 디자인에 대한 전문 지식 등과 같은 다양한 형태로 나타날 수 있다. 또한 사업 아이디어에 대한 열정과 높은 수준의 직원 사기(morale)와 같은 요소도 포함할 수 있다. 회사의 핵심 역량은 주로 회사가 할 수 있는 일을 결정한다. 예를 들어 물리적 제품을 판매하는 많은 회사는 제조가 핵심 역량이 아니기 때문에 자체적으로 제품을 제조하지 않는다. 대신 그들의 핵심 역량은 제품 디자인 및 마케팅과 같은 영역에 있을 것이다. 핵심 아이디어는 비즈니스가 경쟁력을 가지기 위해서는 특정 영역에서 뛰어나야 하며, 이러한 특정 영역은 기업 비즈니스 모델의 모든 요소를 지원해야 한다는 것이다. 예를 들어 Netflix는 공급망 관리에 특히 뛰어난데, 이는 Netflix의 비즈니스 모델이 주로 우편을 통해 고객에게 DVD를 대여하는 데 중점을 두던 시기에는 필수적이었다. 공급망 관리에서 핵심 역량이 없었다면 Netflix의 전체 비즈니스 모델은 작동하지 않았을 것이다.

대부분의 스타트업은 비즈니스 모델 템플릿에 2~3개의 핵심 역량을 나열할 것이다. 앞서 제공한 정보와 마찬가지로 핵심 역량은 회사의 이니셔티브를 지원할 뿐만 아니라 경쟁업체가 모방하거나 대체하기 어려운 경우에 매력적이다. 대부분의 스타트업은 2~3개 영역에서만 핵심 역량을 가지고 있다. 예를 들어 IndieU에는 세 가지 핵심 역량이 있다.

Pressmaster/Shutterstock

스타트업의 핵심 역량은 다양하다. 한 스타트업 팀원이 신제품을 디자인하고 있다. 이 스타트업의 핵심 역량은 제품 디자인이다.

- 독립적이고 무명인 뮤지션을 대학과 대학생에게 연결
- 자원봉사 네트워크 모집 및 관리
- 회사 웹사이트에 노래를 올릴 독립 및 무명 뮤지션 모집

Netflix 및 공급망 관리 사례와 유사하게 IndieU의 전체 비즈니스 모델은 이러한 세 가지 핵심 역량 없이는 유지할 수 없다. IndieU의 경우 또 하나의 강점은 핵심 역량이 각기 다른 수준에서 모방하기 어려우며 이를 대체할 대안을 찾기 어렵다는 것이다.

핵심 자산 **핵심 자산**은 기업이 보유하고 있는 자산으로, 비즈니스 모델이 작동하게 만든다.[24] 자산에는 물리적, 재무, 지적, 인적 자산 등이 있다. 물리적 자산에는 물리적 공간, 장비, 차량, 유통 네트워크가 포함된다. 지적 자산에는 회사의 브랜드 및 명성과 함께 특허, 상표, 저작권, 영업 비밀과 같은 자원이 포함된다. 재무 자산에는 현금, 신용 한도, 투자자의 약정이 포함된다. 인적 자산에는 기업의 창립자, 주요 직원, 고문이 포함된다.

기업마다 우선순위를 정하고 축적하는 주요 자산이 다르다. 모든 기업은 다양한 수준의 재무 자산이 필요하다. Whole Foods Markets 및 Amazon.com과 같은 소매업체는 물리적 자산(Whole Foods는 매장, Amazon은 창고와 유통망)에 크게 의존한다. Airbnb와 같은 회사는 거의 전적으로 지적 자산에 의존한다. 그러나 2017년 여름 발표된 Amazon의 Whole Foods 인수 의사가 이행된다면 Whole Foods와 Amazon의 관계는 바뀔 것이다. Airbnb는 게스트가 웹사이트를 통해 예약한 객실을 소유하지 않는다. Airbnb는 단순히 객실을 원하는 사람과 객실을 제공하려는 사람을 연결해주는 기술 기반 플랫폼을 제공한다. 따라서 Airbnb의 핵심 자산은 앱, 브랜드, 고객, 건물 소유주, Airbnb가 운영하는 커뮤니티와의 관계이다. 많은 회사가 인적 자산에 크게 의존한다. 예를 들어, Zynga의 비즈니스 모델의 성공은 지속적으로 매력적이고 사회적인 온라인 게임을 기획하고 개발할 수 있을 만큼 충분한 창의력과 능력을 가지고 있는 게임 프로듀서와 프로그래머 그

룹을 유치하고 유지하는 능력에 크게 의존한다.

물론 기업이 구상하는 비즈니스 모델에 따라 다양한 핵심 자원이 필요하다. Barringer/Ireland 비즈니스 모델 템플릿을 작성할 때 기업은 전체 비즈니스 모델을 지원하는 3~4개의 핵심 자산을 나열해야 한다. 경우에 따라 기업 비즈니스 모델의 지속적인 성공이 주로 단일 핵심 자원에 달려 있을 수도 있다. 예를 들어, Zynga는 꾸준히 Facebook과의 계약을 유지하며 Facebook 플랫폼에서 특권적인 위치를 확보했다. 이 계약이 최근에 종료되면서 Zynga의 비즈니스 모델이 약화되었고 미래 전망이 어두워졌다.

재무

비즈니스 모델의 세 번째 구성 요소는 회사의 재무에 중점을 둔다. 이것은 기업이 어떻게 수익을 창출하는지를 설명하는 비즈니스 모델의 유일한 부분으로서, 매우 중요하다. 대부분의 비즈니스에서 수익 창출 방식은 비즈니스 모델을 구축하는 가장 기본적인 측면 중 하나이다.[25] 수익흐름, 비용 구조, 자금 조달/펀딩이 재무 구성 요소의 주요 요소이다.

수익흐름 기업의 **수익흐름**은 돈을 버는 방식을 나타낸다.[26] 어떤 기업은 단일 수익흐름을 가지고 있는 반면, 다른 기업은 여러 개를 가지고 있을 수 있다. 예를 들어, 대부분의 레스토랑은 단일 수익흐름을 가지고 있다. 고객은 식사를 주문하고 식사가 끝나면 지불한다. 그러나 어떤 레스토랑은 여러 수익원을 가질 수도 있다. 그들은 레스토랑을 운영하고, 케이터링 서비스를 제공하며, 카운터에서 제품을 판매할 수 있다. 예를 들어 바비큐 레스토랑의 경우 병에 든 바비큐 소스와 같은 제품을 카운터에서 판매할 수 있다. 기업이 수익을 창출하는 방식의 특성도 다양하다. 어떤 기업은 일회성 고객 결제를 통해 수익을 창출하는 반면 다른 기업은 구독 서비스를 판매해 반복적인 수익을 얻을 수 있다. 어떤 기업은 돈을 버는 방식이 매우 창의적이다. 예를 들어 많은 온라인 게임 제공업체가 기본 게임을 무료로 제공하고, 게임 플레이를 향상시키기 위해 시간 절약 단축키, 특수 무기, 기타 플레이 향상 기능과 같은 프리미엄 제품을 구매하는 소수의 사용자로부터 대부분의 수익을 창출한다.

가장 일반적인 수익흐름이 표 4.3에 나와 있다. 위에서 언급한 바와 같이 많은 기업은 고객에게 제공하는 가치를 최대한 활용하기 위해 하나 이상의 수익흐름을 보유하고 있다. 예를 들어, Birchbox는 역사적으로 구독 서비스와 온라인 스토어라는 두 가지 수익원을 가지고 있다. 한 달에 10달러를 지불하는 구독자는 4~5개의 제품 샘플을 받는다. 고객이 샘플 중에서 본품을 하나 구매하려면 Birchbox의 온라인 상점을 통해 구할 수 있다. 최근 이 회사는 뉴욕시 소호 지구에 자체 오프라인 매장을 열었다. 이것은 Birchbox가 이제 세 가지 수익원을 가지게 되었다는 것을 의미하며, 이는 이 회사에 완벽하게 좋은 의미를 가진다. 이런 식으로 생각해보자. 제품 샘플은 구독자가 다른 방법으로는 알지 못했을 수도 있는 제품을 구독자에게 소개한다. 구독자가 특정 제품이 마음에 들어 본품 구매를 원할 경우 Birchbox 웹사이트뿐만 아니라 이제 Birchbox의 실제 매장을 통해서도 구매할 수 있다. 이러한 방식은 구독자에게는 방금 샘플링한 제품을 편리하게 구매할 수 있는 방법을 제공한다는 점에서, Birchbox에는 세 가지 수익원을 제공한다는 점에서 가입자와 Birchbox 모두에게 좋은 것이다.

기업 비즈니스 수익흐름의 숫자와 특성은 해당 기업의 비즈니스 모델의 다른 요소에 직접적인

표 4.3 가장 일반적인 수익흐름

수익흐름	설명
광고	신문, 잡지, 웹사이트, 그 외 다른 방법으로 특정 제품 또는 서비스를 광고하는 데서 발생하는 수익
수수료	두 당사자(판매자와 구매자) 간에 거래가 완료되었을 시 발생하는 수익. Etsy와 eBay가 이 방식으로 수익을 창출함. 일반적으로 수익은 판매 가격의 일부로 포함시켜 받음
다운로드 요금	사용자가 스마트폰 앱, 전자책, 소프트웨어와 같은 디지털 제품을 다운로드할 수 있게 허용함으로써 발생하는 수익
라이선싱	소프트웨어 제품과 같이 보호받는 지식재산을 사용하는 데 요금을 부과해서 발생하는 수익
중개(매칭)	임시로 어떤 사람의 자산 또는 능력에 접근하기 원하는 사람을 해당 자산을 소유하거나 그 능력을 가진 사람과 매칭해서 발생하는 수익. 이것은 P2P(Peer-to-Peer) 네트워크가 작동하는 방식임. 예로는 Airbnb, TaskRabbit, Uber가 있음
제품 판매	물리적인 상품을 판매하는 것. 예를 들어 소매점이나 웹사이트에서 제품을 판매하는 것
렌털/대여	렌터카, 복사기, 특수한 기계와 같은 자산을 임대하거나 렌트하는 것으로 발생하는 수익
서비스 판매	서비스를 판매하는 것. 예를 들어 레스토랑에서 식사하거나 자동차 수리와 같은 것을 의미함
구독 서비스	구독을 판매하는 것. 예를 들어 DVD나 콘텐츠 스트리밍을 위한 Netflix나 라이프스타일 샘플을 위한 Birchbox와 같은 것

영향을 미친다. 모든 영리기업은 운영 자금을 조달하기 위해 최소한 하나의 수익흐름이 필요하다. 추가적인 수익흐름이 가치를 더하거나 빼앗는지 여부는 비즈니스의 특성과 비즈니스 모델의 다른 요소에 따라 다르다. 위에서 설명한 것처럼 Birchbox가 세 가지 수익원을 가지는 것은 이해할만한 일이다. 또한 자전거 가게와 같은 소매점이 자전거를 판매할 뿐만 아니라(수익흐름 #1) 자전거 액세서리를 판매하고(수익흐름 #2) 자전거 수리 서비스를 제공하며(수익흐름 #3), 지역 자전거 경주를 후원하는 것(수익흐름 #4)도 이해할만한 일이다. 반면 스마트폰 앱 판매자는 일회성 다운로드 요금(수익흐름 #1)을 청구하고 제품 업그레이드(수익흐름 #2)를 제공할 수 있다. 그러나 판매자는 온라인 광고 판매(잠재적 수익흐름 #3)를 하지 않을 수 있다. 온라인 광고가 게임 플레이 경험을 떨어뜨리고 이로 인해 사용자 리뷰가 나빠져 궁극적으로 다운로드 감소로 이어질 것을 두려워하기 때문이다.

Barringer/Ireland 비즈니스 모델 템플릿을 작성할 때 수익흐름을 명확하게 작성해야 한다. 이는 글머리 기호 형식으로 배치하는 것이 좋다.

비용 구조 비즈니스의 **비용 구조**는 비즈니스 모델을 지원하는 데 발생하는 가장 중요한 비용을 설명한다.[27] 차별화 기반 구축, 핵심 역량 개발, 핵심 자산 확보 또는 개발, 파트너십 형성 등에는 비용이 든다. 일반적으로 기업 비즈니스 모델 템플릿에서 이 부분에 대한 목표는 세 가지로 구성된다. 즉 비즈니스가 비용 중심인지 가치 중심인지 파악하고, 비즈니스 비용의 성격을 확인하며, 비즈니스의 주요 비용 범주를 확인하는 것이다.

첫 번째로 비즈니스에서 비용의 역할을 결정하는 것이 중요하다. 비즈니스는 비용 중심 또는 가치 중심으로 분류할 수 있다. 비용 중심 비즈니스는 가능한 한 비용을 최소화하는 데 중점을 둔다. 예를 들어 처방 안경을 95달러에 판매하는 회사인 Warby Parker의 가격은 Pearle Vision 및 LensCrafters와 같은 소매점에서 파는 가격보다 훨씬 싸다. 이를 위해 Warby Parker의 전체 비즈니스 모델은 비용 절감에 기반을 두고 있다. 그들의 안경은 회사 내부에서 설계하고 해외에서 제조하며 웹을 통해 판매하므로 전통적인 안경 제조 및 소매업과 관련된 많은 비용이 절감된다. 경쟁사의 비용 구조보다 비용을 더욱더 낮추는 데 집중하는 대신 가치 중심 비즈니스 모델은 고품질 제품(또는 경험)과 개인화된 서비스를 제공하는 데 중점을 둔다. 안과 의사들은 일반적으로 400~800달러 가격대의 처방 안경을 판매한다. 그들이 제공하는 추가 가치는 안경 선택 및 맞춤 서비스, 안경을 조정하거나 수리해야 할 경우 무료 추가 서비스 등으로 선택지가 다양하다.

두 번째로 비즈니스 비용의 특성을 파악하는 것이 중요하다. 대부분의 비즈니스는 주로 고정 비용 또는 가변 비용 구조를 가지고 있다. **고정 비용**은 제공하는 제품이나 서비스의 양과 관계없이 동일하게 유지되는 비용이다. **가변 비용**은 생산하는 제품이나 서비스의 양에 비례해서 변동하는 비용이다. 이것을 아는 것이 중요한 이유는 이것이 기업 비즈니스 모델의 다른 요소에 영향을 미치기 때문이다. 예를 들어 스마트폰 앱 개발에는 큰 고정 비용(앱 코딩 및 개발)과 작은 가변 비용(각각의 추가 앱 판매와 관련된 증분 비용)이 포함된다. 결과적으로 초기 개발 자금을 조달하기 위해 많은 돈이 필요하지만 앱의 지속적인 판매 자금을 조달하는 데에는 그렇게 많은 돈이 필요하지 않다. 반대로 샌드위치 가게와 같은 비즈니스는 고정 비용이 낮고 가변 비용이 높을 수 있다. 사업을 시작하는 데 드는 초기 비용은 임대 시설에 위치할 경우 특히 저렴할 수 있지만, 샌드위치를 준비하고 제공하는 데 필요한 인건비와 재료 비용은 청구되는 가격에 비해 상대적으로 높을 수 있다. 이러한 유형의 비즈니스는 초기 투자가 상대적으로 작을 수 있지만 지속적인 운영 자금을 조달하기 위해 신용 한도가 필요할 수 있다. 비즈니스 모델의 다른 요소도 영향을 받을 수 있다. 예를 들어 항공사와 같이 상당한 고정 비용이 드는 비즈니스는 일반적으로 주요 자산에 대규모의 투자를 했을 가능성이 있다. 또한 Blue Apron(완조리 식사 배달 서비스)과 같은 서비스 기반 회사는 핵심 자산이 거의 없을 수 있지만 핵심 역량과 파트너 네트워크를 가지고 있어 원재료를 조달하고 식사를 디자인해서 안정적으로 식사를 고객에게 배달할 수 있을 것이다.

비용 구조의 세 번째 요소는 비즈니스의 주요 비용 범주를 확인하는 것이다. 비즈니스 모델 단계에서는 예산을 수립하거나 추정 재무 계획을 작성할 필요는 없다. 그러나 회사의 주요 비용 범주를 파악하는 것은 필요하다. 예를 들어 Facebook의 주요 비용 범주는 데이터 센터 비용, 마케팅 및 영업 비용, 연구 개발 비용, 일반 및 관리 비용이다. 이러한 유형의 세분화는 비즈니스가 어디에서 주요 비용이 발생할지 이해하는 데 도움이 된다. 또한 비즈니스 모델 템플릿을 보는 모든 사람에게 기업 비즈니스 모델이 의존하는 주요 비용 항목에 대한 이해를 제공할 것이다.

자금 조달/펀딩 마지막으로, 많은 비즈니스 모델은 이를 실현하기 위해 일정 금액의 자금 조달 또는 펀딩에 의존하는 경우가 많다. 예를 들어, Birchbox의 비즈니스 모델은 서류상으로는 우아해 보였을지 모르지만 회사를 시작하고 운영하려면 투자 자금이 필요했다. 대부분의 비즈니스는 수익을 창출하기 전에 비용이 발생한다. 예를 들어 Faraday Bikes와 같은 비즈니스를 생각해보자. 수익을 내기 전에 이 회사는 제품을 설계하고, 제조를 준비하며, 재고를 구매하고, 고객을 확보하고, 제품을 고객에게 배송해야 했다. 이러한 흐름은 일반적으로 흔한데, 비즈니스가 실현 가능해지려면 초기 자본을 투입하는 것이 필요하다. 자본이 없으면 전체 비즈니스 모델을 유지할 수 없다.

일부 기업가는 개인 자원을 활용해 사업 자금을 조달할 수 있다. 다른 경우에는 사업이 처음부터 자체 수익으로 자금을 조달할 수 있을 정도로 단순할 수 있다. 그러나 많은 경우에 앞서 설명한 바와 같이 초기 자금 투입이 필요하다. 이러한 경우 비즈니스 모델 템플릿에서 필요한 자금의 대략적인 금액과 자금을 어디에서 조달할 수 있을 것인지를 나타내야 한다.

비용 구조와 유사하게 비즈니스 모델 단계에서는 필요한 정확한 금액을 결정하기 위해 예측을 완벽하게 할 필요는 없다. 근사치로 충분하다. 고려해야 할 세 가지 범주의 비용이 있다. 바로 자본 비용, 일회성 비용, 램프업 비용 충당금이다. 첫 번째로 자본 비용과 관련한 범주에는 부동산, 건물, 장비, 차량, 가구, 비품, 이와 유사한 자본 구매가 포함된다. 이러한 비용은 비즈니스에 따라 상당히 다르다. 식당이나 소매점은 상당한 자본 비용이 발생할 수 있으며, 서비스 사업은 자본 비용이 거의 또는 전혀 없을 수 있다. 두 번째 범주에는 비즈니스 시작을 위한 법률 비용, 웹사이트 디자인, 초기 재고 구매 및 수수료와 같은 일회성 비용이 포함된다. 모든 비즈니스는 이러한 비용 중 적어도 일부를 발생시킨다. 세 번째로 기업은 램프업 비용을 허용해야 한다. 많은 비즈니스는 수익성을 달성할 때까지 손실을 보는 램프업 기간이 필요하다. 예를 들어, 일반적으로 새 피트니스 센터가 회원 유치 목표를 달성하고 수익성을 달성하려면 몇 개월이 걸린다. 이 기간 동안 견딜 수 있는 현금을 비축해두는 것이 중요하다.

운영

기업의 비즈니스 모델 템플릿의 마지막 사분면은 운영이다. **운영**은 회사의 전체 비즈니스 모델의 핵심이며 일상적인 기업 경영의 중심 역할을 한다. 운영의 기본 요소는 제품(또는 서비스) 생산, 채널, 핵심 파트너이다.

제품(또는 서비스) 생산 이 절은 회사의 제품 및/또는 서비스가 어떻게 생산되는지에 초점을 맞춘다. 만약 회사가 물리적 제품을 판매하는 경우, 제품은 자체 생산할 수도 있고 계약 제조업체 또는 아웃소싱 공급자를 통해 생산할 수도 있다. 이 결정은 회사 비즈니스 모델의 모든 측면에 큰 영향을 미친다. 자체 생산을 선택하면 제조 핵심 역량을 개발하고 생산 프로세스와 관련된 핵심 자산을 조달해야 한다. 또한 상당한 초기 투자가 필요하다. 물리적 제품을 생산하는 회사가 계약 제조업체 또는 아웃소싱 공급자를 사용하기로 선택한 경우, 이 회사의 비즈니스 모델의 중요한 측면은 적절한 계약 제조업체 또는 아웃소싱 공급자를 찾을 수 있는 능력이다. 이것은 쉬운 활동이 아니다. 신생기업에 기회를 주려는 계약 제조업체 또는 아웃소싱 제공업체를 찾는 것은 종종 어려울 수 있다. 그래서 Barringer/Ireland 비즈니스 모델 템플릿에서 단순히 "제조는 계약 제조업체가 완료할 것이다"라고 해당 칸을 작성하는 것으로는 충분하지 않다. 제조업체의 정확한 이름은 필요하지 않지만 제조업체의 위치와 제조업체와의 협력 형태에 대한 일반적인 설명이 필요하다.

회사가 물리적 제품이 아닌 서비스를 제공하는 경우, 해당 서비스를 어떻게 제공할 것인지 간략한 설명을 제공해야 한다. 예를 들어, 사례 2.2의 주인공인 Rover.com은 도시 밖을 나갈 때 개를 맡겨야 하는 사람과 개를 돌봐주는 사람을 연결해주는 서비스이다. 비즈니스 모델 템플릿은 이것이 어떻게 구현되는지 간략하게 설명해야 한다. 설명이 길 필요는 없지만 실질적이어야 한다. 예를 들어 Rover.com에 대한 적당한 설명은 다음과 같다.

> Rover.com은 웹사이트를 통해 개 주인과 개 시터를 연결한다. 개 시터는 양질의 경험을 바탕으로 선별한다. 문제가 발생할 경우를 대비해 24시간 내내 고객 지원 서비스가 제공된다. Rover.com 시터의 보살핌을 받는 동안 개에게 발생하는 모든 의료 비용을 보장하는 반려동물 보험이 제공된다.

이 간략한 설명은 Rover.com이 어떻게 작동하며 비즈니스 모델 요소가 어떻게 구성되어야 하는 실물 제품을 판매하는 기업의 경우, 제품 제작 방식은 비즈니스 모델의 다른 부분과 동기화되어야 한다. 이 기업은 특수 치즈를 만들어 판매한다. 이 제품은 고품질이라는 회사의 '차별화 기반'을 유지하기 위해 사내에서 만들어진다.

RossHelen/Shutterstock

지에 대한 많은 정보를 제공한다. 이 정보는 비즈니스 모델 템플릿의 다른 항목에서는 제공하지 않는 정보이다.

채널 회사의 **채널**은 제품 또는 서비스를 고객에게 전달하는 방식을 설명한다.[28] 기업은 직접 판매하거나 중개인을 통해 판매하거나 이 두 가지 방식을 조합해서 판매한다.

많은 회사가 매장 또는 온라인을 통해 직접 판매한다. 예를 들어, Warby Parker는 웹사이트와 소수의 회사 직영 매장을 통해 안경을 판매한다. 이 회사는 유통업체, 도매업체 등 중개업체를 통해 판매하지 않는다. 반면 Faraday Bikes는 자사 웹사이트와 전국의 자전거 매장을 통해 직접 판매한다. 이 회사는 매장에 자전거를 공급하기 위해 유통업체와 도매업체를 활용한다. 일부 회사는 엄격하게 중개인을 통해서만 제품을 판매한다. 예를 들어 Zappos와 Amazon을 통해 판매하는 일부 제조업체는 자체 상점이나 웹사이트를 운영하지 않는다. 그들은 제품을 판매하기 위해 Zappos 및 Amazon과 같이 광범위하게 트래픽이 발생하는 웹사이트를 통해 제품을 판매하는 데 의존한다.

서비스를 판매하는 기업도 마찬가지이다. 예를 들어 호텔은 웹사이트와 전화 예약 서비스를 통해 서비스(일반적으로 객실)를 직접 판매하고, 여행대행사, 여행사, 항공사 등과 같은 중개자를 통해서도 판매한다. 예를 들어 플로리다주 올랜도 여행을 계획 중이라면 Travelocity, Expedia, 기타 유사한 서비스를 통해 항공편, 렌터카, 호텔을 예약할 수 있다. 이 경우 Travelocity 및 기타 회사는 서비스 제공자의 중개자 역할을 한다.

기업의 채널 선택은 비즈니스 모델의 다른 측면에 영향을 미친다. Warby Parker는 자사 웹사이트와 소수의 자사 직영 매장을 통해서만 제품을 판매하는 간단한 채널 전략을 유지하고 있다. 사업 모델이 작동하려면 자체적으로 마진 100%를 확보해야 할 정도로 가격이 충분히 낮아야 한다. 대조적으로 GoPro는 자사 웹사이트, Amazon, BestBuy.com과 같은 온라인 스토어, 미국 및 해외의 수백 개의 소매점을 통해 카메라를 판매한다. 이 회사는 도매업자 및 유통업자와 같은 중개자를 활용해서 새로운 유통 채널을 찾는 데 도움을 받는다. GoPro는 가치 중심의 비용 구조를 가지고 있어 수익의 일부를 채널 파트너와 공유할 수 있다. GoPro 접근 방식의 장점은 온라인과 소매점 모두에 제품을 광범위하게 보급한다는 것이다.

일부 회사는 잠재 고객에게 찾아가 판매를 시도하기 위해 영업팀을 운영하기도 한다. 이것은 비용이 많이 드는 전략이지만 경우에 따라 필수적일 수 있다. 예를 들어, 새로운 의료 장비를 판매하는 회사는 해당 장비를 판매하기 위해 시연이 필요할 경우 영업 인력을 배치하는 것이 유일한 현실적인 선택일 수 있다.

핵심 파트너 기업 비즈니스 모델의 마지막 요소는 핵심 파트너이다. 특히 신생기업은 일반적으로 비즈니스 모델을 작동시키는 데 필요한 모든 작업을 수행할 충분한 자원(또는 자금)이 없기 때문에 핵심 역할을 수행할 파트너에게 의존한다. 대부분의 경우, 기업은 제품을 개발하거나 서비스를 제공하는 데 필요한 대부분의 작업이 기업의 핵심 역량이나 전문 분야를 벗어나기 때문에 모든 것을 자체적으로 수행하기를 원하지 않는다.

많은 기업이 협력하는 첫 번째 파트너는 공급업체이다. **공급업체**(또는 벤더)는 다른 기업에 부품이나 서비스를 제공하는 회사이다. 거의 모든 기업에는 비즈니스 모델의 기능에서 중요한 역할을 하는 공급업체가 있다. 전통적으로 기업은 공급업체와 일정한 거리를 두는 관계를 유지했으며 공급업체를 거의 적으로 여겼다. 부품이 필요한 생산자는 최상의 가격을 찾기 위해 여러 공급업체와 가격을 비교하며 협상했다. 하지만 오늘날 기업은 이러한 접근 방식에서 벗어나 공급자와 더 많은 협력을 통해 관계를 발전시키고 있다. 점점 더 많은 관리자가 제품의 공급망을 관리하는 데 집중하고 있으며, 이는 제품 공급망을 통해 이동하는 모든 정보, 자금, 자재의 흐름을 조정하는 것이다. 조직이 공급망을 더 효율적으로 관리할수록 전체 비즈니스 모델이 더 효과적으로 작동할 수 있다.

공급업체와 함께 기업은 비즈니스 모델을 운영하기 위해 다른 회사와도 파트너십을 맺는다. 전략적 제휴 및 합작투자를 포함하는 가장 일반적인 비즈니스 관계 유형이 표 4.4에 나와 있다. 파트너십 참여의 이점으로는 특정 자원에 대한 접근성·위험·비용 공유, 시장 진입 속도, 학습 등이 있다.[29] 예를 들어 온라인 게임 회사인 Zynga와 보드게임의 오랜 제작 업체인 Hasbro의 제휴가 있다. 2012년에 두 회사는 파트너십을 맺어 클래식 Hasbro 게임을 Zynga 테마로 각색한 제품을 제작했다. Hasbro는 현재 Zynga의 인기 있는 FarmVille 온라인 게임을 각색한 FarmVille Hungry Hungry Herd라는 보드게임을 만들고 있다. 이 파트너십은 Zynga와 Hasbro 모두에게 좋은 것이다. Zynga에는 새로운 수익원과 새로운 산업인 보드게임에 대한 시장 진입을 가능하게 하고, Hasbro에는 고객에게 판매할 신선한 새 게임을 제공한다.[30] 파트너십에는 잠재적인 약점도 있다.[31] 이러한 약점에는 독점 정보의 유실, 경영 복잡성, 의사결정 자율성의 부분적인 손실 등이 포함된다.[32]

Barringer/Ireland 비즈니스 모델 템플릿을 작성할 때 주요 공급업체 파트너십 및 기타 파트너십을 파악해야 한다. 일반적으로 스타트업은 처음에는 상당히 적은 수의 파트너십으로 시작하며 이후 점차적으로 늘어난다.

파트너십에서 하나의 트렌드는 모든 유형의 비즈니스에서 자신의 핵심 역량을 벗어난 작업을

성공을 위한 파트너십

Upwork와 Guru: 프리랜서와 파트너십 형성을 촉진하는 플랫폼

Upwork • Web: www.upwork.com • Facebook: upwork • Twitter: @Upwork
Guru • Web: www.guru.com • Facebook: Guru.com • Twitter: @Guru_com

프리랜서는 웹사이트 디자인, 검색 엔진 최적화(SEO), 마케팅과 같은 특정 분야의 기술을 보유한 독립적인 계약직 종사자이다. 스타트업은 두 가지 이유로 프리랜서를 고용한다. 첫째, 프리랜서는 기업의 전문성에서 부족한 부분을 채워준다. 예를 들어, 소셜 미디어 전략을 개발해야 하지만 해당 분야에 대한 역량이 부족한 기업이 있을 수 있다. 소셜 미디어 전문가인 프리랜서는 기업이 소셜 미디어 전략을 설계하는 데 빠르고 효과적으로 도움을 줄 수 있다. 둘째, 프리랜서는 '필요에 따라' 고용할 수 있으므로 일반적으로 시간제 직원을 고용하는 것보다 비용이 저렴하다. 또한 기업에서 프리랜서를 고용해 프로젝트를 진행하다가 잘 되지 않으면 같은 사람을 다시 고용하지 않기로 결정할 수 있다. 파트타임 또는 풀타임 직원과 이별하기는 더 어려울 수 있다.

숙련된 프리랜서를 쉽게 찾고 고용할 수 있는 웹 기반 플랫폼이 점점 더 많아지고 있다. Upwork(www.upwork.com)와 Guru(www.guru.com)가 대표적인 예이다. 이러한 플랫폼은 프리랜서가 자신을 소개하고 프리랜서가 필요한 모든 사람이 목록을 검색해서 적합한 프리랜서를 찾을 수 있게 하는 서비스이다. 예를 들어 Guru는 웹, 소프트웨어 및 IT, 디자인, 예술 및 멀티미디어, 글쓰기 및 번역, 영업 및 마케팅 등 여러 카테고리별로 프리랜서를 나열한다. 두 플랫폼 모두 프리랜서가 자신의 전문 분야에 대한 정보와 이전 고객으로부터 받은 피드백을 보여주는 프로필을 게시할 수 있다. Upwork의 프로필에는 프리랜서의 사진과 간단한 자기소개, Upwork 플랫폼을 통해 얻은 일자리 수, 일자리 성공률, 이전 고객의 코멘트를 포함한 과거 일자리 내역 등이 나와 있다. 예를 들어, 이 기능을 작성할 당시 Jennifer F.라는 프리랜서는 Upwork를 통해 45건의 작업을 완료해서 97%의 작업 성공률을 기록했다. 그녀의 고객 중 한 명은 "Jenny는 지금까지 함께 일한 프리랜서 중에서 최고인 프리랜서 중 한 명이다. 그녀는 소셜 미디어 전문가이며 빠르고 효율적으로 일하고 항상 질문에 답하거나 아이디어와 프로젝트에 대해 논의할 수 있다"라고 말했다. 이러한 피드백은 향후 고객이 비슷한 프로젝트를 진행할 때 Jennifer F.와 함께 일할 가치가 있다는 확신을 가지게 해준다. Jennifer의 시간당 요금은 25달러이다. 회사가 영향력 있는 소셜 미디어 캠페인을 디자인하는 데 그녀가 도움을 줄 수 있다면 이 비용은 그만한 가치가 있을 것이다. 또한 그녀는 작업을 완료하는 데 걸리는 시간만큼만 요금을 청구한다.

시간이 지남에 따라 회사는 종종 개별 프리랜서들과 편안해지며, 이 관계는 팔짱 끼고 방관하는 관계가 아니라 파트너십으로 변할 수 있다. 플랫폼은 프리랜서에게 지급되는 금액의 일정 비율을 가져가는 방식으로 수익을 창출한다. Upwork의 프리랜서는 모든 계약 대해 고객에게 청구된 첫 번째 500달러의 20%, 500.01~1만 달러 사이는 총청구액의 10%, 1만 달러 초과 시 총청구액의 5%로 총청구액에 따라 '차등 서비스 수수료'를 지불한다. Guru의 프리랜서는 4.95~9.95% 사이의 수수료를 지불하며, 이 비율은 수입에서 공제된다. Guru의 고객도 결제 처리 수수료로 2.5%를 지불한다. 프리랜서가 돈을 받고 작업을 완료하지 않는 것을 방지하기 위해 서비스에 보호 기능이 내장되어 있다. Upwork와 Guru 모두 전문 분야를 확대하고 있으며, 새로운 공급자들이 시장에 진입하고 있다. 기업들은 이제 거의 모든 기술 격차를 안정적으로 메워줄 수 있는 자격 있는 프리랜서를 찾을 수 있다.

비판적 사고를 위한 문제

1. 당신이 회사의 설립자이고 회사를 위해 QuickBooks를 설정하는 데 도움이 필요하다고 가정해보자. QuickBooks는 소규모 비즈니스를 위한 회계 및 부기 플랫폼이다. Upwork와 Guru에서 QuickBooks 프리랜서를 검색해보라. 전문성, 경험, 비용의 조합이 가장 좋다고 생각되는 프리랜서를 선택하라. 선택한 사람의 주요 속성을 요약해보라.
2. 비즈니스의 핵심 역량을 충족하기 위해 프리랜서를 고용하는 것이 어느 정도 적절하거나 부적절한가?
3. 스타트업의 단기 프로젝트를 위해 프리랜서를 고용하는 것의 장점들을 나열하라.
4. 프리랜서가 어떤 방식으로 회사의 파트너가 될 수 있다고 생각하는가? 독립 계약자가 아닌 회사의 파트너가 될 수 있다고 생각하는가?

출처: Upwork Homepage, www.upwork.com (accessed February 12, 2017); Guru Homepage, www.guru.com (accessed February 12, 2017).

표 4.4 가장 일반적인 비즈니스 파트너십 유형

파트너십 유형	설명
합작투자	두 개 이상의 기업이 각각 자원을 모아 공동 소유하는 별도의 기관(기업체)
네트워크	로컬 기업이 중심 역할을 하며 복잡한 기업들 간의 상호 의존성을 조직화하는 허브-앤-휠 구성
협력단체	유사한 요구 사항을 가진 기관들이 모여 이러한 요구 사항을 해결하기 위한 새로운 기관을 만드는 집단
전략적 제휴	두 개 이상의 기업 간에 교환 관계를 설정하지만 공동 소유가 포함되지 않은 제휴
무역 협력	동일한 산업에 속한 기업들이 형성한 (일반적으로 비영리) 단체로, 무역 정보 수집 및 배포, 법적 및 기술적 조언 제공, 산업 관련 교육 제공, 집단 로비 활동을 위한 플랫폼을 제공하는 조직

출처: B. Barringer and J. S. Harrison, "Walking a Tightrope: Creating Value Through Interorganizational Relationships," *Journal of Management* 26, no. 3 (2000): 367-403.

수행하기 위해 프리랜서를 활용하는 것이다. 프리랜서는 소프트웨어 개발이나 웹사이트 디자인과 같은 특정 분야의 기술을 보유한 독립적인 계약자이다. 자격을 갖춘 프리랜서를 파악하고 찾는 것을 점점 더 쉽게 만들어주는 여러 웹 플랫폼이 있다. 이러한 플랫폼은 이 장의 '성공을 위한 파트너십'에서 강조하고 있다.

요약 Chapter Summary

1. 비즈니스 모델은 기업이 이해관계자를 위해 가치를 창출, 전달, 확보하는 방법에 대한 기업의 방식이다. 본질적으로 비즈니스 모델은 기업이 비즈니스를 수행하고 시장에서 성공하기 위해 노력하는 방법의 핵심 측면을 다룬다. 기업이 개발하는 비즈니스 모델의 품질과 그 모델을 실행하는 방식의 품질은 단기 및 장기적으로 기업의 성과에 영향을 미친다. 비즈니스 모델의 서로 다른 부분 또는 요소가 서로 얼마나 잘 어울리고 상호 보완적인지는 품질에 영향을 미친다. 최상의 비즈니스 모델은 경쟁업체가 이해하고 모방하기 어려운 방식으로 개발한 것이다. 또한 기업의 비즈니스 모델과 경쟁사 비즈니스 모델 간의 차이가 클수록(모델이 효과적으로 개발되었다고 가정하면) 기업이 경쟁에서 성공할 가능성이 더 커진다. 따라서 창업기업은 경쟁업체와 차별화되고, 결과적으로 이해관계자를 위한 가치 창출 방법을 명확하게 특정할 수 있는 비즈니스 모델을 개발하기를 원한다.
2. 비즈니스 모델에는 여러 유형이 있다. 그러나 기업가는 특정 유형의 비즈니스 모델이 본질적으로 다른 모델보다 우수하지 않다고 이해하는 것이 중요하다. '최고의' 비즈니스 모델은 기업이 이해관계자를 위해 창출하려는 가치를 효과적으로 설명하고 그 가치를 창출하기 위해 취할 조치를 적절하게 세부적으로 설명해주는 모델이다. 표준 및 파괴적 비즈니스 모델은 두 가지 잘 알려진 비즈니스 모델의 범주이다. '범주'라는 표현을 사용한 이유는 여러 유형의 표준 모델(표 4.1 참조)과 두 가지 유형의 파괴적 모델(여기에서 논의됨)이 있기 때문이다. 표준 비즈니스 모델은 기업이 어떻게 이해관계자를 위한 가치를 창출, 전달, 확보하는지에 대한 기획 또는 방법을 보여준다. 많은 표준 모델이 수년 동안 존재해왔다. 표준 비즈니스 모델을 선택할 때 창업기업은 해당 모델의 요소를 고유하게 통합해서 경쟁업체와 경쟁하면서 가치를 창출하는 수단으로 활용할 수 있다고 믿는다. 파괴적 비즈니스 모델은 흔하지 않은데, 이는 표준 비즈니스 모델의 프로필과 일치하지 않으면서도 산업 전반이나 중요한 부문 또는 틈새 시장에서 비즈니스 수행 방식을 방해하거나 변경할 만큼 충분히 영향력 있는 모델이다. 신시장 파괴와 로엔드 시장 파괴는 파괴적 모델의 두 가지 유형이다. 신시장 파괴는 기업이 이전에 공급하지 않았던 시장을 대상으로 비즈니스 모델을 활용해 대응하는 경우를 의미한다(예를 들어 Google을 생각해보라). 로엔드 시장 파괴는

이미 산업에서 경쟁하는 기업이 고객의 기대나 욕구를 초과하는 제품이나 서비스를 고객에게 제공할 때 가능하다. 이 '성능 과잉'은 창업기업이 고객에게 원하는 제품 또는 서비스 기능을 더 쉽게 제공하기 위해 산업에 진입할 수 있는 기회를 만든다. 저비용 비즈니스 모델은 종종 로엔드 시장 파괴를 일으키기 위해 활용된다(예를 들어 미국의 Southwest Airlines와 유럽의 Ryanair를 생각해보라).

3. Barringer/Ireland 비즈니스 모델 템플릿은 총 4개의 주요 범주와 12개의 개별 항목으로 구성된 포괄적인 도구이다(그림 4.2 참조). 이 비즈니스 모델 템플릿은 기업가가 의도한 행동을 설명하고 예측하며 수정하고 전환하는 데 도구로 활용할 수 있다. 기업가는 이 모델의 요소들이 통합되어 지속 가능한 비즈니스 기업이 되었다고 확신이 들 때까지 템플릿을 사용할 수 있다. 기업이 어떻게 경쟁할 계획인지를 설명하는 핵심 전략은 네 가지 주요 범주 중 첫 번째 범주이다. 핵심 전략에는 기업의 미션, 차별화 근거, 목표 시장, 제품/시장 범위가 포함된다. 두 번째 범주인 자원은 기업이 제품이나 서비스를 판매, 유통, 서비스하기 위해 사용하려는 투입물이다. 핵심 역량은 기업의 비즈니스 모델을 지원하고 경쟁사와 차별화되는 특정한 요소 또는 능력이며, 핵심 자산은 비즈니스 모델을 작동시키기 위해 소유한 자산이다. 세 번째 범주인 재무는 기업이 수익을 창출하는 방법과 관련이 있다. 수익흐름은 기업이 수익을 얻는 정확한 방법을 다루며, 비용 구조는 기업이 비즈니스 모델 실행을 지원하는 데 발생하는 가장 중요한 비용(고정 및 가변 비용 모두)을 포함하고, 자금 조달/펀딩(회사가 비용을 지원하거나 충당하는 방법)은 재정 범주의 일부이다. 운영은 Barringer/Ireland 비즈니스 모델 템플릿의 네 번째이자 마지막 범주이다. 이 범주의 제품(또는 서비스) 생산 부분은 기업의 의도된 생산 방법을 자세히 설명한다. 채널 부분은 제품 또는 서비스가 고객에게 어떻게 전달될지를 명시하며, 핵심 파트너 부분은 기업의 운영을 지원하는 수단으로 협력할 다른 사람을 확인한다.

주요 용어 Key Term

가변 비용
고정 비용
공급업체
로엔드 시장 파괴
목표 시장
미션 또는 미션 선언문
비용 구조
비즈니스 모델
수익흐름
신시장 파괴
운영
이탈
자원
제품/시장 범위
차별화 근거
채널
파괴적 비즈니스 모델
표준 비즈니스 모델
핵심 역량
핵심 자산
핵심 전략

복습 문제 Review Question

1. 비즈니스 모델이란 무엇인가?
2. 프리미엄 비즈니스 모델은 어떻게 작동하는가?
3. 기업이 비즈니스 모델을 개발하기에 가장 좋은 시기는 언제인가?
4. 표준 비즈니스 모델은 무엇이며 파괴적 비즈니스 모델은 무엇인가?
5. Barringer/Ireland 비즈니스 모델 템플릿을 구성하는 네 가지 주요 범주는 무엇인가?
6. 회사의 핵심 전략과 미션은 비즈니스 템플릿의 일부로서 서로 어떻게 관련되어 있는가?
7. 신시장 파괴와 로엔드 시장 파괴의 차이점은 무엇인가?
8. 대부분의 창업기업이 초기에 좁은 목표 시장 내에서의 경쟁을 선택하는 이유는 무엇인가?
9. '이탈'이란 무엇이며 회사에 어떤 영향을 미치는가?
10. 회사가 보유한 자원이 비즈니스 모델의 중요한 부분인 이유는 무엇인가?
11. 핵심 역량이란 무엇인가?
12. 대부분의 스타트업은 얼마나 많은 핵심 역량을 가지고 있는가?
13. 기업의 비용 구조는 무엇인가?
14. 회사의 물리적 자산과 지적 자산의 차이점은 무엇인가?
15. 수익흐름이란 무엇이며, 왜 이것이 기업의 단기 및 장기 성

공을 위해 중요한가?

16. 특정 기업 형태에서 가장 일반적인 수익흐름은 무엇인가?
17. Barringer/Ireland 비즈니스 모델 템플릿에서 '운영' 범주의 기본 요소는 무엇인가?
18. '핵심 파트너'는 누구이며 그들이 창업벤처의 성공에 중요한 이유는 무엇인가?
19. 기업이 고객에게 제품이나 서비스를 제공하기 위해 선택할 수 있는 다양한 방법은 무엇인가?
20. '프리랜서'는 누구이며 이러한 개인이 벤처기업의 파트너로서 잠재적으로 매력적인 이유는 무엇인가?

응용 문제 Application Question

1. Hans Bliss는 자신의 비즈니스 모델을 작동시키기 위해 파트너십을 구축해야 한다는 것을 알고 있다. 그러나 공급업체와의 파트너십을 제외하고는 어떤 유형의 파트너십이 미래에 필요할지 확신할 수 없다. 미래의 필요에 대비해서 Hans가 고려할 수 있는 파트너십 유형은 무엇인가?
2. 대도시 근교에 있는 한 헬스장은 평균 7,000명의 회원을 보유하고 있다. 매월 약 5~8%의 회원이 재등록을 하지 않는다. 이와 같은 비즈니스가 회원 이탈을 줄이고 장기간에 걸쳐 지속적인 성장을 하려면 어떻게 해야 할까?
3. 제3장에서 언급한 기업 Wonder Workshop에 대해 살펴보라. 이 기업이 타당성 분석을 완료하는 과정에서 취한 다섯 가지 조치는 무엇이며, 이러한 조치가 비즈니스 모델을 지원하는 데 특별히 도움이 되었을까?
4. Twitter(http://twitter.com)는 사용자가 '트윗'이라고 하는 다른 사용자의 업데이트를 보내고 읽을 수 있는 무료 네트워킹 및 마이크로 블로깅 서비스이다. 이 비즈니스 모델은 장기적으로 지속 가능하지 않다는 비판을 계속 받고 있다. Twitter의 비즈니스 방식을 조금 더 구체적으로 살펴보라. 이 기업은 어떻게 수익을 창출하는가? 장기적으로 지속 가능한 비즈니스 모델이 있는가? 만약 장기적으로 지속 가능한 비즈니스 모델이 없다면 Twitter는 경쟁력을 높이기 위해 비즈니스 모델을 어떻게 변경해야 할까?
5. 당신의 친한 친구인 Debra McGahan이 이번 학기에 수강중인 한 과목에서 프로젝트를 완료하려면 효과적인 비즈니스 모델을 사용하는 기업에 대한 사례를 설명해야 한다고 말했다. 당신의 즉각적인 반응은 방금 이 장의 '영리한 창업기업'을 읽으면서 CoachUp의 성공적인 비즈니스 모델에 대해 배웠다는 것을 떠올린 것이다. Debra가 CoachUp의 비즈니스 모델을 이해할 수 있도록 CoachUp이 어떻게 이해관계자를 위한 가치를 창출했는지 설명하라.
6. 자원과 핵심 역량은 모두 Barringer/Ireland 비즈니스 모델 템플릿의 중요한 부분이다. 자원과 핵심 역량의 차이점은 무엇이며, 왜 기업가가 효과적인 비즈니스 모델을 개발하기 위해 자원과 핵심 역량을 모두 갖추어야 하는가?
7. 어떤 경우에 위치가 기업의 비즈니스 모델에서 중요한 부분을 차지하는지 몇 가지 예시를 들어보라.
8. Steven Gerald는 24시간 세탁소를 시작할 계획이다. 그에게 필요한 기본 자원은 무엇인가? 필요한 자원 목록을 만들어 Steven을 도우라.
9. 차별화 근거는 Barringer/Ireland 비즈니스 모델 템플릿의 일부이다. 이 용어는 '소비자가 한 회사의 제품을 다른 제품보다 선택하게 만드는 원인'으로 정의했다. Apple의 차별화 근거는 무엇인가?

You Be the VC 4.1

회사명: DoorDash

• Web: www.doordash.com • Facebook: DoorDash • Twitter: @doordash

사업 아이디어: 소규모 사업자가 저렴하고 편리한 방식으로 음식을 배달할 수 있는 온디맨드(주문형) 레스토랑 배달 서비스 론칭하기

개요: DoorDash는 온디맨드 레스토랑 배달 서비스이다. 테이크아웃을 제공하는 도시에서 가장 인기 있는 레스토랑을 확인한 후, 이러한 레스토랑과 거래 계약을 체결해 테이크아웃 음식을 주문하는 사람과 DoorDash 운전기사를 연결한다. 어떤 경우에는 DoorDash와 참여 레스토랑 간의 관계가 간단하다. 이러한 경우 DoorDash는 집으로 배달을 원하는 사람과 Uber 운전기사처럼 독립 계약자인 DoorDash 운전기사 사이를 연결하는 중간 역할을 한다. 다른 경우는 더 형식적인데, DoorDash가 추가적인 운영 효율성 서비스와 데이터 분석을 추가로 제

공한다. DoorDash는 독립적으로 운영하는 작은 카페부터 Taco Bell, Dunkin' Donuts와 같은 레스토랑 체인에 이르기까지 전국의 수천 개 레스토랑과 이러한 형태의 파트너십을 맺었다.

소비자의 관점에서 DoorDash의 서비스는 다음과 같이 작동한다. 소비자는 DoorDash의 웹 또는 모바일 앱에 접속해서 자신의 계정으로 로그인하거나 우편번호를 입력한다. 그러면 테이크아웃을 제공하는 주변의 모든 레스토랑 목록, 각 레스토랑 유형별로 정리된 테이크아웃 메뉴(미국식, 태국식, 이탈리아식, 스시 등)와 가격, 식사 배달에 걸리는 대략적인 시간, 배달 비용이 명시된 대시보드가 나타난다. 대부분의 주문은 45분 이내에 배달된다. 각 레스토랑마다 '만족도(Delight)' 점수도 제공한다. 이 만족도 점수는 고객 피드백을 기반으로 생성되며, 음식 품질에서부터 배달 속도, 가격에 이르기까지 해당 레스토랑에 대한 주문 경험 전체를 나타내는 요소이다. 주문이 접수되면 신용 카드로 결제되며, Dasher(DoorDash에서는 '운전기사'라고 함)가 식당으로 가서 주문을 픽업한 다음 고객의 주소로 배달한다. 팁을 줄 수도 있다.

DoorDash가 어떻게 돈을 버는지 궁금할 것이다. 세 가지 방식으로 수익을 창출한다. 첫째, 각 주문마다 서비스 수수료를 부과한다. 둘째, 운전기사에게 직접 지불되는 배달 수수료를 징수한다. 셋째, DoorDash가 레스토랑에 제공하는 추가 운영 효율성 서비스와 데이터 분석에 대한 추가 수수료를 레스토랑으로부터 징수한다. DoorDash는 샌프란시스코에서 시작해서 로스앤젤레스, 보스턴, 시카고, 뉴욕시 등 주요 대도시 지역으로 확장되었으며, 여러 다른 도시를 계속 추가할 계획이다.

Dasher는 독립 계약자이기 때문에 자신의 일정을 스스로 짜고 원하는 만큼 일한다. DoorDash가 가정 배달 기능을 옵션으로 만든 결과 많은 레스토랑에서 매출 증가, 신규 고객 증가, 운영 개선을 경험했다. DoorDash는 스스로를 식사 배달 서비스가 아닌 물류 회사로 보고 레스토랑을 초기 단계의 서비스로 보고 있다. 앞으로 DoorDash는 다른 유형의 배달 서비스를 제공할 계획이다.

- 이 장에서 다룬 자료를 바탕으로, 투자를 결정하기 전에 회사 설립자에게 어떤 질문을 할 것인가? 어떤 대답이 여러분을 만족시킬까?
- 개요와 회사 웹사이트에 제공된 정보만 보고 투자 결정을 내려야 한다면 이 회사에 투자하겠는가? 왜 그러한가? 혹은 왜 그렇지 않은가?

You Be the VC 4.2

회사명: Secret Recipe Cakes and Café

• Web: www.secretrecipe.com.my • Facebook: Secret Recipe Malaysia • Twitter: @SecretRecipe_My

사업 아이디어: 전 세계의 음식 애호가를 위해 현지 및 세계 각국의 맛을 통합하는 카페 체인

개요: Secret Recipe Cakes and Café는 특히 말레이시아에서 음식 애호가들에게 낯설지 않은 이름이다. Secret Recipe Cakes and Café는 1997년 설립 이후 현재는 누구나 아는 이름이 되었다. Secret Recipe는 고품질의 케이크, 퓨전 음식, 차별화된 서비스를 핵심 전략으로 삼아 이미 성공 방법을 개발한 상태이다. 말레이시아 최대 규모의 카페 체인 중 하나로서 150개 이상의 매장을 가지고 있으며, 다양한 요리와 디저트를 제공해 다양한 고객층에 맞게 서비스하고 있다. 20가지가 넘는 퓨전 음식, 40가지가 넘는 케이크, 다양한 페이스트리, 아이스크림, 음료 등을 제공하는 Secret Recipe는 많은 말레이시아인의 마음을 사로잡았고 이 지역에서 성공적으로 브랜드 이름을 알렸다.

Secret Recipe의 비즈니스 모델은 국제적으로도 성공적으로 적용되고 있으며, 태국, 싱가포르, 인도네시아, 필리핀, 중국, 파키스탄, 브루나이 등 다양한 국가에 매장이 있다. 20년이 넘는 기간 동안 Secret Recipe는 440개 이상의 카페 네트워크로 확장되었다.

강력한 브랜드와 더불어 지속 가능한 비즈니스를 구축하는 것은 Secret Recipe로서도 쉬운 일이 아니었다. 다양성을 가져야 했기 때문에 한 매장이나 한 국가를 넘어 확장할 수 있는 브랜드의 특징을 찾아야 했다. 차별화, 혁신, 적응력, 연구 개발 및 일관성, 정체성, 브랜드 약속 등은 Secret Recipe가 전 세계적인 성공을 거둘 수 있었던 핵심 요소였다.

Secret Recipe는 올해의 국내 프랜차이즈상, 올해의 국제 프랜차이즈상, 올해의 프랜차이즈 최우수 판매 성장상, 최우수 브랜드 식음료 카페상 등 여러 상을 수상했다. 더불어 Secret Recipe는 2017년 중국 동부 최고 케이크상과 같은 국제적인 상도 다수 수상했다. 2013년 Secret Recipe는 말레이시아의 스타 비즈니스 어워드에서 '베스트 마케팅'과 '베스트 브랜드' 부문에서 2개의 플래티넘상을 수상했다.

Secret Recipe는 다양한 종류의 케이크를 제공하는 카페일 뿐만 아니라 국가별로 유연하게 다양한 메뉴를 제공한다. 그러나 Secret Recipe를 진정한 말레이시아 브랜드로 인식시키기 위해 해외 매장에서도 '나시르막(매콤한 그레이비를 곁들인 밥)' 및 '미고랭(볶음면)'과 같은 말레이시아의 인기 메뉴도 제공한다. Secret Recipe는 앞으로도 자신의 성과를 뛰어넘어 국내는 물론 세계적으로 업계 선두주자로 인정받기 위해 노력할 것이다.

- 이 장에서 다룬 자료를 바탕으로, 투자를 결정하기 전에 회사 설립자에게 어떤 질문을 할 것인가? 어떤 대답이 여러분을 만족시킬까?
- 개요와 회사 웹사이트에 제공된 정보만 보고 투자 결정을 내려야 한다면 이 회사에 투자하겠는가? 왜 그러한가? 혹은 왜 그렇지 않은가?

사례 4.1 CASE

Etsy: 비즈니스 모델 세분화

• Web: www.etsy.com • Facebook: Etsy • Twitter: @Etsy

Bruce R. Barringer(오클라호마주립대학교)
R. Duane Ireland(텍사스A&M대학교)

소개

Etsy는 수제품 또는 빈티지 아이템과 독특한 공산품에 특화된 전자상거래 웹사이트이다. Etsy의 제품은 보석, 가구, 가정용품, 주방용품, 의류, 장식품, 예술품 등 다양한 제품 유형을 포괄한다. 이 사이트는 판매자(대부분 소규모 상인과 지역 장인)가 Etsy에 스토어를 열고 소규모/지역 생산자의 독특한 수제품을 원하는 구매자에게 판매하는 개방형 공예 박람회와 유사하다. Etsy는 2005년에 사이트를 오픈했다. 2017년 말 기준으로 Etsy에는 1,980만 명의 활성 구매자와 170만 명의 활성 판매자를 포함해 5,400만 명의 사용자가 회원으로 등록되어 있다.

역사

Etsy의 아이디어는 목공 공방에서 시작되었다. 고전적인 학문을 전공한 Rob Kalin은 전통적인 취업 시장에 뛰어드는 대신 목공 재능에 집중하기로 했다. 그는 나무로 둘러싸인 컴퓨터와 같은 독특한 제품을 만들었지만, 이를 판매할 수 있는 시장을 찾지 못했다. 그래서 그는 Chris Maguire, Jared Tarbell, Haim Schoppik과 함께 Etsy를 시작했다. Etsy는 공예품 제작 취미를 가진 사람들과 장인의 수공예품 구매에 관심이 있는 사람들을 연결할 수 있는 공예품 온라인 마켓플레이스이다.

처음부터 Etsy는 커뮤니티 개념을 강조했다. Etsy는 스스로를 소상공인과 장인의 대변자로 여겼다. 또한 판매자를 커뮤니티에 참여시키고 힘을 실어줬다. Etsy는 매주 월요일 저녁 50~80명의 사람이 브루클린에 있는 사무실에 와서 공예품을 만드는 '공예의 밤'을 주최했다. 또한 직원들이 공예품 제작 능력을 연마할 수 있도록 '직원 공예의 밤'도 주최했다. 동시에 Kalin은 Etsy 판매자에게 매출 증가를 위한 팁을 제공하기 위해 '가상 타운홀 미팅'을 시작했다. 이 모든 활동은 부분적으로 커뮤니티를 형성하기 위해 수행되었지만 더 큰 목적이 있었다. Kalin과 그의 팀은 Etsy의 재무적 성공이 사이트를 통해 얼마나 많은 상거래가 이루어지는지에 달려 있음을 알고 있었다.

2005년 출범 이후 Etsy는 꾸준히 성장했다. 현재 미국과 해외에서 685명의 직원을 고용하고 있으며 거의 200개국에서 거래를 중개하고 있다. Etsy는 10년 동안 비상장 회사였다. 2015년 4월 16일에 상장했으며 나스닥에서 티커 기호 ETSY로 거래된다. IPO 당시 기업가치는 18억 달러였다. 2016년 Etsy는 27억 달러의 매출을 올렸다.

Etsy의 작동 방식

판매자가 Etsy에서 판매를 하려면 가입 후 Etsy 스토어를 만든다. 스토어를 만드는 것은 무료이다. 스토어 내 각 상품은 20센트의 등록비를 내고 등록한다. 스토어 내 판매가격은 판매자가 결정한다. Etsy는 각 판매 건당 3.5%의 수수료를 받는다. Etsy 스토어의 한 예로 AHeirloom이 있다(https://www.etsy.com/shop/AHairloom). AHeirloom은 수제 목공품을 판매한다. 그중 가장 인기 있는 품목 하나가 주방용 도마이다. 이 사례를 작성했을 당시 AHeirloom에는 8~155달러에 이르는 287개의 상품을 판매하고 있었다. 판매가 이루어지면 AHeirloom은 돈을 수금하고 구매자에게 상품을 배송한다. Etsy는 AHeirloom 및 다른 판매자에게 한 달에 한 번 상품 등록 및 판매 수수료를 청구한다.

고객이 Etsy에서 구매하려면 Etsy 홈페이지의 검색창을 사용해 품목을 검색하거나 홈&리빙, 보석, 의류, 장난감&게임, 공예 용품&도구, 웨딩과 같은 카테고리 목록에서 찾아볼 수 있다. Etsy 홈페이지에는 매일 엄선된 품목들이 표시된다. 구매자가 Etsy 온라인 스토어에 입장하면 이전 구매자의 리뷰를 읽고 별 5개로 평가된 판매자 평가를 확인할 수 있다. 예를 들어 AHeirloom은 4,973개 이상의 리뷰와 거의 완벽한 5개의 별 평점을 받았다.

비즈니스 모델 분석

Etsy 성공의 중심에는 비즈니스 모델이 있다. 비즈니스 모델은 기업이 이해관계자를 위해 가치를 창출, 전달, 확보하는 방법에 대한 기업의 기획 또는 방법이다. 오늘날 Etsy가 어떻게 보이는지에 대해 완성된 Barringer/Ireland 비즈니스 모델 템플릿이 145쪽에 나와 있다. 다음은 Etsy 비즈니스 모델의 네 가지 주요 범주에 대한 분석이다. 특히 주목할 점은 이 모델이 어떻게 함께 맞물려 있는지이다. 각 범주에 대한 설명을 읽으면서 그것이 다른 범주와 Etsy의 비즈니스 모델 전체에 어떤 영향을 미치는지 확인하라.

핵심 전략

Etsy의 미션은 야심 차다. "보다 풍요롭고 지속 가능한 세계를 구축하는 방식으로 상거래를 재창조하고 싶다"는 것이다. 이를 위해 Etsy는 동네 분위기를 콘셉트로 비즈니스를 구축했다. 판매자와 구매자 모두에게 의미 있는 쇼핑 방식을 만들어주는 데 중점을 둔 것이다. 이 점을 설명하기 위해 Etsy의 CEO Chad Dickerson은 "Etsy는 기술적으로나 문화적으로 사람들에게 의미를 제공하고 그들의 예술과 재능을 검증할 수 있는 기회를 제공하는 플랫폼입니다"라고 말했다. Etsy의 핵심 가치를 더 명확히 설명하기 위해 Dickerson은 "각 거래가 끝날 때마다 실제 사람으로부터

DreamBig/Shutterstock

Etsy의 플랫폼은 수공예품을 판매할 수 있도록 설계되어 있다. 이 사진에는 Etsy 판매자가 만든 머리띠 및 기타 헤어 액세서리 컬렉션이 포함되어 있다.

실제 무언가를 얻습니다. 그 안에는 그런 실존적인 만족감이 있습니다"라고 말했다. 이러한 일련의 가치 외에도 Etsy는 소규모 상인과 장인의 대변자 역할을 하고 있다. 이들은 대량 생산과 대형 매장의 등장으로 피해를 입은 사람들이다. Etsy는 이들에게 다수의 구매자를 대상으로 제품을 판매할 수 있는 플랫폼을 제공함으로써 비즈니스를 되살리도록 도움을 주고 있다.

Etsy의 차별화 근거는 수제품에 초점을 맞춘 미션, 사이트의 구매자와 판매자 수, 그것이 만들어낸 커뮤니티 의식에서 비롯된다. 웹사이트는 쉽게 이용할 수 있지만 이것만으로는 Etsy가 다른 경쟁업체와 다르다고 할 수 없다. 많은 온라인 회사가 쉽게 제품을 탐색할 수 있는 웹사이트를 보유하고 있기 때문이다. Etsy를 차별화하는 것은 템플릿에서 언급한 요소들이다. Etsy의 차별화 포인트는 핵심 역량과 핵심 자산에 의해 가능하다는 점을 유념해야 한다. Etsy는 처음부터 웹 기반 도구, 교육 자료, 오프라인 이벤트를 통해 판매자가 매출을 늘리도록 돕는 데 능숙했다. 또한 판매자에게 전반적으로 Etsy에 대한 인지도를 높이도록 장려하는 방식으로 비즈니스를 구축했다. 각 판매자는 자체 Etsy 스토어를 가지고 있다. 판매자는 자신의 Etsy 스토어를 홍보하면서 사람들에게 Etsy를 더 광범위하게 소개함으로써 Etsy가 빠르게 성장할 수 있게 한 핵심 요소이다.

Etsy는 판매자와 구매자라는 두 가지 목표 시장을 가지고 있다. 판매자는 수제품 생산자이다. 구매자는 독특하고 스토리가 있는 것을 무언가를 원하는 사람이다. 그들은 다른 사람에게 이야기하고 자랑할만한 것을 원한다. 이는 Walmart나 Amazon.com에서 쇼핑하는 것과는 구매 동기가 다르다. 이것이 Etsy가 '재창조'한다는 상거래를 의미하는 것이다. Etsy의 제품/시장 범위는 창립 이래로 확장되었다. 대부분의 품목은 여전히 수작업이지만, 2013년 10월 1일 Etsy가 자사 사이트에서 공산품 판매를 허용할 것이라고 발표했다. 이러한 결정은 가장 성공적인 판매자가 비즈니스를 확장하고 사이트를 떠나지 않도록 하기 위해 필요했다고 회사는 설명했다. 공산품 판매자는 노동 및 생태 기준을 충족해야 해야 한다는 제한 사항이 있다. 공산품 허용 결정으로 인해 몇 가지 논란이 있었지만, Etsy의 회원 수는 계속 증가하고 있다.

자원

Etsy는 세 가지 핵심 역량을 갖추고 있다. 즉 판매자의 능력을 키우는 도구 및 교육 자료의 개발, 구매자와 판매자의 활발한 커뮤니티 성장, 자사 비즈니스에 대한 입소문을 일으키는 능력 등을 보유하고 있다. Etsy 성공의 핵심은 사이트가 작동하려면 Etsians라는 애칭으로 불리는 판매자들이 성공해야 한다는 인식이었다. 이에 따라 Etsy는 처음부터 판매자를 지원하기 위한 도구, 교육 자료, 오프라인 이벤트 개발에 집중했다. 예를 들어, 매년 Etsy는 'Etsy Success Symposium'이라는 이벤트를 개최한다. 이 이벤트는 Etsy 판매자들이 서로의 매출 증대를 돕기 위한 오프라인 및 온라인 모임이다. Etsy는 〈Etsy Seller's Handbook〉 및 〈Etsy Success Newsletter〉를 포함해 Etsy 초보자와 베테랑 판매자가 고객을 늘리는 데 도움이 되는 여러 간행물을 발간한다. Etsy Labs는 Etsy 판매자를 위한 커뮤니티 행사를 조직하고, 온라인 워크숍을 주관하며, 특정 지역이나 공예를 주제로 모이는 판매자 그룹인 Etsy 팀을 구성한다. 이러한 노력을 통해 Etsy는 구매자와 판매자의 활기찬 커뮤니티를 구축하고 유지할 수 있었다.

앞서 언급한 대로, Etsy의 웹사이트는 비즈니스에 대한 구전 효과로 인지도를 높이는 핵심 역량을 갖추도록 설계되었다. 판매자는 자신의 Etsy 스토어를 홍보함으로써 Etsy를 더 널리 홍보하게 된다. Etsy는 또한 소셜 미디어 분야에서도 선두주자로 활약하고 있다. 현재 Etsy는 약 280만의 Facebook 좋아요 수와 270만 명의 Twitter 팔로워가 있다. 쉽게 이용할 수 있는 웹사이트와 공격적인 소셜 미디어 홍보 전략의 조합이 Etsy의 성장에 중요한 역할을 했다.

핵심 자산 측면에서 Etsy의 플랫폼은 직관적이고 쉽게 이용할 수 있다. 구매자와 판매자로 이루어진 커뮤니티는 계속 성장하고 있다. 판매자는 새로운 제품을 계속해서 사이트에 업로드해 구매자를 끊임없이 유혹하며 재방문을 유도한다. Etsy는 자신의 미션을 지원하고 사람들에게 사이트에 더 많이 참여하는 이유를 제공하기 위해 핵심 자산을 늘리는 데에도 의도적인 노력을 기울이고 있다. 예를 들어 2012년 초 Etsy는 비콥 인증 기업(Certified B Corporation)이 되었다. 비콥 기업(B Corporation)은 사회 및 환경 문제를 해결하기 위해 비즈니스의 힘을 활용하는 새로운 유형의 기업이다.

재무

Etsy에는 세 가지 수익흐름이 있다. 첫째, 사이트에 등록된 각 제품에 대해 20센트의 등록비를 부과한다. 20센트가 별것 아닌 것 같지만 사이트에는 4,000만 개 이상의 고유한 등록 제품이 있다. 둘째, Etsy는 판매된 각 제품에 대해 3.5%의 수수료를 부과한다. 셋째, 회사는 판매자 서비스로 수익을 올리는데 여기에는 광고 플랫폼, 결제 처리, 웹사이트 호스팅(Etsy 스토어 외에 자체 웹사이트를 통해 제품을 판매하는 판매자용) 등이 포함된다. 이러한 수익흐름의 조합은 Etsy의 핵심 전략과 자원을 고려할 때 의미가 있다. Etsy가 더 크고 참여도 높은 커뮤니티를 구축할수록 등록 수수료와 커미션으로 더 많은 수익을 올릴 수 있다.

Etsy의 비용 구조는 비용 절감과 높은 고정 비용/낮은 가변 비용 모델을 기반으로 한다. Etsy는 등록 회원 5,400만 명, 활성 구매자 1,980만

<table>
<tr><th colspan="2">핵심 전략</th></tr>
<tr><td>비즈니스 미션
• 더 풍요롭고 지속 가능한 세상을 구축하는 방식으로 상거래를 재창조</td><td>차별화의 근거
• 수제품에 집중
• 세계에서 가장 많은 수제품 구매자와 판매자 등록
• 사이트와 관련된 공동체의 느낌</td></tr>
<tr><td>목표 고객
• 구매자: 전 세계적인 고객층으로, 작은/지역 생산자의 독특한 수제품을 원하는 고객들
• 판매자: 소규모 상인, 가정을 기반으로 하는 비즈니스, 지역 공예가들로 구성된 온라인에서 제품을 판매하고 싶어 하는 사람들</td><td>제품/시장 범위
• 수제품
• 엄격한 지침을 준수한 공산품
• 글로벌 구매자와 판매자</td></tr>
</table>

<table>
<tr><th colspan="2">자원</th></tr>
<tr><td>핵심 역량
• 구매자와 판매자 간의 활발한 커뮤니티 개발 및 유지
• 판매자 역량 강화를 위한 도구와 교육 자료 개발
• 비즈니스에 대한 구전 효과 인지</td><td>핵심 자산
• 직관적이고 쉽게 탐색할 수 있는 웹 기반 플랫폼
• Etsy의 구매자와 판매자 커뮤니티
• 지속적인 고품질 수제품의 유입
• 비콥 인증 기업</td></tr>
</table>

<table>
<tr><th colspan="2">재무</th></tr>
<tr><td colspan="2">수익흐름(수익원)
• 판매 수수료: Etsy 웹사이트를 통해 판매하는 각 상품에 대해 3.5%
• 각 상품 등록에 대해 20센트 수수료
• 판매자 서비스: 광고 플랫폼, 결제 처리, 웹사이트 호스팅</td></tr>
<tr><td>비용 구조(원가 구조)
• 원가 중심의 비즈니스
• 높은 고정 비용/낮은 가변 비용
• 주요 원가 범주: 웹 기반 플랫폼 개발, 직원 급여와 일반 행정, 판매자 교육 프로젝트</td><td>자금 조달/펀딩
• 엔젤 투자 및 벤처 자본 자금으로 9,730만 달러 조달, IPO로 2억 3,700만 달러 조달
• 운영 자금 조달</td></tr>
</table>

<table>
<tr><th colspan="2">운영</th></tr>
<tr><td>제품(또는 서비스) 생산
• Etsy의 안전한 플랫폼을 통해 판매할 제품을 가지고 있는 소규모 상인과 장인들은 수제품을 구매하려는 사람들과 연결 가능
• Etsy의 플랫폼은 사내 IT 전문가가 구축 및 유지 보수함</td><td>채널
• Etsy 웹사이트
• Etsy Wholesale: Etsy 판매자를 오프라인 상점과 연결하는 플랫폼
• 임시 팝업 매장

핵심 파트너
• 제3자 개발자
• 지역 기관 및 기업
• 지역 커뮤니티 및 비즈니스 동맹</td></tr>
</table>

Etsy: Barringer/Ireland 비즈니스 모델 템플릿

명, 판매자 170만 명, 연간 27억 달러 이상의 매출을 처리하기 위해 필요한 네트워크 용량과 데이터 저장 공간에 대한 고정 비용이 높다. 또한 사이트를 관리하고 Etsy 커뮤니티를 유지 관리하는 685명의 직원이 있다. 핵심 전략을 지원하기 위해 Etsy에는 대부분의 비즈니스에서 존재하지 않는 직위인 판매자 교육 책임자 등과 같은 직책이 있다. Etsy의 가변 비용은 낮다. Etsy는 사이트에 다른 구매자나 판매자를 추가하는 데 비용이 거의 들지 않는다.

주목할만한 것은 Etsy가 IPO(기업 공개) 이전에 9,700만 달러, IPO에서 2억 3,700만 달러의 자금을 모았다는 것이다. 이 자금은 회사 인프라 강화, 직원 추가, 확장 전략 투자, 판매자 교육 프로젝트 기금으로 사용되었다.

운영

Etsy의 웹사이트는 사내 IT 전문가 직원들로 구축해서 유지 관리되고 있다. 이 사이트는 매우 세련된 디자인이라기보다는 소박한 느낌을 가지고 있다. 이는 의도한 것이지만 일부 비평가들은 사이트의 디자인과 기능적인 측면을 더 발전시킬 것을 권장하기도 했다. 앞에서 언급했듯이, Etsy는 구매자와 판매자를 연결하는 플랫폼에 불과하다. 판매자의 Etsy 스토어는 Etsy 웹사이트에 있지만 판매 프로세스와 관련된 모든 물류는 판매자가 처리한다. 여기에는 상점 보유, 주문 처리, 결제 수집, 상품 배송이 포함된다. 이러한 처리 방식은 Etsy가 해당 기능을 제공하는 비용과 책임을 덜어주는 역할을 한다.

매출 채널 측면에서 대부분의 판매는 Etsy 웹사이트를 통해 개인 구매자와 Etsy 판매자 간의 일대일 거래로 이루어진다. 2015년 Etsy는 Etsy 판매자와 오프라인을 연결하는 플랫폼인 Etsy Wholesale을 오픈했다. 이 프로그램은 소매업자가 웹사이트의 제한된 섹션에서 쇼핑할 수 있도록 허용하며, 해당 섹션에는 Etsy가 대량 주문을 처리할 수 있는 능력을 가진 판매자를 선별해서 소개한다. 2015년 말까지 2,500명 이상의 판매자와 6,500개의 지역 부티크가 이 서비스에 가입했다. 가입한 매장의 대부분이 소규모 매장이지만, Nordstrom 및 Whole Foods와 같은 일부 대형 소매업체도 이 프로그램에 참여하고 있다. 판매자의 경우, 프로그램에 참여하려면 일회성 수수료 100달러와 오프라인 매장을 통해 판매하는 모든 품목에 대한 수수료 3.5%가 요구된다. Etsy는 몇몇 특별 프로모션 이벤트도 시도했다. 예를 들어 크리스마스 시즌 동안 뉴욕시에 임시 매장을 설치해 Etsy 판매자가 만든 제품을 소개하는 행사를 개최하기도 했다.

Etsy는 여러 개의 핵심 파트너 또는 파트너 그룹을 가지고 있으며, 이들은 운영을 개선하고 판매를 확대하는 데 도움을 준다. 운영 측면에서 Etsy는 API(애플리케이션 프로그래밍 인터페이스)를 공개함으로써 제3자 개발자가 Etsy 판매자의 효율적인 재고 관리와 배송 추적에 도움이 되는 도구를 개발할 수 있게 했다. Etsy는 공예품 및 수제품을 지원하기 위해 여러 조직 및 기업과 협력한다. 예를 들어 Etsy는 뉴욕에서 매년 개최하는 레니게이드 크래프트 페어(Renegade Craft Fair)에 참여해서 장인과 소상공인의 작품을 선보이고 지원한다.

Etsy는 또한 보다 일반적인 방식으로 소상공인과 창업기업을 지원할 수 있는 분야로 확장하고 있다. 예를 들어, 2013년 Etsy는 지역 사회와 협력해서 주민들에게 기업가정신을 가르치는 계획을 발표했다. 이를 통해 Etsy는 차세대 Etsy 판매자를 육성하는 데 도움을 주고 있다. 이러한 모든 노력은 Etsy의 미션인 상거래를 재창조하고 가능한 한 많은 사람에게 Etsy와 Etsy가 중재하는 시장을 소개하는 것과 일치한다.

앞으로의 과제

Etsy의 주요 과제는 성장을 추구하면서 비즈니스 모델의 무결성을 유지하는 것이다. 이 과제의 복잡성이 점차 드러나고 있다. 예를 들어, 현재 수천 명의 Etsy 판매자가 판매하고 있는 공산품 판매를 허용하기로 한 회사의 결정에 대해 많은 Etsy 판매자가 만족하지 않는다. 한편 Etsy Wholesale은 Etsy 판매자가 소품을 소매점에 공급하는 데 도움을 주었지만, 동시에 긍정적인 측면과 도전적인 측면을 모두 지니고 있다. 이러한 노력은 매출을 늘리는데 기여했지만, Esty가 대형 소매업체에 자사 판매자의 제품을 취급하도록 설득했을 때 강조했던 것은 제품이 '수제'라는 점이었다. 그러나 Esty는 판매자가 더 효율적으로 생산하고 사업을 확장하기 위한 방법을 찾도록 지원함으로써 이 수제 브랜드를 약화시킬 위험이 있다. 판매자들은 상승하는 수수료에 불만을 제기하고 있는데, 이는 주주들을 만족시키기 위해 충분한 이익을 창출해야 하는 Etsy의 필요에 기인한 것일 수 있다. 초기 등록비는 품목당 10센트였으며, 현재는 20센트이다. 또한 몇몇 판매자는 전통적인 마케팅 부족에 대한 불만을 제기하며 Etsy가 사이트로의 트래픽 유입을 적극적으로 촉진할 수 있도록 더 적극적인 역할을 해야 한다는 의견을 제시한다. 여기서 다시 생각해보면 Etsy는 반대로 접근한다. Etsy는 판매자가 자신의 Etsy 상점을 홍보하는 데 의지하며, 개별 판매자의 고객이 Etsy에 대해 더 넓게 알게 될 때 혜택을 본다.

Etsy는 또한 치열한 경쟁에 직면해 있다. 최대 경쟁사는 Amazon, eBay, Craigslist이다. 2016년 Amazon은 장인이 수공예품을 판매할 수 있는 새로운 매장인 Amazon Handmade를 오픈했다. Amazon의 진출이 Etsy에 도움이 될지 해가 될지는 알기 어렵다. 그것이 Etsy의 매출을 잠식한다면 부정적인 것이다. 수제품에 대한 인지도와 관심이 높아지고 전국적으로 산업 판매가 증가한다면 긍정적이다. 또한 독일의 DaWanda와 스위스의 ezebee.com과 같이 외국에서 Etsy와 같은 플랫폼을 만든 여러 회사가 있다. 이 회사들은 이제 글로벌 시장에서 Etsy와 경쟁하고 있다.

토의 문제

1. Etsy는 어떻게 주주들에게 가치를 창출하고 전달하며 확보하는가?
2. Etsy의 비즈니스 모델은 표준 비즈니스 모델인가, 아니면 파괴적 비즈니스 모델인가? 답변을 설명하라.
3. Etsy의 비즈니스 모델은 eBay의 수제품 제조업체를 위한 비즈니스 모델과 어떻게 다른가?
4. Etsy가 직면한 가장 심각한 도전 과제는 무엇이라고 생각하는가? 이 도전 과제는 Etsy의 비즈니스 모델을 어느 정도 위협하는가? Etsy는 어떻게 이 도전에 대응해야 할까?

출처: Sources: Etsy Homepage, available at www.etsy.com (accessed February 12, 2017); S. Kessler, "Etsy Wants to Bring Its Handmade Wares to a Brick-and-Mortar Chain Store Near You," *Fast Company*, May 7, 2015; P. Armstrong, "What You Don't Know About Etsy (And Its 2017 Strategy)," *Forbes*, Dec 15, 2016; "Etsy," Wikipedia, www.wikipedia.com (accessed February 12, 2017); "The 'Etsy Economy' and Changing the Way We Shop," *Entrepreneur*, March 22, 2013.

사례 4.2 CASE

TOMS의 원포원 비즈니스 모델: 이 모델은 앞으로도 지속 가능할까

• Web: www.toms.com • Facebook: TOMS • Twitter: @TOMS

Bruce R. Barringer(오클라호마주립대학교)
R. Duane Ireland(텍사스A&M대학교)

소개

2005년, 연쇄 창업가인 Blake Mycoskie는 휴식이 필요했다. 그는 12년 동안 5개의 회사를 설립한 후 휴식을 위해 아르헨티나로 떠났다. 그는 부에노스아이레스 외곽 마을에서 사회 봉사 활동을 하는 해외 이주민들을 만났고, 그들과 함께하길 요청했다. 한 마을에서 그는 대부분의 아이가 신발이 없다는 것을 알게 되었다. 그는 아이들 몇 명을 불러서 발을 보았는데 상처와 찰과상, 감염이 있다는 것을 발견했다. 그는 마을 사람들이 가난해서 아이들에게 신발을 사줄 여유가 없다는 것을 알고 어떻게 도움을 줄 수 있을지 고민했다. 그는 또한 아르헨티나에는 '알파르가타'라는 값싼 신발이 있다는 것을 알고 있었다. 가난한 아르헨티나 아이들에게 어떻게 알파르가타 신발을 제공할 수 있을까?

Mycoskie는 자선 사업을 시작하는 것에 대해 생각했지만 자선 모델이 효과적이지 않을 것이라고 판단했다. 그는 가족과 친구들에게 기부를 부탁하면 한두 번, 어쩌면 여러 번 기부할 것이라는 걸 알고 있었다. 그러나 계속해서 부탁하기는 어렵다. 그에게 필요한 것은 사람들이 어쨌든 사야 하는 제품을 판매하며 지속 가능성을 확보하는 것이었다. Mycoskie가 생각해낸 접근 방식은 나중에 '원포원(one-for-one)'이라고 부르게 되었다. 그는 알파르가타 신발을 판매하는 영리 사업을 시작했고, 한 켤레가 팔릴 때마다 도움이 필요한 어린이에게 한 켤레를 기부했다.

Mycoskie는 미국으로 돌아와 캘리포니아 샌타모니카에 매장을 열었다. 그는 신발 산업에서의 경험이 전혀 없는 상태에서 TOMS를 시작했다. 이 회사의 이름은 원래 'Shoes for Tomorrow'로 불리다가 빠르게 TOMS로 줄어들었다. 사업을 시작하면서 Mycoskie는 독특한 비즈니스 아이디어를 가지고 여러 소매점을 돌아다녔다. 몇몇 로스앤젤레스의 부티크가 신발 판매에 동의했다. 첫 번째 기회는 《Los Angeles Times》가 그의 사업에 대한 기사를 실었을 때였다. Mycoskie가 놀랐던 점은 그 기사로 단 한 주 만에 8만 8,000달러의 주문이 들어왔다는 것이다.

현재로 돌아오자. TOMS는 이제 국제적인 브랜드이다. 원포원 모델은 신발, 안경, 커피, 가방으로 확장되었다. 2017년 초 TOMS는 75개국에 6,000만 켤레의 신발을 기부했고, 13개국에서 40만 명의 시력 회복을 도왔으며, 6개국에서 33만 5,000주가 넘는 기간 동안 안전한 물을 제공하는 데 도움을 주었다. 원포원 모델은 약간 수정되었지만 의도는 여전히 동일하다. TOMS는 여전히 한 켤레를 판매할 때마다 신발 한 켤레를 기부한다. 안경은 2011년에 추가되었다. 매 판매되는 안경마다 안경을 하나 기부하는 대신 TOMS는 동등한 금액을 기부해 안과 수술, 의료 치료, 새로운 처방 안경을 마련하는 자금으로 활용한다. 커피는 'TOMS Roasting Company'라는 브랜드로 2014년에 추가되었다. 커피 한 봉지를 판매할 때마다 TOMS Roasting Company는 Giving Partners와 협력해서 필요한 사람에게 140리터의 안전한 물(일주일분)을 제공한다.

2015년에는 TOMS Bag Collection이 출시되었다. Bag Collection에는 백팩, 토트백, 여행용 가방, 크로스백, 클러치 등 다양한 종류의 여성용 가방이 포함되어 있다. Bag Collection의 미션은 숙련된 출산 도우미를 위한 교육을 제공하고 산모가 아기를 안전하게 분만하는 데 도움이 되는 물품을 포함한 출산 키트를 배포하는 것이다. 2016년 기준으로 TOMS는 2만 5,000명 이상의 산모에게 안전한 출산 서비스를 지원했다. TOMS의 이니셔티브는 많은 파급 효과를 일으켰다. 예를 들어, 지속 가능한 물 시스템을 창출해 지원함으로써 안전한 물에 접근할 수 있게 되어 전체 커뮤니티에 혜택을 제공하며, 이로 인해 건강 개선, 경제 생산성 증대, 일자리 창출, 교육 접근성 향상을 이끌어내고 있다.

TOMS의 비즈니스 모델

TOMS는 원투원(one-to-one) 비즈니스 모델을 개척한 것으로 유명하다. 이 장에서 설명한 바와 같이, 기업의 비즈니스 모델은 이해관계자에게 가치를 창출하고 전달하며 확보하기 위한 기획 또는 방법이다. TOMS의 비즈니스 모델은 영리기업의 목표와 자선 단체의 포부를 결합한다는 점에서 독특하다. TOMS의 비즈니스 모델 템플릿이 다음 쪽에 나와 있다. 다음은 비즈니스 모델 템플릿의 주요 범주에 대한 간략한 설명이다.

핵심 전략

TOMS의 미션은 '원포원'이다. 이 미션은 TOMS가 구조화한 방식으로 가능해졌다. TOMS는 두 부분으로 이루어져 있다. TOMS는 전반적인 운영 및 물류를 관리하는 영리 회사이다. Friends of TOMS는 자원봉사자를 모으고, 신발을 전달하며, 안경/시력 복구 및 커피/깨끗한 물 이니셔티브를 조정하는 비영리 단체이다.

Mycoskie와 그의 팀이 TOMS가 단순한 신발 회사였던 초기에 내린 중요한 결정 중 하나는 도움이 필요한 어린이에게 신발을 제공하는 비용을 신발 판매 가격에 포함시키기로 한 것이었다. 이와 같은 접근 방식은 안경과 커피에도 적용된다. 결과적으로 TOMS는 제품을 판매하는 한 자선 사업 미션을 수행할 수 있다. 대부분의 자선 단체와 비영리 단체가 그러한 것처럼 TOMS를 유지하기 위해 기부에 의존할 필요가 없다.

핵심 전략	
비즈니스 미션	차별화의 근거
• '원포원(One for One)'	• 강력한 브랜드 • 비즈니스 구조: TOMS(영리)와 Friends of TOMS(비영리 자회사) 간의 협력 • 소비자가 공감하는 제품(신발, 안경, 커피, 가방) • TOMS 자원봉사자 • 생활을 바꿀 수 있는 능력
목표 고객	제품/시장 범위
• TOMS의 원포원 방식과 이윤과 자선을 결합하는 회사의 방침에 공감하는 소비자들	• 신발, 안경, 커피, 가방 등 • 브랜드 제품(티셔츠, 모자 등) • TOMS 제품은 전 세계에서 판매하고 있으며, 신발, 안경, 커피, 출산 도우미 기술 훈련, 출산 키트 등을 75개 이상의 국가에 분배

자원	
핵심 역량	핵심 자산
• 원포원 비즈니스 모델을 개척, 실행에 대한 성실함이 강력한 브랜드를 구축 • 지속 가능한 이윤과 자선사업 전략의 창조 및 관리 • 타인에게 TOMS가 하는 일에 대한 열정과 흥분을 불러일으킬 수 있는 능력(비영리 파트너, TOMS 자원봉사자, 인턴, 캠퍼스 클럽 등) • 배우려는 자세(즉, TOMS가 더 나은 방법으로 일을 할 수 있음을 지적하는 비평가들의 제안을 수용하는 것)	• Blake Mycoskie • 기업 문화 • TOMS가 제품을 어린이와 필요한 사람들에게 배포하는 데 도움을 주는 비영리 단체와의 관계 • TOMS 자원봉사자 • 인턴(TOMS 시설에서 일하는) • 캠퍼스 클럽 • 신발 없는 하루 캠페인 • 세계 시력의 날

재무	
수익흐름(수익원)	
• 신발, 안경, 커피, 가방을 포함한 제품 판매 • TOMS 브랜드 제품(티셔츠, 스웨트셔츠, 모자, TOMS 플래그) • 모든 매출은 필요한 사람에게 동등한 선물을 제공	
비용 구조(원가 구조)	자금 조달/펀딩
• 비용 중심의 비즈니스 • 낮은 고정 비용/높은 가변 비용 • 주요 비용 카테고리: 제품 제조업체, 필요한 사람들에게 제품 배포, 급여 및 일반 행정	• 창립자 Blake Mycoskie로부터 50만 달러의 초기 자본 투입 • Bain Capital이 50% 지분을 6억 2,500만 달러에 매입 • 사업 운영 수익 • TOMS 고객/서포터즈는 제품이 필요한 어른과 어린이들에게 제품을 전달하고 TOMS에 대한 정보를 널리 퍼뜨리기 위해 자원봉사를 함

운영	
제품(또는 서비스) 생산	채널
• 제품(신발, 안경, 커피, 가방)을 생산하는 계약 제조업체는 신중하게 선택하고 모니터링함 • 제품은 소비자에게 판매하기 위해 직접 소매업체나 온라인 쇼핑몰로 발송[즉, TOMS는 드롭십(dropship) 방식을 사용하지 않음] • TOMS는 비영리 기관과 협력해서 신발과 안경을 배포하고 필요한 사람들에게 깨끗한 물을 제공	• 온라인(TOMS.com, Zappos.com 등) • 소매업체(Nordstrom, Whole Foods 등) • 제품은 TOMS의 비영리 자회사인 Friends of TOMS, 비영리 협력업체, TOMS 자원봉사자를 통해 필요한 어린이와 성인들에게 배포 핵심 파트너 • Friends of TOMS(TOMS의 비영리 자회사), • 비영리 협력업체 • TOMS 자원봉사자 • Ralph Lauren 및 Element Skateboard와 같은 최고 브랜드 • TOMS 제휴 프로그램을 통한 제휴사

TOMS: Barringer/Ireland 비즈니스 모델 템플릿

TOMS의 전략은 실용적인 제품을 판매하는 것에 기반한다. 신발, 안경, 커피, 가방은 널리 판매되는 제품이다. 신발은 비싼 편이지만(기본 슬립온 한 켤레의 경우 55~89달러), 사람들은 TOMS 신발을 살 때 도움이 필요한 어린이에게 기부될 한 켤레에 대한 비용을 지불하고 있다는 걸 알고 있다. TOMS는 많은 작업을 수행하기 위해 자원봉사자, 인턴, 파트너에게 크게 의존한다. TOMS와 함께 자원봉사하고 일하는 많은 사람은 삶을 변화시키는 회사의 미션에 동기를 부여받는다. 어떤 나라에서는 학교에 가기 위해 신발이 필요하다. 신발 한 켤레를 소유하는 것은 아이에게 교육을 받고 더 나은 삶을 살 수 있는 기회를 제공한다. TOMS는 이러한 유형의 현실을 공유하는 데 주저하지 않으며 이는 자원봉사자와 고객에게 깊은 공감을 선사한다. 예를 들어, TOMS 시설에서 근무하는 인턴은 거의 직원 수와 비슷하다. Friends of TOMS는 비영리 단체 및 NGO와 협력해서 제품을 배포한다. 이는 지역 단체가 부분적으로는 이미 한 국가에 포함되어 있기 때문에 TOMS보다 요구 사항을 더 잘 알고 회사를 지원할 수 있기 때문이다. 한 가지 예로, TOMS는 안경/시력 복원 프로그램을 구현하기 위해 Seva Foundation과 파트너십을 맺었다. Seva Foundation은 티베트, 네팔, 방글라데시, 사하라 이남 아프리카 전역에서 시력 프로그램을 운영하고 있다. 이곳은 TOMS가 자금을 최대한 활용할 수 있도록 도와줄 수 있는 고유의 역량을 가지고 있다.

자원

TOMS는 원투원 모델을 실행하기 위해 성실하게 노력해왔다. TOMS의 제품은 매력적이며, 자선 활동은 실질적인 변화를 가져오고 있고 많은 사람이 참여하고 있다. 이러한 요인들은 TOMS가 강력한 브랜드를 구축하는 데 도움이 된다. 핵심 전략도 작동하고 있다. TOMS는 기부금 없이 지속 가능한 모델로 유지되고 있다. TOMS는 또한 자신의 활동에 대한 다른 이들의 흥미와 열정을 고취시키는 데 능숙하게 성공했다. 이를 위해 많은 노력을 기울이고 있다. 예를 들어, 2주에 한 번씩 TOMS의 자원봉사자 그룹이 아르헨티나 또는 세계의 다른 지역으로 여행을 가서 신발을 배포하는데 이를 '슈드롭(shoe drop)'이라고 한다. 누구나 여행을 신청할 수 있으며, 많은 사람에게 인생을 바꾸는 경험이 될 것이다. TOMS가 제공하는 모든 신발은 TOMS 자원봉사자가 어린이의 발에 신겨준다. 자원봉사자는 여행 경비를 각자 부담하지만 여행은 TOMS에서 주관한다.

TOMS는 또한 경청한다. 피드백에 목소리를 높이는 지지자와 비평가가 있다. TOMS는 이러한 의견을 무시하지 않고 반응하며, 추가 피드백을 유도한다. 예를 들어 TOMS가 직면한 비판 중 하나는 어린이에게 신발 한 켤레를 주는 것은 일회성 이벤트라는 것이다. 아이들은 결국 자라면서 신발이 맞지 않게 되어 곧 원래대로 돌아올 것이다. TOMS는 이러한 비판을 타당한 지적으로 인정하고 신발을 받은 아이들을 추적하는 프로그램을 마련하는 것으로 대응했다. 따라서 필요할 때 아이들이 추가적으로 신발을 받을 수 있게 했다.

TOMS에는 많은 핵심 자산이 있다. 사람들을 끌어들이는 건전한 기업 문화가 있다. 사람들이 이니셔티브에 참여하게 만드는 커뮤니티 그룹, 학생, 교육자 등이 포함된 전체 체계가 있다. TOMS 커뮤니티 웹사이트(www.tomscommunity.com)에 접속하면 이 분야에 대한 TOMS의 노력을 볼 수 있다. 또한 TOMS는 자원봉사자의 활동을 Twitter 계정 @TOMS에서 자주 홍보한다. TOMS는 미국 전역의 대학과 대학원에서 TOMS 캠퍼스 클럽을 결성한 학생들의 네트워크를 지원한다. 미국에는 280개 이상의 클럽이 있으며, 캐나다에는 12개 정도가 있다. TOMS 캠퍼스 클럽에 참여하는 학생들은 TOMS 인식 증진의 날에 참여하며, TOMS에서 영감을 받은 이벤트를 주최하고, 지역 캠퍼스에서 TOMS에 대해 알라며, 가장 중요한 것은 지역 사회에서 자원봉사를 한다.

TOMS는 또한 감동적이며 제품과 사회적 목적에 대한 관심을 끌 수 있는 이벤트도 조직한다. 두 가지 인기 있는 행사는 '신발 없는 하루' 캠페인과 '세계 시력의 날'이다. 신발 없는 하루 캠페인은 신발의 중요성을 대중에게 알리기 위해 2008년부터 시작했다. 평범한 사람에게 신발을 신지 않고 하루를 보내라고 요청함으로써 어떤 느낌인지 경험해보게 하는 것이다. 목표는 단순한 신발 한 켤레가 특히 어린이에게 얼마나 큰 차이를 만들 수 있는지를 사람들에게 인식시키는 것이다. 이 캠페인은 매년 성장하고 있다. www.toms.com/one-day-without-shoes에서 가장 최근 캠페인의 하이라이트를 볼 수 있다. 세계 시력의 날은 실명과 시각장애에 대한 전 세계적인 인식을 높이기 위해 지정된 날이다. 더 자세한 내용은 www.toms.com/world-sight-day에서 볼 수 있다.

재무

TOMS의 수익은 제품 판매에서 나온다. TOMS는 비용 중심의 비즈니스이다. 파트너십, 자원봉사 네트워크, 전통적인 마케팅을 피하는 방법으로 비용을 절감한다. TOMS는 인쇄 매체, 라디오, TV와 같은 전통적인 마케팅을 거의 하지 않는다. 대신 입소문, 소셜 미디어, 소매 파트너의 소매점 내에서 눈에 띄는 위치에 상품 배치하기 등에 의존한다. TOMS는 제품을 직접 제조하지 않는다. 대신 전 세계에 퍼져 있는 계약 제조업체 및 생산자(커피 제품의 경우)에게 의존한다. TOMS의 제조 방식은 노동 관행이 의심되는 중국에서 제품을 생산하기 때문에 논란을 일으킨 바 있다. TOMS는 제조업체 및 기타 공급업체를 엄격하게 관리한다. 특히 근로자에 대한 공정성과 관련해서 공급망의 모든 사람이 준수해야 하는 엄격한 기준을 유지한다. TOMS 직원은 규정 준수를 모니터링하기 위해 정기적으로 제조업체를 방문한다.

TOMS는 수익에서 운영 자금을 충당한다. 또한 자원봉사자로부터 혜택을 받는다.

운영

제품을 생산하기 위해 TOMS는 글로벌 공급망을 관리한다. 신발은 중국, 아르헨티나, 에티오피아와 같은 저임금 국가에서 만든다. 안경은 이탈리아에서 제작한다. 커피 원두는 전 세계 재배자로부터 공급받으며 미국에서 로스팅한다. 가장 인기 있는 제품은 르완다, 말라위, 과테말라의 재배자에게서 나온 것이다. 유통과 관련해 TOMS는 소매 및 온라인 파트너에게 제품을 배송하며, 이들 파트너가 고객에게 판매한다.

TOMS는 직송 또는 위탁 판매를 하지 않는다.

제조 및 판매는 TOMS 전체 프로세스의 첫 번째 단계에 불과하다. 자선 활동은 그다음이다. 신발을 유통하기 위해 TOMS는 제품을 유통하는 국가의 비영리 단체 및 NGO와 협력한다. 이러한 조직을 'Giving Partners'라고 한다. Giving Partners는 도움이 필요한 어린이를 식별한다. 실제로 신발을 배포하는 과정은 슈드롭(Shoe Drops)이라고 알려져 있다. Friends of TOMS는 슈드롭을 조정하는 데 도움을 준다. TOMS의 안경/시력 복구 및 커피/깨끗한 물 이니셔티브는 유사한 방식으로 실행된다. TOMS는 Friends of TOMS 및 지역 단체와 협력해 배포를 진행한다.

채널과 관련해서, TOMS는 소매점과 온라인 매장을 통해 제품을 판매한다. 전 세계 500개 이상의 소매점에서 TOMS 신발을 판매하고 있다. 안경 및 커피 유통망도 확장하고 있다. TOMS의 카페 매장도 속속 개설되고 있다. 카페 매장은 커피 하우스 같은 분위기에서 TOMS 커피와 함께 TOMS 신발, 안경, 기타 제품을 판매한다. 2017년 초 기준으로 회사에는 8개의 매장이 있다. TOMS의 비즈니스 모델은 핵심 협력 파트너 없이는 불가능하다. 가장 중요한 파트너는 Friends of TOMS(비영리 자회사), 제품을 배포하는 비영리 단체 및 NGO, 자원봉사자이다. TOMS에는 강력한 제휴 프로그램도 있다.

TOMS에 대한 비판

어떤 사람에게는 TOMS에 비평가들이 있다는 것을 상상하기 어려울 수

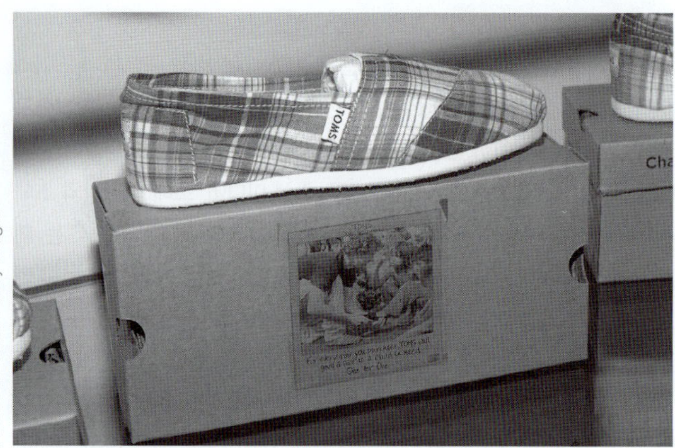

Patrick McMullan/Getty Images

TOMS의 소매 파트너가 판매 중인 스타일리시한 TOMS 신발

있지만, 실제로 있다. 비평가들은 TOMS 접근 방식의 결함을 지적하며, 일부는 이것이 회사의 미래를 위협한다고까지 말하고 있다.

비판은 세 가지 주요 문제에 초점을 맞추고 있다. 첫째, 비평가들은 TOMS와 유사한 조직들이 가난한 국가의 사람들이 스스로를 돌볼 기회를 만들기보다는 다른 사람의 선의에 의존하게 만든다고 주장한다. 많은 사회적기업가가 빈곤한 국가에서 지속 가능한 변화를 만드는 가장 좋은 방법은 TOMS가 하고 있는 원조보다 교육, 일자리 창출, 무역을 지원하는 것이라고 믿는다. 사실 일부 사회적기업가들 사이에서 진언은 '원조가 아닌 거래'이다. 개발도상국 사람들이 자신의 사업을 시작할 수 있도록 대출을 제공하는 마이크로파이낸스가 이러한 원칙을 기반으로 한다. 두 번째 비판은 TOMS가 중국 및 인권 침해가 기록된 다른 곳에 제조 시설을 두고 있다는 것이다. 세 번째 비판은 TOMS가 아르헨티나와 에티오피아 같은 국가에 무상으로 신발을 공급함으로써 본의 아니게 지역 기업가정신을 억제한다는 것이다. 이 아이디어는 TOMS가 신발을 무료로 제공함으로써 일자리를 제공하는 지역 기업으로부터 잠재적인 비즈니스를 빼앗아 간다는 것이다. 이러한 비판에 대해 TOMS는 배포하는 전체 신발의 약 40%를 해당 국가에서 만들었다고 말한다.

TOMS는 이러한 비판을 인지하고 있으며 각각의 경우에 선제적으로 대응하고 있다.

TOMS의 비즈니스 모델은 지속 가능한가

문제는 "TOMS의 비즈니스 모델이 미래에도 지속 가능한가?"이다. 비즈니스 모델에 대한 주요 위협은 TOMS가 받는 비판, 제품에 프리미엄을 지불하는 사람들에 대한 의존, 원포원 운동이 자원봉사자와 비영리 파트너에게 계속 공감을 불러일으킬 것인지 여부이다. 또 다른 위협은 TOMS가 판매하는 제품의 특성이다. 한편으로 물리적 제품을 판매하면 미션을 수행하기 위해 기부에 의존할 필요가 없기 때문에 TOMS의 위험이 완화된다. 그러나 TOMS는 글로벌 공급망을 관리하는 동시에 전 세계적인 자선 활동을 주도해야 하는 이중 과제를 안고 있다. 이 과제의 복잡성은 TOMS가 사업을 계속 확장함에 따라 더욱 증가할 것이다. 아직까지는 TOMS처럼 원포원 비즈니스 모델을 규모화한 기업은 없다.

Bain Capital은 분명히 TOMS의 비즈니스 모델이 지속 가능하다고 생각한다. 2014년 이 사모펀드 회사는 TOMS의 절반을 인수했다. 나머지 절반은 Mycoskie가 소유하고 있다. 당시 TOMS의 가치는 약 6억 2,500만 달러로 평가되었다.

토의 문제

1. TOMS의 미션과 비즈니스 모델 구성 방식을 고려할 때 TOMS의 비즈니스 모델을 표준 비즈니스 모델로 정의하겠는가, 아니면 파괴적 비즈니스 모델로 정의하겠는가? TOMS의 비즈니스 모델은 사회적 조직에 어떤 영향을 미쳤는가?
2. TOMS가 경쟁력을 확보하는 데 지원되는 수익흐름은 무엇인가? 이러한 수익흐름은 얼마나 지속 가능한가?
3. TOMS가 보유한 핵심 자산은 무엇이며 이러한 자산은 얼마나 지속 가능한가?
4. TOMS가 미션을 달성하기 위한 수단으로 비즈니스 모델을 지속적으로 구현함에 따라 직면하는 주요 과제는 무엇인가? 이러한 문제 중 가장 심각한 문제는 무엇이며 그 이유는 무엇인가?

출처: TOMS Homepage www.toms.com (accessed February 14, 2017); TOMS, Wikipedia, www.wikipedia.com (accessed February 14, 2017); M. Isaza, M. and L. Italie, "Blake Mycoskie on 10 Years of TOMS," Associated Press, May 6, 2016.

에세이 문제

1. 'You Be the VC 4.2'를 다시 읽은 후 Barringer/Ireland 비즈니스 모델 템플릿의 자원 부분을 참조하라. Secret Recipe 웹사이트를 방문해 이 회사에 대해 자세히 알아보라. 이 회사에 대한 모든 정보를 활용해서 핵심 역량과 핵심 자산에 대해 한두 단락 분량의 답변을 작성해보라. 이러한 자원은 성장을 지원할 수 있는가? 그 이유는 무엇인가?
2. 이 장에서 설명한 바와 같이, 창업 벤처의 목표 시장을 선택하는 것은 성공적으로 완료하기 위한 중요한 활동이다. 당신이 재학 중인 대학이 있는 마을에 옷가게를 열기로 결정했다고 가정하자. 의류 매장의 목표 시장을 선택할 때 고려해야 할 요소는 무엇이며, 이 창업에 어떤 목표 시장을 선택했고 그 이유는 무엇인가? 이 질문에 대해 한두 단락 분량의 답변을 작성해보라.

부록 4.1 Barringer/Ireland 비즈니스 모델 템플릿

회사명________

핵심 전략	
비즈니스 미션	차별화의 근거
목표 시장	제품/시장 범위

자원	
핵심 역량	핵심 자산

재무	
수익흐름(수익원)	
비용 구조(원가 구조)	자금 조달/펀딩

운영	
제품(또는 서비스) 생산	채널
	핵심 파트너

용어

비즈니스 미션	비즈니스의 미션과 미션 선언문은 비즈니스의 존재 이유와 비즈니스 모델이 달성하려는 목표를 설정한다.
차별화의 근거	기업의 차별화 근거는 경쟁사와 차별되는 요소이다. 이는 소비자가 다른 회사의 제품이나 서비스보다 한 회사의 제품이나 서비스를 선택하게 하는 원동력이다.
목표 시장	목표 시장은 더 큰 시장 부문 내에서 비슷한 관심사를 가진 좁은 고객 그룹을 대표하는 장소이다. 이는 회사가 경쟁할 시장이다.
제품/시장 범위	회사의 제품/시장 범위는 회사가 집중할 제품과 시장을 정의한다.
핵심 역량	핵심 역량은 기업의 비즈니스 모델을 뒷받침하고 경쟁사와 차별화되는 특정 요소 또는 역량이다.
핵심 자산	핵심 자산은 비즈니스 모델이 작동할 수 있도록 회사가 소유하고 있는 자산이다. 자산은 물리적, 재무적, 지적, 인적 자산이 될 수 있다.
수익흐름	기업의 수익흐름은 기업이 수익을 창출하는 방식을 설명한다. 어떤 기업은 하나의 수익원을 가지고 있는 반면, 어떤 기업은 여러 개의 수익원을 가지고 있다.
비용 구조	비즈니스의 비용 구조는 비즈니스 모델을 지원하는 데 발생하는 가장 중요한 비용이다.
자금 조달/펀딩	비즈니스가 비즈니스 모델에 자금을 조달하는 방법을 설명한다.
제품(또는 서비스) 생산	회사의 제품 및/또는 서비스가 어떻게 생산되는지에 중점을 둔다.
채널	고객에게 제품이나 서비스를 제공하는 방법을 설명한다.
핵심 파트너	비즈니스 모델이 의존하는 주요 파트너십을 설명한다.

미주 Endnote

1. B. W. Wirt, A. Pistoia, S. Ullrich, and V. Gottel, "Business Models: Origin, Development and Future Research Perspectives," *Long Range Planning* 48, no. 1 (2016): 36–54; M. Malmström, J. Johansson, and J. Wincent, "Cognitive Constructions of Low-Profit and High-Profit Business Models: A Repertory Grid Study of Serial Entrepreneurs," *Entrepreneurship Theory and Practice*, 39, no. 5 (2015): 1083–1109.
2. T. Saebi, L. Lien, and N. J. Foss, "What Drives Business Model Adaptation? The Impact of Opportunities, Threats and Strategic Orientation," *Long Range Planning* (2017), in press; J. Karimi and Z. Walter, "Corporate Entrepreneurship, Disruptive Business Model Innovation Adoption, and Its Performance: The Case of the Newspaper Industry," *Long Range Planning* 49, no. 3 (2016): 342–360.
3. K. Tauscher, "Leveraging Collective Intelligence: How to Design and Manage Crowd-Based Business Models," *Business Horizons* 60, no. 2 (2017): 237–245; R. Chen, R. Ravichandar, and D. Proctor, "Managing the Transition to the New Agile Business and Product Development Model: Lessons from Cisco Systems," *Business Horizons* 59, no. 1 (2016): 635–644.
4. S. Blank and B. Dorf, *The Startup Owner's Manual* (Pescadero, CA: K&S Ranch Press, 2012).
5. P. Kivimaa and F. Kern, "Creative Destruction or Mere Niche Support? Innovation Policy Mixes for Sustainability Transitions," *Research Policy* 45, no. 1 (2016): 205–217.
6. M. H. Meyer, F. G. Crane, and C. Lee, "Connecting Ethnography to the Business of Innovation," *Business Horizons* 59, no. 6 (2016): 699–711.
7. W. Kathan, K. Matzler, and V. Veider, "The Sharing Economy: Your Business Model's Friend or Foe?" *Business Horizons* 59, no. 6 (2016): 663–672.
8. T. Kohler, "Corporate Accelerators: Building Bridges between Corporations and Startups," *Business Horizons* 59, no. 6 (2016): 347–357; S. Leih and D. Teece, "Campus Leadership and the Entrepreneurial University: A Dynamic Capabilities Perspective," *Academy of Management Perspectives* 30, no. 2 (2016): 182–210.
9. C. M. Christensen, *The Innovator's Dilemma: The Revolutionary Book That Will Change the Way You Do Business* (New York: Harper Business, 2011).
10. G. F. Davis, "Can an Economy Survive Without Corporations? Technology and Robust Organizational Alternatives," *Academy of Management Perspectives* 30, no. 2 (2016): 129–140; E. M. Rusli and D. Macmillan, "Uber Gets an Uber-Valuation," *The Wall Street Journal Online*, www.wsj.com, June 6, 2014.
11. A. Osterwalder and Y. Pigneur, *Business Model Generation: A Handbook for Visionaries, Game Changers, and Challengers* (New York: John Wiley & Co., 2010).
12. C. Baert, M. Meuleman, M. Debruyne, and M. Wright, "Portfolio Entrepreneurship and Resource Orchestration," *Strategic Entrepreneurship Journal* 10, no. 4 (2016): 346–370; N. J. Foss and S. Lindenberg, "Microfoundations for Strategy: A Goal-Framing Perspective on the Drivers of Value Creation," *Academy of Management Perspectives* 27, no. 2 (2013): 85–102.
13. A. Fosfuri, M. S. Giarratana, and E. Roca, "Social Business Hybrids: Demand Externalities, Competitive Advantage, and Growth through Diversification," *Organization Science* 27, no. 5 (2016): 1275–1289; R. I. Williams Jr., D. L. Morrell, and J. V. Mullane, "Reinvigorating the Mission Statement Through Top Management Commitment," *Management Decision* 52, no. 3 (2014): 27–39.
14. A. Bhaskarabhatia, "The Moderating Role of Submarket Dynamics on the Product Customization-Firm Survival Relationship," *Organization Science* 27, no. 4 (2016): 1049–1064; M.-J. Chen and D. Miller, "Reconceptualizing Competitive

Dynamics: A Multidimensional Framework," *Strategic Management Journal* 36, no. 5 (2015): 758–775.

15. A. R. Menon and D. A. Yao, "Elevating Repositioning Costs: Strategy Dynamics and Competitive Interactions," *Strategic Management Journal* (2017), in press; E. Fischer and A. R. Reuber, "Online Entrepreneurial Communication: Mitigating Uncertainty and Increasing Differentiation via Twitter," *Journal of Business Venturing* 29, no. 4 (2014): 565–583.
16. P. Adams, R. Fontana, and F. Malerba, "Bridging Knowledge Resources: The Location Choices of Spinouts," *Strategic Entrepreneurship Journal* 11, no. 2 (2017): 93–121.
17. H. C. Sashittal, M. DeMar, and A. R. Jassawalla, "Building Acquaintance Brands via Snapchat for the College Student Market" *Business Horizons* 59, no. 2 (2016): 193–204.
18. K. M. Kuhn and T. L. Galloway, "With a Little Help from My Competitors: Peer Networking Among Artisan Entrepreneurs," *Entrepreneurship Theory and Practice*, 39 no. 3 (2015): 571–600.
19. Birchbox corporate blog, "Behind the Box: Birthday Thoughts," available at https://blog.birchbox.com/post/10202608110/behind-the-box-birthday-thoughts (posted September 15, 2011, accessed May 20, 2014).
20. M. A. Hitt, R. D. Ireland, and R. E. Hoskisson, *Strategic Management: Competitiveness and Globalization*, 12th edition (Cincinnati, OH: Cengage Learning, 2017).
21. R. Wiedner, M. Barrett, and E. Oborn, "The Emergence of Change in Unexpected Places: Resourcing Across Organizational Practices in Strategic Change," *Academy of Management Journal* 60, no. 3 (2017): 823–854; G. M. Kistruck, R. B. Lount, Jr., B. R. Smith, B. J. Bergman, Jr., and T. W. Moss, "Cooperation vs. Competition: Alternative Goal Structures for Motivating Groups in a Resource Scarce Environment," *Academy of Management Journal* 59, no. 4 (2016): 1174–1198.
22. U. Wassmer, S. Li, and A. Madhok, "Resource Ambidexterity through Alliance Portfolios and Firm Performance," *Strategic Management Journal* 38, no. 2 (2017): 384–394.
23. S. Loufrani-Fedida and L. Saglietto, "Mechanisms for Managing Competencies in Project-Based Organizations: An Integrative Multilevel Analysis," *Long Range Planning* 49, no. 1 (2016): 72–89; P. Dimitratos, I. Liouka, and S. Young, "A Missing Operationalization: Entrepreneurial Competencies in Multinational Enterprise Subsidiaries," *Long Range Planning* 47, no. 1–2 (2014): 64–75.
24. K. Y. J. Low and E. Y.-C. Ho, "A Knowledge-Based Theory of the Multinational Economic Organization," *Long Range Planning* 49, no. 6 (2016): 641–647.
25. S. Dutta and T. B. Folta, "A Comparison of the Effect of Angels and Venture Capitalists on Innovation and Value Creation, *Journal of Business Venturing* 31, no. 1 (2016): 39–54.
26. J. C. Piken, "From Founder to CEO: An Entrepreneur's Roadmap," *Business Horizons* 60, no. 1 (2017): 7–14.
27. J. Wu, S. Si, and X. Wu. "Entrepreneurial Finance and Innovation: Informal Debt as an Empirical Case," *Strategic Entrepreneurship Journal* 10, no. 3 (2016): 257–273.
28. T. Kohler, "Corporate Accelerators: Building Bridges between Corporations and Startups," *Business Horizons* 59, no. 3 (2016): 347–357; N. Vulkan, T. Astebro, and M. F. Sierra, "Equity Crowdfunding: A New Phenomena," *Journal of Business Venturing Insights* 5 (2016): 37–49.
29. K. M. Smolka, I. Verheul, K. Burmeister-Lamp, and P. M. A. R. Heugens, "Get It Together! Synergistic Effects of Causal and Effectual Decision-Making Logics on Venture Performance," *Entrepreneurship Theory and Practice* (2017), in press; Y. Engel, M. Kaandorp, and T. Elfring, "Toward a Dynamic Process Model of Entrepreneurial Networking under Uncertainty," *Journal of Business Venturing* 32, no. 1 (2017): 35–51.
30. M. Thompson, "Hasbro's Zynga-Branded Merchandise Coming to Stores Next Week," InsideSocialGames (posted September 25, 2012), available at http://www.insidesocialgames.com/2012/09/25/hasbros-zynga-branded-merchandise-coming-to-stores-next-week/, (accessed May 22, 2014).
31. S. S. Holloway and A. Parmigiani, "Friends and Profits Don't Mix: The Performance Implications of Repeated Partnerships," *Academy of Management Journal* 59, no. 2 (2016): 460–478; H. Yang, Y. Zheng, and X. Zhao, "Exploration or Exploitation: Small Firms' Alliance Strategies with Large Firms," *Strategic Management Journal* 35, no. 1 (2014): 146–157.
32. G. L. Nigro, "The Effect of Early or Late R&D Inbound Alliance on Innovation," *Journal of Business Research* 69, no. 5 (2016): 1791–1795; B. Barringer and J. S. Harrison, "Walking a Tightrope: Creating Value Through Interorganizational Relationships," *Journal of Management* 26, no. 3 (2000): 367–403.

WRITELAB과 친해지기

WriteLab/Photo Credit: Matthew Ramirez

공동창업자

Matthew Ramirez

캘리포니아대학교 버클리 박사과정, 자유전공

Donald Mcquade

캘리포니아대학교 버클리 영어과 교수

Matthew Ramirez와의 대화

가장 좋아하는 Instagram 팔로워

@gatesfoundation

기업가로서 가장 놀랐던 때

소문은 조심스럽게 조작이 가능하다는 것

학생으로서 가장 좋은 점

다양한 과목을 배우며 시간을 보내고 이를 프로젝트에 융합할 수 있다는 것

기업가로서 가장 큰 고민

세상이 필요로 하는 솔루션만큼 빠르게 혁신할 수는 없다는 것

첫 창업 경험

어렸을 때 냉장고에 있던 음식을 꺼내서 부모님에게 다시 재판매함

가장 좋아하는 스마트폰 앱

Google Analytics

CHAPTER 5

산업 및 경쟁사 분석

WRITELAB

도전적인 산업에서 독창적인 위치를 차지하고 성장하고 있는 기업

• Web: https://home.writelab.com • Facebook: WriteLab • Twitter: @WriteLab

비즈니스 아이디어가 구체화되기 시작하는 순간이었다. 캘리포니아대학교 버클리에서 영문학을 전공하는 박사과정 학생인 Matthew Ramirez는 쌓여 있는 과제를 채점하고 있었다. 그는 박사과정의 일부로 학부생에게 영어를 가르쳤다. 그는 학생들에게 똑같은 피드백을 주고 있다는 사실을 발견했다. Ramirez는 과제 채점 때문에 좌절했다. 쌓여 있는 과제를 검토하는 데 시간이 걸려서 과제를 돌려줄 때쯤이면 학생들은 이미 다른 프로젝트로 넘어갔을 것이라는 것을 알았기 때문이다. 학생들에게 필요한 것은 채점한 과제를 더 빨리 돌려받아 피드백을 통해 배우는 것이었다.

이 수수께끼는 Ramirez를 생각하게 했다. 당시 Ramirez는 버클리 정보대학원에서 연구도 하고 있었다. 학생에게 제공하는 틀에 박힌 피드백을 자동으로 생성하는 컴퓨터 알고리즘을 작성할 수 있다면 어떨까? 그러면 더 실질적인 영역에 피드백을 제공할 수 있는 시간을 확보할 수 있고 전체 프로세스의 속도도 빨라질 것이다. Ramirez는 자신의 아이디어를 영어 교수인 Donald McQuade에게 가져갔다. McQuade는 작문 작성법에 관한 여러 권의 책을 저술했으며 작문 커뮤니티에서 매우 활발하게 활동하고 있다. McQuade는 Ramirez와 함께 프로젝트를 진행하는 데 동의했고, 그렇게 WriteLab이 탄생했다.

2013년 말에 시작한 WriteLab은 여러 차례 반복적인 테스트를 거친 후 현재와 같은 형식으로 정착했다. 그리고 2015년에 출시되었다. 백엔드에서 WriteLab은 확률과 통계를 사용해 언어의 패턴과 선택을 식별한다. 프런트엔드에서는 다음과 같은 방식으로 작동한다. 학생이 학교에서 제공하거나 직접 구매한 WriteLab에 접속하면 WriteLab은 즉시 피드백을 준다. 피드백은 양질의 글쓰기에 중요한 네 가지 영역인 명확성, 간결성(간결함의 품질 또는 상태), 문법, 논리에 중점을 둔다. 피드백은 부정적인 방식으로 구성되지 않으며, 학생에게 문장이나 생각이 틀렸다고 말하지 않는다. 그 이유는 부정적인 피드백은 학생을 방어적으로 만들 수 있기 때문이다. 대신 색상으로 구분된 피드백은 제안, 코멘트, 질문의 형태로 제공된다. 학생은 개별 피드백에 응답하거나 '도움이 되지 않음'으로 표시하고 넘어갈 수 있다. 피드백은 '실행 가능'하도록 설계했으므로 학생은 이를 사용해 문장이나 생각을 강화할 수 있다. 학생이 코멘트 또는 제안을 이해하지 못할 경우 코멘트 표시줄 모서리에 있는 '?' 아이콘을 클릭하면 사용자 가이드의 해당 섹션으로 이동한다. 개별 논문은 여러 번 제출할 수 있다. WriteLab은 머신 러닝을 사용해서 특정 학생의 글쓰기 방식을 기억한다. 시간이 지남에 따라 WriteLab은 특정 학생의 글쓰기 선호 사항에 적응하고 그에 따라 코멘트 및 제안 사항을 조정한다. 교수자에게는 WriteLab의 분석이 각 학생의 진행 상황에 대한 포괄적인 정보를 제공한다. 교수자가 교실에서 WriteLab을 활용하면 채점 속도가 빨라진다. Ramirez의 원래 비전에 따라 WriteLab은 이미 일상적인 피드백을 처리하고 있으며 이는

학습목표

1. 산업 분석의 목적을 설명할 수 있다.
2. 산업의 수익성을 결정짓는 다섯 가지 경쟁 요인을 구별하고 논의할 수 있다.
3. 창업기업이 다섯 가지 경쟁 요인 모델을 성공적으로 사용해서 창출하는 가치를 설명할 수 있다.
4. 다섯 가지 주요 산업 유형과 그것이 제공하는 기회를 구별할 수 있다.
5. 경쟁사 분석 및 경쟁 분석 그리드의 목적을 설명할 수 있다.

일반적으로 학생이 해결한다. WriteLab을 사용하는 교사는 학생들이 더 깊이 있는 수준의 글쓰기에 참여하는 것을 볼 수 있다. 양질의 피드백은 학생이 작가로서 자신의 가치를 더 높이 느끼게 하는 경향이 있다.

WriteLab은 에듀테크, 즉 교육 기술 산업에 참여한다. 이 산업은 초·중·고교와 대학이 제한된 예산과 긴 구매 주기 내에서 운영된다는 사실을 포함해서 여러 가지 이유로 까다로운 산업이다. 많은 학교에서는 WriteLab과 같은 제품을 채택하기 전에 여러 단계의 분석을 거쳐야 한다. 또한 많은 교사가 변화에 저항한다. 전통적인 교육 방법에는 많은 관성이 존재한다. WriteLab은 이러한 어려움을 극복하고 현재 500개 학교에서 3만 명 이상의 학생들이 사용하고 있다. 주요 사용자는 고등학교 AP 영어 학생과 대학 1학년 및 2학년 작문 학생이다. 잠재적 경쟁자에게 진입 장벽이 될 수 있는 WriteLab의 장점은 공동설립자 중 한 명인 Donald McQuade가 작문 커뮤니티에서 확고한 입지를 다지고 있다는 점이다. 그는 글쓰기 교사의 연구 및 전문성 개발을 지원하는 네트워크인 National Writing Project의 전 회장이다. 이러한 요소 덕분에 다른 곳에서는 열리지 않았을 수도 있고 잠재적인 경쟁자에게는 닫혔을 수도 있는 문을 WriteLab이 열었다.

경쟁사 측면에서 보면 WriteLab과 같은 제품은 없지만, 이 분야의 다른 업체로는 Microsoft Word의 문법 검사기와 문법, 구두점, 스타일을 검사하는 온라인 교정 도구인 Grammarly 등이 있다. 이 회사는 표절 여부도 검사한다. 또한 학생의 에세이를 스캔하고 성적을 부여하는 소프트웨어 플랫폼인 'robo-readers(로보 리더)'도 있다. 이러한 프로그램은 단어 수, 복잡한 문장의 수, 난해한 어휘의 빈도와 같은 프록시를 기반으로 세분화된 평가를 제공한다. WriteLab은 성적을 부여하지 않고 교사에게 맡긴다. 대신 피드백을 제공해서 복습과 첨삭을 촉진한다. WriteLab은 교사를 대체하는 것이 목표가 아니라고 조심스럽게 말한다. 교사가 시간을 절약하고 학생에게 더 의미 있는 피드백을 제공할 수 있도록 돕는 도구가 되는 것이 목표이다.

WriteLab은 210만 달러 이상의 자금을 모았다. 이 회사는 미국 시장으로의 침투를 확대할 계획이며 플랫폼을 여러 언어로 제공하기 위해 노력하고 있다. 또한 교육 분야에서 여러 파트너십을 맺고 있으며, TOEFL 서비스를 제공하는 일본 회사와 협력하고 있다. WriteLab은 글쓰기 그 이상의 미래도 내다보고 있다. 창립자들은 자신들의 기술이 사람들의 말하기 능력을 향상시키는 데 어떻게 도움이 될 수 있는지에 관심이 많다. WriteLab이 그 방향으로 나아간다면, 새로운 기회와 도전이 있는 인접 산업에 진출할 것이다.

WriteLab이 성공할 수 있었던 것은 부분적으로는 교육 기술(에드테크) 산업을 분석하고 그 안에서 WriteLab을 정확하게 포지셔닝한 Matthew Ramirez의 능력 덕분이다. 이 장에서는 산업 분석과 경쟁사 분석에 대해 살펴볼 것이다. 첫 번째 절에서는 산업의 잠재력에 초점을 맞춘 경영 연구인 **산업 분석**을 고려할 것이다. **산업**은 음악, 필라테스 및 요가 스튜디오, 태양광 패널과 같이 유사한 제품이나 서비스를 생산하는 회사들의 집단이다. 새로운 벤처가 경쟁하고자 하는 산업 및 목표 시장과 관련해서 실현 가능성이 있다고 결정을 내렸으면 선택한 산업과 관련된 운영 현실을 파악하기 위해 보다 심층적인 분석이 필요하다. 심층 분석은 타당성 분석에서 파악한 틈새 시장이나 목표 시장에 접근 가능한지, 신규 기업이 가장 최고의 진입점을 나타내는 시장인지 판단하는 데 도움이 된다.

두 번째 절에서는 경쟁사 분석에 중점을 둔다. **경쟁사 분석**은 기업의 경쟁사에 대한 상세한 평가이다. 기업이 산업에 진출하기로 결정하고 경쟁할 시장을 선택했다면 경쟁 환경을 이해해야 한다. 이 절에서는 기업이 경쟁사를 파악하는 방법과 경쟁 분석 그리드 작성의 중요성에 대해 살펴볼 것이다.

산업 분석

학습목표 1
산업 분석의 목적을 설명할 수 있다.

산업을 연구한다고 할 때, 기업가는 회사의 창업 아이디어를 추구하기 전에 세 가지 질문에 대해서 반드시 답을 할 수 있어야 한다. 첫째, 해당 산업이 접근 가능한가? 즉 새로운 벤처가 진출하기에 현실적인가? 둘째, 해당 산업에 혁신이 무르익은 시장이 있는가, 아니면 소외된 시장이 있는가? 셋째, 그 산업 전반에 걸쳐 회피해야 할 부정적 특성을 지닌 영역이 있는가? 신생벤처는 회사 차원과 제품 또는 서비스 차원 모두에서 자신의 **위치**를 생각하는 것이 유용하다. 회사 수준에서 회사의 위치는 제4장에서 설명한 것처럼 경쟁사와 비교해 회사가 어떤 위치에 있는지를 결정한다. 예를 들어, Fresh Healthy Vending은 기존 자판기 스낵 식품 및 음료의 건강한 대체품을 전문으로 하는 자판기 공급업체로 포지셔닝하고 있다. 이 회사의 온도 조절 자판기에서는 당근, 요구르트, 스무디, 그래놀라 바, 우유, 주스, 차 등의 음료를 제공한다. 이는 칩, 프레즐, 소금에 절인 땅콩, 캔디바, 스포츠 음료, 탄산음료와 같은 표준 요금을 제공하는 자판기 공급업체와는 확연히 다른 위치이다.[1]

산업이 무엇인지, 즉 경쟁 환경을 아는 것의 중요성은 기원전 4세기 중국의 철학자 손자가 처음 인식했을지도 모른다. 그는 장군들이 전투를 준비할 수 있도록 《손자병법》을 저술한 것으로 알려져 있다. 그러나 이 책에 담긴 아이디어는 오늘날에도 경영자가 시장의 경쟁적인 전쟁에 대비하는 데 여전히 사용되고 있다. 《손자병법》에서 다음의 인용구는 산업 분석의 중요성을 지적한다.

> 함정과 낭떠러지, 습지와 늪지대 등 전장의 지형을 숙지하고 있지 못한다면 우리의 군대를 이끌고 진격하는 것은 옳지 않다.[2]

이 말은 기업가가 아무리 창업에 대한 열의가 있더라도 '전장의 지형을 제대로 숙지하기 전', 즉 진출하려는 산업과 경쟁하려는 산업을 이해하기 전까지는 충분한 준비가 되어 있지 않다는 것을 의미한다.

또한 일부 산업은 연간 성장률 및 기타 요인 측면에서 다른 산업보다 단순히 더 매력적이라는 것을 아는 것도 중요하다. 예를 들어, IBISWorld에 따르면 전자책 출판 산업은 향후 5년간 연평균 3.7%의 성장률을 보일 것으로 예상된다.[3] 같은 기간 동안 전통적인 도서 출판 산업은 연간 −0.8%의 성장률로 감소할 것으로 예상된다.[4] 이는 전자책 산업이 전통적인 도서 출판 산업에 비해 기업 성장 조건이 훨씬 유리하다는 것을 의미한다.[5] 이러한 유형의 차이는 다른 유형의 산업과 비교할 때도 존재한다. 이러한 차이는 회사의 제품, 문화, 평판, 기타 자원을 포함한 회사 수준의 요인에 의해 어느 정도 완화될 수 있다.[6] 그럼에도 불구하고 다양한 연구에서 기업 수익성 변화의 8~30%가 기업이 경쟁하는 산업에 직접적으로 기인한다는 사실을 발견했다.[7] 따라서 기업가가 특정 기회를 추구할지 여부를 결정할 때 산업의 전반적인 매력도는 방정식의 일부분이 되어야 한다. 산업의 트렌드를 연구하고 다섯 가지 경쟁 요인(5 force) 모델을 사용하는 것은 기업가가 산업의 매력도를 평가하는 데 사용 가능한 두 가지 기법이다.

산업 트렌드 연구

기업가가 산업의 매력을 파악하기 위해 사용할 수 있는 첫 번째 기법은 산업 트렌드를 연구하는 것이다. 환경 트렌드와 비즈니스 트렌드는 창업가가 평가해야 할 가장 중요한 두 가지 트렌드이다.

환경 트렌드 제2장에서 논의했듯이 환경적 힘 또는 트렌드는 매우 중요하다. 특정 산업의 강세는 특정 산업을 선도하는 기업의 경영 능력 때문이 아니라 환경 트렌드가 해당 제품이나 서비스에 유리하거나 불리하게 변화하기 때문에 급등하거나 약화되는 경우가 많다.

경제 트렌드, 사회 트렌드, 기술 발전, 정치 및 규제 변화는 기업가가 연구해야 할 가장 중요한 환경 트렌드다. 예를 들어, 안경 산업이나 보청기 산업과 같이 노인을 대상으로 제품을 판매하는 산업에 속한 기업은 인구 고령화라는 사회 트렌드의 혜택을 받는다. 반면, 사탕 산업이나 가당 청량음료 산업과 같이 설탕 함량이 높은 식품을 판매하는 산업은 건강과 피트니스에 대한 새로운 강조로 인해 어려움을 겪고 있다. 때로는 한 산업의 미래를 결정짓는 여러 가지 환경 변화가 동시에 일어나기도 한다. 이 점은 미국의 체육관, 헬스 및 피트니스 클럽 산업의 미래에 대한 IBISWorld의 다음과 같은 평가에서 잘 나타나 있다. 이 보고서는 2016~2021년까지 체육관, 헬스 및 피트니스 클럽 매출이 연평균 2.6%씩 증가해 344억 달러의 매출 규모에 도달할 것으로 예상한 첫 보고 후 다음과 같이 말한다.

> 체육관, 헬스 및 피트니스 클럽 업계는 최근 비만 퇴치를 목표로 한 마케팅 캠페인과 건강 증진을 추구하는 소비자 트렌드의 혜택을 누리고 있다. 건강에 관심이 많은 개인이 일상생활에 피트니스를 접목하면서 업계 서비스에 대한 수요가 더욱 증가하고 있다. 게다가 가장 큰 헬스장 이용 인구인 20~64세 사람들의 숫자가 증가했고, 그 기간 동안 헬스장 회원권에 대한 수요를 자극했다.[8]

체육관, 헬스 및 피트니스 클럽 업계의 매출에 대한 이 평가는 환경 트렌드가 업계의 전망에 어느 정도 영향을 미치는지 보여준다. 보고서의 다른 부분에서는 요가 및 필라테스와 같은 보다 타깃화된 경험, 저렴한 멤버십, 보다 편리한 운영 시간 등을 회원에게 제공한다는 점을 높이 평가한다. 그럼에도 불구하고 체육관, 헬스 및 피트니스 클럽 업계의 미래에 대한 다소 긍정적인 평가는 건강과 피트니스에 대한 강조가 증가하고 체육관을 가장 많이 이용하는 인구통계학적 그룹의 증가와 같은 환경 트렌드와 관련이 있다. 모든 산업에서 비슷한 환경적 요인이 작용하고 있다.

비즈니스 트렌드 환경 트렌드 자체는 아니지만 중요하게 언급해야 할 다른 트렌드도 산업에 영향을 미친다. 예를 들어, 아웃소싱을 할 수 있거나 저렴한 외국인 노동자를 활용할 수 있는 특정 산업에 속한 기업은 혜택을 볼 수 있는 반면 다른 산업에 있는 기업들은 그 혜택을 가지지 못한다. 비슷한 방식으로, 일부 산업의 기업은 고객 조달 및 서비스 기능을 온라인으로 전환해 상당한 비용을 절감할 수 있는 반면, 다른 산업의 기업은 이러한 이점을 활용하지 못하고 있다. 이러한 트렌드는 다른 산업보다 일부 산업에 우호적이기도 하다.

스타트업은 해당 산업의 환경 및 비즈니스 트렌드를 모두 파악하는 것이 중요하다. 이를 위한 한 가지 방법은 '성공을 위한 파트너십'에서 언급하듯이 업계 무역 협회, 무역 전시회, 무역 저널에 참여하는 것이다.

학습목표 2

산업의 수익성을 결정짓는 다섯 가지 경쟁 요인을 구별하고 논의할 수 있다.

다섯 가지 경쟁 요인 모델

다섯 가지 경쟁 요인(5 force, 산업 구조 분석) 모델은 산업 구조를 이해하는 프레임워크를 제공하는 모델로서 하버드대학교 교수인 Michael Porter가 이 중요한 도구를 개발하였다. 그림 5.1에서

산업에서 활동하는 데 중요한 3T: 무역 협회, 무역 전시회, 무역 저널

스타트업에 중요한 것은 진출하기로 선택한 업계에서 적극적으로 활동하는 것이다. 활동적인 자세는 해당 산업에 대해 이해하고 학습할 수 있고, 비즈니스 파트너를 찾을 수 있으며, 업계 리더로 인정받게 된다. 산업 내 활발한 활동을 위한 3T는 무역 협회(trade association), 무역 전시회(trade show), 무역 저널(trade journal)이다. 스타트업은 초기 및 지속적인 활동의 일부로 이러한 'T'를 활용하는 것을 고려해야 한다.

무역 협회

무역 협회(또는 무역 그룹)는 무역 정보 수집 및 배포, 법률 및 기술 자문 제공, 업계 관련 교육 제공, 단체 로비 활동을 위한 플랫폼 제공 등의 목적으로 같은 업계에 속한 기업들이 결성한 조직이다. 산업 관련 이슈를 홍보하는 것 외에도 무역 협회는 일반적으로 회원사에 다양한 서비스를 제공한다. 예를 들어, 미국의 손목시계-시계 제작자 협회(American Watchmakers-Clockmakers Institute)는 회원들에게 교육 및 인증, 온라인 스토어, 커리어 센터(구인 게시판 포함), 온라인 회원 디렉터리, 기타 산업별 전문 및 비즈니스 서비스를 제공한다.[9]

무역 협회는 일반적으로 유급 직원과 자발적 위원회로 구성되어 있다. 바쁜 CEO와 기업가에게 무역 협회 위원회에서 봉사하고자 하는 동기는 충분하다. 그들은 무역 협회의 방향성에 영향을 발휘할 뿐만 아니라 협회의 다른 회원과 긴밀하게 네트워크를 형성할 수 있는 플랫폼과 가시성을 제공하기 때문이다. 이러한 형태의 상호작용은 다른 방법으로 파트너 관계를 맺거나 협업을 할 수 있게 만들어준다.

미국에는 7,600개의 전국 무역 협회가 있다. 대부분의 협회는 활동 내역과 회원 리스트를 파악할 수 있는 웹사이트를 보유하고 있다.

무역 전시회

무역 전시회(또는 무역 박람회)는 해당 산업 분야의 기업에 제품과 서비스를 소개하고 시연할 수 있는 기회를 제공하기 위해 마련된 전시회이다. 일부 전시회는 일반인에게 공개되는 반면, 다른 전시회는 회사 대표와 언론 관계자만 참석할 수 있다. 미국에서는 매년 1만 개 이상의 전시회가 개최된다. Trade Show News Network(www.tsnn.com)와 같은 여러 온라인 디렉터리가 있어 주최자, 참가자, 마케팅 담당자가 참석하기에 가장 적합한 전시회를 찾을 수 있다. 미국에서 가장 큰 무역 박람회는 매년 1월 라스베이거스에서 열리는 국제전자제품박람회(CES)로, 일반인에게는 공개하지 않는다. 2016년에는 10만 4,753명의 참관자, 6만 5,095명의 전시업체 직원, 7,545명의 미디어 관계자가 참여했으며 전시 공간은 247만 평방피트였다.

기업은 제품 및 서비스를 전시하는 것 외에도 전시회에 참가해서 경쟁사를 연구하고, 언론을 만나고, 업계 관계자들과 네트워크를 형성한다. 참여 기업은 전시회에서 전시 공간을 임대해야 한다. 보통 일주일 미만으로 진행하는 수준 높은 전시회 중 일부는 참가 비용이 2만 달러가 넘는다. 소규모 기업은 전시 공간을 공유하고 비용을 분담하는 경우가 많다. 전시회는 비즈니스를 창출하고 새로운 관계를 구축하며 기존 관계를 발전시킬 수 있는 최고의 기회를 제공한다. 실제로 전시회 관련 전문지에 게재되거나 웹사이트에 게시된 많은 기사와 '참여 방법' 가이드는 기업이 전시회에서 시간을 최대한 활용하고 비즈니스 관계를 구축하는 방법을 알려준다.

무역 저널

무역 저널이나 잡지는 일반적으로 무역 협회에서 발행하며 특정 산업에 초점을 맞춘 기사와 광고가 포함되어 있다. 무역 저널에는 일반 독자를 대상으로 하는 광고는 거의 게재하지 않는다. 또한 특정 산업에 특화된 구인 모집과 광고를 담고 있다.

일부 무역 저널은 일반인도 구독할 수 있는 반면, 일부 저널은 업계 종사자만 구독할 수 있도록 매우 엄격하게 관리하고 있다. 이러한 관행은 광고주에게 목표 고객이 광고를 볼 수 있도록 보장한다. 무역 저널에 실리는 대부분의 기사는 해당 업계의 기업에 대해 작성한다. 업계 최고 권위의 무역 저널에 기업에 대한 호의적인 기사가 실리면 기업의 위상과 인지도가 높아진다.

일부 업계에서는 무역 저널과 함께 기술 기사와 대량의 광고 내용 모두를 포함한 동료 심사(peer-review)를 거치는 저널을 가지고 있다. 기사는 이러한 저널에 광고를 게재하는 공급업체에서 일하는 사람들과 공동으로 저술하는 경우가 종종 있다. 《BioTechniques: International Journal of Life Sciences Method》는 이 형식을 따르는 특정 산업에서의 동료 심사 저널의 한 예이다. 이러한 저널은 무역 저널과 동료 심사 저널의 구분을 다소 모호하게 만든다.

무역 저널은 무역 협회나 무역 박람회처럼 직접적인 비즈니스 기회를 제공하지는 않지만, 기사에 소개되거나 광고를 게재함으로써 기업이 얻을 수 있는 가시성은 여러 가지 긍정적인 결과를 가져올 수 있다.

비판적 사고를 위한 문제

1. 관심 있는 산업을 하나 선택하라. 그 산업과 관련한 일급 무역 협회, 무역 전시회, 무역 저널 목록을 작성하라.
2. 기업가가 자발적으로 무역 협회에서 리더십을 발휘하는 것이 시간과 노력을 투자할만한 가치가 있는지 어떻게 평가할 수 있는가? 이러한 유형의 결정을 내릴 때 따라야 할 일련의 기준을 수립하라.
3. Organic Trade Association을 살펴보는 데 시간을 투자하라. 이 단

체의 멤버십을 통해 이용할 수 있는 네트워킹 기회 목록을 작성하라.

4. 네트워킹과 관련된 위험은 무엇인가? 예를 들어, 업계 참여자와 회사의 경쟁 방식에 대한 정보를 공유하는 데 따르는 위험이 있을까? 기업이 잠재 파트너의 관심을 끌 수 있을 만큼 충분한 정보를 제공하는 것과 너무 많은 독점 정보를 공개하지 않는 것 사이에서 어떻게 균형을 맞출 수 있을까?

출처: American Watchmakers-Clockmakers Institute homepage, www.awci.com (accessed April 2, 2011); B. Barringer and J. Harrison, "Walking a Tightrope: Creating Value Through Interorganizational Relationships," *Journal of Management* 26, no. 3, 1999: 367-403; Organic Trade Association Homepage, www.craftand- hobby.org (accessed February 17, 2017)

그림 5.1 산업 수익성을 결정하는 경쟁 요인

볼 수 있듯이 이 프레임워크는 산업 수익성을 결정하는 요인으로 구성되어 있다.[10] 대체재의 위협, 신규 진입자(즉, 새로운 경쟁자)의 위협, 기존 기업 간의 경쟁, 공급자 교섭력, 구매자 교섭력 등 이러한 요인은 산업의 특정 분야(예: 레스토랑 산업의 패스트 캐주얼 부문)나 특정 산업(예: 레스토랑 산업)에서 경쟁하는 기업의 평균 수익률을 결정한다.

Porter의 다섯 가지 경쟁 요인은 각각의 산업 수익성에 압력을 가함으로써 산업 내 기업의 평균 수익률에 영향을 미친다. 잘 관리한 기업은 이러한 요인을 피하거나 감소시키는 방식으로 기업을 포지셔닝해 업계의 평균 수익률을 능가하려고 노력한다. 예를 들어 Casper Mattresses는 Yogabed, Tuft & Needle, Leesa, Saatva 등 새로운 경쟁업체와 차별화할 수 있는 방법을 지속적으로 모색해 업체 간의 치열한 경쟁으로 인해 발생하는 수익성에 대한 잠재적인 부정적 영향을 줄이려고 노력할 것이다.

Porter 교수의 저서 《Competitive Advantage》를 보면, 산업의 수익성은 단순히 제품의 특징만으로 결정되는 것은 아니라고 지적한다. 이 책은 1980년에 출판되었고 그때의 산업과는 역학 관계가 많이 바뀌었지만, 다음 인용문에서 제시하는 통찰처럼 Porter의 핵심 요점은 여전히 기업가에게 중요한 통찰력을 제공한다.

> 산업의 수익성은 제품의 외형이나 첨단 기술 구현 여부가 아니라 산업 구조의 함수이다. 우편 요금 계량기나 곡물 거래와 같이 매우 평범한 산업은 수익성이 매우 높은 반면, 개인용 컴퓨터나 케이블 TV와 같이 화려하고 첨단 기술이 적용된 산업은 많은 참여자에게 수익성이 높지 않다.[11]

이러한 다섯 가지 경쟁 요인이 산업의 수익성에 미치는 영향에 대해서는 이제부터 기술할 것이다. 앞 장에서 언급했듯이 Mintel과 IBISWorld와 같은 회사가 제공하는 산업 분석 보고서에서는 다섯 가지 경쟁 요인이 산업에 미치는 영향에 대해 분석하고 있다. 이러한 자료는 대학 도서관을 통해 무료로 얻을 수 있으며, 부록 3.3의 인터넷 자료표에 나와 있다.

대체재의 위협

일반적으로 대체재의 위협이 낮을 때 더 매력적이다. 이 의미는 다른 산업의 제품이나 서비스가 주력 기업의 산업에서 제공하는 제품이나 서비스를 쉽게 대체하기 어렵다는 것을 의미한다. 예를 들어, 제약 산업이 전통적으로 높은 수익성을 유지해온 이유 중 하나는 처방약을 대체할 수 있는 제품이 거의 없기 때문이다. 반대로 유사한 대체재가 존재할 경우, 가격이 높으면 소비자는 구매를 하지 않기 때문에 산업의 수익성은 억제된다. 비행기표 가격을 생각해보자. 가격이 너무 비싸면 사업가는 여행 대신 Skype나 Google 행아웃과 같은 화상회의 서비스로 전환하는 경우가 늘어날 것이다. 이러한 문제는 대체재가 무료이거나 비용이 거의 들지 않을 경우 특히 심각하다. 예를 들어, 특급우편요금이 너무 비싸면 사람들은 UPS나 FedEx를 통해 문서를 보내는 대신 이메일 메시지에 문서를 첨부하는 경우가 점점 더 많아질 것이다.

대체재가 산업의 수익성을 얼마나 억제하는지는 구매자의 대체재 구매 성향에 따라 달라진다. 이러한 이유로 해당 산업에 속한 기업은 가격 인상에도 불구하고 고객이 대체품으로 전환할 가능성을 줄이기 위해 고객에게 편의 서비스를 제공하는 경우가 많다. 커피 전문점 업계를 예로 들어보자. Starbucks에서 판매하는 커피는 상대적으로 비싸다. 소비자는 Starbucks에서 더 많은 비용을 지불하는 대신 편의점에서 더 저렴한 커피를 쉽게 찾거나 집에서 커피를 내려 먹을 수 있다. 고객이 이러한 대안을 선택할 가능성을 줄이기 위해 Starbucks는 고품질의 신선한 커피, 쾌적한 분위기(종종 'Starbucks 경험'의 일부로 생각됨), 좋은 서비스를 제공한다. Starbucks는 고객이 다른 커피 전문점으로 가지 않게 하기 위해서만 이러한 서비스를 제공하는 것이 아니다. 이러한 방식은 고객이 대체품으로 전환하지 않게 하는 것이다. 비록 이러한 전략은 여전히 Starbucks에 유용하지만, 회사가 원하는 것보다 효율성이 떨어졌던 때가 있었다. 이러한 성장률 감소 때문에 Starbucks는 품질에 대한 약속을 지키고 회사의 신념인 고객에게 Starbucks만의 특별한 경험을 제공하면서 조금 저렴한 커피를 제공하는 실험을 하고 있다.

Kzenon/Shutterstock

독립적으로 운영되는 이 커피숍은 단순히 커피만 판매하는 것이 아니다. 또한 이 커피숍은 고객들이 만나고, 사교하고, 공부할 수 있는 편리하고 쾌적한 공간을 제공한다. 이 커피숍은 고객이 이곳에서 커피 대신 더 저렴한 다른 '대체재'를 찾을 가능성을 줄이기 위해 부분적으로 이러한 편의시설을 제공한다.

신규 진입자의 위협

일반적으로 산업은 진입 위협이 낮을 때 더 매력적이다. 즉, 경쟁업체가 해당 산업에 쉽게 진입해서 기존 업체의 수익 창출 방식을 성공적으로 모방할 수 없다는 의미이다. 한 산업에 속한 기업이 신규 진입자 수를 낮게 유지할 수 있는 방법은 여러 가지가 있다. 이러한 기법을 진입 장벽이라 한다. **진입 장벽**은 새로운 기업이 해당 산업에 진입하지 못하도록 하는 조건이다.[12] 진입 장벽의 여섯 가지 주요 원인을 살펴보자.

- **규모의 경제:** 커다란 규모의 경제가 특징인 산업은 새로운 기업이 가격의 불리함을 기꺼이 받아들이지 않고서는 진입하기 어렵다. **규모의 경제**는 제품을 대량 생산해서 평균 비용을 낮출 때 발생한다. 예를 들어, Intel은 방대한 양의 컴퓨터 칩을 생산하는 거대한 마이크로 프로세서 공장을 보유하고 있어 생산하는 각 칩의 평균 비용을 절감할 수 있다. 신규 진입자가 이 분야에서 Intel의 우위를 따라잡기는 어려울 것이다. 규모의 경제로 인한 경쟁 우위를 극복할 수 있는 경우도 있다. 예를 들어, 많은 소규모 양조장이 현지에서 맥주를 양조하고 현지 틈새시장 고객에게 의존해서 맥주 산업에 성공적으로 진입했다. 성공한 소규모 양조장은 현지에서 양조한 고품질의 제품을 제공함으로써 100개가 넘는 맥주 브랜드 포트폴리오를 관리하는 Anheuser-Busch와 같은 대형 글로벌 맥주 회사의 막대한 규모의 경제(그리고 소비자 가격 인하)에 대응할 수 있다.[13]
- **제품 차별화:** 청량음료 산업과 같이 강력한 브랜드를 보유한 기업이 있는 것이 특징인 산업은 광고에 많은 비용을 들이지 않고서는 진입이 어렵다. 예를 들어, Pepsi 브랜드 소유주인 PepsiCo나 Coca-Cola와 정면으로 경쟁하는 것이 얼마나 비용이 많이 드는지 상상해보자. 제품 혁신은 기업이 자사의 상품이나 서비스를 경쟁사의 제품과 차별화할 수 있는 또 다른 방법이다. Apple은 맥북 프로와 같은 맥북 제품군의 기능을 정기적으로 개선하고, 고객이 사용자 경험을 향상시키기 위해 구매할 수 있는 액세서리의 독특성으로 노트북 컴퓨터 분야에서 차별화를 이룬 기업의 예이다. 이를 통해 기존 고객을 유지하고 새로운 고객을 확보할 뿐만 아니라 경쟁업체가 노트북 컴퓨터 업계에서 Apple의 시장 점유율을 빼앗으려는 시도를 억제할 수 있었다.
- **자본 요구 사항:** 산업에 진입하기 위해 많은 돈을 투자해야 하는 것도 또 다른 진입 장벽이다. 자동차 산업은 막대한 자본이 요구되는 것이 특징이지만, 2003년에 출범한 Tesla는 전기차 기술에 대한 전문성과 혁신을 통해 투자자들의 신뢰를 얻음으로써 이 장벽을 극복하고 상당한 자금을 조달할 수 있었다. 현재의 증거는 이 회사가 장기적인 성공을 거둘 잠재력을 가지고 있음을 시사한다. 예를 들어, 2017년 초에 Tesla의 CEO Elon Musk는 2017년에는 50만 대, 2020년에는 연간 100만 대의 자동차를 생산할 것이라고 예측했다.[14] 투자자의 신뢰를 더욱 쌓고 가용 자본을 활용해 2017년 봄부터 아랍에미리트에서 자동차 판매를 시작했다. 전반적으로 이 회사는 향후 몇 년 동안 중동 지역에서 많은 수의 고급 자동차를 판매하려고 한다.[15]
- **규모와 무관한 비용 우위:** 확고한 기존 경쟁업체는 신규 진입자가 이용할 수 없는 규모와 무관한 비용적 이점을 가질 수 있다. 일반적으로 이러한 이점은 기업의 역사에 기인한다. 예를 들어, 한 산업에서 기존 경쟁업체는 과거에 신규 진입자가 동일한 자산에 대해 지불해야 하

는 비용보다 훨씬 저렴하게 토지 및 장비를 구매했을 수 있다.

- **유통 채널에 대한 접근:** 유통 채널은 공략하기 어려운 경우가 많다. 특히 편의점 시장과 같이 혼잡한 시장에서는 더욱 그렇다. 새로운 스포츠 음료가 편의점 진열대에 놓이려면 일반적으로 이미 진열되어 있는 제품을 대체해야 한다. 만약 WriteLab이 더 나은 글쓰기를 위한 가이드를 제작하기로 결정했다면 글쓰기 향상에 초점을 맞춘 책이 이미 구비되어 있는 서점에서 진열 공간을 확보하기 어렵다는 것을 알게 될 것이다.
- **정부 및 법적 장벽:** 생명공학 및 소프트웨어와 같은 지식 집약적 산업에서 특허, 상표, 저작권은 주요 진입 장벽을 형성한다. 은행업이나 방송업과 같은 다른 산업은 공공 기관으로부터 라이선스 발급이 필요하다.

스타트업이 새로운 산업을 만들거나 기존 산업 내에서 새로운 틈새 시장을 창출할 때는 신규 진입자의 위협을 줄이기 위해 자체적으로 진입 장벽을 만들어야 한다. 스타트업은 일반적으로 자금이 부족하기 때문에 규모의 경제와 같이 비용이 많이 드는 진입 장벽을 만들기가 어렵다. 특히 새로운 시장을 창출하는 신생기업의 생존 가능성에 대한 가장 큰 위협은 더 큰 규모의 더 나은 자금력을 갖춘 기업이 진입해서 해당 기업이 하고 있는 일을 모방하는 것이다. 가장 이상적인 진입 장벽은 특허, 상표, 저작권으로, 스타트업이 하고 있는 일을 다른 기업이 복제하지 못하도록 막는 것이다. 하지만 많은 경우 특허가 적용되지 않는다. 비전통적 진입 장벽이라고 불리는 진입 장벽의 한 범주가 있는데, 이는 신생기업에 특히 적합한 장벽이다. 이러한 장벽에는 회사 경영진의 역량, 선도자 우위, 고유한 비즈니스 모델, 산업에 대한 새로운 접근 방식의 발명과 같은 요소가 포함된다. 예를 들어, Edell과 IndieU가 선보인 비즈니스 모델이나 사례 5.2의 주인공인 Casper가 추구하는 매트리스 산업에 대한 독특한 접근 방식이 이 범주에 속한다. 표 5.1에는 스타트업이 자주

표 5.1 비전통적 진입 장벽

진입 장벽	설명	사례
경영진의 역량	스타트업이 세계적인 수준의 경영진을 구성하면 잠재적 경쟁자들이 해당 업계의 스타트업에 도전하는 것을 주저하게 만들 수 있다.	Square
선도자 우위	스타트업이 한 산업 또는 새로운 개념의 산업을 개척하는 경우 기존 산업에서 스타트업이 구축한 인지도는 강력한 진입 장벽이 될 수 있다.	Facebook
경영진과 직원들의 열정	스타트업의 핵심 직원들이 독특한 문화에 높은 동기를 부여받고, 자신이 하는 일에 대한 믿음으로 기꺼이 장시간 근무하며, 스톡옵션을 통해 큰 금전적 이득을 기대한다면 이는 대기업이 모방하기 매우 어려운 조합이다. 바이오 산업의 직원들이 질병 치료제를 찾으려 노력하는 것을 생각해보자.	Amgen
고유한 비즈니스 모델	스타트업이 고유한 비즈니스 모델을 구축할 수 있고 비즈니스 모델을 작동시키는 관계 네트워크를 구축하면 이러한 이점이 진입 장벽을 형성한다.	IndieU
인터넷 도메인 이름	일부 인터넷 도메인 이름은 특정 제품이나 서비스와 관련해서 매우 '즉각적'이기 때문에 스타트업에 전자상거래 기회 측면에서 의미 있는 도약의 기회를 제공한다. www.1800flowers.com, www.1800gotjunk.com, www.bodybuilding.com 등을 생각해보자.	www.1800contacts.com
산업에 대한 새로운 접근법을 발명하고 그 아이디어를 모범적인 방식으로 실행하기	스타트업이 산업에 대한 새로운 접근 방식을 발명하고 이를 모범적으로 실행하는 경우, 이러한 요소는 잠재적인 모방자에게 진입 장벽이 될 수 있다.	Casper

사용하는 비전통적 진입 장벽의 목록이 나와 있다.

기존 기업 간의 경쟁

대부분의 산업에서 산업 수익성의 주요 결정 요인은 이미 해당 산업에서 경쟁하고 있는 기업 간의 경쟁 수준이다. 일부 산업은 가격이 원가 수준 이하로 밀려날 정도로 경쟁이 치열하다. 이런 일이 발생하면 업계 전체에 손실이 발생한다. 다른 산업에서는 경쟁이 훨씬 덜 치열하고 가격 경쟁이 완화된다. 예를 들어, 항공 산업은 경쟁이 치열하고 수익 마진은 주로 연료 가격과 소비자 수요에 달려 있다. 반면, 전문 의료 장비 시장은 경쟁이 덜 치열하고 수익 마진이 더 높다.

한 산업에서 기존 기업 간의 경쟁 성격과 강도를 결정하는 주요 요인에는 네 가지가 있다.

- **경쟁업체 수 및 균형:** 경쟁업체 수가 많을수록 하나 이상의 경쟁업체가 가격을 인하해서 고객을 확보하려고 할 가능성이 높다. 가격 경쟁은 산업 전반에 걸쳐 문제를 야기하며, 산업 내에서 경쟁 기업의 규모가 비슷하거나 명확한 시장 리더가 없을 경우 더 자주 발생한다.
- **제품 차별화 정도:** 제품 간의 차별화 정도는 업계 경쟁에 영향을 미친다. 예를 들어, 종이 제품 생산자와 같은 상품 산업은 한 제조업체의 제품과 다른 제조업체의 제품 간에 의미 있는 차이가 없기 때문에 가격 경쟁을 하는 경향이 있다.
- **산업의 성장률:** 저성장 산업에 속한 기업 간의 경쟁은 고속 성장 산업에 속한 기업 간의 경쟁보다 더 치열하다. 보험과 같이 성장이 느린 산업에서는 시장 점유율을 확보하기 위해 경쟁해야 하므로 고객을 확보하기 위해 가격을 낮추거나 품질을 높이려는 유혹을 받을 수 있다. 전자책 출판과 같이 빠르게 성장하는 산업에서는 대부분의 기업이 생산 능력을 충족할 만큼 충분한 고객이 있기 때문에 가격 인하 가능성이 적다.
- **고정 비용 수준:** 고정 비용이 높은 기업은 낮은 기업보다 손익분기점에 도달하기 위해 더 많은 양의 제품을 판매해야 한다. 일단 손익분기점에 도달하면 추가로 판매되는 각 제품은 기업의 수익에 직접적으로 기여한다. 고정 비용이 높은 기업은 판매량을 채우기 위해 안간힘을 쓰며, 이러한 불안감은 가격 인하로 이어질 수 있다.

공급자 교섭력

일반적으로 산업은 공급업체의 교섭력이 낮을 때 더 매력적이다. 경우에 따라 공급업체는 가격을 인상하거나 공급하는 구성 요소의 품질을 낮춤으로써 자신이 판매하는 산업의 수익성을 억제할 수 있다. 공급업체가 공급하는 부품의 품질을 낮추면 완제품의 품질이 떨어지고 결국 제조업체는 가격을 낮춰야 한다. 만약 공급업체가 판매하는 업계의 기업에 비해 강력할 경우 업계의 수익성이 악화될 수 있다.[16] 예를 들어, 펜티엄 칩을 생산하는 Intel은 PC 업계의 강력한 공급업체이다. 대부분의 PC가 펜티엄 칩을 탑재하고 있기 때문에 Intel은 PC 제조업체로부터 프리미엄 가격을 요구할 수 있으며, 이는 PC 산업의 전반적인 수익성에 직접적인 영향을 미친다. 공급업체가 구매자에게 압력을 행사하고 해당 산업의 수익성을 압박할 수 있는 능력에 영향을 미치는 요인은 다음과 같다.

- **공급자 집중도:** 다수의 구매자에게 중요한 제품을 제공하는 공급업체가 소수에 불과한 경우,

공급업체는 유리한 위치를 점하게 된다. 제약 업계에서는 상대적으로 소수의 제약 제조업체가 수천 명의 의사와 환자에게 제품을 판매하는 경우가 많다.

- **전환 비용:** 전환 비용은 구매자가 한 공급업체에서 다른 공급업체로 전환하거나 변경할 때 발생하는 고정 비용이다. 전환 비용이 높으면 구매자가 공급업체를 바꿀 가능성이 낮아진다. 예를 들어, 공급업체는 대형 구매자에게 제품을 쉽게 구매할 수 있는 전문적인 소프트웨어를 제공하는 경우가 많다. 구매자가 공급업체의 주문 및 재고 관리 시스템을 학습하는 데 시간과 노력을 들인 후에는 다른 공급업체의 시스템을 학습하는 데 시간과 노력을 들이고 싶지 않을 것이다.
- **대체품의 매력도:** 공급업체가 제공하는 제품이나 서비스에 대한 매력적인 대체품이 없는 경우 공급자의 교섭력이 강화된다. 예를 들어, Microsoft와 Intel이 가격을 인상해도 컴퓨터 업계가 할 수 있는 일은 거의 없다. 이 회사들의 제품을 대체할 수 있는 제품이 상대적으로 적기 때문이다(현재는 과거에 비해 덜 그렇지만).
- **전방 통합의 위협:** 공급업체가 구매자의 산업에 진입할 수 있는 신뢰할만한 가능성이 있다면 공급자의 교섭력이 강화된다. 예를 들어, 컴퓨터 운영 체제 공급업체로서 Microsoft는 PC 제조업체가 자사의 소프트웨어 비용을 지나치게 부담스러워하거나 다른 소프트웨어 공급업체의 운영 체제를 사용하겠다고 위협할 경우 컴퓨터 제조 산업에 직접 진출하는 위협을 통해 교섭력을 강화한다.

구매자 교섭력

일반적으로 구매자(스타트업의 고객)의 교섭력이 낮을수록 산업이 더 매력적이다. 구매자는 가격 할인이나 품질 향상을 요구함으로써 구매 대상 산업의 수익성을 억제할 수 있다. 예를 들어, 자동차 산업은 다양한 산업에서 수천 개의 공급업체로부터 제품을 구매하는 소수의 대형 자동차 제조업체가 지배하고 있다. 이것은 자동차 제조업체가 가격 인하를 요구함으로써 구매하는 산업의 수익성을 억제할 수 있게 만든다. 만약 자동차 제조업체가 납품업체에 더 높은 품질의 제품을 같은 가격에 제공할 것을 요구한다면, 공급자의 수익성은 낮아질 것이다. 여러 요인이 공급업체에 압력을 행사하고 구매하는 산업의 수익성을 억제하는 구매자의 능력에 영향을 미친다. 여기에는 다음이 포함된다.

- **구매자 집중도:** 구매자가 집중되어 있는 경우, 즉 몇몇의 대형 구매자로 이루어져 구매가 집중되어 있고 수많은 납품업체를 통해 제품을 구매한다면, 구매자는 공급자에게 낮은 가격을 요구하고 이를 통해 그들이 구매하는 제품의 산업에서 수익성을 낮추게 한다.
- **구매자의 비용:** 구매자에게 품목의 중요도가 높을수록 구매자는 지불하는 가격에 더 민감하게 반응한다. 예를 들어, 만약 공급업체가 판매하는 부품이 구매자 제조 원가의 50%를 차지하는 경우, 구매자는 부품 가격에 대해 최적의 가격을 얻기 위해 열심히 흥정할 것이다.
- **공급업체 제품의 표준화 정도:** 공급업체의 제품이 경쟁사의 제품과 다른 정도에 따라 구매자의 협상력에 영향을 미친다. 예를 들어, 청량음료에 들어가는 옥수수 시럽과 같이 공급업체로부터 획일적이거나 차별화되지 않은 제품을 구매하는 구매자는 가격, 서비스 등의 기능을 최적으로 조합할 수 있을 때까지 공급자를 교체할 수 있다.

- **후방 통합의 위협:** 구매자가 공급업체의 산업에 진입할 수 있다는 신뢰할만한 위협이 있는 경우 구매자의 힘이 강화된다. 예를 들어, PC 업계는 컴퓨터 모니터 가격이 너무 높아지면 자체적으로 모니터를 만들겠다고 위협해서 가격을 낮출 수 있다.

요약하면, 다섯 가지 경쟁 요인은 새로운 벤처기업의 창업자 또는 창업자가 진입하려는 산업의 구조를 이해하는 데 도움이 된다. 다섯 가지 경쟁 요인 모델에는 추가적인 이점이 있다. 기업이 진입하려는 산업의 구조와 역학 관계를 제대로 이해하지 못하면 일이 2배로 어려워진다. 심지어 실패로 이어질 수도 있다. 안타깝게도 교육 기술 산업에 진출한 SharpScholar가 바로 그런 경우이다. SharpScholar의 이야기는 '무엇이 잘못됐는가?'에서 제공된다. 이 이야기는 회사가 경쟁하기로 선택한 산업을 철저히 이해하는 것이 얼마나 중요한지 일깨워준다.

다섯 가지 경쟁 요인 모델의 가치

학습목표 3

창업기업이 다섯 가지 경쟁 요인 모델을 성공적으로 사용해서 창출하는 가치를 설명할 수 있다.

다섯 가지 경쟁 요인 모델은 기업이 진출하려는 산업의 역학 관계를 이해하는 데 도움이 될 뿐만 아니라 다음과 같은 두 가지 방법으로 사용할 수 있다. ① 특정 산업에 진출해야 하는지 여부와 ② 해당 산업에서 매력적인 입지를 구축할 수 있는지 여부이다. 이러한 두 가지 긍정적인 결과를 살펴보자.

첫째, 다섯 가지 경쟁 요인 모델은 표 5.2와 같이 각 요인의 산업 수익성에 대한 위협 수준을 결정함으로써 산업 또는 산업 내 특정 위치의 매력도를 평가하는 데 사용할 수 있다. 산업 매력도 측정은 실행 가능성을 분석하는 동안 덜 엄격한 분석보다는 더 심도 깊게 이루어져야 한다. 예를 들어, 만약 업체가 표 5.2를 작성하는 동안 산업 수익성에 대한 위협 항목 몇 개가 높게 나타났다면, 그 회사는 산업에 신규 진입을 재고하거나 산업에서의 포지셔닝을 조심스럽게 검토해야 한다. 예를 들어 요식업의 경우 대체재의 위협, 신규 진입자의 위협, 기존 업체 간의 경쟁이 치열하다. 신선 해산물 식당과 같은 특정 식당의 경우 공급업체의 협상력도 높을 수 있다(해산물 공급업체 수는 소고기 및 닭고기 공급업체 수에 비해 상대적으로 적다). 따라서 외식업에 진출한 기업은 업종 특성상 여러 가지 역풍을 맞을 수 있다. 이러한 위협을 회피하거나 줄이려면 유리한 입지를 구

표 5.2 신생벤처기업이 일을 완수하기 위해 활용하는 인력의 원천

경쟁 요인	산업 수익성에 대한 위협: 낮음	중간	높음
대체재의 위협			
신규 진입자의 위협			
기존 기업 간의 경쟁			
공급자 교섭력			
구매자 교섭력			

작성 안내

1단계: 특정 산업을 선택함

2단계: 각 경쟁 요인별 산업의 수익성에 미치는 영향을 평가함(낮음, 중간, 높음)

3단계: 산업의 전반적인 매력도를 측정하는 데 활용함

4단계: 산업의 수익성에 가장 큰 위협이 되는 요소를 파악하는 데 활용함

축해야 한다. 이 장의 마지막에 있는 사례 5.1에서 설명하는 것처럼 Panera Bread가 이를 성공적으로 수행한 기업 중 하나이다. Panera는 레스토랑 산업을 연구하면서 일부 소비자들이 패스트푸드에 지쳤지만 항상 앉아서 식사할 시간이 없다는 사실을 발견했다. 이러한 격차를 메우기 위해 Panera는 비교적 빠른 서비스와 고품질 음식을 결합한 '패스트 캐주얼'이라는 새로운 카테고리를 개척하는 데 도움을 주었다. Panera는 레스토랑 업계에서 이 독특한 위치를 점하는 데 매우 성공적이었다. 사례 5.1을 읽으면서 Panera Bread의 성공에 대해 자세히 알아보라.

신생기업이 다섯 가지 경쟁 요인 모델을 적용해 산업 진출 여부를 결정하는 두 번째 방법은 그림 5.2에 표시된 모델을 사용해서 몇 가지 주요 질문에 답하는 것이다. 이를 통해 신규 벤처기업은 특정 산업에서 성공하기 위해 충족해야 할 임곗값을 평가할 수 있다.

질문 1: 해당 산업이 새로운 벤처가 진출하기에 현실적인가? 이 질문은 표 5.2에 표시된 것처럼 산업의 전반적인 매력을 살펴보고 기회의 창이 열려 있는지 평가함으로써 답할 수 있다. 해당 산업의 기회의 창이 열려 있는지 또는 닫혀 있는지를 판단하는 것은 기업가의 몫이다.

질문 2: 만약 이 산업에 진출할 경우, 우리 회사가 업계 수익성을 억제하는 요인의 영향을 피하거나 감소시키는 데 있어 업계 전체보다 더 잘할 수 있을까? 새로운 브랜드, 혁신적인 아이디어, 세계적인 경영진과 함께 업계에 진출해서 기존 업계보다 더 나은 성과를 거두면 새로운 벤처가 성공할 가능성이 높아진다. Google이 인터넷 검색 엔진 업계에 진출해서 시장 선두주자였던 Yahoo를 밀어낸 것이 바로 이런 경우이다. 새로운 벤처기업이 특허를 받은 매력적인 신제품을 시장에 출시해 일정 기간 동안 다른 기업이 이를 복제하지 못하도록 막는다면 업계의 기존 업체를 능가하는 성과를 거둘 수도 있다.

질문 3: 업계 수익성을 억제하는 요인을 피하거나 줄일 수 있는 업계 내 독특한 위치가 있는가? 앞서 설명한 것처럼 Panera Bread는 이러한 이점을 확보하고 있다.

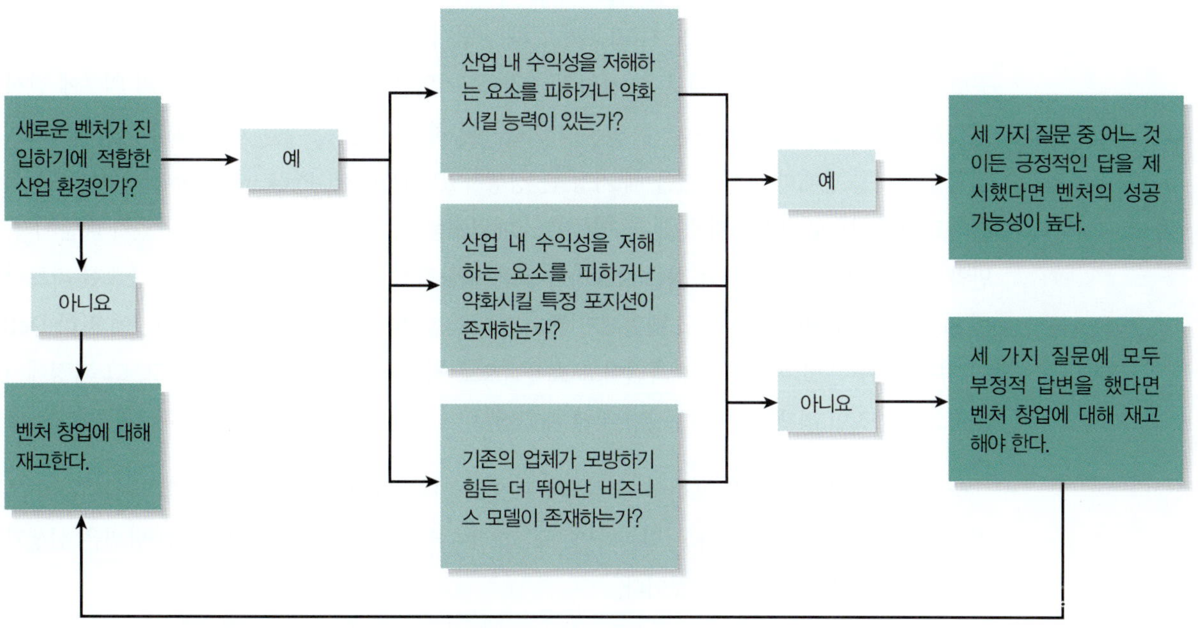

그림 5.2 다섯 가지 경쟁 요인 모델을 활용한 질문을 통해 신규 벤처의 성공 가능성 평가

무엇이 잘못됐는가?

SharpScholar: 실패한 에드테크 스타트업에서 얻은 교훈

SharpScholar는 Jawwad Siddiqui와 몇몇 친구들에 의해 시작되었다. 대학 3학년이었던 Siddiqui는 제각각인 수업 수준에 불만을 품고 있었다. SharpScholar는 학생과 교사를 더 잘 연결하기 위해 설계된 소프트웨어 플랫폼이었다. 교사는 이 플랫폼을 통해 콘텐츠를 업로드하고, 상호작용을 추가하고, 학생의 참여를 유도하고, 학습한 내용과 놓친 내용에 대한 분석을 수집하고, 교육을 개선할 수 있다. 학생에게는 플랫폼이 코치 역할을 해서 학생들이 자료를 학습하고 준비된 상태로 수업에 임할 수 있도록 했다.

전성기에는 5,000명의 학생, 캐나다 최고의 대학 5곳, 12명의 교수가 SharpScholar에 가입했다. 이 서비스는 많은 주목을 받았다. 창업자들은 캐나다의 〈Shark Tank〉와 같은 TV 프로그램인 〈Dragons' Den〉에 출연하기도 했다. 그들은 회사 지분 15%에 10만 달러의 투자 제안을 받았지만 거절했다. 그들은 수상 경력을 쌓고 명망 있는 인큐베이터에 합격했으며 칸 아카데미, GoogleX, 기타 유명 기관의 사람들과 교류했다. 하지만 SharpScholar는 창업 2년 만에 문을 닫았다. 무엇이 문제였을까?

"우리는 에드테크 스타트업을 폐쇄했습니다. 우리가 배운 것은 이렇습니다"라는 제목의 사려 깊은 블로그 글에서 Siddiqui는 SharpScholar의 실패를 바탕으로 기업가를 위한 네 가지 조언을 제공했다.

'고객'과 직접적인 관계를 맺으라

SharpScholar는 고객을 파악하는 데 어려움을 겪었다. 학생, 교사, 학교 행정 기관, 정부는 모두 서로 얽혀 있었다. 즉, 교사가 제품을 마음에 들어 하면 학생, 예산, 학교 정책, 심지어는 행정부의 승인까지 염두에 두어야 했다. 이러한 요소로 인해 SharpScholar와 교사의 관계가 복잡해졌다. 또한 회사가 누구를 위해 제품을 맞춤화하고 있는지에 대한 집중력이 부족해졌다.

얻은 교훈: 교사(및 다른 사람들)는 다른 사람의 여러 단계의 승인이 필요한 도구를 사용하는 것을 좋아하지 않는다. 구매 시 여러 단계의 승인이 필요하지 않은 제품을 만들자.

고객, 소비자, 지불 능력을 혼동하지 말라

대부분의 산업에서는 제품에 대한 비용을 지불하는 사람이 제품을 사용하는 사람이다. 하지만 교육 분야에서는 그렇지 않은 경우가 많다. 제품을 사용하는 사람(교사 및/또는 학생)이 비용을 지불하는 사람이 아닌 경우가 많다. 교사에게 예산이 있는 경우도 있지만 항상 그런 것은 아니다. 학부모 단체와 비영리 단체에서 도움을 주기도 하지만, 이마저도 성공과 실패가 반복된다. 기술 제품에 대한 교육청의 지원금은 교육청마다 크게 다르다.

질문 4: 기존 업계에서 모방하기 어려운 우수한 비즈니스 모델을 구축할 수 있는가? 다섯 가지 경쟁 요인 모델은 새로운 벤처가 반드시 접근해야 하는 방식이 아니라 산업의 모습을 '있는 그대로' 제공한다는 것을 명심하라. 때때로 한 산업의 가장 큰 기업은 자신의 전략과 계약상의 의무에 갇혀 신생기업이 새로운 것을 시도할 수 있는 기회를 제공하기도 한다. 예를 들어 Dell이 소비자에게 직접 컴퓨터를 판매하기 시작했을 때 가장 큰 경쟁자였던 Hewlett-Packard, Compaq, IBM은 신속하고 효과적으로 대응하지 못했다. 이들은 소매업체를 통한 판매 전략에 갇혀 있었기 때문이다. 만약 이들이 Dell을 모방해서 최종 사용자나 고객에게 직접 판매하려 했다면, 가장 중요한 파트너인 Sears나 Best Buy와 같은 소매업체가 떨어져 나갔을 것이다. 그러나 시간이 지남에 따라 Dell의 경쟁업체들은 소비자에게 효과적이고 효율적으로 직접 판매하는 방법을 배웠고, 그 과정에서 Dell의 역사적인 경쟁적 우위가 상당 부분 사라졌다.

상기의 질문에 대한 답을 포함한 단계들이 표 5.2에 나타나 있다. 만약 신생기업의 창업자가 특정 산업이 자신에게 적합하다고 믿는다면, 표 5.2에 나타난 질문에 대한 긍정적인 답변은 신생기업의 성공 가능성을 증가시킬 것이다.

얻은 교훈: 제품을 사용하는 사람과 다른 사람 또는 단체에 의존해서 제품을 구입하는 비즈니스 모델은 어려운 모델이다.

고객과의 우선순위 격차를 주의하라

교사와 기업가의 우선순위가 항상 일치하는 것은 아니다. 판매할 기술 제품이 있는 기업가는 판매를 성사시키고 교실에 제품을 설치하기를 원한다. 교사는 제품 설정 시간, 이것을 수업에 통합하는 데 얼마나 많은 노력이 필요한지, 스마트폰을 이용할 수 없는 학생(앱인 경우)은 어떻게 해야 하는지 등을 고려한다.

얻은 교훈: 기업가는 매출을 올리고 비즈니스를 성장시키기를 원한다. 교사는 자신만의 시간을 가지고 싶어 한다. 이 격차가 너무 커서 에드테크 스타트업이 실패할 수 있다.

우리는 무료에 익숙하다

Facebook, Google, Dropbox(기본 버전), Google Docs 등 무료 도구가 넘쳐나면서 사람들은 특정 서비스를 무료로 사용할 수 있기를 기대하게 되었다. 또한 소비자와 기업으로부터 수익을 창출하는 많은 대기업이 교육용 버전의 제품을 무료 또는 대폭 할인된 가격으로 제공한다.

얻은 교훈: 교육 분야(및 기타 분야)의 많은 목표 고객은 제품이 무료이기를 기대한다.

따라서 회사 설립을 고려하고 있다면 진출하려는 산업에 대해 다음과 같은 질문을 스스로에게 해보라. 구매 결정을 내리기 전에 우리 제품은 몇 단계의 승인을 거쳐야 하는가? 우리 제품에 대한 비용을 지불하는 사람이 제품을 실제 사용하는 사람인가? 회사의 우선순위와 고객의 우선순위가 너무 달라서 실패할 수도 있는가? 마지막으로, 우리 회사의 고객이 우리 제품과 비슷한 제품을 무료로 얻는 데 얼마나 익숙한가?

비판적 사고를 위한 문제

1. SharpScholar의 실패가 에드테크 산업 진출을 고려하는 기업가에게 주는 교훈은 무엇인가?
2. 제4장에서 비즈니스 모델에 대해 공부했다. SharpScholar의 비즈니스 모델을 '표준 또는 파괴적 모델'로 분류할 것인가? SharpScholar가 구현하고자 했던 비즈니스 모델 유형과 관련해서 어떤 유형의 실행 관련 문제가 있다고 생각하는가?
3. 여기에서 설명했듯이, SharpScholar는 회사의 목표 고객이 누구인지에 대한 정확한 이미지를 가지고 있지 않았다. 이 특집에서 언급한 다양한 고객 중 SharpScholar의 목표 고객이 될 수 있는 고객의 관점에서 '구매자 교섭력'을 조사하라. SharpScholar에서 가장 큰 구매력을 보유하고 있는 잠재적인 목표 고객은 누구이며 그 이유는 무엇인가?
4. SharpScholar가 비즈니스 전반에 걸쳐 어떤 조치를 취했다면 경쟁력을 유지하고 오늘날에도 여전히 성공적인 회사가 될 수 있었을까?

출처: J. Siddiqui, "We Shut Down Our Edtech Startup. Here's What We Learned", available at https://www.edsurge.com/news/2016-06-12-we-shut-down-our-edtech-startup-here-s-what-we-learned (posted June 12, 2016, accessed February 13, 2017)

산업 유형과 기회

학습목표 4

다섯 가지 주요 산업 유형과 그것이 제공하는 기회를 구별할 수 있다.

앞서 설명한 요인을 연구하는 것과 함께, 신규 벤처기업은 산업 유형을 연구해서 해당 산업이 제공하는 기회를 파악하는 것이 도움이 된다.[17] 표 5.3에서 제시된 가장 널리 퍼진 다섯 가지 산업 유형은 신흥 산업, 파편화된 산업, 성숙 산업, 쇠퇴 산업, 글로벌 산업이다.[18] 각 산업 유형에는 독특한 기회가 있다.

신흥 산업

신흥 산업(emerging industry)은 표준 운영 절차가 아직 개발되지 않은 새로운 산업이다. 신흥 산업을 개척하거나 주도권을 잡는 기업은 선도자 우위를 점하는 경우가 많다. **선도자 우위**란 새로운 시장에서 중요한 위치를 차지한 최초의 기업이 때때로 극복할 수 없는 이점을 얻는 것을 말한다.

신흥 산업은 불확실성이 높기 때문에 포착한 기회는 단기간에 사라질 수 있다. 그럼에도 불구하고 많은 신생벤처가 신흥 산업에 진출하는 이유는 일반적으로 진입 장벽이 낮고 경쟁 구도가 확립되어 있지 않기 때문이다.

표 5.3 산업 구조와 기회

산업 유형	산업의 특성	기회	기회를 활용한 사례
신흥 산업	최근의 수요 또는 기술 변화, 새로운 업계 표준 운영 절차가 아직 개발되지 않은 경우	선도자 우위	▪ 스마트폰 사진을 즉석에서 인쇄하는 Prynt의 방법 ▪ Wiivv의 3D 프린팅 깔창 ▪ Owlet Baby Care의 아기 심박수 및 호흡 모니터링 프로세스
파편화된 산업	거의 동일한 규모의 많은 기업	통합	▪ 패스트 캐주얼 레스토랑 Chipotle Mexican Grill ▪ 폐품처리업체에서 1-800-GOT-JUNK? ▪ 여성 의류 Riffraff
성숙 산업	느린 수요 증가, 수많은 재구매 고객, 제한된 제품 혁신	프로세스 및 판매 후 서비스 혁신	▪ 땅콩버터 Justin's ▪ 반려견 관리의 Rover.com ▪ 자전거 공유의 Zagster
쇠퇴 산업	산업 수요의 지속적 감소	리더, 틈새, 수확, 매각	▪ 철강 산업의 Nucor ▪ 항공 산업의 JetBlue ▪ 태양의 서커스 서커스단
글로벌 산업	상당한 해외 매출	다국적 및 글로벌	▪ 차량 서비스를 제공하는 Uber ▪ 태양열 랜턴의 d.light

파편화된 산업

파편화된 산업은 거의 동일한 규모의 기업이 다수 존재한다는 특징이 있는 산업이다. 파편화된 산업 분야의 스타트업에 주요한 기회는 산업을 통합하고 그렇게 함으로써 산업의 리더십을 확립하는 것이다. 가장 일반적인 방법은 한 회사가 다른 지역에 위치한 유사한 회사를 인수하는 **지리적 롤업 전략**(geographic roll-up strategy)을 사용하는 것이다.[19] 이는 자동차 수리점이나 미용실과 같은 비즈니스에서 종종 관찰되는 성장 경로이다. 한 지역에서 추가 수입을 창출하기 어렵기 때문에 유기적 성장이나 유사한 기업 인수를 통해 새로운 지역으로 확장함으로써 성장한다.

가정용 헬스케어는 파편화된 산업의 한 예이다. 파편화된 산업은 창업 스타트업의 비옥한 기반이다.

stockbroker/123rf.com

성숙 산업

성숙 산업은 수요 증가가 느리거나 전혀 없고, 신규 고객보다는 단골 고객이 많으며, 제품 혁신이 제한적인 산업을 말한다. 때때로 기업가는 성숙 산업에 새로운 제품 혁신을 도입해서 해당 산업에서 새로운 것이 불가능하다고 생각했던 기존 기업을 놀라게 하기도 한다. Casper Mattresses가 고착화된 매트리스 업계에서 이룬 성과(사례 5.2 참조)가 바로 그것이다. 또 다른 예로 채식주의자를 위한 식품을 만드는 회사 White Wave의 설립자 Steve Demos가 있다. White Wave는 성숙 산업인 두유 시장에 Silk Soymilk라는 새로운 제품을 출시했다. Silk Soymilk는 미국에서 가장 많이 팔리는 두유가 되었다. Silk Soymilk는 실제로는 우유가 아니며, 우유처럼 보이고 질감이 비슷한 대두 기반 음료이다. 그럼에도 불구하고 두유는 미국 대부분의 슈퍼마켓의 유제품 코너에 입점해 우유를 대체할 수 있는 건강한 음료로 자리 잡았다. 우유 산업에서 이런 혁신이 가능할 것이라고 누가 생각했을까?

스타트업 입장에서 성숙 산업은 제품 및/또는 프로세스 혁신을 효과적으로 도입하고 산업에 활력을 불어넣을 수 있다면 잠재력이 무궁무진한 대형 산업인 경우가 많다는 점에서 매력적이다. 이것은 'You Be the VC 6.1'의 주인공인 Beyond Meat와 같은 회사에는 희망이다. Beyond Meat는 고기를 먹을 때의 모양, 맛, 감각적 경험을 그대로 재현한 식물성 치킨 스트립인 'Chicken-Free Strips'를 생산하고 있다. 이 회사는 먹는 음식에 극도로 주의를 기울이는 사람들을 타깃으로 하는 것이 아니라, 더 건강한 음식을 먹으려는 사람들의 주류 시장을 겨냥하고 있다. Beyond Meat는 현재 소고기를 대체할 수 있는 비슷한 건강식 대용품을 개발 중이다. 육류는 성숙 산업이다. 만약 Beyond Meat의 제품을 시장에 효과적으로 출시해서 육류 산업에 활력을 불어넣는 데 성공한다면 이 회사의 시장 잠재력은 굉장히 커질 것이다.

쇠퇴 산업

쇠퇴 산업이란 수요 감소를 경험하고 있는 산업 또는 산업의 일부를 말한다. DVD 및 비디오 게임을 우편으로 대여하거나 종이로 된 교과서를 제작해서 배포하는 것은 쇠퇴기에 있는 산업 또는 산업의 일부와 관련된 예이다. 일반적으로 쇠퇴 산업에 속한 기업이 제2장에서 설명한 유형의 매력적인 기회를 찾지 못하기 때문에 기업가들은 쇠퇴 산업을 기피한다. 그러나 스타트업이 일반적인 통념과 정반대의 행동을 취함으로써 치열한 경쟁이 벌어지지 않는 쇠퇴 산업에서 입지를 다지는 경우도 있다. 서커스 업계에서 태양의 서커스가 바로 그런 경우이다.

창업기업은 쇠퇴 산업에서 세 가지 전략을 사용한다. 첫 번째는 업계에서 지배적인 기업이 되려는 **리더십 전략**을 채택하는 것이다. 이는 쇠퇴 산업에서 스타트업이 취할 수 있는 드문 전략이다. 두 번째는 **틈새 전략**을 추구하는 것으로, 제품 또는 프로세스 혁신을 통해 성장할 수 있는 좁은 산업 부문에 집중하는 것이다. 세 번째는 **비용 절감 전략**으로, 프로세스 개선을 통해 기존 업계보다 낮은 비용을 형성함으로써 달성할 수 있다. 비용 절감은 기업이 제품이나 서비스를 더 낮은 가격에 판매할 수 있게 하고 그러한 과정에서 소비자를 위한 가치를 창출한다. 처음에는 작은 회사였지만 성공의 결과로 지금은 상당히 큰 규모의 회사가 된 Nucor Corporation은 '미니밀(minimill)' 개념을 도입해 철강 산업에 혁명을 일으켰으며, 이 전략을 추구한 창업 마인드를 가진 기업의 사례이다. 역사적으로 미국 대부분의 제철소는 광범위한 제품을 생산하기 위해 대형 용광로를 사용했다. 그러나 이러한 용광로 규모는 기업이 수익성을 얻기 위해 상당한 양의 제품을 생산하고 판매해야 한다는 것을 의미했다. 이와는 대조적으로 당시 혁신적이었던 Nucor의 미니밀은 규모가 더 작고 더 좁은 범위의 제품을 생산하는 데 사용되었다. 미니밀은 에너지 효율이 높고 고품질의 강철을 생산한다는 사실도 매우 중요했다.[20] Nucor는 그 개념을 입증했고 크게 쇠퇴하고 있는 미국 철강 산업에서 빠르게 성장 시장을 찾았다.

글로벌 산업

글로벌 산업이란 해외 매출이 큰 산업을 말한다. 많은 스타트업이 글로벌 산업에 진출해서 처음부터 국내 시장뿐만 아니라 해외 시장에도 어필하려고 노력한다. 글로벌 산업에서 기업이 추구하는 가장 일반적인 두 가지 전략은 다국적 전략과 글로벌 전략이다. **다국적 전략**(multidomestic strategy)을 추구하는 기업은 국가별로 시장 점유율을 놓고 경쟁하며 현지 시장의 수요를 충족하기 위해 제품 또는 서비스 제공을 다양화한다. 반면 **글로벌 전략**(global strategy)을 추구하는 기업은 모든 해외 시장에서 동일한 기본 접근 방식을 사용한다. 이 두 가지 전략 중 어떤 전략을 선택할지는 시장마다 소비자의 취향이 얼마나 비슷한지에 따라 달라진다. 예를 들어, 식품 회사는 일반적으로 국가마다 식품 선호도가 크게 다르기 때문에 다국적 전략으로 국한한다. 운동화와 같이 보다 보편적인 제품을 판매하는 기업은 글로벌 전략으로 성공을 거두고 있다. 창업기업은 두 가지 전략을 모두 성공적으로 사용할 수 있다. 성공의 열쇠는 기업이 경쟁하고자 하는 각 시장에서 고객의 요구와 관심사를 명확하게 이해하는 것이다.[21]

경쟁사 분석

학습목표 5

경쟁사 분석 및 경쟁 분석 그리드의 목적을 설명할 수 있다.

기업이 경쟁하려는 산업과 목표 시장에 대한 이해를 얻은 후 다음 단계는 경쟁사 분석을 완료하는 것이다. 경쟁사 분석은 기업의 경쟁에 대한 상세한 분석이다. 경쟁사 분석은 기업이 주요 경쟁사의 위치를 이해하는 것과 하나 이상의 영역에서 경쟁 우위를 확보할 수 있는 기회를 이해하는 데 도움이 된다. 이는 특히 신생벤처기업에 중요한 문제이다.[22] 이 장의 앞부분에서 인용한 손자의 말을 빌리자면, "군사 목적의 정찰은 아깝지 않다."

먼저 기업이 주요 경쟁사를 파악하는 방법에 대해 논의하자. 그런 다음 기업이 주요 경쟁사에 대해 수집하는 정보를 정리하는 도구로 경쟁 분석 그리드를 완성하는 프로세스를 살펴보자.

경쟁사 파악

경쟁 분석의 첫 번째 단계는 경쟁자가 누구인지 파악하는 것이다. 이것은 생각보다 어렵다. 1-800-FLOWERS와 같은 회사를 예로 들어보자. 이 회사는 주로 꽃을 판매한다. 하지만 1-800-FLOWERS는 꽃 사업만 하는 것이 아니라 꽃을 선물로 주는 경우가 많기 때문에 선물 사업도 같이 하고 있다. 이 회사가 꽃 사업뿐만 아니라 선물 사업에도 종사하고 있다고 생각하면 고려해야 할 경쟁자와 기회가 더 넓어진다. 또한 일부 기업은 2개 이상의 산업에 걸쳐 제품이나 서비스를 판매한다. 예를 들어, 치과 사무실용 컴퓨터 소프트웨어를 만드는 회사는 컴퓨터와 헬스케어 산업 모두를 취급한다. 다시 말하지만, 이러한 유형의 회사에는 잠재적인 경쟁자가 더 많지만

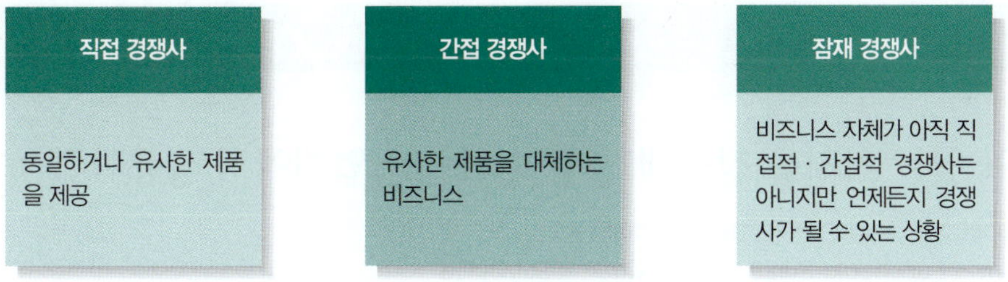

직접 경쟁사	간접 경쟁사	잠재 경쟁사
동일하거나 유사한 제품을 제공	유사한 제품을 대체하는 비즈니스	비즈니스 자체가 아직 직접적 · 간접적 경쟁사는 아니지만 언제든지 경쟁사가 될 수 있는 상황

그림 5.3 신규 벤처가 직면하는 경쟁사 형태

고려해야 할 기회도 더 많다.

비즈니스가 직면하게 될 다양한 유형의 경쟁자가 그림 5.3에 나와 있다. 이러한 각 경쟁자 그룹과 관련된 과제는 다음과 같다.

- **직접 경쟁사:** 직접 경쟁사란, 해당 회사가 제공하는 제품과 동일하거나 매우 유사한 제품 또는 서비스를 제공하는 업체를 말한다. 이러한 경쟁업체는 신규 회사와 동일한 고객을 노리고 있기 때문에 가장 중요하다. 신규 기업은 주요 경쟁사의 충성도 높은 추종자들을 확보해야 하는데, 이는 신규 기업이 더 나은 제품을 보유하고 있더라도 쉽지 않은 일이다.
- **간접 경쟁사:** 이러한 경쟁업체는 분석을 완료한 회사가 판매하는 제품과 유사한 대체품을 제공한다. 이들 기업의 제품은 새로운 기업의 제품이 충족하고 있는 것과 동일한 기본적인 요구를 목표로 한다는 점에서도 중요하다. 예를 들어, 사람들이 이전 Coca-Cola의 CEO Roberto Goizueta에게 Coca-Cola의 시장 점유율이 최대치라고 말했을 때, 그는 평균적인 사람들이 매일 마시는 64온스의 수분 중 콜라가 차지하는 비중은 2%도 되지 않는다고 반박했다. "우리의 적은 커피, 우유, 차, 물입니다"라고 그는 말한 적이 있다.[23]
- **잠재 경쟁사:** 아직 직접 또는 간접 경쟁사는 아니지만 언제든지 이러한 역할 중 하나로 이동할 수 있는 회사이다. 기업은 항상 강력한 경쟁자의 시장 진입을 우려한다. 예를 들어, Amazon.com이 설립된 이후 Barnes & Noble과 다른 오프라인 서점들이 어떻게 크게 변화했는지 생각해보자. 이러한 변화는 2011년에 파산 신청을 한 Borders 입장에서는 특히 극적이었을 것이다. 그해 말 경쟁사였던 Barnes & Noble이 Borders의 남은 자산(주로 브랜드 이름)을 인수했다. 또한 스마트폰 기술이 엔터테인먼트 서비스, 전화 서비스 등을 판매하는 기업을 포함해 다양한 기업의 경쟁 양상을 어떻게 변화시키고 있는지 생각해보자.

기업이 미래의 경쟁자는 말할 것도 없고 직간접적인 경쟁자를 모두 파악하는 것은 불가능하다. 하지만 상위 5~10개의 직접 경쟁사와 상위 5~10개의 간접 경쟁사 및 잠재 경쟁사를 파악하면 경쟁 분석 그리드를 쉽게 완성할 수 있다.

직접 경쟁사가 없는 기업이라면 현상 유지가 가장 강력한 경쟁자가 될 수 있다는 사실을 잊지 말아야 한다. 일반적으로 사람들은 변화에 저항하며 돈을 소비하기보다는 항상 보유하려고 한다.[24] 제품이나 서비스의 효용은 금전적인 측면뿐만 아니라 새로운 것으로 전환하거나 배우는 것과 관련된 번거로움의 측면에서도 비용 이상으로 상승해야 누군가가 새로운 제품이나 서비스를 구입하도록 동기를 부여할 수 있다.[25]

의미 있는 가치를 창출하고 경쟁사와 뚜렷한 차별화를 이루는 것은 경쟁이 치열한 업계에서 소규모 기업이 경쟁력을 유지하고 시장 점유율을 확보하기 위해 취할 수 있는 조치이다. 이러한 목

영리한 창업기업

경쟁사와 차별화되는 의미 있는 가치를 창출해 경쟁이 치열한 업계에서 성공하기

Raden • Web: www.raden.com • Facebook: Raden • Twitter: @raden
Suja Juice • Web: www.sujajuice.com • Facebook: SujaJuice • Twitter: @SujaJuice
Muse • Web: www.themuse.com • Facebook: The Muse • Twitter: @dailyMuse

스타트업은 ① 공정한 가격으로 고객에게 의미 있는 가치를 창출하고, ② 경쟁사와 효과적으로 차별화할 수 있다는 두 가지 조건이 충족될 때 경쟁이 치열한 업계에서 성공할 수 있다. 실제로 Porter의 다섯 가지 경쟁 요인 중 세 가지 요인의 영향력을 줄이는 것은 이러한 요소에 크게 좌우된다. 기업은 기존 기업 간의 경쟁을 견뎌낼 수 있고, 대체재를 억제할 수 있으며, 고객을 위한 가치를 창출하고, 다른 곳에서는 얻을 수 없는 것을 제공함으로써 신규 진입 기업이 시장에 진입하는 것을 막을 수 있다.

다음은 업계에서 고유한 가치를 창출하며 경쟁사와 차별화하는 세 가지 비즈니스의 예이다. 각 산업은 경쟁이 매우 치열하지만 이러한 기업들은 성장과 번영을 거듭하고 있다.

Raden Smart Luggage

여행 가방 산업을 생각해보자. 기술, 가치, 스타일리시한 디자인을 하나의 가방에 통합한 브랜드가 있을까? Raden의 설립자 Josh Udashkin은 2년에 걸쳐 제품을 만들었다. Raden 가방은 매력적이고 가볍고 튼튼하며 넉넉한 내부 공간을 제공할 뿐만 아니라 여행의 걱정을 덜어준다. 스마트폰이 방전될 염려를 없애기 위해 가방에 내장된 7,800Ah 배터리는 스마트폰을 최대 4회까지 완충할 수 있다. 가방이 무거워지는 것을 방지하기 위해 인체공학적 손잡이는 저울로도 사용할 수 있다. 그리고 당신의 가방이 언제 수하물 컨베이어 벨트에 실릴지에 대한 걱정을 피하기 위해, 각각의 Raden 가방에는 당신의 가방이 근처에 있는지 알려줄 수 있는 블루투스 기술이 장착되어 있다.

가방 자체에는 이중 확장 알루미늄 손잡이와 4개의 회전 바퀴가 있다. 내부에는 깔끔하게 분리된 패브릭 수납 공간이 있다. 양쪽으로 나누어진 가방 내부에는 각각 패브릭 커버가 있어 물건을 제자리에 보관할 수 있고 오른쪽에는 추가 주머니가 있다. 가방은 방수 덮개가 달려 있고 지퍼로 여닫을 수 있다. Raden 가방은 두 가지 크기, 일곱 가지 색상, 두 가지 마감으로 제공된다. 크기는 22인치 기내 반입용과 28인치 수화물용이 있다. 두 가방 모두 스마트폰 앱과 통합되어 있다. 앱에는 세 가지 주요 기능이 있다. 케이스의 배터리 상태를 확인하고(스마트폰을 충전하는 배터리는 주기적으로 충전해야 함), 손잡이를 들어 올려 케이스의 무게를 측정하고, 가방의 위치를 추적할 수 있다(일종의 위치 추적). 이 기능을 개발할 당시(2017년 봄)에는 가방이 상당히 가까워져서 수하물 컨베이어 벨트에서 튀어나오려고 할 때 위치 추적기를 통해 알려주기도 했다. 가방을 분실한 경우 가방을 추적하는 데 도움을 주는 것과 관련해서, 전세계 어디에서나 Raden 앱으로 어떤 사람이 가방을 감지했는지 알려줄 수 있다. 이 기능은 더 많은 사람들이 Raden 앱을 사용하게 될 때 더 가치 있게 될 것이다.

Suja Juice

Suja Juice는 난무하고 있는 주스 및 식사 대용 주스 업계에서 경쟁하고 있다. Suja는 '냉압착' 주스로, 다른 착즙 방식과 달리 유압 프레스를 사용해 과일과 채소에서 주스를 추출한다. 냉압착 주스는 높은 수준의 영양소를 함유하고 있으며 최대 30일 동안 보관할 수 있는 것으로 입증되어 있다. 냉압착 주스를 지지하는 사람들은 저온 살균 주스보다 맛이 더 좋고 영양소가 더 많이 함유되어 있다고 주장한다.

Suja는 '길고 아름다운 삶'이라는 뜻이다. 이 회사는 평생 주스를 만들어온 주스 전문가, 생식 요리사, 빛나는 수상 경력을 가진 레스토랑 운영자, 하버드 MBA 출신이자 성공한 사회적기업가 등으로 이루어진 샌디에이고 출신의 4명이 설립했다. 이들의 사명은 현재 시판되는 어떤 제품보다 더 나은 최고 품질의 유기농 및 유전자 변형 성분이 없는 주스를 제조하고 유통하는 것이었다. 2016년에 Suja는 《Inc.》 선정 500대 기업에서 가장 빠르게 성장하는 식음료 기업으로 선정되었다. 설립자들은 초기에 택배 서비스를 통해 주스를 판매했다. 현재 Suja 제품은 Whole Foods Markets, Publix, Target 등 전국 매장에서 구입할 수 있다.

모든 Suja Juice 제품은 유기농, 유전자 변형 식품이 들어가지 않은 과일과 채소로 만들어지며 비건이면서 코셔 인증을 받았고, 글루텐 프리이며, 유제품과 대두, 방부제가 들어가지 않는다. Suja는 Suja, Classic, Elements, Probiotic Water, Drinking Vinegars 등 다섯 가지 제품 라인이 있다. 주스는 Suja의 다른 제품들과 함께 다양한 맛과 다채로운 이름을 가지고 있는데 Mango Magic, Berry Goodness, Carrot Crush 등의 주스가 있다. 많은 사람이 단기 다이어트인 주스 클렌즈를 할 때 Suja 제품을 사용한다. 이는 단기간 동안 주스만 마시고 그 후에는 건강한 음식을 섭취하는 것이다. 이 방법은 소화 기관에 휴식을 주고 일상적인 음식 섭취로부터 회복할 수 있는 기회를 준다.

Suja 제품은 개별적으로 또는 정기 구독으로 구매할 수 있다. 가격은 만만치 않다. 16온스짜리 한 병에 6.66달러가 넘는다.

Muse

Muse는 경쟁이 심한 채용 및 취업 알선 산업에 종사하고 있다. 이 회사가 해결하고자 하는 문제는 대부분의 채용 사이트가 영감을 주지 못한다는 것이다. 일반적으로 직무에 대한 간단한 설명과 필요한 기술 및 교육적 배경 목록, 회사에 대한 표준 설명이 이어진다. 회사의 문화, 업무 환경, 해당 직무에 종사하는 사람들의 경험에 대한 통찰은 거의 제공되지 않는다. 이러한 유형의 통찰은 면접에 합격한 지원자가 취업을 희망하는 회사를 직접 방문하면 얻을 수 있다. 하지만 회사와 지원자 모두 충분한 시간을 들여 서로에 대해 알아본 후에야 적성에 맞지 않는다는 사실을 알게 되는 경우도 있다.

Muse는 입사 지원자에게 회사, 회사 문화, 근무 환경 등에 대해 훨씬 더 풍부한 정보를 제공함으로써 이러한 문제를 해결한다. Muse의 채용 공고에는 직무 설명과 함께 회사 업무 공간 사진, 현직 직원과의 짧은 인터뷰가 포함되어 있다. 구직자에게 회사의 문화와 그곳에서 일하는 사람들의 유형에 대해 가능한 한 예리한 통찰력을 제공하는 것이 목표이다. Muse의 목표는 모든 회사를 세계에서 가장 일하기 좋은 회사처럼 보이게 하는 것이 아니다. 그 대신 구직자에게 회사에 대한 솔직하고 현실적인 모습을 보여줌으로써 특정 직업을 선택할지 여부에 대해 정보에 입각한 판단을 내릴 수 있도록 하는 것이 목표이다. Muse(www.themuse.com)에서 현재 채용 중인 기업의 프로필을 확인할 수 있다.

비판적 사고를 위한 문제

1. 이 특집에서 소개한 세 기업의 공통적인 특성은 무엇인가? 이러한 속성이 경쟁이 치열한 산업에서 성공하는 데 어떻게 도움이 되는가?
2. 각 기업의 특징은 어떤 방식으로 업계에서 고객 경험을 재정의하고 있는가?
3. 소개한 세 회사 중 어떤 회사가 해당 산업에 가장 큰 영향을 미칠 것이라고 생각하는가? 그 영향이 무엇이라고 생각하는지 설명하라.
4. 경쟁이 치열한 업계에서 번창하고 있는 다른 회사의 예를 찾아보라. 회사를 분석하고 경쟁사와 차별화되는 점을 파악하라.

출처: Raden Homepage, www.raden.com (accessed February 15, 2017); Suja Juice Homepage, www.sujajuice.com (accessed February 15, 2017); The Muse Homepage, www.themuse.com (accessed February 15, 2017); V. Decker, "With $3.5M in Funding, Raden Is the Latest Smart Luggage Company Aimed at Tech-Savvy Travelers," *Forbes*, March 29, 2016; Wikipedia, Suja Juice, www.wikipedia.com (accessed February 15, 2017).

표를 성공적으로 달성한 3개의 기업을 다음에 나올 '영리한 창업기업'에서 소개하고 있다.

경쟁 인텔리전스의 출처

의미 있는 경쟁 분석 그리드를 완성하려면 먼저 경쟁사의 전략과 행동을 이해해야 한다. 기업이 경쟁사에 대해 알기 위해 수집하는 정보를 **경쟁 인텔리전스**라고 한다. 올바른 경쟁 인텔리전스를 얻는 것이 항상 간단한 작업은 아니다. 경쟁업체가 상장사인 경우, 해당 기업의 비즈니스 및 재무 정보에 대한 설명은 증권거래위원회(SEC)에 제출된 연례 보고서를 통해 확인할 수 있다. 이러한 보고서는 공개 기록이며 SEC 웹사이트(www.sec.gov)에서 확인할 수 있다. 경쟁사 중 하나 이상이 비상장 기업인 경우, 비상장 기업은 대중에게 정보를 공개할 의무가 없기 때문에 작업이 더 어렵다. 기업이 경쟁사에 대한 정보를 윤리적으로 얻을 수 있는 방법에는 여러 가지가 있다. 가장 일반적인 기법의 샘플이 표 5.4에 제시되어 있다.

경쟁 분석 그리드 완성하기

앞서 언급했듯이 **경쟁 분석 그리드**는 기업이 경쟁사에 대해 수집한 정보를 정리하는 도구이다. 경쟁 분석 그리드는 기업이 경쟁사와의 비교 우위를 파악하고, 공략할 시장에 대한 아이디어를 제공하며, 가장 중요한 경쟁 우위의 주요 원천을 파악하는 데 도움이 될 수 있다. 신생벤처기업이 생존 가능한 기업이 되려면 주요 경쟁사에 비해 적어도 한 가지 이상의 확실한 경쟁 우위를 확보해야 한다.

경쟁 분석 그리드의 예가 표 5.5에 나와 있다. 이 그리드는 사례 5.1에서 소개한 패스트 캐주얼 레스토랑 체인인 Panera Bread에 대한 것이다. 패스트 캐주얼 레스토랑 업계의 주요 경쟁 요소는 가격, 메뉴 선택, 건강하고 좋은 음식을 제공한다는 인식, 식사 환경, 서비스 속도, 글루텐 프

표 5.4 경쟁 인텔리전스의 출처

출처	설명/혜택
콘퍼런스 및 무역 박람회 참석	참가자는 업계의 최신 동향에 대해 이야기하고 그들의 최신 제품을 전시한다.
경쟁사 제품 구매	경쟁사 제품을 구매해 사용하는 것은 경쟁사에 대한 장단점을 파악해서 통찰력을 제공한다. 구매 프로세스 자체는 경쟁업체가 고객을 대하는 방식에 대한 데이터를 제공할 수 있다.
경쟁사의 웹사이트 및 소셜 미디어 페이지 연구	많은 기업이 웹사이트에 제품 정보, 회사에 대한 최신 뉴스 등 많은 정보를 게시한다. Facebook이나 Twitter와 같은 소셜 미디어 매체의 회사 페이지도 마찬가지이다.
Google 이메일 알림 설정	Google 이메일 알림은 관심 있는 키워드에 대한 언론 보도 자료, 뉴스 기사, 블로그 게시물 등 최신 Google 검색 결과의 업데이트이다. 회사 이름이나 경쟁사 이름을 사용해 이메일 알림을 설정할 수 있다.
업계 관련 서적, 잡지, 웹사이트, 블로그 읽기	경쟁사에 대한 정보가 실린 기사나 특집이 포함되어 있는 경우가 많다.
경쟁사 제품이 아닌 우리 회사 제품을 구매하게 된 동기에 대해 고객과의 대화	고객은 경쟁 제품의 장단점에 대한 풍부한 정보를 제공할 수 있다.

리, Non-GMO, 유기농 등의 제공 여부, 사회적 의식/자선 활동 등이며, 이는 전체적으로 레스토랑 업계와는 다른 요소이다. 이러한 요소는 Panera Bread의 경쟁 분석 그리드의 세로축에 배치된다. 가로축에는 Panera Bread와 주요 경쟁사 네 곳이 있다. 각 상자에서 Panera Bread는 주요 경쟁사와 비교해 스스로를 평가한다. 이 연습의 목적은 회사가 경쟁사와 어떻게 비교되는지 확인하고 회사가 우위를 점하고 있는 영역(그리고 단점도 있음)을 설명하는 것이다. 예를 들어, Panera Bread는 건강하고 좋은 음식을 제공한다는 인식, 식사 환경, 사회적 의식/자선 활동 측면에서 적어도 일부 경쟁사보다 우위를 점하고 있다고 평가한다. Panera Bread는 이러한 정보를 광고 및 프로모션에 활용할 가능성이 높다. 경쟁 분석 그리드를 완성함으로써 얻을 수 있는 또 다른 이점은 기업이 제품을 미세 조정하는 데 도움이 된다는 것이다. 예를 들어 Panera Bread는 여러 기준에서 경쟁업체와 '동등'하다고 평가했다. Panera Bread는 이러한 지식을 바탕으로 하나 이상의 기준에서 자사의 전반적인 경쟁력을 높일 수 있는 방법을 모색할 수 있다.

표 5.5 Panera Bread 경쟁 분석 그리드

이름	Panera Bread	McAlister's Deli	Chipotle Mexican Grill	Panda Express	Qdoba
가격	동등	동등	동등	우세	동등
메뉴 선택	동등	동등	열세	열세	열세
건강하고 좋은 음식을 제공한다는 인식	우세	동등	동등	열세	동등
식사 환경	우세	동등	동등	열세	열세
서비스 속도	동등	동등	우세	우세	우세
글루텐 프리, Non-GMO, 유기농 등의 제공 여부	동등	동등	동등	열세	동등
사회적 의식/자선 활동	우세	동등	우세	동등	동등

요약 Chapter Summary

1. 기업이 성공적으로 경쟁하려면 경쟁하고자 하는 산업을 이해해야 한다. 산업 분석은 산업의 잠재력에 초점을 맞춘 비즈니스 연구 프레임워크 또는 도구이다. 이러한 분석을 통해 얻은 지식은 기업이 산업에 진출할지 여부를 결정하고 해당 산업에서 경쟁 우위를 확보할 수 있는지 여부를 결정하는 데 도움이 된다. 환경 트렌드와 비즈니스 트렌드는 기업이 연구해야 하는 '산업 트렌드'의 두 가지 주요 구성 요소이다. 환경 트렌드에는 경제 트렌드, 사회 트렌드, 기술 발전, 정치 및 규제 변화가 포함된다. 비즈니스 트렌드에는 환경 트렌드는 아니지만 인식하고 이해하는 것이 중요한 기타 비즈니스 관련 트렌드가 포함된다.
2. 기업은 '다섯 가지 경쟁 요인 모델'을 사용해서 산업 구조를 이해한다. Porter의 다섯 가지 경쟁 요인 모델은 대체재의 위협, 신규 진입자의 위협, 기존 기업 간의 경쟁, 공급자 교섭력, 구매자 교섭력으로 구성된다.
3. 기업가가 이해해야 할 것은 각 개별적인 경쟁 요인은 산업 또는 산업 부문에서 경쟁하는 동안 기업의 수익 창출 능력에 영향을 미칠 수 있는 잠재력을 가지고 있다는 것이다. 문제는 다섯 가지 경쟁 요인 중 하나 이상에 의해 기업이 부정적인 영향을 받을 가능성이 감소하는 산업 또는 산업 부문 내에서 위치를 찾는 것이다. 또한 산업을 성공적으로 조사하면 비즈니스를 시작하는 데 귀중한 정보를 얻을 수 있다. 수집한 정보로 무장한 기업은 산업 진출을 결정하기 전에 검토해야 할 네 가지 산업 관련 질문을 미리 고려할 수 있다. 이러한 질문은 다음과 같다. 해당 산업이 새로운 벤처를 위한 현실적인 장소인가? 해당 산업에 진출할 경우, 우리 회사가 업계 수익성을 저해하는 위협을 피하거나 감소시키는 데 있어 더 잘할 수 있는가? 업계의 수익성을 억제하는 요인을 피하거나 줄일 수 있는 우리 회사만의 독특한 위치가 있는가? 기존 업체가 모방하기 어려운 우수한 비즈니스 모델을 구축할 수 있는가?
4. 창업기업이 경쟁할 산업을 선택할 때 고려하는 다섯 가지 주요 산업 유형이 있다. 신흥 산업/선도자 우위, 파편화된 산업/통합, 성숙 산업/서비스 및 프로세스 혁신 강조, 쇠퇴 산업/리더십, 틈새, 수확, 매각, 글로벌 산업/다국적 전략 또는 글로벌 전략이 바로 그것이다.
5. 경쟁사 분석은 기업의 경쟁사에 대한 상세한 분석이다. 이를 통해 기업은 주요 경쟁자의 위치와 하나 이상의 영역에서 경쟁 우위를 확보할 수 있는 기회를 이해할 수 있다. 직접 경쟁사, 간접 경쟁사, 잠재 경쟁사는 새로운 기업이 직면하는 세 가지 경쟁자 그룹이다.

   성공적인 경쟁을 위해서는 기업이 경쟁사와 경쟁사가 현재와 미래에 취할 수 있는 행동을 이해해야 한다. 콘퍼런스 및 무역 박람회 참석, 경쟁사 제품 구매, 경쟁사 웹사이트 연구, Google 이메일 알림 설정, 업계 관련 서적, 잡지, 웹사이트 읽기, 경쟁사 제품이 아닌 자사 제품을 구매하게 된 동기에 대해 고객과 대화하기 등 기업이 윤리적으로 경쟁사에 대한 정보를 얻을 수 있는 방법에는 여러 가지가 있다.

   경쟁 분석 그리드는 기업이 경쟁사에 대해 수집한 정보를 정리하는 도구이다. 이 그리드를 통해 기업은 경쟁사와의 비교 우위를 파악하고, 공략할 시장에 대한 아이디어를 얻을 수 있으며, 가장 중요한 것은 경쟁 우위의 주요 원천을 파악할 수 있다.

주요 용어 Key Term

경쟁 분석 그리드	글로벌 전략	산업 분석	위치
경쟁사 분석	다국적 전략	선도자 우위	지리적 롤업 전략
경쟁 인텔리전스	리더십 전략	성숙 산업	진입 장벽
규모의 경제	비용 절감 전략	쇠퇴 산업	틈새 전략
글로벌 산업	산업	신흥 산업	파편화된 산업

복습 문제 Review Question

1. 산업이란 무엇인가?
2. 산업 분석이란 무엇이며 신규 기업이 분석하는 것이 중요한 이유는 무엇인가? 경쟁할 수 있는 산업을 선택해야 할까?
3. 스타트업이 업계의 환경 및 비즈니스 트렌드를 파악하려면 어떻게 해야 할까?
4. 업계의 수익성을 결정하는 다섯 가지 경쟁 요인은 무엇인가?
5. 대체재의 위협이 어떻게 산업의 수익성을 억제할 수 있을까?
6. 신규 진입자의 위협이 어떻게 업계의 수익성을 압박할 수 있을까?
7. 대부분의 산업에서 수익성의 주요 결정 요인은 무엇인가?
8. 기존 기업 간의 경쟁이 어떻게 산업계의 수익성을 억제할 수 있을까?
9. 기업이 다섯 가지 경쟁 요인 모델을 성공적으로 사용할 때 창출되는 두 가지 가치는 무엇인가?
10. 공급자 교섭력이 어떻게 업계의 수익성을 억제할 수 있는 잠재력을 가지고 있는가?
11. 다섯 가지 주요 산업 유형은 무엇이며 각 산업이 제공하는 기회는 무엇인가?
12. 구매자 교섭력이 어떻게 산업계의 수익성을 억제할 수 있는 잠재력을 가지고 있는가?
13. 경쟁할 산업을 선택할 때 기업가가 공부하기에 특히 적합한 비전통적인 진입 장벽은 무엇인가?
14. 스타트업이 업계에서 고유한 '위치'를 구축함으로써 업계 수익성에 대한 다섯 가지 경쟁 요인 중 하나가 가하는 압박을 피하거나 회피할 수 있는 방법은 무엇일까?
15. 파편화된 산업의 특징은 무엇이며 왜 이러한 산업이 기업가에게 중요할까?
16. 파편화된 산업에서 신생기업이 얻을 수 있는 주요 기회는 무엇인가?
17. 성숙 산업의 특징은 무엇인가?
18. 성숙 산업에서 신생기업이 얻을 수 있는 주요 기회는 무엇인가?
19. 글로벌 산업이란 무엇인가?
20. 글로벌 산업에서 기업이 추구하는 가장 일반적인 두 가지 전략은 무엇인가?
21. 경쟁사 분석의 목적은 무엇인가?
22. 직접 경쟁사, 간접 경쟁사, 잠재 경쟁사 간의 차이점은 무엇인가?
23. 경쟁 인텔리전스라는 용어의 의미는 무엇인가?
24. 기업이 경쟁사에 대한 정보를 수집하는 것이 중요한 이유는 무엇인가?
25. 쇠퇴 산업에 속한 기업이 채택할 수 있는 세 가지 전략에는 어떤 것이 있는가?
26. 경쟁 분석 그리드를 작성하는 목적은 무엇인가?

응용 문제 Application Question

1. Linda Henricks는 재택 의료 서비스 제공자 업계에서 회사를 창업할 생각이다. 이 산업에 대해 연구한 적이 있느냐는 잠재 투자자의 질문에 Linda는 "인구 고령화와 사람들이 그 어느 때보다 오래 살고 있다는 사실로 인해 재택 의료 서비스 제공자 산업은 공식적인 분석이 필요하지 않을 정도로 잠재력이 풍부합니다"라고 대답했다. 산업 분석의 중요성에 대한 현재의 태도가 변하지 않는다면 Linda는 잠재적 투자자와 함께할 가능성을 어떤 식으로 제한하게 될까?
2. 'You Be the VC 5.1'에서는 기술 시장에 있는 기업인 Little Riot을 집중 조명한다. 어떤 환경 및 비즈니스 트렌드가 Little Riot의 독특한 문제 해결 방식을 도와주었는가?
3. Eric Andrews는 식료품점과 제휴해 고객에게 배달 서비스를 제공하는 서비스를 시작할 가능성을 조사해왔다. 이는 고객이 식료품을 구매한 후 매장 내 키오스크에서 소정의 요금을 지불하면 60분 이내에 식료품을 집으로 배달해주는 서비스이다. Porter의 다섯 가지 경쟁 요인 모델에서 다음 중 Eric의 잠재적 비즈니스에 가장 큰 영향을 미칠 것으로 예상되는 요인은 무엇이며 그 이유는 무엇인가?
4. Panera Bread에 초점을 맞춘 사례 5.1을 읽어보라. 어떤 장벽이 있는가? 레스토랑 업계의 캐주얼 다이닝 부문에서 Panera Bread와 경쟁하려는 기업이 직면하고 극복해야 할 진입 장벽은 무엇일까?
5. 신규 사업체가 경쟁할 수 있는 업종을 선택하기 위해 산업 유형을 연구하고 해당 산업이 제공하는 기회를 파악하는 것은 도움이 된다. 2명씩 조를 이루어 관심 있는 신규벤처기업을 선택하고, 그 기업이 운영하기로 선택한 산업 유형과

그 산업이 제공하는 기회를 파악하라. 이 장의 표 5.3을 분석의 지침으로 사용할 수 있다.

6. 친구가 조언을 구하러 찾아왔다. 그녀는 온라인 의류 사업에서 경쟁 분석 그리드를 준비 중이다. 그녀는 분석 그리드를 준비하기 위해서는 먼저 경쟁업체의 전략과 행동을 이해해야 한다는 것을 알고 있다. 하지만 경쟁업체에 대한 민감한 정보를 윤리적으로 얻는 방법을 모른다. 그녀에게 조언을 해보라.
7. 오토바이 산업의 동향에 대해 생각해보고 몇 가지 정보를 찾아보라. 특히 이 글을 읽는 시점에 오토바이 산업에 영향을 미칠 수 있는 경제, 인구통계, 규제 변화의 영향을 파악하라. 정보를 검색하다가 발견한 트렌드와 그 트렌드가 창업기업에 주는 시사점을 한두 문단으로 작성해보라.
8. 당신의 친구가 새로운 바닥 청소 제품을 개발했다. 이 제품의 장점은 세척액을 만드는 데 사용하는 독특한 화학 물질 때문에 기존의 잘 알려진 세척액을 사용할 때 필요한 양에 비해 훨씬 적은 양의 세척액을 사용해서 바닥을 청소할 수 있다는 점이라고 친구는 말한다. 친구는 Walmart에서도 자신의 제품을 재고로 확보하고 판매하기 위해 기꺼이 거액을 지불할 것이라고 확신하고 있다. 구매자의 힘에 대한 지식을 활용해서 친구가 이 거대 기업에 제품을 판매하려고 할 때 Walmart가 친구를 어떻게 대할지에 대한 다른 관점을 제시하라.
9. 친구인 Lisa Ryan이 5~7달러 가격대의 다양한 스무디 음료를 판매하는 스무디 가게를 열려고 한다. 당신이 비싼 가격 때문에 잠재 고객들이 그녀의 스무디를 사지 않고 청량음료나 스포츠 음료를 사게 될까 봐 걱정되냐고 묻자, Lisa는 이렇게 말한다. "네 말이 맞아. 그건 정말 우려되는 일이야. 잠재 고객들이 그런 선택을 하는 것을 막기 위해 내가 할 수 있는 일이 있을까?" Lisa의 질문에 대답하면서 어떤 정보를 제공할 것인가?

You Be the VC 5.1

회사명: Little Riot

• Web: www.littleriot.com/pillow-talk • Facebook: en-gb.facebook.com/LittleRiotLtd • Twitter: @LittleRiot

사업 아이디어: 파트너와 심장 박동으로 연결할 수 있도록 도와주는 Pillow Talk라는 독특한 제품 구축

개요: Little Riot은 런던에 본사를 둔 소규모 엔지니어링 및 디자인 회사로, Pillow Talk가 대표 제품이다. Little Riot의 설립자인 Joanna Montgomery는 2010년 대학에서 전 세계 어디에서나 파트너의 심장 박동 소리를 들을 수 있고 파트너도 자신의 심장 박동 소리를 들을 수 있는 장치를 고안해냈다. 이것은 장거리 관계를 위한 독특한 솔루션이다. 손목 밴드가 실시간으로 심장 박동을 포착해 파트너에게 전송하면 파트너의 손목 밴드도 같은 기능을 수행한다.

Little Riot은 Kickstarter 결제 시스템의 결함으로 인해 약정 금액의 약 40%가 손실되어 프로젝트 전체가 실패할 뻔했다. 2015년 12월, Little Riot의 Pillow Talk는 약 10만 달러의 펀딩을 모금했는데, 10%가 초과 모금되었지만 결함으로 인해 Little Riot의 후원자에게 결제가 거부되었다는 이메일이 전송되었다. 불안해하는 고객들의 이메일이 쇄도했고, 그중 일부는 결제를 취소하기까지 했다. 한 은행은 고객들이 Little Riot에 지불한 모든 금액을 동결했다.

Kickstarter는 실제로 결제 금액의 60%만 입금되었음에도 불구하고 지원을 거부했다. 게다가 여전히 5%의 수수료를 요구했다. 이는 신규 비즈니스에 엄청난 재정적 부담으로 작용했다. 하지만 일주일 정도 지나자 회사는 손실된 매출의 일부를 회수할 수 있었다.

Little Riot은 Kickstarter 캠페인에 앞서 제품을 미리 선보였고, YouTube 채널의 팔로워 수는 약 5만 명에 달했다. Kickstarter에서의 실패는 기업가들에게 후원자들의 분노와 좌절에 대처하는 방법 등 매우 힘든 교훈을 주었다.

이에 굴하지 않고 Little Riot은 1,000개의 선주문을 배송하고, 자체 웹스토어를 오픈하고, 소매 파트너와 협상을 시작했다. 이 기업가들은 처음부터 자체 웹스토어에서 선주문을 받았어야 했다는 사실을 인정한다. Little Riot은 중국 제조업체에 제품 제작 및 조립을 의뢰했다.

제품 자체는 손목 밴드, 스피커(파트너의 베개 아래에 위치), 스마트폰 앱으로 구성되어 있다. 이는 피트니스 트래커와 같은 일반적인 웨어러블 기기가 아니라 커뮤니케이션 디바이스에 더 가깝다. 주요 목표 시장 중 하나는 가족 중 한 사람이 해외에서 근무하거나 장기간 집을 떠나 있는 군인 및 기타 공무직 가족이다. 또 다른 중요한 시장은 서로 다른 대학에서 공부하는 파트너이다.

처음에 Little Riot은 개인 투자자로부터 모금한 자금으로 프로토타입을 만들었는데, 이 회사는 런던에 있는 Telefónica의 스타트업 액셀러레이터인 Wayra에 기반을 두고 있다. Wayra는 이 제품이 현대인의 요구를 충족하며 사람들이 기술을 통해 근본적으로 다른 방식으로 상호작용할 수 있는 훌륭한 예라고 확신한다.

- 이 장에서 다룬 자료를 바탕으로, 투자를 결정하기 전에 회사 설립자에게 어떤 질문을 할 것인가? 어떤 대답이 여러분을 만족시킬까?
- 개요와 회사 웹사이트에 제공된 정보만 보고 투자 결정을 내려야 한다면 이 회사에 투자하겠는가? 왜 그러한가? 혹은 왜 그렇지 않은가?

You Be the VC 5.2 회사명: ZUtA Labs

• Web: www.zutalabs.com • Facebook: ZUtA Labs • Twitter: @ZUtALabs

사업 아이디어: 사람들이 언제 어디서나 모든 크기의 용지에 인쇄할 수 있는 작고 사용하기 쉬운 모바일 로봇 프린터 개발 및 배포

개요: 스마트폰, 노트북, 태블릿은 사람들이 이동 중에도 쉽게 작업할 수 있게 해주지만 프린터는 또 다른 문제이다. 지금까지 프린터는 사무실 밖에서는 사용하기 어려웠다. ZUtA Labs는 아침 머핀보다 조금 더 큰 프린터를 개발해 사람들이 일하는 곳 어디에서나 인쇄할 수 있도록 했다.

ZUtA 프린터는 폭 4인치, 높이 3인치에 무게는 1파운드 미만이다. 앱을 통해 스마트폰, 태블릿, 노트북, PC에 무선으로 연결할 수 있다. 인쇄하려면 장치를 켜고 용지의 왼쪽 상단에 놓은 뒤 인쇄 작업을 프린터로 전송하면 된다. 표준 사이즈 용지 기준 50~60초마다 300dpi의 해상도로 인쇄할 수 있다. 프린터의 옴니휠 시스템을 통해 페이지 앞뒤로도 이동할 수 있다. 인쇄 작업이 두 페이지 이상일 경우 첫 페이지 하단에 도달하면 프린터가 중지되고 다음 페이지 상단에 놓일 때까지 대기한다. 프린터의 충전식 배터리는 약 1시간 동안 지속되며, 이는 60페이지를 인쇄할 수 있는 충분한 시간이다. 배터리를 재충전하는 데에는 3시간이 걸린다. 이 장치는 교체 가능한 카트리지를 사용해서 검정색으로 인쇄한다. 카트리지 1개로 약 1,000매의 용지를 인쇄할 수 있다.

ZUtA 프린터는 스타일리시하고 콤팩트하며 주머니나 가방에 넣을 수 있을 정도로 작다. 인쇄하는 동안 종이의 왼쪽에서 오른쪽으로 부드럽게 이동한 다음 아래로 이동해서 오른쪽에서 왼쪽으로 이동하면서 다음 줄을 인쇄한다. 이 제품은 흰색과 검은색으로 제공된다. ZUtA 프린터는 원격으로 작업할 때 프린터를 사용할 수 없는 문제를 해결한다. 커피숍에서 과제나 인쇄해야 하는 보고서를 작업하는 여러분의 모습을 상상해보라. 이전에는 여러분의 작업물을 인쇄하려면 집에 가거나 사무실로 갈 때까지 기다려야 했다. ZUtA 프린터는 이러한 복잡함을 덜어준다. 또한 원격으로 작업하는 사람과 프린터를 박스로 포장해서 가지고 다니거나 프린터가 필요한데 사용 가능한 프린터가 없어서 좌절했던 사람들에게 이상적이다. 예를 들어, 무역 박람회 부스를 운영하거나, 공예품 박람회나 농업 시장에서 제품을 판매하거나, 다른 이유로 사무실을 비우는 사람들은 ZUtA 프린터를 소유하기에 이상적인 후보이다.

ZUtA Labs는 2014년 제품 개발 자금을 마련하기 위해 Kickstarter 캠페인을 성공적으로 진행했다. 회사는 40만 달러를 목표로 3,081명의 후원자로부터 51만 1,662달러를 모금했다. ZUtA 프린터의 초기 버전은 종이에 인쇄하도록 설계되었다. 향후 버전의 프린터는 나무와 비닐을 포함한 모든 표면에 인쇄할 수 있도록 개발할 예정이다.

- 이 장에서 다룬 자료를 바탕으로, 투자를 결정하기 전에 회사 설립자에게 어떤 질문을 할 것인가? 어떤 대답이 여러분을 만족시킬까?
- 개요와 회사 웹사이트에 제공된 정보만 보고 투자 결정을 내려야 한다면 이 회사에 투자하겠는가? 왜 그러한가? 혹은 왜 그렇지 않은가?

사례 5.1 CASE

Panera Bread: 경쟁이 치열한 업계에서 유리한 위치 차지하기

• Web: www.panerabread.com • Facebook: Panera Bread • Twitter: @panerabread

Bruce R. Barringer(오클라호마주립대학교)
R. Duane Ireland(텍사스A&M대학교)

소개

Porter의 다섯 가지 경쟁 요인 모델을 사용해서 레스토랑 업계를 분석해 본다면 그 결과가 그리 호의적이지는 않을 것이다. 대체재의 위협, 신규 진입자의 위협, 기존 기업 간의 경쟁 등 수익성에 대한 세 가지 위협이 높다. 이러한 위협에도 불구하고 한 레스토랑 체인은 매우 긍정적인 방향으로 나아가고 있다. 세인트루이스에 본사를 둔 전문 베이커리 카페 체인점인 Panera Bread는 2003년 602개였던 회사 소유 및 프랜차이즈 매장이 2017년 초에는 2,100개로 성장했다. 2016년에는 시스템 전체 매출이 전년 대비 6% 증가한 27억 달러에 달했으며, 2017년에도 매출은 상승세를 이어가고 있다. 이러한 수치는 레스토랑 체인의 강력한 실적을 반영한다. 그렇다면 Panera의 비결은 무엇일까? 업계 전체가 어려움을 겪고 있는 상황에서 Panera는 어떻게 번창할 수 있었을까? 앞으로 살펴보겠지만, Panera Bread의 성공은 포지셔닝과 실행이라는 두 단어로 설명할 수 있다.

변화하는 소비자 취향

Panera의 뿌리는 1981년 Au Bon Pain Co.이라는 이름으로 설립해서 3개의 Au Bon Pain 베이커리-카페와 1개의 쿠키 매장으로 구성되었던

다양한 레스토랑 체인의 포지셔닝 전략

1981년으로 거슬러 올라간다. 첫째, Panera는 1990년대 중반까지 천천히 성장하다가 세인트루이스 지역에 위치한 20개의 체인점을 가지고 있는 베이커리-카페 Saint Louis Bread Company를 인수했다. 그 무렵 새로 합병된 회사의 소유주들은 사람들이 점점 더 '특별한' 제품, 즉 평범한 레스토랑 음식과는 다른 제품을 찾고 있다는 사실을 관찰했다. 둘째, 그들은 소비자들이 표준 패스트푸드 요금을 지불하면서도 빠른 서비스의 편리함을 포기하고 싶어 하지 않는다는 것을 알았다. 이러한 추세로 인해 이 회사는 소비자가 원하는 것은 패스트푸드의 편리함과 고품격 경험을 결합하는 것이라는 결론을 내렸다. 조금 다르게 표현하자면, 고객은 좋은 음식을 즐거운 환경에서 빠르게 제공받기를 원했다.

패스트 캐주얼의 등장

이러한 소비자 취향의 변화로 인해 외식업계에서는 '패스트 캐주얼'이라는 새로운 카테고리가 등장했다. 이 카테고리는 패스트푸드 카테고리(신속성)와 캐주얼 다이닝 카테고리(좋은 음식)의 장점을 모두 갖추면서도 큰 단점 없이 소비자가 원하는 대안을 제공했다. Au Bon Pain과 Saint Louis Bread Company의 소유주들은 이 새로운 카테고리를 개척하는 데 도움이 될 수 있다고 판단해 레스토랑의 위치를 변경하고 Panera Bread라는 이름을 붙였다. Panera가 자리를 옮긴 위치는 위의 '다양한 레스토랑 체인의 포지셔닝 전략' 그림에 나와 있다. 시장 포지셔닝 그리드는 산업 내 다양한 기업의 위치를 시각적으로 표현한다. Panera Bread는 따뜻하고 친근한 분위기에서 맛있고 건강에 좋은 음식을 판매하는 베이커리 겸 카페로 등장했다. 고객은 카운터에서 식사를 주문한 뒤 부스나 테이블에 있는 서버로부터 보통 10분 이내에 음식을 받을 수 있다.

Panera의 패스트 캐주얼 버전

패스트 캐주얼 카테고리의 선두주자로 자리매김하고 경쟁업체와 차별화하기 위해 Panera(라틴어로 '빵을 위한 시간'을 의미)는 빵 믹스에 특별한 식품을 추가했다. 이 회사는 미국 내에서 빵 전문점으로 유명해졌으며 베이글, 페이스트리, 머핀, 스콘, 제과류와 함께 다양한 수제 빵 및 기타 특수 빵을 제공한다. 빵과 베이커리 품목은 일반적으로 매일 새벽 제빵사가 직접 굽는다. 일부 매장에서는 매일 영업 종료 후 판매되지 않은 제빵 제품을 지역 자선단체에 기부하는 프로그램에도 참여하고 있다. Panera Bread의 레스토랑은 아침, 점심, 저녁에 영업하며 손으로 직접 만든 샐러드, 시그니처 샌드위치, 사워도우 빵 그릇에 담긴 푸짐한 수프와 함께 따뜻하고 차가운 커피와 기타 음료를 제공한다. Panera는 케이터링 서비스도 제공한다. Panera의 레스토랑은 이웃집 같은 분위기와 편안한 장식으로 고객에게 매력을 더한다. Panera는 점심과 저녁 사이의 시간을 '휴식' 시간이라고 부르며 특별한 음식을 먹을 수 있는 새로운 시간대를 제안하기도 한다.

향후 확장에 대한 기대가 높은 Panera Bread는 패스트 캐주얼 업계에서 인정받는 리더이다. Panera Bread의 패스트 캐주얼 서비스와 전문 음식의 독특한 조합 또한 계속해서 탄력을 받고 있다. 이러한 분위기는 Panera Bread의 성장 초기에 텍사스 휴스턴 지역에 20개의 Panera Bread 레스토랑을 오픈하는 계약을 체결한 투자자이자 레스토랑 사업가인 Mark von Waaden의 다음 인용문에서 잘 드러난다. 다른 레스토랑 체인과 달리 Panera Bread에 매료된 이유에 대해 von Waaden은 이렇게 말한다. "아내 Monica와 저는 갓 구운 빵과 아름다운 베이커리 카페의 매력에 빠졌습니다. Panera Bread의 뛰어난 빵과 따뜻하고 매력적인 환경이라는 콘셉트는 휴스턴 시장의 세련미와 자연스럽게 어울립니다."

von Waaden의 발언에는 Panera가 가진 장점의 정수가 담겨 있다. Panera는 단순한 레스토랑이 아니다. Panera의 리더들은 트렌드를 관찰하고 고객의 목소리에 귀를 기울임으로써 어려운 업계에서 독특하고 유리한 입지를 구축한 기업이다.

현재 상태와 앞으로의 과제

패스트 캐주얼 카테고리에서 Panera의 리더십과 재무 성과는 상당한 주목을 받고 있다. 4만 7,000명 이상의 직원을 고용하고 있고 매주 830만 명의 고객에게 서비스를 제공하고 있으며 현재 미국에서 가장 큰 레스토랑 체인 중 하나이다. 또한 지속적으로 혁신하고 진화하고 있다. 2012년

Mira/Alamy Stock Photo

Panera Bread Bakery-Café

에 Panera는 고객 경험을 향상시키기 위한 일련의 통합 기술인 Panera 2.0이라는 개념을 테스트하기 시작했다. 이 개념은 2014년에 일부 레스토랑에 도입되었으며 매년 더 많은 레스토랑에 적용되고 있다. Panera 2.0은 디지털 주문, 결제, 운영을 위한 새로운 기능을 통합한다. Panera 2.0으로 전환한 Panera Bread 레스토랑에는 고객이 카운터에 가지 않고도 주문과 결제를 할 수 있는 테이블 키오스크(Panera에서는 'Fast Lane'이라고 부른다)가 설치되어 있다. 주문은 iPad에서 이루어진다. 고객은 스마트폰 앱을 통해서도 주문하고 결제할 수 있다.

Panera가 직면한 도전 과제와 관련해서는 경쟁자가 점점 더 많아지고 있다는 것이다. 이제 패스트 캐주얼 카테고리에는 Chipotle Mexican Grill, McAlister's Deli, Panda Express, Jimmy John's Gourmet Sandwiches와 같은 레스토랑 체인이 있다. 그 결과, 2015년 Panera는 웰빙(wellness)에 대한 욕구를 충족시킨다는 브랜드 미션을 재구상해서 포지셔닝을 재정비하고 패스트 캐주얼 공간에서 품격 있는 경험을 선사하고 있다. Panera 2.0이 그 일환이다. 또한 Panera는 프리미엄 명성을 쌓는 데 도움이 될 새로운 메뉴도 선보였다. Panera의 칠면조 구이, 사과 체더 샌드위치, 고대 곡물 루콜라 치킨 샐러드 등이 큰 인기를 끌고 있다. 개선의 일환으로 2016년부터 Panera는 식품에 남아 있는 몇 안 되는 방부제, 감미료, 인공 향료, 인공 색소도 제거하기 시작했다.

Panera는 성장을 지속하기 위해 추가적인 이니셔티브를 고려하고 있다. Panera는 전통적이지 않은 장소에 Panera 베이커리-카페를 오픈하는 방안을 검토하고 있다. 또한 음식 배달도 모색하고 있다. Panera의 독특한 포지셔닝을 고려할 때 음식 배달이 앞으로 대중 시장을 잡을 수 있는 기회가 될 것으로 보고 있다.

토의 문제

1. Panera Bread는 어떻게 레스토랑 업계에서 독보적인 입지를 구축할 수 있었는가?
2. 레스토랑 업계에서 Panera Bread의 독창적인 위치가 회사의 성공에 어떻게 기여했는가?
3. Panera Bread가 잠재 경쟁사에게 어떤 진입 장벽을 만들었는가?
4. Panera Bread의 주요 경쟁 우위 원천은 무엇인가?
5. Panera Bread가 패스트 캐주얼 카테고리에 진입하는 잠재 경쟁사에 대해 알기 위해 윤리적이고 적절한 형태의 경쟁 분석을 수행할 수 있는 방법은 무엇인가?

출처: Panera Bread Homepage, www.panerabread.com (accessed February 18, 2017); Panera Bread Annual Report 2015; Panera Bread, Wikipedia, www.wikipedia.com (accessed February 18, 2017); M. Armental, "Panera's Quarterly Results Beat Projections," *The Wall Street Journal Online*, https://www.wsj.com/articles/paneras-quarterly-results-beat-projections-1486503767, February 7, 2017; "Industry by Industry: A Look at the Start, Their Stocks-and Their Latest Picks," *The Wall Street Journal*, May 12, 2003, R8.

사례 5.2 CASE

어떻게 Casper가 '졸린' 매트리스 산업을 깨웠나

• Web: www.casper.com • Facebook: Casper • Twitter: @Casper

Bruce R. Barringer(오클라호마주립대학교)
R. Duane Ireland(텍사스A&M대학교)

소개

다음 시나리오를 상상해보라. 당신은 언젠간 새 매트리스를 구입해야 한다는 사실을 알고 있다. 당신은 경험을 두려워해서 구매를 미루고 있다. 매트리스 매장에 들어가서 수많은 매트리스를 보고 강압적인 판매원에게 붙잡혀 매장에서 몇 분 동안 여러 매트리스에 누워보면서 매트리스를 고르려는 모습을 상상해본다. 또한 구매한 제품을 2층 아파트까지 가져다 놓는 것도 두려운 일이다.

그러다 당신은 Casper에 대해 듣게 된다. Casper는 매트리스와 다른 수면 제품을 온라인으로 소비자에게 직접 판매하는 회사이다. 슬로건은 '하나의 완벽한 매트리스'이다. 약속대로, 여섯 가지 크기의 매트리스에서 1개만 판매하며 그중 2개는 퀸 사이즈와 킹 사이즈이다. 이 사례를 작성한 시점(2017년 봄)에 Casper는 퀸 사이즈 매트리스를 950달러에, 킹 사이즈 매트리스를 1,150달러에 판매하고 있었다. Casper 매트리스를 구매하면 미니 냉장고 크기의 진공 밀봉 상자에 담겨 배송된다. 상자를 열면 매트리스가 눈앞에 펼쳐진다. 구매하기 전에 Casper에 대해 더 자세히 알고 싶다면 YouTube에 수백 개의 Casper 리뷰와 언박싱 동영상이 있으며, 그중 일부는 입소문을 타고 있다. 그리고 Casper의 고객이 된다면 매트리스 구매를 기대하지 말고 회사로부터 다시는 소식을 듣지 말라. Casper 입장에서 여러분은 이제 막 Casper 수면 제품 가족의 일원이 된 것이다.

시작

2013년 Philip Krim, Jeff Chapin, Luke Sherman, Gabriel Flateman, Neil Parikh는 뉴욕의 한 공유 오피스에서 만났다. 이들은 잠에 대한 이야기를 나누게 되었는데, 그 이유는 사람들의 머릿속에 잠이 자리 잡고 있는 것 같았기 때문이기도 하고, 빈백 의자에서 잠든 사람들을 계속 목격했기 때문이기도 했다. 그룹 중 한 사람이 완벽한 매트리스를 만들자는 아이디어를 내놓으면서 논의가 더욱 활발해졌다. 당시 그들은 모두 다양한 사업 아이디어를 구상하던 중 비공식적으로 수면과 완벽한 매트리스를 만들 수 있는지에 대해 조사하기 시작했다. 또한 미국의 매트리스 산업이 연간 140억 달러 규모의 산업이라는 사실에 충격을 받았다.

토론은 계속되었고 그룹은 몇 가지 결론에 도달했다. 첫째, 아무도 매트리스 구매를 좋아하지 않았다. 대부분의 사람은 너무 많은 선택지, 너무 많은 가격대, 너무 많은 판매원, 너무 많은 구매 후회 등 매트리스를 구매하는 과정이 답답하고 혼란스럽다고 느꼈다. 둘째, 많은 제품이 정교한 라벨링과 모서리 부분의 화려한 스티치 등 수면의 질과는 무관한 불필요한 업그레이드를 제공했다. 오로지 가격을 올리기 위한 목적만 있는 것 같았다. 셋째, 업계의 마진 폭이 너무 커서 혼란을 일으킬 여지가 많았다. 이러한 요인들을 조합함으로써 이 그룹은 기회를 발견했다. 매트리스 구매 과정의 불만을 해소하는 동시에 모두가 원하는 매트리스를 만들 수 있다면 어떨까?

이 기회는 모든 구성원이 하던 일을 제쳐두고 전념할 만큼 매력적이었다. 그들은 회사를 설립하기로 결정하고 회사 이름을 Casper라고 지었다.

매트리스 산업에 대해 알아보기

가장 먼저 해야 할 일은 매트리스 산업에 대해 최대한 많은 정보를 습득해서 가설을 검증하는 것이었다. 이 작업에는 업계에 대해 공부하고 고객과 대화하는 것이 포함되었다. 공동창립자 중 두 명은 이전에 매트리스를 판매한 경험이 있어 도움이 되었다. Krim은 대학 시절 매트리스를 판매한 경험이 있었고 Chapin은 실리콘밸리의 디자인 회사인 Ideo에서 10년간 근무했었다. 그가 진행한 프로젝트 중에 매트리스가 있었다.

매트리스 산업 연구

이 그룹은 환경 트렌드와 비즈니스 트렌드를 포함한 매트리스 산업을 연구하는 것으로 시작했다. 환경 트렌드와 관련해서는 수면에 대한 관심이 높아지고 있었다. 예를 들어, 시중에 나와 있는 많은 피트니스 트래커는 사용자가 수면을 추적할 수 있도록 해서 숙면의 중요성에 대한 관심을 끌었다. 또한 특히 마케팅 및 브랜딩 분야의 비즈니스 트렌드도 살펴봤다. 매트리스 마케팅은 주로 파격적인 할인을 약속하는 화려한 광고와 시끄러운 광고로 구성되었다. 조금 더 자세히 알아본 결과, 마진이 처음부터 너무 컸기 때문에 파격적인 할인이 가능했다. 대부분의 브랜딩은 밀레니얼 세대보다는 베이비붐 세대를 겨냥했다. 그 이유는 베이비붐 세대가 감당할 수 있는 고가의 매트리스 마진이 더 높기 때문이다. 또한 두 가지 통찰을 얻었다. 첫째, 대부분의 사람이 매트리스 구매를 장기적인 구매로 간주한다. 이들은 자신이 구매한 매트리스에서 5~10년 동안 잠을 잘 수 있다는 것을 알고 있기 때문에 매트리스를 조사하는 데 시간을 투자하고 그 과정을 진지하게 받아들인다. 둘째, 아이러니하게도 매트리스 구매자들이 높은 수준의 구매 후회를 겪는다는 사실을 발견했다. 그들이 어떤 조사를 했든 구매한 매트리스를 집에 가져다 놓으면 종종 올바른 선택이었는지 의문을 가진다.

고객과의 대화

5명의 공동창업자는 매트리스 구매자와 대화하는 시간도 가졌다. 그리고 두 가지 사실을 발견했다. 첫째, 예상대로 사람들은 매트리스 구매 과정을 싫어했다. 사람들은 매트리스 매장을 좋아하지 않았고, 위탁 판매원과 대화하는 것을 좋아하지 않았으며, 선택의 폭이 넓지 않다고 생각했다. 둘째, 새 매트리스를 집으로 가져온 후에도 많은 사람들이 불만족스러워했다. 매트리스가 너무 뜨겁거나, 너무 흔들거려서 밤에 파트너가 움직이는 것이 느껴지거나, 너무 푹신하거나 너무 단단하다는 등의 불만이 있었다. 돌이켜보면 많은 사람이 매장에서 몇 분만 사용해본다고 해서 하룻밤 내내 얼마나 편안할지 예측할 수 있는 것은 아니었다고 느꼈다. 또한 매트리스를 집으로 가져와 보니 매장에서와 다른 느낌이 든다고 생각하는 경우도 많았다.

업계를 연구하고 고객과 대화하는 이 두 가지 활동은 이 그룹에 용기를 불어넣었다. 그들은 매트리스 산업이 매트리스 구매 프로세스와 제품으로서의 매트리스 자체라는 두 가지 측면에서 혁신을 일으킬 준비가 되어 있다고 생각했다.

매트리스 디자인 및 매트리스 구매 프로세스 재설계

이 시점에서 그룹은 두 가지 측면에서 전진했다. 즉 Casper 매트리스를 디자인하고 매트리스 구매 프로세스와 그로 인한 경험을 재설계하는 것이다. 앞서 언급했듯이 회사의 슬로건은 '하나의 완벽한 매트리스'였다. 창립자들은 이 슬로건과 이 슬로건이 의미하는 바가 두 가지 영역에서 그들의 노력을 이끌었다고 말한다.

Casper 매트리스 디자인

매트리스의 디자인은 이전 인터뷰를 통해 정보를 얻었다. 인터뷰를 통해 밝혀진 한 가지는 사람들이 실제로는 다양한 선택지를 원하지 않는다는 것이다. 예를 들어 호텔을 생각해보면 대부분의 투숙객이 만족하는 단일 매트리스가 대부분이다. 그래서 그들은 선택의 복잡성을 없애고 단일 매트리스를 만들기로 결정했다. 성공하려면 매트리스가 다음 두 가지 테스트를 충족해야 한다는 것을 알고 있었다. 즉, 모든 사람이 편안하게 사용할 수 있어야 하고 미학적으로도 모든 사람이 받아들일 수 있어야 했다. 그들은 잠재 사용자에게 보여줄 프로토타입을 제작해서 다양한 소재와 다양한 수준의 단단함을 테스트했다. 심지어 킹 사이즈와 퀸 사이즈 매트리스를 여러 개 제작해 매트리스의 각 면에 다른 수준의 푹신함을 적용해서 사용자가 푹신함을 나란히 비교할 수 있도록 했다. 테스트를 통해 그들은 대부분의 사람이 좋아하는 매트리스 디자인에 도달할 수 있었다. 그런 다음 이 특정 디자인의 프로토타입을 제작하고 베타 테스터 그룹과 함께 다시 테스트해서 받은 추가 피드백을 반복적으로 반영했다.

매트리스 구매 경험 재설계

팀은 매트리스 구매 경험에도 집중했다. 초기 고객 인터뷰와 자체 경험을 통해 매트리스 구매 경험에서 사람들이 싫어하는 다섯 가지 요소, 즉 선택의 폭이 너무 넓고, 가격대가 너무 높고, 판매원이 너무 강압적이고, 구매 후 후회가 너무 심하고, 다루기 어려워서 집으로 돌아가버리는 매트리스가 있다는 것을 알게 되었다. 그들은 이러한 불만을 하나씩 해결하면서 Casper 매트리스 구매 경험을 설계했다. Casper는 매트리스 하나를 판매했다. 여러 사이즈의 매트리스(싱글, 퀸, 킹 등)가 있지만 선택할 수 있는 매트리스는 단 하나뿐이었다. 또한 각 사이즈별로 하나의 가격대만 존재한다. 매트리스는 철저하게 온라인으로만 판매되기 때문에 영업 사원이 강매하지 않는다. 그리고 구매자의 후회와 관련해서 Casper는 100박 보증을 제공한다. Casper 매트리스를 구매했다가 어떤 이유로든 마음에 들지 않으면 전액 환불받을 수 있다. 매트리스를 상자에 넣어 반송할 필요도 없다. Casper가 집으로 사람을 보내거나 아파트를 방문해서 수령한다.

매트리스 취급 및 집으로 가져가는 것과 관련해서 Casper가 완성한 매트리스는 컴포트 폼(지지력, 시원함, 탄성력 제공), 메모리 폼(지지력 및 편안함 제공), 트랜지션 폼(일관된 무게 분포를 통해 깊은 편안함 제공), 서포트 폼(추가 지지력 제공)의 네 가지 유형의 폼을 특수 혼합해 만들었다. 이러한 소재 구성의 장점은 매트리스를 미니 냉장고 크기의 상자에 포장할 수 있어 다른 매트리스보다 쉽고 저렴하게 배송할 수 있으며 주택이나 아파트로 이사할 때도 간편하다는 것이다. Casper가 본사를 두고 있던 뉴욕에서는 주문형 배송이 가능해서 고객이 주문한 당일에 매트리스를 받을 수 있다. 다른 지역에서는 3~5일 내에 배송된다. 일단 개봉하면 매트리스는 스타일리시하면서도 단순하다. 방을 꾸미지만 장식이나 가구와 충돌하지는 않는다.

옆의 표에는 Casper가 매트리스 구매 경험을 재설계한 내용이 요약되어 있다.

Casper의 매트리스 구매 경험 재설계

매트리스 구매 경험에 대해 사람들이 싫어하는 것	Casper의 재설계
너무 많은 선택지	Casper는 여섯 가지 다른 크기의 단일 매트리스를 판매한다. 회사 슬로건은 '하나의 완벽한 매트리스'이다.
너무 많은 가격대	Casper는 매트리스 사이즈별로 하나의 가격대만 제공한다.
강압적인 판매원	Casper는 온라인으로만 판매한다.
구매자의 후회	Casper는 100박 전액 환불을 보장한다.
매트리스는 다루기 어렵고 집에 가져가기 어려움	Casper 매트리스는 미니 냉장고 크기의 상자에 UPS를 통해 배송된다. 뉴욕에서는 당일 배송이 가능하다.

출시와 빠른 성장

이러한 테스트의 강점을 바탕으로 Casper는 2014년 1월에 185만 달러의 시드 라운드를 모금할 수 있었다. 2014년 4월 22일, 매트리스를 판매하기 시작했다. Casper는 첫 28일 동안 100만 달러 상당의 제품을 판매했다. 판매는 계속 호조를 보였고 2014년 8월에 추가 자금을 조달할 수 있었다. 2014년 11월, Casper는 인접한 미국에서 캐나다로 배송 지역을 확대했다.

Casper의 매출이 급성장한 데에는 몇 가지 요인이 있었는데, 그중 일부는 Casper가 계획했던 것이기도 하고 계획하지 않았던 것이기도 했다. 첫째, 많은 사람들이 Casper의 초기 테스트에 참여했다. 이 사람들은 수면에 대해 진지하게 생각했고, 많은 사람이 소셜 미디어에 긍정적인 댓글을 달거나 다른 방식으로 목소리를 내면서 Casper의 전도사가 되었다. 둘째, Casper 매트리스를 구매한 사람들의 약 절반 정도가 회사 웹사이트에 눈에 잘 띄게 표시된 무료 전화번호를 통해 사내 직원과 통화했다. 그들은 "박스 스프링이 필요한가요?"(아니요)와 같은 질문을 했다. Casper는 이러한 기회를 통해 고객에 대해 알아가고 계속 연락을 취했다. 셋째, 계획에 없던 일이지만 사람들이 Casper 매트리스 '언박싱' 동영상을 온라인에 게시하는 트렌드가 일찍부터 시작되었다. 이 동영상은 Casper 매트리스를 받은 사람들이 상자에서 매트리스를 꺼내는 모습을 직접 촬영한 짧은 동영상이다. 이 동영상 중 몇 개는 입소문을 타면서 회사에 대한 소문이 퍼졌다. 동영상을 보고 싶다면 YouTube에 접속해 'Casper mattress unboxing'을 입력해보라. 선택할 수 있는 많은 예시를 찾을 수 있다. 마지막으로 Casper는 전통적인 광고와 홍보를 진행했다.

이러한 요소와 함께 Casper의 접근 방식은 성공적이었다. 사람들이 매트리스 한 개를 판매한다는 사실을 받아들이고 온라인으로 매트리스를 구매할 것이라는 Casper의 큰 도박은 커다란 반향을 일으켰다. 이 회사는 첫 14개월 동안 3,000만 달러 상당의 매트리스를 판매한 것으로 알려졌다. 다른 추정치에 따르면 2015년에는 1억 달러, 2016년에는 2억 달러의 매출을 기록했다.

앞으로의 기회와 도전 과제

Casper는 처음부터 스스로를 매트리스 회사가 아닌 수면 제품 회사로 보았다. 곧바로 매트리스를 출시하면서 수면 관련 제품을 추가로 프로토타이핑하고 테스트하기 시작했다. 2016년 초에는 베개와 시트를 추가했다. 실제로 Casper는 75달러의 가격으로 싱글 베개를 제공한다. Casper 베개는 매트리스와 마찬가지로 100박 보증이 적용된다. 시트도 선택의 폭이 제한되어 있다. 2016년 늦여름, Casper는 네 번째 제품인 Casper 반려견 매트리스를 출시했다. Casper에 따르면 11개월 동안 반

Steve Jennings/Stringer/Getty Images

샌프란시스코에서 열리는 Casper 프로모션 행사에서 고객들이 직접 체험해보고 즐길 수 있도록 진열된 Casper 매트리스

려견 수면 연구를 진행하고 반려견 심리학자와 상담하면서 시제품을 제작했다. 그 결과 125달러에 판매되는 반려견 매트리스가 탄생했으며, '반려견의 자연스러운 행동에 맞는 수면 환경을 조성할 것'이라고 약속했다. 반려견 매트리스는 Casper와 창업자들의 다소 기발한 성격을 반영한다. 반려견 매트리스에 대해 언급하자면, Casper의 공동창립자 Neil Parikh는 《Fast Company》와의 인터뷰에서 반려견 매트리스에 대해 "우리가 어떻게 생각하는지 사람들에게 보여줄 수 있는 기회, 즉 '여기 흥미로운 방식으로 생각하는 멋진 사람들이 있다'는 것을 상기시켜 줄 수 있는 기회를 제공한다"고 말했다. 보도에 따르면, 반려견 매트리스는 판매량이 급증하고 있다. 제품을 추가하는 것 외에도 Casper는 해외로 사업을 확장하고 있다. 현재 캐나다 외에도 독일, 오스트리아, 스위스, 영국으로 제품을 배송하고 있다.

Casper에도 도전 과제가 있다. Casper의 혁신적인 접근 방식은 여러 경쟁업체를 끌어들였다. 여기에는 Yogabed, Tuft & Needle, Leesa, Saatva가 포함된다. 예를 들어, Tuft & Needle은 Casper와 비슷한 구매 경험을 더 낮은 가격대로 제공한다. Crunchbase에 따르면 Tuft & Needle은 Amazon.com에서 가장 많이 팔리는 매트리스이다. 이 업체는 별점 5점 만점의 리뷰가 1만 개 이상이라고 주장한다.

Casper는 제품과 시장을 추가할 준비가 되어 있다.

토의 문제

1. Casper가 매트리스 업계에 어느 정도 혁신을 일으켰다고 생각하는가? 매트리스 구매 과정에 대한 Casper의 연구가 어느 정도 공감이 되었는가? 당신은 Casper 매트리스를 구매하겠는가? 왜 그러한가?
2. Casper는 어떻게 매트리스 업계에서 독창적인 입지를 구축하게 되었는가? Casper의 독창적 위치가 초기 성공의 기반이 되었다고 생각하는가?
3. Casper가 매트리스를 구입하는 과정에서 그토록 많은 관심을 불러일으킬 수 있었다는 사실에 놀랐는가? 어떻게 그렇게 할 수 있었는가? 매트리스 구매에 대한 흥분과 열정이 다른 비기술 산업에도 적용될 수 있다고 생각하는가?
4. Casper가 반려견 매트리스를 추가한 이유는 무엇이라고 생각하는가? Casper의 다른 수면 관련 제품에는 어떤 것이 있다고 생각하는가?

출처: Casper Homepage, www.casper.com (accessed February 17, 2017); J. Ringen, "How Cult Mattress Company Casper Plans To Get You Into Bed," Fast Company, February 2, 2017; J. Goldman, "How Casper Went From $0 to $100 Million in Less Than 24 Months," *Inc.*, July 12, 2016; P. Krim, "Philip Krim, Co-Founder and CEO, Casper," Internet Week podcast, available at https://www.youtube.com/watch?v=V-6UoP7wcxw (posted June 25, 2015 (accessed February 17, 2017); Design Driven NYC podcast, "Founding Casper: The Perfect Mattress" // Jeff Chapin (Hosted by FirstMark), available at https://www.youtube.com/watch?v=d6jzLcC4MJQ (posted March 25, 2015, accessed February 17, 2017).

에세이 문제

1. 사례 4.2에서 설명한 바와 같이, TOMS는 이 기업이 가치를 창출하고 고객을 포함한 이해관계자에게 가치를 전달하는 방법의 기반이 되는 일대일 비즈니스 모델을 개발했다. 이 장에서는 특정 산업 내에서 기업의 수익성 운영 능력을 저하시킬 수 있는 다섯 가지 경쟁 요인 중 하나로 기존 기업 간의 경쟁을 연구했다. TOMS의 웹사이트를 방문하고 다른 출처(예: 비즈니스 정기 간행물)를 참조해 TOMS의 라이벌 또는 경쟁업체에 대해 알아보라. 이 장에서 논의한 기존 기업 간의 경쟁과 관련된 요인들(경쟁사의 수와 균형, 제품 차별화 정도, 산업의 성장률, 고정 비용 수준)을 참고하라. 이러한 요인들의 관점에서 TOMS에 대해 수집한 통찰력을 활용해서 TOMS의 산업 내 경쟁이 TOMS를 포함한 기업들의 수익 획득 능력을 어느 정도 손상시킬 수 있는지 평가하는 문단을 한두 개 작성하라.
2. Casper 매트리스는 사례 5.2의 주제이다. Casper의 웹사이트와 업계 간행물 등 다양한 자료를 조사해 간접 경쟁사, 직접 경쟁사, 잠재적인 미래 경쟁사를 파악하라. 각 카테고리에서 파악한 경쟁사들 중 위협이 되는 경쟁사는 무엇이며 그 이유는 무엇인가?

미주 Endnote

1. Fresh Healthy Vending Homepage, www.freshvending.com (accessed February 17, 2017).
2. Sun Tzu, *The Art of War* (Mineola, NY: Dover Publications, 2002), ch. 7.
3. IBISWorld, "E-Book Publishing: Market Research Report," available at https://www.ibisworld.com/industry/e-book-publishing.html, January, 2017.
4. IBIS World, "Book Publishing in the US: Market Research Report," available at https://www.ibisworld.com/industry/default.aspx?indid=1233, September, 2016.
5. IBISWorld, 2014.
6. P. Toytari, J. Keranen, and R. Rajala, "Barriers to Implementing Value-Based Pricing in Industrial Markets: A Micro-Foundations Perspective," *Journal of Business Research* 76, July (2017): 237–246; A. Kach, C. Busse, A. Azadegan, and S. M. Wagner, "Maneuvering through Hostile Environments: How Firms Leverage Product and Process Innovativeness," *Decision Sciences* 47, no. 5 (2016): 907–956.
7. A. Pe'er and T. Keil, "Are All Startups Affected Similarly by Clusters? Agglomeration, Competition, Firm Heterogeneity, and Survival," *Journal of Business Venturing* 28, no. 3 (2013): 354–372; Y. E. Spanos, G. Zaralis, and S. Lioukas, "Strategy and Industry Effects on Profitability: Evidence from Greece," *Strategic Management Journal* 25 (2004): 139–165.
8. IBISWorld, "Gym, Health & Fitness Clubs in the US: Market Research Report," available at https://www.ibisworld.com/industry/default.aspx?indid=1655, October, 2016.
9. About Us, American Watchmakers-Clockmakers Institute, www.awci.com, February, 2017.
10. M. Porter, *Competitive Strategy: Techniques for Analyzing Industries and Competitors* (New York: Free Press, 1980).
11. Porter, *Competitive Strategy*.
12. S. Y. Gao, W. S. Kim, and C. Tang, "The Impact of the Potential Entry of Copycats: Entry Conditions, Consumer Welfare, and Social Welfare," *Decision Sciences* (2017), in press; T. Wang, S. Thornhill, and J. O. DeCastro, "Entrepreneurial Orientation, Legitimation, and New Venture Performance," *Strategic Entrepreneurship Journal* (2017), in press.
13. About Us, Anheuser-Busch, February 17, 2017, www.anheuser-busch.com.
14. N. Lohade, "Tesla Begins Journey Into Mideast," *The Wall Street Journal*, February 14, 2017, B3.
15. N. Lohade, "Tesla Makes First Foray Into Middle East," *The Wall Street Journal Online*, https://www.wsj.com/articles/tesla-makes-first-foray-into-middle-east-1486999094, February 13, 2017.
16. E. Ang, D. A. Iancu, and R. Swinney, "Disruption Risk and Optimal Sourcing in Multitier Supply Networks," *Management Science* (2017), in press; M. Sako, G. Chondrakis, and P. M. Vaaler, "How Do Plural-Sourcing Firms Make and Buy? The Impact of Supplier Portfolio Design," *Organization Science* (2017), in press.
17. L. Jin, K. Madison, N. D. Kraiczy, F. W. Kellermanns, T. R. Crook, and J. Xi, "Entrepreneurial Team Composition Characteristics and New Venture Performance: A Meta-analysis," *Entrepreneurship Theory and Practice* (2017), in press; A. Leischnig and K. Kasper-Brauer, "How to Sell in Diverse Markets? A Two-Level Approach to Industry Factors and Selling Factors for Explaining Firm Profitability," *Journal of Business Research* 69, no. 4 (2016): 1307–1313.
18. R. Lynch and Z. Jin, "Knowledge and Innovation in Emerging Market Multinationals: The Expansion Paradox," *Journal of Business Research* 69, no. 5 (2016): 1593–1597; A. Schmitt, V. L. Barker, III, S. Raisch, and D. Whetten, "Strategic Renewal in Times of Environmental Scarcity," *Long Range Planning* 49, no. 3 (2016): 361–376.
19. M. G. Colombo and K. Shafi, "Swimming with Sharks in Europe: When Are They Dangerous and What Can New Ventures Do to Defend Themselves?" *Strategic Management Journal* 37, no. 11 (2016): 2307–2322; D. A. Aaker, *Aaker on Branding: 20 Principles That Drive Success* (New York: Morgan James Publishing, 2014); F. Salmon, "The Financial-Media Rollup Strategy," *Reuters*, November 15, 2013, www.blogs.reuters.com.
20. Our Story, Nucor Corporation, February 2017, www.nucor.com; J. Rodengen, *The Legend of Nucor Corporation* (Ft. Lauderdale, FL: Write Stuff Enterprises, 1997).
21. A. O. Laplume, B. Petersen, and J. M. Pearce, "Global Value Chains from a 3D Printing Perspective," *Journal of International Business Studies* 47, no. 5 (2016): 595–609; A. Verbeke and C. G. Asmussen, "Global, Local, or Regional? The Locus of MNE Strategies," *Journal of Management Studies* 53, no. 6 (2016): 1051–1075.
22. S. Rakthin, R. J. Calantone, and J. F. Wang, "Managing Market Intelligence: The Comparative Role of Absorptive Capacity and Market Orientation," *Journal of Business Research* 69, no. 12 (2016): 5569–5577; M.-J. Chen, "Competitor Analysis and Inter-Firm Rivalry: Toward a Theoretical Integration," *Academy of Management Review* 21, no. 1 (1996): 100–134.
23. P. Kotler, *Marketing Insights from A to Z* (Hoboken, NJ: Wiley, 2003), 23.
24. M. Verver and J. Koning, "Toward a Kinship Perspective on Entrepreneurship," *Entrepreneurship Theory and Practice* (2017), in press; C. Kulins, H. Leonardy, and C. Weber, "A Configurational Approach in Business Model Design," *Journal of Business Research* 69, no. 4 (2016): 1437–1441.
25. C. Lechner, G. Lorenzoni, and E. Tundis, "Vertical Disintegration of Production and the Rise of Market for Brands," *Journal of Business Venturing Insights* 6, December (2016): 1–6; M. Theeke, "The Effects of Internal and External Competition on Innovation Breadth," *Journal of Business Research* 69, no. 9 (2016): 3324–3331.

ATHLETIC PROPULSION LABS와 친해지기

Athletic Propulsion Lab/Photo Credit: Ryan Goldstar

공동창업자

Ryan Goldston

서던캘리포니아대학교 기업가정신, 재무&마케팅 학사, 2009

Adam Goldston

서던캘리포니아대학교 사회학 학사, 2009

Adam Goldston과의 대화

스마트폰 음악 리스트에서 가장 좋아하는 밴드

Young Jeezy

내가 들은 최고의 조언

허락을 구하는 것보다 용서를 구하는 것이 더 낫다.

신규 창업자를 위한 조언

자신에게 투자하라.

기업가로서 가장 큰 고민

모든 기회를 극대화하지 못함

학생으로서 가장 좋은 점

자유 시간 및 환경

가장 좋아하는 스마트폰 앱

Instagram

CHAPTER 6

사업 계획서 작성

ATHLETIC PROPULSION LABS

Athletic Propulsion Labs가 사업 계획서의 이점을 누린 방법

• Web: www.athleticpropulsionlabs.com • Facebook: Athletic Propulsion Labs • Twitter: @APLbasketball

쌍둥이인 Ryan과 Adam Goldston은 평생 운동화 업계에 종사해왔다. 그들의 아버지인 Mark Goldston은 Reebok Pump를 개발했으며, 1990년대에는 L.A. Lights를 개발한 신발 회사 L.A. Gear를 이끌었다. L.A. Lights는 밑창에 작은 LED 조명이 달려 있어 걸을 때마다 화려하게 점멸하는 아동용 신발이었다. 고등학교 시절 Ryan과 Adam은 학교 농구팀에서 농구를 했고 원정 멤버로도 뛰었으며, 대학에 입학하면서 USC 농구팀에 합류했다. 키가 6피트인 그들은 농구 선수로서 작은 체구였기 때문에 불리한 위치에 있었다. 그들은 농구 선수가 운동화에서 가장 원하는 것이 더 많은 탄력이라는 것을 일찍이 알게 되었다. 그래서 그들은 몇 인치 더 점프할 수 있는 신발을 만들기 시작했다.

두 사람은 학부 시절에 더 높이 점프할 수 있는 신발 메커니즘을 개발하기 위해 노력했다. 그들은 아버지에게 아이디어를 구하고 기숙사 방 테이블에서 시제품을 만들었다. 그 아이디어는 신발 앞부분에 장착해서 착용자가 신발을 신고 발을 내디딜 때 발생하는 에너지를 포집했다가 발을 들고 일어날 때 에너지를 방출해 수직 도약력을 높이는 기술을 개발하는 것이었다. 그들은 이 독점 기술을 '로드 앤 론치(Load 'N Launch)' 스프링 장치라고 명명했다.

대학생 시절 Ryan은 경영대학에 재학 중이었고 Adam은 사회학을 전공하고 있었다. Ryan은 기업가정신 수업을 들으며 형과 함께 운동화 아이디어를 바탕으로 사업 계획서를 작성했다. 이 계획에는 ① 300달러 이상에 판매할 것, ② 자체 웹사이트를 통해서만 판매할 것, ③ 신발을 신으면 즉시 더 높이 점프할 수 있을 것 등 세 가지 필수 요소가 포함되어 있었다. 그가 수업 시간에 이 계획을 발표했을 때 교수와 학생들은 그 계획을 인정하지 않았다. 300달러는 너무 비싸고, 운동화는 오프라인 소매점을 통해 판매해야 하며, 신발을 신으면 즉시 더 높이 뛸 수 있다는 주장에 회의적인 반응을 보였기 때문이다. 이 시절을 회상하며 Ryan은 부정적인 피드백에 대해 교수와 동료들을 탓하지 않는다. 그는 자신의 사업 계획이 파격적이고 미래 지향적이었다고 인정한다. 또한 계획서를 작성하는 과정도 가치 있었다고 믿는다. 그는 "무언가를 종이에 적는다는 것은 다른 차원의 숙련도가 필요하다"고 말했다. 또한 "젊은 회사의 자원이 제한되어 있을 때 (사업 계획은) 회사가 궤도에 오르는 데 도움이 된다"고 말했다. Ryan과 Adam이 학교를 졸업한 지 2년 후, 그들이 만든 회사인 Athletic Propulsion Labs(APL)가 완전히 가동되었고, Ryan은 같은 수업에 다시 초빙되어 학생들과 이야기를 나누었다. 교수는 처음에는 회의적이었던 사업 계획을 실행한 그에게 찬사를 보냈다. Ryan의 경영대학원 재학 시절 처음부터 그를 믿었던 한 사람은 James Ellis 학장이었다. Ryan은 학장에게 다가가 자신의 아이디어를 설명했다. 처음 설명을 들은 학장은 처음부터 Ryan의 아이디어를 지지했다.

학습목표

1. 사업 계획서의 목적을 설명할 수 있다.
2. 사업 계획서를 읽는 사람과 그들이 무엇을 찾고 있는지 설명할 수 있다.
3. 효과적인 사업 계획서를 작성하기 위해 따라야 할 가이드라인에 대해 논의할 수 있다.
4. 제안된 사업 계획서의 개요를 파악하고 설명할 수 있다.
5. 잠재 투자자에게 사업 계획을 효과적으로 발표하는 방법을 설명할 수 있다.

Ryan이 경영대학원에 재학 중일 때 Adam은 사회학을 공부하고 있었다. 그는 그 결정을 후회하지 않으며, 사회학을 공부하면서 사람과 집단의 행동 방식에 대한 통찰력을 얻었고 이것이 회사에 큰 도움이 되었다고 말한다. 또한 그는 자신의 사회학에 대한 이해와 Ryan의 비즈니스 지식이 결합해서 두 사람이 서로 중복되는 기술이 아니라 상호 보완적인 기술을 가지게 되었다고 믿는다. Adam의 전문 분야 중 하나는 소셜 미디어다. 그는 자신의 사회학 배경이 소셜 미디어 기술을 연마하는 데 도움이 되었다고 믿는다.

Adam과 Ryan은 2009년 USC를 졸업하기 두 달 전에 APL을 설립했다. 2010년에는 농구화인 Concept 1이라는 첫 번째 신발을 출시했다. 홍보를 위해 그들은 NBA가 이 신발에 관심을 가지도록 노력했다. 그들은 신발을 소개하기 위해 뉴욕으로 날아갔다. 그러나 NBA로부터 이메일을 받았는데, NBA는 이 농구화를 승인하는 대신 과도한 경쟁 우위를 제공한다는 이유로 이 신발을 금지했다. Ryan은 이 이메일을 홍보 회사를 운영하는 USC 캠퍼스의 한 교수에게 가져가 대응책을 마련했다. 결과적으로, NBA가 이 신발이 부당한 경쟁 우위를 제공한다는 이유로 금지했다는 사실은 부정적인 것이 아니라 오히려 회사에 엄청난 긍정적인 입소문을 불러일으켰다. 이 소식은 2010년 10월 19일 미국 내 뉴스 기사 1위에 올랐다. APL은 Google에서 가장 많이 검색한 검색어 중 하나였다. 전 세계적으로 100만 건의 기사가 NBA 금지 조치에 대해 게시했다. 말할 필요도 없이, 금지 조치와 미디어 노출로 인해 판매가 급증했다. APL은 단 3일 만에 9개월 분량의 재고를 판매했다. 결국 이 회사의 웹사이트는 다운되었고, 8대의 서버를 동원해 다시 가동하는 데만 8시간이 걸렸다. APL은 순조롭게 출발했다.

그 이후로 APL은 지속적인 성장을 경험했다. 제품 라인을 확장해서 현재 Barney's, Saks Fifth Avenue, Net-a-Porter 등 전 세계 고급 소매 매장과 온라인에서 신발을 판매하고 있다. 이 회사의 신발은 뛰어난 운동화와 트렌드를 선도하는 패션으로 유명하다. APL의 모든 신발에는 쿠션이 있는 중창이 있어 에너지 생성을 돕는다. 일부 신발에는 Adam과 Ryan이 USC 기숙사 방에서 처음 연구한 로드 앤 론치 기술이 적용되었다. Adam과 Ryan은 개인적으로도 좋은 영예를 얻었다. 2016년에는 소매 및 이커머스 부문에서 《Forbes》 '30세 이하 30인' 리스트에 이름을 올렸다.

최근 Ryan은 아파트를 청소하다가 APL의 사업 계획서를 발견했는데, 기업가정신 수업에서 발표했던 계획서, 즉 성적이 표시된 원본 계획서를 보게 되었다. 몇 가지 사항이 변경되기는 했지만, Ryan은 오늘날의 APL이 원래 계획서에 기술된 것과 본질적으로 동일한 회사라는 사실에 놀랐다.

이 장에서는 사업 계획서 작성의 중요성에 대해 논의한다. 일부 신생벤처기업은 공식적인 계획의 도움 없이 단순히 '날개를 달고' 사업을 시작하지만, 사업 계획서 작성을 권장하지 않는 전문가를 찾기는 어렵다. **사업 계획서**는 일반적으로 25~35쪽 분량의 문서로, 새로운 비즈니스가 달성하고자 하는 목표와 이를 달성하기 위한 방법을 설명하는 문서이다. 대부분의 신생벤처기업에서 사업 계획서는 회사 내부와 외부에서 모두 사용하는 이중 목적의 문서이다. 회사 내부에서는 이 계획을 통해 회사가 전략과 계획을 실행하기 위해 따라야 할 '로드맵'을 개발할 수 있다. 회사 외부에서는 잠재 투자자 및 기타 이해관계자에게 회사가 추구하고 있는 사업 기회와 그것을 어떻게 추구할 계획인지 소개한다.[1]

이 장에서는 사업 계획서를 작성할 때 창업가가 자주 고민하는 문제에 대해 논의한다. 첫 번째 절에서는 사업 계획서를 작성하는 이유, 사업 계획서를 읽는 사람과 그들이 무엇을 원하는지에 대한 설명, 사업 계획서를 작성할 때 따라야 할 지침에 대해 설명한다. 두 번째 절에서는 사업 계획서의 각 항목에 포함된 자료에 대한 설명과 함께 사업 계획서의 개요를 제시한다. 세 번째 절에서는 잠재 투자자 및 다른 사람들에게 사업 계획을 제시하는 전략을 다룬다.

사업 계획서

학습목표 1

사업 계획서의 목적을 설명할 수 있다.

제1장에 나와 있는 창업 프로세스의 기본 모델에서 볼 수 있듯이, 사업 계획서 작성은 '성공적인 사업 아이디어 개발'이라는 창업 프로세스의 마지막 단계에서 완료되는 활동이다. 사업 계획서를 너무 일찍 작성하는 것은 실수이다. 사업 계획서는 새로운 비즈니스가 흥미롭고 지원을 받아야 한다는 것을 독자에게 설득할 수 있을 만큼 충분히 구체적이고 신생벤처의 장점에 대한 충분한 세부 사항이 포함되어야 한다. 이러한 세부 사항의 대부분은 잠재적인 신규 벤처의 장점을 조사하는 타당성 분석 단계에서 축적된다.

사업 계획서를 작성해야 한다는 일반적인 통념에도 불구하고 상대적으로 많은 수의 기업가가 신생벤처기업을 위해 사업 계획서를 작성하지 않는다. 실제로 2015년 Wells Fargo/Gallup 중소기업지수 조사에 따르면 사업주 중 33%만이 공식적인 사업 계획서를 가지고 있는 것으로 나타났다.[2] 이 통계는 중소기업의 35%가 사업 계획서를 가지고 있다는 Hartford의 2011년 중소기업 성공 연구와 비슷한 수치이다.[3] 이러한 통계 때문에 기업가가 사업 계획서 작성을 단념해서는 안 된다. 실제로, 사업 계획서를 작성하는 것이 기업가의 시간과 돈을 매우 잘 투자하는 것이라는 개념을 뒷받침하는 충분한 증거가 있다. Wells Fargo/Gallup 중소기업지수 조사에서는 사업 계획서를 가지고 있는 기업이 그렇지 않은 기업보다 앞으로 몇 년 동안 훨씬 더 큰 기대를 한다는 것을 발견했다. 또한 사업 계획서를 가지고 있는 기업이 사업 계획서를 가지고 있지 않은 기업보다 앞으로 12개월 동안 고용을 증가시키고, 수익을 증가시키고, 자본 지출을 증가시키고, 새로운 신용을 신청할 것으로 예상한다고 보고할 가능성이 더 높다는 것을 발견했다.[4]

사업 계획서를 작성하는 이유

그림 6.1에는 사업 계획서를 작성해야 하는 두 가지 주요 이유가 나와 있다. 첫째, 사업 계획서를 작성하면 창업자는 신생벤처의 각 측면을 체계적으로 생각하게 된다.[5] 잘 짜여진 사업 계획서를 완성하는 데는 보통 며칠 또는 몇 주가 걸리며, 창업자들은 이 기간 동안 정기적으로 만나 계획 작업을 하는 것이 일반적이다. 특수 제조한 세탁 세제 및 기타 섬유 관리 제품을 판매하는 회사 The Laundress의 공동설립자인 Gwen Whiting과 Lindsey Wieber가 잘 계획된 신규 비즈니스를 어떻게 전개하는지 보여주는 예시를 소개한다. 코넬대학교에서 직물학을 공부하던 중 만난 Whiting과 Wieber는 졸업 후 창업을 결심했다. 다음은 여성 기업가들의 업적을 조명하는 웹사이트인 Ladies Who Launch에 실린 인터뷰 내용이다.

> Gwen: Lindsey와 나는 대학을 같이 다녔고 코넬대에서 섬유학을 전공했으며 항상 함께 사업을 하고 싶어 했다. 우리는 이렇게 될 줄 알고 있었다. 우리는 항상 아이디어에 대해 이야기했다. 이 콘셉트에 대해 이야기를 나누던 중 적절한 시점이 찾아왔다. 가장 먼저 한 일은 사업 계획과 현금흐름 분

내적 이유	외적 이유
창업팀이 신생벤처의 모든 측면을 체계적으로 생각하도록 강요하기 위함	투자자, 은행가 등 외부인에게 신생벤처의 장점을 전달하기 위함

그림 6.1 사업 계획서 작성의 두 가지 주요 이유

이 청년 창업가 모임은 대학생을 위한 '게임 데이' 의류 상품을 선보일 웹사이트를 개설할 계획이다. 여기서 이들은 타당성 분석 결과를 사업 계획서에 어떻게 통합할 것인지 논의하고 있다. 사업 계획서에 사업을 시작한 기업가가 수행한 1차 연구 내용이 포함되어 있다면 더욱 설득력이 있다.

Rawpixel.com/Shutterstock

석이었다. 제품을 개발하기 전에 가능한 한 많은 조사를 하고 싶었다.

Lindsey: 2003년 기념일(Memorial Day) 주말에는 사업 계획을 세우는 데 시간을 보냈다. 독립 기념일 주말에는 현금흐름을 파악하는 데 시간을 보냈다. 아이디어를 종이에 정리한 후 코넬대학교로 돌아가 교수님을 만나서 화학에 대한 강의를 들었다. 교수님은 우리와 함께 제품 제형에 대해 연구했다.

Gwen: 콜럼버스의 날에는 한 제조업체를 찾았다. 우리는 남는 시간이 있을 때마다 사업에 전념했다. 더 이상 친구들과 해변에 가지 않았다.[6]

공식적인 사업 계획서를 준비하는 등 이러한 수준의 헌신과 노력에 대한 보답으로 Whiting과 Wieber는 현재 13년 이상 성공적인 비즈니스를 운영하고 있다. 이들의 제품은 웹사이트와 여러 매장을 통해 판매하고 있다.

Whiting과 Wieber의 경험에 따르면, 사업 계획서를 작성하면 창업자는 비즈니스의 모든 측면을 열심히 연구하게 되는데, 이는 다른 방법으로는 복제하기 어려운 과정이다. 다음 시나리오를 상상해보자. 두 친구가 해산물 레스토랑을 열려고 한다. 두 친구는 앞으로 두 달 동안 타당성 분석을 수행하고 비즈니스의 모든 세부 사항을 파악한다. 목표 시장을 파악하고, 예비 메뉴와 레스토랑의 모습을 그린 그림을 개발하고, 잠재 고객과 대화하고, 마케팅 계획을 수립하고, 채용 일정을 정하고, 고용할 직원의 유형을 파악하고, 시설을 계획하고, 창업 비용을 결정하고, 5년간의 예상 재무제표를 작성한다. 18번의 회의와 100명의 잠재 고객과 대화를 나눈 후, 비즈니스의 모든 측면을 설명하는 30쪽 분량의 사업 계획서를 작성한다. 창업자가 아무리 성실하다고 해도 사업 계획서를 작성하지 않고서는 이 정도의 세부 사항을 다룰 수 있는 내부 규율을 찾기는 어렵다. 앞서 언급했듯이 사업 계획서를 작성하면 창업자는 비즈니스의 모든 측면을 체계적으로 생각하고 따라야 할 구체적인 청사진을 개발하게 된다.

사업 계획서를 작성하는 두 번째 이유는 회사를 위한 판매 문서를 만들기 위해서이다. 사업 계획서는 신생기업이 잠재 투자자, 공급업체, 비즈니스 파트너, 주요 구직 후보자 등에게 자신을 소개할 수 있는 메커니즘을 제공한다. 새로운 사업 하나에 투자할 충분한 자금이 있다고 가정해보자.[7] 스타트업 콘퍼런스에 참석한 여러 기업가와 비공식적으로 대화를 나누다가 더 자세히 알고 싶은 새로운 벤처기업이 두 곳 있다고 결정한다. 첫 번째 기업가에게 연락해 사업 계획서 사본을 요청한다. 그 기업가는 약간 망설이더니 아직 정식 사업 계획서를 준비하지는 않았지만 함께 만나서 아이디어를 논의하고 싶다고 말한다. 두 번째 기업가에게 연락해 동일한 요청을 한다. 이번에는 그 기업가가 28쪽 분량의 사업 계획서 사본과 계획에 대한 개요가 담긴 10장 분량의 파워포인트 프레젠테이션을 기꺼이 전달하겠다고 말한다. 한두 시간 후, 이메일 받은편지함에 사업 계획서는 다음 날 아침에 도착할 것이라는 메모와 함께 파워포인트 프레젠테이션이 도착한다. 슬라이드를 살펴보니, 선명하고 요점이 명확하며 사업 기회의 강점이 훌륭하게 요약되어 있다. 다음 날, 약속대로 사업 계획서가 도착했는데 마찬가지로 인상적이다.

어떤 기업가가 자신의 비즈니스에 투자하도록 당신을 설득했는가? 다른 모든 조건이 동일하다면 두 번째 기업가라는 대답은 당연하다. 두 번째 창업자가 사업 계획서를 가지고 있다는 사실은 벤처에 대한 자세한 정보를 제공할 뿐만 아니라 창업자가 비즈니스의 각 요소를 충분히 고려했으며 계획 준비에 필요한 시간과 에너지를 투자할 만큼 새로운 벤처에 전념하고 있음을 시사한다. 또한 사업 계획서는 투자자가 반응할 수 있는 무언가를 제공한다. 적어도 초기에는 새로운 비즈니스에 대한 아이디어를 '경청'할 시간을 내어줄 투자자는 거의 없다.

사업 계획서를 읽는 대상과 그들의 기대

회사의 사업 계획서는 두 가지 주요 대상이 있다.[8] 각각에 대해 살펴보자.

학습목표 2

사업 계획서를 읽는 사람과 그들이 무엇을 찾고 있는지 설명할 수 있다.

회사의 직원

회사의 비전과 미래를 명확하게 설명하는 사업 계획서는 경영진과 일반 직원 모두에게 중요하다. 일부 전문가는 시장이 너무 빠르게 변화해서 어떤 계획이든 금방 구식이 되기 때문에 사업 계획서를 작성하는 것은 시간 낭비라고 주장한다. 시장이 빠르게 변화할 수 있고 종종 변화하는 것은 사실이지만, 계획서를 작성하는 과정은 계획서 자체만큼이나 가치가 있을 수 있다.

또한 명확하게 작성한 사업 계획서는 회사의 모든 직원이 일관되고 목적에 맞게 업무를 진행하고 앞으로 나아가는 데 도움이 된다. 사업 계획서의 존재는 신생기업의 기능적 부서장에게 특히 유용하다. 예를 들어, 여러분이 빠르게 성장하는 스타트업의 경영 정보 시스템 담당 부사장으로 새로 채용되었다고 가정해보자. 비즈니스의 모든 측면과 비즈니스의 전략 및 목표에 대해 설명하는 공식적인 사업 계획서가 있으면 자신이 하고 있는 일이 회사의 전반적인 방향과 일치하는지 확인하는 데 도움이 될 수 있다.

투자자 및 기타 외부 이해관계자

투자자, 잠재적 비즈니스 파트너, 핵심 직원 등 회사에 합류하기 위해 모집 중인 외부 이해관계자는 사업 계획서의 두 번째 청중이다. 이 그룹의 관심을 끌기 위해서는 사업 계획이 현실적이어야 하며, 회사의 과신이 반영되어서는 안 된다. 지나치게 낙관적인 표현이나 예측은 사업 계획서의 신뢰성을 떨어뜨리므로 이를 포함하는 것은 어리석은 일이다. 동시에 사업 계획서는 사업 아이디어가 실행 가능하며 잠재 투자자에게 위험도가 낮은 투자 대안보다 더 큰 재정적 수익을 제공한다는 점을 명확하게 입증해야 한다. 잠재적인 비즈니스 파트너, 고객, 핵심 직원도 마찬가지이다. 새로운 비즈니스가 놀라운 잠재력을 가지고 있다는 것을 보여주지 못한다면 투자자는 그 비즈니스에 참여할 이유가 거의 없다.

투자자는 공식적인 사업 계획서에 대한 신뢰도 측면에서 다양하다.[9] 처음에는 많은 투자자가 파워포인트 덱(deck)이나 사업 계획서의 요약본을 요청한다. 파워포인트 덱은 사업 아이디어를 설명하는 짧은 분량의 파워포인트 슬라이드이며, 요약본은 전체 계획에 대한 1~2쪽 분량의 개요이다. 투자자의 관심을 충분히 끌었다면 투자자가 전체 사업 계획서를 요청하는 경우도 있고, 그렇지 않은 경우도 있다. 하지만 여전히 사업 계획서는 필요하다. 투자자가 투자를 약속하면 대부분의 경우 실사 단계에서 사업 계획서를 요구한다.[10] 실사(due diligence)란 투자자가 잠정적으로 투자를 약속한 후 거치는 절차를 말한다.[11] 실사는 벤처의 장점, 법적인 문제가 없는지 여부, 사업 계획서의 주장이 정확하고 현실적인지 등에 대한 철저한 조사를 바탕으로 이루어진다.

회사는 사업 계획을 다른 사람에게 발표하기 전에 사업 아이디어의 실현 가능성을 검증하고 경쟁 환경을 잘 이해해야 한다. 수준 높은 투자자, 잠재적 비즈니스 파트너, 주요 채용 담당자는 제3장에서 강조한 것처럼 추측이나 미사여구가 아닌 사실에 근거해서 제안받은 회사의 미래 전망을 평가할 것이다. 기업이 사업 계획서에서 제공할 수 있는 가장 설득력 있는 사실은 자체 타당성 분석의 결과와 차별화되고 경쟁력 있는 비즈니스 모델의 명료한 표현이다. 사업 계획이 기업의 미래 전망에 대한 기업가의 예측에만 근거한다면 공허하게 들릴 것이다. 디자이너 드레스를 판매하지 않고 대여하는 Rent the Runway는 초기에 실시한 타당성 분석을 통해 사업 계획의 확고한 기반을 마련한 비즈니스의 예이다. Rent the Runway는 사례 3.1에서 다루고 있다.

앞서 언급한 속성 외에도 사업 계획서에는 비즈니스가 수익을 창출할 준비를 마치기 전에 해결해야 하는 모든 자원 제한 사항을 공개해야 한다. 예를 들어, 회사가 판매하는 제품에 대한 보증을 이행하기 전에 서비스 인력을 고용해야 할 수도 있다. 신생벤처가 자원의 필요성을 경시하거나 숨기려고 하는 것은 어리석은 일이다. 신생벤처가 투자자를 찾는 주된 이유 중 하나는 핵심 인력을 고용하고, 제품이나 서비스를 추가로 개발하고, 사무실 공간을 임대하거나 운영상의 다른 공백을 메우는 데 필요한 자본을 확보하기 위함이다. 투자자는 이러한 점을 잘 알고 있으며, 경험이 많은 투자자는 일반적으로 자신이 투자하는 기업이 자원이나 역량 격차를 해소할 수 있도록 기꺼이 도와준다.

사업 계획서 작성 가이드라인

학습목표 3

효과적인 사업 계획서를 작성하기 위해 따라야 할 가이드라인에 대해 논의할 수 있다.

사업 계획서 작성에 영향을 미치는 몇 가지 중요한 가이드라인이 있다. 회사의 사업 계획서는 일반적으로 투자자가 보게 될 제안된 벤처의 첫 번째 측면이라는 점을 기억하는 것이 중요하다. 계획이 불완전하거나 엉성해 보이면 투자자는 벤처 자체가 불완전하고 엉성하다고 추론하기 쉽다.[12] 사업 계획서를 투자자나 새로운 회사에 관여할 수 있는 다른 사람에게 보내기 전에 사업 계획서의

표 6.1 사업 계획서의 위험 신호

위험 신호	설명
자기 자금이 전혀 없는 창업자	창업자가 자신의 돈을 위험에 빠뜨리지 않는데 다른 사람이 왜 그래야 하는가?
제대로 인용하지 않은 계획	계획은 추측이나 기업가가 '생각'하는 것이 아니라 확실한 증거와 건전한 연구를 바탕으로 수립해야 한다. 모든 1차 및 2차 연구의 출처를 인용해야 한다.
시장 규모를 너무 광범위하게 정의	새로운 벤처의 시장을 너무 광범위하게 정의하는 것은 실제 목표 시장을 명확하게 파악하지 못했음을 나타낸다. 예를 들어, 새로운 벤처가 음악 산업을 목표로 한다고 말하는 것은 도움이 되지 않는다. 시장 기회를 더 잘 정의해야 한다. 분명히 새로운 벤처는 업계 내 특정 부문 또는 특정 시장을 타기팅할 것이다.
지나치게 공격적인 재무	많은 투자자가 계획에서 이 부분으로 바로 건너뛴다. 부족하거나 비현실적으로 낙관적인 예측은 신뢰성을 잃게 된다. 반대로 건전한 연구와 판단을 바탕으로 한 냉정하고 합리적인 예측은 빠르게 신뢰를 얻는다.
모든 영역에서의 오타	균형이 맞지 않는 재무상태표 또는 모든 영역의 엉성함으로 인해 독자를 헤매게 하는 것은 결코 좋은 생각이 아니다. 이러한 유형의 실수는 세부 사항에 대한 부주의로 간주되어 기업가의 신뢰도를 떨어뜨린다.

구조, 내용, 스타일에 주의를 기울이는 것이 중요하다. 표 6.1에 나와 있는 사업 계획서 작성 시 주의해야 할 몇 가지 '위험 신호'는 사업 계획의 특정 측면이 불충분하거나 미흡한 경우 제기되는 신호이다.

사업 계획서의 구조

가장 좋은 인상을 남기려면 사업 계획서는 이후 나올 개요와 같은 일반적인 구조를 따라야 한다. 일부 창업가는 자신이 하는 모든 일에서 창의성을 발휘하고 싶어 하지만, 기존 사업 계획서 형식의 기본 구조에서 벗어나는 것은 일반적으로 잘못된 선택이다. 일반적으로 투자자는 매우 바쁜 사람들이며 중요한 정보를 쉽게 찾을 수 있는 계획서를 원한다. 특이한 곳에 있거나 아예 없어서 뭔가를 찾아야 한다면, 그냥 포기하고 다음 계획서로 넘어갈 수도 있다.[13]

사업 계획서 작성을 지원하기 위해 대화형 메뉴 중심 접근 방식을 사용하는 소프트웨어 패키지

takasu/Shutterstock

사업 계획서는 종종 투자자가 보게 될 제안된 벤처의 첫 번째 측면이다. 오타나 기타 오류가 없는 선명한 글인지, 시각적으로 매력적인 글인지 확인하라.

가 많이 나와 있다. 일부 프로그램은 매우 유용하다.[14] 그러나 기업가는 '통조림'에서 꺼낸 것 같은 표준형의 계획서는 피해야 한다. 소프트웨어 패키지는 구조를 제공하고 시간을 절약하는 데 도움이 될 수 있지만, 계획서의 정보는 여전히 개별 비즈니스에 맞게 조정해야 한다. 일부 회사는 컨설턴트나 외부 고문을 고용해서 사업 계획서를 작성한다. 조언을 받거나 계획이 최대한 전문적으로 보이도록 만드는 것이 잘못된 것은 아니지만 컨설턴트나 외부 고문이 계획서의 주 작성자가 되어서는 안 된다. 사업 계획서에는 사실과 수치와 함께 새로운 벤처를 둘러싼 가능성에 대한 기대감과 설렘을 투영해야 하며, 이는 비즈니스를 만든 사람이 가장 잘할 수 있는 일이다.[15]

사업 계획서의 내용

사업 계획서는 제안된 새로운 벤처의 모든 중요한 측면에 대해 명확하고 간결한 정보를 제공해야 한다. 충분한 정보를 제공할 수 있을 만큼 길어야 하지만 독자의 흥미를 유지할 수 있을 만큼 짧아야 한다. 대부분의 계획서는 25~35쪽(일반적으로 25쪽보다 35쪽에 가까운 분량)이 적당하다. 창업자의 이력서와 같은 지원 정보는 부록에 포함할 수 있다.

사업 계획서를 완성한 후에는 맞춤법, 문법, 중요한 정보가 누락되지는 않았는지 검토해야 한다. 투자자에게 보낸 사업 계획서에 중요한 업계 동향, 회사에 필요한 자금 규모, 자금 사용 방법 등 중요한 정보가 누락된 사례가 많다. 심지어 한 투자자는 이 책의 저자에게 기업가의 연락처 정보가 전혀 포함되지 않은 사업 계획서를 받은 적이 있다고 말하기도 했다. 그 투자자는 사업 아이디어에 대해 더 자세히 알고 싶었기 때문에 안타까운 일이었다.[16]

사업 계획서의 스타일 또는 형식 계획서의 외관은 신중하게 고려해야 한다. 깔끔해 보이면서도 많은 돈을 들여 만들었다는 인상을 주지 않아야 한다. 사업 계획서를 읽는 사람들은 기업가의 자원이 제한되어 있다는 것을 알고 있으며 그에 맞게 행동하기를 기대한다. 투명한 표지와 계획을 뒷받침하는 뒤표지가 포함된 플라스틱 스프링 바인더를 사용하는 것이 좋다. 계획서를 작성할 때는 굵은 글씨체, 이탤릭체, 다양한 글꼴 크기와 색상, 클립 아트 등 워드 프로세싱 프로그램에 포함된 디자인 요소에 너무 집착하지 말라. 이러한 도구를 과도하게 사용하면 사업 계획서가 전문적이지 않고 아마추어처럼 보일 수 있다.[17]

사업 계획서를 작성하는 사람이 가장 많이 하는 질문 중 하나는 "얼마나 길고 자세하게 작성해야 하는가?"이다. 이 질문에 대한 답은 작성 중인 사업 계획서의 유형에 따라 다르다. 사업 계획서에는 세 가지 유형이 있으며, 각 유형에는 길이와 세부 수준에 관한 서로 다른 경험 법칙이 있다. 그림 6.2에 제시된 세 가지 유형의 사업 계획서는 다음과 같다.

- **요약 사업 계획서: 요약 사업 계획서**는 10~15쪽 분량으로, 개발 초기 단계에 있고 전체 계획서를 작성할 준비가 되어 있지 않는 회사에 가장 적합하다. 작성자는 전체 계획서를 작성하는 데 필요한 분석을 수행하기 위해 자금을 요청할 수 있다. 아이러니하게도 요약 사업 계획서는 새로운 벤처를 생각하고 있지만 전체 사업 계획서를 작성하는 데 시간을 할애하고 싶지 않은 경험 많은 기업가가 사용하기도 한다. 예를 들어, Dropbox의 공동창업자인 Drew Houston과 같은 사람이 새로운 사업을 시작할 생각이라면 요약 사업 계획서를 작성해서 선별된 투자자들에게 보내 자신의 아이디어에 대한 피드백을 받으려고 할 것이다. 대부분의 투

요약 사업 계획서	전체 사업 계획서	운영 사업 계획서
10~15쪽 개발 초기 단계에 있는 신생벤처기업이 투자자가 자신의 아이디어에 관심이 있는지 확인하기 위해 '테스트'를 하려는 경우 가장 적합	25~35쪽 자금 또는 자금 조달이 필요한 시점에 있는 신생벤처기업에 가장 적합하며 회사 운영의 '청사진'을 제공	40~100쪽 주로 내부 사용자를 대상으로 하며, 새로운 벤처의 청사진을 만들기 위한 도구로서 가장 적합하며 운영 및 운영 관리자에게 지침 제공

그림 6.2 **사업 계획서 유형**

자자는 2007년에 설립된 무료 파일 호스팅 서비스인 Dropbox를 통해 Houston이 성공했다는 사실을 알고 있기 때문에 자세한 정보가 필요하지 않을 것이다.

- **전체 사업 계획서**: **전체 사업 계획서**는 일반적으로 25~35쪽 분량이다. 이러한 유형의 계획서에는 회사의 운영 및 계획이 요약 사업 계획서보다 더 상세하며 투자자를 위한 사업 계획서를 작성할 때 일반적으로 사용하는 형식이다.
- **운영 사업 계획서**: 일부 기존 회사는 주로 내부를 대상으로 한 **운영 사업 계획서**를 작성할 것이다. 운영 사업 계획서는 회사 운영에 대한 청사진이다. 일반적으로 40~100쪽 분량의 이 계획서에는 운영 관리자에게 지침을 제공하는 많은 세부 사항이 포함되어 있다.

투자자가 전체 계획서가 아닌 파워포인트 자료나 사업 계획서의 요약본을 요청하더라도 놀라지 말라. 이는 흔한 일이다. 투자자가 관심을 보인다면 더 많은 정보를 요청할 것이다. 대부분의 투자자는 처음에 사업 계획서를 요청하지 않더라도 전체 사업 계획서를 작성하는 과정이 중요하다고 생각한다. 콜로라도주 볼더에서 활동하는 벤처 캐피털리스트 Brad Feld는 다음과 같은 글을 통해 이러한 투자자들의 생각을 확인했다.

> 좋은 사업 계획서를 작성하는 것은 어렵다. 한때는 대부분의 자금 출처(엔젤 및 VC)와 논의하기 위한 진입점이기도 했다. 오늘날에는 공식적인 사업 계획서의 중요성이 덜하지만, 사업 계획서를 작성하는 연습은 매우 유용하다. 나는 기업가로서 수많은 사업 계획서 작성에 참여했다. 거의 항상 지루하고 시간이 많이 걸리며 어렵지만, 그 결과 내가 만들고자 하는 비즈니스에 대해 훨씬 더 잘 이해할 수 있게 되었다.[18]

투자자나 기타 이해관계자에게 보내는 사업 계획서에는 커버 레터를 첨부해야 한다. 커버 레터에는 기업가를 간략하게 소개하고 사업 계획서를 받는 사람에게 사업 계획서를 보내는 이유를 명확하게 명시해야 한다. 제10장에서 설명하는 것처럼, 신생벤처기업이 자금을 찾고 있다면 투자자 명단을 확보한 후 명단에 있는 모든 사람에게 무작정 사업 계획서를 보내는 것은 좋지 않은 전략이다. 대신 사업 계획서 사본을 받을 사람이 유력한 투자자 후보라는 것에 근거해서 신중하게 선택해야 한다.

계획의 요소가 변경될 수 있음을 인식하기 사업 계획서 작성의 마지막 지침은 일반적으로 계획을 작성하는 동안과 비즈니스가 발전함에 따라 계획이 변경될 수 있음을 인식하는 것이다. 기업가가 계획서 작성에 몰두하고 다른 사람들로부터 피드백을 받기 시작하면 항상 새로운 통찰이 떠오른다. 이 과정은 회사의 존속 기간 내내 계속되며, 기업가는 새로운 통찰과 아이디어에 대해 경각심을 가지고 열린 자세를 유지해야 한다.

사업 계획서는 일반적으로 작성하는 동안 변경되기 때문에, 사업 계획서를 작성하는 것에 반대하고 공식 계획서보다 고객 피드백을 통해 얻은 실험과 시행착오 학습을 옹호하는 새로운 기조가 생겨나고 있다.[19] 린 스타트업 운동과 연관된 이 접근 방식은 특히 비즈니스 아이디어와 비즈니스 모델을 결정하기 전에 잠재 고객에게 직접 피드백을 요청해서 아이디어를 실행하는 영역에서 많은 우수한 아이디어를 지지한다. 이 책에서는 정반대의 입장을 취하며, 타당성 분석이 선행된 사업 계획서가 새로운 벤처의 중요한 출발점이며 많은 유용한 목적을 제공한다고 주장한다. 이런 의미에서 사업 계획서를 작성하는 사람은 사업 계획서가 책상에 처박혀서 작성하는 정적인 문서가 아니라는 점을 이해해야 한다. 대신, 계획서를 완성하기 위해 수행한 조사와 선행된 타당성 분석을 통해 창업자는 잠재 고객, 공급업체, 비즈니스 파트너, 기타 사람들과 접촉하게 될 것이며, 이러한 주요 사람들로부터 얻은 피드백에 따라 계획서를 작성하는 동안 그 내용이 변경될 것으로 예상된다.[20] 또한 비즈니스를 시작한 후에도 추가 피드백을 바탕으로 비즈니스 자체가 반복적으로 변화할 것으로 예상된다. 일부 비즈니스는 초기 타당성 분석의 품질과 해당 산업의 신규성 및 변동성에 따라 다른 비즈니스보다 더 많이 변경될 것이다. 이러한 문제와 관련된 이슈를 '영리한 창업기업'에서 살펴볼 수 있다.

사업 계획서의 개요

학습목표 4

제안된 사업 계획서의 개요를 파악하고 설명할 수 있다.

전체 사업 계획서의 대략적인 개요가 표 6.2에 나와 있다. 구체적인 계획은 사업의 성격과 창업자의 성격에 따라 달라질 수 있다. 대부분의 사업 계획서에는 표 6.2에서 소개한 모든 요소가 포함되어 있지는 않지만, 완성도를 높이기 위해 여기에 포함시켰다.

계획서의 각 항목 살펴보기

표지 및 목차 표지에는 회사 이름, 주소, 전화번호, 날짜, 대표 기업가의 연락처 정보, 회사 웹사이트 주소(있는 경우)가 포함되어야 한다. 회사의 Facebook 페이지와 Twitter, Instagram 주소도 포함할 수 있다. 연락처 정보에는 이메일 주소, 스마트폰 번호, 유선전화 번호(있는 경우)가 포함되어야 한다. 이 정보는 페이지 상단 중앙에 배치해야 한다. 커버 레터와 사업 계획서는 분리할 수 있으므로 두 곳에 모두 연락처 정보를 포함하는 것이 좋다. 표지 하단에는 독자에게 계획의 기밀성을 알리는 정보가 포함되어야 한다. 회사에 이미 고유한 상표가 있는 경우 페이지 중앙 부근에 상표를 배치해야 한다. 목차는 커버 레터 뒤에 있어야 한다. 목차에는 사업 계획서와 부록의 소제목과 페이지 번호를 나열해야 한다.

요약 **요약**은 전체 사업 계획서에 대한 간략한 개요로, 바쁜 독자에게 새로운 벤처의 특징에 대해 알아야 할 모든 정보를 제공한다.[21] 앞서 언급했듯이 많은 경우 투자자는 먼저 회사의 파워포인트 자료나 요약본 사본을 요청하고, 파워포인트 자료나 요약본이 충분히 설득력이 있는 경우에만 전체 사업 계획서 사본을 요청한다. 따라서 요청을 받으면 당연히 요약본이 사업 계획서에서 가장 중요한 부분이 될 수밖에 없다.[22] 요약본을 작성할 때 기억해야 할 가장 중요한 점은 요약본은 사

표 6.2 사업 계획서의 개요

표지

목차

I. 요약

II. 산업 분석
- 산업 규모, 성장률, 매출 전망
- 산업 구조
- 참가자의 특성
- 핵심 성공 요인
- 산업 트렌드
- 장기 전망

III. 회사 소개
- 회사 연혁
- 미션 선언문
- 제품 및 서비스
- 현재 상태
- 법적 지위 및 소유권
- 주요 파트너십(있는 경우)

IV. 시장 분석
- 시장 세분화 및 목표 시장 선택
- 구매자 행동
- 경쟁사 분석
- 연간 매출 및 시장 점유율 추정치

V. 비즈니스의 경제성
- 수익 동인과 수익 마진
- 고정 및 변동 비용
- 운영 레버리지와 그 의미
- 창업 비용
- 손익분기점 차트 및 계산

VI. 마케팅 계획
- 전반적인 마케팅 전략
- 제품, 가격, 프로모션, 유통
- 판매 프로세스(또는 주기)
- 영업 전략

VII. 설계 및 개발 계획
- 개발 현황 및 과제
- 도전 과제 및 위험
- 예상 개발 비용
- 소유권 문제(특허, 상표, 저작권, 라이선스, 브랜드 이름)

VIII. 운영 계획
- 운영에 대한 일반적인 접근 방식
- 사업장 위치
- 시설 및 장비

IX. 경영진 및 회사 구조
- 경영진(기술 프로필 포함)
- 이사회
- 자문위원회
- 회사 구조

X. 전체 일정

XI. 재무 계획
- 자금 출처 및 사용 내역서
- 가정 시트
- 추정 손익계산서
- 추정 재무상태표
- 추정 현금흐름표
- 추정 비율 분석

부록

업 계획서의 소개나 서문이 아니라 계획서 자체에 대한 요약이라는 점이다.

요약은 한 줄 간격으로 두 쪽을 넘지 않아야 한다. 가장 간결한 요약 형식은 소제목별로 비즈니스에 대한 개요를 제공하는 것이다. 주제는 사업 계획서에 나오는 것과 동일한 순서로 제시해야 한다. 사업 계획서의 한 부분으로 작성한 요약본과 따로 문서로 만든 요약본 두 가지 버전을 준비해야 한다. 별로도 제작한 요약본은 전체 사업 계획서를 볼지 여부를 결정하기 전에 요약본을 보고 싶다고 요청하는 사람에게 제공하는 데 사용해야 한다.

요약은 사업 계획서의 서두에 나오지만 마지막에 작성해야 한다. 계획 자체는 작성한 대로 전개되므로 처음부터 모든 것을 알 수 있는 것은 아니다. 또한 요약본을 먼저 작성하면 계획의 각 부분을 독립적으로 생각하기보다는 요약본에 맞는 계획을 작성하려고 할 위험이 있다.[23]

산업 분석 사업 계획서의 본론은 회사가 경쟁하려는 산업을 설명하는 것으로 시작한다. 이 설명에는 산업 규모, 성장률, 매출 전망 등 산업의 다양한 특성에 대한 데이터와 정보가 포함되어야 한다. 산업과 목표 시장을 동시에 고려하지 말고 비즈니스의 산업에만 엄격하게 집중하는 것이 중요

영리한 창업기업

잡아야 할 때와 접어야 할 때를 알기

Songkick • Web: www.songkick.com • Facebook: Songkick • Twitter: @songkick
GrupHub • Web: www.grubhub.com • Facebook: GrubHub • Twitter: @Grubhub
Instagram • Web: www.instagram.com • Facebook: Instagram • Twitter: @instagram

비즈니스 소유자가 직면하는 어려움 중 하나는 사업을 시작하고 고객 피드백을 받자마자 사업 계획을 얼마나 충실히 이행할지 결정하는 것이다. 거의 모든 경우에 회사의 계획을 일부 변경해야 한다. 그러나 사업 계획이 창업자가 구상한 대로 실현되는 정도는 다양하다. 어떤 경우에는 사업 계획이 정확히 맞아떨어지고 창업자가 할 수 있는 최악의 일이 계획과 다르게 하는 것인 경우도 있다. 다른 경우에는 계획을 크게 수정해야 하고, 또 다른 경우에는 계획을 폐기하고 사업을 처음부터 다시 시작해야 한다. 다음은 이러한 다양한 결과를 경험한 비즈니스에 대한 간략한 설명이다.

Songkick: 변경 필요 없음

Songkick은 Pete Smith, Michelle You, Ian Hogarth가 2007년에 설립했다. 이 회사가 해결하려는 문제는 음악 애호가들이 자신이 사는 지역에 밴드가 있다는 사실을 몰라서 좋아하는 밴드를 볼 기회를 놓치는 것이다. 콘서트 예매자들은 공연장 메일링 리스트에 가입하고, 밴드 웹사이트를 확인하고, 일반 콘서트 뉴스레터를 검색해서 이 문제를 피하려고 노력한다. 이러한 방법은 번거롭고 음악 팬들이 보고 싶은 콘서트를 놓치지 않도록 보장할 수 없다. 이 문제를 해결하기 위해 Songkick은 수많은 티켓 판매업체, 공연장 웹사이트, 지역 신문을 색인화해 예정된 콘서트에 대한 가장 방대한 데이터베이스를 구축한다. 지역 나이트클럽에서 열리는 인디 밴드의 공연부터 매디슨 스퀘어 가든에서 열리는 Beyoncé의 공연까지 모든 장소에서 열리는 모든 콘서트에 대한 정보를 파악하는 것이 Songkick의 목표이다. 사용자는 자신이 좋아하는 공연자를 추적할 수 있으며, 해당 공연자가 해당 지역에서 투어 날짜를 발표하면 Songkick이 맞춤형 콘서트 알림을 보내준다. Songkick은 웹사이트에서 콘서트 티켓을 판매해 수익을 창출한다. Songkick은 수년에 걸쳐 서비스를 개선해왔지만 사업 계획은 변하지 않았다. 현재 수백만 명의 구독자를 보유하고 있으며 전 세계에서 가장 큰 규모의 비즈니스를 운영하고 있다.

GrubHub: 사소한 변경 필요

GrubHub는 2004년에 단순한 레스토랑 리스팅 웹사이트로 시작했다. 특정 사용자의 집이나 사무실 주소로 배달하는 모든 레스토랑을 나열하는 웹사이트를 만들자는 아이디어였다. 초기 사업 계획은 '무료' 가격 모델을 기반으로 했다. GrubHub는 레스토랑을 무료로 등록하고 웹사이트의 프리미엄 위치에 배치되기를 원하는 레스토랑에 대해서는 구독료를 부과해 수익을 창출했다. 프리미엄 위치에 배치된 레스토랑은 기존 고객

하다. 기업이 목표 시장을 선택하기 전에 해당 산업의 유망 분야와 취약점을 포함해서 해당 산업에 대해 잘 파악하고 있어야 한다.

산업 구조는 산업이 얼마나 집중되어 있는지 또는 파편화되어 있는지를 나타낸다.[24] 파편화된 산업은 소수의 대기업이 지배하는 산업보다 신규 진입자를 더 잘 받아들인다. 또한 독자에게 해당 산업 참가자의 특성에 대한 느낌을 제공해야 한다. 업계의 주요 참여자가 혁신적인지 보수적인지, 환경 변화에 빠르게 대응하는지 느리게 대응하는지 등의 문제는 전달해야 할 특성 유형이다. 회사가 해당 산업에 어떻게 적응할지, 또는 회사가 어떤 격차를 메울 수 있을지 독자가 시각화할 수 있도록 해야 한다. 업계의 핵심 성공 요인을 파악하고 전달하는 것도 중요하다. 대부분의 산업에는 6~10개의 핵심 요소가 있으며, 모든 참여자가 성공적인 경쟁을 위한 기반으로서 역량을 구축해야 한다. 그런 다음 대부분의 참가자는 두세 가지 분야에서 탁월한 역량을 발휘해 차별화를 시도한다. 핵심 성공 요인은 일반적으로 제5장에서 설명한 것처럼 기업의 경쟁 분석 그리드의 세로축에 나열된 경쟁 요소이다.

환경 트렌드와 비즈니스 트렌드를 모두 포함한 산업 트렌드를 논의해야 한다. 가장 중요한 환경

으로부터 더 많은 주문을 받고 신규 고객으로부터 '발견'될 가능성이 더 높을 것이라는 아이디어였다. 시간이 지남에 따라 GrubHub의 창립자들은 레스토랑들이 이 서비스를 좋아하지만, 매출이 발생할 수도 있고 발생하지 않을 수도 있는 판매에 대해 선불로 결제하는 것을 불편해한다는 사실을 깨달았다. 고객은 GrubHub 이용자가 주문할 때만 GrubHub에 지불하기를 원한다는 사실을 분명히 알고 있었다. 이러한 통찰을 바탕으로 GrubHub는 사업 계획을 수정했다. 이 회사는 레스토랑에 프리미엄 위치 이용료를 부과하는 구독 가격 모델에서 주문이 들어올 때마다 수수료를 징수하는 거래 모델로 전환했다. 변경 후 GrubHub는 웹사이트에 입점을 요청하는 레스토랑이 급격히 증가했다.

Instagram: 주요 변경 사항 필요

Instagram은 거의 Instagram이 아니었다. Instagram이 오늘날과 같은 사진 공유의 대명사가 되기 전, 공동창업자인 Kevin Systrom과 Mike Krieger는 Foursquare와 유사한 위치 기반 서비스인 Burbn이라는 체크인 서비스를 개발 중이었다. 사용자는 앱에서 장소에 체크인하고, 친구들과 어울려 포인트를 적립하고, 사진을 공유할 수 있었다. Systrom과 Krieger는 1년이 넘는 기간 동안 Burbn을 개발했다. 완전히 완성된 Burbn은 입소문을 타며 50만 달러의 투자금을 유치했다. 문제는 Systrom과 Krieger가 마음에 들어 하지 않았다는 점이다. 너무 복잡하고 기능이 넘쳐난다고 느꼈기 때문이다. 또한 경쟁력에 대해서도 걱정했다. 이미 비슷한 서비스인 Foursquare와 Gowalla가 존재하고 있었기 때문이다. 시장 점유율을 놓고 Foursquare와 Gowalla와 경쟁해야 하는 상황이어서 그들은 한 발 물러서서 다시 생각했다. 가장 좋은 접근 방식은 하나의 기능을 선택하고 이를 매우 잘 실행하는 것이라는 결론을 내렸다. 그래서 두 사람은 가장 좋아하고 가장 기여할 수 있다고 생각한 한 가지 그룹 또는 기능으로 Burbn을 축소했다. 결과적으로 사진 공유, 댓글, 좋아요 기능이었다. 남은 것은 Instagram이었다. Instagram은 현재 널리 사용되는 온라인 사진 공유, 동영상 공유, 소셜 네트워킹 서비스로, 사용자가 사진과 동영상을 찍고 디지털 필터를 적용할 수 있다. Instagram은 2012년에 Facebook에 약 10억 달러에 인수되었다. 2016년 12월 기준 Instagram의 활성 사용자 수는 6억 명에 달한다.

비판적 사고를 위한 문제

1. Songkick이 설립된 2007년 이후 인터넷에 일어난 모든 변화에도 불구하고 Songkick이 원래의 사업 계획을 완전히 고수하며 성공할 수 있었던 이유는 무엇이라고 생각하는가?
2. GrubHub가 사업 계획을 변경하지 않았다면 어떻게 되었을까?
3. 일부 스타트업이 현재 사업 계획이 효과가 없다는 증거가 제시되어도 사업 계획을 변경하기 어려운 이유는 무엇이라고 생각하는가?
4. 제5장 말미에 있는 Little Riot과 ZUtA Labs에 초점을 맞춘 'You Be the VC'와 이 장 말미에 있는 Beyond Meat와 Go-Jek에 초점을 맞춘 'You Be the VC'를 살펴보라. 각 장과 각 회사의 웹사이트에 있는 정보를 바탕으로 다음 중 가장 수월하게 원래의 사업 계획을 고수할 것 같은 회사는 어디라고 생각하는가? 어떤 회사가 가장 어려움을 겪을 것이라고 생각하는가? 선택한 답변을 설명해보라.

출처: Songkick Homepage, www.songkick.com (accessed February 21, 2017); GrubHub Homepage, www.grubhub.com, (accessed February 21, 2017); Instagram Homepage, https://instagram (accessed February 21, 2017); B. Barringer and R. D. Ireland, *Entrepreneurship: Successfully Launching New Ventures* 5th edition (Upper Saddle River, NJ: Pearson, 2016).

트렌드는 경제 트렌드, 사회 트렌드, 기술 발전, 정치 및 규제 변화이다. 비즈니스 트렌드에는 업계의 수익 마진 증가 또는 감소 여부, 투입 비용의 증가 또는 감소 여부와 같은 문제가 포함된다. 산업 분석은 해당 산업의 장기 전망에 대한 당신의 신념을 간략한 진술로 마무리해야 한다.

회사 소개 이 항목은 회사에 대한 일반적인 설명으로 시작한다. 언뜻 보기에 이 항목은 다른 항목보다 덜 중요해 보일 수 있지만, 아이디어를 비즈니스로 전환하는 방법을 알고 있음을 독자에게 보여줄 수 있다는 점에서 매우 중요하다.

회사 연혁 부분은 간략하게 작성하되, 회사 아이디어의 기원과 회사 설립의 원동력을 설명해야 한다. 회사에 대한 아이디어가 진심 어린 것이라면 진심을 담아 설명하라. 예를 들어, LuminAid는 컬럼비아대학교 학생인 Andrea Sreshta와 Anna Stork가 창업한 태양광 조명 회사이다. Sreshta와 Stork의 제품은 가운데에 직사각형 파우치가 있는 작은 베개 크기의 공기 주입식 비닐 봉지이다. 파우치 안에는 태양 전지판, 3개의 LED, 충전식 배터리가 들어 있다. 봉지를 부풀리면 LED 조명이 켜지고 햇빛 아래에서 쉽게 충전할 수 있다. 이 태양광 베개는 공기 주입식이기 때문에 납작하게 포장해서 배송한다. 따라서 특히 재난 상황에서 유용하게 사용할 수 있다. 상자에 손전등 8개를 포장할 때마다 총 50개의 태양광 베개를 같은 컨테이너에 넣을 수 있다. Sreshta와 Stork는 2010년 아이티를 강타한 지진으로 피해를 입은 사람들을 위해 이 조명을 디자인하게 되었다. 그들은 재난이 수백만 명의 삶에 얼마나 부정적인 영향을 미치는지 직접 경험했다. 대부분의 재난 피해자들이 겪는 고통 중 하나는 빛이 부족하다는 것이다. 이 회사의 목표는 LuminAid 조명을 재난 구호 활동의 일환으로 일반적으로 보내는 물품의 일부로 만드는 것이다.[25]

Sreshta와 Stork의 이야기는 진심이 담겨 있으며 누구나 공감할 수 있는 이야기이다. 잠시 멈춰서서 '정말 멋진 생각이다. 지진과 같은 자연재해로부터 회복하고 있는 사람들에게 꼭 필요한 해결책이다'라고 생각하게 될지도 모른다.

미션 선언문은 기업의 존재 이유와 기업이 되고자 하는 목표를 정의한다.[26] 미션 선언문을 신중하게 작성하고 적절하게 사용하면 회사가 나아갈 길을 정의하고, 재무적, 도덕적 나침반 역할을 하며, 의사 결정의 기준이 되는 닻 역할을 할 수 있다. 일부 기업은 사업 계획서에 태그라인을 포함하기도 한다. **태그라인**은 비즈니스가 시장에서의 입지를 강화하기 위해 사용할 문구이다. 예를 들어 Shyp의 태그라인은 "여기서부터 시작하겠습니다"이다. 'You Be the VC 1.1'의 주인공인 Shyp은 개인과 기업을 대상으로 가장 저렴한 옵션을 통해 물품을 픽업, 포장, 배송하는 배송 서비스이다.

제품 및 서비스 부분에는 제품 또는 서비스에 대한 설명이 포함되어야 한다. 제품 또는 서비스가 어떻게 고유한지, 시장에서 어떻게 포지셔닝할 계획인지에 대한 설명을 포함하라. 제품 또는 서비스의 **위치**는 경쟁업체와 비교해서 어떤 위치에 있는지를 나타낸다. 예를 들어 새로운 유형의 스무디 가게를 열 계획이라면 스무디 가게가 다른 스무디 가게와 어떻게 다른지, 제공하는 제품과 유치하는 고객 측면에서 시장에서 어떻게 포지셔닝할 것인지 설명해야 한다. 이 부분은 타당성 분석 결과를 보고하기 시작하기에 이상적인 곳이다. 콘셉트 테스트, 구매 의향 조사, 도서관, 인터넷, 탐정 조사에서 의미 있는 결과가 나온 경우 여기에 보고해야 한다.

현재 상태 부분에는 회사의 개발이 어느 정도 진행되었는지 알 수 있어야 한다. 이 논의의 틀을 잡는 좋은 방법은 이정표의 관점에서 생각하는 것이다. **이정표**는 주목할만한 중요한 이벤트이다. 회사 이름을 선정해 등록하고, 타당성 분석을 완료하고, 비즈니스 모델을 개발하고, 법인을 설립했다면 이미 몇 가지 중요한 이정표를 통과한 것이다. 법적 지위 및 소유권 부분에는 비즈니스의 소유주가 누구인지, 소유권이 어떻게 분할되어 있는지 표시해야 한다. 또한 현재 비즈니스 소유권 형태(예: LLC, S법인 등)가 결정된 경우 이를 표시해야 한다. 제7장에서 다양한 비즈니스 소유권 형태에 대해 자세히 설명할 것이다.

시장 분석 시장 분석은 산업 분석과는 확연히 다르다. 산업 분석은 기업이 경쟁하려는 산업(예: 장난감 산업, 피트니스 센터 산업, 남성 의류 산업)에 초점을 맞추는 반면, **시장 분석**은 산업을 여러 부문으로 나누고 기업이 어필하려는 특정 부문(또는 목표 시장)에 초점을 맞추는 것이다. 제3장에서 언급했듯이 대부분의 스타트업은 한 산업 내 특정 목표 시장에 서비스를 제공하는 데 초점을 맞춘다.

일반적으로 시장 분석에서 가장 먼저 다루는 작업은 비즈니스가 진출할 산업을 세분화한 다음 집중할 특정 목표 시장을 식별하는 것이다. 이는 시장을 여러 부문으로 나누는 과정인 **시장 세분**

화를 통해 이루어진다. 시장은 지리(도시, 주, 국가), 인구통계학적 변수(연령, 성별, 소득), 심리학적 변수(성격, 생활 방식, 가치관) 등 다양한 방식으로 세분화할 수 있다. 때로는 기업이 고유하게 서비스를 제공할 수 있다고 생각하는 특정 부문으로 드릴다운하기 위해 두 가지 이상의 차원을 기반으로 시장을 세분화하기도 한다. 예를 들어, 노년층을 대상으로 하는 휴대폰 서비스인 GreatCall은 시장 분석에서 휴대폰 시장을 연령과 원하는 혜택에 따라 세분화했을 것이다. 일부 스타트업은 산업을 세분화하는 새로운 방법을 찾아 가치를 창출한다. 예를 들어, Tish Ciravolo가 여성용 기타를 만드는 회사 Daisy Rock Guitar를 창업하기 전에는 기타 산업이 성별에 따라 세분화되어 있지 않았다. Daisy Rock Guitar의 경쟁 우위는 여성의 작은 손과 체격에 맞는 기타를 만든다는 점이다.

시장 분석에 기업의 목표 시장 내 소비자의 행동을 직접적으로 다루는 부분을 포함하는 것이 중요하다. 목표 시장의 소비자에 대해 잘 알고 있을수록 그들의 니즈에 맞는 제품이나 서비스를 제공할 수 있다. 예를 들어, 많은 스타트업이 공립학교에 제품을 판매하는 데 어려움을 겪는 이유는 구매 결정이 위원회에서 이루어지는 경우가 많고(의사결정 과정이 까다롭기 때문), 자금이 승인되기 전에 여러 단계의 관리자를 거쳐야 하는 경우가 많기 때문이다. 이러한 복잡성은 교육 기술 분야에서 실패한 스타트업인 SharpScholar를 중심으로 살펴본 제5장의 '무엇이 잘못됐는가?'에서 잘 설명했다. 기업의 경쟁사에 대한 상세한 분석인 **경쟁사 분석**은 반드시 포함되어야 한다. 제5장에서 경쟁사 분석을 작성하는 방법에 대해 자세히 설명했다.

시장 분석의 마지막 부분에서는 회사의 연간 매출과 시장 점유율을 추정한다. 신생기업이 초기 매출을 추정하는 기본적인 방법은 네 가지이다. 가능하면 두 가지 이상의 방법을 사용해 이 작업을 완료해야 한다. 가장 중요한 결과는 건전한 가정에 기반하고 현실적이고 달성 가능한 추정치를 개발하는 것이다. 표 6.3에는 기업가가 매출을 추정하는 데 사용할 수 있는 네 가지 방법이 나와 있다.

표 6.3 신생기업이 초기 매출을 추정하는 네 가지 방법

방법	설명
곱하기 방법 활용	이 범주에 적합한 접근 방식에는 두 가지가 있다. 전국 단위로 제품을 판매하려는 스타트업은 일반적으로 하향식 접근 방식을 사용한다. 여기에는 제품의 총 사용자 수를 추정하고, 고객이 지불하는 평균 가격을 추정하고, 비즈니스가 시장에서 몇 퍼센트의 점유율을 차지할지 추정하는 것이 포함된다. 현지 판매를 계획하는 스타트업은 일반적으로 상향식 접근 방식을 더 많이 사용한다. 이 접근 방식에는 예상 고객 수와 각 고객이 지출할 평균 금액을 결정하는 것이 포함된다.
비교 가능한 업체 찾기	비교 가능한 업체를 찾아 연간 매출 견적을 요청하라. 예를 들어, 여성 의류 부티크를 오픈할 계획이라면 당신의 비즈니스와 유사하지만 당신의 상권에 있지 않은 부티크를 찾아 소유자에게 전화해서 비즈니스에 대해 이야기할 기회를 요청하라. 관계가 형성되면 비즈니스의 연간 매출 추정을 요청할 수 있다.
산업 무역 협회에 문의	해당 업계 최고의 무역 협회에 연락해 해당 협회가 당신의 비즈니스와 유사한 비즈니스의 판매 수치를 추적하는지 문의하라. 무역 협회가 비교 가능한 비즈니스의 실제 판매 수치를 추적하지 않는다면 신생기업이 매출을 추정하는 데 도움이 되는 다른 경험 법칙이나 지표가 있는지 문의하라. 예를 들어, 많은 업계에서는 동종 업계 기업의 '평방피트당 평균 매출' 또는 '직원당 평균 매출' 등의 통계를 수집한다.
인터넷 검색 수행	인터넷 검색은 종종 잡지 및 신문 기사뿐만 아니라 해당 업계의 회사에 초점을 맞춘 블로그 항목을 보여준다. 때때로 이러한 기사와 블로그 항목은 비슷한 초기 단계 회사의 영업 경험에 대해 이야기한다. 당신의 회사와 비슷한 회사를 알고 있다면 검색에서 해당 회사를 먼저 타기팅하라. 운이 좋으면 "XYZ 회사는 첫 3년 동안 연간 총매출 25만 달러를 달성했다"와 같은 기사나 항목을 찾을 수도 있다. 이 데이터의 출처가 신뢰할 수 있고 XYZ 회사가 당신의 회사와 비슷하다면 방금 유용한 정보를 찾은 것이다.

비즈니스의 경제성 이 항목에서는 비즈니스의 재무 분석이 시작되며, 이는 재무 예측에서 더욱 구체화된다. 여기에서는 비즈니스에서 수익을 창출하는 방법과 비즈니스가 '손익분기점'에 도달한 후 수익을 내기 시작하려면 비즈니스의 제품 또는 서비스를 얼마나 많이 판매해야 하는지에 대한 기본 논리를 다룬다.

비즈니스가 수익을 창출하는 방식인 주요 수익 동인을 파악해야 한다. 단일 제품만 판매하는 비즈니스는 수익 동인이 하나뿐이다. 제품과 서비스 보증을 함께 판매하는 경우에는 두 개의 수익 동인 등이 있다. 각 수익 동인에 대한 총마진 규모를 결정해야 한다. 수익 동인의 총마진은 판매 가격에서 매출원가 또는 변동 비용을 뺀 값이다. **매출원가**는 수익 동인을 생산하는 데 필요한 재료와 직접 인건비이다. 따라서 제품을 100달러에 판매하고 매출원가가 40달러(인건비 및 재료비)인 경우 총마진은 60달러 또는 60%이다. 60달러는 **기여 마진**이라고도 한다. 이는 판매 단위당 남은 금액으로 비즈니스의 고정 비용을 충당하고 수익 창출에 '기여'하는 데 사용할 수 있는 금액이다. 비즈니스에 두 개 이상의 수익 동인이 있는 경우 각 동인에 대한 기여 마진을 계산해야 한다. 특정 수익 동인 카테고리에 여러 제품이 있는 경우 각 제품의 기여 마진을 계산해서 평균을 구할 수 있다. (예를 들어 사무용품 스토어를 오픈하는 경우 '프린터' 매출 동인 아래에 여러 가지 컴퓨터 프린터가 있을 수 있다.) 그런 다음 해당 수익 동인에서 발생할 것으로 예상되는 매출 비율을 기준으로 각 수익 동인의 개별 기여 마진에 가중치를 부여해서 회사의 각 수익 동인에 대한 가중 평균 기여 마진을 계산할 수 있다.

다음 부분에서는 비즈니스의 고정 비용과 변동 비용에 대한 분석을 제공해야 한다. 각 수익 동인에 대한 변동 비용(또는 매출원가)은 앞서 계산했다. 비즈니스의 고정 비용에 대한 예측을 추가하라. 회사의 **변동 비용**은 매출에 따라 달라지는 반면, **고정 비용**은 판매 여부에 관계없이 발생하는 비용이다. 다음으로 회사의 **운영 레버리지**에 대해 논의해야 한다. 기업의 운영 레버리지란 고정 비용과 변동 비용을 분석한 것이다. 운영 레버리지는 변동 비용에 비해 고정 비용의 비율이 높은 회사에서 가장 높다. 반대로, 변동 비용 대비 고정 비용의 비중이 낮은 기업의 운영 레버리지가 가장 낮다. 기업의 예상 운영 레버리지의 의미를 논의해야 한다. 예를 들어, 운영 레버리지가 높은 기업은 손익분기점에 도달하는 데 시간이 더 오래 걸리지만, 손익분기점에 도달한 후에는 더 많은 수익이 수익으로 귀결된다.

비즈니스의 일회성 창업 비용을 추정해 표로 작성해야 한다. 이러한 비용에는 법률 비용, 비즈니스 라이선스 및 수수료, 웹사이트 디자인, 비즈니스 로고 디자인, 이와 유사한 일회성 비용이 포함된다. 보통의 운영 비용은 포함하지 않아야 한다.

이 항목은 손익분기점 분석으로 마무리해야 하는데, 손익분기점 분석은 비즈니스가 손익분기점을 달성하고 수익을 내기 위해 얼마나 많은 제품을 판매해야 하는지를 분석하는 것이다. 제8장에서 손익분기점 분석을 계산하는 방법을 설명한다

'무엇이 잘못됐는가?'에서는 비즈니스의 경제성이 정상적이지 않을 때 어떤 일이 일어날 수 있는지를 생생하게 보여준다. 이 특집에서는 중고 가구를 원활하고 재미있게 사고파는 과정을 만들겠다는 야심 찬 목표를 가지고 시작해 빠르게 성장한 스타트업인 Move Loot에 초점을 맞춘다. 이 사업은 결국 실패로 돌아갔는데, 그 이유는 비즈니스의 경제성이 좋지 않았기 때문이다.

마케팅 계획 마케팅 계획은 비즈니스가 제품이나 서비스를 어떻게 마케팅하고 판매할 것인지에

초점을 맞춘다. 가격, 프로모션, 유통, 판매 측면에서 마케팅의 핵심을 다룬다. 예를 들어, 고령 사용자를 위한 휴대폰을 생산하는 회사인 GreatCall은 훌륭한 제품, 잘 정의한 목표 시장, 고객과 경쟁업체에 대한 충분한 이해가 있지만 여전히 고객을 찾아서 제품을 구매하도록 설득해야 한다.

회사의 마케팅 계획을 설명하는 가장 좋은 방법은 마케팅 전략, 포지셔닝, 차별화 포인트를 설명하는 것으로 시작한 다음 이러한 전반적인 측면을 가격, 프로모션 믹스 및 판매 프로세스, 유통 전략으로 어떻게 지원할 것인지에 대해 이야기하는 것이다. 물론 4~5쪽으로 모든 마케팅 계획을 담을 수는 없다. 그러나 요점을 제시해야 한다.

기업의 **마케팅 전략**은 제품 및 서비스를 마케팅하기 위한 전반적인 접근 방식을 의미한다. 기업의 전반적인 접근 방식은 일반적으로 시장에서 어떻게 포지셔닝하고 경쟁업체와 어떻게 차별화할 것인가로 요약된다. 예를 들어, GoldieBlox는 여학생들에게 엔지니어링 분야를 소개하는 비즈니스로 포지셔닝한 장난감 회사이다. 미국 내 엔지니어링 직종에서 여성이 차지하는 비율은 약 10%에 불과하다. 이 회사는 스토리텔링이 어린 소녀에게 조립이라는 행위와 친밀감을 높일 수 있다는 가정에서 출발해 모험 이야기를 읽으면서 문제를 해결하는 데 사용할 수 있는 장난감 세트를 만들었다. 궁극적인 목표는 소녀들을 조립이라는 예술과 연결하고 젊은 여성들이 공학 분야에서 경력을 쌓도록 장려하는 것이다.

GoldieBlox의 사례에서 볼 수 있듯이 마케팅 전략은 제품, 가격, 프로모션, 유통 전략을 통해 목표 시장에 어떻게 도달해야 하는지에 대한 방향을 설정하고 지침을 제공한다. 예를 들어, 이 회사는 젊은 여성과 그 부모를 가장 많이 볼 수 있는 장소에서 항상 제품을 홍보하고 광고한다. 마찬가지로 장난감 전문점 및 자체 웹사이트를 통해 제품을 판매할 가능성이 높으며, Toys 'R' Us와 같은 대량 판매업체를 통해서도 제품을 판매할 수 있다.

다음 부분에서는 제품, 가격, 프로모션, 유통에 대한 회사의 접근 방식을 다루어야 한다. 제품에 대한 설명이 이미 충분히 이루어졌다면 바로 가격으로 넘어갈 수 있다. 가격, 프로모션, 유통은 모두 앞서 설명한 대로 포지셔닝 및 차별화 포인트와 일치해야 한다. 가격은 기업이 얼마나 많은 수익을 올릴 수 있는지를 결정하기 때문에 특히 중요한 문제이다. 또한 기업의 목표 시장에 중요한 메시지를 전달하기도 한다. GoldieBlox가 교육적으로 건전하고 환경 친화적인 고품질 장난감이라고 광고하면서 가격을 낮게 책정한다면, 목표 시장의 사람들은 혼란스러워할 것이다. '이건 말이 안 돼. GoldieBlox 장난감은 정말 고품질인 거야, 아닌 거야?'라고 생각할 것이다. 게다가 가격을 낮게 책정하면 GoldieBlox가 장난감을 더 발전시키는 데 필요한 수익을 창출할 수 없다. 또한 프로모션 및 유통에 관한 계획에 대해서도 간략하게 논의해야 한다.

마지막 부분에서는 회사의 판매 프로세스 또는 주기와 사용할 구체적인 판매 전략을 설명해야 한다. 기업의 전반적인 마케팅 전략을 설명하면서 제품이나 서비스를 실제로 어떻게 판매할 것인지에 대해서는 언급하지 않는 사업 계획서가 의외로 많다는 사실에 놀랄 것이다.

제품(또는 서비스) 설계 및 개발 계획 완전히 새로운 제품이나 서비스를 개발하는 경우, 사업 계획서에 개발 현황에 초점을 맞춘 내용을 포함시켜야 한다. 유망해 보이는 많은 스타트업이 제품 개발이 지지부진하거나 제품 또는 서비스의 실제 개발이 예상보다 더 어려운 것으로 판명되어 시작조차 하지 못하는 경우가 많다.

가장 먼저 해결해야 할 문제는 제품 또는 서비스 개발의 현재 단계를 설명하는 것이다. 대부분

무엇이 잘못됐는가?

Move Loot가 비즈니스의 경제성에 대해 어렵게 배운 점

Move Loot는 Jenny Morrill, Bill Bobbitt, Ryan Smith, Shruti Shah가 설립했다. 설립자들은 실리콘밸리에 있는 저명한 액셀러레이터인 Y Combinator의 프로그램에 참여했다. 사업 아이디어는 중고 가구를 사고파는 과정을 쉽고 재미있게 만드는 것이었다. Craigslist에 광고를 내고 가구를 살 사람이 현금을 낸 다음 트럭을 끌고 와 가구를 가져가는 대신, 회사가 가구를 직접 가져가서 전문적으로 사진을 찍고, 판매 광고를 내고, 가구를 보관하고, 판매가 완료되면 가구를 배달하는 것이 Move Loot의 솔루션이었다. Move Loot는 판매에 대한 50%의 수수료를 받아 수익을 창출한다. 미국의 중고 가구 시장 규모는 연간 약 30억 달러에 달한다.

2013년 10월에 출시한 Move Loot는 빠른 출발을 보였다. 이는 샌프란시스코에서 시작되었다. 초기에는 매주 25% 이상 성장했다. 하지만 2016년 중반에 Move Loot는 문을 닫았다. 회사 창립자들은 Move Loot의 실패 이유를 밝히지 않았지만, 비지니스의 경제성을 살펴보면 잠재적인 문제 지점에 대한 단서를 찾을 수 있다.

Move Loot에는 판매 품목당 50%의 수수료와 500달러 미만의 품목에 대한 배송료라는 두 가지 수익 동인이 있었다. 비용 측면에서는 사람들이 이 서비스를 통해 중고 가구를 판매하고 구매하도록 유도하기 위해 충분한 마케팅을 수행해야 했다. 모든 '양면' 시장과 마찬가지로, 이 서비스는 양쪽 모두에 충분한 양이 없으면 작동하지 않을 것이다. 서비스를 통해 중고 가구를 판매하려는 고객을 확보한 Move Loot가 수수료를 받기 위해 무엇을 해야 할지 생각해보자.

1. 운전기사, 트럭, 직원을 고객의 집으로 보내기
2. 가구를 픽업해 보관 시설로 옮기기
3. 물품 사진을 찍고 설명을 작성한 다음 웹사이트에 판매용으로 등록하기
4. 품목에 대한 오퍼를 화면에 표시하기. 구매자가 가격이 마음에 들지 않으면 더 낮은 입찰가를 제출할 수 있게 하기
5. 아이템이 판매될 때까지 보관하기
6. 상품이 판매되면 판매 대금 받기
7. 고객의 집으로 상품 배송하기
8. 아이템의 원래 소유자에게 지불하기

중고 가구에 대한 수수료를 받으려면 많은 노력이 필요하다. 게다가 가구 매장과 달리 Move Loot에서는 가구가 팔리지 않으면 해당 가구가 판매될 때까지 할인을 해줄 수 없었다. 구매자에게는 60일의 판매 기간을 부여했다. 판매되지 않으면 구매자는 비용을 지불하고 가구를 돌려받거나 자선 단체에 기부하거나 시간을 더 달라고 요청할 수 있다. Move Loot는 기본적으로 고정 비용과 변동 비용이 모두 높았다. 고정 비용은 트럭, 배송 시스템, 보관 시설, 중고 가구를 촬영하는 데 필요한 카메라와 웹사이트 지원 서버와 같은 장비로 구성되었다. 문을 닫을 당시에는 샌프란시스코를 넘어 여러 도시로 사업을 확장한 상태였다. 트럭 운전사, 배송 기사, 가구를 옮기는 직원, 보관 시설 직원, 판매 관리 직원, 보관 시설 운영 비용 등의 변동 비용이 발생했다. 결국 중고 온라인 가구 매장을 운영하기에는 많은 간접비가 소요되는 셈이다. Move Loot는 마진이 작고, 고정 비용이 높으며, 변동 비용이 높고, 재고가 빨리 움직이지 않는 상황에 처했을 가능성이 높다. 이 조합은 성공하기 어려운 조건이다. '비즈니스의 경제성'이 좋지 않았던 것이다.

폐업 전 몇 달 동안 Move Loot는 비즈니스 모델을 두 번 이상 반복했다. 2015년 11월에는 지역 골동품 가게와 같은 다른 상점에서도 물건을 Move Loot의 웹사이트에 올릴 수 있도록 마켓 플레이스를 확장했다. 2016년 3월에는 누구나 자신의 사진을 사이트에 업로드하면 Move Loot가 픽업과 배송만 담당하는 모델로 전환했다. 하지만 이 두 가지 전략 모두 회사를 구할 수는 없었다.

Move Loot 스토리는 스타트업의 사업 계획에서 핵심이라는 '비즈니스의 경제성'이 중요한 부분을 차지한다는 사실을 일깨워준다.

비판적 사고를 위한 문제

1. 중고 가구가 Move Loot 웹사이트에 등록되면, 고객이 가격이 마음에 들지 않을 경우 더 낮은 금액을 제시할 수 있다. Move Loot의 50% 수수료는 최종 판매 가격을 기준으로 했다. 이 때문에 Move Loot가 총마진과 개별 판매에 대한 기여 마진을 모두 예측하기 어려웠을 것이다. 이 점이 Move Loot에 어느 정도 문제였다고 생각하는가?
2. Move Loot의 비즈니스 모델이 어느 정도로 좋다고 생각하는가?
3. 처음부터 Move Loot에 '비즈니스의 경제성'이 타당하다고 판단했는가? Move Loot는 어떻게 해야 비즈니스의 경제성이 더 합리적일 수 있는 방식으로 비즈니스를 구축할 수 있었을까?
4. 모든 스타트업 창업자는 Move Loot 사례에서 무엇을 배울 수 있을까?

출처: F. Lardinois, "YC-Backed Move Loot Brings Furniture Consignment Into the 21st Century," TechCrunch, available at https://techcrunch.com/2014/01/28/yc-backed-move-loot-brings-furnitureconsignment-into-the-21st-century/ (posted January 28, 2014, accessed February 19, 2017); S. Brown, "S.F. Moving Startup Packs It Up, Closes Doors After Layoffs, Customer Complaints," Bizjournals.com, available at https://www.bizjournals.com/sanfrancisco/blog/techflash/2016/06/move-loot-on-demand-moving-startup-shutdown-handy.html (posted June 30, 2016, accessed February 19, 2017); B. Carson, "The Startup That Wanted to Dethrone Craigslist is Officially Shutting Down," available at https://www.businessinsider.com/moveloot-shuts-down-2016-6 (posted June 29, 2016, accessed February 19, 2017).

의 제품은 제품 구상, 프로토타입 제작, 초기 생산, 전체 생산을 포함하는 개발의 논리적 경로를 따른다. 제품 또는 서비스가 현재 어느 단계에 있는지 구체적으로 설명하고 남은 단계를 설명하는 타임라인을 제공해야 한다. 비즈니스의 초기 단계에 있고 아이디어만 있는 경우, 새로운 제품이나 서비스의 첫 번째 물리적 묘사인 프로토타입을 어떻게 제작하고 테스트할 것인지 신중하게 설명해야 한다. 제3장에서 설명한 것처럼 **제품 프로토타입**은 신제품의 첫 번째 물리적 표현이며, 종종 조잡하거나 예비적인 형태이다. 아이디어는 피드백을 구한 다음 반복하는 것이다. GoldieBlox의 장난감과 같은 제품 프로토타입은 제품 사용자가 테스트하고 경험을 보고할 수 있는 제품의 예비 버전으로 구성될 수 있다. 그런 다음 GoldieBlox는 사용자의 경험을 바탕으로 장난감을 수정하거나 조정한다. 마찬가지로, 웹 기반 회사의 프로토타입은 사용자가 테스트하고 피드백을 제공할 수 있도록 사이트에 충분한 기능이 내장된 사이트의 예비 버전 또는 베타 버전으로 구성될 수 있다. 어떤 경우에는 가상 프로토타입으로 충분할 수도 있다. **가상 프로토타입**은 제품 또는 서비스 아이디어를 컴퓨터로 생성한 3D 이미지이다. 가상 프로토타입은 아이디어를 모든 측면에서 볼 수 있고 360도 회전할 수 있는 3D 모델로 표시한다.

'도전 과제 및 위험'이라는 항목을 추가해 제품 또는 서비스를 출시하는 과정에서 예상되는 주요 설계 및 개발 과제와 위험을 공개해야 한다. 낙관적인 태도를 유지하고 싶겠지만, 디자인 및 개발 프로세스가 얼마나 빠르고 수월하게 전개될지에 대해 지나치게 장밋빛 그림을 그리는 것은 피해야 한다. 경험 많은 독자는 제품 및 서비스 개발이 본질적으로 울퉁불퉁하고 어려운 과정이라는 것을 알고 있으며, 특정 제품에 대해 예상되는 기간과 위험에 대한 통찰력을 원할 것이다.

마지막 부분에는 개발 중인 제품이나 서비스와 관련해서 확보했거나 확보할 계획이 있는 특허, 상표, 저작권, 영업 비밀에 대해 설명해야 한다. 스타트업이 아직 초기 단계에 있고 지식재산권 문제에 대해 아직 조치를 취하지 않은 경우, 최소한 이러한 영역에 대한 계획을 논의할 수 있도록 법률 자문을 받아야 한다. 제12장에서 지식재산권에 대해 설명한다.

운영 계획 사업 계획서의 운영 계획 항목에서는 비즈니스 운영 방식과 제품 또는 서비스 홍보 방법을 간략하게 설명한다. 이 주제를 적절하게 설명하는 것과 아주 자세히 설명하는 것 사이에서 신중한 균형을 유지해야 한다. 독자는 비즈니스 운영 방식에 대해 전반적으로 이해하길 원하지만 일반적으로 자세한 설명을 원하지는 않는다. 따라서 이 부분은 짧고 간결하게 작성하는 것이 가장 좋다.

비즈니스 운영 방식을 설명하는 유용한 방법은 먼저 무엇이 가장 중요하며 성패를 좌우하는 이슈가 무엇인지에 대한 일반적인 운영 방식을 명확히 설명하는 것이다. 그런 다음 '백스테이지', 즉 무대 뒤 활동과 '프런트 스테이지', 즉 고객이 보고 경험하는 것의 관점에서 논의의 틀을 잡을 수 있다. 예를 들어, 새로운 피트니스 센터를 오픈하는 경우 백스테이지와 프런트 스테이지의 이슈를 다음과 같이 분류할 수 있다.

물론 3~4쪽으로 운영 계획의 모든 이슈에 대해 언급할 수는 없지만, 주요 백스테이지 및 프런트 스테이지 활동을 배치하고 가장 중요한 이슈를 다룰 수는 있다.

그다음 내용으로 비즈니스의 위치를 설명해야 한다. 어떤 경우에는 위치가 매우 중요한 문제이지만 어떤 경우에는 그렇지 않은 경우도 있다. 예를 들어, Jeff Bezos가 Amazon.com을 시애틀에 위치시키기로 결정한 이유 중 하나는 이 도시가 여러 대형 서적 출판사의 주요 유통 허브이기

백스테이지(무대 뒤 활동)	프런트 스테이지(회원에게 공개될 것)
▪ 직원 선택	▪ 회원 투어
▪ 운영 매뉴얼	▪ 운영 시간
▪ 공급업체와의 관계	▪ 직원 지원
▪ 시정부와의 관계	▪ 피트니스 클래스 및 프로그램
▪ 마케팅 자료 개발	▪ 피트니스 기계
▪ 직원 오리엔테이션 및 교육	▪ 워크숍
▪ 비상 계획	▪ 월간 뉴스레터

때문이다. 이러한 유통 시설 근처에 위치함으로써 Amazon.com은 다른 곳에서는 얻을 수 없었던 비용 이점을 누리고 있다. 좀 더 세분화하면 레스토랑과 소매업의 쇼핑몰이나 쇼핑 센터 내 특정 위치, 번화가의 특정 장소에 따라 극적인 차이를 만들 수 있다.

운영 계획 항목에서는 회사의 시설과 장비에 대해서도 설명해야 한다. 가장 중요한 시설과 장비를 나열하고 직접 구매, 임대, 다른 수단을 통해 취득할지 여부에 따라 취득할(또는 취득한) 방법을 간략하게 설명해야 한다. 제품을 생산할 예정이고 생산을 계약 또는 아웃소싱할 경우, 그 방식에 대해 설명해야 한다. 컴퓨터 프로그래머를 위한 일반적인 작업 공간과 같이 설명이 필요 없는 시설이라면 자세한 설명을 제공할 필요가 없다.

경영진 및 회사 구조 사업 계획서를 읽는 많은 투자자와 다른 사람들은 먼저 요약을 살펴본 다음 경영진 항목으로 바로 이동해 회사를 시작하는 사람들의 역량을 평가한다. 투자자들은 자금 조달 능력보다 흥미로운 아이디어와 흥미로운 시장이 담긴 사업 계획서를 더 많이 읽는다. 그 결과, 경쟁하는 사업 계획서 중에서 자금 지원을 받는 것은 아이디어나 시장이 아니라 한 경영진이 다른 경영진보다 아이디어를 실행할 준비가 더 잘 되어 있다는 인식인 경우가 많다.

신생회사의 경영진은 일반적으로 설립자 한 명과 소수의 핵심 관리 인력으로 구성된다. 회사 설립자부터 시작해서 각 경영진 구성원의 간략한 프로필을 제공해야 한다. 각 프로필에는 다음 정보가 포함되어야 한다.

- 직책 이름
- 직책의 의무와 책임
- 이전 업계 및 관련 경험
- 이전 성공 사례
- 학력

프로필은 간결하게 작성하되, 각 개인이 왜 자격을 갖추고 회사의 성공에 고유하게 기여할 수 있는지를 설명해야 한다. 경영진의 특정 속성이 당신의 사례에 적용되는 경우 이를 강조해야 한다. 예를 들어, 투자자와 다른 사람들은 이전에 함께 일한 적이 있는 팀원을 선호하는 경향이 있다. 이전에 함께 일한 적이 있는 사람들이 새로운 회사를 창업하기 위해 동업하기로 했다는 것은 일반적으로 개인적으로 잘 어울리고 서로를 신뢰한다는 것을 의미하기 때문이다.[27] 또한 경영진에 존재하는 공백을 파악하고 이를 메우기 위한 계획과 일정도 파악해야 한다. 주요 경영진의 전체

이력서는 사업 계획서의 부록에 첨부할 수 있다.

스타트업에 이사회 및/또는 자문위원회가 있는 경우, 이들의 자격과 역할에 대해 설명하고 이들을 경영진의 일원으로 포함시켜야 한다. **이사회**는 제9장에서 자세히 설명하는 것처럼 회사의 주주가 회사 경영을 감독하기 위해 선출한 개인들로 구성된 패널이다. **자문위원회**는 회사 경영진이 지속적으로 자문과 조언을 제공하도록 요청하는 전문가 패널이다. 이사회와 달리 자문위원회는 회사에 대한 법적 책임이 없으며 구속력이 없는 조언을 제공한다.[28] 많은 스타트업은 회사가 추가 인력을 고용할 여력이 생길 때까지 역량 공백을 메우기 위해 특정 기술이나 전문 지식을 가진 사람들에게 자문위원으로 활동해달라고 요청한다. 예를 들어, 웹 디자이너 두 명이 시작한 회사에 마케팅 전문 지식을 갖춘 직원이 없는 경우, 회사는 마케팅 전문 지식을 갖춘 한두 명을 자문위원회에 배치해 지침과 조언을 제공할 수 있다.

경영진 및 회사 구조 항목의 마지막 부분은 회사를 어떻게 구성할 것인지에 초점을 맞춘다. 스타트업이라 하더라도 현재 회사의 구조는 어떠하며 성장함에 따라 어떻게 구조화될 것인지에 대해 간략하게 설명해야 한다. 회사의 내부 구조가 합리적이고 의사소통과 책임 소재가 명확해야 한다는 점은 중요하다. 회사 구조에 대한 설명을 포함하면 계획서를 읽는 사람들에게 사업 아이디어가 제대로 작동하는 회사로 전환하는 방법을 알고 있다는 확신을 줄 수 있다.

회사의 구조와 권한 및 책임의 범위를 설명하는 가장 효과적인 방법은 계획에 조직도를 포함하는 것이다. **조직도**는 회사 내에서 권한과 책임이 어떻게 배분되어 있는지를 나타내는 도표이다. 조직도는 가능하면 그래픽 형식으로 표시해야 한다.

전체 일정 비즈니스를 시작하는 데 필요한 주요 이벤트를 보여주는 일정을 준비해야 한다. 일정은 사업장 통합, 프로토타입 완성, 시설 임대, 중요한 자금 조달, 운영 시작, 첫 판매 등 비즈니스 성공에 중요한 이정표를 작성하는 형식이어야 한다. 효과적으로 준비하고 제시하는 일정은 잠재적 투자자에게 경영진이 벤처를 시작하기 위해 필요한 사항을 인식하고 있으며 이를 달성하기 위한 계획이 마련되어 있다는 것을 설득하는 데 매우 유용할 수 있다.

재무 계획 사업 계획서의 마지막 항목에서는 회사의 추정(또는 예상) 재무 계획을 제시한다. 계획서의 이전 항목들을 쭉 작성했다면 재무 예측이 마지막에 나오는 이유를 쉽게 알 수 있다. 이 항목에서는 지금까지 수립한 계획을 재무적 용어로 표현한다.

가장 먼저 포함해야 할 것은 **자금 출처 및 사용 내역서**이며, 이는 회사가 얼마나 많은 자금이 필요한지(사업 계획의 의도가 자금 조달인 경우), 자금의 출처는 어디인지, 자금은 어떻게 사용할 것인지 구체적으로 설명하는 문서이다. 다음으로 포함해야 할 사항은 재무제표의 근거가 되는 가장 중요한 가정에 대한 설명인 **가정 시트**이다. 일부 가정은 일반적인 정보를 기반으로 하며, 가정을 입증하기 위해 특정 출처를 인용하지 않는다. 예를 들어, 미국 경제가 향후 3~5년 동안 강세를 보일 것이라고 믿고 있고 이것이 매출 예측에 대한 기본 가정이라면 해당 가정을 명시해야 한다. 이 경우에는 특정 출처를 인용하는 것이 아니라 대다수 사람의 견해를 반영하는 것이다(동의하거나 동의하지 않는 것은 독자의 몫이다). 다른 가정은 매우 구체적인 정보를 기반으로 하므로 가정에 대한 출처를 인용해야 한다. 예를 들어 GoldieBlox가 어린이 장난감 산업의 교육 부문이 가까운 미래에 매년 일정 비율로 성장할 것으로 예상된다는 신뢰할만한 데이터를 보유하고 있고 이 수치가 매년 매출을 늘릴 수 있다는 믿음에 큰 역할을 하는 경우, 해당 정보의 출처를 인용해야 한다.

추정(또는 예상) 재무제표는 사업 계획서의 재무 항목의 핵심이다. 언뜻 보기에 재무제표를 작성하는 것은 지루한 작업처럼 보이지만, 계획서의 이전 항목들을 철저히 작성했다면 매우 간단한 과정이다. 또한 재무제표는 전체 계획서의 피날레를 장식하는 것이기도 하다. 따라서 재무제표의 결과를 보는 것은 흥미로운 일이다.

기업의 추정 재무제표는 기존 기업이 작성하는 과거 재무제표와 유사하지만, 과거를 추적하는 것이 아닌 미래를 내다본다는 점에서 차이가 있다. 추정 재무제표에는 추정 손익계산서, 추정 재무상태표, 추정 현금흐름표가 포함된다. 정보가 논리적으로 흐르기 때문에 일반적으로 이 순서대로 작성한다. 대부분의 전문가는 3~5년 분량의 추정 재무제표를 작성할 것을 권장한다. 계획서를 작성하려는 회사가 이미 존재하는 경우 3년간의 과거 재무제표도 포함해야 한다. 대부분의 사업 계획서 작성자는 **비율 분석**을 통해 회사의 과거 또는 추정 재무 상태를 해석하거나 이해한다. 자산 수익률, 매출액 대비 수익률 등의 비율은 재무제표에서 숫자를 가져와서 비율을 만들어 계산한다. 각 비율은 비즈니스의 잠재력과 관련해서 특별한 의미를 가진다.

제8장에서는 추정 재무제표 및 비율 분석을 작성하는 방법에 대한 자세한 설명을 제공한다.

부록 사업 계획서 본문에 쉽게 들어갈 수 없는 자료(최고 경영진의 이력서, 제품 또는 제품 프로토타입의 사진 또는 도표, 특정 재무 데이터, 시장 조사 예상치 등)는 부록에 포함해야 한다. 부록은 부피가 크지 않아야 하며 사업 계획서에 분량을 많이 더해주면 안 된다. 부록에는 계획서에 필수적인 추가 정보만 포함하되 계획서 본문에 적합하지 않은 정보는 포함하지 않아야 한다.

종합 정리 작성자는 완성한 사업 계획서를 평가하고 검토할 때 독자의 입장이 되어 벤처의 실행 가능성에 대한 가장 중요한 질문에 답을 찾았는지 판단해야 한다. 표 6.4에는 사업 계획서가 답해야 할 가장 중요한 열 가지 질문이 나열되어 있다. 모든 사업 계획서 작성자에게 좋은 체크리스트이다.

한 가지 더 생각해보자. 스타트업의 여정에서 타당성 분석과 사업 계획서 작성 단계는 진정한 신봉자와 초기 전도사로 구성된 커뮤니티를 구축하기에 이상적인 시기이다. 이들은 새로운 비즈니스에 관심을 가지고 도움을 제공하며 소문을 퍼뜨리기 시작할 수 있는 사람들이다. '성공을 위한 파트너십'에서 진정한 신봉자 및 초기 전도사 커뮤니티를 구축하는 방법에 대한 팁을 확인할 수 있다. 정도의 차이는 있지만, 스타트업의 진성 팬은 스타트업 성공의 파트너가 된다.

투자자에게 사업 계획 발표하기

학습목표 5

잠재 투자자에게 사업 계획을 효과적으로 발표하는 방법을 설명할 수 있다.

사업 계획이 잠재 투자자의 관심을 성공적으로 이끌어냈다면 다음 단계는 투자자를 직접 만나 계획을 발표하는 것이다. 투자자는 일반적으로 회사 설립자를 만나고 싶어 한다. 투자자는 궁극적으로 소수의 벤처에만 자금을 지원하기 때문에 신생회사의 설립자는 투자자에게 최대한 긍정적인 인상을 심어주어야 한다.

투자자와의 첫 미팅은 일반적으로 1시간 정도로 매우 짧다.[29] 투자자는 일반적으로 회사에 파워

표 6.4 사업 계획서가 답해야 할 가장 중요한 열 가지 질문

1. 비즈니스가 단순한 아이디어인가, 아니면 실제 잠재력이 있는 기회인가?
2. 제품 또는 서비스가 실행 가능한가? 고객에게 상당한 가치를 제공하는가? 타당성 분석을 완료했는가? 그렇다면 결과는 무엇인가?
3. 비즈니스가 흥미롭고 성장하는 산업에 진출하고 있으며, 업계 내에서 매력적인 위치를 확보하고 있는가?
4. 비즈니스에 잘 정의된 목표 시장이 있는가?
5. 비즈니스에 경쟁사와 진정으로 차별화할 수 있는 포인트가 있는가? 이러한 차별화 포인트가 지속 가능한가?
6. 비즈니스에 좋은 마케팅 계획이 있는가?
7. 경영진이 경험이 풍부하고 숙련되어 있으며 새 회사를 출범시킬 수 있는 역량을 갖추고 있는가?
8. 비즈니스의 운영 계획이 적절하고 괜찮은가?
9. 회사가 재무 예측의 근거로 삼고 있는 가정이 현실적인가?
10. 재무 예측을 올바르게 완료했으며 회사의 밝은 미래를 예측하고 있는가?

포인트 슬라이드를 사용해서 15~20분간 프레젠테이션을 한 뒤 나머지 시간은 질문하는 데 사용해줄 것을 요청한다. 투자자가 깊은 인상을 받고 벤처에 대해 더 자세히 알고 싶어 하는 경우, 발표자는 투자자와 파트너를 만날 수 있는 두 번째 미팅을 다시 요청받게 된다. 이 미팅은 일반적으로 더 오래 지속되며 더 철저한 프레젠테이션이 필요하다.

사업 계획에 대한 구두 프레젠테이션

투자자와 만나자는 요청을 받은 신생벤처기업의 창업자는 미팅의 프레젠테이션 부분에 허용된 시간을 채울 수 있는 파워포인트 자료를 준비해야 한다. 대부분의 사업 계획 경진대회에도 동일한 형식이 적용된다. 구두 프레젠테이션의 첫 번째 규칙은 지침을 따르는 것이다. 투자자가 기업가에게 1시간이 주어지며 20분의 프레젠테이션과 40분의 질의응답 시간으로 구성될 것이라고 알려주는 경우, 프레젠테이션은 20분을 넘지 말아야 한다. 프레젠테이션은 매끄럽고 리허설이 잘 되어 있어야 한다. 슬라이드는 선명하고 자료로 어수선하지 않아야 한다.

기업가는 약속 시간에 정시에 도착하고 준비를 잘해야 한다. 시청각 장비가 필요한 경우 기업가는 투자자에게 장비가 없는 경우를 대비해 장비를 제공할 준비가 되어 있어야 한다. 이러한 정리는 회의 전에 해야 한다. 프레젠테이션은 쉬운 말로 구성해야 하며 기술 전문 용어는 피해야 한다. 스타트업 기업가는 신제품이나 서비스에 들어갈 기술에 대해 너무 많은 시간을 할애하고 사업 자체에 대해 이야기하는 데 충분한 시간을 할애하지 않는 실수를 범할 수 있다. 프레젠테이션에서 다루어야 할 가장 중요한 이슈와 이를 발표하는 방법이 표 6.5에 나와 있다. 이 프레젠테이션 형식에서는 12개의 슬라이드를 사용해야 한다. 기업가가 흔히 저지르는 실수는 너무 많은 슬라이드를 준비해서 20분 동안 프레젠테이션을 서두르는 것이다.

투자자에게 기대할 수 있는 질문 및 피드백

첫 미팅이든 그 이후의 미팅이든, 기업가는 잠재 투자자로부터 다양한 질문을 받게 된다. 현명한 기업가는 예상 질문에 대한 확실한 아이디어를 가지고 있으며 이러한 질문에 준비가 되어 있다.

성공을 위한 파트너십

진정한 신봉자 및 초기 전도사 커뮤니티 구축하기

스타트업에 중요한 관행은 자신이 하는 일에 다른 사람들을 참여시키는 것인데, 이는 적절한 타당성 분석을 수행하고, 사업 계획서를 작성하는 데 필요한 조사를 하고, 자신이 하는 일을 믿는 사람들로 구성된 커뮤니티를 개발하는 것이 필요하기 때문이다. 진정한 신봉자, 제품 챔피언, 초기 전도사라고 불리는 이러한 사람들은 돈을 받고 홍보하는 것이 아니라 당신이 하는 일을 믿기 때문에 제품이나 서비스에 대한 인지도를 확산시킨다. 다음은 초기 전도사 커뮤니티를 구축하기 위한 몇 가지 팁이다. 초기 전도사의 범위는 작게 시작해서 점점 넓어진다.

팁 #1: 가족 및 친구에게 연락하기

가족과 친구에게 연락해 내가 하는 일에 동참하도록 유도하고 소문을 퍼뜨려달라고 요청하라. 한 가지 주의할 점은 피드백을 요청할 때 단순히 듣고 싶은 말만 듣는 것이 아니라 솔직한 피드백을 받아야 한다는 것이다. 이 책에서 소개한 스타트업 중 일부는 초기에 가족과 친구에게 연락을 취했다. 예를 들어, 첫 번째 프로토타입을 테스트하기 위해 Owlet Baby Care의 창립자는 신생아가 있는 가정을 찾아 부모에게 기기를 테스트해달라고 요청해야 했다. 그들은 신생아가 있는 가정을 파악하기 위해 가족과 친구 등에게 도움을 요청했다. 온라인 매트리스 회사인 Casper는 제품에 대한 베타 테스트를 실시했다. 테스트의 마지막 단계에서 이 회사는 소규모의 가족 및 친구 그룹에 의존했는데, 이는 아마도 테스트 범위를 작게 유지하고 신뢰하는 사람들에게만 제품을 보여주고 싶었기 때문일 것이다. 사람들에게 도움을 요청할 때, 특히 당신을 아끼는 사람들에게 도움을 요청할 때 그들은 여러분이 하는 일에 관심을 가질 가능성이 높다. 이들에게 정기적인 업데이트를 원하는지 물어보라. 이들이 첫 번째 고객이자 가장 열렬한 전도사가 될 수 있다.

팁 #2: 개인 네트워크 활용

개인 네트워크의 활용은 진정한 신봉자 및 초기 전도사의 두 번째 원천이다. 이 책의 '사례' 특집에서 이러한 사례를 볼 수 있다. 예를 들어, 사례 1.1에 따르면 SoulCycle의 창립자들은 첫 고객을 확보하기 위해 동네를 가가호호 방문하며 '개인 네트워크를 활용'했다. 새로운 도시에 SoulCycle 스튜디오를 열었을 때 가장 먼저 한 일은 그 도시에서 아는 사람들에게 연락해 운동 쿠폰을 제공하고 소문을 퍼뜨려달라고 부탁하는 것이었다. 마찬가지로 Rent the Runway의 창립자들은 잠재 고객을 대상으로 사업 아이디어를 테스트하기 위해 자신들이 다니던 하버드대학교에서 첫 번째 테스트를 진행했다. 그 후 1,000~2,000명의 메일링 리스트에 대여 가능한 드레스의 PDF 파일을 보내 얼마나 많은 드레스가 대여될지 확인했다. 사례 3.1에 따르면 메일링 리스트는 '친구, 가족, 그 외 지인'으로 구성되었다.

친구나 가족과 마찬가지로 네트워크를 활용하면 사람들이 당신이 하는 일에 관심을 가지게 된다. 때때로 이것은 큰 보상으로 이어질 수 있다. Rent the Runway의 경우, 회사가 출범하던 날 《New York Times》의 비즈니스 섹션 1면에 소개되었다. 네트워크에 있는 누군가가 신문에 이 회사를 추천했고 신문이 이를 기사화한 것이다.

팁 #3: 다른 초기 테스터와 연락하기

비즈니스 아이디어의 프로토타입을 테스트하거나 다른 방식으로 피드백을 제공하는 다른 초기 테스터도 초기에 진정한 신봉자이자 전도사가 될 수 있다. 이들에게 업데이트 사항을 보내고 소셜 미디어를 팔로우해달라고 요청하라. Casper의 매출은 회사 운영 첫 달에 급증했다. 사례에 따르면, "많은 사람이 Casper의 초기 테스트에 참여했다. 이 사람들은 수면에 대해 진지하게 생각했고, 많은 사람이 Casper의 전도사가 되어 소셜 미디어에 긍정적인 댓글을 달거나 다른 방식으로 목소리를 냈다."

또한 가족, 친구, 개인 네트워크, 초기 테스터 중 영향력 있는 사람을 파악해 개별적으로 연락하라. 이들에게 당신이 하고 있는 일과 그 이유에 대해 지속적으로 알려주라. 이들이 제품이나 서비스에 참여할 수 있는 추가적인 방법을 찾아보라.

팁 #4: 얼리어답터 커뮤니티 구성하기

진정한 신봉자와 초기 전도사는 얼리어답터 커뮤니티를 형성하는 데 도움을 줄 것이다. 커뮤니티는 일반적으로 관심사, 관행(예: 취미 또는 직업), 위치를 중심으로 형성된다. 예를 들어 SoulCycle은 주로 입소문을 통해 참여자를 확보했다. 초기에 SoulCycle을 경험한 사람들이 친구에게 소문을 냈고, 친구는 그들의 친구에게 소문을 냈으며, 부티크형 환경에서 격렬하게 운동하기라는 공통의 관심사를 가진 사람들이 빠르게 SoulCycle에 모여들었다. 온라인 또는 오프라인 그룹에 참여해 얼리어답터 커뮤니티를 형성할 수도 있다. Twitter에서 내 공간의 사람들을 팔로우하라. 그 사람들은 종종 보답으로 당신을 팔로우할 것이며, 당신이 관심 있는 자료를 게시하면 당신과 당신이 하는 일에 대해 친숙해질 것이다. 마찬가지로 블로그에 글을 올리면 다른 블로그에서 내 글을 보게 되는 경우가 많다. 예를 들어, 제9장의 서두에서 살펴볼 Wild Friends Foods의 창립자들은 인기 있는 음식 블로거가 자사 제품에 대한 짧은 글을 작성하면서 초기에 큰 성공을 거두었다. 이 글은 수백 건의 온라인 주문으로 이어져 사업을 시작하는 데 큰 도움이 되었다. 한 달 후 《Oprah Magazine》에 소개되면서 더 큰 성공을 거두었다.

비판적 사고를 위한 문제

1. 사람들이 제품이나 서비스에 관심을 가지도록 하는 방법에는 어떤 것

이 있는가? 진정한 신봉자 및 초기 전도사로 구성된 커뮤니티를 구축하는 것이 중요한 이유는 무엇일까? 전통적인 광고를 통해 고객을 확보하는 것이 더 쉽지 않을까?

2. 제품 프로토타입을 테스트하거나 다른 방식으로 피드백을 제공하도록 요청받은 사람이 진정한 신봉자이자 초기 전도사의 이상적인 후보자가 될 수 있는 이유는 무엇일까?
3. 1~10점 척도(10점이 가장 높음)상에서 기업이 제품 또는 서비스의 얼리어답터를 확보하는 데 소셜 미디어의 역할이 일반적으로 얼마나 중요하다고 생각하는가?
4. 이 특집에 언급하지 않은 진정한 신봉자 및 전도사 커뮤니티를 구축할 수 있는 다른 방법을 브레인스토밍해보라.

표 6.5 투자자 프레젠테이션에 포함할 12가지 파워포인트 슬라이드

주제	설명
1. 제목	회사 이름, 창립자 이름, 회사 로고(있는 경우)와 함께 프레젠테이션을 소개하라.
2. 문제	해결해야 할 문제 또는 충족해야 할 필요를 간략하게 설명하라.
3. 솔루션	회사가 문제를 어떻게 해결할 것인지 또는 충족해야 할 필요를 어떻게 충족시킬 것인지 설명하라.
4. 기회 및 목표 시장	구체적인 목표 시장을 명확히 설명하라. 목표 시장의 모멘텀을 제공하는 비즈니스 및 환경 트렌드에 대해 이야기하라.
5. 기술	이 슬라이드는 선택 사항이지만 일반적으로 포함된다. 회사의 기술 또는 제품이나 서비스의 특이한 측면에 대해 이야기하라. 지나치게 기술적인 방식으로 이야기하지 말라. 이해하기 쉽고 흥미롭게 설명하라.
6. 경쟁	시장에서 회사의 경쟁 우위를 구체적으로 설명하라. 시장과 기존 경쟁사들과 어떻게 경쟁할 것인지 알아보라.
7. 마케팅 및 영업	전반적인 마케팅 전략을 설명하라. 판매 프로세스에 대해 이야기하라. 사람들이 제품에 대해 어떻게 생각하는지에 대한 1차 연구를 수행했다면 여기에서 그 결과를 보고하라.
8. 관리팀	기존 관리팀에 대해 설명하라. 팀이 어떻게 모이게 되었는지, 그리고 팀원들의 배경과 전문성이 성공에 어떻게 중요한지 설명하라. 자문위원회 또는 이사회가 있는 경우 그와 관련된 주요 인물을 간략하게 언급하라. 팀에 공백이 있는 경우 그 공백을 언제 어떻게 메울 것인지 설명하라.
9. 재무 계획	재무에 대해 간략하게 논의하라. 회사가 언제 수익성을 달성할지, 수익성을 달성하는 데 필요한 자본은 얼마인지, 현금 흐름이 손익분기점에 도달하는 시기는 언제인지 강조하라. 필요한 경우 추가 슬라이드를 사용해서 정보를 적절하게 표시하되, 지나치게 많은 슬라이드를 사용하지는 말라.
10. 현재 상태	지금까지 달성한 이정표의 맥락에서 회사의 현재 상태를 설명하라. 성취의 가치를 떨어뜨리지 말라.
11. 자금 계획	원하는 자금 규모와 자금 사용 방법을 구체적으로 설명하라.
12. 요약	프레젠테이션을 마무리하라. 벤처와 팀의 가장 큰 강점을 요약하라. 청중에게 피드백을 요청하라.

출처: B. Barringer, *Preparing Effective Business Plans: An Entrepreneurial Approach*, 2nd Edition, © 2015, 247-259. Adapted by permission of Pearson Education, Inc., Upper Saddle River, NJ.

투자자는 종종 매우 비판적으로 보이기 때문에[30] 특히 투자자가 사업 계획의 모든 측면에 구멍을 뚫는 것 같으면 기업가는 낙담하기 쉽다. 사업 계획 경진대회에서 프레젠테이션 후 이어지는 질의응답 세션에서도 같은 상황이 벌어진다. 사실 사업 계획서나 프레젠테이션의 약점을 파악할 수 있는 투자자는 기업가에게 유리하다. 투자자의 피드백을 마음에 새겨서 사업 계획 및/또는 프레젠테이션을 개선하는 데 사용할 수 있기 때문이다.

첫 미팅에서 투자자는 일반적으로 실제 기회가 존재하는지, 경영진이 벤처를 성공시킬 수 있는 경험과 기술을 갖추었는지에 초점을 맞춘다. 또한 관리자가 자신의 벤처에 대해 확신을 가지고 있는지를 파악하려고 노력한다. 질의응답 시간은 매우 중요하다. 이때 투자자는 일반적으로 창업가가 얼마나 기업가적 사고방식을 가지고 있는지, 해당 벤처에 대해 얼마나 잘 알고 있

imtmphoto/Shutterstock

투자자에게 발표하기 전에 사업 계획서에 대한 구두 프레젠테이션을 연습하는 것이 중요하다. 여기 한 젊은 창업가가 대학교에서 사람들 앞에서 연습 프레젠테이션을 하고 있다.

는지를 살펴본다. AV Labs의 Rob Adam의 파트너인 Michael Rovner는 이렇게 설명한다. "우리는 주변적인 질문을 많이 한다. 답을 구하는 것이 아니라 창업가의 사고 과정을 평가하기 위해서이다."[31]

요약 Chapter Summary

1. 사업 계획서는 신규 비즈니스가 달성하려는 목표와 그 목표를 달성하기 위한 방법을 설명하는 서면 서술이다. 대부분의 신규 비즈니스에서 사업 계획서는 회사 내부와 외부에서 모두 사용하는 이중 목적 문서이다. 회사 내부에서는 전략을 실행하는 데 필요한 로드맵을 개발하는 데 도움이 된다. 회사 외부에서는 잠재적 투자자 및 기타 이해관계자에게 회사가 추구하는 비즈니스 기회를 알리고 비즈니스가 그 기회를 어떻게 추구할 것인지 설명한다.
2. 회사의 사업 계획서에 대한 두 가지 주요 대상은 직원과 잠재적 투자자 및 기타 외부 이해관계자이다. 사업 계획서에는 여러 가지 종류가 있다. 예를 들어, 10~15쪽 분량의 요약 사업 계획서는 개발 초기 단계에 있는 회사에 가장 적합하다. 이러한 회사는 전체 사업 계획서에 필요한 정보가 부족하지만 요약 사업 계획서를 작성해 잠재 투자자가 아이디어에 관심이 있는지 확인할 수 있다. 전체 사업 계획서는 일반적으로 25~35쪽 분량으로, 회사의 운영 및 계획이 요약 사업 계획서보다 훨씬 더 상세하며 투자자를 위해 작성하는 사업 계획서의 일반적인 형식이다. 운영 사업 계획서는 일반적으로 내부 사용자를 위해 미리 작성한다. 40~100쪽 분량으로 회사 운영에 대한 청사진을 제공한다.
3. 사업 계획서를 작성하는 사람들이 따를 수 있는 가이드라인이 있다. 이러한 가이드라인을 준수하면 창업가가 효과적인 사업 계획을 수립할 확률이 높아진다. 계획서의 구조는 가장 먼저 고려해야 할 가이드라인이다. 여기서 조언하는 것은 사업 계획서를 개발할 때 기존의 구조를 사용해야 한다는 것이다. 이렇게 하면 비즈니스 투자자가 의사 결정 과정에 중요한 계획서 부분에 집중할 수 있다. 둘째, 사업 계획서는 간결하고 명확하게 작성해야 한다. 제안된 사업의 모든 중요한 측면을 계획서에 포함해야 한다. 계획서를 작성한 후에는 문법 오류, 철자 오류를 확인하고 모든 중요한 정보가 실제로 포함되어 있는지 확인해야 한다. 계획서의 스타일과 형식은 세 번째 가이드라인의 틀을 구성하는 문제이다. 계획서의 외관은 신중하게 평가해야 하지만, 앞서 언급한 바와 같이 기존 구조와 일관성이 있어야 하며, 잠재 투자

자에게 계획서 자체를 준비하는 데 많은 비용이 소요되었음을 암시해서는 안 된다.

4. 사업 계획서는 여러 부분으로 구성되며, 그중 첫 번째 부분이 바로 요약이다. 요약은 전체 사업 계획에 대한 간략한 개요이며, 바쁜 독자들에게 새로운 비즈니스의 특징에 대해 알아야 할 모든 것을 제공한다. 대부분의 경우 투자자는 회사의 요약본 사본을 요청하고 요약본이 충분히 설득력 있는 경우에만 전체 사업 계획서 사본을 요청한다. 사업 계획서의 또 다른 부분인 산업 분석은 기업이 진출할 산업을 설명한다. 계획서의 시장 분석 부분에서는 산업 분석을 부문으로 나누고 회사가 어필하고자 하는 특정 부문(또는 목표 시장)에 대해 초점을 맞춘다. 사업 계획서에서 경영진 및 회사 구조 항목은 매우 중요하다. 사업 계획서를 읽는 많은 투자자와 다른 사람들은 먼저 요약본을 살펴본 다음 경영진 항목으로 바로 이동해 회사를 창업하는 사람들의 역량을 평가한다. 자금 출처 및 사용 내역서는 회사가 자금을 조달하는 경우 필요한 자금 규모, 자금 출처, 자금 용도를 구체적으로 설명하는 문서이다. 가정 시트는 비즈니스 재무 분석의 기반이 되는 가장 중요한 가정을 설명하는 문서이다.

5. 사업 계획서를 작성한 후, 창업자는 잠재 투자자는 물론 다른 사람들에게도 효과적으로 발표할 준비를 해야 한다. 사업 계획서의 구두 프레젠테이션은 일반적으로 약 12개의 파워포인트 슬라이드와 함께 20분간의 공식 발언과 40분간의 질의응답으로 구성된다. 프레젠테이션은 매끄럽고 리허설이 잘되어 있어야 한다. 슬라이드는 선명하고 자료도 어수선하지 않아야 한다.

주요 용어 Key Term

가상 프로토타입	미션 선언문	요약 사업 계획서	자문위원회
가정 시트	변동 비용	운영 레버리지	전체 사업 계획서
경쟁사 분석	비율 분석	운영 사업 계획서	제품 프로토타입
고정 비용	사업 계획서	위치	조직도
기여 마진	시장 분석	이사회	추정(또는 예상) 재무제표
마케팅 전략	시장 세분화	이정표	태그라인
매출원가	요약	자금 출처 및 사용 내역서	

복습 문제 Review Question

1. 사업 계획서란 무엇인가?
2. 새로운 벤처를 위해 사업 계획서를 준비하면 어떤 이점이 있는가?
3. 사업 계획서를 작성하는 적절한 시기는 언제인가?
4. 새로운 벤처를 시작하는 사람이 사업 계획서를 작성하는 두 가지 주요 이유는 무엇인가?
5. 사업 계획서 작성이 창업 과정에서 마지막으로 완료해야 하는 활동인 이유는 무엇인가?
6. 사업 계획서를 읽는 사람은 누구이며 사업 계획서에서 무엇을 찾고 있는가?
7. 투자자가 사업 계획서가 신중한 분석과 사실에 근거하지 않고 추정과 예측에 의존한다고 생각하고 있다면 일반적으로 그들은 어떻게 반응할까?
8. 사업 계획서가 고도로 혁신적이고 창의적인 것보다 기존의 구조를 따르는 것이 중요한 이유는 무엇인가?
9. 요약 사업 계획서, 전체 사업 계획서, 운영 사업 계획서의 차이점은 무엇인가?
10. 사업 계획서에서 가장 먼저 등장하는 요약을 가장 마지막으로 작성해야 하는 이유는 무엇인가?
11. 사업 계획서의 산업 분석 항목과 시장 분석 항목의 차이점은 무엇인가?
12. 집중화된 산업과 파편화된 산업의 차이점은 무엇인가?
13. 사업 계획서의 '비즈니스의 경제성' 항목의 목적은 무엇인가?
14. 완전히 새로운 제품이나 서비스를 개발하는 경우, 개발 노력 상태와 관련해서 어떤 유형의 정보를 사업 계획서에 포함해야 하는가?
15. 사업 계획서의 '운영 계획' 항목의 목적은 무엇인가?
16. 사업 계획서의 '경영진 및 회사 구조' 항목이 가장 중요한 항

목 중 하나로 꼽히는 이유는 무엇인가?

17. 요약본의 목적은 무엇인가?
18. 사명 선언문의 목적은 무엇인가?
19. 제품 프로토타입과 가상 프로토타입의 차이점은 무엇인가?
20. 투자자 프레젠테이션을 할 때 가장 중요한 규칙은 무엇인가?

응용 문제 Application Question

1. Travis Ryan은 스케이트보드 회사의 공동창립자 네 명 중 하나이다. 공동창업자들은 벤처 자금을 조달하기 위해 사업 계획서를 작성하기로 결정했다. 최근 회의에서 Travis는 다음과 같이 말했다. "모두 정말 바쁘시니 제가 사업 계획서 작성을 자원하고 싶습니다. 제 친구가 학교 근처 호숫가에 집을 가지고 있어요. 세 분이 동의하시면 제가 며칠 동안 노트북을 들고 친구 집에 가서 사업 계획서를 작성해볼게요. 이의 없으시죠?" 당신이 Travis의 공동창립자 중 한 명이라면 뭐라고 말하겠는가? 사업 계획서를 작성할 때 어떤 다른 접근 방식을 제안하겠는가? 그 이유는 무엇인가?
2. 당신의 절친한 친구인 Andrew Waters가 개인 SEO(검색엔진 최적화) 컨설팅 회사를 창업하기 위해 회사를 그만두기로 결정했다고 가정해보자. 그는 이 벤처에 대한 사업 계획을 세우고 있으며 다음과 같이 말한다. "사업 계획서를 작성하는 방법에 관한 책과 기사를 여러 권 읽었는데 아직도 약간 헷갈리는 점이 있어. 사업 계획서는 학습과 발견을 위해 작성하는 거야, 아니면 홍보와 판매를 위해 작성하는 거야?" Andrew의 질문에 어떤 대답을 해줄 것인가?
3. Josh White는 기발한 아이디어를 떠올렸다. 바로 온라인 결제 키오스크를 이용한 전자결제 사업을 하는 것이다. 그는 사업 자금을 조달할 투자자를 찾고 있으며, 이를 위해 좋은 사업 계획서 작성에 대한 조언을 구하고 있다. 그는 자신의 아이디어의 잠재력을 어떻게 실현할 수 있는지 자세히 설명하는 체계적인 계획서가 필요하며, 급하게 작성한 것처럼 보일까 봐 걱정하고 있다. Josh가 사업 계획서를 준비할 때 피해야 할 몇 가지 함정에 대해 조언하라.
4. Ginny Welch는 웰니스 센터를 시작하려고 제안 중이며 대출 기관에 보여줄 사업 계획서에 대한 시장 분석을 준비해야 한다. 분석은 앞으로 2주 안에 완료해야 하지만 Ginny는 무엇을 준비해야 할지 모른다. 글을 쓸 것인지, 목표 시장이 누구인지에 대해 고민하던 그녀는 잠재 고객이 건강한 생활 방식을 추구하는 사람들이라는 사실만 알게 되었다. 그녀는 산업 분석을 완료했지만 최근에야 시장 분석과 산업 분석의 차이점을 알게 되었다. 시장 분석을 완료하려면 다음 단계는 무엇이어야 할까?
5. 수강 중인 기업가정신 수업은 일주일에 한 번 4시간 동안 진행된다. 각 수업의 첫 2시간이 끝나면 10분 내외의 휴식 시간이 주어진다. 최근 휴식 시간에 같은 반 친구 중 한 명이 다른 친구에게 강사가 잠재 투자자에게 스타트업 경영진의 중요성을 과대포장하고 있다고 말했다. 이 학생은 "결국 좋은 제품이 경영진과 그들의 능력 면에서 회사가 가지고 있는 어떤 결함보다 더 중요해"라고 말한다. 당신이 사업 계획서에 대해 배운 내용을 감안할 때, 동급생이 제안된 벤처기업 경영진의 자질에 대한 잠재 투자자의 견해에 대해 다시 생각해볼 필요가 있다고 설득하기 위해 뭐라고 말하겠는가?
6. 사례 6.2의 주인공은 영리 사회적기업으로 운영하는 d.light이다. 영리 사회적기업을 위한 사업 계획서를 작성할 때 특별히 유념해야 할 요소가 있다면 무엇인가?
7. Michael Graves와 Jill Simpson은 새로운 유형의 팩스를 판매하는 사업을 시작하기 위해 Microsoft에서 퇴사했다. 그들은 당신에게 검토를 요청하는 전체 사업 계획서를 작성했다. 계획서를 읽다 보니 몇 가지 주요 항목이 "우리는 믿습니다……"와 같은 문구로 시작한다는 것을 알았다. 이 사업 계획서를 읽는 지식이 있는 사람이 "우리는 믿습니다……"가 실제로 무엇을 의미하는지 알 수 있을까? 주요 내용을 소개하는 문구에 "우리는 믿습니다……"라는 문구를 쓰는 것은 무엇이 문제인가?
8. 두 명의 공동창업자가 새로운 비즈니스 벤처에 투자하려고 준비한 자금 10만 달러를 각각 가지고 있다. 세 번째 잠재적 공동창업자는 실제로 사업 아이디어를 생각해냈지만 사업에 투자할 자금이 없다. 이와 같이 파트너 중 두 명은 투자할 자금이 있지만 세 번째 파트너는 아이디어만 있고 실제로 대부분의 작업을 수행할 경우 지분을 어떻게 나누겠는가? 이것이 새로운 벤처의 성패를 좌우할 수 있는 문제인가?
9. Janine Morris는 온라인 신발 사업을 위한 사업 계획서를 준비했다. 그녀는 자신의 사업을 재정적으로 지원해줄 엔젤 투자자를 찾았다. 당신과 친한 친구인 그녀가 사업 계획서를 보여주며 의견을 구했다. 사업 계획서를 읽어본 결과, 투

자자가 기대하는 중요한 요소가 포함되어 있지 않다는 것을 알게 되었다. 게다가 그녀의 사업 계획서는 매우 모호했고 사업을 시작하려는 실제 의도가 명확하게 명시되어 있지 않았다. Janine에게 조언을 하라.

You Be the VC 6.1

회사명: Beyond Meat

• Web: www.beyondmeat.com • Facebook: Beyond Meat • Twitter: @BeyondMeat

사업 아이디어: 맛, 씹는 식감, 포만감은 그대로 유지하면서 육류에서 동물성 성분을 제거한 식물성 단백질 식품을 소비자에게 제공하기

개요: 사람들이 육류 대용품을 찾는 데는 여러 가지 요인이 있다. 건강상의 이점, 동물 복지, 온실가스 배출량 감소, 일부 동물이 도축을 위해 사육되는 열악한 환경에 대한 나쁜 언론 보도 등이 이러한 요인 중 일부이다. 두부, 콩버거, 채소 커틀릿 등 가장 일반적인 육류 대체 식품은 씹는 맛, 씹는 식감, 육즙, 풍미가 부족하다. 그 결과 사람들은 이러한 대체 식품을 잠시 먹어본 후 다시 전통적인 육류 제품으로 돌아간다. 육류 수요와 관련해서 비슷한 문제가 존재한다. 인구 증가와 1인당 육류 소비량 증가 추세에 힘입어 전 세계 육류 수요는 지난 40년 동안 3배로 증가했다. 육류 생산은 환경에 중대한 영향을 미친다. 축산업은 인간이 유발하는 온실가스 배출량의 약 14.5%를 차지하며, 이는 운송 부문보다 더 많은 양이다. 이러한 모든 요소는 맛있고 저렴한 식물성 육류 대체품을 생산할 수 있고 전통적인 육류 생산보다 환경에 더 친화적인 방식으로 생산할 수 있는 기업에 큰 기회가 있다는 것을 시사한다.

Beyond Meat는 이러한 기업으로 자리매김하고 있다. 맛과 건강 측면에서 이 회사의 첫 번째 제품 라인인 치킨프리 스트립은 고기를 먹을 때의 감각적인 경험을 합법적으로 재현하는 식물성 단백질로 만들어졌다. 또한 글루텐이 없고 트랜스 지방 및 포화 지방, 콜레스테롤, 유제품, 계란, 호르몬, 항생제가 들어 있지 않으므로 실제 닭고기보다 건강에 더 좋다. 비용과 환경 측면에서도 Beyond Meat의 치킨프리 스트립은 실제 닭보다 사육에 필요한 땅과 물이 적게 들고, 충분한 규모로 생산할 경우 제조 비용도 적게 든다.

Beyond Meat의 제품은 미주리대학교 컬럼비아캠퍼스의 두 과학자 Fu-Hung Hsieh와 Harold Huff가 15년 이상 연구한 결과물이다. 이 회사의 치킨프리 스트립은 치킨처럼 보이고, 치킨처럼 맛있고, 특히 한 입 베어 물었을 때 치킨처럼 느껴지도록 정교하게 설계되었다. 이 회사는 현재 타코, 라자냐, 기타 소고기가 포함된 다른 모든 요리에 사용할 수 있는 같은 소고기 대체품을 개발 중이다. Beyond Meat의 치킨프리 스트립은 Whole Foods Markets과 유사한 건강 식품 매장에서 팔리고 있다.

- 이 장에서 다룬 자료를 바탕으로, 투자를 결정하기 전에 회사 설립자에게 어떤 질문을 할 것인가? 어떤 대답이 여러분을 만족시킬까?
- 개요와 회사 웹사이트에 제공된 정보만 보고 투자 결정을 내려야 한다면 이 회사에 투자하겠는가? 왜 그러한가? 혹은 왜 그렇지 않은가?

You Be the VC 6.2

회사명: Go-Jek

• Web: www.go-jek.co • Twitter: @gojekindonesia

사업 아이디어: 인도네시아의 여러 도시에서 운영 중인 오토바이 기반 운송 및 배달 서비스

개요: Go-Jek은 2010년에 설립한 인도네시아의 오토바이 호출 서비스 업체이다. 이후 모바일 플랫폼과 앱을 활용한 온디맨드 서비스로 발전해서 자카르타에서 인도네시아 전역 25개 이상의 도시로 사업을 확장했다. 또한 운송 및 물류, 음식 배달, 기타 배달 서비스 등으로 서비스를 확장하고 있다.

Go-Jek은 속도와 혁신에 자부심을 가지고 있으며, 비즈니스를 위해 일하는 사람들의 삶에 지속적으로 기여하기 위해 노력한다. 운전기사를 직원이 아닌 파트너라고 부르지만 건강 및 상해 보험과 기타 혜택을 이용할 수 있다.

인도네시아의 도시는 교통 체증으로 유명하며 정부는 이 문제를 해결하지 못하고 있다. 빠른 이동을 위한 해결책은 오토바이 택시, 즉 오젝(ojek)이다. 문제는 오토바이 개인 택시는 안전하지 않고, 규제가 없으며, 비위생적이라는 것이다(수많은 사람들이 낡은 안전모를 쓰고 있다!). Go-Jek은 실시간 추적 및 제어는 물론 고객에게 무료 헤드 커버와 안면 마스크를 제공해 이러한 모든 문제를 해결한다.

그리하여 Go-Jek은 Uber에 해당하는 오토바이가 되었다. 자카르타와 같이 교통량이 많은 도시에서는 Go-Jek이 실제로 Uber에 비해 상당한 이점을 가지고 있다. 사용자는 앱을 처음 열 때 가입하고 픽업 주소, 배달 주소, 서비스가 필요한 시간을 입력하기만 하면 된다. 그러면 앱에 가격이 표시된다. 결제는 현금, Go-Jek 크레딧, 회사 핀번호로 할 수 있다. Go-Jek에는 추천 프로모션 코드 시스템도 있다. 신규 사용자가 기존 고객의 프로모션 코드를 입력하면 해당 프로모션 코드를 사용한 고객과 마찬가

지로 2달러의 크레딧을 받을 수 있다. 이러한 방식으로 입소문 추천에 대한 직접적인 인센티브를 제공한다.

Go-Jek은 약 25개 도시에 20만 명 이상의 운전기사를 보유한 것으로 추정된다. 최근 Go-Jek은 개인 차량 서비스인 GoCar를 만들어 사업을 확장하고 인도네시아 택시 회사 Blue Bird와 파트너십을 맺었다. 2017년에는 Uber와 Grab 모두 인도네시아에서 오토바이 택시 서비스를 도입했다. 앞으로 몇 년 동안 경쟁은 매우 치열할 것으로 예상된다.

Go-Jek은 다른 시장으로의 확장을 적극적으로 모색하고 있으며, 인도와 스리랑카를 새로운 사업 대상지로 고려하고 있다. 또한 Go-Jek은 인도네시아에서 시장 점유율을 높이기 위해 최선을 다하고 있다. 인도네시아는 인구가 약 2억 5,000만 명에 달하며 동남아시아에서 가장 큰 인터넷 시장으로 꼽힌다.

- 이 장에서 다룬 자료를 바탕으로, 투자를 결정하기 전에 회사 설립자에게 어떤 질문을 할 것인가? 어떤 대답이 여러분을 만족시킬까?
- 개요와 회사 웹사이트에 제공된 정보만 보고 투자 결정을 내려야 한다면 이 회사에 투자하겠는가? 왜 그러한가? 혹은 왜 그렇지 않은가?

사례 6.1 CASE

Birchbox: 대학 경험을 활용해 사업 계획서를 작성하고 성장하는 스타트업 시작하기

• Web: www.birchbox.com • Facebook: Birchbox • Twitter: @birchbox

Bruce R. Barringer(오클라호마주립대학교)
R. Duane Ireland(텍사스A&M대학교)

소개

Katie Beauchamp와 Hayley Barna는 하버드 비즈니스 스쿨에 입학한 첫날 만났다. 그들은 자원해서 자신과 50명의 동급생을 위한 봄휴가를 계획했다. 이 경험을 통해 그들은 팀으로서 서로 잘 어울린다는 것을 깨달았지만, 당시에는 공동창업에 대한 생각은 전혀 하지 못했다. 1년여 후 Beauchamp와 Barna가 뷰티 샘플 구독 서비스인 Birchbox를 출시하면서 모든 것이 바뀌었고, 현재 5개국에서 월 100만 명 이상의 구독자를 확보하고 있다.

대학 경험

Beauchamp와 Barna는 금세 친구가 되었다. 또한 같은 MBA 코호트에 속해 있었고 많은 수업을 함께 들었다. Birchbox에 대한 아이디어는 서서히 떠올랐다. 특히 한 수업이 결정적인 계기가 되었는데, 하버드대학교 Clayton Christensen 교수가 진행하는 파괴적 혁신에 관한 수업이었다. 이 수업에서는 학생들에게 업계의 판도를 바꿀 수 있는 큰 아이디어를 생각해보라며 도전 과제를 제시했다. Beauchamp와 Barna가 처음 생각해낸 아이디어는 수년 동안 큰 혁신을 경험하지 못했던 뷰티 산업에 관한 것이었다. 개인적인 역동성 또한 그들을 뷰티 산업의 사업 아이디어로 이끌었다. Barna의 가장 친한 친구인 Mollie Chen은 뷰티 에디터였다. Beauchamp는 Barna가 항상 최고의 뷰티 제품을 가지고 있는 것을 눈여겨보곤 했는데, 어디서 구했냐고 물으면 항상 Chen(뷰티 에디터)이 추천했다고 대답하곤 했다. 그래서 Beauchamp와 Barna는 '모든 여성이 뷰티 에디터인 절친이 뷰티 제품을 추천해주는 것을 좋아하지 않을까?'라는 생각을 하게 되었다.

Beauchamp와 Barna의 생각은 2년 과정의 MBA 프로그램 마지막 학기에 하나로 모아졌다. 처음으로 두 사람은 함께 창업을 생각해보았다. 그들은 채워야 할 시장의 공백이 무르익는 것을 보았다. 기업들은 패션을 포함한 많은 제품을 온라인으로 판매할 수 있는 훌륭한 방법을 고안해냈지만 뷰티 제품은 그렇지 않았다. 뷰티 제품은 만지고, 사용해보고, 느껴야 하는 요소가 있기 때문에 온라인에서 판매하기 어렵다. 뷰티 제품을 온라인으로 판매할 수 있는 기회를 활용하고 사람들이 뷰티 제품을 먼저 직접 만져보지 않고는 구매를 망설이는 점을 극복하기 위해 Beauchamp와 Barna는 자격을 갖춘 고객이 사용해볼 수 있는 작은 뷰티 제품 샘플 상자로 구성된 온라인 월간 구독 서비스를 고안했다. 그런 다음 웹사이트에서 판매할 수 있도록 샘플의 본품을 제공했다. 이미 주요 브랜드들은 매장에서 나눠주는 샘플을 제작하고 있었다. Beauchamp와 Barna는 사업명을 Birchbox라고 부르기로 결정했다.

하버드에서의 마지막 학기: Birchbox의 시험대

Beauchamp와 Barna는 대학 시절을 허비한 채 Birchbox를 시작하기보다는 대학생이라는 신분을 최대한 활용하기 위해 최선을 다했다. 그들은 교수들과 협상을 해서 각 수업의 최종 프로젝트는 Birchbox가 되었다. 또한 학생 신분을 공급업체 및 고객과 접촉할 수 있는 기회로 활용하기도 했다. Birchbox 운영을 위해 Beauchamp와 Barna는 세 가지 근본적인 질문에 답해야 했다. 첫째, 과연 샘플 제공과 관련해서 뷰티 브랜드들이 협력할까? 둘째, 여성들이 선별된 샘플 박스에 돈을 지불할까? 셋째, 샘플이 실제 구매로 이어질까? 이러한 질문에 답할 수 있는 유일한 방법은 바로 데이터에 접근하는 것이라고 생각했다. 첫째, 매월 샘플을 보낼 박스의 프로토타입을 제작하고 박스에 샘플을 어떻게 담을지 결정했다. 그런 다음 나머지 비즈니스에 대해 생각했다. 매달 상자에는 5개

Birchbox

Birchbox 창립자 Hayley Barna와 Katie Beauchamp

의 뷰티 제품 샘플이 들어 있다. 각 제품에 대한 정보는 회사 웹사이트와 YouTube 채널에 게시되어 고객이 제품에 대해 자세히 알아볼 수 있도록 했다. 그런 다음 판매용 제품의 실제 크기 버전을 제공했다. 구매 동의를 얻기 위해 뷰티 및 화장품 회사에 '콜드콜'을 했다. 그들은 아직 대학에 재학 중이라는 사실을 숨기지 않았다. 대신 학교에서 목표 시장의 잠재 고객을 이미 확보하고 있다는 점을 장점으로 프레임을 만들었다. 놀랍게도 Benefits, Nars, Keihl's를 비롯한 여러 회사가 가입했다. 둘째, 웹사이트의 베타 버전을 만들고 200명의 구독자에게 한 달에 20달러를 지불하고 콘셉트를 테스트하도록 유도했다. 그리고 사용자들의 피드백을 바탕으로 몇 가지 주요 영역에서 Birchbox 오리지널 웹사이트를 개선했다. 이 시점에서 Beauchamp와 Barna는 아이디어 이상을 얻었다. 즉 공급업체, 잠재 고객의 예비 목록, 결과, 데이터를 가지게 되었다.

이 단계를 마친 후 Beauchamp와 Barna는 Birchbox를 HBS 사업 계획 경진대회에 출품했다. 그들은 2위를 차지하며 자신감을 더욱 키웠다. 이 대회는 Birchbox는 물론 초기 기업가인 Beauchamp와 Barna에게 엄청난 노출 기회를 제공했다. 그들은 조언자이자 멘토가 되어줄 사람들을 만났다. 이 대회는 벤처 캐피털리스트들이 심사를 맡았고, 그중 몇몇은 두 사람에게 투자금을 제안했다. 하지만 이들은 Birchbox의 규모를 유지하는 것이 최선이라고 생각해 제안을 거절했다.

Birchbox는 2010년 9월에 공식적으로 출시했다. 초기에는 대학생의 생활 방식을 반영한 간결한 디자인을 유지했다. 졸업 후, Beauchamp와 Barna는 공급업체와 더 가까워지기 위해 Birchbox를 브루클린으로 이전했다. 첫 사무실은 소박했고 IKEA 가구가 있었다. Beauchamp와 Barna는 어렵고 때로는 재미있는 방식으로 많은 교훈을 얻었다. 예를 들어, 첫 번째 제품 비디오를 만들 때 그들은 맨해튼의 인기 지역인 유니언 스퀘어에서 자원봉사자를 모집하려고 했다. 하지만 바쁜 뉴욕 시민들에게 자원봉사를 요청하는 것이 불가능하다는 것을 알게 된 그들은 초기 직원 몇 명과 함께 직접 분장을 하고 동영상에 출연했다. 2010년 말, Birchbox의 구독자 수는 1만 명이 되었다.

전환 필요

Birchbox는 2010~2016년까지 빠르게 성장했다. 가입자는 계속 늘어났지만 수익이 나지 않았다. 비용 절감을 위해 2016년 1월에 직원의 15%를 해고하고 6월에 12%를 추가로 해고했다. 유리한 조건으로 신규 자본을 조달하지 못했기 때문에 비용 절감 조치를 빠르게 하게 되었다. 2016년 늦여름, Birchbox는 기존 투자자들로부터 1,500만 달러의 전환사채(결국 지분으로 전환되는 일종의 대출)를 발행했다. 새로운 사업 계획은 시장에서의 모멘텀을 유지하면서 수익을 창출하는 데 중점을 두었다.

또한 Birchbox는 비즈니스 모델을 전환해 이커머스를 넘어 그 범위를 넓혔다. 2014년 중반에 첫 오프라인 매장을 열었다. 뉴욕에 산다면 맨해튼 소호 지역의 웨스트 브로드웨이 433번지에 위치한 매장을 방문해 보라. 매장에는 새로운 제품을 체험해볼 수 있는 재미있는 방법들이 가득하다. 고객은 BYOB(Build Your Own Birchbox)에서 상자와 다양한 카테고리의 샘플 5개를 골라 주문할 수 있다. 이 매장은 성공적이었다. Birchbox에 따르면, birchbox.com에서만 쇼핑할 때보다 매장을 방문했을 때 고객평생가치가 3배 더 높다는 사실을 발견했다. Birchbox는 또한 자체적으로 두 가지 메이크업 라인을 개발했다. 첫 번째는 2015년에 출시한 립스틱과 아이섀도 라인이다. LOC(Love of Color)라는 브랜드 명으로 사내 제품개발 전문가팀이 개발했다. 두 번째는 2016년에 출시한 ARROW인데, 이것은 신체 활동 중과 활동 후에 자연스러운 아름다움을 향상시키기 위해 고안된 메이크업, 스킨케어, 보디 제품 브랜드이다.

앞으로의 도전과 기회

2016년에 사업 계획을 수정해야 했음에도 불구하고 Birchbox 창립자들은 여전히 낙관적인 태도를 유지하고 있다. 현재 Birchbox의 월간 구독자 수는 100만 명이 넘는다. 첫 번째 매장의 성공과 매장 내 경험을 통해 고객평생가치를 높이는 능력은 추가 매장 개설의 가능성을 열어준다. 현재 계획은 정식 매장을 오픈하기 전에 수요를 측정하기 위해 일부 도시에서 '팝업' 매장을 오픈하는 것이다. 또한 Birchbox는 소매 파트너의 매장 내에 매장을 오픈할 가능성도 모색하고 있다. 자체 뷰티 브랜드를 개발하기 위해 사내 전문 인력을 추가함으로써 새로운 기회를 창출하고 있다. 또한 Birchbox는 처음부터 주력으로 선보였던 월 10달러짜리 박스보다 더 높은 가격대의 고급 여성용 월간 구독 박스를 고려하고 있다.

문제도 있다. Ipsy, GlossyBox, BeautyArmy는 Birchbox와 유사한 구독 플랜을 제공한다. 특히 Ipsy는 강력한 경쟁자이다. YouTube 메이크업 및 스킨케어 분야의 유명인사인 Michelle Phan이 시작한 Ipsy는 Birchbox만큼 많은 월간 구독자를 보유하고 있는 것으로 알려졌다. 또한 시장의 모든 참여자가 공유하는 우려는 주요 여성 구독 서비스의 가입자 수가 정체될 수 있다는 것이다. 새로운 시장은 성장하기 어려울 수 있다. 예를 들어 남성 그루밍 및 라이프스타일 용품을 위한 제품 및 샘플의 공급 비율은 여성용 제품보다 훨씬 낮다. 이러한 요소는 Birchbox Man의 성장을 제한할 수 있다.

토의 문제

1. Katie Beauchamp와 Hayley Barna가 대학 시절을 비즈니스 아이디어를 발전시키는 데 얼마나 효과적으로 활용했다고 생각하는가?

Christopher Hall/Shutterstock

매월 여성용 Birchbox에는 고품질의 뷰티, 그루밍, 라이프스타일 제품 샘플이 소량씩 들어 있다. 제품 샘플은 사진에 나와 있는 것과 유사하다.

2. Birchbox의 비즈니스 접근 방식은 어떤 면에서 공급업체와 고객 모두에게 윈윈인가?
3. Birchbox가 아직 기획, 테스트, 프로토타입 제작 단계에 있을 때 사업 계획서를 작성하고 사업 계획 경진대회를 준비한 것이 Katie Beauchamp와 Hayley Barna에게 어떤 도움이 되었는가?
4. 앞으로 Birchbox가 직면하게 될 가장 심각한 과제는 무엇인가? 다음 중 회사의 성공을 가장 위협하는 과제는 무엇이라고 생각하는가? Birchbox가 사업 계획을 다시 수정해야 할 것이라고 생각하는가? 그렇다면 다음 전환을 결정짓는 요인은 무엇이라고 생각하는가?

출처: Birchbox Homepage, www.birchbox.com (accessed February 21, 2017); J. Del Rey, "Birchbox's Investors are Giving the Startup a $15 Million Lifeline," recode, www.recode.net, August 2, 2016; E. Segran, "Birchbox Launches Its Own Makeup Brand," *Fast Company*, October 14, 2015; Shoptalk Podcast, "Katia Beauchamp-Co-Founder & CEO, Birchbox", available at https://www.youtube.com/watch?v=0lzgf80PtMc (posted June 27, 2016, accessed February 21, 2017); "Entrepreneur's Corner: Birchbox," *The Wharton Journal*, February 28, 2014; B. Barringer, and R. D. Ireland, *Entrepreneurship: Successfully Launching New Ventures*, Upper Saddle River, NJ: Pearson, 2016.

사례 6.2 CASE

d.light: 성공적인 출발을 위해 사업 계획을 실행에 옮기기

• Web: dlightdesign.com • Facebook: D.lightDesign • Twitter: @dlightdesign

Bruce R. Barringer(오클라호마주립대학교)
R. Duane Ireland(텍사스A&M대학교)

소개

다음과 같은 상황을 상상해보자. 당신은 사업 계획 경진대회의 청중석에 앉아 있다. 다음으로 발표할 팀은 안정적인 전기를 공급받지 못하는 사람들에게 빛을 제공하려는 영리 사회적기업 d.light이다. 두 명의 청년이 자신을 d.light의 창립자라고 소개하며 시연으로 프레젠테이션을 시작하겠다고 말한다. 불이 꺼진다. 몇 초 후, 대회장 앞쪽에 희미한 불빛이 보이고 연기와 등유 타는 냄새가 난다. 약 30초가 지나자 눈이 시리고 숨쉬기가 약간 불편해진다. 불이 다시 켜지고 연기가 걷힌다. 청년들은 불빛이 부족하고 연기가 나는 것에 대해 사과하지만, 한 가지 요점을 설명하기 위해 시연을 했다고 말한다. 약 12억 명의 인구, 즉 전 세계 인구의 5분의 1 이상이 전기를 사용할 수 없으며 약 10억 명 이상이 불안정하거나 간헐적으로 전기를 공급받고 있다. 약 5억 가구가 요리나 조명을 위해 등유와 같은 연료를 태워야 한다. 등유 연료는 비싸고 위험하며 사람과 환경 모두에 유독하다. 실제로 UN은 등유 연기로 인해 연간 150만 명이 사망하며 다른 사람들에게 수많은 합병증을 유발하는 것으로 추정하고 있다.

Sam Goldman과 d.light의 기원

여기에 묘사한 장면은 실제로 여러 번 일어났다. d.light의 공동창립자인 Sam Goldman과 Ned Tozun이 사업 계획 경진대회와 투자자를 대상으로 한 프레젠테이션에서 회사를 소개한 방식으로 말이다. d.light는 안정적인 전기를 공급받지 못하는 '피라미드 밑바닥' 소비자에게 서비스를 제공하는 국제적인 소비재 회사이다. 기술적으로는 스탠퍼드대학교의 한 수업에서 시작되었지만, 시작은 Sam Goldman의 어린 시절과 성인 초기로 거슬러 올라간다. Goldman의 부모님은 전 세계 각국에 경제 및 인도주의적 지원을 제공하는 정부 기관인 미국 국제개발처(USAID)에서 근무했다. Goldman은 파키스탄, 페루, 인도, 캐나다, 기타 여러 국가에서 살았다. 청년 시절 평화봉사단에서 일하던 그는 전기가 들어오지 않는 서아프리카의 한 마을에서 4년 동안 살았다. 이웃집 소년이 불에 심하게 화상을 입었던 한 등유 화재는 Goldman에게 깊은 영향을 준 사건이다. 마을에 머물던 어느 날, 배터리로 작동하는 LED 전조등을 받은 Goldman은 밤에 불빛이 있다는 것만으로도 삶에 큰 변화를 가져올 수 있다는 사실에 충격을 받았다. 이제 그는 안정적인 조명이 없다면 상상할 수 없는 밤에 요리하고, 책을 읽고, 여러 가지 일을 할 수 있게 되었다.

이 경험에 영향을 받은 Goldman은 안정적인 전기를 공급받지 못하는 사람들에게 빛을 전하는 사업을 구상할 수 있는 기회를 제공하는 대학원 프로그램을 찾았다. 그는 스탠퍼드에 입학해서 사회적기업 프로그램을 시작했다. 중요한 수업은 2006~2007년 Jim Patelli의 '창업 디자인' 과목이었다. 이 수업에서는 팀을 나눠서 각 팀에 개발도상국의 중요한 문제를 해결하라는 과제를 부여했다. Goldman은 경영학과 동기인 Ned Tozun과 두 명의 공대생 Erica Estrade, Xian Wu와 함께 팀을 이루었다. 이 팀은 안정적인 전기에 접근할 수 없었던 사람들에게 빛 문제를 해결해주고 태양열로 충전할 수 있는 휴대용 LED 조명의 대략적인 프로토타입을 개발했다. 그해 봄, 팀은 전기가 들어오지 않는 마을에 직접 찾아가 이 장치를 소개하기 위해 미얀마로 향했다. 마을 주민들은 수입의 최대 40%를 등유에 소비한다고 말했다. 작은 태양광 패널을 집에 설치해서 밤에 빛을 공급하고 낮에 충전할 수 있는 조잡한 프로토타입을 보여주자 마을 사람들은 감탄했고, 한 여성은 실제로 울음을 터뜨렸다. 이 팀의 여행에 대한 한 이야기에 따르면, 한 마을에서는 현지 경찰이 프로토타입을 압수했다고 한다. 그들도 밤에 조명이 필요했기 때문이다.

설계 및 배포

창업 디자인 과정을 마친 팀원들은 여름 동안 각자 다른 방향으로 향했다. 가을이 되어 다시 모인 이들은 사업 구상을 계속 진행하기로 결심했다. 열악한 농촌 지역에서 태양광을 이용해 휴대용 조명을 충전한다는 아이디어는 새로운 것이 아니었다. 사실 여러 번 시도된 적이 있었다. Goldman과 그의 팀이 판단한 문제는 설계와 배포의 조합이었다. 이전 모델의 경우 전기를 사용하지 못하는 사람들에게 NGO와 정부가 상당히 비싼 조명을 '공급'했지만 다 쓰거나 고장 나면 교체할 여유가 없었고, 또는 상업적 기업이 중국에서 매우 저렴하게 조명을 구입해서 아프리카와 다른 곳으로 수출했지만 매우 저조한 성과를 거두었다. Goldman은 이 두 가지 모델 중 어느 것도 지속 가능하지 않다는 것을 분명히 알았다.

그래서 Goldman과 그의 팀은 전 세계 수백만 명의 삶을 바꿀 수 있다는 가능성에 이끌려 재능 있는 엔지니어와 유통 전문가를 모집했고, 이들은 거의 무료로 이 프로젝트에 참여했다. 목표는 시골 마을 주민들에게 꼭 필요한, 더도 말고 덜도 말고 태양광으로 작동하는 휴대용 LED 조명을 만드는 것이었다. 또한 마을 주민들이 감당할 수 있을 만큼 저렴하면서도 d.light가 수익을 낼 수 있을 만큼 충분한 마진을 남길 수 있는 방식으로 생산하는 것이다. d.light는 초기에 영리기업이 되기로 결정했다. 회사의 목표는 10만 명이나 100만 명에게 영향을 미치는 것이 아니라, 더 많은 사람들에게 영향을 미치는 것이었다. Goldman과 그의 팀은 자신들의 원대한 포부를 이루기 위해서는 현금과 추가적인 R&D 노력이 필요하며, 이를 위해서는 민간 부문의 투자 자본이 필요하다는 것을 알고 있었다.

2007년 여름부터 2008년 초까지 기간 동안 Goldman과 그의 공동 창업자들은 프로토타입에 대한 피드백을 얻기 위해 계속해서 외딴 지역으로 여행을 떠났다. 크리스마스 휴가 동안 Goldman은 가족을 만나러 고향에 가는 대신 미얀마 한가운데서 연구를 진행했다. 팀은 2008년 초에 일부 인원을 감축했다. Goldman, Tozun, Wu는 계속해서 d.light를 운영하며 인도, 중국, 탄자니아에 첫 번째 해외 지사를 열었다.

Mark Boulton/NHPA/Photoshot/Newscom

d.light 태양광 랜턴

사업 계획 경진대회 및 투자자 프레젠테이션

Goldman이 d.light에 대해 이야기할 때 강조하는 한 가지는 회사의 사업 계획이 회사를 구체화하고 투자 자본을 모으는 데 중요한 역할을 했다는 것이다. 초기에 d.light는 여러 사업 계획 경진대회에 참가했다. 2007년 봄에는 캘리포니아대학교 버클리캠퍼스의 소셜벤처 경진대회에서 2위를 차지했고 스탠퍼드대학교의 소셜 E-챌린지에서 1등을 수상했다. 2007년 5월, 팀이 25만 달러의 상금을 거머쥐면서 큰 돌파구가 열렸다. 권위 있는 Draper Fisher Jurvetson 벤처 챌린지 대회에서 우승한 것이다. 이 상금은 2007년 여름과 가을에 완료한 대부분의 작업을 위한 시드 자금이 되었다.

특히 흥미로운 점은 d.light가 사업 계획 경진대회와 투자자 프레젠테이션에서 그토록 성공할 수 있었던 이유에 대한 Goldman의 성찰이다. 이러한 성찰은 벤처를 설계하고 성공적으로 출시하는 방법을 고민하는 기업가에게 유익하다. 다음 쪽의 표에서 볼 수 있듯이 특히 사업 계획 경진대회에서 d.light의 성공은 다음과 같은 여섯 가지 이유가 있다. 표에 나타난 특성을 종합해보면, d.light는 매력적인 아이디어, 강력한 경영진, 큰 시장 규모, 강력한 제품 집중, 일관되고 단호하며 미래에 대한 매우 훌륭한 비전을 가진 조직이다.

오늘날의 d.light

오늘날 d.light는 창립자들이 상상했던 영향력을 발휘하고 있다. 2020

d.light가 사업 계획서 경진대회에서 성공할 수 있었던 여섯 가지 주요 이유

스토리를 이야기하고 사진을 보여줌	많은 팀이 파워포인트 슬라이드와 글머리 기호로 인상적인 사업 계획서를 제출하는 반면, d.light는 스토리를 전달하고 사진을 보여주는 데 중점을 두었다. 이 회사의 설립자들은 시골 마을 사람들이 이 기기를 사용하는 사진을 보여주며 그들의 사용 후기를 공유했다. Goldman은 한 인터뷰에서 심사위원이나 투자자들이 하루 동안 수많은 계획이나 프레젠테이션을 듣더라도 d.light의 프레젠테이션을 기억할 것이라 확신했다고 말했다.
올인	창립자들은 d.light에 전념했다. 회사의 일자리를 버리고 전적으로 d.light에 집중했다. '말하기'와 함께 '걷기'도 했다. 기기를 테스트하기 위해 외딴 마을로 여행할 계획이라고 말하지 않고 그냥 나가서 실행에 옮겼다. 일부 여행은 사업 계획 발표 전에 이루어졌다.
올바른 팀	d.light는 비즈니스와 엔지니어링 전문 지식이 균형을 이룬 강력한 팀을 구성했다. 이 팀은 글로벌 이니셔티브를 시작하는 데 매우 적합했다. Goldman은 인생의 대부분을 인도와 파키스탄 등 해외에서 살았었다. 다른 팀원들은 기기에 대해 이야기하기 위해 외딴 마을을 방문하는 데 아무런 주저함이 없음을 보여주었다.
큰 시장	d.light는 투자자들이 좋아하는 큰 시장에 도전했다. 팀은 재무가 원활하게 이루어지도록 사업을 확장하고 수백만 대를 판매해야 할 것이다. 도전 과제는 컸지만 잠재적인 보상도 컸다.
제품 집중	회사는 Nova라고 불리는 최초의 태양열 휴대용 LED 조명을 결정하기 전에 장치를 여러 번 반복했다. Nova는 미국 달러로 약 25달러에 판매했다. 초기 피드백에 따르면 가격이 여전히 너무 높다는 의견이 많았기 때문에 더 많은 반복이 이루어졌다.
강한 비전	d.light는 사회적기업이지만 부끄러워하지 않고 영리 벤처기업으로 자신을 드러냈다. 팀은 민간 부문의 자본을 통해서만 규모를 확장할 수 있다고 단호하게 생각했다. d.light는 또한 긍정적인 영향을 미친 가족의 수를 기준으로 성공 여부를 측정했다. 이러한 목적 의식과 비전은 조직 전체에 스며들었다.

년까지 최소 1억 명의 삶에 영향을 미치는 것이 목표이다. 이 회사는 3년 일찍 목표를 달성할 수 있을 것이라고 말한다. d.light의 사회적 영향력 대시보드의 수치를 보여주는 오른쪽의 표는 회사 웹사이트에 게시된다. 이 수치는 이전에는 안정적인 전기와 빛을 사용할 수 없었던 사람들이 d.light 태양광 랜턴을 통해 빛을 사용할 수 있게 된 영향력을 반영한다. 특히 태양광 조명을 통한 삶의 역량 강화, 취학 연령에 도달한 아동의 수, 에너지 관련 비용 절감 측면에서 놀라운 수치를 보여준다. 이 수치는 잘 운영하는 사회적기업이 창출할 수 있는 이익을 반영한다.

d.light는 62개국 이상에서 다양한 채널을 통해 제품을 판매하고 있다. 성공적인 전략 중 하나는 '시골 기업가'를 고용하는 것이다. d.light는 현지의 관습, 사람, 언어를 잘 아는 원주민을 고용해 커미션 방식으로 제품을 판매하는 것을 선호한다. 또한 같은 목표를 달성하기 위해 태양광 랜턴을 생산하는 NGO, 소액 금융 기관, 사회적기업 스타트업과 파트너십을 맺고 있다. 2013년, d.light는 프랑스 석유 및 가스 회사인 Total과 주요 파트너십을 체결하고 아프리카 전역에 '에너지 접근성 프로그램'의 일환으로 d.light의 제품을 판매하고 있다. Total과의 파트너십과 전 세계에 걸친 이니셔티브의 결과로 d.light는 현재 50만 개 이상의 태양광 랜턴을 매달 생산하고 있다. 설립 초기 몇 년 동안 d.light의 생산량은 한 달에 2~3만 개 정도에 불과했다. d.light는 투자 자본과 수익으로 운영과 성장에 필요한 자금을 조달하고, 제품도 지속적으로 업데이트하고 있다. 예를 들어, 스마트폰이 개발도상국의 많은 소상공인과 다른 사람들의 생명줄이라는 사실을 알고 스마트폰 충전기를 내장한 최신 디자인을 선보였다.

d.light의 사회적 영향력 대시보드

수	항목
7,500만 명	삶의 역량 강화
2,000만 개	학령기 아동에게 도달한 태양광 조명
59억 달러	에너지 관련 비용 절감액
410억 시간	일하고 공부하기 위한 생산적인 시간 창출
2,600만	탄소톤, 오프셋
148GWH	재생 에너지원으로 생산한 전력량

앞으로의 전망

성장을 거듭하면서 d.light는 기회와 도전에 직면하고 있다. 기회 측면에서는 전기가 공급되지 않는 사람들에게 안정적인 광원을 공급하는 문제를 해결하려는 노력이 그 어느 때보다 크다. 놀랍게도 UN 보고서에 따르면, 전 세계적으로 안정적인 전기를 공급받지 못하는 사람들의 수는 d.light를 시작했을 때보다 오늘날 더 많은 것으로 나타났다. 현재 하고 있는 일을 계속하고 영향력을 확대할 수 있는 방법을 찾아야 한다는 책임감은 가장 큰 기회이다. d.light는 처음 시작했던 단일 태양광 랜턴 대신 다양한 태양광 제품군을 보유하고 있다. 제품에는 단일 기능의 태양광 랜턴(처음 시작했을 때와 비슷함), 낮에는 스마트폰 충전기로, 밤에는 랜턴으로 역할을 하는 다기능 랜턴, 가정이나 가족을 위한 개인용 전력망 역할을 하는 태양광 홈 시스템이 있다. 이 시스템에는 태양열 패널, 모바일 충전 배터리 팩, 태양열 조명 2개, 조명 스위치 2개, 휴대용 랜턴으로 구성되어 있다. d.light는 계속해서 새로운 제품을 혁신하고 추가할 예정이다.

태양광 랜턴을 보급하는 것이 안정적인 전기를 공급받지 못하는 사람들에게 전력을 공급할 수 있는 최선의 방법이라는 데 모두가 동의하는 것은 아니다. 예를 들어, 세계 최대의 민간 석탄 회사 중 하나인 Peabody Energy는 Advanced Energy for Life 캠페인을 통해 아프리카에 석탄 화력 발전 전력망을 구축하는 것이 전기가 없는 사람들의 필요를 충족시키는 해결책이라고 주장한다. 이러한 접근 방식을 막는 것은 비용이다. 다른 쪽에서는 d.light와 같은 회사가 하는 일은 훌륭하지만 부분적인 해결책만 제공한다고 주장한다. d.light는 두 가지 주장에 모두 반박하며, 서비스를 제공자는 태양 에너지와 전통적인 대안 중 하나를 선택할 수 없다는 점을 강조한다. 그들이 선택할 수 있는 것은 태양 에너지와 등유 랜턴 중 하나이며, 전자가 훨씬 더 안전하고 깨끗하며 비용 효율적이다.

또 다른 과제는 영리기업으로서의 지위를 지키는 것이다. 일부 관찰자는 d.light와 같은 회사가 비영리 단체가 되어 랜턴을 무료로 나눠줘야 한다고 생각한다. 이러한 주장에 대해 d.light는 안정적인 조명의 전 세계적 부족 문제를 효과적으로 해결할 수 있는 유일한 방법은 민간 부문을 통해 비즈니스 활동을 촉진하는 것이라고 반박한다. 케냐의 한 기업가가 인근 NGO에서 태양광 랜턴을 무료로 나눠주는데 어떻게 태양광 랜턴을 팔아 생계를 유지할 수 있겠느냐는 것이 이 회사의 주장이다.

d.light의 노력은 수백만 명의 삶에 분명한 변화를 가져왔다. 이 회사는 그 업적을 인정받아 수많은 상을 수상했다. 특히 대영박물관의 '100대 유물로 보는 세계사'에 등재된 것은 매우 의미 있는 일이다. d.light의 기본 랜턴인 S250은 컬렉션에서 100번째 유물이다.

토의 문제

1. 안정적인 전기를 공급받지 못하는 사람들에게 빛을 제공하는 문제가 GE(General Electric)나 Philips 같은 대형 조명 회사에서 의미 있는 방식으로 해결되지 않는 이유는 무엇일까?
2. 안정적인 전기를 공급받지 못하는 전 세계 수십억 명의 사람에게 빛을 공급하는 문제를 해결하는 데 도움이 될 Sam Goldman과 그의 팀은 어떤 자질을 갖추고 있는가?
3. Sam Goldman이 직접 나서서 d.light의 사업 계획서의 중요성에 대해 이야기하는 이유는 무엇인가? 꼼꼼하게 작성한 사업 계획서가 d.light의 출시에 어떤 면에서 도움이 되었다고 생각하는가?
4. 만약 여러분이 d.light의 창립자 중 한 명이라면 어떤 마케팅 전략을 세울 것인가? 전 세계 외딴 지역에 있는 사람들에게 제품과 제품 구매에 따른 혜택에 대해 어떻게 교육하겠는가?

출처: d.light Homepage, www.dlightdesign.com (accessed February 21, 2017); M. Lavelle, "D.light Attacks a Big Energy Problem with Small Solar," *Daily Climate*, April 21, 2015; J. Wiener, "d.light's Lofty Goals Meet Practical Challenges in India," *Stanford Business Magazine*, May 24, 2010; S. Sethuraman and S. Goldman, "Lighting the Way to Economic Development," *Social Innovation Conversations Podcast*, available at https://ssir.org/podcasts/entry/sam_goldman_-_lighting_the_way_to_economic_development (posted October 26, 2009, accessed February 21, 2017).

에세이 문제

1. 항상 양지머리 요리를 즐겨 해왔기 때문에 이제 중간 크기의 고향에 레스토랑을 열고 싶다고 가정해보자. 가족과 이 일에 대해 논의할 때 당신은 가족들이 종자돈을 제공한다면 작은 식당을 짓기 위해 토지를 구입하겠다고 말한다. 가족들은 창업에 대한 열망은 지지하지만, 사업 계획은 잠재적인 직원과 투자자, 기타 이해 관계자에게도 중요한 통찰력을 제공하기 때문에 사업 계획서를 작성하는 것이 훨씬 더 편할 것이라고 말한다. 잘 작성한 사업 계획서가 가족 구성원 중 일부가 파악한 당사자 및 이해관계자에게 제공할 수 있는 이점을 설명하는 문단을 한두 개 작성하라.
2. Go-Jek은 You Be the VC 6.2의 주인공이다. 이 특집을 다시 읽은 후, 이 회사가 사업을 지속하기 위해 알아야 할 택시 업계의 동향에 대해 토론하라. 오늘날의 트렌드와 미래에 존재할 것으로 예상되는 트렌드를 고려할 때, 현재 이 회사의 목표 시장은 무엇이고 미래의 목표 시장은 무엇일까? 한두 문단으로 기술하고 당신의 분석 결과를 제시하라.

미주 Endnote

1. F. J. Greene and C. Hopp, "Are Formal Planners More Likely to Achieve New Venture Viability? A Counterfactual Model and Analysis," *Strategic Entrepreneurship Journal* 11, no. 1 (2017): 36–60.
2. INQUIRER.NET, "Only a Few Entrepreneurs Have Formal Business Plans"—Wells Fargo/Gallup Survey, May 5, 2015.
3. The Hartford *Small Business Success Study*, 2011, available at https://newsroom.thehartford.com, (accessed March 1, 2014).
4. INQUIRER.NET, "Only a Few Entrepreneurs Have Formal Business Plans"—Wells Fargo/Gallup Survey, May 5,

2015.

5. M. Hayward, A. Caldwell, J. Steen, D. Gow, and P. Liesch, "Entrepreneurs" Capital Budgeting Orientations and Innovation Outputs: Evidence from Australian Biotechnology Firms," *Long Range Planning* 50, no. 2 (2017): 121–133; J. Barraket, C. Furneaux, S. Barth, and C. Mason, "Understanding Legitimacy Formation in Multi-Goal Firms: An Examination of Business Planning Practices among Social Enterprises," *Journal of Small Business Management* 54, Issue S1 (2016): 77–89.
6. "Meet Lindsey Wieber and Gwen Whiting," Ladies Who Launch, available at https://www.ladieswholaunch.com/magazine/lindsey-wieber-and-gwen-whiting/ (posted January 16, 2007, accessed February 19, 2017).
7. T. Hogan, E. Hutson, and P. Drnevich, "Drivers of External Equity Funding in Small High-Tech Ventures," *Journal of Small Business Management* 55, no. 2 (2017): 236–253; C. Y. Murnieks, M. S. Cardon, R. Sudek, T. D. White, and W. T. Brooks, "Drawn to the Fire: The Role of Passion, Tenacity and Inspirational Leadership in Angel Investing," *Journal of Business Venturing* 31, no. 4 (2016): 468–484.
8. R. Hofstetter. *Cooking Up Business* (New York: Penguin Group, 2013).
9. D. A. Lerner, "Behavioral Disinhibition and Nascent Venturing: Relevance and Initial Effects on Potential Resource Providers," *Journal of Business Venturing* 31, no. 2 (2016): 234–252.
10. A. Cremades. *The Art of Startup Fundraising* (Hoboken, NJ: Wiley, 2016).
11. A. Wadhwa, C. Phelps, and S. Kotha, "Corporate Venture Capital Portfolios and Firm Innovation," *Journal of Business Venturing* 31, no. 1 (2016): 95–112.
12. S. Latham and S. F. Tello, "Examining Entrepreneurs' Presentation Effectiveness in Generating Stakeholder Interest: Observations from the Medical Device Industry," *Journal of Small Business Management* 54, no. 1 (2016): 85–101; G. Sutton, *Writing Winning Business Plans: How to Prepare a Business Plan That Investors Will Want to Read—and Invest In* (Scottsdale, AZ: BZK Press LLC, 2012).
13. W. Drover, M. S. Wood, and G. T. Payne, "The Effects of Perceived Control on Venture Capitalist Investment Decisions: A Configurational Perspective," *Entrepreneurship Theory and Practice* 38, no. 4 (2014): 833–861.
14. T. Gegenhuber and L. Dobusch, "Making an Impression through Openness: How Open Strategy-Making Practices Change in the Evolution of New Ventures," *Long Range Planning* 50, no. 3 (2017): 337–354.
15. P. M. Getty, *The 12 Magic Slides* (New York: APress, 2014).
16. Personal conversation with Michael Heller, January 20, 2002.
17. E. Mollick and A. Robb, "Democratizing Innovation and Capital Access: The Role of Crowdfunding," *California Management Review* 58, no. 2 (2016): 72–87; L. Essig, "Ownership, Failure, and Experience: Goals and Evaluation Metrics of University-Based Arts Venture Incubators," *Entrepreneurship Research Journal* 4, no. 1 (2014): 117–135.
18. B. Feld, "Should You Hire Someone to Write Your Business Plan?" Ask the VC, https://www.askthevc.com/wp/archives/2007/02/should-you-hire-someone-to-write-your-business-plan.html (accessed February 27, 2014).
19. F. Cosenz, "Supporting Start-Up Business Model Design through Dynamics Modelling," *Management Decision* 55, no. 1 (2017): 57–80; S. Blank, "Why the Lean Start-up Changes Everything," *Harvard Business Review* 91, no. 5 (2013): 110–112.
20. H. Lofsten, "Business and Innovation Resources: Determinants of New Technology-Based Firms," *Management Decision* 54, no. 1 (2016): 85–106; G. Clydesdale, *Entrepreneurial Opportunity* (New York: Routledge, 2010).
21. M. J. Bliemel, "Getting Entrepreneurship Education Out of the Classroom and Into Students' Heads," *Entrepreneurship Research Journal* 4, no. 2 (2014): 237–260.
22. U.S. Small Business Administration, "Executive Summary," www.sba.gov (accessed February 24, 2017).
23. M. Jenkin, "Small Business Tips: How to Write a Business Plan Executive Summary," *The Guardian*, www.theguardian.com, February 22, 2014.
24. L. J. Zane and W. Kline, "Competitive Moves: The Influence of Industry Context and Individual Cognitive Factors," *Entrepreneurship Research Journal* 7, no. 1 (2017): 4–19.
25. LuminAid Homepage, www.luminaid.com, (accessed February 19, 2017).
26. C. S. Cycyota, C. J. Ferrante, and J. M. Schroeder, "Corporate Social Responsibility and Employee Volunteerism: What Do the Best Companies Do? *Business Horizons* 59, no. 3 (2016): 321–329; T. Malhotra and P. D. Berger, "Marketing Strategy and Innovation at Michelin," *British Journal of Marketing Studies* 4, no. 5 (2016): 63–73.
27. L. Huang and A. P. Knight, "Resources and Relationships in Entrepreneurship: An Exchange Theory of the Development and Effects of the Entrepreneur-Investor Relationship," *Academy of Management Review* 42, no. 2 (2017): 80–102; J. M. Pollack, S. Barr, and S. Hanson, "New Venture Creation as Establishing Stakeholder Relationships: A Trust-Based Perspective," *Journal of Business Venturing* 7, no. 3 (2017): 15–20.
28. J. Golfman, "Board of Directors vs. Advisory Board," *Entrepreneur.com*, available at https://www.entrepreneur.com/article/273977 (accessed April 13, 2016).
29. K. Martin, "Never Meet an Investor Without Doing This First," *Fortune.com*, available at https://fortune.com/2016/02/07/entrepreneur-meeting-investor-tips/ (accessed February 7, 2016).
30. D. A. Lerner, "Behavioral Disinhibition and Nascent Venturing: Relevance and Initial Effects on Potential Resource Providers," *Journal of Business Venturing* 31, no. 2 (2016): 234–252.
31. R. Adams, *A Good Hard Kick in the Ass* (New York: Crown Books, 2002), 150.

PART 3 아이디어에서 창업기업으로 전환하기

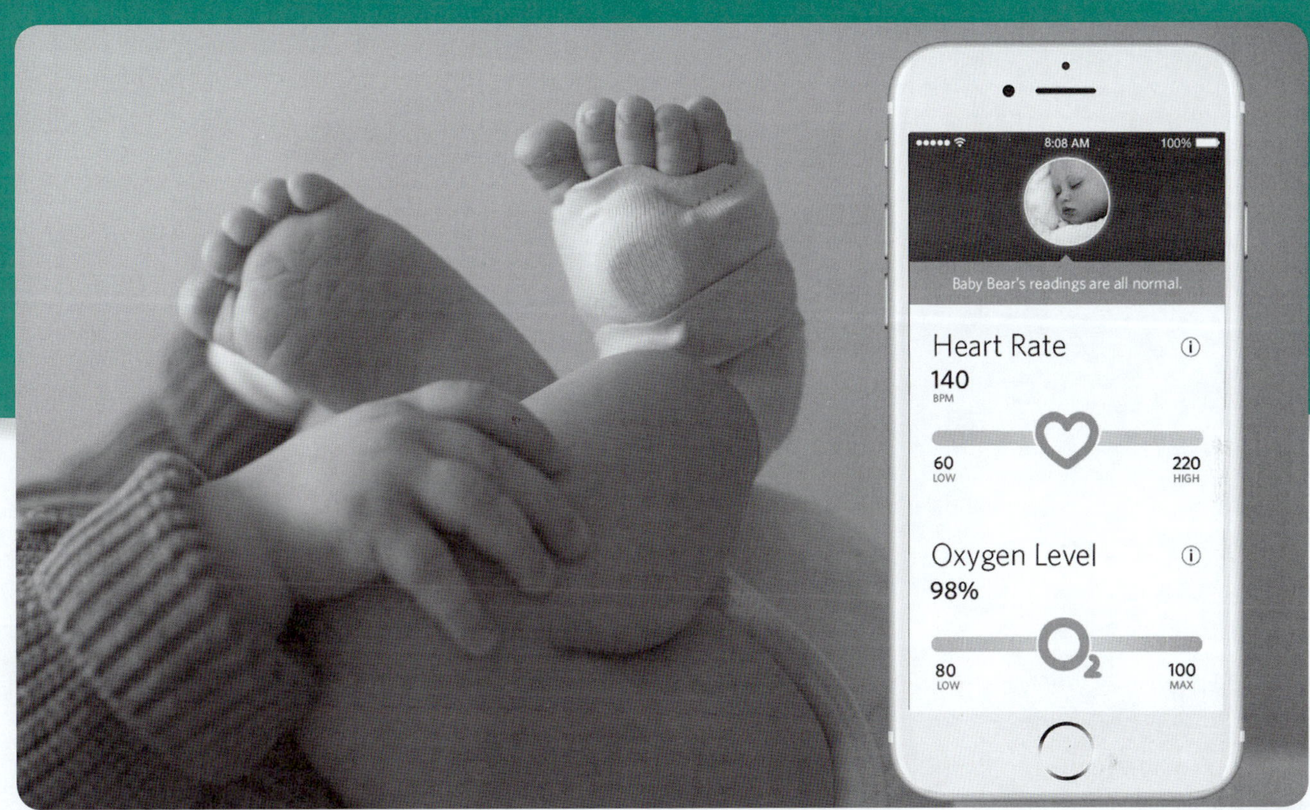

Owlet Baby Care, Inc.

BILLY GOAT ICE CREAM과 친해지기

Billy Goat Ice Cream Co./Photo Credit: RaShaun Robinson

공동창업자

RaShaun Robinson

2015년 오클라호마주립대학교 스피어스 비즈니스스쿨 기업가정신 석사

Caleb Neil

2015년 오클라호마주립대학교 스피어스 비즈니스스쿨 기업가정신 석사

RaShaun Robinson과의 대화

일하지 않을 때 하는 것

〈하우스 오브 카드〉 시리즈 몰아 보기, 골프, 친구들과 어울리기

기업가로서 가장 큰 고민

미래를 충분히 멀리 내다보지 않아 함정과 위험 요인을 피할 수 없을까 봐 걱정된다.

신규 창업자를 위한 조언

새로운 벤처를 시작하기 전에 타당성 분석을 수행하라.

기업가로서 가장 놀랐던 때

원하는 것이 원하는 만큼 빨리 일어나지 않는다는 것

내가 들은 최고의 조언

좋아하는 일을 하면 인생에서 하루도 일한 것 같지 않을 것이다.

학생으로서 가장 좋은 점

학교의 안전망 덕분에 실패를 해도 괜찮다는 것

CHAPTER 7

적절한 윤리적·법적 기반 마련

BILLY GOAT ICE CREAM

견고한 법적 기반 위에서 출발하기

• Web: www.bgicecream.com • Facebook: www.facebook.com/billygoaticecream • Twitter: @BGIceCreamCo

당신은 미국인의 33%가 앓고 있다는 유당불내증 환자이기 때문에 아이스크림을 먹지 못할 가능성이 높다. 대부분의 아이스크림은 소젖으로 만드는데, 이는 유당불내증 환자가 섭취할 수 없다. 그러나 RaShaun Robinson과 Caleb Neil 두 명의 오클라호마주립대학교 기업가정신 전공 학생이 개발한 새로운 아이스크림 제조 방법 덕분에 유당불내증 환자들이 다시 아이스크림을 즐길 수 있게 되었다. Robinson과 Neil이 시작한 Billy Goat Ice Cream은 소젖 대신 산양유로 아이스크림을 만든다. 산양유는 맛이 좋고 영양가가 높을 뿐 아니라 유당불내증 환자도 섭취할 수 있다.

랭스턴대학교에서 공부 중이던 Robinson은 2012년에 기업가정신 수업을 듣게 되었다. 이 수업에서 학생들은 오클라호마주의 농업을 발전시킬 수 있는 사업 아이디어를 구상하는 도전을 받았다. Robinson은 랭스턴대학교 내에 위치한 미국염소연구소를 잘 알고 있었고, 산양유 아이스크림 아이디어를 생각해냈다. 그는 이 아이디어를 기반으로 사업 계획서를 작성하고 대학 경진대회에 출전해 1위를 차지했다. 그리고 이 비즈니스를 'Billy Goat Ice Cream'이라고 이름 지었다. 친구들이 Billy Goat는 숫염소라며 농담을 했지만(산양유는 암염소가 생산하므로), Robinson은 이 비즈니스가 독창적이고 특별하게 되기를 바란다며 그 이름을 유지했다.

랭스턴대학교를 졸업한 후, Robinson은 오클라호마주립대학교의 기업가정신 석사과정에 입학했다. 첫 학기에는 Pitch & Poster 경진대회에 참가할 것을 권유받았다. 그는 같이 강의를 듣는 친구 Caleb Neil에게 함께 참가를 제안했고, 그들은 Billy Goat Ice Cream을 주제로 한 신청서를 제출했다. 그동안 Billy Goat Ice Cream은 단지 개념에 불과했다. 이를 실제로 만들기 위해 Robinson과 Neil은 Robinson의 아파트에서 산양유 아이스크림 한 파인트를 만들었다. 그들은 다양한 레시피를 실험한 후 만족스러운 레시피를 결정했다. 경진대회에서 샘플을 나눠주었고, 결국 1위를 차지했다. 대회 결과와 만장일치로 받은 긍정적인 피드백을 받아들여, Billy Goat Ice Cream을 실제 비즈니스로 생각하게 되었다.

Robinson과 Neil은 오클라호마주립대학교에 위치한 학생 신규 비즈니스 인큐베이터인 학생 스타트업 센트럴에 지원해 선발되었다. 그들은 몇 달간 아이디어를 구체화하기 위해 노력했다. 결국 두 사람은 파트너가 되어 Billy Goat Ice Cream을 법적인 비즈니스로 만들기로 결정했다. 법적인 측면에서 좋은 출발을 하기 위해 오클라호마주립대가 위치한 스틸워터에서 비즈니스 창업을 전문으로 하는 변호사와 접촉해 도움을 받았다. 변호사는 창업자 계약서를 작성하고 Billy Goat Ice Cream을 유한책임회사로 등록하는 것을 도왔다. 그 후 Billy Goat Ice Cream이 첫 투자자를 유치했을 때 변호사는 모든 관련 당사자 간의 관계를 정의하는 운영 계약서를 작성하는 데 도움을 주었다. Robinson과 Neil의 변호사는 법률 서비스를 제공하는 동시에 지불 조건을 유리하게 조율하는 데 도움을 주었다. 그

학습목표

1. 창업자가 창업벤처에서 강력한 윤리 문화를 정립하기 위해 취할 수 있는 조치를 논의할 수 있다.
2. 새로운 기업이 법적 문제를 효과적으로 처리하기 위해 취할 수 있는 조치를 설명할 수 있다.
3. 사업 시작 전에 스타트업이 얻어야 하는 비즈니스 라이선스 및 허가의 개요를 제공할 수 있다.
4. 새로운 기업이 이용 가능한 다양한 조직 형태를 파악하고 설명할 수 있다.

는 Billy Goat Ice Cream이 창업 단계이며 그래서 현금이 부족하다는 것을 알고 있었다. Robinson과 Neil은 변호사가 지불 조건에 유연하게 대처했음을 언급하며 그가 Billy Goat Ice Cream에 큰 도움이 되었다고 언급하고 있다.

2014년 여름, Robinson과 Neil은 Billy Goat Ice Cream을 스틸워터 서부에 위치한 메리디언 기술 인큐베이터(Meridian Technology Incubator)로 이전했다. 이때 두 사람은 두 가지 큰 기회를 얻었다. 첫 번째는 REI의 오클라호마 지역 발전 보조금이다. 이들은 오클라호마주의 염소 농부를 산양유 공급원으로 사용할 계획이었기 때문에, REI가 오클라호마의 주민과 기업가를 대상으로 경제 기회를 확장하는 데 중점을 둔 기관으로서 회사의 성공과 이해관계가 있었다. REI는 유연한 재정 지원과 개발 서비스를 제공해 Billy Goat Ice Cream을 돕고, 장비를 구매하고 상업용 주방을 설치할 수 있게 했다. 두 번째는 오클라호마시티의 광고 회사인 Jordan & Associates의 대표 Rhonda Hooper를 만난 것이다. Hooper는 스틸워터에 위치한 오클라호마주립대학교 기업가정신학교 자문위원회에서 활동하고 있었다. Hooper는 두 사람이 하는 일에 관심을 가졌고, Jordan & Associates는 Billy Goat Ice Cream과 파트너십을 맺어 브랜드, 프로모션, 웹 개발에 대한 전문 지식을 거래해 회사의 지분을 소량 얻었다. 만약 당신이 Billy Goat Ice Cream의 웹사이트(www.bgicecream.com)를 보게 된다면, Billy Goat의 멋진 로고와 웹 디자인은 Jordan & Associates의 작업물이다.

메리디언 기술 인큐베이터에 입주한 후, Billy Goat Ice Cream은 지역 사업체에 제품을 판매할 수 있도록 노력했다. 첫 번째 고객은 Hampton Inn이었다. 그들은 지방 상공회의소 행사에서 매니저를 만났다. 두 번째 고객은 Food Pyramid 식료품점이었다. Robinson과 Neil이 잘 해낸 일 중 하나는 자문위원회를 구성한 것이다. 그들은 자신들의 지식의 틈을 메꿀 수 있는 사람들을 선택했다. 자문위원회는 식품 엔지니어, 조리 예술 강사, 메리디언의 직원, REI의 대표, Food Pyramid 매장의 매니저와 회계사로 구성되었다. Food Pyramid 매니저와의 관계를 통해 그들은 첫 번째 식료품점에 입점하게 되었다.

Billy Goat Ice Cream은 식품 창업 시 일반적으로 겪는 여러 가지 법적 문제를 경험했다. 그들은 오클라호마의 모든 식품 회사에 필요한 모든 라이선스와 허가 요건을 준수하는 것을 배웠다. 회사 주방은 오클라호마 농업 식품 및 산림부가 정기적으로 점검하며 제품도 검사한다. 그들은 소송 발생 시 회사를 보호하기 위해 일반 책임 보험을 구매했다. 그들은 매년 회계사와 만나 필요한 경우 자주 상의한다. 최근에 변호사는 상표 변호사와 연락을 취해 도움을 구했다. 다른 도시의 레스토랑/주점으로부터 Billy Goat 이름 사용에 대한 중지 명령서를 받았기 때문이다. 상표 변호사는 소비자가 산양유 아이스크림과 레스토랑/주점을 혼동할 가능성은 낮다고 주장하며 회사를 지원했다.

Billy Goat Ice Cream은 견고한 법적 기반 위에서 나아가고 있다. 현재 100개 이상의 매장에서 판매하고 있으며, Whole Foods Market 일부 지점에서 판매하고 있다. 그리고 Walmart와 협약을 맺어 오클라호마와 미주리, 캔자스 일부 지역의 67개 매장에 진출할 예정이다. 만약 Walmart와 전국적인 계약을 맺을 수 있다면, 그들의 비즈니스는 완전히 새로운 차원으로 진보할 것이다.

이 장에서는 새로운 기업이 직면하는 가장 중요한 초기 윤리적·법적 문제, 즉 강력한 윤리적 조직 문화 확립, 변호사 선택, 창업자 합의서 작성, 소송 회피 등에 대해 논의한다. 그다음으로 사업을 운영하기 위해 필요한 적절한 라이선스와 허가를 획득하는 과정을 설명한다. 마지막으로 개인사업자, 파트너십, 법인, 유한책임회사와 같은 기업가가 이용할 수 있는 다양한 비즈니스 조직 형태에 대해 논의한다.

제12장에서는 특허, 상표, 저작권, 영업 비밀을 통한 지식재산권 보호에 대해 논의한다. 이는 창업가들이 경쟁 우위의 원천으로 물리적 재산보다는 지식재산에 더 의존하면서 증가하고 있는 법적 문제이다. 제15장은 프랜차이즈와 관련된 법적 문제에 대해 논의한다.

Billy Goat Ice Cream에 대한 개요에서 볼 수 있듯이, 신생기업은 창업 시 중요한 윤리적·법적 문제를 다루어야 한다. 회사가 성장함에 따라 법적 환경은 더 복잡해진다. 투자자가 참여하면 회사의 소유 구조를 재평가하는 것이 일반적이다. 또한 미국에서 상장하는 회사는 증권거래위원회(SEC)의 규정을 준수해야 한다. 물론 전 세계에서 설립한 기업은 해당 국가의 특정 규정을 준수해야 한다.

이 배경을 바탕으로, 다음 절에서는 신생기업 창업자가 직면하는 가장 중요한 윤리적·법적 문제 일부에 대해 논의한다.

회사의 강력한 윤리 문화 정립하기

학습목표 1

창업자가 창업벤처에서 강력한 윤리 문화를 정립하기 위해 취할 수 있는 조치를 논의할 수 있다.

창업벤처의 창립자가 할 수 있는 가장 중요한 일 중 하나는 회사에 강력한 윤리 문화를 정립하는 것이다. 비즈니스 윤리에 관한 자료는 고무적이기도 하고 비관적이기도 하다. 〈2016년 글로벌 비즈니스 윤리 조사(Global Business Ethics Survey, GBES)〉는 다국가적인 엄격한 조사로, 공공 및 민간 부문 조직의 직원 행동과 직장 윤리에 대한 통찰력을 제공한다. 2016년 GBES 조사에서는 네 가지 주요 지표가 조직의 윤리적 환경을 나타낸다는 결과가 나왔다.

- 조직 기준에 타협해야 하는 압력: 이 요소는 미래 직장 내 불법 행위의 중요한 경고 신호다.
- 관찰된 불성실 행위: 불성실한 행위는 조직 내 진실성의 가장 기본적인 지표다. 직원들이 조직의 핵심 가치를 따르고 실천하는 정도는 어떠한가?
- 관찰된 불성실 행위 보고: 직원들이 발견한 불성실 행위를 신고하는지 여부다.
- 불성실 행위 보고에 대한 보복 경험: 직원들이 불성실 행위를 보고한 경우, 침묵을 유지하지 않고 신고하는지 여부다. 징계나 부적절한 업무 배정, 폭력과 같은 보복을 당하는지 여부가 포함된다.[1]

표 7.1은 GBES 결과에 대한 요약을 제공한다.

이러한 백분율은 고무적이면서도 비관적이다. 22%의 직원이 조직 기준에 타협하도록 압박을 받는 반면, 78%는 그렇지 않다. 미국 직원 중 30%가 위반 행위를 관찰했다고 보고한 것은 놀랍다. 관찰 시 76%가 위반 행위를 보고하지만, 관찰한 위반 행위를 보고한 후 53%가 보복을 당하는 것은 또한 실망스럽다.

표 7.1 2016년 글로벌 비즈니스 윤리 조사 결과

기준	전 세계(조사 대상 국가 13개국 포함)	미국 한정
조직 기준에 타협해야 하는 압력	22%	22%
관찰된 불성실 행위	33%	30%
관찰된 불성실 행위 보고	59%	76%
불성실 행위 보고에 대한 보복 경험	36%	53%

참고: 백분율은 평균이 아닌 중앙값에 기반.
출처: *2016 Global Business Ethics Survey*, Ethics Research Center, United States of America, Ethics & Compliance Initiative, 2016.

미국에서 관찰된 위반 행위 중 가장 높은 세 가지는 다음과 같다. 첫째, 직원 간의 학대 또는 위협적인 행동, 둘째, 직원, 고객, 공급업체, 대중에게 거짓말하기, 셋째, 직원의 이익(또는 직원의 친구나 가족)이 조직의 이익보다 우선하는 결정이나 조치다.

이 설문조사에서 얻은 교훈은 윤리 문화를 정립하는 것이 당연시되어서는 안 된다는 것이다. 실제로 윤리 문화를 구축하는 것은 비즈니스 개발의 모든 단계에서 우선적으로 다루어야 한다. 이어서, 창업 초기 기업이 강력한 윤리 문화를 구축하기 위해 수행할 수 있는 세 가지 구체적인 단계를 설명한다.

예시 답변

모범을 보여주는 것이 누구든지 강력한 윤리 문화를 조성하는 데 있어 가장 중요한 일이다. 강력한 윤리 문화를 갖춘 조직에서는 창업자, 매니저, 슈퍼바이저가 다음과 같이 행동한다.

- 윤리를 우선시해서 소통한다.
- 모범적인 윤리적 행동을 보여준다.
- 약속을 지킨다.
- 일어나는 일에 대한 정보를 제공한다.
- 조직 표준을 따르는 것을 지원한다.

직원들도 책임이 있다. 조직 내 강력한 윤리 문화를 지원하기 위해 직원들이 할 수 있는 가장 중요한 것은 다음과 같다.

- 의사결정 시 윤리를 고려한다.
- 일을 수행하는 동안 윤리에 대해 이야기한다.
- 모범적인 윤리적 행동을 보여준다.
- 조직 표준을 따르는 것을 지원한다.

이러한 특징이 있는 회사에서는 더욱 강력한 윤리 문화가 형성된다. 이러한 사실은 창업에 관여한 모든 사람이 회사를 위해 강력한 윤리 문화를 개발하는 데 중요한 역할을 한다는 것을 보여준다.

윤리 강령 수립하기

윤리 강령(또는 윤리 규범)은 조직이 특정 윤리 및 사회 문제에 대한 가치를 표명하는 공식적인 성명서다.[2] 윤리 강령을 수립하는 것의 장점은 윤리적 행동을 기대하는 기업가, 관리자, 직원에게 구체적인 지침을 제공한다는 것이다. 이 분야에서 Facebook이 한 일을 살펴보자. Facebook은 웹사이트에 공식 윤리 강령을 게시하고 있으며 13개 항목으로 구성되어 있다. 각 항목에는 Facebook 직원뿐만 아니라 계열사 및 제3자가 Facebook을 대신해 수행하는 작업에도 해당 항목을 준수하며 행동하는 방법에 대한 상세한 정보가 포함되어 있다. Facebook의 윤리 강령 목록은 표 7.2에 나와 있다. Facebook의 윤리 강령과 각 항목에 대한 전체 설명은 https://investor.fb.com/corporate-governance/code-of-conduct/에서 확인할 수 있다.

표 7.2 Facebook의 윤리 강령 목록

1. 소개	8. 사용자 데이터 보호
2. 이해관계의 충돌	9. Facebook 자산 보호
3. 학대	10. 법규 준수
4. 의사결정	11. 위반 신고
5. 정보 공개	12. 보복 금지 정책
6. 재정 건정성 및 책임	13. 개정 및 면제
7. 기밀 정보	

출처: Facebook 웹사이트, https://investor.fb.com/corporate-governance/code-of-conduct/.

실제로 일부 윤리 강령은 Facebook과 같이 매우 구체적이다. 다른 윤리 강령은 제품 품질, 고객 및 직원에 대한 존중, 사회적 책임과 같은 문제에 대한 조직의 신념에 대해 보다 일반적인 원칙을 제시한다. 그러나 모든 경우에, 윤리 강령은 사람들이 기업의 윤리적 지향과 일치하는 방식의 행동에 영향을 받도록 의도하고 있다.

윤리 교육 프로그램 실행하기

기업은 또한 **윤리 교육 프로그램**을 활용해 윤리적 행동을 촉진한다. 윤리 교육 프로그램은 윤리적 딜레마를 다루고 전반적인 윤리적 행동을 개선하기 위해 비즈니스 윤리를 가르친다. **윤리적 딜레마**는 자신이나 조직에 이익이 되지만 비윤리적일 수 있는 상황을 말한다. 대부분의 직원은 경력 중 어느 시점에서든지 윤리적 딜레마에 직면하게 된다.

윤리 교육 프로그램은 외부 업체에서 제공할 수도 있고, 내부에서 개발할 수도 있다. 예를 들어, Global Learning Systems(GLS)는 모든 규모의 기업을 대상으로 윤리 교육 프로그램을 제공한다. 이는 직장 내 적대 행동 방지, 직장 내 성희롱 예방, HIPAA 준수 등과 같은 관련 주제에 대한 교육도 제공한다. GLS는 프로그램을 맞춤화할 수도 있고 기존의 프로그램을 활용할 수도 있다. 예를 들어, 기업용 윤리 교육 과정은 웹 기반으로 45분 정도 걸리는 강의다. 이 과정에서 근무자는 일상적인 윤리적 문제를 인식하고, 부적절한 행동을 하지 않고 자신과 직장에 해를 입히지 않는 방법을 배우게 된다. 마찬가지로, GLS의 직장 내 적대 행동 방지 과정은 직장 내에서 적대적인 행동이 무엇인지 이해하고, 불법적인 적대 행위가 발생했을 때 취해야 할 적절한 조치와 적대 행위가 개인과 조직 전체에 미치는 영향을 근로자에게 가르쳐준다. 이 과정은 실생활 예제와 가상 시나리오를 제공하며 참가자들이 직장 내에서 적대적인 행동을 인식하고 예방하는 방법을 배울 수 있게 도와준다. 불법적인 적대 행위 예방, 직장 내 성희롱 예방, 직장 내 괴롭힘 예방 등 관련 주제에 대한 특정 과정도 제공된다.[3]

강력한 윤리 문화를 유지하는 것과 함께 회사가 실수를 할 경우 "우리가 잘못했다"고 말할 준비가 되어 있는 것도 중요하다. 이는 공정하고 신뢰성 있는 방식으로 회사를 운영하는 데 중요한 부분이다. 다음에 나올 '영리한 창업기업'에서는 2010년에 고객 관계를 관리하는 데 도움을 주는 회사인 Zendesk가 겪은 공공 관계 위기에 초점을 맞춘다. Zendesk는 고객들이 목소리를 내서 반대한 가격 인상을 단행했다. 이 특집을 읽으면 알 수 있듯이, Zendesk의 창립자들은 경솔하게 행동했다고 느껴 고객에게 진심 어린 사과를 발표했다. 그 당시 Zendesk는 3년밖에 되지 않았으며 고객이 제기한 문제에 다르게 대응했다면 회사에 심각한 피해가 생겼을 것이다. Zendesk는 지금은 업계에서 가장 크고 성공한 회사 중 하나다.

법적 문제를 효과적으로 다루기

학습목표 2

새로운 기업이 법적 문제를 효과적으로 처리하기 위해 취할 수 있는 조치를 설명할 수 있다.

창업벤처를 이끄는 사람은 창업을 시작하고 적어도 처음 몇 달간은 운영하면서 많은 중요한 법적 문제를 마주할 것으로 예상된다. 이제부터는 이러한 문제들에 대해 논의한다.

기업을 위한 변호사 선택

새로운 기업을 개발할 때, 창업자가 가능한 빨리 변호사를 선정하는 것이 중요하다.[4] 이 장의 서두에서 논의한 Billy Goat Ice Cream 회사는 변호사 선택이 단단한 법적 기반을 마련하는 데 중요한 역할을 했다.

표 7.3은 변호사를 선택할 때 고려해야 할 지침을 제공한다. 변호사가 창업 문제에 익숙하며, 이전에 창업자들을 성공적으로 지도한 경험이 있어야 한다. 친구이거나 유언장을 준비해준 방식이 마음에 들어서 변호사를 선택하는 것은 현명하지 않다. 지식재산 보호와 관련된 문제에 대해서는 특허 변호사와 같이 이 분야에 전문화된 변호사를 사용하는 것이 필수적이다.[5]

변호사를 고용하는 것이 바람직하지만, 기업을 합법적으로 운영하는 데 필요한 문서 작성과 제출을 위해 변호사를 고용하는 것이 유일한 선택은 아니다. 대부분의 기업주는 예비 작업의 대부분을 스스로 할 수 있으며, 변호사의 조언과 지도를 받는다. 예산이 부족하고 법적 절차 일부를 스스로 처리할 수 있다고 느낄 경우(일반적으로 권장되지는 않지만 특정한 경우에는 해당할 수 있음) LegalZoom(www.legalzoom.com), RocketLawyer(www.rocketlawyer.com), Nolo(www.nolo.com)와 같은 온라인 회사가 필요한 문서와 제출을 도와줄 수 있다. 이 세 회사는 비즈니

표 7.3 변호사 선택 방법

1. 지역 변호사 협회에 연락해서 비즈니스 창업 전문 변호사 목록을 요청한다.
2. 여러 변호사와 면접을 보고, 추천서를 확인한다. 후보군 중에서 창업 과정을 안내한 이력이 있는 변호사에게 질문하고 그들의 고객과 대화해본다. 변호사가 과거 또는 현재 고객의 이름을 알려주길 꺼린다면, 다른 변호사를 선택한다.
3. 창업 과정에 익숙한 변호사를 선택한다. 변호사가 법률 기술자 이상인지 확인하라. 대부분의 기업가는 참을성 있고 창업 과정을 안내할 준비가 된 변호사가 필요하다.
4. 창업 자금 조달을 도울 수 있는 변호사를 선택한다. 이것은 대부분의 기업가에게 어려운 문제이며, 이 분야에서 도움을 받는 것은 매우 중요하다.
5. 변호사가 제때 일을 완료했던 경험이 있는지 확인한다. 기업 가동을 준비하고 있는데 변호사의 지연으로 인해 막혔다면 매우 좌절스러울 것이다.
6. 수임료에 관해 이야기한다. 변호사가 창업 과정에서 얼마나 비용이 발생할지에 대해 좋은 아이디어를 제공해주지 않으면 다른 변호사를 찾는다.
7. 직감을 믿으라. 비즈니스를 이해하고 기업 가동에 대한 꿈을 터놓고 이야기할 수 있는 변호사를 선택하라.
8. 창업 과정에 대해 가능한 한 많이 배우라. 문제가 있을 수 있는 부분이나 놓치기 쉬운 부분을 파악하는 데 도움이 될 것이다. 기억하라, 이것은 당신의 비즈니스 창업이며 변호사가 창업하는 게 아니다. 통제력을 유지하라.

영리한 창업기업

"우리가 잘못했다"고 말하기를 주저하지 말라

• Web: www.zendesk.com • Facebook: Zendesk • Twitter: @Zendesk

Zendesk는 고객 관계를 관리하는 데 도움이 되는 클라우드 기반 소프트웨어 제품인 Zendesk Support를 비롯한 여러 제품을 판매한다. 이 회사는 덴마크 코펜하겐의 한 로프트에서 Mikkel Svane, Alexander Aghassipour, Morten Primdahl이 설립했으며, 이후 샌프란시스코로 이전해서 빠르게 성장했다.

Zendesk를 설립한 지 3년 후인 2010년, 회사는 제품을 만드는 것에서 기업을 만드는 것으로 전환하면서 성장하고 있었다. 동시에 2010년 5월, 회사는 새로운 혁신적인 기능을 갖춘 주요 제품 업데이트를 준비하면서 일부 고객에게 가격을 인상하기로 결정했다. 이 가격 인상은 회사 운영에 더 많은 압력을 가하는 고객들이 더 많은 비용을 부담하고, 그렇지 않은 고객들은 더 저렴한 옵션을 선택해 덜 지불하게끔 설계되었다. 시기는 적절해 보였다. 가격 조정은 새로운 기능과 성능을 도입하는 동시에 이루어질 예정이었다.

그러나 가격 인상은 좋게 받아들여지지 않았다. 사실 많은 고객이 격분했고 그들의 분노를 드러내기를 주저하지 않았다. Zendesk 포럼에 불평이 쏟아졌으며, 분노한 전화가 쇄도했다. 경쟁업체들도 치열하게 비난했다. 주요 기술 출판물에는 Zendesk가 '배짱 행위' 전술을 사용했다는 비난도 있었다. Zendesk의 공동창업자이자 CEO인 Mikkel Svane은 회사 웹사이트에 메시지를 게시해 가격 인상에 대해 변명했지만 별 도움이 되지 않았다. 이젠 사실관계가 중요한 게 아니라 고객들이 분노하고 있는 것이 중요했다.

Zendesk는 회사의 공정성, 정직성, 투명성에 대해 자랑스러워했으며, 이것이 주요 고객 서비스 이슈였다. 일부 고객에게는 가격 인상이 합리적이었지만 많은 고객에게는 그렇지 않았다. Svane은 Zendesk가 고객들을 당연시해서 일을 망쳤다고 결론 내렸다. Svane은 Zendesk 웹사이트에 다른 톤으로 된 메시지를 게시했다. 다음은 Mikkel Svane과 Carlye Adler가 나중에 Zendesk에 대해 쓴 《Startupland》라는 책에 게재된 메시지의 일부다.

> 우리는 지난 2년 반 동안 고객을 최우선으로 여기고 고객의 요구를 충족하면서 회사를 운영해왔습니다. 우리가 기존 고객을 대상으로 Zendesk 가격 구조를 변경하기로 결정했을 때, 가능한 한 신중하고 투명하며 직관적으로 하려고 노력했습니다. 그러나 우리는 실패했습니다. 여러분이 실망한 것에 대해 사과드립니다.

Zendesk 웹사이트에 게시된 메시지에서는 가격 인상이 신규 고객에게만 적용되며, 모든 기존 고객은 기간 제한 없이 기존 가격으로 계속 이용할 수 있다고 밝혔다. Svane은 Zendesk가 고객들을 화나게 하지 않았기를 바란다며, 목소리를 내준 것에 대해 기쁘게 생각한다고 말했다. 그는 Zendesk가 항상 경청할 것이라고 말했다. 그리고 고객이 Zendesk가 존재하는 이유라는 것을 강조한 후, 그날 저녁에 뉴욕의 SoHo Park Café(맨해튼)에 가 있을 것이라며 메시지를 마무리했다. 그는 "나와 Zendesk 직원 몇 명이 함께 그곳에 있을 것이며, 여러분과 이 모든 것에 대해 이야기를 나눌 수 있었으면 좋겠다. 여러분을 만나길 기대한다"고 말했다.

Svane은 자신의 책에서 이 경험을 되돌아보며, 인간관계는 이성적인 것이 아니라 어떻게 느끼는지에 대한 것이라고 말했다. 이것은 시간을 내서 듣고 서로의 견해를 존중하는 것이다. 또한 Svane은 기존 고객을 대상으로 기존 제품의 가격을 인상해서는 안 된다는 것을 배웠다고 말했다. 이것은 고객의 관점에서 본 구독 서비스의 이점이다.

Zendesk는 이러한 문제를 인정하고 해결했다. 이제는 전 세계 150개국에서 8만 7,000명의 고객을 대상으로 서비스를 제공하고 있으며, 이들의 고객은 개인사업자부터 Dropbox와 Twitter와 같은 거대 테크 기업까지 다양하다.

비판적 사고를 위한 문제

1. 1~10점 척도(10점이 가장 높음)에서 Zendesk와 같은 기업의 투명성, 공정성, 정직성은 얼마나 중요한가? 고객이 이러한 자질이 미흡하다고 느낀다면 기업은 어떤 것을 잃게 될까?
2. 왜 Svane의 첫 번째 Zendesk 고객 메시지가 효과가 없었을까? 두 번째 메시지가 효과적이었던 이유는 무엇일까?
3. Zendesk는 결국 위기를 적절하게 다루었다고 생각하는가?
4. 창업기업은 Zendesk의 경험으로 무엇을 배울 수 있을까? 당신은 그 경험으로 무엇을 배웠는가?

출처: M. Svane and C. Adler. *Startupland*, San Francisco, CA: Jossey-Bass, 2015; Wikipedia, Zendesk, www.wikipedia.com (accessed February 22, 2017).

새로운 비즈니스를 설립할 때는 가능한 한 빨리 변호사를 선택하는 것이 중요하다. 이 사진에서는 창업 문제에 경험이 있는 변호사가 두 기업가와 함께 창업자 합의서의 중요성에 대해 논의하고 있다.

스 소유자를 위한 포괄적인 법률 서비스 메뉴를 제공하며, 무료로 또는 저렴한 수수료로 변호사에게 문의할 수 있는 기능도 제공한다. 법률 업무를 변호사에게 맡길 것인지, LegalZoom, RocketLawyer, Nolo와 같은 서비스를 이용할 것인지, 또는 혼합된 접근법을 사용할 것인지는 판단의 문제다. 혼합 접근법은 법률 조언을 얻기 위해 변호사를 고용하고, 문서를 작성하고 적절한 정부 기관에 제출하기 위해 온라인 서비스 중 하나를 이용하는 것을 포함한다.

창업자 합의서 초안 작성

2명 이상의 사람이 비즈니스를 시작하면 창업자(또는 주주) 합의서를 가지고 있어야 한다. **창업자 합의서**는 회사 창업자들 간의 지분 분할, 개별 창업자가 회사에 투자한 현금 또는 '노력'에 대한 보상 방법, 창업자가 자신의 지분을 완전히 획득하기 위해 회사에 머무르는 기간 등과 같은 문제들을 다루는 서면 문서다.[6]

일반적으로 창업자 합의서에 포함되는 항목은 표 7.4에 나와 있다.

대부분의 창업자 합의서에서 다루는 중요한 문제 중 하나는 창업자가 사망하거나 회사를 떠날 경우 그들의 지분을 어떻게 처리할 것인가다. 대부분의 창업자 합의서에는 이에 대한 **매입 조항**이 포함되어 있다. 이 매입 조항은 남아 있는 창업자가 관심 있을 경우 떠나는 창업자의 지분을 매입할 수 있도록 법적 의무를 부과한다.[7] 대개 이 합의서는 지불할 금액 계산에 대한 공식도 명시한다. 매입 조항이 있는 것은 최소한 두 가지 이유로 중요하다. 첫째, 창업자가 회사를 떠나면 남아 있는 창업자들은 대체 인물에게 제공할 지분이 필요할 수 있다. 둘째, 창업자가 불만으로 인해 떠날 경우 매입 조항은 남아 있는 창업자들에게 벤처기업의 긍정적인 미래를 전적으로 지지하는 사람들이 회사 지분을 유지하게 하는 메커니즘을 제공한다.

회사 주식에 대한 소유권을 단계적으로 부여하는 것은 대부분의 창업자 합의서에서 다루는 주제 중 하나다. 부여에 대한 개념은 기업을 시작할 때 창립자(들)에게 주식을 직접 '발행'하는 대신 일정 기간, 보통 3~4년간 차차 '얻게' 하는 것이다. 소유권 부여는 종종 직원에게 동기를 부여하고

표 7.4 창업자(또는 주주) 합의서에 포함되는 내용

- 예상 비즈니스의 성격
- 창업자의 신분 및 제안받은 직위
- 비즈니스 소유 형태의 법적 구성
- 주식 배분(또는 소유권 분할)
- 각 창업자가 지불한 대가(현금 또는 '노동 투자')에 대한 고려
- 창업자 중 어느 한 명이 비즈니스에 제공한 지식재산의 식별
- 창업자들이 어떻게 보상받고 비즈니스 이익이 어떻게 분배될지에 대한 기본적인 설명
- 비즈니스를 어떻게 운영할지와 누가 어떤 책임을 질지에 대한 설명
- 창업자가 직접 관련된 외부 비즈니스 활동에 대한 식별(예: 직접적으로 경쟁하는 외부 비즈니스에 창업자가 참여하면 안 된다)
- 분쟁 해결 조항(많은 창업자의 합의서에는 분쟁을 법원 대신 중재 또는 조정으로 해결할 것을 명시하는 조항이 포함된다)
- 창업자가 사망하거나, 주식을 판매하길 원하거나, 법원 명령에 따라 팔아야 할 때 처분 방법을 설명하는 매입 조항

계속 참여하게 만들며, 직원이 모든 주식을 한꺼번에 받았을 때 발생할 수 있는 여러 가지 문제를 해결할 수 있다. 소유권 부여 개념에 대한 더 자세한 내용은 다음에 나올 '성공을 위한 파트너십'에 나와 있다. 이 특집을 읽으면서, 보상의 일환으로 회사 소유권을 받는 사람들이 자신을 파트너로 생각할 수 있는 방법을 상상해보자.

법적 분쟁을 피하는 방법

대부분의 법적 분쟁은 오해, 부주의, 법에 대한 간단한 지식 부족으로 인해 발생한다. 법적 분쟁에 시간과 비용을 낭비하는 것은 피해야 할 일이다. 새로운 회사의 초창기에는 법적 분쟁을 피하기 위해 관행과 절차를 확립하는 것이 중요하다. 법적 문제가 경영 실수와 결합되면 새로운 기업에 매우 치명적일 수 있다.

Andrey_Popov/Shutterstock

오해와 피할 수 없는 법적 분쟁을 회피하는 가장 좋은 방법은 모든 것을 문서로 남겨놓는 것이다.

성공을 위한 파트너십

기업 주식 소유권 부여: 스타트업을 위한 합리적인 전략

주식의 소유권 부여(vesting)와 관련된 핵심 아이디어는 창업자에게 주식을 직접 발행하는 대신 보통 3~4년 동안 주식을 배분하면서 창업자나 공동창업자가 주식을 '얻어가는' 것이다. 이는 나중에 참여한 직원들도 마찬가지이다.

소유권 부여가 현명한 선택인 이유는 모든 사람이 창업 시 대체로 건강하고 같은 목표를 가지고 있지만 어떤 일이 생길지는 전혀 모르기 때문이다. 창업자 및 직원이 벤처기업과 관련된 일에 계속 참여할 수 있고, 퇴사한 직원의 주식 가격을 결정할 수 있는 방법이 필요하다. 만약 회사의 규칙에 '매입' 조항이 있고, 퇴사한 직원의 주식을 회수하려고 한다면 소유권 부여는 이러한 목표를 달성하기 위한 메커니즘을 제공한다. 일반적으로 소유권 부여 일정은 36~48개월이며, 12개월의 절벽 기간이 있다. 이는 회사에서 일해야 하는 최소 기간이며, 이 전에 퇴사하면 배정받은 모든 소유권을 잃게 된다. 따라서 48개월의 소유권 부여 일정을 가진 회사가 1,000주의 주식을 직원에게 제공하고 그 직원이 10개월 후에 퇴사한다면 해당 직원은 회사의 자산 소유권을 보유할 수 없다. 만약 직원이 28개월 후에 퇴사한다면 약 583주를 보유하게 된다. 주식은 특정 가격으로 직원에게 발행된다. 직원이 퇴사하고 회사가 그 사람의 주식을 회수할 권리가 있는 경우, 일반적으로 그 주식을 원래 발행 가격으로 회수할 수 있는 매입 조항이 있다.

소유권 부여와 직원 간의 협력은 세 가지 문제를 방지한다. 첫째, 직원에게 동기를 부여하고 계속 열심히 일하게 만든다. 이전 단락에서 언급한 예시에서 직원이 1,000주의 지분을 처음에 전부 받았다면, 그 직원은 언제든지 회사를 떠날 수 있고 그대로 모든 지분을 유지할 수 있을 것이다. 둘째, 직원이 떠날 때 얼마나 많은 지분을 가지고 나갈지에 대한 논란이 발생하지 않는다. 왜냐하면 이에 대한 답변이 소유권 부여 스케줄에 명시되어 있기 때문이다. 게다가 추후 주식 매입 조항이 있고 직원의 지분 가치를 결정하는 공식이 명시되어 있다면, 회사는 논쟁 없이 지분을 매입할 수 있다. 전직 직원, 특히 좋지 않은 상황에서 떠난 직원이 회사의 일부 소유자로 남아 있는 것은 좋은 결과가 아니다. 셋째, 투자자는 전직 직원이 주식을 소유하고 있는 회사에 투자하는 것을 꺼린다. 이러한 상황은 문제를 불러일으키기 때문에 투자자는 이를 피하려고 한다.

비판적 사고를 위한 문제

1. 투자자는 종종 직원에게 발행하는 주식에 소유권 부여 일정을 설정하라고 요구하는 것에 대해 비판을 받는다. 이 특집을 읽고 이러한 비판이 정당한 것인지 생각해보자. 만약 회사가 투자자로부터 돈을 받을 계획이 없다면, 소유권 부여 일정을 설정하는 것은 여전히 좋은 아이디어일까?
2. 왜 창업자와 신생벤처팀의 다른 구성원에게 주식을 발행하고 소유권 부여 일정 없이 배분하는 것일까?
3. 소유권 부여 일정을 설정하려면 대개 변호사를 고용해야 하는지, 아니면 신생기업이 혼자서 할 수 있는지 설명하라.
4. 이 특집을 읽은 후, 신생기업의 주식을 소유한 직원은 이러한 상황에서 어떻게 자신을 파트너라고 생각하게 될까?

다음과 같은 몇 가지 단계를 따르면 기업가는 법적 분쟁과 복잡함을 피할 수 있다.

모든 계약 의무를 이행하라 시간에 맞춰 모든 계약 의무를 이행하는 것이 중요하다. 이는 공급업체, 계약자, 직원에게 약속한 대로 지불하고 제품이나 서비스를 약속한 대로 제공하는 것을 포함한다. 의무를 제시간에 이행할 수 없는 경우, 문제를 가능한 한 빨리 관련 당사자에게 통보해야 한다. 예를 들어, 정시에 지불하지 않으면 공급업체가 곤란해지고, 지불 지연으로 인한 다른 문제들을 야기한다. 건설 회사와 관련된 다음의 의견은 이러한 상황을 보여준다. "제시간에 지불하지 못하는 것은 공급업체에 관련 비용을 지불해야 하고 직원에게 주급을 지불해야 하는 건설 회사에 매우 치명적일 수 있다. 현금흐름 문제는 종종 회사를 파산으로 이끌며 회복하기 어려울 수 있다."[8] 만약 의무 사항을 제때 이행할 수 없는 경우, 상대방에게 가능한 한 빨리 문제를 알리고 돈을 상환하는 현실적인 계획을 제시하는 것이 적절하다. 이는 공급업체와 거래처 간에 생산적인 관계를 유지하는 데 도움이 된다.

자본 부족 상태를 피하라 새로운 사업이 돈이 부족한 경우, 소송으로 이어질 수 있는 재정 문제를 겪을 가능성이 높아진다.[9] 새로운 사업은 비즈니스를 효과적으로 수행하는 데 필요한 자금을 모으거나 현금을 보존하기 위해 성장을 제한해야 한다. 많은 기업가가 이 문제에 직면한다. 대부분의 기업가는 가능한 한 많은 주식을 보유하는 목표를 가지고 있다. 그러나 회사의 성장을 뒷받침할 수 있는 충분한 투자 자본을 얻기 위해 종종 투자자들과 지분을 공유해야 한다. 이 문제는 제10장에서 더 자세히 다룰 것이다.

모든 것을 서면으로 받으라 많은 비즈니스 분쟁은 서면 계약이 없거나 서투르게 작성된 계약으로 인해 발생한다.[10] 비즈니스 파트너 또는 직원들에게 '신뢰한다'는 것을 강조하면서 서면 계약의 필요성을 경시하는 것은 일반적으로 실수이다. 당사자들의 권리와 의무를 서면으로 명시하면 분쟁을 해결하기가 훨씬 쉽다. 예를 들어, 새로운 비즈니스가 웹디자인 회사에 웹사이트 디자인을 위해 5,000달러를 지불하기로 합의한다면? 새로운 비즈니스는 그 자금으로 무엇을 얻을 수 있는지 알아야 하고, 웹디자인 회사는 프로젝트 마감일과 대금 수령일을 알아야 한다. 이 경우, 당사자들이 거래하면서 단순히 악수만 하고 웹디자인 회사가 '가능한 한 빨리 멋진 웹사이트'를 완성하겠다고만 한다면, 후에 웹사이트의 완성도와 기능성, 프로젝트 완료일에 대한 의견 충돌이 발생할 수 있다.

Build-A-Bear Workshop의 창립자 Maxine Clark의 경험과 시각은 신뢰할 수 있는 파트너와 거래를 할 때에도 모든 것을 서면으로 정리하는 것의 실용적인 이점을 잘 보여준다.

> 나는 꼭 필요한 계약서만 선호하지만(그리고 가능한 한 적은 페이지로), 신뢰할 수 있는 좋은 파트너를 찾으면 미리 작성된 합의서는 종종 모든 당사자가 합의 조건을 확인할 수 있는 깔끔한 방법이다. 미팅 후 사실과 합의한 내용을 기록해서 모든 참가자에게 서면으로 배포하는 것도 좋은 방법이다. 이를 위해 이메일은 좋은 방법이다. 이러한 단계는 여러분의 삶을 더욱 쉽게 만들어준다. 비즈니스가 커질수록 공급업체, 계약, 미팅에 대한 모든 세부 정보를 기억하기가 더 어려워진다. 서면 기록은 후속 조치에 대한 좋은 노트를 제공한다.[11]

대다수 기업이 직원에게 서명을 요구하는 두 가지 중요한 서면 합의가 있다. **비밀 유지 협약**은 직원이나 다른 당사자(예: 공급업체)가 회사의 영업 비밀을 공개하지 못하게 한다. **경쟁 금지 협약**은 일정 기간 동안 개인이 전 직장인과 경쟁하지 않도록 한다. 비밀 유지 및 경쟁 금지 협약의 예시가 그림 7.1에 나와 있다.

기준을 설정하라 조직은 윤리 행동 규범에 명시할 수 있는 것 이상으로 직원의 행동을 규제하는 기준을 설정해야 한다. 예를 들어, 조직에서 발생하는 가장 일반적인 윤리 문제인 인사 윤리 문제, 이해관계의 충돌, 고객 신뢰, 기업 자원의 부적절한 사용과 같은 문제에 대한 정책과 절차를 마련해야 한다. 또한 이 책의 '성공을 위한 파트너십' 특집에서 알 수 있듯이, 기업은 목표를 달성하기 위해 다른 회사와 협력하는 경우가 많다. 이에 따라 창업기업은 동맹 파트너를 선택할 때 신중해야 한다. 회사가 반대로 행동하는 회사와 파트너십을 맺으려 한다면 높은 윤리적 기준을 설정하기가 힘들어진다.

법적 분쟁이 발생할 경우, 더 비싼 비용이 들어가고 잠재적으로 파괴적인 소송보다는 협상이나

그림 7.1 비밀 유지 및 경쟁 금지 협약 예시

비밀 유지 및 경쟁 금지 (a) 이 계약이 유효한 동안이나 만료 또는 해지 후에도 [직원 이름]은 [회사 이름]의 고객 명단, 기밀 정보, 기타 기밀 자료를 공개하지 않기로 동의한다. [직원 이름]은 우발적인 누출 및 산업 스파이 행위를 방지하기 위해 합리적인 보안 조치를 취할 것이다.

(b) 이 계약이 유효한 동안 직원은 [직무 설명]을 수행하고 이 계약의 비밀 유지 및 경쟁 금지 조항을 준수하기로 동의한다. 고용주는 직원에게 다음을 보상한다. [보상 내용 기술]. 이 계약이 만료 또는 해지된 후, [직원 이름]은 [회사 이름]과 [회사 이름과 위치]의 반경 [숫자] 마일 내에서 [숫자]년간 경쟁하지 않기로 동의한다. 이 금지 조항은 [회사]가 이 계약 조항을 위반해 계약을 종료한 경우에는 적용되지 않는다.

경쟁이란 다음과 같은 유형의 비즈니스를 소유하거나 일하는 것을 의미한다. [직원이 참여하지 못할 비즈니스 유형을 지정한다].

(c) [직원 이름]은 이 조항 (b)에 포함된 경쟁 금지 조항을 위반한 경우, [금액]의 손해배상을 지불하는 것에 동의한다.

증인으로, [회사 이름]과 [직원 이름]이 이 계약에 서명한다.

____

[회사 이름]

____

[직원 이름]

날짜: ______________________________

중재를 통해 해결할 수 있다. **중재**는 공정한 제3자(보통 전문 중재인)가 분쟁 당사자들이 합의할 수 있도록 돕는 과정이다. 때로는 단순한 사과와 진심 어린 약속으로 법적 분쟁을 피할 수 있다. 예일대학교 교수인 Constance E. Bagley는 법적 분쟁 해결에 단순한 사과가 어떤 역할을 하는지에 대해 이야기한다.[12] 그녀는 McDonald's 커피를 무릎에 쏟은 여성이 270만 달러의 손해배상을 받은 사건에 대한 《Wall Street Journal》 기사를 인용하며, "배심원이 사고를 친 여성에게 270만 달러를 배상하라고 판결을 내린 이 사건은 법적 시스템이 미쳐 날뛴 사례로 자주 인용되지만, 《Wall Street Journal》은 McDonald's가 이전에 벌어진 화상 사고에 대처하는 데 실패한 것뿐 아니라 부상당한 여성의 불만을 처리하면서 사과하지 않았다"는 점에서 McDonald's를 비판했다고 언급했다.[13]

마지막으로, 비즈니스 윤리를 증진하는 데 중요한 문제 중 하나는 기업가와 경영자가 투자자와 주주들에게 책임을 이행하는 방식이다. 이 문제는 2000년대 초에 발생한 기업 스캔들 및 앞으로 발생할 수 있는 스캔들을 고려할 때 특히 중요하다. 이에 대한 더 자세히 논의는 제10장에서 다룰 것이다.

사업 라이선스와 허가 획득

학습목표 3

사업 시작 전에 스타트업이 얻어야 하는 비즈니스 라이선스 및 허가의 개요를 제공할 수 있다.

많은 비즈니스는 운영을 위해 라이선스와 허가가 필요하다. 비즈니스의 성격에 따라 라이선스와 허가는 연방, 주, 지방 수준에서 필요할 수 있다. 비즈니스를 이끄는 사람들이 필요한 라이선스와 허가를 결정하는 방법은 세 가지가 있다. 첫 번째는 유사한 비즈니스를 운영하는 사람에게 물어보는 것인데, 그들은 일반적으로 적절한 방향을 알려줄 수 있다. 두 번째는 비즈니스를 시작할 주(state)의 비서관 사무실에 문의하는 것이다. 대부분의 경우 그들은 연방, 주, 지방 라이선스를 파악하는 데 도움이 될 수 있다. 세 번째는 인터넷에서 사용 가능한 검색 도구 중 하나를 사용하는 것이다. 예를 들어, SBA의 Permit Me 검색 도구는 www.sba.gov/licenses-and-permits에서 이용할 수 있다. 이 매우 유용한 검색 도구를 사용해서 우편번호와 비즈니스 유형별로 특정 비즈니스를 시작할 때 필요한 라이선스와 허가를 검색할 수 있다.

가장 중요한 규칙은 불확실한 경우 물어보는 것이다. 적절한 라이선스 없이 비즈니스를 시작하면 엄격한 벌금이 부과될 수 있다. 다음은 미국에서 비즈니스 조직에 필요한 연방, 주, 지역 수준의 라이선스와 허가 개요이다.

연방 라이선스와 허가

대부분의 비즈니스는 운영하는 데 연방 라이선스가 필요하지 않지만 일부 비즈니스는 필요하다. 표 7.5는 연방 라이선스나 허가가 필요한 일부 비즈니스 활동과 연락해야 할 연방 기관 및 해당 웹사이트 주소를 나열한 것이다. 보기에 따라 간단한 비즈니스라도 생각보다 많은 라이선스와 허가가 필요할 수 있다. 예를 들어 다른 사람의 세금 신고를 작성하는 경우, IRS에 등록하고 세금 신고자 세금 식별 번호(PTIN)를 획득해야 한다. 비슷하게 맥주를 제조해서 판매하는 경우 연방 허가와 주류 라이선스가 필요하다. 개인적인 소비를 위해 맥주를 만드는 경우에는 연방 허가나 주류

표 7.5 연방 라이선스 또는 허가가 필요한 일부 비즈니스 활동 목록

비즈니스 활동	연방 기관
농업: 다른 주 간에 동물, 동물 제품, 생물학적 제제, 생물 기술, 식물 운송	U.S. Department of Agriculture(USDA)
주류: 소매점에서 알코올 음료 제조, 도매, 판매	U.S. Treasury's Alcohol and Tobacco Tax and Trade Bureau(TTB)
항공: 비행기 운행, 물건이나 사람을 항공으로 운송하거나 비행기 유지 보수	Federal Aviation Administration(FAA)
상업 어업	National Oceanic and Atmospheric Administration(NOAA)
약제 제조	Food and Drug Administration(FDA)
총기, 탄약, 폭발물	Bureau of Alcohol, Tobacco, Firearms and Explosives(ATF)
어류 및 야생 동물: 야생 동물 및 파생 제품의 수입/수출을 포함하는 야생 동물 관련 활동	U.S. Fish and Wildlife Service
육상 운송	Department of Transportation(DOT)
소득세 신고 처리	Internal Revenue Service(IRS)
투자 자문	Security & Exchange Commission(SEC)
해상 운송: 해양 운송 또는 해상 화물 운송 지원	Federal Maritime Commission(FMC)
채굴 및 시추: 연방 토지에서 천연가스, 석유, 기타 광물 자원을 시추하는 기업	Bureau of Safety and Environmental Enforcement(BSEE)
육류 제품 제조	Food and Drug Administration(FDA)
라디오 또는 텔레비전 방송	Federal Communications Commission(FCC)

라이선스가 필요하지 않다.

주 라이선스와 허가

대부분의 주에는 비즈니스를 하기 위한 세 가지 다른 범주의 면허 및 허가가 있다. 대부분의 주에서는 사업을 시작할 때 필요한 스타트업 지침을 제공한다. 예를 들어 오리건주에서 사업을 시작하기 위한 가이드는 Startup Toolkit이라고 불리며 www.oregon.gov/business/Pages/toolkit.aspx 사이트에서 제공하고 있다. 이는 오리건주에서 사업을 시작하기 위한 단계별 지침을 제공한다.

사업 등록 요건 일부 주에서는 모든 새로운 비즈니스를 해당 주에서 등록해야 한다. 예를 들어, 오클라호마주는 사업을 시작하기 전에 '오클라호마 비즈니스 등록 신청서'라는 문서를 작성하도록 요구한다. 이 문서의 목적은 ① 비즈니스를 등록하고, ② 세무 당국의 레이더 스크린에 비즈니스를 위치시키고, ③ 비즈니스가 규제를 인식하고 준수해야 하는 사항(예: 직원 급여에서 주 및 연방 세금을 공제해야 하는 필요성)을 확인하는 것이다. 당신이 있는 주가 비슷한 문서를 요구하는지 여부를 확인하는 가장 좋은 방법은 사업주에게 묻거나 주 비서실에 연락하는 것이다.

판매세 허가증 대부분의 주와 지역 사회에서는 상품을 판매하는 기업이, 때로는 서비스를 제공하는 기업도 판매세를 징수하고 해당 세금을 적절한 주정부 당국에 제출해야 한다. 판매세를 징수해야 할 경우 해당 주에서 허가증을 발급받아야 한다. 대부분의 주에서는 온라인 포털을 통해 쉽게 판매세 허가증을 발급할 수 있다. 예를 들어, 텍사스에서 사업을 시작한다면 www.window.state.tx.us/taxpermit/에서 텍사스 판매세 허가증을 발급할 수 있다.

전문가 및 직업 라이선스와 허가 모든 주에서는 특정 직업 종사자가 비즈니스를 수행하려면 주 시험을 통과해야 하고 전문 면허를 유지해야 하는 법률이 있다. 이에 해당하는 직업으로는 이발사, 카이로프랙터, 간호사, 타투이스트, 측량사, 부동산 중개인 등이 있다. 또한 특정 비즈니스는 주정부의 직업 면허 또는 허가가 필요하다. 배관공, 어린이집, 화물 운송 회사, 보험 기관 등이 이에 해당한다.

지역 라이선스와 허가

지역 수준에서 필요한 라이선스와 허가에는 두 가지 범주가 있다. 첫 번째는 특정 유형의 비즈니스를 운영하기 위한 허가이다. 예를 들어 어린이 보육, 이발소와 미용실, 자동차 수리, 호텔과 모텔 등이 있다. 많은 도시에서 독특한 요구 사항이 있으므로 특정 허가가 필요한지 사전에 확인하는 것이 중요하다. 예를 들어, 애틀랜타에서는 당구장이나 도박장을 운영하는 비즈니스에 허가가 필요하다. 볼티모어에서는 댄스 아카데미를 운영하기 위한 허가가 필요하다.

두 번째는 특정 유형의 활동에 참여하기 위한 허가이다. 예를 들어 다음과 같은 것이 있다.

- 건축 허가: 사업장을 건설하거나 수정하는 경우 필요하다.
- 보건 허가: 음식을 준비하거나 판매하는 경우 일반적으로 필요하다.
- 간판 허가: 간판을 세우는 데 필요할 수 있다.

무엇이 잘못됐는가?

정부 규제로 Flytenow가 사업을 중단한 이유

적절한 라이선스와 허가를 획득하는 것 외에도, 스타트업은 자신의 활동을 통제하는 연방, 주 및/또는 지방정부의 규제를 준수해야 한다. 그렇지 않으면 폐업할 수 있다. 이 분야에서 스타트업이 직면하는 두 가지 문제가 있다. 첫째, 자신의 비즈니스를 규제하는 모든 규정에 익숙하지 않을 수 있다. 규칙과 규제를 알아야 할 책임은 스타트업에 있다. 둘째, 스타트업과 정부는 규정을 적용하는 방식에 대해 의견이 다를 수 있다. 이 경우, 스타트업은 법정으로 가서 법원이 자신의 견해를 받아들이길 바랄 수 있다. Flytenow에서도 이와 같은 상황이 발생했지만, 법원은 정부 측 편을 들어 Flytenow가 폐업하도록 강요했다.

Flytenow는 2013년에 4명의 창업자가 시작한 비행 공유 서비스였다. 회사는 사설 비행사가 비행 계획과 비행 경비를 공유할 수 있도록 인터넷 사이트를 운영했으며, Flytenow 웹사이트에서는 이들을 '항공 애호가'라고 불렀다. Flytenow는 자금 거래에서 수수료를 받아 수익을 창출했다. 회사에 따르면, 서비스를 제공한 짧은 기간 동안 비행사, 여행객, 항공 애호가를 포함한 2만 5,000명의 회원을 모았다. Flytenow 서비스를 이용하는 대부분의 비행사는 단발 엔진, 프로펠러 구동의 4인승 비행기를 운영했다.

FAA는 Flytenow의 서비스에 이의를 제기했다. 비행기 조종사가 상업 면허증이 없는 경우 여행객에게 요금을 받는 것을 금지하는 규정을 인용한 것이다. 이 규정을 적용하면 Flytenow의 비즈니스 모델이 망할 것이다. 왜냐하면 비행기 조종사가 상업 면허증을 취득하는 것은 비실용적이기 때문이다. Flytenow는 항거했고, 비행 공유는 새로운 것이 아니라는 주장을 제기했다. 조종사들은 항상 "금요일에 미니애폴리스에서 시카고로 가는 비행기 탑승자 구합니다. 탑승과 비용 공유"와 같은 메모를 게시해왔다. FAA는 그러한 관행이 허용된다는 것을 인정했다. 그러나 Flytenow가 하는 것은 다르다고 주장했다. Flytenow는 비행 공유를 널리 사용할 수 있는 인터넷 사이트를 운영함으로써 일반 운수업(Delta 또는 Southwest와 같은)처럼 운영하고 있다고 주장했다. 일반 운수업에 종사하는 조종사는 상업 면허증이 필요하다. Flytenow는 일반 운수업으로 운영하고 있다는 것을 인정하지 않았다. 회사는 자사 서비스를 통해 예약한 비행기는 무작위로 이용할 수 있는 것이 아니라 구체적인 날짜, 경로, 모험에 공통적인 관심을 가진 '항공 애호가'만 이용할 수 있다고 주장했다.

이 사건은 법정으로 이어졌고, 컬럼비아 특별구 항소법원은 FAA의 판결을 유지했다. Flytenow의 창업자들은 블로그 게시물에서 "불행히도 우리는 Flytenow를 폐업할 수밖에 없다. 그러나 우리는 여전히 조종사로서 이것을 실현하기 위해 싸우고 있다. Goldwater 연구소에서 우리의 멋진 법률 팀이 항소 가능성과 의회에서 법안 통과를 돕는 방법을 조사하고 있다. 우리를 도와주고 격려해준 모든 지지자, 조언자, 투자자에게 감사한다"라고 말했다.

Flytenow의 경험은 창업기업이 발견할 수 있는 복잡한 법적 환경을 상기시켜 주는 사례이다.

비판적 사고를 위한 문제

1. 이 사건에서 어느 쪽에 동의하는가? Flytenow 측인가, FAA 측인가?
2. 본인이 친숙하지 않은 산업에서 비즈니스를 시작한다면, 어떻게 적절한 라이선스와 허가를 결정하고 제품 또는 서비스를 제공하는 데 영향을 미치는 추가 정부 규제를 확인할 것인가?
3. 항공 산업과 관련된 회사를 시작한다면, 어떻게 항공 법률 전문 변호사를 찾을 것인가?
4. Flytenow의 창업자들은 이 서비스를 부활시킬 방법을 찾을까, 아니면 이 회사는 영원히 사라질까?

출처: Flytenow Blog, "The Beginning of the End," available at https://blog.flytenow.com (posted on an unknown date, accessed February 21, 2017); D. Weikel, "California-Based Flight-Sharing Company Must Remain Closed, Federal Court Rules," *L.A. Times*, December 21, 2015; D. Weiss, "Uber-Type Flight App Shuts Down After DC Circuit Decision," ABA Journal, available at https://www.abajournal.com/news/article/uber_type_flight_sharing_app_shuts_down_after_dc_circuit_decision (posted December 28, 2015, accessed February 21, 2017).

- 노점상 허가: 도시 거리에서 식료품이나 상품을 판매하려는 경우 필요할 수 있다.
- 노천 카페 허가: 도시의 공공 통행로에 테이블과 의자를 놓는 경우 필요할 수 있다.
- 경보 허가: 방범 또는 화재 경보를 설치하려는 경우 필요할 수 있다.
- 소방 허가: 비즈니스에서 고도의 가연성 물질을 판매하거나 보관하기 위해, 또는 유해 물질을 다루는 경우 필요할 수 있다.

적절한 라이선스와 허가를 획득하는 것 외에도 비즈니스에 가상의 이름을 사용하려면 해당 지역에 따라 다르지만 가상 비즈니스 이름 허가를 획득해야 한다. **가상 비즈니스 이름 허가**는 Gold Coast Sea Food나 Red Rock Bakery와 같은 가상의 이름으로 합법적으로 운영할 수 있게 해준다. 비즈니스 이름 선택은 정체성과 브랜딩 전략에 있어 중요한 부분이며, 사람들이 비즈니스와 관련시키는 것 중 하나이다. 부록 7.1에는 비즈니스 이름을 선택하기 위한 지침과 제안 사항을 제시하고 있다. 부록에서 보여주듯이 시장에서 원하는 방향으로 차별화를 하는 데 방해가 되기보다는 유용하게 만들어주는 비즈니스 이름을 선택하는 것이 중요하다.

마지막으로, 직원이 없는 개인사업자를 제외한 모든 사업체는 **연방 직원 식별 번호**(일반적으로 고용주 식별 번호 또는 EIN이라고 함)를 취득해야 한다. EIN을 취득하는 가장 쉽고 빠른 방법은 www.irs.com에 접속해서 온라인으로 EIN을 신청하는 것이다. 사업체의 EIN은 개인의 주민등록번호와 유사하다. IRS는 이를 사용해서 세금을 징수하기 위해 사업체를 추적한다.

적절한 사업 라이선스와 허가를 획득하는 것 외에도, 기업은 자신의 활동을 규제하는 정부 규정을 준수해야 한다. 준수하지 않으면 심각한 결과를 초래할 수 있다. '무엇이 잘못됐는가?'에서는 연방항공국 규정 때문에 Flytenow라는 창업기업이 폐업한 사례가 나와 있다. 이 특집은 때때로 어떤 규제가 어떻게 적용되어야 하는지에 대해 기업과 정부 기관 간에 이루어지는 경쟁적인 논쟁의 생생한 예시이다.

사업을 시작할 때 법적 유형 선택하기

학습목표 4

새로운 기업이 이용 가능한 다양한 조직 형태를 파악하고 설명할 수 있다.

개인사업자, 파트너십, 법인, 유한책임회사가 창업자가 선택할 수 있는 가장 일반적인 법적 단위이다. 법적 단위를 선택하는 것은 일회성 결정이 아니다. 비즈니스가 성장하고 성숙해감에 따라 현재의 비즈니스 조직 형태가 여전히 적절한지 주기적으로 검토해야 한다.

어떤 상황에서도 최상의 업무 조직 형태는 없다. 기업주와 변호사는 요구를 최대한 충족할 수 있는 법적 단위를 선택해야 한다. 이 결정은 일반적으로 그림 7.2에 나와 있는 여러 가지 요소에 달려 있다. 새로운 기업에 대한 법적 단위를 선택할 때는 각 업무 조직 형태마다 이러한 요소 간에 균형을 맞추고 기업가의 특정 목표를 확실하게 달성할 수 있도록 신중하게 선택하는 것이 중요하다.

이 절에서는 네 가지 업무 조직 형태를 설명하고 각각의 장단점을 논한다. 가장 중요한 요소 중 일반적으로 선택하는 요소를 기반으로 한 네 가지 법적 단위를 비교한 내용이 표 7.6에 나와 있다.

개인사업자

소규모 사업체인 개인사업자는 기업 소유 형태 중 가장 간단한 형태이다. **개인사업자**는 한 사람이 운영하는 비즈니스 형태로, 개인과 사업체가 본질적으로 같다. 개인사업자는 가장 보편적인 비즈니스 소유 형태이다. 개인사업자의 가장 중요한 두 가지 장점은 소유자가 비즈니스를 완전히 통제

그림 7.2 법적 기업 형태 선택 시 고려 사항

법적 형태를 설정하고 유지하는 데 드는 비용	비즈니스 채무에서 개인 자산이 보호받을 수 있는 정도	세무 고려 사항	투자자의 수와 종류

표 7.6 사업 소유 형태 비교

요소	개인사업자	파트너십		법인		유한책임회사
		일반	제한	C법인	S법인	
허용되는 소유주 수	1	무제한의 일반 파트너가 허용됨	무제한으로 제한 파트너와 일반 파트너 허용	무제한	최대 100명	'구성원(member)' 수는 무제한으로 허용됨
설립 및 유지 비용	낮음	보통	보통	높음	높음	높음
소유주의 개인적 책임성	무제한	모든 파트너 무제한	일반 파트너의 경우 무제한. 한편 제한 파트너의 경우 투자한 금액 범위 내에서 제한적	투자한 금액에 한도가 있음	투자한 금액에 한도가 있음	투자한 금액에 한도가 있음
사업의 지속성	소유주의 사망으로 종료됨	한 파트너가 사망 또는 철수 시 종료됨	일반 파트너의 사망 또는 철수 시 종료됨	영구적	영구적	일반적으로 고정된 금액으로 제한
과세	과세 대상이 아님. 소유주인 개인사업자가 모든 세금을 부담함	과세 대상이 아님. 각 파트너는 자신의 소득에 대한 부분을 세금으로 지불하고 손실을 다른 소득 원천에서 공제할 수 있음	과세 대상이 아님. 각 파트너는 자신의 소득에 대한 부분을 세금으로 지불하고 손실을 다른 소득 원천에서 공제할 수 있음	별도 과세 대상	과세 대상이 아님. 수익과 손실은 주주에게 과세되어 직접 세금을 내야 함	올바르게 구성한 경우 과세 대상이 아님. 소득/손실은 회원들에게 공유됨
관리 통제	개인사업주가 완전한 통제력을 가짐	모든 파트너는 특별한 명시가 없는 한 동등한 통제력을 가짐	일반 파트너만 관리 통제 권한을 가짐	주주가 선출한 이사회가 있음	주주가 선출한 이사회가 있음	회원들이 통제력을 공유하거나 관리자를 선임
자본 조달 방법	소유주가 직접 자금을 조달해야 함	일반 파트너가 모금해야 함	운영 계약서의 조건에 따라 제한 파트너십 판매	주식을 공개적으로 판매함	주식을 공개적으로 판매함	운영 계약서의 조건에 따라 이익을 판매하는 것이 가능함
투자의 유동성	낮음	낮음	낮음	공개적으로 거래되는 경우 높음	낮음	낮음
법인세율이 적용되어 이중 과세의 위험	없음	없음	없음	있음	없음	없음

할 수 있으며 비즈니스 손실을 소유자의 개인 세금 신고에서 공제받을 수 있다는 것이다.[14]

소규모 사업체인 개인사업자를 설립하는 것은 기타 비즈니스 소유 형태에 비해 비용이 적게 들며 비교적 쉽다. 대부분의 주에서 유효한 라이선스와 허가를 취득하는 것이 유일한 법적 요구 사항이다.

비즈니스를 소유자의 이름(예: Sam Ryan)이 아닌 상호명(예: West Coast Graphic Design)으로 운영할 경우, 소유자는 이전 절에서 언급한 대로 적절한 지방정부 기관에 가상 또는 가명으로 인증서를 제출해야 한다. 이 단계는 동일한 이름을 사용하는 비즈니스가 지역 내에 하나만 있도록 보장하고 소유자의 이름과 연락처 정보를 공개적으로 제공하기 위해 필요하다.

개인사업자는 분리된 법적 단위가 아니다. 세금 측면에서는 사업 이익이나 손실이 소유주의 개인 세금 신고서로 이어지며, 소유주가 사망하거나 사업에 대한 관심을 상실하면 사업이 종료된다. 소유주는 사업의 모든 채무에 대해 책임이 있으며, 이는 상당한 단점이다. 사업이 소송을 당하면, 소유주는 이론적으로 모든 사업 자산과 개인 자산을 잃을 수 있다. 소유주의 투자 유동성은 보통 낮다. **유동성**이란 비즈니스나 기타 자산을 시장 가치에 가까운 가격으로 빠르게 판매할 수 있는 능력을 의미한다.[15] 보통 개인사업자는 소유권을 공유할 수 없기 때문에 투자 자본을 조달하는 것이 어렵다. 무제한 책임과 투자 자본 조달의 어려움은 기업가가 일반적으로 개인사업자 대신 주식회사나 유한책임회사를 설립하는 주요 이유이다. 대부분의 개인사업자는 생계형 기업이나 라이프스타일 기업(제1장에서 설명한)이므로, 적극적인 창업기업에는 일반적으로 좋지 않은 선택이다.

요약하면, 개인사업자의 주요 장단점은 다음과 같다.

개인사업자의 장점

- 설립 비용이 적고 쉽다.
- 소유주는 비즈니스를 완전히 통제하며 모든 이익을 보유한다.
- 비즈니스 손실은 단일 사업체의 다른 소득과 공제할 수 있다.
- 이중 과세 대상이 아니다(이후 설명).
- 비즈니스 해체가 쉽다.

개인사업자의 단점

- 소유주의 책임이 무한하다.
- 비즈니스의 성공이 단일 소유주의 기술과 능력에 달려 있다. 물론 소유주는 기술과 능력을 가진 직원을 추가로 고용할 수 있다.
- 자금 조달이 어렵다.
- 비즈니스는 소유주의 사망 또는 비즈니스에 대한 관심 상실로 종료된다.
- 소유주의 투자 유동성이 낮다.

파트너십

2명 이상의 사람이 비즈니스를 시작하면 파트너십, 법인, 유한책임회사로 조직화해야 한다. 파트너십은 일반 파트너십 또는 제한 파트너십 중 하나로 구성된다.

일반 파트너십 **일반 파트너십**(general partnership)은 2명 이상의 사람이 기술, 능력, 자원을 합쳐 비즈니스를 운영하는 비즈니스 조직 형태이다. 일반 파트너십의 주요 장점은 비즈니스를 하나의 인물에게만 의존하지 않고 여러 파트너가 함께 운영할 수 있다는 것이다. 사실 대부분의 경우 파트너들은 비즈니스 운영 방식에 대해 동등하게 의견을 내고 결정한다. 대부분의 파트너십은 창업자 합의서와 유사한 법적 문서인 파트너십 계약서를 가지고 있다. **파트너십 계약서**는 조직과 관련된 파트너의 책임과 지분 소유를 상세히 설명한다. 파트너십으로 만들어진 비즈니스는 파트너십 계약서에 특별히 명시되어 있지 않는 한 파트너 중 한 사람이 사망하거나 철수하면 끝난다. 대체로 일반 파트너십은 서비스 업종에서 찾을 수 있다. 많은 주에서 일반 파트너십은 존재의 증거로 파트너십 인증서 또는 유사한 문서를 제출해야 한다. 일반 파트너십은 개인소득세 신고에서 소득이나 손실이 개별적으로 흐르는 것과 마찬가지로, 비즈니스의 이익이나 손실이 파트너의 개별 세금 신고에 따른다. 예를 들어 4명의 일반 파트너가 있고 모두가 비즈니스에 동일한 지분을 소유하고 있다면, 이익이나 손실의 1/4이 각 파트너의 개인 세금 신고에 반영된다.[16] 파트너십은 정보 세금 신고만 제출하면 된다.

일반 파트너십의 주요 단점은 개별 파트너가 파트너십의 모든 부채와 책임을 지게 된다는 것이다. 파트너 중 한 사람이 파트너십을 대표해서 사업을 수행하는 동안 태만했다면, 모든 파트너가 손해 배상 책임을 지게 된다. 태만하지 않은 파트너들은 나중에 손해액을 태만한 파트너로부터 되찾을 수 있지만, 모든 파트너의 공동책임은 피해를 당한 당사자에게 여전히 남아 있다. 일반 파트너십은 개인사업자보다 자금을 조달하는 것이 더 쉬울 수 있다. 그 이유는 둘 이상의 파트너가 자금을 제공할 수 있기 때문이다. 여러 사람이 대출에 대한 책임을 각자 맡을 수 있기 때문에 일반 파트너십은 대출을 더 쉽게 얻을 수 있다. 그러나 각 파트너에게 무제한 법적 책임이 따르기 때문에 대체로 일반 파트너십에 투자하는 것을 꺼리는 경향이 있다.

요약하면, 일반 파트너십의 주요 장단점은 다음과 같다.

일반 파트너십의 장점

- 법인 또는 유한책임회사에 비해 만들기가 비교적 쉽고 저렴하다.
- 여러 명의 기술과 능력을 회사에 활용할 수 있다.
- 여러 명의 소유자가 있기 때문에 자금을 모으기가 쉬울 수 있다.
- 비즈니스 손실은 파트너의 다른 소득과 공제할 수 있다.
- 이중 과세 대상이 아니다(이후 설명).

일반 파트너십의 단점

- 일반 파트너 각자의 책임이 무한하다.
- 회사는 일정 수의 파트너의 기술과 능력에 의존한다. 물론 소유주는 더 많은 기술과 능력을 갖춘 직원을 고용할 수 있다.
- 자금 조달이 어려울 수 있다.
- 파트너 간에 의사결정을 공유하기 때문에 불화가 발생할 수 있다.
- 파트너십 계약서에서 명시하지 않는 한 한 사람의 파트너가 사망하거나 철수할 경우 비즈니스가 종료된다.
- 각 파트너의 투자 유동성이 낮다.

제한 파트너십 **제한 파트너십**(limited partnership)은 일반 파트너십의 변형된 형태이다. 두 가지 종류의 소유주, 즉 일반 파트너와 제한 파트너가 포함된 것이 가장 큰 차이점이다. 제한 파트너십에서 일반 파트너의 부채와 책임에는 제한이 없지만 제한 파트너는 투자금액까지만 책임을 진다. 제한 파트너는 제한적인 책임 상태를 유지하기 위해서는 조직에 대한 중요한 통제권을 행사할 수 없다.[17] 대부분의 제한 파트너십은 일반 파트너십과 마찬가지로 파트너십 계약서를 가지고 있다. **제한 파트너십 계약서**는 일반 파트너와 제한 파트너의 권리와 의무, 파트너십의 관리 방법 및 해산 방법 등을 명시한다.

제한 파트너십은 보통 자금을 조달하거나 기업을 형성하지 않고 위험을 분산시키기 위해 구성된다. 부동산 개발, 석유 및 가스 탐사, 영화 기업 등에서 일반적으로 사용된다.[18]

법인

법인(corporation)은 주의 권한하에 조직된 별개의 법적 개체이다. 법인은 C법인(C corporations) 또는 S법인(subchapter S corporations)으로 조직된다. 대부분의 사람이 **법인**이라는 용어를 들었을 때 떠올리는 것은 C법인이다. 이어지는 설명은 C법인에 해당한다. S법인은 나중에 설명할 것이다.

C법인 **C법인**은 법률상 소유주와 분리된 별개의 법적 단위이다. 대부분의 경우 법인은 **주주**라고 불리는 소유주를 회사의 부채와 책임에 대한 개인적 책임으로부터 보호한다. 법인은 주주가 선출하는 이사회에서 운영한다(제9장에서 더 자세히 다룬다). 대부분의 경우 이사회는 조직의 일상적인 관리를 감독하기 위해 임원을 고용한다. 주주가 투자한 금액 이상으로는 책임을 지지 않기 때문에 법인은 일반적으로 개인사업자 또는 파트너십보다 자금을 조달하는 것이 더 쉽다. 또한 주식 배분을 통해 법인의 부분 소유권 이전이 더 쉽다. 대부분의 C법인은 보통주와 우선주 두 가지 종류의 주식이 있다. **우선주**는 배당 및 청산 시 우선적인 권리를 가진 보수적인 투자자에게 발행된다. **일반주**는 우선주보다 널리 발행된다. 일반 주주는 투표권이 있으며 조직의 이사회를 선출한다. 일반 주주는 보통 채권자와 우선 주주 다음으로 법인의 자산 분배를 받는다.[19]

기업 설립은 개인사업자 또는 파트너십보다 복잡하다. 기업은 **설립서**를 제출함으로써 설립된다. 설립서는 일반적으로 기업의 이름, 목적, 인증된 주식 수, 주식 종류, 기타 운영 조건을 포함한다.[20] 대부분의 주(state)에서 기업은 연간 서류를 제출해야 하며, 주정부 기관에서 연간 수수료를 부과한다. 기업의 소유주는 이러한 규정을 완전히 준수해야 한다. 만약 기업 소유주가 연간 서류를 제출하지 않거나 연간 수수료를 납부하지 않거나 사기를 저지르면, 법원은 기업이 설립된 사실을 무시할 수 있으며, 소유주는 기업의 행동에 대해 개인적 책임을 지게 될 수 있다. 이러한 영향 체인을 **법인의 상호**라고 한다.[21]

법인은 별개의 법적 단위로 세금을 부과받는다. 실제로 'C법인'의 'C'는 일반 법인을 세무법 C조에 따라 과세하는 것에서 따온 것이다. 법인의 단점은 **이중 과세**에 노출된다는 것이다. 즉 법인은 순이익에 대해 과세하며, 동일한 수익을 배당금으로 주주에게 분배할 때는 주주 개인의 소득세 신고분에서 다시 과세한다. 이러한 복잡성은 창업기업이 종종 주주에게 배당금을 지급하는 대신 이익을 유보하는 이유 중 하나이다. 기업은 이익을 향후 성장을 견인하는 데 사용함과 동시에 이중 과세를 피할 수 있다. 주주는 결국 회사 주식의 가치 상승으로 보상받기를 희망한다.

주식 이전이 쉬운 것도 법인의 장점 중 하나이다. 개인소유주가 비즈니스를 판매하기는 어렵고, 법인을 이루는 파트너들이 일반 파트너십에서 부분적인 이익을 판매하는 것은 더욱 어색하다. 만약 법인이 뉴욕 증권거래소나 나스닥과 같은 대형 주식거래소에 등록되어 있다면, 소유주는 거의 즉시 주식을 판매할 수 있다. 그러나 이러한 장점은 대형 주식거래소에 등록되지 않은 법인에는 적용되지 않는다. 뉴욕 증권거래소에는 약 2,800개의 회사(시가총액 약 18조 2,000억 달러)가 등록되어 있으며, 나스닥에는 3,100개의 회사가 등록되어 있다. 이러한 회사를 **공개법인**이라고 한다. 이러한 5,900개 회사의 주주들은 **유동적인 주식 시장**을 즐길 수 있는데, 이는 주식을 조직된 시장을 통해 비교적 쉽게 사고팔 수 있다는 것을 의미한다. 그러나 **지인투자법인**인 경우 주식의 대부분은 소수의 개인이 소유하며 거래가 적은 편이다.[22] **비공개법인**은 경영진이나 가족 구성원 등 소수의 주주가 모든 주식을 보유하고 있으며 공개적으로 거래하지 않는다.[23] 미국의 대부분의 법인이 비공개법인이다. 지인투자법인과 비공개법인의 주식 모두 상대적으로 유동성이 떨어져(**비유동성**) 일반적으로 주식 구매자를 찾기 어렵다.

C법인으로 조직화하는 마지막 장점은 직원 인센티브 계획의 일부로 직원과 주식을 공유할 수 있는 능력이다. 소액으로 주식을 배분하기가 쉬우므로, 많은 공개 및 비공개법인이 직원 보너스나 이윤 공유 계획의 일환으로 주식을 배분한다. 이러한 인센티브 계획은 능력 있는 직원을 유치하고 그들에게 동기를 부여하며 유지하기 위한 것이다.[24] **주식 옵션**은 인센티브 보상의 특별한 형태이다. 이 계획은 일정 기간 동안 명시된 가격으로 일정 수의 회사 주식을 사는 옵션 또는 권리를 직원에게 제공한다. 주식 옵션의 가장 매력적인 장점은 주식 가격이 오를 경우(그리고 그렇게 된다면) 참가자에게 제공하는 잠재적인 보상이다.[25] 많은 직원이 입사 시 주식 옵션을 받은 후 주기적으로 추가적인 옵션을 받는다. 직원들이 주식 옵션을 축적함에 따라 그들의 잠재적인 보상과 회사 주식 가격 간의 연결고리가 점점 더 분명해진다. 이 연결고리는 직원들이 주식 가격에 긍정적인 영향을 미치길 희망하면서 회사를 대표해서 추가적인 노력을 기울일 수 있는 강력한 장려책이 된다.[26]

요약하면, C법인의 장단점은 다음과 같다.

C법인의 장점

- 소유주는 법인의 부채와 의무에 대해 투자한 금액까지만 책임을 진다.
- 자본을 조달하는 과정이 용이하다.
- S법인과 달리 주주 수에 제한이 없다.
- 대형 주식거래소에서 거래하는 경우 주식은 유동적이다.
- 주식 옵션 또는 기타 인센티브 계획을 통해 종업원들과 주식을 공유하는 것은 강력한 종업원 동기부여 방안이 될 수 있다.

C법인의 단점

- 개설 및 유지 관리가 개인자업자 또는 파트너십에 비해 어렵다.
- 사업 손실을 주주의 다른 소득에서 공제할 수 없다.
- 소득이 이중 과세되어 법인과 주주 수준에서 과세된다.
- 소주주는 보통 회사의 경영에 대해 발언권이 거의 없다.

S법인 **S법인**(subchapter S Corporation)은 파트너십과 C법인의 장점을 결합한 것이다. 이는 비즈니스의 이익과 손실이 이중 과세를 받지 않는 파트너십과 유사하다. S법인은 세금을 지불하지 않으며, 대신 비즈니스의 이익이나 손실이 소유주의 개인 세금 신고에 반영된다. S법인은 정보 세금 신고를 제출해야 한다. S법인은 비즈니스의 행동에 대한 개인적 책임이 없는 C법인과 유사하다. S법인의 추가적인 이점은 자영업세(self-employment tax)에 관한 것이다. S법인 지위를 선택함으로써 비즈니스에서 실제로 지급된 수익 중 급여로 지급된 부분에만 급여세를 부과한다. 비즈니스에서 주주에게 지급된 일반 소득은 급여세나 자영업세를 부과하지 않는다.

따라서 이러한 장점들 때문에 많은 창업기업은 S법인으로 시작한다. S법인의 지위를 얻기 위해 기업이 충족해야 하는 엄격한 기준이 있다.

- 비즈니스는 다른 법인의 자회사가 될 수 없다.
- 주주는 미국 시민이어야 한다. 파트너십과 C법인은 S법인의 주식을 소유할 수 없다. 특정 유형의 신탁 및 유산은 S법인의 주식을 소유할 자격이 있다.
- 발행된 주식은 우선주 또는 보통주 중 한 종류만 있어야 한다.
- 100명 이상의 회원을 가질 수 없다. 부부는 별도의 주식을 소유하더라도 하나의 회원으로 계산된다. 가족 구성원이 하나의 회원으로 계산되는 경우도 있다.
- 모든 주주는 법인을 S법인으로 구성하기로 합의해야 한다.

S법인의 주요 단점은 자격 요건 제한, S 지위 설정 및 유지에 따른 비용, 100명의 주주로 제한된다는 점이다.[27] 만약 S법인이 100명 이상의 주주를 유치하고 싶다면, C법인이나 유한책임회사로 전환해야 한다.

유한책임회사

한편, **유한책임회사**(limited liability company, LLC)는 미국에서 급속도로 인기를 얻고 있는 기업 형태이다. 이 개념은 독일에서 시작되었으며, 1978년에 미국 와이오밍주에서 처음 소개되었다. S법인과 마찬가지로 LLC의 이익은 소유주의 세금 신고서에 반영되며 이중 과세 대상이 아니다. LLC의 주요 장점은 모든 파트너가 한정 책임을 가진다는 것이다. 이는 일반 및 제한 파트너십과 다르다. 파트너십에서 적어도 한 파트너는 파트너십의 부채에 대해 책임이 있다. LLC는 법인의 제한적인 책임이라는 장점과 파트너십의 세금 혜택이라는 장점이 결합되어 있다.[28]

LLC의 용어와 다른 유형의 사업 소유권에서 사용되는 용어가 다르다. 예를 들어, LLC의 주주는 '구성원(members)'이라고 불리며, 주식을 소유하는 대신 구성원은 '이익(interests)'을 가지고 있다. LLC는 소유주의 수와 세금 관련 문제에서 S법인보다 유연한다. LLC는 비공개 비즈니스여야 한다. 즉 공개적으로 거래하는 것은 불가능하다. 구성원이 언젠가 비즈니스를 공개적으로 거래하고 주요 증권거래소 중 한 곳에 상장할 경우 C법인으로 전환해야 한다.

LLC의 설립과 유지는 상대적으로 복잡하며, 일부 주에서는 LLC를 규제하는 규칙이 다르다. 구성원은 LLC를 직접 관리하거나 하루 종일 사업을 운영하기 위해 하나 이상의 경영자(구성원일 수도 있고 아닐 수도 있음)를 지정할 수 있다. 사업의 이익과 손실은 구성원이 원하는 대로 할당할 수 있다. 예를 들어 두 사람이 LLC를 소유하고 있다면, 연간 이익을 50-50, 75-25, 90-10

Iakov Filimonov/Shutterstock

이 젊은 남자는 자전거 상점을 열었다. 열기 전에 필요한 라이선스와 허가를 얻고 유한책임회사로 조직화했다.

또는 원하는 방식으로 분할할 수 있다.[29]

요약하면, LLC의 장단점은 다음과 같다.

유한책임회사의 장점

- 구성원은 자신의 투자액에 한해서 비즈니스의 부채와 의무에 대해 책임을 진다.
- 주주 수에 제한이 없다.
- LLC는 개인사업자, 파트너십, S법인, 법인으로 세금을 부과받을 수 있으며, 매우 유연하다.
- 이익은 주주 수준에서만 과세되기 때문에 이중 과세가 없다.

유한책임회사의 단점

- 설립 및 유지 관리가 더 어렵고 비싸다.
- 세무 회계가 복잡할 수 있다.
- 일부 규제는 주에 따라 다를 수 있다.
- LLC는 비교적 새로운 비즈니스 단위이므로 소유주가 법적 분쟁이 비즈니스에 어떤 영향을 미칠 수 있는지 예측할 수 있는 법적 선례가 많지 않다.
- 일부 주에서 LLC에 프랜차이즈세를 부과한다. 이것은 제한적 책임이라는 혜택을 위해 LLC가 주에 지불하는 수수료이다.

요약 Chapter Summary

1. 창업기업의 창업자가 강력한 윤리 문화를 확립하는 것은 가장 중요한 일이다. 이를 위해 중요한 세 가지 방법은 ① 본인이 윤리적 행동을 하고, ② 행동 강령(윤리 강령으로도 알려짐)을 수립하고, ③ 윤리 교육 프로그램을 시행하는 것이다. '솔선수범'이라는 맥락에서 기업의 강력한 윤리 문화를 구축하는 세 가지 핵심은 ① 윤리를 의도적으로 일상 대화와 의사결정의 일부로 만드는 지도자, ② 직원과 일할 때 무결성을 강조하는 직속 상사, ③ 서로 윤리적으로 행동할 것을 격려하는 동료이다. 윤리 강령과 윤리 교육 프로그램은 창업자가 기업에서 높은 비즈니스 윤리 기준을 촉진하는 데 사용하는 두 가지 기술이다. 윤리 강령은 기업을 지배하는 일반적인 가치 체계, 도덕적 원칙, 구체적인 윤리 규칙을 설명한다. 윤리 교육 프로그램은 직원들이 윤리적 딜레마를 다루는 방법에 대한 지침을 제공한다.
2. 새로운 창업기업을 위한 변호사 선택에서 중요한 기준을 표 7.3에서 보여주고 있다. 중요한 문제는 창업 과정에 익숙한 변호사를 선택하고, 자금 조달을 돕는 변호사를 선택하며, 변호사가 시간 내에 일을 완료한 기록이 있는지 확인하는 것이다. 창업자는 창업기업에 대한 상대적 이해와 그들의 미래에 대한 약속에 동의하는 것이 중요하다. 창업자(또는 주주) 합의서는 창업자 간의 지분 분할, 개별 창업자가 기업에 투자한 자금 또는 '노력 자본'에 대한 보상, 창업자가 자신의 지분을 완전히 보상받기 위해 기업에 얼마나 오래 머무를 것인지 등의 문제를 다루는 문서이다. 새로운 기업이 소송을 피하는 방법에는 모든 계약 의무를 이행하고, 자금 부족을 피하며, 모든 것을 서면으로 처리하고, 기업 내에서 윤리적 행동을 장려하는 등의 방법이 있다. 비밀 유지 협약은 회사의 영업 비밀을 공개하지 않겠다는 직원이나 다른 당사자(예: 공급업체)의 약속이다. 경쟁 금지 협약은 일정 기간 동안 개인이 전직 회사와 경쟁하는 것을 방지하는 것이다.
3. 비즈니스를 시작하기 전에는 일반적으로 여러 가지 라이선스와 허가가 필요하다. 필요한 라이선스와 허가는 도시, 카운티, 주뿐만 아니라 비즈니스 유형에 따라서도 다르므로 지역 규정을 주의 깊게 연구하는 것이 중요하다. 대부분의 지역 사회에서 비즈니스는 운영을 위한 라이선스가 필요하다. 적절한 라이선스를 획득하는 것 외에도 일부 비즈니스는 하나 이상의 허가를 획득해야 할 수도 있다.
4. 개인사업자, 파트너십, 법인, 유한책임회사의 주요 차이점은 표 7.6에 나와 있다. 이러한 비즈니스 조직 형태는 소유주의 수, 설립 및 유지 비용, 소유주의 개인적 책임, 비즈니스의 연속성, 과세 방법, 경영 통제 수준, 자본 조달 용이성, 투자 청산 용이성 측면에서 차이가 있다. 고속 성장 기업은 사업주의 행동에 대한 개인적인 책임을 회피하고 자본 조달이 쉬워지기 때문에 일반적으로 법인이나 유한책임회사로 조직한다.

주요 용어 Key Term

가상 비즈니스 이름 허가	비밀 유지 협약	윤리 강령	주식 옵션
개인사업자	비유동성	윤리 교육 프로그램	주주
경쟁 금지 협약	설립서	윤리적 딜레마	중재
공개법인	연방 직원 식별 번호(EIN)	이중 과세	지인투자법인
매입 조항	우선주	일반주	창업자 합의서
법인	유동성	일반 파트너십	파트너십 계약서
법인의 상호	유동적인 주식 시장	제한 파트너십	C법인
비공개법인	유한책임회사(LLC)	제한 파트너십 계약서	S법인

복습 문제 Review Question

1. 친구가 중소기업에 금융 서비스를 제공하는 컨설팅 회사를 시작하기를 고려하는 경우, 자신의 벤처기업에서 수립하고자 하는 윤리적 분위기를 고려해야 하는 시기는 언제인가?
2. 이 장에서 나온 정보로 미루어볼 때 일반적으로 기업가는 새로운 기업을 시작하는 데 관련된 법률에 대한 지식을 과소평가하는가, 아니면 과대평가하는가? 그 이유는 무엇인가?
3. 기업 내에서 강력한 윤리 문화를 구축하기 위한 전제 조건은 무엇인가?
4. 창업벤처에서 강력한 윤리 문화를 구축하기 위해 취할 수 있는 구체적인 조치는 무엇인가?
5. **윤리 강령**의 목적은 무엇인가?
6. 창업기업에서 **윤리 교육 프로그램**을 만들고 사용하는 목적은 무엇인가?
7. 새로운 기업을 위해 변호사를 선택할 때 고려해야 할 중요한 기준은 무엇인가?
8. 창업자 합의서란 무엇이며, 기업가 팀이 벤처를 시작할 때 이를 작성해야 하는 이유는 무엇인가?
9. 비밀 유지 협약과 경쟁 금지 협약의 목적은 무엇인가?
10. 창업벤처는 어떻게 법적 분쟁을 회피할 수 있는가?
11. 중재는 무엇이며, 기업가는 이를 어떻게 분쟁 해결에 활용하는가?
12. 기업을 시작하는 과정에서 비즈니스 라이선스 및 허가가 필요한 시점은 언제이며, 그 이유는 무엇인가?
13. 기업의 창립자가 회사 이름을 신중히 선택해야 하는 이유는 무엇인가?
14. 법적 단위를 선택하는 것이 일회성 행사가 아닌 이유는 무엇인가?
15. 기업이 법적 구성을 변경할 수 있는 이유는 무엇인가?
16. 새로운 회사를 개인사업자로 조직하는 것의 장단점은 무엇인가?
17. 개인사업자는 별도의 법적 단위인가? 그 이유는 무엇인가?
18. 일반 파트너십과 제한 파트너십의 차이점은 무엇인가?
19. C법인의 주요 장단점은 무엇인가?
20. C법인은 어떻게 이중 과세를 받게 되는가?
21. S법인은 파트너십 계약과 어떤 유사점이 있는가?
22. **법인의 상호**란 용어의 의미는 무엇이며, 이는 소유자에게 어떤 영향을 미치는가?
23. 공개법인, 지인투자법인, 비공개법인의 차이점은 무엇인가?
24. 유한책임회사를 공개적으로 만들고 대형 증권거래소에 상장하는 방법은 무엇인가?
25. 유한책임회사의 장단점은 무엇인가?
26. 유한책임회사는 공격적인 창업기업에 적합한 소유 형태인가? 그 이유는 무엇인가?

응용 문제 Application Question

1. 회사의 비즈니스 계획에 윤리적 고려 사항을 반영해야 하는 조건은 무엇인가? 회사는 주기적으로 윤리적 성과를 측정해야 하는가? 그렇다면 회사가 이를 가장 잘 수행하는 방법은 무엇인가?
2. Tom Andersen은 캔자스주 위치타에 있는 전자제품 회사를 소유하고 있다. 최근 그가 현금흐름 문제로 고민하고 있다는 이야기를 들었다. 그러나 일부 청구서를 늦게 내는 등의 방법으로 돈을 빌리지 않고 있다고 한다. 이에 당신이 놀라운 표정을 짓자 "걱정하지 마세요. 저는 곧 큰 주문이 들어올 거라는 자신감이 있어요. 이 주문으로 번 돈으로 밀린 청구서를 처리할 거예요"라고 말했다. Tom이 취한 전략은 합리적인가? Tom이 현금흐름 문제에 접근하는 방식의 단점은 무엇일까?
3. Martha Young은 세탁 서비스 업종에서 사업을 시작한 창업자이다. Martha는 자신의 비즈니스 계획을 열심히 준비했고, 신생기업의 성공을 보장하기 위해 필요한 단계들을 차근차근 밟았다. 어느 날 점심시간에 Martha를 만났는데, 자신의 비즈니스와 이를 성공시키기 위해 이루어낸 단계들에 대해 기쁘게 이야기했다. 변호사에 대해 물어보았더니 이번에 로스쿨을 졸업한 언니 Stella를 고용할 계획이라고 밝혔다. 업계에서 새로운 인물임에도 불구하고 Martha가 언니를 법률 자문가로 고른 것이 적절한 선택이라고 생각하는가?
4. DipJar는 'You Be the VC 7.2'의 주인공이다. 이 회사의 창업자들이 회사 윤리 강령 작성하는 데 도움을 요청했다고 가정해보자. DipJar의 창업 방식을 이해한 바에 따라, 이

회사의 윤리 강령의 목차를 작성해보라.

5. Apple은 Nokia와 삼성과의 특허 분쟁에 관여해왔다. Nokia와의 길어진 분쟁을 피하기 위해 Apple은 20억 달러를 지불했다. 2017년 6월, 미국 법원은 위스콘신대학교의 특허를 침해한 것에 대해 Apple에 5,060만 달러를 지불할 것을 명령했다. 회사 간 특허 및 법적 분쟁에서 소송 비용과 미디어의 관심이 항상 가치 있는 일일까? 이것은 스타트업에 교훈을 줄 수 있을까?

6. 당신에게 플로리다의 코코아 비치 근처에 있는 콘도 단지를 구입하기 위해 유한책임회사를 구성하려는 가까운 가족의 친구가 접근한 상태다. 친구는 가족 구성원과 함께 1만 달러씩 투자해달라고 요청하고 있다. 콘도 단지는 500만 달러에 구입할 수 있다. 친구는 50명의 사람이 각각 1만 달러씩 투자하라고 설득하려 한다. 이렇게 하면 50만 달러를 모을 수 있으며, 나머지 450만 달러는 대출로 마련할 계획이다. "1만 달러를 투자하는 것은 괜찮지만, 거래가 실패할 경우 450만 달러 대출에 대한 책임을 져야 하는 건 정말 불안해"라고 당신은 말했다. 이에 대해 친구는 당신이 위험에 처한 것은 1만 달러뿐이며, 다른 책임은 없다고 주장한다. 친구의 주장이 맞는가, 아니면 틀렸는가?

7. Sam Anderson은 근처에서 멕시코 음식점을 하고 싶어 하지만, 비즈니스에 필요한 허가와 라이선스 유형이 어떤 것인지 잘 모른다. 음식점은 3개월 이내에 운영을 시작할 예정이다. 당신이 지역 시의회와 관련이 있다는 것을 알고 있기 때문에, 그는 비즈니스에 필요한 두 가지 항목의 라이선스와 허가에 대해 조언을 구했다. Sam을 도우라.

8. Stephen Martin과 James Canton은 자전거 대여 비즈니스를 시작하기로 결정했다. 그들은 시내 중심부의 좋은 위치를 찾아 자동차를 주차하고 시내를 여행하기 위해 자전거를 대여할 수 있는 가게를 열기로 결정했다. 이 아이디어는 도로가 항상 교통으로 혼잡한 도시에 사는 그들의 경험에서 나온 것이다. Stephen과 James는 20년 이상 된 가장 친한 친구이기 때문에 창업자 합의서를 작성하지 않음으로써 인연을 더럽히지 않기로 했다. 이것이 좋은 아이디어라고 생각하는가? 왜 그렇게 생각하는가?

You Be the VC 7.1

회사명: Vélib'

• Web: www.velib.paris.fr • Facebook: Vélib' • Twitter: @Velib

사업 아이디어: 간편한 셀프 자전거 대여 시스템을 도입해 국내 도로의 교통 체증, 대기 오염, 도로 마모 줄이기

개요: 교통 체증은 스트레스를 유발하고 대기 오염을 야기하며, 도로를 수리하는 데 수백만 달러의 세금이 들어간다. 이제 한 회사가 사람들에게 자동차 대신 페달을 밟으라고 권유하며 이 문제를 해결하고자 한다. 프랑스 파리에 위치한 Vélib'은 공공 자전거 대여 프로그램의 개념을 개척하고 있다. 2007년 7월 15일, 1만 대의 자전거를 도시에 도입했으며, 750개의 자동화 대여소가 각각 15대의 자전거를 보유하고 있다. 고객은 무제한 대여에 200달러의 예치금을 지불하고, 자전거를 거치대에서 분리하는 충전 카드를 받는다. 대여료는 하루 무제한 이용은 1.8달러, 일주일 이용권은 8.5달러이다. 자전거는 동일한 픽업 지점에 반납할 필요가 없으며, 에펠 타워 근처 거치대에서 특색 있는 회색 자전거 하나를 빌려 판테온까지 타고 가 그곳에서 가장 가까운 Vélib' 거치대에 자전거를 놓고 가면 된다. 매일 밤 수요가 높은 대여소에 기계를 재배치하기 위해 20대의 트럭이 동원된다.

자전거의 무게가 무겁기 때문에 도난 가능성이 매우 낮으며, 주차 시설도 안전하다. 또한 신용카드 보증금 시스템을 사용해서 자전거를 반환하지 않을 경우 벌금을 징수할 수 있으므로 사용자들이 자전거 반환을 '까먹지' 않는다. 이 서비스는 짧은 거리를 이동할 때 주로 사용한다. 각 자전거는 하루에 평균 30회 사용되며, 평균 이동 시간은 18분이다. 지금까지 거의 2억 회 이상의 이동이 이루어졌으며, 하루 평균 9만 건 이상의 대여가 이루어진다. 도시를 방문하는 방문객은 자전거 대여소에서 직접 신용카드를 사용해 단기 구독을 할 수 있다.

이 서비스는 가족이 경영하는 광고 회사 JCDecaux의 자금 지원을 받았으며, JCDecaux는 파리 주요 지역의 보관소에 야외 광고를 설치하는 독점 계약의 대가로 자전거를 제공한다. JCDecaux는 약 1억 1,500만 달러의 창업 비용을 지불했으며, 파리시는 연간 약 200만 달러의 대체 자전거 비용을 지불한다.

서비스 도입 후 대여 가능한 자전거 수는 2만 대로 2배나 늘어났으며, 대여소 수도 1,800개로 늘어났다. 시정부는 프랑스 수도의 교통량이 5% 감소했다고 말하고 있다.

- 이 장에서 다룬 자료를 바탕으로, 투자를 결정하기 전에 회사 설립자에게 어떤 질문을 할 것인가? 어떤 대답이 여러분을 만족시킬까?
- 개요와 회사 웹사이트에 제공된 정보만 보고 투자 결정을 내려야 한다면 이 회사에 투자하겠는가? 왜 그러한가? 혹은 왜 그렇지 않은가?

You Be the VC 7.2

회사명: DipJar

• Web: www.dipjar.com • Facebook: DipJar • Twitter: @dipjar

사업 아이디어: 서비스 제공자에게 팁을 주거나 미국 구세군이나 공공 도서관과 같은 비영리 단체에 기부하는 것을 신용카드나 직불카드로 간편하게 할 수 있는 하드웨어 장치 만들기

개요: 대부분의 미국인은 현금을 많이 소지하지 않고 신용카드나 직불카드를 이용해 지불한다. 이러한 변화는 사람들이 서비스 제공자에게 쉽게 팁을 주거나 기부하는 것을 어렵게 만든다. 이것은 레스토랑 업계에서 문제가 된다. 현금 사용이 줄어들면서 팁도 줄어들었기 때문이다. 일부 상황에서는 현금이 없으면 팁을 주는 것이 거의 불가능하다. 예를 들어, 대부분의 사람은 호텔 벨 스태프에게 택시를 부르게 하고 팁을 주는데, 이 방식은 현금이 없으면 불가능하다. 마찬가지로, 소액 기부를 하려면 현금을 소지하고 있지 않으면 어렵다.

크리스마스 시즌에 상점 앞에 서서 기부금을 모으는 아이코닉한 빨간 양동이를 들고 있는 구세군 자원봉사자들을 생각해보자. 현금이 없거나 기부하고 싶은 금액보다 큰 지폐만 가지고 있는 경우 어떻게 하겠는가? 물론 공공 도서관과 같은 소규모 기부를 받는 조직도 있지만, 적은 금액의 기부금을 모을 수 있는 세련된 방법이 없다.

DipJar는 이러한 문제를 해결했다. DipJar라는 작은 하드웨어 제품을 만든 것이다. 작동 방법은 다음과 같다. 단체가 DipJar를 구매한다. DipJar는 기기의 색상을 조정해 해당 단체의 브랜드에 맞추고, 기기 전면에 해당 단체의 로고를 스크린 인쇄한다. DipJar는 온라인 대시보드와 함께 제공된다. 대시보드를 통해 단체는 은행 정보(수입을 받을 수 있도록)와 원하는 팁 또는 기부 금액(예: 5.00달러)을 설정할 수 있다. 그러면 DipJar는 요청한 5.00달러 금액을 띄운다. 사용자는 신용카드나 직불카드를 기기에 '담가서' 5.00달러를 기부할 수 있다. 대시보드는 일일, 주간, 월간으로 수집한 금액을 기록한다. 언제든지 요청 금액을 변경할 수 있다. DipJar는 세련되게 디자인되어 전화기 크기와 비슷하다. 식당이나 카페의 경우 대시보드가 특정 근무 시간 동안 수집한 팁 금액을 추적할 수 있다. 이 기능을 통해 식당 소유자는 해당 근무 시간 동안 근무한 종업원에게 정확한 팁 금액을 지급할 수 있다. DipJar는 사용량에 따라 다양한 가격 모델을 제공하며 각 거래마다 경쟁력 있는 수수료를 부과한다.

일부 기관은 DipJar를 사용해서 성공을 거뒀다. 예를 들어, 구세군은 빨간 양동이를 보완할 신용카드 솔루션과 적합하지 않은 소매 환경에서 모금을 가능하게 할 도구를 찾고 있었다. 90개의 DipJar가 3개 주에 배치되었다. 결과는 이전엔 모금을 할 수 없었던 덴버의 미용실에서 연례 기부금 3,700달러 이상을 모았다. 비슷하게, 뉴욕 공립 도서관 메인 건물에서는 방문객들에게 무료 오디오 투어 가이드를 제공하면서 기부를 요청하는데, 현금을 가지고 있지 않은 방문객들의 기부를 놓치고 있었다. DipJar를 도입한 결과 이제는 DipJar를 통해 처리된 5달러 기부금으로 매월 150~200달러를 모으고 있다. DipJar는 5달러가 기본 기부 금액으로 설정되어 있어, 현금 기부도 증가하게 되었다.

- 이 장에서 다룬 자료를 바탕으로, 투자를 결정하기 전에 회사 설립자에게 어떤 질문을 할 것인가? 어떤 대답이 여러분을 만족시킬까?
- 개요와 회사 웹사이트에 제공된 정보만 보고 투자 결정을 내려야 한다면 이 회사에 투자하겠는가? 왜 그러한가? 혹은 왜 그렇지 않은가?

사례 7.1

CASE

적절한 법적 기반 마련: 스타트업 Fable 이야기

Bruce R. Barringer(오클라호마주립대학교)
R. Duane Ireland(텍사스 A&M 대학교)

소개

Jack Peterson과 Sarah Jones는 사업을 계획 중이다. 그들의 계획은 쇼핑몰 및 기타 유동인구가 많은 지역에서 10개의 키오스크를 설치해 Apple iPhone과 iPad 액세서리를 판매하는 것이다. 액세서리 판매를 보완하기 위해 두 사람은 iPhone과 iPad 사용자들이 기기를 더 잘 활용할 수 있게 가르쳐주는 짧은 동영상 시리즈를 제작했다. 이 동영상은 Jack과 Sarah의 웹사이트에서 5.99달러의 일회성 요금으로 제공되며, 이를 위해 제작 중인 앱에서도 5.99달러의 1회 다운로드 요금이 부과될 예정이다. 웹사이트와 모바일 앱 모두 Jack과 Sarah의 키오스크나 온라인 스토어를 통해 추가적으로 iPhone 및 iPad 액세서리를 구매할 수 있도록 프로모션을 할 예정이다.

iUser Accessories는 이 사업의 임시 이름이다. Jack과 Sarah는 이 이름이 마음에 들지 않아 '임시'라는 말을 사용하고 있다. 인터넷 도메인 www.iuseraccessories.com은 사용 가능했기 때문에 godaddy.com에 등록했다. 시작 자금 일부는 광고를 하기 전에 상표 변호사를 고용해서 공식적인 상표 검색을 수행하는 데 사용할 것이다.

wavebreakmedia/Shutterstock

Jack과 Sarah가 변호사와 미팅을 준비하고 있다.

Jack과 Sarah는 지역 대학의 기업가 입문 강의에서 만났다. 두 사람은 수업 과제로 iUser Accessories의 사업 계획서 초안을 작성하는 동안 서로 궁합이 잘 맞았다. 마지막 학년에는 비즈니스 기획 수업에서 계획을 수정했다. 졸업 직전에 대학 전체를 대상으로 한 사업 계획서 경진대회에서 1등을 차지했다. 그 결과 1만 달러의 현금과 1만 달러의 '무상' 서비스를 받게 되었다. 그들의 계획은 이것을 대학과 제휴를 맺은 한 회계사와 관계를 맺는 데 사용하는 것이었다.

타당성 분석과 사업 계획

Jack과 Sarah는 iUser Accessories 사업 계획서의 일환으로 제품의 타당성 분석을 완료했다. 먼저 콘셉트 설명서를 작성하고 교수, 전자제품 매장 소유자, iPhone 및 iPad 사용자, 어린이 사용자의 부모 등 총 25명에게 배포했다. 반응은 긍정적이었으며 유익한 피드백도 받았다. iPhone과 iPad 사용자들이 더 나은 사용법을 배울 수 있는 비디오를 인터넷 또는 모바일 앱을 통해 스트리밍으로 배포하는 아이디어는 콘셉트 설명서 독자 중 한 명이 직접 제안한 것이다. Jack과 Sarah의 원래 아이디어는 이를 더 전통적인 방법으로 배포하는 것이었다. 이 아이디어를 제안한 사람은 콘셉트 설명서 하단에 "이 접근 방식은 실물 DVD를 배포하지 않아 비용을 절약할 뿐만 아니라, 귀하의 웹사이트와 앱으로 트래픽을 유도하며 추가적인 전자상거래 기회를 제공할 것이다"라고 써놓았다.

콘셉트 설명서 이후, Jack과 Sarah는 목표 시장인 15~35세의 410명을 조사했다. 그들은 가능한 모든 곳에서 사람들에게 접근해서 조사를 완료하도록 공손하게 요청했다. 또한 마케팅 교수 한 명을 설득해 설문지 설계에 도움을 받아 대중적인 설문지를 만들었다. 설문 결과, 목표 시장의 62%가 iPhone 또는 iPad를 가지고 있거나 곧 구매할 계획이 있다는 것을 알게 되었다. 설문지는 Jack과 Sarah가 접근할 수 있는 공급업체를 통해 제공되는 36개의 iPhone 및 iPad 액세서리 목록도 포함하고 있었다. 결과는 대다수의 목표 시장 소비자들이 iPhone 및 iPad 액세서리 수를 인식하지 못하며, 어디서 구매할 수 있는지도 모른다는 Jack과 Sarah의 생각을 확증했다. 또한 설문조사 참가자들의 더 많은 액세서리 정보에 대한 높은 관심도를 기쁘게 여겼다.

창업 자금

Jack과 Sarah는 사업 계획서의 일환으로 1년 및 3년 재무제표를 작성해 사업의 잠재적 가용성을 입증했다. 그들은 가족과 친구들로부터 6만 6,000달러의 자금을 모았다. 두 사람의 예상에 따르면, 4개월 이내에 현금 유입이 있을 것이며, 사업 계획서의 원래 범위에서 확장하지 않는 한 추가 자금 투입이 필요하지 않을 것이다. 이 예측에는 키오스크를 지휘하고 사업을 운영하는 데 주당 40시간 이상 일할 예정일 Jack과 Sarah 모두에 대한 연간 4만 5,000달러의 급여가 포함된다.

Jack과 Sarah는 각각 3,000달러를 기업에 개인적으로 기부할 수 있으며, 각각의 친구와 가족 그룹으로부터 3만 달러의 투자 약속을 얻어낼 수 있어 운이 좋았다. 약 1년 전 지역 소규모 비즈니스 발전 센터(SBDC)에서 제공하는 창업 클래스에 참여했을 때, 자금 조달에 대해 변호사와 상의하기 전에 사람들과 이야기하는 것은 괜찮지만 법적 문제가 해결되기 전에는 실제로 돈을 받지 않는 것이 좋다는 변호사의 조언을 상기하게 됐다. 따라서 Jack과 Sarah는 자신의 돈 외에는 아직 6만 6,000달러를 보유하고 있지 않다. 그들은 비즈니스가 성공적으로 진행될 것이라는 확신이 생기면 30일 이내에 이를 모을 수 있다.

변호사와의 회의 준비

Jack과 Sarah는 바쁜 크리스마스 시즌 몇 달 전인 9월 15일에 사업을 시작할 계획이다. 대학교 부속 기술 인큐베이터와 비즈니스스쿨에서 괜찮은 소규모 비즈니스 변호사의 이름을 알아냈으며 그 변호사와 약속을 잡았다. 약속은 7월 16일 오후 2시 15분에 변호사 사무실에서 예정되어 있다.

Jack과 Sarah가 SBDC 클래스에서 얻은 다른 키 포인트 중 하나는 비용을 최소화하고 시간을 최대한 활용하기 위해 변호사와 보내는 시간을 신중하게 계획해야 한다는 것이다. 그 결과, 회의 전에 두 사람은 비즈니스 소유권 형태와 기타 법적 문제와 관련된 책을 살펴보고 변호사와 논의할 문제의 간단한 목록을 작성하기 위해 동네 Barnes & Noble 서점

Jack Peterson과 Sarah Jones

창업자, iUser Accessories

변호사와 논의할 법적 문제 목록

문제	Jack과 Sarah의 추천

에서 몇 번의 저녁을 보내기로 결정했다. 이들은 사업 계획서를 준비하는 과정에서 이 내용을 검토했다. 변호사와의 회의에서 그들은 많은 것을 알고 있으며 실제로 논의를 주도하고 추천할 계획이다. Sarah의 아버지는 부동산 대리인으로 일하며 그동안 많은 변호사와 일해왔다고 한다. Sarah가 이 회의를 준비하면서 받은 조언 중 하나는 변호사는 도움이 되지만 결정을 대신 내려주는 것은 아니라는 것이다. Sarah는 이 통찰력을 Jack과 공유했으며, 이들은 이번 회의에서 이 조언을 따를 결심을 했다.

Jack과 Sarah의 권장 사항

문제 목록을 작성하고 사업을 시작하기 위해, Jack은 문서(왼쪽 하단)를 작성해서 변호사와 논의할 문제를 나열하는 목적으로 사용했다.

Jack과 Sarah는 이후 며칠 동안 이 목록을 완성하고 그들의 비즈니스에 대해 이야기했다. 변호사와의 회의 일정을 잡기 위해 전화를 걸었을 때 변호사는 자신이 특허 변호사가 아니라는 것을 알려주었으며, 회의 이후 비즈니스를 진행할 경우 특허 및 상표법에 전문화된 파트너와 대화할 수 있도록 안내해줄 수 있다고 말했다. 그 결과, Jack과 Sarah는 이번 회의는 비즈니스 소유 형태와 일반적인 법률 문제에 중점을 둘 것이며, 지식재산 문제는 다른 회의에서 다뤄야 한다는 것을 깨달았다.

약속 당일

약속 시간인 오후 2시 15분, Jack과 Sarah는 변호사 사무실에서 만났다. 두 사람은 일주일 전에 이메일로 문제 목록과 추천 목록을 변호사에게 보냈다. 변호사는 단호한 악수로 인사를 하고, 'iUser Accessories, Jack Peterson과 Sarah Jones'라고 쓰인 파일을 열어놓았다. 변호사는 둘을 바라보며, 그들이 이메일로 보낸 목록을 복사해서 앞에 놓았다. 목록에는 이미 수기로 적힌 메모가 많이 있었다. 변호사는 웃으며 "시작해봅시다"라고 말했다.

토의 문제

1. Jack과 Sarah의 목록을 작성하라. 두 사람이 목록에 올릴 문제와 추천도 함께 작성하라. 변호사와 가장 많이 토론할 것으로 생각되는 문제와 가장 적게 토론할 것으로 생각되는 문제는 무엇인가?
2. 변호사와의 회의 전에 Jack과 Sarah가 취한 일부 조치는 무엇인가?
3. 제안한 사업에 대한 윤리적 기반을 마련하기에는 아직 이른 시기인가? 그렇지 않다면, 회사 내 윤리 문화의 기반이 될 수 있는 단계는 무엇인가?
4. 한 사람이 창업하는 것보다 Jack과 Sarah가 함께 iUser Accessories를 시작하는 장점은 무엇인가?
5. 사례에 나온 정보를 바탕으로, Jack과 Sarah가 파트너십을 유지하는 데 어떤 도전이 있을 것 같은가?

사례 7.2 CASE

Peloton Cycle과 DonorsChoose: 어떻게 영리 및 비영리 스타트업이 신뢰성과 신용을 구축하는가

Peloton • Web: www.pelotoncycle.com • Facebook: PelotonCycle • Twitter: @ridepeloton
DonorsChoose • Web: www.donorschoose.org • Facebook: DonorsChoose • Twitter: @DonorsChoose

Bruce R. Barringer(오클라호마주립대학교)
R. Duane Ireland(텍사스 A&M 대학교)

소개

신뢰성은 어떤 스타트업이든 중요한 부분이다. 무슨 말인가 하면, 영리 조직의 소비자가 비영리 조직의 잠재적인 기부자를 처음 접할 때 회사나 기관을 신뢰할만한 방식으로 제시하는 것이 중요하다는 것이다. 소비자와 기부자 모두 돈을 할당할 수 있는 다수의 옵션이 있기 때문에 스타트업이 호의적인 첫인상을 심어주고 신뢰할 수 있는 이유를 제시하는 것이 필수적이다.

회사와 기관이 신뢰성과 신용을 구축한 방법

회사와 기관이 신뢰성, 합법성, 신용을 구축하는 방법은 여러 가지가 있다. 다음 쪽에 있는 표는 대부분의 경우에 필수적인 여덟 가지 기법을 제시한다.

다음은 이러한 기술을 통해 신뢰성, 합법성, 신용을 구축한 두 조직(하나는 영리기업이고 다른 하나는 비영리 단체)의 예시이다.

Peloton Cycle

Peloton Cycle은 2012년에 출시되어 사람들이 집에서 독특한 피트니스 경험을 할 수 있도록 해주고 있다. 이 회사는 22인치 방수 Android 터치스크린이 장착된 세련되고 혁신적인 실내 자전거를 만들어냈는데, 이를 통해 라이더들은 뉴욕시 최고의 강사들에게 라이브 스트리밍 또는 상시 사이클링 수업을 받을 수 있게 되었다. Peloton Cycle을 이용하면 사람들이 집에서 편안하게 강도 높은 유산소 운동을 할 수 있다.

기업과 조직이 신뢰성, 합법성, 신용을 구축하는 방법

기법	설명
1. 매력적인 로고, 회사 이메일 주소, 전문적으로 구성된 웹사이트를 갖추라.	예비 고객 및 기부자들은 '진정한' 회사와 조직의 모습에 대한 이미지를 가지고 있다. 로고, 웹사이트, 이메일 주소가 아마추어 같거나 의심스러운 경우 신뢰성을 잃게 된다. 항상 .com 또는 .org 이메일 주소를 사용하라. Gmail이나 Yahoo! 이메일 주소는 회사나 조직이 아마추어처럼 보이게 만든다.
2. 언론 보도를 실으라.	언론 보도된 내용을 웹사이트에 눈에 띄게 게시하라. 새로 시작한 경우, 업계 블로거들에게 당신의 조직을 다루도록 요청하라. 언론 보도는 암묵적인 신뢰성과 지원의 표시이다.
3. 전문가의 증언을 얻으라.	전문가의 증언을 얻고 이를 웹사이트와 문서에 게시하라. 전문가는 유명인이 아니더라도 괜찮다. 수술 관련 소프트웨어를 판매하는 경우, 수술의사에게 테스트와 코멘트를 요청하라. 방과 후 위기청소년을 위한 비영리 단체를 시작하는 경우, 지방 경찰청장이나 학교 교장에게 당신의 서비스에 대해 코멘트를 요청하라.
4. 고객 증언을 얻으라.	고객, 기부자, 서비스 수혜자에게 테스트하고 사용 경험에 대한 코멘트를 요청하라. 가능하면 그들의 사진을 포함하라. 실제 인물의 긍정적인 증언은 종종 가장 설득력이 있다.
5. 사람들이 관심을 가질 이유를 제공하라.	당신의 창업에 대한 진정성을 전달해야 하지만 '혁명적'이나 '업계 최고'와 같은 버즈 워드를 사용하지 말라. 이러한 용어는 너무 광고 같다. 대신 진정성 있게 다가가라. 고객이나 기부자가 왜 관심을 가져야 하는지 일상어를 사용해서 설명하라.
6. 당신의 이야기를 하라.	왜 이 일에 신경을 쓰는가? 창업자가 회사를 창업하거나 비영리 단체를 시작하는 진정한 이유를 진심 어린 이야기로 전달하는 것은 신뢰를 구축하는 가장 빠른 방법이다. 사진과 함께 실제 이메일 주소를 첨부하라.
7. Facebook, Twitter, Instagram 계정을 만들라.	좋든 싫든 사람들은 Facebook, Twitter, Instagram에서 당신을 찾을 것이다. 거기 없으면 위험 신호이다. 이 세 사이트에서 계정을 만들고 자주 업데이트하라.
8. 돈을 어떻게 사용하거나 보호할지 알리라.	당신이 창업한 비즈니스인 경우, 환불 보장을 제공하라. 비영리 단체인 경우 후원자의 돈을 어떻게 사용할지 구체적으로 설명하라.

터치스크린에서 사용자는 수백 가지의 상시 라이딩 목록 중에서 선택하거나 하루에 12개의 라이브 클래스 중 하나에 참여할 수 있다. 미리 라이브 클래스에 등록하면 친구들에게 알릴 수 있어 함께 수업을 들을 수 있고, Facebook에 예약을 게시해서 다른 사람들도 참여할 수 있다. 상시 라이딩은 길이, 난이도, 강사 등에 따라 다양한 옵션을 제공하며, 실시간 라이딩은 Peloton Cycle의 뉴욕시 스튜디오에서 전 세계의 Peloton 라이더들과 함께 탈 수 있다. 상시 옵션과 라이브 옵션 모두 리더보드에서 다른 라이더들과의 경쟁 상황을 확인할 수 있고, 아니면 데이터를 숨겨서 라이딩에 몰입할 수도 있다. 라이딩 중에 Peloton Cycle은 소모 칼로리, 출력 파워, 이동 거리, 케이던스(페달 속도)를 모니터링하고, 라이더가 바로 확인할 수 있도록 화면에 표시한다.

Peloton Cycle은 자전거(1,995달러)와 라이브 및 상시 라이딩 월 구독료(39.00달러)를 판매해서 수익을 창출한다.

이것이 Peloton Cycle이 제공하는 제품과 서비스이다. 이제 위에서 설명한 여덟 가지 기술을 통해 Peloton이 신뢰성과 합법성, 신용을 구축하는 방법을 살펴보자.

1. Peloton Cycle은 전문적인 로고 디자인, 아름다운 웹사이트, 기업용 이메일 주소를 갖추고 있다.
2. Peloton Cycle은 《Fast Company》, 《Men's Health》, 《USA Today》, 《Good Housekeeping》, 《Vanity Fair》, 《New York Times》, 기타 매체에서 다양한 기사가 실리며, 〈Fox Business〉 등의 TV 프로그램에서도 소개되었고, Sofia Vergara, Madonna, Jon Bon Jovi와 같은 유명인사들의 관심을 받았다. Salesforce.com의 CEO March Benioff는 "나는 @RidePeloton에 입문했다! 훌륭한 제품, 시각적인 경험. 강력하게 추천한다"는 트윗을 올렸다.
3. Peloton은 웹사이트에 전문가의 추천사를 직접 게시하진 않지만, 회사와 함께하는 사람들의 사진을 여러 장 게시하고 있다. 또한 Peloton Cycle에 대한 다양한 매체의 코멘트를 게시하고 있다. 회사는 미국에서 가장 재능 있는 사이클링 강사들을 모았다고 주장한다. Peloton은 제품 비디오도 웹사이트(및 YouTube)에 게시해 직접 Peloton Cycle을 확인할 수 있도록 하고 있다.
4. Peloton의 고객 후기는 웹사이트에서 쉽게 볼 수 있다.
5. Peloton의 모든 광고, 프로모션, PR은 Peloton이 사람들의 삶에서 차이를 만드는 방식을 잠재 고객에게 전달하기 위한 것이다. Peloton은 집에서 고강도 상호작용 운동에 접근할 수 있는 기회를 제공한다. Peloton은 또한 '커뮤니티' 측면을 강조하고 있다. 동일한 라이브 사이클링 수업을 같은 시간에 들음으로써 서로 알아가고, 친구를 사귀며, 서로 지지하는 네트워크를 형성한다.
6. 회사는 자신의 이야기를 전할 기회를 놓치지 않으며, 시장에 새로운 접근 방식을 선보인다는 자신감을 가지고 있다. 창립 이야기와 함께 회사가 제공하는 가치에 대한 요약이 웹사이트에 게시되어 있다('Our Story' 링크 아래). Peloton은 창업자 인터뷰, Peloton 협력자, Peloton 강사 특집 등 다양한 시각으로 회사를 소개하

Rawpixel.com/Shutterstock

DonorsChoose가 모금한 요청 중 상당수가 학생들을 참여시키고 영감을 주는 실습 활동을 위한 것이다. 사진은 세계의 다양한 국가와 문화를 익히기 위해 선생님이 학생들에게 지구본과 세계 지도, 특별하게 설계된 교육과정을 사용하는 모습이다.

는 YouTube 채널을 운영하고 있다. 회사는 전국적인 광고를 통해 Peloton 이야기의 본질을 전달하기도 한다.

7. 회사는 Facebook, Twitter, Instagram에서 활발하게 활동하고 있다. 2017년 3월 기준 Facebook 좋아요 수는 213,975개, Twitter 팔로워 수는 11,500명, Instagram 팔로워 수는 52,500명이다.
8. Peloton은 30일 교환 및 환불 정책을 제공한다. 초기 운송료는 환불하지 않으며, 자전거를 회사로 반환하는 운송료 역시 부담하지 않는다.

DonorsChoose

DonorsChoose는 공립 학교에서 특정 프로젝트에 직접 기부할 수 있는 방법을 제공하는 비영리 기관이다. 뉴욕의 한 공립 중학교 과학 교사인 Charles Best가 2000년에 DonorsChoose를 시작했다. 그 후 미국 전역의 공립 학교에 서비스를 제공하게 되었다.

DonorsChoose는 교사로부터 제안서를 수집하고 그것을 자사 웹사이트에 게시한다. 2017년 2월에 게시된 요청 사례 중 하나는 오클라호마주 에드먼드에 있는 Deer Creek Intermediate School 교사가 요청한 것이다. 이 교사는 교실에 흔들의자 6개를 구입하기 위해 387.96달러를 요청했다. 흔들의자는 인체공학적으로 디자인되어 등과 다리를 적절하게 지지하기 때문에 학생들이 자리를 벗어나지 않고도 다양하게 움직일 수 있다. 교사는 유연한 교실을 만들어 학생들이 활동에서 활동으로 쉽게 이동할 수 있다고 말한다. 이미 긍정적인 결과를 보았으며 흔들의자는 학생들에게 더 많은 유연성과 학습 기회를 제공할 것이다. DonorsChoose는 운영 비용을 충당하기 위해 15%의 간접비(overhead)를 추가하고, 배송비, 판매세 등을 포함한 예산을 표시해서 요청 금액을 585달러로 만들었다. 이 사례를 쓴 시점에서 2개의 주에서 총 8명이 475달러를 기부했으며 110달러가 아직 필요하다. 프로젝트가 자금 조달에 성공하면 DonorsChoose는 흔들의자를 구입해서 교사에게 배송할 것이다. 그 후 학교 교장에게 팩스나 이메일 메시지를 전송해 선물이 제공되었음을 알리게 된다. 또한 같은 학교 교사 중에 누군가가 DonorsChoose를 통해 자금을 모았다면 그 교사에게도 선물을 알리는 통지문이 전송된다. DonorsChoose는 교사에게 표시된 요청 항목을 구입하고 항목을 전달한다.

그리고 이어지는 일들은 마음 따뜻하고 특별한 일이다. 1달러 이상 기부한 모든 사람은 교사로부터 서면 감사 편지, 교실에서 찍은 사진, 각 금액을 어떻게 사용했는지에 대한 보고서를 받는다. DonorsChoose는 기부자로부터 모은 관리 간접비와 사적 자금으로 자금을 조달한다.

이것이 DonorsChoose의 취지이다. 다른 모든 자선단체와 마찬가지로 기부자의 신뢰와 지원에 의존한다. 다음은 DonorsChoose가 신뢰성, 합법성, 신용을 구축하는 여덟 가지 기술을 다루는 방법이다.

1. 프로페셔널한 로고 디자인, 아름다운 웹사이트, .org 이메일 주소를 갖추고 있다.
2. 15년 이상 활동하면서도 DonorsChoose는 여전히 언론의 관심을 받고 있다. NPR, 〈NBC Nightly News〉, CNBC, 〈CBS This Morning〉, 〈Morning Joe〉 등 라디오와 TV 프로그램에서 다루어졌으며, 《Fast Company》, 《Vanity Fair》, 《Wall Street Journal》, 《USA Today》 등의 매체에서도 다루어졌다.
3. DonorsChoose는 비영리 단체를 평가하는 두 기관인 BBB Accredited Charity와 Charity Navigator의 인증을 받았다. 이는 기부금에 대한 책임성을 충실히 지키고 있음을 뜻하며, Charity Navigator에서는 최고 등급인 4등급을 받았다. 또한 Chevron, Google.org, Sonic, Bill & Melinda Gates 재단, Diseny, 3M, TOMS 등의 기업 파트너가 있어 DonorsChoose의 임무를 지지하고 있다.
4. DonorsChoose는 고객 증언을 직접 게시하지는 않지만, 설립 이후로 미치게 된 영향력을 눈에 띄게 표시하고 있다. 이 사례를 작성할 당시, DonorsChoose는 2,527,307명의 지지자, 877,593개의 프로젝트 펀딩, 22,082,465명의 학생들에게 도달한 것으로 나타났다. 또한 블로그(www.donorschoose.org/blog)를 운영하며 DonorsChoose에서 자금을 모으는 방법에 대한 팁을 제공하고, 공립 학교 교실에서 발생하는 긍정적인 일에 대해 이야기하고 있다.
5. DonorsChoose의 모든 전제 기반은 사람들이 관심을 가져야 할 이유를 알려준다. 여러 아이의 사진과 프로젝트가 자선 단체의 웹사이트에 게시된다. 태그라인은 'Support a classroom. Build a future'이다.
6. 'About Us' 메뉴에서는 이 조직이 왜 시작되었는지와 누가 이를 주도하고 있는지에 대한 상세한 정보를 제공한다.
7. DonorsChoose는 Facebook, Twitter, Instagram에서 활동하고 있다. 180,915개의 Facebook 좋아요, 234,000명의 Twitter 팔로워, 15,300명의 Instagram 팔로워가 있다. DonorsChoose의

SNS 페이지를 살펴보자. 인스타그램 계정(www.instagram.com/donorschoose)에서는 밝고 낙천적이며 활기찬 학생들의 얼굴을 볼 수 있다. 그들의 모습은 당신의 하루를 즐겁게 할 것이다.

8. DonorsChoose는 그들이 만든 영향력을 눈에 띄게 표시한다. 재무 기록은 공인 회계사에게 감사를 받으며, 요청 시 대중에게 공개한다.

토의 문제

1. 왜 신뢰성, 합법성, 신용 구축이 스타트업 벤처에 특히 중요한가? 이것은 비영리기업이든 영리기업이든 상관없이 해당되는가?
2. 신뢰성, 합법성, 신용 구축이 스타트업 기업이 법적 분쟁과 문제를 피하는 데 어떻게 도움이 되는가?
3. 윤리와 윤리적 행동에 관해 Peloton Cycle과 DonorsChoose의 문화에서 기대되는 특성은 무엇인가?
4. Peloton Cycle과 DonorsChoose에 대해 추가적인 연구를 진행해서 각 창립자(Peloton의 John Foley와 DonorsChoose의 Charles Best)가 조직의 신뢰성과 신용을 구축하는 데 도움을 줬던 예시 일부를 기술해보자.

출처: Peloton Cycle 홈페이지, www.pelotoncycle.com(2017년 2월 25일 확인); DonorsChoose 홈페이지, www.donorschoose.com(2017년 2월 25일 확인).

에세이 문제

1. 'You Be the VC 7.1'의 Vélib' 사례는 파리 시내 전역의 1,600개 광고판 독점권을 활용해서 JCDecaux의 창업 및 운영 비용을 상쇄한다는 것을 보여준다. 높은 위험과 운영 비용에도 불구하고 광고판 자산을 10년 동안 활용할 수 있다면 이 미디어 기업은 막대한 수익 가능성을 가지게 된다. 도시에서 비슷한 협정이 어떻게 이루어질 수 있을지 한두 단락 분량의 제안서를 써보라. 이러한 비즈니스 모델을 사용해서 어떤 도시 전체 서비스나 문제에 자금을 지원할 수 있을까? 민간 기업이 이익을 위해 운영하는 서비스에서 도시가 교환할 수 있는 공공 자산은 무엇일까? 대부분의 도시에서 이 시스템이 잘 작동할까? 도시가 이러한 협정을 맺는 것의 장단점은 무엇일까?

2. GiveForward는 개인이 지불해야 할 의료 비용을 지원하기 위해 자금과 감정적 지원을 제공하는 크라우드펀딩 플랫폼이다. GiveForward가 의료 비용을 지불하기 어려운 사람들에게 제공하는 서비스를 고려해보자. 이 회사에서 일하는 사람이 마주칠 수 있는 윤리적 딜레마는 어떤 것이 있을까? 식별된 딜레마와 다른 딜레마에 대처하기 위해 GiveForward가 개발하고 직원들이 사용할 윤리 교육 프로그램으로 어떤 것을 추천하겠는가? 한두 단락 분량으로 이 질문에 대한 대답을 작성해보라.

부록 7.1 비즈니스 이름의 의미: 조심하지 않으면 큰 문제가 된다

소개

비즈니스 이름 짓기는 처음에는 사소한 문제처럼 보일 수 있지만, 실제로는 매우 중요한 문제이다. 회사의 이름은 사람들이 비즈니스와 연관 지을 수 있는 가장 중요한 요소 중 하나이며, 회사를 운영하는 동안 수천 번 또는 수십만 번 오르내리는 단어나 구문이다. 회사 이름은 또한 브랜딩 전략에서 가장 중요한 측면이다. 회사 브랜드는 소비자가 경쟁업체와 구분할 수 있는 독특한 속성 집합이다. 시장에서 원하는 방향으로 차별화를 하는 데 방해가 되기보다는 유용하게 만들어주는 비즈니스 이름을 선택하는 것이 중요하다.

기업가가 신중하지 않으면 비즈니스 이름을 지을 때 문제가 발생할 수 있다. 비즈니스 이름을 지을 때는 매우 신중해야 하는 법적 문제가 많이 있다. 비즈니스 이름을 선택한 뒤 나중에 법적으로 이미 사용 중인 것을 발견했다면, 회사는 ① 설립서를 수정하고, ② 인터넷 도메인 이름을 변경하고, ③ 전화 및 기타 디렉터리에서 새로운 목록을 얻고, ④ 새로운 문구와 명함을 구매하고, ⑤ 서명과 광고를 다시 만들고, ⑥ 고객에게 새 이름을 소개하는 비용과 잠재적인 수치심을 감수해야 할 수 있다. 이는 어떤 기업가도 겪고 싶지 않은 복잡한 문제이다. 다음 사례는 비즈니스 이름을 지을 때 필요한 전략과 법적 문제를 설명한다.

비즈니스 네이밍 전략

비즈니스 네이밍을 선택할 때는 회사가 제공하는 제품, 서비스, 고객 등을 고려하는 것이 중요하다. 이를 위해 일반적으로 네 가지 범주로 회사를 나누어 이 문제를 논의한다.

소비자 중심 회사

특정 유형의 고객에게 집중하는 회사는 고객의 특성을 반영하는 이름을 가져야 한다. 예를 들어, 여성용 소형 사이즈에 특화된 고급 의류 매장의 이름은 'La Petite Femme'이며, 식료품 판매업자가 지역 생산자들과 연결될 수 있도록 도와주는 회사는 'Local Dirt'이다. 이러한 회사는 특정 목표 시장이나 고객층을 대상으로 이름을 선택한다.

제품이나 서비스 중심 회사

특정 제품이나 서비스에 중점을 둔 회사는 제품이나 서비스가 시장에 가져다주는 이점을 반영하는 이름을 가져야 한다. 예로 'Jiffy Print', 'Anytime Fitness', '1-800-FLOWERS'와 같은 기업이 있다. 이러한 네이밍은 제품이나 서비스의 본질적인 특징을 나타내준다.

산업 지향 회사

회사가 특정 산업의 광범위한 제품이나 서비스에 집중할 계획이라면, 그 이름은 참여하는 범주를 반영해야 한다. 예로 General Motors, Bed Bath & Beyond, Home Depot과 같은 기업이 있다. 이 회사들은 의도적으로 목표 시장 또는 제품 선택과 관련해 광범위하면서 제한적이지 않다.

성격이나 이미지 중심 기업

일부 기업은 창업자의 개성이나 이미지가 기업에 강한 영향을 미치기 때문에 창업자의 이름을 따서 기업 이름을 정하는 것이 현명할 때가 있다. 예를 들면 Liz Claiborne, Walt Disney, Charles Schwab, Magic Johnson Enterprises 등이 있다. 이러한 기업은 인기 있거나 독특한 창업자와 긍정적인 연관성을 지닌 이름을 가진다. 물론 창업자가 대중에게 인기를 잃게 되면 이전과는 달리 이 전략이 역효과를 일으킬 수 있다.

기업 이름이 일부 사업주에게는 쉽게 떠오르겠지만 다른 사람에게는 매우 공들여야 하는 과정일 수도 있다. 이것은 JetBlue의 경우에도 그랬다. JetBlue의 초기 연대기를 담은 《Blue Streak》라는 책에 따르면, JetBlue의 창업자 David Neeleman과 초기 경영진은 회사 이름을 정하기 위해 고통스러운 과정을 거쳤으며 JetBlue라는 이름을 정하기 전에 수백 가지 이름을 고려했다. JetBlue는 1999년에 출범했다. Neeleman은 강력한 브랜드가 장애물을 극복할 수 있을 것이라 믿었다. Neeleman은 새로운 항공사라는 약점을 극복할 수 있는 강력한 브랜드를 구축하는 것이 중요하다고 느꼈으며, 회사 이름이 브랜드 구축의 핵심이라고 믿었다. Neeleman과 경영진이 JetBlue 대신 진지하게 고려한 다른 이름 목록이 아래 표에 나와 있다. 오늘날에는 JetBlue를 다른 이름으로 상상하기 어렵다. 이는 브랜드의 힘을 보여주는 것이다.

기업 이름 제정과 관련된 법적 문제

사업명에 대한 일반적인 규칙은 고유해야 한다는 것이다. 다시 말해, 대부분의 경우 한 주(state)당 하나 이상의 비즈니스 이름이 있을 수 없다. 또한 비즈니스는 다른 비즈니스와 혼동될 가능성이 있는 이름을 가질 수 없다. 이 규정은 예를 들어 소프트웨어 회사가 이름을 Macrosoft로 명명하는 것을 방지한다. 이 경우 Microsoft는 혼동될 가능성이 있다는 이유로 이 이름에 대한 권리를 주장할 것이다.

특정 주에서 이름이 사용 가능한지 여부를 확인하려면, 기업가는 보통 해당 주의 국무장관실에 문의해 특정 이름이 사용 가능한지 확인해야 한다. 이러한 문의는 일반적으로 온라인이나 전화로 처리할 수 있다. 이름이 사용 가능한 경우, 다음 단계는 국무장관실에서 권장하는 방법으로 예약하는 것이다. 많은 변호사와 법인 서비스가 기업가와 그들의 벤처기업에 대해 이 단계를 포함한 요금 기반 서비스를 제공한다.

한번 사용 가능한 이름을 선택하면 상표권을 등록해야 한다. 상표권을 얻는 과정은 보호 기능이 있다는 것을 고려하면 간단하며 상대적으로 저렴하다. 상표권을 얻는 방법에 대한 자세한 설명은 이 책의 제12장에서 제공한다.

비즈니스 이름을 지정하는 전체 과정은 종종 기업가에게 매우 좌절스러울 수 있다. 이미 사용 중인 이름을 찾기가 점점 어려워지고 있기 때문이다. 예를 들어, 기업가가 새로운 퀵 프린팅 서비스를 개설하기로 계획하고 있다면, 'printing'과 'quick, swift, fast, rapid, speedy, jiffy, express, instant' 등과 같은 단어의 모든 가능한 조합은 이미 사용 중이라는 것이다. 또한 때로는 한 문화에서 작동하는 이름이 다른 문화에서는 작동하지 않는 경우가 있다는

JetBlue를 위해 진지하게 고려한 이름

Air Hop	Scout Air	Competition	Home	Air Taxi	Avenues	Civilization Airways
Egg	It	Blue	Fair Air	Scout	Hi! Way	True Blue

것도 고려해야 할 사항이다. 이에 대한 대표적인 예가 Chevy Nova이다. 광고와 함께 출시된 이 차량은 멕시코에서 그다지 멋진 반응을 받지 못했다. 스페인어로 'No va'는 '움직이지 않는다'는 뜻이다. 따라서 Nova는 멕시코에서 잘 팔리지 않았다.

따라서 이러한 복잡성과 다른 이유로 인해 기업가는 비즈니스 이름을 지을 때 다양한 전략을 사용한다. 일부 이름은 단순히 특징적이거나 독특한 이름을 원하기 때문에 만들어지며 또는 아직 등록되지 않은 인터넷 도메인 이름을 얻기 위해 만들어진다(아래에서 자세히 설명하겠다). 이렇게 만들어진 이름의 예로 Wello, Verizon, eBay, Google, Fitbit 등이 있다. 이러한 이름 중 일부는 마케팅 연구 기업의 도움으로 만들어진다. 이들은 특정 이름의 '언어적 특성'(소비자가 이름을 제대로 읽을 수 있는가?), '음운적 투명성'(소리와 동일하게 맞춰져 있는가?), '다국어 기능성'(영어와 같은 언어로 이해하기 쉬운가?)과 같은 복잡한 방법론을 사용한다. 이러한 문제들은 모두 중요하다. 몇 년 전에 Anderson Consulting은 Accenture로 이름을 변경했다. 'Accenture'의 발음은 명확하지 않은데, 이는 이후 이 회사에 문제가 되었다.

인터넷 도메인 이름

회사명을 선택할 때 마지막으로 고려해야 할 복잡한 요소는 인터넷 도메인 이름을 등록하는 것이다. 도메인 이름은 회사의 인터넷 주소이다(예: www.facebook.com). 대부분의 회사는 도메인 이름이 회사명과 동일하길 원한다. GoDaddy.com(www.godaddy.com)과 같은 온라인 등록 서비스를 통해 도메인 이름을 쉽게 등록할 수 있다. 도메인 이름을 등록하고 유지하는 표준 요금은 연간 10~15달러이다.

회사가 도메인 이름을 등록하려고 할 때 같은 이름의 도메인 이름이 이미 등록되어 있다면 문제가 발생할 수 있다. 이런 상황이 발생하는 이유는 두 가지가 있다. 첫째, 다른 회사가 이미 동일한 이름으로 등록했을 수 있다. 예를 들어 기업가가 Delta Semiconductor라는 회사를 시작한다면 Delta 항공이 이미 등록한 www.delta.com이라는 도메인 이름을 발견하게 될 것이다. 이러한 상황은 매일 반복되며, 꽤 평범한 이름을 선택한 새로운 기업에 대한 도전을 대표한다. 회사는 다른 도메인 이름(예: www.deltasemiconductor.com)을 선택하거나 현 도메인 소유주로부터 이름을 인수하려고 시도할 수 있다. 그러나 Delta 항공은 www.delta.com이라는 도메인 이름을 어떤 가격으로도 포기하지 않을 것이다. 둘째, 도메인 이름이 나중에 사용하려고 미리 등록한 사람이나 단순히 더 높은 가격에 팔려는 사람의 손에 있을 수 있다.

그럼에도 불구하고 기업 이름과 인터넷 도메인 이름을 선택할 때는 약간의 상상력이 큰 도움이 된다. 예를 들어, 저자는 사례 7.1에서 설명한 비즈니스를 위해 iUser Accessories라는 이름을 만들었다. 인터넷 도메인 이름인 www.iuseraccessories.com은 이용 가능했으며, 따라서 이를 www.godaddy.com에 등록했다. 이 인터넷 도메인 이름으로 무엇을 할 수 있을까? 아직은 확실치 않다. 그러나 이 이름으로 창업을 하려는 다른 사람은 원하는 이름이 이미 등록되어 있다는 것을 발견할 것이다.

미주 Endnote

1. 2016 Global Business Ethics Survey, Ethics Research Center, United States of America, Ethics & Compliance Initiative, 2016.
2. J. Adelstein and S. Clegg, "Code of Ethics: A Stratified Vehicle for Compliance," *Journal of Business Ethics* 138, no. 1 (2016): 53–66; M. F. Hess and J. H. Cottrell, Jr., "Fraud Risk Management: A Small Business Perspective," *Business Horizons* 59, no. 1 (2016): 13–18.
3. Global Learning Systems Homepage, www.globallearningsystems.org (accessed February 23, 2017).
4. S. Wang, *22 Legal Mistakes*, Copyright by Susan Wang, Published by Papervine Media LLC, 2012.
5. R. Stim, *Patent, Copyright, & Trademark: An Intellectual Property Desk Reference* 14th edition, Nolo Publishers, Berkeley, CA, 2016.
6. T. Hellmann and N. Wasserman, "The First Deal: The Division of Founder Equity in New Ventures," *Management Science* (2017), in press.
7. P. Crama, B. De Reyck, and N. Taneri, "Licensing Contracts: Control Rights, Options, and Timing," *Management Science* 63, no. 4 (2017): 1131–1149; S. Arcot, "Participating Convertible Preferred Stock in Venture Capital Exits," *Journal of Business Venturing* 29, no. 1 (2014): 72–87.
8. J. Poole, "What to Do If You're Not Getting Paid," *Constructonomics*, www.constructonomics.com (accessed July 5, 2010).
9. N. Richter, L. Volquart, T. Schildhauer, and K. Neumann. "Fostering and Hindering Factors—Success of Early Stage Internet-Enabled Startups," HIIG Discussion Paper Series No. 2016-04, available at https://papers.ssrn.com/sol3/papers.cfm?abstract_id=2789375; G. Fisher, S. Kotha, and A. Lahiri, "Changing with the Times: An Integrated View of Identity, Legitimacy, and New Venture Life Cycles," *Academy of Management Review* 41, no. 3 (2016): 383–409.

10. J. Barraket, C. Furneaux, S. Barth, and C. Mason, "Understanding Legitimacy Formation in Multi-Goal Firms: An Examination of Business Planning Practices among Social Enterprises," *Journal of Small Business Management* 54, S1 (2016): 77–89 W. O. Peake and W. Watson, "Ties That Bind? A Mediation Analysis Exploring Contract Use in Family Versus Nonfamily Firms," *Journal of Small Business Management* 25, no. 6 (2015): 1185–1202.
11. M. Clark, *The Bear Necessities of Business* (New York: Wiley, 2006), 112.
12. C. E. Bagley, *Legal Aspects of Entrepreneurship: A Conceptual Framework* (Cambridge, MA: Harvard Business School Publishing, 2002), 17.
13. A. Gerlin, "A Matter of Degree: How a Jury Decided That a Coffee Spill Is Worth $2.7 Million," *The Wall Street Journal*, September 1, 1994.
14. M. H. Morris, X. Neumeyer, Y. Jang, and D. F. Kuratko, "Distinguishing Types of Entrepreneurial Ventures: An Identity-Based Perspective," *Journal of Small Business Management* (2017), in press; P. A. Coomes, J. Fernandez, and S. F. Gohmann, "The Rate of Proprietorship Among Metropolitan Areas: The Impact of the Local Economic Environment and Capital Resources," *Entrepreneurship Theory and Practice* 37, no. 4 (2013): 745–770.
15. J. C. Leach and R. W. Mellcher, *Entrepreneurial Finance*, 6th ed. (Cincinnati: Cengage Learning, 2016); R. M. Sauer and T. Wilson, "The Rise of Female Entrepreneurs: New Evidence on Gender Differences in Liquidity Constraints," *European Economic Review* 86, July (2016): 73–86.
16. A. Agrawal, C. Catalini, and A. Goldfarb, "Are Syndicates the Killer App of Equity Crowdfunding?" *California Management Review* 58, no. 2 (2016): 111–124; M. G. Colombo, D. D'Adda, and L. H. Pirelli, "The Participation of New Technology-Based Firms in EU-funded R&D Partnerships: The Role of Venture Capital," *Research Policy* 45, no. 2 (2016): 361–375.
17. A. Croce, M. Guerini, and E. Ughetto, "Angel financing and the Performance of High-Tech Start-Ups," *Journal of Small Business Management* (2017), in press; M. C. Colombo, D. J. Cumming, and S. Vismara, "Governmental Venture Capital for Innovative Young Firms," *The Journal of Technology Transfer* 41, no. 1 (2016): 10–24.
18. T. L. Galloway, D. R. Miller, A. Sahaym, and J. D. Arthurs, "Exploring the Innovation Strategies of Young Firms: Corporate Venture Capital and Venture Capital Impact on Alliance Innovation Strategy," *Journal of Business Research* 71, February (2017): 55–65; D. T. Robinson and B. A. Sensoy, "Cyclicality, Performance Measurement, and Cash Flow Liquidity in Private Equity," *Journal of Financial Economics* 122, no. 3 (2016): 521–543.
19. K. C. Brown and K. W. Wiles, "Opaque Financial Contracting and Toxic Term Sheets in Venture Capital," *Journal of Applied Corporate Finance* 28, no. 1 (2016): 72–85; R. Levine, C. Lin, and W. Xie, "Spare Tire? Stock Markets, Banking Crises, and Economic Recoveries," *Journal of Financial Economics* 120, no. 1 (2016): 81–101.
20. J. Dammann and M. Schundein, "The Incorporation Choices of Privately Held Corporations," *Journal of Law, Economics and Organization* 27, no. 1 (2011): 79–112.
21. D. Maltese and M. Farina, "Theory of the Firm and Organisational Contracts: The Remedial Aspects of Good Faith." *European Business Law Review* 27, no. 1 (2016): 51–83; A. Mandaraka-Sheppard, "New Trends in Piercing the Corporate Veil: The Conservative Versus the Liberal Approaches," *Business Law Review* 35, no. 1 (2014): 2–14.
22. Investorwords.com Homepage, www.investorwords.com (accessed March 12, 2017).
23. Investorwords.com Homepage, www.investorwords.com (accessed March 12, 2017).
24. T. Wang, S. Thornhill, and B. Zhao, "Pay-for-Performance, Employee Participation, and SME Performance," *Journal of Small Business Management*, (2017), in press; F. Zona, "Agency Models in Different Stages of CEO Tenure: The Effects of Stock Options and Board Independence on R&D Investment," *Research Policy* 45, no. 2 (2016): 560–575.
25. A. L. Steinbach, T. R. Holcomb, R. M. Holmes, Jr., C. E. Devers, and A. A. Cannella, Jr., "Top Management Team Incentive Heterogeneity, Strategic Investment Behavior, and Performance: A Contingency Theory of Incentive Alignment," *Strategic Management Journal* 38, no. 4 (2017): 1701–1720; R. Krause, K. A. Whitler, and M. Semadeni, "Power to the Principals! An Experimental Look at Shareholder Say-On-Pay Voting," *Academy of Management Journal* 57, no. 1 (2014): 94–115.
26. L. Zhang, A. Gupta, and B. Hallen, "The Conditional Importance of Prior Ties: A Group-Level Analysis of Venture Capital Syndication," *Academy of Management Journal*, (2017), in press; N. J. Foss and L. Weber, "Moving Opportunism to the Back Seat: Bounded Rationality, Costly Conflict, and Hierarchical Forms," *Academy of Management Review* 41, no. 2 (2016): 61–79.
27. A. Schandlbauer, "How Do Financial Institutions React to a Tax Increase?" *Journal of Financial Intermediation* 30, April (2017): 86–106.
28. A. Mancuso, *The Limited Liability Company: An Operating Manual*, 8th ed. (Nolo, Berkely, CA: 2016).
29. B. Freudenberg, "Advisors' Understanding of Tax Compliance for Choice of Business Form," *Global Review of Accounting and Finance* 4, no. 1 (2013): 1–12; L. Gray, "The Three Forms of Governance: A New Approach to Family Wealth Transfer and Asset Protection, Part III," *Journal of Wealth Management* 14, no. 1 (2011): 41–54.

ESSENTIUM MATERIALS와 친해지기

Essentium Materials/Photo Credit: Blake Teipel

공동창업자

Blake Teipel

텍사스A&M대학교 재료과학 및 공학 박사, 2016

Elisa Teipel

콜로라도대학교 볼더캠퍼스 토목공학 박사, 2015

Ryan Vano

베일러대학교 기계공학 학사, 2010

Gene Birdwell

텍사스대학교 댈러스캠퍼스 MBA, 2000

Blake Teipel과의 대화

학생으로서 가장 좋은 점

말 그대로 무료로 제공되는 모든 훌륭한 리소스와 조언을 이용할 수 있는 것. 모두가 열정을 갖고 열심히 노력하는 학생을 돕고 싶어 한다.

스마트폰 음악 리스트에서 가장 좋아하는 밴드

Dave Matthews 밴드

기업가로서 가장 큰 고민

중단되는 것

첫 창업 경험

첫 번째 벤처에 대한 첫 아이디어를 재정적 후원자, CFO, CPA에게 발표한 일

Instagram에서 가장 좋아하는 사람

아내

일하지 않을 때 하는 것

어린 아들과 놀기

CHAPTER 8

신규 벤처의 재무 건정성 및 실행 가능성 평가

ESSENTIUM MATERIALS

신중하게 재무 관리하기

• Web: www.EssentiumMaterials.com • Facebook: Essentium Materials LLC • Twitter: @MaterialsGenius

2013년 6월 Blake Teipel은 텍사스A&M대학교에서 재료 과학 및 공학 박사 과정을 밟고 있었다. 그는 사업 아이디어를 가지고 있었다. Teipel은 3명의 다른 엔지니어 및 재정적 후원자와 함께 자동차 산업을 위한 생체 재료 제품을 연구하고 있었다. 자동차 내에는 에어컨 송풍구, 컵홀더, 대시보드 아래 고정 장치와 같은 플라스틱 부품이 많이 있다. Teipel과 그의 팀은 부품을 더 가볍고 지속 가능하게 만들 수 있는 생체 재료 화합물을 연구하고 있었다. 팀원(Teipel의 아내 Elisa)이 학술대회에서 이 아이디어를 발표했고, Ford Motor Company의 관심을 받았다. Ford는 제품에 대한 작업을 지속할 수 있도록 팀에 연구 보조금을 수여했으며, 동시에 이 팀은 조사를 계속할 수 있는 NSF(National Science Foundation)의 연구비를 받았다. 이것은 Teipel의 박사학위 논문 주제와도 같았기 때문에 운 좋은 일이었다.

2013년 6월부터 2015년 6월까지, 5명의 팀이 이 아이디어 작업을 진행했다. Ford는 모든 자동차 제조업체 중에서 차량에 사용하는 재료에 대해 가장 높은 수준의 환경적 관심을 가지고 있었기 때문에 자연스럽게 협력 파트너가 되었다. 이 그룹은 사업 계획서를 작성하고 작업을 계속할 수 있는 충분한 자금을 확보했으며, 그들의 제품을 시장에 출시하기 위한 운영 계획을 추진했다. 이는 그들이 개발하는 제품이 작동하기만 하면 고객을 확보할 수 있었기 때문에 이상적인 상황이었다. Ford는 다른 자동차 제조업체와 함께 엄격한 EPA 연비 기준을 충족시켜야 하는 압력을 받았다. Ford가 기준을 충족하는 한 가지 방법은 차량의 부품을 더 가볍고 지속 가능하게 만드는 것이었다.

이 기간 동안, Essentium Materials라 불리는 Teipel의 회사는 재정을 신중하게 관리했다. 아직 판매할 제품이 없었기 때문에 월 소진율 대비 은행에 예치된 잔액을 특히 주의 깊게 관리했다. 소진율은 수익성에 도달할 때까지 자본을 소비하는 속도를 나타낸다. 그러나 Teipel과 그의 팀이 제품 개발을 계속하면서도 Ford가 구매 주문을 할 수 있을 정도로 상품화가 가능한 수준에 도달할 수는 없었다. 이러한 현실로 인해 팀은 원래 아이디어에서 한 발짝 물러났다. 생체 재료 제품 아이디어의 일부 작업이 3D 프린팅으로 전환되었다. 2015년 6월, 팀은 방향을 틀고 3D 프린팅 비즈니스 아이디어를 중심으로 작업하기 시작했다.

Teipel과 그의 팀은 새로운 사업 계획서를 작성했다. 아이디어는 3D 프린터가 부품을 만드는 데 사용하는 필라멘트를 생산하고 판매하는 것이었다. 팀은 필요한 대부분의 장비

학습목표

1. 창업기업의 재무 관리 이해의 중요성에 대해 알 수 있다.
2. 창업벤처의 네 가지 주요 재무 목표를 파악할 수 있다.
3. 창업기업에서 사용하는 재무 관리 프로세스를 설명할 수 있다.
4. 과거 재무제표와 추정 재무제표의 차이점을 설명할 수 있다.
5. 다양한 과거 재무제표와 그 목적에 대해 설명할 수 있다.
6. 기업의 미래 수입과 지출을 추정하는 데 예측의 역할에 대해 논의할 수 있다.
7. 추정 재무제표의 목적을 설명할 수 있다.

를 보유하고 있었고 고객이 기존 필라멘트를 사용해서 3D 프린터로 만든 부품보다 더 강하고 견고하며 탄력적인 부품을 만들 수 있는 혁신적인 다층 필라멘트를 생산할 수 있을 것으로 판단했다. 생체 재료 제품 아이디어보다는 난이도가 낮은 기술적 도전이었다. 팀은 또한 3D 프린터 시장이 진입하기에 좋은 시장이고, 그들의 제품이 세계적으로 차별화될 것이며, 빠르게 시장에 출시할 수 있을 것이라고 생각했다. 사실 그 당시 3D 프린팅 필라멘트 시장은 매년 세 자릿수 성장률을 유지하고 있었고, 지금도 여전히 그렇다.

현재 Essentium Materials는 번성한 3D 프린팅 필라멘트 공급업체이다. 이 기업은 직원을 고용하고 있으며 판매도 호조를 보이고 있다. 또한 특정 3D 프린터 제조업체의 리셀러이기도 하며, 판매하는 프린터에 유용한 하드웨어 추가 기능을 팔기도 한다. NASA와 함께 자동차, 항공 우주, 생물 의학 산업의 선도 기업들을 포함해서 다양한 고객을 보유하고 있다. 초기 팀 구성원 중 다른 기회를 찾아 떠난 한 명의 엔지니어를 제외하고 모두 함께 일하고 있으며, 텍사스A&M대학교의 본거지인 텍사스주 칼리지 스테이션에 있는 사무실에서 일한다. Essentium Materials는 3D 프린팅 세계에서 상당한 주목을 받았고, 창립자들은 이제 3D 프린팅 커뮤니티에서 선구자로 여겨진다.

재무 관리 측면에서 Essentium Materials가 Gene Birdwell을 팀에 합류시킨 것은 매우 운이 좋았다. Birdwell은 다양한 산업 분야에서 여러 스타트업을 설립한 경험이 풍부한 엔지니어이자 사업가이다. 그는 처음부터 Essentium Materials의 재정을 관리했으며 기업의 자금 조달 노력에 중요한 역할을 했다. Teipel의 말에 따르면, 그는 Essentium Materials에 필요한 '인내 자본'을 제공해 기업가가 올바른 사업 계획을 수립하고 여러 제품을 시장에 출시할 수 있도록 지원했다. 그 결과 Essentium Materials는 기본적인 운영에 필요한 충분한 현금을 은행에 항상 보유하고 있었다. 일상적인 재무 관리 측면에서 Essentium Materials는 기업용 Quickbooks를 사용해 재무 및 재고를 추적한다. 기업은 매일 손익계산서를 모니터링하고 현금 흐름을 주의 깊게 관찰한다. Essentium Materials에 중요한 재무 지표는 월 소진율보다 더 빠르게 월 매출을 증가시키는 것이다.

보다 장기적인 재무 계획 측면에서 Essentium Materials는 분기마다 미래 소득과 비용을 예측하는 재무 예측을 준비한다. Teipel과 그의 팀은 재무 계획을 세우고 계획을 실제 결과와 지속적으로 비교하는 것이 매우 중요하다고 생각한다.

학생 기업가를 위한 조언 측면에서 Teipel은 알뜰하게 생활하고, 제품을 시장에 출시하고, 판매를 창출하는 데 집중하는 것이 좋다고 권장한다. 특히 초기에 기업가가 제품 개발 및/또는 판매와 직접적으로 관련되지 않은 활동에 참여하고 있다면, 이는 자원의 희귀성을 고려할 때 좋지 않은 자원 활용일 것이다.

이 장에서는 새로운 벤처기업이 자금을 관리하고, 재무 건전성과 실행 가능성을 평가하는 방법을 살펴볼 것이다. 이를 위해 기존 기업과 스타트업이 이러한 작업을 수행하는 방법을 살펴본다. 먼저 일반적인 재무 관리를 살펴보고, 기업의 재무 목표와 재무 관리 프로세스에 관련된 단계에 대해 논의할 것이다. **재무 관리**는 두 가지 활동을 다루는데, 이는 자금 조달과 최고 수익률을 달성하는 방식으로 기업 자금을 관리하는 것이다.[1] 자금 조달 과정은 제10장에서 다룰 예정이다. 이 장에서는 회사가 재무 건전성을 높이고 최고 수익률을 얻기 위해 자금을 관리하는 방법에 초점을 맞춘다. 그다음으로 기존 기업이 과거 재무제표를 준비, 분석, 유지 관리함으로써 재무 상황 변화를 추적하는 방법을 살펴볼 것이다. 마지막으로 기존 기업과 스타트업이 어떻게 미래 수입과 비용을 예측하며 추정 재무제표를 준비하는지 논의한다. 추정 재무제표는 추정 손익계산서, 추정 재무상태표, 추정 현금흐름표를 포함하며, 이는 기업의 재무 계획에 매우 도움이 된다.

재무 관리의 개요

학습목표 1

창업기업의 재무 관리 이해의 중요성에 대해 알 수 있다.

기회를 추구하고 그 기회를 탄탄한 기업으로 전환하는 기업가의 능력은 크게 자금의 가용성에 달려 있다. 기업의 제품이나 서비스의 품질과 관계없이 재정적으로 성공하지 않으면 기업은 장기적으로 생존할 수 없다. 자금은 외부(예: 투자자 또는 대출 기관)에서 올 수도 있으며, 내부에서 발생하는 이익을 통해 획득할 수도 있다. 기업이 자사의 재무 현황을 정확하게 파악하는 것이 중요하다. 젊은 기업이 저지르는 가장 흔한 실수 중 하나는 재무 관리를 중요하게 생각하지 않고, 적절한 형태의 재무 통제 수단을 마련하지 않는 것이다.[2]

기업가와 그들이 경영하고 있는 기업은 은행 계좌에 얼마나 많은 돈이 있는지, 그리고 그 금액이 기업의 재정적 의무를 충족하기에 충분한지 알고 있어야 한다. 기업이 성공했더라도 재정적 위기에 직면할 가능성은 여전히 존재하기 때문이다.[3] 예를 들어 Apple, General Electric(GE), Home Depot과 같은 대기업에 납품하는 많은 중소기업이 납품일로부터 30일, 60일, 90일 이후에 판매 대금을 받는다. 이 시나리오에서 발생할 수 있는 어려움에 대해 생각해보라. 중소기업은 부품을 구입하고, 직원에게 급여를 지급하고, 일상적인 지출을 하며, 제품을 생산 및 배송한 후 대금을 받기까지 1~3개월을 기다려야 한다. 기업이 자금을 신중하게 관리하지 않으면 그 기업의 제품이나 서비스가 불티나게 팔리고 있어도 현금 부족에 허덕일 수 있다.[4] 또한 기업이 성장함에 따라 늘어나는 모든 고객에게 서비스를 제공하기 위해 필요한 현금이 증가하기도 한다. 기업이 수익을 통해 성장 자금을 조달할 수 있는지 또는 필요한 현금을 조달하기 위해 투자 유치나 대출을 받아야 하는지를 정확하게 예측하는 것이 중요하다.

기업의 재무 관리는 계속해서 다음과 같은 질문을 다루는 것이다.

- 우리는 돈을 벌고 있는가, 아니면 잃고 있는가?
- 우리는 현금을 얼마나 가지고 있는가?
- 우리는 단기 채무를 이행할만한 충분한 현금이 있는가?
- 우리는 자산을 얼마나 효율적으로 활용하고 있는가?
- 동종 업계 기업과 비교했을 때 우리의 성장 및 순이익은 어떠한가?
- 우리의 재정 개선에 필요한 자금은 어디에서 확보할 수 있는가?
- 다른 기업과의 협력을 통해 위험을 공유하고 필요한 현금을 줄일 방법이 있는가?
- 전반적으로 우리는 재정적으로 건전한 상태인가?

이 장에서는 제대로 관리되는 기업이 가지고 있는 이슈를 해결할 수 있는 도구와 기술에 대해 다룰 것이다.

기업의 재무 목표

학습목표 2

창업벤처의 네 가지 주요 재무 목표를 파악할 수 있다.

대부분의 창업기업은 수년 동안 사업을 해온 기업이든 업력이 짧은 스타트업이든 수익성, 유동성, 효율성, 안정성이라는 네 가지 주요 재무 목표를 가지고 있다. 이러한 목표를 이해하면 기업은 올바른 재무 경로를 설정할 수 있고, 앞서 제시한 질문에 대한 답변을 탐색하는 데 도움이 된다. 그림 8.1은 이러한 각각의 목표에 대해 설명하고 있다.

그림 8.1 **창업기업의 주요 재무 목표**

수익성	유동성	효율성	안정성
회사의 수익 창출 능력	단기 채무를 이행할 수 있는 기업의 능력	기업이 자산을 얼마나 생산적으로 활용하고 있는가	재무 구조의 전반적인 건전성, 특히 부채 비율과 관련된 재무 구조의 전반적인 건전성

수익성은 이익을 창출하는 능력이다. 많은 스타트업이 처음 1~3년 동안은 직원을 교육하고 브랜드를 구축하느라 수익을 내지 못하는 경우가 많다. 그러나 기업은 소유주에게 수익을 제공하는 것뿐만 아니라 생존을 위해서라도 반드시 수익성을 확보해야 한다.

유동성은 단기 금융 채무를 이행할 수 있는 기업의 능력을 나타낸다. 기업이 수익을 창출하더라도 적시에 채무를 이행하기 위한 충분한 현금을 은행에 예치하고 있지 못하는 경우가 많다. 이를 위해 기업은 **매출채권**과 재고 자산을 면밀히 주시하고 있어야 한다. 기업의 매출채권은 고객이 지불해야 하는 돈을 의미하며, **재고 자산**은 상품, 원자재, 판매 대기 중인 제품을 말한다. 기업이 이러한 자산 중 하나의 수준을 너무 높게 유지한다면 단기 채무를 이행하는 데 필요한 충분한 현금을 유지하기 어려울 수 있다.[5]

효율성은 기업이 수익 및 이익을 창출하기 위해 자산을 얼마나 생산적으로 활용하는지를 나타낸다. Southwest Airlines는 자산을 매우 생산적으로 사용하고 있는 좋은 예이다. 이 회사는 비행기가 화물을 내리고 다시 적재하기 위해 지상에 착륙해 있는 시간이 항공업계에서 가장 짧은 것으로 유명하다. 이에 대해 Southwest 관계자는 "우리 비행기는 착륙해 있는 동안 돈을 벌지 못한다. 그렇기 때문에 비행기를 빨리 하늘로 돌려보내야 한다"라고 설명한다.[6]

안정성은 기업의 전반적인 재정 상태의 건전성과 체력을 나타낸다. 기업을 안정적으로 운영하기 위해서는 수익을 내는 것과 동시에 유동성을 유지해야 할 뿐만 아니라 부채를 잘 관리해야 한다. 만약 기업이 대출 기관으로부터 지속적으로 대출을 받아 **부채 비율**(장기 부채를 자기 자본으로 나누어 계산한 금액)이 너무 높아지면 채무를 이행하고 성장에 필요한 자금을 확보하는 데 어려움을 겪을 수 있다.

소기업이 이러한 항목에 대한 전망을 향상시킬 수 있는 일반적인 방법은 구매 그룹이나 협동조합에 가입해서 기업의 제품이나 서비스의 수량 할인 혜택을 받는 것이다. 이러한 방식은 소기업이 그들보다 더 크고 잘 정립된 기업들과 '공정한 경쟁 환경'에서 경쟁하는 것을 용이하게 만들어준다. 구매 그룹을 운영하는 방식과 기업의 경쟁력에 부정적인 영향을 미치지 않으면서 비용을 절감할 수 있는 방법은 이 장의 '성공을 위한 파트너십'에서 설명하고 있다.

재무 관리 프로세스

학습목표 3

창업기업에서 사용하는 재무 관리 프로세스를 설명할 수 있다.

기업은 재무 목표를 달성하고 있는지 평가하기 위해 재무제표, 예측, 예산을 면밀하게 분석한다. **재무제표**는 기업의 재무 건전성을 정량적으로 설명하는 보고서이다. 기업가가 가장 일반적으로 사용하는 재무제표는 손익계산서, 재무상태표, 현금흐름표이다. **예측**이란 기업의 과거 실적, 현재 상황, 미래 계획을 바탕으로 미래 매출, 수입, 비용, 자본 지출을 추정하는 것이다.[7] 신규 벤처기업은 일반적으로 매출 추정치를 바탕으로 예측하고, 제품 판매 비용(매출의 일부분을 기준으로 한 비율로 산출) 및 기타 경비를 산업 평균 또는 유사한 창업기업의 경험을 바탕으로 예측한다. **예산**은 기업의 수입, 비용, 자본 수요에 대한 항목별 세부 예측으로, 재무 계획 및 관리를 위한 중요한 도구이기도 하다.[8]

기업의 재무 관리 프로세스가 그림 8.2에 나와 있다. 이 프로세스는 재무제표 작성 및 분석을 통해 기업의 과거 재무 성과를 추적하는 것에서부터 시작한다. 재무제표는 기업의 재무상 거래 내역을 정리하고 보고하기 위해 작성한다. 이는 기업이 얼마나 많은 돈을 벌거나 잃고 있는지(손익계산서), 자산과 부채의 구조는 어떠한지(재무상태표), 현금이 어디서 들어오고 어디로 나가는지(현금흐름표)를 알려준다. 또한 재무제표는 기업이 스스로를 경쟁사 및 업계 평균과 비교해볼 때 도움이 된다. 대부분의 기업은 미래를 예측할 때 과거 2~3년의 재무제표를 토대로 한다.

다음 단계는 향후 2~3년에 대한 예측을 준비하는 것이다. 결과적으로, 예측은 보다 세밀하게 조정된 예산과 함께 재무 계획을 구성하는 기업의 추정 재무제표를 준비하는 데 사용된다.

프로세스의 마지막 단계는 기업의 재무 결과를 지속적으로 분석하는 것이다. **재무 비율**은 기업의 재무제표 항목 간의 관계를 나타내는 지표로서, 기업이 재무 목표를 달성했는지 여부와 동종 업계와 어떻게 비교되는지를 파악하는 데 사용된다. 재무 비율은 또한 트렌드를 평가하는 데에도 사용된다. 사업을 막 시작한 신규 벤처기업은 그림 8.2의 2단계에서 시작할 것이다. 그러나 신규 벤처기업이 전체 프로세스를 잘 알고 있는 것이 중요하다. 일반적으로 신규 벤처기업은 분기별로 재무제표를 준비한다. 첫 번째 분기가 끝나는 즉시 새로운 벤처기업은 과거 재무제표를 보유하게 되며, 이는 미래 예측과 추정 재무제표를 준비하는 데 도움이 된다.

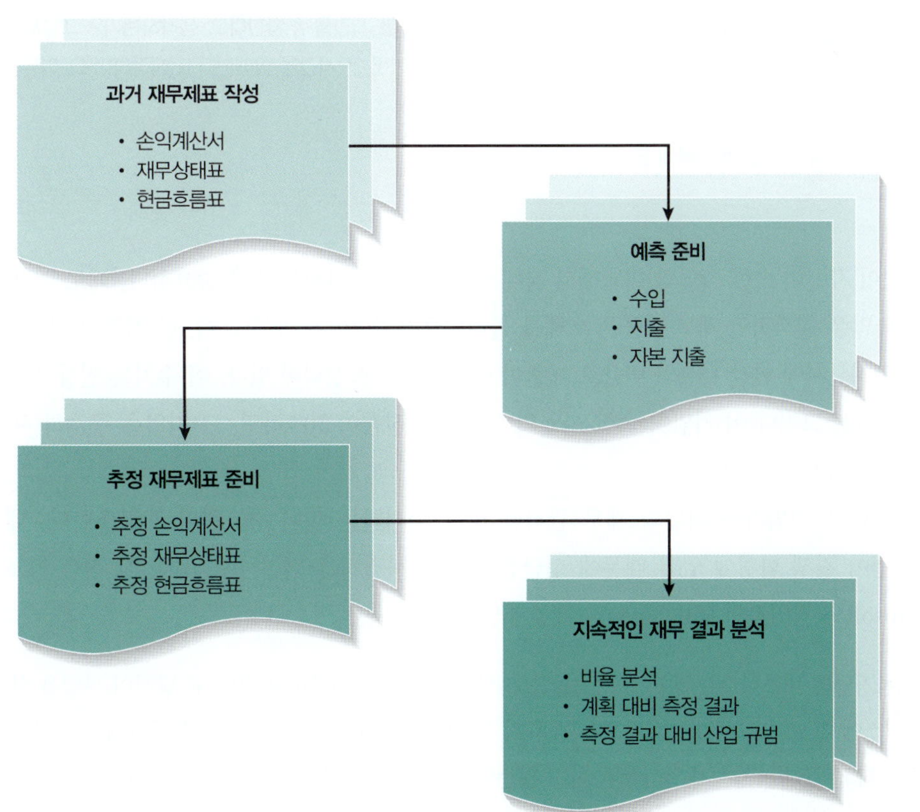

그림 8.2 재무 관리 프로세스

성공을 위한 파트너십

구매 그룹을 구성해 비용 절감 및 경쟁력 유지하기

기업이 직면한 한 가지 과제는 경쟁력을 잃지 않으면서 비용을 줄이는 것이다. 고용 규모 축소, 마케팅 비용 절감, 재고 감축 등 다양한 비용 절감 기법을 통해 비용을 절감할 수 있지만, 이렇게 하면 비즈니스의 경쟁력을 유지할 수 있는 기회도 줄어들 수 있다. 제품 기반 비즈니스의 금융 자산을 부작용 없이 보존하는 데 도움이 될 수 있는 한 가지 기술은 구매 그룹에 가입하거나 이를 구성하는 것이다.

구매 그룹 또는 구매협동조합은 제품 및 서비스에 대한 수량 할인 혜택을 얻기 위해 소규모 기업과 스타트업 기업을 결합시키는 협력 관계이다. 영국과 아일랜드에서는 1977년부터 Toymaster 그룹을 운영하고 있으며 현재 약 250개의 회원사를 보유하고 있다. 회원사는 모두 Toymaster라는 이름으로 운영하는 소규모 독립 장난감 및 게임 전문점으로, 모든 회원사의 결합된 구매력을 통해 혜택을 누리고 있다. 평균적으로 장난감 가게 매출의 약 55%는 크리스마스 전 기간에 발생하고 나머지 3개 분기에는 15%만 발생한다. 이는 회계 및 자금 관리가 엄격하게 통제된다는 것을 의미하며, 이것이 바로 구매 그룹이 제공하는 이점이다.

Suma는 영국 최대의 독립협동조합 홀푸드 도매-유통업체이다. 이들은 채식주의자, 유기농, 윤리적, 천연 제품을 전문으로 취급한다. 100% 채식주의자이며 동물에서 추출한 제품을 취급하지 않기 때문에 독특한 틈새 서비스를 제공한다. 이들은 재배자 및 공급업체와 긴밀한 관계를 맺고 있으며 공정 무역을 단순히 마케팅 수단으로 사용하는 것이 아니라 진정으로 공정 무역에 헌신하고 있다고 말한다.

구매 그룹의 장점은 일반적으로 기업이 회원비 외 다른 운영 부문에 불이익 없이 정확히 동일한 제품을 더 저렴한 가격으로 얻을 수 있게 해준다는 것이다. 이렇게 확보한 자금은 비즈니스의 수익에 직접 사용하거나 고객 서비스 또는 기타 경쟁력 강화를 위한 다른 방법에 투자할 수 있다. 산업 구매 그룹의 국가적인 디렉터리는 없다. 특정 산업을 서비스하는 구매 그룹이 있는지 알아보는 가장 좋은 방법은 인터넷에서 연구를 수행하고 산업 참가자들에게 문의하는 것이다.

비판적 사고를 위한 문제

1. 기업의 네 가지 재무 목표(수익성, 유동성, 효율성, 안정성) 중 구매협동조합의 참여가 가장 크게 기여하는 항목은 어디인가?
2. 인터넷이나 도서관을 조사해서 제3장에서 소개했고 이 장 전체에서 예시로 사용하고 있는 가상의 회사 New Venture Fitness Drinks가 혜택을 받을 수 있는 소기업 구매 그룹이 있는지 알아보라. New Venture Fitness Drinks의 제품에는 스무디와 유사한 피트니스 음료 및 셰이크를 만드는 데 사용하는 모든 재료가 포함되어 있다.
3. 협동조합 구매 외에, 소기업이 다른 소기업과 협력하면서 경쟁력을 희생하지 않고 비용을 절감할 수 있는 세 가지 방법을 밝히라.
4. 대부분의 기업가가 회사의 재무 상태를 개선하기 위해 비용 절감과 수익 증대에 동일한 시간을 투자한다고 생각하는가? 그렇지 않다면 둘 중 어느 쪽에 더 많은 시간을 할애한다고 생각하며 그 이유는 무엇인가?

기업이 자신이 속한 산업과 비교해서 상대적인 상황을 평가하는 것은 중요하다. 때로 맥락을 고려하지 않은 원시적인 재무 비율은 오해를 불러일으킬 수 있다. 예를 들어, 한 기업의 지난 3년간의 손익계산서에 연간 15%의 비율로 매출이 증가한다고 작성되어 있다. 이 수치는 인상적으로 보일 수 있다. 그러나 이 기업이 속한 산업의 연평균 성장률이 30%라면, 그 기업은 꾸준히 시장 점유율을 잃고 있는 것이다.

경험 많은 기업가는 기업의 재무 관리를 항상 주시하는 것이 중요하다고 강조한다. 대부분의 기업이 경쟁 환경에 있기 때문에 성급한 재무 의사결정은 적절하지 않다. 이 점을 강조하며 Microsoft의 창업자인 Bill Gates는 이렇게 말했다.

> 모든 기업의 비즈니스는 회사의 수치들을 분석하는 것에서 시작하고 끝난다. 당신이 무엇을 하든 비즈니스에서 일어나는 일을 실제로 이해하지 못하고, 입증되지 않은 데이터나 직감에 근거한 의사결정을 하고 있지는 않은지 알아보려 하지 않는다면 결국 큰 대가를 치르게 될 것이다.[9]

재무제표

학습목표 4

과거 재무제표와 추정 재무제표의 차이점을 설명할 수 있다.

과거 재무제표(historical financial statements)는 과거 실적을 반영하고 있으며, 일반적으로 분기 및 연간으로 작성한다. 증권거래위원회(Securities and Exchange Commission, SEC)의 규정에 따라 상장기업은 재무제표를 작성하고 이를 대중에게 공개해야 한다. 재무제표는 요구되는 여러 가지 서류 양식에 맞춰 정리한 뒤 SEC에 제출한다. 가장 포괄적인 양식은 **10-K**로, 이는 연차 보고서와 유사하지만 기업의 사업에 관한 상세한 정보를 더 포함하고 있다.[10] 상장기업용 10-K는 www.freeedgar.com에서 확인할 수 있다

추정 재무제표는 예측을 기반으로 한 미래 기간에 대한 예측치를 나타내며, 일반적으로 향후 2~3년을 대상으로 한다. 추정 재무제표는 계획을 위한 강력한 도구이며 SEC에서 필수적으로 요구하지는 않는다. 실제로 대부분의 기업은 추정 재무제표를 기밀로 하며 '꼭 필요한 경우'에만 대출 기관 및 투자자와 같은 외부인에게 공개한다.

재무제표를 어떻게 준비하는지 설명하기 위해 제3장에서 소개했던 가상의 스포츠 음료 기업인 New Venture Fitness Drinks를 살펴보겠다. New Venture Fitness Drinks는 5년 동안 사업을 해왔다. 이 회사는 스포츠 애호가를 대상으로 한 영양 가득한 피트니스 음료 라인을 판매하고 있다. 2016년에 첫 번째 지점을 개업했으며, 2018년에 두 번째 지점을 추가했고 2019년에는 세 번째 지점을 추가할 계획이다. 회사의 전략은 대형 야외 스포츠 시설 근처에 스무디 레스토랑과 유사한 형태의 작은 레스토랑을 배치하는 것이다. 이 기업은 매년 25%의 성장세를 보이고 있다.

과거 재무제표

학습목표 5

다양한 과거 재무제표와 그 목적에 대해 설명할 수 있다.

과거 재무제표는 손익계산서, 재무상태표, 현금흐름표를 포함한다. 재무제표는 일반적으로 하나의 정보가 그다음으로 논리적으로 이어지기 때문에 이 절에서 제시하는 순서대로 준비한다. 스타트업은 일반적으로 회사의 재무 진행 상황을 모니터링하기 위해 재무제표를 검토한다. 드물게 회

WAYHOME Studio/Shutterstock

신중한 재무 관리를 위한 첫걸음은 기록을 남기는 것이다. 이 한 쌍의 식당 주인은 바쁜 하루 일과를 마치고 장부 기록과 비교해 은행 잔고를 확인하고 있다.

추정 재무제표는 과거가 아닌 미래를 바라본다. 이는 기업가가 미래를 위한 예산을 수립하고 계획을 세우는 데 도움이 된다.

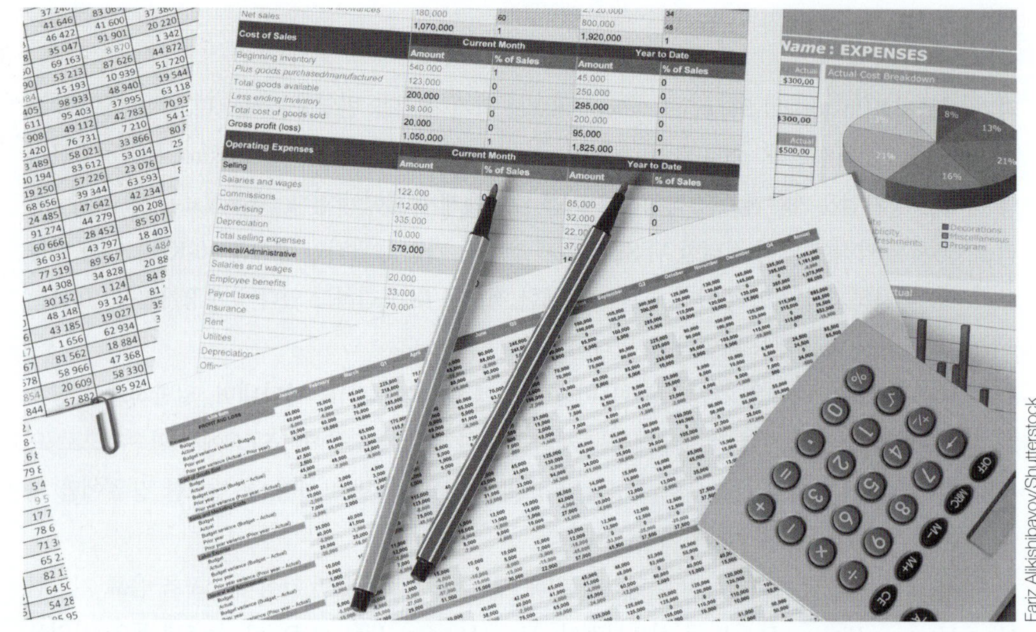

Fariz Alikishibayov/Shutterstock

사가 재무제표를 기획에 활용하지 않는 경우에도 재무제표를 작성하고 유지해야 한다. 만약 기업이 자금을 조달하기 위해 은행이나 투자자와 만나게 되면, 이들은 기업의 재무 이력을 분석하기 위해 항상 과거 재무제표 사본을 요구할 것이다. 만약 회사가 과거 재무제표를 보유하고 있지 않다면 투자 또는 대출에서 제외될 수도 있다. 각각의 재무제표를 살펴보자.

손익계산서 **손익계산서**는 특정 기간 동안 기업의 운영 결과를 반영한다.[11] 손익계산서는 주어진 기간 동안의 모든 수익과 비용을 기록해서 기업이 이익을 내고 있는지 손실을 겪고 있는지를 보여준다(손익계산서가 종종 'income statement' 대신 'profit-and-loss statement'라고 불리는 이유이다). 손익계산서는 일반적으로 월별, 분기별, 연도별로 작성한다. 대부분의 손익계산서는 다년도 형식으로 작성해서 트렌드를 쉽게 파악할 수 있다.

표 8.1에 New Venture Fitness Drinks의 지난 3년간 연결 손익계산서가 나와 있다. 다기간 형식의 가치는 명확하다. 이 기업의 매출은 연간 약 25%의 비율로 증가하고 있는데, 이를 통해 수익성이 있으며 순이익도 증가하고 있음을 쉽게 알 수 있다. 수치는 과거 전략의 효과를 평가하고 미래 매출과 수익을 추정하는 데 사용된다.

손익계산서를 평가할 때 가장 주목해야 할 세 가지 숫자는 다음과 같다.

- **순매출: 순매출**은 총매출에서 반품 및 할인에 대한 충당금을 제외한 금액이다.
- **매출원가(또는 판매원가): 매출원가**는 재료비, 직접노무비 등 제품이나 서비스를 생산하거나 운반하는 데 드는 직접 비용을 말한다. New Venture Fitness Drinks의 경우, 매출원가는 피트니스 음료 생산에 들어가는 원료비와 이를 생산하는 데 필요한 노동비로 구성된다.
- **운영비: 운영비**는 마케팅비, 관리비, 제품 또는 서비스 생산과 직접 관련되지 않은 기타 비용이 포함된다.

기업가와 경영자가 손익계산서를 보면서 해야 할 가장 중요한 것 중 하나는 매출원가 및 운영비 대비 순매출 비율을 서로 다른 기간끼리 비교하는 것이다. 예를 들어, New Venture Fitness

표 8.1 New Venture Fitness Drinks, Inc.의 연결 손익계산서

	2018년 12월 31일	2017년 12월 31일	2016년 12월 31일
순매출	$586,600	$463,100	$368,900
매출원가	268,900	225,500	201,500
총이익	317,700	237,600	167,400
운영 비용			
판관비	117,800	104,700	90,200
감가상각비	13,500	5,900	5,100
영업이익	186,400	127,000	72,100
기타 소득			
이자 수입	1,900	800	1,100
이자 비용	(15,000)	(6,900)	(6,400)
기타 소득(비용)	10,900	(1,300)	1,200
법인세 차감 전 순이익	184,200	119,600	68,000
법인세 비용	53,200	36,600	18,000
순이익	131,000	83,000	50,000
주당 순이익	1.31	0.83	0.50

Drinks의 피트니스 음료 재룟값과 이를 만드는 데 필요한 인건비를 포함하는 매출원가는 2016년, 2017년, 2018년에 각각 매출의 55%, 49%, 46%였다. 이것은 바람직한 추세이다. 이는 기업이 매출 1달러당 재료비와 인건비를 꾸준히 낮추고 있음을 보여준다. 이러한 트렌드는 다년간의 손익계산서를 통해 발견할 수 있는 트렌드 중 아주 쉬운 유형에 속한다.

이익률은 기업의 손익계산서를 평가할 때 특히 중요한 비율이다. 기업의 **이익률** 또는 매출 이익률은 순이익을 순매출액으로 나누어 계산한다. 2016년, 2017년, 2018년 동안 New Venture Fitness Drinks의 이익률은 각각 13.6%, 17.9%, 22.3%였다. 이것 또한 바람직한 추세이다. 기업의 이익률은 매출액의 몇 %가 순이익에 기여하는지를 나타낸다. 이익률이 증가한다는 것은 기업이 비용 증가 없이 매출을 증가시켰거나 비용을 더 잘 통제하고 있음을 의미한다. 반대로 이익률이 감소한다는 것은 기업이 비용에 대한 통제력을 상실했거나 매출을 유지 또는 향상시키기 위해 제품이나 서비스의 가격을 인하하고 있음을 의미한다.

New Venture Fitness Drinks의 사례에서 계산하지 않은 한 가지 비율은 **주가 대비 수익 비율**(price-to-earnings ratio), 즉 **P/E 비율**이다. New Venture Fitness Drinks는 법인을 설립해서 주식을 보유하고 있지만 나스닥이나 뉴욕 증권거래소와 같은 공개 거래소에서 주식이 거래되지 않는다. P/E 비율은 회사의 수익 대비 주식 가격을 측정하는 간단한 비율이다.[12] 일반적으로 시장은 기업의 주가 대비 수익 비율이 높을수록 해당 기업이 더 크게 성장할 수 있을 것이라고 판단한다. 2018년에 New Venture Fitness Drinks는 주당 1.31달러의 수익을 냈다. 만약 나스닥에 상장되어 있고 주식이 주당 20달러에 거래되고 있다면 P/E는 15.3이 될 것이다. 이것은 '수익의 15배'에 거래된다는 말을 의미한다.

한 해가 아닌 여러 해의 손익계산서를 살펴보는 것이 중요한 이유는 이 장의 '영리한 창업기업'

영리한 창업기업

숫자 뒤에 숨겨진 사실 파악하기

New Venture Fitness Drinks가 새로운 최고경영자(CEO)를 고용하고 있으며, 소규모 레스토랑 체인 CEO 세 명을 인터뷰하고 있다고 가정해보자. 각 후보자가 회사의 재무 관리에 얼마나 능숙한지 파악하기 위해 New Venture Fitness Drinks의 이사회는 각 후보자에게 현재 회사의 2018년 손익계산서를 제출해달라고 요청했다. 각 회사의 손익계산서를 축약해 분석한 결과가 아래에 나와 있다.

	후보 1 New Venture Soup and Salad의 CEO	후보 2 New Venture Beef의 CEO	후보 3 New Venture Sea Food의 CEO
순매출액	$326,400	$281,200	$486,700
매출원가	150,500	143,900	174,700
총이익	175,900	137,300	312,000
총비용(법인세와 감가상각비 포함)	114,200	112,400	150,000
순이익	61,700	24,900	162,000

이 재무제표를 보면 세 회사 중 가장 영리한 재무 관리자는 New Venture Sea Food의 CEO인 것으로 보인다. 이 기업의 순이익은 다른 두 기업의 2배 이상이다. 또한 2018년 New Venture Sea Food의 매출원가는 순매출의 35.9%인 반면, New Venture Soup and Salad의 경우 46.1%, New Venture Beef의 경우 51%이다. 마찬가지로, New Venture Sea Food의 비용은 매출의 30.9%인 반면, New Venture Soup and Salad의 경우 35.0%, New Venture Beef의 경우 40%이다.

다행히도 New Venture Fitness Drinks의 이사회 멤버 중 한 명이 후보자 개인 면접에서 몇 가지 질문을 던져 몇 가지 놀라운 정보를 발견했다. 결과적으로 New Venture Sea Food는 2018년 레스토랑 업계에서 가장 인기 있는 브랜드였던 것이다. 비슷한 규모의 해산물 레스토랑은 New Venture Sea Food보다 약 1.5배의 순이익을 올렸다. 따라서 후보자 3이 제대로 일을 했다면 회사의 순이익은 16만 2,000달러가 아니라 24만 달러 정도였어야 한다. New Venture Soup and Salad는 성장이 둔화되고 있던 지역에 위치하고 있으며, 그해 중반에는 재무 목표를 달성하지 못할 수도 있다는 우려가 있었다. 그래서 CEO는 최고의 인재 몇 명을 프로젝트에서 빼내어 새로운 메뉴 개발을 위해 마케팅 부서로 재배치했다. 다시 말해, 이 회사는 현재의 수익을 확보하기 위해 미래를 빌려온 것이다.

New Venture Beef의 CEO는 시장이 침체되고 있다는 사실을 알게 되었다. 연초에는 소비자에게 붉은 육류 섭취의 위험성을 경고하는 보고서가 여러 차례 발표되어 전국적인 관심을 끌었다. 이 상황을 수습하기 위해 CEO는 신속하게 생산성 개선 프로그램을 시행하고 지역 쇠고기 홍보 협회와 협력해 쇠고기의 영양 가치에 대한 더 객관적인 연구 결과로 부정적인 보도에 대응했다. 또한 회사는 지역 사회에서 여러 자원봉사 활동에 참여해 레스토랑의 인지도를 긍정적으로 높였다. New Venture Beef의 CEO가 이러한 조치를 신속하게 취하지 않았다면 2018년 실적은 훨씬 더 나빴을 것이다.

결국 New Venture Fitness Drinks는 New Venture Beef의 CEO가 가장 적합한 후보라고 판단했다. 이 예는 기업의 재무 성과를 공정하게 평가하려면 한 해가 아닌 여러 해의 손익계산서를 살펴볼 필요가 있음을 보여준다. 또한 숫자 너머를 살펴보고 기업의 재무 성과를 뒷받침하는 상황을 이해해야 할 필요성을 보여준다.

비판적 사고를 위한 문제

1. 세 후보의 손익계산서를 경영학을 전공하는 친구 두세 명에게 보여주라. 그리고 이 손익계산서를 바탕으로 세 사람 중에서 가장 훌륭한 CEO를 선택해달라고 부탁하라. 또한 친구들에게 자신의 선택에 대해 설명해달라고 부탁하라. 친구들이 같은 후보를 선택했는가? 그렇지 않다면 친구들의 선택에 차이가 난 이유는 무엇이라고 생각하는가?
2. 이 장과 이 책의 앞 장에서 제시한 자료 그리고 당신의 일반적인 비즈니스 지식을 바탕으로, 레스토랑 산업의 여러 부문의 성장에 관한 정보를 어디에서 찾을 수 있겠는가? 레스토랑 산업 전반의 수익성에 관한 정보를 어디서 찾을 수 있겠는가?
3. 세 명의 지원자에게 요청할 수 있는 적절한 재무 정보는 무엇인가?
4. 이 특집을 공부하면서 얻은 가장 중요한 통찰력 세 가지는 무엇인가? 이 중 가장 인상 깊었던 통찰력은 무엇이며 그 이유는 무엇인가?

에서 잘 설명하고 있다.

재무상태표 특정 기간을 다루는 손익계산서와 달리 **재무상태표**는 특정 **시점**에서의 기업 자산, 부채, 자본의 스냅숏이다.[13] 재무상태표의 왼쪽(또는 표시하는 방식에 따라 상단)에는 기업의 자산을, 오른쪽(또는 하단)에는 부채와 자본을 기입한다. 자산은 '유동성' 또는 현금으로 전환하는 데 걸리는 시간 순서에 따라 나열한다. 부채는 지불해야 하는 순서대로 나열한다. 재무상태표는 항상 '균형'을 유지해야 한다. 즉, 기업의 자산은 항상 부채와 자본을 더한 것과 같아야 함을 의미한다.[14]

재무상태표에 기재하는 자산의 주요 범주는 다음과 같다.

- **유동 자산: 유동 자산**은 현금 및 매출채권, 유가 증권, 재고 자산 등 현금으로 쉽게 전환할 수 있는 항목을 포함한다.
- **고정 자산: 고정 자산**은 부동산, 건물, 장비, 가구와 같이 장기간에 걸쳐 사용하는 자산을 말한다.
- **기타 자산: 기타 자산**은 누적된 영업권을 포함해 다양한 종류의 자산을 포함한다.

재무상태표에 기재하는 부채의 주요 범주는 다음과 같다.

- **유동 부채: 유동 부채**는 1년 이내에 상환해야 하는 부채로 외상매입금, 미지급 비용, 장기 부채의 당기 상환액 등을 포함한다.
- **장기 부채: 장기 부채**는 1년 이상 상환해야 하는 어음 또는 대출로, 부동산, 건물, 설비 구입에 사용한 부채를 포함한다.
- **자기 자본: 자기 자본**은 기업의 소유주가 사업에 투자한 자금과 배당금을 지급한 후에도 기업이 여전히 보유하고 있는 이익 잉여금을 합한 금액이다.

재무상태표를 해석할 때는 다음과 같은 몇 가지에 주의를 기울여야 한다. 첫째, 기업의 자산은 공정 시장 가치가 아닌 원가로 기록한다. 기업이 몇 년 전 50만 달러에 구입한 부동산이 현재는 100만 달러의 가치라 해도, 재무상태표에 반영하는 가치는 현재의 100만 달러의 공정 시장 가치가 아니라 구매가인 50만 달러이다. 둘째, 특허, 상표, 저작권과 같은 지식재산은 관련 상황에 따라 재무상태표에서 가치를 인정받는 경우도 있고 그렇지 않은 경우도 있다. 많은 경우 기업의 지식재산은 실제적인 관점에서 매우 가치가 있음에도 불구하고 재무상태표상으로는 아무런 가치를 인정받지 못한다.[15] 셋째, 기업이 직원에게 제공한 교육이나 브랜드 가치와 같은 무형 자산은 재무상태표에 인식되지 않는다. 마지막으로, 기업이 획득한 영업권은 어쩌면 기업에 가장 가치 있는 자산일 수 있지만, 재무상태표에 계산되지 않는다.

표 8.2는 New Venture Fitness Drinks의 연결 재무상태표이다. 다시 한 번 말하지만, 트렌드를 쉽게 파악할 수 있도록 다년도 값이 나열되어 있다. 재무상태표를 평가할 때 중요한 두 가지 질문은 기업이 단기 부채를 상환하기 위한 충분한 단기 자산을 보유하고 있는지 여부와 전반적으로 재정이 튼튼한지 여부이다. 첫 번째 질문에 대한 답을 제공하는 두 가지 계산 방법이 있다. 2018년 New Venture Fitness Drinks의 **운전 자본**(현재 유동 자산에서 유동 부채를 뺀 금액)은 82,500달러였다. 이 수치는 기업이 가용할 수 있는 유동 자산의 양을 나타낸다. **유동 비율**은 유동 자산을 유동 부채로 나눈 것으로 유동 자산과 유동 부채 간의 관계를 더 자세히 보여주며, 기업의

표 8.2 New Venture Fitness Drinks, Inc.의 연결 재무상태표

자산	2018년 12월 31일	2017년 12월 31일	2016년 12월 31일
유동 자산			
현금 및 현금성 자산	$63,800	$54,600	$56,500
매출채권(대손충당금 차감)	39,600	48,900	50,200
재고 자산	19,200	20,400	21,400
총 유동 자산	122,600	123,900	128,100
부동산, 플랜트, 장비			
토지	260,000	160,000	160,000
건물 및 장비	412,000	261,500	149,000
총자산, 플랜트, 장비	672,000	421,500	309,000
차감: 감가상각 누적액	65,000	51,500	45,600
순자산, 플랜트, 장비	607,000	370,000	263,400
총자산	729,600	493,900	391,500
부채 및 주주 자본 유동 부채			
외상매입금	30,200	46,900	50,400
미지급 비용	9,900	8,000	4,100
총 유동 부채	40,100	54,900	54,500
장기 부채			
장기 채무	249,500	130,000	111,000
장기 부채	249,500	130,000	111,000
총부채	289,600	184,900	165,500
주주 자본			
보통주(10만 주)	10,000	10,000	10,000
이익 잉여금	430,000	299,000	216,000
총 주주 자본	440,000	309,000	226,000
총 부채 및 주주 자본	729,600	493,900	391,500

단기 부채 상환 능력에 대한 정보를 제공한다.

New Venture Fitness Drinks의 유동 비율은 3.06이며 이는 유동 부채 1.00달러당 유동 자산 3.06달러를 보유하고 있다는 것을 의미한다. 이는 바람직한 수치이며, 회사가 유동 부채를 감당할 수 있다는 확신을 준다. 유동 비율의 트렌드도 긍정적이다. 이 회사의 2016년, 2017년, 2018년의 유동비율은 각각 2.35, 2.26, 3.06이었다.

회사의 전체 부채 비율을 계산하는 것은 회사의 전반적인 재무 건전성을 평가하는 수단이기 때문에 이것을 통해 두 번째 질문에 대한 답을 얻을 수 있다. 회사의 부채 비율은 총부채를 총자산으로 나누어 계산한다. New Venture Fitness Drinks의 부채 비율은 39.7%로, 전체 자산의 39.7%가 부채로 조달되고 있고 나머지 60.3%는 자기 자본임을 의미한다. 이것은 젊은 기업에 바람직한 숫자이다. 또한 New Venture Fitness Drinks의 부채 비율 추세도 긍정적이다. 2016년, 2017년, 2018년 부채 비율은 각각 42.3%, 37.4%, 39.7%였다. 이 수치는 시간이 지남에 따라 회사가 운영

자금을 조달하는 데 부채에 덜 의존하고 있음을 나타낸다. 일반적으로 부채가 적을수록 창업기업은 다른 행동을 취할 수 있는 자유를 얻을 수 있다.

회사의 모든 재무제표는 서로 일치한 숫자를 보여주고 있다. New Venture Fitness Drinks가 2018년 손익계산서에 보고한 13만 1,000달러의 순이익은 2018년 재무상태표에서 2018년과 2017년의 이익 잉여금 차이와 같다. 만약 New Venture Fitness Drinks가 주주들에게 배당금을 지급했다면 이 수치는 달라졌을 것이다. 하지만 이 회사는 2018년에는 배당금을 지급하지 않았다. 회사는 13만 1,000의 수익을 그대로 계상했다.

현금흐름표 **현금흐름표**는 특정 기간 동안 기업의 현금 상태 변화를 요약하고, 변화가 발생한 이유를 자세히 정리한 것이다. 현금흐름표는 월말 은행 거래명세서와 유사하다. 이는 월말에 보유하고 있는 현금의 양과 더불어 해당 달에 현금이 얼마나 들어오고 나갔는지를 보여준다.

현금흐름표는 세 가지 별도 활동(영업 활동, 투자 활동, 재무 활동)으로 나뉘어 있다. 이 활동들은 회사가 현금을 취득하고 사용한 내역에 관한 것으로 다음과 같다.

- **영업 활동: 영업 활동**으로 인한 현금흐름은 당기 순이익(또는 손실), 감가상각비, 현금 및 단기 차입금 이외의 유동 자산 및 유동 부채의 변동 사항 등이 포함된다. 순이익은 손익계산서에서 가져온 것으로, 해당 기간의 현금흐름표 첫 번째 행에 기록한다.
- **투자 활동: 투자 활동**으로 인한 현금흐름은 부동산, 시설, 건물 등 고정 자산에 대한 구매, 판매, 투자가 포함된다.
- **재무 활동: 재무 활동**으로 인한 현금흐름은 대출, 주식 매각에 의한 현금 증가 또는 배당금 지급, 자사주나 매입채권에 따른 현금 사용을 포함한다.

현금흐름표를 해석하고 분석하려면 연습이 필요하다. 현금흐름표에서 현금의 **사용**은 음수(괄호 안에 표시)로, 현금의 **유입**은 양수로 계상한다. 감가상각과 같은 항목은 손익계산서상 순이익에서 공제되었지만 실제로 현금 지출이 아니므로 현금흐름표상에는 양수로 표시한다. 유사하게, 기업의 외상매입금 감소는 현금흐름표에 음수로 기입한다. 이는 기업이 다음 기간의 외상매입금 잔액을 줄이기 위해 현금의 일부를 사용했기 때문이다.

New Venture Fitness Drinks의 현금흐름표가 표 8.3에 나와 있다. 관리 도구로서 현금흐름표는 다음 질문에 대한 정보를 제공한다. 회사가 부채를 갚거나 주주 배당이 가능할 만큼 초과 현금을 벌어들이고 있는가? 회사가 투자 활동에 필요한 충분한 현금을 벌어들이고 있는가, 아니면 대출 기관이나 투자자에게 의존하고 있는가? 회사가 단기 부채를 상환하기에 충분한 현금을 벌어들이고 있는가, 아니면 현금 부족으로 인해 단기 부채가 증가하고 있는가?

다시 말해서, 다기간 보고서를 생성하는 이유는 추세를 쉽게 발견할 수 있게 하기 위함이다. 회사의 현금 잔고가 크게 증가하는 것이 반드시 좋은 징조는 아니다. 이는 회사가 많은 돈을 빌리고 있거나, 단기 부채를 갚지 않고 있거나, 생산성 향상을 위해 현금을 축적하고 있음을 의미할 수 있다. 반면에 신생기업은 건전한 현금 잔고를 유지하는 것이 현명한 선택이다.

표 8.3은 New Venture Fitness Drinks의 연결 현금흐름표를 보여주고 있다. 2년 치 현금흐름표를 생성하는 데 3년 치의 재무상태표가 필요하기 때문에 2년 치만 기록되어 있다. 이 표는 New Venture Fitness Drinks가 부채와 수익을 조합해 투자 활동을 하고 있으며, 동시에 매출채권과 재

표 8.3 New Venture Fitness Drinks, Inc.의 연결 현금흐름표

	2018년 12월 31일	2017년 12월 31일
영업 활동으로 인한 현금흐름		
순이익	$131,000	$83,000
추가(현금 출처)		
감가상각	13,500	5,900
매출채권 감소	9,300	1,300
미지급 비용의 증가	1,900	3,900
재고 감소	1,200	1,000
차감(현금 사용처)		
외상매입금 감소	(16,700)	(3,500)
총조정액	9,200	8,600
영업 활동으로 인한 순 현금 제공	140,200	91,600
투자 활동으로 인한 현금흐름		
건물 및 장비 구입	(250,500)	(112,500)
투자 활동으로 인한 순 현금흐름	(250,500)	(112,500)
자금 조달 활동으로 인한 현금흐름		
장기 채무의 증가로 인한 수익	119,500	19,000
재무 활동으로 인한 순 현금흐름	119,500	19,000
현금의 증가	9,200	(1,900)
연초의 현금 및 현금성 자산	54,600	56,500
매 회계연도 말 현금 및 현금성 자산	63,800	54,600

고 수준을 서서히 감소시키고 있다는 것을 보여준다(해당 재고가 회사의 현금흐름에 큰 부분을 차지하기 때문에 이것은 좋은 신호이다). 또한 회사는 지속적으로 현금을 늘리고 있다. 이것은 신생 벤처기업에 고무적이다.

비율 분석 비율 분석은 기업의 과거 재무제표를 해석하거나 이해하기 위한 가장 실용적인 방법이다. 표 8.4는 지금까지 제공한 New Venture Fitness Drinks의 재무제표를 평가하는 데 사용한 비율을 요약한 것이다. 이 비율은 수익성 비율, 유동성 비율, 전반적인 재무 안정성 비율로 구분한다. 이러한 비율은 New Venture Fitness Drinks의 과거 재무제표를 해석하는 수단을 제공하고, 기업의 미래 재무 성과와 역량을 예측하기 위한 출발점이 된다.

업계 표준과 기업의 재무 결과 비교 기업의 재무 성과를 업계 표준과 비교하는 것은 경쟁업체와 비교를 통해 회사가 어떤 위치에 있는지, 주의가 필요한 금융적 '위험 신호'가 있는지 판단하는 데 도움이 된다. 이러한 방식의 비교는 규모가 비슷한 기업과 비교하는 것이 가장 적합하며, 신생기업은 결과 해석에 신중을 기해야 한다. 많은 출처에서 업계 관련 정보를 제공한다. 예를 들어, Hoover의 프리미엄 서비스와 BizMiner는 신생기업이 자체적으로 비교할 수 있는 업계 표준을 제공하며, 이것은 대학 도서관을 통해 액세스할 경우 무료이다. BizMiner(www.bizminer.com)는 특히 민간기업에 대한 비교 데이터를 획득하는 데 유용하다. 민간기업에 대한 비교 데이터를

표 8.4 New Venture Fitness Drinks, Inc.의 비율 분석

비율	계산 공식	2018년	2017년	2016년
수익성 비율: 벌어들인 수입과 수입을 창출하는 데 사용한 자원을 연결				
자산 수익률	ROA = 순이익/평균 총자산[a]	21.4%	18.7%	14.7%
자본 수익률	ROE = 순이익/평균 주주 자본[b]	35.0%	31.0%	24.9%
이익률	이익률 = 순이익/순매출	22.3%	17.9%	13.6%
유동성 비율: 기업이 단기 부채를 충당할 수 있는 자산을 신속하게 유동화할 수 있는 정도				
유동(current)	유동 자산/유동 부채	3.06	2.26	2.35
당좌(quick)	당좌 자산/당좌 부채	2.58	1.89	1.96
전반적인 재무 안정성 비율: 기업의 전반적인 재무 안정성을 측정				
채무	총채무/총자산	39.7%	37.4%	42.3%
부채 대 자본	총부채/소유주 자본	65.8%	59.8%	73.2%

[a] 평균 총자산 = 시작 총자산 + 종료 총자산 ÷ 2
[b] 평균 주주 자본 = 시작 주주 자본 + 종료 주주 자본 ÷ 2

얻을 수 있는 몇 가지 제안은 제3장에서 제공하고 있다.

예측

그림 8.2에 본 것처럼, 기업의 과거 재무제표 분석 후 **예측** 준비를 하게 된다. 이 장의 앞부분에서 언급했듯이 예측은 과거 성과, 현재 상황, 미래 계획을 기반으로 한 기업의 미래 매출, 비용, 이익, 자본 지출에 대한 추정치이다. 기업의 예측은 추정 재무제표의 토대를 제공한다. 잘 작성한 추정 재무제표는 기업의 정확한 예산 책정과 재무 계획 수립, 사후 대응 방식이 아닌 사전 대비를 통한 재무 관리에 도움이 된다.

학습목표 6

기업의 미래 수입과 지출을 추정하는 데 예측의 역할에 대해 논의할 수 있다.

앞서 언급한 바와 같이 신생기업은 일반적으로 판매량의 좋은 추정치(GFE)나 업계 평균(매출 비율 기준) 또는 유사한 스타트업의 실적을 기반으로 매출원가 및 기타 비용을 예측한다. 따라서 신생기업의 예측은 예측한 수치의 출처와 예측을 하기 위해 사용한 가정에 대한 설명이 사업 계획서의 앞부분에 나와야 한다. 이 설명은 제6장에서 언급했듯이 가정 시트라고 불린다. 투자자는 일반적으로 **가정 시트(추정표)**를 면밀히 분석해서 예측에 포함된 숫자들과 그에 따른 재무 예측이 현실적인지 확인한다. 예를 들어, 어떤 새로운 벤처기업의 추정표에서 첫해에 신제품 500개를 판매하고, 두 번째 해에는 1,000개, 세 번째 해에는 1,500개를 판매할 것이며, 이에 따른 매출원가가 3년 동안 안정적으로 유지될 것이라고 가정하고 있다(순매출이 일정 비율로 유지되는 것을 의미). 이 숫자가 현실적인지 판단하는 것은 독자에게 달려 있다.[16] 만약 독자가 현실적이지 않다고 느끼면 전체 계획의 신뢰성에 의문이 제기된다.

매출 예측

매출 예측은 특정 기간(예를 들어 1년) 동안의 기업 매출을 예측하는 것으로, 대부분의 기업은 향후 2~5년 동안의 판매를 예측한다.[17] 매출 예측은 최초로 만들어진 예측이며, 대부분의 다른 예

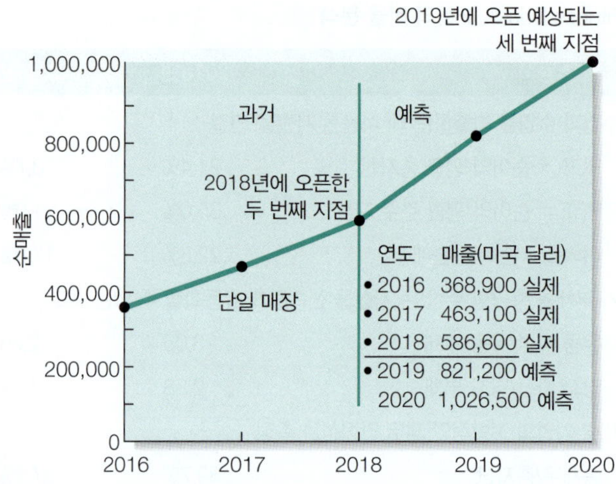

그림 8.3 New Venture Fitness Drinks의 과거 및 예측 연간 매출

측의 기초가 된다.[18] 기존 기업의 매출 예측은 ① 과거 판매 기록, ② 현재 생산 능력 및 제품 수요, ③ 미래 생산 능력 및 제품 수요에 영향을 미칠 요인을 기반으로 한다. 매출 예측이 어떻게 작동하는지 설명하기 위해 그림 8.3은 New Venture Fitness Drinks의 과거 매출과 예상되는 미래 매출을 그래프로 보여준다. 회사를 설립하고 2016~2018년까지 브랜드 인지도가 높아짐에 따라 이 기업의 매출은 연평균 약 26% 비율로 증가했다. 2019년과 2020년 매출을 예측할 때 회사는 다음 요소를 고려했다.

- 미국의 피트니스 열풍이 지속적으로 확대되고 있으므로 새로운 피트니스 음료를 시도해볼 사람들을 계속 끌어들여야 한다.
- 대학 내 스포츠에 대한 관심, 특히 축구, 야구, 소프트볼과 같은 종목에 대한 관심은 대학 내 스포츠 시설 인근에 위치한 레스토랑에 꾸준히 사람들이 붐빌 수 있을 정도로 유지되어야 한다.
- 이 회사는 2015년 처음 오픈한 후 2018년 두 번째 지점을 추가로 확대했으며(두 번째 레스토랑은 2018년 11월에 추가됨), 이로 인해 피트니스 음료를 제공하는 역량이 약 50% 증가할 것으로 예상된다. 두 번째 레스토랑은 첫 번째 레스토랑보다 작고 잘 알려지지 않은 지역에 위치해 있다. 회사는 새로운 레스토랑을 적극적으로 홍보할 것이지만 시장 점유율을 확보하려면 시간이 걸릴 것을 알고 있다.
- 기업이 위치한 도시의 전반적인 경제는 성장도 위축도 없이 안정적이다. 그러나 새로 오픈한 레스트랑 근처에서 대규모 정리해고 소문이 돌고 있다

이러한 요인들을 종합한 결과 New Venture Fitness Drinks의 매출은 2018~2019년까지 매출이 40% 증가하고 2019~2020년까지 매출이 25% 증가할 것으로 예측된다. 가능한 한 정확하게 미래 매출을 예측하는 것은 New Venture Fitness Drinks와 같은 기업에 매우 중요하다. 만약 제품에 대한 수요를 과대 예측하면 과잉 재고와 너무 많은 경상 비용을 지출하게 될 수 있다. 반대로 제품에 대한 수요를 과소 예측하면 사업을 거절해야 할 수도 있으며 잠재 고객 중 일부가 다른 기업의 제품에 노출되는 결과를 초래할 수도 있다.

세련되고 정교한 방법은 기업의 미래 매출을 예측하는 데 도움이 될 수 있음을 명심하라. 그중 한 가지 접근 방식은 미래 가치를 예측할 목적으로 변수 간의 관계를 찾는 데 사용하는 통계 기법

인 **회귀 분석**을 사용하는 것이다.[19] 예를 들어, 만약 New Venture Fitness Drinks가 미래 매출이 광고 비용, 식당 주변 종합 운동장에서 교내 운동을 하는 사람들의 수, 음료 가격 등의 변수와 관련이 있다고 느꼈고 각 변수에 대한 과거 데이터가 있다면, 회귀 분석을 통해 미래 매출을 예측할 수 있다. 만약 기업이 단순한 논리를 사용해 현재 매출의 성장 비율에 따라 미래 매출이 증가할 것이라고 생각한다면, 회귀 분석을 사용해서 그림 8.3에 제시된 결과보다 더 정확한 미래 매출 추정치를 도출할 수 있다. '연간 데이터'가 제한된 신규 기업의 경우, 연 데이터 대신 월별 데이터를 사용해 판매를 계획할 수 있다.

매출원가 및 기타 항목 예측

매출 예측을 완료한 후 기업은 매출원가(또는 판매 원가) 및 손익계산서의 기타 항목을 예측해야 한다. 이를 위한 가장 일반적인 방법은 각 비용 항목을 매출 비율에 따라 표현하는 방법인 **매출액 백분율법**(percent-of-sales method)을 사용하는 것이다.[20] 예를 들어 New Venture Fitness Drinks의 경우, 지난 2년 동안 매출원가는 매출 대비 평균 47.5%였다. 2018년에는 매출이 58만 6,600달러, 매출원가는 26만 8,900달러였다. 그리고 이 기업의 2019년 매출은 82만 1,200달러로 예상된다. 따라서 매출액 백분율법을 기준으로 한 2019년 매출원가는 예상 매출의 47.5%인 39만 달러가 될 것이다. 동일한 절차를 사용해 기업의 손익계산서에서 각 비용 항목의 원가를 예측할 수 있다.

기업이 매출액 백분율법을 사용해서 예측을 완료하면, 일반적으로 손익계산서의 각 항목을 검토해 더 정확한 예측을 할 기회가 있는지 살펴보는 것이 그다음 단계이다. 예를 들어, 기업은 감가상각 비용을 정확하게 추정할 수 있으므로 이 항목을 예측하기 위해 매출액 백분율법을 사용하는 것은 적절하지 않을 수 있다. 또한 일부 비용 항목은 판매와 관계가 없기 때문에 이러한 항목에 대해 기업은 합리적인 추정을 수행해야 한다.

물론 기업이 매출액 백분율법을 사용할 때는 상식적인 부분을 고려해야 한다. 예를 들어, 기업이 비용 절감 조치를 시행하고 있다면 매출 대비 비용 증가분을 하향 조정해야 한다. 마찬가지로 기업이 연말에 최고재무책임자(CFO)와 같은 고위 관리자를 고용하고 내년에 그 사람에게 10만 달러를 지불할 계획이라면, 10만 달러는 매출에 즉각적인 영향을 미치지 않을 수 있다. 이 경우 기업의 관리 비용에 대한 예측은 매출액 백분율법이 제안하는 것보다 상향 조정되어야 할 수 있다.

만약 기업이 매출액 백분율법을 사용할 수 있고 앞에서 설명한 절차를 따른다면, 최종 결과는 손익계산서의 각 비용 항목이(감가상각과 같이 개별적으로 예측할 수 있는 항목 제외) 매출과 동일한 비율로 성장하게 된다. 이 접근 방법을 **고정 비율 예측법**이라고 한다. 이 방법은 다음 절에서 New Venture Fitness Drinks에 대한 추정 재무제표를 작성하는 데 사용할 것이다.

New Venture Fitness Drinks의 추정 재무제표를 작성하기 위해 사용한 예측 내용이 표 8.5에 요약되어 있다.

추가적으로 New Venture Fitness Drinks와 같은 회사가 새로운 식당을 열거나 신제품을 생산할 경우에는 매출 예측을 하는 것 외에도 종종 손익분기점을 계산한다. 손익분기점은 계획이 실행 가능한지를 기업가에게 알려준다. 새로운 레스토랑 또는 제품의 **손익분기점**은 레스토랑이나 제품을 통해 얻은 총수익과 이와 관련된 총비용이 같아지는 지점을 의미한다.[21] 새 레스토랑을 여는 경

표 8.5 New Venture Fitness Drinks, Inc.의 추정 재무제표를 준비하는 데 사용하는 예측

추정 손익계산서	
순매출	
과거	연평균 25%의 매출 증가
2019년	브랜드 인지도 상승과 두 번째 서비스 지점 오픈으로 40% 증가
2020년	브랜드 인지도 상승으로 25% 증가(올해 말 세 번째 서비스 지점 오픈 예정)
판매원가(COGS)	
과거	지난 2년간 평균 47.5%의 매출 달성
2019년	매출의 47.5%
2020년	매출의 47.5%
판매, 일반, 관리 비용	
과거	지난 2년간 매출의 평균 22%
2019년	두 번째 서비스 지점 개설로 인해 매출의 25%로 증가(운영 효율성 증가로 인해 증가폭은 더 커지지 않음)
2020년	매출의 25%
이자 비용	
과거	장기 채무의 6~7%
2019년	장기 채무의 7%
2020년	장기 채무의 7%
기타 수입	
과거	연간 10만 900달러의 라이선스 수입
2019년	라이선스 계약 재협상의 결과로 라이선스 수입이 2만 달러로 증가
2020년	라이선스 수입 2만 달러 예상
추정 재무상태표	
매출채권	
과거	매출채권은 2017년 매출의 13.6%에서 2018년 매출의 6.8%로 감소하는 추세
2019년	매출의 7%
2020년	매출의 7%
재고 자산	
과거	재고는 2017년 매출의 4.4%에서 2018년 매출의 3.3%로 감소하는 추세
2019년	매출의 4%(두 번째 서비스 지점 오픈에 따른 2018년 대비 소폭 증가 반영)
2020년	매출의 4%
토지, 건물, 장비	
2019년	장비 구매 및 기존 건물에 대한 자본 개선에 10만 달러를 투자
2020년	10만 달러의 부동산 구매와 17만 5,000달러의 건물 및 장비를 포함해서 27만 5,000달러의 자본 개선
외상매입금	
과거	외상매입금은 보다 효과적인 수금 방법의 시행으로 인해 2017년 매출의 13.6%에서 2018년 매출의 5.1%로 감소하는 추세(향후 외상매입금 수준이 약간 더 높아질 것으로 예상)
2019년	매출의 7%
2020년	매출의 7%
장기 채무	
2019년	수익으로 인한 장기 채무 7만 5,000달러 감소
2020년	토지, 장비, 건물 취득을 위해 15만 달러를 차입해서 27만 5,000달러를 조달(취득 비용의 잔액은 수익에서 충당)

우, New Venture Fitness Drinks는 이 계획이 실행 가능한지 여부를 판단하기 위해 손익분기점 분석을 사용할 수 있다. 손익분기점의 계산 공식은 '총 고정 비용/(가격 − 평균 변동 비용)'이다. 대부분의 경우, 평균 변동 비용은 판매한 제품의 매출원가와 같다. 결과적으로 새 레스토랑을 여는 데 필요한 총 고정 비용이 연간 10만 1,000달러이고 피트니스 음료의 평균 가격은 2.75달러이며 각 음료의 변동 비용(또는 판매원가)은 1.10달러라면, 새로운 레스토랑의 손익분기점은 다음과 같다.

$101,000(총 고정 비용)/($2.75 − $1.10) 또는 $1.65 = 61,212개

이 숫자는 새로운 레스토랑이 '손익분기점'에 도달하기 위해서는 현재 음료 가격으로 연간 '61,212개'의 피트니스 음료를 판매해야 함을 의미하며, 1년 360일을 기준으로 하루 평균 170개의 피트니스 음료를 판매해야 한다는 것을 의미한다. 새로운 레스토랑의 실행 가능성을 결정하기 위해 New Venture Fitness Drinks의 매니저들은 이 숫자를 다른 레스토랑의 과거 매출과 비교해서 적절하게 조정할 수 있다(예: 새로운 레스토랑의 위치가 기존 식당보다 더 좋거나 나쁠 수 있음). 하루에 170개의 피트니스 음료를 판매하는 것이 비현실적이라 생각된다면, New Fitness Drinks의 매니저들은 새로운 레스토랑 개점을 포기하거나, 고정비 또는 변동비를 낮추어 수익을 늘리는 방법을 찾아야 한다. 수익을 늘리는 확실한 방법은 피트니스 음료의 가격을 올리는 것이다. 시장의 경쟁적 특성을 고려할 때 해당 옵션이 현실적이라면 말이다.

추정 재무제표

학습목표 7

추정 재무제표의 목적을 설명할 수 있다.

기업의 추정 재무제표는 과거를 추적하기보다 미래를 전망한다는 점을 제외하면 과거 재무제표와 유사하다. 신생벤처기업은 일반적으로 추정 재무제표를 제공하지만, 잘 관리된 성숙한 기업도 일상적인 재무 계획 과정의 일부로 추정 재무제표를 관리하며 예산을 준비하는 데 활용한다. 추정 재무제표를 작성하는 것은 기업이 전략을 재고하고 필요한 경우 조정하는 데 도움을 준다. 예를 들어, 추정 재무제표가 수익성 악화를 예측한 경우 기업은 수익성 하락이 실제로 발생하는 것을 방지하기 위해 가격 인상 또는 비용 절감과 같은 운영상의 변화를 취할 수 있다.[22]

기업의 추정 재무제표는 독립적으로 준비해서는 안 되며, 기업의 전반적인 계획 활동과 연계해서 작성해야 한다. 예를 들어, 회사가 얼마나 빨리 자금을 조달할 수 있는지가 중요해지는 시점이 있다. 때때로 회사는 좋은 제품이나 서비스, 좋은 수요를 가지고 있고 충분한 현금흐름을 유지하는 데 얼마나 많은 자본이 필요한지 잘 알고 있지만, 적시에 자금을 조달할 수 없을 때가 있다. 이것은 '무엇이 잘못됐는가?'에서 보여주는 Wise Acre Frozen Treats의 사례에 잘 나타나 있다. Wise Acre Frozen Treats 사례는 재무 관리의 한 측면(즉, 자금 조달)이 다른 측면(즉, 충분한 현금흐름 유지)에 엄청난 영향을 미칠 수 있음을 보여주는 좋은 예이다.

다음 절에서는 New Venture Fitness Drinks의 추정 재무제표 개발에 대해 설명한다.

추정 손익계산서

회사가 한번 미래의 수입과 비용을 예측하고 나면, 이후 **추정 손익계산서**를 작성하는 것은 단

표 8.6 New Venture Fitness Drinks, Inc.의 추정 손익계산서

	2018년 실제	2019년 예상	2020년 예상
순매출	$586,600	$821,200	$1,026,500
판매 비용	268,900	390,000	487,600
총이익	317,700	431,200	538,900
운영 비용			
판관비	117,800	205,300	256,600
감가상각비	13,500	18,500	22,500
영업이익	186,400	207,400	259,800
기타 소득			
이자 수입	1,900	2,000	2,000
이자 비용	(15,000)	(17,500)	(17,000)
기타 소득(비용)	10,900	20,000	20,000
법인세 차감 전 순이익	184,200	211,900	264,800
법인세 비용	53,200	63,600	79,400
순이익	131,000	148,300	185,400
주당 순이익	1.31	1.48	1.85

순히 숫자를 채우는 일에 불과하다. 표 8.6은 New Venture Fitness Drinks의 추정 손익계산서를 보여준다. 앞서 New Venture Fitness Drinks의 매출은 2018~2019년까지 40% 증가하고, 2019~2020년까지 25% 증가할 것으로 예측했으며, 매출원가는 매출의 평균 47.5%였다. 추정 손익계산서에서는 매출원가와 일반 관리비를 예측하기 위해 일정 비율 예측법을 사용한다. 즉, 해당 항목이 미래에도 과거와 동일한 매출 비율을 유지할 것으로 예상하는 것이다(이는 동일한 매출 비율로 증가할 것이라고 말하는 것과 수학적으로 동일하다). 감가상각비, 기타 수익, 매출과 직접적으로 관련되지 않은 기타 항목은 합리적인 추정을 사용해 별도로 계산한다. 가장 극적인 변화는 2018년에서 2019년으로 넘어가면서 크게 증가한 '기타 소득'이다. New Venture Fitness Drinks는 판매 중인 피트니스 음료 중 하나에 대한 라이선스 계약 재협상 결과로 이 범주에서 상당한 증가를 예상하고 있다.

추정 재무상태표

추정 재무상태표는 기업의 활동이 단기 부채를 상환하는 능력에 어떤 영향을 미치는지와 시간이 지남에 따라 재무 상태가 어떻게 변화할 것인지에 대한 전망을 제공한다. 또한 기업 자금 중 매출채권, 재고 자산, 장비와 관련된 자금이 얼마인지를 빠르게 확인할 수 있다. 추정 재무상태표는 기업의 전반적인 재무 건전성을 예측하는 데에도 사용한다. 예를 들어, 어떤 기업이 성장과 수익성이 급속하게 증가할 것이라는 예측을 반영해 매우 공격적인 추정 손익계산서를 작성할 수 있다. 그러나 이러한 빠른 성장과 수익성으로 인해 기업의 부채 비율이 75%(매우 높음)로 높아지면, 투자자들은 과도한 리스크가 있어 매력적인 투자 대상이 아닐 수 있다고 결론을 내릴 수 있다.

New Venture Fitness Drinks의 추정 재무상태표가 표 8.7에 나와 있다. 기업의 지난해와 당해

표 8.7 New Venture Fitness Drinks, Inc.의 추정 재무상태표

	2018년 12월 31일	2019년 예상	2020년 예상
유동 자산			
현금 및 현금성 자산	$63,800	$53,400	$80,200
매출채권(대손충당금 차감)	39,600	57,500	71,900
재고 자산	19,200	32,900	41,000
총 유동 자산	122,600	143,800	193,100
부동산, 플랜트, 장비			
토지	260,000	260,000	360,000
건물 및 장비	412,000	512,000	687,000
총자산, 플랜트 및 장비	672,000	772,000	1,047,000
차감: 감가상각 누적액	65,000	83,500	106,000
순자산, 플랜트, 장비	607,000	688,500	941,000
총자산	729,600	832,300	1,134,100
부채 및 주주 자본 유동 부채			
유동 부채			
외상매입금	30,200	57,500	71,900
미지급 비용	9,900	12,000	14,000
총 유동 부채	40,100	69,500	85,900
장기 부채			
장기 채무	249,500	174,500	274,500
총 장기 부채	249,500	174,500	274,500
총부채	289,600	244,000	360,400
주주 자본			
보통주(10만 주)	10,000	10,000	10,000
이익 잉여금	430,000	578,300	763,700
총 주주 자본	440,000	588,300	773,700
총부채 및 주주 자본	729,600	832,300	1,134,100

이익 잉여금 차액은 추정 손익계산서상의 추정 순이익과 일치한다는 것을 기억하라. 추정 재무상태표는 추정 손익계산서를 작성한 것과 동일한 방식으로 작성한다. 유동 자산 및 유동 부채 항목 아래 나열된 각 항목은 해당 항목의 매출에 대한 과거의 백분율을 사용해서 향후 매출에 대한 예상 백분율을 예측한 것이다. 재고 자산 및 외상매입금 항목 등 일부 숫자는 두 번째 레스토랑 개점의 잠재적 영향을 반영하기 위해 다소 상향 조정되었다.

New Venture Fitness Drinks는 부동산, 플랜트, 장비 등 유동 자산에 2019년에 10만 달러, 2020년에 27만 5,000달러를 투자할 계획이다. 추정 재무상태표는 각각 2019년과 2020년에 이 범주에서 그에 상응하는 가치 상승을 보여준다. 회사의 2019년과 2020년 장기 부채 항목은 원금 상환으로 인한 변화와 앞서 언급한 유동 자산 구입에 필요한 자금 일부를 충당하기 위한 대출금의 증가가 반영되어 있다. 이러한 처리 내용은 New Venture Fitness Drinks의 추정 현금흐름표에 반영되어 있다.

무엇이 잘못됐는가?

소망하는 바를 조심하라: 너무 빠른 성장이 어떻게 한 회사의 현금흐름을 압도했는가

Jim Picariello가 Wise Acre Frozen Treats를 시작했을 때만 해도 비정제 감미료로 유기농 아이스캔디를 만드는 회사는 없었다. 2006년에 임시 주방에서 작업하면서 Picariello는 메이플 시럽과 꿀을 사용해서 레시피를 개발했다. 그는 첫 직원을 고용하기 전까지 1년 반 동안 혼자서 일했다. 그 무렵 Picariello의 냉동 아이스캔디는 본격적으로 성공을 거두었고, 2008년에는 15명의 직원과 3,000평방피트 규모의 제조시설을 갖추고 동부 해안 전역의 자연 식품 매장과 슈퍼마켓에 제품을 유통하는 기업으로 성장했다. 이 회사는 서부 해안으로 유통하는 계약도 체결했다. 그런데 갑자기 Wise Acre Frozen Treats가 실패했다. 무엇이 잘못되었을까?

이것이 실제로 일어난 일이다. 첫해에 Wise Acre Frozen Treats는 빠른 속도로 성장했다. 8개 매장에서 각각 수백 달러에 달하는 주문을 처리했는데, Picariello가 처리하기에는 무리가 없었다. 2년 차 초에는 Expo East라는 대형 식품 전시회에서 2,000개 이상의 제품 중 '가장 혁신적인 제품' 상을 수상했다. 이 상을 수상하면서 Wise Acre Frozen Treats의 인지도가 높아졌고, 전국적인 대형 유통업체인 United National Foods와 계약을 체결해 Whole Foods와 Wegmans 같은 고급 매장의 냉동실 공간을 확보할 수 있었다. 그 당시에는 이보다 더 잘될 수는 없을 것 같았다.

Picariello는 늘어난 활동 속도를 감당하기 위해 자본을 확충해야 한다는 것을 알고 있었다. 인건비, 장비, 재료, 포장재, 보험, 디자인 및 마케팅을 포함한 운영 비용이 모두 증가할 것이기 때문이다. Picariello는 현지 은행에서 30만 달러, 투자 회사에서 20만 달러를 조달했다. 하지만 Wise Acre Frozen Treats는 주문량이 너무 많았기 때문에 일을 진행하려면 약 100만 달러가 필요했다. Picariello는 100만 달러를 투자하기로 동의한 현지 고액 자산가에게 연락했고, 그 자산가는 Picariello가 빨리 자금을 모을 수 있다고 확신했다. 그 약속에 따라 Picariello는 Wise Acre Frozen Treats에 필요한 추가 재료와 장비를 주문했다.

투자자가 약속한 타이밍은 이보다 더 나쁠 수 없었다. 얼마 지나지 않아 경제가 침체되었고 투자자는 약속을 어겼다. 당시 Picariello는 자신의 삶을 회사 운영과 잠재적 투자자와의 만남 사이에서 정신없이 달려왔다고 표현했다. 잠재적 투자자와 관련해서 Wise Acre Frozen Treats는 어떤 미궁에 빠진 상황이었다. 미래는 밝았지만, 이 창업벤처는 아직 투자자들이 주목할 만큼 충분히 크지 않았다. 시간이 지남에 따라 심각한 현금흐름 문제가 발생했다. Picariello가 Wise Acre Frozen Treats의 실패에 대해 쓴 블로그 게시물에 따르면, 회사는 최고조에서 월평균 3만 달러를 소모하고 있었지만 그 자금을 지탱할 자본이 없었다.

돌이켜보면 Wise Acre Frozen Treats에는 많은 좋은 조건이 갖추어져 있었다. 잘 팔리는 제품이 있었고, 전국적인 유통망을 확보하고 있었으며, 손익분기점에 도달하기까지 약 2년이 걸릴 것이라는 사업 계획이 있었다. 그러나 치명적인 결점은 대량 주문과 같은 주요 이정표에 도달하기 전에 필요한 자금을 조달하지 못했다는 점이다. 말 그대로 몇 달 만에 매장 수가 8개에서 수십, 수백 개로 늘어났다. 현금 측면에서 볼 때, 이 회사는 성장을 따라잡는 데 필요한 자금이 부족했다.

비판적 사고를 위한 문제

1. Jim Picariello가 Wise Acre Frozen Treats에 100만 달러를 투자하기로 했다가 경제 상황이 나빠지자 계약을 파기한 고액 자산가와 맺은 계약에서 어떤 교훈을 얻을 수 있는가?
2. 회사가 매우 빨리 성장할 수 있는 이유는 무엇인가? Wise Acre Frozen Treats의 매출이 크게 늘었다면, 수입 증가로 현금흐름을 균등화할 수 있는 충분한 현금을 확보할 수 없는 이유는 무엇인가?
3. 현금흐름의 어려움 외에 기업이 너무 빨리 성장함으로써 경험할 수 있는 다른 문제는 무엇인가?
4. Jim Picariello가 다른 회사를 시작한다면, Wise Acre Frozen Treats 경험을 토대로 어떻게 다르게 할 수 있을지 당신의 생각을 적어보라.

출처: J. Picariello, "My Company Grew Too Fast—and Went Out of Business," CBS Moneywatch, available at https://www.cbsnews. com/news/my-company-grew-too-fast-and-went-out-of-business/ (posted August 12, 2010, accessed May 1, 2017); L. Petrecca, "Fast Growth Isn't Always Good: A Big Influx of Orders Can Be Overwhelming," *USA Today*, September 13, 2010, B1.

추정 현금흐름표

추정 현금흐름표는 특정 기간 동안 회사에 들어오고 나가는 예상 현금흐름을 보여준다. 추정 현금흐름표의 가장 중요한 기능은 기업이 필요한 충분한 현금을 확보하고 있는지를 예측하는 것이다. 과거 현금흐름표와 마찬가지로 추정 현금흐름표도 영업 활동, 투자 활동, 재무 활동의 세 가지 활

표 8.8 New Venture Fitness Drinks, Inc.의 추정 현금흐름표

	2018년 12월 31일	2019년 예상	2020년 예상
영업 활동으로 인한 현금흐름			
순이익	$131,000	$148,300	$185,400
운전 자본의 변화			
감가상각	13,500	18,500	22,500
매출채권 증가(감소)	9,300	(17,900)	(14,400)
미지급 비용 증가(감소)	1,900	2,100	2,000
재고 증가(감소)	1,200	(13,700)	(8,100)
외상매입금 증가(감소)	(16,700)	27,300	14,400
총조정액	9,200	16,300	16,400
영업 활동으로 인한 순 현금 제공	140,200	164,600	201,800
투자 활동으로 인한 현금흐름			
건물 및 장비 구입	(250,500)	(100,000)	(275,000)
투자 활동으로 인한 순 현금흐름	(250,500)	(100,000)	(275,000)
자금 조달 활동으로 인한 현금흐름			
장기 채무의 증가로 인한 수익	119,500	—	100,000
장기 채무의 원금 감소		(75,000)	
자금 조달 활동에 의해 제공되는 순현금 흐름			
현금의 증가	9,200	(10,400)	26,800
연초의 현금 및 현금성 자산	54,600	63,800	53,400
매 회계연도 말 현금 및 현금성 자산	63,800	53,400	80,200

동으로 분류한다. 일반적으로 영업 활동 영역은 기업의 매출채권, 외상매입금, 재고 자산의 변화가 투자 및 재무 활동에 필요한 현금의 변화에 영향을 미치기 때문에 세심한 주의를 기울여야 한다. 이러한 항목 중 하나라도 기업의 연간 매출 증가율보다 빠른 속도로 증가하면 위험 신호로 간주해야 한다. 예를 들어, 고객에게 받지 못한 현금인 매출채권 항목의 증가는 투자 및 재무 활동에 사용할 수 있는 현금의 양을 감소시키게 된다. 만약 매출채권이 감당할 수 없을 정도가 되면, 기업은 성장 자금을 조달하거나 부채를 상환하는 데 어려움을 겪게 된다.

New Venture Fitness Drinks의 추정 연결 현금흐름표가 표 8.8에 나와 있다. 이 현금흐름표에 나와 있는 수치는 추정 손익계산서 및 추정 재무상태표에서 그대로 가지고 오거나 계산해서 가져온다. 한 가지 예외는 기말의 현금 잔고를 반영한 마지막 행인데, 이는 다음 기간 재무상태표의 첫 번째 행이 된다. New Venture Fitness Drinks의 추정 현금흐름표는 각 기말별 현금 잔고가 건전함을 나타내고 있으며, 투자 활동에 있어서도 수익에 의한 투자액이 부채에 의한 투자액보다 더 크다는 것을 보여준다. 이 시나리오는 성장에 필요한 자금을 부채나 투자 자금에 과도하게 의존하지 않고 충분한 현금흐름을 통해 달성하고 있는 기업의 모습을 보여준다.

배당금과 관련해서 추정 현금흐름표에서는 New Venture Fitness Drinks가 2019년과 2020년에 주주들에게 배당금을 지급할 계획이 없음을 보여준다. New Venture Fitness Drinks는 거래소에 상장되지 않았더라도 주식을 가진 주주들이 있으며 법인임을 기억하라. 만약 New Venture

Fitness Drinks가 배당금을 지급할 계획이라면 예상 배당금 지급액이 재무 활동에 표시되며, 투자 및 재무 활동에 사용할 수 있는 현금의 양이 줄어들 것이다. 신생기업은 배당금을 지급하기보다 부동산, 플랜트, 장비 구매와 같이 기업의 자체 성장을 지원하는 활동에 현금의 대부분을 투자하는 것이 일반적이다.

비율 분석

기업의 과거 재무제표를 평가하는 데 사용했던 재무 비율을 동일하게 추정 재무제표를 평가하는 데에도 사용해야 한다. 이 작업을 완료하면 기업은 예상 재무 성과가 과거 실적과 어떻게 비교되고, 예상 활동이 현금 유동성과 전반적인 재무 건전성에 어떤 영향을 미치는지 파악할 수 있다.

New Venture Fitness Drinks의 과거 재무 비율과 추정 비율이 표 8.9에 나와 있다. 추정된 수익성 비율이 과거 기간 대비 소폭 하락한 모습을 보여주고 있다. 이것은 자산과 매출의 증가가 과거만큼 효율적으로 수익을 창출하지 않았음을 나타낸다. 그럼에도 불구하고 숫자는 안정적이며, 극적인 변화는 예상되지 않는다.

유동성 비율은 유동 자산 대비 유동 부채의 건전성 비율을 나타내며, 기업이 어려움 없이 단기 부채를 충당할 수 있을 만큼 충분한 유동 자산을 보유하고 있음을 보여준다. 전반적인 재무 안정성 비율 또한 안정적인 추세를 보이고 있다. 채무 비율은 2018년 실제 39.7%에서 2020년 추정치가 31.8%로 감소한다. 부채 비율은 훨씬 더 급격하게 감소해, 기업의 자산 증가분이 부채가 아닌 자기 자본으로 조달되고 있음을 나타낸다.

요약하면, 기업은 언제나 자신의 재무 상황을 이해하는 것이 극히 중요하며, 새로운 창업기업은 견고한 숫자에 기반해서 재무 예측을 수립하는 것이 중요하다. 앞서 언급한 대로, 기업이 다른 분야에서 얼마나 성공적이든 간에 재무적으로 성공해야만 강력하고 지속 가능한 상태를 유지할 수 있다.

표 8.9 New Venture Fitness Drinks, Inc.의 과거 및 추정 재무 비율

	과거			예상	
비율	2016년	2017년	2018년	2019년	2020년
수익성 비율					
자산 수익률	14.7%	18.7%	21.4%	19.0%	18.9%
자본 수익률	24.9%	31.0%	35.0%	28.9%	27.2%
이익률	13.6%	17.9%	22.3%	18.1%	18.1%
유동성 비율					
유동(current)	2.35	2.26	3.05	2.07	2.24
당좌(quick)	1.96	1.89	2.58	1.60	1.78
전반적인 재무 안정성 비율					
채무	42.3%	37.4%	39.7%	29.3%	31.8%
부채 대 자본	73.2%	59.8%	65.8%	41.5%	46.6%

요약 Chapter Summary

1. 기업가가 기회를 추구하고 이를 실현 가능한 사업으로 전환하려면 재무 자본이 필요하다. 재무 관리는 이러한 현실을 다룬다. 보다 구체적으로, 재무 관리는 두 가지 활동, 즉 자금을 조달하는 것과 회사의 재정을 관리해선 최고 수익률을 달성하는 것과 관련이 있다.
2. 수익성, 유동성, 효율성, 안정성은 창업기업의 네 가지 주요 재무 목표이다. 수익성은 기업이 이익을 창출하는 능력이고, 유동성은 기업이 단기 부채를 상환하거나 충족할 수 있는 능력이며, 효율성은 기업이 자산을 수익과 이익에 비해 얼마나 생산적으로 사용하는지에 대한 것이며, 안정성은 기업의 전반적인 재정 상태의 건전성과 체력을 나타낸다.
3. 재무 관리 과정은 기업이 자신의 재무 목표가 충족되고 있는지 판단하기 위해 수행하는 활동을 포함한다. 기업의 재정 목표가 어느 정도 충족되고 있는지를 평가하는 데 기초가 되는 몇 가지 문서가 있다. 이러한 문서는 ① 재무제표(양적 관점에서 기업의 건전성을 설명하는 서면 보고서), ② 예측(기업의 과거 매출, 현재 상황, 미래 계획을 기반으로 한 미래 매출, 수익, 비용, 자본 지출에 대한 추정), ③ 예산(기업의 수익, 비용, 자본 요구사항을 항목별로 예측한 것) 등이며 정기적으로 작성한다.
4. 과거 재무제표는 과거 실적을 반영한다. 일반적으로 이러한 문서는 분기 및 연간 단위로 작성한다. 증권거래위원회(SEC)는 상장기업이 이러한 문서를 준비하고 제출하도록 요구한다. 추정 재무제표는 향후 기간의 예상 성과에 대한 추정이다. 이러한 예측은 추정을 기반으로 하며 일반적으로 향후 2~3년간의 예측을 포함한다. 과거 재무제표와 달리 기업은 추정 재무제표를 공개할 필요가 없다.
5. 과거 재무제표에는 손익계산서, 재무상태표, 현금흐름표가 포함된다. 손익계산서는 특정 기간 동안 기업의 영업 결과를 반영한다. 주어진 기간 동안의 모든 수익과 비용을 기록하고 기업이 이익을 창출하고 있는지 손실을 겪고 있는지를 보여준다. 재무상태표는 기업의 자산, 부채, 자기 자본을 나타내는 스냅숏이다. 손익계산서가 특정 기간을 다루는 반면, 재무상태표는 특정 시점의 기업 스냅숏이다. 현금흐름표는 특정 기간 동안 기업의 현금 상태 변화를 요약하고 변화가 발생한 이유를 자세히 설명한다. 이 문서를 통해 기업은 보유한 현금의 양과 일정 기간 동안 현금을 어떻게 사용했는지 이해할 수 있다.
6. 예측은 기업의 미래 매출, 비용, 수익, 자본 지출에 대한 추정이다. 기업의 예측은 추정 재무제표의 토대가 된다. 효과적인 예측은 기업이 미래 지향적인 추정 재무제표를 준비할 수 있는 기반을 제공한다. 창업기업은 일반적으로 매출에 대한 GFE(Good Faith Estimate, 판매량의 좋은 추정치)와 업계 평균(매출의 일정 비율에 기반한) 또는 유사한 창업기업의 실적을 기반으로 원가와 기타 비용을 추정한다. 일단 기업이 매출 추정을 완료하면 매출원가뿐만 아니라 손익계산서의 기타 항목도 예측해야 한다. 가장 일반적인 방법은 각 비용 항목을 매출의 일정 비율로 표시하는 매출액 백분율법을 사용하는 것이다.
7. 추정 재무제표는 과거 재무제표와 유사하지만, 과거를 바라보는 대신 미래를 내다본다는 점이 다르다. 추정 재무제표를 준비하는 것은 기업가가 자신의 기업에서 구현하는 전략의 품질에 대해 생각할 수 있도록 하며, 전략을 조정하는 데 도움이 된다. 기업은 계획 노력의 일부로 간주되는 추정 손익계산서, 추정 재무상태표, 추정 현금흐름표를 준비해서 향후 활동과 예상 결과를 예측하고 준비하는 데 도움을 받는다.

주요 용어 Key Term

가정 시트(추정표)	매출 예측	수익성	운영비
고정 비율 예측법	매출원가	순매출	운전 자본
고정 자산	매출채권	안정성	유동 부채
과거 재무제표	부채 비율	영업 활동	유동 비율
기타 자산	손익계산서	예산	유동성
매출액 백분율법	손익분기점	예측	유동 자산

이익률	재무 비율	추정 손익계산서	현금흐름표
자기 자본	재무상태표	추정 재무상태표	회귀 분석
장기 부채	재무제표	추정 재무제표	효율성
재고 자산	재무 활동	추정 현금흐름표	10-K
재무 관리	주가 대비 수익(P/E) 비율	투자 활동	

복습 문제 Review Question

1. 기업 재무 관리의 두 가지 주요 기능은 무엇인가?
2. 기업의 네 가지 주요 재무 목표는 무엇인가?
3. 과거 재무제표와 추정 재무제표의 차이점은 무엇인가?
4. 기업의 재무 관리와 관련해서 효율성이라는 용어는 무엇을 의미하는가?
5. 기업의 재무 관리와 관련해서 안정성이라는 용어는 무엇을 의미하는가?
6. 예측의 목적은 무엇인가? 기업은 미래 매출, 수입, 비용, 자본 지출에 대한 예측을 생성하기 위해 어떤 요소를 사용하는가?
7. 기존에 없던 신생기업은 어떤 요인이나 조건을 기반으로 예측을 할 수 있는가?
8. 손익계산서의 목적은 무엇인가? 손익계산서를 평가할 때 가장 주목받는 세 가지 숫자는 무엇이며, 왜 숫자가 중요한가?
9. 왜 기업의 재무 비율을 업계 표준과 비교해야 하는가?
10. 기업은 어떻게 주가 대비 수익 비율을 계산하는가? 왜 이 비율이 높으면 주식시장에서 그 기업이 성장할 것이라고 판단하는가?
11. 재무상태표의 목적은 무엇인가?
12. 재무상태표에서 주요 자산과 부채 범주는 무엇인가? 각 범주에 대해 간단히 설명하라.
13. 기업의 부채 비율은 어떻게 계산하는가? 이 비율의 의미는 무엇인가?
14. 기업은 어떻게 유동 비율을 계산하는가? 이 비율은 상대적으로 중요한 재무 비율인가, 아니면 중요하지 않은 재무 비율인가? 답변에 대한 설명을 해보라.
15. 현금흐름표의 목적은 무엇인가?
16. 기업의 현금흐름표에 반영되는 세 가지 활동 범주는 무엇인가? 각 활동의 중요성을 간략하게 설명하라.
17. 재무 비율의 목적은 무엇인가? 기업이 재무제표를 해석하는 데 재무 비율이 특히 유용한 이유는 무엇인가?
18. 손익분기점이 무엇인가?
19. 기업의 매출 예측이 대부분의 다른 예측의 기초가 되는 이유는 무엇인가?
20. 예측과 관련된 '매출액 백분율법'이라는 용어는 무엇을 의미하는가?

응용 문제 Application Question

1. 당신의 친구가 자신의 스타트업에 대한 추정 손익계산서를 보여주며, 처음 3년 동안 자신의 기업이 연간 15만 달러의 순수익을 올릴 것이라며 신이 나서 외쳤다고 가정해보자. 이 금액은 이 기업의 3년간의 대출 상환 금액(45만 달러)과 일치한다. 이 장을 공부한 당신의 관점에서, 왜 친구는 추정 손익계산서에 45만 달러를 벌 것이라고 되어 있는데도 불구하고 실제로는 그만큼의 현금을 보유하고 있지 않을 수도 있다고 생각하는지 설명하라.
2. 홍콩 상업범죄국(Commercial Crime Bureau)에 따르면, 2017년 85명의 피해자가 네 가지 투자 사기로 인해 약 770만 달러의 피해를 입었다. 이는 2016년에 비해 3배 증가한 수치이다. 피해자를 유인하기 위해 가짜 은행 신용 내역이 자산 증명으로 자주 사용되며, 가짜 전문가가 강연을 하거나 투자자에게 인수할 기업을 실사할 수 있게 한다. 한 사례에서는 18명이 중국 본토에서 와인 및 탄광 사업을 인수한다고 착각해 거의 300만 달러에 달하는 사기를 당했다. 당신의 나라에 대해 해외 투자자에게 어떤 조언을 해주고 싶은가?
3. 3명씩 그룹을 이루어 주변에 있는 비즈니스 매장을 방문하라. 점주 또는 관리자의 동의를 얻어 2015~2017년까지 매장의 매출 실적을 바탕으로 2018년과 2019년의 매출 예측을 준비하라. 이 내용은 수업 시간에 발표할 수 있다.

4. Jorge Martinez는 기존 인쇄 사업체 인수를 고려하고 있으며, 과거 재무 성과를 잘 파악하기 위해 사업 기록을 주의 깊게 공부하고 있다. Jorge는 당신이 기업가정신 수업을 듣고 있다는 소식을 듣고 "이 재무 정보(예: 3년간 감사를 받은 손익계산서, 재무상태표, 현금흐름표)를 최대한 활용하기 위해 어떤 제안을 해줄 수 있나요?"라고 물었다. 재무제표를 최대한 활용하기 위해 Jorge에게 어떤 제안을 하겠는가?
5. 친구가 조언을 구하러 왔다. 그녀는 잠재 투자자를 위한 사업 계획을 준비해야 해서 본인이 확신하는 매우 자세한 재무 계획을 준비했다. 그러나 그녀는 기업의 재무 목표 부분에 무엇을 포함해야 하는지 확신하지 못한다. 그녀에게 어떤 조언을 하겠는가?
6. 기업 재무상태표의 왼쪽(또는 상단)에 있는 항목과 오른쪽(또는 하단)에 있는 항목 중 가장 주의를 기울여야 하는 항목은 무엇인가? 이러한 각 항목과 관련해서 신규 벤처가 전반적인 재무 건전성을 유지하기 위해 집중해야 하는 가장 중요한 요소는 무엇인가?
7. 당신의 동료가 자신이 시작하려는 사업에 대한 사업 계획서를 작성하기 위해 준비 중이라고 가정해보자. 그녀는 나머지 계획을 진행하기 전에 재무제표를 먼저 준비해서 해당 작업을 처리할 계획이라고 말했다. 동료의 논리에 있는 결함은 무엇인가?

You Be the VC 8.1

회사명: CyPHY Works

• Web: www.cyphyworks.com • Facebook: CyPhy Works • Twitter: @cyphyworksinc

사업 아이디어: 일반 소비자용, 상업용, 국방용 최첨단 드론을 제작해 사람들이 드론을 접근 가능하고, 신뢰할 수 있으며, 실용적으로 사용할 수 있게 하기

개요: 당신이 몬태나/캐나다 국경에 살고 있는데 아들이 갑자기 아프다고 상상해보라. 당신은 의사에게 전화를 걸었고, 아들에게 항생제가 필요하다는 것을 알게 되었다. 병원에 가는 데만 45분이 걸릴 것이고, 도로는 미끄럽고, 아들은 점점 더 아플 것이다. CyPhy Works는 드론이 이러한 가상적이지만 현실적인 상황에 대한 해답이라고 제안한다. 실제로 2016년 9월 CyPhy는 UPS와 파트너십을 체결해 멀리 떨어져 있거나 도달하기 어려운 지역에 소포를 효과적으로 배송하기 위해 드론을 사용하는 방법을 연구했다. 테스트 운행에서 천식 흡입기가 포함된 패키지를 실은 8파운드 40인치 CyPhy 드론이 매사추세츠에 있는 기업 본사에서 메인 해안에서 3마일 떨어진 섬으로 날아갔다. 이 여정은 약 8분이 걸렸다.

CyPhy는 현재 2개의 첨단 드론 제품군을 보유하고 있는 최첨단 드론 기업이다. 첫 번째는 Persistent Aerial Reconnaissance and Communications 드론, 줄여서 PARC로 위에서 언급한 대로 테스트 비행 중에 자율 비행을 했다. 이 드론은 특허받은 마이크로필라멘트 연결로 테더링된 표준 PARC 드론의 수정된 버전이었다. 드론을 땅에 테더링하는 것은 이상하게 보일 수 있지만 실제로는 최첨단 기술이다. 이 연결선은 드론에 에너지와 보안 통신을 제공해 드론이 무기한으로 공중에 떠 있을 수 있게 한다. 또 다른 테스트에서는 2016년 가을 Tim McGraw 콘서트 주변의 교통량을 모니터링하기 위해 콜로라도 교통부에서 CyPhy의 테더링된 PARC 드론을 사용했다. 감시부터 보안, 교통 모니터링까지 테더링된 소형 드론을 연중무휴 24시간 활용하는 방법은 무궁무진하다.

CyPhy의 두 번째 드론은 군용으로 개발 중인 Pocket Flyer이다. 이 제품의 무게는 80g(0.176파운드)이며 군인의 군복 주머니에 들어갈 수 있다. Pocket Flyer는 태블릿이나 스마트폰으로 제어하며 실내 정찰용이다. 250피트 마이크로필라멘트를 통해 비디오와 데이터를 안전하게 전송하면서 출입구, 방, 복도를 날아다닐 수 있다. 불이 났을 때 소방관이 불타는 건물에 들어가기 전에 건물에 갇힌 사람이 있는지 확인하려는 모습을 상상해보라. 이런 상황에서 Pocket Flyer는 생명의 은인이 될 수 있다.

아직 초기 단계인 드론 제조업은 33억 달러의 산업 규모를 가지고 있으며 지속적으로 성장하고 있다. 드론의 광범위한 상업적 사용을 위해서는 여전히 FFA(미국 연방항공청) 규정이 개정되기를 기다려야 한다. 현재 드론 사용에는 엄격한 제한이 있으며 UPS 또는 드론을 통해 고객의 집으로 택배를 배송하는 Amazon과 같은 응용은 몇 년 후에나 가능할 수 있다. CyPhy는 단기적으로는 특정한 군용 및 상업용 응용 프로그램을 통해 포지셔닝했고, 드론 규정이 발전함에 따라 드론 산업의 주요한 역할을 수행할 수 있도록 준비하고 있다.

- 이 장에서 다룬 자료를 바탕으로, 투자를 결정하기 전에 회사 설립자에게 어떤 질문을 할 것인가? 어떤 대답이 여러분을 만족시킬까?
- 개요와 회사 웹사이트에 제공된 정보만 보고 투자 결정을 내려야 한다면 이 회사에 투자하겠는가? 왜 그러한가? 혹은 왜 그렇지 않은가?

You Be the VC 8.2

회사명: nuTonomy

• Web: www.nuTonomy.com • Facebook: nuTonomy • Twitter: @nuTonomy

사업 아이디어: 완전자율차량을 개발하고 배치하기

개요: nuTonomy는 MIT에서 분사한 작은 기업이다. 이 회사는 자율주행 차량을 위한 소프트웨어 개발업체이다. nuTonomy의 R&D 센터는 싱가포르에 있다. 싱가포르는 자율주행차 테스트베드로 부상했는데, 그 이유는 대부분 도시로 이루어져 있고, 기온이 이상적이며(눈이 내리지 않음), 작은 나라이기 때문에 지도 작성 및 업데이트를 빠르게 할 수 있기 때문이다.

nuTonomy는 실증을 진행하는 최초의 자율주행차 기업이다. 현재 2.5 평방킬로미터의 비즈니스 지구인 '원 노스(One North)'라는 싱가포르 지역에서 실험을 진행하고 있다. 고객은 nuTonomy의 승차 호출 앱을 사용해 무료로 승차를 요청할 수 있다. 이용 가능한 차량은 nuTonomy가 자율주행을 설정한 Mitsubishi의 i-MiEV 또는 Renault의 Zoe 전기자동차이다. nuTonomy 엔지니어가 차량 내 시스템 성능의 모니터링이 필요한 경우 제어하기 위해 함께 탑승한다. 이 시험 기간 동안 nuTonomy는 소프트웨어 시스템 성능, 차량 경로의 효율성, nuTonomy 앱의 효율성, 전반적인 승객 경험과 관련된 데이터를 수집하고 평가한다. nuTonomy의 정교한 소프트웨어는 자율주행차량이 도시 환경을 효율적이고 안전하게 운행할 수 있도록 지원한다. 이 회사의 실험은 싱가포르 정부 승인을 받아 세계에서 처음으로 진행한 것이다. 테스트를 시작한 후, nuTonomy는 동남아시아 최고의 승차 공유 앱인 Grab과 파트너십을 체결했다. 파트너십을 통해 두 기업은 자율자동차 택시 서비스의 전체 사용자 경험을 보다 철저하게 연구할 수 있었다. 싱가포르에서 nuTonomy의 자율주행택시 영상은 YouTube에서 'nuTonomy'로 검색하면 볼 수 있다. nuTonomy는 싱가포르 외에도 미시간과 영국에서 보다 제한된 범위에서 소프트웨어를 테스트하고 있다.

nuTonomy의 기술은 MIT 출신인 공동창업자 Karl Iagnemma 박사와 Emilio Frazzoil 박사의 10년 이상의 연구를 기반으로 한다. 이 기술은 우주선, 항공기 등 복잡하고 안전이 중요한 분야의 자율 시스템 개발에서 성공적으로 사용한 방법을 기반으로 한다. nuTonomy의 다음 단계는 싱가포르에서 널리 사용되는 자율주행택시 서비스를 시작하는 것이다. 목표 날짜는 2018년이다. 이것이 실현되면, 사용자가 nuTonomy 앱을 통해 차량을 호출할 경우 운전자가 없는 자동차가 표시된다. nuTonomy는 자율주행차를 출시하기 위해 경쟁하는 여러 기업 중 하나이지만 소프트웨어의 신뢰성과 수행 중인 테스트로 인해 선두에 있다고 생각한다. nuTonomy의 큰 목표는 기술의 신뢰성을 입증하고 자율주행 차량이 전 세계적으로 보편화되는 것이다. 이 목표를 달성하면 도시 계획 방식과 전 세계 사람들의 삶의 방식이 바뀔 것이다.

- 이 장에서 다룬 자료를 바탕으로, 투자를 결정하기 전에 회사 설립자에게 어떤 질문을 할 것인가? 어떤 대답이 여러분을 만족시킬까?
- 개요와 회사 웹사이트에 제공된 정보만 보고 투자 결정을 내려야 한다면 이 회사에 투자하겠는가? 왜 그러한가? 혹은 왜 그렇지 않은가?

사례 8.1

CASE

Mary Lynn Schroeder: 제한된 자금과 비즈니스 경험으로 성공적인 비즈니스 구축하기

• Web: www.Inbluehandmade.com • Facebook: Mary Lynn Schroeder • Twitter: @inbluehandmade

Bruce R. Barringer(오클라호마주립대학교)
R. Duane Ireland(텍사스A&M대학교)

소개

2008년 Mary Lynn Schroeder는 시카고에서 음악 비즈니스를 하고 있었다. 그러나 그 일에서 성취감을 얻지 못한다고 느꼈고, 결국 떠나기로 결정했다. 그녀는 일리노이주 남부로 떠났고 도중에 Jo-Ann Fabrics & Crafts 매장에 들렀다. 그녀는 바느질에 대해 잘 몰랐지만, 청바지를 수선하고 커튼을 만들기 위해 바느질 기계를 구입했다. 그녀는 바느질 기계 사용에 대해 여러 번 레슨을 받을 만큼 오랜 시간 머물렀다. 일리노이 남부에 도착한 뒤 서던일리노이대학교가 있는 카번데일 근처의 농가를 임대했다. Schroeder는 카번데일에서 일자리를 찾아 정착할 계획을 세웠다. 그러나 예상치 못하게 그녀는 바느질에 빠져들었다.

Schroeder는 일자리를 찾는 대신 작은 제품을 만들고 옷을 수선하는 바느질을 시작했다. 자급자족을 한다는 것이 매력적으로 다가왔다. 그녀는 약 400명이 살고 있는 마을에 작은 상점을 열어 자신의 작품과 다른 사람의 작품을 판매했다. 가게 뒤쪽에는 Schroeder가 작업을 하는 작은 스튜디오가 있었고 여기서 작업을 했다. 이 기간 동안 Schroeder는 가죽 저널을 만드는 데 관심을 가지게 되었다. 그녀의 아이디어는 앞면과

뒷면이 가죽으로 된 저널을 만드는 것이었다. 표지에는 구매자가 선택한 이미지가 들어갔다. 구매자는 또한 이미지와 함께 최대 10단어의 글자를 넣을 수 있다. 이러한 옵션을 조합해서 표지에 구매자가 가장 좋아하는 문구가 담긴 특별한 맞춤형 저널이 완성되었다.

남부 일리노이로 이사한 직후 Schroeder는 Etsy 매장을 열었다. 처음 1년 정도는 작은 수공예품을 팔았다. 그러나 가죽 저널 아이디어가 떠오르자 Etsy 스토어에 가죽 저널과 가죽 선글라스 케이스를 추가했다. 그녀는 하루에 1~2개의 제품을 팔았는데, 그녀가 필요한 제품을 만들 수 있는 속도였다. 이 시기에 Schroeder는 수입을 보충하기 위해 햄버거와 셰이크 레스토랑인 Steak & Shake에서 일하고 있었다. 2009년 12월 2일 Schroeder가 가죽 저널을 판매하기 시작한 직후 놀라운 일이 일어났다. 그녀의 저널을 〈Martha Stewart Show〉에서 소개한 것이다. 다음 날 아침, Schroeder는 80건의 저널을 주문받았다. 이것은 더 큰 사업의 시작이었다. 그녀는 또한 도매 계정을 만들기 시작했다. Etsy에서의 노출 덕분에 다양한 체인과 부티크로부터 제품을 판매하자는 제안을 받기 시작했다. In Blue Handmade라는 Schroeder의 사업은 성장할 준비가 되어 있었다.

제한된 돈과 사업 경험에서 In Blue Handmade의 성장

Schroeder의 제품에 대한 수요가 증가하는 동안 그녀에게는 두 가지 문제가 있었다. 제한된 자금과 제한된 비즈니스 경험이었다. 비즈니스를 성장시키기 위해 그녀는 새로운 웹사이트, 온라인 상점, 제품을 판매할 수 있는 채널이 필요했다. Schroeder는 웹사이트를 구축하고 온라인 상점을 만들 개발자를 고용하고 판매 채널을 만들기 위해 마케팅 인력을 고용하는 대신 다른 접근 방식을 선택했다. 그녀는 목표를 달성하기 위해 아래 표에 나와 있는 기성 플랫폼을 이용해 저렴하게 이를 달성하기로 결정했다. 기성 플랫폼을 활용해서 Schroeder는 두 가지 주요 목표를 달성할 수 있었다. 첫째, 매우 적은 자본 투자로 비즈니스를 구축할 수 있었다. 이 사례를 읽으면 알 수 있듯이 Shopify에서 온라인 상점을 설정하거나, Squarespace를 통해 웹사이트를 디자인하는 데는 비용이 거의 들지 않는다. 둘째, 기성 플랫폼을 활용함으로써 그녀는 전문 지식을 직접 얻거나 고용할 필요 없이 플랫폼을 구축한 사람들의 전문 지식을 활용할 수 있었다.

다음은 Schroeder가 In Blue Handmade를 저비용으로 성장시키기 위해 활용한 플랫폼에 대한 간략한 개요이다. 개요를 살펴본 후 Schroeder가 각 플랫폼을 어떻게 활용했는지 살펴보겠다.

Schroeder가 In Blue Handmade를 저비용으로 성장시키기 위해 활용한 레디메이드 플랫폼

사용한 항목	플랫폼	URS
웹사이트	Squarespace	www.squarespace.com
온라인 상점	Shopify	www.shopify.com
시장	Etsy	www.etsy.com
시장	공예 박람회 및 페스티벌	다양함

Squarespace

Squarespace는 코딩 경험이 없어도 아름답고 기능이 뛰어난 웹사이트를 만들 수 있는 클라우드 기반 플랫폼이다. 작동 방식은 다음과 같다. 먼저 약 70개의 템플릿 중 하나를 선택한다. 원하는 웹사이트의 모습과 가장 유사한 템플릿을 선택한다. 이 템플릿은 패션 및 미용, 음식 및 음료, 건강 및 피트니스, 웨딩과 같은 범주로 구성된다. 예를 들어 식품 사업을 시작하는 경우, 식품 사업을 위해 특별히 설계된 10개의 템플릿 중 하나를 선택할 수 있다. 그런 다음 Squarespace는 사이트의 계획된 콘텐츠와 사이트의 목표에 대해 질문한다. 계정을 생성하면 14일 무료 평가판이 함께 제공되며, 이후에 Squarespace 플랫폼을 사용할 수 있다. 이 플랫폼을 사용하면 템플릿에 있는 정보와 이미지를 자신의 정보와 이미지로 대체하고 원하는 대로 템플릿을 맞춤 설정할 수 있다. 이 과정의 각 단계를 안내하는 유용한 비디오 설명서도 제공한다. 템플릿의 모양을 보려면 www.squarespace.com으로 이동해 '시작하기' 버튼을 클릭하라. 계정을 만들지 않고도 템플릿을 볼 수 있다.

결과적으로, Squarespace를 사용하면 몇 달 동안의 프로그래머 작업과 수천 달러가 든 것처럼 보이는 고도로 세련된 웹사이트를 만들 수 있다. 코딩 방법을 알 필요는 없다. Squarespace 비디오를 보고 제공된 도구를 사용하기만 하면 된다. 백만이 넘는 기업과 개인이 Squarespace에서 웹사이트를 만들었으며, Squarespace의 활성 고객으로서 플랫폼의 사용 용이성, 품질, 경제성에 대해 이야기한다. Squarespace의 모든 템플릿은 PC나 Macintosh, 모바일 장치에서 잘 보이도록 설계되었다. Squarespace는 강력한 고객 지원을 제공한다. 실시간 채팅, 1시간 이내의 이메일 답변, 풍부한 설명서, 비디오 워크숍 라이브러리를 제공한다. Squarespace는 웹사이트를 호스팅하고 도메인 이름을 제공한다. 또한 웹사이트의 시간대별, 일별, 주별, 월별 트래픽을 추적하는 데 도움이 되는 실시간 분석 대시보드를 제공한다.

가격 측면에서, Squarespace의 비즈니스용은 월 26달러(또는 연간 216달러)에 이용할 수 있다. Squarespace는 웹사이트 개발 및 호스팅 서비스를 온라인 스토어와 결합하는 옵션을 제공한다. 온라인 스토어를 추가하면 비즈니스 비용은 월 30달러(또는 연간 312달러)로 증가한다.

Squarespace는 Schroeder에게 이상적인 선택이었다. 왜냐하면 그녀는 개발자를 고용하거나 웹사이트를 구축하기 위해 프리랜서를 고용할 돈이 없었고, 자체적으로 어떻게 해야 할지 모르는 상황이었다. 그리고 템플릿은 잘 디자인된 웹사이트가 어떻게 보일지를 시각화할 수 있게 해주었기 때문에 이것을 기반으로 시작하는 것이 실제로 그녀에게 도움이 되었다. Jimbo, Weebly, Wix, GoDaddy를 포함해 Squarespace와 유사한 서비스를 제공하는 여러 경쟁업체가 있다. 프로그래머를 고용하지 않고 Squarespace를 이용하는 것의 유일한 단점은 일부 맞춤형 기능을 포기해야 할 수도 있다는 것이다.

Shopify

Shopify는 온라인 스토어를 만들 수 있는 플랫폼이다. 제품을 구성하고, 매장을 맞춤화하고, 신용 카드 및 직불 카드를 통해 주문을 추적하고 처리할 수 있다. 클라우드 기반 플랫폼이라 설치가 필요하지 않으며, 소프트웨어의 모든 업그레이드와 유지 보수는 기업에서 처리한다. Shopify는 기존 웹사이트와 통합할 수 있어 이미 웹사이트를 구축했고 도메인 이름을 보유하고 있고 호스팅을 준비했다 하더라도 문제가 되지 않는다.

Shopify의 설치는 Squarespace와 유사하다. 먼저 Shopify의 테마 스토어에 있는 100개 이상의 온라인 스토어 템플릿 중에서 선택해 시작한다. 템플릿의 모양을 확인하는 가장 좋은 방법은 www.shopify.com에 접속해서 상단의 '리소스' 탭을 클릭한 다음 '테마 스토어'를 선택하는 것이다. Shopify는 템플릿을 의류 및 패션, 보석 및 액세서리, 예술 및 사진, 전자 제품과 같은 범주로 구성한다. 템플릿을 선택한 후에는 온라인 상점을 만들고 자신의 비즈니스에 맞게 특별히 제작된 것처럼 완전히 맞춤화할 수 있다.

이곳에선 온라인 판매에 필요한 모든 것이 포함되어 있다. Shopify는 주문을 처리하고 신용 카드, 직불 카드, PayPal을 통해 결제할 수 있는 장바구니를 제공한다. SEO(검색 엔진 최적화) 기능이 내장되어 있어 Google, Yahoo, Bing에서 트래픽과 판매를 생성한다. 이 플랫폼은 온라인 상점을 웹 및 모바일용으로 최적화한다. 매장은 직접 관리할 수 있다. 다시 말하지만 Shopify는 호스팅 솔루션이므로 설치, 패치, 보안 업데이트에 대해 걱정할 필요가 없다. 모든 것은 Shopify에서 처리한다.

Shopify는 Squarespace보다 약간 복잡하다. HTML 및 CSS에 대한 기본적인 이해가 필요하다. Shopify는 Liquid라는 디자이너 친화적인 프로그래밍 언어를 사용한다. Liquid는 쉽게 익힐 수 있으며, 초보자를 위한 훌륭한 튜토리얼(글과 비디오)이 제공되어 사용자가 빠르게 익힐 수 있도록 도와준다. 위에서 언급한 바와 같이 Shopify에는 웹사이트에 리소스 탭이 있다. 이 탭은 사용자를 지원하고 Shopify 활용 및 온라인 판매를 위한 최상의 방법을 제공하도록 설계된 가이드, 비디오, 팟캐스트, 성공 사례, 포럼에 액세스할 수 있게 해준다.

Shopify는 비즈니스 규모, 처리되는 거래 수, 원하는 기능에 따라 다양한 요금제가 있다. 기본 요금제는 월 29달러에 거래당 2.9%의 수수료와 신용 카드 수수료 30센트가 추가된다. 이 요금제는 연간 매출이 2만 달러 미만인 비교적 간단한 비즈니스에 적합하다. 상위 요금제는 월 299달러에 거래당 2.4%의 수수료와 30센트의 신용 카드 수수료가 추가된다. 이 요금제는 훨씬 더 큰 규모의 비즈니스에 적합하며 기프트카드 판매 및 사용 기능과 같은 향상된 기능을 포함한다.

Shopify는 Squarespace와 마찬가지로 Schroeder에게 저렴한 자본 투자로 온라인 스토어를 구축할 수 있는 방법을 제공했기 때문에 좋은 선택이었다. 또한 상대적으로 적은 월간 비용으로 많은 기능을 제공했다. Schroeder가 Shopify 스토어를 설정하는 데 도움을 받았는지 여부는 알려져 있지 않다. 유능한 프리랜서의 도움을 받아 비교적 저렴한 초기 비용으로 스토어를 구축할 수 있었을 것이다.

Etsy

Schroeder는 자신의 웹사이트를 통해 상품을 판매하는 것 외에도, 앞에서 설명한 대로 Etsy 스토어도 운영하고 있다. Etsy 스토어를 운영함으로써 그녀는 제품을 판매할 수 있는 시장을 확보하게 되었다. 사례 4.1의 주인공인 Etsy는 핸드메이드 또는 빈티지 아이템, 독특한 공장 제조 상품을 중점적으로 취급하는 전자상거래 웹사이트이다. 이러한 아이템은 의류 및 액세서리, 어린이 및 유아, 가정 및 생활, 공예용품 및 도구를 포함한 다양한 제품 유형을 포함한다.

Etsy에서 판매하려면, 우선 계정을 만들고 온라인 Etsy 스토어를 만든다. https://www.etsy.com/shop/inblue에서 Schroeder의 Etsy 스토어인 Inblue를 볼 수 있다. 해당 사이트에 따르면 Inblue는 현재 노스캐롤라이나주 애슈빌에 위치하며, 2008년부터 Etsy에서 판매를 시작해 5만 4,730건의 판매 기록을 가지고 있다. 현재는 가방, InBlue 저널, 포켓 저널, 지갑, 여행용품 등 다양한 카테고리에서 286개의 상품을 판매하고 있다. 1만 2,668명의 고객이 생성한 별 다섯 개 평점을 가지고 있다. 판매하는 모든 항목은 보기 좋게 촬영되어 있고 사이트에 잘 설명되어 있다.

Etsy 스토어에서 계정을 생성하는 것은 무료이며, 해당 플랫폼은 사이트를 설정하는 데 필요한 모든 도구를 제공한다. 프로그래밍 지식은 필요하지 않다. 스토어의 각 상품은 20센트의 등록비를 지불해야 한다. 스토어 내 가격은 판매자가 결정한다. Etsy는 각 판매에 대해 3.5%의 수수료를 받는다. 각 거래와 관련된 신용 카드 처리 수수료도 있다. 판매 프로세스와 관련된 모든 물류는 판매자가 처리한다. Etsy에서 판매할 때의 이점은 이 회사가 수공예품에 관심이 있는 전 세계 바이어를 유치한다는 것이다. 또한 다양한 방법으로 판매자를 지원한다. 예를 들어, Etsy는 200만 명이 넘는 사람들이 보는 뉴스레터를 발송한다. 각 뉴스레터에는 하나 이상의 판매자를 소개하는데, InBlue는 두 번 이상 뉴스레터에서 소개했다. Etsy는 또한 사이트 첫 페이지에서 가장 인기 있는 판매자가 만든 제품의 이미지를 회전시킨다. 뉴스레터와 유사하게 하나 이상의 InBlue 제품이 소개되었다. Etsy는 또한 판매자에게 온라인 판매 기술을 향상시킬 수 있는 개발 도구, 교육 자료, 오프라인 이벤트를 제공한다.

Schroeder에게 Etsy는 자신의 제품을 거의 투자 없이 판매할 수 있는 시장을 제공했다. Etsy 스토어를 유지하기 위한 월 비용은 없으며 품목당 20센트의 일회성 등록비만 있다. Etsy의 3.5% 수수료와 신용 카드 처리 수수료는 판매가 이루어질 때까지 발생하지 않는다. Etsy는 Schroeder와 그녀가 판매하는 제품과 잘 어울리는 문화적 맞춤형 플랫폼이다. Etsy는 판매자가 구매자와 판매자 양측에게 의미 있는 지역사회적 느낌을 갖춘 스토어를 만들 수 있도록 한다. Etsy의 이러한 측면은 Schroeder의 소박한 가치와 수공예 제품의 고유성과 잘 어울린다.

공예 박람회 및 페스티벌

Schroeder는 또한 전통 공예 박람회와 축제를 통해 제품을 판매한다. 그렇게 함으로써 그녀는 본질적으로 온라인 비즈니스를 오프라인으로 가져올 수 있다. 여기에 드는 유일한 비용은 박람회나 페스티벌에서 부스를 설치하고 판매하는 데 드는 비용 및 수수료이다.

전통적인 오프라인 공예 박람회와 축제를 통한 판매에는 판매 외에 두 가지 이점이 있다. 첫 번째는 불량품(하자가 있는 제품)을 판매할 수 있다는 점이다. 때때로 Schroeder 또는 그녀의 장인 중 한 명이 가죽 저널의 왼쪽이 아닌 오른쪽 상단 모서리에 이미지를 배치하는 것과 같은 실수를 저지를 때가 있다. 환불을 위해 반품된 경우 공예 박람회에서 판매할 수 있다. 두 번째 장점은 고객과 직접 만나 그녀의 제품에 대한 피드백을 받을 수 있는 기회라는 점이다. Schroeder는 공예 박람회와 축제에서 고객들로부터 받은 피드백이 제품 결정을 내리는 데 중요한 역할을 했다고 생각한다.

Schroeder와 In Blue Handmade의 앞으로의 과제

Schroeder의 사업은 비싼 방식을 추구하기보다 기성품 플랫폼을 활용해서 계속 성장하고 있다. 2011년 Schroeder는 일리노이주 남부에서 노스캐롤라이나주 애슈빌로 사업체를 이전했다. 애슈빌은 예술가에게 풍부한 환경을 제공하고 예술적 능력을 가진 사람들의 노동 인력을 가지고 있다. 또한 활기찬 기술 허브이며 수제 맥주 양조장이 점점 모이고 있는 도시이다.

In Blue Handmade는 현재 Etsy에서 1위 가죽 매장으로 300개의 도매 거래계좌를 보유하고 있으며 8명의 직원을 고용하고 있다. 분석을 중점적으로 할 개발자도 고용했다. 그럼에도 불구하고 여전히 성장 과정에서 사용했던 동일한 기성 플랫폼에서 비즈니스를 운영하고 있다.

토의 문제

1. 좋은 아이디어는 있지만 사업 경험이 없는 초보 기업가가 Mary Lynn Schroeder의 경험에서 무엇을 배울 수 있을까?
2. 당신은 스스로 Squarespace에서 웹사이트를 만들고 Shopify에서 온라인 상점을 설정할 수 있는 능력이 어느 정도라고 생각하는가? 이러한 작업 중 하나 이상을 수행할 능력이 없다고 생각한다면 지금 필요한 역량을 얻기 위해 어떤 조치를 취할 수 있을까?
3. Squarespace, Shopify, Etsy와 같은 기성 플랫폼이 미국과 해외의 기업 생태계에 어느 정도 기여했다고 생각하는가? 당신이 자신의 사업을 시작한 경우, 이러한 플랫폼 중 하나 이상을 사용할 가능성은 어느 정도일까?
4. Squarespace 또는 Shopify와 직접적인 경쟁자는 아니지만 비슷한 역할을 수행하며 기업가가 매우 적은 초기 자본 투자로 중요한 작업을 수행할 수 있게 해주는 준비된 플랫폼을 파악해서 이를 기술하라.
5. 이 사례가 이 장에 나오는 이유는 무엇이라고 생각하는가?

출처: In Blue Handmade Homepage, www.inbluehandmade.com (accessed April 30, 2017); Squarespace Homepage, www.squarespace.com (accessed April 30, 2017); Shopify Homepage, www.shopify.com (accessed April 30, 2017); Etsy Homepage, www.etsy.com (accessed April 30, 2017); M. L. Schroeder and A. Warner, "How Did Mary Lynn Schroeder Go From One Sewing Machine to Becoming the #1 Leather Shop on Etsy?", transcript of *Mixergy* Podcast (posted November 18, 2015, accessed April 30, 2017); M. L. Schroeder, A. Fiebert, and T. Frank, "Selling Art on Etsy With Mary Lynn Schroeder," *Listen Money Matters* Podcast, available at https://www.listenmoneymatters.com/selling-art-etsy-mary-lynnschroeder/ (posted November 6, 2014, accessed April 30, 2017).

사례 8.2 CASE

Funbox: 소기업이 현금흐름 부족을 최소화할 수 있도록 설계하기

• Web: www.fundbox.com • Facebook: Fundbox • Twitter: @fundbox

Bruce R. Barringer(오클라호마주립대학교)
R. Duane Ireland(텍사스A&M대학교)

소개

Fundbox는 소기업에 12~24주 단위의 대출을 제공하는 창업 스타트업이다. 이 대출은 기업이 미지급한 특정 송장과 연계되어 있다. 대출 상환금(원금, 이자, 수수료 포함)은 기업 통장에서 매주 12주 또는 24주 동안 동일한 금액으로 인출된다. 송장 금액이 입금되면 대출금 전액을 상환할 수 있다. 조기 상환에 대한 패널티는 없다.

Fundbox는 기술 혁신가이자 금융 전문가인 Yuval Ariav, Eyal Shinar, Tomer Michael이 2012년에 설립했다. 이 기업의 미션은 소기업에 현실적인 현금흐름 관리 방식을 제공하는 것이다.

문제

거의 모든 소기업은 현금흐름 부족을 경험한다. 기업이 어떻게 돌아가는지 생각해보라. 기업은 종종 계약을 따내고 제품이나 서비스를 생산하기 위해 필요한 재료와 용품을 구매하고 직원에게 급여를 지불한다. 그리고 고객으로부터 상품 대금을 받기까지 30일, 60일, 90일을 기다려야 한다. 이 시나리오로 인해 건전한 비즈니스라도 때때로 현금흐름 부족을 경험하게 된다. 사실 사업이 잘될수록 더 많은 현금흐름이 큰 걱정거리가 되는 경우도 많다. 이 문제를 해결하기 위한 두 가지 전통적인 방법이 있다. 첫 번째는 은행의 신용 한도를 유지하는 것이다. 신용 한도는 기업이 일정 금액까지 빌리고 돈이 들어오면 갚을 수 있게 한다. 이 해결책의 문제는 은행이 중소기업을 위한 신용 한도 설정을 점점 꺼린다는 것이다. 은행은 또한 특정 금액에 대한 단기 대출을 좋아하지 않다. 두 번째 해결책은 인보이스 팩토링이다. 인보이스 팩토링은 회사가 송장을 팩토링회사에 판매하고, 대금을 일시불(예: 5,000달러 송장에 4,500달러)로 받는 것을 의미한다. 그런 다음 팩토링 기업은 송장을 판 기업의 고객으로부터 돈을 수급한다. 제3자가 고객과 직접적인 관계를 맺기 때문에 많은 기업이 이 대안을 싫어한다. 팩토링 기업이 송장을 수금하려고 공격적으로 접근하면 고객과의 비즈니스 관계에 영향을 미칠 수 있다.

설상가상으로 판매채권회수기간(Days Sales Outstanding, DSO), 즉 기업이 송장을 발행하고 대금을 수령하는 데 걸리는 시간이 최근 몇 년 동안 전반적으로 증가하고 있다.

Fundbox

Fundbox는 이 문제에 대한 새로운 솔루션을 제공한다. 송장이 들어오면 송장 금액만큼 12주 또는 24주 단위의 대출을 발행한다. 대출은 특정 채권과 일치하기 때문에 대출 상환으로 인해 비즈니스에 새로운 현금흐름 문제가 발생하는 것을 방지한다. 대출 이자율은 차용인과 송장 금액을 지불해야 하는 기업의 신용도에 따라 결정된다. 이 방법은 차용인이 지불할 것이라고 확신하는 송장으로 돈을 빌리도록 권장한다. 예를 들어, 한 기업이 Home Depot에서 1만 달러의 작업을 수행했다. 기업은 Home Depot이 송장을 지불할 것이라는 것을 알고 있지만, Home Depot은 지불 스케줄이 30일 또는 60일로 되어 있을 수 있다(즉, 지불하는 데 30일 또는 60일이 있음을 의미). 이때 기업이 Fundbox 계정을 가지고 있는 경우, Fundbox 수수료를 제외한 1만 달러를 즉시 받을 수 있다. 매주 상환이 시작되며, Home Depot이 송장 금액을 지불하면 Fundbox에 대한 대출금이 전액 지불된다. 이 시나리오를 통해 기업은 더 빨리 돈을 벌고 현금흐름의 단기적 격차를 피할 수 있다. Fundbox 서비스의 이자율은 다양하다. 《Forbes》에 발표된 기사에 따르면, 부과되는 이자율은 연 20.8~28.8%의 APR로 계산된다. Fundbox는 자체 웹사이트에 가격을 설명하는 페이지를 제공하고 있다. 해당 페이지는 https://fundbox.com/pricing에서 확인할 수 있다.

Fundbox는 정교한 데이터 분석을 사용해서 잠재적 차용인의 전반적인 재무 건전성과 상환 가능성을 도식화한다. Fundbox의 고객 송장의 대부분은 평균 800~8,000달러 사이이며 평균 1,500달러이다. Fundbox 사용자의 대부분은 하청업체, 배관공, 정원사, 변호사와 같은 소규모 기업이다. 또한 Fundbox의 서비스를 이용하는 프리랜서들도 늘고 있다.

tsyhun/Shutterstock

Fundbox는 최고의 온라인 부기 프로그램과 파트너십을 맺고 있다. 예를 들어, 비즈니스에 Quickbooks 계정이 있는 경우 해당 비즈니스의 Quickbooks 계정에 쉽게 연결할 수 있다.

부기 프로그램 회사와의 파트너십

Fundbox는 고객이 쉽게 이용할 수 있도록 Quickbooks, Freshbooks, Xero, Sage One, Harvest를 비롯한 많은 최고의 온라인 부기 프로그램과 파트너십을 맺었다. 예를 들어 Freshbooks의 경우, 사업가가 Fundbox 계정을 생성하면(가입은 무료) 해당 계정을 손쉽게 비즈니스의 Freshbooks 계정과 연결할 수 있다. Freshbooks에 송장이 입력되면 Fundbox는 모든 관련 데이터를 분석해서 송장 금액을 충당하기 위한 12주 또는 24주 대출이 가능한지 확인한다. 기업은 대출 가능 여부를 알리는 이메일 메시지를 받게 된다. 그런 다음 기업은 대출 조건을 검토한 뒤 제안을 수락하거나 거부할 수 있다. 제안을 수락하면 일반적으로 하루 이내에 자금이 기업의 은행 계좌에 입금된다. Fundbox는 차용인과만 협력한다. 위에서 언급한 Home Depot 예시에서 차용인이 Fundbox의 대출 상환을 불이행한 경우 Fundbox는 Home Depot에서 대출 금액을 회수하려고 시도하지 않는다. 각 차용인에게는 Fundbox의 최대 신용 한도가 부여되므로 모든 송장에 대해 대출 제안을 제공하지는 않는다.

B2B 플레이어

Fundbox의 대출은 대부분 기업 간 거래(B2B) 기업에 가장 적합하다. 이들은 다른 사업체를 위해 일하고 그들이 하는 일에 대한 송장을 발행하는 사업체이다. 대부분의 기업 대 소비자 기업(B2C)은 판매 시점에서 판매 대금을 받는다. 예를 들어 고객이 레스토랑에서 식사를 하거나 Amazon.com에서 책을 구입하면 바로 결제한다. B2B 범주에는 기업에서 일하는 프리랜서도 포함된다. 이들은 특히 Fundbox 서비스의 혜택을 받을 수 있는 개인이다. 예를 들어, 독립 소프트웨어 개발자는 소기업을 위한 모바일 앱을 개발하는 데 100시간을 투자하고 기업에 1만 5,000달러의 송장을 청구할 수 있다. 지불 조건이 60일 순수 기일인 경우 기업은 청구서를 지불하는 데 60일이 주어진다. Fundbox를 통해 독립 소프트웨어 개발자는 즉시 돈을 받을 수 있다. 프리랜서가 돈을 빨리 받는다는 것은 집세를 내거나 모기지론을 제때 납부하는 데 중요한 역할을 할 수 있다는 것이다.

Fundbox의 미래

Fundbox는 출시 이후로 수천 명의 활성 사용자를 유치했으며 매년 수만 건의 송장을 처리하고 있다. Fundbox는 일반적으로 기존 대출 기관에 좋은 수익을 제공하지 못하는 중소기업에 보다 효과적으로 신용을 제공하기 위해 기술을 사용하는 점점 더 많아지고 있는 신생기업 중 하나이다. Fundbox는 또한 신용 접근 프로세스에 알고리즘을 적용하는 많은 신생기업 중 하나이다. SoFi, Earnest, Upstart는 소비자 신용 분야에서 동일한 방식을 취하는 기업의 예이다. Fundbox의 독특한 점은 B2B 공간에 초점을 맞추고 대출을 특정 송장에 연결해서 소기업이 현금흐름 문제를 최소화하는 데 도움을 준다는 것이다.

현금흐름 격차에 대한 해결책으로 Fundbox를 사용하는 것의 단점은 비용이다. 대출은 단기이지만, 부과되는 이자율은 앞서 언급한 바와 같이 연 20.8~28.8%이다. 이 비율은 다른 온라인 대출 기관보다 낮지만 여전히 기존 은행보다 높다. 어떤 소기업이든 Fundbox 또는 유사한 제품을 현금흐름 결손을 최소화하기 위한 목적으로 사용할지에 대한 지혜에 대해 회계사 또는 비즈니스 컨설턴트와 상담하는 것이 가장 좋다.

Fundbox는 벤처 캐피털리스트로부터 1억 750만 달러를 조달해 사업을 확장하고 성장시켰다. 주요 사업인 송장 금융 사업은 계속 성장하고 있다. 2015년에 Fundbox는 Credit-as-a-Service라는 새로운 제품을 출시했는데, 이 제품은 회계 소프트웨어 제공업체와 같은 제3자가 자신의 애플리케이션에 Fundbox를 직접 내장할 수 있도록 하는 서비스이다. 2017년 초에 Fundbox는 클라우드 기반 비즈니스 운영 체제인 Zoho와 파트너십을 체결해 Zoho 고객에게 Fundbox 제품에 대한 액세스를 제공할 것이다. Zoho의 대표인 Raj Sabhlok에 따르면, "이제 우리 고객들은 현금흐름 결손을 인식할 수 있을 뿐만 아니라 클릭 몇 번으로 Fundbox에서 필요한 현금을 얻고 비즈니스를 원활하게 운영할 수 있다"라고 말했다.

토의 문제

1. 이 사례의 초반에 "거의 모든 소기업은 현금흐름 부족을 경험한다"라는 문구가 나온다. 현금흐름이란 무엇인가? 기업가의 성공에 현금흐름이 중요한 이유는 무엇인가? 거의 모든 소기업이 현금흐름 문제를 겪는 이유는 무엇인가?
2. 이 장에서 설명했듯이 기업의 현금흐름표는 세 가지 별도의 활동으로 나뉜다. 기업이 Fundbox의 서비스를 사용하기로 결정했다면 현금흐름표의 어떤 활동에 영향을 받는가? 소규모 창업기업가가 Fundbox를 사용하기로 한 결정이 해당 기업의 현금흐름표 구성 요소에 미치는 잠재적 영향은 무엇인가?
3. 만약 Fundbox의 공동창립자(Yuval Ariav, Eyal Shinar, Tomer Michael)가 자사의 지속적인 성공에 대한 중요성과 관련해서 여러분의 조언을 구한다면, 여러분은 그들에게 뭐라고 말하겠는가? 어떤 추정 재무제표를 공동창립자들에게 개발하도록 권장할 것이며, 그 이유는 무엇인가?
4. 젊은 기업가로서 Fundbox의 세 공동창립자가 취한 조치에서 기업의 재무 관리에 대해 어떤 교훈을 얻을 수 있는가?

출처: Fundbox Homepage, www.fundbox.com (accessed May 1, 2017); E. Hobey, "Fintecher Fundbox Syncs with Zoho: Minding Cash Flow Gaps," Crowdfundinsider, available at https://www.crowdfundinsider.com/2017/04/98137-fintecher-fundboxsyncs-zoho-minding-cash-flow-gaps/ (posted April 4, 2017, accessed May 1, 2017); L. Shin, "Fundbox Secures $50 Million in Funding, With Investment By Jeff Bezos," *Forbes*, September 11, 2015; T. Zerucha, "Fundbox Solves Two Biggest Problems Facing Small Businesses," Bankless Times, available at https://www.banklesstimes.com/2016/05/22/fundbox-solves-two-biggest-problems-facing-small-businesses/ (posted May 22, 2016, accessed May 1, 2017).

에세이 문제

1. 친한 친구가 작은 수출입 사업을 운영하고 있다. 그는 매우 바쁘고 돈을 버는 것 같다. 그는 여러 차례 단기 대출로 사업 자금을 조달하고 며칠 내에 상환하는 모습을 보인다. 이 대출은 이자율이 높은데, 그래서 당신이 그에게 왜 이런 일을 하는지 물었다. 그는 사업의 수입과 지출을 추적할 시간이 없고 회계사와 이야기할 기회도 거의 없다고 설명한다. 현금흐름을 추적하는 것이 모든 비즈니스에 왜 그렇게 중요한지 설명하는 단락을 한 개 작성하라.
2. Jarrett Baker는 메릴랜드주 체비 체이스에 위치한 기업용 소프트웨어 기업의 창립자이다. 지난 3년 동안 Jarrett의 사업체에 대한 손익계산서를 보면 회사의 운전 자본이 2015년 4만 2,400달러에서 2016년 1만 7,900달러, 2017년 3,100달러로 감소했음을 알 수 있다. 이러한 추세가 Jarrett 사업의 미래에 어떤 위험을 가져올 수 있는지 한두 단락 정도로 답변을 작성해보라.

미주 Endnote

1. R. C. Moyer, J. R. McGuigan, and R. P. Rao, *Contemporary Financial Management*, 14th ed. (Cincinnati, OH: Cengage Learning, 2018).
2. T. Xia and D. Dimov, "Alliances and Survival of New Biopharmaceutical Ventures in the Wake of the Global Financial Crisis," *Journal of Small Business Management* 2017, in press; V. Collewaert and H. J. Sapienza, "How Does Angel Investor-Entrepreneur Conflict Affect Venture Innovation? It Depends," *Entrepreneurship Theory and Practice* 40, no. 3 (2016): 573–597; W. Drover, M. S. Wood, and G. T. Payne, "The Effects of Perceived Control on Venture Capitalist Investment Decisions: A Configurational Perspective," *Entrepreneurship Theory and Practice* 38, no. 4 (2014): 833–861.
3. J. Wu, S. Si, and X. Wu, "Entrepreneurial Finance and Innovation: Informal Debt as an Empirical Case," *Strategic Entrepreneurship Journal* 10, no. 3 (2016): 257–273; W. R. Kerr, J. Lerner, and A. Schoar, "The Consequences of Entrepreneurial Finance: Evidence from Angel Financings," *Review of Financial Studies* 27, no. 1 (2014): 20–55; C. Koropp, D. Grichnik, and F. Kellermanns, "Financial Attitudes in Family Firms: The Moderating Role of Family Commitment," *Journal of Small Business Management* 51, no. 1 (2013): 114–137.
4. J. Ropega, "Entrepreneurial Behaviour in Periods of Deterioration of Small Firms' Condition," *Entrepreneurial Business and Economics Review* 4, no. 2 (2016): 139–156; G. Michalski, *Value-Based Working Capital Management: Determining Liquid Asset Levels in Entrepreneurial Environments* (New York: Palgrave Macmillan, 2014).
5. J. C. Leach and R. W. Melicher, *Entrepreneurial Finance*, 6th ed. (Cincinnati: Cengage Learning, 2018).
6. J. H. Gittell, *The Southwest Airlines Way* (New York: McGraw-Hill, 2003), 7.
7. D. M. Hechavarria, Ch. H. Matthews, and P. D. Reynolds, "Does Start-Up Financing Influence Start-Up Speed? Evidence from the Panel Study of Entrepreneurial Dynamics," *Small Business Economics* 46, no. 1 (2016): 137–167; G. Cassar, "Industry and Startup Experience on Entrepreneur Forecast Performance in New Firms," *Journal of Business Venturing* 29, no. 1 (2014): 137–151.
8. E. F. Brigham and J. F. Houston, *Fundamentals of Financial Management*, 14th ed. (Cincinnati, OH: Cengage Learning, 2016).
9. B. Gates, *Business @ the Speed of Thought* (New York: Time Warner, 1999), 214.
10. SEC Homepage, www.sec.gov (accessed May 5, 2017).
11. W. R. Lasher, *Practical Financial Management*, 8th ed. (Cincinnati: Cengage Learning, 2017).
12. Understanding Financial Statements, available at https://basicaccountinghelp.com/understanding_financial_statements.html (accessed May 6, 2017); A. Croce and J. Marti, "Productivity Growth in Private-Equity-Based Family Firms," *Entrepreneurship Theory and Practice* 40, no. 3 (2016): 657–683.
13. M. Minnis and A. Sutherland, "Financial Statements as Monitoring Mechanisms: Evidence from Small Commercial Loans," *Journal of Accounting Research* 55, no. 1 (2017): 197–233; H. Van Auken and S. M. Carraher, "How Do Small Firms Use Financial Statements?" *Academy of Accounting and Financial Studies Proceedings* 16, no. 1 (2011): 35–42.
14. N. L. Cade, K. Ikuta, and L. Koonce, "Assets and Liabilities: When Do They Exist?" SSRN, available at https://papers.ssrn.com/sol3/papers.cfm?abstract_id=2742336 (posted March 8, 2016, accessed May 6, 2017).
15. I. Abeysekera, "How Best to Communicate Intangible Resources on Websites to Inform Corporate-Growth Reputation of Small Entrepreneurial Businesses," *Journal of Small Business Management* 2017, in press; F. Castellaneta, R. Conti, F. M. Veloso, and C. A. Kemeny, "The Effect of Trade Secret Legal Protection on Venture Capital Investments: Evidence from the Inevitable Disclosure Doctrine," *Journal of Business Venturing* 31, no. 5 (2016): 524–541.
16. P. Hopkin, *Fundamentals of Risk Management: Understanding, Evaluating and Implementing Effective Risk Management,* 4th ed. (London: Kogan Press, 2017).
17. R. Turner and A. Ledwith, "Project Management in Small to Medium-Sized Enterprises: Fitting the Practices to the Needs of the Firm to Deliver Benefit," *Journal of Small Business Management* 2017, in press; S. Carraher and H. Van Auken, "The Use of Financial Statements for Decision Making by Small Firms," *Journal of Small Business & Entrepreneurship* 26, no. 3 (2013): 323–336.
18. C. Hambock, C. Hopp, C. Keles, and R. Vetschera, "Risk Aversion in Entrepreneurship Panels: Measurement Problems and Alternative Explanations," *Managerial and Decision Economics* 2017, in press.
19. G. Keller, *Statistics for Management and Economics*, 11th ed. (Cincinnati: Cengage Learning, 2018).
20. J. C. Leach and R. W. Melicher, *Entrepreneurial Finance*, 6th ed. (Cincinnati: Cengage Learning, 2018).
21. W. Park, K. Lee, S. Doo, and S.-S. Yoon, "Investments for New Product Development: A Break-Even Time Analysis," *Engineering Management Journal* 28, no. 3 (2016): 158–167; C. M. Rambo, "Time Required to Break-Even for Small and Medium Enterprises: Evidence from Kenya," *International Journal of Management and Marketing Research* 6, no. 1 (2013): 81–94.
22. R. N. Lussier, J. Corman, and D. C. Kimball, *Entrepreneurial New Venture Skills*, 3rd ed. (New York: Routledge, 2015).

WILD FRIENDS FOODS와 친해지기

Wild Friends Food/Photo Credit: Keeley Tillotson

공동창업자

Keeley Tillotson

오리건대학교 광고예술커뮤니케이션 학사, 자유전공

Erika Welsh

오리건대학교 환경학, 스페인어 학사, 자유전공

Keeley Tillotson과의 대화

기업가로서 가장 놀랐던 때

여러분의 직업은 항상 변한다! 직책은 같을 수 있지만 회사는 여러분에게 새로운 것을 지속적으로 요구할 것이다.

내가 들은 최고의 조언

고용은 천천히, 해고는 빨리 하라. 당신을 위해 일하겠다고 서명한 사람들에게 감사하라.

가장 좋아하는 스마트폰 앱

Overcast.fm. 팟캐스트에 중독됨

기업가로서 가장 큰 고민

일주일 내내 일하면서 걱정하는 것

스마트폰 음악 리스트에서 가장 좋아하는 밴드

Windus

일하지 않을 때 하는 것

독서, 조깅, 요가, 요리, 친구와 시간 보내기, 스마트폰 끄기

CHAPTER 9

신생벤처팀 구성

WILD FRIENDS FOODS

의욕적으로 일 시작하기

• Web: https://wildfriendsfoods.com • Facebook: Wild Friends Foods • Twitter: @2wildfriends

2011년 어느 비 오는 토요일에 모든 것이 시작되었다. Erika Welsh와 Keeley Tillotson은 땅콩버터가 떨어졌다. 둘 다 채식주의자였고 땅콩버터는 두 사람의 식단에서 제일 중요한 재료였다. 요리를 좋아했던 이들은 비를 무릅쓰고 땅콩버터를 사 오는 대신 직접 만들기로 했다. 크리스마스에 Cuisinart 푸드프로세서를 선물 받은 Welsh는 생땅콩 한 봉지로 시작해서 다양하고 흥미로운 재료들을 추가했다. 자신들이 직접 만든 것에 만족한 두 사람은 그 과정을 친구들과 공유하기 시작했다. 친구들은 즉시 팬이 되었고 두 사람이 다니던 오리건대학교가 있는 유진(Eugene)의 농산물 직판장과 거리 박람회에서 땅콩버터를 판매해보라며 격려했다. Welsh와 Tillotson은 이 일에 흥미를 느꼈고 이렇게 해서 사업이 탄생하게 되었다.

두 사람은 첫날 웹사이트를 만들고 제품 이름을 Wild Squirrel Nut Butter로 정했다. 웹사이트 중앙에는 이런 문구가 떠 있었다. "어느 날 오리건대학교의 두 학생이 아이디어를 냈습니다. …" 그들은 상업용 주방과 계약해서 제품을 만든 후, 친구들의 조언을 받아 유진 주변과 온라인에서 견과류 버터를 판매하기 시작했다. 2011년 4월 유명한 음식 블로거인 Kath Unger가 두 사람의 견과류 버터에 대해 짧은 글을 썼는데 이것이 큰 전환점이 되었다. 이후 온라인으로 수백 건의 주문이 이어졌다. 한 달 후 《Oprah Magazine》에 기사가 실렸을 때 더 큰 기회가 찾아왔다. 그들은 주로 과거에 하던 방식대로 지역 상점에 먼저 진출했다. 포틀랜드에 있는 New Seasons Markets의 CEO와 만날 기회를 가졌고, 그는 제품이 준비되는 즉시 가지고 와 달라고 말했다. 2011년 가을에 드디어 진열대에 올랐다. 다른 식료품점과 소매점으로 판매가 이어졌다.

이때까지 Welsh와 Tillotson은 친구와 가족으로부터 5만 달러의 투자를 받았다. Tillotson의 아버지인 Bruce Tillotson도 사업에 합류했다. 그는 Coca Cola와 같은 회사에서 식품 산업 경험을 가지고 있으며 판로 개척을 주도하는 역할을 맡았다. 그의 제안에 따라 두 젊은 공동창업자는 〈Shark Tank〉에 출연해서 Barbara Corcoran과 계약을 맺었지만 성공하지는 못했다. 그럼에도 불구하고 그들은 〈Shark Tank〉 출연 경험으로 회사와 브랜드에 대한 엄청난 PR을 할 수 있었다는 것을 인정하면서 후회하지 않았다.

이 기간 동안 Welsh와 Tillotson은 비즈니스 파트너로 남았다. Welsh는 최고 마케팅 책임자(CMO)가 되었고, Tillotson은 CEO가 되었다. 두 사람은 서로 다르지만 보완적인 역량을 가지고 있다는 점에서 운이 좋았다. Welsh의 역할은 외부에 집중되었고 마케팅, 제품 개발, R&D, 소셜 미디어, 브랜드 관리를 담당했다. Tillotson의 역할은 부기, 재무 관리, 고용, 장기 전략 등 사무와 관련된 부분이었다. 둘 다 서로 잘 맞았다는 점도 운이 좋았다. 도전에 직면했을 때, 그들은 함께 일하고 문제를 해결했다. Welsh와 Tillotson이 잘한 것 중 하나는 매주 조찬 모임을 통해 그들이 마주하고 있는 도전과 기회에 대해 이야기할 기회를 가졌다는 것이다. Tillotson은 서로 좋은 것과 나쁜 것, 마음에 있는 것은 무엇이든 공

학습목표

1. '신생조직의 불리함'이란 개념을 설명할 수 있다.
2. 신생벤처팀에 대해 기술하고 팀을 구성하는 핵심 요소를 논할 수 있다.
3. 전문성을 보유한 자문을 찾고 신생벤처팀에서 그들의 역할을 설명할 수 있다.
4. 왜 신생벤처팀이 컨설턴트에게 자문을 받아야 하는지 설명할 수 있다.

유한다고 말했다.

회사는 2015년까지 Welsh와 Tillotson 그리고 Tillotson의 아버지와 함께 소규모로 유지되었다. 그 이후 그들은 팀을 구축하기 시작했다. 자신들이 구축한 긍정적인 조직 문화를 유지하기 위해 채용 과정에서 신중을 기했다. 고용할 때 자신의 본능을 신뢰하는 법을 배웠고, 선택권이 주어졌을 때 올바른 이력서를 가진 사람보다 올바른 성격을 가진 사람을 선호한다는 것을 알게 되었다. 그들은 경험을 통해 영업 사원을 고용할 때 '이전에 해본' 사람을 고용하는 것이 중요하다는 것을 발견했다. 다른 직무를 맡은 직원들에게는 식품 산업 경험이 필수적이지 않았다. Tillotson은 아버지와 함께 일하는 것이 즐거웠다고 언급한다. 아버지가 회사의 성공에 전적으로 투자하고 있기 때문에, 그를 정규직으로 고용하는 것은 매우 만족스러운 결정이었다. 또한 아버지의 헌신적인 태도로 인해 그를 고용하는 데 대한 걱정이 없었다고 Tillotson은 말한다. Tillotson의 아버지는 회사에서 중요한 역할인 영업 책임자로 활동하고 있다.

Welsh와 Tillotson은 멘토와 고문을 성공적으로 끌어모았다. 공식적인 이사회는 없지만 도움이 되는 많은 사람들과 연결되어 있다. 잠재적인 멘토에게 연락할 때 이메일이 가장 효과적이라는 것을 알게 되었고 일반적인 조언을 요청하기보다 구체적인 질문을 하면 긍정적인 답변을 얻을 가능성이 더 높다는 것을 알게 되었다. 그들은 또한 '겸손한 태도'를 가지는 것이 고품질의 피드백을 얻을 수 있는 가장 좋은 방법이라는 것을 발견했다.

Tillotson은 사업을 시작하고 성장시키는 과정에서 어떤 점이 가장 놀라웠는지 물었을 때, 자신과 파트너가 사업이 성장함에 따라 얼마나 많이 변할지 처음에는 깨닫지 못했다고 말한다. 몇 가지 눈에 띄는 변화가 일어났다. Wild Squirrel Nut Butter에서 Wild Friends Foods로 사업 이름을 변경해 더 많은 성장 기회를 확보했다. 제품 라인도 진화하고 성장했다. Wild Friends Foods는 현재 10온스, 16온스 병과 1.15온스 일회용 포장 제품으로 땅콩버터와 견과류 버터의 전체 제품군을 판매한다. 그들의 제품은 '당신에게 더 나은' 카테고리에 적합하다. 모든 제품은 고품질 원료를 사용하며 Non-GMO 인증을 받았다. 그들이 판매하는 제품으로는 초콜릿 코코넛 땅콩버터, 초콜릿 아몬드 버터, 허니 해바라기 버터 등이 있으며, 특히 해바라기 버터는 알레르기가 있는 사람들에게 효과적이다.

Wild Friends Foods는 계속해서 성장하고 있다. 이 회사의 제품은 온라인에서 판매되며 Whole Foods, Sprouts, Target, Publix 등 전국 2,000개 이상의 매장에서 판매되고 있다. Welsh와 Tillotson은 성공에 만족하면서도 아직 성장할 여지가 많다고 생각한다. Welsh와 Tillotson은 개인적인 성취도 이루었는데, 2017년에는 《Forbes》 선정 30세 미만 30인 명단에 '기숙사 설립자' 부문으로 이름을 올렸다.

이 장에서는 창업벤처 창업자가 **신생벤처팀**을 구축하고 기업의 성공에 미치는 팀의 중요성에 초점을 맞춘다. 신생벤처팀은 새로운 벤처를 아이디어에서 출발해 완전한 기능을 가진 회사로 성장시키는 창업자, 핵심 직원, 자문으로 구성된 그룹이다.[1] 일반적으로 팀은 한 번에 완성되지 않는다. 대신 신생기업이 추가 인력을 고용할 여력이 생기면서 완성된다. 또한 팀에는 유급 직원 이외의 인력이 포함되는데, 이사회, 자문위원, 투자자, 방향 설정과 조언을 위한 전문가들로 구성된다.

이 장의 첫 번째 절에서는 창업벤처 창업자의 역할에 대해 논의하고, 창업자가 회사의 미래에 미치는 실질적인 영향을 강조한다. 그런 다음 창업자들이 핵심 인력의 확보와 선발, 이사회 구성을 포함해서 새로운 벤처팀을 구성하는 방법에 대해 토의한다. 이 장의 두 번째 절에서는 새로운 벤처팀을 구성하고 완성하는 데 있어 자문위원회, 채권자와 투자자, 기타 전문가의 역할을 제시한다.

신생조직의 불리함의 도전과제

학습목표 1

'신생조직의 불리함'이란 개념을 설명할 수 있다.

이 책의 전반부에서 언급한 것과 같이 신생벤처는 실패할 확률이 매우 높다. 이러한 실패 확률은 부분적으로는 **신생조직의 불리함***으로 알려진 것 때문이다. 즉 기업을 시작하는 사람들이 새로운 역할에 빠르게 적응하기 힘들고, 외부 구매자나 공급자들에게 '내세울 수 있는 실적'이 부족하기 때문에 기업이 흔들리는 현상을 설명하는 단어이다.[2] 재능 있고 경험 많은 신생벤처팀을 구성하는 것은 기업이 이러한 한계를 극복할 수 있는 하나의 길이다. 실제로 경험 많은 경영팀이 신속하게 대처하면, 초기 기업이 실수할 가능성을 줄일 수 있다. 또한 우수한 인재를 이사나 고문으로 합류시킬 수 있는 역량을 가진 기업은 벤처기업과 연관된 공급업체, 고객, 투자자 등 외부인뿐만 아니라 내부에서 일하는 다양한 사람과의 합법성을 빠르게 확보해나갈 수 있다. 결국 이러한 합법성을 통해 다양한 가능성의 문을 활짝 열 수 있다.

기업가가 신생조직의 불리함을 극복하는 또 다른 방법은 사업 계획서 경진대회, Startup Weekend, 해커톤, 훈련 캠프 등과 같은 기업가정신에 초점을 맞춘 워크숍 및 행사에 참석하는 것이다. 지역 대학, 중소기업 개발센터, 경제개발위원회 등이 이러한 종류의 활동을 지원하고 있다. 신생조직의 불리함을 극복하는 또 다른 방법은 전국적으로 점점 늘어나고 있는 스타트업 액셀러레이터에 합류하는 것이다. 스타트업 액셀러레이터는 제1장의 '영리한 창업기업'에서 논의한 바와 같이 멘토, 투자자, 분야별 전문가(예: 변호사, 회계사), 기타 기업가와 만날 수 있는 기회를 제공하고 있다.

신생벤처팀 구성

학습목표 2

신생벤처팀에 대해 기술하고 팀을 구성하는 핵심 요소를 논할 수 있다.

창업벤처를 시작하거나 설립하는 사람들은 기업의 비즈니스 모델을 형성하는 데 중요한 역할을 한다. 더 직접적으로 말하면, 기업이 이전에 확립한 비즈니스 모델에서 비롯된 잘 구상된 사업 계획은 이를 수행할 리더와 인력이 없으면 순조롭게 진행할 수 없다는 것이 널리 알려져 있다. 일부 전문가의 말을 인용하면, "사람은 생산의 한 요소이다. 그것은 다른 모든 사람에게 생명을 불어넣는다."[3] 여러 신생기업은 종종 본질적으로 동일한 아이디어를 동시에 개발하게 된다. 이 경우 성공의 열쇠는 아이디어가 아니라, 아이디어를 누구보다 잘 실행할 수 있는 팀을 구성하는 초기 설립자의 능력이다.[4]

창업자가 새로운 벤처팀을 구성하는 방식은 잠재 투자자, 파트너, 직원에게 중요한 신호를 보내는 것이다. 일부 창업자들은 자신이 통제하는 것을 좋아하고 자신보다 경험이 더 많은 파트너나 고용 관리자와 함께하는 것을 꺼린다. 반대로 다른 창업자들은 자신의 한계를 예리하게 파악하고

---

* 역자 주: Liability of Newness는 회사를 시작한 사람들이 새로운 역할에 빨리 적응할 수 없고 외부 구매자 및 공급업체와의 관련 경험이 부족하기 때문에 회사가 흔들리는 현상이다. 재능 있고 경험이 풍부한 새로운 벤처팀을 구성하는 것은 기업이 이러한 한계를 극복하기 위해 취할 수 있는 한 가지 방법이다. 조직생태학자인 Hannan 교수가 주장한 이론으로 신생의 불리함[Hannan, M.T. (1998). Rethinking age dependence in organizational mortality: logical formalizations. American Journal of Sociology, 104, pp. 126-164], 새로움의 불리함[배종태. (2007). 벤처성장의 내적 추동력과 기회실현과정에 관한 종단적 연구. In 중소기업학회 춘계학술발표회], 신생조직의 불리함 등으로 해석되고 있다. 이 책에서는 '신생조직의 불리함'으로 정의하려 한다.

그림 9.1 **신생벤처팀의 구성 요소**

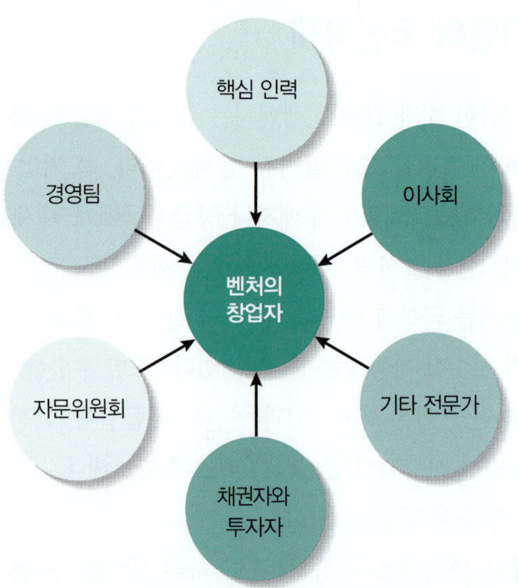

가장 경험이 많은 사람을 데려오기 위해 열심히 노력한다. 마찬가지로 일부 신생기업은 자문위원회를 구성하지 않는 반면, 다른 기업은 가장 중요한(그리고 영향력 있는) 사람들을 설득해서 조언을 구한다. 일반적으로 잠재 투자자, 파트너, 직원에게 깊은 인상을 주는 방법은 가능한 한 강력한 팀을 구성하는 것이다.[5] 투자자와 다른 사람들은 경험이 풍부한 직원과 양질의 조언에 대한 접근성이 신생벤처의 성공에 크게 기여한다는 것을 알고 있다.

신생벤처팀의 요소가 그림 9.1에 제시되어 있다. 각 구성 요소를 주의 깊게 고려하는 것이 중요하다. 팀 구성원들이 상호 보완적인지, 전문 분야의 균형이 잘 잡혀 있는지, 팀의 정규 직원들이 물리적으로 어떻게 협력하는지 등에 대한 잘못된 정보는 치명적이다. 반대로 이러한 각 영역에 주의를 기울이면 기업이 출발을 제대로 할 수 있고 경쟁업체보다 우위를 점할 수 있다.

신생벤처팀을 구성할 때 피해야 할 일반적인 실수가 있다. 이러한 실수는 잠재 투자자, 직원, 비즈니스 파트너가 새로운 벤처를 평가할 때 적신호로 작용하게 된다. 가장 일반적인 실수가 표 9.1에 나와 있다.

이 장의 나머지 부분에서는 그림 9.1에 제시된 각 요소를 살펴본다. 이러한 설명을 읽으면서 창업벤처는 요소를 활용하는 방법이 다양하다는 점을 기억하길 바란다.

창업자

창업자의 특징이나 초기 의사결정은 신생벤처팀의 구성 방법 등에 지대한 영향을 끼친다. 초기 창업팀의 규모나 창업자의 자질은 이러한 측면에서 가장 중요한 두 가지 이슈가 된다.

초기 창업팀의 규모 대부분의 창업자들이 직면하는 최초의 의사결정은 회사를 자신이 창업할 것인지, **초기 창업팀**을 구성할 것인지에 대한 문제이다. 연구에 따르면 전체 신생기업 중 50~70%가 두 명 이상의 개인이 설립한다.[6] 그러나 전문가들은 팀으로 신생벤처를 시작하는 것이 한 명의 창업자가 시작하는 것보다 이점을 지니고 있다는 의견에 동의하지 않는다. 팀은 한 명의 창업자가 하는 것에 비해 더 많은 재능, 자원, 아이디어, 신생벤처에 대한 전문적인 접촉을 가능하게 한다.[7] 또한 사업의 공동창업자들이 서로에게 제공할 수 있는 정신적인 지원은 신생벤처가 성

표 9.1 신생벤처팀을 구성할 때 발생하는 일반적인 실수

- 경영자로서 자격이 없는 친구나 가족을 둠
- 과거 다른 산업에서 성공한 경험이 우리 벤처가 속해 있는 산업에도 자동적으로 적용될 것이라고 가정하는 것
- '1인팀' 정신을 주장함. 즉 팀을 보강할 계획 없이 혼자서(혹은 작은 그룹) 모든 역할을 수행한다는 의미
- 기업에서 오너십(지분 또는 역할)을 공유하지 않고 최고관리자를 고용함
- 경영진의 스킬 또는 역량의 격차를 공개하지 않거나 무시하는 말을 함
- 명백하게 존재하는 스킬이나 역량의 격차를 줄이기 위한 계획이 없거나 모호함

공할 수 있는 중요한 요인이 될 수 있다.[8]

반대로 공동창업, 특히 서로 잘 알지 못하는 사람들이 팀을 구성해서 만든 벤처의 경우에는 많은 일이 잘못될 수도 있다. 팀 구성원은 일하는 습관, 위험에 대한 허용 범위, 사업에 대한 열정 수준, 사업 운영 방법에 대한 아이디어, 유사한 주요 이슈에 대해 분명 관점이 다를 수 있다.[9] 만약 신생벤처팀이 이러한 이슈에 대해 합의에 도달하지 못할 경우, 처음부터 장애를 안고 시작하게 된다.

신생벤처가 팀으로 시작될 때 여러 가지 이슈가 팀의 가치에 영향을 미친다. 첫째, 과거 함께 일한 팀은 처음으로 함께 일하고 있는 팀과는 달리 장점을 가지고 있다.[10] 만약 같이 일해본 경험이 있는 사람들과 함께 사업 파트너가 되기로 결정했다면, 이는 개인적으로 잘 지냈고 서로 신뢰한다는 것을 의미한다.[11] 또한 그들은 새롭게 만난 사람들보다 더 효율적으로 소통하는 경향을 보인다.[12] 둘째, 팀 구성원들이 **동질적**(homogeneous, 전문성의 영역이 서로 유사함)이기보다는 **이질적**(heterogeneous, 능력이나 경험 측면에서 다양함)이라면 기술, 의사결정, 경쟁 전술이나 기타 중요한 활동에 대해 다른 관점을 가질 가능성이 높다. 보통 이러한 관점 차이는 서두르거나 대안적인 관점을 고려하지 않고 의사결정을 내리게 될 가능성을 감소시키며, 창업자들 간의 건설적인 논쟁과 충돌을 양산한다.[13] 창업팀의 규모가 너무 크면 소통 문제나 충돌 가능성이 높아질 수 있

racom/Shutterstock

두 사람 이상이 새로운 벤처를 시작하는 경우 창업자들이 기술과 배경에서 중복되기보다는 좋은 관계를 유지하고 서로를 보완하는 것이 중요하다. 이 사진에 나와 있는 교육용 소프트웨어 회사의 창업자들은 이전에 함께 일한 적이 있으며, 서로의 성격과 작업 습관에 익숙하다. 왼쪽은 전직 교사, 가운데는 소프트웨어 엔지니어, 오른쪽은 그래픽 디자이너이다.

무엇이 잘못됐는가?

Devver: 신생벤처팀의 운영과 구성에 대한 실수가 어떻게 신생기업을 실패하게 할 수 있는가

Devver['정직하지 못한(devious)'보다 '개발자(developer)'같이 발음되는]는 클라우드 기반 서비스를 사용하는 소프트웨어 개발자들이 현재보다 더 편리한 방법으로 코드를 '테스트'하는 것을 돕기 위해 2008년에 설립되었다. 이 기업은 Ruby on Rails 소프트웨어 애플리케이션에 초점을 맞춰 창업했다. 이 회사의 걸작 중 하나인 Caliper는 Ruby on Rails 개발자들이 코드를 만들 때 활용하는 품질 도구를 제공한다. Caliper를 이용하면 Ruby on Rails 개발자는 중복된 코드, 복잡한 코드, 코드 '스멜' 등과 같은 문제를 빠르게 찾아낼 수 있다. 컴퓨터 프로그래밍에서 코드 스멜은 잠재적으로 심각한 문제를 일으킬 가능성이 있는 프로그램 소스 코드에서의 증상을 말한다.

Dan Mayer와 Ben Brinckerhoff는 Devver의 공동창업자이다. 두 사람은 고등학교에서 처음 만나 졸업하기 전에 웹 비즈니스를 시작했다. Mayer는 콜로라도대학교, Brinckerhoff는 세인트루이스워싱턴대학교에서 컴퓨터 프로그래밍을 공부했다. 두 사람은 2008년에 Devver를 창업하기 위해 다시 만났고, 콜로라도주 볼더에 위치한 멘토십 중심 시드 단계 투자 펀드인 TechStars의 졸업생이다. Devver는 2008년 초부터 시작해서 2010년 초 사업이 중단될 때까지 운영되었다. 사업 중단 계획을 발표하면서 회사는 기업의 비전(소프트웨어 개발자의 삶을 바꿀 도구를 개발하기 위해 클라우드를 사용하는 것)을 달성하기 위해 열심히 일했지만, 기업을 지탱하고 성장시킬 충분한 매출을 올리지 못했다고 밝혔다.

Ben Brinckerhoff는 블로그에 Devver의 실패 원인에 대해 성찰하는 글을 올렸다. 이유는 여러 가지겠지만, 주요 원인은 초기 창업팀의 구성, 의사소통 문제, 제품 개발의 어려움으로 모아진다.

창업팀에 관해서 Mayer와 Brinckerhoff는 자신을 괴짜라고 생각했다. 돌이켜 보면, Brinckerhoff는 창업기업에서 사업 분야에 더 집중하는 또 다른 공동창업자가 있었다면 더 나은 결과를 낳았을 것이라는 점을 아쉬워한다. 이러한 견해를 떠올리며 Mayer는 자주 인용되는 "당신은 해커에게 비즈니스를 가르칠 수 있다. 그러나 비즈니스맨에게 해킹하는 법을 가르칠 수는 없다"라는 말에 의문을 던진다. 이런 관점은 팀에 비즈니스 전문가가 필요하지 않다는 것을 제시하기 위해 기술에 기반을 둔 창업자가 자주 활용한다. Mayer는 해커에게 비즈니스를 가르칠 수 있다고 생각했지만, 해커가 그것에 대해 열광하거나 적절한 관심을 보이게 할 수는 없다고 보았다. 그에 따르면, 해커가 하려는 것은 해킹이다. 그래서 해커가 짠 코드의 라인에서 진도를 측정하거나 유사한 측정 도구를 활용한다. 창업기업에서 비즈니스 지표(즉, 대화를 나눈 고객의 수나 유통 채널이 얼마나 잘 개발되어 있는지와 같은)의 진도를 측정하는 사람이 필요한 것도 똑같이 중요하다. Devver는 비즈니스 진행 상황을 측정하는 일을 충분히 진행하지 않았다.

의사소통에 관해서 Devver는 원격 작업을 수용했다. 이 기업은 두 공동창업자가 함께 일했던 곳인 볼더에 설립됐다. Devver의 핵심 인력은 펜실베이니아에서 채용했고, Mayer는 후에 워싱턴 D.C.로 이주했다. 원격 작업을 수용하는 아이디어를 통해 Devver는 가능한 최고의 인재를 콜로라도로 이주시키지 않고도 고용할 수 있었다. 또한 팀 구성원이 원격으로 작업할 수 있도록 함으로써 방해 요소를 최소화할 수 있으며, 이는 효과적인 코드 작성과 관련해서 중요하다고 생각했다. 유감스럽게도 이러한 목적을 달성하는 것은 창업자들이 예견했던 것보다는 어려웠다. 의사소통이 문제였다. 또한 행정적인 번거로움도 컸다. 두 사람은 여러 개의 주에서 동시에 급여와 수당을 관리하는 데 어려움이 있다는 것을 발견했다. 또한 동시 프로그래밍(pair programming)을 원격으로 수행하는 것이 어려웠고, 이는 Devver 팀이 좋은 솔루션을 찾을 수 없게 만든 문제였다.

마지막으로 Brinckerhoff는 Devver가 고객 개발과 최소기능제품(minimum viable product, MVP)을 찾는 데 더 많은 시간을 투입했어야 했다고 믿고 있다. MVP는 제품을 배포할 수 있는 최소한의 기능만 가지고 있다. 이것은 보통 초기 수용자의 테스트를 위해 배포된다. 고객이 필요로 하지 않거나 원하지 않는 제품에 부가 기능을 추가하지 않는 것이다. Devver는 이러한 접근법을 취하지 않고, 첫 번째 제품인 Ruby 테스트 가속기에 대해 최소한의 테스트만 수행한 후, 잠재 사용자와의 추가적인 상호작용 없이 제품 개발에 집중했다. 결과적으로 Devver는 Ruby 테스트 가속화 및 추가 제품이 시장 요구를 충족하지 못해 시장에서 뒤처지게 되었다. 돌이켜 보면 Brinckerhoff는 Devver가 개별 제품을 더 빨리 배포하고 가격, 시장 규모, 기술 문제에 대해 더 많은 고객 피드백을 요청했어야 했다고 믿었다. 결국 시장이 너무 작고 가격이 너무 낮아서 회사를 유지하기에는 어려움이 있다는 것을 알게 된 것이다.

비판적 사고를 위한 문제

1. 돌이켜 보면, Brinckerhoff는 Devver의 신생벤처팀의 일원으로 비즈니스 지향 공동창업자가 있었다면 이 기업에 장점이 되었을 것이라고 믿고 있다. 그 반대도 맞다고 생각하는가? 만약 두 명의 비즈니스 인력이 기술 지향 기업을 창업한다면 기술 지향 공동창업자가 있는 것이 이득이 되는가? 혹은 기술 지향 인력을 채용하는 것으로 충분한가?
2. 직원들이 원격으로 업무를 처리하는 철학을 받아들이는 것이 가지는 장점과 단점은 무엇인가? 이런 철학은 다른 기업보다 어떤 창업 유

형에 더 잘 맞는다고 생각하는가? 이 철학에 대한 당신의 견해는 무엇인가?

3. 'You Be the VC 9.1'에서는 회사가 엄격하게 선별되고 계약 기반으로 일할 의향이 있는 최고 수준의 소프트웨어 엔지니어, 개발자, 디자이너를 찾을 수 있는 플랫폼인 Toptal에 중점을 둔다. 최소기능제품이 Toptal에서는 어떤 모습이었을 것이라고 생각하는가? Toptal은 사이트를 구축하는 데 상당한 시간과 리소스를 투입하기 전에 최소기능제품 방법론을 사용해서 어떻게 사이트에 대한 사용자 피드백을 얻을 수 있었는가?

4. 인터넷 조사를 통해 Dan Mayer와 Ben Brinckerhoff가 현재 무엇을 하고 있는지 확인하라. 그들이 지금부터 10년 후에 무엇을 할 것이라고 생각하며 그 이유는 무엇인가?

출처: B. Brinckerhoff, "Lessons Learned," *Devver Blog*, https://devver.wordpress.com/2010/04/26/lessons-learned (posted April 26, 2010, accessed March 9, 2017).

다. 보통 네 명을 넘어서는 창업팀은 현실적이지 못하다.[14]

1인 창업자보다 팀으로 기업을 창업할 때 세 가지 잠재적인 위험이 있다. 첫째, 팀 구성원은 서로 잘 지내지 못할 수도 있다. 이것은 투자자가 전에 함께 일해본 사람들로 구성된 팀을 선호하는 이유이다. 과거에 서로 함께 일해본 경험이 있는 사람들은 미래에도 잘 화합할 가능성이 높다. 둘째, 2인 이상으로 구성된 팀이 '동등함'을 가지고 회사를 출범한다면, 기업이 공식적인 구조를 만들어야 할 필요가 있을 때와 한 사람을 CEO로 지명해야 할 때 충돌이 생길 가능성이 있다. 이 장 서두에 나온 회사 Wild Friends Foods의 공동창업자들은 Erika Welsh를 최고 마케팅 책임자(CMO)로, Keeley Tillotson을 최고경영자(CEO)로 신속하게 설정해서 이러한 잠재적인 문제를 피했다. 창업기업에 투자자가 있는 경우, 투자자는 일반적으로 누구를 CEO로 임명해야 하는지에 관심을 두게 될 것이다. 이러한 상황에서는 CEO로 선택받지 못한 창업자는 무시당한다고 느끼기 쉽다. 이러한 문제는 만약 다수의 창업자가 포함되어 있고 모두 기업에 남아 있다면 상황이 더 악화된다. 어떤 시점에서 상하 구조가 만들어질 것이고, 창업자들은 누가 누구에게 보고해야 하는지 결정해야 할 것이다. 처음부터 각 창업자의 역할을 정해놓는 공식적인 조직 구조도를 만들어놓으면 이러한 문제를 피할 수도 있다. 마지막으로 '무엇이 잘못됐는가?'에서 설명하는 바와 같이 만약 창업자들의 전문성이 유사하다면 문제가 될 수 있다. Devver의 공동창업자들은 사업적인 부분에서 리더 없이 모두 기술 지향적이었다.

창업자의 자질 기업의 창업자들과 관련된 두 번째 주요 이슈는 그들의 질적 수준이다. 앞선 몇 개의 장에서 투자자나 다른 사람들이 기업의 창업자나 초기 경영팀의 강점에 부여하는 중요성에 대해 서술했다. 창업자가 중요한 이유는 기업의 초기 시기에 그들의 지식, 스킬, 경험이 기업이 가지고 있는 가장 중요한 자원이기 때문이다. 이 때문에 새로운 기업은 대개 현재 자산이나 성과보다 그들의 '잠재력'에 따라 평가된다. 많은 경우, 사람들이 창업자나 초기 경영팀의 강점을 평가해서 기업의 미래 전망을 판단하게 된다.

여러 특성이 창업자의 성공에 중대한 것으로 고려된다. 창업자의 교육 수준이 중요하게 고려되는데, 대학 학위를 취득함으로써 탐색 능력, 선견지명, 창의성, 컴퓨터 사용 역량과 같은 기업가적 능력이 향상된다고 믿기 때문이다. 유사하게, 몇몇 연구자들은 교육 수준이 높을수록 창업자가 중요한 사업 관련 스킬, 즉 수학, 소통 등을 갖출 수 있다고 주장한다. 또한 공학, 컴퓨터 공학, 경영정보시스템, 물리학, 생명화학 등과 같은 특정 형태의 교육은 이러한 교육의 수혜자들에게 그들의 전문성과 관련된 영역에서 기업을 세울 때 강점으로 작용한다.[15]

사전 창업 경험, 적절한 산업 경험, 네트워킹은 창업자의 성공 기회를 강화하는 또 다른 속성이다. 실제로 연구 결과에 의하면 **사전 창업 경험**은 미래 창업 성과의 가장 일관성 있는 예측 인자이다.[16] 신생벤처를 시작하는 것은 복잡한 일이기 때문에 이전에 창업 경험이 있는 창업자는 명확한 이점을 지니게 된다. 성공적으로 기업을 창업하고 성장시키기 위해 **적절한 산업 경험**이 기업가적 능력에 미치는 영향에 관한 연구가 보고되고 있다.[17] 현재 운영 중인 벤처와 같은 산업에서 경험을 쌓은 창업자는 산업 관련자들과 더 성숙한 네트워크를 가지고 있고, 그들이 속한 산업의 섬세한 부분에 대한 이해가 탁월하다.[18] 이러한 요인의 중요성은 특히 바이오 테크놀로지와 같은 기술 중심 산업에서 기업을 시작하는 창업자들에게 명확하다. 바이오 테크놀로지의 수요는 충분히 집약되어 있어서, 어떤 사람이 이 기술을 익혀가면서 바이오테크 기업을 시작하는 것은 현실적으로 불가능하다. 관련업계 경험이나 학문적 배경을 가지고 기업을 설립하기 전에 바이오 테크놀로지에 대한 이해가 있어야 한다.

창업자나 창업팀에 특히 중요한 속성은 사회적인 그리고 전문 분야의 성숙한 네트워크의 존재이다.[19] 창업자들은 종종 회사를 대신해서 자금을 조달하거나 중요한 자원을 확보하기 위해 사회적, 개인적 네트워크를 '작동'시켜야 한다.[20] **네트워킹**은 관심사가 비슷하거나 회사에 이점을 가져올 수 있는 관계를 가진 사람들과 관계를 구축하고 유지하는 것이다. 이것이 실제로 작용하는 방법은 창업자가 사업적으로 친분이 있는 사람이나 친구에게 전화를 걸어 잠재 투자자, 비즈니스 파트너, 고객을 소개해달라고 요청하는 것이다. 어떤 창업자에게 네트워킹은 쉽고 일상생활의 중요한 부분이지만, 다른 사람들에게는 학습된 스킬이 되기도 한다.

표 9.2는 기업의 창업자 또는 창업자들의 선호 속성을 보여준다. 이러한 속성을 가진 창업자 또는 창업자팀이 있는 스타트업은 초기 성공 가능성이 가장 높다. 개인이 회사를 시작하고 공동창업자를 찾고 있다면, 스타트업을 위한 공동창업자 중개 전용 웹사이트가 여러 개 있다. 최고의 사이트 중 두 곳은 CofoundersLab(www.cofounderslab.com)과 Founder2Be(www.founder2be.com)이다.

특정 자질 및 속성과 함께 요령 있는 삶의 기술을 가진 기업가도 이점이 있다. 비사업적 배경에서 온 일부 기업가들은 사업 경험 부족이 그들의 아킬레스건이 될 것을 두려워한다. 기업가가 비즈니스 경험 부족을 극복하기 위해 활용할 수 있는 비즈니스에 대한 몇 가지 단계, 기술, 접근 방

표 9.2 창업벤처 창업자 또는 창업자들의 선호 속성

속성	설명
팀으로 시작한 기업	팀으로 시작한 신생벤처는 개인이 시작한 벤처보다 더 많은 자원, 더 넓은 관점의 다양성, 다른 긍정적인 속성을 제공할 수 있다.
고등교육	중요한 기업가적 스킬은 고등교육에 의해 향상된다.
사전 창업 경험	창업 경험이 있는 창업자는 창업 프로세스에 익숙하고, 새로운 창업자보다 어려운 창업 프로세스로 인한 값비싼 실수를 피할 수 있다.
적절한 산업 경험	신생벤처와 같은 산업에서의 경험을 가진 창업자는 그렇지 않은 창업자보다 더 좋은 전문가 네트워크를 가지고 있고, 적용 가능한 마케팅과 경영 전문성을 보유하고 있다.
광범위한 사회적·전문적 네트워크	더 넓은 사회적·전문적 네트워크를 보유한 창업자는 부가적인 노하우, 자본, 고객 반응에 대한 잠재적인 접근성을 가지고 있다.

영리한 창업기업

말레이시아에서 사업 경험 부족 극복하기

사업을 시작하는 많은 사람은 사업 경험이 없는 경우가 많다. 사람들이 이전에 존재하지 않았던 영역에서 사업을 시작하도록 돕는 최신 IT 혁신의 경우가 특히 그렇다. 일부 사업 경험이 부족한 창업자들은 회계, 재무, 경영에 경험이 있는 사람이 처음 이런 문제를 다루는 사람보다 사업을 시작하는 데 더 용이할 것이라고 생각한다.

사람들이 사업 경험 부족을 만회하기 위해 활용할 수 있는 사업 착수와 관련된 방법과 접근 방식이 있다. 그러나 우선 창업자가 가져야 하는 특성을 살펴보자. 성공적인 사업가는 다음과 같은 특성을 지니고 있다.

1. 창의적
2. 사업에 대한 확신
3. 현실적
4. 신속함
5. 정직함
6. 강건함
7. 친밀함
8. 주의력이 높음
9. 성실함
10. 실패에 직면할 준비가 되어 있음

말레이시아에서는 과거 경험이 부족해도 개인이 성공적으로 창업할 수 있는 다양한 방법이 있다.

사업 지원과 조언 얻기

창업자가 사업에 대한 지원과 조언을 얻을 수 있는 다양한 곳이 존재한다. 예를 들어 말레이시아 중소기업청은 창업자에게 경영 지원과 코칭을 제공하는 정부 기관이다. 이곳은 말레이시아의 모든 중소기업에 대한 정보와 조언 서비스의 중앙 창구이다. 또한 Dun & Bradstreet(D&B) Malaysia Sdn. Bhd.와 세계은행 중소기업 부서와의 프로젝트인 SME Toolkit Malaysia에서도 정보를 찾을 수 있다. 이곳은 소규모 사업체에 컨설팅 서비스를 제공하고 그룹에 맞게 가공해주는 여러 조직이 있다. 예를 들어, 말레이시아 여성창업자협회(National Association for Women Entrepreneurs of Malaysia, NAWEM)는 여성 창업자의 노력과 활동을 촉진하고 개발하며 향상시키는 조직이다.

당신의 영역에서 지원 그룹을 찾고 있지만 아직 찾아내지 못했다면 Meetup 웹사이트를 체크해보라. 이 사이트(www.meetup.com)는 개인이 인터넷을 통해 지역 그룹을 조직할 수 있는 온라인 플랫폼이다. 어떤 그룹이 일단 형성되면 멤버들은 주기적으로 오프라인에서 만날 수 있다. 당신의 분야에 소규모 사업이나 창업 Meetup 그룹이 있는지 알아보려면 홈페이지의 설명을 따라 해 보라. 다음은 말레이시아에서 개최된 소규모 사업 Meetup 그룹의 사례이다.

- 비즈니스 네트워크
- 소셜미디어 훈련
- 당신의 비즈니스를 국제적으로 확장하는 데 대한 의견 교환과 공유

온라인 포럼 및 Q&A 사이트 참여

비즈니스 소유주에 대한 지원과 조언을 제공하는 많은 온라인 포럼이 증가하고 있다. 한 예로 비즈니스 선택, 성공적인 비즈니스 계획, 창업 투자, 재무 관리와 같은 주제를 포괄하는 온라인 포럼을 주관하는 SMI SME Business Directory가 있다. 포럼의 일반적인 분위기는 서로 지원하고 경쾌한 분위기이며, 제한된 경험을 지닌 비즈니스 소유주가 요구하는 내용과 정확히 일치한다. 이 외에도 사업 경험이 일천한 창업자에게 유용할 수 있는 다수의 웹사이트가 있다.

과거 경험의 필요성을 최소화하는 비즈니스 유형 선택

다른 대안으로는 과거 경험에 대한 필요를 최소화하는 비즈니스를 시작하는 것이 있다. 이 대안은 사람들이 사업 원천으로 이미 인지하고 있는 기회를 추구하는 것이다. 예를 들어 프랜차이즈는 이미 검증되고 수정된 비즈니스 시스템을 사용하는 사업을 개인이 소유하는 기회를 제공한다. 다른 대안은 직접 판매나 다단계 마케팅을 활용하는 것이다. 이 옵션은 최소한의 경험만 필요하며, 사업 경험이 부족한 사람에게도 성공을 가져다줄 수 있다.

비판적 사고를 위한 문제

1. 당신의 분야에서 무료로 접근 가능한 사업 지원 소스를 확인하라.
2. 과거 사업 경험 없이 비즈니스를 시작하는 사람에게 특히 유용한 비즈니스 보조 및 조언 소스(이 글에서 제시되지 않은)를 3개 제시하라.
3. 앞에서 언급한 것과 같은 온라인 포럼이 창업의 비즈니스 관점을 학습하려는 사람에게 얼마나 가치가 있다고 생각하는가?
4. 과거 사업 경험이 없는 사람이 경험 부족을 보완하기 위해 이용할 수 있는 다른 기법(이 글에서 제시되지 않은)은 무엇인가?

출처: Smibusinessdirectory, SME Corporation Malaysia, www.smibusinessdirectory.com.my (accessed March 21, 2018); International Finance Corporation, SME Toolkit, malaysia.smetoolkit.org (accessed March 21, 2018); NAWEM, nawem.org.my (accessed March 21, 2018); Meetup, "We Are What We Do," www.meetup.com(accessed March 21, 2018); Smibusinessdirectory, SMI Business, www.smibusinessdirectory.com.my (accessed March 21, 2018).

많은 조직에서 실무 경험을 쌓을 목적으로 견습생이나 연수생으로 비즈니스를 위해 일하는 개인인 인턴을 고용한다. 사진 속 인턴은 고객 관계 관리(CRM) 소프트웨어 제품을 개발하는 회사에서 근무하고 있다.

goodluz/Shutterstock

식이 있다. 이러한 단계와 접근 방식은 '영리한 창업기업'에 잘 기술되어 있다.

경영팀과 핵심 인력

신생벤처를 시작하는 결정을 내렸으면 경영팀을 구축하고 핵심 인력을 고용하는 과정이 시작된다. 어떤 경우에는 사업 계획이 수립되고 벤처가 모양새를 갖추기 시작하는 동안 창업자가 혼자 일하는 사례도 있지만, 필요 인력이 바로 충원되는 경우도 있다.

기업가가 고용 필요성을 우선순위화하는 것을 돕는 기술은 스킬 프로필을 유지하는 것이다. **스킬 프로필**(skills profile)은 가장 중요한 필요 스킬과 스킬 격차(gap)를 기술한 차트이다. 가상의 회사로 제3장에서 소개한 New Venture Fitness Drinks의 스킬 프로필이 그림 9.2에 나와 있다. 회사의 가장 중요한 스킬 격차가 존재하는 곳을 묘사하는 것과 더불어, 스킬 프로필은 현재 스킬 격차를 어떻게 다루고 있는지 설명해야 한다. 예를 들어 New Venture Fitness Drinks의 스킬 격차 중 2개는 자문위원회의 구성원들이 단기적으로 해결하고 있다. 세 번째 스킬 격차는 기업이 향후 3~5년 후에 시작할 프랜차이즈 프로그램까지는 해결할 필요가 없다.

좋은 인력, 즉 핵심 인력을 찾는 일이 어렵다는 것은 실증적으로 분석된 사실이다. 2016년 SHRM(Society of Human Resource Management)이 실시한 설문조사에 따르면, 조사 대상 3,300개 조직 중 2/3 이상이 채용 공석을 채우는 데 어려움을 겪고 있다고 보고했다. 이 수치는 2013년에 응답 조직의 절반이 채용 문제가 있다고 보고한 것보다 증가한 것이다. 흥미롭게도 설문조사 응답자 중 다수가 구인 구직 후보자를 찾는 데 어려움을 겪는 주요 원인으로 기술 부족을 꼽았다. 또한 응답자들은 작년에 채워야 하는 정규직에 필요한 새로운 기술의 가장 일반적인 유형은 대인관계 기술, 팀워크, 리더십과 같은 실제 직장 또는 소프트 기술이라고 말하고 있다.[21]

새로운 벤처기업은 좋은 직원을 찾는 데 드는 비용을 줄이고, 유연성을 높이며, 채용 과정에서의 어려움을 완화하기 위해 표 9.3에서 제시된 네 종류의 노동력을 활용해 작업을 완료한다. 첫

	경영 리더십	상점 운영	공급 사슬 관리	마케팅과 판매	인적 관리/채용	회계와 재무	커뮤니티 관계	정보 시스템	프랜차이즈 운영
Jack Petty	X								
Peggy Wells		X				X			
Jill Petersen				X					
Cameron Ivey			X						
격차 1					O				
격차 2							O		
격차 3									O

X = 충원
O = 공석

그림 9.2 New Venture Fitness Drinks의 스킬 프로필

표 9.3 신생벤처기업이 일을 완수하기 위해 활용하는 인력의 원천

노동력의 종류	설명
정규직 또는 시간제 직원	사업체의 소재지에서 사업체의 도구와 장비를 활용하고 사업체의 정책과 절차에 따라 일하는 사람
인턴	실무경험을 쌓을 목적으로 사업체에 견습 또는 수습사원으로 근무하는 사람
프리랜서(또는 계약직원)	스스로 사업을 하고, 자신의 도구와 장비를 사용해 자신의 시간에 일하고, 다양한 고객을 위해 서비스를 수행하는 사람
가상 비서	재택근무를 하면서 원격으로 고객에게 관리, 기술 또는 크리에이티브 지원을 제공하는 프리랜서

번째는 직원들이다. **직원**은 기업의 정책 및 절차에 따라 도구와 장비를 활용해 기업이 있는 곳에서 또는 가상 공간에서 기업을 위해 일하는 사람이다.[22] 이러한 규칙은 특히 비즈니스가 있는 위치에서 작업하는 것과 관련해서는 다소 다를 수 있다. 대부분의 기업은 관련 비용 때문에 직원을 상당히 느리게 고용한다. 직원은 귀중하지만 비용이 많이 든다. 연간 50,000달러를 버는 직원은 비즈니스에 연간 50,000달러 이상의 비용이 발생한다. 고용주는 직원의 기본 급여 외에도 여러 추가 비용을 부담한다. 이에는 사회보장세(FICA) 및 메디케어 세금의 일부, 근로자 보상보험, 실업기금에 대한 기여금, 업무의 일부로 제공되는 경우 건강보험 및 유급 휴가 등의 혜택이 포함된다. 이러한 베네핏을 제공하는 고용주의 경험 법칙에 따르면, 베네핏과 세금이 기본급의 약 33%를 차지하는 것으로 나타난다. 따라서 연봉이 5만 달러인 직원에 대한 연간 총비용은 약 6만 6,500달러로 추산된다.

기업이 업무를 수행하기 위해 활용하는 두 번째 자원은 인턴이다. **인턴**은 실무 경험을 쌓을 목적으로 견습생 또는 연수생으로 기업에 근무하는 사람이다. 예를 들어, TOMS(사례 4.2의 회사)

는 비즈니스를 시작하고 운영하는 데 많은 인턴을 사용했으며 오늘날에도 여전히 인턴에 크게 의존하고 있다. 특히 많은 기술 회사에는 공식적인 인턴십 프로그램이 있다. Facebook은 엔지니어링, 기술, 디자인과 기타 비즈니스를 위한 두 가지 별도의 인턴십 프로그램을 운영한다. 이러한 프로그램은 https://www.facebook.com/careers/university에 설명되어 있다. 구글은 https://careers.google.com/students/에 자세히 설명되어 있는 다양한 인턴십 프로그램을 후원한다. 많은 회사에서 인턴십 프로그램을 운영하며 업무에 도움을 받고 있지만, 채용 도구로도 사용한다. 이는 잠재적 고용인이 공식적으로 채용 약속을 하기 전에 인턴을 '살펴볼' 기회를 제공한다. 또한 많은 회사에서 인턴의 활력, 열정, 기술에 익숙한 점 때문에 주위에 인턴을 두는 것을 즐긴다. 예를 들어, 50세에 창업한 두 명의 창업가는 대학생 인턴들로부터 Facebook과 Twitter 같은 소셜 미디어 플랫폼을 비즈니스에서 보다 효과적으로 사용하는 방법에 대해 많은 것을 배울 수 있을 것이다.

기업이 업무를 위해 활용하는 세 번째 자원은 프리랜서(계약자라고도 함)이다. **프리랜서**는 스스로 사업을 하고, 자신의 도구와 장비를 사용해 자신의 시간에 작업하고, 다양한 고객을 위해 서비스를 수행하는 사람이다.[23] 예를 들어, 기업은 검색 엔진 최적화(SEO) 업무를 위해 프리랜서를 고용하고 프리랜서에게 시간당 또는 월간 요금을 지불한다. 기업은 일반적으로 입소문이나 Guru 또는 Upwork와 같은 웹사이트를 통해 프리랜서를 찾는다. 제4장의 '성공을 위한 파트너십'에서 설명한 대로 Guru와 Upwork는 특정 유형의 도움을 찾고 있는 기업과 프리랜서를 연결하는 데 특화되어 있다.

기업이 업무에 활용하는 네 번째 자원은 가상 비서이다. **가상 비서**는 홈 오피스에서 원격으로 고객에게 관리, 기술, 창의적 지원을 제공하는 프리랜서이다. 기업은 고객 서비스 전화 업무부터 회계 또는 부기 플랫폼의 데이터 입력, 고객에게 감사 메모 보내기에 이르기까지 모든 작업에 가상 비서를 사용할 수 있다. 프리랜서와 마찬가지로 가상 비서는 Odesk 및 Elance와 같은 온라인 플랫폼에서 찾을 수 있다. 2017년 3월 현재 Guru와 Upwork에는 추가 작업을 찾고 있는 많은 수의 가상 비서 목록이 있다.

기업이 프리랜서와 가상 비서를 사용할 때 가지는 이점은 그들이 '독립 계약자'로 간주된다는 것이다. 결과적으로 기업은 시간당 또는 약정 급여를 초과하는 비용(예: 사회보장 및 메디케어 세금, 근로자 보상보험, 실업기금 지불 및 혜택)에 대해 책임을 지지 않는다. 그러나 기업은 세금과 수당을 절약하기 위해 직원을 독립 계약자로 잘못 분류하지 않도록 주의해야 한다. 국세청은 구분을 면밀히 검토해서 근로자가 잘못 분류된 경우 심각한 처벌을 부과할 수 있다.

많은 창업자는 직원, 인턴, 프리랜서, 가상 비서 등 어떤 직원을 채용하든 간에 핵심 역할에 맞지 않는 사람을 고용하는 것을 우려한다. 대부분의 신생기업은 현금이 부족하기 때문에 고용한 모든 사람이 가치 있는 기여를 하도록 해야 한다. 좋은 의도를 가지고 있지만 그 일에 정확히 맞지 않는 사람을 고용하는 것은 좋지 않다. 어떤 경우에는 핵심 인력이 완벽하게 회사 설립자가 필요로 하는 정확한 역할을 수행하기도 한다. 예를 들어, Dave Olsen은 스타벅스 설립자 Howard Schultz가 처음 고용한 직원 중 한 명이었다. 채용 당시 Olsen은 스타벅스가 시작된 시애틀의 대학가에서 인기 있는 카페의 소유주였다. Schultz는 자서전에서 Olsen의 채용에 대해 다음과 같이 회상한다.

회의 당일, Dave와 저는 사무실 바닥에 앉아 설계도와 청사진을 펼쳐놓고 제 아이디어에 대해 이야

신생벤처팀 멤버의 목표 달성을 돕는 협업 소프트웨어

협업 소프트웨어란

협업 소프트웨어는 작업에 공동으로 참여하고 있는 사람들이 목표를 달성하도록 돕기 위해 설계된 컴퓨터 프로그램이다. 농구팀을 예로 들면 다섯 명의 구성원은 개개인으로서 능력을 가지고 있지만 최상의 결과를 얻기 위해 협력해야 한다. 비즈니스 조직에서도 비슷한 상황이 발생한다. 소프트웨어 엔지니어 그룹이 동일한 프로젝트를 수행하고 있을 때 협업 소프트웨어가 업무를 조율해서 가능한 최상의 결과를 얻을 수 있도록 돕는다.

일반적으로 포함되는 도구

협업 소프트웨어 프로그램이 작동하는 방식은 공통의 목표를 향해 함께 일하는 사람들에게 공통의 공유 환경을 제공하는 것이다. 그 환경은 그룹 작업의 수행을 용이하게 하는 일련의 도구를 포함한다. 그룹 활동을 촉진하고 관리하는 도구의 예는 다음과 같다.

- **프로젝트 관리:** 프로젝트를 완료하는 동안 프로젝트의 단계를 예약, 추적, 차트화한다.
- **워크플로 시스템:** 다양한 수준의 승인을 통해 구매 주문을 이동하는 것과 같은 프로젝트의 단계적인 부분을 관리한다.
- **대화 또는 메시징:** 참가자는 협력 시스템이 연결된 네트워크를 통해 인스턴트 메시지를 교환할 수 있다. 이는 지리적으로 분리된 그룹 구성원에게 특히 중요하다.
- **문서 저장소:** 여러 사용자가 문서에 접근, 사용, 조작을 용이하게 하는 파일의 중앙 저장소 역할을 한다. 대부분의 협업 시스템은 문서 편집을 위한 루틴을 제공한다. 해당 사용자가 승인하거나 다른 사용자가 편집할 때까지 다른 사용자가 편집할 수 없다.
- **간트 차트:** 일련의 선을 통해 특정 기간에 완료한 작업 또는 생산량을 해당 기간의 계획과 비교해서 보여주는 차트이다.
- **오디오 및 비디오 콘퍼런스:** 팀 구성원을 위한 실시간 콘퍼런스를 제공한다.
- **토론 포럼:** 그룹 구성원이 특정 주제에 대한 토론을 할 수 있도록 지원한다.
- **전자 캘린더:** 회의 및 이벤트를 예약하고 그룹 구성원에게 자동으로 통지하고 상기시킨다.
- **예산 관리:** 예산을 실제 지출과 실시간으로 비교한다.
- **클라이언트 포털:** 그룹이 개인화된 온라인 환경에서 고객과 상호작용할 수 있도록 지원한다.

대부분의 협업 소프트웨어 시스템은 유용성과 사용 편의성으로 판단된다. 시스템의 궁극적인 시험은 구성원들이 업무를 효과적으로 조정할 수 있도록 허용하는지 여부이다. 농구의 예로 돌아가면, 농구팀의 구성원들은 서로 부딪치지 않고 적절한 시간에 적절한 플레이를 실행해야 하며, 게임이 전개될 때마다 플레이를 조정해야 한다. 이것이 바로 직장에서 그룹 구성원들이 수행해야 하는 작업이다. 협업 소프트웨어는 이러한 프로세스를 용이하게 하기 위해 고안되었다.

협업 소프트웨어 프로그램의 예

좋은 협업 소프트웨어 프로그램들이 많이 있다. 다음은 간단한 설명을 포함한 세 가지 협업 관리 소프트웨어 프로그램의 예이다.

- **Basecamp:** 사례 9.1에서 논의하는 핵심 기업인 Basecamp는 프로젝트에 대한 의사소통과 협업을 간단하게 만드는 웹 기반 프로그램이다. 수백만 명의 사용자가 있으며, 고객의 98%가 주로 사용의 단순함 때문에 추천한다. 요금은 사용자당 한 달에 29달러이다. 이 도구에는 브레인스토밍, 채팅/메시징, 협업 작성, 토론 게시판, 문서 관리, 그룹 일정 관리, 프로젝트 관리, 작업 관리를 포함한다. Basecamp는 https://basecamp.com에서 이용할 수 있다.
- **Smartsheet:** Smartsheet는 온라인 프로젝트 관리 및 작업 협업 도구이다. 사용하기 쉬운 스프레드시트 형태의 인터페이스가 특징이며 사용자당 월 10달러의 비용이 든다. 2015년 Google 마켓플레이스 올해의 앱과 2015년 Microsoft 올해의 앱으로 선정되었다. 예산 관리, 버그 추적, 협업, 파일 공유, 간트 차트, 아이디어 관리, 이슈 관리, 마일스톤 추적, 완료율 추적, 포트폴리오 관리, 프로젝트 계획, 리소스 관리, 상태 추적, 작업 관리, 시간 및 비용 추적을 포함하는 광범위한 도구이다. Smartsheet는 www.smartsheet.com에서 이용할 수 있다.
- **Buildertrend:** Buildertrend는 특정 산업(홈 빌딩 및 리모델링 산업)을 위해 설계된 협업 소프트웨어 프로그램의 한 예이다. 같은 회사 내 무제한 이용자의 경우 월 99.99달러가 든다. 사용자가 PC, 노트북, iPad, iPhone에서 로그인하는 클라우드 기반 프로그램이다. 홈 빌딩 또는 리모델링을 위해 맞춤화된 주요 도구로는 온라인 예약, 주문 변경, 문서 관리, 사진, 고객 선택, 보증, 구매 주문, 리드 관리 등이 있다. 전통적인 도구로는 예산 관리, 협업, 파일 공유, 간트 차트, 마일스톤 추적, 완료율 추적, 프로젝트 계획, 상태 추적, 시간 및 비용 추적 등이 있다.

비판적 사고를 위한 문제

1. 협업 관리 프로그램을 효과적으로 활용하기 위해서는 스타트업의 규모가 얼마나 되어야 한다고 생각하는가? 기업은 정규직 및 시간제 직원과 함께 협업 관리 프로그램을 사용하는 프로젝트에 인턴, 프리랜

서, 가상 비서를 포함해야 하는가? 그 이유는 무엇인가?

2. 만약 당신이 구축하고 있는 사업을 위한 협업 관리 프로그램을 선택한다면, 당신의 사업에 가장 적합한 프로그램을 어떻게 선택할 것인가?
3. 당신이 주택 리모델링 사업을 시작했다고 상상해보자. 처음부터 Buildertrend와 같은 협업 관리 프로그램을 비즈니스에 사용할 경우 그 이점에 대해 논의하라.
4. 이 장의 서두에서 견과류 버터를 기반으로 제품을 만들고 있는 스타트업인 Wild Friends Foods에 초점을 맞췄다. Wild Friends Foods가 Smartsheet 같은 협업 소프트웨어 프로그램을 사용함으로써 어떤 혜택을 받을 수 있는지 논의하라.

출처: Wikipedia, Collaborative Software, www.wikipedia.com(accessed March 10, 2017); Top Project Management Tools, Capterra, available at https://www.capterra.com/project-managementsoftware/(accessed March 10, 2017).

기하기 시작했습니다. Dave는 바로 이해했습니다. 그는 10년 동안 앞치마를 두르고 카운터 뒤에서 에스프레소 음료를 서빙했습니다. 그는 자신의 카페와 이탈리아에서 사람들이 에스프레소에 얼마나 흥분하는지 직접 경험했습니다. 저는 이 아이디어가 상당한 잠재력을 가지고 있다는 것을 그에게 설득할 필요가 없었습니다. 그는 뼛속 깊이 알고 있었으니까요. 시너지 효과가 너무 좋았기 때문이죠. 저는 비전을 전달하고, 투자자에게 영감을 주고, 자금을 모으고, 부동산을 찾고, 매장을 디자인하고, 브랜드를 구축하고, 미래를 계획하는 등 외부를 바라보는 데 강점이 있었죠. Dave는 소매 카페 운영, 바리스타(커피 브루어) 고용 및 교육, 최고 품질의 커피 보장 등 내부를 잘 이해하고 있었습니다.[24]

스타벅스에서 Dave Olsen이 그랬던 것처럼 직원이 잘 해내지 못할지도 모른다는 두려움은 인턴, 프리랜서, 가상 비서를 고용하게 만드는 요인 중 하나이다. 이러한 직원은 '필요에 따라' 또는 비교적 단기 계약으로 일하며, 해당 직원이 잘 적응하지 못하더라도 비즈니스는 계속 진행할 수 있다. 반면에 정규직 또는 파트타임 직원과 헤어지는 것은 훨씬 더 어려움이 있다.

창업기업에서는 새로운 벤처 팀원 모두가 효과적으로 협력하는 것이 특히 중요하다. 점점 더 많은 신생벤처팀이 협업 소프트웨어를 사용해 업무를 조율하고 있다. '성공을 위한 파트너십'에서는 협업 소프트웨어에 초점을 맞추고 주요 협업 소프트웨어 프로그램의 예를 제공한다.

이사회의 역할

만약 새로운 벤처기업이 기업으로 조직된다면, 법적으로 기업의 경영을 감독하기 위해 기업 주주들이 선출한 개인들의 패널인 **이사회**를 두어야 한다.[25] 이사회는 일반적으로 사내이사와 사외이사로 구성된다. **사내이사**는 회사의 임원이기도 하다. **사외이사**는 회사에 고용되지 않은 사람이다. 이사회는 ① 회사의 임원(주요 경영자)을 임명하고, ② 배당금을 선언하며, ③ 회사의 업무를 감독하는 세 가지 공식적인 책임이 있다. Enron, WorldCom 등과 같은 기업 스캔들이 터지면서 기업이 윤리적으로 운영되도록 하는 이사회의 역할이 강조되고 있다. 이 운동의 결과 중 하나는 이사회에 더 많은 외부인을 두는 경향인데, 이는 회사를 위해 일하지 않는 사람들이 회사를 위해 일하는 내부자들보다 경영진의 행동을 더 면밀히 조사할 의향이 있기 때문이다. 대부분의 이사회는 1년에 서너 번 공식적으로 열린다. 대기업들은 임원들에게 그들의 서비스에 대한 대가를 지불한다. 새로운 벤처기업들은 이사들에게 회사 주식을 지급하거나 적어도 회사가 수익을 낼 때까지 직접적인 보상 없이 일하도록 요청할 가능성이 더 높다. 상장기업 이사회는 법에 따라 감사위원회와 보상위원회가 있어야 한다. 많은 이사회가 또한 공석인 이사직에 출마할 주주들을 선출하기 위한

표 9.4 효과적인 이사회와 이사회 구성원의 속성

효과적인 이사회의 속성	강력한 이사회 구성원의 속성
▪ CEO와의 활발한 커뮤니케이션	▪ 강력한 개인 및 전문 네트워크
▪ 고객 중심의 관점	▪ 해당 영역에서 받는 존경
▪ 인재들의 상호 보완적인 조합	▪ 회사를 대표해 개인을 소개할 의향
▪ 결단력	▪ 강력한 대인 커뮤니케이션 능력
▪ 개인 및 회사 경영진에 대한 상호 존중 및 배려	▪ 패턴 인식 기술
▪ CEO와 회사의 최고경영자에게 맞설 수 있는 능력과 의지	▪ 투자 및/또는 운영 경험
▪ 강력한 윤리 의식	▪ CEO와 회사의 최고경영자를 멘토링할 수 있는 능력과 의지

지명위원회를 두고 있다. 이사회에서 가장 바람직한 자질과 개별 이사회 구성원의 가장 바람직한 자질 목록이 표 9.4에 나와 있다.

적절하게 처리한다면, 회사의 이사회는 새로운 벤처팀의 중요한 부분이 될 수 있다.[26] 다른 사람들(예: 고객, 투자자, 심지어 경쟁자)의 관점에서 전문가 지침과 합법성을 제공하는 것은 스타트업이 출발을 안정적으로 하고 지속 가능한 경쟁 우위를 개발하는 데 이사회가 도움을 줄 수 있는 두 가지 방법이다.

전문가 지침 제공하기 비록 이사회가 공식적인 지배 구조 책임을 가지고 있지만, 가장 유용한 역할은 기업 경영자들에게 지침과 지원을 제공하는 것이다.[27] 많은 CEO가 이사회 구성원들과 자주 교류하고 중요한 의견을 얻는다. 이를 실현하기 위한 핵심은 필요한 기술과 유용한 경험을 가진 이사회 구성원을 선택해서 조언을 얻고 통찰력 있는 탐구적인 질문을 기꺼이 하는 것이다. 기업 이사회의 역할에 대한 전문가인 Ram Charan은 효과적인 이사회가 회사를 형성하고 시장에서 경쟁 우위를 제공하는 데 어느 정도 도움을 줄 수 있는지 다음과 같이 기술했다.

> 그들(효과적인 이사회)은 듣고, 조사하고, 토론하고, 회사의 가장 시급한 문제에 관여하게 된다. 이 사들은 당연히 그들의 전문지식과 지혜를 공유한다. 그렇게 함으로써 경영진과 이사회가 함께 배우고, 집단적 지혜가 나타나고, 경영 판단력이 향상된다. 현장 코칭 및 컨설팅은 CEO와 최고 경영진의 정신적 능력을 확대하고 회사가 시장에서 경쟁 우위를 확보할 수 있도록 지원한다.[28]

경영자들이 조언과 자문을 위해 이사진에 의존하기 때문에 사외이사 선임은 벤처기업 임원과 다른 이사들의 경력과 배경의 공백을 채우겠다는 목적이 있어야 한다. 예를 들어, 두 명의 컴퓨터 프로그래머가 소프트웨어 회사를 시작했는데 그들 중 누구도 마케팅 경험이 없다면, 마케팅 임원을 이사회에 두는 것이 타당할 것이다. 실제로 이사회는 구성원이 회사 운영과 관련된 많은 중요한 조직 기술(예: 제조, 인적자원 관리, 재무)을 대표할 수 있을 때 조직에 효과적으로 기여할 수 있게 될 것이다.

합법성 제공하기 창업벤처를 위한 합법성을 제공하는 것은 이사회의 또 다른 중요한 기능이다. 유명하고 존경받는 이사진들은 회사에 즉각적인 신뢰를 가져다준다. 예를 들어, TOMS의 Blake Mycoskie나 Dropbox의 Drew Houston이 이사회에 참여하기로 동의했다면 회사가 일으킬 수 있는 긍정적인 화제를 상상해보라. 이 현상을 **시그널링**(signalling)이라고 한다. 신뢰할 수 있는 시그널이 없으면 잠재 고객, 투자자, 직원이 양질의 스타트업을 파악하기 어렵다. 아마도 명성이 있는 사람들은 자신의 명성에 해가 되기 때문에 수준 낮은 회사의 이사회에서 일하는 것을 꺼릴 것이다. 따라서 명성이 높은 개인이 기업의 이사회에서 일하기로 동의했다면, 그 개인은 본질적으로 기업이 성공할 가능성이 있다는 '시그널'이다.[29]

명성이 있는 이사회 구성원을 통해 합법성을 달성하는 것은 다른 긍정적인 결과를 초래할 수 있다. 투자자들은 이사회를 포함해 잠재적 공급업체 및 고객에게 발을 들여놓을 수 있는 충분한 영향력을 가진 사람들이 있는 새로운 벤처팀을 보고 싶어 한다. 이사회 구성원들은 또한 종종 젊은 회사들이 자금 조달이나 투자 유치를 준비하는 데 도움이 된다. 제10장에서 논의하는 것처럼, 창업벤처 창업자들이 개인 소개 없이 투자자의 관심을 얻는 것은 거의 불가능하다. 기업들이 이 문제를 해결하는 한 가지 방법은 투자 커뮤니티의 사람들과 잘 아는 개인들을 이사회에 배치하는 것이다.

저가 샌드위치, 쿠키, 셰이크 등을 전문으로 하는 레스토랑 체인인 Potbelly는 이사회가 잘 설계된 회사의 한 예이다. 8명으로 구성된 이사회는 1명의 사내이사와 7명의 사외이사로 구성되어 있다. 이사회 구성원은 아래에 나열되어 있다. 외부 구성원은 레스토랑 체인 개발, 소매업, 접대 관리, 전자상거래, 소비자 제품에 경력이 있는 사람들을 포함한다. 2013년에 IPO를 시작하고 공격적인 성장 계획을 가지고 있는 Potbelly는 다양한 이사진이 대표하는 각 영역에 대한 지침으로부터 혜택을 얻을 것이다.[30]

---

1. Aylwin Lewis: Potbelly의 CEO 겸 사장
2. Peter Bassi: Yum! Restaurants International의 은퇴한 회장
3. Ann-Marie Campbell: Home Depot 남부 지사장
4. Susan Chapman-Hughes: American Express 수석 부사장
5. Dan Ginsberg: 미국계 스킨케어 브랜드 Dermalogica 설립자 특별자문
6. Maria Gottschalk: Pampered Chef의 CEO
7. Harvey Kanter: 다이아몬드와 고급 보석의 온라인 소매업체인 Blue Nile의 CEO
8. Carl Warschausky: 세계적인 가정용품 및 소비재 제조업체인 World Kitchen의 CEO

팀 완성: 전문가 자문의 역할

학습목표 3

전문성을 보유한 자문을 찾고 신생 벤처팀에서 그들의 역할을 설명할 수 있다.

앞에서 제시한 새로운 벤처팀 멤버들과 함께, 창업자들은 종종 중요한 자문과 조언을 구하기 위해 의사소통하고 있는 전문가들에게 의존한다. 많은 경우, 이러한 전문가들은 새로운 벤처팀의 중요한 부분이 되며 일부 기업가들이 말하는 '인재 구멍'을 채운다.

다음으로, 자문위원회, 채권자 및 투자자, 기타 전문가가 새로운 벤처팀을 완성하는 데 수행하는 역할에 대해 논의한다.

자문위원회

일부 신생기업은 방향 설정과 조언을 얻기 위해 자문위원회를 구성하고 있다.[31] **자문위원회**는 기업 경영자들로부터 지속적으로 자문과 조언을 제공하도록 요청받는 전문가들로 구성된 패널이다.

이사회와 달리 자문위원회는 회사에 대한 법적 책임이 없으며 구속력이 없는 조언을 제공한다.[32] 이 때문에 이사회보다 자문위원회에서 일하려는 사람이 많은데, 시간이 덜 소요되고 법적 책임이 수반되지 않기 때문이다. 자문위원회는 일반적인 목적 또는 특정한 문제나 필요를 해결하기 위해 구성된다. 예를 들어, 일부 스타트업은 창업 직후 고객 자문위원회를 설치해서 초기 서비스를 세부적으로 조정할 수 있도록 지원한다. 이사회와 마찬가지로, 자문위원회의 주요 목적은 기업에 지침을 제공하고 정당성을 부여하는 것이다. 자문위원회 구성원이 할 수 있는 가장 중요한 일은 초기 고객, 공급업체, 비즈니스 파트너에게 기업에 대한 수준 높은 소개를 하는 것이다.[33]

대부분의 자문위원회는 5~15명으로 구성된다. 창업기업은 일반적으로 자문위원회에 매년 또는 회의 단위로 서비스에 대한 작은 사례금을 지급한다. 자문위원회는 상호 간에 그리고 기업의 경영자들과 여러 가지 방법으로 상호작용한다. 어떤 자문위원회는 기업의 본사나 다른 장소에서 1년에 서너 번 회의를 한다. 다른 자문위원회는 온라인 환경에서 만나기도 한다. 어떤 경우에는 기업의 자문위원회가 전국에 분산되어 있어 기업 경영자가 자문위원회 구성원들을 물리적으로 연결하는 것보다 전화, 이메일, Skype 화상 회의를 통해 상호작용하는 것이 더 비용 효율적이다. 이러한 상황에서 자문위원회 구성원들은 대면 방식으로 의사소통하는 것은 어렵지만 여전히 높은 수준의 자문과 조언을 제공한다.

스타트업이 이사회를 가지고 있다고 해서, 하나 이상의 자문위원회를 두지 못한다는 것은 아니다. 예를 들어, 햇빛 보호 의류 제조업체인 Coolibar는 이사회와 의료 자문위원회를 가지고 있다. Coolibar의 의료 자문위원회는 "자외선 방사, 햇볕에 타는 것, 피부암, 루푸스와 같은 기타 자외선 관련 의료 장애를 감지, 예방, 치료하는 과학에 관한 조언을 해주고 있다."[34] 자문위원회는 인상적인 명성을 가진 9명의 의사로 구성되어 있다. 마찬가지로 의료 로봇 및 기구 회사인 InTouch Health에는 이사회와 세 가지 전문 분야에 대한 자문위원회인 비즈니스 및 전략위원회, 애플리케이션 및 임상위원회, 과학 및 기술위원회가 있다. InTouch Health는 웹사이트에 "InTouch Health는 비즈니스 및 전략, 애플리케이션 및 임상, 과학 및 기술 분야에서 당사의 업무 및 가치를

Rawpixel.com/Shutterstock

두 명의 젊은 기업가가 자문위원회의 한 사람에게 약간의 조언을 받고 있다. 자문위원회는 기업의 설립자와 경영자로부터 지속적으로 조언과 조언을 제공하도록 요청받는 전문가들로 구성된 패널이다.

더욱 발전시키는 데 도움이 되는 경험과 재능을 제공하는 유능하고 탁월한 자문위원회의 혜택을 누리고 있습니다"라고 자문위원회를 소개하고 있다.[35]

자문위원회를 구성할 때는 몇 가지 지침을 따라야 한다. 첫째, 기업이 자랑할 목적만을 가지고 자문위원회를 조직해서는 안 된다. 자문위원들은 회사의 발전과 성장에 의미 있는 역할을 하지 않으면 빠르게 환멸을 느낄 것이다. 둘째, 기업은 경험과 전문성 측면에서 서로 보완할 수 있는 자문위원회를 구성해야 한다. 자문위원회가 특정 목적이 있지 않는 한, 다양한 배경을 가진 구성원을 포함하는 위원회가 유사한 배경을 가진 사람들로 구성된 위원회보다 선호된다. 셋째, 회사는 자문위원회에 참여할 사람을 초대할 때 기밀 정보에 대한 접근과 관련된 규칙을 개인에게 주의 깊게 설명해야 한다.[36] 일부 기업은 자문위원에게 제7장에서 설명하는 비밀 유지 협약에 서명할 것을 요청한다. 넷째, 기업은 자문위원에게 벤처기업이나 제품에 대해 블로그나 소셜 네트워킹 사이트에 긍정적인 논평을 올리기 전에 그 벤처기업과 관계가 있다는 것을 공개해야 한다고 자세하게 설명해야 한다. 어떤 사람이 회사와의 관계를 밝히지 않고 그 회사에 대해 긍정적인 말을 할 때, 특히 그 사람이 회사에 재무적 지분을 가지고 있다면, 잠재적 이해 충돌 가능성이 높다.

창업 생태계에서는 자문위원회를 두는 것이 널리 권장되고 있지만, 대부분의 창업자들은 자문위원회를 가지고 있지 않다. 결과적으로, 스타트업이 자신을 돋보이게 할 수 있는 한 가지 방법은 하나 이상의 자문위원회를 보유하는 것이다.

채권자 및 투자자

이 책을 통해 강조했듯이, 채권자와 투자자는 그들이 자금을 대는 회사에 기득권을 가지고 있으며, 종종 자신이 자금을 대는 회사를 돕는 데 매우 관여하게 만든다. 채권자나 투자자는 새로운 사업에 돈을 투자한 뒤 무슨 일이 일어나는지 보기 위해 기다리는 경우가 거의 없다. 사실, 은행과 투자 회사를 지배하는 제도적 규칙은 일반적으로 그들이 최소한 대출이나 투자 초기 몇 년 동안은 새로운 벤처를 합리적으로 면밀히 감시하도록 요구한다.[37]

채권자나 투자자가 새로운 회사에 헌신하는 시간과 에너지의 양은 투자한 돈의 액수와 새로운 회사가 얼마나 많은 도움을 필요로 하는지에 달려 있다. 예를 들어, 우량 담보를 바탕으로 대출을 제공한 채권자는 고객과 함께 보내는 시간이 매우 적을 수 있다. 반대로, 벤처 투자가는 새로운 벤처기업이 사업 모델을 개선하고, 경영진을 모집하고, 현재와 미래의 고객 및 공급자를 만나는 것을 돕는 데 막대한 시간을 쓸 수 있다. 실제로 벤처 투자가는 평균적으로 1년에 여러 번 포트폴리오에 기재된 회사를 방문할 가능성이 높다는 증거가 있다.[38] 방문 횟수가 높을수록 참여와 지원이 높은 것을 의미한다.

기업의 신생벤처팀의 다른 비고용 멤버와 마찬가지로, 채권자와 투자자는 지침과 합법적 대출을 통해 자연스럽게 재무 감독 역할을 맡아 신생기업을 돕는다. 때때로 채권자와 투자자는 새로운 기업이 경영진을 확보할 수 있도록 열심히 돕게 된다. 때로는 이 문제가 매우 중요하기 때문에 새로운 벤처기업은 자금에 접근하고 핵심 직원들을 고용하기 위해 투자 자본을 얻으려고 할 것이다.

예를 들어, 시작 단계에서 eBay의 설립자인 Pierre Omidyar와 Jeff Skoll은 CEO를 영입하기로 결정했다. 그들은 경험이 풍부할 뿐만 아니라 월가 투자자들이 중요시하는 자격을 가진 사람을 원했다. 그들은 채용하려 했던 경험 많은 관리자 모두에게서 eBay가 벤처 캐피털 지원을 받고 있

표 9.5 자금 조달과 투자 외에 채권자와 투자자가 벤처에 가치를 추가하는 방법

- 핵심 경영 인력을 찾아내고 채용하는 것을 도움
- 벤처가 참여하려는 산업과 시장에 대한 통찰력을 제공
- 벤처가 비즈니스 모델을 미세 조정하도록 도움
- 새로운 아이디어에 대한 테스트 대상 그룹이 됨
- 부가적인 자본 원천을 소개함
- 고객을 확보함
- 비즈니스 파트너십 체결을 도움
- 벤처의 이사회나 고문단으로 활동
- 다수의 신생벤처팀이 경험하는 감정적 기복(roller-coaster)의 균형추로 작용함

는지에 대해 질문을 받았지만 그 당시에 eBay는 그렇지 못했다. 노련한 경영진을 영입하려는 신생기업에 벤처 캐피털 지원은 합법성의 상징이다. 이 귀중한 증서를 얻기 위해, Omidyar와 Skoll은 Benchmark Venture Capital로부터 eBay가 실제로는 필요하지도 않았던 자금을 확보했다. 작가 Randall Stross는 이 사건을 다음과 같이 회상한다.

> eBay는 이례적인 기업이었다. 성장에 필요한 자금을 스스로 조달할 수 있었지만 오직 연락처 확보와 상담을 위해 벤처 캐피털로 눈을 돌린 수익성 있는 회사였다. 더 이상의 교훈은 얻을 수 없다. Benchmark가 처음 수백만 달러를 eBay의 은행 계좌로 송금했을 때, 이 상징적인 수표는 금고로 직행했다. eBay는 이 돈이 필요하지 않았고 금고 속에 보관되었다.[39]

이 전략은 eBay에 효과가 있었다. Benchmark와 제휴한 직후, Benchmark의 책임 파트너(general partner) 중 한 명인 Bob Kagle은 Procter & Gamble, Disney, Hasbro를 포함한 여러 일류 기업에서 일한 경험이 있는 경영자 Meg Whitman을 eBay로 데리고 왔다. 2008년 3월, Whitman은 eBay의 사장 겸 CEO 자리에서 물러났다. eBay에서 그녀의 재임 기간은 기업의 초기 개발과 성장에 중요한 시기로 매우 성공적인 것으로 간주되었다.

은행들은 또한 새로운 벤처와 초기 경영진의 합법성을 확립하는 역할을 한다. 연구에 따르면 은행 대출을 받은 것은 다른 자본 제공자에게 유리한 신호라는 것을 일관되게 시사한다.[40] 투자자들은 종종 감독과 조언을 제공하기 위해 그들이 자금을 제공한 기업의 이사회에 자리를 차지한다. 은행가가 창업벤처의 이사회에 자리를 잡는 것은 드문데, 주로 은행가들이 새로운 기업에 많은 투자 자본보다는 운영 자본을 제공하기 때문이다.

채권자와 투자자가 자금 조달과 투자 이외에 신생기업에 가치를 추가하는 다른 방법이 있다. 이러한 역할은 표 9.5에 강조 표시되어 있다.

기타 전문가

전문가가 때때로 신생벤처에서 중요한 역할을 맡기도 한다. 변호사, 회계사, 비즈니스 컨설턴트는 빈번하게 상담과 조언의 좋은 원천이 된다. 기업이 좋은 출발을 하도록 돕는 변호사의 역할은 제7장에 설명했다. 회계사의 역할은 제8장에서 논의했으므로 여기에서는 컨설턴트가 수행하는 역할을 살펴보자.

학습목표 4

왜 신생벤처팀이 컨설턴트에게 자문을 받아야 하는지 설명할 수 있다.

컨설턴트

컨설턴트는 전문가 관점의 조언을 제공하는 사람을 지칭한다. 신생벤처가 방향 설정을 위해 비즈니스 컨설턴트에게 의존하는 정도는 다양하다. 해당 비즈니스가 특허, 세금 계획, 담보법과 같은 복잡한 이슈에 대한 조언을 해줄 전문 컨설턴트를 구한다면 일반 비즈니스 컨설턴트의 역할은 중요성 측면에서 줄어든다. 다른 관점에서 일반 비즈니스 컨설턴트의 역할이 매우 중요한 경우도 많다. 그들은 타당성 분석이나 산업 분석을 준비하는 것과 같이 기업을 대신해서 상세 분석을 수행할 수 있는 사람이기 때문이다. 이런 작업을 수행하는 데 투입되는 시간의 문제 때문에 이사회나 고문단의 일원에게 기업을 대신해서 이런 업무 중 일부를 맡아달라고 요청하는 것은 부적절하다. 이와 같이 시간이 많이 소요되는 업무는 기업 자체적으로나 유료 컨설턴트가 수행해야 한다.

대기업은 많은 분야의 전문가를 고용할 여유가 있지만 신생기업은 그럴 수 없기 때문에 벤처를 리드하는 사람은 도움과 조언을 위해 자주 컨설턴트에게 의존한다. 신생기업이 프로토타입 개발과 같은 전문화된 영역에서 도움이 필요하다면 엔지니어링 컨설팅 기업이 이 일을 수행하도록 고용할 필요가 있다. 컨설팅 비용은 보통 협상 가능하다. 만약 신생기업이 좋은 잠재력을 가지고 있고 이 기업과 다시 일할 가능성이 높다고 컨설팅 기업이 판단하면, 비용을 감해주거나 지불 방법에 대한 편의를 봐줄 수 있다.

컨설턴트는 크게 두 가지 부류가 있다. 유료 컨설턴트와 비영리단체나 정부 기관을 통해 무료나 낮은 비용으로 컨설팅하는 컨설턴트가 그것이다. 첫 번째 부류는 Deloitte Management Consulting, BearingPoint USA, Accenture, IBM Business Global Services와 같은 국제적인 대형 컨설팅 기업을 포함한다. 이 기업들은 매우 다양한 서비스를 제공하지만 예산의 한계 때문에 대부분의 창업기업은 이용하기 어렵다. 그러나 상대적으로 작고 현지화된 기업도 많다. 이러한 컨설팅 기업을 찾는 가장 좋은 방법은 주변에 추천해달라고 요청하는 것이다.

컨설턴트는 또한 비영리단체 혹은 정부 기관을 통해 구할 수 있다. 예를 들어 SCORE는 소규모 기업에 무료 컨설팅 서비스를 제공하는 비영리 기관이다. SCORE는 현재 1만 1,000명 이상의 자원봉사자와 320개의 지역 지부가 있으며, 62개 업종에 걸쳐 직접 또는 이메일을 통한 기밀 비즈니스 멘토링, 무료 비즈니스 도구, 템플릿, 웹사이트(www.score.org)를 통한 팁, 저렴하거나 무료인 비즈니스 워크숍(지역), 웨비나(온라인 연중 무휴) 등을 통해 지원을 제공한다. 멘토라고 불리는 SCORE 자원봉사자들의 수가 증가하고 있으며, 이들은 대면 방식보다는 이메일을 통해 고객을 돕는다. SCORE 멘토는 일반적으로 현금흐름 관리, 운영, 판매와 같은 다양한 영역에서 상담해주는 은퇴한 사업주들이다.[41] 정부 기관인 중소기업청(Small Business Administration)은 소규모 사업주나 창업자들에게 미국 전역에 퍼져 있는 Small Business Development Center(SBDC)를 통해 다양한 컨설팅 서비스를 제공하고 있다. SBDC 자문가들은 사업 계획 개발, 제조 지원, 금융 패키지 및 대출 지원, 수출 및 수입 지원, 재해 복구 지원, 의료 안내 등 다양한 무료 비즈니스 컨설팅 및 저비용 교육 서비스와 유사한 유형의 지원을 제공한다.[42]

요약하자면, 신생벤처팀을 구성하는 것은 창업가가 수행하는 가장 핵심적인 활동 중의 하나이다. 많은 창업가가 이러한 프로세스를 충분히 폭넓게, 주의 깊게 고려하지 않아 문제에 직면하는 경우가 많다. 궁극적으로는 사람들이 신생벤처를 만들어야 한다. 신생벤처는 창업기업을 시작하고 성장시키는 것과 관련된 문제를 다루기 위해 우수한 직원이나 조언자들을 확보함으로써 이득을 볼 수 있다.

요약 Chapter Summary

1. 신생조직의 불리함은 창업벤처기업이 새로운 역할에 충분히 적응하지 못하고 기업이 고객 및 공급업체에 '내세울 수 있는 실적'이 부족하기 때문에 종종 흔들리거나 심지어 실패하는 것을 말한다. 이러한 한계는 재능 있고 경험이 풍부한 신생벤처팀을 구성함으로써 극복할 수 있다.
2. 신생벤처팀은 아이디어에서 완전한 기능을 가진 회사로 새로운 벤처를 옮겨나가는 사람들의 그룹이다. 창업자, 핵심 인력, 이사회, 자문위원회, 채권자 및 투자자, 기타 전문가들은 새로운 벤처팀을 구성하는 데 관련된 주요 요소이다. 이질적인 창업팀은 다양한 능력과 경험을 가진 멤버들이 있다. 동질적인 창업팀에는 서로 매우 유사한 구성원들이 있다. 창업자가 성공적인 신생회사를 시작할 수 있는 기회에 영향을 미치는 개인적인 속성은 교육 수준, 사전 창업 경험, 적절한 산업 경험, 네트워킹 능력을 포함한다. 네트워킹은 비슷한 성향을 가지고 있거나 친분을 통해 기업에 이익을 가져다줄 수 있는 사람들과 관계를 구축하고 유지하는 것이다.

   스킬 프로필은 새로운 벤처에 필요한 가장 중요한 스킬과 스킬의 격차가 존재하는 위치를 나타내는 차트이다. 우수한 직원과 효과적인 신생벤처팀 구성원을 찾는 것은 어려운 일이다. 창업자들은 필요한 인재를 찾기 위해 그들의 개인 네트워크를 이용하거나 기존 직원들에게 추천을 요청할 수 있다.

   이사회는 회사의 경영을 감독하기 위해 회사 주주들이 선출한 개인들로 구성된 패널이다. 전형적으로 사내이사와 사외이사로 구성되어 있다. 사내이사는 회사의 임원이기도 한 사람이다. 사외이사는 회사에 고용되지 않은 사람이다. 우수한 역량을 보유한 개인이 회사의 이사회에서 일하기로 동의했다면, 이는 본질적으로 그 회사가 잠재력이 있다는 의견을 표현한 것이다(그렇지 않으면 왜 그 개인이 봉사하기로 동의하겠는가?). 이 현상을 시그널링이라고 한다.
3. 자문위원회는 기업의 경영진이 지속적으로 자문과 조언을 제공하도록 요청하는 전문가 패널이다. 채권자, 투자자, 잠재적으로 컨설턴트를 포함한 자문위원회 구성원은 신생벤처팀을 '완성'하려는 기업가의 노력의 원천이다. 여기서 '완성'이라고 표현한 이유는 신생벤처의 성공에 있어 이러한 그룹의 역할이 신생벤처팀 구성과 관련된 다른 요소의 영향력에 비해 덜 직접적이고 덜 빈번하기 때문이다. 대부분의 창업기업은 자문위원회를 5~15명 사이로 구성한다. 일반적으로, 자문위원회 사람들은 그들의 서비스에 대해 적은 사례금을 받는다.

   채권자와 투자자는 창업기업의 성공에 우선권을 가지고 있다. 투자 규모가 증가함에 따라, 채권자와 투자자는 성공의 토대인 시장에서 정착하기 위한 신생벤처기업의 노력을 지원하는 데 더 많이 관여하는 경향이 있다. 핵심 인력의 채용을 돕고, 벤처가 경쟁하고자 하는 산업에 대한 정보를 제공하며, 잠재적인 경쟁 우위를 점하기 위한 홍보 역할을 하는 것은 채권자와 투자자가 새로운 벤처팀 구성원과 함께 다루는 문제의 예이다.
4. 신생벤처기업이 컨설턴트에게 도움과 조언을 구하는 주된 이유는 대기업이 많은 분야에서 전문가를 고용할 여유가 있지만, 신생기업은 일반적으로 그렇지 못하기 때문이다. 컨설턴트는 급여를 받거나 비영리단체 또는 정부 기관의 일원으로 무료 또는 할인된 금액으로 자문을 제공한다.

주요 용어 Key Term

가상 비서	사전 창업 경험	이사회	직원
네트워킹	스킬 프로필	이질적	초기 창업팀
동질적	시그널링	인턴	컨설턴트
사내이사	신생벤처팀	자문위원회	프리랜서
사외이사	신생조직의 불리함	적절한 산업 경험	

복습 문제 Review Question

1. 신생벤처팀은 무엇인가?
2. 신생벤처팀에 합류하는 사람들은 주로 누구인가?
3. 신생조직의 불리함은 무엇인가?
4. 신생벤처기업이 신생조직의 불리함을 극복하기 위해 할 수 있는 일은 무엇인가?
5. 팀으로 시작한 신생벤처가 기업가가 단독으로 시작한 신생벤처보다 유리한가, 아니면 그 반대인가?
6. 이질적인 창업팀과 동질적인 창업팀의 차이점은 무엇인가?
7. 팀 기반으로 기업을 시작할 때 발생할 수 있는 잠재적인 함정 두 가지는 무엇인가?
8. 창업자가 성공적인 신생기업을 창업할 때 영향을 미치는 개인적인 특성은 무엇인가?
9. 적절한 산업 경험이 기업 창업자(들)에게 도움이 되는 이유는 무엇인가?
10. 기업의 성공으로 이어지는 전형적인 창업자의 속성은 무엇인가?
11. 창업자가 역량이 우수한 직원을 찾기 위해 사용하는 방법에는 어떤 것들이 있는가?
12. 이사회란 무엇인가?
13. 좋은 이사회 구성원들이 원하는 특성은 무엇인가?
14. 이사회의 세 가지 공식적인 책임은 무엇인가?
15. 유명하고 존경받는 이사회를 선임하는 것이 어떻게 기업에 정당성을 부여하는가?
16. 채권자와 투자자는 어떤 방법으로 창업벤처에 가치를 더하는가?
17. 자문위원회를 구성하는 목적은 무엇인가?
18. 자문위원회가 만나 업무를 수행하는 다른 방법은 무엇인가?
19. 자문위원회를 설립할 때 지켜야 할 지침은 무엇인가?
20. 대출자와 투자자는 어떤 방식으로 회사에 합법성을 제공하는가?
21. 왜 새로운 벤처기업은 종종 컨설턴트에게 조언을 구하는가?
22. 새로운 벤처기업에 제공할 수 있는 두 가지 유형의 컨설턴트 간의 차이점을 설명하라.
23. SCORE 자원봉사자는 어떤 종류의 자문과 상담을 하는가?

응용 문제 Application Question

1. Emily Jones는 광고 산업에서 자신의 사업을 시작하는 중이다. 그녀는 주식을 발행해 직원들을 끌어들이고 싶어 LLC보다는 법인화에 힘쓰고 있다. Emily는 현재 회사 비서에게 제출해야 할 모든 서류를 검토하고 있다. 법인 설립 요건 중 하나가 이사회 선임이다. 현재 사내이사 선임에는 어려움이 없지만 사외이사 선임에 어려움을 겪고 있다. 그녀는 선택할 때 무엇을 주의해야 할까? 그녀에게 조언을 해보라.
2. 이 장의 자료에 따르면, 사전 창업 경험, 적절한 산업 경험, 네트워킹은 성공적인 벤처를 시작할 수 있는 기회를 강화하는 속성이다. 언젠가 당신이 창업하기로 선택할 수 있는 회사 유형에 대해 생각해보라. 이 세 가지 속성 중 어떤 것을 가지고 있는가? 부족한 부분에 강점을 쌓기 위해 오늘 어떤 조치를 취할 수 있는가?
3. Greg Mathews는 스키 리조트 사업 계획을 마무리하고 실행에 옮길 준비가 되어 있다. 그는 자신의 벤처 사업을 실행하기 위해 지난 3개월 동안 혼자 일해왔다. 그는 이제 자신의 경영진과 핵심 직원 팀을 구축하기 위해 리조트 직원 고용을 시작할 필요가 있다. 당신이 지난 10년간 채용 서비스를 해왔듯이, 그는 좋은 팀의 주요 요소에 대해 당신에게 조언을 구하러 왔다. 당신의 조언은 무엇일까?
4. 전문 투자가인 Cindy Combs는 최근 동료와 점심식사를 하던 중 "바쁜 가족들이 자신의 활동을 추적할 수 있도록 돕는 아이폰 앱을 만들었던 일전에 만난 기업가 Peter Kennedy 기억해? 내가 알아봤는데, 그가 앱 개발자뿐만 아니라 성공적인 기업가가 될 수 있는 모든 적절한 개인적 특성을 가지고 있단 결론을 내렸어. 그는 추가적인 가족 중심 앱을 만들 생각을 하고 있는데, 내가 그의 사업에 투자하고 싶어"라는 말을 들었다. Cindy의 식사 상대는 "정말로, 네가 매우 인상적이었던 Peter의 특징에 대해 말해줘"라고 말했다. 당신은 Cindy가 점심 상대의 Peter의 특징에 대한 질문에 뭐라고 말했다고 생각하는가?
5. Jose Peacher는 큰 제조 회사의 임원이다. 그의 전 동료는 최근에 회사를 설립했고 사업을 시작하는 데 돈이 필요하지 않음에도 불구하고 유명한 엔젤 투자자로부터 100만 달러를 투자받았다. Jose는 그 친구가 어리석다고 생각하며, 창업에 자금이 필요하지 않은데 투자자로부터 돈을 받을 이유

가 하나도 없다고 생각하고 있다. 만약 Jose에게 이 문제에 대해 이야기한다면 어떻게 말하겠는가?

6. Lauren Mitchell은 2년 전에 설립한 부동산 회사에서 약간의 성공을 거두고 있었다. 그녀가 회사가 위치한 도시의 상공회의소를 이끄는 사람들과 잘 연결되어 있다는 사실과 더불어 지역 경제의 회복이 사업에 도움이 되었다. 그러나 그녀는 자신의 회사를 계속 운영하기 위해 필요한 많은 일을 감당해야 한다고 느낀다. 그녀는 당신이 기업가정신 과정을 수강하고 있다는 것을 알고 있기 때문에 당신에게 조언을 구한다. 스킬 프로필에 대한 지식을 활용해서 Lauren이 노동 관련 과제를 어떻게 진행해야 하는지 이해할 수 있도록 도와주자.

7. Charlie Berry, Shelly Toombs, Nancy Harder, James Ndofor, Jennifer Atwood, Cliff Bell은 모두 경험이 풍부한 소프트웨어 엔지니어이다. 한동안 그들은 모두가 관심을 가지고 있는 소프트웨어 솔루션을 중심으로 회사를 설립하는 것에 대해 이야기했다. 이 장의 자료를 바탕으로, 이 여섯 명의 사람들이 회사를 설립하는 데 어떤 어려움을 겪을 것으로 예상하는가?

You Be the VC 9.1

회사명: Toptal

• Web: www.toptal.com • Facebook: Toptal • Twitter: @toptal

사업 아이디어: 회사가 엄격하게 선별되고 계약에 따라 일할 의향이 있는 최고 수준의 소프트웨어 엔지니어, 개발자, 디자이너를 찾을 수 있는 플랫폼 출시

개요: 미국에는 최고 수준의 소프트웨어 엔지니어, 개발자, 디자이너가 부족하다. 결과적으로, 미국의 대기업과 중소기업들은 종종 그들이 필요로 하는 소프트웨어 엔지니어들을 채용하는 데 어려움을 겪는다. 다른 나라에 거주하는 최고 수준의 소프트웨어 엔지니어들이 많지만, 미국 기업들은 아르헨티나, 크로아티아, 벨기에와 같은 곳에서 후보자를 확인하고 심사할 수 있는 채용 인프라를 갖추고 있지 않다.

Toptal은 그 문제에 대한 해결책을 가지고 있다. 이 회사는 전 세계에 분산되어 있는 세계에서 가장 재능 있는 소프트웨어 및 디지털 디자이너들의 네트워크를 개발했다. Toptal은 고객의 요구에 따라 엔지니어링 팀을 만들거나 계약에 따라 작업할 개별 엔지니어를 식별할 수 있다. 작동 방식은 다음과 같다. A사는 Toptal에 필요한 엔지니어링 인재 유형을 알려준다. Toptal은 네트워크에 인력풀을 평가하고 매칭한다. 이 매칭은 일정 기간 동안 위험 없이 작동하며, 고객은 만족할 경우에만 비용을 지불한다. 각 매칭은 Toptal 네트워크에 소속되기 전에 정한 세 가지 기준(영어 능력, 인성, 공학 숙련도)을 중심으로 철저히 검증된다. 고객들은 시간제, 정규직, 계약제로 매칭된 인력을 고용할 수 있다. 가장 일반적인 방법은 계약을 기반으로 원격으로 작업하는 것이다. Toptal의 네트워크에 있는 소프트웨어 엔지니어의 예로는 런던에 사는 Anne Adams가 있다. Merrill Lynch에서 엔지니어로 8년간 금융 거래 애플리케이션을 구축한 후, Anne은 자신이 설계한 음악 기반 소셜 네트워크인 LoudUp을 설립하고 출시했다. Anne은 .NET 기술 및 자바스크립트에 전문성을 가지고 있다. Anne은 2015년 7월 30일부터 Toptal 네트워크에 참여하고 있으며 계약에 따라 고용이 가능하다.

Toptal은 전 세계에 사무실을 운영하지 않는다. 대신 Skype, 알고리즘 테스트, 반자동 면접을 통해 대부분의 심사와 채용을 한다. 고객 조사에 따르면, 기업들이 Toptal을 채용에 활용하는 가장 큰 이유는 네트워크에서 프로그래머의 자질을 확인하기 위해서이다. Toptal의 고객은 Airbnb, Emirates, J.P. Morgan, Hewlett-Packard와 같은 대기업도 있지만, 이 회사의 서비스는 신생기업들도 이용할 수 있다. 여행업계의 스타트업인 Stayful.com이 그 예다. Stayful은 Shariq Minhas가 설립했다. 일찍이 Minhas는 전통적인 플랫폼을 통해 프리랜서 엔지니어들을 고용했는데 성공률이 10분의 1에서 15분의 1이었다고 말한다. 그는 Toptal로 전환한 뒤 현재 4명의 개발자를 고용했으며, 이들은 모두 일하고 있다. Minhas 대표는 Toptal 개발자들을 활용한 성공을 Toptal의 심사 과정과 계약자들을 고객의 팀에 통합시키는 회사의 철학 덕분으로 돌렸다.

- 이 장에서 다룬 자료를 바탕으로, 투자를 결정하기 전에 회사 설립자에게 어떤 질문을 할 것인가? 어떤 대답이 여러분을 만족시킬까?
- 개요와 회사 웹사이트에 제공된 정보만 보고 투자 결정을 내려야 한다면 이 회사에 투자하겠는가? 왜 그러한가? 혹은 왜 그렇지 않은가?

You Be the VC 9.2

회사명: KaZAM Balance Bike

• Web: www.kazambikes.com • Facebook: KaZAM Bikes • Twitter: @MyKaZAMBike

사업 아이디어: 안전하고, 즐겁고, 자신감을 키우는 방식으로 아이들에게 보조 바퀴 없이 타는 방법을 가르치는 자전거 만들기

개요: 자녀에게 자전거 타는 방법을 가르치기 위해 대부분의 부모는 보조 바퀴가 달린 자전거를 선택한다. 보조 바퀴가 가장 쉬운 접근 방식인 것처럼 보일 수 있지만 보조 바퀴는 아이들에게 균형이나 적절한 자전거 조정을 가르쳐주지 않는다. 보조 바퀴가 장착된 자전거는 어린이가 코너를 너무 빨리 돌거나 고르지 않은 지면 위에서 타면 전복될 수 있기 때문에 위험할 수도 있다. 또한 균형을 가르치지 않음으로써 보조 바퀴를 없애도 아직 자전거 타기의 가장 중요한 부분을 배우지 못한 상태이다.

KaZAM 자전거는 빠르고 안전하며 즐거운 대안을 제공한다. 이 제품은 아이들이 땅에 발을 대고 추진하는 페달이 없는 자전거이다(스케이트보드와 비슷하지만 두 발을 모두 사용한다). 충분한 관성을 받아 자전거가 움직일 때 발을 땅에서 떼고 특허받은 발 받침대에 발을 올려놓으면 된다. 장점은 자전거가 균형과 조정을 가르친다는 것이다. 아이가 지면에서 발을 들어 발 받침대에 올려놓을 때, 전통적인 자전거를 타는 것과 마찬가지로 적절한 균형과 무게 중심을 유지해야 한다. KaZAM 자전거는 조정과 균형을 가르치고 아이들이 안전하게 페달 자전거를 탈 수 있도록 준비시킨다.

KaZAM 자전거는 친구 사이인 John Lugo와 Michael Wagner가 몇 년 전에 Lugo의 세 살짜리 아이가 나무로 만든 유럽 모델을 시험해 보는 것을 본 후에 만들어졌다. 대부분의 아이가 자전거 타는 법을 배우는 나이인 3~6세를 위해 디자인되었다. 시중에 다른 균형 자전거가 있지만 완벽한 균형을 가르치도록 설계한 특허받은 발 받침대를 갖춘 것은 KaZAM 자전거가 유일하다. 다른 균형 자전거들은 발판이 있거나 아이들이 땅에 발을 끌도록 요구한다. KaZAM 자전거는 몇 가지 멋진 디자인 특징을 가지고 있다. 안장이 빨리 풀리기 때문에 아이가 자라면서 쉽게 조절할 수 있다. 손잡이는 위아래뿐만 아니라 앞뒤로도 조정된다. 이 기능을 사용하면 작은 어린이가 착석한 위치에서 손잡이에 더 잘 닿을 수 있다. 이 자전거는 외관이 고급스러우며 여러 가지 색상으로 구입할 수 있다. 부드러운 타이어 트레드와 강철 스포크는 자전거를 부드럽고 빠르게 탈 수 있게 해준다. KaZAM은 균형 자전거와 함께 페달 자전거를 판매하는데, 이는 균형 자전거에서 훈련을 받은 어린이를 위한 다음 단계이다. 가벼운 프레임, 밝은 색상, 날카로운 스타일링의 KaZAM 페달 자전거는 아이들의 첫 '진짜' 자전거를 위한 완벽한 선택이다.

2013년 5월 9일, Mary Beth Lugo(공동창작자 John Lugo의 아내)가 〈Shark Tank〉(시즌 4, 424회)에서 KaZAM에 대해 발표했다. 이 재미있는 에피소드는 투자자인 Mark Cuban과 Barbara Corcoran과의 거래로 이어졌다. KaZAM 자전거는 온라인과 점점 더 많은 자전거 가게와 상점에서 판매 중이다. 이 기업은 좋은 교육 도구이자 즐겁고 품질 좋은 자전거로서 부모들과 장난감 산업 단체로부터 많은 인정과 상을 받았다.

- 이 장에서 다룬 자료를 바탕으로, 투자를 결정하기 전에 회사 설립자에게 어떤 질문을 할 것인가? 어떤 대답이 여러분을 만족시킬까?
- 개요와 회사 웹사이트에 제공된 정보만 보고 투자 결정을 내려야 한다면 이 회사에 투자하겠는가? 왜 그러한가? 혹은 왜 그렇지 않은가?

사례 9.1

CASE

Basecamp: 새로운 작업 설계 및 인적자원 관리 실행의 구현

• Web: www.basecamp.com • Facebook: 37signals • Twitter: @basecamp

Bruce R. Barringer(오클라호마주립대학교)
R. Duane Ireland(텍사스A&M대학교)

소개

37Signals로 알려진 Basecamp는 1999년 Jason Fried, Carlos Segura, Ernest Kim이 설립했다. 이 회사는 웹사이트 재설계 회사로 시작했다. 2003년까지 고객 목록은 계속 증가하고 있었고, 이에 창업자들은 그들이 작업하고 있는 프로젝트를 관리하는 데 사용할 수 있는 협업 소프트웨어를 찾기 시작했다. 그들은 이용 가능한 소프트웨어를 살펴봤지만 그들의 요구에 맞는 것은 아무것도 없었다. 기존 프로젝트 관리 소프트웨어는 프로젝트 일정을 간트 차트 형태로 제시하고 숫자에 초점을 맞췄다. 그들은 고객과 이야기하고, 일을 전달하고, 피드백을 받고, 모든 사람이 같은 생각을 유지할 수 있는 프로그램이 필요했다. 그래서 타협하지 않고 내부용으로 자신들만의 프로젝트 관리 소프트웨어를 만들었다. 이것을 고객들과 함께 사용하기 시작하면서 고객들이 그것을 어디서 구할 수

있는지 묻기 시작했다. 아이디어가 갑작스럽게 스치고 지나가 소프트웨어를 판매하기로 결정했고, Basecamp라고 이름 지었다.

Basecamp 소프트웨어 제품이 잘 팔리자 2004년에 회사는 웹디자인에서 소프트웨어 개발로 초점을 옮겼다. Backpack, Campfire, Highrise 등 추가 제품이 뒤를 이었다. 웹 애플리케이션 프레임워크인 Ruby on Rails는 Basecamp를 만들기 위해 개발되었다. 이는 나중에 오픈 소스 개발 프레임워크로 출시되었으며 꽤 인기를 끌었다.

2014년 2월, 회사는 자사의 가장 인기 있는 제품인 37Signals의 이름을 Basecamp로 변경했다고 발표했다. 또한 자사의 다른 제품 Campfire와 Highrise를 개편하고 이 제품들을 판매하거나 기존 고객을 계속 지원할 것이라고 발표했다(신생고객 확보는 하지 않음). 43명의 직원들이 Basecamp에 집중할 것이다. 이러한 움직임을 설명한 블로그 게시물에서 Fried는 자신과 팀은 항상 작은 회사가 되는 것을 즐겼으며 "더 많은 일을 하기 위해 더 많은 사람을 고용할 수 있다"고 말했지만, 그러한 급격한 확장은 그들의 회사 문화와 상충된다.

다른 종류의 회사

Basecamp와 이전의 37Signals는 항상 다른 회사였다. 초기 설립자 중 두 명은 회사가 출범한 직후에 자리를 옮겼다. 이 회사는 현재 최초 공동설립자인 Fried와 Basecamp를 설립할 때 함께 온 Ruby on Rails의 발명가 David Heinemeier Hansson이 이끌고 있다. 둘 다 디자인, 사업, 기술, 건강한 회사를 만드는 것에 대해 강한 공감대를 가지고 있다. 이들은 서로의 생각을 공유하기 위해 블로그를 시작했고(Single vs. Noise) 세 권의 책(Getting Real, Remote, Rework)을 썼는데, 전반적으로 거침이 없었다.

Fried와 Hansson의 의견 중 많은 것이 자극적이지만, 그들은 널리 존경받고 있다. Basecamp는 수천 개의 기업이 이용하고 있으며 수백만 명의 사용자를 보유하고 있고 고객 만족도가 높다. Fried와 Hansson은 또한 제품 개발과 작업 디자인에 있어 선도적인 리더로 간주된다. Fried와 Hansson의 글은 두 가지 일관된 주제에 초점을 맞추고 있다. 첫 번째는 단순함이다. Basecamp는 대부분의 협업 소프트웨어 플랫폼만큼 많은 기능을 가지고 있지 않으며, 이는 선택에 의한 것이다. Basecamp는 기본에 집중하고 기본을 매우 잘 수행한다. 또한 다음 쪽에 제공된 예에서 볼 수 있듯이 회사는 단순함을 기반으로 한다. 두 번째는 모든 회사가 두 개의 제품을 가지고 있다는 믿음이다. 첫 번째는 회사가 판매하는 제품(들)이고, 두 번째는 회사 자체이다. 후자가 둘 중에서 더 중요한 것으로 여겨진다. Fried는 회사가 그들의 제품을 반복할 때 제품이 더 나아진다는 것에 주목했다. Basecamp는 제품뿐만 아니라 회사 자체를 개선하기 위해 프로세스를 반복한다. Fried와 Hansson은 지속적으로 회사의 작업 환경을 개선하려고 노력하고 있다.

아홉 가지 새로운 작업 설계 및 인적자원 관리 실무

Fried와 Hansson의 단순성에 대한 신념과 제품 디자인만큼 회사의 디자인에 많은 생각을 기울이는 모습은 새로운 작업 설계와 인적자원 관리(HRM) 실행의 발전으로 이어졌다. 다음 쪽에 나와 있는 표는 Fried와 Hansson이 어떻게 생각하고 Basecamp를 어떻게 운영하는지 보여주는 아홉 가지 예이다. 이것은 속임수가 아니다. 이것은 잘 고안된 관행이다. 이것은 또한 모두를 위한 것이 아니다. Basecamp와 37Signals는 앞서 이를 뒷받침하는 문화를 구축했다.

이 아홉 가지 예는 Basecamp만의 독특한 것이지만 생각할 거리를 제공한다. 이는 한 기업이 성과와 직원 만족도를 극대화하기 위해 전통적인 사고방식에 의문을 제기하고 새로운 접근 방식을 시도하는 방법을 보여주는 예이다. 이러한 관행에 대해 생각해볼 수 있는 좋은 시기는 사업을 시작할 때이다. 기업이 오래 존재할수록 고착된 관행을 제치고 새로운 사고방식과 행동방식을 채택하기가 더욱 어려워진다.

토의 문제

1. 이 사례 연구에 대한 일반적인 반응을 공유하라. Basecamp의 작업 설계와 HRM 실무 방식이 다른 조직에 적용 가능한 것인지, 아니면 Basecamp에만 해당되는 것인지 생각해보라. 답변을 설명하라.
2. 사례 연구에 포함된 Basecamp의 아홉 가지 참신한 작업 설계와 HRM실무 중에서 가장 공감되고 창업 스타트업 기업에서 중요하다고 생각하는 두 가지 실천을 확인하라.
3. 이 사례에서 많은 회사가 긴 근무 시간, 과도하게 바쁜 시간, 수면 부족을 오히려 자랑거리로 삼고 있었다는 관찰 결과가 있었다. 이러한 업무 방식이 왜 발생했을까? Basecamp의 리더들이 이러한 방식이 업무 생산성에 방해가 된다고 생각하는 것에 동의하는가? 만약 스타트업을 시작한다면, 긴 근무 시간, 과도하게 바쁜 시간, 수면 부족을 주창하는 문화가 발전하지 않도록 어떻게 할 것인가?
4. 이 사례에 따르면, Basecamp는 68분기 연속으로 17년 동안 수익이 발생했다. Basecamp의 작업 설계와 HRM 실무가 이러한 성공에 어느 정도 기여했다고 생각하는가?

출처: N. Tamble, "37 Signals: A Case Study in Work Environment Redesign," Deloitte University Press, 2013; J. Fried, "Jason Fried, Why 40 Hours is Enough: Lessons From Basecamp-Lean Startup 2016," available at https://www.youtube.com/watch?v=r_cc-JrTe38 (posted December 12, 2016, accessed March 11, 2017); J. Fried, "Why Work Doesn't Happen At Work," TedTalks, available at https://www.youtube.com/watch?v=5XD2kNopsUs (posted November 24, 2010, accessed March 12, 2017); J. Fried, "Founders' Stories: Basecamp's Jason Fried," available at https://www.youtube.com/watch?v=JxtYiK5GACc (posted March 19, 2014, accessed March 12, 2017).

Basecamp에서 운영하는 아홉 가지 참신한 작업 설계와 HRM 실무

작업 설계와 HRM 실무	설명
1. 한 주에 40시간이면 충분하다.	Basecamp는 직원들에게 주 40시간 근무를 권장하고 있다. 40시간은 훌륭한 일을 하기에 충분하다고 믿는다. 이를 가능하게 하기 위해 회사는 직원들의 시간을 빼앗지 않도록 조심한다. 회의는 한 달에 한 번뿐이다. 즉흥적인 대화는 거의 없다. 관리자는 직원에게 무언가를 전달하기 위해 어깨를 두드리는 대신 Basecamp(소프트웨어 제품)에 내용을 게시해서 직원이 편리할 때 정보를 소비할 수 있도록 한다. 이는 관리자가 전달하고 싶을 때가 아니라 직원들이 편할 때 정보를 활용할 수 있도록 도움을 준다.
2. 도서관 법칙	당신은 세계 어디에서나 도서관에 들어갈 수 있고 사람들은 그곳에서 어떻게 행동하는지 안다. 그들은 조용하다. 그들은 사람들이 공부하고, 생각하고, 일하고, 배우기 위해 그곳에 있다는 사실을 존중한다. Basecamp는 사무실에서 '도서관 법칙'을 실천한다. Basecamp의 사무실로 걸어 들어가면 (개방적인 평면도에도 불구하고) 조용하다. 사람들은 직원들이 공부하고, 생각하고, 일하고, 배우기 위해 그곳에 있다는 사실을 존중한다. 누군가와 이야기할 필요가 있다면, 그 목적을 위해 따로 마련된 방들이 있다.
3. 이야기하지 않는 목요일	이야기하지 않는 목요일은 목요일 오후에 사무실에서 아무도 다른 사람과 이야기하지 않는 것을 의미한다. 엄청난 양의 작업이 수행된다. 방해가 되는 일은 거의 없고, 아무도 다른 사람의 사무실에 들르지 않으며, 아무도 대화를 시작하지 않는다. 다들 그냥 일한다. Basecamp의 공동설립자 중 한 명인 Jason Fried는 이 개념에 대해 자주 이야기한다. 그는 사람들로부터 "우리가 해보니까 정말 좋더라!"라는 이메일을 받는다고 말한다.
4. 일은 나중에 해도 된다.	일주일에 40시간이면 충분하다는 Basecamp의 철학의 일환으로 모든 직원이 각자의 업무 일정을 정할 수 있다. 그런 다음 Basecamp(소프트웨어 제품)에서 회사 알림을 업무 시간 외에는 수신할 수 없도록 설정할 수 있다. 따라서 월요일부터 금요일까지 근무 시간이 오전 10:00~오후 6:00인 경우, 다른 시간에는 회사 알림을 받거나(Basecamp를 통해) 연락을 받을 수 없다. 물론 비상시에는 전화나 문자로 직원들과 연락이 가능하다. 그러나 대부분의 직원 커뮤니케이션은 Basecamp 소프트웨어 제품을 통해 라우팅되므로 직원들이 업무 관련 문제를 자체적으로 처리하는 경우는 거의 없다.
5. 비동기 의사소통	Basecamp는 조직 내에서 종종 발생하는 것으로 보는 동기화된 의사소통 방식이 잘못된 방식이라고 생각한다. 매니저가 1시간 회의를 요청하면 10명의 직원들은 그가 말하는 내용을 듣기 위해 하고 있던 일을 멈춰야 한다. 매니저는 1시간만 소비하고 있다고 생각하지만 실제로는 생산성이 11시간(매니저 1명과 직원 10명) 소비되고 있다. 직원들은 생각해보라는 지시를 받지만 대부분 자신이 하고 있던 일로 돌아가고, 결과적으로는 거의 성과가 없다. 이것이 동기화된 의사소통인데, 모든 사람이 같은 시간에 같은 내용을 들어야 한다. 반면, Basecamp는 비동기화된 의사소통을 추구한다. 정보를 소비하려면 모든 사람이 같은 장소에서 같은 시간에 있을 필요가 없다. 매니저가 말하려는 내용을 작성해서 채팅방에 게시하면, 직원들은 자신이 편리한 시간에 그것을 볼 수 있다. 그러고 나서 응답하기 전에 그것에 대해 생각할 시간을 가진다.
6. 원격 근무	원격 근무는 일부 사람들이 말하는 원격 통신이라고 부르는 것이다. 직원들은 다양한 장소에서 일한다. Basecamp는 이를 크게 지지한다. 이 회사의 55명의 직원 중 약 15명이 시카고 본사에서 일한다. 나머지는 전 세계 30개 도시에 흩어져 있다. Basecamp는 세계 최고의 프로그래머들을 고용하고 싶어 한다. 대부분의 회사가 비슷한 말을 하지만, Basecamp는 이 말이 본사 주변에 살고 있거나 이사를 하겠다는 의지가 있는 최고의 프로그래머들을 고용하겠다는 뜻이라고 생각한다. 원격 근무를 허용하는 것은 Basecamp 문화의 일환이다. 이 회사는 원격 근무 정책 덕분에 세계적인 수준의 인재를 유치하고 유지할 수 있다고 믿고 있다.
7. 자율 시간	Basecamp는 직원들에게 업무 관련 프로젝트를 추진할 수 있는 재량 시간을 제공한다. 많은 회사가 유사한 정책을 가지고 있지만, Basecamp는 정기적으로 직원들에게 정기적인 업무 활동에서 한 달 내내 벗어나 개인으로서 또는 팀 내에서 그들이 선택한 새로운 아이디어를 추구하도록 한다. 월말에 직원들은 회사 전체의 '피치 데이'에서 프로젝트를 공유하고 동료들로부터 피드백을 받는다. 이 프로그램을 통해 소프트웨어 제품인 Basecamp에 포함된 수많은 기능들이 개발되었다.
8. 조용한 회사	이 계획은 기술보다는 철학에 가깝다. Basecamp의 리더들은 기술 기업에서 역효과를 낸다고 생각하는 경향을 관찰했다. 많은 회사에서 긴 근무 시간, 과도하게 바쁜 시간, 수면 부족이 오히려 자랑거리가 되고 있었다. Basecamp는 그것이 잘못되었다고 생각한다. 이에 완전히 정반대의 문화, 즉 스트레스나 늦은 밤, 인위적으로 만들어진 바쁜 일, 어떤 대가를 치르더라도 성장하는 문화와 정확히 반대되는 유형의 문화를 17년 동안 만들어 왔다. 그래서 Basecamp가 추구하는 운영 방식은 다음과 같다. 무조건 성장에 매달리지 말기, 바쁜 척하지 말기, 이기적인 결정하지 않기, 열등감 가지지 않기, 분노하지 않기. 베이스캠프가 17년 연속, 68분기 연속 흑자를 낸 것을 감안하면 효과가 있는 것으로 보인다.

(계속)

작업 설계와 HRM 실무	설명
	여기에 하나 여담이 있다. 앞서 언급한 세 권의 책 외에도, Basecamp 설립자들은 2017년 말에 출판될 예정이었던 《The Calm Company》라는 제목의 네 번째 책을 썼다.
9. 신뢰와 관대함의 문화	Basecamp는 작업 환경을 개선하기 위한 실험을 정기적으로 실시한다. 많은 실험이 회사와 직원들 사이의 신뢰감을 촉진한다. 예를 들어, 미국의 모든 직원은 그들의 이름으로 American Express 회사 카드를 발급받는다. 이 카드는 사전 승인 없이도 업무 관련 비용으로 사용할 수 있다. 마찬가지로, 직원 한 명당 연간 1,000달러를 지속적인 교육에 쓸 수 있다. 이는 악기를 배우거나 요리 수업을 듣거나 사진을 배우는 것과 같이 일과 관련된 것이거나 완전히 다른 것일 수도 있다. 요점은 직원의 자아 개발을 향상시키는 것을 배우는 것이다. Basecamp는 또한 직원들에게 관대하다. 이 회사는 매년 업계 평균 급여를 모니터링하고 최상위 5%의 급여를 지급한다. 또한 직원복지도 우수하다. Basecamp는 신뢰와 관대함의 문화가 Basecamp의 문화와 일치할 뿐만 아니라 직원 자율성, 만족도, 헌신도를 향상시키는 ROI를 가져온다고 믿는다.

사례 9.2 CASE

Zappos: 인적자원을 고객 서비스의 핵심으로 만들기

• Web: www.Zappos.com • Facebook: Zappos.com • Twitter: @zappos

Bruce R. Barringer(오클라호마주립대학교)
R. Duane Ireland(텍사스A&M대학교)

소개

Zappos.com은 설립 이후 강력한 브랜드를 구축하고 인상적인 매출 성장을 보여온 온라인 신발 및 의류 소매업체이다. 라스베이거스에 본사를 둔 이 회사는 1999년에는 매출이 제로였고, 2005년에는 3억 7,000만 달러, 2008년에는 10억 달러 이상의 매출을 올렸다. 2009년에는 Amazon.com이 Zappos를 12억 달러에 인수했으며 독립적으로 운영하고 독특한 문화를 유지할 수 있도록 합의했다. Zappos의 성공 공식은 겉보기에는 간단하다. 입소문과 검색엔진마케팅(SEM)을 통해 고객을 확보한 뒤 고객이 돌아올 수 있도록 하는 고객 서비스를 제공하는 것이다. 대중 매체들은 종종 Zappos를 모범적인 고객 서비스를 통해 달성할 수 있는 전형적인 성공 사례라고 칭찬한다.

하지만 Zappos의 놀라운 성공 뒤에는 정말 무엇이 있을까? 가격은 약간 비싼 편이다. 웹사이트는 화려하지 않다. 그런데 그들은 옷과 신발을 놀라울 정도로 판매한다. 어떻게 Zappos는 사람들이 신발, 의류, 다양한 상품을 연간 10억 달러 이상 구매할 정도로 높은 수준의 고객 서비스를 꾸준히 제공할 수 있을까?

왜 신발일까

Zappos는 1999년 Nick Swinmurn이 설립했다. Swinmurn은 신발을 찾는 데 너무 어려움을 겪었기 때문에 자신과 같은 사람들을 돕기 위해 전자상거래 회사를 시작했다. 그는 사람들이 온라인에서 신발을 사는 것은 미친 짓이라고 생각한 투자자들에게 외면당했다. 실제로 누가 먼저 신어보지도 않고 신발을 사겠는가? Swinmurn은 매년 20억 달러 이상의 신발이 우편 주문 카탈로그를 통해 팔리므로, 사람들이 신발을 신어보지 않고 구입한다는 사실에 고무되어 인내심을 가졌다. 신발을 파는 것도 근본적으로 좋은 사업이다. 사람들에게 그 제품에 대해 교육할 필요가 없다. 사람들은 신발을 안다. 브랜드도 강하고 마진도 좋다. Zappos.com의 평균 주문 금액은 100달러가 넘는다. 신발을 위한 효과적인 SEM 캠페인을 운영하는 것도 가능하다. 이것을 시도해보라. Google에서 'Nike 신발', '테니스화', '러닝화'를 하나씩 검색해보라. 검색 결과 오른쪽에 Zappos 검색 엔진 광고가 몇 번이나 보이는가? 엄청 많지 않은가?

Zappos의 원래 이름은 ShoeSite였다. 회사 출범 몇 달 만에 이름이 Zappos로 바뀌었다. 'Zappos'라는 이름은 신발을 뜻하는 스페인어인 'zappatos'의 변형이다. Swinmurn은 회사를 신발 판매로만 제한하고 싶지 않았기 때문에 ShoeSite라는 이름을 포기하기로 결정했다.

고객 서비스

신뢰할 수 있는 보고서에 따르면, 고객 서비스는 Zappos를 특별하게 만든 요소이다. 콜센터 직원들은 대본을 사용하지 않으며 전화 통화를 짧게 유지할 필요도 없다. 가장 긴 통화 기록은 고객 서비스 대리인인 Steven Weinstein이 기록한 10시간 43분이다. Zappos 웹사이트에는 이 통화에 대한 동영상이 있다(www.zappos.com/about/record-call). 배송과 반품은 무료다. 창고는 24시간 운영되므로 고객은 11시까지 주문하면 신속한 배송을 받을 수 있다. 대부분의 주문은 배송이 다음 날로 업그레이드되기 때문에 주문이 예상보다 일찍 도착하면 고객들은 행복해한다. 일반적으로, 빠른 도착은 "고객님께서 '소중한 고객'이기 때문에 주문을 다음 날 배송으로 업그레이드했습니다"라는 Zappos의 이메일 메시지와 함께 도착한다.

Zappos는 매우 자유로운 반품 정책을 가지고 있다. 최대 365일까지 반품을 받을 수 있으며, 대부분의 반품은 30일 이내에 이루어진다. 전체 주문 품목의 약 40%가 반품된다. 고객이 주문하려는 신발을 선택하는 데 고민하고 있는 경우, Zappos 직원들은 둘 다 구매한 뒤 덜 마음에 드는 신발을 반품하라고 제안하기도 한다. Zappos 창고에서 고객이 원하는 신발이 품절된 경우, Zappos는 고객에게 해당 신발을 판매 중인 다른 웹사이트 링크를 이메일로 보내준다. Zappos는 고객을 돕기 위해 작은 일들도 한다. 예를 들어, 무료 전화번호를 웹사이트의 모든 페이지 상단에 나열해놓는다. 직원들은 고객을 위해 '올바른' 일을 할 수 있도록 충분한 자율성이 부여된다. 예를 들어, 어떤 여성이 남편이 차 사고로 사망해서 부츠를 반품하려고 Zappos에 전화했다. 다음 날 그녀는 Zappos 명의의 꽃 배달을 받았는데 이는 콜센터 직원이 상사에게 확인하지 않고 보낸 것이었다.

이 모든 노력으로 Zappos가 얻은 것은 충성 고객층과 입소문 광고이다. Zappos의 주문 중 약 50%가 기존 고객들로부터 나온 것이다.

Tony Hsieh

CEO Tony Hsieh는 Zappos가 하는 모든 일의 중심에 있다. 20대 초반에 Hsieh는 소규모 회사들이 배너 광고와 물물교환을 할 수 있도록 하는 LinkExchange라는 회사를 시작했다. Hsieh는 회사로 들어오는 모든 이메일에 신속하고 정중하게 답변해야 한다고 주장했다. 하버드대학교 시절 Hsieh는 기숙사 방에서 피자를 팔아서 돈을 벌었다. 같은 반 친구인 Alfred Lin은 Hsieh에게 피자를 통째로 사서 조각으로 되팔아 더 많은 돈을 벌었다. 1998년 LinkExchange를 Microsoft에 2억 6,500만 달러에 매각한 Hsieh는 Lin과 함께 엔젤 투자 펀드를 시작했다. Zappos 설립자 Nick Swinmurn은 Hsieh와 Lin을 상대로 투자를 위한 발표를 시도했다. Hsieh은 Zappos의 시장 기회에 깊은 인상을 받아 이 회사에 투자했으며, Swinmurn과 함께 잠시 Zappos의 공동 CEO를 역임했다. 이후 Hsieh와 Lin은 Zappos를 운영하게 되었고 2000년대 초에는 Hsieh가 Zappos의 CEO를, Lin이 CFO를 맡았다.

Hsieh는 전형적인 CEO가 아니며, 자신만의 가치관, 성격, 사업 접근 방식으로 Zappos의 문화를 명확하게 형성했다. Hsieh는 직원 사무실이 밀집한 가운데 열린 공간에서 일한다. 그의 책상은 콜센터 직원들과 같은 크기이다. Hsieh는 자신의 집에서 직원들의 파티와 바비큐를 주최하고, 직원들이 퇴근 후 함께 놀도록 격려하며, 여가 시간을 행복의 과학을 공부하는 데 쓴다. Zappos의 직원들은 자신의 작업 공간을 꾸미라는 권유를 받는다. Hsieh의 책상은 정글 덩굴과 원숭이 모형 풍선이 있는 것이 특징이다. 이것을 보고 싶다면, Google 이미지로 가서 검색창에 'Tony Hsieh의 책상'을 입력해보라. 책상을 직접 봐야 믿을 수 있을 것이다.

인사 관리

모범적인 고객 서비스가 Zappos의 고객들을 계속해서 돌아오게 하는 것일 수도 있지만, 이 회사의 경쟁 우위의 근본은 인적자원 관리 정책이다. 이 회사는 높은 수준의 고객 서비스를 용이하게 하기 위해 만들어진 자사의 문화를 적극적으로 보호하고 있다. 회사는 문화, 브랜드, 사업 전략을 정의하는 10개의 핵심 가치를 확립했고 각각의 내용은 아래와 같다. 모든 신입사원은 직무와 상관없이 콜센터 고객과 최소 2주간 전화통화를 하는 등 4주간의 고객충성교육 과정을 이수해야 한다. 직원들은 무료 점심, 무료 자판기, 회사 도서관, 낮잠방, 무료 건강 관리를 즐긴다(비록 직원들이 부양가족에 대한 대가를 지불하기는 하지만).

Zappos의 10개 핵심 가치

1. 서비스를 통해 WOW 제공하기
2. 변화를 수용하고 추진하기
3. 재미와 약간의 이상함을 만들어 보기
4. 모험적이고, 창의적이며, 열린 마음 가지기
5. 성장과 배움 추구하기
6. 소통을 통해 개방적이고 정직한 관계 구축하기
7. 긍정적인 팀과 가족 정신 형성하기
8. 적은 것으로 더 많은 것을 하기
9. 열정적이고 단호하기
10. 겸손해지기

이것이 다가 아니다. 교육을 받은 후, 신입 고객 서비스 직원들은 Zappos가 '제안'이라고 부르는 것을 받는다. 회사는 신입 사원 한 명 한 명에게 "오늘 퇴사하면 일한 시간에 대한 급여와 함께 2,000달러를 추가로 지급할 것이다"라고 말한다. Zappos는 왜 이럴까? 이 질문에 대한 대답은 간단하다. 직원들이 Zappos의 문화를 좋아하지 않는다면 그만두기를 원한다는 것이다. Hsieh 회장과 최고 경영진은 어설픈 직원이 급여를 계속 받는 것에 비한다면 2,000달러의 보수는 별것 아니라고 믿고 있다. 교육을 이수한 직원의 97% 이상이 이 제안을 거절한다.

소셜 미디어

Zappos의 또 다른 특징은 Twitter, Facebook, YouTube, Pinterest를 포함한 소셜 미디어를 광범위하게 사용한다는 것이다. Hsieh 회장은 직원들에게 소셜 미디어를 사용해서 회사에 인간적인 면모를 보이도록 권장한다. 각 신입 사원은 Twitter를 사용하도록 교육을 받으며, 직원들은 자신이 직장에서 하는 일에 대해 트윗을 하고 고객이 유용하다고 생각할 수 있는 리소스를 공유하라는 권유를 받는다. Twitter에는 어떤 직원이 있고 팔로워가 몇 명인지 보여주는 회사 리더보드도 있다. Hsieh는 280만 명의 팔로워를 보유하고 있으며, 35만 2,000명을 팔로우하고 있다.

회사의 Twitter 사용 장려는 핵심 가치 6번 '소통을 통해 개방적이고 정직한 관계 구축하기'와 일치한다. Hsieh의 트윗은 매우 진실하다. 예를 들어, 한번은 기술 회의를 위해 무대에 오르기 전에 Twitter에 "청바지 왼쪽에 콜라를 쏟아서 오른쪽에 물을 조금 부었는데 데님이 희미해 보인다"라고 트윗했다. Hsieh 회장은 Twitter를 이용해 고객들의 의견을 수렴하기도 한다. 그는 자신의 트윗에서 Zappos가 하고 있는 일을 자주 언급하며 "이것에 대해 어떻게 생각하나요?"라고 묻는다. 그가 받는 답변은 Zappos의 직원들, 고객들, 다른 사람들로부터 온 것이다.

360b/Alamy Stock Photo

친숙한 Zappos 로고

Zappos의 Facebook 페이지는 피드백과 고객과의 토론을 위한 효과적인 수단을 제공한다. YouTube 채널에는 Zappos 본사의 업무 문화를 주로 조명한 동영상이 담겨 있다. Zappos의 블로그 Beyond the Box는 문화, 커뮤니티, 명확성, 라이프스타일, 지속 가능성의 다섯 가지 범주에 초점을 맞추고 있다. 회사는 비즈니스 및 비즈니스와 관련되지 않은 주제에 대해 블로그에 게시한다. Zappos의 Pinterest 사이트는 사용자들이 그 회사의 제품을 탐색할 수 있게 해준다.

새로운 이니셔티브

Zappos는 최근 인적자원 분야에서 두 가지 새로운 이니셔티브를 시작했다. 첫 번째는 Zappos Insiders라는 프로그램을 시작한 것이다. Zappos Insiders는 현재는 아니더라도 Zappos에서 일하는 것에 관심이 있는 사람들이다. Zappos Insiders는 구직 정보를 가장 먼저 알고, Zappos에서 일어나는 최신 뉴스와 사건에 대해 알고, Twitter에서 격주마다 Zappos 채용 팀과 채팅하고, 현재 Zappos의 직원들과 온라인 및 직접 이벤트를 독점적으로 이용할 수 있다. https://jobs.jobvite.com/zappos/p/inside에서 Zappos Insider에 가입할 수 있다.

두 번째 새로운 계획은 대담한 것이다. Zappos는 회사를 조직하기 위해 '홀라크라시(holacracy)' 접근법을 채택하고 있다. Zappos는 적어도 내부적으로는 전통적인 관리자를 없애고, 전형적인 기업 계층을 없애고, 직함을 없앨 것이다. 이 아이디어는 전통적인 기업 지휘 체계를 일련의 중복 자치 팀으로 대체해 직원들에게 회사 운영 방식에 더 많은 발언권을 주고 회사가 계속 성장함에 따라 회사를 유연하고 민첩하게 유지할 수 있도록 하려는 것이다.

앞으로 일어날 일

Amazon.com은 2009년에 Zappos를 인수한 이후로 독립적으로 회사를 운영할 수 있도록 모든 면에서 배려해주었다. Zappos는 여전히 변덕스럽고, 고객 서비스와 인력 관리에 있어 경계를 강화하고 있으며, 수익성과 성장성이 있는 것으로 보고되고 있다. 이 회사는 신발과 의류와 함께 가방, 가정용품, 뷰티 제품, 안경, 보석, 기타 여러 카테고리의 제품을 판매하고 있다.

Zappos는 두 가지 주요 과제를 안고 있는데, 첫 번째 과제는 신발과 의류 부문에서의 경쟁이다. Zappos는 신발과 의류를 판매하는 주류 온라인 소매업체이다. 예를 들어, 여성용 힐은 Chloe Gosselin의 830달러짜리 힐(Calico)부터 Michael Antonio Jimmy의 49달러짜리 힐(Patent)까지 다양하다. 이 전략의 문제점은 Zappos가 가격 스펙트럼의 양쪽 끝에서 틈새 시장의 공격을 받고 있다는 것이다. 예를 들어 신발의 경우, Zappos보다 더 많은 고급 신발을 선택할 수 있는 Bluefly(www.bluefly.com)와 같은 고급 온라인 소매업체로부터 공격을 받고 있으며, 신발을 9.99달러에 판매하는 Payless Shoes(www.payless.com)와 같은 저가 온라인 소매업체로부터도 공격을 받고 있다. 온라인 의류에도 비슷한 역동성이 존재한다. Zappos는 또한 마찬가지로 다양한 가격대의 상품을 판매하는 주요 온라인 신발 및 의류 소매업체들과 경쟁하고 있다. 경쟁사로는 Shoebuy.com과 JCPenney.com이 있다.

두 번째 과제는 Zappos가 그들만의 독특한 문화를 유지할 수 있는지에 대한 것이다. 종종 창업 문화의 독특한 성격은 회사가 성장하고 성숙함에 따라 더 공식적인 문화로 대체된다. Zappos는 앞서 설명한 것처럼 새로운 고용 관행과 새로운 조직 방식을 구현함으로써 부분적으로 이에 저항을 받고 있는 것으로 보인다. 위계질서와 상사를 '자기 관리'로 대체한 새로운 조직 방식에 대해 Zappos는 도를 넘었을 수 있다. 이 계획이 잘 진행되지 않았음을 나타내는 많은 기사가 발표되었다. 이들 기사의 요지는 이번 조치로 인해 직원들이 혼란에 빠졌고 다소 사기가 떨어졌다는 것이다. 2015년 초부터 2016년 초까지 Zappos 직원의 29%가 이직했다. 2016년에는 8년 만에 처음으로 《Fortune》 선정 '가장 일하기 좋은 100대 기업'에 포함되지 못했다. Zappos가 이러한 좌절에서 어떻게 회복할 계획인지는 불분명하다. Zappos의 문화와 관련된 와일드카드는 Tony Hsieh가 계속 지휘봉을 잡을 것인지 여부이다. Hsieh가 떠날 것이라는 징후는 없지만, 만약 그가 떠난다면 Zappos는 정신적 지도자를 잃게 될 것이다. 최고위층의 리더십 변화는 Zappos가 이례적이지만 효과적으로 보이는 기업 문화를 보존하기보다는 주류 기업의 방향으로 더 나아가는 결과를 가져올 수 있다.

토의 문제

1. 신생조직의 불리함을 극복하기 위해 Zappos는 회사 생애 초기에 어떤 조치를 취했는가?
2. 기업가들은 직원들에게 동기를 부여하고 건강한 조직 문화를 구축하는 것에 대한 Zappos의 경험으로부터 무엇을 배울 수 있을까?
3. Zappos가 조직과 경영에 대한 '홀라크라시' 접근 방식으로 전환하기로 결정한 것과 Zappos가 이러한 접근 방식을 고수하고 있는지에 대해 추가로 인터넷 조사를 해보라. 찾은 정보를 사용해서 Zappos의 조직 문화에 대한 최신 정보를 정리하라.
4. 2000년에 Tony Hsieh는 《Delivering Happiness》라는 제목의 책에서 직원들의 만족이 사업 성공의 열쇠라고 주장했다. 당신은 Hsieh가 옳다고 생각하는가? 직원 만족도가 비즈니스 성공에 얼마나 중요하다고 생각하는가? 당신의 대답을 설명하라.

출처: Zappos Homepage, www.zappos.com (accessed March 12, 2017); J. Reingold, "How a Radical Shift Left Zappos Reeling," Fortune, March 4, 2016; J. McGregor, "Zappos Says Goodbye to Bosses," *Washington Post*, January 3, 2014; M. Chafkin, "The Zappos Way of Managing," www.inc.com/magazine/20090501/the-zappos-way-of-managing_pagen_4.html (posted May 1, 2009, accessed March 12, 2017); T. Hsieh, *Delivering Happiness* (New York: Hachette Book Group, 2010).

에세이 문제

1. 리얼리티 TV 쇼 〈Dragons' Den〉은 거의 30개국에서 판권을 사들여 제작하면서 세계적인 인기를 끌고 있다. 그 형식은 상당히 표준화되어 있으며, 기업가들은 그들의 사업 아이디어를 벤처 투자가들로 구성된 패널을 대상으로 발표한다. 그 사업에 대한 지분은 현금 투자의 대가로 제공된다. 패널리스트들은 기업가들에게 질문을 하고 투자를 원하는지 여부를 평가한다. 한 명 이상의 패널리스트가 투자를 원하면 그들은 더 나은 제안을 함으로써 지분 참여를 위해 경쟁한다. VC와의 관계와 마찬가지로 기업은 단순한 현금 투자 이상의 것을 찾고 있다. 이러한 상황에서 VC가 창업기업에 제공할 수 있는 다른 것이 무엇인지 설명하는 문단을 한두 개 작성하라.

2. 기업가정신 과정을 수강하면서 당신의 수업을 방문한 몇몇 지역 기업가들로부터 새로운 벤처를 운영하기 위해 팀을 구성할 때 실수를 하기 쉽다는 것을 배웠다. 당신의 친구가 사업을 시작하는 것에 관심이 있고 새로운 사업을 위한 효과적인 팀을 구성하기를 원하고 있다. 친구의 관심사와 그를 돕고자 하는 여러분의 열망에 비추어 생각한 후에, 그가 새로운 벤처 팀을 설립할 때 피하라고 말할 수 있는 실수에 대해 설명하는 문단을 한두 개 작성하라.

미주 Endnote

1. L. Jin, K. Madison, N. D. Kraiczy, F. W. Kellermanns, T. R. Crook, and J. Xi, "Entrepreneurial Team Composition Characteristics and New Venture Performance: A Meta-Analysis," *Entrepreneurship Theory and Practice* 2017, in press; D. Thiess, C. Siren, and D. Grichnik, "How Does Heterogeneity in Experience Influence the Performance of Nascent Venture Teams?: Insights from the US PSED II Study," *Journal of Business Venturing Insights* 5, June (2016): 55–62.
2. S. Ellis, B. Aharonson, I. Drori, and Z. Shapira, "Imprinting through Inheritance: A Multi-Generational Study of Entrepreneurial Proclivity," *Academy of Management Journal* 60, no. 2 (2017): 500–522; C. Li, R. Isidor, L. A. Dau, and R. Kabst, "The More the Merrier? Immigrant Share and Entrepreneurial Activities," *Entrepreneurship Theory and Practice* 2017, in press; A. Stinchcombe, "Social Structure and Organization," in *Handbook of Organizations*, ed. James G. March (Chicago: Rand McNally, 1965), 142–193.
3. C. Read, J. Ross, J. Dunleavy, D. Schulman, and J. Bramante, *eCFO* (Chichester, UK: John Wiley & Sons, 2001), 117.
4. D. Hume, *Building Great Startup Teams*, Copyright 2016 Dean Hume, 2016, available at https://deanhume.com/home/blogpost/im-writing-a-book---building-great-startup-teams/10137.
5. L. A. Plummer, T. H. Allison, and B. L. Connelly, "Better Together? Signaling Interactions in New Venture Pursuit of Initial External Capital," *Academy of Management Journal* 59, no. 5 (2016): 1585–1604; J. Y.-K. Lim, L. W. Busenitz, and L. Chidambaram, "New Venture Teams and the Quality of Business Opportunities Identified: Faultlines Between Subgroups of Founders and Investors," *Entrepreneurship Theory and Practice* 37, no. 1 (2013): 47–67.
6. T. Hellmann and N. Wasserman, "The First Deal: The Division of Founder Equity in New Ventures," *Management Science* 2017, in press; D. Miller, I. Le Breton-Miller, and R. H. Lester, "Family and Lone Founder Ownership and Strategic Behaviour: Social Context, Identity, and Institutional Logics," *Journal of Management Studies* 48, no. 1 (2011): 1–25.
7. J. A. Elston, S. Chen, and A. Weidinger, "The Role of Informal Capital on New Venture Formation and Growth in China," *Small Business Economics* 46, no. 1 (2016): 79–91; P. H. Kim, K. Wennberg, and G. Croidieu, "Untapped Riches of Meso-Level Applications in Multilevel Entrepreneurship Mechanisms," *Academy of Management Perspectives* 30, no. 3 (2016): 273–291.
8. T. Wang, S. Thornhill, and J. O. De Castro, "Entrepreneurial Orientation, Legitimation, and New Venture Performance," *Strategic Entrepreneurship Journal* 2017, in press; P. M. Kreiser, P. C. Patel, and J. O. Fiet, "The Influence of Changes in Social Capital on Firm-Founding Activities," *Entrepreneurship Theory and Practice* 37, no. 3 (2013): 539–568.
9. T. Kollmann, C. Stockmann, V. Meves, and J. M. Kensbock, "When Members of Entrepreneurial Teams Differ: Linking Diversity in Individual-Level Entrepreneurial Orientation to Team Performance," *Small Business Economics* 48, no. 6 (2017): 843–859.
10. R. Agarwal, B. A. Campbell, A. M. Franco, and M. Ganco, "What Do I Take With Me? The Mediating Effect of Spin-Out Team Size and Tenure on the Founder-Firm Performance Relationship," *Academy of Management Journal* 59, no. 3

(2016): 1060–1087; K. Eisenhardt. "Top Management Teams and the Performance of Entrepreneurial Firms," *Small Business Economics* 40, no. 6 (2013): 805–816.

11. K. Kristinsson, M. Candi, and R. J. Saemundsson, "The Relationship between Founder Team Diversity and Innovation Performance: The Moderating Role of Causation Logic," *Long Range Planning* 49, no. 4 (2016): 464–476; P. H. Kim and K. C. Longest, "You Can't Leave Your Work Behind: Employment Experience and Founding Collaborations," *Journal of Business Venturing* 29, no. 6 (2014): 785–806.
12. G. Fisher, D. F. Kuratko, J. M. Bloodgood, and J. S. Hornsby, "Legitimate to Whom? The Challenge of Audience Diversity and New Venture Legitimacy," *Journal of Business Venturing* 21, no. 1 (2017): 52–71; L. Schjoedt, E. Monsen, A. Pearson, T. Barnett, and J. J. Chrisman, "New Venture and Family Business Teams: Understanding Team Formation, Composition, Behaviors, and Performance," *Entrepreneurship Theory and Practice* 37, no. 1 (2013): 1–15.
13. A. Leung, M. D. Foo, and S. Chaturvedi, "Imprinting Effects of Founding Core Teams on HR Values in New Ventures," *Entrepreneurship Theory and Practice* 37, no. 1 (2013): 87–106.
14. N. Wassermann, "The Throne vs. the Kingdom: Founder Control and Value Creation in Startups," *Strategic Management Journal* 38, no. 2 (2017): 255-277; B. L. Herrmann, "The 7 Signs of Failure of Internet Startups," VentureBeat, available at https://venturebeat.com/2011/05/30/the-7-signs-of-failure-for-internet-startups/, (posted May 30, 2011, accessed June 1, 2014).
15. S. G. Walter and J. H. Block, "Outcomes of Entrepreneurial Education: An Institutional Perspective," *Journal of Business Venturing* 31, no. 2 (2016): 216–233; T. J. Bae, S. Qian, C. Miao, and J. O. Fiet, "The Relationship between Entrepreneurship Education and Entrepreneurial Intentions: A Meta-Analytic Review," *Entrepreneurship Theory and Practice* 38, no. 2 (2014): 217–254.
16. F. Miralles, F. Giones, and C. Riverola, "Evaluating the Impact of Prior Experience in Entrepreneurial Intention," *International Entrepreneurship and Management Journal* 12, no. 3 (2016): 791–813; R. Toft-Kehler, K. Wennberg, and P. H. Kim, "Practice Makes Perfect: Entrepreneurial-Experience Curves and Venture Performance," *Journal of Business Venturing* 29, no. 4 (2014): 453–470.
17. J. Iversen, N. Malchow-Moller, and A. Sorensen, "Success in Entrepreneurship: A Complementarity between Schooling and Wage-Work Experience," *Small Business Economics* 47, no. 2 (2016): 437–460; G. Cassar, "Industry and Startup Experience on Entrepreneur Forecast Performance in New Firms," *Journal of Business Venturing* 29, no. 1 (2014): 137–151.
18. J. C. Dencker and M. Gruber, "The Effects of Opportunities and Founder Experience on New Firm Performance," *Strategic Management Journal* 36, no. 7 (2015): 1035–1052.
19. S. Vismara, "Equity Retention and Social Network Theory in Equity Crowdfunding," *Small Business Economics* 46, no. 4 (2016): 579–590; D. Grichnik, J. Brinckmann, L. Singh, and S. Manigart, "Beyond Environmental Scarcity: Human and Social Capital as Driving Forces of Bootstrapping Activities," *Journal of Business Venturing* 29, no. 2 (2014): 310–326.
20. T. Gunawan, J. Jacob, and G. Duysters, "Network Ties and Entrepreneurial Orientation: Innovative Performance of SMEs in a Developing Country," *International Entrepreneurship and Management Journal* 12, no. 2 (2016): 575–599; D. M. Sullivan and C. M. Ford, "How Entrepreneurs Use Networks to Address Changing Resource Requirements During Early Venture Development," *Entrepreneurship Theory and Practice* 38, no. 5 (2014): 551–574.
21. *The New Talent Landscape*, a research report by the Society for Human Resource Management, www.sherm.org, February, 2016.
22. B. Barringer, *Launching a Business: The First 100 Days* (New York: Business Expert Press, 2013).
23. B. Barringer, *Launching a Business: The First 100 Days* (New York: Business Expert Press, 2013).
24. H. Schultz, *Pour Your Heart into It* (New York: Hyperion, 1997), 82.
25. S. Garg and K. Eisenhardt, "Unpacking the CEO-board Relationship: How Strategy-Making Happens in Entrepreneurial Firms," *Academy of Management Journal* 2017, in press; N. Wilson, M. Wright, and L. Scholes, "Family Business Survival and the Role of Boards," *Entrepreneurship Theory and Practice* 37, no. 6 (2013): 1369–1389.
26. J. Almandoz and A. Tilcsik, "When Experts Become Liabilities: Domain Experts on Boards and Organizational Failure," *Academy of Management Journal* 59, no. 4 (2016): 1124–1149; P. Sun, H. W. Hu, and A. J. Hillman, "The Dark Side of Board Political Capital: Enabling Blockholder Rent Appropriation," *Academy of Management Journal* 59, no. 5 (2016): 1801–1822.
27. P.-L. Chen, Y. Kor, J. T. Mahoney, and D. Tan, "Pre-Market Entry Experience and Post-Market Entry Learning of the Board of Directors: Implications for Post-Entry Performance," *Strategic Entrepreneurship Journal* 2017, in press; C. C. Rasmussen, G. Ladegard, and S. Korhonen-Sande, "Growth Intentions and Board Composition in High-Growth Firms," *Journal of Small Business Management* 2017, in press; S. A. Lee, M. J. Kroll, and B. A. Walters, "Outside Directors' Experience, TMT Firm-Specific Human Capital, and Firm Performance in Entrepreneurial IPO Firms," *Journal of Business Research* 66, no. 4 (2013): 533–539.
28. R. Charan, *Boards at Work* (San Francisco: Jossey-Bass Publishers, 1998), 3.
29. S. Dutta and T. B. Folta, "A Comparison of the Effect of Angels and Venture Capitalists on Innovation and Value Creation," *Journal of Business Venturing* 31, no. 1 (2016): 39–54; C. Hopp and C. Lukas, "A Signaling Perspective on Partner Selection in Venture Capital Syndicates," *Entrepreneurship Theory and Practice* 38, no. 3 (2014): 635–670; B. L. Connelly, S. T. Certo, R. D. Ireland, and C. R. Reutzel, "Signaling Theory: An Assessment and Review," *Journal of Management* 36, no. 1 (2011): 39–67.

30. Potbelly Homepage, www.potbelly.com (accessed March 9, 2017).
31. P. Deb and J. Wiklund, "The Effects of CEO Founder Status and Stock Ownership on Entrepreneurial Orientation in Small Firms," *Journal of Small Business Management* 55, no. 1 (2017): 32–55; A. Pugliese, A. Minichilli, and A. Zattoni, "Integrating Agency and Resource Dependence Theory: Firm Profitability, Industry Regulation, and Board Task Performance," *Journal of Business Research* 67, no. 6 (2014): 1189–1200.
32. E. S. Bjornali, M. Knockaert, and T. Erikson, "The Impact of Top Management Team Characteristics and Board Service Involvement on Team Effectiveness in High-Tech Start-Ups," *Long Range Planning* 49, no. 4 (2016): 447–463; A. Sherman, *Fast-Track Business Growth* (Washington, DC: Kiplinger Books, 2001).
33. V. L. Crittenden, W. F. Crittenden, J. M. Giglio, and A. B. Crittenden, "Making the Cut: Surgery on the Board," *Business Horizons* 60, no. 1 (2017): 67–75; S. Blank and B. Dorf, *The Startup Owner's Manual* (Pescadero, CA: K&S Ranch, Inc., 2012).
34. Coolibar Homepage, www.coolibar.com (accessed March 9, 2017).
35. InTouch Technologies Homepage, www.intouchhealth.com (accessed March 9, 2017).
36. R. Deman, A. Jorissen, and E. Laveren, "Board Monitoring in a Privately Held Firm: When Does CEO Duality Matter? The Moderating Effect of Ownership," *Journal of Small Business Management* 2017, in press; M. Knockaert, E. S. Bjornali, and T. Erikson, "Joining Forces: Top Management Team and Board Chair Characteristics as Antecedents of Board Service Involvement," *Journal of Business Venturing* 30, no. 3 (2015): 420–435.
37. R. Lungeanu and E. J. Zajac, "Venture Capital Ownership as a Contingent Resource: How Owner-Firm Fit Influences IPO Outcomes," *Academy of Management Journal* 59, no. 3 (2016): 930–955; W. Drover, M. S. Wood, and G. T. Payne, "The Effects of Perceived Control on Venture Capitalist Investment Decisions: A Configurational Perspective," *Entrepreneurship Theory and Practice* 38, no. 4 (2014): 833–861.
38. D. Devigne, S. Manigart, and M. Wright, "Escalation of Commitment in Venture Capital Decision Making: Differentiating between Domestic and International Investors," *Journal of Business Venturing* 31, no. 3 (2016): 253–271; D. Khanin and O. Turel, "Conflicts and Regrets in the Venture Capitalist-Entrepreneurs Relationship," *Journal of Small Business Management* 53, no. 4 (2015): 949–969.
39. R. Stross, *eBoys* (New York: Crown Books, 2000), 29.
40. G. de Rassenfosse and T. Fischer, "Venture Debt Financing: Determinants of the Lending Decision," *Strategic Entrepreneurship Journal* 10, no. 3 (2016): 235–256; P. Belleflamme, T. Lambert, and A. Schwienbacher, "Crowdfunding: Tapping the Right Crowd," *Journal of Business Venturing* 29, no. 5 (2014): 585–609.
41. SCORE Homepage, www.score.org (accessed March 11, 2017).
42. SBA Homepage, www.sba.gov (accessed March 11, 2017).

KINVOLVED와 친해지기

Kinvolved, Inc.

공동창업자

Alexandra Meis

뉴욕대학교 행정학, 건강 정책 분석 석사, 2013

Miriam Altman

뉴욕대학교 행정학,
공공 및 비영리 경영 및 정책 석사, 2013

Alexandra Meis와의 대화

스마트폰 음악 리스트에서 가장 좋아하는 밴드

Taylor Swift부터 Frank Sinatra까지 전부

내가 들은 최고의 조언

지속성이 만능이다.

일하지 않을 때 하는 것

실내 스피닝과 야외 사이클링을 좋아한다. 또한 내 강아지 Jolly와 함께 시간을 보내는 것을 즐긴다.

내가 가장 좋아하는 스마트폰 앱

Spotify의 모바일 앱을 좋아한다. Slack의 모바일 앱은 훌륭하고 근처 및 전 세계에 거주하는 팀원들과 쉽게 연락할 수 있도록 도와준다.

Instagram에서 팔로우한 좋아하는 사람

나는 친구와 가족을 팔로우한다. Kinvolved의 크리에이티브 디렉터인 Runy는 전문 사진작가이다. 그의 Instagram 계정 @ligtneye에는 전 세계의 멋진 사진들이 있다.

첫 창업 경험

어렸을 때 사촌 두 명과 바닷가에서 조개껍데기를 팔았다. 우리는 조개껍질을 수집하고, 그것들을 색칠하고, 이익을 내기 위해 노력했다.

CHAPTER 10

자금 조달 및 투자 유치

KINVOLVED

조심스럽고 신중하게 자금 조달하기

• Web: https://kinvolved.com • Facebook: Kinvolved • Twitter: @Kinvolved

Miriam Altman은 뉴욕 공립학교에서 고등학교 교사로 경력을 시작했다. 그녀를 힘들게 만든 한 가지는 일관성 없는 학생들의 출석이었다. 때때로 30명의 학생 중 3명만이 1교시에 나와 있곤 했다. Altman은 많은 학생이 수업 일수의 10% 이상을 결석하고 있다는 사실을 알고 문제의 심각성을 인식했다. 그녀는 출석이 학교 성공의 가장 중요한 예측 변수라는 것을 고려할 때, 이러한 결석률이 큰 문제임을 알았다. Altman은 또한 부모들이 기대했던 것만큼 관여하지 않는다는 것을 알아차렸다. 그녀는 친구들에게 이러한 걱정을 털어놓았는데, 부모의 관여가 반드시 가장 효과적인 해결책이 아닐 수도 있다는 공통된 의견을 제시했다.

Altman이 부모와 이야기하기 시작하자 이것이 정반대라는 것을 깨달았다. 그녀는 대부분의 부모가 관여한다는 것을 알게 되었고, 만약 아이가 학교에 오지 않는다면 정말로 그 사실을 알고 싶어 했다. 전부는 아니지만 미국 전역의 많은 학군에서 아이가 결석할 때, 그 사실을 부모에게 알린다. 학부모에게 알리지 않는 이유로는 일부 학교가 단순히 적시에 통지할 수 있는 자원이 없다는 사실을 포함한다. 다른 경우에는 기계적으로 통보(로보콜)하기도 하는데, 이는 종종 응답을 받지 못하며 부모가 교사나 학교와 대화할 수 있는 방법을 제공하지 않는다. Altman은 학부모와 관계를 형성하기 시작했고, 그것이 변화를 만들었다는 것을 발견했다. 그녀가 부모들과의 의사소통을 개선하자 출석률이 높아진 것이다.

Altman은 교사 생활 3년 차가 되었을 때 대학원에 진학하기 위해 교직을 그만두기로 결심했다. 이후 2011년 가을 뉴욕대학교 와그너 공공 서비스 대학원에 입학했다. 대학원 첫날, 그녀는 Alexandra Meis를 만났다. Altman과 Meis는 학령기 아이들에 대한 관심을 공유했다. Altman이 교사로 있던 세월 동안 Meis는 사우스 브롱크스에서 특별한 필요를 가진 아이의 가족을 위해 교육하고 옹호하는 일을 했다. 두 사람은 펜실베이니아대학교의 펠스정부연구소(Fels Institute of Government)가 후원하는 경진대회를 알게 되었다. 대회 참가자는 자신이 관심 있고 지역 사회와 관련된 공공 정책 분야의 주제를 선택하고 해결책을 제안해야 했다. Altman과 Meis는 2012년 대회에 참가해 1만 5,000달러의 1등상을 수상했다. 그들이 다룬 문제는 뉴욕시 공립학교 학생들의 일관성 없는 출석이었다. 이들의 해결책은 교사 및/또는 관리자가 스마트폰을 통해 출석을 확인할 수 있고, 자녀가 학교에 없을 때 문자 메시지나 이메일을 통해 부모와 보호자에게 이를 알릴 수 있는 모바일 앱(Kinvolved)이었다. 목표는 부모의 참여 증가를 통해 학교 출석률을 높이는 것이었다.

대회가 제공한 검증 과정은 Altman과 Meis가 아이디어를 계속 연구하도록 격려했다. 그들은 대회에서 확보한 자금을 앱의 프로토타입을 만드는 데 사용했다. 그들은 또한 뉴욕대학교의 기업가적 생태계를 최대한 활용했다. 2013년에는 뉴욕대학교 사업 계획 경

학습목표

1. 창업 성공에 있어서 자금 조달의 중요성을 설명할 수 있다.
2. 대부분의 창업기업이 생애 주기의 초기에 자금을 모아야 하는 이유를 설명할 수 있다.
3. 창업가가 이용 가능한 개인 자금 조달의 세 가지 출처를 파악하고 설명할 수 있다.
4. 부채 또는 지분투자를 준비하는 데 필요한 세 가지 단계를 파악하고 설명할 수 있다.
5. 창업기업이 이용할 수 있는 지분투자의 가장 중요한 세 가지 출처를 설명할 수 있다.
6. 창업기업이 이용하는 부채 조달의 일반적인 출처를 설명할 수 있다.
7. 창업기업이 선택할 수 있는 자금 조달의 몇 가지 창의적인 출처를 설명할 수 있다.

진대회에 출전해서 소셜 벤처 부문 1위를 차지했다. 상금은 5만 달러였다. 그들은 2013년 봄에 뉴욕대학교를 졸업하고 멘토십과 적은 금액의 자금을 제공하는 뉴욕대학교 여름 론치패드에 참여했다. 대학원생 시절 Altman과 Meis는 수백 명의 선생님, 관리자, 학부모에게 그들의 아이디어에 대해 이야기했고, 아이디어를 반복하고 개선했다. 또한 할렘의 한 초등학교에서 Kinvolved의 시스템을 테스트해서 좋은 결과를 얻었다. Altman은 훗날 Meis와 그녀가 대학원에 다닐 때 Kinvolved를 시작한 것이 축복이었다고 말했다. 그것은 전통적인 직업에 대한 고민 없이 그들의 아이디어에 대해 진지하게 생각할 시간을 제공했다.

현재 시점으로 와보자. Kinvolved는 회사가 되었고 현재 100개 이상의 학교가 활용하고 있다. 앱의 작동 방식은 다음과 같다. 교사는 수업을 시작할 때 출석 확인을 위해 이 앱을 사용한다. 교사 측에서 설정할 것은 없다. 학생 데이터는 Kinvolved에서 불러온다. 출석을 확인한 후 교사가 버튼을 누르면 결석한 아이 1명당 최대 10명의 학부모와 보호자에게 문자나 이메일이 전송된다. 전체 과정은 1~2분 정도 걸린다. 부재중 메시지를 받은 부모나 보호자는 교사에게 직접 응답하고 상호작용할 수 있다. 학교 행정 측면에서는 학생, 학급, 학교 수준에서 데이터를 수집해서 관리자가 Kinvolved를 사용해 출석과 관련된 동향을 다양한 수준에서 파악할 수 있다.

자금 조달 여정과 관련해서 Altman과 Meis는 수완이 매우 뛰어나다. 그들은 에듀테크 스타트업을 위한 자금을 모으는 것이 쉽지 않다는 것을 알게 되었다. 초기 자금은 그들의 대학 경험으로부터 나왔는데, 이는 위에서 언급한 대회인 뉴욕대학교 여름 론치패드와 NCIIA(현 VentureWell)의 5,000달러 E-Team 보조금을 포함한다. 이 금액은 약 8만 달러로 프로토타입 제작과 초기 고객 발굴에 이 자금을 활용했다. 2013년 가을에 그들은 Indiegogo 크라우드 펀딩 캠페인을 통해 114명의 후원자로부터 2만 350달러를 모금했다. 비디오 광고가 포함된 이 캠페인을 보려면 www.indiegogo.com을 방문해보라. 검색창에 'Kinvolved'를 입력하고 'Only ended campaigns'를 선택하면 된다. 이 캠페인의 목적은 2013~2014학년도 동안 400명의 교사에게 Kinvolved 프로그램 비용을 지원하는 것이었다.

Altman과 Meis는 대학원 과정을 마친 후 Kinvolved에 전념했다. Kinvolved는 수익을 창출하고 사회적 이익을 제공하는 이중 가치를 가진 소셜 벤처이다. 이러한 포지셔닝과 일관되게 Kinvolved는 기업이 특정 사회적 지속 가능성 및 환경 성과 표준에 대해 책임을 지게 하는 제3자 표준인 비콥 인증 기업(Certified B Corporation)이다. Kinvolved의 이중 가치는 자금 조달 노력에 중요한 역할을 했다. 2013년 가을, Altman과 Meis는 Blue Ridge Foundation(현재는 Blue Ridge Labs)에서 시드 라운드를 모집해 소액의 자금과 사무실 공간을 제공받았다. Blue Ridge Labs는 뉴욕 브루클린에 본사를 둔 소셜 임팩트 인큐베이터이다. 2017년 초에는 소셜 임팩트 투자자로부터 추가로 자금을 조달했다. 현재 Kinvolved의 성장을 촉진하기 위한 목적으로 중요한 자금 조달이 진행 중이다.

Kinvolved의 단기 목표는 전국적인 수준으로 학군을 확장하는 것이다. 궁극적인 목표는 전국적으로 일관성 없는 학교 출석 문제를 해결해 의미 있는 변화를 만드는 것이다. Kinvolved는 또한 외국의 여러 학교로부터 정기적으로 문의를 받고 있다. 하지만 글로벌로 진출하기에 앞서 미국 학교에서 입지를 확장하기를 원한다.

이 장에서는 자금 조달 및 투자 유치 과정에 초점을 맞춘다. 먼저 기업이 자본을 조달하는 이유에 대해 논의하는 것으로 시작한다. 기업 초기에 개인 자금 조달에 대한 설명과 개인 자금, 친구와 가족으로부터의 자본, 부트스트랩의 중요성에 대해 설명한다. 다음으로 창업기업이 이용할 수 있는 다양한 형태의 주식, 부채, 창의적 자본 조달에 대해 살펴본다. 또한 이러한 유형의 자금을 확보하기 위한 준비의 중요성을 강조한다.

자금 조달 및 투자 유치의 중요성

학습목표 1

창업 성공에 있어서 자금 조달의 중요성을 설명할 수 있다.

자신의 회사를 위해 자본을 조달할 필요가 있을 때까지 투자 자본을 조달하는 과정을 다루는 사람은 거의 없다. 결과적으로 많은 기업가는 이 분야에 대한 경험이 부족하며 자신들의 선택에 대해 잘 모르기 때문에 무작위로 자본을 조달하는 작업에 착수한다.[1] 이로 인해 창업가는 일부 자본 출처에 너무 많이 의존하고 다른 자본 출처에는 충분히 주의를 기울이지 않게 된다.[2] 창업가는 자금 조달과 관련해서 이용 가능한 대안에 대해 가능한 한 완전히 이해해야 할 필요가 있다. 그리고 돈을 모으는 것은 균형 잡힌 행동이다. 비록 벤처기업이 살아남기 위해 돈을 모을 필요가 있을지라도, 창업가는 보통 장기적인 목표를 이해하지 못하거나 관심이 없는 사람들을 상대하고 싶어 하지 않는다.

자금 조달의 필요성은 많은 기업가를 놀라게 하는데, 그중 상당수가 내부적으로 필요한 모든 자금을 조달하려는 의도로 회사를 시작한다. 그러나 일반적으로 창업가는 투자 자본이나 차입금 없이 운영하는 것이 예상보다 더 어렵다는 것을 알게 된다. 이 때문에 창업가는 새로운 기업의 생존과 후속적인 성공을 위해 투자 자본의 역할을 이해하는 것이 중요하다.

대부분의 벤처기업에서 자금이 필요한 이유

벤처기업이 초창기에 돈을 모아야 하는 세 가지 이유는 현금흐름 문제, 자본 투자, 긴 제품 개발 주기에 있다. 이 세 가지 이유가 그림 10.1에 나타나 있다. 이러한 이유들의 중요성을 이해하기 위해 각각을 살펴보자.

학습목표 2

대부분의 창업기업이 생애 주기의 초기에 자금을 모아야 하는 이유를 설명할 수 있다.

현금흐름 문제

기업이 성장함에 따라 고객에게 서비스를 제공하기 위한 기반으로 운영하기 위해서는 점점 더 많은 양의 현금이 필요하다. 종종 증가한 고객 기반이 추가적인 수입을 창출하기 전에 장비를 구입하고 신입 직원을 고용하고 훈련시켜야 한다. 수익을 창출하기 위한 지출과 회사 운영으로 벌어들인 수입 사이의 격차는 특히 빠르게 성장하고 있는 벤처뿐만 아니라 신규 벤처(종종 소규모)에 현금흐름 문제를 야기한다.

기업이 적자 경영을 하는 경우 일반적으로 매달 계산되는 마이너스 실시간 현금흐름을 연소율이라고 한다. 기업의 **연소율**은 수익성에 도달할 때까지 자본을 소비하는 비율이다. 공장을 짓고 장비를 구입하고 직원을 훈련시키고 브랜드를 확립하는 등 기업의 초기 단계에서 부정적인 현금흐름이 정당화되는 경우도 있지만, 이는 심각한 문제를 일으킬 수 있다. 회사가 수익을 내기 전에 자본금을 모두 소진하면 대개 실패한다. 새로운 기업이 실패하는 주된 이유는 충분하지 않은 재정 자원 때문이다.[3] 회사는 좋은 제품과 만족스러운 고객을 가지고 있더라도 돈이 바닥나면 망할 수 있다.

현금흐름 문제	자본 투자	긴 제품 개발 주기
재고 창고를 구입해야 하며, 직원에게 교육과 보수를 제공해야 하며, 판매로 현금을 얻기 전에 광고비를 지불해야 한다.	부동산 구입, 건물 설비, 장비 구입 비용은 일반적으로 회사가 제공할 수 있는 자금 능력을 초과한다.	몇몇 제품은 이익이 발생하기 전 몇 년 동안 제품 개발 과정을 거친다. 선불 비용은 종종 활동 자금을 포함한 기업의 능력을 초과한다.

그림 10.1 **창업기업이 자금 조달과 투자가 필요한 세 가지 이유**

생명공학 산업에서 기업가가 되려면 많은 결단력과 추진력이 필요하다. 신약 승인을 받기까지 걸리는 기간은 최대 10년이다. 신제품 개발의 이러한 '거북이 같은 속도'에는 상당한 선행 투자가 필요하다.

Bullstar/Shutterstock

자금이 바닥나는 것을 방지하기 위해 대부분의 창업가는 회사가 돈을 벌 수 있을 때까지 현금흐름 부족을 충당하기 위한 투자 자본이나 은행의 신용 한도가 필요하다. 일반적으로 새로운 기업이 은행에서 신용 대출을 받기는 어렵기 때문에(나중에 그 이유에 대해 논의한다), 새로운 벤처기업은 종종 투자 자본, 자체적으로 자금을 조달하거나 창의적인 자금 조달을 시도한다.

자본 투자

기업은 자본 투자를 위한 자금을 조기에 조달해야 하는 경우가 많다. 비록 벤처 창업자가 초기 활동에는 자금을 지원하는 것이 가능할지 모르지만 부동산을 구입하거나, 건물을 건설하거나, 장비를 구입하거나, 다른 자본 프로젝트에 투자하는 것과 관련해서 그렇게 하기에는 점점 더 어려워질 것이다. 많은 창업기업은 공간을 임대하거나 제휴 파트너의 자원을 공동으로 사용함으로써 이러한 유형의 지출을 지연시키거나 피할 수 있다. 그러나 성장 주기에서 어느 시점이 되면 대여나 임대가 아닌 자본 자산을 구매하는 것이 합리적일 만큼 기업의 요구 사항이 전문화될 수 있다.

긴 제품 개발 주기

일부 산업에서는 기업이 긴 제품 개발 주기의 초기 비용을 지불하기 위해 자금을 조달해야 한다. 예를 들어, 전자 게임을 개발하는 데에는 일반적으로 2~4년이 걸린다. 처방 의약품 산업의 경우 연구실에서 환자까지 가는 시간은 평균 10년이 걸린다.[4] 이러한 거북이 같은 제품 개발 속도는 예상되는 성과가 실현되기 전에 상당한 사전 투자가 필요하다. 처방약 산업은 극단적인 예이지만, 긴 제품 개발 주기는 많은 산업에서 벤처기업이 직면한 현실이다.

이러한 도전과 이 장을 비롯한 이 책 전반에 걸쳐 설명하고 있는 다른 문제를 해결하기 위해 많은 창업가가 다른 사람과 협력해서 벤처를 시작하는 것을 선호한다. 젊은 창업가가 잠재적인 비즈니스 파트너를 찾을 수 있는 비옥한 장소는 Startup Weekend에 참석하는 것이다. Startup

성공을 위한 파트너십

Startup Weekend: 사업의 공동창업자를 만날 수 있는 비옥한 장소

• Web: www.startupweekend.com • Facebook: startupweekend • Twitter: @StartupWeekend

Startup Weekend는 주말 행사를 주관하는 영리 단체다. 취지는 소그룹을 54시간 만에 구상해서 사업을 시작할 수 있도록 맥락을 만들어보자는 것이다. Startup Weekend는 미국 전역의 지역 커뮤니티와 대학 캠퍼스에서 정기적으로 개최된다. 2006년 Startup Weekend를 시작한 이후로 지역 자원봉사자들이 150개국에서 2,900개 이상의 Startup Weekend 행사 개최를 돕고 있다. 이 행사에는 19만 3,000명 이상의 기업가가 참여했다. Easy Taxi(세계에서 가장 많이 다운로드된 택시 앱), Rover(도그 시터 예약 플랫폼이자 사례 2.2의 주제), Thimble(온라인 코드 편집기), LaunchRock(고객 획득 플랫폼) 등 Startup Weekend에서 뿌리내린 수많은 흥미진진한 사업들이 있다.

작동 방식은 다음과 같다. 각 Startup Weekend는 반자율적이며 지역 자원봉사자 그룹이 조직한다. 지역 자원봉사자는 워싱턴주 시애틀에 위치한 Startup Weekend 행사팀을 통해 지원을 받는다. 지역 자원봉사자가 날짜를 정해 행사를 진행할 장소를 찾고 주말을 준비한다. 전형적인 Startup Weekend는 60~120명의 사람을 끌어들인다. 이상적인 참가자 조합은 50%의 기술 종사자(개발자, 코더, 디자이너)와 50%의 비즈니스 종사자(마케팅, 금융, 법률)이다. 소정의 참가비 외에 참가를 위한 유일한 요건은 기업가정신에 대한 열정 그리고 같은 마음과 열정을 가진 사람들과 함께 주말 동안 제품이나 사업을 개발하겠다는 의지를 가지는 것이다.

많은 Startup Weekend가 테마를 중심으로 구성되어 있다. 예를 들어 패션 & 테크, 모바일, 교육, 건강 & 웰니스, 식품 등이 있다. Startup Weekend는 다음과 같이 구성된다.

금요일: 참가자는 오후 5~7시 사이에 도착해서 네트워킹을 시작하고 저녁을 먹는다. 짧은 아이스브레이킹 후에 발표가 시작된다. 누구나 60초짜리 사업 아이디어를 발표할 수 있다. Startup Weekend가 특정 테마로 열리는 경우(예: 패션 & 테크 또는 헬스 & 웰니스) 모든 아이디어 발표가 테마를 따라야 한다. 발표가 끝난 후, 모든 참석자는 자신이 좋아하는 것에 투표한다. 주말 동안 작업할 최고의 아이디어가 선정되는 것이다. 팀이 유기적으로 구성되고 통합되면 작업을 시작한다.

토요일: 팀은 하루 종일 일을 하고, 가끔 식사를 하기 위해 휴식을 취한다. 멘토와 코치가 순환하면서 지원과 조언을 제공한다. 각 팀원은 네트워크에 있는 사람들에게 연락해(일반적으로 문자 또는 이메일을 통해) 피드백과 조언을 구한다. 그 속도는 빠르고 강렬하며, 사업 아이디어는 여러 번 반복될 수 있다. 앞으로 나아가는 길이 결국 합의되고, 대략적인 프로토타입이 구체화된다. 대부분의 팀은 웹사이트를 구축한다. Startup Weekend 아이디어의 약 95%는 모바일 또는 웹에 초점을 맞추고 있으며(테마와 상관없이), 따라서 개발자, 코더, 디자이너가 필요하다. 아이디어는 사업을 위한 아이디어를 구상하는 것이 아니라 사업을 만드는 것이다.

일요일: 팀은 아침부터 오후 중반까지 일을 계속한다. 오후 3~4시쯤에 일을 마무리하고 발표 연습을 시작한다. 심사위원이 도착하면 발표를 시작한다. 처음 50명으로 구성된 그룹은 이제 5명으로 구성된 10개 팀이다. 심사위원은 최고의 팀을 선정하고 상을 수여하며, 행사는 아이디어를 처음 들은 후부터 사업을 시작할 때까지 단 54시간 만에 끝난다.

이후: Startup Weekend가 종료된 후에도 팀을 유지하는지 여부는 전적으로 팀 구성원에게 달려 있다. 약 55%의 Startup Weekend 참가자가 팀을 온전하게 유지한 상태에서 아이디어를 계속 연구하고 있다. 약 23%는 팀원 중 일부와 함께 계속 일하고 있다. 따라서 참가자에게 Startup Weekend는 사업 아이디어를 위해 함께 일할 팀을 찾는 비옥한 장소이다. 사용자의 도시 또는 지역에서 Startup Weekend가 개최 예정인지 알아보려면 Startup Weekend 웹사이트의 '다가오는 이벤트' 링크에 액세스하면 된다.

대학 캠퍼스를 위해 특별히 설계된 3 Day Startup이란 Startup Weekend 버전이 있다. 이것은 비영리 단체이며, Startup Weekend가 제공하는 것보다 더 많은 구조와 지원을 제공한다. 3 Day Startup은 6개 대륙에 걸쳐 150개 이상의 학교에서 열렸다. 2017년 4월 현재 119개 기업이 3 Day Startup 주말을 통해 사업을 시작했다. 3 Day Startup에 대한 자세한 내용은 3daystartup.org에서 확인할 수 있다.

비판적 사고를 위한 문제

1. 누군가 'Startup Weekend'를 언급하며 '스타트업 공장이 아니라 기업가 공장'이라는 댓글을 달았다. 당신은 그 사람이 무슨 말을 했다고 생각하는가?
2. Startup Weekend가 비즈니스 공동창업자를 만날 수 있는 비옥한 장소라는 이 특집의 기본 전제에 어느 정도 동의하는가?
3. 사람들이 주말이 끝난 뒤에 팀과 함께하지 않더라도 Startup Weekend에 참석함으로써 무엇을 배울 수 있을까?
4. 3 Day Startup 웹사이트를 살펴보라. Startup Weekend와 3 Day Startup은 어떻게 비교가 되는가? 둘 다 대학생 기업가에게 똑같이 적합한가?

출처: Startup Weekend Homepage, www.startupweekend.com(accessed April 21, 2017); 3 Day Startup Homepage, www.3daystartup.org (accessed April 22, 2017).

Weekend가 무엇이며 왜 이것을 비즈니스 파트너를 찾을 수 있는 비옥한 장소라고 표현하는지 '성공을 위한 파트너십'에서 설명하고 있다.

개인 자금 조달의 원천

학습목표 3

창업가가 이용 가능한 개인 자금 조달의 세 가지 출처를 파악하고 설명할 수 있다.

일반적으로, 기업을 시작할 수 있는 종잣돈은 설립자의 주머니에서 나온다. 이 분야에서는 돈을 조달하는 세 가지 유형이 있는데, 바로 개인 자금, 친구와 가족, 부트스트래핑이다. 이러한 자금 조달원이 그림 10.2에 나와 있으며 자세한 설명은 다음과 같다.

개인 자금

대부분의 창업가는 자신의 자금과 **땀 자본**(sweat equity)을 투자해 벤처기업을 시작한다.[5] 실제로 Fundable이 수집한 자료에 따르면 창업기업의 57%는 창업자 개인의 저축과 신용카드 등을 이용한 자금 조달로 이루어졌으며, 평균 투자금은 4만 8,000달러이다.[6] 또한 창업가의 시간과 노력의 가치를 대표하는 '땀 자본'도 중요하다. 많은 창업가는 자금을 충분히 마련하지 못하기 때문에 땀 자본이 가장 큰 차이를 만든다.

친구와 가족

친구와 가족은 많은 새로운 벤처기업의 두 번째 자금원이다. 동일한 Fundable 데이터에 따르면, 38%의 스타트업이 친구와 가족으로부터 자금을 받고 있으며, 평균 투자액은 2만 3,000달러이다.[7] 이러한 유형의 기부는 종종 대출이나 투자의 형태를 갖추지만 무조건적인 선물, 포기하거나 지연된 보상(친구나 가족 구성원이 새로운 벤처에서 일하는 경우), 감면되거나 무료인 임대료를 포함할 수도 있다. 예를 들어, 인터넷 라우터 및 스위치 대량 생산업체인 Cisco Systems는 공동 설립자의 부모 중 한 명의 집에서 사업을 시작했다.

친구나 가족에게 돈을 요구할 때 기업가가 따라야 할 세 가지 경험 법칙이 있다. 첫째, 요청은 은행가나 투자자와 거래하는 것처럼 사무적인 방식으로 제시해야 한다. 관련된 위험과 함께 비즈니스의 잠재력을 신중하고 완벽하게 설명해야 한다. 둘째, 기업인이 받는 도움이 대출 형태라면 상환 일정이 적힌 약속어음을 작성하고, 그 어음에 쌍방의 서명이 있어야 한다. 대출 조건을 서면으로 규정하는 것은 오해의 가능성을 줄이고 기업가와 자금을 제공하는 친구 또는 가족 구성원 모두를 보호한다. 셋째, 재정적인 도움은 합법적으로 도움을 제공할 수 있는 사람에게만 요청해야 한다. 금전적으로 매우 힘든 상황에 놓인 친구나 가족의 도움을 요청하는 것은 좋은 생각이 아니다. 돈을 잃는 것이 특정 친구나 가족 구성원을 경제적으로 어렵게 만든다면, 도움을 줄 의사를 얼마나 표명했는지와 상관없이 그들에게 도움을 요청하는 것은 좋은 생각이 아니다. 창업가가 친구나 가족 구성원에게 대출금을 상환할 수 없는 경우, 비즈니스 관계뿐만 아니라 개인적인 관계도 손상될 위험이 있다.[8]

친구와 가족 대출을 용이하게 하기 위한 대출 계약은 변호사를 통하면 된다. 법적으로 집행 가능한 대출 약정서와 약속어음을 준비하는 단계를 통해 대출 의사가 있는 기업가와 친구 또는 가족을 안내하는 인터넷 기반 기업도 있다. 예를 들어 LegalZoom, Rocket Lawyer, Nolo 등이다. **약**

개인 자금	친구와 가족	부트스트래핑
금융 자본과 땀 자본을 모두 포함한다. 땀 자본은 설립자가 기업에 투자한 시간과 노력의 가치를 나타낸다.	종종 대출이나 투자의 형태를 띠지만, 무조건적인 선물, 포기하거나 지연된 보상, 감면되거나 무료인 임대료 등을 포함하기도 한다.	창의성, 독창성, 절약성, 비용 절감, 보조금 확보, 기타 방법을 활용해 외부 자금의 필요성을 피하는 방법을 찾는 것이다.

그림 10.2 **개인 자금 조달의 원천**

속어음에는 대출 계약 조건이 자세히 나와 있다. 운영 방식을 확인하려면 RocketLawyer.com/Loan Agreement에 접속해서 온라인 프롬프트를 참조하면 된다.

부트스트래핑

부트스트래핑은 새로운 벤처기업의 세 번째 자금원이다. **부트스트래핑**은 창의성, 독창성, 절약성, 비용 절감, 기타 필요한 모든 수단을 통해 외부 자금 조달 또는 투자 유치의 필요성을 피하는 방법을 찾는 것이다.[9](이 용어는 '상황을 스스로 헤쳐 나가라'는 격언에서 유래했다.) 부트스트래핑은 적극적으로 원가 절감 기법과 비용 절감 전술을 통해 창업 비용을 최소화하는 일반적인 철학에 붙여진 용어이다. 회사를 시작하기 위해 부트스트랩을 한 많은 유명 기업가들의 사례가 있다. Steve Jobs와 파트너 Steve Wozniak은 Volkwagen 밴과 Hewlett-Packard 공학용 계산기를 팔아서 Apple Computer의 초기 종잣돈으로 1,350달러를 모았다.

기업가가 부트스트랩으로 돈을 마련하거나 비용을 절감하는 방법은 여러 가지가 있다. 부트스트래핑의 몇 가지 일반적인 예가 표 10.1에 나와 있다. 부트스트래핑의 간단한 예 하나는 대부분의 경우 팩스 기계가 더 이상 절대적인 필수품이 아니라는 것이다. 기업이 스캐너를 가지고 있고 문서를 워드 프로세서 프로그램으로 스캔할 수 있는 한 무료 또는 적은 월 요금으로 문서를 팩스로 보낼 수 있는 몇 가지 웹 기반 서비스가 있다. 그런 다음 문서를 수신자의 팩스 기계로 보낼 수 있으며 일반 팩스로 출력된다. 이러한 다양한 서비스를 제공하는 회사의 예로는 eFax, MyFax, OnlineFax 등이 있다. 가장 중요한 점은 약간의 독창성(예를 들어 무료 팩스 사용법을 배우는 것)이 기업가가 팩스 기계를 구입하는 비용을 절약할 수 있다는 것이다.

초창기에 부트스트래핑과 개인 자금을 사용하는 것은 대부분의 스타트업 상황에 매우 좋지만 다른 기회를 감지하기 힘든 단점도 있다. 원가 절감과 비용 절감도 중요하지만 이러한 관행을 너

표 10.1 **부트스트래핑 방법의 예**

- 새로운 장비 대신 중고 구입하기
- 다른 기업과 구매 조율하기
- 장비 구입 대신 임대하기
- 고객에게 선지불 받기
- 개인 경비 최소화하기
- 호화로운 사무실 공간이나 가구 등과 같은 불필요한 비용 방지하기
- 정가로 구매하기보다 아웃렛이나 eBay 같은 온라인 경매를 이용해서 신중하게 값싼 아이템 구입하기
- 다른 기업과 사무실 공간 혹은 직원 공유하기
- 인턴 고용하기

무 밀어붙이면 기업이 잠재력을 최대한 발휘하지 못할 수도 있다. 예를 들어 재택근무보다 커뮤니티 인큐베이터 공간이나 건물에 입주하는 것이 기업가에게 사회적 지원과 사업적 조언을 얻을 수 있는 인적 네트워크 형성 기회를 제공해준다.[10]

부채 또는 지분투자 준비

학습목표 4

부채 또는 지분투자를 준비하는 데 필요한 세 가지 단계를 파악하고 설명할 수 있다.

스타트업에서 필요한 재원이 개인 및 친구 혹은 가족의 자금이나 부트스트래핑을 초과할 시 부채와 지분투자는 가장 흔한 자금 출처이다. 이 시점에서 기업가가 해야 할 가장 중요한 일은 회사가 필요한 것이 무엇인지 정확하게 결정하고 그러한 자금을 얻기 위해 사용할 가장 적절한 출처를 결정하는 것이다. 자금 모으는 일을 신중하게 계획하고 접근하는 것은 회사의 성공 가능성을 높이며 기업가가 상당한 시간을 절약하게 해준다.

부채 또는 지분투자를 준비하는 단계가 그림 10.3에 나와 있으며 자세한 설명은 다음과 같다.

1단계: 회사가 필요한 자금 규모를 정확하게 결정한다. 이 단계를 완료하기 위해서는 현금흐름표를 구축 및 분석하고 필요한 자본 지출에 대한 전망을 분석해야 한다. 이 정보는 제6장에서 설명한 것처럼 이미 사업 계획서에 있어야 한다. 얼마나 많은 돈을 요청할지 정확하게 아는 것은 적어도 두 가지 이유에서 중요하다. 첫째, 회사는 돈이 부족해서는 안 되지만 필요하지 않은 자본을 투자받는 것 또한 원하지 않는다. 둘째, 기업가가 잠재적인 대출 기관 혹은 투자자에게 벤처기업 지원에 대해 불확실한 금액을 요구하면 나쁜 인상을 준다.

2단계: 가장 적합한 자금 조달 또는 투자 유형을 결정한다. 자금 및 부채 조달에는 일반적으로 두 가지 경로가 있다. **지분투자**(또는 투자)는 자금 지원의 대가를 보통 주식의 형태로 회사의 부분 소유권과 교환하는 것을 의미한다. 엔젤 투자자, 사모펀드 발행, 벤처 캐피털, 기업 공개는 가장 일반적인 지분투자 출처이다(이 출처들에 대해서는 이 장 후반부에서 논의할 것이다). 지분투자는 대출이 아니다. 이미 받은 돈을 상환할 필요가 없기 때문이다. 대신 주식 투자자는 회사의 일부 지분을 가진 주주가 된다. 일부 주식 투자자는 '장기적인 안목'으로 투자하고 자신의 주식을 배당함으로써 투자 수익을 기대한다. 일반적으로 주식 투자자는 3~5년의 투자 기간 및 주식 판매를 통해 상당한 자본 이득과 함께 투자금을 회수할 수 있을 것으로 예상된다. 주식은 일반적으로 회사 주식의 일부 또는 전부를 현금으로 바꾸는 **유동성 행사** 시 매매된다. 새로운 벤처에 대한 가장 일반적인 세 가지 유동성 행사는 상장하거나 구매자를 찾거나 다른 회사와 합병하는 것이다.

신규 벤처 투자에 대한 위험 때문에 주식 투자자는 그들이 고려한 계획보다 낮은 비율로 투자한다.[11] 주식 투자자는 특유의 비즈니스 기회, 높은 성장성, 명확하게 정의된 틈새 시장, 입증된 관리 방안을 가진 회사를 이상적인 후보로 고려한다. 이와는 대조적으로 이 기준에 적합하지 않은 기업은 지분투자에 어려움을 겪는다. 많은 기업가가 경험이 부족해서 반복적으로 벤처 캐피털 및 엔젤

그림 10.3 부채 조달 또는 지분투자 준비 절차

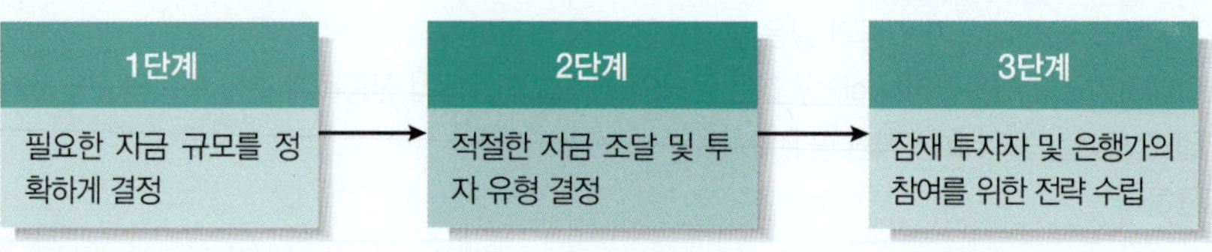

표 10.2 창업벤처기업의 특징을 적절한 형태의 자금 조달 및 투자 유형과 일치시키기

벤처의 특징	자금 조달 및 투자의 적절한 출처
높은 위험과 불확실한 수익을 가지고 있는 사업: 약한 현금흐름 높은 레버리지 낮거나 보통의 성장 검증되지 않은 경영 관리 체계	개인 자금, 친구와 가족, 부트스트랩의 여러 형태
낮은 위험과 더 예측 가능한 수익을 가지고 있는 사업: 탄탄한 현금흐름 낮은 레버리지 감사 의견이 잘 첨부된 재무제표 우수한 경영 관리 체계 건실한 재무상태표	부채 조달
높은 수익을 제공하는 사업: 독특한 사업 아이디어 높은 성장 틈새 시장 검증된 경영 관리 체계	지분투자

투자자에게 거절당할 때 낙심하게 된다. 종종 벤처 캐피털이나 엔젤 투자 자격이 없는 이유는 그들의 사업 제안이 형편없어서가 아니라 주식 투자자가 일반적으로 적용하는 정확한 기준을 충족하지 못하기 때문이다.[12]

부채 조달은 대출을 통해 이루어진다. 부채 조달의 가장 일반적인 출처는 상업은행과 중소기업청(SBA)의 채무 보증이다. 은행 대출 및 중소기업청의 채무 보증이 가능한 기업 유형은 이 장의 뒷부분에서 다룬다. 일반적으로 은행은 이자 및 원금을 상환해야 돈을 빌려준다. 은행은 투자자가 아니다. 결과적으로 은행은 자금을 빌려줄 때 투자 수익 및 자본 이득이 아닌 위험의 최소화, 적절한 담보, 상환 능력에 관심이 있다. 은행에서 대출을 받을 수 있는 이상적인 후보 기업은 탄탄한 현금흐름, 낮은 레버리지(타인 자본 비중이 낮음), 감사 의견이 잘 첨부된 재무제표, 우수한 경영 관리 체계, 건실한 재무상태표를 가진 회사이다. 이러한 기준을 주의 깊게 살펴보면 스타트업이 은행 대출을 받기 어려운 이유를 알 수 있다. 대부분의 신생기업은 은행이 원하는 요구 조건을 모두 만족하기에는 너무 초기 단계에 있다.

표 10.2는 새로운 벤처기업의 일반적인 세 가지 프로필에 대한 개요와 적절한 자금 조달 및 투자 유형을 보여준다. 이 표는 대부분의 신생기업이 개인 자금, 친구와 가족, 부트스트랩에 왜 의존해야 하며 지분투자 및 부채 조달을 위해 나중까지 기다려야 하는 이유를 보여준다. 사실 대부분의 새로운 벤처기업은 제품 또는 서비스 아이디어를 검증하고 시장에서 성공하기 전까지 은행이나 투자자가 요구하는 특성을 가지고 있지 않다.

3단계: 잠재 투자자 혹은 은행가의 참여를 위한 전략을 개발한다. 잠재 투자자나 은행가를 끌어들이는 전략을 개발하는 데는 세 가지 단계가 있다. 첫째, 새로운 벤처기업의 선두 기업가는

표 10.3 엘리베이터 스피치를 대비하기 위한 가이드라인

엘리베이터 스피치는 기회, 제품 아이디어, 자격, 시장에 대한 아주 짧은 서술이다. 당신이 고층 건물 엘리베이터 안에서 잠재 투자자를 만났다고 상상해보라. 당신에겐 사업 아이디어를 설명하기 위해 약 60초의 시간이 있다.

1단계	해결해야 할 기회 또는 문제를 설명	20초
2단계	당신의 제품이나 서비스가 어떤 기회를 충족하거나 문제를 해결하는지에 대한 설명	20초
3단계	당신의 자격에 대한 설명	10초
4단계	당신의 시장에 대한 설명	10초
총합		60초

엘리베이터 스피치(또는 피치)를 준비해야 한다. 이는 비즈니스 기회의 장점을 요약한 간결하고 신중하게 구성된 성명서이다. 왜 이것을 엘리베이터 스피치라고 부를까? 만약 한 기업가가 건물 25층에서 엘리베이터를 탔는데 운 좋게도 잠재 투자자가 같은 엘리베이터를 타게 된다면 1층에 도착하기 전까지 투자자가 사업 기회에 관심을 가지게 할 수 있는 시간을 보내게 될 것이다. 대부분의 엘리베이터 스피치는 45초에서 2분 정도의 길이이다.[13]

신중하게 구성된 엘리베이터 스피치가 유용할 수 있는 경우가 많다. 예를 들어, 많은 대학이 후원하는 기업가정신 센터는 투자자와 기업가를 하나로 모으는 행사를 개최한다. 이러한 행사에는 종종 자금을 구하고 있는 기업가가 잠재 투자자와 어울릴 수 있도록 특별히 고안된 사교 시간과 다과 시간이 포함된다. 60초 엘리베이터 스피치의 개요는 표 10.3과 같다.

잠재 투자자나 은행가를 참여시키기 위한 전략을 개발하는 두 번째 단계는 더 신중해야 하며, 최고의 후보를 파악한 뒤 접촉해야 한다. 첫째, 새로운 벤처기업은 표 10.2에 나타난 바와 같이 적격한 자금 조달 또는 투자를 신중하게 평가해야 한다. 그런 다음, 잠재적인 은행가 또는 투자자의 목록을 작성해야 한다. 예를 들어, 벤처 캐피털 자금 지원이 적절하다고 판단되면 가능한 투자자를 정확히 찾는 데 약간의 발품을 파는 것이 도움이 될 수 있다. 새로운 벤처기업은 경쟁하려는 산업에 돈을 투자하고 있는 벤처 자금을 파악하고 그 기업들을 먼저 목표로 삼아야 한다. 이를 위해 벤처 캐피털 회사의 웹사이트를 살펴보아야 한다. 웹사이트를 통해 회사와 이해관계가 있는 산업을 확인할 수 있다. 때때로 이러한 사이트들은 벤처 캐피털이 자금을 지원한 회사들의 목록을 제공하기도 한다. 예를 들어, 유명 벤처 캐피털 회사인 Sequoia Capital(www.sequoiacap.com)의 웹사이트에 접속해보라.

은행가나 투자자에게 접근하기 위한 기본적인 규칙은 개인적으로 소개를 받는 것이다. 은행가와 투자자는 사업 계획서를 많이 받지만 대부분은 사무실 구석의 읽지 않은 종이 더미가 되는 경우가 많다. 당신의 사업 계획을 알리기 위해서는 은행가나 투자자를 아는 사람을 찾아서 소개를 요청하라.

잠재 투자자나 은행가를 참여시키는 세 번째 단계는 투자자나 은행가에게 완성된 사업 계획서를 제공하고, 요청이 있을 경우 계획서를 발표할 준비를 하는 것이다. 제6장에서 사업 계획서를 발표하는 방법을 살펴보았다. 프레젠테이션은 가능한 한 세련되어야 하며 새로운 벤처가 대출자나 투자자에게 매력적인 노력을 보여주는 이유를 설명해야 한다.

지분투자의 출처

학습목표 5

창업기업이 이용할 수 있는 지분투자의 가장 중요한 세 가지 출처를 설명할 수 있다.

지분투자의 주요 단점은 회사의 소유주가 소유권의 일부를 포기하고 통제력을 잃을 수 있다는 것이다. 가장 큰 장점은 자본에 접근할 수 있다는 것이다. 게다가 투자자는 투자하는 회사의 부분적인 소유주가 되기 때문에, 종종 자신의 전문 지식과 지원을 제공함으로써 회사를 도우려고 노력한다. 대출과 달리 주식 투자자로부터 받은 돈은 갚지 않아도 된다. 투자자는 배당금 지급과 주식 매각을 통해 투자 수익을 얻는다.

이제부터 지분투자의 가장 일반적인 세 가지 형태를 설명할 것이다.

비즈니스 엔젤

비즈니스 엔젤은 개인 자본을 스타트업에 직접 투자하는 개인이다. 엔젤이라는 용어는 브로드웨이 연극에 투자한 부유한 뉴욕 시민들을 묘사하기 위해 금융과 함께 처음 사용되었다. 창업 스타트업에 투자하는 전형적인 비즈니스 엔젤은 나이가 50세 정도이고 소득과 부를 많이 가지고 있으며, 교육을 잘 받았고 기업가로 성공해 자신이 살고 있는 지역에 있는 기업에 투자한다.[14] 이러한 투자자는 일반적으로 한 기업에 1만 달러에서 50만 달러 정도를 투자하며 인수 또는 상장되기 전에 연간 30~40%의 성장 가능성을 가진 기업을 찾는다.[15] 많은 유명 기업이 하나 이상의 비즈니스 엔젤로부터 초기 자금을 지원받았다. 예를 들어, Apple은 Intel의 경영진으로 부를 얻은 Mike Markkula로부터 초기 투자를 받았다. 1977년 Markkula는 Apple에 9만 1,000달러를 투자했고 개인적으로 25만 달러를 보증했다. Apple이 1980년에 상장했을 때 그의 회사 주식은 1억 5,000만 달러 이상의 가치가 있었다.[16] 마찬가지로, 1998년 Google은 Sun Microsystems의 공동설립자 Andy Bechtolsheim으로부터 첫 투자를 받았는데, 그는 Google 검색 엔진의 초기 버전을 본 후 Larry Page와 Sergey Brin(Google의 공동설립자)에게 10만 달러를 주었다.[17] 2005년 Google이 상장했을 때 Bechtolsheim의 투자 가치가 어떠했을지 상상할 수 있겠는가?

2015년에 30만 4,930명의 활동적인 엔젤 투자자들이 있었는데, 이는 가장 최근에 이용 가능

Antonio Guillem/Shutterstock

기업가로서의 경력은 짜릿한 순간들로 가득할 수 있다. 이 기업가 팀은 신생기업에 6만 달러를 투자하겠다고 약속한 엔젤 투자자로부터 이메일 메시지를 막 받았다.

한 숫자다.[18] 엔젤 투자자의 수는 지난 10년 동안 극적으로 증가했다.[19] 이러한 급속한 증가는 일부 엔젤이 보고하는 높은 성공률 때문이다. 2015년에 엔젤은 2014년보다 1.9% 증가한 246억 달러를 벤처에 투자했다. 평균 거래 규모는 34만 5,390달러였으며, 여기에는 한 명 이상의 투자자가 포함되었다. 총 7만 1,110개의 스타트업이 자금을 지원받았다. 2015년 엔젤 투자에서는 소프트웨어가 18%로 가장 큰 비중을 차지했으며, 헬스케어 서비스/의료기기 및 장비(16%), 생명공학(13%), 산업/에너지(11%), 소매(10.6%), 미디어(9%)가 그 뒤를 이었다. 평균적으로 받은 주식은 14.9%였으며 거래 평가액은 232만 달러였다.[20] 뉴햄프셔대학교 벤처연구센터에 따르면 2015년 엔젤 투자 성공률은 18%였다. **성공률**은 엔젤 투자자가 관심을 보인 투자 기회 중 실제 투자로 이어진 비율로 정의된다. 이는 2015년에 엔젤 캐피털을 추구하는 기업가가 투자를 받을 확률이 대략 5분의 1이라는 것을 의미한다.[21]

비즈니스 엔젤은 상대적으로 투자를 적게 하려는 의지 때문에 가치가 있다. 이것은 대부분의 벤처 투자자에게 요구하는 최소 100만 달러 투자가 아닌 7만 5,000달러만 필요로 하는 스타트업에 지분투자를 할 수 있게 해준다. 많은 엔젤은 또한 재정적인 수익 이상으로 동기부여를 받는다. 그들은 새로운 회사를 멘토링하는 것을 즐긴다. 엔젤은 대부분 익명을 사용하고 추천을 통해 기업가와 매칭된다. 비즈니스 엔젤 투자자를 찾기 위해 기업가는 누군가 적절한 소개를 할 수 있는지 알아보기 위해 신중하게 지인 네트워크를 구축해야 한다. 대학생이 비즈니스 엔젤을 찾는 데 있어서 가지는 장점은 많은 엔젤이 대학이 후원하는 사업 계획 혹은 비즈니스 모델 경진대회를 심사한다는 것이다. 조직화된 엔젤 클럽의 수는 계속해서 증가하고 있다. 일반적으로, 각 클럽은 사업계획서 발표를 듣기 위해 정기적으로 만나는 10~150명의 지역 엔젤 투자자로 구성된다. 엔젤 클럽의 예로는 텍사스 오스틴에 있는 센트럴텍사스엔젤네트워크(CTAN)가 있다. 이는 비교적 규모가 큰 엔젤 클럽으로, 여러 산업 분야에서 전문성을 갖춘 엔젤 투자자가 165명에 달한다. 이 클럽은 2006년 설립 이후 135개 이상의 스타트업에 7,500만 달러를 투자했다. CTAN의 구성원은 벤처에 투자하고, 투자하기로 선택한 기업가를 멘토링하고, 그들을 자원과 연결한다. 이 네트워크가 투자 기회를 검토하는 데 따르는 과정은 CTAN 웹사이트에서서 설명하고 있으며, www.centraltexasangelnetwork.com에서 확인할 수 있다.[22]

Ewing Marion Kauffman Foundation에 따르면 3% 미만의 신생기업이 엔젤 펀딩을 받는다. 적은 수에도 불구하고 엔젤 투자자는 전문 지식, 네트워크, 지침과 함께 자본에 대한 접근을 통해 회사에 엄청난 가치를 더해줄 수 있다.[23]

벤처 캐피털

벤처 캐피털은 성장 잠재력이 뛰어난 스타트업과 중소기업에 투자하는 자금이다.[24] 미국 국립벤처 캐피털협회에 따르면, 798개의 벤처 캐피털 회사가 존재하며 1,653억 달러가 관리되고 있다. 2015년 벤처 캐피털 회사들은 3,709개 기업에 282억 달러를 투자했다.[25] 벤처 캐피털 투자가 최고점에 달한 때는 전자상거래 열풍이 한창일 때인 2000년이었다. 엔젤 투자자와 벤처 캐피털 회사의 뚜렷한 차이점은 엔젤은 기업의 생애 주기에서 더 일찍 투자하는 경향이 있는 반면 벤처 캐피털 회사는 더 늦게 들어온다는 것이다. 대부분의 벤처 캐피털 자금은 엔젤 투자자, 정부 프로그램(이 장 뒷부분에서 설명함), 기타 다른 수단으로 초기에 자금을 지원받은 기업의 후속 자금 조달에 사용된다.

벤처 캐피털 회사는 '펀드'로 돈을 모아 신생기업과 성장하는 기업에 투자하는 자금 관리자의 제한된 파트너십이다. 자금 또는 자금 풀은 순가치가 높은 개인, 연금 계획, 대학 기부금, 외국인 투자자, 기타 유사한 출처에서 조달한다. 2015년 평균 펀드 규모는 1억 3,500만 달러였다.[26] 벤처 캐피털 펀드에 투자하는 투자자를 **유한책임 파트너**(limited partner)라고 부른다. 펀드를 관리하는 벤처 캐피털리스트는 **무한책임 파트너**(general partner)라고 부른다. 펀드를 운용하는 벤처 캐피털은 펀드 수익의 20~25%에 더해 연간 운용 수수료를 받는다. 벤처 투자가가 받는 이익의 백분율은 **캐리**(carry)라고 한다. 따라서 벤처 캐피털 회사가 1억 달러의 기금을 조성하고 그 기금이 5억 달러로 성장했다면, 20% 캐리는 원래의 1억 달러를 상환한 후 남은 수익 4억 달러의 20%인 8,000만 달러를 얻게 된다는 것을 의미한다. 일부 벤처 캐피털 회사는 특정 분야에 투자한다. 예를 들어, Foundry Group은 정보 기술 스타트업에 투자한다.[27] 마찬가지로, BEV Capital은 소비자 지향 비즈니스와 소비자 지향 비즈니스에 서비스를 제공하는 기술 회사에 독점적으로 투자한다. 이들의 포트폴리오에 포함된 기업의 예로는 Redfin(온라인 부동산 중개업), Bredon Publishing International(가격이 비싼 아동 도서 출판사), Cool Cuts 4 Kids(0~12세 아동을 위한 헤어 살롱 체인), Adexa(공급망 계획 소프트웨어 기업) 등이 있다.[28]

벤처 캐피털 산업의 수익성과 과거에 벤처 캐피털이 Google, Facebook, Snap, Twitter와 같은 유명한 성공기업에 자금을 지원했기 때문에 많은 관심을 받는다. 그러나 실제로 벤처 투자가는 1% 미만의 신규 기업에 투자한다.[29] 이 장에서 언급한 바와 같이, 많은 기업가는 훌륭한 사업 계획을 가지고 있음에도 불구하고 벤처 자금 지원을 반복적으로 거절당하면 낙담하게 된다. 벤처 투자가는 '홈런'을 찾고 있다. 결과적으로 그들이 받고 검토하는 대부분의 사업 계획에 자금을 지원하지 않는다.

그럼에도 불구하고 벤처 캐피털은 자격을 갖춘 기업이 지분투자를 실행할 수 있는 대안이다. 이 자금 조달의 장점은 벤처 투자가가 비즈니스 세계에서 매우 잘 연결되어 있으며(이는 그들이 고객, 공급자, 정부 대표자 등과 유용한 인맥을 많이 가지고 있다는 것을 의미한다), 회사에 자금 조달 이상의 상당한 지원을 제공할 수 있다는 것이다. 자격을 갖춘 기업은 일반적으로 개발에 해당하는 단계에서 자금을 확보할 수 있다. 일단 벤처 투자가가 기업에 투자하면, 후속 투자는 **라운드**(또는 단계)로 이루어지는데 이를 **후속 자금 조달**이라고 한다. 표 10.4는 시드 단계에서 바이아웃 금융에 이르기까지 벤처 캐피털 프로세스의 다양한 단계를 보여준다.

벤처 캐피털 자금 조달에서 중요한 부분은 잠재적 벤처의 장점을 조사하고 사업 계획서에서 제기한 핵심 주장을 검증하는 것을 의미하는 **실사** 과정을 거치는 것이다. 벤처 캐피털 자금 조달에 적합한 것으로 입증된 기업은 함께 일하는 벤처 캐피털리스트에 대한 실사를 수행해 그들이 잘 맞는지 확인해야 한다. 기업가는 벤처 캐피털 회사로부터 자금을 받기 전에 다음과 같은 질문을 하고 그에 대한 답을 면밀히 검토해야 한다.

- 벤처 투자자가 우리 산업에서 경험이 있는가?
- 벤처 캐피털 회사가 매우 능동적이거나 수동적인 관리 역할을 수행하는가?
- 양측의 성향이 잘 맞는가?
- 벤처 캐피털 산업 내에 후속 자금 조달 라운드를 제공할 수 있을 정도로 충분한 자금력을 보

표 10.4 벤처 캐피털 자금 조달의 라운드(또는 단계)

라운드 또는 단계	자금 조달 목적
시드 펀딩	프로토타입 개발 및 타당성 분석을 위한 자금 조달을 위해 벤처 초기에 이루어진 투자
스타트업 펀딩	상업적 판매는 거의 없지만 제품 개발 및 시장 조사를 합리적으로 완료한 회사에 대한 투자. 회사는 관리가 이루어지고 있고 비즈니스 모델이 있으며 생산을 시작하기 위한 자금이 필요한 상태
1단계 펀딩	자금 조달은 회사가 상업 생산 및 판매를 시작했지만 생산 능력을 높이기 위해 자금 조달이 필요할 때 발생
2단계 펀딩	자금 조달은 기업이 제품을 성공적으로 판매했지만 능력과 시장을 확장해야 할 때 발생
메자닌 파이낸싱	기업 공개(IPO) 또는 인수를 시작하기 전에 추가 확장을 제공하거나 자금 조달 요구를 연결하기 위해 회사에 투자
바이아웃 펀딩	한 회사가 다른 회사를 인수할 수 있도록 자금 제공

유하고 있는가?

- 벤처 캐피털이 투자의 대가로 원하는 우리 회사의 지분율에 대해 선의를 가지고 협상을 하고 있는가?

기존 벤처 캐피털과 더불어 **기업 벤처 캐피털**도 있다. 이 유형의 자본은 관심 분야와 관련된 스타트업에 투자하는 기업으로부터 돈이 나온다는 점을 제외하면 전통적인 벤처 자본과 유사하다.[30] 기업 벤처 캐피털 회사는 모든 벤처 그룹이 투자하는 벤처 자본의 약 10.5%를 제공한다. 기업 벤처 캐피털 회사의 예로는 Intel Capital, GV(Google Ventures), GE Ventures, Time Warner Investment 등이 있다.

기업이 벤처 캐피털 자금 지원을 받는다고 해서 성공할 수 있는 것은 아니다. 실제로 벤처투자 기업은 투자자의 기대에 부응하기 위해 성과를 내야 하는 극심한 압박을 받고 있다. '무엇이 잘못됐는가?'에서는 벤처 캐피털의 자금 지원을 받았지만 유감스럽게도 실패한 DrawQuest라는 회사를 소개하고 있다. 이 특집에는 창업자 Chris Poole의 진심 어린 진술이 나와 있는데, 이는 벤처 투자가로부터 자금을 받은 후 실패한 느낌에 대한 독특한 통찰력을 제공한다.

기업 공개

지분투자의 또 다른 출처는 **기업 공개**(initial public offering, IPO)를 통해 대중에게 주식을 판매하는 것이다. IPO는 회사가 대중에게 처음으로 주식을 판매하는 것이다. 이후의 주식 공개 발행은 **2차 시장 제공**으로 간주된다. 회사가 공개되면 주식은 일반적으로 주요 증권거래소 중 한 곳에서 거래된다. 나스닥에 상장된 대부분의 창업기업은 기술, 생명공학, 소기업 주식에 큰 비중을 두고 있다.[31] IPO는 기업에 중요한 이정표이다.[32] 일반적으로 기업은 생존 가능하고 미래가 밝다는 것을 입증할 때까지 상장할 수 없다.

기업은 여러 가지 이유로 상장을 결정한다. 첫째, 현재와 미래의 운영 자금을 조달하기 위해 자금을 조달하는 방법이다. 둘째, IPO는 회사의 대중적 인지도를 높여 우수한 고객, 제휴 파트너, 직원을 더 쉽게 유치할 수 있게 한다. 셋째, 기업 공개는 투자자를 포함한 주주들이 투자금을 현금화할 수 있는 유동성의 기회이다. 마지막으로, 상장을 통해 회사는 회사 성장에 사용할 수 있는 또 다른 통화를 창출한다. 한 회사가 현금이 아닌 주식으로 대금을 지불해서 다른 회사를 인수하는 것은 드문 일이 아니다.[33] 이때 주식은 사실상 회사가 새로 주식을 발행해서 인수를 진행하게 되는 무엇이 잘못됐는가?

한 스타트업이 VC의 주의를 끌고 25,000명의 일일 사용자를 확보하고도 실패한 이유

DrawQuest는 2013년 2월에 Christopher Poole이 출시했다. 그것은 사업 모델을 전환한 것으로 이전 제품 버전은 Canvas라고 불렸다. Draw Quest는 iPad, iPhone, iPad Touch 전용으로 개발한 앱이다. 아이디어는 매일의 그림 그리기 도전 과제를 통해 창의력을 장려하는 것이었다.

작동 방식은 이렇다. 매일 그림 그리기 도전 과제가 게시된다. DrawQuest 화면에 그림 일부를 표시하고 사용자에게 그림 완성을 요청한다. 예를 들어, 화면에 물 밖을 내다보는 아이의 사진을 보여주면 도전 과제는 "물속에 무엇이 있습니까?"이다. 그런 다음 사용자는 그림을 완성한다. 다른 예로는 상단에 모자가 나와 있는 화면이 나오면 도전 과제는 "모자를 쓴 사람은 누구입니까?"이다. 마찬가지로, 발코니에 서 있는 사람이 나오면 도전 과제는 "발코니에서 무엇을 볼 수 있습니까?"이다. DrawQuest 앱은 그림 완성을 위한 기본 온라인 그리기 도구 키트를 제공했다. 중요한 것은 우아한 그림을 그리는 것이 아니었다. 사실 그 도구는 그림을 다소 만화같이 보이게 했다. 핵심은 물속에 무엇을 넣을지, 발코니에서 무엇을 볼 수 있는지 결정함으로써 사람들을 창의적으로 만드는 것이었다. 이 앱과 기본 그림 도구 세트는 무료였다. DrawQuest는 더 나은 브러시, 추가 페인트 팔레트, 더 선명한 색상 등과 같은 그리기 도구 키트의 업그레이드를 판매해 돈을 벌었다.

앱 자체는 잘됐다. 짧은 기간 동안 140만 다운로드, 55만 명의 등록 사용자, 40만 명의 월간 사용자, 2만 5,000명의 일일 사용자를 달성했다. 그림 하나하나가 DrawQuest 커뮤니티의 일부가 되었다. 사용자가 친구를 팔로우하면 그림을 볼 수 있었는데 가장 멋진 기능은 다시 보기였다. 이 기능은 친구가 그림 그리는 과정을 다시 볼 수 있었다.

DrawQuest는 유명 투자자로부터 벤처 자금을 조달했다. 2010년에 62만 5,000달러의 시드 펀드가 조성되었으며(당시 창업자는 다른 앱을 만들고 있었다), 후속 벤처 라운드를 통해 Union Square Ventures, Andreessen Horowitz, Lerer Ventures, Chris Dixon 등으로부터 300만 달러를 조성했다. 이 모든 것에도 불구하고 DrawQuest는 실패했다. 무엇이 잘못되었을까?

Poole은 '오늘 나의 스타트업이 실패했다'라는 제목의 블로그 게시물과 〈TechCrunch〉와의 인터뷰에서 DrawQuest가 종말에 이른 이유를 설명했다. 간단히 말해서, 벤처의 사업적 측면을 전혀 이해하지 못했다. 더 나은 페인트 브러시와 향상된 페인트 팔레트와 같은 인앱 업그레이드는 기대만큼 잘 팔리지 않았고, 그래서 충분한 수입을 남기지 못했다. 일부 문제는 사용자가 업그레이드에 대한 절박감을 느끼지 못했다는 것이다. 예를 들어, Candy Crush 성공의 큰 부분은 사람들이 여분의 생명을 구입한다는 것이다. DrawQuest는 '돈을 내지 않으면 플레이할 수 없다'는 절박함을 가지고 있지 않았다. DrawQuest 앱을 개발하고 유지하는 데도 비용이 많이 들었다. DrawQuest가 직면한 또 다른 문제는 방향 전환이었다. DrawQuest 이전에 팀은 잘되지 않았던 Canvas 앱을 만들었다. 그들은 사용자에게 더 큰 반향을 일으켰고 더 많은 청중을 끌어들인 DrawQuest로 방향을 틀었다. 문제는 이들이 투자금의 절반을 Canvas에 썼다는 점이다. Poole은 이 도전을 언급하며 "우리는 활주로가 절반도 남지 않은 상태에서 이 앱(DrawQuest)을 구축했다. 절반의 돈으로 2배의 일을 해야 했다. 정말 너무 힘들었다"라고 말했다.

궁극적으로, Poole과 그의 팀은 사업을 그만두기로 결정했다. 그들은 DrawQuest를 다른 회사에 파는 것을 시도했지만 아무도 관심이 없었다. '오늘 나의 스타트업이 실패했다' 블로그 게시물에서 Poole은 비즈니스 실패의 인간적인 측면에 대한 통찰력을 제공했다. 그는 다음과 같이 썼다.

> 저를 가장 지지해주신 투자자들과 직원들에게 더 나은 결과를 제공하지 못해 실망스럽습니다. 벤처 지원을 받는 CEO로서 실패하는 것이 무엇을 의미하는지 아는 기업인은 거의 없을 것입니다. 이는 직원과 고객과 자신을 실망시켰을 뿐만 아니라 아이디어를 실현하는 데 도움을 준 파트너인 투자자도 실망시켰다는 것입니다.

비판적 사고를 위한 문제

1. DrawQuest에서 발생한 문제를 검토하라. 어떻게 회사가 각각의 문제를 피하거나 우회할 수 있었을까?
2. DrawQuest는 앱의 수입을 창출하기 위해 어떤 대안을 가지고 있었는가? 왜 회사가 문을 닫기 전에 이러한 대안을 시도하지 않았다고 생각하는가?
3. 제4장에서 배운 내용을 바탕으로 DrawQuest의 Barringer/Irland 비즈니스 모델 템플릿을 작성해보라. DrawQuest가 생존하는 데 어려움을 겪을 것이라고 예측한 비즈니스 모델 템플릿에서 눈에 띄는 점이 있는가?
4. 대학 캠퍼스에서 흔히 볼 수 있는 창업 아이디어는 스마트폰 앱을 만드는 것이다. DrawQuest의 경험을 통해 앱을 구축하는 학생들이 어떤 교훈을 얻을 수 있을까?

출처: C. Poole, "Today My Startup Failed," Chris Hates Writing blog, available at https://chrishateswriting.com/post/74083032842/today-my-startup-failed (accessed April 21, 2017); J. Constine, "With Traction but Out of Cash, 4Chan Founder Kills off Canvas/DrawQuest," TechCrunch, available at https://techcrunch.com/2014/01/21/when-goods-not-good-enough/ (posted January 21, 2014, accessed April 21, 2017); E. Hamburger, "4chan Creator Chris Poole Draws a Future Where Anyone Can Make Art," The Verge, available at https://www.theverge.com/2013/2/8/3942110/drawquest-for-ipad-chris-poole-moot (posted February 8, 2013, accessed April 21, 2017).

'기업정관에 명시된 총주식 중 아직 발행되지 않은 주식'에서 나온다. 최근 몇 년 동안 잘 알려진 상장 회사의 예로는 Twill, Square, GoDaddy, Snap(Snapchat의 모회사) 등이 있다.

상장에는 많은 이점이 있지만 복잡하고 비용이 많이 드는 절차이며 기업은 증권거래위원회(SEC) 보고 요건과 관련해서 상당한 비용을 부담해야 한다. 가장 비용이 많이 드는 요구 사항 중 상당수가 2002년 **사베인스-옥슬리 법**(Sarbanes-Oxley Act)에 의해 시작되었다. 사베인스-옥슬리 법은 Enron, WorldCom과 같은 저명한 기업이 연루된 회계 스캔들에 대응해서 통과된 연방법이다. 이 광범위한 법은 공기업에 대한 새롭고 향상된 보고 기준을 많이 수립했다. 모든 법률과 마찬가지로 이 법률에 대한 잠재적인 향후 변경 사항은 창업벤처를 포함해서 회사에 영향을 미칠 것이다.

기업 공개를 시작하는 첫 단계는 기업이 투자은행을 고용하는 것이다. **투자은행**은 증권을 발행하는 회사의 인수인 또는 대리인 역할을 하는 기관이다.[34] 투자은행은 회사의 옹호자와 조언자 역할을 하며 상장 과정을 돕는다. 회사와 투자은행이 합의해야 하는 가장 중요한 문제는 회사가 필요한 자본의 양, 발행할 주식의 종류, 주식이 상장될 때의 주식 가격(예: 주당 20달러), 회사가 증권을 발행하는 데 드는 비용이다.

투자은행은 제안이 합법적이라는 것을 보장하기 위해 SEC의 몇 가지 규정을 충족해야 한다. SEC가 잠재적 공모를 조사하면 투자은행은 일반인에게 공모에 대해 설명하는 **예비 투자 설명서**를 발행한다. 예비 투자 설명서는 '붉은 청어(역자 주: 핵심 쟁점을 흐리는 물타기)'라고도 불린다. SEC가 공모를 승인한 후 투자은행은 공개 날짜와 발행 가격을 정하는 **최종 투자 설명서**를 발행한다.

투자은행은 제안 승인을 받는 것 외에도 지원을 강화할 책임이 있다. 이 과정의 일부로 투자은행은 일반적으로 공개를 원하는 회사의 최고경영진 팀을 **로드쇼**에 참여시키는데, 이는 주요 도시에서 회사가 투자자 그룹에 사업 계획을 발표하는 회의로 구성된 바쁜 일정의 투어이다.[35] 2005년 12월 1일까지는 로드쇼 기간 동안 다양한 도시에서 발표한 내용을 실제로 그곳에 살고 있는 투자자만 볼 수 있었는데, 당시 SEC 규정에서는 로드쇼 프레젠테이션을 테이프로 녹화해서 대중에게 공개하도록 했다. 로드쇼 프레젠테이션은 www.retailroadshow.com에서 온라인으로 볼 수 있다. 잠재적 공모에 대한 관심이 충분히 조성되면 투자 설명서에 예정된 날짜에 공모가 진행된다. 그렇지 않으면 공모가 지연되거나 취소된다.

공모의 성공 여부에는 시기와 운이 작용한다. 예를 들어, 인터넷 거품이 한창이던 1999년에는 447건의 IPO로 약 650억 달러를 모금했다. 2001년 초 거품이 꺼졌을 때는 특히 기술과 통신주에 대한 IPO 시장이 말라버렸다. 그 이후로 시장은 회복되었다. 2015년 IPO는 117건으로 218억 6,000만 달러를 조달했다. 이는 2017년 IPO와 423억 달러의 투자 자본을 창출한 2014년보다 줄어든 수치다.[36] IPO 시장의 활력은 전반적인 경제 상황과 전문 투자자의 분위기에 크게 좌우된다. 그러나 강한 경제와 긍정적인 투자 분위기에 직면하더라도 창업벤처는 기쁨에 사로잡혀 IPO를 서두르지 않도록 스스로를 경계해야 한다.

IPO의 변형된 형태는 대규모 기관 투자자에게 유가 증권 발행을 직접 판매하는 **사모펀드**다. 사모 발행으로 진행되면 공모가 없으며 투자 설명서가 제공되지 않는다.

부채 조달의 출처

학습목표 6

창업기업이 이용하는 부채 조달의 일반적인 출처를 설명할 수 있다.

부채 조달은 대출을 받거나 회사채를 파는 것을 포함한다. 신규 벤처는 회사채를 매각하는 것이 사실상 불가능하기 때문에 대출을 받는 데 주력할 것이다.

대출에는 두 가지 일반적인 유형이 있다. 첫 번째는 특정 금액을 이자와 함께 일정 기간 내에 상환해야 하는 **단일 목적 대출**이다. 두 번째는 **한도 대출**로, 대출 '한도'를 설정하고 대출자는 재량에 따라 신용을 사용할 수 있다. 신용 대출 한도는 정기적인 이자 지급을 요구한다.

지분투자와 반대로 대출을 받는 것에는 두 가지 주요 이점이 있다. 첫 번째는 회사의 소유권을 포기하지 않는다는 것이다. 이는 대부분의 기업가에게 큰 이점이다. 두 번째는 투자자에게 지급되는 배당금과 달리 대출 이자 지급은 세금 공제가 가능하다.

대출을 받는 데는 크게 두 가지 단점이 있다. 첫 번째는 반드시 상환해야 한다는 것인데, 회사를 성장시키는 데 집중해야 하는 스타트업 벤처 입장에서는 어려움이 있다. 현금은 일반적으로 신규 벤처기업의 첫 몇 달 동안, 때로는 1년이 넘어도 '빠듯'하다. 두 번째는 대출자가 종종 대출에 엄격한 조건을 부과하고 투자를 보호하기 위해 충분한 담보를 주장한다는 것이다. 초기에 기업이 법인으로 된 경우에도 대출 기관은 기업가의 개인 자산을 대출 담보로 제공할 것을 요구할 수 있다. 또한 대출은 채무자가 은행 당좌 계좌나 대출 만기에 '현금 2만 5,000달러 이상을 유지'하도록 대출 약정을 걸어놓는다.

기업가가 이용할 수 있는 부채 조달의 세 가지 일반적 출처 및 범주를 지금부터 설명할 것이다.

상업은행

역사적으로 상업은행은 초기 벤처기업의 실질적인 자금 조달처로 여겨지지는 않았다.[37] 이는 은행을 회피하는 정서 때문이 아니라 단지 은행이 위험을 싫어하며 창업기업에 대한 투자가 위험한 사업이기 때문이다. 은행은 벤처 자본가가 추구하는 '홈런' 사업을 찾는 대신 안정적으로 자신의 대출을 상환할 고객을 찾는다. 표 10.2에 나타낸 바와 같이 은행은 탄탄한 현금흐름, 낮은 레버리지, 감사 의견이 잘 첨부된 재무제표, 좋은 경영 관리, 건실한 재무상태표를 가지고 있는 기업에 관심이 있다. 많은 신규 벤처가 좋은 경영 관리 체계를 가지고 있지만, 일부는 적어도 처음에는 그 반대이다. 그렇더라도 은행은 중소기업의 생애 주기에서 나중에는 중요한 신용 자원이 된다.

역사적으로 은행이 신생기업에 돈을 빌려주기를 꺼리는 두 가지 이유가 있다. 첫째, 앞에서 언급한 바와 같이 은행은 위험을 싫어한다. 또한 은행은 종종 내부 통제가 많고 위험이 높은 대출을 승인하는 것을 규제하는 조건들이 있다. 따라서 기업가가 은행에 25만 달러 대출을 신청할 시 담보를 요청받으면, 혁신적인 아이디어와 이를 실행할 사업 계획, 지식재산 외에는 달리 가지고 있는 것이 없을 수 있다. 은행은 일반적으로 신생기업에 대해 부채 비율을 최소화하는 대출을 안내하는 기준이 있다.

은행이 신생기업에 돈을 빌려주기를 꺼리는 두 번째 이유는 과거 데이터를 분석해볼 때 작은 회사에 대출하는 것은 상업은행의 주요 고객인 대기업보다 수익성이 좋지 않았기 때문이다. 만약 벤처기업가가 2만 5,000달러 대출을 은행에 요청했을 경우, 은행은 기업의 위험도 및 재무 프로필을 분석해 의사결정을 하기까지 공을 들일 시간적 여유가 없다. 새로운 회사의 사업 계획을 완전히 이해하고 장점을 조사하는 데에는 상당한 시간이 소요된다. 한 연구 결과에 따르면 기업의 규모가 부채 자본에 대한 접근의 용이성을 결정하는 중요한 요소임을 보여준다.[38] 2만 5,000달러 대출은 위험도가 높고 (관련 실사에 소요되는 시간을 기준으로) 약간의 수익성이 있는 것으로 간주될 수 있어 상업은행으로서는 2배로 바람직하지 않다.[39]

이러한 과거의 선례에도 불구하고 일부 은행은 비록 앞으로 얼마나 주요 대출자가 될지는 모르지만 신생기업에 사로잡히기 시작했다. 이것은 창업기업에 관해서 일부 은행이 대출 기준을 재검토하고 담보 및 재무상태표보다 현금흐름과 경영관리팀의 역량에 초점을 맞추기 시작했다는 뜻이다. 기업가는 이 분야의 발전을 면밀히 따라야 한다.

SBA 보증 대출

상업은행, 저축 및 대출, 신용 조합, 기타 전문 대출 기관은 **SBA 보증 대출 프로그램**에 참여할 자격이 있다. 중소기업이 이용할 수 있는 가장 주목할만한 SBA 프로그램은 **7(A) 대출 보증 프로그램**이다. 이 프로그램은 미국 중소기업청(SBA) 대출 활동의 90%를 차지한다. 이 프로그램은 SBA가 보증하고 민간 부문 대출 기관을 통해 운영한다. 이 대출은 정상적인 대출 경로를 통해 합리적인 조건으로 자금을 조달하기 어려운 소상공인을 위한 대출이다. SBA는 현재 자연재해로 피해를 입은 지역기업을 위한 직접 대출 자금 지원 프로그램 외에는 직접 대출에 대한 자금 지원이 없다.

거의 모든 중소기업이 SBA 보증 대출을 신청할 수 있다. SBA는 최대 500만 달러의 대출에 대해 75%까지 보증할 수 있다. 15만 달러 이하 대출의 경우 보증 금액은 85%다. 보증 대출 자금은 거의 모든 합법적인 사업 목적으로 사용할 수 있다. 최대 대출 기간은 운전 자본 7년, 장비(또는 장비의 내용 연수) 10년, 부동산 구입 25년이다. SBA 보증 대출을 받기 위해서는 신청서가 SBA와 대출자 모두의 요건을 충족해야 한다. 일반적으로 개인은 대출을 보장하기 위해 모든 자산을 저당 잡힌다. 금리는 대출자와 대여자 간에 협상하지만 SBA 최대치가 적용된다.[40] 2015년 평균 SBA 7(A) 대출 금액은 37만 1,628달러였다.[41]

SBA 보증 대출 프로그램은 은행이 자격을 갖춘 기업가에게 사업을 시작하거나 성장시키기 위해 돈을 대출할 수 있도록 한다. 이 젊은 사업가는 꽃가게에 자금을 대기 위해 상업은행을 통해 15만 달러의 SBA 보증 대출을 받았다.

wavebreakmedia/Shutterstock

SBA 보증 대출은 창업기업보다 기존 중소기업이 더 많이 활용하고 있지만 그렇다고 가능한 자금원에서 배제하면 안 된다. 일반적으로 SBA는 '마지막 대출자'이며 어려움을 겪고 있는 기업만이 SBA 보증 대출을 받을 수 있다는 오해가 있다. 사실은 그 반대이다. 성공 가능성이 있는 사업체만이 SBA 7(A) 대출 보증 프로그램의 자격이 있다.[42]

SBA는 특별한 상황에서 적용되는 몇 가지 대출 프로그램을 가지고 있다. 예를 들어, SBA 소액대출(Microloan) 프로그램은 중소기업과 특정 비영리 보육원의 창업과 확장을 돕기 위해 최대 5만 달러까지 대출을 제공한다. 평균 소액 대출은 약 1만 3,000달러이다. SBA는 모든 규모의 기업에 저리의 재해 대출을 제공하는 여러 프로그램을 보유하고 있다. 이러한 프로그램에 대한 자세한 내용은 www.sba.gov에서 확인할 수 있다.

부채 조달의 기타 출처

사업주가 돈을 빌리거나 신용을 얻기 위해 추구할 수 있는 다양한 다른 방법이 있다. OnDeck, Kabbage, BlueVine을 포함해서 기업에 대출을 제공하는 온라인 대부업체가 있다. 회사에 따라 2,000달러에서 200만 달러까지 대출이 가능하다. 일반적으로 금리는 상업은행이 부과하는 금리보다 높기 때문에 조건을 주의 깊게 확인하는 것이 바람직하다.[43] 비슷한 범주의 대출은 P2P 대출기관이 촉진하는 P2P 대출이다. **P2P 대출 기관**은 대출 신청자의 신용을 평가하지만 대출을 직접적으로 지원하지 않는다. 대신 대출자와 개인 또는 대출자와 기관 투자자 사이에서 중개자 역할을 한다. Funding Circle, Lending Club, Street Shares는 P2P 대출 기관의 예이다. 온라인 대부업체와 마찬가지로 P2P 대출을 고려할 때 주의해야 할 점은 연율로, 많은 경우 매우 높다.[44]

기업가가 고려할 수 있는 자금 조달의 다른 옵션들이 여전히 있다. **판매업자 신용**(무역신용이라고도 함)은 기업이 제품이나 서비스를 미리 구매하고 지불을 나중으로 연기할 수 있도록 사업자에게 제공하는 신용이다. 이 관행은 특히 소매점에서 흔히 볼 수 있지만, 다른 사업에서도 볼 수 있다. 판매업자 신용의 예는 소매업자가 순 30일 조건으로 제품을 배송하는 판매업자에게 제품을 주문할 때 발생한다. 이는 소매업자가 제품 대금을 지불해야 하는 기간이 30일이라는 것을 의미한다. 이 아이디어는 소매업자가 제품을 팔 때까지 지불할 돈이 없으므로 판매업자가 이들에게 제품을 판매할 충분한 시간을 주고 대금 지불에 필요한 돈을 모을 때까지 기다리는 데 동의하는 것이다. 일부 소매업자는 지불 조건을 순 90일까지도 협상하는데 이는 90일 이내에 결제해야 한다는 의미이다.

부채 조달은 아니지만 팩터링은 기업이 현금을 창출하는 또 다른 방법이다. **팩터링**(factoring)은 기업이 수취 채권을 현금과 교환해 팩터라 불리는 제3자에게 할인 판매하는 금융 거래이다.[45] Dealstruck, BlueVine, Fundbox 등이 팩터링 기업의 예이다.

자금 조달 및 투자의 창의적 출처

학습목표 7

창업기업이 선택할 수 있는 자금 조달의 몇 가지 창의적인 출처를 설명할 수 있다.

특히 스타트업의 경우 자금 조달과 투자 확보가 어렵기 때문에 기업가는 자금 자원을 확보하기 위해 창의적인 방법을 사용하는 경우가 많다. 자금 조달이나 투자 확보가 가능한 기업의 경우에도 전통적인 자본보다 비용이 덜 드는 자본 출처를 찾는 것이 현명하다. 여기서부터는 창업기업의 자금 조달 및 투자 확보에 대한 보다 일반적인 창의적 출처 다섯 가지에 대해 논의한다.

크라우드펀딩

새로운 사업을 위한 인기 있는 창조적 자금원은 크라우드펀딩이다. **크라우드펀딩**(crowdfunding)은 인터넷을 통해 많은 사람으로부터 자금을 조달해서 프로젝트나 새로운 벤처기업에 자금을 지원하는 방법이다.

크라우드펀딩 사이트에는 리워드 기반 크라우드펀딩과 주식 기반 크라우드펀딩의 두 가지 유형이 있다. **리워드 기반 크라우드펀딩**은 기업가가 어떤 종류의 편의나 보상을 대가로 돈을 모을 수 있게 해준다. Kickstarter와 Indiegogo는 가장 인기 있는 리워드 기반 크라우드펀딩 사이트다. 이러한 사이트를 통해 기업가는 프로필을 작성하고, 자금 조달 목표를 나열하며, 자금을 어떻게 사용할 것인지에 대한 설명(일반적으로 비디오를 통해)을 제공할 수 있다. 그러면 개인은 회사의 제품을 얻은 최초의 100명 중 한 명이 되는 것과 같은 어떤 종류의 편의를 제공받는 대가로 돈을 약속한다. 사이트는 개인이 서비스를 위해 모금한 자금의 일부를 차지한다. 대부분의 기업가는 크라우드펀딩 캠페인을 운영함으로써 두 가지 목표를 달성한다. 첫 번째는 자금을 모으는 것이다. 대부분의 Kickstarter 프로젝트는 1만 달러 미만을 모금하지만, 점점 더 많은 수가 상당한 자금을 조달하고 있다. 예를 들어, 블렌더, 블루투스 스피커, USB 충전기가 내장된 고성능 쿨러를 만드는 COOLEST는 Kickstarter의 6만 2,642명의 기부자로부터 1,320만 달러를 모금했다. 두 번째는 신제품을 노출시키는 것이다. 성공적인 크라우드펀딩 캠페인을 운영하면 비즈니스 설립자는 얼리어답터 고객에게 다가갈 수 있고 제품을 위한 커뮤니티를 성장시킬 수 있으며 시장을 검증하고 고객 피드백과 통찰력을 얻고 홍보와 화제를 불러일으킬 수 있다.[46]

현재 전 세계적으로 2,000개 이상의 크라우드펀딩 플랫폼이 있다. Kickstarter와 Indiegogo 같은 일부 플랫폼은 광범위한 창의적 프로젝트와 창업에 자금을 지원한다. Giveforward와 같은 다른 플랫폼들은 좀 더 범위가 좁다. Giveforward는 개인적, 의료적, 자선적인 이유로 돈을 모으는 것을 돕기 위해 크라우드펀딩을 활용한다. 크라우드펀딩이 어떻게 작동하는지 잘 모른다면 www.kickstarter.com에 가서 검색창에 'COOLEST Cooler'를 입력해보라. Kickstarter는 캠페인이 끝나도 캠페인 프로필을 무기한으로 사이트에 남긴다. COOLEST의 캠페인을 보면 리워드 기반 크라우드펀딩 캠페인이 어떻게 작동하는지 잘 알 수 있을 것이다. 리워드 기반 크라우드펀딩에 대한 추가 정보는 가장 인기 있는 크라우드펀딩 플랫폼인 Kickstarter에 초점을 맞춘 사례 10.2에서 제공하고 있다.

크라우드펀딩의 두 번째 유형은 주식 기반 크라우드펀딩이다. **주식 기반 크라우드펀딩**은 기업이 지분을 대가로 자금을 제공하는 개인과 전문 투자자를 활용해 자금을 조달할 수 있도록 돕는다. 주식 기반 크라우드펀딩 사이트 중 가장 인기 있는 네 곳은 MicroVentures, Fundable, Crowdfunder, CircleUp이다. 주식 기반 크라우드펀딩 등장의 촉매제는 2012년 4월에 통과된 잡스법(JOBS Act)이었다. 주식 기반 크라우드펀딩이 처음 도입됐을 때는 공인투자자에 한정되어 있었다. **공인투자자**는 창업과 같은 고위험 투자에 투자할 수 있는 사람이다. 미국에서는 1인당 순자산이 100만 달러(집값 제외) 이상이거나 지난 2년간 수입이 매년 20만 달러(또는 결혼한 경우 배우자와 함께 30만 달러) 이상이며 올해에도 같은 금액을 벌 수 있을 것으로 기대되는 사람이다.

2016년 5월 16일, 주식 기반 크라우드펀딩을 순자산이나 소득에 관계없이 개인에게 개방하는 내용의 잡스법 개정안이 통과되었다.

주식 기반 크라우드펀딩은 견인력을 얻는 데 시간이 걸렸지만 이제는 탄력을 받고 있다. 2012년 이후 CircleUp을 통해 3억 달러 이상의 투자가 이루어졌다. 마찬가지로 2009년부터 MicroVentures를 통해 8,500만 달러 이상의 투자가 이루어졌다.

리스

리스(lease)는 개인이나 기업이 지불하는 대가로 특정 기간 동안 해당 자산 사용을 허용하는 서면 계약이다. 리스의 주요 장점은 계약금을 거의 내지 않고 회사가 자산을 사용할 수 있다는 것이다. 시설 리스와 장비 리스는 창업벤처가 실행하는 가장 일반적인 두 가지 유형의 리스이다.[47] 예를 들어, 많은 신규 기업이 Dell Inc. 또는 다른 PC 제조업체의 컴퓨터를 리스한다. 신규 기업의 장점은 초기 투자금을 거의 들이지 않고 필요한 컴퓨터에 접근할 수 있다는 것이다.

리스 사업에는 많은 다양한 플레이어가 있다. Dell과 같은 일부 공급업체는 기업에 직접 리스한다. 은행과 마찬가지로, 판매자는 좋은 신용 배경과 임대료 지불 능력을 가진 리스 고객을 찾는다. 리스에 참여한 당사자를 하나로 묶어 중개인 역할을 하는 **벤처 리스 회사**도 있다. 이 회사는 전문 장비 생산자에 대해 잘 알고 있으며 이러한 생산자를 장비가 필요한 새로운 벤처기업과 연결시킨다. 이러한 회사의 책임 중 하나는 관련된 새로운 벤처기업이 임대료를 적시에 지불할 수 있게 하기 위해 실사를 수행하는 것이다.

대부분의 리스는 임대 기간 동안 약간의 계약금과 매달 지불을 포함한다. 장비 리스가 끝나면 새로운 벤처기업은 일반적으로 장비의 사용을 중단하거나, 공정 시장 가치로 장비를 구입하거나, 리스를 갱신할 수 있는 선택권을 가진다. 상당한 금액의 돈을 포함하는 리스 계약은 자금 조달이나 투자를 받을 때와 동일한 양의 정밀 조사를 통해 협상하고 체결해야 한다. 리스는 거의 항상 해당 항목에 대해 현금을 지불하는 것보다 더 비싸기 때문에 대부분의 기업가는 리스를 주식이나 부채 조달의 대안으로 생각한다. 리스는 일반적으로 계약금이 낮지만, 가장 큰 단점은 리스 기간이 끝나면 리스인이 더 이상 부동산이나 장비를 소유할 수 없다는 것이다.[48] 물론 기업이 컴퓨터나 장비를 리스하는 경우에는 이점이 될 수 있는데 기존 장비가 기술적으로 빠르게 구식이 될 수 있기 때문이다.

SBIR 및 STTR 보조금 프로그램

SBIR(Small Business Innovation Research) 및 STTR(Small Business Technology Transfer) 프로그램은 기술회사의 초기 단계 자금 조달의 두 가지 중요한 출처이다. 미국 정부가 제공하는 이 프로그램들은 특정 분야에서 프로젝트를 수행하는 기업가에게 현금 보조금을 제공한다. SBIR 프로그램과 STTR 프로그램의 주요 차이점은 STTR 프로그램은 대학이나 다른 연구 기관에서 일하는 연구원의 참여를 요구한다는 것이다. 프로그램의 목적상 **중소기업**이라는 용어는 500명 미만의 종업원을 가진 미국인 소유의 영리 사업체로 정의한다. 주요 연구원은 또한 기업이 고용해야 한다.[49]

SBIR **프로그램**은 중소기업에 초기 단계 및 개발 프로젝트를 위해 매년 25억 달러 이상을 제공

표 10.5 SBIR: 3단계 프로그램

단계	단계의 목적	기간	가능한 자금(기관에 따라 다양함)
1단계	제안된 혁신의 기술적 타당성을 입증	~6개월	~15만 달러
2단계	1단계에서 성공한 기업이 대상. 2단계 보조금의 목적은 1단계에서 검증된 혁신의 프로토타입을 개발하고 테스트하는 것*	~2년	~100만 달러
3단계	2단계 혁신이 연구 개발 실험실에서 시장으로 이동하는 기간	제한 없음	SBIR 자금은 사용 불가능하나, 연방 기관은 요구에 부합하거나 추가적인 연구 및 개발을 위해 SBIR 자금이 지원되지 않은 제품 또는 공정에 대한 후속 보조금 지원이나 계약 제공 가능

* 일부 기관에는 신청자가 1단계와 2단계 신청서를 동시에 제출할 수 있는 패스트트랙 프로그램이 있다. 이 프로그램에 참여하는 정부 기관은 다음과 같다. 농무부, 상무부, 국방부, 교육부, 에너지부, 보건복지부, 국토안보부, 교통부, 환경보호국, NASA, 국립보건원, 국립과학재단

하는 경쟁적 보조금 프로그램이다. SBIR은 매년 11개의 연방 부서와 기관에 중소기업 보조금 지급을 위해 연구 개발 기금의 일부를 유보하도록 요구한다. 표 10.5는 자금 지원 분야와 참여 기관을 보여준다. 보조금 신청 방법은 각 기관의 웹사이트에 해당 기관이 지원하는 프로젝트 유형에 대한 설명과 함께 나와 있다. SBIR은 3단계 프로그램으로, 이는 자격을 갖춘 기업이 특정 제안에 자금을 지원하기 위해 2개 이상의 보조금을 받을 수 있음을 의미한다. 이 세 단계는 각 단계에서 사용할 수 있는 자금 규모와 함께 다음과 같다.

- **1단계**는 6개월간의 타당성 조사를 통해 제안된 혁신의 기술적 타당성을 입증해야 한다. 1단계 연구에 사용할 수 있는 자금은 최대 15만 달러이다.
- **2단계**는 성공적인 1단계 기업에 최대 100만 달러의 보조금을 수여하는 것이다. 2단계 보조금의 목적은 1단계 혁신의 프로토타입을 개발하고 테스트하는 것이다.
- **3단계**는 2단계 혁신이 연구 개발에서 시장으로 이동하는 기간이다. SBIR 자금은 지원되지 않는다. 이 시점에서 기업은 제품이나 서비스를 상용화하기 위해 민간 자금이나 자금 조달을 찾아야 한다. 국방부와 같은 경우에는 정부가 제품의 주요 고객이 될 수 있다.

역사적으로 1단계 제안의 15% 미만이 자금 지원을 받고 있으며, 2단계 제안의 약 30%가 자금 지원을 받는다. 그러나 성공적인 제안에 대한 보상은 높다. 자금은 기본적으로 무료이다. 그것은 갚을 필요가 없으며 회사의 어떤 지분도 위태롭지 않다는 것을 의미하는 보조금이다. 또한 보조금 수령자는 보조금이 제공하는 지원을 받아 작업하면서 개발한 지식재산에 대한 권리를 보유한다. 새로운 벤처기업이 연구 결과를 상업화할 수 있다면 실질적인 성과는 3단계에 있다.

STTR 프로그램은 소규모 기업과 대학 또는 연방 연구소와 같은 연구 조직을 포함하는 공동 연구 프로젝트를 위한 SBIR의 변형이다. SBIR과 STTR의 주요 차이점은 STTR 프로그램은 회사가 총보조금의 최소 30%를 받아야 하는 협력 연구 기관을 보유하도록 요구한다는 것이다.

SBIR 및 STTR 프로그램에 대한 자세한 내용은 www.sbir.gov에서 확인할 수 있다.

기타 보조금 프로그램

기업가가 이용할 수 있는 다른 보조금 프로그램의 수는 제한되어 있다. 보조금을 받기 위해서는 약간의 탐색 작업이 필요하다. 보조금 지급 기관은 본질적으로 잘 드러나지 않기 때문에 일반적으

영리한 창업기업

협업: 생명공학 회사와 대형 제약 회사가 의약품을 시장에 출시하는 방법

대기업과 중소기업은 기업과 사회에서 서로 다른 역할을 하고 있으며, 적으로 행동하기보다는 서로 협력함으로써 최고의 결과를 만들어낼 수 있는 경우가 많다. 제약 산업은 이것이 어떻게 작동하는지에 대한 훌륭한 예이다.

제약업계의 진입 장벽이 높다는 것은 잘 알려진 사실이다. 신제품은 발견부터 상업적 판매까지 평균 10~15년이 걸린다. 신약을 발견하고, 시험하고, 승인을 받고, 제조하고, 마케팅하는 과정은 길고 비용이 많이 든다. 그렇다면 생명공학 스타트업은 어떻게 그것을 이루어낼까? 답은 생명공학 회사가 실제로 제품을 시장에 내놓는 경우는 거의 없다는 것이다. 작동 방식은 다음과 같다.

생명공학 회사는 신약을 발견하고 특허를 내는 것을 전문으로 하며 이것이 그들이 잘하는 것이다. 그러나 대부분의 경우 제품을 시장에 내놓을 자금도 노하우도 가지고 있지 않다. 반면 Johnson & Johnson, Pfizer, Merck 등의 대형 제약사는 전문적으로 의약품을 개발하고 마케팅하며 의사에게 이에 대한 정보를 제공하는 것이 그들의 전문 분야이다. 그러나 이러한 회사는 일반적으로 작은 생명공학 회사처럼 과학적 재능과 기업가적 열정의 깊이를 가지고 있지 않다. 이 두 종류의 회사들은 가능한 한 성공하기 위해 서로를 필요로 한다. 항상은 아니지만 종종 이런 일이 일어난다. 생명공학 회사가 신약을 발견하고 특허를 내면, 더 큰 제약 회사는 이를 개발해서 시장에 내놓는다. 생명공학 회사는 이 협정을 통해 특허로 보호하고 있는 발견을 허가하거나 더 큰 회사에 판매하거나 수익 공유 방식으로 파트너 관계를 맺음으로써 돈을 번다. 대형 제약회사는 소비자에게 그 제품을 팔아서 돈을 번다.

가장 설득력 있는 파트너십 협약은 기업가가 가장 잘하는 일, 즉 일반적으로 혁신에 집중하고 파트너의 보완적인 강점과 자원을 활용할 수 있도록 지원한다.

비판적 사고를 위한 문제

1. 비즈니스 환경의 어떤 요소가 기업이 경쟁하기 위해 협력하도록 장려한다고 생각하는가?
2. 성공적인 대기업과 협력할 때 소기업이 직면하는 위험은 무엇인가? 대기업이 혁신의 원천으로 중소기업에 의존할 때 어떤 위험을 감수하는가?
3. 정부 정책은 제약 산업에서 중소기업과 대기업 간의 협력 활동에 어떤 영향을 미칠 수 있는가?
4. 당신이 벤처기업에서 일한다면 대기업과 파트너십을 맺도록 권유하기 전에 대기업에 대해 무엇을 알고 싶은가?

로 찾아낼 필요가 있다. 보조금을 받는 중소기업의 전형적인 시나리오는 대학 생활 기술 과정을 제공하는 영리기업 Hidden Curriculum Education의 설립자인 Rozalia Williams가 제공한다. 사업을 시작하기 위해 Williams는 플로리다주 데이드 카운티의 보조금 지급 기관인 Miami-Dade Empowerment Trust로부터 7만 2,500달러의 보조금을 받았다. Miami-Dade Empowerment Trust의 목적은 데이드 카운티의 불우한 이웃을 위한 사업체를 만드는 것을 장려하는 것이다. 대부분의 보조금 수여 상황에서 Williams가 성공한 비결은 그녀의 사업이 보조금 지급 기관의 임무와 잘 맞아떨어졌으며, 이 기관이 개선하기 위해 헌신한 분야에 그녀의 사업을 기꺼이 도입했다는 것이다. 보조금을 받고 3년에 걸쳐 데이드 카운티의 4개 지역에서 대학 입시 과정을 진행한 후, Williams는 사업 확장을 위해 Miami-Dade Empowerment Trust로부터 추가로 10만 달러를 대출받았다.[50] 기존 회사와 신생 회사 모두에 돈을 주는 민간 재단도 있다. 이러한 보조금은 일반적으로 특정 목적이나 특정 분야의 연구 개발과 같은 특정 프로젝트와 관련이 있다.

연방정부는 앞에서 설명한 SBIR 및 STTR 프로그램 이외의 프로그램도 승인하고 있다. 이용가능한 전체 보조금의 범위가 www.grants.gov에 나와 있다. 주정부와 지방정부, 민간 재단, 자선단체들도 웹사이트에 보조금 공고를 게시한다. 사업에 맞는 보조금을 찾는 것이 관건이다. 이것은 작은 일이 아니다. 다만 창업 비용의 일부 또는 전부를 보조금 지급 기관을 통해 조달할 수 있다면 노력할 가치가 있다.

한 가지 주의해야 할 것은 보조금 관련 사기이다. 사업주는 종종 개인이나 단체로부터 요청하지 않은 편지나 이메일 메시지를 받는데, 이는 비용을 지불하면 수백 개의 사업 관련 보조금에 접근할 수 있도록 도울 수 있다는 것을 보장한다. 현실은 한 사업에 맞는 보조금이 수백 개가 되지 않는다는 것이다. 이런 종류의 제안은 대부분 사기이다.

전략적 파트너

전략적 파트너는 새로운 벤처기업을 위한 또 다른 자본 출처이다.[51] 실제로 전략적 파트너는 종종 젊은 기업이 사업에 자금을 대고 사업 모델을 완성하도록 돕는 데 중요한 역할을 한다.

예를 들어, 생명공학 회사는 '영리한 창업기업'에서 알 수 있듯이 재정적 지원을 위해 파트너에게 크게 의존한다. 작은 생명공학 회사는 연구소에서 시장에 이르기까지 새로운 발견을 할 수 있는 충분한 재정적 자본과 다른 자원에 거의 접근하지 못할 것이다. 성공하는 데는 너무 많은 시간, 자본, 다른 자원이 필요하다. 결과적으로, 소규모 생명공학 회사는 그 과정의 일부를 수행하기 위해 자금력이 풍부한 전략적 파트너에게 의존한다. 또한 특정 자원에 접근하거나 출시 속도를 높이기 위해 많은 전략적 파트너십을 형성한다.[52] 공장 및 장비에 대한 접근과 확립된 유통 채널에 대한 대가로, 새로운 벤처기업은 이러한 파트너십에 기업가정신과 새로운 아이디어를 제공한다. 이러한 유형의 협약은 신규 벤처기업이 자금 조달 또는 투자의 필요성을 줄이는 데 도움이 될 수 있다.

요약 Chapter Summary

1. 일반적으로 기업가는 차입 자금이나 투자 자본 없이 사업을 운영하는 것이 어렵다는 것을 알게 된다. 이 때문에 기업가는 조직의 성공을 추구하면서 자신의 벤처를 성공적으로 지원하는 데 필요한 자본의 양에 접근할 수 있는 다양한 접근법을 이해할 필요가 있다.
2. 현금흐름 문제, 자본 투자 요구, 긴 제품 개발 주기의 현실이라는 세 가지 이유로 인해 대부분의 신규 기업은 생애 초기에 자금을 조달해야 한다. 기업의 성장은 일반적으로 추가 수익을 창출하기 위해 자본을 소비해야 하는 필요성과 그러한 투자로부터 긍정적인 수익을 얻는 데 필요한 시간 사이의 지연 때문에 현금흐름 문제를 야기할 수 있다. 창업 벤처의 설립자는 회사의 초기 자본 투자 요구에는 자금을 댈 수 있을 것이다. 그러나 장기적인 성공의 토대가 되는 확고한 성장을 지원하기 위해서는 더 많은 투자가 필요하다. 경우에 따라 제품이 시장에 진입하는 데 필요한 시간이 길어질 수 있다. 이 경우 제품 개발 주기가 길어지는 동안 기업을 계속 운영하기 위해 추가 투자가 필요하다.
3. 개인 자금, 친구와 가족, 부트스트래핑은 기업가가 이용할 수 있는 개인 자금 조달의 세 가지 출처이다. 기업가가 벤처에 투자하기 위해 자금을 사용하는 동시에 기업을 계속 유지하기 위해 '땀 자본'(또는 열심히 일하는 것)을 제공하는 것은 매우 일반적이다. 또한 기업가는 가족과 친구가 제공하는 자금을 지원받는다. 이러한 투자는 대출과 선물을 포함해서 다양한 형태로 이루어진다. 부트스트래핑을 할 때 기업가는 외부 자금의 필요성을 피할 수 있는 방법을 찾는다. 창의성과 독창성을 발휘하고 기업의 비용을 줄이는 방법을 찾는 것은 기업가가 외부 자금의 필요성을 줄이기 위해 하는 일의 예이다. 실제로 기업가는 종종 자금을 조달하거나 비용을 절감하기 위해 부트스트랩을 하는 방법을 찾는 데 매우 창의적이다. 부트스트래핑의 다른 예로는 개인 비용을 최소화하고 모든 수익을 비즈니스에 재투자하는 것, 파트너와 파트너십 구축 및 비용 공유, 사무실 공간 및/또는 직원을 다른 비즈니스와 공유하는 것 등이 있다.
4. 부채나 지분투자를 적절히 준비하는 데 수반되는 세 가지 단계는 정확하게 필요한 금액을 결정하고, 가장 적절한 자금 조달 또는 투자 유형을 결정하고, 잠재 투자자 또는 은행

가를 참여시키기 위한 전략을 개발하는 것이다. 현금흐름표는 한 시점에 기업이 필요로 하는 자본의 양을 결정하는 노력에 도움이 된다. 벤처 자금 조달 방법을 결정할 때 기업가는 일반적으로 지분투자(기업의 일부 소유권을 금융 지원과 교환)와 부채 조달(기업가가 대출을 받아 자본에 접근하는) 중 하나를 선택한다. 그런 다음 기업가는 엘리베이터 피치(비즈니스 기회의 장점을 설명하는 간략하고 신중하게 구성된 진술)를 개발하고, 자금 조달을 위해 접촉할 수 있는 최상의 후보를 파악하고, 효과적으로 개발한 사업 계획을 잠재 투자자에게 제시할 준비를 한다.

5. 비즈니스 엔젤, 벤처 캐피털, 기업 공개(IPO)는 기업가가 이용할 수 있는 주식 자금의 가장 중요한 세 가지 출처이다. 비즈니스 엔젤은 개인 자본을 스타트업에 직접 투자하는 개인이다. 이러한 투자자는 일반적으로 한 회사에 1만 달러에서 50만 달러까지 투자하는 높은 순자산을 가진 개인인 경향이 있다. 벤처 캐피털은 성장 잠재력이 뛰어난 스타트업과 중소기업에 투자하는 돈이다. 전형적으로 벤처 캐피털리스트는 한 회사에 적어도 100만 달러를 투자한다. 기업 공개(IPO)는 다음과 같은 네 가지 이유로 기업에 중요한 이정표가 된다. 즉, 지분투자를 유치하는 방법이며, 기업의 대중적 인지도를 높이고, 유동성 행사이며, 기업을 성장시키는 데 사용할 수 있는 또 다른 형태의 통화(기업 주식)를 창출한다.

6. 기업가가 이용할 수 있는 부채의 출처는 상업은행, SBA 보증 대출과 판매업자 신용, 팩터링, P2P 대출, 크라우드펀딩과 같은 다른 출처를 포함한다. 역사적으로 상업은행은 창업벤처에 자금을 대출하는 것을 꺼렸는데, 주된 이유는 그들이 위험을 회피하며 중소기업에 대한 대출은 대기업 대출에 비해 수익이 적기 때문이다. 중소기업이 이용할 수 있는 주요 SBA 프로그램은 7(A) 대출 보증 프로그램이다. 이 프로그램은 SBA가 보증하는 대출을 제공하는 민간 부문 대출 기관을 통해 운영된다. 정상적인 대출 경로를 통해 합리적인 조건으로 자금을 조달하기 어려운 소상공인을 위한 대출이다.

7. 리스, SBIR 및 STTR 보조금 프로그램과 같은 다른 유형의 보조금 프로그램은 기업가가 자금을 얻기 위해 추구할 수 있는 창의적인 기회의 예시다. 리스는 특정 기간 동안 개인이나 기업이 지불을 대가로 자산을 사용할 수 있도록 하는 서면 계약이다. 리스의 주요 이점은 기업이 선금이 작거나 전혀 없더라도 자산을 이용할 수 있다는 것이다. SBIR 및 STTR 보조금 프로그램은 기술 기반 벤처기업에 대한 초기 단계 자금의 중요한 출처이다.

주요 용어 Key Term

공인투자자
기업 공개(IPO)
기업 벤처 캐피털
단일 목적 대출
땀 자본
라운드
로드쇼
리스
리워드 기반 크라우드펀딩
무한책임 파트너
벤처 리스 회사
벤처 캐피털
부채 조달
부트스트래핑
비즈니스 엔젤
사모펀드
사베인스-옥슬리 법
성공률
실사
약속어음
엘리베이터 스피치(또는 피치)
연소율
예비 투자 설명서
유동성 행사
유한책임 파트너
주식 기반 크라우드펀딩
지분투자
최종 투자 설명서
캐리
크라우드펀딩
투자은행
판매업자 신용
팩터링
한도 대출
후속 자금 조달
P2P 대출 기관
SBA 보증 대출 프로그램
SBIR 프로그램
STTR 프로그램
2차 시장 제공
7(A) 대출 보증 프로그램

복습 문제 Review Question

1. 신생기업에 자본 투자가 필요한 이유는 무엇인가? 그것 없이도 스스로를 지탱할 수 있는가?
2. 연소율이라는 용어는 무엇을 의미하는가? 상대적으로 오랜 기간 동안 부정적인 연소율을 경험하면 어떤 결과가 발생하는가?
3. 벤처 캐피털 자금 조달과 관련된 여러 단계는 무엇인가? 각각에 대해 간단히 설명하라.
4. 기업가는 벤처 자금을 조달하기 위해 개인 자금과 친구 및 가족의 자금에 어느 정도 의존하는가? 사업주가 친구나 가족에게 창업 자금을 요청할 때 따라야 할 세 가지 경험 법칙은 무엇인가?
5. 기업가가 이용할 수 있는 개인 자금 조달원은 무엇인가?
6. 부채 또는 지분투자를 적절하게 준비하기 위한 세 가지 단계를 설명하라.
7. 지분투자와 부채 조달의 차이점은 무엇인가?
8. 지분투자의 가장 일반적인 출처는 무엇인가?
9. 부채 조달의 가장 일반적인 출처를 설명하라.
10. 지분투자를 위해 잠재 투자자에게 접근하기 전에 기업가는 무엇을 해야 하는가?
11. 잠재 투자자나 은행가에게 접근하기 전에 개인적으로 소개를 받는 것이 왜 중요한가?
12. 잠재 투자자나 은행가를 효과적으로 참여시키기 위해 필요한 세 가지 단계는 무엇인가?
13. 지분투자의 가장 일반적인 세 가지 출처는 무엇인가?
14. 비즈니스 엔젤 펀딩의 성격을 설명하라. 일반적으로 어떤 유형의 사람이 비즈니스 엔젤이 되며 창업기업에 자금을 지원하는 과정에서 비즈니스 엔젤이 수행하는 고유한 역할은 무엇인가?
15. **벤처 캐피털**이라는 용어는 무엇을 의미하는가? 벤처 캐피털 회사는 어디에서 자금을 얻는가? 벤처 캐피털리스트는 일반적으로 어떤 유형의 회사에 자금을 지원하기를 원하는가? 왜 그러한가?
16. 기업 공개(IPO)의 목적을 설명하라. 기업 공개가 창업기업의 중요한 이정표로 간주되는 이유는 무엇인가?
17. 기업 공개 과정에서 투자은행의 목적은 무엇인가?
18. 리워드 기반 크라우드펀딩과 주식 기반 크라우드펀딩의 차이점은 무엇인가?
19. SBA의 7(A) 대출 보증 프로그램에 대해 간략히 설명하라. 대부분의 신생기업이 SBA 보증 대출을 받을 자격이 되는가? 그 이유는 무엇인가?
20. SBIR 보조금이란 무엇인가? 기업이 자격이 된다면 왜 그러한 보조금을 신청하려고 하는가?

응용 문제 Application Question

1. 'You Be the VC' 10.1과 관련해서 UAE 이외의 다른 수도에서 Keza 다이닝 앱 라이선스를 고려하겠는가?
2. 친구인 Samantha Smith는 최근 아버지가 태양열 발전 산업에서 시작한 회사에 대해 이야기했다. Samantha의 아버지는 자신이 개발한 기술을 사용하고 있으며 이 기술은 여러 기술 간행물에서 호평을 받았다. 그가 제안한 벤처에 투자하기를 열망하는 두 명의 엔젤 투자자가 그에게 접근했다. 그는 또한 자신의 프로젝트를 수행할 사무실과 연구실을 유지할 수 있는 권위 있는 기술 인큐베이터 자리를 제안받았다. Samantha는 아버지가 잠재 투자자를 외면하고 인큐베이터로 옮기는 대신 자신이 소유한 건물에 있는 한 상점에서 일하기로 선택했다고 말했다. 그는 적어도 처음 2년 동안은 개인 저축으로 회사 자금을 조달할 수 있을 것이다. Samantha의 아버지가 좋은 결정을 내렸다고 생각하는가? 그 결정의 장단점은 무엇인가?
3. 동급생인 Jim Carter는 주택 수리 및 리모델링 프로젝트를 위한 주택 수리 가이드북, 도구, 사용법 비디오 및 관련 자료를 판매하는 전자상거래 회사를 시작할 준비를 하고 있다. 그는 방금 주말에 외할머니와 이야기를 나누었고, 그녀가 회사를 시작하기 위해 2만 5,000달러를 빌려주기로 동의했다고 말했다. 당신이 Jim에게 대출을 공식화*하기 위해 할머니와 어떤 준비를 했는지 물었을 때, 그는 의아해하며 "할머니가 일주일 정도 후에 수표를 보내주실 예정인데, 저축 계좌에서 돈을 인출하기만 하면 돼"라고 말했다. Jim은 당신의 걱정스러운 표정에 걱정하는 듯 말했다. "무슨 생각을 하는지 말해봐. 정말 제대로 하고 싶어." Jim에게 뭐라고 말하겠는가? (역자 주: 대출 공식화란 대출 조건과 관련된 사항들을 명확하게 기록하고, 양측 간의 책임과 의

무를 명시적으로 정의하는 과정으로 일반적으로 대출 계약서를 작성하거나 서면으로 약정을 체결하는 등의 절차를 포함한다.)

4. Kathy Baker는 컴퓨터 하드웨어 회사를 시작하는 중이며 자신의 회사가 해결할 수 있는 실제 문제를 파악했다고 생각한다. 그녀는 투자 자본이 필요하지만 그 과정에 대해 잘 알지 못하고 어디서부터 시작해야 할지 모른다. 그녀가 당신에게 조언을 구하고 있다. Kathy에게 투자 자본 조달 과정을 소개하는 250~300단어 분량의 이메일 메시지를 작성하라.

5. 현재 시중에 나와 있는 카시트보다 더 가볍고 안전한 새로운 유형의 아동용 카시트를 발명했다고 상상해보라. 당신은 사업 계획이 있으며 당신의 아이디어를 바탕으로 두 개의 사업 계획 경진대회에서 우승했다. 또한 작동하는 프로토타입도 있다. 당신은 회사 설립 자금을 지원할 엔젤 투자자를 찾고 싶어 한다. 당신이 거주하는 지역에서 엔젤 투자자를 찾는 방법을 설명하라. 적절한 엔젤 투자자를 찾기 위해 취할 구체적인 단계와 대화할 특정 사람들의 목록을 만들어보라.

6. 졸업생을 대상으로 한 기업가정신 수업에서 학생 중 한 명이 제조회사의 비용을 절반으로 낮출 수 있는 바이오디젤 기술에 대해 프레젠테이션을 했다. 당신은 그 기술이 성공적인 제품으로 개발될 가능성이 있기 때문에 이 학생이 자금이 있다면 정부 및 기타 민간 기관에 자신의 아이디어를 제안할 수 있다고 생각한다. 그녀의 강사로서 SBIR 프로그램과 프로그램의 세 가지 단계 및 각 단계에서 사용 가능한 자금의 규모에 대해 그녀에게 조언하라.

7. Brenda White는 지난 3년 동안 미용실을 운영해왔다. 미용실은 유명인 고객이 많으며 동네에서 잘 알려져 있다. 3년 동안 그녀는 재정 지원 없이 혼자서 미용실을 유지해왔다. 그러나 최근 경기 침체로 인해 혼자 계속하기가 어려워져 자신과 지분을 공유할 투자자를 찾고 있다. 그녀의 벤처에 사용할 수 있는 자금 유형에 대해 조언하라.

You Be the VC 10.1 회사명: Keza

• Web: www.keza.it • Instagram: @KezaArabia • Twitter: @KezaArabia

사업 아이디어: UAE를 기반으로 하는 식품 앱, 구독 서비스, 비즈니스 공급망 솔루션

개요: 몇 년 전 Nida Sumar는 두바이 최고의 레스토랑 중 한 곳에서 주문과 서비스가 제대로 대응이 되지 않았던 기분 나쁜 경험을 가지고 있다. Sumar는 숙련된 셰프이지만 재무 분석가가 되기 위해 공부했으며 그 경험으로 앱을 통해 시간을 절약하고 혼란을 피할 수 있는 아이디어를 얻었다. 그 결과 Sumar는 고객이 레스토랑과 상호작용할 수 있는 다이닝 앱인 Keza를 만들었다. 사용자는 앱을 다운로드해서 가입한 후 요리를 보고 검토하고, 테이블을 예약하고, 레스토랑 직원에게 연락하고, 레스토랑 청구서를 나누고, 지불할 수 있다.

두바이는 길거리 음식부터 미슐랭 스타 레스토랑에 이르기까지 광범위하고 다양한 음식 문화 때문에 Keza 출시의 첫 번째 선택지였다. Keza 앱 시스템에 포함될 다음 도시는 파키스탄의 카라치이다. 2017년 11월 현재 Keza에는 두바이와 인도에서 근무하는 9명의 직원이 있다.

그러나 Keza 앱은 회사에서 제공하는 네 가지 서비스 중 하나일 뿐이다. Snackerx는 지속 가능한 지역 농산물로 만든 건강한 간식을 위한 월간 구독 서비스이다. 이 두 가지 고객 대면 서비스와 함께 호텔과 레스토랑에서 고객 서비스를 개선하고 고객 충성도를 높이는 데 사용하도록 설계한 POS 및 재고 관리 시스템인 Keza Cloud가 있다. 마지막 서비스인 Keza Marketplace는 비즈니스 고객을 다양한 식음료 공급업체와 연결하도록 설계한 개별 B2B 공급망 관리 시스템이다.

Sumar는 《Entrepreneur Middle East》에서 이 지역의 Achieving Women's Who's Who 중 하나로 선정되었다. 그녀는 UAE에서 몇 안 되지만 점점 늘어나고 있는 여성 CEO 중 한 명으로서 보기 드문 인물이다. Sumar와 그녀의 회사는 여성의 복지와 지위 향상을 지원하고 소녀들의 교육을 후원하며 학대에서 탈출한 여성을 지원하고 있다.

Keza는 여러 가지 면에서 특이하다. 여성 CEO가 있을 뿐만 아니라 시간이 지남에 따라 성장하기 위해 특정 틈새 시장에 집중하지도 않았다. 대신 식음료 시장의 다양한 부분에 솔루션을 제공하는 다른 길을 택했다. 2017년 말까지 Keza는 서비스를 지원하기 위해 Al Rawabi 및 Emirates Poultry와 같은 중동 및 북아프리카(MENA) 지역의 일부 주요 브랜드를 포함해서 107개의 유료 기업을 확보했다.

서비스 개발은 시스템이 복잡하고 까다롭기 때문에 느리고 복잡한 과정이다. 이러한 서비스를 디지털화하고 간소화하면 막대한 비용하고 절감하고 고객을 위한 시스템을 개선할 수 있다.

- 이 장에서 다룬 자료를 바탕으로, 투자를 결정하기 전에 회사 설립자에게 어떤 질문을 할 것인가? 어떤 대답이 여러분을 만족시킬까?
- 개요와 회사 웹사이트에 제공된 정보만 보고 투자 결정을 내려야 한다면 이 회사에 투자하겠는가? 왜 그러한가? 혹은 왜 그렇지 않은가?

You Be the VC 10.2

회사명: Lumo Bodytech

• Web: www.lumobodytech.com • Facebook: Lumo Bodytech • Twitter: @lumobodytech

사업 아이디어: 작고 눈에 띄지 않는 두 개의 웨어러블 기기를 설계하고 개발한다. 첫 번째 장치는 사용자의 자세를 모니터링하고 개선해서 사용자가 똑바로 앉고, 더 높게 서며, 더 좋아 보이게 한다. 두 번째 장치는 사용자의 달리기 자세를 분석해서 달리기 목표를 뛰어넘을 수 있도록 개별 코칭을 제공한다.

개요: 첫 번째 장치인 Lumo Lift는 조그만 자세 코치이자 활동 추적기이다. 대부분의 피트니스 트래커는 걸음 수와 진행 거리와 같은 사용자의 움직임만 추적한다. Lumo Lift도 동일한 기능을 가지고 있지만 Lumo Lift의 주된 목적은 자세, 즉 앉은 자세와 서 있는 자세에 주의를 기울이는 것이다. 작동 방식은 다음과 같다. 장치를 마그네틱 걸쇠를 사용해서 셔츠의 안쪽이나 바깥쪽에 고정한다. 쇄골 바로 아래에 장치를 놓는다. 장치를 부착한 후 원하는 자세를 취한다. 그런 다음 장치를 보정하고 하루 종일 이동하면 Lift가 사용자의 자세와 움직임을 추적한다. 몸을 구부정하게 하고 있으면 부드럽게 진동을 울려서 자세를 바로잡도록 알려준다. Lift는 수집한 데이터를 스마트폰 앱으로 전송해서 활동 수준 및 자세 수행을 포함한 일일 통계를 볼 수 있다. Lumo Lift가 해결하는 문제는 자세 불량으로 인한 허리 통증이다. 또한 사용자가 똑바로 앉고, 더 크게 서며, 자신감을 얻도록 돕는다. 어깨를 뒤로 젖히고 머리를 높이 들어(즉, 완벽한 자세) 길이나 복도를 걷는 것을 상상해보라. 이것이 더 자신감을 가질 수 있는 비결이다.

Lumo Bodytech가 개발한 두 번째 장치는 Lumo Run이다. 달리는 사람의 거리, 속도, 심박수를 추적하는 많은 장치가 있다. Lumo Run은 그 이상이다. 이 장치는 센서를 사용해서 달릴 때 몸이 어떻게 움직이는지 추적하는 반바지 뒷면에 부착하는 작은 클립이다. 달릴 때 Lumo Run의 센서는 각 걸음마다 케이던스, 바운스, 제동, 골반 회전, 보폭, 지면 접촉 등을 추적하고 스마트폰 앱을 통해 실시간 오디오 코칭을 제공해서 더 나은 실력과 부상 방지를 위해 자세를 조정해준다. 예를 들어, 앱은 달리는 동안 엉덩이를 좌우로 너무 많이 움직이고 있다고 알려줄 수 있다. 휴대전화를 가지고 달리는 것이 불편하다면 달리기 후에 센서에서 데이터를 동기화할 수 있다. Lumo Run은 코치 역할을 하며 달리기 후 성과 차트를 제공한다. 다음 달리기를 준비하기 위해서 이 앱은 자세를 개선하기 위한 목표를 설정하는 데 도움을 준다. 또한 목표 달성에 도움이 되는 운동(및 운동 방법을 알려주는 유용한 동영상)을 제안한다.

Lumo Run이 해결하는 문제는 부상을 방지하고 자세를 개선하는 것이다. 자세가 좋지 않으면 등, 골반, 무릎에 온갖 문제가 생긴다. 자세를 개선하면 부상을 예방할 수 있을 뿐만 아니라 달리기 시간을 개선하고 달리기의 즐거움을 높일 수 있다.

- 이 장에서 다룬 자료를 바탕으로, 투자를 결정하기 전에 회사 설립자에게 어떤 질문을 할 것인가? 어떤 대답이 여러분을 만족시킬까?
- 개요와 회사 웹사이트에 제공된 정보만 보고 투자 결정을 내려야 한다면 이 회사에 투자하겠는가? 왜 그러한가? 혹은 왜 그렇지 않은가?

사례 10.1

CASE

Revolights: 혁신적인 자전거 조명 시스템에 생명을 불어넣기 위해 여러 자금 출처 사용하기

• Web: www.revolights.com • Facebook: Revolights • Twitter: @Revolights

Bruce R. Barringer(오클라호마주립대학교)
R. Duane Ireland(텍사스A&M대학교)

소개

2010년 10월 어느 날 저녁, Kent Frankovich는 직장에서 자전거를 타고 집으로 가고 있었다. 그는 스탠퍼드에서 연구 프로젝트를 완수 중이어서 밤에 실험실을 많이 왔다 갔다 했다. 자전거 핸들에 장착된 조명은 가는 길의 앞부분 일부만 비췄다. 그가 유달리 어두운 구역으로 들어서자 움푹 파인 도로에 부딪혔다. 그는 자전거에서 거의 떨어질 뻔했다. 이 사건을 계기로 자전거 앞의 길을 비추는 더 좋은 방법이 있을 것이라고 생각하게 되었다.

그는 더 좋은 핸들 장착 조명을 구입하지 않기로 결정했다. 그리고 눈앞에 조명을 비추려고 하는데 왜 이렇게 조명이 높은 곳에 있는지 의문을 가졌다. 그래서 조사하기로 결심했다. 그는 자동차의 조명과 그 안에 들어간 설계 작업을 살펴보았다. 많은 신차에는 랩어라운드 조명이 있어 측면과 전면에서 차량을 볼 수 있었다. 또한 자전거와 달리 자동차 헤드라이트는 전면에 있고 상당히 낮기 때문에 도로를 가장 잘 비출 수 있었다.

Frankovich는 자전거 라이트를 가장 필요한 곳, 즉 바퀴에 배치해야 한다고 결정했다.

이 결론은 설계상의 문제를 제기했다. 자전거의 바퀴는 회전하므로 바퀴에 조명을 장착할 수 없다. Frankovich는 이 문제에 대해 약간의 생각을 한 후 해결책을 내놓았다. 작은 LED 조명을 바퀴 전체에 배치하고 앞을 향할 때만 켜지도록 타이밍을 맞췄다. 따라서 어떤 때라도 바퀴의 약 1/3만 조명이 켜지며 이 1/3의 조명이 자전거 앞의 경로를 비추는 것이다. 회전하는 빛이 라이더의 시력을 방해하기 때문에 바퀴 전체를 밝힐 수는 없었다.

Frankovich는 프로토타입을 만들고 밤에 라이딩을 시작했다. 그는 빛의 아치가 앞에 있는 길을 밝혀줄 뿐만 아니라 사방에서 그를 크게 볼 수 있게 한다는 것을 발견했다. 이는 놀라운 일이었다. Frankovich가 수행한 일부 선행 연구에서 그는 자전거에 대한 흥미로운 통계를 발견했다. 이는 미국인의 약 1/3이 자전거를 소유하고 있지만 여행의 1%만이 자전거로 이루어진다는 사실이었다. 사람들이 자전거를 자주 타지 않는 상위 네 가지 이유는 ① 차량 통행, ② 날씨, ③ 자전거 도로 부족, ④ 어둠이었다. 이 네 가지 이유의 공통점은 개인의 안전이다. Frankovich는 자신의 해결책이 더 나은 자전거 조명을 제공할 수 있을 뿐만 아니라 사람들이 자전거를 더 잘 볼 수 있기 때문에 더 안전하게 자전거를 타는 데 도움이 될 수 있다는 것을 깨달았다. 정부 조사에 따르면 자전거 교통사고의 약 70%가 측면 시야 부족으로 일어난다. 또한 대부분의 자전거 사고는 오후 4시에서 오전 4시 사이, 즉 늦은 오후부터 해질녘 그리고 캄캄하게 어두운 시간까지 발생한다.

Frankovich는 이 통찰력을 사용해서 초기 프로토타입을 개선했다. 야간에 더 많은 측면 가시성을 제공하기 위해 앞바퀴뿐만 아니라 뒷바퀴에도 조명을 장착하기로 결정했다. 기능적이고 매우 멋질 수 있도록 전면 바퀴에는 흰색 표시등을, 후면에는 빨간색 표시등을 디자인했다. 그 결과 360도 조명이 제공되어 (자전거를 타는 사람을 위한) 조명이 개선되었을 뿐만 아니라 모든 방향에서 가시성이 향상되었다.

John Kent Frankovich/Revolights

이 사진에서 볼 수 있듯이, Revolights 시스템을 장착한 자전거는 기존의 핸들 라이트가 장착된 자전거보다 전면과 측면에서 훨씬 더 잘 보인다.

다음 단계

초기 디자인을 결정한 후 Frankovich는 친구 모임에서 Adam Pettler를 만났다. Pettler는 캘리포니아대학교 데이비스캠퍼스에서 MBA를 마쳤다. Core77 웹사이트(Core77은 산업 디자이너를 위한 사이트이다)에서 진행한 Frankovich와 Pettler의 인터뷰에 따르면 Frankovich는 Pettler에게 자신의 아이디어를 이야기하고 휴대전화를 꺼내 프로토타입 비디오를 재생했다. Pettler는 "이봐, 우리는 사업을 시작해야 해"라고 말했다. 공교롭게도 Pettler는 수업을 위한 사업 계획서를 작성해야 해서 아이디어를 찾고 있었다. 두 사람은 의기투합해 동업 관계를 맺었다.

이후 몇 달 동안 Frankovich와 Pettler는 원래 아이디어를 여러 번 반복했다. 그들은 Revolights라는 회사를 설립했다. 이 시점에서, Revolights 자전거 조명 시스템은 여러 개의 림 전용 클립을 사용해서 각 자전거 바퀴에 직접 장착하는 두 개의 좁은 LED 조명 링으로 구성되어 있다. 그들은 자전거 가게 주인들에게 가장 최신의 프로토타입 비디오를 보여주기 시작했다. 반응은 매우 긍정적이었다. 그들은 뭔가 잘 되어가고 있다고 느꼈지만, 여전히 그것이 사실인지 완전하게 확신할 수 없었다.

실제 현장에서도 수요가 있는지 확인하기 위해 그들은 Kickstarter 캠페인을 시작하기로 결정했다. 이 캠페인은 2011년 중반 4만 3,500달러의 목표를 가지고 시작했다. 이 금액은 Revolights 시스템의 최종 설계 및 개발 작업과 첫 생산 작업에 사용될 것이다. 이 시점에서 사례 읽기는 잠시 접어두고 Kickstarter.com로 이동해보라. 검색창에 'Revolights'를 입력하고 2011년 9월 27일에 펀딩을 받은 Revolights 캠페인을 선택한다(Revolights는 Kickstarter에서 두 번의 후속 캠페인을 진행했다). 2분 50초짜리 소개 영상을 보라. Revolights의 오리지널 피치를 볼 수 있다. 그 비디오는 또한 Revolights 시스템을 멋지게 시연한다. Kickstarter 캠페인은 1,442명의 후원자(원래 목표의 496%)로부터 21만 5,621달러를 모금했다. 이러한 성공은 Frankovich와 Pettler에게 Revolights를 진행하고 총력전을 펼칠 자신감을 주었다.

자금 조달 여정

Frankovich와 Pettler는 Revolights를 제작하기 시작했다. Revolights 시스템은 실물 제품이기 때문에 판매하기 전에 재고를 구입하고 지불해야 한다. 결과적으로 회사를 확장하려면 두 사람이 돈을 모아야 했다. 다음 쪽의 표는 사업에 활용한 투자를 정리한 것이다.

언급했듯이, 첫 번째 자금 조달은 초기 Kickstarter 캠페인이었다. 긍정적인 반응에 고무된 Frankovich와 Pettler는 생산을 확대하기로 결정하고 25만 달러의 SBA 대출을 받았다. 2013년 초, 그들은 두 번째 Kickstarter 캠페인을 진행했다. 1만 4,500달러의 목표는 쉽게 달성되어 233명의 후원자로부터 9만 4,793달러를 확보했다. 2011년과 2013년 Kickstarter 캠페인에 수록된 비디오의 차이점을 보면 회사가 얼마나 성숙했는지를 알 수 있다. 2013년 캠페인의 목적은 회사의 2세대 제품인

Revolights의 자금 조달 여정

날짜	투자 출처	투자 사용처	투자 확보 규모
2011년	Kickstarter 캠페인	설계 및 개발 작업 완료와 초기 생산 비용 지불	21만 5,621달러
2011년	SBA 대출	추가 생산 비용 조달	25만 달러
2013년	Kickstarter 캠페인	2세대 제품인 Revolights City에 투자	9만 4,793달러
2013년	〈Shark Tank〉	R&D와 생산에 투자	30만 달러
2014년	Sierra Angels 주도의 시리즈 A 라운드	팀 확장, 영업 및 마케팅 성장, 제품 라인 확장	100만 달러(〈Shark Tank〉가 약속한 30만 달러 포함)
2015년	VA Angels 주도의 추가 시리즈 A 라운드	지속적인 팀 확장, 영업 및 마케팅 성장, 제품 라인 확장	공개되지 않음
2015년	Indiegogo 캠페인	Revolights Eclipse에 투자	25만 8,131달러

Revolights City에 자금을 지원받는 것이었다. Revolights City는 더 다양한 자전거 림에 장착해서 Revolights를 더 널리 이용할 수 있게 한 것이다. 회사는 또한 Revolights 조명이 내장된 자전거 제품군을 판매할 Mission Bike와의 파트너십을 발표했다.

다음 자금 조달은 대담했다. Frankovich가 〈Shark Tank〉에 도전하기로 결심한 것이다. 〈Shark Tank〉 출연의 장점은 세 가지이다. 첫째, 자금 조달 가능성, 둘째, Mark Cuban, Barbara Corcoran, Robert Herjavec과 같은 유명 투자자로부터 투자를 받을 수 있는 가능성, 셋째, 출연이 가져오는 노출이다. 2013년에는 회당 평균 600만 이상의 시청자 수를 기록했다. 또한 〈Shark Tank〉에 출연하는 것은 Revolights와 같은 제품의 회사를 잠재적인 소매업체, 유통업체, 비즈니스 파트너에게 노출시킨다.

〈Shark Tank〉 에피소드는 2013년 말에 촬영해서 2014년 3월 7일에 방영되었다(시즌5 19회). Frankovich는 회사 주식의 10%를 대가로 15만 달러를 요구했다. 투자자들은 제품에 감명을 받아 베팅 가격을 올렸다. Frankovich는 세 가지 제안을 받았다. 그는 결국 Robert Herjavec이 Revolights의 지분 10%를 30만 달러로 제시한 것에 대해 "예"라고 대답했다. 〈Shark Tank〉 출연 성공에 용기를 얻은 Frankovich는 2014년 5월에 100만 달러의 시리즈 A 라운드를 모금했다. 이 라운드는 Sierra Angels와 Sacramento Angels가 주도했다. Robert Herjavec의 30만 달러 약속은 A 라운드 금액에 포함시켰다. 이 금액은 Revolights의 팀을 확장하고 마케팅과 판매를 성장시키고 제품 라인을 확장하는 데 투자되었다.

Frankovich와 Pettler는 자금 조달 과정에서 한 번의 문제를 겪었다. 〈Shark Tank〉 에피소드가 방영되고 시리즈 A 라운드 자금을 조달할 때까지 그들은 세 번째 Kickstarter 캠페인을 진행했다. 목표는 10만 달러였다. 그러나 총 7만 8,017달러의 후원을 받아 목표에 미치지 못해 캠페인은 실패했다.

2015년 후반 Revolights는 이번에는 VA Angels로부터 두 번째 시리즈 A 라운드를 모금했다. 자금 규모는 공개하지 않았다. VA Angels는 130명 이상의 액티브 엔젤 투자자를 보유한 캐나다의 대표적인 엔젤 그룹 중 하나이다. VA Angels 라운드가 끝난 직후, Revolights는 차세대 제품인 Revolights Eclipse를 출시하기 위해 Indiegogo 크라우드펀딩 캠페인을 운영했다. Indiegogo에 가서 검색창에 'Revolights'를 입력하면 소개 영상과 캠페인을 볼 수 있다. Revolights Eclipse는 기존 제품을 개선한 버전이었다. 제품의 여러 측면을 업그레이드함과 더불어 블루투스와 앱을 통해 라이더의 Revolights 조명을 스마트폰에 연결했다. 이 앱은 실시간 배터리 수명을 표시하고, 시간을 감지하고, 탑승을 감지해 Revolights 조명을 켜고, 날씨 알림을 제공한다. 앱은 또한 라이딩할 때 속도와 거리도 표시한다.

앞으로 가는 길

모든 스타트업과 마찬가지로 Revolights의 앞길은 여전히 불확실하다. 모든 징후가 긍정적이지만, 두 번의 시리즈 A 투자 라운드는 Revolights가 빠른 성장 모드를 유지하도록 압박할 것이다.

이 사례를 작성한 시점(2017년 5월)을 기준으로 Revolights는 극적으로 성장하고 있다. 이 회사의 제품은 현재 미국 전역의 수많은 매장에서 판매하고 있으며, 캐나다, 멕시코, 에콰도르, 스페인, 영국, 일본, 말레이시아를 포함한 많은 외국에 고객을 두고 있다. 실제로 이 회사 웹사이트의 'About Us' 탭 아래에는 'Revoworld'라는 항목이 있는데, 여기에는 각 국가의 Revolights 고객 사진과 함께 Revolights가 진출한 국가를 세계 지도로 파악할 수 있는 항목이 있다. Revolights는 위에서 설명한 것처럼 제품 라인도 확장했다.

Revolights를 둘러싼 불확실성은 제품 가격이다. 이 회사는 분명 더 넓은 시장에 어필하기 위해 가격을 낮추려고 노력하고 있다. 현재 Skyline, Eclipse, Eclipse+ 등 세 가지 제품을 보유하고 있다. 가격이 149달러인 Skyline은 산악자전거와 전기자전거에 맞는 26인치와 27.5인치 바퀴를 위해 만들어졌다. 마찬가지로 149달러인 Eclipse는 표준 바퀴용으로 만들어졌다. Indiegogo 캠페인을 통해 선보인 Eclipse+는 249달러이다. 이전 버전의 Revolights는 399달러나 한다. 현재 세 가지 모델 모두 자전거의 스포크에 장착하며(Revolights는 조명이 내장된 타이어를 더 이상 판매하지 않음), 360도 가시성을 갖추고 있고 자전거 앞

바퀴와 뒷바퀴에 모두 Revolights를 사용할 수 있도록 세트로 판매하고 있다. Revolights는 이러한 가격대에서 성장을 지속할 수 있었다. 불확실성은 시장을 지속적으로 성장시킬 수 있을지와 이를 위해 추가적인 자금 조달이 필요할지 여부이다.

Revolights는 계속해서 관심을 불러일으키고 화제를 만들고 있다. 2013년에는 James Dyson Award International의 파이널리스트였다. 또한 Core77 디자인 상을 수상했으며 《Men's Journal》에서 세계 최고의 자전거 조명 시스템으로 선정되었다. 2013년 Frankovich는 TEDx 새크라멘토에서 Revolights에 대해 강연을 했다. 이 강연은 6만 3,200건 이상의 조회수를 기록했다. Frankovich가 출연한 〈Shark Tank〉 에피소드는 769만 명이 시청했다. 2016년 Revolights는 영국 《Telegraph》에서 2016년 최고의 혁신적인 자전거 조명 10개 중 하나로 선정되었다.

토의 문제

1. 이 장의 앞부분에 다음 문장이 나온다. "벤처기업이 초창기에 돈을 모아야 하는 세 가지 이유는 현금흐름 문제, 자본 투자, 긴 제품 개발 주기에 있다." Revolights가 각 영역에서 자금을 조달할 필요가 있는지 평가하라.
2. Kent Frankovich와 Adam Pettler의 요청에 따라 Revolights의 현재 제품에 대한 60초짜리 엘리베이터 피치를 작성하라.
3. Revolights가 추가 자본을 조달해야 한다고 생각하는가? 만약 그렇다면 이유는 무엇인가? 이 장의 표 10.2를 지침으로 사용해서 Revolights가 추가 자본을 조달할 경우 자금 조달 또는 투자의 가장 적절한 출처는 무엇인가? 답변에 대해 설명하라.
4. Revolights가 주류 시장에 어느 정도 도달하고 성장을 지속할 수 있을 것으로 생각하는가? 이 회사가 얼마나 성공할 것이라고 믿는가? 이 책의 앞 장에서 소개한 기준과 당신의 직관에 근거해 타당한 답변을 해보라.

출처: Revolights website, www.revolights.com (accessed April 23, 2017); VA Angels Homepage, www.vaangels.com (accessed April 23, 2017); "Revolights Bicycle Lights Raised $1 Million After Shark Tank," 2Paragraphs in Business Spotlight, available at https://2paragraphs.com/2016/10/revolights-bicycle-lights-raised-1-million-after-shark-tank/ (posted October 18, 2016, accessed April 23, 2017); M. Khan, "Revolights Update—See What Happened After Shark Tank," Gazetterreview.com, available at https:// gazettereview.com/2015/11/revolights-update-see-happenedshark-tank/ (posted November 11, 2015, accessed April 23, 2017); K. Frankovich, "Kickstarting a Bicycle Safety Revolution: Kent Frankovich at TEDx Sacramento TEDx City 2.0," available at https://www.youtube.com/watch?v=axAx_Dq3rn8 (posted November 4, 2013, accessed April 23, 2017); Core77 website, available at https://www.core77.com/blog/core77_design_awards/ core77_design_awards_2012_the_revolights_bike_lighting_system_ professional_winner_for_transportation_23048.asp (posted August 1, 2012, accessed April 23, 2017).

사례 10.2 CASE

Kickstarter: 종자 자본 조달을 위한 점점 더 중요해지는 광장

• Web: www.kickstarter.com • Facebook: Kickstarter • Twitter: @kickstarter

Bruce R. Barringer(오클라호마주립대학교)
R. Duane Ireland(텍사스A&M대학교)

소개

Kickstarter는 크라우드펀딩 플랫폼이다. 크라우드펀딩 뒤에 있는 아이디어는 전통적인 수단을 통해서보다는 대중(즉, 군중)으로부터 돈을 모으는 것이다. Kickstarter가 명시한 임무는 창의적인 프로젝트에 생기를 불어넣는 것이다. 이 플랫폼은 2009년 4월 Perry Chen, Charles Adler, Yancy Strickler가 시작했다. 2017년 4월 기준 1,270만 명의 기부자가 12만 3,387건의 프로젝트에 자금을 지원해 30억 달러의 후원을 모으는 데 도움을 주었다. Kickstarter는 미국, 캐나다, 영국, 홍콩, 싱가포르, 호주 등 21개국에서 열리는 프로젝트에 참여할 수 있다. 후원자는 세계 어디에서나 올 수 있다. 대부분의 사람이 Kickstarter를 웹사이트로 생각하지만, 2013년 2월에 모바일 앱을 출시했다.

작동 방식

Kickstarter는 창의적인 프로젝트에 자금을 지원한다. 회사의 크리에이터 요건을 충족하는 사람은 누구나 Kickstarter에서 프로젝트를 시작할 수 있다. 프로젝트는 Kickstarter의 13개 범주와 36개의 하위 범주 중 하나에 포함되어야 한다. 13개 범주에는 예술, 만화, 무용, 디자인, 패션, 영화 및 비디오, 음식, 게임, 저널리즘, 음악, 사진, 출판, 기술, 연극 등이 포함된다. 스타트업은 특정 범주에 해당하면 자격이 있다. 예를 들어, 새로운 데님 청바지 유형과 스타일을 만들고 있는 회사는 패션 범주에 들어갈 것이다. 이러한 범주 중에서 영화 및 비디오와 음악이 가장 크고 가장 많은 돈을 모금한 범주이다.

일단 신청한 사람은 Kickstarter가 제공한 도구를 사용해 모금 캠페인을 시작한다. Kickstarter.com에 표시되고 모바일 앱을 통해 액세스

Ramin Talaie/Getty Images

이 사진은 Pebble 스마트워치의 다양한 제품을 보여준다. Pebble은 Kickstarter에서 1,000만 달러 이상을 후원받았다. Pebble 스마트워치는 블루투스 기술을 사용해서 스마트폰에 연결한다.

할 수 있는 이 캠페인은 프로젝트에 대한 설명, 홍보 영상(필수는 아니지만 권장됨), 모금 목표, 마감일, 후원 대가로 제공하는 인센티브 목록을 포함한다. 마감일까지 최저 한도에 도달하지 못하면 프로젝트는 실패하며 후원자는 돈을 돌려받는다. 후원은 단계별로 할 수 있으며(25달러, 50달러, 75달러 등), 각 단계별로 특정한 인센티브를 받는다. 몇몇 인센티브는 그저 감사 인사일 뿐이다. 예를 들어, 25달러를 후원하면 캠페인을 운영하는 사람으로부터 감사장을 받을 수 있다. 대조적으로, 어떤 후원은 좋은 보상을 얻는다. 예를 들어, COOLEST Cooler는 6만 2,642명의 후원자로부터 1,330만 달러를 모금함으로써 역대 두 번째로 가장 성공적인 Kickstarter 캠페인을 운영했다. 165달러를 후원한 후원자는 이 캠페인이 제조업을 돕기 위해 고안한 쿨러 중 하나를 받았다. COOLEST Cooler는 현재 399.99달러에 판매하고 있다.

Kickstarter는 캠페인의 무결성을 관리하기 위해 여러 단계를 밟았다. 기부자가 약속한 돈은 Amazon Payments를 사용해서 모은다. Kickstarter는 각 프로젝트와 해당 프로젝트에서 생산하는 작업물에 대한 소유권을 주장하지 않는다. 다만 모금액의 5%를 가져감으로써 돈을 번다. 3~5%의 추가 비용이 Amazon Payments에 전달된다. Kickstarter는 하드웨어 제품에 대한 요구 사항을 추가했다. Kickstarter 캠페인을 진행하면서 프로토타입을 제작하는 것도 가능하지만, 완제품이 후원 보상 중 하나라면 아이디어만으로는 출시할 수 없다. 시제품의 현재 상태(사진 및 비디오 포함)를 설명하고 생산 계획 및 예상 일정을 제출해야 한다. 이러한 요구 사항은 장치를 실제로 제작하고 후원자가 약속한 인센티브를 받을 수 있도록 보장하는 데 도움이 된다.

Kickstarter는 모금 플랫폼이지만 대부분의 Kickstarter 캠페인은 다양한 목표를 가지고 있다. 성공적인 캠페인을 실행하면 비즈니스 설립자는 얼리어답터 고객에게 다가가 제품을 위한 커뮤니티를 성장시키고 시장을 검증하며 고객 피드백과 통찰력을 얻고 홍보와 화제를 불러일으킬 수 있다. 예를 들어, 한 식품 스타트업이 새로운 종류의 유기농 커피를 소개하기 위해 Kickstarter 캠페인을 운영한다고 가정해보자. 이 캠페인을 이용해서 유기농 제품과 커피에 관한 글을 쓰는 블로거들과 언론인들에게 연락해 캠페인에 대한 지지를 끌어모을 수 있다. 캠페인이 성공해서 2,000명의 후원자로부터 20만 달러를 모금했다면, 이 스타트업은 2,000명의 사람이 캠페인에 참여한 결과 본질적으로 제품에 엄지를 치켜세웠다는 점에서 잠재 투자자에게 훨씬 더 강력한 이야기를 할 수 있을 것이다. 이는 제품의 잠재적 시장에 대한 강력한 검증이 된다. 캠페인에 참여한 2,000명의 사람은 아마도 회사의 첫 번째 고객이 될 것이고 다른 사람에게 그 제품에 대해 말할 것이다. 따라서 스타트업은 이제 제품을 중심으로 커뮤니티를 형성하고 있다. 게다가 후원자는 Kickstarter 페이지에 회사에 대한 댓글을 남길 수 있다. 많은 댓글이 제품을 개선하는 데 유용한 제안들을 제공한다.

현재까지 가장 성공적인 Kickstarter 프로젝트 7개가 아래 표에 나와 있다. Kickstarter의 웹사이트로 가서 검색창에 프로젝트 이름을 입력하면 각각의 프로젝트를 볼 수 있다. Kickstarter는 모든 프로젝트를 무기한 보관한다.

Kickstarter 프로젝트

다음은 일반적인 Kickstarter 캠페인이다. 제2장 도입부의 주인공인 Wiivv는 Shamil Hargovan과 Louis-Victor Jadavij가 2014년에 시

역대 가장 성공적인 Kickstarter 프로젝트 7개

순위	모금액	프로젝트명	설명	후원자 수
1	20,338,986달러	Pebble Time	개선된 Pebble 스마트워치	78,471명
2	13,285,226달러	COOLEST Cooler	블렌더, 블루투스 스피커, USB충전기, 기타 기능들이 내장된 쿨러	62,642명
3	10,266,845달러	Pebble Technology	iPhone과 Android용 오리지널 Pebble 스마트워치	68,929명
4	9,192,055달러	The World's Best Travel Jacket/BAUBAX	목베개, 아이마스크, 기술용 포켓 등 15가지 기능을 갖춘 여행용 재킷	44,949명
5	8,782,571달러	Exploding Kittens	카드 게임	219,383명
6	8,596,474달러	Ouya	사용자가 TV에 연결할 수 있는 Android 플랫폼 기반 비디오 게임 콘솔	63,316명
7	6,333,295달러	Shenmue 3	비디오 게임 Shenmue 시리즈의 기대작	69,320명

작한 회사다. 두 사람의 사업 아이디어는 발에 문제가 있는 사람들을 위해 3D 프린터로 제작한 저렴한 맞춤형 깔창을 만드는 것이었다. Wiivv는 아이디어를 시장에 내놓기 위해 2016년에 Kickstarter 캠페인을 시작했다. 이 캠페인은 2,765명의 후원자를 통해 23만 5,054달러를 모금했다. Wiivv는 현재 성공한 기업이지만 여전히 성장하고 있으며 이 사례를 작성한 시점(2017년 5월)에 3D 프린팅 맞춤 샌들 제작 기금 마련을 위한 두 번째 Kickstarter 캠페인을 막 마쳤다. Kickstater.com에 가서 검색창에 'Wiivv'를 입력하면 캠페인을 볼 수 있다.

이 캠페인에는 4분 24초짜리 홍보 영상이 포함되어 있다. 영상은 향수를 불러일으키는 주제로 시작해 샌들이 사람들이 신는 가장 편한 신발이며 우리 모두는 평생 샌들을 신었던 기억을 가지고 있다는 것을 상기시킨다. 문제는 샌들은 보통 발에 좋지 않다는 것이다. 샌들은 대량 생산되고, 특별히 누구를 위해 만들어지지 않으며, 제조업자가 찾을 수 있는 가장 저렴한 재료를 사용한다. Wiivv는 스마트폰에서 캡처해 만드는 세계 최초의 맞춤 샌들을 소개함으로써 문제를 해결하기 시작했다. 회사 앱을 통해 제출한 사진을 이용해서 Wiivv의 기술로 고객의 발 하나하나를 200개 이상의 지점에 디지털 매핑한다. 이 데이터는 고객의 발에 완벽하게 맞는 샌들을 만드는 데 사용한다. 샌들은 샌디에이고에 있는 Wiivv 연구소에서 3D 프린팅으로 제작해서 신속한 제조와 배송을 보장한다. 영상에 따르면 Wiivv는 지난 15개월간 샌들을 제작했다. 회사는 이제 샌들을 시장에 내놓기 위해 자금이 필요하다.

Kickstarter 캠페인은 25만 달러를 모금하는 것이 목표였다. 이 캠페인은 4,829명의 후원자로부터 56만 6,401달러를 모금했다. 재정적 지원과 함께 Kickstarter 커뮤니티에는 이 프로젝트에 대한 213개의 댓글이 달렸다. 일부 댓글은 목표를 초과 달성한 것에 대한 칭찬이고, 다른 댓글은 제품에 대한 질문 또는 개선 제안이었다. 댓글을 보면 후원자가 질문을 하면 Wiivv가 정중하고 유익한 답변으로 답하는 모습을 볼 수 있다.

사람들이 Kickstarter 캠페인에 참여하도록 장려하기 위해 Wiivv는 단계별 인센티브를 제공했다. 인센티브를 획득하는 데 필요한 약정 금액과 함께 인센티브의 샘플이 아래 표에 나와 있다.

성공적인 Kickstarter 캠페인을 운영하는 방법

Kickstarter 캠페인을 성공적으로 운영한 사람들이 배우는 몇 가지 사항이 있다. 첫째, Kickstarter를 일회성 프로젝트나 이벤트에 자금을 지원하는 도구로 생각해서는 안 된다. 대신 프로젝트나 이벤트를 시작하고 실행하는 데 도움이 되는 초기 자본을 제공하고 거기서부터 성장시키는 메커니즘으로 생각하는 것이 가장 좋다. 둘째, Kickstarter 캠페인을 시작하는 사람이나 조직이 직접 홍보하는 것이 중요하다. 특정 캠페인에 후원하는 대부분의 사람은 우연히 찾아오지 않는다. 대신 Kickstarter.com으로 직접 들어와 검색한다. 다음 쪽의 표에는 Kickstarter 캠페인을 홍보하기 위한 몇 가지 기술이 나와 있다.

셋째, 대부분의 후원은 캠페인 시작과 종료 시점에 이루어진다. 결과적으로 짧은 캠페인이 긴 캠페인보다 일반적으로 더 효과적이다. Kickstarter 캠페인은 1~60일 동안 지속할 수 있다. 30일 미만으로 열리는 캠페인의 성공률이 가장 높다. 캠페인이 너무 길면 사람들은 흥미를 잃는다. 넷째, 재무 목표를 너무 낮게 설정하지 않는 것이 중요하다. Kickstarter 캠페인이 성공하면 더 많은 돈을 모을 수 있음에도 불구하고 100% 목표에 도달하면 빠르게 추진력을 잃는 경향이 있다. 마지막으로 홍보 영상이 포함되어야 한다. 누군가가 영상에 대해 이야기하는 것을 듣고 그들의 눈에서 열정을 볼 수 있다면 개인이나 조직의 프로젝트에 돈

Wiivv의 Kickstarter 캠페인에서 후원자에게 제공하는 인센티브 샘플

후원 금액	인센티브
20달러 이상	Kickstarter에서만 제공하는 멋진 Wiivv 티셔츠, 비치 타월, 물병, 모자, 비치 볼 중에서 선택해 여름을 준비하세요.
79달러 이상	세계 최초로 원하는 스트랩을 선택할 수 있는 Wiivv 맞춤형 샌들 한 켤레를 받으세요.
99달러 이상	세계 최초로 Wiivv 맞춤형 샌들 한 켤레와 원하는 대로 선택할 수 있는 두 가지 맞춤형 스트랩, 멋진 Wiivv 여름 장식 아이템 1개를 받으세요.
135달러 이상	세계 최초로 Wiivv 맞춤형 샌들 두 켤레를 받으세요. 친구에게 한 켤레를 선물하기도 매우 쉽습니다! 각 켤레당 원하는 대로 선택할 수 있는 스트랩 한 세트를 함께 제공합니다.
275달러 이상	맞춤형 경험 그 이상을 원하는 분을 위해: 샌프란시스코의 신발 장인 Frank Beneduci가 수작업으로 제작한 가죽 중창과 가죽 스트랩이 있는 Wiivv 맞춤형 샌들 스페셜 에디션 한 켤레를 제공합니다.
300달러 이상	맞춤형 스트랩이 있는 Wiivv 맞춤형 샌들 네 켤레를 제공합니다. 거래가 성사되면 Wiivv 여름 상품 4종을 드립니다!
5,000달러 이상	좋습니다. 정말 멋집니다. 여러분의 회사 로고를 넣어드립니다! Wiivv 맞춤형 샌들 50켤레와 회사 로고가 새겨진 맞춤형 스트랩(한 켤레당 1개) 50개를 제공합니다. 거래가 성사되면 500달러 상당의 Wiivv 여름 상품을 드립니다!
1만 달러 이상	샌디에이고에서 보내는 3D 프린팅 주말. 3D 프린팅이 어떻게 작동하는지 궁금한가요? 이제 알 수 있습니다. 주말에 당신과 세 명의 친구를 샌디에이고까지 비행기로 모십니다. 당신은 Wiivv의 공동창립자를 만나고, 프린터를 작동해보고, 나만의 Wiivv 맞춤형 샌들을 인쇄하고, 직접 만든 나만의 Wiivv를 신고 해변을 즐기게 됩니다. 네 장의 항공권과 3박 호텔 이용권 2개, 맞춤형 스트랩이 있는 Wiivv 네 켤레, 증정품, Wiivv 맞춤형 무료 인솔, 기억에 남을 멋진 주말을 선사합니다.

Kickstarter 캠페인 홍보 기법

플랫폼	실행 방법
이메일	이메일 배포 목록에 캠페인을 설명하는 이메일을 보낸다. Kickstarter 캠페인은 전적으로 낯선 사람이 자금을 지원하지 않는다. 대신 캠페인 개시자의 친구, 가족, 사업 동료, 기존 고객 등이 주로 자금을 지원한다.
Twitter와 Facebook	Twitter 및 Facebook 친구 모두에게 연락하라. 업데이트를 자주 제공하라. Twitter 팔로워와 Facebook 친구에게 Kickstarter 정보를 충분히 제공하고 적시에 알림을 제공하는 것 사이에서 균형을 찾아야 한다.
블로그 및 미디어	캠페인이 초점을 맞추고 있는 업계의 블로거 및 뉴스 매체에 연락하라. 그들에게 당신의 캠페인을 언급하고 지원해달라고 요청하라. Wiivv의 제품은 3D 프린팅, 건강 관리, 운동 경기 등 여러 산업에 걸쳐 있다(맞춤형 깔창과 샌들은 발의 힘과 건강에 좋다). Wiivv가 각 영역에 대해 글을 쓰는 블로거와 언론인에게 다가가는 것이 합리적이다.

을 기부하는 것이 훨씬 쉬워진다.

앞으로 어떻게 될까

Kickstarter는 플랫폼 범위를 확장할 당장의 계획은 없다. 현재 2,000개 이상의 크라우드펀딩 플랫폼이 있다는 점에서 점점 더 경쟁자가 많아지고 있다. Indiegogo와 같은 일부 플랫폼은 Kickstarter와 같은 광범위한 플랫폼이다. 다른 플랫폼들은 음악가가 앨범, 콘서트, 음악 DVD를 위한 자금을 모으는 데 도움을 주는 PledgeMusic과 같은 특정 산업에 집중한다. Kickstarter가 더욱 모험적으로 변하고 있는 영역이 있다. 예를 들어 장편 애니메이션, 단편 영화, 다큐멘터리 등의 영화제를 정기적으로 개최하며 모두 Kickstarter에서 모금을 받는다.

토의 문제

1. Kickstarter가 지분투자 또는 부채 조달의 실행 가능한 대안이라고 생각하는가? 그렇다면 어떤 상황에서 그러한가?
2. Kickstarter는 최초의 크라우드펀딩 플랫폼은 아니지만 가장 성공한 플랫폼이다. 당신이 생각하는 Kickstarter 성공의 다섯 가지 이유를 나열하라.
3. 도시는 해당 커뮤니티의 모든 활성화된 Kickstarter 프로젝트를 나열하는 Kickstarter 페이지를 설정할 수 있다. 예를 들어 테네시주 내슈빌의 Kickstarter 페이지는 https://www.kickstarter.com/discover/places/nashville-tn에서 볼 수 있다. 도시가 Kickstarter 페이지를 어떻게 홍보해야 하는가?
4. Wiivv는 이 사례에서 설명한 Kickstarter 캠페인에서 4,829명의 후원자로부터 56만 6,401달러를 모금했다. 자금을 모으는 것 외에 Wiivv가 캠페인에서 얻은 이점이 있다면 무엇인가? Wiivv의 공동창립자 중 한 명이 "Kickstarter 캠페인을 통해 모금한 자금에 매우 만족하지만, 모금이 우리의 주된 이유는 아니었다"라고 말했다면 주된 이유는 무엇이라고 생각하는가?

출처: Kickstarter website, www.kickstarter.com (accessed April 22, 2017); Wikipedia, Kickstarter, www.wikipedia.com (accessed April 22, 2017); R. DiResta, B. Forrest, and R. Vinyard, The Hardware Startup (Sabastopol, CA: O'Reilly Media, 2015).

에세이 문제

1. 많은 정부가 신규 사업을 위한 창업 보조금 또는 대출을 제공한다. 종종 특정 산업이나 시장에서 사용할 수 있는 자금이 있다. 일부 국가에서는 농촌 지역, 실업률이 높은 지역, 전통 산업이 사라진 지역의 기업가에게 자금을 제공한다. 자국에서 신생기업에 제공하는 국가 또는 지역 보조금, 대출에 대한 개요를 한두 단락 분량으로 작성하고 이것이 기업가에게 어떤 가치가 있는지 설명하라.
2. Jackson Peterson은 수영장 용품을 판매하는 회사를 시작했다. 고객 대부분은 정기적으로 수영장 청소 서비스를 받는 주택 소유자와 몇몇 사업체에 서비스를 제공하는 지역 수영장 건설업자 및 소규모 회사이다. Jackson의 회사는 합리적인 수준의 비즈니스를 창출하고 있지만 현금흐름이 문제이다. 그는 문제의 주된 이유가 다음과 같다고 생각한다. 즉 고객 대부분이 소규모 회사이며 자체적으로 운영할 수 있는 충분한 현금을 확보하기 위해 고군분투하고 있다는 것이다. Jackson의 말을 들으면서 당신은 팩터링이 그의 사업에서 현금을 모으는 방법이 될 수 있다고 판단하고 있다. 당신이 그에게 이 가능성을 언급하자, 그는 의아해하며 이렇게 말한다. "무슨 말씀을 하시는지 모르겠습니다. 팩터링은 무엇이고 왜 사용해야 합니까?" Jackson의 질문에 대한 답변을 한두 단락 분량으로 작성해보라.

미주 Endnote

1. M. Guerini and A. Quas, "Governmental Venture Capital in Europe: Screening and Certification," *Journal of Business Venturing* 31, no. 2 (2016): 176–195.
2. B. F. Blumberg and G. A. Pfann, "Roads Leading to Self-Employment: Comparing Transgenerational Entrepreneurs and Self-Made Start-Ups," *Entrepreneurship Theory and Practice* 40, no. 2 (2016): 335–357; N. Rosenbusch, J. Brinckmann, and V. Muller, "Does Acquiring Venture Capital Pay Off for the Funded Firms? A Meta-Analysis on the Relationship Between Venture Capital Investment and Funded Firm Financial Performance," *Journal of Business Venturing* 26, no. 3 (2013): 335–353.
3. R. D. McLean and B. Palazzo, "The Motives and Limits of Long-Term Debt Issues," SSRN, available at https://papers.ssrn.com/sol3/papers.cfm?abstract_id=2716753 (posted January 16, 2016, accessed April 25, 2017); S. Singh, P. D. Corner, and K. Pavlovich, "Failed, Not Finished: A Narrative Approach to Understanding Venture Failure Stigmatization," *Journal of Business Venturing* 30, no. 2 (2015): 150–166.
4. Biopharmaceutical Research & Development: The Process Behind the Markets, Pharma, www.pharma.org, 2015.
5. P. D. Reynolds, "Start-up Actions and Outcomes: What Entrepreneurs Do to Reach Profitability," *Foundations and Trends® in Entrepreneurship* 12, no. 6 (2016): 443–559; Y. Sarason, D. R. DeTienne, and C. Bently, "Wham-O's Offer to Buy Sprig Toys: Selling in or Selling Out?" *Entrepreneurship Theory and Practice* 38, no. 4 (2014): 959–972.
6. "Where Startup Funding Really Comes From" (Infographic), *Entrepreneur*, November 30, 2013.
7. "Where Startup Funding Really Comes From" (Infographic), *Entrepreneur*, November 30, 2013.
8. B. Barringer, *The Truths About Starting a Business* (Upper Saddle River, NJ: Financial Times Press, 2009).
9. D. J. Cummings and S. Vismara, "De-Segmenting Research in Entrepreneurial Finance," SSRN, available at https://papers.ssrn.com/sol3/papers.cfm?abstract_id=2740453 (posted March 2, 2016, accessed April 24, 2017); D. Grichnik, J. Brinckmann, L. Singh, and S. Manigart, "Beyond Environmental Scarcity: Human and Social Capital As Driving Forces of Bootstrapping Activities," *Journal of Business Venturing* 29, no. 2 (2014): 310–326; M. Malmstrom, "Typologies of Bootstrap Financing Behavior in Small Ventures," *Venture Capital* 16, no. 1 (2014): 27–50.
10. C. Kolympiris and P. G. Klein, "The Effects of Academic Incubators on University Innovation," *Strategic Entrepreneurship Journal* 11, no. 1 (2017): 145–170; B. Barringer, *The Truth About Starting a Business* (Upper Saddle River, NJ: Financial Times, 2009).
11. D. T. Robinson and B. A. Sensoy, "Cyclicality, Performance Measurement, and Cash Flow Liquidity in Private Equity," *Journal of Financial Economics* 122, no. 3 (2016): 521–543; J. Wu, S. Si, and X. Wu, "Entrepreneurial Finance and Innovation: Informal Debt as an Empirical Case," *Strategic Entrepreneurship Journal* 10, no. 3 (2016): 257–273.
12. M. H. Morris, X. Neumeyer, Y. Jang, and D. F. Kuratko, "Distinguishing Types of Entrepreneurial Ventures: An Identity-Based Perspective," *Journal of Small Business Management* 2017, in press; A. N. Link, C. J. Ruhm, and D. S. Siegel, "Private Equity and the Innovation Strategies of Entrepreneurial Firms: Empirical Evidence from the Small Business Innovation Research Program," *Managerial and Decision Economics* 35, no. 2 (2014): 103–113.
13. B. Barringer, *Preparing Effective Business Plans*, 2nd ed. (Upper Saddle River, NJ: Prentice Hall, 2014).
14. V. Collewaert and S. Manigart, "Valuation of Angel-Backed Companies: The Role of Investor Human Capital," *Journal of Small Business Management* 54, no. 1 (2016): 356–372; A. Parhankangas and M. Ehrlich, "How Entrepreneurs Seduce Business Angels: An Impression Management Approach," *Journal of Business Venturing* 29, no. 4 (2014): 543–564.
15. C. Champenois, M. Devigne, and F.-R. Puyou, "How Can Venture Capitalists-Owner Managers Conflicts be Managed? If You Want Peace, Agree to Keep the Peace," *Journal of Small Business Management* 54, S1 (2016): 189–215; D. Khanin and O. Turel, "Conflicts and Regrets in the Venture Capitalist-Entrepreneur Relationship," *Journal of Small Business Management* 53, no. 4 (2015): 949–969.
16. "ASAP," *Forbes*, June 1, 1998, 24.
17. J. Battelle, *The Search* (New York: Portfolio, 2005).
18. J. Sohl. "The Angel Investor Market in 2015: A Buyer's Market," Center for Venture Research, May 25, 2015.
19. J. Sohl, "The Angel Investor Market in 2013: A Return to Seed Investing," Center for Venture Research, April 30, 2014.
20. J. Sohl, "The Angel Investor Market in 2015: A Buyer's Market," Center for Venture Research, May 25, 2015.
21. J. Sohl, "The Angel Investor Market in 2015: A Buyer's Market," Center for Venture Research, May 25, 2015.
22. Central Texas Angel Network, Homepage, www.centraltexasangelnetwork.com (accessed April 21, 2017).
23. Ewing Marion Kauffman Foundation, Entrepreneurship Policy Digest, available at https://www.kauffman.org/what-we-do/resources/entrepreneurship-policy-digest (posted June 5, 2015, accessed May 1, 2017).
24. D. Devigne, S. Manigart, and M. Wright, "Escalation of Commitment in Venture Capital Decision Making: Differentiating between Domestic and International Investors," *Journal of Business Venturing* 31, no. 3 (2016): 253–271; C. B. Moore, G. T. Payne, R. G. Bell, and J. L. Davis, "Institutional Distance and Cross-Border Venture Capital Investment Flows," *Journal of Small Business Management* 53, no. 2 (2015): 482–500.
25. "2016 NVCA Yearbook Captures Busy Year for Venture Capital Activity," National Venture Capital Association, March 8, 2016.
26. "2016 NVCA Yearbook Captures Busy Year for Venture Capital Activity," National Venture Capital Association, March 8, 2016.
27. Foundry Group Homepage, www.foundrygroup.com (accessed April 28, 2017).
28. BEV Capital Homepage, www.bevcapital.com (accessed April 21, 2017).
29. Ewing Marion Kauffman Foundation, Entrepreneurship Policy Digest, available at https://www.kauffman.org/

what-we-do/resources/entrepreneurship-policy-digest (posted June 5, 2015, accessed May 1, 2017).

30. S. Anokhin, J. Wincent, and P. Oghazi, "Strategic Effects of Corporate Venture Capital Investments," *Journal of Business Venturing Insights* 5, June (2016): 63–69; A. Wadhwa, C. Phelps, and S. Kotha, Corporate Venture Capital Portfolios and Firm Innovation," *Journal of Business Venturing* 31, no. 1 (2016): 95–112.
31. D. P. Brown and M. A. Ferreira, "Idiosyncratic Volatility of Small Public Firms and Entrepreneurial Risk," *Quarterly Journal of Finance* 6, no. 1 (2016): 38–56.
32. A. Signori and S. Vismara, "Returns on Investments in Equity Crowdfunding," SSRN, available at https://papers.ssrn.com/sol3/papers.cfm?abstract_id=2765488 (posted April 19, 2016, accessed April 28, 2017); J.-S. Michel, "Return on Recent VC Investment and Long-Run IPO Returns," *Entrepreneurship Theory and Practice* 38, no. 3 (2014): 527–549.
33. A. Signori and S. Vismara, "Stock-Financed M&As of Newly Listed Firms," *Small Business Economics* 48, no. 1 (2017): 115–134; R. Parrino, D. S. Kidwell, and T. Bates, *Fundamentals of Corporate Finance*, 3rd ed. (New York: John Wiley & Sons, 2014).
34. S. A. Corwin, S. A. Laracque, and M. A. Stegemoller, "Investment Banking Relationships and Analyst Affiliation Bias: The Impact of the Global Settlement on Sanctioned and Non-Sanctioned Banks," *Journal of Financial Economics* 124, no. 3 (2017): 614–631; S. Y. K. Fung, F. A. Gul, and S. Radhakrishnan, "Investment Banks' Entry into New IPO Markets and IPO Underpricing," *Management Science* 60, no. 5 (2014): 1297–1316.
35. E. Blankespoor, B. E. Hendricks, and G. S. Miller, "Perceptions and Price: Evidence from CEO Presentations at IPO Roadshows," *Journal of Accounting Research* 55, no. 2 (2017): 275–327; T.-K. Chou, J.-C. Cheng, and C.-C. Chien, "How Useful Is Venture Capital Prestige? Evidence from IPO Survivability," *Small Business Economics* 40, no. 4 (2013): 843–863.
36. J. Ritter. "Initial Public Offerings: Updated Statistics," available at https://site.warrington.ufl.edu/ritter/files/2016/03/Initial-Public-Offerings-Updated-Statistics-2016-03-08.pdf (posted March 8, 2016, accessed April 21, 2017).
37. R. Cole, D. Cumming, and D. Li, "Do Banks or VCs Spur Small Firm Growth?" *Journal of International Financial Markets, Institutions and Money* 41, March (2016): 60–72; J. C. Leach and R. W. Melicher, *Entrepreneurial Finance*, 6th ed. (Cincinnati, OH: Cengage Learning, 2017).
38. G. de Rassenfosse and T. Fischer, "Venture Debt Financing: Determinants of the Lending Decision," *Strategic Entrepreneurship Journal* 10, no. 3 (2016): 235–256; A. P. M. Gama and H. van Auken, "The Interdependence Between Trade Credit and Bank Lending: Commitment in Intermediary Firm Relationships," *Journal of Small Business Management* 53, no. 4 (2015): 886–904.
39. T. Hogan, E. Hutson, and P. Drnevich, "Drivers of External Equity Funding in Small High-Tech Ventures," *Journal of Small Business Management* 55, no. 2 (2017): 236–253; S. Cheng, "Potential Lending Discrimination? Insights from Small Business Financing and New Venture Survival," *Journal of Small Business Management* 53, no. 4 (2015): 905–923.
40. U.S. Small Business Administration Homepage, www.sba.gov (accessed April 28, 2017).
41. U.S. Small Business Administration Homepage, www.sba.gov (accessed April 21, 2017).
42. M. Eckblad, "Debunking the Myths About SBA Loans," *The Wall Street Journal*, May 16, 2011, R2.
43. B. Pimentel. "Online Business Loans: What They Are, Where to Find Them," Nerdwallet, available at https://www.nerdwallet.com/blog/small-business/online-lending-basics-smallbusiness-loans/ (posted January 27, 2017, accessed April 21, 2017).
44. A. Prior, "With Alternative Lenders, Flexibility and Speed Come at a Cost," *The Wall Street Journal*, August 25, 2014.
45. A. Mol-Gomez-Vazquez, G. Hernandez-Canovas, and J. Koeter-Kant, "Legal and Institutional Determinants of Factoring in SMEs: Empirical Analysis across 25 European Countries," *Journal of Small Business Management* 2017, in press; A. Garcia-Santillan, E. Moreno-Garcia, and A. del Carmen Aguirre Núñez, "Factoring As a Financial Alternative to Firms," *Journal of Applied Finance & Banking* 4, no. 1 (2014): 193–207.
46. R. DiResta, B. Forrest, and R. Vinyard, *The Hardware Startup*, Sebastopol, CA: O'Reilly, 2015.
47. A. Rostamkalaei and M. Freel, "The Cost of Growth: Small Firms and the Pricing of Bank Loans," *Small Business Economics* 46, no. 2 (2016): 255–272; D. Neuberger and S. Rathke-Doppner, "Leasing by Small Enterprises," *Applied Financial Economics* 23, no. 7 (2013): 535–549.
48. W. Hulsink and V. Scholten, "Dedicated Funding for Leasing and Sharing Research and Test Facilities and Its Impact on Innovation, Follow-On Financing and Growth of Biotech Start-Ups: The Mibiton Case," *Venture Capital* 19, no. 1–2 (2016): 95–118; R. C. Moyer, J. McGuigan, and R. Rao, *Contemporary Financial Management*, 13th ed. (Cincinnati, OH: Cengage Learning, 2015).
49. SBIR Homepage, www.sbir.gov (accessed April 21, 2017).
50. B. Barringer and R. D. Ireland, *What's Stopping You? Shatter the 9 Most Common Myths Keeping You from Starting Your Own Business* (New York: Financial Times, 2008).
51. N. Symeonidou, J. Bruneel, and E. Autio, "Commercialization Strategy and Internationalization Outcomes in Technology-Based New Ventures," *Journal of Business Venturing* 32, no. 3 (2017): 302–317; M. Jaaskelainen and M. Maula, "Do Networks of Financial Intermediaries Help Reduce Local Bias? Evidence from Cross-Border Venture Capital Exits," *Journal of Business Venturing* 29, no. 5 (2014): 704–721.
52. J. M. Pollack, S. Barr, and S. Hanson, "New Venture Creation as Establishing Stakeholder Relationships: A Trust-Based Perspective," *Journal of Business Venturing Insights* 7, June (2017): 15–20; D. Li, "Multilateral R&D Alliances by New Ventures," *Journal of Business Venturing* 28, no. 2 (2013): 241–260.

PART 4 창업기업 경영 및 성장하기

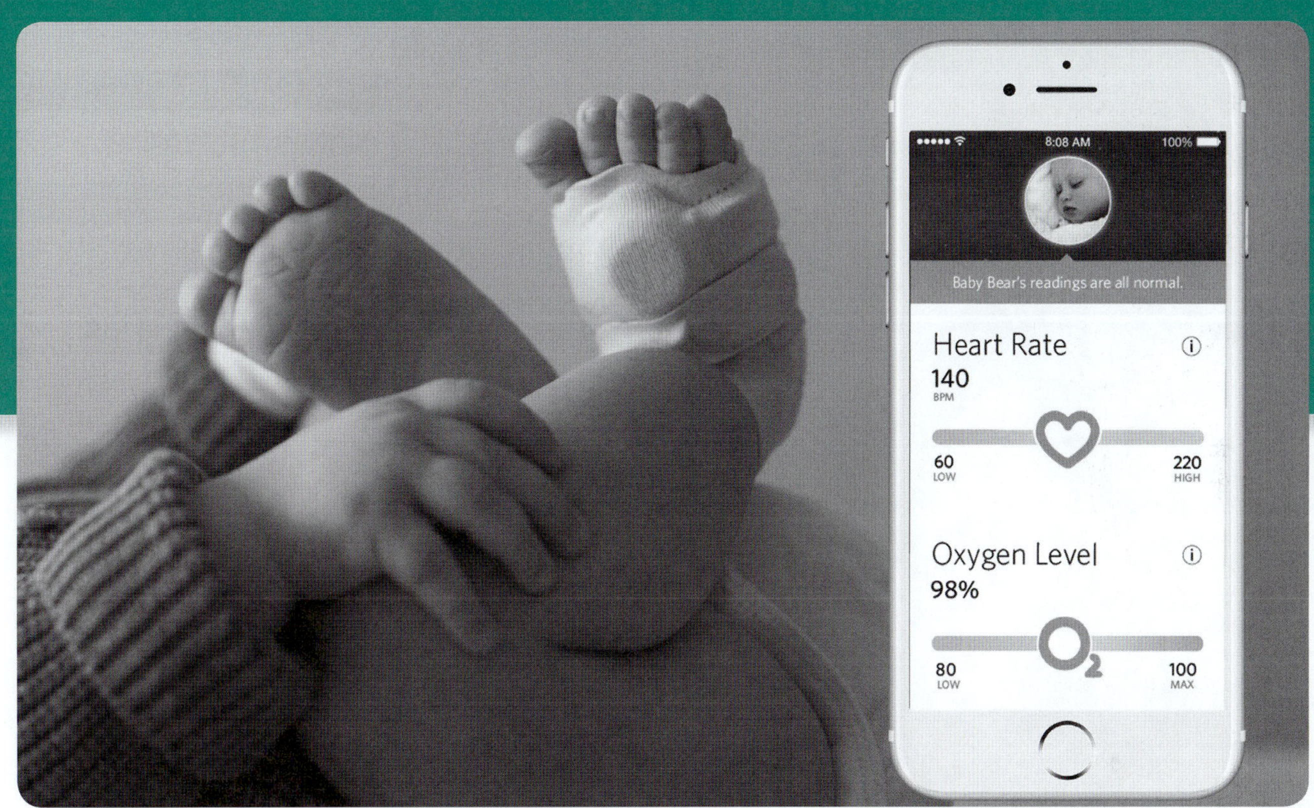

Owlet Baby Care, Inc.

REAL TIME CASES와 친해지기

Real Time Cases Inc./Photo Credit: Jake Schaufeld

공동창업자

Andrew Pohle

리하이대학교 생체공학 학사, 2011

Jake Schaufeld

리하이대학교 지구환경과학 학사

Jordan Levy

리하이대학교 재무회계 학사

Andrew Pohle과의 대화

가장 좋아하는 스마트폰 앱

Snapchat

내가 Instagram에서 팔로우하는 가장 좋아하는 사람

Elon Musk

내가 들은 최고의 조언

생각만 하는 것보다 나가서 직접 무언가를 하고 시도하는 것이 더 낫다. 행동하기 전에 생각하되 반드시 행동하라. 무언가를 시도하기 전까지는 그 어떤 것도 진짜로 알 수 없다.

기업가로서 가장 놀랐던 때

다른 기업가들이 당신을 얼마나 돕고 싶어 하는지 알게 될 때

스마트폰 음악 리스트에서 좋아하는 밴드

Luke Bryan

신규 창업자를 위한 조언

창업과 관련해서는 너무나 많은 드라마, 아픔, 좌절감 등이 있다. 확실히, 의심할 여지 없이 직면하게 될 문제를 헤쳐나가는 데 도움을 줄 수 있도록 먼저 경험한 멘토를 찾으라.

CHAPTER 11

마케팅 이슈

REAL TIME CASES

비즈니스 사례에서 게릴라 마케팅 기법을 통해 새로운 브랜드 만들기

• Web: www.realtimecases.com • Facebook: Real Time Cases • Twitter: @RTCases

Andrew Pohle, Jordan Levy, Jake Schaufeld는 리하이대학교에서 만났다. 리하이대학교는 펜실베이니아주 동부의 리하이 밸리 지역에 있는 베들레헴에 위치하고 있다. 세 사람은 전공은 달랐지만 비슷한 경험을 했다. 이들은 모두 비즈니스 사례 연구와 관련된 수업을 들었고, 각 수업마다 사례들이 너무 오래되고 생동감이 떨어져 유용하지 않다고 생각했다. 이 시기에 Levy와 Schaufeld는 비즈니스를 만들어야 하는 기업가정신 수업을 들었다. 그들은 사례에 대한 자신들의 경험을 떠올리며 Real Time Cases에 대한 아이디어를 떠올렸다. Real Time Cases는 실시간으로 전달하는 비즈니스 사례를 제작해 학생들이 현재 직면하고 있는 문제에 대해 기업과 상호작용할 수 있게 한다. 사례 연구는 최신이며 관련성이 높고 상호작용이 가능하며 재미있을 것이다.

세 사람은 Levy와 Schaufeld의 수업을 넘어서는 아이디어를 탐구하기로 결정했다. 그들은 추가로 두 개의 기업가정신 수업, 즉 ENTP 311(차고: 창업벤처 시작하기 1)과 ENTP 312(차고: 창업벤처 시작하기 2)를 수강했다. 두 수업을 통해 그들은 Real Time Cases에 대한 아이디어를 더욱 구체화할 수 있었다. Real Time Cases의 기본 전제는 학생 경험을 개선하는 것이다. 만약 학생이 '실시간' 사례에 접근할 수 있다면 회사에 익숙해질 수 있을 것이며, 그 후 회사가 학생의 경험을 향상시킬 수 있는 기회를 평가하고 문제를 해결하는 데 도움이 될 것이라고 추론했다. 또한 학문적 환경과 '현실 세계' 사이의 격차를 해소하는 데 도움이 될 것이다. 추가적으로, 기업가는 자신들의 사례를 통해 학생이 졸업 후 무엇을 기대할 수 있을지 현실적으로 미리 살펴보고 앞으로의 도전에 더 잘 대비할 수 있을 것이라고 생각했다.

2015년 2월, Pohle, Levy, Schaufeld는 Real Time Cases를 설립하고 풀타임으로 회사에 전념했다. 회사를 마케팅하기 위해 이들은 네 가지 접근 방식을 취했는데, 모두 게릴라 마케팅의 한 형태이다. 첫 번째로 교육 콘퍼런스에 참석해 교육자들을 직접 만나 Real Time Cases에 대해 이야기하기로 결정했다. 그들은 어떤 콘퍼런스가 다른 콘퍼런스보다 더 좋다는 것을 알게 되었다. 당연히 수업에 Real Time Cases를 사용할 교수들이 참석하는 콘퍼런스가 가장 좋은 시간 투자였다. 관리자와 학장을 초청한 콘퍼런스는 그다지 유용하지 않았다. 일부 콘퍼런스에서는 이들을 패널로 초대해 고등교육 혁신에 대한 토론에 참여하도록 했다. 콘퍼런스 참석은 Real Time Cases에 매출을 올릴 수 있는 기회를 제공했음은 물론, 회사 제품의 필요성도 확인시켜 주었다. 실제로 많은 교수가 사례가 최신이 아니거나 관련성이 없다고 생각해서 활용을 중단했다고 말했다.

두 번째 마케팅 방법은 지역 및 지방 뉴스 매체를 통해 보도 자료를 배포하는 것이었다. 목적은 Real Time Cases의 브랜드를 구축하고 회사가 하는 일에 대한 친숙도를 높이는 것이다. 보도 자료를 발행하는 것은 회사에 대한 정보 아카이브를 구축하는 데에도 도

학습목표

1. 창업기업이 고객을 파악하기 위해 사용하는 세 가지 단계(시장 세분화, 목표 시장 선택, 차별적인 시장 위치 구축)를 설명할 수 있다.
2. 브랜드를 정의하고 이것이 창업기업의 마케팅 노력에 중요한 이유를 설명할 수 있다.
3. 창업기업이 활용하는 4P 마케팅 활동(제품, 가격, 프로모션, 장소)을 파악하고 설명할 수 있다.
4. 창업기업이 잠재 고객을 파악하고 판매를 성사시키기 위해 사용하는 7단계 판매 프로세스를 설명할 수 있다.

움이 된다. 누군가가 회사에 대해 Google 검색을 할 때 회사는 활발히 활동하고 있음을 보여주고 이를 널리 알리기 위해 여러 기사가 뜨기를 원한다. 보도 자료는 대량의 검색 결과를 생성하는 데 도움이 된다.

Real Time Cases의 세 번째 마케팅 방법은 가능한 모든 스타트업 경진대회와 홍보 행사에 지원하는 것이다. 경진대회를 통해 투자자, 잠재적 멘토, 언론인 앞에서 회사를 알릴 수 있다. 이러한 유형의 행사를 통해 받은 피드백도 유용하다. Pohle, Levy, Schaufeld는 경진대회를 통해 Real Time Cases에 대한 프레젠테이션을 다듬었다. 경우에 따라 상금이나 현물 서비스를 받을 수 있는 경우도 있다.

이러한 기법을 활용하는 것과 함께 Pohle, Levy, Schaufeld는 다른 방식으로 Real Time Cases를 마케팅하고 홍보했다. 그들은 개인 네트워크에 연락해서 친구와 동창들에게 제품을 통해 혜택을 받을 수 있는 교수를 추천해줄 수 있는지 물어봄으로써 첫 고객을 확보했다. 또한 좋은 첫인상을 남기고 Real Time Cases를 알기 쉽게 설명하는 전문 웹사이트를 구축했다. 이 웹사이트에는 예시 사례와 고객 후기를 포함해 매우 유익한 여러 측면이 포함되어 있다. 예시 사례는 짧은 동영상과 서면 요약의 두 가지 형태로 제공된다. 짧은 동영상에서는 기업가들이 현재 회사가 직면하고 있는 기회나 도전에 대해 이야기하며, Real Time Cases가 강의실에 어떤 영향을 미칠지 미리 엿볼 수 있다. 짧은 요약은 Real Time Cases의 라이브러리에 있는 사례에 대한 것이다. 요약은 기업가정신, 마케팅, 공급망 및 물류, 인적 자원 관리, 윤리 및 기업의 사회적 책임 등 여러 분야를 다룬다. 예를 들어, Real Time Cases에는 KIND 건강 스낵에 초점을 맞춘 여러 사례가 있다. 사례 중 하나는 회사가 출시한 신제품에 대해 이야기하고, 제품의 브랜딩 전략에 대해 학생들에게 도움을 요청한다. 고객 추천서는 수업에서 Real Time Cases를 사용해본 대학교수들이 작성한 것이다. Real Time Cases는 또한 Facebook, Twitter, LinkedIn, YouTube, Google+ 등 소셜 미디어에서도 매우 활발하게 활동하고 있다.

Real Time Cases는 마케팅 노력과 함께 브랜드를 구축하는 데도 열심히 노력하고 있다. 이 브랜드의 목표는 Real Time Cases를 수업으로 가져오는 것과 교수에게 익숙한 사례 연구 유형을 명확하게 구분하는 것이다. 회사가 직면한 문제는 '사례 연구'라는 용어가 일부 교수에게 거부감을 불러일으키기 때문에 Real Time Cases를 더 가치 있고 관련성 높은 것으로 확립해야 할 필요가 있다는 것이다.

현재 Real Time Cases는 리하이대학교, 조지타운대학교, 버지니아공과대학교, 미시간대학 교, 공군사관학교 등 40개 이상의 대학에서 활용하고 있다. 이 회사는 이용 가능한 가장 효과적인 마케팅 기법과 채널을 통해 전파할 수 있는 방법을 계속해서 찾을 것이다.

이 장에서는 신생기업이 직면한 마케팅 과제를 살펴볼 것이다. 마케팅은 광범위한 주제이며, 마케팅과 그 하위 분야를 다룬 책과 웹사이트가 많이 있다. 하지만 이 장에서는 신생기업에 가장 시급한 마케팅 과제에 초점을 맞춘다. 이렇게 하는 이유는 마케팅이 스타트업 기업의 성공에 필수적인 요소이기 때문이다.[1]

이 장에서는 기업이 목표 시장을 정의하고 선택하는 방법에 대해 논의하는 것으로 시작한다. 다음으로 기업이 브랜드를 구축하는 방법에 대해 논의한다. 그런 다음 젊은 창업기업과 관련된 마케팅의 네 가지 핵심 측면을 고려할 것이다. 일반적으로 마케팅의 '4P'라고 불리는 이 네 가지 측면은 제품, 가격, 프로모션, 장소(또는 유통)이다. 마지막으로 기업이 고객과의 관계를 구축하고 판매를 성사시키기 위해 거치는 단계로 구성된 판매 프로세스에 대해 논의하면서 이 장을 마무리할 것이다. 많은 신생벤처기업이 제품을 개발하고 시장 규모를 정의하는 데는 성공하지만, 제품을 어떻게 판매할 것인지에 대한 현실적인 문제는 제대로 다루지 못한다. 신규 비즈니스는 합리적인 예산 범위 내에서 제품을 어떻게 판매할 것인지에 대한 세부적인 계획을 세우는 것이 매우 중요하다.

시장 선택 및 위치 구축하기

신생기업이 성공하려면 고객이 누구이며 어떻게 고객에게 다가갈 수 있는지 알아야 한다. 기업은 고객이 누구인지 파악하기 위해 3단계 프로세스를 사용한다. 그림 11.1에 나와 있는 이 단계에는 시장 세분화, 목표 시장 선택, 목표 시장 내에서 차별적인 시장 위치 구축이 포함된다.

학습목표 1

창업기업이 고객을 파악하기 위해 사용하는 세 가지 단계(시장 세분화, 목표 시장 선택, 차별적인 시장 위치 구축)를 설명할 수 있다.

제3장에서 언급했듯이, 기업의 목표 시장은 기업이 어필하고자 하는 제한된 개인 또는 기업 집단이다. 신생벤처는 거의 모든 마케팅 선택이 이러한 중요한 초기 선택에 달려 있기 때문에 목표 시장과 목표 시장 내 위치를 빠르게 선택하는 것이 중요하다. 예를 들어, GreatCall은 노년층을 위해 특별히 설계한 휴대전화를 만든다. 예를 들어 GreatCall이 노년층을 타기팅하기로 결정하기 전에 유통 전략을 설계했다면 노년층이 자주 방문하지 않는 소매점에 휴대폰을 배치하는 전략을 설계했을 것이다. 노년층을 타기팅하기로 한 결정은 마케팅 계획의 모든 요소에 영향을 미친다.

시장 세분화

목표 시장을 선정하는 첫 번째 단계는 회사가 경쟁하려는 산업을 연구하고 해당 산업에서 다양한 잠재적 목표 시장을 결정하는 것이다. 이 과정을 제6장에서 설명했듯이 **시장 세분화**라고 한다. 시장 세분화가 중요한 이유는 신생기업은 일반적으로 적어도 초기에는 하나의 시장 부문을 공략할 수 있는 자원만 가지고 있기 때문이다.[2] 시장은 지역(도시, 주, 카운티), 인구통계학적 변수(연령, 성별, 가족 규모, 소득), 심리학적 변수(성격, 생활 방식, 가치관), 행동 변수(원하는 혜택, 제품 사용률, 브랜드 충성도), 제품 유형(제품마다 다름) 등 다양한 방식으로 세분화할 수 있다. 예를 들어 컴퓨터 산업은 제품 유형(예: 휴대용 컴퓨터, 태블릿 컴퓨터, 노트북, PC, 워크스테이션, 미니컴퓨터, 메인프레임 컴퓨터, 슈퍼컴퓨터) 또는 서비스 대상 고객(예: 개인, 기업, 학교, 정부)에 따라 세분화할 수 있다.

때로는 회사가 고유한 서비스를 제공할 수 있다고 생각하는 특정 시장 부문으로 드릴다운하기 위해 여러 차원으로 시장을 세분화하기도 한다. 예를 들어, GreatCall은 연령과 원하는 혜택에 따라 시장을 세분화했을 것이다. 이 회사의 이상적인 고객은 나이가 많고(연령) 사용하기 쉬운 휴대폰을 찾고 있는 사람(원하는 혜택)이다.

시장을 성공적으로 세분화했는지 검증하려면 성공적인 시장 세분화를 위한 다음 요건을 고려하라.

- 부문(세그먼트) 내에서 요구와 욕구의 동질성이 나타난다.
- 부문 간에는 요구와 욕구의 이질성이 존재한다.

시장 세분화	목표 시장 선택	차별적인 시장 위치 구축
하나의 제품/서비스가 집단 내 고객 모두가 매력적으로 느낄 수 있을 정도로 유사한 고객 집단을 어떻게 나눌 수 있을 것인가? →	고객 집단 중 어떤 집단을 목표로 할 것인가? →	고객(혹은 잠재 고객)의 마음속에서 우리 기업이 경쟁사들과 차별화될 수 있는 어떠한 위치를 차지할 것인가?

그림 11.1 목표 시장 선택 프로세스와 포지셔닝 전략

- 부문 내 차이는 부문 간 차이에 비해 작아야 한다.
- 부문은 구성원을 쉽게 식별할 수 있도록 충분히 구분되어야 한다.
- 부문의 크기를 결정할 수 있어야 한다.
- 부문은 회사가 수익을 올릴 수 있을 만큼 충분히 커야 한다.

특정 시장을 세분화하는 방법에 익숙하지 않은 기업가라면 대규모 대학 도서관에서 흔히 이용할 수 있는 온라인 데이터베이스인 IBISWorld, Mintel, BizMiner에서 도움을 받을 수 있다. 이러한 데이터베이스는 부문의 규모까지 보여준다. 예를 들어 IBISWorld는 제공하는 서비스에 따라 체육관, 건강, 피트니스 클럽 산업(NAICS 71394)을 세분화한다. 265억 달러 규모의 이 산업은 체육관 및 피트니스 센터 65%, 기타 10%, 댄스 센터 7%, 수영장 7%, 빙상장 및 롤러장 6%, 테니스 센터 5%로 구성되어 있다.[3]

시장 세분화는 그 중요성에도 불구하고 기업가가 흔히 간과하는 프로세스이다. 이 단계를 간과하면 새로운 제품이나 서비스의 잠재적인 시장 규모를 잘못 평가할 수 있다. 예를 들어 스타트업이 테니스 센터 체인을 오픈할 계획이라면 총 시장 잠재력이 265억 달러라고 말하는 것은 잘못된 것이다. 테니스 센터는 265억 달러 규모의 체육관, 헬스, 피트니스 클럽 산업 내에서 5%에 해당하며, 즉 13억 달러 규모의 시장에 해당한다. 이는 테니스 센터 비즈니스가 수익을 낼 수 없거나 새로운 비즈니스가 테니스 시장을 확장할 수 없다는 의미가 아니라, 기업가가 시장 규모에 대한 현실적인 평가를 가지고 비즈니스에 진입해야 한다는 의미이다.

목표 시장 선택

기업이 시장을 세분화했다면 다음 단계는 목표 시장을 선택하는 것이다. 이전 장에서 설명한 것처럼 시장은 충분히 매력적이어야 하며, 기업은 이를 잘 제공할 수 있어야 한다. 일반적으로 기업(특히 신생벤처기업)은 시장의 부문이 너무 커서 성공적으로 타기팅하기 어렵기 때문에 전체 부문을 타기팅하지 않는다. 대신 대부분의 기업은 부문 내의 틈새 시장을 타기팅한다. 예를 들어, 댄스 스튜디오 시장에는 기업이 타기팅할 수 있는 몇 가지 작은 틈새 시장이 있다. **틈새 시장**은 비슷한 관심사를 가진 소수의 고객 그룹을 대표하는 시장 부문 내의 장소이다. 예를 들어, 뉴욕의 Broadway Dance Center는 브로드웨이 연극에서 춤을 추며 생계를 유지하려는 진지한 댄서들을 타깃으로 한다.[4] 이는 사교 댄스를 가르치는 스튜디오나 어린 소녀들에게 발레를 가르치는 스튜디오와는 완전히 다른 틈새 시장이다. 명확하게 정의된 시장에 집중함으로써 기업은 해당 시장의 전문가가 될 수 있고, 고객에게 높은 수준의 가치와 서비스를 제공할 수 있다.

기업의 목표 시장 선택은 비즈니스 모델, 창업자와 기타 직원의 배경 및 기술과도 일치해야 한다. 또한 기업은 목표 시장의 매력을 지속적으로 모니터링해야 한다. 사회적 선호도가 변하면 목표 시장이 기업과 기업이 고객에게 제공해야 하는 제품 또는 서비스에 대한 매력을 잃을 수 있다.

차별적인 시장 위치 구축

목표 시장을 선정한 다음 단계는 경쟁사와 차별화할 수 있는 '위치'를 구축하는 것이다. 제5장에서 설명했듯이 포지셔닝은 경쟁업체와 비교해서 회사가 어떤 위치에 있는지와 관련이 있다. 예를 들어, 펜실베이니아주 피츠버그에 있는 Art & Style Dance Studio는 라틴 및 사교 댄스를 전문으로

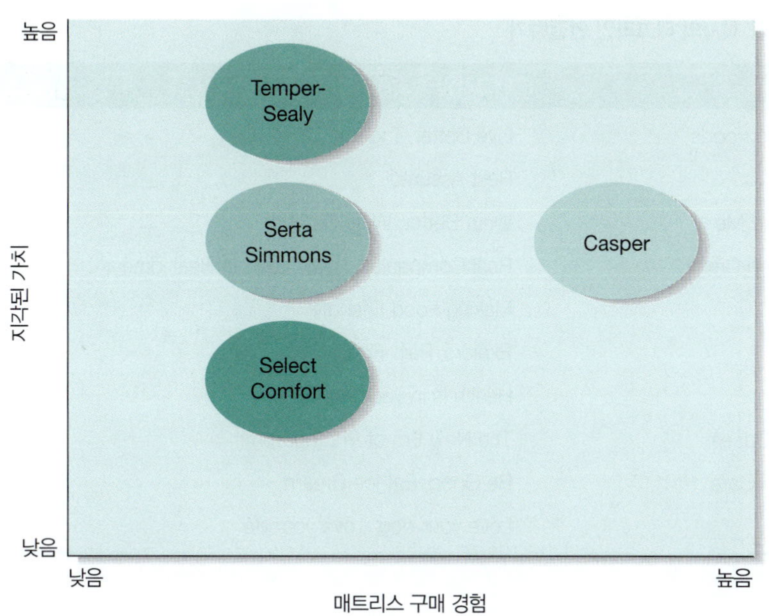

그림 11.2 Casper의 제품 속성 맵

한다.[5] 이는 살사, 폭스트롯, 차차, 왈츠, 스윙, 탱고, 디스코/허슬, 맘보, 메렝게, 룸바, 퀵스텝을 가르치는 피츠버그의 Arthur Murray Dance Studio와는 다른 포지션이다.[6] 기업의 시장 위치는 제품 또는 서비스로 정의한다. 시장에서 어떤 위치를 점유하고 경쟁할 것인지 결정하는 것은 기업의 사명, 시장에 대한 전반적인 접근 방식, 경쟁 환경에 따라 전략적으로 결정해야 한다.

기업의 위치와 주요 차별화 포인트를 파악한 후에는 주요 경쟁사와 비교해서 기업의 포지셔닝 전략을 보여주는 **제품 속성 맵**을 개발하는 것이 유용한 기법이다. Casper의 제품 속성 맵이 그림 11.2에 나와 있다. 사례 5.2에서 설명한 것처럼 Casper는 매트리스를 다른 수면 관련 제품과 함께 판매한다. 제품 속성 맵은 Casper의 매트리스에 초점을 맞추고 있다. Casper는 일곱 가지 사이즈(트윈, 풀, 퀸, 킹 등)에서 한 종류의 매트리스를 판매한다. 제5장에서 언급했듯이 퀸 매트리스의 가격은 950달러이다. Casper는 온라인에서만 판매하며, 매트리스는 소형 미니 냉장고 크기의 상자에 담겨 배송되고, 매트리스의 편안함과 지지력에 대해 높은 평가를 받았으며, 100박 전액 환불을 보장한다. Casper의 제품 속성 맵은 사람들이 매트리스를 구매할 때 고려하는 두 가지 주요 속성인 지각된 가치(제품과 가격의 조합)와 매트리스 구매 경험을 기반으로 한다. 아이디어는 이러한 각 범주에서 Casper의 강점 및/또는 약점을 평가해 맵에 표시하는 것이다. Casper의 주요 경쟁사에 대해서도 동일한 작업을 수행한다. 결과는 그림 11.2에 나와 있다. Casper는 주요 경쟁사 대비 지각된 가치에서 우위를 점하고 있으며 매트리스 구매 경험 측면에서는 뚜렷한 우위를 점하고 있다(예: 강압적인 판매원 없음, 단일 선택, 단일 가격대, 무료 배송, 100박 보증). 그 결과, 광고에서는 경쟁사보다 Casper에서 구매할 때의 이점을 강조하고 있다. 또한 매트리스 품질이 객관적으로 고급 매트리스와 직접 비교할 수는 없지만 지각된 가치 측면에선 뒤지지 않는다. 지각된 품질과 관련해서는 Casper의 가격대에서 최고 품질의 매트리스를 찾고 있는 소비자에게 어필한다.

Casper의 제품 속성 맵에는 두 가지 시사점이 있다. 첫째, 더 나은 매트리스 구매 경험을 찾는 사람들, 즉 Casper가 경쟁 우위를 확보한 영역을 보여준다. 둘째, Casper가 그토록 성공할 수 있었던 이유를 부분적으로 설명한다. 이 회사는 사람들이 매트리스를 구매할 때 고려하는 가장 중요한 두 가지 영역 중 하나인 매트리스 구매 경험에서 뚜렷한 우위를 점하고 있으며, 인지된 가치 측

표 11.1 회사와 회사의 태그라인 연결하기

회사	태그라인
Wild Friends Foods	Live Better, Together!
Wiivv	Rest Assured
Patients Like Me	Write Better, Write Smarter
Billy Goat Ice Cream	Real Companies, Real Cases in Real Time
Prynt	Making Food Friendly
Rover.com	Explore, Pain-Free
Write Lab	Health is in your hands
Real Time Cases	The New Era of Photography
Owlet Baby Care	Be Good, Eat Ice Cream
Tyto Care	Love your dog, Love your life

면에서 비교했을 때 상당히 유리하다. Casper가 경험하고 있는 것처럼 한 업계에서 확실한 경쟁 우위를 확보하는 데는 한 가지 주의할 점이 있다. 바로 경쟁자를 끌어들인다는 것이다. 사례 5.2에서 설명한 바와 같이, Casper의 장점을 모방하려는 여러 매트리스 회사가 등장했다. 이러한 경쟁업체로는 Yogabed, Tuft & Needle, Saatva 등이 있다. 예를 들어 Tuft & Needle은 Casper와 비슷한 구매 경험을 더 낮은 가격대로 제공한다. 이 회사는 Casper가 만든 매트리스 업계의 흥미진진한 새 부문에서 근본적으로 'Casper를 능가'하려고 노력하고 있다.[7]

포지셔닝 전략을 뒷받침하기 위해 기업은 종종 태그라인을 개발한다. Casper의 태그라인은 'Live the Dream'이다. **태그라인**은 회사의 홍보물, 광고, 문구류, 심지어 송장에도 일관되게 사용해 해당 회사와 연관성을 가지게 되는 눈에 띄는 문구로, 시장에서 확보한 입지를 강화하는 데 사용한다. 표 11.1은 이 책에서 소개한 기업과 이들의 태그라인을 연결해보는 짧은 매칭 퀴즈이다. 메시지에서 해당 기업의 제품이나 서비스, 시장에서 구축한 위치가 떠오른다면 그 기업은 성공적인 태그라인을 만든 것이다.

소매업 스타트업이 우려하는 것은 Walmart, Best Buy, Home Depot와 같은 대형 매장과 성공적으로 경쟁할 수 있을지에 대한 것이다. 이는 합당한 우려이며, 스타트업이 대형 매장과 효과적으로 경쟁할 수 있는 능력은 종종 포지셔닝으로 귀결된다. '영리한 창업기업'에서는 소매업 스타트업이 Walmart 및 기타 대형 유통업체와 경쟁하는 방법에 대해 집중적으로 다룬다.

브랜딩

학습목표 2

브랜드를 정의하고 이것이 창업기업의 마케팅 노력에 중요한 이유를 설명할 수 있다.

브랜드는 사람들이 회사와 연관 짓는 긍정적 또는 부정적 속성의 집합이다. 이러한 속성은 신뢰할 수 있는, 혁신적인, 믿을 수 있는, 다루기 쉬운 등의 긍정적인 속성이 될 수 있다. 또는 값싼, 신뢰할 수 없는, 거만한, 다루기 어려운 등의 부정적인 속성이 될 수도 있다. 기업이 브랜드를 통해 창출하는 고객 충성도는 기업의 가장 소중한 자산 중 하나이다. 이러한 정서를 지지하며 Sunkist Growers의 CEO Russell Hanlin은 "오렌지는 오렌지일 뿐이다. 다만 그 오렌지가 소비자의 80%가 알고 신뢰하는 이름인 Sunkist가 아니라면 말이다"라고 말한 바 있다.[8] 오렌지에 이름을 붙임

wavebreakmedia/Shutterstock

이 두 사업가는 막 카페와 와인 바를 개업했다. 그들은 와인과 여러 종류의 수제 맥주와 함께 전문 샌드위치, 수프, 샐러드를 판매할 계획이다. 그들 앞에 놓인 중요한 과제는 회사를 위한 브랜드를 만드는 것이다. 브랜드는 사람들이 사업과 연관 짓는 속성들의 집합이다.

으로써 Sunkist는 고객에게 오렌지가 건강하고 신선할 것이라는 약속을 하고 있다. Sunkist는 이 약속을 어기지 않는 것이 중요하다. 일부 기업은 **브랜드 관리**를 통해 브랜드의 무결성을 모니터링하는데, 이는 소비자의 마음속에 있는 기업의 브랜드 이미지와 가치를 보호하기 위해 사용하는 프로그램이다. 즉, Sunkist가 오렌지 중 일부가 신선하지 않다는 사실을 발견하면 즉시 문제를 해결하기 위한 조치를 취할 것이라는 의미이다.

표 11.2에는 사람들이 브랜드의 의미에 대해 생각하는 다양한 방식이 나와 있다. 표에 표현된 모든 감정은 비슷하지만 기업 브랜드의 다면적인 특성을 묘사하고 있다.

스타트업은 처음부터 브랜드를 구축해야 하며, 이 과정은 제7장 부록에서 설명한 대로 회사 이름을 선택하는 것부터 시작한다. 효과적인 브랜딩의 핵심 중 하나는 선택한 목표 시장에 어필할 수 있는 강력한 개성을 만드는 것이다.[9] 예를 들어, Southwest Airlines는 재미를 나타내는 브랜드를 만들었다. 이는 과거에도 현재에도 주요 목표 시장인 비즈니스보다는 즐거움을 위해 여행하

표 11.2 브랜드란 무엇인가? 브랜드의 의미에 대한 다양한 사고방식

- 브랜드는 이해관계자의 이익을 위한 약속이다.
- 브랜드는 기업이 일정 수준의 성과를 보장하는 것이다.
- 브랜드는 기업이 서비스를 제공하는 사람들에게 하는 약속을 나타낸다.
- 브랜드는 기업의 평판을 표현한다.
- 브랜드는 기업의 신뢰도를 나타낸다.
- 브랜드는 신뢰와 위험 감소를 나타내는 지표이다.
- 브랜드는 회사의 성격을 설명한다.
- 브랜드는 기업과 고객 간의 악수 역할을 한다.

출처: Adapted from *Emotional Branding* by Daryl Travis, copyright © 2000 by Daryl Travis. Used by permission of Pima Publishing, a division of Random House, Inc.

영리한 창업기업

소매업 스타트업이 Walmart 및 기타 대형 유통업체와 경쟁하는 방법

소매업 스타트업이 가지고 있는 주요한 두려움 중 하나는 Walmart, Home Depot, 대형마트와 경쟁할 수 있을지 여부이다. 이는 합당한 두려움이다. 특히 제품 라인과 지리적 범위 측면에서 대형마트는 계속 성장하고 있다. 이제 인구가 1만 명 이하인 도시에도 대형마트가 있다. 대형마트가 소도시로 진출해 지역 상인들을 폐업으로 몰아넣는다는 이야기는 누구나 들어봤을 것이다. 따라서 남성 의류 매장이나 반려동물 용품점에 대한 아이디어가 있는 사람이라면 '과연 내가 Walmart와 경쟁할 수 있을까?'라는 의문이 드는 것은 당연한 일이다. 이러한 두려움과 이커머스 사이트와 경쟁하는 것에 대한 두려움을 결합하면 잠재적으로 매력적인 비즈니스 아이디어를 포기하는 이유를 쉽게 알 수 있다.

그럼에도 불구하고 많은 비즈니스가 대형마트와 성공적으로 경쟁하고 있다. 하지만 이들의 성공은 결코 우연이 아니다. Walmart 및 기타 다른 대형마트와 가격 경쟁을 하는 것은 불가능하지만, 가격이 전부는 아니다. 제품의 품질, 고객 서비스, 제품 지식, 지역 사회와의 유대 관계 등 다양한 형태의 경쟁이 있다. 다음은 대형 유통업체의 경쟁 방식, 취약점, 대형 유통업체와 직접 경쟁하기 위한 전략에 대한 분석이다.

대형 유통업체의 경쟁 방식

Walmart, Target, Costco와 같은 대형 유통업체는 주로 가격과 상품 구성으로 경쟁한다. 이 매장들은 '매일 저렴한 가격'을 광고하며 다양한 상품을 취급한다. Walmart 매장의 평균 재고 품목은 약 12만 5,000개에 달한다. PetSmart, Home Depot, Best Buy와 같은 카테고리 킬러도 주로 가격과 상품 구성으로 경쟁하지만, 단일 카테고리에 집중하고 더 나은 제품 지식을 제공한다는 이점이 있다. 대형마트의 저렴한 가격은 대량 판매, 공급망 효율성, 공급업체의 유리한 조건, 매출 대비 낮은 간접비 덕분에 가능한 것이다. 또한 대형마트는 거의 모든 곳에 존재한다. 예를 들어, 2017년 1월 31일 기준으로 Walmart는 미국에 총 5,332개의 매장을 설립했다(이 수치는 Supercenters, Discount Stores, Neighborhood Markets, Sam's Clubs 등 모든 형태의 Walmart 매장을 포함한다).

대형마트의 취약점

Walmart와 같은 잡화점은 폭 1마일, 깊이 1인치의 제품 전략을 특징으로 한다. 기본 아이디어는 가능한 한 많은 카테고리에서 가장 인기 있는 제품을 판매하는 것이다. 이러한 접근 방식은 일반 판매업체가 규모의 경제를 달성할 수 있게 해주지만, 시장에 틈새를 남긴다. 예를 들어, Walmart는 지역 스포츠 용품점과 동일한 양의 낚시 장비를 재고로 보유할 수 없다. 매장 자체의 단점도 있다. 고객들은 붐비는 통로, 긴 계산대 줄, 그리고 가게에서 무언가를 찾고 있으면 도움을 받을 수 없다고 불평한다. Home Depot이나 PetSmart와 같은 카테고리 킬러는 고객 서비스와 제품 지식이 더 뛰어나지만, 여전히 주류 고객에게 가장 인기 있는 제품을 판매하려고 노력한다. 예를 들어 Academy는 스포츠 용품, 의류, 아웃도어 장비에 대한 인상적인 선택지를 제공하지만 모든 제품을 제공할 수는 없다. 따라서 플로리다주 올랜도에 있는 현지 소유의 러닝화 및 러닝용품 매장인 TrackShack과 같은 매장이 생겨날 수 있다.

TrackShack은 Academy나 DICK'S Sporting Goods보다 더 다양한 러닝화와 깊이 있는 제품 지식을 제공한다. 잠시 멈춰서 TrackShack의 웹사이트(www.trackshack.com)를 살펴보라. 이 매장은 지역 기업가인 John과 Betsy Hughes가 소유하고 있다. 운동화 부문에서 Academy와 TrackShack을 비교한다면 가격에서는 Academy가 이길 수 있지만 선택지, 제품 품질, 제품 지식, 고객 서비스, 편의성, 지역 사회와의 유대 관계에서는 TrackShack이 이긴다. 이는 매우 매력적인 장점이다.

대형마트와의 경쟁을 위한 전략

다음은 대형마트와 경쟁하기 위한 세 가지 일반적인 전략이다.

틈새 시장에서 운영: 틈새 시장은 유사한 니즈를 가진 소수의 고객 그룹을 대표하는 시장 부문 내의 장소이다. 대형 유통업체와 경쟁하는 비즈니스는 틈새 시장에서 운영하면서 스스로를 특정 제품이나 서비스를 위해 '갈만한' 위치로 포지셔닝하는 것이 현명하다. 이것이 바로 TrackShack이 해낸 일이다. TrackShack은 러너들이 달리다가 발에 통증이나 이와 유사한 증상을 겪을 때 조언을 구할 수 있는 곳이기도 하다. 아무도 그런 조언을 구하기 위해 Academy나 Walmart에 갈 생각은 하지 않을 것이다. 또한 거의 모든 카테고리에서 동일한 철학을 추구할 수 있다. Walmart와 CostCo 모두 기타를 판매하지만 미주리주 캔자스시티에 위치한 개인 소유의 단일 기타 소매점이자 스튜디오인 Bentley Guitar Studios도 있다. 이 매장은 광범위한 제품 지식과 음악 레슨으로 기타 판매를 보완하고 있으며, 이는 Walmart와 CostCo가 제공하지 못하는 서비스이다.

차별화: 틈새 시장을 선택한 비즈니스는 경쟁업체와 차별화해야 한다. 대형 매장과 경쟁하려는 소규모 비즈니스가 저지르는 가장 큰 실수는 대형 매장의 작은 버전이 되려고 한다는 것이다. 대신 고객에게 중요한 라인을 따라 차별화하는 것이 중요하다. 예를 들어, TrackShack에는 지식이 풍부한 영업사원이 있다. 고객은 한 시간 동안 TrackShack 판매 직원과 함께 다양한 신발을 신어볼 수 있다. 대형마트에서는 이런 서비스를 받아볼 수 없다. 마찬가지로 Bentley Guitar Studios에는 기타 레슨과 함께 워크숍과 학생 공연뿐만 아니라 지역 아티스트 및 투어 중인 아티스트의 공연 장소로도 쓸 수 있는 어쿠스틱 방이 있다. 또한 피아노, 드

럼, 트럼펫, 기타 여러 악기에 대한 레슨도 제공한다. 다시 말해, Bentley는 CostCo와 Walmart가 하지 않는 모든 것을 하고 있다.

'현지 소유'를 강조: 세 번째는 비즈니스의 현지 소유 특성을 강조하는 것이다. 이 접근 방식은 지역 사회에 대한 충성도가 높고 가능하면 현지에서 쇼핑하고 싶어 하는 사람들의 마음을 사로잡을 수 있다. 그렇기 때문에 지역 비즈니스는 창문이나 매장 안에 '지역 소유 기업' 또는 '지역 장인이 만든 공예품' 또는 이와 유사한 문구를 표시한다. 미국 성인 6,000명을 대상으로 한 2015년 Yodle의 설문 조사에 따르면 응답자의 대다수가 지역 비즈니스가 대형마트보다 더 신뢰할 수 있고 더 나은 품질을 제공한다고 생각하는 것으로 나타났다. 비즈니스의 지역적 특성을 강조하는 것도 브랜드 구축에 도움이 될 수 있다. 이는 현지 쇼핑에 대한 소비자 선호도와 연결될 뿐만 아니라 신선도, 건전성, 지역 경제 지원과 같은 유리한 제품 속성에 대한 관심을 끌 수 있다. 대형마트에서도 같은 이점을 얻기 위해 현지에서 생산한 제품을 더 많이 취급하기 시작했다.

비판적 사고를 위한 문제

1. 이 사례에서 소매업 창업 벤처를 시작할 때 '차별적인 시장 위치 구축'의 중요성에 대해 배울 수 있는 점은 무엇일까?
2. TrackShack의 웹사이트(www.trackshack.com)를 살펴보자. 운동화에 관심 있는 사람이 TrackShack에서 구매하는 신발이 Academy보다 비쌀지라도 TrackShack에서 구매하게 되는 이유를 열거해보라.
3. 소규모 소매업체가 대형마트와 경쟁하기 위해 사용할 수 있는 네 번째 전략을 제안해보라.
4. 거주하고 있는 도시 또는 지역 사회에 있는 현지 소유 사업체를 파악하라. 해당 비즈니스가 대형마트와 어떻게 경쟁하고 있는지 설명하라.

출처: TrackShack, www.trackshack.com (accessed March 14, 2017); Bentley Guitar Studios, www.bentleyguitars.com, (accessed March 14, 2017); Survey: Consumers Prefer to Shop Local but Expect Digital Sophistication, Screenwerk, available at https://screenwerk.com/2015/07/17/survey-consumers-prefer-to-shoplocal-but-expect-digital-sophistication/ (posted July 17, 2015, accessed March 14, 2017); B. Barringer and R. D. Ireland, What's Stopping You? Upper Saddle River, NJ: FT Press, 2008.

는 사람들에게 잘 어울린다. 마찬가지로, Starbucks와 Panera Bread는 각각 따뜻함과 환대를 중심으로 한 경험을 나타내는 브랜드를 만들어 사람들이 더 오래 머무르고 추가 제품을 구매하도록 유도했다. 기업은 궁극적으로 고객이 자신을 'Southwest Airlines 탑승객' 또는 'Panera Bread 단골'로 인식하는 등 브랜드와 강하게 동일시하기를 원한다. 하지만 고객은 경쟁사와 차별화되는 방식으로 가치를 창출하는 기업이라고 생각하지 않는다면 그렇게 하지 않을 것이다.

그렇다면 신생기업은 어떻게 브랜드를 개발할까? 철학적 차원에서 기업은 고객의 삶에서 의미를 가져야 한다. 즉, 고객이 기꺼이 비용을 지불할 수 있는 가치를 창출해야 한다. 크리스마스에 세 자녀를 데리고 조부모님을 뵙기 위해 항공권을 구매하는 아버지를 상상해보라. Southwest Airlines가 경쟁사보다 항공권 한 장당 75달러 더 저렴하게 가족을 목적지까지 데려다줄 수 있다면 이 아버지의 삶에서 Southwest Airlines는 진정한 의미를 가지게 될 것이다. 마찬가지로, 젊은 부부가 이웃을 초대해 그룹 보드게임인 Cranium을 플레이하고 그 게임을 통해 지속적인 우정을 쌓는다면, Cranium은 그들의 마음속에 특별한 자리를 차지할 것이다.

보다 실용적인 차원에서 브랜드는 광고, 홍보, 스폰서십, 사회적 대의에 대한 지원, 소셜 미디어, 좋은 성과 등 다양한 기술을 통해 구축된다. 회사의 이름, 로고, 웹사이트 디자인, Facebook 페이지, Instagram 계정, 심지어 편지지 인쇄 문구도 브랜드의 일부이다. 특히 다른 기업에 판매할 계획이 있는 스타트업은 잠재 고객에게 다가갈 때 신뢰감을 줄 수 있도록 세련된 이미지를 즉시 구축하는 것이 중요하다.

대부분의 전문가는 기업의 브랜드를 구축하기 위해 광고에 지나치게 의존하는 것을 경고한다. 보다 합리적인 접근 방식은 입소문, 미디어, 독창성을 활용해 기업에 대한 긍정적인 버즈를 만드는 것이다. **버즈**(입소문)를 만든다는 것은 회사와 제품에 대한 인지도와 기대감을 조성하는 것을 의미한다.[10] 이 프로세스는 기업이 잠재 구매자 또는 업계 전문가에게 콘셉트를 설명하거나 제품 프로토타입을 보여주는 타당성 분석 중에 시작할 수 있다. 기업이 자신이 하고 있는 일을 비밀에 부치고 싶어 하지 않는 한(독자적인 기술이나 선도자적인 장점을 보존하기 위해), 사람들이 기업과 기업의 흥미로운 새 제품 및 서비스에 대해 이야기하기 시작하기를 바란다. 제6장의 '성공을 위한 파트너십'에서 설명한 것과 같이, 버즈를 만드는 것은 기업이 제품이나 서비스에 대한 진정한 신봉자 및 초기 전도사 커뮤니티를 구축하는 데에도 도움이 된다. 이 책에서 소개한 SoulCycle, Rent the Runway, Casper, Birchbox 등의 여러 스타트업은 초기 테스터와 초기 사용자를 제품 전도사로 전환하는 데 탁월한 성과를 거두었다. 각 사례에서 초기 전도사들은 다른 사람들에게 회사의 제품이나 서비스를 사용해보도록 설득해서 모멘텀을 구축하는 데 도움을 주었다. 호의적인 언론을 확보하는 것도 제품이나 서비스에 대한 버즈를 만드는 좋은 방법이다. 신문, 잡지, 블로그, 무역 저널 등은 항상 흥미로운 기업에 대한 기사를 찾고 있다. 제9장 도입부의 주인공인 Wild Friends Foods는 인기 음식 블로거인 Kath Unger가 이 회사의 제품에 대한 짧은 글을 쓴 것이 큰 도움이 되었다. 이 글은 수백 건의 주문으로 이어졌다. 한 달 후에는 《Oprah Magazine》에서 Wild Friends Foods를 소개하면서 더 큰 상승세를 경험했다. 마찬가지로 Rent the Runway는 출시 당일 초기 테스터가 《New York Times》에 회사에 대한 좋은 평가를 남기고 비즈니스 섹션 1면에 소개되면서 큰 호응을 얻었다.

제품의 기능과 이점에 지나치게 집중하는 것은 기업가가 미디어의 관심을 끌기 위해 흔히 저지르는 실수이다. 기업가가 경쟁사 제품과 비교해서 자사 제품이 얼마나 뛰어난지에 대해 이야기하기 시작하면 기자들은 일반적으로 회의적이 된다. 기자들이 일반적으로 선호하는 것은 회사를 왜 시작했는지에 대한 인간적인 관심사나 스타트업의 고유한 특징에 초점을 맞춘 이야기이다.

궁극적으로 강력한 브랜드는 기업의 매우 강력한 자산이 될 수 있다. 소비자의 50% 이상이 유명하고 신뢰할 수 있는 브랜드가 제품 구매의 이유라고 답했다.[11] 결과적으로 브랜드는 기업이 이미지에 부합하는 제품 가격을 책정할 수 있게 해준다. 또한 성공적인 브랜드는 기업의 시장 가치를 50~75%까지 높일 수 있다.[12] 이러한 가치 상승은 기업이 인수되거나 다른 기업과 합병되거나 기업 공개(IPO)를 진행할 때 매우 중요할 수 있다. **브랜드 자산**은 브랜드와 연결되어 기업의 가치를 높일 수 있는 자산과 부채의 집합을 나타내는 용어이다.[13] 기업은 브랜드 자산을 이해하고 이를 활용해 가치를 창출하는 방법을 이해하는 것이 중요하다.

기업의 브랜드 자산을 구성하는 자산과 부채는 상황에 따라 다르지만, 일반적으로 다음 다섯 가지 범주로 분류한다.

- 브랜드 충성도
- 이름 인식
- 지각된 품질(기업 제품 및 서비스)
- 품질 외의 브랜드 연관성(예: 좋은 서비스)
- 특허, 상표, 고품질 파트너십과 같은 기타 독점 자산

스타트업이 주목해야 할 브랜딩의 한 가지 측면은 공동 브랜딩 관계를 형성할 수 있는 가능성이다. 공동 브랜딩은 두 회사가 파트너십을 맺어 브랜드를 결합하는 것을 말한다. 목표는 브랜드의 강점을 결합하는 것이다. 공동 브랜딩 관계는 특정 이벤트나 제품 출시를 홍보하기 위한 단기적인

성공을 위한 파트너십

성공적인 공동 브랜딩 파트너십의 두 가지 사례

공동 브랜딩은 파트너의 두 회사가 함께 협력하는 것을 말한다. 아이디어는 시장에 시너지를 창출하는 것이다. 시너지 효과는 2 + 2 = 5와 같은 개념이다. 공동 브랜딩 관계에서 시너지 효과는 두 브랜드가 함께 협력해서 각 브랜드가 개별적으로 달성할 수 있는 것보다 더 많은 성과를 달성할 때 창출된다. 성공적인 공동 브랜딩 관계는 각 브랜드가 서로의 브랜드 충성도와 평판으로부터 이익을 얻을 때 가능하다.

다음은 성공적인 공동 브랜딩 파트너십의 두 가지 사례이다.

GoPro와 Red Bull

GoPro는 에너지 드링크를 판매하지 않고 Red Bull은 카메라를 판매하지 않는다. 하지만 두 회사 모두 라이프스타일, 특히 액션으로 가득 찬 라이프스타일 브랜드로 자리매김했다. 또한 두 회사는 전 세계가 더욱 모험적인 삶을 살 수 있도록 영감을 준다는 동일한 비전을 공유한다. Red Bull은 익스트림 스포츠 이벤트를 후원하고, GoPro는 선수들의 경험을 촬영할 수 있는 카메라를 제공하는 방식으로 공동 브랜딩 관계를 유지하고 있다. GoPro 카메라의 기능 덕분에 관객들은 이제 이전에는 볼 수 없었던 운동 경기 장면을 볼 수 있다(예: 스노보드 선수가 점프에서 플립을 할 때 보이는 장면).

2016년에 GoPro와 Red Bull은 공동 브랜드 관계를 한 단계 더 발전시켜 전략적 파트너가 되었다. 이 계약의 일환으로 GoPro는 Red Bull의 독점적인 1인칭 시점 카메라 공급업체가 되고, Red Bull은 GoPro의 지분을 확보하게 된다. 두 회사는 계속해서 서로의 제품을 교차 홍보하고 제품 혁신을 위해 협력할 것이다.

Pottery Barn과 Sherwin-Williams

Pottery Barn과 Sherwin-Williams는 모두 소비자가 집에 아름답고 조화로운 가구 공간을 조성할 수 있도록 돕는다는 비슷한 목표를 가지고 있다. Pottery Barn은 가구 및 홈 액세서리를 제조하는 기업이며, Sherwin-Williams는 미국 최대의 페인트 및 페인트 도구를 판매하는 전문업체이다. 공동 브랜드 파트너십의 일환으로, Pottery Barn은 가구와 장식에 Sherwin-Williams의 색상 및 Emerald Paint를 조합한 룸 비네트를 카탈로그, 웹사이트, 상점에서 제공할 예정이다. Emerald Paint는 Sherwin-Williams의 프리미엄 인테리어 페인트 브랜드이다.

파트너십이 작동하는 방식은 예를 들어 소비자가 Pottery Barn의 웹사이트를 방문하면 Pottery Barn의 최신 컬렉션과 어울리는 Sherwin-Williams의 색상 팔레트를 쉽게 찾을 수 있다는 것이다. 이 특집을 작성할 당시 새로운 색상 팔레트에는 라테(SW 6108), 할시온 그린(SW 6213), 로지 아웃룩(SW 6316)이 포함되어 있었다. 그런 다음 소비자는 Sherwin-Williams 매장에 가서 Pottery Barn의 실내 장식과 정확히 일치하는 페인트를 구입할 수 있다.

비판적 사고를 위한 문제

1. GoPro와 Red Bull의 공동 브랜드 관계의 장점과 단점 목록을 작성하라. 잠재적인 장점이 단점보다 더 크다고 생각하는지 표시하라. 답변에 대해 설명해보라.
2. 공동 브랜딩 관계에서 브랜드 관리가 얼마나 더 어렵다고 생각하는가?
3. 공동 브랜딩의 두 가지 추가 사례를 찾아서 토론할 수 있도록 조사를 해보라. 조사를 통해 찾은 각 공동 브랜딩 관계의 근거를 설명하라.
4. 반건조 바나나로 만드는 건강 스낵 생산 회사인 Barnana를 소개하는 'You Be the VC 11.1'을 살펴보라. Barnana를 위한 잠재적인 공동 브랜딩 관계를 제안해보라.

출처: "Why is GoPro (GRPO) Stock Up 6% Today?" Zachs, available at https://www.zacks.com/stock/news/218394/why-is-gopro gpro-stock-up-6-today (posted May 25, 2016, accessed March 14, 2017); Pottery Barn, www.potterybarn.com (accessed March 14, 2017); L. Kolowich, "8 Examples of Successful Co-Branding Part nerships (And Why They're So Great)," HupSpot boog, available at https://blog.hubspot.com/marketing/best-cobranding-partners hips₩#sm.00bntr1o100eflv10ty2a14bvflpr (posted March 8, 2016, accessed March 14, 2017).

관계일 수도 있고, 공동 브랜드 매장 개설과 같은 장기적인 관계일 수도 있다. 공동 브랜딩 관계의 두 가지 사례가 '성공을 위한 파트너십'에 나와 있다. 공동 브랜딩 관계는 GoPro와 Red Bull 그리고 Pottery Barn과 Sherwin-Williams 등이 있다.

신생벤처를 위한 마케팅의 4P

학습목표 3

창업기업이 활용하는 4P 마케팅 활동(제품, 가격, 프로모션, 장소)을 파악하고 설명할 수 있다.

기업이 목표 시장을 결정하고, 해당 시장 내에서 위치를 확립하고, 브랜드를 구축하면 마케팅 믹스의 세부 사항을 계획할 준비가 된 것이다. 기업의 **마케팅 믹스**는 목표 시장에서 원하는 반응을 이끌어내기 위해 사용하는 통제 가능한 전술적 마케팅 도구의 집합이다.[14] 대부분의 마케터는 마케팅 믹스를 제품, 가격, 프로모션, 장소(또는 유통)의 네 가지 범주로 구성한다. 당연한 이유로 이러한 범주를 일반적으로 4P라고 부른다.

기업이 제품을 판매하고 배포하는 방식은 마케팅 프로그램에 큰 영향을 미친다. 이러한 효과는 기업이 가장 먼저 결정해야 하는 것이 제품 또는 서비스 판매에 대한 전반적인 접근 방식이라는 것을 의미한다. 비슷한 회사라도 비즈니스 방식에 따라 마케팅 믹스는 크게 달라질 수 있다. 예를 들어, 소프트웨어 회사는 웹사이트나 소매점을 통해 직접 판매하거나 다른 회사에 제품을 라이선싱해 해당 회사의 브랜드 이름으로 판매할 수 있다. 일반 대중에게 직접 판매하려는 스타트업은 다른 회사에 제품을 라이선싱하려는 회사와는 다른 방식으로 프로모션 프로그램을 설정할 것이다. 기업의 마케팅 프로그램은 비즈니스 모델 및 전반적인 사업 계획과 일관성이 있어야 한다.

4P를 좀 더 자세히 살펴보자. 다시 말하지만, 이 주제는 책 전체에서 언급하고 있는 광범위한 주제이다. 이 절에서는 창업 벤처와 가장 관련성이 높은 4P의 측면에 초점을 맞춘다.

제품

마케팅 믹스의 맥락에서 기업의 **제품**은 목표 시장에 제공하는 재화 또는 서비스이다. 엄밀히 말하면 제품은 Apple iPhone, 자전거, 태양 전지판과 같이 물리적 형태를 띠는 것을 말한다. **서비스**는 비행기 여행이나 변호사의 조언과 같이 무형의 활동이나 혜택으로 물리적 형태를 띠지 않는다. 그러나 기업의 마케팅 믹스를 논의할 때는 제품과 서비스를 모두 '제품'이라는 라벨로 묶는다.

판매할 제품을 결정하는 것은 기업의 전체 마케팅 활동의 핵심이다. 이 책 전체에서 강조하고 있듯이, 제품의 가장 중요한 속성은 목표 고객의 마음에 가치를 더하는 것이다. 하버드대학교의 Henry W. Chesbrough 교수가 설명한 비타민과 진통제의 비교를 보면서 이에 대해 생각해보자.

> 비타민이 우리 몸에 좋으며 섭취해야 한다는 것은 누구나 알고 있다. 그러나 우리 대부분은 정기적으로 비타민을 섭취하지 않으며 비타민이 제공하는 이점이 무엇이든 단기적으로는 크게 놓치지 않는 것 같다. 따라서 사람들은 비타민에 상대적으로 매우 적은 비용을 지불한다. 이와는 대조적으로 사람들은 진통제가 필요할 때를 알고 있다. 그리고 나중이 아니라 지금 당장 진통제가 필요하다는 것을 알고 있다. 또한 진통제가 효과가 있는지 여부도 쉽게 알 수 있다. 사람들은 비타민을 사는 것보다 진통제를 사는 데 더 많은 돈을 기꺼이 지불할 것이다. 이러한 맥락에서 진통제는 비타민보다 훨씬 더 강력한 가치 제안을 제공한다. 필요성이 더 절실하게 느껴지고, 혜택이 더 크고, 훨씬 더 빨리 인지하기 때문이다.[15]

이 예시는 투자자들이 스팸 메일을 제거하는 제품을 개발 중인 소프트웨어 회사나 질병 치료제를 개발 중인 생명공학 회사와 같이 잠재적으로 획기적인 제품을 보유한 회사에 투자하는 것을 선호하는 이유를 조금이나마 설명해준다. 이러한 제품은 비타민보다는 진통제에 가깝기 때문에 효과가 강렬하고 빠르게 느껴질 것이다. 반대로 새로운 레스토랑 창업이나 새로운 소매점은 흥미로울 수 있지만, 이러한 유형의 기업은 진통제보다는 비타민에 더 가깝다. 이러한 비즈니스의 혜택은 그다지 강렬하게 느껴지지 않을 것이다.

회사가 제품 판매를 준비할 때 핵심 제품과 실제 제품을 중요하게 구분해야 한다. 핵심 제품이 세금 준비 프로그램이 들어있는 CD라면, 고객이 구매하는 실제 제품은 품질 수준, 기능, 디자인, 브랜드 이름, 포장 등 다섯 가지 정도의 특성을 가질 수 있다.[16] 예를 들어 TurboTax는 실제 제품이다. 이름, 기능, 보증, 업그레이드 기능, 포장, 기타 속성이 모두 신중하게 결합되어 사람들이 연방 및 주 세금 신고를 준비하면서 최대한 많은 환급을 받을 수 있도록 도와주는 제품의 이점을 제공한다. 기업가는 제품을 시장에 처음 선보일 때 그것이 핵심 제품 이상이 맞는지 확인해야 한다. 또한 고객이 궁극적으로 구매하는 혜택의 집합을 구성하는 기능, 디자인, 포장 등 실제 제품에도 주의를 기울여야 한다. 답답할 정도로 딱딱한 플라스틱 용기에서 제품을 꺼내본 사람이라면 누구나 제품 포장 방식이 제품의 일부라는 것을 알고 있다. 다른 부분의 실수로 인해 제품의 품질이 저하되어서는 안 된다.

초기 출시는 신제품 마케팅에서 가장 중요한 시기이다. 모든 신생기업은 잘 알려지지 않아서 첫 고객이 제품을 구매하기 위해서는 믿음의 도약이 필요하다는 도전에 직면한다. 일부 스타트업은 레퍼런스 계정을 사용해 이러한 과제를 해결한다. **레퍼런스 계정**은 제품 사용 경험에 대한 평가를 기꺼이 제공할 의향이 있는 회사의 초기 사용자이다. 예를 들어, Apple의 대변인이 새로운 컴퓨터 하드웨어 회사의 제품을 사용해본 결과 그 성능에 만족했다고 말했을 때의 효과를 상상해보라. 이러한 추천글은 이 새로운 회사의 하드웨어를 판매하는 길을 열어줄 수 있으며, 새로운 회사는 검증되지 않은 비효율적인 제품을 판매하고 있다는 우려를 줄이는 데 이를 사용할 수 있다.

신규 기업은 레퍼런스 계정을 확보하기 위해 제품을 사용해보고 피드백을 제공하겠다는 의사를 표시하는 대가로 초기 고객 그룹에 제품을 무료 또는 할인된 가격으로 제공해야 하는 경우가 많다. 모든 것이 정직하게 유지되고 기업가가 긍정적인 추천을 위해 누군가에게 간접적으로 '대가'를 지불하지 않는 한, 이 과정에 부적절한 것은 없다. 그럼에도 불구하고 많은 기업가는 잠재적인 추천을 받는 대가로 제품을 제공하는 것을 꺼린다. 하지만 강력한 추천을 받으면 동료와의 신뢰, 언론에 기꺼이 이야기할 수 있는 회사 외부의 지지자, 회사 브로슈어 및 광고에 사용할 인용문이나 예시 등 여러 가지 이점이 있다.

가격

가격은 소비자가 제품을 구매하기 위해 지불하는 금액이다. 마케팅 믹스에서 수익을 창출하는 유일한 요소이며, 다른 모든 요소는 비용을 나타낸다.[17] 가격은 궁극적으로 기업이 얼마나 많은 수익을 올릴 수 있는지를 결정하기 때문에 마케팅 믹스에서 매우 중요한 요소이다. 기업이 제품에 부과하는 가격은 목표 시장에 명확한 메시지를 전달하기도 한다. 예를 들어, Oakley는 선글라스를 고품질과 시각적 매력을 모두 갖춘 혁신적인 최첨단 제품으로 포지셔닝한다. 시장에서의 이러한 포지셔닝은 Oakley가 부과하는 프리미엄 가격을 암시한다. 앞서 설명한 포지셔닝을 고수하면서 제품 가격을 낮게 책정한다면 고객에게 혼란스러운 신호를 보낼 수 있다. 고객은 'Oakley 선글라스는 정말 고품질인가, 아닌가?'라고 궁금해할 것이다. 또한 낮은 가격으로는 고객에게 가치를 창출하는 방식으로 경쟁사 제품과 선글라스를 지속적으로 차별화하는 데 필요한 판매 수익을 창출할 수 없다.

대부분의 기업가는 제품 가격을 설정할 때 원가 기반 가격 책정 또는 가치 기반 가격 책정 두 가지 방법 중 하나를 사용한다.

원가 기반 가격 책정 **원가 기반 가격 책정**에서 정가는 제품 원가에 마크업 비율을 추가해 결정된다. 마크업 비율은 업계의 표준이 될 수도 있고 기업가가 임의로 결정할 수도 있다. 이 방법의 장점은 간단하며 상품이나 서비스의 가격을 정당화하기가 비교적 쉽다는 것이다. 단점은 제품의 원가를 추정하는 것이 항상 쉬운 것은 아니라는 것이다. 일단 가격이 정해지면 회사의 비용이 예측하지 못한 방식으로 증가하더라도 가격을 올리기가 어렵다. 또한 원가 기반 가격 책정은 시장에서 상품이나 서비스의 가치가 얼마인지 생각한 것이 아니라 기업이 받아야 한다고 생각하는 가격을 기준으로 한다. 고객이 인터넷에서 비교 쇼핑을 통해 가격을 포함한 제품의 기능 중 자신에게 가장 적합한 조합을 찾을 수 있게 되면서 기업이 고객을 상대로 가격을 매기는 것이 점점 더 어려워지고 있다.[18]

가치 기반 가격 책정 **가치 기반 가격 책정**에서는 소비자가 제품에 대해 지불할 의향이 있는 금액을 추정한 다음 약간의 여유를 두고 정가를 결정한다. 고객이 지불할 의사가 있는 금액은 제품의 지각된 가치와 시장에서 제공하는 선택의 수에 따라 결정된다. 때때로 이러한 결정을 내리기 위해 기업은 목표 시장이 지불할 의사가 있는지 테스트하면서 거꾸로 작업해야 한다. 기업은 포지셔닝, 브랜딩, 마케팅 믹스의 다른 요소를 통해 가치에 대한 고객의 인식에 영향을 미친다. 대부분의 전문가는 가치 기반 가격 책정을 권장하는데, 이는 앞서 살펴본 바와 같이 고객을 무시하는 공식인 원가에 가격을 더하는 방식이 아니라 제품이나 서비스의 지각된 가치에 따라 가격을 결정하기 때문이다.[19] 총마진(기업의 순매출액에서 매출원가를 뺀 금액)이 60~80%에 달하는 것은 하이테크 산업에서 드문 일이 아니다. 300달러에 판매하는 Intel 칩의 생산 비용은 50~60달러일 수 있다. 이러한 유형의 마크업은 칩의 지각된 가치를 반영한다. Intel이 가치 기반 접근 방식 대신 원가 기반 가격 책정 방식을 사용한다면 칩 가격을 훨씬 낮게 책정할 수 있고 수익도 더 적게 얻을 것이다.

대부분의 전문가는 또한 기업가가 시장 점유율을 확보하기 위해 제품에 낮은 가격을 책정하려는 유혹을 뿌리쳐야 한다고 경고한다. 이러한 접근 방식은 판매에는 성공할 수 있지만 수익은 거의 발생하지 않는다. 또한 대부분의 소비자는 제품 가격을 볼 때 **가격-품질 귀인**(price-quality attribution)을 형성한다. 즉, 소비자는 자연스럽게 가격이 높은 제품이 품질도 더 좋다고 생각한다.[20] 기업이 제품에 낮은 가격을 책정하면 실제 품질과 상관없이 고객에게 제품의 품질이 낮다는 신호를 보내게 된다.

가격과 품질 사이의 연관성에 대한 생생한 예를 월 5.99달러의 기본 구독료(연간 결제 시 월 3.99달러)를 부과하는 온라인 사진 공유 사이트인 SmugMug(www.smugmug.com)에서 제공하고 있다. 웹사이트를 살펴보면, 이 회사는 '수십억 장의 행복한 사진'과 '수백만 명의 행복한 고객'을 보유하고 있다. 이 회사의 흥미로운 점은 500 Pixels, Flickr, Facebook을 포함한 대부분의 경쟁업체가 비슷한 서비스를 무료로 제공한다는 것이다. 표면적으로 SmugMug가 요금을 부과할 수 있는 이유는 경쟁사보다 더 높은 수준의 고객 서비스를 제공하고, 경우에 따라 더 많은 저장 용량을 제공하며, 사용자 친화적인 인터페이스(온라인에서 사진을 보는 방식의 측면에서)를 갖추고 있기 때문이다. 하지만 SmugMug의 소유주는 요금 부과 기능이 이러한 명백한 점을 뛰어넘는다고 생각한다. 일부 무료 사이트가 갑자기 폐쇄되어 사용자가 사진을 잃어버렸다. SmugMug는 요금을 청구하기 때문에 장기적으로 더 신뢰할 수 있고 믿음이 간다고 간주된다(누가 사진을 잃고 싶겠는가?). 또한 소유주는 사람들이 무언가를 지불할 때 그것에 본질적으로 더 높은 가치를 부여한다고 믿는다. 그 결과, SmugMug 사용자는 취향에 맞는 매력적이고 고품질의 사진을 게시해 사이트를 존중하는 경향이 있다. SmugMug의 사용자는 보기 흉한 사진이 자주 올라오는 무료 사이트에 비해서 사이트의 이러한 측면을 높이 평가한다.[21]

이 사례의 가장 중요한 요점은 회사가 청구할 수 있는 가격은 주로 ① 제품 또는 서비스의 객관적인 품질과 ② 시장에서 경쟁 제품과 비교해 고객의 마음속에 생성되는 가치에 대한 지각이라는 것이다. 이는 기업이 포지셔닝 및 브랜딩 전략을 개발할 때 고려해야 할 이슈이다.

가격은 마케팅 믹스에서 매우 중요한 요소로, 잘못하면 회사의 단기 수익과 미래 생존 가능성에 큰 타격을 줄 수 있다. 이 장의 '무엇이 잘못됐는가?'에서는 JCPenney의 마케팅 실수를 집중적으로 다룬다. 2011~2012년 당시 CEO였던 Ron Johnson의 지휘 아래 JCPenney는 브랜딩, 테스트(또는 테스트 부족), 가격 책정 분야에서 중대한 실수를 저질렀다. 이러한 실수는 스타트업이 각자의 상황에서 피해야 할 마케팅 실수에 대한 교훈을 제공한다.

프로모션

프로모션은 기업이 목표 시장에 제품의 장점을 알리기 위해 취하는 행동을 말한다. 궁극적으로 목표는 사람들이 제품을 구매하도록 설득하는 것이다. 이러한 활동에는 여러 가지가 있지만 대부분의 스타트업은 자원이 제한되어 있으므로 사용할 프로모션 활동을 선택하기 전에 신중하게 연구해야 한다. 기업가가 제품을 홍보하기 위해 가장 일반적으로 사용하는 활동을 살펴보자.

광고 **광고**는 사람들이 제품을 구매하도록 설득하기 위해 제품을 알리는 것이다. 광고의 주요 목표는 다음과 같다.

- 제품에 대한 고객 인지도 제고
- 제품의 비교 기능 및 이점 설명하기
- 제품과 특정 생활 방식 간의 연관성 만들기

디렉트 메일, 잡지, 신문, 라디오, 인터넷, 블로그, 텔레비전, 옥외 광고 등 다양한 미디어를 통해 이러한 목표를 달성할 수 있다. 가장 효과적인 광고는 기억에 남고 제품 브랜드를 뒷받침하는 광고이다. 하지만 광고에는 다음과 같은 몇 가지 주요 약점이 있다.

- 낮은 신뢰도
- 광고를 보는 사람들 중 상당수가 관심을 가지지 않을 가능성
- 메시지 혼잡(너무 많은 광고를 듣거나 읽은 후 사람들이 단순히 외면하는 것을 의미)
- 다른 형태의 프로모션에 비해 상대적으로 비싼 비용
- 광고가 방해가 된다는 인식[22]

무엇이 잘못됐는가?

스타트업이 마케팅에 대해 JCPenney의 실수로부터 배울 수 있는 점

• Web: www.jcpenney.com • Facebook: JCPenney • Twitter: @jcpenne

Target과 Apple에서 성공적으로 사업을 확장한 후, Ron Johnson은 마케터의 대가가 된 것처럼 보였다. 하지만 JCPenney가 Johnson을 CEO로 영입한 후 상황은 빠르게 틀어졌다. Johnson은 JCPenney의 브랜드를 재탄생시키고, 가격 전략을 바꾸고, 비즈니스 방식을 개편하려 했지만 모두 실패로 돌아갔다. 실제로 Johnson이 재임한 17개월 동안 JCPenney의 매출은 급격히 감소했고, 충성도가 높은 고객들은 회사를 떠났으며, 직원들의 사기는 사상 최저치를 기록했다.

JCPenney는 2011년 6월에 Johnson을 고용했다. 마케팅 전문가를 영입해 지친 브랜드를 활성화하기 위해서였다. Johnson은 모든 자격 요건을 갖춘 것처럼 보였다. Target에서는 머천다이징 담당 부사장을 역임하며 Target의 이미지를 강화하는 소비자 제품인 Michael Graves 라인을 출시하는 업무를 담당했다. JCPenney에 입사하기 전 가장 최근 직장은 Apple의 소매 운영 담당 수석 부사장으로, Apple 매장의 세련된 외관과 탄탄한 성공에 큰 책임을 맡았다.

Johnson은 대담한 계획으로 JCPenney에서 첫발을 내디뎠다. 그의 목표는 매장과 브랜드에 새로운 활기를 불어넣어 회사에 활력을 불어넣는 것이었다. 그가 합류했을 당시 JCPenney는 미국 '중부' 지역에 1,100개의 매장을 보유한, 눈에 띄지는 않지만 탄탄한 체인점이었다. 연간 매출은 175억 달러 정도였다. 그가 떠났을 때 매출은 연간 130억 달러로 급감했고 JCPenney는 현금이 부족했다. 무엇이 잘못되었을까?

일반적인 의견에 따르면 Johnson은 JCPenney에서 근무하는 동안 크게 세 가지 실수를 저질렀다고 한다. 이 실수는 마케팅의 다양한 측면과 관련이 있으며, 스타트업에 중요한 교훈을 주는 실수이다.

실수 #1 공정하고 정직한 가격 책정: 2012년 초, Johnson은 더 이상 '세일' 상품을 제공하지 않겠다고 발표했다. 대신 매일 '공정하고 정직한' 저렴한 가격을 제공하겠다고 발표했다. 제품 가격을 높게 책정했다가 여러 차례 가격을 인하한 후 결국 공정한 가격에 도달하는 방식이 아니라 처음부터 공정한 가격을 제시하겠다는 것이었다.

이 전략은 통하지 않았다. 쇼핑객들은 특가 상품을 찾는 것을 좋아한다는 것이 밝혀졌다. 이는 쇼핑객이 50달러의 새 셔츠나 블라우스를 보고 35달러에 '세일'할 때까지 기다렸다가 구매하는 일종의 게임과도 같다. 50달러에 팔리는 셔츠나 블라우스가 없기 때문에 Johnson은 처음부터 35달러로 등록하면 될 것을 왜 게임을 하느냐고 생각했다. 하지만 쇼핑객은 게임에 익숙하고 게임을 좋아한다는 것이 밝혀졌다. 쇼핑객이 처음과 동일한 가격을 지불하지 않은 셔츠나 블라우스에 대해 15달러를 '절약'했다는 만족감이 분명 존재한다. 그 결과, 충성도가 높은 JCPenney 고객들은 게임이 진행 중인 TJ Maxx, Kohl's, Macy's로 줄지어 떠났다.

용어 또한 문제였다. 공정하고 정직한 가격 책정의 일환으로 JCPenney는 일정 기간 동안 빨간색 티켓에는 '평상시' 상품 가격을 표시하고, 세일 품목에는 '최고 가격'을 나타내는 파란색 스티커를 붙이는 등 두 가지 가격 체계를 사용했다. 그 결과 광범위한 고객 혼란이 발생했다. 고객들은 약관의 의미를 제대로 이해하지 못했다. 이는 JCPenney를 포기하고 다른 매장으로 이동하는 또 다른 이유였다.

Johnson에게 공평하게 말하자면 Apple에서는 공정하고 정확한 가격 책정이 효과가 있었다. Apple은 컴퓨터, iPhone, iPad의 가격을 한 가지로 정한 다음 가격을 인하해 판매하지 않는다. Johnson이 저지른 실수는 사람들이 기술 제품을 구매하는 방식을 JCPenney에서 판매하는 의류 및 기타 제품을 구매하는 방식과 동일시한 것이었다. 소비자들은 기술 제품에는 정가를 지불하는 데 익숙하지만 의류에는 그렇지 않다. JCPenney가 가격 전략을 바꾸려고 시도했을 때는 이미 상당한 피해가 발생한 후였다.

실수 #2 아이디어에 대한 사전 테스트 미실시: Johnson이 공정하고 정직한 가격 책정에 대한 부정적인 반응을 예상하지 못한 이유는 사전에 테스트하지 않았기 때문이다. Johnson이 대담한 새 전략을 제안했을 때, 그는 제한적으로 테스트해볼 수 있는지에 대한 질문을 받았다. 여러 언론에서 보도한 바에 따르면 Johnson은 Apple에서는 테스트하지 않았다고 말하며 이 아이디어를 거절했다.

시스템 전체에 적용하기 전에 몇 개의 매장에서 공정하고 정직한 가격 책정을 테스트하는 것만으로도 어떤 교훈을 얻을 수 있었을지 상상해보라. 사실 JCPenney의 충성도 높은 고객들은 여러 차례의 가격 인하를 통해 '특가'를 찾을 수 있는 기회와 세일을 좋아했다. 또한 간단한 시험 기간을 통해 새로운 용어 사용으로 인해 발생하는 혼란의 유형을 파악했어야 했다.

실수 #3 JCPenney의 브랜드를 완전히 잘못 읽은 경우: 아마도 가장 치명적인 실수는 JCPenney의 브랜드를 완전히 잘못 읽은 것이었을 것이다. Johnson은 사람들이 전문 상품을 구매하거나 네일 관리를 받을 수 있는 부티크 형태의 '입점 매장'을 JCPenney 매장에 도입하는 것을 구상했다. 그는 JCPenney가 미국인들이 '가장 좋아하는 쇼핑 장소'가 되기를 원했다. 그의 목표는 사람들이 Apple 매장에 들르는 것처럼 JCPenney 매장에 와서 어울리고 기꺼이 정당한 가격을 지불하는 것이었다. 하지만 그런 일은 일어나지 않았다. JCPenney의 핵심 고객은 교복을 사기 위해 조급한 아이들을 데리고 매장에 오는 절약 정신이 투철한 쇼핑객이었다. 또한 이들은 혼자 쇼핑할 때 매장을 빠르게 이동하는 경향이 있었다. Johnson은 JCPenney의 고객이 기존과는 다른 고객이 되기를 원했다. 그는 고객이 Apple 고객과 더 비슷해지기를 바랐다. 하지만 T.J. Maxx나 심지어 Walmart와 겹치는 부분이 더 많았다.

Ron Johnson 시대는 시작된 지 17개월 만인 2013년 1월에 끝났다. Johnson은 전임자인 Mike Ullman으로 교체되었다. 현재는 Marvin Ellison이 JCPenney의 CEO다.

비판적 사고를 위한 문제

1. 스타트업은 어떻게 '브랜드'를 구축할까? 브랜딩의 중요성에 대해 JCPenney의 실수에서 배울 수 있는 것은 무엇일까?
2. 목표 시장 선정과 고유한 위치 구축이라는 개념이 이 특집에서 구체적으로 언급되지는 않았지만, JCPenney의 실수에서 이 두 가지 주제에 대해 무엇을 배울 수 있을까?
3. 초기 고객이 회사가 의도한 방식으로 브랜드를 인식하게 하려면 스타트업은 어떤 유형의 테스트를 수행해야 할까?
4. 지금 바로 인터넷이나 인터넷 검색을 통해 JCPenney에 대해 조사해보라. 이 회사는 제품 가격 측면에서 어느 정도의 위치에 있는가? 오늘날 소비자에게 이 회사의 브랜드는 어떤 의미일까?

출처: "5 Critical Errors That Triggered Ron Johnson's Removal at JCPenney," *Chief Executive*, available at https://chiefexecutive. net/5-critical-errors-that-triggered-ron-johnsons-removal-at-jc-pen ney (posted April 18, 2013, accessed September 3, 2014); J. Aisner, "What Went Wrong at JC Penney? *Forbes*, August 21, 2013; Ron Johnson (businessman), Wikipedia, www.wikipedia.org (accessed September 3, 2014).

이러한 약점 때문에 대부분의 스타트업은 제품을 광범위하게 광고하지 않는다. 대신 매우 검소하고 선별적으로 광고를 집행하거나 광고 자체는 아니지만 제품이나 서비스를 홍보하기 위해 고안된 하이브리드 프로모션 캠페인에 참여하는 경향이 있다.

많은 스타트업은 하이브리드 프로모션 캠페인에 참여하는 것과 함께 무역 저널에 광고를 게재하거나 Google, Bing, 다른 온라인 회사에서 제공하는 고도로 집중된 클릭당 지불 광고를 활용해 광고 비용을 절약한다. 클릭당 지불 광고는 광고의 주요 혁신으로 모든 규모의 회사에서 채택하고 있다. Google에는 AdWords와 AdSense라는 두 가지 클릭당 지불 프로그램이 있다. AdWords를 통해 광고주는 Google 홈페이지(www.google.com)에서 키워드를 구매할 수 있으며, 키워드가 사용될 때 검색 결과의 측면(때로는 상단에)에 텍스트 기반 광고가 노출된다. 예를 들어, Google

Monkey Business Images/Shutterstock

스타트업을 포함한 많은 기업이 Facebook, Google, YouTube, 기타 온라인 플랫폼에서 디지털 광고를 사용해 제품을 홍보한다. 이 청년은 소셜 네트워크에서 가장 큰 광고주 중 하나인 Verizon이 게시한 Facebook 광고를 보고 있다.

표 11.3 광고주 및 웹사이트 소유주를 위한 Google AdWords 및 AdSense 프로그램에 대한 설명

AdWords	AdSense
광고주가 Google 홈페이지에서 키워드를 구매할 수 있도록 허용함	광고주가 Google 홈페이지 대신 다른 웹사이트에 게재할 광고를 구매할 수 있도록 허용함
키워드가 사용될 때 검색 결과 측면(때로는 상단에)에 텍스트 기반 광고를 노출함	Google은 광고주의 고객이 관심을 가질 만한 사이트를 선택함
광고주에게는 클릭당 과금 방식이 적용됨	광고주에게는 클릭당 과금 또는 1,000회당 과금 방식이 적용됨
이 프로그램에는 지역, 국내, 해외 배포가 포함됨	광고주는 텍스트 기반 광고로만 제한되지 않음. 텍스트, 이미지, 동영상 광고를 선택할 수 있음
광고주는 클릭당 지불할 수 있는 최대 금액을 지정함. 검색 결과에서 유료 리스팅의 게재 순서는 다른 광고주의 입찰가와 특정 검색에 대해 표시된 모든 광고의 과거 클릭률에 따라 달라짐	광고 콘텐츠가 웹사이트와 관련이 있는 경우가 많기 때문에 대부분의 배너 광고보다 덜 거슬리는 것처럼 보이므로 광고주에게 이점이 있음
광고주는 Google 파트너 네트워크에 광고가 게재되도록 설정할 수 있음. 이 네트워크에는 AOL, Ask.com, Netscape가 포함됨	웹사이트 소유자는 이 서비스를 사용해 웹사이트에서 수익을 창출할 수 있음
광고주는 이미 제품에 대한 정보를 검색하고 있는 사람들에게 광고를 게재할 수 있기 때문에 이점이 있음	일반 AdSense 프로그램과 함께 제공되는 검색용 AdSense를 사용하면 웹사이트 소유주가 웹사이트에 Google 검색창을 배치할 수 있음. Google은 해당 검색을 통해 발생하는 광고 수익을 공유함

검색창에 '축구공'을 입력하면 축구공을 판매하는 회사에서 비용을 지불한 광고가 표시된다. 많은 광고주가 이 방식을 활용해 인상적인 결과를 얻었다고 보고하는데, 이는 이미 제품에 대한 정보를 검색하고 있는 사람들에게 광고를 게재할 수 있기 때문일 것이다. AdSense는 Google의 또 다른 클릭당 지불 프로그램이다. AdWords와 유사하지만 광고주의 광고가 Google 홈페이지가 아닌 다른 웹사이트에 게재된다는 점이 다르다. 예를 들어, 축구를 홍보하는 단체에서 Google 고객의 광고 중 일부를 자사 웹사이트에 게재하도록 허용할 수 있다. 광고주는 축구 단체의 웹사이트에서 광고가 클릭될 때 클릭당 지불 방식으로 비용을 지불한다. Google은 광고주가 창출한 수익을 스폰서 사이트와 공유한다. 표 11.3은 Google AdWords 및 Google AdSense 프로그램을 요약한 것이다. Google과 매우 유사한 Yahoo와 Microsoft의 공동 프로그램은 Yahoo Bing Network라고 부른다. Yahoo Bing Network는 Yahoo와 Microsoft가 합작해서 Yahoo와 Microsoft Bing 검색 엔진 모두에서 클릭당 지불 광고를 판매하는 프로그램이다.

일반적으로 온라인 광고는 특정 주제에 대해 많이 알고 있는 사람들이 웹사이트를 개설해서 기사, 팁, 동영상, 기타 유용한 정보로 채우고, 웹사이트에 관심을 보이는 사람들에게 접근 권한을 판매해서 온라인에서 수익을 창출할 수 있게 해준다. 예를 들어 Paul Roman은 목공에 관심이 많았다. 그는 목공에 대한 양질의 정보가 부족하다는 사실에 불만을 품고 목공 관련 기사, 팁, 방법 안내서가 포함된 출판물을 만들기 시작했다. 2005년에는 연간 34.95달러를 내면 양질의 목공 관련 자료를 이용할 수 있는 회원 전용 사이트인 FineWoodworkingNetwork.com을 개설했다. 이 사이트에 이어 Roman과 그의 아내 Jan이 발행하는 세 가지 잡지인 《Fine Homebuilding》, 《Threads》, 《Fine Gardening》의 멤버십 사이트도 개설했다. 또한 작업 현장 일기, 공구 기술 등 여러 블로그도 운영하고 있다. 블로그는 온라인 광고를 통해 수입을 창출한다.[23]

점점 인기를 얻고 있는 또 다른 광고 매체로는 Facebook과 같은 소셜 미디어 사이트가 있다.

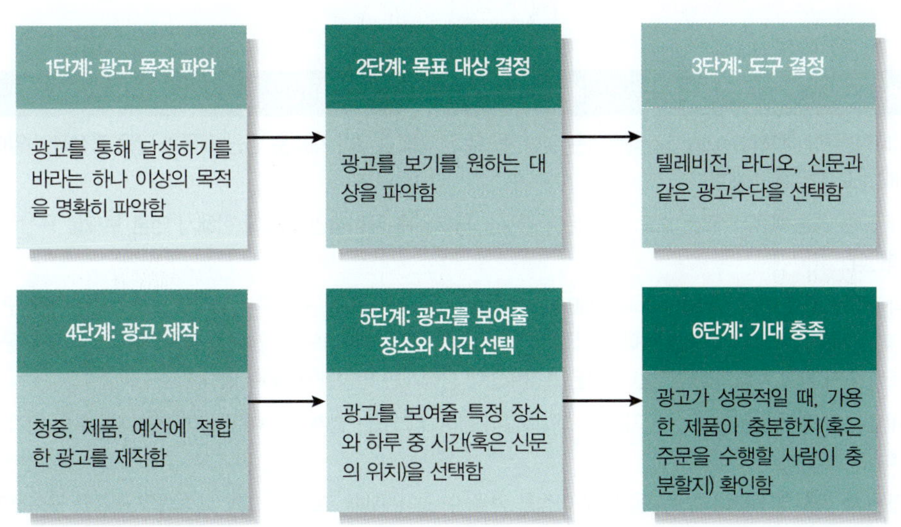

그림 11.3 **광고 추진에 포함되는 절차**

특히 Facebook의 장점은 사람들이 어디에 살고 있는지, Facebook 프로필에 자신을 어떻게 설명하고 있는지에 따라 고도로 타기팅된 광고를 게재할 수 있다는 것이다. 예를 들어, 보스턴 레드삭스의 라이선스 스포츠 의류를 판매하는 기업은 자사 제품을 구매할 가능성이 가장 높은 사람들에게 고도로 타기팅된 광고를 게재할 수 있다. 이 회사는 매사추세츠에 거주하고 있고 Facebook 프로필에 보스턴 레드삭스를 인용한 남성에게만 광고를 게재할 수 있다. 모든 기업은 이상적인 잠재고객을 파악하고 동일한 방식으로 타기팅된 Facebook 광고를 게재할 수 있다.

광고를 구성하는 단계는 그림 11.3에 나와 있다. 일반적으로 스타트업 기업의 경우 광고가 조율된 마케팅 캠페인의 일부일 때 가장 효과적이다.[24] 예를 들어, 인쇄 광고는 제품의 혜택을 소개하고 자세한 정보를 얻기 위해 웹사이트 또는 Facebook 페이지로 독자를 안내할 수 있다. 방문자가 정보 요청 양식(이름, 주소, 전화번호를 요청하는 양식)을 작성하면 웹사이트 또는 Facebook 페이지에서 쿠폰이나 기타 인센티브에 대한 액세스를 제공할 수 있다. 정보 요청 양식에서 수집한 이름은 영업 전화를 거는 데 사용할 수 있다.

홍보 회사가 판매하는 제품의 인지도를 높이는 가장 비용 효율적인 방법 중 하나는 홍보를 통하는 것이다. **홍보**는 대중을 대상으로 하는 회사의 이미지를 확립하고 유지하기 위한 노력을 말한다. 홍보와 광고의 가장 큰 차이점은 홍보는 직접 비용을 지불하지 않는다는 것이다. 기업의 홍보 비용은 언론인, 블로그 작성자, 기타 사람들과 네트워크를 형성해서 이들이 회사와 제품에 대해 좋은 말을 하거나 글을 쓰도록 관심을 가지게 하는 데 지출하는 노력이다. 표 11.4에 나와 있는 것처럼 홍보의 정의에 부합하는 몇 가지 기법이 있다.

많은 스타트업이 광고보다 홍보를 강조하는 이유는 주로 비용이 저렴하고 회사의 신뢰도를 높이는 데 도움이 되기 때문이다. 조금 다르게 말하면, 사람들은 광고를 판매에 급급한 기업의 이기적인 목소리로 간주하기 때문에 광고보다는 홍보로 시작하는 것이 더 나을 수 있다.[25] 기업의 홍보 활동은 잡지나 신문과 같은 제3자를 통해 기업의 이야기를 전달하는 데 초점을 맞출 수 있다. 《Inc.》, 《Entrepreneur》, 《Business Insider》, 《Fortune》과 같은 잡지에서 새로운 회사의 제품에 대한 긍정적인 리뷰를 게재하거나 유명 블로그에 회사가 소개되면 소비자는 해당 제품이 적어도 사용해볼 가치가 있다고 믿을 가능성이 높다. 이러한 잡지나 블로그는 회사에 대한 이권이 없기 때

표 11.4 홍보 기법

테크닉	설명
보도	기업이 언론에 배포하는 소식. 스타트업은 일반적으로 신제품 출시나 새로운 임원 채용과 같은 긍정적인 일이 있을 때 보도 자료를 배포한다.
기존 언론 보도	인쇄 또는 방송 매체의 모든 보도. 대부분의 경우 스타트업은 긍정적인 보도에 한해서 언론 보도를 육성하려고 노력한다.
소셜 미디어	스타트업은 소셜 미디어(Facebook, Twitter, Instagram, Pinterest)를 사용해서 고객과 소통하고 관계를 구축하며, 다른 사람의 소셜 미디어 활동에서 긍정적인 언급이 나오길 바라기도 한다. 예를 들어, Twitter에 글을 올리고 팔로워 수가 많은 사람의 긍정적인 의견은 스타트업에 긍정적인 영향을 미칠 수 있다.
업계 언론 및 정기 간행물 기사	업계 언론과 정기 간행물에 실린 기사는 스타트업이 참여하고 있는 업계에 이미 관심이 있는 사람들이 읽기 때문에 특히 탐낼만하다.
블로깅	기업은 세 가지 방식으로 블로깅을 통해 이점을 얻을 수 있다. 첫째, 고객 및 일반 대중과의 관계를 구축하기 위한 방법으로 자체 블로그를 운영한다. 둘째, 다른 회사나 다른 사람의 블로그에 댓글을 달 수 있다. 셋째, 블로거에게 연락해 회사의 제품이나 서비스에 대한 의견을 요청한다. 블로깅의 일반적인 경험 법칙은 사려 깊고 실질적인 기여를 하는 것이 좋다는 것이다. 회사 자체 블로그가 아니라면 회사 제품의 장점에 대해 외부적으로 이야기하는 것은 부적절하다.
월간 뉴스레터	많은 기업이 월간 또는 분기별 뉴스레터를 제작 및 배포해 잠재 목표 고객과 지속적으로 소통하고 있다. 뉴스레터에는 회사의 제품 및 서비스에 대한 업데이트와 함께 독자가 관심을 가질만한 일반적인 정보를 포함해야 한다. 기업은 단순히 자사 제품을 자랑하는 뉴스레터 발송을 피해야 한다. 이러한 유형의 뉴스레터는 종종 지나치게 이기적인 것으로 간주된다.
시민, 사회, 커뮤니티 참여	스타트업은 종종 지역 행사를 후원하거나 직원들에게 상공회의소나 로타리 클럽과 같은 시민 클럽에 참여하도록 요청해 조직에 대한 긍정적인 이미지를 만들려고 노력한다.

문에 회사 제품의 유용성이나 가치에 대해 진실을 과장하거나 거짓말을 할 이유가 없다고 생각한다. 예를 들어, TechCrunch, Gizmodo, Engadget과 같은 유명 기술 블로그에서 소개한 기술 기업은 일반적으로 언급된 후 웹 트래픽과 매출이 즉각적으로 급증하는 것을 볼 수 있다.

스타트업이 언론, 블로거, 소셜 미디어에서 영향력 있는 사람에게 주목받을 수 있는 기회를 높일 수 있는 방법에는 여러 가지가 있다. 앞서 언급했듯이 언론인과 다른 사람들은 일반적으로 기업의 제품 홍보를 노골적으로 돕는 데 관심이 없다. 대신 그들은 회사가 왜 시작되었는지에 대한 인간적인 관심사나 스타트업의 특별한 점에 초점을 맞춘 스토리를 선호한다. 예를 들어, 사례 11.1의 주인공인 Nest Labs는 '사랑받지 못하는' 가정용 제품을 집주인이 '사랑'하게 만드는 방식으로 디자인하고 생산하기 위한 목적으로 설립되었다. 또 다른 기법은 회사에 대한 배경 정보와 가장 최근의 성과 목록이 포함된 자료집인 **프레스 키트**(press kit)를 준비하는 것이다. 이 키트는 일반적으로 언론인에게 배포하고 온라인으로 제공한다. 무역 박람회에 참석하는 것도 기업의 인지도를 높이는 데 도움이 될 수 있다. **무역 박람회**는 특정 산업의 제품이나 서비스를 전시하고 시연하는 행사이다. 미디어 관계자들은 종종 업계의 최신 뉴스를 얻기 위해 무역 박람회에 참석한다. 예를 들어, 가장 큰 규모의 가전제품 박람회는 매년 1월 라스베이거스에서 열리는 국제전자제품박람회(CES)이다. 많은 기업이 가장 흥미로운 신제품을 발표하기 위해 이 전시회를 기다린다. 이는 부분적으로는 흥미로운 스토리를 찾고자 하는 고정적인 미디어 관람객을 확보하고 있기 때문이다.

소셜 미디어 소셜 미디어의 사용은 주로 블로그 운영과 Facebook, Twitter, Instagram, Snapchat과 같은 소셜 네트워킹 사이트를 통해 존재감을 드러내고 고객 및 다른 사람들과 소통하는 것으로 구성된다. 여성을 위한 다양한 빈티지 및 빈티지풍 의류 제품을 판매하는 전자상거래 사이트인 ModCloth(www.modcloth.com)가 좋은 예이다. ModCloth는 블로그를 활발하게 운영하고 있으며, 두 개의 Twitter 계정(일반 제품 정보용 계정과 패션 관련 계정)을 별도로 운영하고, 활발한 Facebook 페이지를 운영하며, Google+, Instagram, Pinterest, YouTube에서도 활동하고 있다.

블로그의 기본 개념은 사람들이 비즈니스에 친숙해지고 비즈니스와 고객 간의 정서적 유대감을 형성하는 데 도움이 된다는 것이다. 예를 들어, ModCloth의 블로그(http://blog.modcloth.com)에서는 회사 제품에 대한 관심을 끌 뿐만 아니라 ModCloth의 목표 시장인 18~32세 여성이 관심을 가질만한 재미있고 유익한 기사, 특집 기사, 사진도 게시한다. 또한 블로그에는 상금을 제공하는 콘테스트, ModCloth 제품을 착용한 고객 사진 게시글, ModCloth에서 일하는 모습을 엿볼 수 있는 비하인드 스토리 등이 있다. 예를 들어, 직원들은 개를 데리고 출근할 수 있는데, 이를 ModDogs라고 부른다. 주기적으로 개 중 한 마리를 블로그에서 소개한다. 제품 라인을 확장하고 특정 목표 고객에게 도달하기 위해 소셜 미디어를 사용하는 것에 대한 이해를 높이기 위해 Walmart는 2017년 3월에 ModCloth를 인수했다. 처음에 예상했던 것은 ModCloth가 Walmart의 소유하에 독립적인 법인으로 운영될 것이라는 것이었다.

성공적인 블로그를 유지하기 위한 핵심은 블로그를 최신 상태로 유지하면서 정보를 제공하고 재미있게 만드는 것이다. 또한 회사 제품만큼이나 회사가 홍보하는 '산업'과 '라이프스타일'에 독자의 참여를 유도해야 한다. 예를 들어, 2016년 12월 초에 ModCloth는 블로그에 다음과 같은 글을 게시했다.

겨울 결혼식을 준비 중이신가요? 드레스부터 세세한 디테일까지, 눈 내리는 결혼식에서 따뜻하고 포

Noam Armonn/Shutterstock

많은 기업이 소셜 미디어를 통해 고객과 소통한다. 한 어린 소녀가 Instagram으로 다가오는 생일에 받고 싶은 제품의 사진을 조부모에게 보여주고 있다.

근하며 완벽하게 빛나는 데 도움이 되는 몇 가지 스타일리시한 제안을 준비했습니다.[26]

블로그에서는 계속해서 적절한 겨울 결혼식 복장(사진 포함)과 액세서리를 제안했다. 이러한 특집 기사는 ModCloth 고객들이 즐겨 보는 기사이다. 또한 겨울 결혼식을 계획하고 있는 사람에게 전달할 수 있는 자료 유형이기도 하다.

또한 많은 스타트업이 Facebook, Twitter, Instagram, Pinterest와 같은 소셜 네트워크 사이트에서 입지를 구축함으로써 이점을 얻을 수 있다. Facebook의 총 계정 수는 방대하기 때문에 특히 매력적이다. Facebook은 전 세계 13세 이상의 사용자라면 누구나 가입할 수 있다. 2016년 4분기 기준 Facebook의 월간 활성 사용자 수는 18억 6,000만 명에 달한다. 또한 2010년 4월 소셜 플러그인 제품군을 출시한 이후 비즈니스에 더욱 매력적으로 다가갔다. **소셜 플러그인**(social plug-ins)은 웹사이트가 사용자에게 개인화된 소셜 경험을 제공하는 데 사용할 수 있는 도구이다. 웹사이트에 설치할 수 있는 Facebook의 가장 인기 있는 소셜 플러그인으로는 '좋아요' 버튼, 공유 버튼, 댓글창이 있다. 이러한 소셜 플러그인을 통해 사용자는 Facebook에서 자신의 Facebook 경험을 친구들과 공유할 수 있다. 예를 들어 공유 버튼을 사용하면 클릭 한 번으로 회사 웹사이트 페이지를 자신의 Facebook 페이지에 공유할 수 있다. 따라서 ModCloth 웹사이트에서 드레스를 구매한 젊은 여성은 ModCloth 사이트에 Facebook 공유 플러그인이 설치되어 있기 때문에 즉시 자신의 Facebook 페이지에 드레스 사진과 설명을 게시하고 구매에 대한 댓글을 작성할 수 있다. 그녀는 이렇게 말할 것이다. "여러분, 제가 방금 구매한 멋진 드레스(www.modcloth.com)를 보세요." 이는 ModCloth 입장에선 무료 광고나 다름없다.

소셜 플러그인을 활용하는 것과 함께 기업은 Facebook, Twitter, Instagram, Snapchat, 기타 소셜 미디어 플랫폼에서 입지를 다져 제품 및 서비스를 중심으로 커뮤니티를 구축할 수 있다. 이는 브랜드 구축, 고객 참여 유도, 온라인 판매뿐만 아니라 고객 리드 확보 등의 이점이 있다. 브랜딩과 관련해서 Facebook 페이지 또는 Twitter 계정을 통해 기업은 브랜드와 일관된 자료를 게시하거나 트윗할 수 있다. 예를 들어, 'You Be the VC 6.1'의 주인공인 'Chicken-Free Strips(식물성 단백질로 만들어졌지만 기존 치킨 스트립과 같은 맛을 내는 제품)'와 같은 식물성 육류 대체품을 생산하는 Beyond Meat는 Twitter에 영양, 요리, 건강 레시피, 식물성 육류 대체품 등과 관련된 자료를 자주 게시하고 있다. 이를 통해 Beyond Meat는 건강한 식습관과 건강한 생활 방식의 전문가로 자리매김하고 있다.

참여와 관련해서 많은 기업이 소셜 네트워크를 사용해 피드백을 요청하거나, 콘테스트를 진행하거나, 회사 제품과 관련된 재미있는 게임을 게시해 고객과의 관계를 강화한다. 예를 들어, ModCloth는 Twitter를 사용해 여러 가지 작업을 수행한다. 첫째, 재미있는 사실, 설문 조사, 심지어 고객이 좋아할만한 레시피를 게시한다. 둘째, ModCloth는 고객의 질문을 장려하고 보통 몇 분 안에 답변을 한다. 셋째, 가장 인기 있는 ModCloth 의류 사진과 ModCloth 직원, 사무실, 이벤트에 대한 비하인드 스토리 사진을 게시한다. 과도한 홍보는 하지 않는다. 이 회사는 Twitter 계정을 경쾌하고 재미있고 가볍게 유지한다. Facebook에서는 제품 사진과 코멘트를 게시해 고객과의 대화를 유도한다. 예를 들어, 여름이 가까워지는 봄에 따뜻한 날씨에 입을 수 있는 ModCloth 의류 및 액세서리 사진과 함께 다음과 같은 질문을 게시할 수 있다. "여러분에게 가장 중요한 따뜻한 날씨용 액세서리는 무엇인가요?" 그러면 회사는 여느 Facebook 친구들처럼 댓글을 남기는 ModCloth 팔로워들과 소통할 수 있다. ModCloth는 Pinterest도 효과적으로 활용한다. 무엇보다도 이 회사에서 판매하는 액세서리 및 신발과 매치한 의류 사진을 게시한다. 이는 고객에게 ModCloth 제품을 구매하고 이를 믹스매치해 다양한 의상과 룩을 연출하는 방법을 보여줄 수 있는 좋은 방법이다.

기업이 활용할 수 있는 추가적인 소셜 미디어 매체는 무궁무진하다. 예를 들어, 많은 기업이 YouTube에 동영상을 게시한다. YouTube는 사용자가 YouTube 채널을 만들어 동영상을 보관하고 자신만의 YouTube 사이트를 만들 수 있는 기능을 제공한다. 예를 들어 GoPro의 YouTube 채널(www.youtube.com/gopro)이 있다. 또한 비즈니스의 사명 및 제품 제공과 일치하는 틈새 소셜 네트워킹 사이트에 입지를 구축할 수도 있다. 예를 들어 부동산 중개인, 브로커, 주택 관리인, 검사관, 대출 기관을 위한 소셜 네트워크인 ActiveRain(www.activerain.com)이 있다. ActiveRain은 현재 28만 4,000명 이상의 회원이 서로 네트워크를 형성하고, 블로그를 만들어 전문 지식과 경험을 공유하며, 그룹에 참여하고 있다.

기타 프로모션 관련 활동 기업이 제품을 홍보하고 판매하는 데 도움이 되는 다른 활동도 많이 있다. 예를 들어, 일부 기업은 제품의 샘플을 무료로 제공한다. 이 기법은 환자에게 적절하게 배포할 수 있도록 의사에게 무료 샘플을 제공하는 제약 회사에서 사용한다. 비슷한 기법으로 잡지 3개월 구독권이나 피트니스 클럽 2주 멤버십과 같은 무료 체험을 제공해 잠재 고객을 제품이나 서비스에 직접 노출시킴으로써 관심을 유도하는 방법도 있다.

최근 많은 관심을 받고 있는 **바이럴 마케팅**은 사람들이 마케팅 메시지를 쉽게 전달할 수 있도록 장려하는 특정 제품에 대한 새로운 기법이다. 바이럴 마케팅의 잘 알려진 예로는 Hotmail이 있다. Hotmail은 처음 무료 이메일 계정을 배포하기 시작했을 때 Hotmail 사용자가 보내는 모든 메시지에 'Hotmail로 무료 이메일 받기'라는 태그라인을 넣었다. 회사는 1년도 채 되지 않아 수백만 명의 사용자를 가지게 되었다. Hotmail 시스템을 거치는 모든 이메일 메시지는 본질적으로 Hotmail에 대한 광고였다. 바이럴 마케팅의 성공 여부는 사람에게서 사람으로 전달되는 비율에 달려 있다. 바이럴 마케팅으로 Hotmail의 성공에 근접한 기업은 거의 없다. 그러나 회사의 현재 고객이 미래의 고객에게 제품을 추천하도록 장려하는 프로모션 캠페인을 설계하는 아이디어는 충분히 고려할 가치가 있다.

바이럴 마케팅 및 버즈 만들기와 관련된 기법 중 하나가 게릴라 마케팅이다. **게릴라 마케팅**은 전통적인 기술보다는 독창성, 기발함, 놀라움에 의존하는 저예산 마케팅 접근 방식이다. 요점은 종종 파격적이고 기억에 남는 방식으로 회사와 제품에 대한 인지도를 높이는 것이다. 게릴라 마케팅은 1984년 Jay Conrad Levinson의 저서 《Guerrilla Marketing》에서 처음 사용하고 정의한 용어이다. 게릴라 마케팅은 예산은 부족하지만 창의력, 열의, 열정이 있는 창업기업에 특히 적합하다.

장소(또는 유통)

장소 또는 유통은 기업의 제품을 원산지에서 소비자에게까지 이동시키는 모든 활동을 포괄한다. **유통 채널**은 제품을 제조한 곳에서 최종 사용자인 고객에게로 전달하는 경로이다.

유통과 관련해 기업이 가장 먼저 해야 할 선택은 제품을 소비자에게 직접 판매할지 아니면 도매

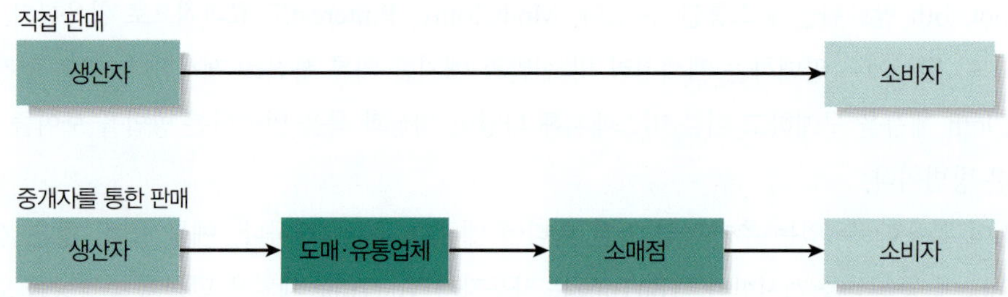

그림 11.4 직접 판매 vs 중개자를 통한 판매

업체나 유통업체와 같은 중개자를 통해 판매할지 여부이다. 대부분의 산업에서는 두 가지 선택이 모두 가능하므로 일반적으로 기업이 생각하는 목표 시장의 제품 구매 방식에 따라 결정한다. 예를 들어, 10대 시장을 타깃으로 하는 음악 스튜디오는 디지털 음반을 제작해 웹을 통해 직접 판매하는 것이 합리적일 수 있다. 대부분의 청소년은 컴퓨터나 스마트폰에 액세스할 수 있고 음악을 다운로드하는 방법을 알고 있다. 반면, 은퇴자를 타깃으로 하는 음반 회사가 동일한 유통 채널을 사용해 음악을 판매하는 것은 그다지 합리적이지 않다. 은퇴자 시장에서는 웹을 통해 음악을 다운로드하는 방법을 아는 비율이 훨씬 적다. 이 경우에는 CD를 제작하고 도매업체나 유통업체와 협력해서 은퇴자들이 쇼핑하는 소매점에 배치하는 것이 더 합리적일 수 있다.

그림 11.4는 직접 판매와 중개자를 통한 판매의 차이점을 보여준다. 각 접근 방식의 장단점을 살펴보자.

직접 판매 많은 기업이 고객에게 직접 판매한다. 제3자에게 의존하지 않고 제품을 원산지에서 최종 사용자에게 전달하는 과정을 통제할 수 있다는 점이 직접 판매의 가장 큰 장점이다. 직접 판매하는 회사의 예로는 회사 소유 매장을 통해 의류를 판매하는 Abercrombie & Fitch와 웹사이트와 소매점을 통해 운동 및 수면 모니터링 장치를 판매하는 Fitbit이 있다.

직접 판매의 단점은 소매점을 소유하거나 임대해야 하고, 영업 인력을 유지해야 하며, 이커머스 웹사이트를 지원해야 하기 때문에 자본의 상당 부분이 고정 자산에 묶여 있다는 점이다. 또한 자사 제품의 새로운 판매처를 끊임없이 찾아야 하는 유통업체가 아니라 자체적으로 구매자를 찾아야 한다.

인터넷의 등장은 많은 기업의 제품 판매 방식을 변화시켰다. 과거에는 소매점을 통해서만 제품을 판매하던 많은 기업이 이제는 온라인에서 직접 판매하고 있다. 유통업체나 도매업체와 같은 중간 단계를 없애고 고객에게 직접 판매하는 과정을 **탈중개**라고 한다.

중개자를 통한 판매 중개자를 통해 판매하는 기업은 일반적으로 제품을 소매점에 배치해서 판매할 도매업체나 유통업체에 제품을 넘긴다. 이 접근 방식의 장점은 유통 채널을 많이 소유할 필요가 없다는 것이다. 예를 들어, 차량용 스피커를 만드는 회사가 Best Buy나 Walmart와 같은 소매점을 통해 스피커를 판매할 경우, 소매점을 구축하고 유지하는 데 드는 비용을 피할 수 있다. 또한 도매업체를 통해 Best Buy 및 Walmart와의 관계를 관리하고 제품을 판매할 다른 소매점을 찾을 수 있다. 이 접근 방식을 성공적으로 사용하기 위해서는 회사의 제품을 대표할 도매업체와 유통업체를 찾는 것이 중요하다. 스타트업은 도매업체와 유통업체의 지원과 협력을 얻기 위해 투자자에게 투자금을 요청하는 것과 마찬가지로 도매업체와 유통업체에 홍보를 해야 하는 경우가 많다.

중개업체를 통한 판매의 단점은 기업이 제품에 대한 통제권을 상실한다는 것이다. 도매업체나 유통업체가 Best Buy나 Walmart와 같은 최고 수준의 소매업체에 기업의 제품을 입점시키더라도, Best Buy나 Walmart의 직원이 기업 자체 매장 직원처럼 해당 기업의 제품에 대해 많은 이야기를 해줄 것이라는 보장은 없다. 유통업체 및 도매업체를 통한 판매도 비용이 많이 들 수 있으므로 모든 옵션을 신중하게 검토하는 것이 가장 좋다. 예를 들어, 웹사이트에서 100달러에 상품을 판매해 50달러(비용 공제 후)의 수익을 올리는 회사가 유통업체를 통해 같은 상품을 소매점에 입점시킬 경우 10달러의 수익만 얻을 수 있다. 40달러의 차이는 유통업체와 소매업체가 가져가는 이윤을 나타낸다.

일부 기업은 채널 파트너와 독점 유통 계약을 체결한다. **독점 유통 계약**은 소매업체 또는 기타 중개업체에 기업의 제품을 판매할 수 있는 독점적 권리를 부여한다. 독점 유통 계약의 장점은 소매업체나 기타 중개업체가 직접적인 경쟁업체를 걱정할 필요 없이 기업의 제품을 판매하는 데 노력하도록 동기를 부여할 수 있다는 것이다. 예를 들어, 삼성이 T-Mobile에 새로운 유형의 스마트폰을 독점 판매할 수 있는 권한을 부여했다면, T-Mobile은 많은 또는 모든 휴대폰 회사가 똑같은 휴대폰에 접근할 수 있는 경우보다 해당 휴대폰을 광고하고 홍보하는 데 더 많은 동기를 부여받게 될 것이다.

중개업체를 통해 판매할 때 기업가가 직면하게 되는 한 가지 선택은 얼마나 많은 채널을 통해 판매할 것인가 하는 것이다. 기업이 더 많은 채널을 통해 판매할수록 더 빠르게 성장할 수 있다. 하지만 여러 채널을 통해 판매할 경우, 특히 창업 초기에 여러 채널을 통해 판매할 경우 문제가 발생할 수 있다. 기업이 제품 판매 방식에 대한 통제력을 잃을 수 있다. 예를 들어, Ralph Lauren의 의류를 판매하는 소매점이 많아질수록 한 개 이상의 소매점이 회사가 원하는 방식으로 의류를 진열하지 않을 가능성이 높아진다.

판매 프로세스 및 관련 문제

학습목표 4

창업기업이 잠재 고객을 파악하고 판매를 성사시키기 위해 사용하는 7단계 판매 프로세스를 설명할 수 있다.

회사의 **판매 프로세스**는 잠재 고객을 파악하고 판매를 성사시키기 위해 거치는 단계를 나타낸다. 기업이 고객에게 직접 판매하든 중개자를 통해 판매하든 상관없이 판매 프로세스는 존재한다. 유통업체와 같은 중개자를 통해 판매하는 경우 유통업체가 자사 제품을 취급하도록 설득해야 하며, 유통업체에 다양한 수준의 지원을 제공해야 한다.

일부 회사는 판매에 있어 단순히 날개를 달기만 하는데, 이는 권장하지 않는 방법이다. 고객을 발굴하고 판매를 성사시키기 위해서는 신중한 접근 방식을 취하는 것이 훨씬 더 좋다. 공식적인 판매 프로세스는 여러 가지 식별 가능한 단계가 포함된다. 프로세스는 회사(및 업계)에 따라 다르지만 일반적으로 그림 11.5와 같이 7단계로 구성된다. 공식적이거나 체계적인 프로세스를 거쳐 판매를 창출하고 성사시키는 것은 두 가지 측면에서 기업에 도움이 된다. 첫째, 기업이 판매에 대한 접근 방식을 미세 조정하고 프로세스에 일관성을 구축할 수 있다. 둘째, 잠재 고객을 검증하는 데 도움이 되므로 기업이 제품이나 서비스의 구매 가능성이 가장 높은 구매자를 찾는 데 시간과 비용을 투자할 수 있다. 판매 담당자가 가장 실망하는 일은 잠재 구매자에게 시간과 노력을 들였

그림 11.5 판매 프로세스

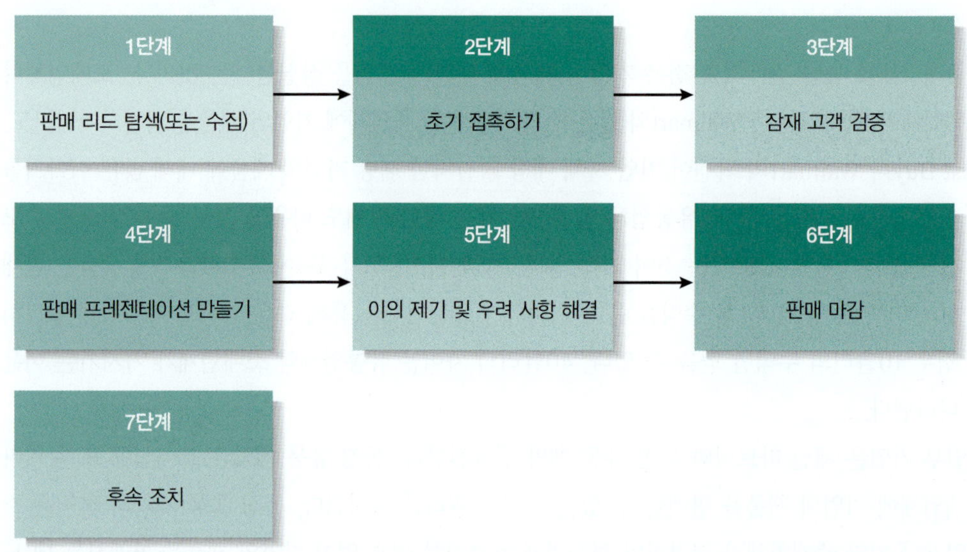

지만 구매자가 구매를 할 돈이나 권한이 없다는 사실을 알게 되는 것이다. 잘 계획한 판매 프로세스는 영업 사원이 특정 잠재 고객과 시간을 보내는 것이 자신의 시간을 유용하게 사용하는 것인지 파악하는 데 도움이 되는 계기가 된다.

일부 회사는 프로세스의 7단계를 나열한 다음 각 단계를 어떻게 실행할 것인지에 대한 절차를 작성해서 판매 전략을 실행한다. 실제로 일부 신생벤처기업은 이 자료를 사업 계획서에 포함시켜 독자에게 판매를 성사시킬 방법을 충분히 고려했다는 확신을 심어주기도 한다. Prime Adult Fitness라는 가상의 비즈니스에 대한 판매 프로세스와 그에 수반되는 실행 단계의 예가 표 11.5에 나와 있다. 이 예는 Bruce R. Barringer(이 책의 공동저자)의 《Effective Business Plans》 제2판에서 가져온 것이다. Prime Adult Fitness는 50세 이상의 사람들을 위한 피트니스 센터이다. 이 회사의 사명은 50세 이상의 사람들이 운동과 피트니스를 활기차고 만족스러운 삶의 일부로 만드는 것이다. 이 회사는 플로리다주 올랜도의 교외에 있는 오비에도에 위치한 피트니스 센터 한 곳에서 시작할 것이다. 표 11.5에 나와 있는 단계는 회사가 회원을 모집하는 데 사용할 프로세스의 개요이며, 사람들이 센터에 들어와서 회원 가입에 대해 문의할 때 사내 직원이 따라야 할 방법이다. 예를 들어 Prime Adult Fitness 직원이 잠재 고객과 여러 번 접촉하는 경우 프로세스를 전개하는 데 몇 주가 걸리는 경우도 있고, 직원이 잠재 고객에게 시설 투어를 제공하고 특정 질문에 답변하는 경우와 같이 프로세스가 몇 분밖에 걸리지 않는 경우도 있다. Prime Adult의 판매 프로세스는 예시로만 제공한다. 개별 기업은 이 예시를 템플릿으로 사용해 개별 제품 및 상황에 맞는 판매 프로세스를 개발할 수 있다.

표 11.5에 제시한 방식으로 판매 프로세스를 매핑하면 회사 직원들이 사용할 수 있는 표준 방법이 제공되며, 신중한 분석과 지속적인 개선을 위한 출발점이 된다. 중요한 판매에서 실패한 뒤 무엇이 잘못되었는지 되돌아보면 판매 프로세스에서 중요한 단계를 놓치거나 잘못 처리한 것을 발견하는 경우가 종종 있다. 따라서 판매 프로세스를 면밀히 검토하고 그에 따른 실행 단계와 적절한 직원 교육을 실시하면 회사의 판매 성과를 크게 향상시킬 수 있다.

표 11.5 Prime Adult Fitness의 판매 프로세스

프로세스 단계	Prime Adult Fitness가 각 단계를 지원하는 방법
1. 잠재 고객(또는 판매 리드)	▪ 현재 회원의 추천 ▪ 디렉트 메일(Prime Adult Fitness의 인구통계학적 프로필을 충족하는 가구를 목표로 함) ▪ Central Florida Health Food와 제휴 ▪ 오비에도 의사 및 외과 의사(Oviedo Doctor's and Surgeon's Medical Practice)와 제휴 ▪ 회사 웹사이트에서 다운로드 ▪ 회사의 라디오 및 인쇄 광고로부터의 반응
2. 초기 접촉하기	▪ 모든 직원에게 잠재 고객과의 관계 구축에 대한 교육을 실시한다. ▪ 잠재 고객에게는 Prime Adult Fitness에 대한 정보 책자를 제공한다. ▪ 라디오 및 인쇄 광고는 잠재 고객을 짧은 동영상 및 기타 홍보 자료가 포함된 Prime Adult Fitness의 웹사이트로 안내한다.
3. 잠재 고객 검증	▪ 모든 직원은 잠재 고객이 자격을 갖춘 고객인지 평가할 수 있도록 교육을 받는다. 우수 잠재 고객으로 인정받은 잠재 고객에게는 Prime Adult Fitness의 시설 투어를 제공할 것이다. ▪ 자격을 갖춘 고객이 처음에 가입하지 않으면 방문 3일 후 후속 조치로 전화 연락을 한다.
4. 판매 프레젠테이션 만들기	▪ 자격을 갖춘 고객에게는 시설 투어를 제공한다. ▪ 자격을 갖춘 고객에게는 Prime Adult Fitness의 시설과 프로그램, 노년층을 위한 피트니스의 이점을 담은 단편 영화(9분)를 상영한다. ▪ 고객 후기 모음은 나중에 제작해서 판매 프레젠테이션 프로세스의 일부로 잠재 고객에게 제공한다.
5. 이의 제기 및 우려 사항 해결	▪ 직원들은 가장 흔하고 명백한 이의 제기에 대응하는 방법에 대해 교육을 받는다. ▪ 가격 이의 제기와 관련해서 ① Prime Adult Fitness의 초기(일회성) 등록비 및 월회비를 다른 피트니스 센터 프로그램과 비교한 브로슈어, ② 다른 형태의 레크리에이션 및 엔터테인먼트(예: 보트 타기, 골프)와 피트니스 센터에 가입하고 소속되는 데 드는 비용을 비교한 브로슈어가 준비되어 있다. ▪ Prime Adult Fitness의 편의시설과 다른 피트니스 센터의 편의시설을 비교하는 유사한 브로슈어가 준비되어 있다.
6. 판매 마감	▪ 모든 직원은 자격을 갖춘 잠재 고객에게 가입을 요청할 수 있도록 교육을 받는다.
7. 후속 조치	▪ 각 신규 회원은 가입 30일 후에 예의상 전화로 연락해 진행 상황을 알린다. 그 이후 1년에 한 번 각 신규 회원에게 전화로 연락을 한다. 각 전화 통화는 추천인 명단을 요청하는 데에도 사용된다. ▪ Prime Adult Fitness는 매월 뉴스레터를 제작해 각 회원에게 우편 또는 이메일로 발송한다. ▪ Prime Adult Fitness의 관리자와 직원은 회원의 참여를 유도하고 회원 가입에 감사하며 지속적으로 단점에 대한 개선안을 요청하도록 교육받는다.

출처: B. R. Barringer, *Preparing Effective Business Plans: An Entrepreneurial Approach* 2e, © 2015. Reprinted by permission of Pearson Education, Inc., Upper Saddle River, NJ (Upper Saddle River, NJ: Pearson Prentice-Hall, 2014).

요약 Chapter Summary

1. 목표 시장을 선정하는 첫 번째 단계는 기업이 경쟁하려는 산업을 연구하고 해당 산업 내에서 다양한 잠재적 목표 시장을 결정하는 것이다. 이 과정을 시장 세분화라고 한다. 시장은 제품 유형, 유통 채널, 서비스 대상 고객 등 다양한 방식으로 세분화할 수 있다.

시장을 세분화하면 기업은 목표 시장, 즉 서비스를 제공하려는 그룹을 선택한다. 다음 단계는 해당 시장에서 경쟁사와 차별화되는 고유한 위치를 확립하는 것이다. **위치**라는 용어는 제5장에서 소개한 바 있는데, 당시에는 시장에서 기업의 위치가 경쟁업체와 비교해서 어떤 위치에 있는지를 결

정한다고 강조했다. 마케팅 관점에서 보면 이것은 기업이 고객에게 인식되기를 원하는 방식에 대한 이미지로 해석된다. 중요한 것은 위치가 "왜 우리 목표 시장의 누군가가 경쟁사 제품이나 서비스 대신 우리 제품이나 서비스를 구매해야 하는가?"라는 질문에 답한다는 것이다.

이 세 단계에서 중요한 것은 제품 속성 맵을 개발하는 것인데, 이는 주요 경쟁업체와 비교해서 업계에서 기업의 위치를 보여준다. 이는 기업의 포지셔닝 전략을 시각적으로 보여주는 데 사용되며 기업이 마케팅 계획을 개발하는 데 도움이 된다.

2. 기업의 브랜드는 사람들이 그 기업과 연관 짓는 속성의 집합이다. 브랜드가 긍정적이고 효과적일 때 기업에 충성도가 높은 고객을 창출할 수 있다. 철학적 수준에서 기업은 고객의 삶에서 의미를 창출함으로써 브랜드를 구축한다. 즉, 브랜드는 가치를 창출해야 한다. 보다 실용적인 차원에서 브랜드는 광고, 홍보, 스폰서십, 사회적 대의에 대한 지원, 좋은 성과를 통해 구축된다. 강력한 브랜드를 효과적으로 개발하기 위해서는 회사의 강력하고 식별 가능한 개성을 만드는 것이 핵심이다.

3. 기업의 마케팅 믹스는 목표 시장에서 원하는 반응을 이끌어내기 위해 사용하는 통제 가능하고 전술적인 마케팅 도구의 집합이다. 대부분의 마케터는 제품, 가격, 프로모션, 장소(또는 유통)라는 4P를 중심으로 마케팅 믹스를 구성한다. 마케팅 믹스의 맥락에서 제품은 서비스를 제공하기로 선택한 시장에서 기업이 제공하는 재화 또는 서비스이다. 기술적으로 볼 때, 제품은 기업이 판매하는 물리적 형태를 띠는 제품이며, 서비스는 물리적 형태를 띠지 않는 기업이 제공하는 활동 또는 혜택이다. 기업이 판매하는 제품의 가장 중요한 속성은 고객을 위한 가치 창출 능력이다. 가격은 고객이 제품을 구매하기 위해 기꺼이 지불할 의사가 있는 금액이다. 일반적으로 기업가는 두 가지 방법 중 하나를 사용해 제품 가격을 설정한다. 원가 기반 가격 책정에서는 제품 원가에 마크업 비율을 추가해 제품의 정가를 결정한다. 가치 기반 가격 책정을 사용할 때는 소비자가 제품에 대해 지불할 의사가 있는 금액을 추정한 다음 약간의 여유를 두고 가격을 결정한다. 프로모션은 제품이 고객에게 창출하는 가치를 전달하기 위해 회사가 취하는 조치와 관련이 있다. 이를 위해 여러 가지 조치가 취해진다. 예를 들어 광고는 기업이 고객에게 구매를 유도하려는 상품이나 서비스를 사람들에게 알리기 위해 취하는 조치이다. 홍보는 대중에게 회사의 이미지를 확립하고 유지하기 위한 노력을 말한다. 이 둘의 가장 큰 차이점은 광고는 비용을 지불하지만 홍보는 적어도 직접적으로는 그렇지 않다는 점이다. 기업의 홍보 비용은 언론인 및 다른 사람들과 네트워크를 형성해서 그들이 회사에 대해 좋은 말을 하거나 글을 쓰도록 관심을 가지게 만들기 위해 지출하는 노력이다. 소셜 미디어는 주로 블로그 운영과 Facebook, Twitter와 같은 소셜 네트워킹 사이트를 통해 존재감을 드러내고 사람들과 소통하는 것으로 구성된다. 기업은 제품과 서비스를 중심으로 커뮤니티를 구축하기 위해 블로그를 작성하고 소셜 미디어에 참여한다. 이는 브랜드 구축, 고객 참여 유도, 고객 리드 확보, 온라인 판매 등의 이점이 있다.

기업이 장소 또는 유통과 관련해서 가장 먼저 선택하는 것은 제품을 소비자에게 직접 판매할지, 중개자(예: 도매업체 및 소매업체)를 통해 판매할지 여부이다. 직접 판매의 장점은 기업이 제3의 파트너에게 의존하지 않고 제품에 대한 통제권을 유지할 수 있다는 것이다. 단점은 회사가 소매점을 소유(또는 임대)해야 하거나 제품을 판매하기 위해 영업 인력을 배치해야 하기 때문에 고정 자산에 더 많은 자본이 묶인다는 것이다. 중개업체를 통한 판매의 장점은 회사가 유통 채널(예: 트럭 및 소매점)을 많이 소유할 필요가 없다는 것이다. 이 접근 방식의 단점은 자체 매장이 있는 경우처럼 판매처가 제조업체만큼 제품을 홍보하고 밀어준다는 보장이 없다는 점에서 기업이 제품에 대한 통제력을 어느 정도 잃게 된다는 것이다.

4. 회사의 영업 프로세스는 리드를 파악하고 판매를 성사시키기 위해 거치는 단계를 나타낸다. 7단계 영업 프로세스는 다음과 같이 이루어진다. 1단계: 판매 리드 탐색(또는 수집), 2단계: 초기 접촉하기, 3단계: 잠재 고객 검증, 4단계: 판매 프레젠테이션 만들기, 5단계: 이의 제기 및 우려 사항 해결, 6단계: 판매 마감, 7단계: 후속 조치.

주요 용어 Key Term

가격
가격-품질 귀인
가치 기반 가격 책정
게릴라 마케팅
광고
독점 유통 계약
레퍼런스 계정
마케팅 믹스
무역 박람회
바이럴 마케팅
버즈
브랜드
브랜드 관리
브랜드 자산
서비스
소셜 플러그인
시장 세분화
원가 기반 가격 책정
유통 채널
장소
제품
제품 속성 맵
탈중개
태그라인
틈새 시장
판매 프로세스
프레스 키트
프로모션
홍보

복습 문제 Review Question

1. 목표 시장이란 무엇인가? 시장을 선택할 때 고려해야 할 요소는 무엇인가?
2. 시장 세분화의 중요성을 설명하라. 시장을 세분화할 수 있는 방법은 몇 가지인가?
3. 기업이 제품 속성 맵을 구축하려면 어떻게 해야 할까?
4. 틈새 시장이란 무엇인가?
5. 기업의 포지셔닝 전략이란 무엇을 의미하는가?
6. 태그라인의 용도는 무엇인가?
7. 브랜드란 무엇인가? 자주 구매하는 브랜드의 예를 제시하고 브랜드 이름을 보고 들었을 때 머릿속에 떠오르는 이미지를 설명하라.
8. 브랜드 관리의 목적은 무엇인가?
9. 기업에서 '버즈'를 생성한다는 것은 무엇을 의미하는가? 자사 제품 또는 서비스에 대해 효과적인 버즈를 생성한 기업의 예를 들어보라.
10. **브랜드 자산**이라는 용어는 무엇을 의미하는가?
11. 기업의 '마케팅 믹스'의 네 가지 요소는 무엇인가?
12. 핵심 제품과 실제 제품의 차이점을 설명하라.
13. 기업이 독보적인 시장 위치를 확보하려면 어떻게 해야 할까?
14. 원가 기반 가격 책정과 가치 기반 가격 책정을 비교하라.
15. '가격-품질 귀인'이라는 문구는 무엇을 의미하는가? 이 문구를 이해하는 것이 기업가가 제품 가격을 책정하는 데 어떻게 도움이 되는가?
16. 사람들이 브랜드의 의미에 대해 생각하는 다양한 방식에는 어떤 것이 있을까?
17. 기업과 그 제품을 홍보하는 데 있어 광고와 홍보의 역할을 비교하라.
18. 블로그를 작성하고 Facebook 및 Twitter에 존재감을 드러내는 목적은 무엇인가?
19. 기업이 홍보 활동에 집중하는 이유는 무엇인가?
20. 조직화된 영업 프로세스의 목적은 무엇인가?

응용 문제 Application Question

1. 이 장의 도입부를 다시 읽으라. 이 작업을 마친 후, Andrew Pohle, Jake Schaufeld, Jordan Levy가 Real Time Cases에 대한 효과적인 마케팅 프로그램을 구축하기 위해 잘했다고 생각한 점들을 모두 목록으로 작성하라.
2. 오하이오주 콜럼버스에서 소규모 비즈니스 컨설팅 서비스를 시작하기로 결정했다면 시장 세분화, 목표 시장 선정, 포지셔닝 전략 개발과 같은 주제에 어떻게 접근하겠는가?
3. 당신이 다니는 대학 근처에서 과외 서비스를 시작한다고 가정해보자. 브랜드 구축, 고객 참여 유도, 리드 및 판매 수익 창출을 위해 사용할 수 있는 종합적인 소셜 미디어 전략의 특징은 무엇일까?
4. Red Bull의 웹사이트(www.redbull.com)를 살펴보라. Red Bull의 마케팅 믹스의 각 요소(제품, 가격, 프로모션, 유통 및 판매 측면에서의 장소)에 대해 논의하라. 추가 정보가 필요한 경우, 인터넷이나 도서관을 검색해 정보를 얻으라. 1~10점 척도(10점일수록 높음)를 사용해 Red Bull

의 전반적인 마케팅 계획의 강점을 평가한다면 몇 점으로 평가하겠는가? 당신의 평가를 뒷받침할 수 있는 증거는 무엇인가?

5. Shannon Garza는 이전 세대의 공간 난방기보다 더 조용하고 안전한 새로운 유형의 공간 난방기를 개발했으며, 이는 특히 원룸이나 기숙사 같은 작은 공간에 사는 사람을 위한 제품이다. Shannon은 이 제품의 가격을 어떻게 책정해야 할지 모른다. 이 장에서 설명한 가장 일반적인 가격 책정 방법 두 가지를 Shannon에게 설명하라. Shannon에게 어떤 가격 책정 방법을 사용하라고 제안할 것인가? 그 이유는 무엇인가?

6. Open Farm Community에 대해 다룬 You Be the VC 11.2를 읽어보라. 이 회사가 성장하고, 고객 충성도를 개선하고, 시장에서 평판을 구축하기 위해 어떤 마케팅 조치를 취하라고 권장하겠는가?

7. 아이들이 안전하고 즐겁게 자신감을 키울 수 있도록 보조바퀴 없이 자전거 타는 법을 가르치는 자전거 제작 회사 KaZAM은 'You Be the VC 9.2'(제9장)에서 소개한 회사이다. 해당 내용을 다시 읽어보라. 이 장에서 고려한 홍보 활동 중에서 이 회사가 성공적으로 회사를 홍보하기 위해 수행해야 할 홍보 활동 유형은 무엇이라고 생각하는가?

You Be the VC 11.1

회사명: Barnana

• Web: www.barnana.com • Facebook: Barnana • Twitter: @barnana

사업 아이디어: 휴대가 간편하고 칼륨이 풍부한 반건조 바나나를 한입 크기로 잘라 만든 건강 간식 생산

개요: 2001년, Caue Suplicy는 프로 철인 3종 경기 선수로 활동하기 위해 미국으로 이주했다. 그는 브라질에서 배운 가족 레시피로 만든 물기를 제거한 작은 사각형 바나나를 자주 가지고 다녔다. 작은 사각형 바나나는 칼륨과 기타 영양소의 훌륭한 공급원이었다. 10년 동안 엘리트 선수로 활동한 후 그는 프로 레이싱 선수 생활을 은퇴했다. 2010년, Suplicy는 자신의 특별한 간식을 다른 사람들과 나누기 위해 Barnana를 만들었다.

Barnana는 운동선수나 건강한 음식에 관심이 있는 모든 사람에게 완벽한 간식이다. Barnana는 기존 간식의 대안으로 바나나에 자연적으로 함유된 영양 성분을 사용하는 선구적인 제품이다. 영양분이 살아 있는 토양에서 화학물질 없이 재배한 Barnana에는 첨가물이나 방부제가 들어 있지 않으며 자연적인 단맛이 난다.

Barnana 스낵은 한입에 넣을 수 있는 크기의 간식이다. 재밀봉이 가능한 비닐 봉지로 포장되어 있어 달리기나 자전거 타기를 할 때 또는 오후 간식으로 간편하게 휴대할 수 있다. Organic Original Chewy Banana Bites, Organic Chocolate Chewy Barnana Bites, Organic Coconut Chewy Barnana Bites, Organic Peanut Butter Chewy Barnana Bites 등 네 가지 종류로 제공된다. 이 작은 조각은 바나나를 부분 건조해 부드럽고 쫄깃하며 바나나 빵 같은 맛이 난다. 오로지 유기농 바나나 한 가지 재료로만 만든 이 제품은 칼륨과 식이섬유가 풍부하고 20가지 이상의 비타민과 미네랄을 함유하고 있다. 각 제품은 유제품과 글루텐이 들어 있지 않고 유전자 변형 성분이 없으며 코셔 인증을 받았고 비건 제품이다. Barnana Bites는 만성소화장애증 환자에게 완벽한 제품이다. 식이섬유가 풍부해서 소화를 돕는데, 이는 만성소화장애증 환자들이 가장 많이 찾는 특성이다. Barnana Bites에 사용하는 바나나를 재배하는 데에도 각별한 주의를 기울인다. 바나나는 남미의 지속 가능한 유기농 농장에서 재배한다.

Barnana Bites는 또한 맛있다. 쫄깃한 식감으로 간식으로도 만족스럽다. 설탕을 첨가하지 않고 바나나 가루를 뿌려 풍미를 더했다. Organic Chocolate Chewy Barnana Bites는 유기농 카카오가 54% 함유되어 있어 다크 초콜릿의 영양이 풍부하다.

Barnana 스낵은 미국 전역의 Whole Foods Markets, Wegmans, Sprouts, PCC Markets, 기타 지역 매장을 포함한 다양한 매장에서 구입할 수 있다. Amazon.com과 Barnana 웹사이트를 통해서도 구매할 수 있다.

- 이 장에서 다룬 자료를 바탕으로, 투자를 결정하기 전에 회사 설립자에게 어떤 질문을 할 것인가? 어떤 대답이 여러분을 만족시킬까?
- 개요와 회사 웹사이트에 제공된 정보만 보고 투자 결정을 내려야 한다면 이 회사에 투자하겠는가? 왜 그러한가? 혹은 왜 그렇지 않은가?

You Be the VC 11.2 회사명: Open Farm Community

• Web: www.openfarmcommunity.com • Facebook: @openfarmcommunity • Twitter: @openfarmcommunity

사업 아이디어: 현지 농산물을 고객에게 직접 연결하는 자립형 레스토랑 만들기

개요: Open Farm Community는 Spa Esprit Group, 유명 셰프 Ryan Clift, 푸드 가든 전문업체 Edible Garden이 함께 만든 공동 작업이다. 싱가포르 보타닉 가든 근처에 위치한 이 레스토랑은 단순한 레스토랑을 넘어 고객이 자신이 먹는 음식에 더 깊이 관여하고, 음식이 어떻게 재배되고 어떻게 맛있는 음식으로 변모하는지 이해하는 것을 목표로 한다. 넓은 레스토랑 부지에는 식용 채소밭이 있어 일반 손님에게도 좋을 뿐만 아니라 교류와 교육에도 가치가 있다. 서비스 환경은 어른들이 음식과 음료를 즐기는 동안 아이들이 안전하게 탐험할 수 있도록 특별히 설계되었다.

Spa Esprit Group은 식음료 마트를 중심으로 다양한 포트폴리오를 보유한 싱가포르 브랜드이다. 17개의 라이프스타일 브랜드를 소유하고 있으며 전 세계 9개 지역에 진출해 있다. 라이프스타일 사업가인 CEO Cynthia Chua는 1996년 24세의 나이에 사업을 시작했다. 2007년에는 뎀시 지역에 스파가 있는 레스토랑 겸 바인 House란 가게를 오픈하면서 식음료 시장으로 진출했다.

스타일리시한 Open Farm Community는 화려한 식물과 장식으로 꾸며진 유리온실 같은 느낌이다. 제철 식재료를 전문으로 하는 오픈 키친이 있으며, 전체 식재료의 80% 이상을 현지에서 조달한다. 전체 프로젝트는 친환경적으로 설계했으며, 도시 거주자와 현지 농부 및 제철 농산물을 연결하는 것을 목표로 한다. 현재 대부분의 식재료는 현지에서 재배한다. 그리고 싱가포르에서 400㎞ 이내에서 생산하지 않은 재료는 없다.

이 장소는 결혼식 피로연과 같은 대규모 행사뿐만 아니라 보다 친밀한 가족 모임도 개최할 수 있도록 설계했다. 부지는 고객의 특정 요구를 충족시키기 위해 세 개의 다른 공간으로 나뉘어 있다. 카페 테라스는 80명을 수용할 수 있으며 파티와 음악 행사를 위해 설계했다. 에어컨을 완비한 실내 레스토랑은 70명을 수용할 수 있으며 워크숍, 미디어 행사, 제품 출시, 결혼식 만찬 등 다양한 행사를 위한 공간으로 사용된다. 추가로 38명을 수용할 수 있는 야외 데크 공간도 있다.

파트너인 Edible Garden은 2015년에 문을 연 레스토랑으로, Artichoke Café, Jamie's Italian, Oxwell & Co 등 싱가포르 전역에 걸쳐 여러 레스토랑과 카페에 관여했다. Open Farm Community는 사람들이 직접 식량을 재배하도록 장려하는 사명을 가진 지금까지 가장 크고 야심 찬 곳이다. 골프 연습장이었던 이곳은 현재 허브와 채소, 벌레와 개미집으로 가득 차 있다.

- 이 장에서 다룬 자료를 바탕으로, 투자를 결정하기 전에 회사 설립자에게 어떤 질문을 할 것인가? 어떤 대답이 여러분을 만족시킬까?
- 개요와 회사 웹사이트에 제공된 정보만 보고 투자 결정을 내려야 한다면 이 회사에 투자하겠는가? 왜 그러한가? 혹은 왜 그렇지 않은가?

사례 11.1 CASE

Nest Labs

• Web: https://nest.com • Facebook: Nest • Twitter: @nest

Bruce R. Barringer(오클라호마주립대학교)
R. Duane Ireland(텍사스A&M대학교)

소개

2000년대 중반, Tony Fadell은 꿈에 그리던 집을 짓고 있었다. 당시 그는 Apple에서 근무하며 Apple iPod과 iPhone을 출시하는 데 중요한 역할을 담당하고 있었다. Fadell은 시간을 들여 집을 짓고 모든 디테일에 직접 참여했다. 무엇보다 그가 좌절한 것은 온도 조절기를 고르는 데 좋은 선택지가 없다는 것이었다. Fadell은 수년 동안 집 안의 많은 것이 더 나은 방향으로 바뀌었지만 온도 조절기는 기본적으로 변하지 않았다고 생각했다. 보기 흉하고 프로그래밍하기 어려웠으며 원격으로 조정할 수도 없었다.

Fadell은 Apple의 동료인 Matt Rogers에게 자신의 불만을 털어놓았고, Rogers는 즉시 이를 이해했다. 그들은 온도 조절기 산업을 더 잘 이해하기 위해 이 산업을 조사하기 시작했다. 원격으로 제어할 수 있는 매력적이고 프로그래밍하기 쉬운 온도 조절기를 찾았지만 찾을 수 없었다. 그 외에도 몇 가지 문제가 있었다. 첫째, 온도 조절기는 주택 소유주가 아닌 건축업자와 냉난방 수리 기술자를 대상으로 판매했다. 그 결과 대부분의 주택 소유주는 집에 설치하는 온도 조절기에 대한 선택권이 거의 없었다. 둘째, Honeywell과 같은 온도 조절기 제조업체는 주로 B2B(기업 간 거래) 기업이었다. 이들은 소비자 제품을 설계하거나 최종 사용자에게 직

접 판매한 경험이 거의 없었다. 따라서 그들이 원한다고 해도 Fadell과 Rogers가 찾고 있던 유형의 온도 조절기를 만들 수 있는 역량이 없었다. 이 모든 것이 Fadell과 Rogers의 통찰력으로 이어졌다. 그들은 시중에 나와 있는 온도 조절기가 마음에 들지 않았고, 온도 조절기 제조업체는 온도 조절기를 유의미하게 개선할 기술이 없었으며, 거의 모든 것을 제어할 수 있는 iPhone과 같은 신기술은 집 안의 모든 기기를 원격으로 제어할 수 있다. 무엇보다도 온도 조절기는 미국에서만 매년 1,200만 대가 판매될 정도로 큰 시장이다. 이는 비디오게임 장치, 스토브, 냉장고보다 더 많은 수치이며, 온도 조절기는 일반 가정에서 에너지 요금의 50%를 제어한다.

이러한 통찰을 바탕으로 Fadell과 Rogers는 온도 조절기를 만드는 회사를 설립할 가능성을 모색하기 시작했다. 그들은 친구들과 가족이 혼란스러워했다는 사실을 쉽게 인정했다. 두 사람 모두 세계에서 가장 섹시한 회사 중 하나인 Apple에서 일했는데 왜 하찮은 온도 조절기에 열광했을까? 그들은 몇 가지 주요 디자인 콘셉트를 염두에 두고 프로토타입 작업을 시작했다. 또한 초기에 미션, 비즈니스 전략, 마케팅 전략을 구체화했다. 그들의 미션은 더 사려 깊은 집을 만드는 것이었다. 온도 조절기는 매력적이고 사용하기 쉬우며 소비자에게 직접 판매할 수 있어야 한다. 이 온도 조절기는 사용자의 행동 패턴을 '학습'해서 에너지를 절약하도록 스스로를 변화시킬 것이다. 이 제품은 '기술' 제품으로 판매하지 않을 것이다. 대신에 회사는 제품을 Nest라고 부르기로 결정하면서, 소비자에게 제품의 이점을 알리고 사용이 얼마나 간편한지, 에너지를 어떻게 절약하는지, 주택 소유자가 비용을 절약하는 데 어떻게 도움이 되는지에 대한 이야기를 전달할 것이다.

Nest, 회사가 되다

Nest는 2010년에 정식으로 출시했다. Nest 온도 조절기를 완성하는 데는 시간이 걸렸다. Fadell과 Rogers는 여러 프로토타입을 제작하고 업계 전문가 및 잠재적 사용자와 이야기를 나누었으며 EPA 관계자들과도 인터뷰했다. 이들은 미관, 사용 편의성, 에너지 절약, 주택 소유주의 비용 절감 측면에서 차이를 만드는 온도 조절기를 만들 수 없다면 의미가 없다고 생각하고 최선을 다했다. 두 사람은 많은 연구를 검토하며 이전부터 가졌던 의문점들을 확인했다. 일반적으로 주택 소유주는 집에 있는 온도 조절기에 별다른 애정을 보이지 않았다. 보기 흉하고 프로그래밍하기가 거의 불가능했으며, 사람들은 종종 돈을 절약하기 위해 온도 조절기를 조정하는 것을 잊어버렸다. 여름철에 집 온도를 70℉로 유지하길 좋아하는 가족이라면, 모두가 집을 비운 사이에는 온도를 높여서 상당한 에너지와 비용을 절약할 수 있다. 그리고 첫 번째 사람이 집에 도착하면 온도를 다시 낮출 수 있다.

1년간의 프로토타입 제작과 준비 과정을 거쳐 2011년에 Nest 학습 온도 조절기가 출시되었다. 이후 몇 가지 업그레이드가 이루어졌지만 오늘날에도 처음 출시했을 때와 거의 동일하게 보인다. 제품은 하키 퍽만 한 크기의 스타일리시한 원형 제품이며 가운데에 파란색 원이 있고 그 위에 온도가 표시된다. 온도는 다이얼처럼 장치 전체를 돌려서 수동으로 조절할 수 있다. 이 제품은 전자식, 프로그래밍 가능, 자가학습 Wi-Fi 지원 장

Constantine Pankin/Shutterstock

Nest 학습 온도 조절기

치로, 집 안의 냉난방을 최적화해 에너지를 절약하고 비용을 절감한다. 처음 몇 주 동안은 사용자가 온도 조절기를 수동으로 조절해서 기본 동작을 설정해야 한다. 머신러닝 알고리즘을 사용해 장치가 집 안의 거주자가 언제 들어오고 나가는지, 선호하는 온도가 무엇인지 학습한다. 그러면 온도 조절기가 그에 따라 조정한다. 또한 내장 센서를 사용해 집에 아무도 없을 때를 감지해서 에너지 절약 모드로 전환할 수 있다. 집 안에서 움직이는 것이 사람인지 (예를 들어) 고양이인지도 알려준다. 사용자는 실물 장치를 통해 또는 스마트폰에서 원격으로 Nest의 온도나 제어 기능을 조작할 수 있다.

Nest 온도 조절기는 곧바로 인기를 끌었다. 3년이 지난 시점에는 연간 약 100만 대의 온도 조절기를 판매했다. Nest의 성공에 큰 역할을 한 요소는 마케팅에 대한 접근 방식이었다. 다음은 Nest의 마케팅 전략의 다양한 요소를 분석한 내용이다.

목표 시장 선택 및 위치 설정하기

Nest의 시장 세분화, 목표 시장 선정, 포지셔닝 전략은 회사의 미션과 제품에 따라 결정했다. Nest는 시장 세분화 및 목표 시장 정의 측면에서 인구통계학, 연령, 생활 방식의 세 가지로 온도 조절기 시장을 세분화했다. 인구통계학적 측면에서는 중상위 소득 주택 소유주를 타깃으로 삼았다. 제품 비용은 249달러로 부유하지 않은 인구 집단에는 가격대가 너무 높다. 연령과 관련해서는 30~50대의 주택 소유주를 타깃으로 한다. 생활 방식 측면에서는 에너지와 예산에 민감한 소비자를 타깃으로 한다. 따라서 Nest의 목표 시장은 에너지 및/또는 예산에 민감한 30~60세 사이의 중상위 소득 주택 소유주이다.

Nest의 목표 시장 선택은 포지셔닝 전략을 통해 보완했다. Nest는 기술 브랜드로 포지셔닝하지 않았으며, 번뜩이는 제품을 만드는 회사로 인식되기를 원하지 않는다. 대신 집주인에게 도움이 되는 제품을 만드는 회

사로 포지셔닝했다. Nest의 모든 마케팅과 메시지는 이러한 포지셔닝을 강화한다. 예를 들어, Nest의 초기 광고 중 하나는 약간 고급스러운 집에 사는 중산층 가족이 Nest 학습 온도 조절기의 사용법을 배우는 1분 12초짜리 광고였다. 이 광고는 즐거운 음악(대사는 없음)과 가족이 온도 조절기를 움직이고 상호작용하는 모습을 배경으로 화면에 일련의 글머리 기호가 깜박이며 시청자가 보고 있는 내용을 설명한다. 글머리 기호는 아래의 표에 나와 있다. 유쾌하고 유익한 이 광고는 온도 조절기 뒤에 숨겨진 기술에 대해 이야기하지 않는다. 온도 조절기가 가족에게 어떻게 도움이 되는지에 엄격하게 초점을 맞추고 있다. 또한 Nest의 이야기를 간결하게 전달한다.

Nest의 모든 광고와 프로모션은 이 패턴을 따른다. Nest의 포지셔닝 전략에서 빼놓을 수 없는 것은 회사가 전하는 스토리이다. 초기에 설립자와 초창기 팀은 온도 조절기와 그것이 제공하는 가치를 설명하는 스토리를 만드는 데 시간을 투자했다. 또한 온도 조절기에 이어 다른 가정용 제품도 출시할 것으로 예상했다. Nest는 궁극적으로 온도 조절기를 눈에 띄지 않고 때때로 성가신 '사랑받지 못하는' 기기가 아니라 가정에서 '사랑받는' 기기로 묘사하기로 결정했다. Nest 웹사이트의 다음 문구에는 이러한 정서가 잘 반영되어 있다.

Nest는 집이다. 우리는 집을 사랑한다. 이곳은 세상에서 가장 좋은 곳이다. 하지만 집 안의 모든 것이 사랑스러운 것은 아니다. 우리에게 경고음을 울리고, 실패를 경고하고, 어둠 속에 우리를 가둬버리는 것들이 있다. 우리가 무시하는 것을 배워온 것들이 있다. 우리는 그들이 더 많은 일을 해야 한다고 생각한다. Nest는 단순하고 인간적인 즐거움을 만드는 데 집중한다. 이것이 우리가 사려 깊은 집, 즉 집 안의 사람들과 집 주변의 세상을 배려하는 집을 만드는 방법이다.

다시 한 번 강조하지만, 소비자에게 혜택을 주는 회사, 즉 가정에 '사랑스러운' 제품을 제공하는 회사가 되겠다는 것이 Nest의 위치이다. 향후 몇 년 동안 Nest는 연기 및 일산화탄소 감지기인 Nest Protect(2013)와 보안 카메라인 Nest Cam Indoor(2014) 및 Nest Cam Outdoor(2016)를 추가할 예정이다. Nest가 보안 카메라를 제공하는 기반은 2014년에 완료된 Dropcam 인수를 통해 이루어졌다. 창의력을 발휘해서 Nest Protect를 소개하는 광고를 상상해보자. Nest Protect는 연기와 일산화탄소를 감지하는 첨단 기술이 탑재된 스타일리시한 제품이다. 이 제품은 알람이 울리기 전에 여성의 목소리로 조기 경고를 제공한다(예: "주방에 연기가 있습니다" 또는 "거실에 일산화탄소가 과도합니다. 신선한 공기가 있는 곳으로 이동하세요"). 위험이 지나가면 일반 화재 경보기와 달리 알람을 끄기 위해 차고에서 사다리를 가져올 필요가 없다. 스마트폰으로 기기를 무음으로 설정할 수 있다. 또한 알람을 보낼 수 있으므로 집에 없어도 무슨 일이 일어나고 있는지 알 수 있다. 또한 기존 화재 경보기는 매달 테스트해야 한다. 10명 중 9명은 그렇게 하지 않는다. Nest Protect는 배터리와 센서를 하루에 400번씩 점검해 제대로 작동하는지 확인한다. Nest Protect를 사랑스럽게 만들기 위해, 당신이 잠자리에 들기 위해 불을 끄면 기기가 기분 좋은 녹색 빛을 발산한다. 이것은 모든 것이 괜찮다는 Nest의 밤 약속이다.

Nest 학습 온도 조절기와 마찬가지로 Nest Protect는 소비자에게 혜택을 제공한다. 어떤 프로모션이나 광고에서도 이 기기의 기술에 대해 이야기하지 않고, 철저하게 이 기기가 가족과 가정을 보호하고 유익하게 하는 방법에 대해 이야기한다.

다음 쪽의 그림은 Nest가 시장을 세분화한 방법, 선택한 목표 시장, Nest의 고유한 포지셔닝 전략에 대한 개요를 보여준다.

초기의 Nest 광고(2012)

제목: Nest 학습 온도 조절기 소개

이 광고는 즐거운 음악을 배경으로 한 가족이 Nest 학습 온도 조절기와 상호작용하는 모습을 보여준다. 광고 중에는 다음과 같은 요점이 표시된다(대사는 나오지 않음).

- 우리는 온도 조절기가 중요하지 않다고 생각했습니다.
- 에너지 요금의 절반을 제어한다는 사실을 알기 전까지는요.
- Nest 학습 온도 조절기를 소개한다.
- 기존 온도 조절기처럼 사용하면 자동으로 프로그래밍됩니다.
- 'Leaf' 기능은 에너지 절약에 도움이 됩니다(에너지 절약 온도를 선택하면 나뭇잎 아이콘이 나타납니다).
- 기기를 돌릴 때마다 학습합니다.
- 밤에도 편안하게 지낼 수 있습니다.
- 당신이 언제 일어날지 기억합니다.
- 외출 시에도 에너지를 낭비하지 않습니다.
- 어디서나 Nest를 조정하세요. (스마트폰을 들고 있는 여성의 모습)
- Nest는 변화하는 생활에 적응합니다다.
- 학습을 멈추지 않습니다.

광고를 보려면 YouTube로 이동해 'Nest 학습 온도 조절기 소개'라고 입력하면 됩니다.

제품, 가격, 프로모션 및 장소

제품 Nest는 제품 측면에서 깔끔한 디자인과 스마트한 기능을 우선시한다. 제품에는 필요한 것만 있고 그 이상은 없다. 또한 사용자 경험을 염두에 두고 제품을 제작한다. Apple 근무 시절에 대한 인터뷰에서 Fadell은 제품 디자인뿐만 아니라 더 중요한 '고객 경험' 디자인을 배웠다고 말했다. 따라서 Nest는 유용한 고객 경험을 촉진하는 방식으로 제품을 디자인한다. 또한 집 안 장식을 해치지 않으면서도 멋을 더해주는 제품을 디자인한다. Nest의 제품은 스타일리시하고 시각적으로 매력적이며, 사람들이 집을 방문했을 때 손님에게 보여줄 수 있는 유형의 제품이다. 이러한 철학을 기존의 온도 조절기, 연기 감지기, 보안 카메라와 비교해보자.

가격 가격 측면에서 Nest의 제품은 경쟁사보다 가격이 높거나 같다. 앞서 언급했듯이 Nest 학습 온도 조절기의 가격은 249달러이다. 출시 이후 여러 경쟁사가 시장에 진입했다. Nest 학습 온도 조절기와 유사하고 동일한 기능을 많이 갖춘 Honeywell Lyric Round 2.0 WiFi 스마트 프로그래밍 온도 조절기의 가격은 179.95달러이다. Ecobee3 스마트 온도

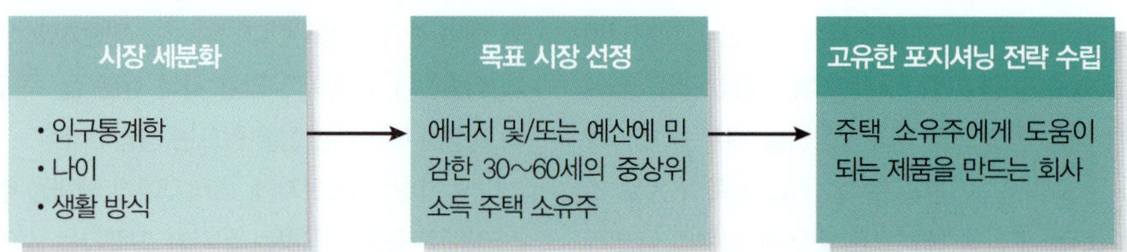

조절기의 가격은 포함된 기능에 따라 169~249달러이다. Ecobee3 역시 Nest의 제품과 동일한 기능을 다수 갖추고 있다. 더 낮은 가격대에 구입 가능한 온도 조절기는 많지만 직접 비교할 수는 없다. 다른 Nest 제품도 동일한 가격 책정 철학을 따른다.

프로모션 프로모션과 관련해서 Nest는 다양한 접근 방식을 사용해 제품에 대해 알리고 스토리를 전달했다. 위에서 강조한 Nest 학습 온도 조절기에 대한 광고에서 볼 수 있듯이 Nest는 TV 광고를 통해 자사의 입지를 강화하고 제품에 대한 정보를 제공했다. TV를 활용한다는 것은 Nest가 목표 고객에게 도달하기 위해 큰 그물을 던지고 있음을 나타낸다. Nest는 소셜 미디어를 광범위하게 활용한다. YouTube 채널에는 250개 이상의 동영상이 있으며, 여기에는 Nest 광고뿐만 아니라 Nest 제품 사용법에 대한 유용한 튜토리얼로 채워져 있다. Nest Protect에 관한 한 광고는 200만 이상의 조회수를 기록했다. '안전'이라는 제목의 이 광고는 부모가 자녀를 보호하는 다양한 방법(자전거 헬멧, 방한용 스웨터, 물안경, 비로부터 보호하는 우산, 카시트)에 대한 따뜻한 사례를 보여준다. 이 광고는 "우리는 (모든 사람을 지칭하며) 모두의 안전을 지키고 싶어서 문제가 발생하면 휴대폰으로 알려주거나 모든 것이 괜찮은지 알려주는 Nest Protect 연기 및 일산화탄소 경보기를 만들었습니다"라고 말하며 끝난다. 기존 소셜 미디어와 관련해서 Nest는 활기차고 유익한 정보를 제공하는 Facebook 페이지, Twitter 계정, Instagram 계정을 보유하고 있다. 그 결과 약 45만 명의 Facebook 좋아요, 17만 명의 Twitter 팔로워, 4만 7,700명의 Instagram 팔로워 수를 보여주었다. Nest는 재미를 더하기 위해 매년 Nestie Awards라는 콘테스트를 후원한다. 1년에 한 번씩 고객과 다른 사람들이 Nest Indoor Cams 또는 Outdoor Cams로 캡처한 가장 좋아하는 클립을 모집한다. 우승자에게는 클립의 품질을 기리는 의미로 Nest 제품을 증정한다.

Nest는 프로모션 측면에서도 창의적이다. 이 회사는 2013년 Nest Protect를 선보이면서 Craigslist에서 소방차를 사들여 제품을 홍보하는 데 활용했다. 샌프란시스코 지역의 Nest 프로모션 행사에서는 소방차 무료 탑승을 제공했다. Nest 소방차가 어떻게 생겼는지 확인하려면 Google 이미지로 이동해 'Nest 소방차'를 입력하라.

장소 Nest의 공동창업자들은 유통 채널을 확보하기 위해 회사 출범 전에 여러 소매업체를 만났다. 이들은 초기(및 후속) 제품의 가격을 책정할 때 소매업체와 Nest가 모두 얻어야 하는 마진을 고려했다. 첫 번째 소매점은 베이 에어리어, 시카고, 텍사스주 오스틴에 있는 Best Buy 매장 등 세 곳이었다. Nest는 온라인 판매만으로는 한계가 있다고 느꼈다. 제품에 대한 설명이 필요했고, 이는 소매 파트너가 매장에서 가장 효과적으로 수행할 수 있다고 생각했다.

Nest는 세 가지 유통 채널을 보유하고 있다. 현재 Home Depot, Lowe's, Best Buy, Apple 스토어와 같은 일부 소매점에서 Nest 제품을 구입할 수 있다. 또한 www.nest.com 및 Amazon.com에서 온라인으로도 구입할 수 있다. Nest는 또한 전자제품을 판매하는 회사를 통해 제품을 유통한다. Nest는 특히 에너지 수요가 가장 많은 시기에 고객의 에너지 절약을 돕는 데 관심이 있는 전기 회사들과 여러 파트너십을 맺었다. 일부 에너지 회사는 고객이 특정 요금제에 가입할 때 Nest 학습 온도 조절기를 무료로 제공하는 경우도 있다.

Nest는 자사 제품을 설치할 수 있는 자격을 갖춘 2만 5,000명 이상의 Nest 프로를 보유하고 있다. Nest 제품을 구매하면 설치 서비스도 구매할 수 있으며, Nest 프로가 가정이나 사업장을 방문해 제품을 설치해준다.

Nest의 앞으로의 과제

Net는 2014년 초 Google에 32억 달러에 인수되었다. Nest는 그 이후로 자율적으로 운영해왔으며 앞으로도 계속 그렇게 할 것이다. 인수 이유는 Nest가 제품 및 서비스 지역 측면에서 계속 확장할 수 있게 동력을 제공하기 위해서였다. 또한 이번 인수를 통해 Nest의 관리팀은 주로 제품 혁신에 집중하고 Google은 관리 업무를 처리한다. Nest는 현재 미국 전역과 점점 더 많은 해외 국가에서 제품을 판매하고 있다. Nest는 현재의 모든 브랜딩도 그대로 유지할 것이다.

Nest의 여정에 도전이 없었던 것은 아니다. 몇 가지 제품 결함을 해결해야 했다. 공동창업자 Tony Fadell은 2014년에 Google 내에서 다른 기회를 찾기 위해 Nest를 떠났다. Fadell의 퇴사가 향후 제품 혁신에 어떤 영향을 미칠지는 불분명하다. 경쟁사들 또한 따라잡고 있다. Honeywell Lyric Round 2.0 Wi-Fi 스마트 프로그래밍 온도 조절기는 비슷해 보이지만 70달러 더 저렴하다.

매출은 여전히 강세를 보이고 있지만, Nest를 비롯해 가정용 스마트 가전을 만드는 모든 기업이 직면한 가장 중요한 요소 중 하나는 장기적으로 소비자가 스마트폰에 기기를 연결하는 데에서 가치를 인식할지 여부이다. 스마트 기기가 개인의 움직임을 추적하고 기타 개인 정보를 수집할 수 있는지 여부와 개인 정보 보호에 대한 우려는 일부 구매자에게는 구매를 망설이게 하는 요인이다.

Nest는 보다 사려 깊은 집을 만든다는 사명에 전념하고 있다. 또한 사명을 뒷받침하고 주택 소유주에게 도움이 되는 제품을 만드는 회사로 자리매김하는 시장 전략에 전념하고 있다.

비판적 사고를 위한 문제

1. Nest의 세분화 전략, 목표 시장 선정, 포지셔닝 전략에 대해 비평하라. Nest의 시장 전략의 이러한 요소들이 어느 정도 상호 보완적이고 효

과적인가?

2. Nest의 브랜드에 대해 설명하라. Nest는 어떤 방식으로 브랜드 관리를 실천하는가?
3. Nest가 '사랑받는' 제품으로 전환할 수 있는 가정 내의 다른 '사랑받지 않는' 제품을 파악하고 더 사려 깊은 집을 만들기 위한 사명을 향해 계속 노력하라.
4. Nest가 직면한 과제 중 가장 위협적인 것은 무엇이라고 생각하는가? 답변을 설명해보라.

출처: Nest, www.nest.com (accessed March 15, 2017); R. DiResta, B. Forrest, and R. Winyard, *The Hardware Startup*, Sebastopol, CA: O'Reilly Media, 2015; Nest Labs Introduces World's First Learning Thermostat, available at https://www. youtube.com/watch?v=RVAh-pVvzul (posted October 25, 2011, accessed March 15, 2017); The Industrialist's Dilemma: Tony Fadell, News, Stanford Graduate School of Business (podcast), available at https://www.youtube.com/results?search_query=tony+fadell+nest+labs (posted March 1, 2016, accessed March 15, 2017); M. Rogers, Stanford Seminar—Entrepreneurial Thought Leaders: Matt Rogers of Nest, Stanford Technology Ventures Partners podcast (posted October 30, 2014, accessed March 15, 2017).

사례 11.2 CASE

Proactiv: 세 가지 중요한 마케팅 결정이 신생벤처의 미래를 바꾼 방법

• Web: www.proactiv.com • Facebook: Proactiv Bruce • Twitter: @proactiv

Bruce R. Barringer(오클라호마주립대학교)
R. Duane Ireland(텍사스A&M대학교)

소개

1995년, 두 명의 피부과 전문의 Katie Rodan 박사와 Kathy Fields 박사는 여드름을 퇴치할 수 있는 의학적 돌파구를 개발했다. 이들의 사명은 수백만 명의 사람이 여드름과 여드름 관련 문제에서 벗어날 수 있도록 돕는 것이었다. 그들은 제품 이름을 Proactiv Solutions라고 지었다. 이 제품이 기존의 여드름을 치료하고 새로운 여드름이 생기는 것을 '사전에' 예방할 수 있기 때문에 이러한 이름을 선택한 것이다.

현재 Proactiv는 미국에서 가장 많이 팔리는 여드름 제품이다. 이 제품은 클렌저, 토너, 트리트먼트가 포함된 3종 여드름 치료 키트이다. Proactiv는 매장에서 판매하지 않는다. 대신 정보 광고, 회사 웹사이트, 구독 서비스인 'Proactiv Solution Clear Skin Club', 일부 고급 부티크와 키오스크를 통해 판매한다. Proactiv가 현재 위치에 오르기까지의 과정은 흥미로운 이야기이다. 창업 초기에 Proactiv는 세 가지 중요한 마케팅 결정을 내렸고, 이 결정은 지금까지도 흔들림 없이 이어지고 있다. 이 사례에서는 이러한 결정에 대해 이야기하고 이러한 결정이 이 창업벤처의 미래를 어떻게 만들었는지 논의한다.

시작 방법

Katie Rodan과 Kathy Fields는 로스앤젤레스의 한 심장혈관연구소에서 여름 아르바이트를 하던 중 만났다. 당시 연구소에서는 심장마비 후의 환자를 치료하는 약물을 개발하고 있었다. Rodan과 Fields 모두 연구소의 연구원들과 의사들과 나눈 동료애뿐만 아니라 연구의 흥미로운 속도를 즐겼다. 대학 학위를 취득한 후에는 둘 다 의대에 진학해 피부과 전문의가 되었다. 두 사람은 계속 연락을 주고받으며 자신이 진료하는 여드름 환자의 수에 얼마나 놀랐는지 서로 공유하곤 했다. 당시 의학 연구에 따르면 성인 인구의 3%만이 여드름을 앓고 있다고 했지만, Rodan과 Fields는 그 수치가 더 높다는 확신을 가지게 되었다. 그들은 매일 여드름 환자를 진료했고, 10대 환자만 진료하는 것이 아니었다. 20대, 30대, 40대, 심지어 50대 여성까지 여드름과 여드름 관련 문제로 고통받는 사람들을 만나고 있었다.

Rodan과 Fields는 여드름 문제를 더 자세히 조사하기 위해 파트너십을 맺기로 결정했다. 그들은 환자들과 대화를 나누며 여드름과 관련된 다양한 질문을 던지는 것으로 시작했다. 그들이 발견한 것은 대다수의 환자가 시중에 나와 있는 여드름 제품을 싫어했다는 것이다. 가장 흔한 불만은 제품이 매우 건조하고 자극이 심하다는 것이었다. 무엇보다도 환자들은 시중에 나와 있는 제품들이 효과가 없다고 Rodan과 Fields에게 말했다. 이 시점에서 두 의사는 더 나은 제품을 만들 기회가 있을지도 모른다는 생각을 하기 시작했다.

Rodan과 Fields는 그 후 몇 년 동안 시중에 나와 있는 여드름 제품을 철저하게 조사했다. 많은 제품을 환자들에게 테스트한 결과, 충격적인 사실을 발견했다. 시중에 나와 있는 모든 제품은 여드름을 국소적으로 치료하기 위해 고안된 제품이었으며, 여드름이 생기는 것을 처음부터 막도록 고안된 제품은 없었다. 두 피부과 전문의는 실용적인 측면과 의학적인 측면에서 모두 말이 안 되는 일이라고 생각했다. 여드름을 발견했을 때는 어떤 치료법을 사용하든 이미 너무 늦은 것이다. 그들은 여드름이 생기지 않게 예방 조치를 취하지 않는 것은 양치질을 하지 않고 충치를 메우기 위해 치과에 가는 것과 비슷하다고 판단했다. 왜 애초에 양치질을 하고 치실을 사용해서 충치가 생기지 않도록 예방하지 않는가?

이 사실을 알게 된 Rodan과 Fields는 여드름과 여드름 관련 문제를 보다 적극적으로 예방할 수 있는 자체 제품을 개발하기 시작했다. 그들은 화학자를 고용했고, 세 사람은 2년 동안 함께 연구했다. 마침내 그들은 스스로도 만족하고 환자들도 만족할 수 있는 제품을 만들었다.

중요한 발견

아직 이름도 없던 제품을 어떻게 마케팅하고 개발할지 아이디어를 얻기 위해 Rodan은 자신의 집에서 디너 파티를 주최하고 게스트들과 브레인스토밍 세션을 진행했다. 게스트에는 비즈니스 임원, 시장 조사자, 마케팅 컨설턴트, FDA 규제 변호사, 최고 재무 책임자 등이 포함되었다. 이 세션의 참가자들이 Rodan과 Fields에게 강조한 것 중 하나는 마케팅 조사의 중요성이었다. 특히 이 그룹은 Rodan과 Fields에게 편견 없는 제3자를 고용해서 조사 결과를 검증할 것을 촉구했다. Rodan과 Fields는 이 조언을 마음에 새기고 외부 컨설턴트를 고용했다. 컨설턴트가 주도한 포커스 그룹에서 Rodan과 Fields는 고령 여성에 대한 두 가지 중요한 사실을 알게 되었다. 첫째, 여드름이 있는 많은 여성이 여드름이 의학적 질환이라는 사실을 믿지 않는다. 둘째, 사람들은 자신의 여드름에 대해 다른 사람과 이야기하는 것을 좋아하지 않는다. Rodan과 Fields는 제품에 아직 보완할 점이 많다는 사실도 알게 되었다. 제품에는 개선이 필요한 몇 가지 측면이 있었는데, Rodan과 Fields는 이를 해결하고 만족시키기 위해 전적으로 노력했다.

회사의 미래를 결정한 세 가지 중요한 마케팅 결정

중요한 마케팅 결정 1: 우리는 스킨케어 회사이다.

Rodan과 Fields는 제품을 다시 재구성한 후, 다른 마케팅 컨설턴트를 고용해 성공적인 제품 마케팅을 어떻게 진행해야 하는지 조언을 구했다. 컨설턴트로부터 받은 첫 번째 조언은 제품을 여드름 제품이 아닌 스킨케어 제품으로 생각하라는 것이었다. 당시 미국의 여드름 시장 규모는 연간 약 2억 5,000만 달러로, 소비재 기준으로 볼 때 낮은 수준이었다. 반면 스킨케어 시장은 연간 수십억 달러에 달했기 때문에 훨씬 더 매력적인 시장이었다. 컨설턴트는 Rodan과 Fields에게 이 제품을 여드름 치료제가 아닌 여드름을 치료하는 스킨케어 시스템으로 생각하라고 조언했다. 이 권고를 통해 Rodan과 Fields는 제품의 시장 범위에 대해 훨씬 더 넓은 비전을 가지게 되었다.

중요한 마케팅 결정 2: 우리의 이름은 Proactiv이다.

Rodan과 Fields는 제품을 스킨케어 시장의 일부로 생각하기 시작하면서 마케팅 전문가에게 제품 이름을 어떻게 지을지 조언을 구했다. 전문가가 추천한 이름은 Proactiv('proactive'에서 'e'를 뺀 것)였다. 그때를 돌이켜보면서 Rodan과 Fields는 처음에 이런 추천을 받은 이유를 이해하지 못했다고 시인한다. 그들은 Dermo-Beautiful과 같이 좀 더 미용적인 느낌을 주는 이름을 원했다. 결론적으로 Proactiv라는 이름은 완벽했다. 이는 Rodan과 Fields가 달성하고자 했던 목표의 본질을 담고 있는 이름이었다. 즉, 여드름 및 여드름 관련 문제를 해결하는 데 있어 ('반응적'인 제품보다) '사전 예방적'인 제품을 만드는 것이다. 따라서 Proactiv는 여드름과 관련된 추가적인 문제 발생을 예방하기 위한 제품이라는 점을 고객에게 알리고자 하는 기업가들의 관심을 반영한 이름이다.

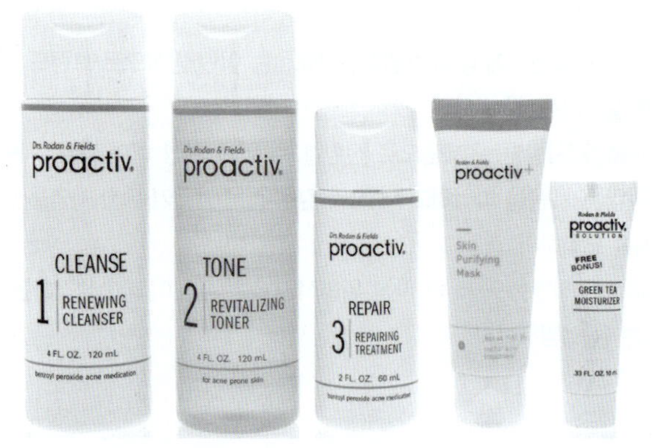

Proactiv 스킨케어 제품

중요한 마케팅 결정 3: 정보 광고

제품을 시장에 출시하기 위해 두 사람은 처음에는 투자 자본을 조달하려고 했다. 하지만 번번이 거절당했다. 그들이 직면한 가장 큰 반대는 제품이 그렇게 좋고 확실하면 왜 Procter & Gamble이나 Johnson & Johnson에서 그걸 생각하지 못했겠느냐는 반응이었다. '분명 그 회사들은 자문위원회에 피부과 전문의가 있어 어떻게 해야 할지 조언해줄 것'이라는 의견이 투자 자본을 가진 사람들과 이야기를 나누면서 Rodan과 Fields에게 반복적으로 제기되었다. 자본 조달을 포기한 후, Rodan과 Fields는 Neutrogena와 라이선스 계약을 체결하기 위해 접근했다. Neutrogena는 거래를 거절했지만 Rodan과 Fields가 공감할만한 제안을 했다. Neutrogena는 정보 광고를 통해 제품을 판매하는 것이 가장 효과적인 방법이라고 말했다. 처음에 Rodan과 Fields는 정보 광고에 대해 상당히 부정적인 의견을 가지고 있었기 때문에 충격을 받았다. 하지만 Neutrogena 직원들에 따르면 Proactiv와 같은 전문가용 제품에 대한 고품질 정보 광고를 제작하는 Guthy-Renker라는 회사가 한 곳 있었다. Rodan과 Fields도 정보 광고가 제품을 사람들에게 알릴 수 있는 가장 좋은 방법일 것이라고 생각하게 되었다. 다음 목록에는 Rodan과 Fields가 확신을 가지고 있던 제품을 판매하기 위해 정보 광고를 사용하는 것의 유리한 점이 정리되어 있다.

Proactiv에 정보 광고가 효과적인 이유(정보 광고는 광고주가 비용을 지불하는 30~60분짜리 프로그램이다)

- 여드름 치료 방법에 대한 재교육이 필요하다.
- 재교육은 30초 또는 60초짜리 TV 광고나 인쇄 광고로는 할 수 없다.
- 여드름은 당혹스러운 문제이기 때문에 사람들은 집에서 사생활을 보호하면서 여드름에 대해 배우는 데 가장 개방적일 것이다.
- 정보 광고를 시청하는 데 가장 많은 시간을 보내는 인구통계학적 그룹인 20~40대 여성이 Proactiv의 시장이다.
- 정보 광고를 통해 Proactiv는 제품을 사용한 사람들의 진심 어린 후기를 보여줄 수 있는 기회가 생긴다. 제품을 사용하고 극적인 효과를 경험한 사람들의 '사용 전'과 '사용 후' 사진을 보여주는 것은 특히 설득력 있는 전략이다.

Guthy-Renker

Neutrogena에서 거절당한 후 Rodan과 Fields가 포기할 준비를 하고 있을 때 우연히 Neutrogena 직원들이 적극 추천한 정보 광고 회사 Guthy-Renker를 소개해준 사람을 만났다. 몇 차례의 회의 끝에 Guthy-Renker는 Proactiv의 라이선스와 제품을 판매하기 위한 정보 광고 제작을 제안했다. 또한 방송될 정보 광고에 필요한 미디어 시간을 확보하기 위해 돈을 투자했다. 초기 정보 광고는 기존 여드름 제품 공급업체가 가장 무시하는 연령대의 여성을 타깃으로 했다. 30분 분량의 이 광고에서는 여드름이 무엇인지, 어떻게 노년층 여성에게 영향을 미칠 수 있는지, 어떻게 Proactiv가 여드름 발생을 잠재적으로 예방할 수 있는 유일한 제품인지에 대해 세심하게 설명했다. 또한 전액 환불 보장을 제공했다. 첫 번째 정보 광고로 Proactiv는 예상보다 2배나 많이 판매되었고, Guthy-Renker와 Proactiv는 오늘날에도 긴밀한 파트너 관계를 유지하고 있다.

또한 Proactiv에 대한 유명인의 지지를 얻는 것도 Guthy-Renker의 아이디어였다. 첫 번째 유명인 지지자는 Judith Light였다. Light에 이어 Vanessa Williams가 그 뒤를 이었고, 현재 많은 유명인이 이 제품을 지지하고 있다.

오늘날의 Proactiv

오늘날 Proactiv는 강력하다. 1994년 첫 번째 Guthy-Renker 정보 광고가 방영된 이후 꾸준히 시장 점유율을 높여왔다. 이 회사는 현재 Gentle Formula, Extra Strength, Proactiv+ 등 여러 종류의 여드름 치료제를 판매하고 있다. 페이스 마스크, 보디 워시, 기타 스킨 케어 제품도 Proactiv라는 이름으로 판매하고 있다. Proactiv 제품은 현재 전 세계에서 판매하고 있다. Proactiv의 마케팅 전략은 회사 설립 이후 크게 변하지 않았다. 이 사례에서 설명한 세 가지 마케팅 결정은 회사의 방향을 설정했으며, 회사는 이러한 결정에 따라 제안된 조치만을 취하기 위해 최선을 다하고 있다.

토의 문제

1. Proactiv는 어떻게 브랜드를 구축해왔는가? Proactiv가 고객의 삶에서 어느 정도 중요하다고 생각하는가?
2. 정보 광고가 Proactiv를 판매할 수 있는 가장 좋은 방법이라고 설득한 Guthy-Renker를 만나기 전에 Rodan과 Fields가 배운 것들에 대해 토의하라. Proactiv가 Guthy-Renker와 함께 정보 광고를 개발하지 않았다면 오늘날 Proactiv가 존재할 수 있었을 것이라고 생각하는가? Proactiv를 처음 소개할 때 인쇄물이나 미디어 광고보다 정보 광고가 더 나은 선택이었던 이유는 무엇인가?
3. Proactiv의 포지셔닝 전략에 대해 설명하라. 이 사례에서 논의한 세 가지 중요한 마케팅 결정이 Proactiv의 포지셔닝 전략이 발전하는 데 어느 정도 영향을 미쳤는가?
4. Proactiv의 핵심 제품과 실제 제품의 차이점은 무엇인가? 실제 제품에 대해 설명하고, 실제 제품이 매력적인 특성을 제공하는지 당신의 평가를 기술하라.

출처: Proactiv Homepage, www.proactiv.com (accessed March 17, 2017); K. Rodan, Stanford Technology Ventures Entrepreneurial Thought Leaders Podcast, April 2006.

에세이 문제

1. 친구인 Nate Jones는 스노보드, 암벽 등반, 산악 자전거, 행글라이딩 등 익스트림 스포츠용 제품 판매에 주력할 전자상거래 웹사이트의 타당성 분석을 초기 단계에 진행 중이다. Nate는 브랜딩의 개념에 익숙하며, 회사를 새로 설립했기 때문에 브랜드를 처음부터 구축해야 한다는 것을 알고 있다. 계획 중인 웹사이트의 브랜드를 구축하기 위해 Nate에게 어떤 조치를 취하라고 제안하겠는가? 네이트에게 추천할만한 조치를 한두 단락 정도 작성하라.
2. 한 소규모 농민 협동조합이 식용유를 생산해 자체 가공한 후 제조 공장에 대량으로 납품한다. 제조업체는 대금을 지급하고, 이를 재가공해 작은 용기에 나눠 담아 도매상에 재판매한다. 협동조합은 계약을 통해 수입을 보장받지만, 협동조합이 직접 식용유에 브랜드를 붙이고 더 높은 가격에 소비자에게 직접 판매할 경우 마케팅 유통은 어떻게 될까?

미주 Endnote

1. S. Ramoglou and E. W. K. Tsang, "A Realist Perspective of Entrepreneurship: Opportunities as Propensities," *Academy of Management Review* 41, no. 3 (2016): 410–434; M. A. Abebe and A. Angriawan, "Organizational and Competitive Influences of Exploration and Exploitation Activities in Small Firms," *Journal of Business Research* 67, no. 3 (2014): 339–345.
2. S. Garg and K. Eisenhardt, "Unpacking the CEO-board Relationship: How Strategy-Making Happens in Entrepreneurial Firms," *Academy of Management Journal* 2017, in press; C. B. Bingham and S. Kahl, "Anticipatory Learning," *Strategic Entrepreneurship Journal* 8, no. 2 (2014): 101–127.
3. S. Turk, IBISWorld Industry Report 71394 Gym, Health & Fitness Clubs in the US, www.ibisworld.com (accessed March 20, 2017).
4. Broadway Dance Center Homepage, www.broadwaydancecenter.com (accessed March 13, 2017).
5. Art & Style Dance Studio Homepage, www.artandstyledancestudio.com, (accessed March 13, 2017).
6. Arthur Murray Dance Studio (Pittsburgh) Homepage, www.arthurmurraypittsburgh.com (accessed March 13, 2017).
7. Casper Homepage, www.casper.com (accessed March 14, 2017).
8. P. Kotler, *Marketing Insights from A to Z: 80 Concepts Every Manager Needs to Know* (Hoboken, NJ: John Wiley & Sons, 2009), 65.
9. F. Eggers, F. Eggers, and S. Kraus, "Entrepreneurial Branding: Measuring Consumer Preferences through Choice-Based Conjoint Analysis," *International Entrepreneurship and Management Journal* 12, no. 2 (2016): 427–444; A. P. Cui, M. Y. Hu, and D. A. Griffith, "What Makes a Brand Manager Effective?" *Journal of Business Research* 67, no. 2 (2014): 144–150; O. Kroll and S. von Wallpach, "Intended Brand Associations: Do They Really Drive Consumer Response?" *Journal of Business Research* 67, no. 7 (2014): 1501–1507.
10. A. S. Bal, K. Weidner, R. Hanna, and A. J. Mills, "Crowdsourcing and Brand Control," *Business Horizons* 60, no. 2 (2017): 219–228; A. J. Kimmel and P. J. Kitchen, "Word of Mouth and Social Media," *Journal of Marketing Communications* 20, no. 1 and no. 2 (2014): 2–4.
11. E. P. M. Croonen and T. L. J. Broekhuizen, "How Do Franchisees Assess Franchisor Trustworthiness?" *Journal of Small Business Management* 2017, in press; J. Blasberg, V. Vishwanath, and J. Allen, "Tools for Converting Consumers into Advocates," *Strategy & Leadership* 36, no. 2 (2008): 16–23.
12. D. Schultz, "Market Brand Equity: Lost in Terminology and Techniques?" *Journal of Product & Brand Management* 25, no. 6 (2016): 507–515; B. Cova and B. Paranque, "Value Slippage in Brand Conceptualization," *Journal of Product and Brand Management* 25, no. 1 (2016): 3–10; N. J. Hicks, "From Ben Franklin to Branding: The Evolution of Health Services Marketing," in G. Bashe, N. J. Hicks, and A. Zieegenfuss (Eds.), *Branding Health Services* (Gaithersburg, MD: Aspen Publishers, 2000), 1–18.
13. K. Chatzipanagiotou, C. Velautsou, and G. Christodoulides, "Decoding the Complexity of the Consumer-Based Brand Equity Process," *Journal of Business Research* 69, no. 11 (2016): 5479–5486; S. Liao and C. C. J. Cheng, "Brand Equity and the Exacerbating Factors of Product Innovation Failure Evaluations: A Communication Effect Perspective," *Journal of Business Research* 67, no. 1 (2014): 2919–2925.
14. W. Pride and O. C. Ferrell, *Foundations of Marketing*, 7th ed. (Cincinnati, OH: Cengage Learning, 2016).
15. H. W. Chesbrough, *Open Innovation* (Boston, MA: Harvard Business School Press, 2003).
16. P. Kotler and G. Armstrong, *Principles of Marketing*, 15th ed. (Upper Saddle River, NJ: Prentice Hall, 2015).
17. A. Hinterhumber, "The Six Pricing Myths that Kill Profits," *Business Horizons* 59, no. 1 (2016): 71–83; T. C. Flatten, A. Engelen, T. Moller, and M. Brettel, "How Entrepreneurial Firms Profit from Pricing Capabilities: An Examination of Technology-Based Ventures," *Entrepreneurship Theory and Practice* 39, no. 5 (2015): 1111–1136.
18. A. Cavallo, "Are Online and Offline Prices Similar? Evidence from Large Multi-Channel Retailers," *The American Economic Review* 107, no. 1 (2017): 283–303; M. Kukar-Kinney, A. C. Scheinbaum, and T. Schaefers, "Compulsive Buying in Online Daily Deal Settings: An Investigation of Motivations and Contextual Elements," *Journal of Business Research* 69, no. 2 (2016): 691–699; K. Jung, Y. C. Cho, and S. Lee, "Online Shoppers' Response to Price Comparison Sites," *Journal of Business Research* 67, no. 10 (2014): 2079–2087.
19. F. Dost and I. Geiger, "Value-Based Pricing in Competitive Situations with the Help of Mult-Product Price Response Maps," *Journal of Business Research* 76, July (2017): 219–236; P. Tytari, J. Keranen, and R. Rajala, "Barriers to Implementing Value-Based Pricing in Industrial Markets" A Micro-Foundations Perspective," *Journal of Business Research* 76, July (2017): 237–246.
20. R. Olbrich, H. C. Jansen, and M. Hundt, "Effects of Pricing Strategies and Product Quality on Private Label and National Brand Preference," *Journal of Retailing and Consumer Services* 34, no. 2 (2017): 294–301; J. Habel, L. M. Schons, S. Alavi, and J. Wieseke, "Warm Glow or Extra Charge? The Ambivalent Effect of Corporate Social Responsibility Activities on Customers' Perceived Price Fairness," *Journal of Marketing* 80, no. 1 (2016): 84–105; A. Gneezy, U. Gneezy, and D. O. Lauga, "A Reference-Dependent Model of the Price-Quality Heuristic," *Journal of Marketing Research* 51, no. 2 (2014): 153–164.
21. "Our Story," SmugMug Homepage, www.smugmug.com (accessed March 20, 2017); N. Kaiser, "Interview with Don MacAskill, CEO of SmugMug," nPost, available at https://www.npost.com/?s=smugmug (posted January 16, 2007, accessed September 2, 2014).
22. R. Uribe, "Separate and Joint Effects of Advertising and Placement," *Journal of Business Research* 69, no. 2 (2016): 459–465; B. W. Wojdynski and N. J. Evans, "Going Native: Effects of Disclosure Position and Language on the Recognition and Evaluation of Online Native Advertising," *Journal of Advertising* 45, no. 2 (2016): 157–168; B. Gaurav and A. Faraz, "A Comparative Study of TV and Internet

Advertising in the Context of Informativeness Parameter," *Asian Journal of Research in Business Economics and Management* 4, no. 3 (2014): 479–487.

23. FineHomebuilding Homepage, www.finehomebuilding.com (accessed March 14, 2017).
24. J. Scholz and A. N. Smith, "Augmented Reality: Designing Immersive Experiences that Maximize Consumer Engagement," *Business Horizons* 59, no. 2 (2016): 149–161; I. Ater and O. Rigbi, "Price Control and Advertising in Franchising Chains, *Strategic Management Journal* 36, no. 1 (2015): 148–158.
25. S. Srinivasan, O. J. Rutz, and K. Pauwels, "Paths to and Off Purchase: Quantifying the Impact of Traditional Marketing and Online Consumer Activity," *Journal of the Academy of Marketing Science* 44, no. 4 (2016): 440–453; E. Fischer and A. R. Reuber, "Online Entrepreneurial Communication: Mitigating Uncertainty and Increasing Differentiation via Twitter," *Journal of Business Venturing* 29, no. 4 (2014): 565–583.
26. Modcloth blog, available at https://blog.modcloth.com/wedding/style/loving-winter-wedding-style/ (posted December 6, 2016, accessed March 12, 2017).

3DERM SYSTEMS와 친해지기

3Derm Systems, Inc./Photo Credit: Elizabeth Asai

공동창업자

Elizabeth Asai

예일대학교 바이오공학과 바이오메디컬 공학 학사, 2013

Elliot Swart

예일대학교 전자공학과 컴퓨터사이언스 학사, 2013

Elizabeth Asai와의 대화

내가 들은 최고의 조언

스타트업은 극단적인 최고점과 최저점을 가지고 있으며, 때로는 같은 날에 양극단이 있다. 걱정 말라, 정상이다.

가장 좋아하는 스마트폰 앱

Venmo

학생으로서 가장 좋은 점

우리 '사무실'에 구내식당, 즉 식당이 있었다.

일하지 않을 때 하는 것

친구 및 가족과 시간 보내기

기업가로서 가장 놀랐던 때

헬스케어 분야에서는 모든 것이 조금 더 오래 걸린다.

신규 창업자를 위한 조언

읽고 조사하라. 좋은 조언이 거기에 있다!

CHAPTER 12

지식재산의 중요성

3DERM SYSTEMS

기업의 생애 초기와 지속적인 성공에서 지식재산의 핵심 역할

• Web: www.3derm.com • Facebook: 3Derm • Twitter: @3Derm

다음을 상상해보라. 걱정되는 피부 발진이 있다. 당신은 캠퍼스 내에 있는 보건실을 방문했고 거기서 만난 의사는 피부 크림을 처방하겠지만, 피부과 의사를 만나보라고 제안한다. 이에 피부과에 전화를 걸어 약속을 잡았고, 가능한 첫 약속은 지금으로부터 5주 후이다. 약속을 잡았지만 당신이 크게 실망한 이유는 피부 발진을 진심으로 걱정하고 있으며 원인을 파악하고 싶기 때문이다.

유감스럽게도 이 시나리오는 너무 일반적이다. 미국에는 약 9,600명의 피부과 전문의가 있다. 결과적으로 그들은 보고 싶은 모든 사람을 적시에 처리할 수 없다. 예일대학교의 두 학생인 Elizabeth Asai와 Elliot Swart는 사람들이 피부과 의사와 예약을 잡는 것이 어렵다는 것을 알았다. 2012년에 그 문제를 해결하기 위해 3Derm Systems라는 회사를 설립했다.

Asai와 Swart는 신입생 시절 예일에서 만났다. 대부분의 벤처기업이 그렇듯이 원래 아이디어와 실제로 시작한 사업은 같을 수가 없다. 그들이 함께 작업한 첫 번째 프로젝트는 복강경 수술용 탐침(probe)이었다. 두 사람은 공대 학장에게 1만 달러의 기금을 요청했다. 학장은 2,000달러에 합의했다. 그들은 결국 복강경 수술용 탐침 아이디어를 포기했는데, 제품을 시장에 출시하려면 10년이 걸린다는 것을 깨달았기 때문이다. 그러나 피부 조직의 3D 이미징 영역에서 수행한 일부 작업을 포함해서 프로젝트에서 몇 가지 좋은 결과가 나왔다.

복강경 수술용 탐침 아이디어를 포기한 후, Asai와 Swart는 둘 다 관심이 있는 분야인 피부과로 방향을 옮겼다. 그들이 개발한 아이디어는 비피부과 전문의가 임상 품질의 3D 피부 이미지를 촬영할 수 있는 휴대용 피부 이미징 시스템을 구축하는 것이었다. 대부분의 경우 제품의 사용자는 환자의 피부 이미지를 촬영한 다음 피부과 의사가 액세스할 수 있는 데이터베이스에 이미지를 업로드하는 1차 진료 의사일 것이다. 그런 다음 피부과 전문의는 이미지를 바탕으로 진단을 내리거나 더 심각한 경우에는 진료소 예약을 제안할 수 있다. 이 과정을 통해 피부 병변이나 기타 이상이 있는 사람들이 지금보다 훨씬 빠르게 피부과 의사의 평가를 받을 수 있다.

아이디어를 테스트하기 위해 Asai와 Swart는 보스턴에서 의약과혁신기술융합센터(Center for Integration of Medicine and Innovation Technology)가 후원하는 대회에 참가했다. 두 사람은 1차 경연을 통과해 1만 달러와 프로토타입 제작을 위한 5개월의 시간이 주어졌다. 5개월 후 더 큰 상의 수상 여부를 결정하기 위해 그들이 한 작업을 평가하게 될 것이다. 프로토타입을 만들고 테스트하기 위해 Asai와 Swart는 예일대 약학대학의 피부과 전문의에게 연락했다. 피부과 의사는 아이디어를 마음에 들어 했고 멘토이자 지지자가 되었다. 임상 연구는 대학의 IRB(Institutional Review Board)의 승인을 받았으며 50

학습목표

1. '지식재산'이라는 용어를 정의하고 그 중요성을 설명할 수 있다.
2. 특허가 무엇인지, 어떤 유형의 특허가 있는지 설명할 수 있다.
3. 상표를 설명하고 기업가가 상표를 얻기 위해 사용하는 프로세스를 설명할 수 있다.
4. 저작권을 정의하고 저작권이 무엇을 보호할 수 있는지 설명할 수 있다.
5. 영업 비밀을 설명하고 영업 비밀 분쟁의 일반적인 원인을 이해할 수 있다.
6. 지식재산 감사가 무엇인지 설명하고 창업기업이 이러한 유형의 감사를 완료해야 하는 두 가지 주요 이유를 설명할 수 있다.

명의 환자를 대상으로 연구를 수행했다. 이 장치는 정확하고 안전하며 신뢰할 수 있음이 입증되었다. 5개월 후 2차 경연에서 Asai와 Swart는 2위를 차지해 10만 달러를 획득했다. 이 기간 동안 또한 국립과학재단(National Science Foundation)으로부터 소기업혁신연구(Small Business Innovation Research) 보조금을 받아 아이디어의 잠재력을 더욱 입증했다.

3Derm Systems는 2012년 5월에 통합되었다. 회사의 사업을 구체화하기 위해 Asai와 Swart는 2013년 초 보스턴에서 Blue Cross Blue Shield가 지원하는 Healthbox 디지털 건강 인큐베이터에 들어갔다. Healthbox와 제휴하려면 두 사람이 뉴헤이븐에서 보스턴까지 왕복해야 했지만, 5만 달러의 시드 자본, 업계 전문가의 멘토링, 시장 조사 및 최종 사용자 연구 지원, 사무실 공간 등의 측면에서 가치가 있음이 입증되었다. 그 대가로 Healthbox는 3Derm Systems에서 소량의 지분을 받았다.

3Derm Systems를 개발하는 동안 Asai와 Swart는 지식재산을 보호해야 할 필요성을 잘 알고 있었다. 2011년 멘토들의 도움으로 임시 특허 출원을 했다. 임시 특허 출원의 목적은 이후 정식 실용 특허 출원을 위해 출원 날짜를 미리 설정하는 것이다. 2012년에는 국제적으로 특허 보호를 추구하는 출원인을 지원하는 특허 협력 조약(PCT)을 제출했다. PCT에 따라 국제 특허 출원을 제출함으로써 출원인은 많은 국가에서 동시에 발명에 대한 보호를 요청할 수 있다. 2013년에 그들은 미국과 유럽연합에서 정식 실용 특허 출원을 제출하기 위해 변리사를 고용했다. 변리사와 함께 일하는 것이 어떤지 물었을 때 Asai와 Swart는 변리사가 그들의 기술을 완전히 이해하는 데 도움이 될 수 있도록 이메일을 많이 주고받았다고 말했다. 이 사례를 작성할 당시에는 특허 출원이 계류 중이었다. Asai와 Swart는 또한 상표 출원도 제출했으며 '3Derm'에 대한 미국 상표를 획득했다. 따라서 이 상표를 계속 사용하는 한 다른 의료 기기 회사는 '3Derm'이라는 이름을 사용할 수 없다. 상표 등록을 보려면 미국 특허 및 상표 웹사이트(www.uspto.gov)를 방문해보라. 메뉴에서 '상표'를 클릭하고 '상표 데이터베이스 검색' 링크에 접속한다. '상표 검색'이라고 적힌 상자를 클릭하고 '3Derm'을 입력한다. 그러면 3Derm Systems에 부여된 상표가 표시된다.

지식재산에 대해 논의할 때 Asai와 Swart는 영업 비밀의 중요성을 재빨리 언급한다. 그들은 임상 시험과 회사에 경쟁 우위를 가져다준 3Derm Systems에서 일한 6년을 통해 많은 것을 배웠다고 밝혔다. 이러한 지식 중 일부는 영업 비밀로 유지하는 것이 가장 좋다.

3Derm Systems의 미래에는 두 가지 매우 다른 길이 있다. 더 큰 의료 제품 공급업체가 결국 회사를 인수할 수도 있다. 또 다른 길은 추가로 의료 기기를 더 제작할 수 있는 대기업을 만드는 것이다. 이 길을 선택하면 더 많은 특허 출원과 지식재산권 문제에 대한 추가적인 관심이 필요할 것이다.

많은 기업가가 귀중한 지식재산을 가지고 있다. 사실 스타트업을 포함한 거의 모든 사업체가 성공에 결정적인 지식, 정보, 아이디어를 보유하고 있다.

기업은 적어도 세 가지 이유로 지식재산이 무엇인지, 어떻게 보호해야 하는지 인식하는 것이 중요하다. 첫째, 기업의 지식재산은 종종 가장 가치 있는 자산을 나타낸다.[1] Facebook과 Google 상표, Nike '스우시' 로고, Apple iPhone의 디자인 가치를 생각해보라. 이 모든 것이 지식재산권의 예이며, 지식재산법 때문에 그것들은 소유하고 있는 기업의 전유물이다. 둘째, 지식재산이 무엇인지, 어떻게 보호해야 의도하지 않은 지식재산법 위반을 피할 수 있는지 이해하는 것이 중요하다. 예를 들어, 사업을 위해 이름을 선택하고 그 이름을 엄청나게 광고했는데 나중에 상표권을 침해한다는 이유로 이름을 바꾸라는 압력을 받는다면 창업 스타트업이 직면하게 될 어려움을 상상해보라. 마지막으로, 지식재산은 라이선스를 부여하거나 판매할 수 있으며, 귀중한 라이선스를 통한 수입을 제공한다.

이 장은 지식재산을 정의하고 지식재산 보호가 보장되는 시기를 탐색하는 것으로 시작한다. 법적으로 지식재산을 보호하는 데 관련된 비용이 있으며, 적어도 단기적으로는 비용이 이익을 초과하는 경우가 있다. 그런 다음 지식재산권의 네 가지 주요 형태를 설명한다. 이 장은 창업기업이 소유한 지식재산을 목록화하고 지식재산을 보호하는 방법을 결정하는 데 사용할 수 있는 사전 예방적 도구인 지식재산 감사 수행의 중요성에 대한 논의로 끝을 맺는다.

지식재산의 중요성

학습목표 1

'지식재산'이라는 용어를 정의하고 그 중요성을 설명할 수 있다.

지식재산은 무형이지만 시장에서 가치가 있는 인간 지성의 산물이다. 인간의 상상력, 창의성, 독창성의 산물이기 때문에 '지식'재산이라고 부른다.[2] 전통적으로 기업은 토지, 건물, 장비와 같은 물리적 자산을 가장 중요한 자산으로 생각해왔다. 그러나 점점 회사의 지식자산이 가장 가치 있는 것이 되고 있다.[3] 3Derm의 경우 회사의 지식재산은 특허권(허가받은 후), 상표권, 인터넷 도메인 이름, 제품 사용자에게 배포하는 사용 설명서 및 비디오에 대한 모든 저작권, 영업 비밀 등과 같은 무형 자산으로 이루어져 있다. 이러한 모든 자산은 시장에서 회사에 경쟁 우위를 제공하며, 이러한 자산이 손실되면 물리적 자산 또는 장비의 손실만큼 (높지는 않더라도) 기업에 비용이 많이 들 수 있다.

모든 회사가 3Derm만큼 지식재산에 정통한 것은 아니다. 사실 창업기업이 저지르는 일반적인 실수는 모든 지식재산을 제대로 파악하지 못하고, 지식재산의 가치를 완전히 인식하지 못하고, 지식재산을 전반적인 성공 계획의 일부로 활용하지 않고, 이를 보호하기 위한 충분한 조치를 취하지 않는 것이다. 이러한 실수가 그림 12.1에 나와 있다. 그러나 무엇을 지식재산으로 간주하며 법적으로 보호해야 하는지 결정하는 것은 어려울 수 있다. 회사 운영의 모든 측면은 아마도 보호해야 할 지식재산을 소유하고 있을 것이다. 이 점을 설명하기 위해 표 12.1은 일반적으로 중견 기업의 부서 내에 있는 지식재산의 예를 제공한다. 지식재산은 또한 미국 경제의 중요한 부분이며 세

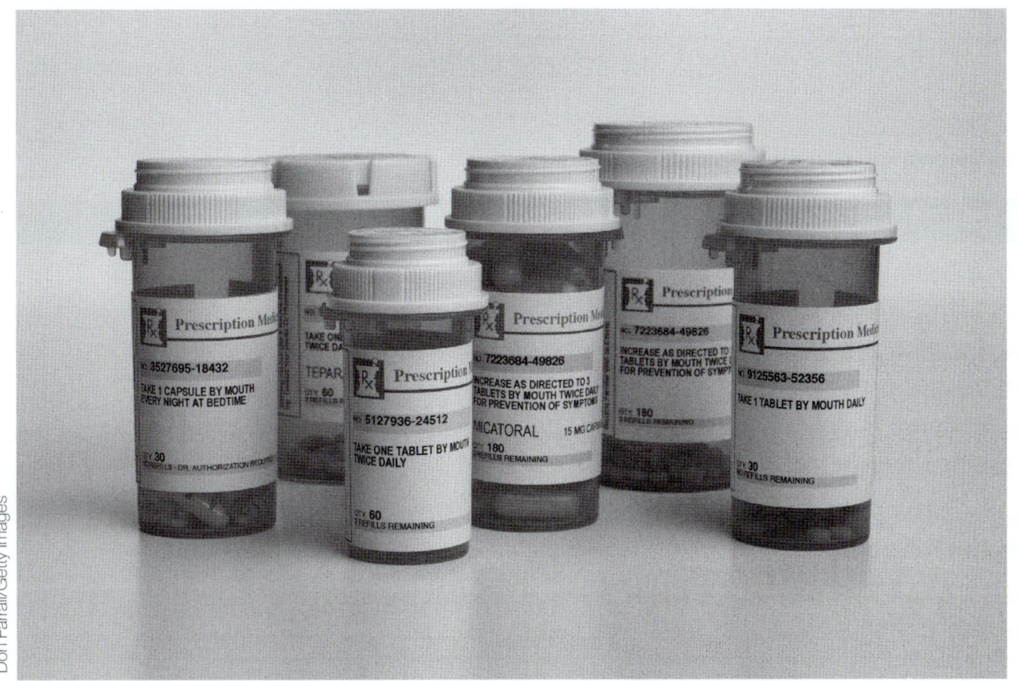

Don Farrall/Getty Images

처방약을 구입할 때, 당신과 보험회사가 지불하는 금액은 알약 자체를 위한 것이 아니다. 여러분이 지불하는 가치는 상태가 나아지는 데 도움이 되는 알약을 구비하는 지식재산권에 대한 접근 권한이다.

그림 12.1 지식재산과 관련해서 기업이 흔히 저지르는 실수

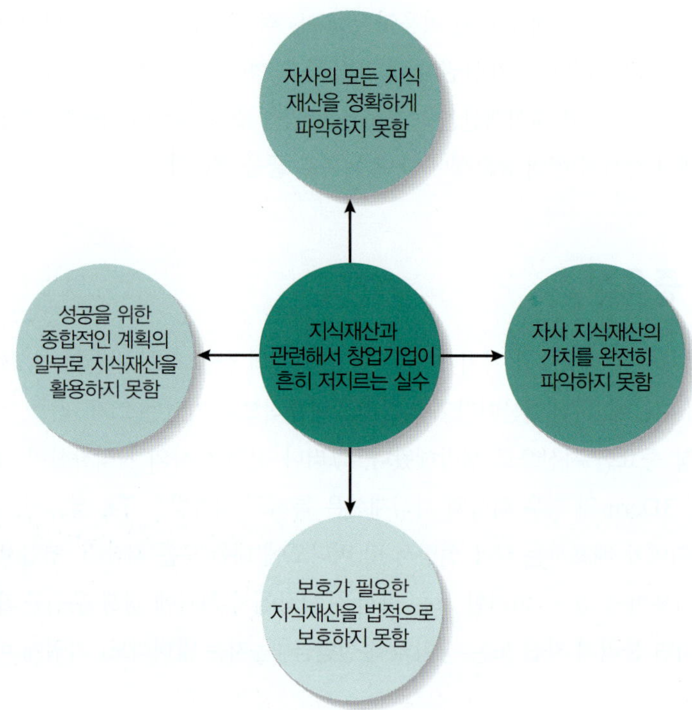

계 시장에서의 경쟁 우위이다. "지식재산은 아주 중요한 이슈이다"라고 전 미 상무부 장관 Carlos Gutierrez는 말한다. "우리 경제의 너무나 많은 부분이 브랜드 제품, 특허 제품, 저작권과 관련되어 있다. 또한 우리 경제의 아주 많은 부분이 창의성을 토대로 번성한다."[4]

미국 특허청(USPTO)은 발명가와 중소기업이 지식재산을 보호할 수 있도록 특별히 고안한 여러 프로그램을 운영하고 있다. 이러한 도움은 부분적으로 USPTO가 '재정적으로 자원이 부족한 독립 발명가와 중소기업을 지원하기 위해 고안한 무료 프로그램을 설립하는 데 전국 지식재산권법 협회와 협력하고 지원할 것'을 장려하는 리-스미스 미국 발명법(AIA)을 통해 동기를 부여한다. 첫 번째는 주별로 시행하고 있는 공익 법률 지원 프로그램이다. 이 프로그램은 자격을 갖춘 지원자에게 특허 출원 지원을 제공한다. USPTO 웹사이트(www.uspto.gov/inventors/state_

표 12.1 중견 기업의 부서 내에 있는 일반적인 지식재산의 예

부서	일반적으로 존재하는 지식재산	전형적인 보호 방법
마케팅	이름, 슬로건, 로고, 징글, 광고, 브로셔, 팸플릿, 개발 중인 광고 카피, 제품 비디오, 고객 목록, 잠재 고객 목록, 기타 유사 항목	상표, 저작권, 영업 비밀
관리	채용 브로셔, 직원 핸드북, 채용 담당자가 후보자 자격 및 채용에 사용하는 양식과 체크리스트, 서면 교육 자료, 회사 뉴스레터	저작권, 영업 비밀
재무	계약서 양식, 회사의 재무 성과를 설명하는 PowerPoint 슬라이드, 회사가 재무를 처리하는 방법을 설명하는 서면 방법론, 직원 급여 기록	저작권, 영업 비밀
경영 정보 시스템	웹사이트 디자인, 인터넷 도메인 이름, 컴퓨터 장비 및 소프트웨어에 대한 회사별 교육 매뉴얼, 원본 컴퓨터 코드, 이메일 목록, 인터넷 도메인 목록	저작권, 영업 비밀, 인터넷 도메인
연구 개발	새롭고 유용한 발명 및 비즈니스 프로세스, 기존 발명 및 프로세스에 대한 개선, 발명 발견 날짜를 문서화하고 다양한 프로젝트의 진행 상황을 차트로 나타낸 실험실 노트	특허, 영업 비밀

resources)를 통해 액세스할 수 있는 국가정보센터(National Clearinghouse)로 이동해 해당 주에서 프로그램을 사용할 수 있는지 확인할 수 있다. 두 번째는 발명가지원센터(www.uspto.gov/inventors/iac)로, 일반 대중에게 전반적인 특허 원조 및 지원을 제공한다.

법적으로 보호할 지식재산권 결정

특정 지식재산에 대해 보호를 추구해야 하는지 여부를 결정하는 두 가지 주요 경험 법칙이 있다. 첫째, 기업은 해당 지식재산이 경쟁 우위와 직접적인 관련이 있는지 여부를 판단해야 한다. 예를 들어, Amazon.com은 '원클릭' 주문 시스템에 대한 비즈니스 방법 특허를 보유하고 있는데, 이는 해당 웹사이트의 멋진 기능이며 경쟁 우위와 직접적인 관련이 있다. 마찬가지로 PatientsLikeMe가 심각한 질병을 앓고 있는 사람들을 위한 소셜 네트워킹 플랫폼을 출시했을 때, 회사가 PatientsLikeMe 이름을 등록하지 않은 것은 어리석은 일이었다. 반대로 기업이 경쟁 우위와 직접적인 관련이 없는 제품 또는 비즈니스 방법을 개발하거나 인쇄물을 생산하는 경우 지식재산권 보호가 보장되지 않을 수 있다.

지식재산권 보호를 추구해야 하는지를 결정하는 두 번째 주요 기준은 어떤 항목이 시장에서 가치가 있는지를 결정하는 것이다. 예를 들어, 특허는 본질적으로 가치가 있는 것이 아니라 기초 발명이 가치가 있을 때만 가치가 있다. 젊은 기업이 흔히 저지르는 실수는 제품을 발명해서 상당한 돈을 들여 특허를 낸 뒤에야 해당 제품의 시장이 존재하지 않거나, 기존 시장이 너무 작아 추격할 가치가 없다는 것을 알게 되는 것이다. 제3장에서 논의한 바와 같이, 비즈니스 아이디어를 개발하고 법적으로 보호하는 데 상당한 비용을 사용하기 전에 비즈니스 아이디어를 제대로 테스트해야 한다. 아무도 원하지 않는 것에 대한 독점권을 소유하는 것은 거의 가치가 없다. 유사하게, 만약 회사가 특별한 행사를 위해 로고를 개발한다면, 로고를 다시 사용하지 않을 것 같다면 그것을 미국 특허청에 등록하는 것은 아마도 돈 낭비일 것이다.

지식재산의 네 가지 형태

특허, 상표, 저작권, 영업 비밀은 지식재산의 네 가지 필수적인 형태이다. 다음 절에서 지식재산 보호의 각 형태에 대해 논의할 것이다. 지식재산법은 창의적인 노력에 시간과 돈을 들이는 개인에게 노동의 결실에 대한 독점권을 잠시 동안 부여함으로써 창의성과 혁신을 장려하기 위해 존재한다. 지식재산법은 또한 개인이 정보에 입각한 선택을 할 수 있도록 도와준다. 예를 들어 소비자가 Panera Bread 레스토랑을 볼 때 수프, 시그니처 샌드위치, 베이커리 제품에 대해 Panera Bread 상표를 사용할 수 있는 유일한 회사이기 때문에 정확히 무엇을 기대할 수 있는지 알고 있다.

지식재산법에 대한 한 가지 특이 사항은 일단 법적으로 보호를 받으면 그것을 이용하고 지식재산을 지키는 것은 기업가에게 달려 있다는 것이다. 경찰력과 소방서는 기업가의 건물이나 다른 물리적 자산이 위협받는 경우 빠르게 대응할 수 있지만, 여전히 지식재산을 위한 경찰력이나 소방서는 존재하지 않는다. 법원은 지식재산법을 위반한 개인과 회사를 기소한다. 그러나 개인사업자는 지식재산법을 이해하고 지식재산을 보호하며 지식재산권이 침해되거나 침해될 경우 소송을 제기해야 한다.

정부가 후원하는 한 웹사이트(www.stopfakes.gov)에서는 기업이 '가짜' 제품이 지식재산을 침해한다고 느낄 경우 이의를 제기할 수 있는 방법에 대한 정보를 제공한다. 위조 상품은 고객에게 가치를 창출하는 방식으로 제품을 브랜딩하기 위해 상당한 자원을 투자한 회사들에 점점 더 문제가 되고 있다. 위조 상품의 상위 5개 카테고리는 핸드백/지갑, 시계/보석, 가전제품/부품, 의류/액세서리, 의약품/개인용품이다. 몇몇 블로그는 지식재산법의 모든 측면에 대한 최신 정보를 유지하는 데 도움이 된다. 그중 인기 있는 블로그 두 곳이 IP 법률 블로그(www.theiplawblog.com)와 지식재산권 법률 블로그(www.intellectualpropertylawblog.com)이다.

지식재산의 네 가지 필수적인 형태에 속하지는 않지만, 인터넷 도메인 이름은 지식재산의 중요한 형태이다. 인터넷이 비즈니스에서 그 어느 때보다 강력한 힘이 됨에 따라 짧고 철자가 쉬운 인터넷 도메인 이름이 점점 더 중요해지고 있다. 인터넷 도메인 이름은 GoDaddy.com과 같은 도메인 이름 등록 대행업체를 통해 얻을 수 있으며 등록 비용은 연간 약 15달러이다. 다른 형태의 지식재산과 마찬가지로 도메인 이름은 사고팔 수 있으며, 바람직한 이름은 가치가 있다. 예를 들어, Apple은 2011년에 http://www.icloud.com 도메인을 확보하기 위해 전 소유주에게 수백만 달러를 지불한 것으로 알려졌다.

특허

학습목표 2

특허가 무엇인지, 어떤 유형의 특허가 있는지 설명할 수 있다.

특허는 특허 기간 동안 다른 사람이 발명품을 제작, 판매, 사용하는 것을 금지할 수 있는 권리를 부여하는 연방정부의 허가이다.[5] 특허 소유자는 제한된 시간 동안 법적 독점권을 부여받는다. 그러나 특허는 소유자에게 발명품을 제작, 사용, 판매할 수 있는 권리를 부여하지는 않는다. 단지 소유자에게 다른 사람이 그렇게 하지 못하도록 배제할 수 있는 권리만 부여한다. 이것은 많은 기업가에게 혼란스러운 문제이다. 기업이 어떤 품목에 대해 특허를 받으면 즉시 그 품목을 만들어 판매할 수 있다고 가정하는 것은 당연하다. 그러나 그럴 수 없다. 특허 소유자는 그렇게 함으로써 다른 특허를 침해하지 않는 경우에만 특허받은 발명을 합법적으로 만들거나 판매할 수 있다.[6] 예를 들어, 발명가가 컴퓨터 칩에 대한 특허를 획득했고 칩이 작동하기 위해 Intel이 이전에 특허를 받은 기술이 필요한 경우, 발명가는 칩을 만들고 판매하기 위해 Intel로부터 허가를 받아야 한다. Intel은 특허 기술 사용에 대한 허가를 거부하거나 라이선스 비용을 요구할 수 있다. 이 시스템이 이상하게 보일 수 있지만 실제로는 시스템이 작동할 수 있는 유일한 방법이다. 많은 발명이 기존 발명에 대한 개량이며, 따라서 시스템은 개량에 대한 특허를 허용하지만 최초 발명가의 허가가 있어야만 특허를 받을 수 있다. 최초 발명가는 일반적으로 동의를 받는 대가로 라이선스 수입을 얻음으로써 이익을 얻는다.[7]

특허 보호는 미국 역사에 깊은 뿌리를 두고 있으며 미국 헌법의 원문에 명시적으로 언급된 유일한 지식재산권의 형태이다. 최초의 특허는 1790년에 비료의 성분인 칼륨을 만드는 공정에 대해 부여되었다. 이 특허는 George Washington이 서명했으며 Samuel Hopkins라는 버몬트 출신의 발명가에게 부여되었다. 특허는 발명가에게 발명품을 판매할 수 있는 일시적이고 배타적인 권리를 부여하기 때문에 중요하다. 이 권리는 발명가와 그들의 재정적 후원자에게 발명 과정에서 발생하는 위험과 비용에 대한 대가로 비용을 회수하고 이익을 얻을 수 있는 기회를 제공한다. 특허법이 없었다면 발명가는 새로운 발명에 시간과 돈을 투자할 유인이 거의 없었을 것이다. 생명공학

표 12.2 미국 특허 출원의 성장

	2014년	2015년	2016년
접수된 신청서	618,457	618,062	650,411
특허 등록 건수	329,612	322,449	334,107
특허 출원 중	1,127,701	1,099,468	1,070,163
평균 승인 기간	27.4개월	26.6개월	25.3개월

출처: United States Patent and Trademark Office, *Performance and Accountability Report for Fiscal Year 2016*, available at www.uspto.gov.

회사인 Human Genome Sciences의 전 CEO였던 William Haseltine 박사는 "특허가 없다면 아무도 약을 개발하지 않을 것"이라고 말한 적이 있다.[8]

1790년에 첫 번째 특허를 부여한 이후 미국 특허청은 2016년에만 33만 4,107건을 포함해 960만 건의 특허를 부여했다. 2016년에 부여한 특허 수는 불과 10년 전인 2006년에 부여한 수보다 82% 증가했다. 이러한 데이터는 미국에서 발명하려는 의지가 강하다는 것을 시사한다. 흥미롭게도, 미국에서 특허를 부여하는 유일한 기관인 미국 특허청은 적체가 서서히 줄어들고 있긴 하지만 여전히 압박을 받고 있다. 2016년 말 현재 1,070,163건의 특허 출원이 진행 중이며, 특허 출원이 승인되기까지 평균 25.3개월이 소요되었다. 실제로 미국 특허청은 이 분야에서 진전을 이루었다. 특허 출원 승인을 받는 데 필요한 총시간이 2010년에는 최고 35.3개월이었다.

일부 발명가와 회사는 매우 다작하고 있으며, 여러 특허를 보유하고 있다. 표 12.2에서 볼 수 있듯이 기술 발전이 새로운 발명을 낳으면서 특허에 대한 관심이 높아지고 있다.

특허의 종류

특허에는 실용 특허, 디자인 특허, 식물 특허의 세 가지 유형이 있다. 그림 12.2에서 볼 수 있듯이 특허가 부여되기 위한 세 가지 기본 요구 사항이 있다. 특허 출원 시 만족해야 하는 세 가지는 ① 유용성, ② 해당 분야의 선행 기술과 관련한 신규성, ③ 해당 분야에서 통상의 지식을 가진 사람에게 뻔하지 않은 창의적인 것이어야 한다.

실용 특허는 가장 일반적인 유형의 특허이며 우리가 일반적으로 새로운 발명이라고 생각하는 것을 다룬다. 2016년에 제출된 65만 411건의 특허 출원 중 93.4%가 실용 특허에 대한 것이었다.[9] 이 범주의 특허는 "새롭고 유용한 공정, 기계, 제조, 재료 구성 또는 이들의 새롭고 유용한 개량물을 발명하거나 발견한 사람"에게 부여될 수 있다.[10] 실용 특허의 기간은 최초 출원일로부터 20년이다. 20년이 지나면 특허가 만료되고 발명은 공공 영역이 되므로 누구나 이전 특허 보유자에게 비용을 지불하지 않고 발명을 생산하고 판매할 수 있다.

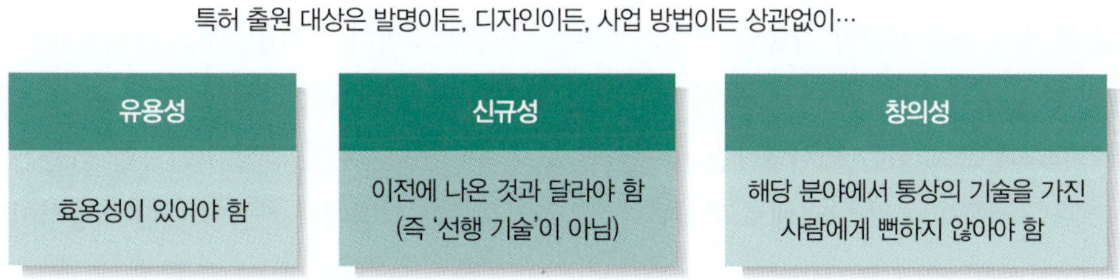

특허 출원 대상은 발명이든, 디자인이든, 사업 방법이든 상관없이…

유용성	신규성	창의성
효용성이 있어야 함	이전에 나온 것과 달라야 함 (즉 '선행 기술'이 아님)	해당 분야에서 통상의 기술을 가진 사람에게 뻔하지 않아야 함

그림 12.2 특허를 위한 세 가지 기본 요구 사항

제약 산업을 예로 들어보자. 당신이 Pfizer Inc.와 같은 대기업에서 생산한 약을 처방받았고 이 처방전대로 약을 받으려 했는데 약사가 사용 가능한 제네릭 의약품(복제약)이 없다고 말한다. 제네릭 의약품이 없다는 것은 일반적으로 Pfizer가 소유한 특허가 해당 약물을 보호하고 있으며 특허 기간 20년이 만료되지 않았음을 의미한다. 약사가 해당 약의 제네릭 버전이 있다고 말한다면 일반적으로 20년 특허가 만료되었으며 다른 회사에서 Pfizer의 약과 화학적으로 동일한 약을 만들고 있음을 의미한다. 제네릭 의약품 제조업체는 Pfizer(이 경우)가 문제의 제품(의약품)을 개발하는 데 발생한 비용을 회수할 필요가 없기 때문에 일반적으로 제네릭 의약품의 가격이 더 낮다.

새로운 제품이나 프로세스에 대한 '아이디어' 또는 '제안'에 대해서는 실용 특허를 얻을 수 없다. 도면 및 기술적 세부 사항을 포함해 실용 특허를 얻으려는 발명에 대한 완전한 설명이 필요하다. 또한 특허는 제품이나 프로세스가 처음으로 판매 제안을 받거나, 대중에게 사용되거나 인쇄 출판물에 기술된 날로부터 1년 이내에 신청해야 한다. 앞서 언급한 시점으로부터 1년 이내에 특허 출원을 제출해야 한다는 요구 사항을 **최초 사용 기한 후 1년**이라고 한다.

최근 실용신안법은 인터넷 회사들이 특히 관심을 가지고 있는 비즈니스 방법 특허를 추가했다. **비즈니스 방법 특허**는 비즈니스를 수행하는 방법 또는 이를 용이하게 하는 발명을 보호하는 특허이다. 이러한 목적을 위한 특허는 1998년까지는 허용되지 않았는데, 이후 연방 순회 법원이 비즈니스 방법, 수학적 알고리즘, 소프트웨어가 유용하고 가시적이며 구체적인 결과를 생성한다면 특허를 받을 수 있다고 판단해 비즈니스 방법에 대한 특허를 허용하는 의견을 발표했다. 이 판결은 '판도라의 상자'를 열었으며 많은 기업이 사업 방식에 대한 특허를 얻으려고 애쓰게 만들었다. 1998년 이후 가장 주목할만한 비즈니스 방법 특허는 Amazon.com의 원클릭 주문 시스템, Priceline.com의 '원하는 가격으로 맞추기(name-your-price)' 비즈니스 모델, 고객이 우편으로 배송받길 원하거나(현재 Netflix 고객이 별로 이용하지 않는 배송 방법) 스트리밍 목적으로 다운로드하고 싶은 영화 목록을 설정할 수 있는 Netflix의 방법이다. 비즈니스 방법 특허와 관련된 활동은 회사의 중요한 경쟁 우위 원천이 될 수 있다.

디자인 특허는 두 번째로 가장 일반적인 유형의 특허이며 제조한 제품에 대한 새롭고 독창적이며 장식적인 디자인의 발명을 다룬다.[11] 2016년에 출원된 65만 411건의 특허 출원 중 6.2%가 디자인 특허였다.[12] 디자인 특허는 부여일로부터 14년 동안 유효하다. 실용 특허는 발명이 사용되고 작동하는 방식을 보호하는 반면, 디자인 특허는 외관을 보호한다. 따라서 기업가가 컴퓨터 마우스의 새 버전을 발명했다면 마우스 작동 방식을 다루는 실용 특허를 신청하고 마우스 모양을 보호하는 디자인 특허를 신청하는 것이 현명한 것이다. 모든 컴퓨터 마우스는 기본적으로 동일한 기능을 수행하지만 무한한 방법으로 장식적으로 디자인할 수 있다. 미국 특허청이 각각의 새로운 디자인을 참신하며 뻔하지 않은 것으로 간주하는 한 디자인 특허 보호를 받을 자격이 있다. 제품 디자인이 점점 더 많은 다양한 유형의 제품을 생산하는 수많은 기업에 경쟁 우위의 중요한 원천이 되고 있다는 점에서 이것은 사소한 문제가 아니다.

식물 특허는 무성 생식이 가능한 새로운 식물 품종을 보호한다. 2016년에 제출된 65만 411건의 특허 출원 중 1,180건만이 식물 특허에 대한 것이었지만,[13] 이러한 특허는 식물 유전학 및 관련 분야를 전문으로 하는 회사에게는 필수적인 보호 수단이다. 무성 생식이 가능한 식물은 씨를 심는 것보다 접목이나 잡종 교배로 번식한다. 새로운 품종은 질병이나 가뭄에 대한 저항성이나 향

표 12.3 **특허 보호의 세 가지 형태, 특허가 적용되는 발명의 유형, 특허 기간 요약**

특허 유형	적용되는 발명 유형	지속 기간
실용	새롭거나 유용한 프로세스, 기계, 제조, 재료 구성 또는 이들의 새롭고 유용한 개선	최초 출원일로부터 20년
디자인	제품에 대한 새롭고 독창적이고 장식적인 디자인의 발명	최초 출원일로부터 14년
식물	무성 생식이 가능한 식물의 새로운 변종	최초 출원일로부터 20년

기, 모양, 색상, 생산성에서 이전 식물과 다를 수 있다. 따라서 새로운 색깔의 장미나 새로운 유형의 잡종 채소는 식물 특허 보호를 받을 수 있다. 식물 특허 보호 기간은 최초 출원일로부터 20년이다.

표 12.3은 특허 보호의 세 가지 형태, 특허가 적용되는 발명의 유형, 특허 기간에 대한 요약을 제공한다.

누가 특허를 신청할 수 있는가

오직 제품 발명가만이 특허를 신청할 수 있다. 2인 이상이 공동으로 발명한 경우에는 함께 특허 출원을 해야 한다. 단순히 제품 디자인에 대해 들었거나 공공 영역에 있는 것을 특허로 취득하려는 사람은 특허를 신청할 수 없다.

이러한 규칙에는 주목할만한 예외가 있다. 첫째, 발명가의 고용 과정에서 발명이 이루어진 경우 일반적으로 고용주는 고용 계약의 일부로 고용인이 서명한 **발명 양도 계약**을 통해 특허를 신청할 권리를 부여받는다. 두 번째 예외는 발명을 신청할 수 있는 권리를 판매할 수 있다는 것이다. 이 옵션은 창업기업의 중요한 수익원이 될 수 있다. 회사가 자체적으로 진행하길 원하지 않는 발명이 있는 경우 해당 발명에 대한 특허 출원 권리를 다른 당사자에게 판매할 수 있다.

특허 취득 과정

특허 취득은 그림 12.3과 같이 6단계 프로세스다. 관련된 비용에는 변호사 비용, 도면 비용(때로는 변호사 비용과 함께 일괄 처리됨), USPTO 제출 및 유지 관리 비용이 포함된다. 소기업의 경우 실용 특허 출원을 제출하는 데 약 800달러의 비용이 든다. 특허가 발급될 때 추가로 480달러 수수료가 부과된다. 800달러, 1,800달러, 3,700달러의 유지비는 각각 3년 6개월, 7년 6개월, 11년 6개월 경과 시 특허를 유지하기 위해 납부해야 한다. 특허의 성격에 따라 추가 수수료가 부과될

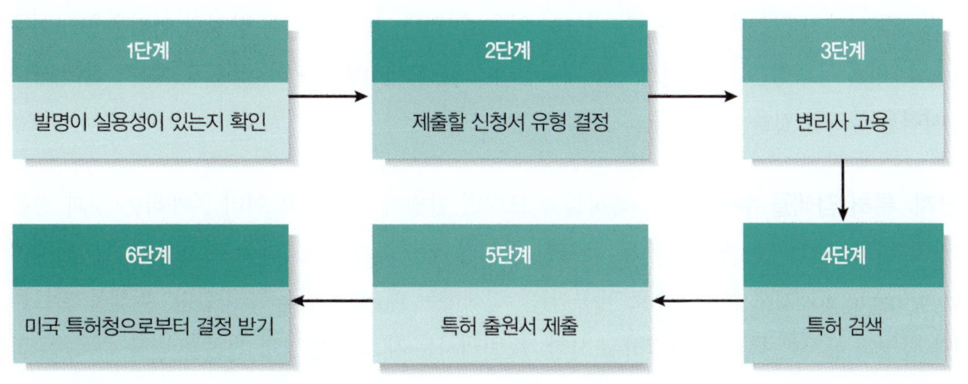

그림 12.3 **특허 취득 과정**

표 12.4 특허 취득에 소요되는 변호사 비용 추정치

발명 수준	발명 예시	변호사 비용
아주 간단함	전기 스위치, 옷걸이, 종이 클립	5,000~7,000달러
비교적 간단함	보드 게임, 우산, 개폐식 개 목줄, 칫솔	7,000~8,500달러
거의 복잡하지 않음	전동 수공구, 잔디깎이, 카메라	8,500~10,000달러
적당히 복잡함	승용 잔디깎이, 간이 RFID 장치, 기본형 태양열 집광기	10,000~12,000달러
다소 복잡함	충격 흡수 보철 장치	12,000~14,000달러
매우 복잡함	고도로 복잡한 MRI 스캐너, PCR, 위성 기술	14,000~16,000달러
소프트웨어 연계	소프트웨어, 자동화 시스템, 비즈니스 방법	16,500달러 이상

출처: Based on G. Quinn, "The Cost of Obtaining a Patent in the US," IPWatchDog, https://www.ipwatchdog.com/2015/04/04/the-cost-of-obtaining-a-patent-in-the-us/id=56485/ (posted April 4, 2015, accessed February 28, 2017).

수 있다. 변호사 비용은 관련 기술의 복잡성에 따라 다르다. 특허를 취득하기 위한 변호사 비용의 추정치가 표 12.4에 나와 있다.[14]

독립 발명가가 만드는 발명품은 보통 상대적으로 단순한 것부터 적당히 복잡한 것까지 다양하다. 반도체 제품과 같은 고도로 복잡한 기술의 경우 비용이 1만 6,000달러 이상을 초과할 수도 있다.

특허 취득을 위한 6단계 프로세스는 다음과 같다.

1단계: 발명이 실용성이 있는지 확인한다. 앞서 언급한 바와 같이 특허를 결정하는 데는 두 가지 경험 법칙이 있다. 보호할 가치가 있는 지식재산은 일반적으로 보호를 원하는 회사의 경쟁 우위와 직접적으로 관련이 있거나 시장에서 독립적인 가치를 지닌다.

2단계: 제출할 신청서 유형을 결정한다. 앞서 언급한 바와 같이 특허에는 실용 특허, 디자인 특허, 식물 특허의 세 가지 유형이 있다. 실용 특허가 가장 일반적인 특허이다.

3단계: 변리사를 고용한다. 발명가는 변리사와 함께 일하는 것이 좋다. 시장에 '혼자서 특허 신청하기'에 대한 책들이 있지만 일반적으로 전문가의 도움 없이 특허 프로세스를 성공적으로 처리할 수 있다고 생각하는 것은 순진한 생각이다. 청구 범위가 올바르게 정의된 올바르게 준비한 특허 출원은 출원이 승인될 수 있는 최상의 기회를 제공한다. 또한 신제품에는 해당 분야의 초보자에게는 잘 보이지 않는 특허 가능한 기능이 있을 수 있다. 특허 출원서 작성의 어려움을 보여주는 지표로, 미국 특허청은 모든 변호사와 대리인이 고객을 대신해 기관과 상호작용하기 전에 까다로운 시험을 통과할 것을 요구한다.

4단계: 특허 검색을 수행한다. 특허를 받으려면 발명이 참신하고 이미 존재하는 것과 충분히 달라야 한다. 변리사는 일반적으로 유사한 특허를 연구하기 위해 미국 특허청의 데이터베이스(www.uspto.gov에서 온라인으로 제공함)를 검색하는 데 몇 시간을 소비한다. 검색을 완료하고 해당 발명과 유사한 특허를 면밀히 조사한 후 변리사는 새로운 발명이 특허를 받을 수 있는 확률에 대한 의견을 제시한다.

5단계: 특허 출원서를 제출한다. 발명가가 계속 진행하기로 결정한 경우 다섯 번째 단계는 워싱턴 D.C.에 있는 미국 특허청에 특허 출원서를 제출하는 것이다. 출원서는 전자 또는 우편으로 제출할 수 있다. 소유자가 쉽게 준비하고 제출할 수 있는 저작권 및 상표 출원과 달리 특허 출원은 고도로 기술적이며 거의 항상 전문가의 도움이 필요하다. 특허 출원의 우선권 측면에서 미국은 모든 국가에서 사용하는 선착순 시스템을 사용한다. 미국은 2013년 3월 16일 리-스미스 미국 발명법(AIA)의 제정과 함께 선발명제에서 선출원제로 전환했다. 선출원 제도에서 발명에 대한 특허를 부여받을 권리는 실제 발명 날짜와 관계없이 발명에 대한 특허 출원서를 최초로 제출한 사람에게 있다.

6단계: 미국 특허청으로부터 결정을 받는다. 미국 특허청은 특허 출원서를 접수하면 일련 번호를 부여하고 심사관에게 할당한 다음 심사를 기다린다. 특허 심사관은 출원서를 조사한 뒤 출원인의 변리사에게 서면 보고서('사무 조치')를 발행하며 종종 출원서 수정을 요청한다. 신청자가 미국 특허청과 하는 대부분의 상호작용은 우편이나 이메일을 통해 이루어진다. 때때로 발명가와 변호사는 특허 심사관과 대면해 발명과 서면 보고서에 대해 논의한다. 발명을 특허로 만들기 위해 특허청과 협상할 여지가 있다. 결국 찬반 결정이 내려질 것이다. 거부된 신청서는 이의를 제기할 수 있지만 이의 제기는 드물며 비용이 많이 든다.

기업가에게 특히 중요한 특허법 조항 중 하나는 USPTO가 발명가가 완전한 출원을 준비하고 제출할 때까지 실용 특허에 대한 **가출원**을 신청할 수 있도록 허용한다는 것이다. 가출원은 정식 특허 출원을 하기 전에 먼저 출원일을 확보할 수 있으며 '특허 출원 중'이라는 용어를 적용할 수 있게 된다. 가출원이 무엇인지에 대해 종종 혼란이 있다. 이는 임시 특허가 아니다. 그런 것은 없다. 그저 임시로 특허를 **출원**한다는 의미일 뿐이며 이후 제출할 정식 실용 특허의 출원 날짜를 미리 확보하는 데 사용한다. 실제로 출원이 올바르게 되지 않으면 가출원은 기업가에게 잘못된 인식을 심어줄 수 있다. 가출원 제출에 대한 자세한 내용을 '영리한 창업기업'에서 설명하고 있다.

미국의 메이커 운동(Maker Movement)은 사람들이 미국 및 기타 지역에서 발명, 디자인, 물건을 만들 수 있는 새로운 관심을 나타낸다.[15] 어떤 경우 사람들은 발명의 즐거움을 위해 물건을 발명한다. 다른 경우에는 제품을 시장에 출시하기 위해 회사를 시작한다. 또 어떤 경우에는 발명가가 제품을 더 큰 회사에 판매하거나 라이선스를 부여하기로 선택한다. '성공을 위한 파트너십'에서는 후자의 옵션(발명품을 더 큰 회사에 판매하거나 라이선스를 부여하는 것)에 대해 다룬다. 이 특집에서 볼 수 있듯이 점점 더 많은 회사가 발명가가 자신의 발명품을 검토 대상으로 제출할 수 있는 공식 프로그램을 보유하고 있다.

특허 침해

특허 침해는 한 당사자가 다른 당사자의 특허를 무단으로 사용하는 경우에 발생한다. 2015년에 접수된 특허 침해 사례는 5,600건이었다. 침해 사례가 가장 많이 접수된 상위 5개 산업은 소비재, 생명 공학/제약, 컴퓨터 하드웨어/전자, 산업/건설, 소프트웨어였다.[16] 몇 년 전에 제기된 침

영리한 창업기업

가출원 제출의 내용 파악

• Web: www.uspto.gov • Facebook: United States Patent and Trademark Office • Twitter: uspto

스타트업 업계에서는 '임시 특허'를 가지고 있다거나 임시 특허를 제출했기 때문에 발명품을 도용하는 사람으로부터 보호받고 있다는 말을 듣는 것이 드문 일이 아니다. 임시 특허 같은 것은 없기 때문에 이러한 주장은 어느 것도 사실이 아니다. 그러한 주장을 하는 사람들은 일반적으로 선의를 가지고 있지만, 특허법의 기본 사항에 익숙하지 않으면 기업가가 실수로 자신이 발명한 특허권을 포기하는 결과를 초래할 수 있다. 이런 일이 발생하면 발명에 대한 독점권을 통해 지속 가능한 경쟁 우위를 달성하려는 회사에 장애가 발생할 수 있다.

다음은 미국에서 일하는 기업가에게 일어나는 일에 대한 정확한 평가이다. 미국 특허청에 제출한 것은 '가출원'이다. 여기에는 사양(즉, 발명의 설명 및 도면)이 포함되지만 공식적인 특허 청구, 발명가의 선서 또는 선언, 정보 공개 진술은 필요하지 않다. 가출원은 특허 심사관에게 할당되지 않으며 선행 기술 또는 발명의 특허 가능성에 대한 판단이 이루어지지 않는다. 미국 특허청의 관점에서 가출원의 목적은 이후에 제출할 정식 실용 특허에 대한 출원 날짜를 미리 확보하는 것이다. 이것이 의미하는 바는 가출원을 2017년 12월 1일에 제출하고 출원이 올바르게 완료되면 이 날짜가 해당 발명의 '우선' 출원 날짜가 된다는 것이다. 누군가가 한 달 후에 동일한 발명에 대한 실용 특허 출원을 제출했는데 가출원을 제출한 발명가가 1년 이내에 정식 실용 특허를 신청하고 이 가출원과 정식 실용 특허 출원이 모두 받아들여진다면 그 사람은 운이 없는 것이다. 149달러의 비용이 드는 가출원을 제출함으로써 얻을 수 있는 보너스는 발명가가 발명과 관련해 '특허 출원 중'이라는 용어를 합법적으로 사용할 수 있다는 것이다. 이 명칭은 발명을 이미 판매 중인 경우 발명자에게 상당한 마케팅 이점을 제공하며 예비 발명가에게 자신의 특허권을 보호하기 위한 조치를 취하고 있음을 알릴 수 있다.

그러나 이 시나리오에는 함정이 있다. 가출원을 완료하고 올바르게 제출해야 한다는 것이다. 가출원을 포함한 모든 특허 출원에는 세 가지 중요한 법적 요구 사항이 적용된다.

1. 발명에 대한 적절한 서면 설명을 포함해야 한다.
2. 당해 기술 분야의 통상의 지식을 가진 자가 발명을 실시할 수 있어야 한다.
3. 출원 시 발명자가 고려한 발명을 실시하는 최선의 방식을 제시해야 한다.

미국 특허청이 요구하는 다른 법적 요구 사항과 함께 위의 요구 사항 중 하나라도 충족되지 않으면 아무것도 제출하지 않은 것과 같다. 따라

해 주장의 전형적인 사례로, Microsoft가 네트워크에 연결된 컴퓨터의 성능을 향상시키는 데 사용하는 기술에 대한 특허 중 두 개를 침해했다고 주장한 신생기업 Alacritech가 제기한 소송이 있다. 법원 문서에 따르면 Alacritech는 Microsoft가 라이선스를 받기를 희망하며 기술을 보여주었다. 그러나 Microsoft는 그 제안을 거절했고 나중에 침니(Chimney)라는 놀라울 정도로 유사한 기술을 발표했다. Alacritech는 다시 Microsoft에 기술 라이선스를 제안했지만 거절당했다. 이에 Alacritech는 Microsoft를 상대로 소송을 제기했다. Microsoft는 자체 기술을 독자적으로 개발했다고 주장했다.[17] 사건을 심리한 후 샌프란시스코 지방법원은 Alacritech의 손을 들어주었고 Microsoft를 상대로 경쟁 기술이 포함된 제품을 출하하지 못하게 하는 예비적 금지 명령을 내렸다. 이후 소송은 Microsoft가 Alacritech의 기술 라이선스에 동의하면서 법정 밖에서 해결되었다.[18]

특허 침해 사건의 어려운 부분은 소송 비용이 많이 든다는 것이다. 이로 인해 신생기업과 기업가는 상당한 불리한 위치에 놓이게 된다. Alacritech가 Microsoft를 고소하는 데 얼마나 많은 비용이 들었는지는 알 수 없지만, 《Fortune Small Business》에 따르면 일반적인 특허 침해 소송은 양측이 소송을 제기하는 데 최소 50만 달러의 비용이 든다.[19]

서 가출원을 충분히 상세하고 올바르게 제출하는 것이 매우 중요하다. 그렇지 않을 경우 발생할 수 있는 상황은 다음과 같다. Amy가 새로운 유형의 테니스 라켓을 발명했다고 가정해보자. 그녀는 2018년 1월 1일에 애플리케이션을 다운로드해서 가출원을 직접 제출했다. 이 가출원은 발명에 대한 적절한 서면 설명이 포함되어 있지 않기 때문에 부적절하지만 미국 특허청은 정식 실용 특허를 제출할 때까지 가출원을 검토하지 않으므로 Amy에게 그것이 부적절하다고 알려주지 않는다. 2018년 7월 1일, Amy는 자신의 발명품에 대한 정식 실용 특허를 신청하기 위해 변리사를 고용했다. 미국 특허청 심사관은 그녀의 파일을 검토한 후 누군가가 한 달 전인 2018년 6월 1일에 동일한 발명에 대한 실용 특허 출원을 제출했다는 이유로 출원을 거부했다. 가출원에 대한 설명이 불충분해 무효로 판단했다는 게 기각 사유다. Amy가 동일한 발명을 출원하기 5개월 전인 2018년 1월 1일에 가출원을 한 사실은 Amy의 가출원이 무효라고 판단되어 아무런 의미가 없다.

Amy의 이야기는 가출원을 제출하는 데 약간의 기교가 필요함을 보여준다. 가출원 신청은 적절히 사용해야 한다. 가출원은 특히 새로운 장치를 발명한 뒤, 정식 실용 특허 출원에 시간과 비용을 들일 만큼 가치가 있는지 결정하기 위한 추가 시제품 제작과 타당성 분석을 수행하는 동안 우선 출원일을 설정해놓기를 원하는 발명가에게 유용하다. 그러나 균형을 잡는 것이 중요하다. 발명가는 가출원이 의미를 가지기까지 갈 길이 멀다. 가출원을 제출하기 위해 변리사를 고용하는 것도 이치에 맞을 수 있다. Amy의 설명은 아마도 그녀가 새 테니스 라켓의 프로토타입을 만들지 않았기 때문에 적절하지 않았을 것이다. 변리사는 Amy에게 그녀의 설명이 적절하지 않다고 말하고 가출원을 제출하기 전에 더 많은 작업을 완료할 것을 제안했을 것이다. 아이디어 자체는 특허가 되지 않는다. 적절한 설명을 포함한 아이디어의 특정 표현에만 특허가 부여된다.

미국 특허청은 장치를 개선할 때마다 추가적인 가출원 신청을 허용한다. 이는 자신의 장치를 점진적으로 개선하면서 개선이 이루어질 때마다 새롭게 개선된 발명에 대해 우선 출원일을 설정하기 원하는 발명가를 보호한다.

비판적 사고를 위한 문제

1. 가출원과 실용 특허 출원의 차이를 서술하라. 출원이 성공적으로 되었다면 발명가는 두 출원 중 어떤 것에 대해 특허권을 받게 되는가?
2. 디자인 특허에 대해서 가출원을 신청할 수 있는가? 이 질문에 대한 정확한 답에 이르기 위해 조사한 내용을 기록해보라.
3. 어떠한 환경에서 당신은 ① 발명가에게 변리사 없이 가출원을 신청할 것을 제안할 것이며 혹은 ② 변리사에게 의뢰해서 가출원을 신청할 것을 제안할 것인가?
4. 시간을 내서 미국 특허청 웹사이트를 방문해보거나 특허에 대한 인터넷 조사를 해보라. Inventor's Digest(www.inventorsdigest.com)는 특허를 공부하기 좋은 또 다른 자료이다. 이 장에는 나와 있지 않지만 특허나 출원 프로세스에 대해 흥미로운 다른 내용이 있다면 논의해보라.

출처: USPTO, www.uspto.gov (accessed February 27, 2017); J. H. Muskin, "Pitfalls of Provisional Patent Applications," *Inventors Digest*, www.inventorsdigest.com/archives/4111 (posted July 20, 2010, accessed August 6, 2014).

상표

학습목표 3

상표를 설명하고 기업가가 상표를 얻기 위해 사용하는 프로세스를 설명할 수 있다.

상표(trademark)란 제품이나 서비스의 원천(source)이나 생산지(origin)를 알아볼 수 있게 하고 이 제품이나 서비스를 타사의 것과 구별하기 위해 사용하는 문자, 명칭, 기호, 장치이다. 모든 기업은 잠재 고객이 자신(혹은 자사 제품)을 잘 알아보길 원하며 회사의 명칭, 로고, 그 외 두드러진 특징을 사용해 자사를 좀 더 잘 알아볼 수 있게 한다. 상표는 또한 소비자에게 유용한 정보를 제공한다. 예를 들어, 소비자는 쇼핑몰에 있는 Macy's라는 가게를 볼 때 무엇을 기대할 수 있는지 알고 있다. 만약 모든 상점이 Macy's라는 명칭을 쓸 수 있다면 얼마나 혼란스러울지 생각해보라. 미국 상표 제도는 최초 사용을 기준으로 한다. 즉 상거래에서 상표를 먼저 사용한 사람이 일반적으로 상표의 권리에 대한 우선권을 주장할 수 있다.

특허와 마찬가지로 상표도 다채로운 역사를 가지고 있다. 고고학자들은 3,500년 전부터 도예가들이 자신의 작품을 다른 작품과 구별하기 위해 자신의 도자기에 독특한 표시를 했다는 증거를 발견했다. 좀 더 최근의 예를 살펴보자. Yahoo!의 공동창업자인 Jerry Yang과 David Filo가 자신들의 인터넷 디렉터리 서비스에 대해 처음 선택한 이름은 'Jerry's Guide to the World Wide Web'

성공을 위한 파트너십

메이커 운동이 개인 발명가와 대기업을 하나로 묶는 방법

본문에서 지적했듯이, 메이커 운동은 미국 및 다른 곳에서 사람들이 집이나 공동 작업 공간에서 물건을 발명하고, 디자인하고, 만드는 것에 대한 새로운 관심을 의미한다. 이는 공예, 보석, 옷 만드는 장인부터 전자 기술, 로봇 공학, 3D 프린팅 및 더 발전된 프로젝트에 초점을 맞추는 공학적인 사람까지 포괄하는 용어이다. 전국적으로 두 그룹을 모두 수용하는 메이커스페이스, FabLabs, TechShops가 점점 더 많이 생겨나고 있다. 이런 곳에서 만든 제품 중에는 지식재산 보호를 받을 수 있는 발명품도 있다.

메이커스페이스(makerspace)는 일반적으로 학교, 도서관, 별도의 공공 및 개인 시설 내에 있는 공동 작업 공간이다. 사람들은 이러한 작업 공간에서 아이디어를 실험하고 물리적 프로토타입을 만드는 데 필요한 장비를 이용할 수 있다. 이러한 공간에는 일반적으로 3D 프린터, 레이저 절단기, 납땜 인두, 목재 선반, 공예 도구, 재봉틀이 포함된다. 참가자는 시간당 몇 달러로 수천 달러의 기계를 이용할 수 있다. FabLabs와 TechShops는 특정 유형의 메이커스페이스에 대한 상표명이라는 점을 제외하면 메이커스페이스와 유사하다. 하나는 재단(Fab Foundation)이, 다른 하나는 법인(TechShop)이 관리한다. FabLabs와 TechShops는 주로 고급 프로젝트를 수행하는 숙련된 제조업체나 발명가가 자주 방문한다.

어떤 사람들은 단순히 발명의 즐거움을 위해 제작자가 된다. 《Make:》 매거진과 같은 그룹은 이러한 기술 애호가와 다른 사람들이 자신의 실험, 프로젝트, 자체 제작물을 선보일 수 있는 메이커 페어를 전국에서 개최한다. 기술 애호가, 취미 활동가, 엔지니어, 기타 다른 사람들이 생업 밖에서 개발하는 몇몇 발명품은 상업적인 잠재력을 가지고 있다. 이러한 경우, 발명자는 발명품을 시장에 내놓기 위해 사업을 시작하거나 기존 회사에 그 발명품을 판매하거나 라이선스를 부여할 수 있다.

점점 더 많은 회사가 현재 발명가가 아이디어를 제출할 수 있는 공식적인 프로세스를 가지고 있다. 기업은 독립 제작자가 존재한다는 것을 알고 있기 때문에 그들의 창의적인 잠재력을 활용하지 않을 이유가 없는 것이다. 만약 회사가 누군가로부터 발명품을 산다면, 그것은 일회성 거래이다. 하지만 회사가 제품을 라이선스한다면, 발명가는 보통 선지급금과 총 매출액의 5~15%의 지속적인 로열티를 받을 수 있다.

다음은 각 프로그램에 대한 간략한 설명과 함께 공식적인 발명 아이디어 제출 프로그램이 있는 회사의 세 가지 예이다. 몇 가지 주의 사항이 있는데, 첫째, 거의 모든 발명품 제출 프로그램은 제출자가 실사를 완료할 것으로 기대한다. 즉, 이미 시장에 유사한 제품이 있는지, 비용 견적을 얻기 위해 제조 또는 설계 회사에 접근했는지, 장치의 물리적 프로토타입이 있는지 등이

이었다. 너무 기억하기 어렵지 않은가? 이 명칭은 나중에 Yahoo!로 변경되었고, 이는 인터넷 얼리어답터들의 관심을 끌게 되었다.

상표의 네 가지 유형

상표에는 상표, 서비스표, 단체표장, 증명표장의 네 가지 유형이 있다(표 12.5 참조). 상표와 서비스표가 기업가에게 가장 관심이 높다.

이전에 설명한 것처럼 상표는 자사의 제품을 타사의 것과 구별할 수 있고 구별하기 위해 사용하는 단어(word), 명칭(name), 기호(symbol), 장치(device)를 포함한다. 상표는 Apple 스마트폰, New Balance 운동화, Ann Taylor 여성복, Zynga 온라인 게임과 같이 유형의 제품을 광고하거나 홍보하는 데 활용된다.

서비스표(service marks)는 보통의 상표와 유사하지만, 기업의 물리적 제품보다는 서비스나 무형의 활동을 식별하는 데 사용한다. 서비스표는 《Princeton Review》의 시험 준비 서비스, eBay의 온라인 경매, Verizon의 휴대폰 서비스를 포함한다.

단체표장(collective marks)은 협동조합, 협회, 기타 단체의 구성원이 사용하는 상표나 서비스표로, 협회나 유사 조직의 구성원임을 알리는 표장이다. 미국변호사협회(American Bar

다. 이러한 문제를 해결하면 더 매력적인 사례가 된다. 둘째, 특허를 보유하고 있거나 이미 신청했다면 사례를 더 매력적으로 보이게 할 수 있다. 유명한 회사는 당신이 보호받기를 원할 뿐만 아니라 특허를 가지고 있거나 특허 출원 중이라면 아이디어의 세부 사항에 대해 더 자유롭게 소통할 수 있다.

DeWALT: DeWALT는 도구 제조업체이다. 이 회사에는 발명품 제출 프로세스를 설명하는 온라인 브로슈어가 있다. 발명품은 아이디어의 독창성, 상업적 실행 가능성, DeWALT와의 적합성이라는 세 가지 기준으로 판단한다. 적합성과 관련해서 DeWALT에는 세 가지 기준이 있는데 이는 다음과 같다. 많은 소비자가 경험한 당신의 아이디어가 문제를 해결하는가? 아이디어가 DeWALT 웹사이트에서 볼 수 있는 제품들을 논리적으로 보완하는가? 아이디어가 기존 DeWALT 제품들을 개선하는가?

General Mills: General Mills의 프로그램은 General Mills Worldwide Innovation Network(G-WIN)라고 한다. G-WIN은 건강, 성분, 포장, 가공, 제품, 지속 가능성, 기술의 7개 영역에서 아이디어를 찾고 있다. 또한 G-WIN은 특정 요구 사항이나 문제를 대상으로 하는 '혁신 과제'를 주기적으로 게시하고 있다. 특허 기술을 선호하지만 아이디어를 General Mills에 제출하기 위해 특허가 필요하지는 않다. G-WIN 사이트는 제안서 제출 프로세스를 통해 발명가를 안내한다. 2007년 G-WIN을 시작한 이후로 Fiber One 90-Calorie 브라우니, Nature Valley 프로틴바 등 다양한 신제품이 프로그램을 통해 등장했다. G-WIN 포털은 https://gwin.secure.force.com/에서 이용할 수 있다.

Rubbermaid: Rubbermaid는 다양한 소비자 제품을 만든다. '발명센터'에는 5단계 프로세스가 있다. 즉, 솔루션을 제출하고, 팀 검토를 거치고(Rubbermaid 팀이 당신의 솔루션이 Rubbermaid에 적합한지 검토), 심층 평가를 하며, 대화를 시작하고(솔루션이 가능성이 있고 적합하다면, 이제 어떻게 함께 일할 것인지 이야기할 때이다), 합의에 도달한다. Rubbermaid는 미국에서 특허 출원이 접수되었고 해당 출원이 공개된 특허 아이디어만 허용한다. Rubbermaid는 옷장 정리, 식품 보관, 세탁, 야외 보관, 재활용 등 13개 카테고리에서 제품 아이디어를 찾고 있다. www.rubbermaidinventorcenter.com에서 Rubbermaid에 아이디어를 제출할 수 있다.

제품 제출 프로그램이 활성화된 다른 회사로는 Procter & Gamble, General Electric, Johnson & Johnson, StanleyBlack&Decker, Coleman이 있다.

비판적 사고를 위한 문제

1. 가장 가까운 메이커스페이스, FabLab, TechShop을 찾아 이용 가능한 장비와 해당 시설에서 제공하는 프로그램을 설명하라.
2. 기업이 독립 발명가의 아이디어에 점점 더 개방적인 이유는 무엇이라고 생각하는가?
3. 위에 언급하지 않은 회사의 아이디어 제출 사이트를 찾아보라. 회사에 발명품을 제출하는 방법을 설명하라. 회사에서 아이디어를 받아들이는 핵심은 무엇인가?
4. 대부분의 경우 발명가와 기업가가 대기업에 제품을 판매하거나 라이선스를 부여할 때 공정하지 못하다고 생각하는가? 기업가는 공정한 거래를 하기 위해 어떤 조치를 취해야 하는가?

Association), 국제프랜차이즈협회(International Franchise Association), 대학기업가단체(Collegiate Entrepreneurs' Organization) 소속임을 나타내는 표장이 단체표장의 예시이다.

마지막으로 **증명표장**(certification marks)은 제품이나 서비스에 대해 해당 소유주가 특정 품질

표 12.5 네 가지 유형의 상표, 보호 대상, 존속 기간 요약

상표 유형	보호 대상 유형	존속 기간
상표	자사의 제품을 타사의 것과 구별할 수 있고 구별하기 위해 사용하는 단어, 명칭, 기호, 장치 예: Apple, d.light, Wiivv, Athletic Propulsion Lab, 3Derm	표장을 사용하는 한 계속 보호 가능하며, 10년마다 갱신이 필요함
서비스표	보통의 상표와 유사하지만 기업의 물리적 제품보다는 서비스나 무형의 활동을 식별하는 데 사용 예: 1-800-FLOWERS, Amazon.com, IndieU, Real Time Cases, CoachUp, Dropbox	표장을 사용하는 한 계속 보호 가능하며, 10년마다 갱신이 필요함
단체표장	협동조합, 협회 등의 집단 구성원이 사용하는 상표나 서비스표 예: Information Technology Industry Council, International Franchise Association, Rotary International	표장을 사용하는 한 계속 보호 가능하며, 10년마다 갱신이 필요함
증명표장	제품이나 서비스에 대해 해당 소유주가 특정 품질을 증명하기 위해 사용하는 단어, 명칭, 기호, 장치 예: 100% Napa Valley, Florida Oranges, National Organic Program, Underwriters Laboratories	표장을 사용하는 한 계속 보호 가능하며, 10년마다 갱신이 필요함

을 증명하기 위해 사용하는 문자, 명칭, 기호, 장치이다. 가장 유명한 증명표장은 UL 마크인데, 이 표장은 제품이 Underwriters Laboratories(역자 주: 미국 내에서 판매하고 있는 상품에 대한 안전도 검사를 하는 기관)가 정한 안전 기준을 만족시키는지 여부를 나타낸다. 다른 예로는 Good Housekeeping Seal of Approval, Stilton Cheese(영국 스틸턴 지역에서 나온 제품임을 증명함), 100% Napa Valley(캘리포니아 북부 나파 밸리에서 자란 포도로 만들었음을 증명함) 등이 있다.

상표법은 무엇을 보호하는가

1946년에 통과된 **연방상표법**(Lanham Act)에 속하는 상표법은 다음 항목을 보호한다.

- **단어:** 단일 단어, 짧은 문구, 슬로건을 포함한 모든 단어 조합을 상표로 등록할 수 있다. Birchbox, Rent the Runway, National Football League는 상표로 등록된 단어 및 구문의 예이다.
- **숫자 및 문자:** 숫자와 문자도 등록이 가능하다. 예를 들면 3M, Boeing 787, AT&T가 있다. 1-800-CONTACTS와 같은 영숫자 기호도 등록할 수 있다.
- **디자인 또는 로고:** Cisco Systems의 Golden Gate Bridge(금문교) 또는 Nike 스우시 로고와 같이 디자인만으로 구성된 표장도 등록할 수 있다. 표장은 일반적인 것이 아니라 구별할 수 있는 것이어야 한다. 결과적으로 누구도 금문교 이미지에 대한 독점권을 주장할 수 없지만 Cisco Systems는 그 다리를 독창적으로 묘사해 상표로 등록할 수 있다. 복합표장은 디자인과 함께 단수 혹은 복수의 단어로 구성된다. 예를 들어 Zephyrhill의 생수 상표는 산의 경치와 물 사진 아래에 Zephyrhill의 이름을 포함한다.
- **사운드:** 상표로 보호되는 경우는 드물지만 독특한 사운드를 상표로 등록할 수 있다. 이러한 사운드의 예로는 MGM의 사자 포효, 'Intel Inside' 광고에 등장하는 친숙한 4성 사운드, Yahoo 요들송 등이 있다.
- **향기:** 제품의 향은 알려지지 않았거나 향이 제품의 사용을 향상시키지 않는다면 등록할 수 있다. 따라서 향수나 방 탈취제의 향은 상표권 보호 대상이 아니지만 특별한 향기를 입힌 문구류는 대부분의 경우 보호 대상이 된다.
- **모양:** 제품의 기능에 영향을 미치지 않는 한 제품의 모양은 등록할 수 있다. Apple iPod의 독특한 모양은 상표 보호를 받고 있다.[20] Coca-Cola Company는 유명한 곡선의 병을 상표로 등록했다. 병 모양은 병이나 병에 담긴 음료의 품질에 영향을 미치지 않는다. 따라서 이 모양은 기능적인 것이 아니다.
- **색상:** 색상이 기능적인 게 아니라면 색상에 대해 상표를 취득할 수 있다. 예를 들어, 위산 역류 질환을 치료하는 약인 Nexium은 보라색이며 '보라색 알약'으로 홍보하고 있다. 알약의 색상은 그 기능과 관련이 없다. 따라서 상표권으로 보호받을 수 있다.
- **상품외장:** 고객에게 어필하기 위해 제품을 '꾸미는' 방법은 보호받을 수 있다. 이 범주에는 제품의 전반적인 포장, 디자인, 구성이 포함된다. 결과적으로 비즈니스의 전체적인 외관은 상품외장(trade dress)으로 보호된다. 1992년 Two Pesos, Inc. 대 Taco Cabana International Inc.의 유명한 사건에서 미국 대법원은 유사한 장식을 사용하는 경쟁자로부터 멕시코 레스토랑 체인의 전체 디자인, 색상, 구성을 보호했다.[21]

상표권 보호는 매우 광범위하며 기업이 서로를 차별화할 수 있는 많은 기회를 제공한다. 신생창업기업 입장에서 핵심은 자사의 제품과 서비스에 대한 매력적인 관심을 강하게 이끌어낼 수 있는 방식으로 자사의 제품과 서비스에 대한 상표를 등록하는 것이다.

상표 보호 대상에서 제외되는 것

미국 상표법에 따라 상표 보호 대상에서 제외되는 주요 예외 사항은 다음과 같다.

- **부도덕적이거나 추한 것:** 기업은 모독적인 단어를 포함해 부도덕하거나 추한 것에 대해서는 상표를 등록할 수 없다.
- **허위의 것:** 허위의 표장은 등록할 수 없다. 예를 들어, 플로리다산이 아닌 오렌지에 대해서는 '신선한 플로리다 오렌지'라는 이름을 쓸 수 없다.
- **서술적 표장:** 단순히 제품이나 서비스를 서술하는 표장은 상표로 등록할 수 없다. 예를 들어, 기업가가 새로운 유형의 골프공을 디자인하고 **골프공**이라는 단어에 대해 상표권을 획득하려 한다면 이는 불가능하다. 이 단어는 Titleist나 Taylor Made와 같이 제품의 브랜드라기보다는 제품의 유형을 나타낸다. 이 이슈는 아주 유명한 제품 제조업자들의 실제 걱정거리이다. 최근 Xerox는 Xerox 이름에 대한 상표권을 잃어버릴 위험에 처했는데, 그 이유는 Xerox라는 단어가 일반동사로 이용되고 있기 때문이다[예: "나는 이걸 Xerox하러 갈 거야(역자 주: 복사하러 갈 거야)"].
- **성:** Anderson이나 Smith와 같이 주로 이름으로 구성된 상표권은 원칙적으로 보호받을 수 없다. 예외는 William's Fresh Fish(윌리엄의 신선한 생선), Smith's Computer Emporium(Smith의 컴퓨터 상점)과 같이 특정한 제품의 상표 보호를 목적으로 이름의 성(surnames)이 다른 단어와 결합된 경우이다.

상표권 획득 절차

그림 12.4에 나와 있는 것처럼 상표의 선택과 등록은 3단계 프로세스이다. 상표를 주 간 통상(interstate commerce)으로 사용하고 있다면 미국 특허청에 등록할 수 있다. 그리고 그 상표를 사용하는 한 영원히 등록 상태를 유지할 수 있다. 첫 갱신(renewal)은 등록한 연도를 기준으로 5~6년 후이다. 이후에는 매 10년마다 상표를 사용하는 한 계속 갱신할 수 있다.

엄밀히 말하면 상표 보호를 받고 혼동하기 쉬운 유사 표장을 다른 기업이 사용하는 것을 막기 위해 반드시 상표 등록이 필요한 것은 아니다. 일단 표장을 광고와 같은 상거래에서 사용하면 보호를 받을 수 있다. 그러나 상표를 미국 특허청에 등록하면 몇 가지 뚜렷한 장점이 있다. 등록표장은 전국적으로 그 표장을 우선 사용할 수 있게 하고, 연방정부에 상표 등록이 되었음을 의미하는 심벌(®)을 사용할 수 있으며, 상표권을 침해하는 제품을 미국 내에 수입하는 것을 금지할 권리

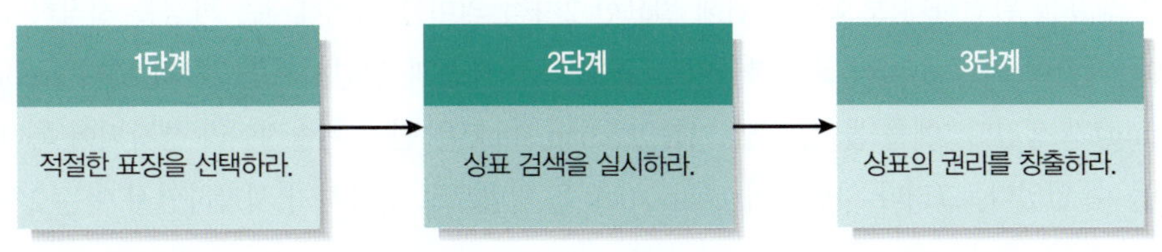

그림 12.4 **상표권을 획득하는 프로세스**

를 부여한다. 상표 등록 심벌을 사용할 권리는 특히 중요하다. 상표 심벌을 제품에 붙임으로써(예: Owlet Baby Monitor®) 상표의 소유권자가 상표를 등록했음을 알릴 수 있다. 이를 통해 상표 소유권자는 침해 소송에서 배상액을 받을 수 있고, 상표를 침해한 사람이 그 특정 이름이나 로고가 상표로 등록되어 있었다는 걸 몰랐다고 주장하지 못하게 할 수 있다.

상표의 선택과 등록은 다음과 같이 세 단계로 진행된다.

1단계: 적절한 표장을 선택하라. 사업주와 기업가가 적절한 상표를 선택하는 것을 돕는 경험 법칙이 있다. 첫째, 표장은 이름, 로고, 디자인, 향기에 관계없이 창의성과 장점을 나타내야 한다. 즉, MaDonald's의 금색 아치와 같이 본질적으로 독특한 표장, Google, eBay, Snapchat과 같이 만들어진 단어, Billy Goat Ice Cream과 같이 특정 이미지를 연상시키는 단어 등이 표장이 강한 상표라고 할 수 있다. 둘째, 제품이나 서비스에 대해 호의적인 인상을 만들어내는 단어가 도움이 된다. 어린이집인 경우 '안전하고 확실한 보육'과 같은 이름은 부모에게 분명히 좋은 느낌을 불러일으킬 것이다.

2단계: 상표 검색을 실시하라. 일단 상표를 선택했으면 그 상표가 가용한 것인지 확인하기 위해 상표 검색을 실시해야 한다. 만약 다른 누군가가 이미 그 표장에 대해 권리를 설정해놓았다면 그 표장은 상표로 사용할 수 없다. 상표 검색을 수행하는 방법은 스스로 검색해보는 것에서부터 상표가 신청되어 있는지 여부를 확인해주는 전문기업에 의뢰하는 것까지 다양하다. 상표 검색을 할 때는 연방정부뿐 아니라 사업을 하려는 모든 주를 대상으로 검색을 수행해야 한다. 만약 그 상표를 해외에서도 사용하려 한다면 사용할 국가에 대해서도 검색을 수행해야 한다.

상표 검색을 하기 위해 반드시 변리사에게 의뢰를 할 필요는 없지만 그렇게 하는 게 아마 좋을 것이다. 위에서 언급했듯이 스스로 검색하는 것도 물론 가능하다. 미국 특허청 웹사이트(www.uspto.gov/trademarks)에서는 강력한 상표 검색 엔진을 제공한다. 그러나 함정이 있다. 미국 특허청의 검색 엔진은 등록된 상표만 검색된다. 미국에서는 보호를 받기 위해 상표를 등록할 필요가 없다. 필요하다고 생각한다면 상표 변호사가 더 포괄적인 검색을 수행할 수 있다. 검색을 하지 않고 상표를 채택하는 것은 위험하다. 만약 표장이 타인의 상표를 침해했다면 기업은 그 상표를 부착한 모든 제품(제품, 명함, 문구류, 서명 등을 포함해)을 파기하고 새로운 표장을 선택해야 한다. 기존 상품에 새로운 이름이나 로고를 달고 고객이 이에 익숙해지도록 만드는 데 소요되는 비용은 어마어마할 것이다.

3단계: 상표의 권리를 창출하라. 상표를 설정하는 마지막 단계는 표장에 권리를 창출하는 것이다. 미국에서는 해당 상표가 본질적으로 독창적이라면(Starbucks, iTunes, Facebook을 생각해보라) 그 표장을 최초로 사용한 사람이 소유주가 된다. 만약 해당 상표가 기술적(descriptive)이라면, 예를 들어 완충된 아스피린(buffered aspirin)의 상표로 'Bufferin'을 쓰는 것처럼 그 표장의 사용은 상표를 완전하게 보호하기 위해 필요한 2차적 의미를 생성해내는 과정을 시작하게 되는 것이다. 시간에 지남에 따라 소비자들이 상표를 특정 제품과 연결시키면 **2차적 의미**(secondary meaning)가 생긴다. 예를 들어, 립밤 이름인 'chap stick'은 원래 기술적이라 생각되어 특허 보호를 받을 수 없었다. 그러나 사람들이 'chap stick'을 립밤으로 생각하기 시작하면서 이는 2차적 의

미의 기준을 만족시켰으며 'ChapStick'이란 이름으로 상표 등록이 가능해졌다.

기업이 자사의 상표에 대해 배타적 권리를 유지할 수 있는 것과 관련해 보다 강화된 보호를 위해 미국 특허청은 두 가지 방법을 제시하고 있다. 첫째, **사용 의사에 의한 상표 출원**(intent-to-use trademark application), 즉 가등록을 하는 것이다. 이는 출원자가 상표를 사용할 의사가 있음을 전제로 출원하는 것이다. 이 출원 신청을 통해 소유주는 상표를 등록한 것과 동일한 혜택을 얻게 된다. 그러나 이 혜택은 만약 소유주가 그 표장을 등록일 기준 6개월 이내에 비즈니스에 사용하지 않으면 소멸된다. 또 다른 보호 방법은 공식적인 상표 출원(formal application for a trademark)을 하는 것이다. 출원을 위해서는 상표의 도안과 출원비(출원이 어떤 식으로 신청되는지에 따라 275~375달러 수준)를 제출해야 된다. 상표 출원을 신청하면 미국 특허청의 심사관이 그 상표가 등록 가능한지 여부를 결정한다. 현재 미국 특허청을 통해 상표를 등록하는 데 약 10개월이 걸린다.

상표권 침해

상표권 침해는 혼동을 일으킬 수 있는 방식으로 상표 또는 서비스표를 무단으로 사용하는 것이다.[22] 침해가 혼동을 불러일으키는지 여부가 관건이다. 제7장 도입부에서 설명한 회사 Billy Goat Ice Cream을 생각해보라. Billy Goat는 숫염소이기 때문에 어떤 회사도 'Billy Goat'라는 단어를 상표로 등록할 수 없다. 따라서 시간이 지나야 여러 회사가 이름에 Billy Goat라는 단어를 사용하고 각 이름을 모두 상표로 등록할 수 있다. Billy Goat라는 단어가 포함된 이름을 이미 상표로 등록한 회사가 Billy Goat라는 단어가 포함된 다른 회사의 상표가 자사의 회사와 혼동될 수 있다고 생각하는 경우 상표권 분쟁이 발생한다. 이 경우 상표권이 침해되었다고 느끼는 당사자는 일반적으로 상대방에게 상표 사용을 중단할 것을 요청하는 서면 통지를 보낸다. 따라서 지금부터 1년 후 누군가가 Billy Goat Yogurt라는 이름을 상표로 등록하려고 한다면, Billy Goat Ice Cream은 소비자가 Billy Goat Ice Cream과 Billy Goat Yogurt를 쉽게 혼동할 수 있다고 주장하면서 이를 반대할 수 있다. 반대로 누군가 Billy Goat Blue Jeans라는 이름을 상표로 등록하려고 하면 Billy Goat Ice Cream이 반대하지 않을 것이다. 소비자는 Billy Goat Ice Cream과 Billy Goat Blue Jeans를 혼동하지 않을 것이기 때문이다.

상표권 분쟁을 촉발할 수 있는 또 다른 시나리오는 누군가가 이미 상표를 등록해서 사용하고 있는 이름과 '혼란스러울 정도로 유사한' 이름을 상표로 등록하려는 경우이다. 예를 들어 누군가가 Acebook이라는 이름을 상표로 등록하려고 하면 Facebook은 아마도 반대할 것이다. 아마 Acebook이 Facebook과 혼란스러울 정도로 유사하므로 허용해서는 안 된다고 주장할 것이다. 기존 상표를 보유한 회사가 다른 회사에 해당 상표 사용을 중단할 것을 요청했는데 다른 회사가 이를 거부한다고 가정해보자. 이 경우 회사는 상황에 따라 상표권 침해에 대해 주 또는 연방 법원에 민사 소송(즉, 소송)을 제기할 수 있다.[23]

회사의 상표권이 문제가 되는 경우가 있다. 회사가 반대하는 당사자 쪽에서 도를 넘었다고 생각하는 경우, 즉 법적인 상표권 침해가 없다고 생각하는 경우이다. 이러한 경우 스타트업은 반격할 권리가 있으며 불만을 제기한 당사자에게 이대로 물러서거나 법원에 소송을 제기하라고 압박할 수 있다. '무엇이 잘못됐는가?'에서 이러한 문제가 발생한 세 가지 시나리오를 제공한다. 각 사례

무엇이 잘못됐는가?

세 번의 상표권 분쟁에서 골리앗을 이긴 다윗

- Web: www.eatmorekale.com • Facebook: EatMoreKale.com • Twitter: @TeamKale
- Web: www.xoom.com • Facebook: Xoom • Twitter: @Xoom
- Web: https://snacks5thavenchew.com • Facebook: Snaks 5th Avenchew • Twitter: @Snaks5thAve

상표권 분쟁은 종종 대기업과 신생기업 사이의 싸움이다. 다윗과 골리앗 시나리오는 한쪽에는 작은 기업이 있고 다른 한쪽에는 거인이 있다. 분쟁은 일반적으로 상대방이 자신이 소유한 상표와 '혼란스러울 정도로 유사한' 이름을 사용하고 있다고 주장하는 한 당사자에게 초점을 맞춘다. 대기업이 우세한 경우가 많지만 항상 그런 것은 아니다. 다음은 대기업과의 상표권 분쟁에서 성공한 소기업의 세 가지 사례이다. 이러한 경우 '무엇이 잘못되었는가?'라는 질문은 대기업을 대표하는 사람에게 주어진다.

Eat More Kale 대 Chick-fil-A

2010년 버몬트주에 살던 Bo Muller-Moore는 케일 농부에게 만들어 달라는 부탁을 받아 'Eat More Kale(케일을 더 먹어라)'이라는 문구가 적힌 티셔츠를 팔기 시작했다. 케일은 건강에 좋은 야채이며 버몬트에서 재배된다. 이 문구가 유명해지자 Mulle-Moore는 이 문구를 옷과 범퍼 스티커에도 붙였다. 그러나 Muller-Moore가 2011년 이 문구를 상표로 등록하자 Chick-fil-A 측에서 'Eat Mor Chikin' 광고 문구와 너무 유사하다는 이유로 슬로건 사용을 중단할 것을 요청하는 편지를 보냈다. Chick-fil-A는 이의를 제기한 후 마케팅에서 'eat more'이라는 표현 사용을 중단한 30개의 다른 회사를 나열했다.

Muller-Moore는 반격했고 Chick-fil-A와의 장기전이 이어졌다. 그는 소셜 미디어와 공익 변호사를 활용했고 당시 버몬트 주지사인 Peter Shumlin을 포함한 주 관료들의 지지를 얻었다. 결국 Muller-Moore가 승리했다. 'Eat More Kale'의 최초 상표 출원은 2011년 8월 31일에 제출되었다. 미국 특허청은 2015년 8월 18일에 상표를 부여했다.

Xoom 대 Motorola

2011년 Google의 자회사인 Motorola가 태블릿 컴퓨터 시장에 진출했다. 이 태블릿은 Xoom 태블릿이라고 불렸다. Xoom 태블릿은 디지털 송금 회사인 Xoom Corp.의 관심을 빠르게 끌었다. 현재는 PayPal의 일부가 된 Xoom을 통해 사용자는 전 세계 56개국에 빠르고 안전하게 송금할 수 있다. 2001년에 설립한 이 회사는 2004년 12월 14일에 미국 특허청으로부터 Xoom에 대한 서비스표를 획득했다.

마다 대기업의 강압으로 이름을 변경하는 것에 저항하는 스타트업을 보게 될 것이다.

저작권

학습목표 4

저작권을 정의하고 저작권이 무엇을 보호할 수 있는지 설명할 수 있다.

저작권(copyright)은 지식 재산 보호의 한 형태로, 저작자가 소유한 저작물에 대해 그 저작물을 어떻게 사용할지를 결정하고, 그 저작물로부터 경제적 이익을 획득할 수 있도록 부여하는 법적 권리이다.[24] 저작물은 반드시 책, 운영 지침, 잡지 기고문, 음악 악보, 컴퓨터 소프트웨어 프로그램, 건축 도면과 같이 유형의 형태로 존재해야 한다. 만약 어떠한 것이 녹음되지 않았거나 컴퓨터 디스크에 저장되지 않은 연설과 같이 유형의 형태가 아니라면 저작권법에 의해 보호받을 수 없다.

기업은 일반적으로 앞서 표 12.1에서 설명한 것처럼 저작권 보호를 받을 수 있는 귀중한 자료들을 소유하고 있다. 저작물은 저작권 보호 대상이 되기 위해 반드시 예술적 가치를 가져야 하는 것은 아니다. 따라서 운영 지침, 광고 브로슈어, 교육 비디오와 같은 것도 저작권 보호를 받을 수 있다. 미국의 저작권법은 1976년의 저작권법 개정법률안(Copyright Revision Act)을 따른다. 이 법에 의하면 원저작물은 창작한 시점부터 자동적으로 보호를 받게 되며, 발표가 되든 되지 않든 유형의 형태로 존재해야 한다. 미국에서 최초의 저작권은 1970년 5월 31일 John Barry라는 필라

Xoom은 Motorola가 자사 태블릿 컴퓨터에 Xoom이라는 단어를 사용하는 것에 반대했다. 두 회사는 서로 합의했다. 합의 조건은 공개되지 않았다. Motorola는 태블릿에서 Xoom 브랜드를 단계적으로 제거하기로 합의했다.

Snacks 5th Avenchew 대 Saks Fifth Avenue

뉴저지주 호보컨에 살던 Carrie Sarabella는 'Snacks 5th Avenchew'라는 강아지 간식을 판매하기 시작했다. 고급 여성 의류 소매업체인 Saks Fifth Avenue는 Sarabella의 사업에 대한 소식을 듣고 그녀에게 이름을 삭제하지 않으면 법적 조치를 취하겠다고 위협하는 침해 중지 서한을 보냈다. Snacks 5th Avenchew가 Saks의 잘 알려진 이름을 침해했다고 주장하는 편지였다.

Sarabella는 변호사를 통해 '패러디 마크가 기존 브랜드에 해를 끼치지 않는다는 점을 인정하는' 공정 이용 조항에 따라 이름이 허용된다고 주장하며 저항했다. Sarabella의 변호사는 Snacks 5th Avenchew에 대한 Saks의 주장과 유사한 두 가지 사례를 인용했다. 2002년에 Tommy Hilfiger는 Timmy Holedigger라는 참신한 반려동물용 향수에 대해 소송을 제기했다. 소송은 실패했다. 유사하게 2007년 Louis Vuitton은 Chewy Vuiton이라는 이름을 사용하는 푹신한 장난감 제조업체에 반대했다. 미국 연방항소법원은 만장일치로 Louis Vuitton의 주장을 기각했다. 두 경우 모두 법원은 문제의 제품과 대기업의 등록상표가 명백한 패러디이기 때문에 원고가 혼동의 가능성을 보여주지 못했다고 판결했다.

이러한 주장이 제기된 지 얼마 지나지 않아 Saks Fifth Avenue는 Saraballa의 변호사에게 문제를 더 이상 추구하지 않겠다고 알려왔다.

비판적 사고를 위한 문제

1. 각 사례에 대한 당신의 생각은 어떠한가? 결과가 의외였는가? 각 사례가 상표법이 의도한 대로 진행되었다고 생각하는가?
2. 세 소기업(Eat More Kale, Xoom, Snacks 5th Avenchew) 중에서 사용 중인 이름을 방어하는 데 가장 강력했던 사례는 무엇이라고 생각하는가? 어떤 회사가 가장 취약한 사례라고 생각하는가?
3. Bo Muller-Moore가 Chick-fil-A와의 상표권 분쟁에서 주변의 열정과 지지를 이끌어낸 이유는 무엇이라고 생각하는가?
4. 이러한 사례들이 소기업을 장려해 지식재산권 분쟁에서 법이 소기업의 편이며 대기업에 항상 굴복할 필요가 없다고 생각하게 만드는 데 어느 정도 기여해야 한다고 생각하는가?

출처: C. Alter, "Vermont Man Wins Right to Use 'Eat More Kale' Slogan, Despite Chick-fil-A Objections," *Fortune*, December 12, 2014; W. Ring, "Man Celebrates His New 'Eat More Kale' Trademark," *Burlington Free Press*, December 12, 2014; 4 Biggest Corporate Trademark Disputes in Recent History, SecureYourTrademark.com, available at https://secureyourtrademark.com/blog/4-biggest-corporate-trademark-disputes-recent-history/ (accessed February 25, 2017); O. Yaniv, "N.J. Entrepreneur Beats Saks Fifth Avenue in Trademark Dogfight," *New York Daily News*, October 29, 2014; T. Erdmann, "Snacks 5th Avenchew v. Saks Fifth Avenue, Lawinspiring.com, available at http://lawinspiring.com/2014/11/03/dog-snack-entrepreneur-wins-saks-5th-avenue-trademark-dispute/ (posted November 3, 2014, accessed February 25, 2017).

델피아의 교육자가 스펠링 책에 대해 받은 것이다.

저작권으로 무엇을 보호받을 수 있는가

저작권법은 유형의 표현 형태로 고정된 '소유권이 있는 독창적인 저작물(original works of authorship)'을 보호한다. 저작권을 받을 수 있는 대상의 주요 범주는 다음과 같다.

- **어문 저작물:** 책, 시, 참고서, 연설, 광고 카피, 종업원 매뉴얼, 게임, 컴퓨터 프로그램과 같이 글로 쓰인 것이면 무엇이든 어문 저작물이 될 수 있다. 어문저작물의 등장인물도 독창적인 특징을 가지고 있다면 보호받을 수 있다. 만화 등장인물인 Garfield와 똑같이 생기고 행동하는 등장인물은 Garfield를 보호하는 저작권에 위배될 것이다.
- **음악 저작물:** 노래 가사를 포함해 고정된 형태(예를 들어 악보, CD, MP3 파일)로 존재하는 음악 창작물은 보호받을 수 있다. 저작자는 일반적으로 작곡가이거나 작사가이다. **파생 저작물**(derivative works), 즉 이미 저작권이 있는 어떤 것을 새롭게 연주한 저작물 또한 저작권을 받을 수 있다. 예를 들어, Miley Cyrus, Katy Perry, Bruno Mars가 작사를 해서 저작권을 받은 노래를 재해석해 새롭고 독창적으로 연주한 음악가가 있다면 이 음악가는 자신의 노

력에 대한 저작권을 받을 수 있다. 물론 이 음악가가 새롭게 부른 노래를 상업적으로 이용하기 전에 각 예술가가 원곡의 저작권을 침해하는 데 대해 동의해야 하는데, 보통 이러한 방식으로 작곡가는 추가적인 수익을 얻게 된다.

- **컴퓨터 소프트웨어:** 1980년, 의회는 **컴퓨터 소프트웨어 저작권법**(Computer Software Copyright Act)을 통과시켜 이전의 저작권 법률을 수정했다. 지금은 모든 유형의 컴퓨터 프로그램이 보호를 받는다.
- **연극 저작물:** 연극 저작물은 연극, 코미디 동작, 뉴스 프로, 영화, TV 쇼와 같은 무대 공연이다. 전체 연극 저작물은 하나의 저작권으로 보호받을 수 있다. 따라서 TV 쇼와 같은 연극저작물은 쇼의 비디오 부분과 오디오 부분에 대해 별개의 저작권이 필요하지 않다.
- **팬터마임과 안무 저작물:** 팬터마임은 상황을 묘사하기 위해 말보다는 동작이나 얼굴 표정을 이용하는 공연이다. 안무 저작물은 춤 동작을 배열한 것이다. 이러한 영역에서의 저작권법은 발레, 춤 동작, 무언극을 보호한다.
- **그림, 도표, 조각 저작물:** 이 유형은 사진, 인쇄물, 미술 복제품, 만화, 지도, 지구본, 보석, 직물, 게임, 기술 도면, 다이어그램, 포스터, 모형 장난감, 조각품, 도표를 포함하는 넓은 범주이다.

저작권법으로 보호하는 다른 범주의 아이템은 움직이는 사진과 기타 시청각 자료, 음성 녹음, 건축 저작물을 포함한다.

이와 같이 저작권법은 저작자와 다른 유형의 저작권화 가능한 저작물의 창작자를 폭넓게 보호하고 있다. 이 분야에서 창업가가 하는 가장 흔한 실수는 저작권을 받아야 하는 대상에 대해 충분히 폭넓게 생각하지 않는다는 것이다.

저작권 보호 제외 대상

저작권 보호에서 제외 대상이 있다. 가장 핵심적으로 기억해둬야 할 것은 저작권법이 아이디어를 보호해주지는 않는다는 점이다. 예를 들어, 어떤 창업가가 축구를 테마로 한 레스토랑을 개업할 생각을 가지고 있을 수 있다. 그 아이디어 자체는 저작권 보호 대상이 되지 않는다. 그러나 만약 창업가가 축구를 테마로 한 그 레스토랑이 어떠한 모양을 갖추어야 하며 어떻게 운영해야 하는지를 구체적으로 작성한다면 그 내용은 저작권을 받을 수 있다. 이 개념을 설명하는 법적 원칙을 **아이디어-표현의 이분법**(idea-expression dichotomy)이라고 한다. 아이디어는 저작권을 받을 수 없으나 아이디어에 대한 상세한 표현은 저작권을 받을 수 있다.

다른 저작권 보호 제외 대상에는 사실(예: 인구 통계), 제목(예: 기업가정신 개론), 성분 리스트(예: 레시피) 등이 있다.

저작권을 획득하는 방법

이미 언급한 바와 같이 저작권법은 어떠한 저작물에 대해서도 저작물이 유형의 형태로 만들어지는 순간부터 이를 보호한다. 기술적으로, 저작권 관련 법령으로 보호를 받기 위해 저작권이 있음을 알리거나 미국 특허청에 등록하는 작업을 할 필요는 없다. 그러나 다음과 같은 절차에 따라 저작권 법령에 의한 보호를 강화할 수 있다.

첫째, 저작권 보호는 글로 쓰여진 것이라면 무엇이든 간에 저작권 공지(copyright notice), 즉 종종 **저작권 버그**(copyright bug)라고도 불리는 표시를 부착함으로써 보호 수준을 높일 수 있다. 이 버그(동그라미 안에 있는 'c')는 보통 다음과 같은 형태로 나타난다 — © [발표된 첫해] [저작자나 저작권 소유자]. 그러므로 2018년 Dell Inc. 컴퓨터에 대한 잡지 광고 하단의 저작권 표기는 '© 2018 Dell Inc.'와 같을 것이다. 이 표기를 문서 하단에 위치시킴으로써 저작자(혹은 기업)는 누군가가 저작물을 허락 없이 도용하고 그 저작물에 저작권이 있는 줄 몰랐다고 주장하지 못하게 한다. 저작권 공지 대신 'Copyright'이라는 단어를 쓰거나 약자로 'Copr.'을 사용할 수 있다.

둘째, 저작물을 미국 특허청에 등록함으로써 보호를 강화할 수 있다. 간단한 신청서를 제출하고 저작물 샘플 한두 개만 첨부하면 등록 프로세스가 완료된다. 샘플 제출 여부는 저작물의 특성에 따라 달라진다. 원작 그림에 대해서는 당연히 샘플을 제출할 수 없을 것이다. 현재 저작권 획득에 소요되는 비용은 전자로 제출할 경우 35달러, 서면으로 제출할 경우 55달러이다. 35달러가 그다지 많지 않은 금액으로 느껴지겠지만, 다작을 하는 저작자가 자신이 창작한 모든 저작물에 대해 저작권을 등록하는 것은 비현실적인 게 대부분이다. 그러나 항상 저작권 버그를 저작물에 부착하고 이후 개별 건을 대상으로 저작권 등록을 할 것인지 신중히 고려하는 것을 권장한다. 저작권은 언제든 등록할 수 있지만 즉시 신청할 것을 권하며, 이렇게 했을 때 저작권 침해 소송이 더 쉬워진다.

저작권은 평생 보호받을 수 있다. 현재 법에 따르면 1978년 1월 1일 이후 창작된 저작물에 대해서는 저자 사망 후 70년까지 보호를 받을 수 있다. 업무상 저작물(works made for hire)에 대한 저작권 보호 기간은 공표 시점으로부터 95년 혹은 창작 시점으로부터 120년 중에서 더 짧은 기간이다. 1978년 이전에 창작한 저작물에 대해서는 저작물을 언제 창작했는지에 따라 보호 기간이 달라진다. 저작권이 만료된 이후, 해당 저작물은 공공의 영역(public domain)이 되는데 이는 해당 저작물을 누구나 사용할 수 있음을 의미한다.

저작권 침해

저작권 침해는 미국뿐 아니라 여러 나라에서 점점 증가하는 문제로, 이로 인해 저작권 소유자가 입는 피해는 연간 250억 달러로 추정된다. 예를 들어, 미국에서 영화가 개봉한 지 일주일도 채 지나지 않아 〈Harry Porter〉 영화의 해적판 비디오가 최소 두 곳의 아시아 국가에서 판매되었던 것으로 보고되었다. 한 걸음 더 나아가, 최근 연구에 따르면 2013년 기준 엔터테인먼트 산업의 인터넷 침해가 "북미, 유럽, 아시아에서 모든 대역폭의 거의 4분의 1을 차지한다"고 보고하고 있다.[25] **저작권 침해**(copyright infringement)는 다른 저작물로부터 파생된 저작물이 완전히 동일한 복제품이거나 원저작물과 상당 부분 유사할 때 일어난다. 침해를 증명하기 위해서 저작권자는 혐의자(저작권 침해 의혹을 받고 있는 자)가 자신의 저작물에 사전에 접근을 한 적이 있는지, 자신의 작품과 상대방의 작품이 상당 부분 유사한지를 입증해야 한다.

저작권 침해를 방지하기 위한 방법은 다양하다. 예를 들어, 소프트웨어 코드를 불법으로 복제하는 것을 막기 위해 자주 쓰이는 기법은 코드 안에 저작자의 생일이라든가 주소와 같이 쓸모없는 정보를 끼워 넣고 이를 숨기는 것이다. 한 프로그램에서 다른 프로그램으로 대량의 코드를 복사해 붙여 넣으면서 쓸모없는 정보만 발견하는 것은 쉽지 않을 것이다. 만약 소프트웨어 코드가 불법

만연한 불법 다운로드 및 음악 공유(저작권 침해)는 음악 산업이 계속해서 어려움을 겪고 있는 주요 도전 과제이다. 해커는 항상 법을 피해갈 방법을 찾고 있다.

Andrey Armyagov/123rf.com

복제되었고 침해 소송이 제기되었다면 피고가 왜 그 코드(아마도 원본 코드였던)에 원고의 생일과 주소를 포함시켰는지 설명하기가 어려울 것이다. 유사하게 지도, 관광 안내, 기타 참고서에서도 자사 제품에 잘못된 길거리 주소, 실재하지 않는 철로 건널목과 같이 고의로 허위 정보를 포함시켜 불법으로 복제하려는 사람을 잡으려 한다. 마찬가지로, 저작권이 있는 도로 안내서를 복제한 사람의 경우, 왜 잘못된 거리 이름을 넣었는지 설명하는 것이 무척 어려울 것이다.[26]

현재의 법은 저작물의 침해 범위를 제한하고 있다. 이 제한적 침해는 **공정 이용**(fair use)으로 간주하는데, 이는 기본적으로 저작권으로 보호받는 저작물을 비평, 논평, 뉴스 보도, 교육, 학위논문과 같은 목적으로는 제한적으로 이용할 수 있게 하는 것이다. 이로 인해 교과서 저자는 잡지 기사에서 인용한 문구를 그대로 따다 쓸 수 있고(원문에 대한 인용 표시가 있다면), 영화 평론가는 영화 클립을 보여줄 수 있으며, 교사는 신문 기사의 일부를 학생들에게 배포할 수 있다. 이 법의 이면에 있는 논거는 이러한 이용을 통해 대중이 얻는 이익이 저작자가 입는 손해보다 크다는 것이다. 저작권 보호를 받는 저작물을 어느 정도 침해 걱정 없이 사용할 수 있는 다른 상황은 패러디, 도서관에 의한 복제, 개인 용도로 컴퓨터 프로그램의 백업용 단일 복사본 및 디지털 음악 단일 백업 파일을 만드는 것이 포함된다. 사례 12.1 'GoldieBlox 대 Beastie Boys: 어떤 스타트업도 참여하고 싶어 하지 않는 유형의 싸움'은 법원이 공정 이용이 적절하게 적용되지 않았다고 판결한 저작권 침해 사례에 초점을 맞춘다. 사례 12.1에서는 공정 이용의 적절한 적용에 대한 명확성을 제공함과 함께 신생기업이 저작권법이나 지식재산법을 폭넓게 이해하지 못할 경우 발생할 수 있는 법적인 얽힘에 대한 유형을 생생하게 묘사한다.

저작권과 인터넷

매일 방대한 양의 자료가 인터넷에 올라오며 컴퓨터와 인터넷 연결만 되어 있으면 누구나 이를 다운로드하거나 복제할 수 있다. 정보는 컴퓨터 혹은 인터넷 서버 어딘가에 저장되어 있기 때문에 유형의 형태를 하고 있으며 저작권 보호를 받을 수 있다. 그 결과, 인터넷으로부터 자료를 다운로드해 개인적인 목적으로 사용하는 사람은 주의를 기울여야 하며, 서점에서 구매하거나 도서관에서 빌린 자료와 마찬가지로 인터넷 자료에도 저작권법이 똑같이 적용될 수 있다는 점을 인식해야 한다.

저작권법은 특히 인터넷 자료에 적용될 때 지키기 어려운 경우가 많으며 상식에 반한다고 생각해 무시해버리기 쉽다. 예를 들어, Phoenix의 한 골프 강사가 자신 웹사이트에 강습생들이 골프 수업을 준비하면서 활용할 수 있도록 '골프 팁'을 올려뒀다고 생각해보자. 이 정보가 웹사이트에 올라가 있기 때문에 누구나 이를 다운로드해서 사용할 수 있다. 그 결과, 미국의 다른 지역에 있는 혹은 다른 국가에 있는 골프 강사가 그 골프 팁을 우연히 보고 다운로드해서 학생들에게 배포하기로 결정했다고 가정해보자. 현행법에 따르면 두 번째 골프 강사는 첫 번째 골프 강사의 지식재산권을 위반했을 가능성이 높다. 논쟁의 여지는 있지만, 웹사이트에 첫 번째 골프 강사에게 연락할 수 있는 방법에 대한 정보가 없다 하더라도 그 정보를 사용하기 전에 첫 번째 골프 강사에게 허락을 받아야 했을 것이다. 많은 사람이 이 시나리오는 말도 안 된다고 생각할 것이다. 첫 번째 골프 강사는 누구나 볼 수 있게 공개 웹사이트에 글을 올렸고, 사용 허가를 받는 방법에 대한 정보는 포함하지 않았으며, 연락을 받을 방법에 대한 정보도 포함하지 않았다. 또한 비밀번호로 보호된 웹페이지에 게시하는 등 글을 보호하려는 시도도 하지 않았다. 그러나 여전히 지식재산권이 적용되며 두 번째 강사는 저작권 침해 소송을 감수해야 한다.

창업가와 웹마스터가 승인되지 않은 자료가 웹사이트에서 복사되는 것을 방지하기 위해 사용할 수 있는 여러 기술이 있다. 민감하거나 독점 정보가 포함된 사이트 부분을 암호로 보호하는 것은 일반적인 첫 단계이다. 또한 시장에는 선택적 암호화 사용, 디지털 워터마크(숨겨진 저작권 메시지), 디지털 지문(숨겨진 일련 번호 또는 객체를 다른 유사한 객체와 구별하는 경향이 있는 일련의 집합)을 포함한 온라인 정보의 사용과 접근을 제한하는 기술적인 방지 수단들이 많이 나와 있다.

영업 비밀

학습목표 5

영업 비밀을 설명하고 영업 비밀 분쟁의 일반적인 원인을 이해할 수 있다.

대부분의 기업, 특히 창업기업은 성공에 필수적인 정보를 가지고 있지만 이 정보는 특허, 상표권, 저작권으로 보호되지 않는 경우가 많다. 이러한 정보 중 일부는 기밀로, 기업이 경쟁 우위를 지속하기 위해 비밀로 유지할 필요가 있다. 예로 들 수 있는 것이 기업의 고객 명부이다. 한 기업이 마케팅 메시지를 미세 조정하고 과거 고객들을 대상으로 미래 사업을 수행하기 위해 고객의 선호도와 구매 습관을 오랜 시간 매우 열심히 추적하고 관찰해왔다고 생각해보자. 만약 이 명부가 경쟁사의 손에 들어가게 된다면 그 가치는 사라져버려 더 이상 경쟁사에 비해 경쟁 우위를 점하지 못할 것이다.

영업 비밀은 정보 소유자에게 시장에서 경쟁 우위를 가져다주는 제조법, 도안, 물리적 장치, 아이디어, 프로세스, 기타 정보를 의미한다. 영업 비밀은 마케팅 계획, 제품 제조법, 재무 예측, 종업원 명단, 판매 전화 기록, 연구 노트 등을 포함한다. 보통은 정보가 저장된 매체는 영업 비밀로 보호할 수 있을지 여부에 아무런 영향도 미치지 않는다. 따라서 기록된 문서, 컴퓨터 파일, 오디오테이프, 비디오테이프, 재무제표, 심지어 다양한 아이템에 대한 종업원들의 기억도 비인가 공개로부

Iakov Filimonov/Shutterstock

이와 같은 피트니스 센터는 일반적으로 회원 명부를 영업 비밀로 보호한다. 이들은 회원을 확보하기 위해 열심히 노력했으며 경쟁업체가 회원을 쉽게 발굴하는 것을 원하지 않는다.

터 보호받을 수 있다.

특허, 상표권, 저작권과 달리 영업 비밀의 경우 관련 법을 규제하는 정부 유관 기관이 존재하지 않는다. 대신 영업 비밀은 다양한 주법(state law)을 합쳐서 관리한다. 1996년 통과된 연방정부의 **경제스파이법**(Economic Espionage Act) 에서는 영업 비밀 절도(남용으로 알려짐)를 법률로 금하고 있다. 1979년 특별위원회에서 작성한 **통일영업비밀보호법**(Uniform Trade Secrets Act)에서는 영업 비밀 법률과 관련해 국가 전체적으로 적용되는 표준을 제정하고자 노력했다. 다수의 주가 이 법률을 받아들였으나 대부분은 이를 개정했으며, 그 결과 영업 비밀 법률과 집행 방식에 주끼리 큰 격차가 생기게 되었다.

영업 비밀 보호의 대상이 되는 것은 무엇인가

모든 정보가 영업 비밀 보호의 대상이 되는 것은 아니다. 일반적으로 대중에 알려져 있거나 경쟁사가 합법적인 방식으로 알아낼 수 있는 정보는 영업 비밀 보호의 대상이 되지 않는다. 만약 기업이 무역 박람회에 참석한 누구나 가져갈 수 있도록 브로슈어를 나눠주었다면 그 브로슈어에 있는 내용은 그 어떤 것이든 영업 비밀로 인정받을 수 없다. 유사하게 만약 실수로 비밀을 밝혀버렸다면 그 비밀은 원칙적으로 영업 비밀의 자격을 박탈당한다. 예를 들어, 기업의 종업원이 공공장소에서 휴대폰으로 이야기를 하고 있는데 경쟁자가 이를 듣고 있다면 이 종업원이 이야기하고 있는 것은 무엇이든 영업 비밀 보호 대상에서 제외될 것이다. 간단히 말하자면 영업 비밀 법률의 기본 철학은 소유자가 먼저 지키려고 노력하지 않는 영업 비밀은 법으로 보호해주지 않겠다는 것이다.

기업이 정보를 기밀로 유지하기 위해 타당한 조치를 취하고 있다면 계속해서 영업 비밀에 대한 보호를 받을 수 있다. 타당한 조치를 취하고 있는지 평가하는 데 있어 법원은 보통 그 정보가 기업 내부와 외부에서 알려져 있는 정도, 그 정보의 가치, 그 정보의 비밀을 보호하기 위해 취하는 조치의 정도, 그 정보를 만들어내는 데 쏟은 노력, 다른 기업이 그 정보를 만들어내는 것이 얼마나 용이한지 등을 검토한다. 이러한 기준들을 고려한다면 영업 비밀이 가장 강력하게 보호받을 수 있는 경우는 정보가 다음과 같은 특징을 가질 때이다.

- 기업 외부에 알려져 있지 않다.
- 기업 내부에서 '알 필요가 있는' 것만 알려져 있다.
- 정보를 기밀로 유지하려는 엄격한 노력에 의해 보호되고 있다.
- 가치가 있고 기업에 강력한 경쟁 우위를 제공한다.
- 비용, 시간, 노력을 많이 들여 개발했다.
- 쉽게 복제, 역설계하거나 발견할 수 없다.

영업 비밀 분쟁

영업 비밀 분쟁은 종업원이 기업을 떠나 경쟁사에 입사하면서 기밀 정보를 함께 가져갔다는 혐의로 고소당할 때 발생한다. 예를 들어, 한 기업의 마케팅 중역이 경쟁사에 취업을 한 뒤 새 고용주를 위해 전 직장에서 만들었던 기획안과 거의 동일한 마케팅 기획안을 작성할 수 있을 것이다. 전 직장의 고용주는 회사를 떠난 종업원이 작성하던 마케팅 기획안은 기업의 영업 비밀이고 따라서 그 종업원은 본질적으로 그 기획안을 훔쳐 새로운 직장에 가져간 것이라 주장할 수 있을 것이다. 영업 비밀 분쟁에서 이기기 위한 핵심 요소는 어떤 형태로든 절도(theft)나 부정 유용(misappropriation)이 발생했어야 한다는 것이다. 영업 비밀은 합법적으로 알려질 수도 있다. 예를 들어, 한 기업이 다른 기업의 제품을 구매한 뒤 어떻게 조립되었는지 살펴보기 위해 분해하는 것은 불법이 아니다. 사실 이것은 비교적 흔하게 발생하는 일로, 기업이 경쟁사보다 최소한 한 걸음 앞서 나가 있기 위한 도구로서 끊임없이 혁신을 시도하는 또 다른 이유이다.

영업 비밀의 도용으로 손실을 입은 기업은 법정에서 해당 손해액에 대한 민사 소송을 신청할 수 있다. 이 소송은 도용이 확인되면 가능한 한 바로 제기해야 한다. 일반적으로 피고는 혐의를 부인하면서 문제가 된 정보를 독립적으로 만들었고(도용이 아님을 의미), 적절한 방식으로 획득했으며(예를 들어 소유자의 허락을 받았음), 누구나 알고 있는 지식이거나(영업 비밀 보호의 대상이 아님을 의미), 순수하게 얻은 지식(예를 들어 사업 미팅에서 가벼운 대화를 통해서)임을 주장한다. 기억에 남아 있었다는 것이 항변 사유가 될 수는 없다. 따라서 한 기업의 종업원은 "내가 예전 직장에서 새로운 직장으로 가져온 것은 머릿속에 있는 것이 전부입니다"라고 말하면서 그 정보를 서면으로 전달한 게 아니라는 이유로 영업 비밀 보호 대상이 아니라고 주장할 수는 없다. 만약 법정이 영업 비밀을 도용당한 기업에 우호적인 판결을 내린다면 그 기업은 피고가 영업 비밀을 사용하지 못하게 하고 재무 손실에 대한 보상을 받을 수도 있을 것이다.

영업 비밀 보호 방법

고의이든 고의가 없든 영업 비밀이 노출되는 것을 막기 위해서는 영업 비밀에 대한 적극적인 보호가 필요하다. 게다가 무엇이 영업 비밀로 여겨질지를 결정하는 핵심 요소는 비밀로 유지하기 위해 쏟는 노력의 정도이다. 기업은 물리적 조치와 서면 계약을 통해 영업 비밀을 보호할 수 있다.

물리적 조치 기업이 영업 비밀을 보호하는 데 사용할 수 있는 물리적 조치는 건물 주변에 설치한 보안 벽에서부터 종업원들에게 잠글 수 있는 문서보관함을 활용하게 하는 훨씬 더 복잡한 조치까지 여러 가지가 있다. 예를 들어, 소매점이 자사의 재고 관리 절차가 영업 비밀이 될 수 있다고 생각하면서도 그 정보가 필수적이라고 생각하지는 않는다면, 적절하지만 과하지 않은 조치로 그 정보를 보호하려 할 것이다. 이와는 대조적으로, 한 바이오기술 기업이 질병의 치료법을 막 발견하려 하는 시점이라면 실험실에서 진행한 작업의 보안을 위해 극단적인 조치를 취할 수 있을 것이다.

다음은 영업 비밀을 보호하기 위해 흔히 사용하는 물리적 조치의 사례이다.

- **접근 제한:** 많은 기업은 기밀 자료에 대한 물리적인 접근을 제한해 꼭 그 자료가 필요한 사람만 자료에 접근할 수 있게 한다. 예를 들어, 기업의 고객 명부에 대한 접근은 마케팅 부서의 핵심 직원들에게만 제한적으로 허용될 것이다.
- **문서 라벨링:** 민감한 문서에는 '기밀(confidential)', '전용(proprietary)', '제한(restricted)', '비밀(secret)' 등이 도장으로 찍혀 있거나 표기가 되어 있어야 한다. 가능하다면 이러한 문서는 사용하지 않는 동안에 보안 장치를 통해 안전하게 보관해야 한다. 표기는 특히 중요한 문서에만 제한적으로 사용해야 한다. 만약 모든 문서에 '기밀'이라 표시되어 있다면 곧 직원들은 어느 것이 정말 중요한 기밀 문서이고 상대적으로 덜 중요한 문서인지 구분할 능력을 잃어버릴 위험이 있다.
- **기밀 컴퓨터 파일을 보호하는 비밀번호:** 직원에게 보안 비밀번호를 사용해 기밀 문서를 열람할 수 있는 권한을 주면 기업의 컴퓨터 네트워크, 웹사이트, 인트라넷에 있는 정보를 통제할 수 있다. 일부 문서에 대해서는 쓰기 방지를 적용해 직원이 열람할 수는 있으나 수정할 수는 없게 할 수도 있다.
- **방문자 기록 일지 보유:** 방문객이 기업의 방문자 관리소에 도착했을 때, 서명을 하고 방문객임을 알리는 명찰을 달며 직원과 항상 동행하게 함으로써 기밀 정보에 접근하지 못하게 할 수 있다.
- **민감한 자료에 접근한 사람에 대한 기록 일지 보유:** 많은 기업이 민감한 정보에 대해서는 기록 일지를 가지고 있어 직원들이 그 문서를 '열람'할 때와 '열람을 완료'했을 때 기록하게 한다.
- **적절한 종합 보안 조치 유지:** 상식적인 조치 또한 유용하다. 필요할 때 문서를 분쇄할 수 있도록 파쇄기를 제공해야 한다. 기밀 자료의 접근을 허가받은 직원은 자물쇠가 있고 보완이 되는 책상과 서류함을 사용해야 한다. 기업 내부에서 경보, 보안 시스템, 보안 요원을 활용해야 한다.

이러한 조치 중 일부는 너무 극단적일 수 있다. 그러나 안타깝게도 우리는 불완전한 세상에 살고 있기 때문에 기업은 자신의 정보가 의도치 않게 노출되거나 철저하게 도난당하는 경우 모두에 대비해서 이를 안전하게 지킬 필요가 있다. 문서 파쇄와 같은 절차는 언뜻 보기엔 너무 지나치게 생각될 수 있으나 궁극적으로 영업 비밀을 보호하는 데는 매우 중요할 수 있다. 믿거나 말거나, 빌딩 뒤에서 기밀 정보를 찾기 위해 그야말로 쓰레기통을 뒤지고 있는 경쟁자를 잡아낸 기업에 대한 수많은 사례가 존재한다.

서면 계약 기업 직원들이 영업 비밀과 다른 형태의 기밀 정보를 비밀로 유지하는 것이 의무임을 알게 하는 것이 중요하다. 최선의 보호를 위해서, 기업은 직원에게 제7장에서 논의한 것처럼 비밀 유지 협약과 경쟁 금지 협약에 서명할 것을 요구한다.

지식재산 그리고 지식재산 창출이 필요한 여러 상황에서의 문제가 워낙 중요하기 때문에 이러한 문제를 해결하고 원하는 지식재산을 획득할 수 있도록 돕는 데 집중한 기업이 설립되기 시작했다.

지식재산 감사 수행

학습목표 6

지식재산 감사가 무엇인지 설명하고 창업기업이 이러한 유형의 감사를 완료해야 하는 두 가지 주요 이유를 설명할 수 있다.

기업이 자사의 지식재산을 보호하기 위해 취할 수 있는 첫 번째 조치는 지식재산 감사를 수행하는 것이다. 이는 기업 규모와 관계없이 창업기업부터 성숙 단계에 들어간 기업까지 모든 기업에 권장된다. **지식재산 감사**(intellectual property audit)는 기업이 소유한 지식재산을 결정하기 위해 이루어진다.

이제 지식재산 감사를 수행해야 하는 이유와 감사 프로세스의 기본 절차를 설명할 것이다. 일부 기업은 변리사를 고용해 감사를 수행하는 반면, 다른 기업은 스스로 감사를 수행한다. 일단 감사를 완료하면 자사가 소유하고 있는 지식재산과 노력과 비용을 들여 보호할 가치가 있는 지식재산을 위해 필요한 적절한 조치를 결정할 수 있다.

왜 지식재산 감사를 수행하는가

지식재산 감사를 수행하는 이유는 크게 두 가지가 있다. 첫째, 기업이 주기적으로 지식재산이 적절히 보호되고 있는지를 확인하는 것이 현명하다. 표 12.6에 나타나 있는 것처럼 지식재산은 기업의 전 부서에 존재하는데, 기업은 종종 보호 대상이 되어야 할 지식재산을 간과하곤 한다.

기업이 지식재산 감사를 수행해야 하는 두 번째 이유는 인수합병 시점에 자사의 가치를 정당하게 평가받을 수 있게 하기 위해서이다. 대기업은 주로 지식재산 확보를 원해 소규모 창업기업을 인수한다. 대기업이 접근해올 때, 소기업은 자사의 가치를 타당하게 평가할 준비가 되어 있어야

표 12.6 지식재산 감사 수행 시 묻는 질문 유형

특허
- 개발 중인 제품이 특허 보호가 필요한가?
- 현재까지 특허 유지 비용을 지불했는가?
- 특허로 보호해야 할 영업 방법이 있는가?
- 더 이상 사업 계획과 일치하지 않아 판매하거나 라이선스를 제공할 수 있는 특허가 있는가?
- 과학자들이 핵심 발명을 이루어낸 날짜를 적절히 문서화하는가?

상표
- 현재 상표 보호가 필요한 명칭이나 슬로건을 쓰고 있는가?
- 상표의 사용을 다른 나라로 확장할 생각이 있는가?
- 새로운 제품과 서비스를 위한 추가적인 상표가 필요한가?
- 누군가가 우리의 상표를 침해하고 있는가?

저작권
- 어떤 자료에 저작권 공지를 해야 하고, 언제 공지를 할 것인지에 대한 방침이 있는가?
- 저작권 취득이 가능한 자료를 언제 등록해야 할지에 대한 방침이 있는가?
- 기업이 직접 혹은 비용을 지불해 만든 저작물을 활용할 권리를 보호하기 위한 적절한 서류가 준비되어 있는가?
- 저작권 라이선스 계약을 잘 따르고 있는가?

영업 비밀
- 내부 보안 계약서는 기업의 지식재산을 보호하기에 적절한가?
- 반드시 '알 필요'는 없는 직원에게도 중요한 영업 비밀 정보를 의례적으로 제공하는가?
- 비밀 유지 협약과 경쟁 금지 협약을 통제하기 위한 정책이 있는가?
- 기업 영업 비밀이 경쟁자에게 누설되고 있는가?

하며 그럴만한 능력이 있어야 한다.

지식재산 감사 과정

지식재산 감사를 수행하는 첫 번째 단계는 기업이 현재 보유한 지식재산의 목록을 만드는 것이다. 이 목록은 현재 기업이 등록한 특허, 상표권, 저작권을 포함해야 한다. 또한 해당 기업이 다른 기업의 지식재산권을 활용하거나 다른 기업이 해당 기업의 지식재산을 활용하는 것을 허가하는 모든 계약이나 라이선스를 포함해야 한다.

두 번째 단계는 진행 중인 업무들을 파악해 이러한 업무들이 체계적으로 질서 있게 문서화되고 있는지 확인하는 것이다. 이 단계는 특히 연구 개발에 중요하다. 앞서 언급한 것처럼 만약 두 사람의 발명가가 본질적으로 동일한 발명을 독립적으로 했다면 특허 출원의 권리는 그 제품을 먼저 발명한 사람에게 주어진다. 연구 노트(발명 로그북) 등의 문서에 적절히 날짜를 표기하고 목격자의 서명을 기입한다면 발명이 이루어진 날짜를 증명하는 데 도움이 될 것이다.

감사의 세 번째 단계는 기업의 핵심 영업 비밀을 명시하고 이 영업 비밀을 어떻게 보호하고 있는지 서술하는 것이다. 이 정보를 서면으로 작성해놓으면 영업 비밀을 침범당했을 때, 소유주가 이를 보호하기 위한 적절한 조치를 취하지 않았기 때문에 실제 영업 비밀이 아니었다고 누군가가 주장할 확률을 최소화할 수 있다.

요약 Chapter Summary

1. 지식재산은 무형이지만 시장에서 가치가 있는 인간의 지적 활동의 결과물이다. 이는 인간의 상상력, 창의성, 독창성의 산물이기 때문에 지식재산이라고 부른다. 특허, 상표, 저작권, 영업 비밀은 지식재산의 주요 유형이다. 기업이 흔히 저지르는 실수는 지식재산을 파악할 때 충분히 광범위하게 생각하지 않는 것이다. 규모나 설립연도와 관계없이 거의 모든 기업이 보호할만한 지식재산을 보유하고 있다. 그러나 이를 보호하기 위해서는 먼저 자산을 확인해야 한다. 지식재산을 보호하는 데 시간과 비용을 들일 가치가 있는지 여부를 결정하는 두 가지 경험 법칙이 있다. 첫째, 기업은 해당 지식재산이 현재의 경쟁 우위와 직접적인 관련이 있는지 또는 미래의 경쟁 우위 개발을 촉진할 수 있는지 여부를 판단해야 한다. 둘째, 지식재산이 시장에서 독립적인 가치를 가지고 있는지 여부를 아는 것이 중요하다.
2. 특허는 특허 기간 동안 다른 사람이 발명을 만들거나 판매 또는 사용할 수 없도록 배제할 수 있는 권리를 부여하는 연방정부의 허가이다. 특허에는 실용 특허, 디자인 특허, 식물 특허의 세 가지 유형이 있다. 이 중 가장 일반적인 것은 실용 특허인데, 이는 일반적으로 새로운 발명품이라고 생각하는 것을 포괄한다. 디자인 특허는 제조한 제품을 위한 새롭고 독창적이며 장식적인 디자인의 발명에 관한 것이다. 세 가지 특허 중 가장 일반적이지 않은 것은 식물 특허로 무성 생식이 가능한 새로운 식물 품종을 보호한다. 특허를 확보하는 것은 보통 변리사의 도움이 필요한 6단계의 힘든 과정이다. 특허는 판매하거나 라이선스를 부여할 수 있으며, 이는 창업기업의 일반적인 전략이다.
3. 상표는 제품 및 서비스의 원천이나 생산지를 파악하고 해당 항목을 다른 항목과 구별하는 데 사용하는 단어, 이름, 기호, 장치이다. 상표, 서비스표, 단체표장, 증명표장 등 네 가지 유형의 상표가 있다. 상표법은 기업이 창의적으로 제품과 서비스에 대한 관심을 끌 수 있도록 광범위하게 적용된다. 보호할 수 있는 표장의 예로는 단어, 숫자 및 문자, 디자인 또는 로고, 사운드, 향기, 모양, 색상 등이 있다. 부도덕하거나 추한 것, 허위인 것, 서술적 표장, 성은 상표 보호 대상이 아니다. 기업가는 상표를 선택하고 등록하기 위해 ① 적절한 상표를 선택하고, ② 상표 검색을 수행하고, ③ 상표에 대한 권리를 창출하는 세 단계를 따른다.
4. 저작권은 저작물의 소유자에게 저작물의 사용 방법을 결정하고 저작물 사용과 관련된 경제적 이익을 얻을 수 있는 법적 권리를 부여하는 지식재산 보호의 한 형태이다. 따라서

저작권법은 유형의 표현 형식으로 고정된 원본 저작물을 보호한다. 이는 광범위한 정의로 기업의 생산물 중에서 기록했거나, 녹음했거나, 녹화했거나, 그 자체가 유형의 형태를 띠고 있는(조각품과 같이) 것은 무엇이든 저작권 보호 대상이 된다는 것을 의미한다. 저작권을 받을 수 있는 저작물에는 문학 작품(어문 저작물), 음악 작곡(음악 저작물), 연극 작품(연극 저작물), 그림, 도표, 조각품(조각 저작물)이 포함된다.

5. 특허, 상표, 저작권과 달리 영업비밀법을 규제하는 단일 정부 기관은 없다. 대신 영업 비밀(시장에서 소유주에게 경쟁 우위를 제공하는 제조법, 도안, 물리적 장치, 아이디어, 프로세스, 기타 정보)은 다양한 주의 법들을 합쳐서 관리한다. 경제스파이법은 영업 비밀 절도를 범죄로 규정하고 있다. 영업 비밀 분쟁은 직원이 회사를 떠나 경쟁업체에 합류하고 기밀 정보를 가지고 갔다는 혐의를 받을 때 가장 자주 발생한다. 기업은 물리적 조치와 서면 계약을 통해 영업 비밀을 보호한다. 기업은 영업 비밀을 보호하기 위해 여러 가지 물리적 조치를 사용한다. 여기에는 접근 제한, 문서 라벨링, 컴퓨터 파일을 암호로 보호, 방문자 기록 일지 보유, 적절한 종합 보안 조치 유지가 포함된다.

6. 지식재산 감사를 수행하는 두 가지 주요 이유가 있다. 첫째, 기업이 소유하고 있는 지식재산을 주기적으로 평가해 적절하게 보호되고 있는지 판단하는 것이 현명하다. 둘째, 회사는 정기적인 지식재산 감사를 실시해 인수합병 시 그 가치를 정당하게 평가받을 수 있도록 준비해야 한다.

주요 용어 Key Term

가출원	사용 의사에 의한 상표 출원	영업 비밀	최초 사용 기한 후 1년
경제스파이법	상표	저작권	컴퓨터 소프트웨어 저작권법
공정 이용	서비스표	저작권 버그	통일영업비밀보호법
단체표장	식물 특허	저작권 침해	특허
디자인 특허	실용 특허	증명표장	특허 침해
발명 양도 계약	아이디어-표현의 이분법	지식재산	파생 저작물
비즈니스 방법 특허	연방상표법	지식재산 감사	2차적 의미

복습 문제 Review Question

1. 토지, 건물, 재고와 같은 다른 유형의 재산과 지식재산을 어떻게 구별하는가?
2. 특정 지식자산에 대해 보호를 추구해야 하는지 여부를 결정하는 두 가지 기본 원칙은 무엇인가?
3. 지식재산의 네 가지 주요 형태는 무엇인가? 기업이 지식재산과 관련해서 저지르는 일반적인 실수는 무엇인가?
4. 실용 특허와 디자인 특허의 주요 차이점은 무엇인가? 각각의 예를 들어보라.
5. 비즈니스 방법 특허란 무엇인가? 예를 들어보라. 그러한 특허를 보유하는 것이 기업이 시장에서 경쟁 우위를 확보하는 데 어떻게 도움이 되는가?
6. 디자인 특허의 예를 제시하라. 디자인 특허를 보유하는 것이 기업이 시장에서 경쟁 우위를 확보하는 데 어떻게 도움이 되는가?
7. 특허 침해란 무엇인가? 이것은 언제 발생하는가? 상표 보호에서 제외되는 몇 가지 사항을 제시하라.
8. 특허 출원의 6단계는 무엇인가?
9. 상표란 무엇인가? 상표는 회사가 시장에서 경쟁 우위를 확보하는 데 어떻게 도움이 되는가?
10. 상표를 선택하고 등록하는 세 단계는 무엇인가?
11. 기업가가 사용할 수 있는 네 가지 유형의 상표는 무엇인가? 기업이 상표를 등록할 수 있는 항목은 무엇인가?
12. 저작권이란 무엇인가?
13. 저작권법의 맥락에서 **파생 저작물**이라는 용어는 무엇을 의미하는가?
14. 저작권법으로 보호받을 수 있는 범주는 무엇인가?
15. 저작권 버그란 무엇인가? 버그는 어디에서 찾을 수 있으며 어떻게 사용되는가?
16. **저작권 침해**라는 문구는 무엇을 의미하는가? 미국 및 기타 국가에서 저작권 침해를 경미한 문제로 규정하는가, 아니면

주요 문제로 규정하는가? 설명해보라.

17. 영업 비밀이란 무엇인가? 영업 비밀의 예를 제시하라. 영업 비밀을 파악하는 것이 회사가 시장에서 경쟁 우위를 확보하는 데 어떻게 도움이 될 수 있는가?
18. 영업 비밀 분쟁은 일반적으로 조직에서 언제 발생하는가?
19. 기업은 영업 비밀을 보호하기 위해 어떤 유형의 물리적 조치를 취하는가?
20. 지식재산 감사를 수행하는 두 가지 주요 목적은 무엇인가? 지식재산 감사를 주기적으로 수행하지 않을 경우 회사는 어떤 위험을 감수해야 하는가?

응용 문제 Application Question

1. 당신이 지식재산법을 다루는 당일 세미나에 참석하려고 하는데, 사업 시작 단계에 있는 친구에게 세미나에 함께 참석하자며 설득 중이라고 상상해보라. 친구는 당신에게, "나는 지금 기업을 막 창업하는 시점이라 너무 바빠. 그래서 이번에는 못 갈 것 같아. 내년에 이 세미나가 다시 열리면 그때 같이 갈게"라고 이야기를 한다. 친구의 말에 뭐라고 대답할 것인가?
2. 파트너와 함께 지식재산법에 따라 보호받아야 하는 대학의 제품 및 서비스 30개를 나열하라. 세 가지 형식(특허, 저작권, 상표)으로 목록을 분류하고 수업 시간에 목록을 발표하라.
3. Tyler Simms는 독특하며 그를 부자로 만들어줄 것이라 확신하는 신제품을 방금 발명했다. 제품은 손잡이에 치약 튜브가 부착된 칫솔이다. Tyler는 그 제품에 대한 특허 출원을 제출하고 싶어 하지만, 그가 아이디어에 대해 말했을 때 당신은 "음… 다른 사람이 이 아이디어에 이미 특허를 등록했는지 확인하기 위해 선행 특허 출원 검색을 먼저 해보자"라고 말했다. Tyler의 선행 기술 검색을 도와줄 때 무엇을 찾아야 하는가?
4. 당신은 신발 제조 회사의 IP 컨설턴트로 임명되었다. 전무이사인 Elton Grey가 최근 당신에게 특허 출원 절차에 대해 문의하는 이메일을 보냈다. 회사 직원 중 한 명이 회사를 위해 새 제품을 발명했으며 Elton은 특허를 신청하는 방법을 잘 모른다. 그의 이메일에 답장하라.
5. Pam Tarver는 정보 기술 컨설팅 회사를 막 열었고 이름을 무엇으로 할지 오랫동안 고민했다. 그녀는 마침내 Infoxx라는 가상의 이름을 정했다. 미국 특허청 데이터베이스를 검색해 Infoxx라는 이름을 사용할 수 있는지 확인하라. 사용할 수 있는가? 사용 가능할 경우 Pam은 Infoxx 또는 다른 이름에서 상표를 얻기 위해 어떻게 해야 하는가?
6. Ken과 Jackie Smith는 캘리포니아 북부 나파밸리에 있는 작은 와이너리를 구입했다. 와이너리를 조사하면서 그들이 알아차린 한 가지는 소유주가 병에 '100% 나파밸리산' 증명표장을 붙이지 않았다는 것이다. 이제 Ken과 Jackie는 와이너리를 소유하고 있으므로 표장 사용을 고려하고 있다. 와인 한 병에 '100% 나파밸리산' 증명표장을 표시하는 데 필요한 것이 무엇인지 조사해보라. Ken과 Jackie의 와이너리가 자격이 있는 경우 표장을 사용해야 할까?

You Be The VC 12.1

회사명: Flatiron School

• Web: www.flatironschool.com • Facebook: https://www.facebook.com/flatiron • Twitter: @flatironschool

사업 아이디어: 사람들에게 빠른 시간 안에 코딩하는 법을 가르치고 개발자로서 보수가 좋은 직업을 찾도록 돕는 엘리트 프로그래밍 학교 시작하기

개요: 25~45세 사이의 경력을 바꾸고 싶어 하는 사람들이 많이 있다. 이들은 첫 경력을 시작하는 중이며 그것에 만족하지 않거나 코딩에 관심이 있고 소프트웨어를 만들고 싶어 한다는 것을 알게 되었다. 이들은 또한 2년제 또는 4년제 대학 학위는 피하고 싶어 할 수도 있다. 많은 사람이 이미 다른 분야에서 대학 학위를 받았거나 컴퓨터 공학 분야에서 4년제 학위를 추구하는 것이 비현실적인 상황에 직면했을 수 있다. 취업 시장에 진입하기 전에 대학 컴퓨터 공학 프로그램을 미리 경험하고 싶어 하는 코딩에 소질이 있는 고등학생도 있다.

Flatiron School(미드타운 맨해튼에 있는 상징적인 Flatiron 빌딩의 이름을 따서 명명됨)이 이러한 시장에 서비스를 제공하기 시작했다. 이 학교는 뉴욕에 본사를 둔 엘리트 프로그래밍 학교로 사람들에게 코딩을 가르치고 개발자로서 일자리를 찾는 데 도움을 준다. 이 학교는 졸업생의 98%를 개발자로 채용해 평균 7만 5,000달러의 연봉을 제공한다. 2012년에 시작한 Flatiron School은 처음에는 성인을 위한 풀타임 웹 및 iOS 개발 과정만 제공했다. 6%의 합격률을 보인 교내 프로그램은 뉴욕시에서

제공했다. 그 이후로 회사는 ① 뉴욕시와 협력해 저소득층 일부에게 수업료를 무료로 제공하는 장학 프로그램, ② 온라인 몰입형 학생뿐만 아니라 대학에서부터 Google과 같은 기업에 이르는 외부 파트너에게 서비스를 제공하는 Learn.com이라는 이름의 온라인 학습 플랫폼, ③ 고등학생들에게 여름 프로그램과 방과 후 프로그램에서 코딩 방법을 가르치는 프로그램 등 세 가지 새로운 이니셔티브를 시작해 뉴욕시 프로그램을 확장했다.

Flatiron School의 프로그램은 12주 동안 학생들에게 입문 수준의 소프트웨어 엔지니어링 작업에 필요한 기술을 제공한다. 교육에 대한 이러한 접근 방식은 본질적으로 집약적인 성격을 가진다. 이 프로그램은 수업을 시작하기 전에 150시간의 사전 작업이 필요하다. 12주 학기 동안 학생들은 매일 오전 9시부터 오후 6시까지 캠퍼스에 머물며, 많은 학생이 저녁에도 머물고 주말에도 와서 그룹으로 프로젝트를 진행한다. 이 프로그램의 단기간 집중교육 특성이 가지는 장점은 학생들이 현재 직장을 그만두고 Flatiron School에서 12주를 보낸 다음 신속하게 취업 시장에 복귀할 수 있다는 것이다. Flatiron School과 다른 코딩 프로그램, 부트캠프 간의 판도를 바꾸는 차별화 요소는 해당 작업 보고서(즉, 졸업생의 98%가 프로그래밍 작업을 한다는 주장)를 타사 감사관이 검증한다는 점이다. Flatiron School은 이를 수행하는 전국에서 유일한 코딩 프로그램 또는 부트캠프라고 믿고 있다.

- 이 장에서 다룬 자료를 바탕으로, 투자를 결정하기 전에 회사 설립자에게 어떤 질문을 할 것인가? 어떤 대답이 여러분을 만족시킬까?
- 개요와 회사 웹사이트에 제공된 정보만 보고 투자 결정을 내려야 한다면 이 회사에 투자하겠는가? 왜 그러한가? 혹은 왜 그렇지 않은가?

You Be the VC 12.2 회사명: Wakoopa

• Web: www.wakoopa.com • Facebook: wakoopa • Twitter: @wakoopa

사업 아이디어: 소프트웨어 사용자가 소프트웨어를 쉽게 추적하고 공유하고 찾을 수 있도록 소셜 네트워크 구축하기

개요: 온라인이나 매장에서 소프트웨어를 구매하는 것은 종종 까다로운 작업이며 이를 최신 버전으로 유지하는 것은 혼란스러울 수 있다. 매년 수천 개의 새로운 소프트웨어와 수십 개의 다양한 운영 체제가 출시된다. 소프트웨어 리뷰를 제공하는 온라인 웹사이트와 잡지는 많이 있지만 리뷰어가 프로그램을 사용한 기간과 선호도를 알 수 있는 방법은 없다. Wakoopa는 이러한 문제를 해결하고 소프트웨어 사용자를 위한 소셜 네트워크를 만들기 위해 두 명의 네덜란드 블로거인 Robert Gaal과 Wouter Broekhof이 설립했다.

Wakoopa의 가입 절차는 매우 간단하다. 사용자는 이름과 암호를 입력한 다음 Wakoopa 추적 소프트웨어의 다운로드 링크가 있는 페이지로 이동한다. 그런 다음 사용하는 소프트웨어를 추적하기 위해 15분마다 확인 작업을 수행함으로써 작동하는 작은 응용 프로그램을 PC 또는 Mac에 설치한다. 이 프로그램은 음악 플레이어, 사무용 소프트웨어, 사진 편집과 같은 다양한 응용 프로그램을 추적하고 사용 시간을 기록한다. 수집한 정보는 친구와 공유할 수 있으며 개인 프로필은 각 특정 애플리케이션에 대한 뉴스, 업데이트, 리뷰로 자동 업데이트된다. 사용자는 프로그램에 돈을 쓸지 여부를 결정하기 전에 사용 통계를 확인할 수 있다. Wakoopa는 프로그램이 단순한 한 번의 인기인지 또는 장기적으로 많은 사용자에게 그 가치를 입증했는지 확인할 수 있다.

Wakoopa는 2006년 소셜 네트워크로 시작해 스스로를 'Wakoopians'라고 부르는 약 20만 명의 등록 사용자를 확보했다. 2010년에 Wakoopa는 시장 조사 도구로 추적 소프트웨어를 판매하기 시작했고 2012년에는 소셜 네트워크를 폐쇄했다. 2007년 4월 출시 후 첫 6개월 동안 1만 7,000명이 Wakoopa 추적 프로그램을 다운로드했다. 이듬해에는 1만 7,000이 2배가 되어, 매년 가장 인기 있고 가장 많이 사용하는 소프트웨어 응용 프로그램 목록을 포함해 소프트웨어에 대한 약 2억 5,000만 시간의 고유하고 유용한 데이터를 생성하는 데 도움이 되었다.

이 사이트의 얼리어답터는 주로 기술에 정통한 소프트웨어 개발자와 게이머였지만, 자신의 데스크톱 동작이 공개되는 것을 반기는 소비자들이 이 서비스를 더 널리 이용하고 있다는 증거가 있다. Wakoopa를 사용하는 것에 대한 보상은 소프트웨어를 위한 활발한 소셜 네트워크를 확보할 수 있으며, 가장 인기 있거나 인기 없는 새로운 웹 애플리케이션이 어떻게 활용되는지를 테스트할 수 있는 기회이다.

2014년에 Wakoopa는 스페인, 라틴 아메리카, 포르투갈에서 활동하는 시장 조사 산업을 위한 온라인 현장 조사 제공업체인 Netquest에 합류했다. 목표는 추적 프로그램을 다른 응용 프로그램과 통합하는 것이다. 2016년, GfK는 Netquest와 Wakoopa를 모두 인수했다.

- 이 장에서 다룬 자료를 바탕으로, 투자를 결정하기 전에 회사 설립자에게 어떤 질문을 할 것인가? 어떤 대답이 여러분을 만족시킬까?
- 개요와 회사 웹사이트에 제공된 정보만 보고 투자 결정을 내려야 한다면 이 회사에 투자하겠는가? 왜 그러한가? 혹은 왜 그렇지 않은가?

사례 12.1

CASE

GoldieBlox 대 Beastie Boys: 어떤 스타트업도 참여하고 싶어 하지 않는 유형의 싸움

GoldieBlox • Web: www.goldieblox.com • Facebook: GoldieBlox • Twitter: @goldieblox
Beastie Boys • Web: www.beastieboys.com • Facebook: Beastie Boys • Twitter: @beastieboys

Bruce R. Barringer(오클라호마주립대학교)
R. Duane Ireland(텍사스A&M대학교)

소개

2012년에 출범한 GoldieBlox는 소녀들에게 공학 분야를 소개하는 장난감 회사다. 이 회사는 스탠퍼드의 공학도인 Debbie Sterling이 시작했다. 그는 공학 분야에 여성이 부족하고 소녀들이 수학과 과학 분야에 진출하도록 격려받지 못한다는 점에 대해 고민했다. 'Goldie'는 Sterling이 만든 똑똑한 어린 소녀이다. GoldieBlox 시리즈의 각 장난감은 Goldie가 등장하는 책과 스풀 및 리본과 같이 연령에 적합한 조립 아이템 세트로 구성되어 있다. 소녀들은 물건을 만들어서 Goldie가 문제를 해결하도록 도와주면서 장난감을 가지고 논다. 예를 들어 장난감 시리즈 중 하나인 GoldieBlox and the Spinning Machine에서 플레이어는 Goldie가 벨트 구동 기계를 만들어 그녀의 개 Nacho가 꼬리를 쫓는 것을 도와야 한다. 아이디어는 소녀들에게 공학의 기초를 소개하는 것이다. GoldieBlox의 장난감은 Toys 'R' Us 및 Target을 포함해 독립 장난감 상점과 여러 대형 상점에서 구매할 수 있다.

Beastie Boys의 노래 'Girls'

2013년 가을, GoldieBlox는 Beastie Boys의 허가 없이 Beastie Boys의 1987년 노래 'Girls'의 변형된 버전을 부르는 세 명의 어린 소녀가 등장하는 게임 'Princess Machine'의 온라인 광고를 실행했다. 이 광고는 빠르게 입소문을 타며 YouTube에서 800만 회 이상의 조회수를 기록했다. 광고는 소녀들이 야심 찬 일을 할 수 있다는 생각을 홍보하기 위해 "여자들이 설거지를 한다", "여자들이 내 방을 청소한다", "여자들이 빨래를 한다" 등의 가사를 "소녀들이 우주선을 만들다", "소녀들이 코딩하는 새 앱", "알면서 자라는 소녀들"로 노래 가사를 일부 바꿨다. 광고를 보고 싶다면 YouTube로 이동해 GoldieBlox와 Beastie Boys를 입력하면 광고를 재생하고 댓글을 달 수 있는 여러 동영상 중 하나를 선택할 수 있다.

저작권 침해인가, 공정 이용인가

광고가 나올 때까지 이 사실을 몰랐던 Beastie Boys는 달갑지 않았다. 이들이 저작권 침해를 주장하며 GoldieBlox의 노래 사용에 반대하자 GoldieBlox는 노래를 패러디해 공정 이용을 한 것에 해당한다며 Beastie Boys를 상대로 선제 소송을 제기했다. 공정 이용은 패러디, 비평, 논평, 뉴스 보도, 교육과 같은 목적으로 저작권이 있는 자료를 제한적으로 사용하는 것을 허용한다. 패러디의 본질에 충실하게 GoldieBlox는 고정관념을 깨고 어린 소녀들이 특히 과학, 기술, 공학, 수학(오늘날 대학에서는 일반적으로 STEM이라고 함) 분야에서 지성에 도전하는 활동에 참여하도록 장려하기 위한 목적으로 Beastie Boys 노래를 놀리려 했다고 말했다.

Beastie Boys는 GoldieBlox의 전반적인 메시지와 노력에 대해 지지를 표명하며 응답했지만, 공개 서한에서는 동영상에 대한 반대 입장을 간략하게 설명했다. 그들의 반대 이유는 두 가지였다. 첫째, 비디오가 창의적이지만 제품을 판매하기 위해 만들어졌다고 주장했다. 서한에 따르면 몇 년 전 그룹은 제품 판매에 음악이나 이름을 사용하는 것을 허용하지 않기로 의식적으로 결정했다. 둘째, 단지 GoldieBlox에 자신들의 노래 'Girls'를 허락 없이 광고에 사용한 경위와 이유를 물었을 뿐인데 고소를 당했다는 사실을 언급했다. GoldieBlox는 비디오를 공개하고 직접 공개 서한을 발표해 편지에 응답했다. 이 서한에서는 노래 'Girls'를 젊은 여성들을 위한 강력한 찬가로 바꾸는 것을 목표로 최선을 다해 비디오를 만들었다고 말했다. 그들은 계속해서 비디오가 공정 이용에 해당한다고 생각하지만 Beastie Boys의 바람을 존중하며 더 이상 비디오를 사용하지 않을 것이라고 말했다.

GoldieBlox의 편지에도 불구하고, Beastie Boy는 2013년 12월에 이 회사를 상대로 맞고소를 제기했으며, 광고에서 Beastie Boys가 작곡한 'Girls'의 가사를 수정한 '징글'을 사용해 GoldieBlox 제품 판매를 위한 목적으로 사용했기 때문에 공정 이용으로 간주되지 않는다는 주장을 펼쳤다.

합의

2014년 3월, GoldieBlox와 Beastie Boys는 Beastie Boys에 유리한 합의에 도달했다. 합의에는 GoldieBlox의 사과 발표와 GoldieBlox가 수익의 일정 비율을 소녀들을 위한 과학, 기술, 엔지니어링, 수학 교육을 지원하는 Beastie Boys가 선택한 하나 이상의 자선 단체에 지불한다는 규정이 포함되었다. 사과와 함께 회사는 돌이켜보면 광고에 사용하기 전에 노래에 대한 적절한 권리를 확보하기 위해 Beastie Boys에게 연락했어야 했다고 말했다. 《Guardian》은 후속 기사에서 GoldieBlox와 Beastie Boys의 합의에 대한 세부 정보를 보고했다. 사과와 함께 GoldieBlox가 Beastie Boys가 선택한 하나 이상의 자선 단체에 연간 수익의 일정 비율을 기준으로 100만 달러가 될 때까지 지불할 것을 요구하고 있다.

토의 문제

1. GoldieBlox와 Beastie Boys가 사건을 해결하지 못하고 당신이 사건에 대한 판결을 내려달라는 요청을 받았다면 GoldieBlox 또는 Beastie Boys에 유리한 판결을 내리겠는가? 당신의 결정을 설명하라.
2. 양측이 분쟁을 어떻게 처리했는지 간략하게 설명하라.
3. GoldieBlox-Beastie Boys 분쟁에서 공정 이용에 대해 무엇을 배웠는가?
4. 일반적으로 GoldieBlox-Beastie Boys 분쟁에서 회사를 시작하고 성장시키는 과정에 대해 무엇을 알 수 있는가?

출처: S. Dredge, "GoldieBlox Agrees to Pay $1 Million in Beastie Boys Settlement," *The Guardian*, available at www.theguardian.com/technology/2014/may/13/goldieblox-beastie-boys-girlssettlement (posted May 13, 2014, accessed February 26, 2017); J. Newman, March 19, 2014, "GoldieBlox Apologizes to Beasties: 'We Have Learned a Valuable Lesson,'" *Rolling Stone*, March 19, 2014; M. Gibson, "Beastie Boys Settle Copyright Dispute with GoldieBlox," *Time*, March 19, 2014.CAS

사례 12.2 CASE

당신이 전화를 겁니다: 회사가 땅콩버터젤리 샌드위치를 만드는 방법에 대해 특허를 낼 수 있는가?

Smucker's • Web: www.smuckers.com • Facebook: Smuckers • Twitter: @smuckers
Albie's • Web: www.albies.com • Facebook: albies-foods-inc

Bruce R. Barringer(오클라호마주립대학교)
R. Duane Ireland(텍사스A&M대학교)

소개

다음은 판사진이 결정한 질문이다. 회사가 땅콩버터젤리 샌드위치를 만드는 방법에 대해 특허를 받을 수 있는가? 보다 구체적으로, 이 사례에서 판사는 J. M. Smucker's의 Uncrustables(빵껍질 없는 부드러운 빵 안에 땅콩버터와 젤리를 넣어 밀봉한 샌드위치)의 제조 방법이 모조품에 대한 법적 보호를 받을 가치가 있는지 여부를 고려했다. 이 사건의 성격도 흥미롭지만, 이 사건으로 인한 법적 판결은 더 넓은 의미를 가지고 있다. 문제는 특허청이 특허를 수여하는 데 얼마나 관대해야 하는지에 대한 것이다. 이는 양측의 확고한 주장이 있는 문제이다.

사실 최종 평결이 내려지기까지 두 건의 소송이 더 있었다. 이 세 사건은 땅콩버터와 젤리 샌드위치 특허를 위한 Smucker's의 전투 1라운드, 2라운드, 3라운드로 구분된다.

이 사건은 Smucker's의 Uncrustables 샌드위치와 관련이 있다. Uncrustables는 대부분의 식료품점의 냉동식품 코너에서 찾을 수 있다. 이 제품은 부드러운 빵 안에 2온스짜리 땅콩버터와 젤리 주머니가 밀봉되어 있다. 샌드위치는 4개, 10개, 18개들이 박스에 담겨 있다. Uncrustables를 바로 먹으려면 고객은 30~60분 동안 해동하기만 하면 된다.

Uncrustables는 1995년에 노스다코타주 파고 출신 David Geske와 미네소타주 퍼거스 폴스 출신 Len Kretchman이 개발한 것이다. 두 사람은 중서부 지방 학교를 위해 대량 생산을 시작했다. Smucker's는 그들의 성공에 주목해 1999년에 Geske와 Kretchman의 회사를 인수했다. 회사 인수에는 두 사람이 획득한 빵껍질 없는 땅콩버터젤리 샌드위치에 대한 일반 특허(특허 번호 6,004,596)가 포함되었다.

1라운드: Smucker's 대 Albie's Foods

Smucker's가 자신의 영역을 방어하기까지는 그리 오랜 시간이 걸리지 않았다. 2001년 Smucker's는 훨씬 더 작은 회사인 Albie's Foods에 빵껍질이 없는 땅콩버터와 젤리 샌드위치 판매를 중단하라고 명령했다. Albie's는 이 샌드위치를 지역의 학교에 판매하고 있었다. Albie's는 이에 맞서 싸웠고 결국 소송은 기각되었다. Albie's는 소송에서 가장자리가 주름진 고기파이인 '페이스티(pasty)'는 빵껍질이 없는 땅콩버터와 젤리 샌드위치를 변형한 것으로, 1800년대 구리 및 철을 캐던 광부들이 영국에서 이주한 이후로 미시간 북부 지역에서 인기 있는 음식이었다고 주장했다.

2라운드: Smucker's와 특허청

Albie's를 상대로 제기한 사건으로 겪은 경험에 충격을 받은 Smucker's는 Uncrustables를 더 잘 방어할 수 있는 수단으로 빵껍질 없는 땅콩버터젤리 샌드위치에 대한 일반 특허를 확대하기 위해 미국 특허청에 다시 특허를 신청했다. 특허청은 신청을 거부했다. Smucker's의 주장의 요점은 샌드위치의 봉인된 가장자리가 독특하며 샌드위치 안에서 젤리를 유지하는 레이어링 방식이 유일하므로 법의 보호를 받아야 한다는 것이다. 특허청은 이 견해에 동의하지 않았다. Smucker's가 자사 샌드위치가 독특하다고 주장한 것 중 하나인 주름진 가장자리는 라비올리 및 파이 껍질의 주름진 가장자리와 유사하다고 말했다. 또한 특허청은 땅콩버터젤리 샌드위치 안에 젤리를 넣는 것은 그다지 독특하지 않다고 판단했으며 그 증거로 이러한 접근 방식을 제안하는 신학기 팁에 대해 다룬 《Wichita (Kansas) Eagle》 신문의 1994년 기사를 인용했다.

3라운드: Smucker's의 항소

Smucker's는 특허청의 결정에 대해 미국 항소법원에 항소했다. 법원 심리에서 Smucker's 측 변호사는 빵 두 조각을 압축해 밀봉하지만 타르트나 라비올리처럼 '부서지지' 않기 때문에 Uncrustables를 만드는 방법이 독특하다고 주장했다. (특허청의 최초 결정에서는 Uncrustables를 만드는 과정을 라비올리를 만드는 과정과 비교했음을 상기하라.) Smucker's는 또한 다른 회사들이 단순히 Uncrustables를 모방하고 Smucker's 과학자들의 노고와 회사가 독특한 제품이라고 믿었던 것을 생산하기 위해 투자한 돈으로부터 이익을 얻는 것은 공평하지 않다고 주장했다. Uncrustables는 Smucker's의 효자 상품이기도 했다.

관련된 광범위한 문제

Smucker's의 사건은 더 광범위한 문제가 관련되어 있기 때문에 면밀히 관찰되었다. 미국 특허 절차에 대한 비평가들은 미국 특허청이 특허를 부여할 때 너무 관대하다고 주장한다. 이러한 관대함은 혁신을 억제하고 소비자 비용을 증가시킨다는 것이다. Smucker's 사건의 경우 비평가들은 Smucker's가 특허를 받아서는 안 된다고 주장할 것이다. 왜냐하면 다른 식품 회사가 땅콩버터젤리 샌드위치의 자체 버전을 만드는 것을 막아버려 Uncrustables의 가격이 계속 높게 유지될 것이기 때문이다. 미국 특허 프로세스 옹호자들은 반대로 주장한다. 특허는 Smucker's와 같은 회사가 신제품 혁신에 투자하도록 동기를 부여하며, 특허 보호가 없다면 Smucker's와 같은 회사는 Uncrustables와 같은 제품을 개발할 유인이 없을 것이라는 것이다.

법원의 판결

2005년 4월 중순, 모든 주장을 청취한 후 미국 항소법원은 Smucker's가 요청한 특허를 승인해야 하는지 여부를 판결했다. 법원이 어떤 방식으로 판결했다고 생각하며 그 이유는 무엇인가? 이 흥미로운 질문에 대한 답을 찾으려면 검색해보라!

토의 문제

1. 미국 특허청 웹사이트(www.uspto.gov)에서 특허 번호 6,004,596을 찾아보라. 그리고 특허를 읽어보라. 특허를 읽어보면 Smucker's의 관점에 더 편향되는가, 아니면 덜 편향되는가?
2. Google 검색 엔진에 'Uncrustables'를 입력하고 Uncrustables 샌드위치를 보라. Smucker's 웹사이트에서 Uncrustables에 대해 읽어보라. 다시 말하지만, 웹사이트를 둘러본 후 Smucker's의 관점에 더 동의하는가, 아니면 덜 동의하는가?
3. 미국 특허 시스템의 '비평가'와 '옹호자'의 주장과 관련해서 당신은 어떤 관점에 동의하는가? 자신을 기업가라 생각하고 자신의 말로 비평가나 옹호자가 더 설득력 있는 관점을 가지고 있다고 생각하는 이유를 설명하라.
4. 검색 엔진을 이용해 법원이 어떻게 판결했는지 알아보라. 법원이 왜 그렇게 판결했다고 생각하는가? 이 장에 있는 자료를 사용해서 자신의 생각을 설명하고 정당화하라.

출처: J. Soslan, "Uncrustables Still Growing at Torrid Pace," BakingBusiness.com, August 22, 2013; *The Wall Street Journal* (Eastern Edition) by S. Munzo. Copyright 2005 by Dow Jones & Company, Inc.

에세이 문제

1. Maggie Simpson은 항상 할머니 Thompson의 요리에 감탄했으며 'Thompson 할머니가 가장 좋아하는 요리법'이라는 제목의 요리책을 만드는 것을 고려했다. 할머니의 몇몇 요리법은 정말 독창적이라서 Maggie는 책을 쓰기 전에 가장 독창적인 몇 가지 요리에 대한 저작권을 가지고 싶어 한다. 그녀는 이것을 할 수 있는가? 답변을 뒷받침하는 이유를 한두 문단 정도로 작성해 충분히 설명하라.
2. 2년 전 Mike Carini는 Mike's Italian이라는 식당을 열었다. 놀랍게도 Mike는 불만을 품은 몇몇 고객이 인터넷 주소 www.avoidmikesitalian.com으로 웹사이트를 개설했다는 사실을 알게 되었다. 이 사이트에는 Mike's에서 식사를 하고 만족하지 못한 사람들의 평가가 포함되어 있다. Mike가 웹사이트를 폐쇄하기 위해 할 수 있는 일이 있는가? 그렇다면 그는 어떤 조치를 취할 수 있으며 그럴 수 있는 이유는 무엇인가? Mike가 취할 수 있는 조치와 그러한 조치를 취할 수 있는 이유를 한두 단락 정도 작성하라.

미주 Endnote

1. F. Castellaneta, R. Conti, F. M. Veloso, and C. A. Kemeny, "The Effect of Secret Legal Protection on Venture Capital Investments: Evidence from the Inevitable Disclosure Doctrine," *Journal of Business Venturing* 31, no. 5 (2016): 524–541; H. R. Cheesman, *The Legal Environment of Business and Online Commerce*, 8th ed. (Upper Saddle River, NJ: Prentice Hall, 2015).
2. D. Silver, "Competition, Value Creation and the Self-Understanding of Business," *Business Ethics Journal Review* 4, no. 10 (2016): 59–65; A. Bhaskarabhalta and D. Hegde, "An Organizational Perspective on Patenting and Open Innovation," *Organization Science* 25, no. 6 (2014): 1744–1763;

A. I. Poltorak and P. J. Lerner, *Essentials of Intellectual Property: Law, Economics, and Strategy*, 2nd ed. (New York: Wiley & Sons, 2011).

3. F. Castellaneta, R. Conti, and A. Kacperczyk, "Money Secrets: How Does Trade Secret Legal Protection Affect Firm Market Value? Evidence from the Uniform Trade Secret Act," *Strategic Management Journal* 38, no. 4 (2017): 834–853; F. Bridoux and J. W. Stoelhorst, "Stakeholder Relationships and Social Welfare: A Behavioral Theory of Contributions to Joint Value Creation," *Academy of Management Review* 41, no. 2 (2016): 229–251.
4. A. Murray, "Protecting Ideas Is Crucial for U.S. Businesses," *The Wall Street Journal*, November 9, 2005, A2.
5. U.S. Patent and Trademark Office, "What Are Patents, Trademarks, Servicemarks, and Copyrights?" www.uspto.gov (accessed August 7, 2014); J. Guan and N. Liu, "Exploitative and Exploratory Innovations in Knowledge Network and Collaboration Network: A Patent Analysis in the Technological Field of Nano-Energy," *Research Policy* 45, no. 1 (2016): 97–112.
6. C. Shapiro, "Patent Remedies," *The American Economic Review* 106, no. 5 (2016): 198–205; T. M. Sichelman, "The Vonage Trilogy: A Case Study in 'Patent Bullying'," *Notre Dame Law Review* 90, no. 2 (2014): 543–577.
7. J. L. Cairns, *The Inventor's Complete Handbook* (Ocala, FL: Atlantic Publishing Group, 2015).
8. G. Wolff, *The Biotech Investor's Bible* (New York: John Wiley & Sons, 2001).
9. U.S. Patent and Trademark Office, Performance and Accountability Report for Fiscal Year 2016.
10. U.S. Patent and Trademark Office, www.uspto.gov (accessed August 8, 2014).
11. R. Stim, *Patent, Copyright & Trademark: An Intellectual Property Desk Reference*, 13th ed. (Berkeley, CA: NOLO, 2014).
12. U.S. Patent and Trademark Office, Performance and Accountability Report for Fiscal Year 2016.
13. U.S. Patent and Trademark Office, Performance and Accountability Report for Fiscal Year 2016.
14. USPTO, www.uspto.gov (accessed February 28, 2017).
15. C. Anderson. *Makers* (New York: Random House LLC, 2012).
16. 2016 Patent Litigation Study, available at https://www.pwc.com/us/en/forensic-services/publications/assets/2016-pwc-patent-litigation-study.pdf (accessed May 5, 2016).
17. P. Thurrott, "Start-Up Cleans Microsoft's Chimney in Court," *WindowsITPro*, April 14, 2005.
18. A. Gilbert, "Microsoft Settles Infringement Suit," *ZDNet*, July 14, 2005.
19. "Protection Money," *Fortune Small Business*, October, 2005.
20. D. Orozco and J. Conley, "Shape of Things to Come," *The Wall Street Journal*, May 12, 2008, R6.
21. G. Gelb and B. Gelb, "When Appearances Are Deceiving," *The Wall Street Journal*, December 1, 2007, B1.
22. USPTO, www.uspto.gov (accessed March 1, 2017).
23. USPTO, www.uspto.gov (accessed March 1, 2017).
24. J. de Beer, I. P. McCarthy, A. Soliman, and E. Treen, "Click Here to Agree: Managing Intellectual Property when Crowdsourcing Solutions," *Business Horizons* 60, no. 2 (2017): 207–217; H. Luo and J. H. Mortimer, "Copyright Infringement in the Market for Digital Images," *The American Economic Review* 106, no. 5 (2016): 140–146.
25. T. Johnson, "NBCU-Backed Study: Online Piracy Continues to Rise Dramatically," *Variety*, September 13, 2013.
26. W. S. Strong, *The Copyright Book: A Practical Guide* 6th edition, (Cambridge, MA: MIT Press, 2014).

MATI ENERGY와 친해지기

MATI Energy/Photo Credit: Tatiana Birgisson

창업자

Tatiana Birgisson

듀크대학교 경제학 학사, 2010

Tatiana Birgisson과의 대화

학생으로서 가장 좋은 점

싼 가격에 세계 여행을 다니며 그것을 좋아했다. 학생 창업가로서 가장 좋은 점은 모든 사람이 당신을 도와주려고 한다는 것이다.

내가 들은 최고의 조언

대학생이 당신의 꿈을 훔칠 것 같다면, 그들이 결코 그럴 수 없도록 열심히 일하라.

스마트폰 음악 리스트에서 가장 좋아하는 밴드

Of Monsters and Men

일하지 않을 때 하는 것

암벽 등반, 스키, 운동, 가족과 시간을 보내며 야외 활동 즐기기

기업가로서 가장 큰 고민

시간. 시간이 부족하다.

Instagram에서 팔로우한 좋아하는 사람

내 언니

CHAPTER 13

성장에 대한 준비와 도전 평가

MATI ENERGY

빠른 속도로 성장하면서도 윤리적인 방식으로 성장하기

• Web: https://matienergy.comm • Facebook: MATI Energy • Twitter/Instagram: @drinkmati

Tatiana Birgisson은 2008년 듀크대학교에 입학했다. 그녀는 흥미로운 배경을 가지고 있다. 그녀의 아버지는 아이슬란드 출신이며 어머니는 베네수엘라 출신이다. 가족은 다양한 학위 취득을 위해 몇 년마다 이사를 했다. Birgisson의 여름은 아이슬란드와 베네수엘라에 있는 가족 사이를 오가며 보냈다. 그녀가 처음으로 기업가정신을 경험한 곳은 친척 아저씨가 관광 사업을 운영하는 카리브해 지역이다. 듀크대학교에서 Birgisson은 3학년 때까지 기계 공학을 공부하다가 주변의 물리적 세계보다는 금융 세계를 더 잘 이해하기 위해 경제학으로 전공을 바꿨다. 여가 시간에는 실내 및 야외 등반을 즐기고 있다.

2012년에 Birgisson은 차를 만들기 시작했다. 처음에는 홍차로 시작했는데 학생들이 이를 구매를 할지 궁금했다. 하지만 시장 조사 결과 초기 고객들은 더 강한 자극을 원했다. Birgisson은 카페인 함량이 커피만큼 많은 식물인 라틴 아메리카에서 차로 마시는 예르바 마테에 대해 생각해보았지만 이는 답이 아니었다. 결국 Birgisson은 예르바 마테의 '사촌'인 과유사를 선택하게 된다. 과유사는 아마존의 슈퍼 식물로서 정신을 맑게 하고 집중력을 높여주는 카페인과 폴리페놀이 풍부하게 들어 있다. 아마존의 사냥꾼들은 과유사를 '야간 경비원'으로 부는데, 밤에 밀림 속으로 들어갈 때 에너지와 주의력을 높여주는 역할을 하기 때문이다.

기업가정신이 자신의 열정인지 확인하기 위해 Birgisson은 듀크대학교에서 후원하는 창업 프로그램 중 하나인 InCube(현재는 The Cube로 개명)에 참가했다. InCube(혹은 The Cube)는 학생에게 공간, 멘토와의 교류, 비즈니스 론칭을 위한 지원을 제공한다. Birgisson의 음료는 이제 더 이상 차가 아니라 탄산과일주스와 구아유사를 섞은 에너지 음료로 바뀌었다. 아이디어는 Red Bull이나 Monster와 같은 전통적인 에너지 음료의 더 건강한 대안을 만드는 것이다. Birgisson의 제품과 예비 사업은 좋은 반응을 얻었다. 2012년 여름, 듀크대학교에서 주최한 여름 혁신 프로그램에서 5,000달러의 지원금을 받았으며, 2013년 초에는 최고의 대학생 창업기업을 가리는 듀크 스타트업 챌린지에서 1만 1,500달러의 상금을 수상했다. 2014년 가을, Birgisson은 5만 달러의 NC IDEA 보조금을 받았다. NC IDEA는 일반적으로 노스캐롤라이나의 고성장 기술 기업에 보조금을 제공하는 기관이다. Birgisson의 비즈니스인 MATI Energy는 NC IDEA 보조금을 수상한 최초의 음료 비즈니스였다. MATI는 그녀의 애칭인 Tati에서 유래한 것이다.

2015년 4월, Birgisson은 Google 데모 데이에 초대를 받아 MATI Energy를 소개할 수 있게 되었다. 그녀는 AOL의 공동창업자인 Steve Case를 비롯한 세 명의 심사위원단 앞에서 발표했으며, 북미 최고 스타트업 상을 수상했다. 그녀는 Case 씨의 관심을 끌어내어 즉시 10만 달러의 투자를 받았고, MATI가 이미 보여준 성과와 함께 130만 달러의 자금을 조달할 수 있었다.

학습목표

1. 기업이 성장을 위해 적절하게 준비하는 방법을 설명할 수 있다.
2. 기업이 성장을 추구하는 가장 일반적인 여섯 가지 이유를 논의할 수 있다.
3. 성장의 단계를 관리할 수 있는 것의 중요성을 설명할 수 있다.
4. 역선택과 도덕적 해이가 특히 회사 성장에 어려움을 끼치는 것에 대해 논의할 수 있다.

성장 관점에서, Birgisson은 끈기 있게 MATI를 성장시켰다. 그녀는 첫 소매업체 그룹에 제품을 판매하기 위해 업체들을 일일이 찾아다녔다. MATI Energy는 곧 한 달에 수천 캔을 판매하게 되었다. 그녀의 끈기는 Whole Foods Markets의 판매대에서 제품을 팔 수 있는 승인을 얻을 수 있게 해주었다. 그녀는 이메일과 전화로는 Whole Foods의 관심을 얻기 어려웠지만, 더럼에서 애틀랜타로 차를 몰고 Whole Foods의 지역 사무소로 직접 찾아가서 미팅을 요청했다. 하루 종일 기다린 끝에 그녀는 제품을 선보일 기회를 얻을 수 있었다. 판매 실적과 MATI를 담은 쿨러를 가지고 그녀는 Whole Foods를 설득하는 데 성공했고 그 이후로도 계속 Whole Foods Market 매장에서 제품을 판매하고 있다. 이는 채 5분도 걸리지 않은 시간에 일어난 일이다. Birgisson의 끈기와 더불어 소비자가 자신이 섭취하는 음식과 음료의 성분에 대해 점점 더 민감해지는 환경 트렌드도 MATI의 발전에 도움이 되었다. 이러한 트렌드는 주요 에너지 드링크 및 기타 음료 브랜드보다 더 건강한 대안을 제공하는 MATI에 유리하다.

MATI Energy의 성장과 관련해서 Birgisson은 여러 가지 도전에 직면했다. 2016년 초 이전까지 MATI의 음료는 공동판매업체에서 생산했다. Birgisson은 생산 용량과 품질 관리 문제를 경험했다. 이 문제를 해결하기 위해 Birgisson은 자금을 조달해 노스캐롤라이나주 클레이턴에 자체 생산 시설을 건설했다. 이 시설은 품질 관리를 보장하며, MATI가 앞으로 필요로 할 생산 용량을 제공한다. 또한 새로운 제품 개발 연구소도 포함되어 있으며, Birgisson과 직원들은 여기서 새로운 제조법을 개발하고 테스트한다. MATI 정도 되는 규모의 회사가 비해 자체 연구소를 두는 것은 이례적이다. 신제품 개발 연구소는 Monster나 Red Bull과 같은 주요 브랜드의 시설에서 찾아볼 수 있지만 일반적으로 작은 기업에서는 찾아볼 수 없다. Birgisson은 MATI의 현금흐름을 신중하게 관리한다. 성장을 위해서는 자금이 필요하다. 따라서 MATI가 가지고 있고 유지해야 할 운영 자본의 양을 신중하게 모니터링하고 있다.

MATI Energy는 지금 모든 부문에서 발전하고 있다. 시트러스, 체리, 트로피컬, 복숭아 망고, 패션프루트, 블루베리 석류 등 여섯 가지 맛을 제공한다. 성분에는 탄산수, 과유사(잎) 추출물, 사과 주스 농축액, 라임 주스 농축액, 천연 향료, 맛에 따라 다른 주스 등이 포함된다. 12온스 캔 하나에는 커피 1.5잔 및 녹차 3잔에 상응하는 항산화제, 바나나 1/2개 양에 상응하는 칼륨이 함유되어 있다. MATI Energy 음료 12팩은 온라인에서 약 26.50달러이며, 소매점에서는 캔당 약 2.69달러이다.

MATI의 성장은 계속 가속화되고 있으며, 이를 적절히 관리하기 위해서는 주의 깊은 관리가 필요하다. Birgisson은 이 도전에 대처할 준비가 되어 있다. 이 글을 작성한 시점에 MATI의 음료는 남동부 지역과 텍사스 전역의 식료품점에서 구매할 수 있으며, 곧 플로리다와 중서부 지역에서도 판매할 예정이고, Amazon Prime 및 회사 웹사이트를 통해 전국적으로 온라인 판매가 이루어질 예정이다. 다음으로 정복해야 할 채널은 Costco와 편의점 등 전국적인 도매점이다.

창업기업으로서 MATI Energy의 경험은 회사를 잘 시작했고 잘 실행해서 성장을 이루었단 점에서 고무적이지만, 이 회사가 **지속적인 성장**을 이루어 수익과 이익 모두를 오랜 기간 동안 유지할 수 있을지가 진정한 시험대일 것이다. 연구 결과, 상대적으로 적은 수의 기업만이 오랜 기간 지속 가능하면서도 뛰어나며 수익성 있는 성장을 이루어낸다.[1] 예를 들어 《Inc》의 Build 100 프로젝트를 살펴보자. 이 연구는 85~999명의 직원을 두고 있는 미국 중견 기업 10만 개 이상의 데이터를 수집해 기업 성장을 분석했다. 놀랍게도, 2007~2012년까지 매년 직원 수를 증가시키는 지속적인 성장을 이룬 기업이 연구 대상 기업 중 1.5% 미만이라는 것을 발견했다. 이 연구에서는 기업 성장이 일반적으로 다음과 같은 패턴을 따른다는 것을 발견했다. ① 기업은 급격한 확장을 경험한 후 둔화하고 감소할 수 있다. ② 기업은 전반적인 경제 상황과 동조하면서 불규칙하게 성장할 수 있다. ③ 기업은 짧은 번창기를 누리고 이후 안정적인 상황에 이를 수 있다. ④ 기업은 시간이 지남에 따라 지속적인 점진적 성장을 이룰 수 있다. 네 번째 옵션이 가장 건강하며 지속적인 성장을 이루는 패턴이다. "이는 이솝의 토끼와 거북이 이야기와 유사하다"라고 프로젝트의 주요 연구원인 Gary Kunkle이 말한다. "천천히 꾸준히 나아가는 것이 이기는 것이다."[2]

대부분의 창업기업은 도전적이지만 성장을 추구하며 이것이 성공적으로 남는 데 중요한 요소임을 인식한다.[3] 이러한 생각은 HP의 공동창업자인 David Packard가 표현한 것으로, HP를 설립했을 때 그와 공동창업자인 Bill Hewlett은 "회사의 최적 규모에 대해 많은 상상을 했다"라며, "성장 자체가 중요한 것은 아니라고 믿었지만" 결국 "지속적인 성장이 필수적"이라고 결론을 내렸다고 한다.[4] HP가 1996년에 공식적인 목표 목록을 발표했을 때, 성장은 일곱 가지 목표 중 하나였다.[5]

이 장의 첫 번째 부분은 성장을 준비하는 것에 초점을 맞추며, 성장을 위해 기업이 갖춰야 할 세 가지 구체적인 영역에 대한 논의가 포함된다. 두 번째 부분은 성장의 이유에 중점을 둔다. 지속적인 성장은 대부분 의도한 결과이지만, 기업이 자신의 성장 속도를 항상 선택할 수는 없다. 이 부분에서는 기업 성장에 동기를 부여하고 자극하는 일곱 가지 주요 이유를 나열한다. 세 번째 부분은 성장을 관리하는 데 초점을 맞추며, 성장의 단계를 파악하고 관리하는 것에 중점을 둔다. 마지막 부분에서는 경영 능력 문제와 기업 성장과 관련된 일상적인 도전과 같은 성장의 어려움에 대해 살펴볼 것이다.

성장을 대비하는 방법

학습목표 1

기업이 성장을 위해 적절하게 준비하는 방법을 설명할 수 있다.

대부분의 창업기업은 성장을 원한다. 특히 짧은 기간 내에 매출액이 증가하는 것은 창업벤처의 생존 가능성과 내일의 성공 가능성을 나타내는 중요한 지표이다. 대부분의 기업에 성장은 성공의 징후이다. 많은 창업기업이 성장을 빠르게 이루어낸 결과 직원들과 소유주에게 인상적인 결과를 생산해냈다. 이 책에서 살펴본 SoulCycle, Rent the Runway, Casper 등의 기업이 그 예시다.

어떤 비즈니스를 시작하고 성장시키는 데 시행착오가 있을 수 있지만, 기업이 미래의 성장을 대비하는 정도는 그 기업의 성공 수준에 직접적인 영향을 미친다.[6] 이 절에서는 성장을 대비하기 위해 기업이 할 수 있는 세 가지 중요한 점에 초점을 맞춘다.

기업 성장의 본질 이해하기

성장을 위해 기업이 할 수 있는 첫 번째 일은 사업 성장의 본질을 이해하는 것이다. 비즈니스를 성공적으로 성장시키기 위해서는 준비, 좋은 경영, 관련 문제들에 대한 이해가 필요하다. 다음은 기업가가 인식해야 할 비즈니스 성장에 관한 문제들이다.

모든 비즈니스가 공격적인 성장 기업이 될 잠재력을 가지고 있는 것은 아니다 지속적으로 가장 빠르게 성장할 수 있는 비즈니스는 중요한 문제를 해결하거나 고객의 생산성이나 삶에 큰 영향을 미치는 비즈니스이다. 이것이 건강 관리, 기술, 소셜 미디어, 엔터테인먼트 회사가 급성장 기업 목록을 자주 지배하는 이유이다. 이러한 기업은 고객의 비즈니스나 삶에 가장 중요한 영향을 미칠 가능성이 가장 크다. 여성 의류 매장 산업과 생명 공학 산업을 비교해보면 이러한 점을 확인할 수 있다. 2012~2017년까지 미국 여성 의류 매장 산업의 평균 성장률은 −1.3%였으며 의료용품 기업의 평균 성장률은 2.8%였다.[7] 여성 의류 매장을 시작하고 소유하는 것에는 문제가 없지만 비즈니스가 실제로 얼마나 빨리 성장할 수 있을지에 대해 현실적으로 전망해야 한다. 개별 여성 의류 매장이 빠른 출발을 할지라도, 규모가 커질수록 연간 성장률은 일반적으로 해당 산업의 표준을 반영하기 시작한다.[8]

한 비즈니스가 너무 빠르게 성장할 수도 있다 많은 비즈니스가 빠르게 시작하고 멈추질 않기 때문에 비즈니스가 재무적으로 스트레스를 받고 창업가를 감정적으로 고갈시킬 수 있다. 때로는 비즈니스가 측정 가능한 속도로 성장하다가 갑자기 주문량이 급증하면서 따라잡기 어려워지는 경우가 있다. 이러한 상황은 만족한 고객과 직원을 가진 비즈니스를 혼란스러운 직장으로 바꿀 수 있으며, 사람들은 가능한 한 빨리 비즈니스 제품을 배송하기 위해 서로 경쟁하게 된다. 이러한 일이 일어나지 않도록 하는 방법은 브레이크를 걸어야 할 때를 인식하고 그것을 실행하는 용기를 가지는 것이다. 이러한 상황은 방문 판매를 통해 주방용품을 판매하는 회사인 Pampered Chef, Inc.의 사업 초기에 벌어졌다. 회사가 소비자에게 정확한 시간 배송을 하고 있는 시점에, 바쁜 크리스마스 시즌을 맞이하면서 충분한 양의 제품 재고가 없다는 것을 깨달은 것이다. 이러한 현실은 심각한 딜레마를 낳았다. Pampered Chef는 즉시 재고를 늘릴 수 없었다(공급업체들은 자체 재고가 모두 부족했으며, 회사는 작기 때문에 공급업체에 특별한 요구를 할 수 없었다). 그러나 판매 컨설턴트가 판매를 하거나 새로운 컨설턴트를 모집하는 것을 막고 싶진 않았다. 하나의 선택은 새로운 판매 컨설턴트 모집을 중지하는 것이었는데, 이는 판매 속도를 늦출 수 있었다. 회사 창업자인 Doris Christopher는 다른 사람들에게 조언을 구한 기억이 있다. 대부분의 사람은 신규 모집을 중지하는 것에 반대했으며, 직접 판매 조직의 생명은 신규 모집이라고 주장했다. 결국 회사는 신입 홈 컨설턴트 모집을 중단하고 판매 속도를 줄이기로 결정하면서 연말 시즌에 모든 주문을 제때 처리할 만큼 판매 속도를 감소시켰다. 이후 1월에 신입 홈 컨설턴트 모집을 재개했고, Pampered Chef의 신입 회원 수는 급증했다. 이 결정을 되돌아보며 Doris Christopher는 훗날 다음과 같이 썼다.

> 돌아보면, 컨설턴트 모집 중단은 우리의 영업팀, 고객, 공급업체들에 우리의 평판을 높이는 데 일조했다. 사람들은 우리를 자신의 능력을 과대평가하지 않고 올바른 일을 하려는 정직한 회사로 보았다.[9]

다른 비즈니스들도 유사한 딜레마를 겪었고, 때로는 올바른 선택을 했으며, 때로는 그렇지 못했다. 가장 중요한 것은 성장을 신중하게 다루어야 한다는 점이다. 이 장 전반에 걸쳐 강조하듯이, 비즈니스는 인프라가 허용하는 한에서만 성장할 수 있다. 표 13.1은 비즈니스가 너무 빨리 성장하는 경우 나타나는 열 가지 경고 신호를 나열하고 있다.

사업 성공이 항상 확장되는 것은 아니다 불행하게도 성공 요인이 성장으로 이어지는 것은 아니다. 비즈니스 전문가들이 성장을 '양날의 검'이라고 말하는 게 바로 이런 의미이다. 개인화된 서비스 수준을 제공하는 비즈니스는 종종 성장 및 확장에 어려움을 겪을 수 있다. 예를 들어, 초기에 고객에게 개인화된 서비스를 제공하던 투자 중개 서비스는 고객을 추가하고 서비스 자동화를 시작함에 따라 표준 또는 하위 수준의 서비스를 제공하게 될 수 있다. 초기 고객들은 그전보다 개인

표 13.1 비즈니스가 너무 빨리 성장하는 경우 나타나는 열 가지 경고 신호

- 루틴 영업 비용을 지불하기 위해 돈을 빌림
- 극도로 타이트한 이윤 마진
- 지나치게 많은 직원 수
- 제품 품질 하락
- 이메일 및 문자 메시지에 대한 답변이 늦어짐
- 고객 불만이 증가함
- 직원들이 출근을 꺼리는 상황이 됨
- 생산성 하락
- '위기 상황'이 일상화되고 예외가 아니게 됨
- 회사의 재무 구조를 담당하는 사람들이 걱정하기 시작함

화된 서비스를 받기 어려워지고 회사를 일반적인 비즈니스로 인식하게 될 수 있다.

일부 기업은 고가의 특수 제품을 판매하기도 한다. 이러한 기업은 보통 고객이 가격보다는 품질을 우선시하는 장소에서 제품을 판매한다. 이러한 기업은 성장할 수는 있지만 신중한 속도로만 성장한다. 너무 빨리 성장하면 전달하려는 '독점성'을 잃거나 특별한 매력을 손상시킬 수 있다. 패션 의류 부티크 업체들은 이와 유사한 이유로 특정 사이즈나 색상의 옷 판매 수량을 제한하기도 한다. 이들은 특정 블라우스나 드레스를 더 판매할 수 있음에도 불구하고 의도적으로 판매를 제한해 고객이 동일한 제품을 입은 사람들을 볼 수 없게 한다.

핵심 전략에 전념하기

성장을 대비하기 위한 두 번째 방법은 핵심 전략에 전념하는 것이다. 제4장에서 논의한 대로, 비즈니스 모델의 핵심 전략은 경쟁 상대와 어떻게 경쟁할지를 정의하는 것이다. 기업의 핵심 전략은 주로 기업의 **핵심 역량**, 즉 특히 잘하는 일을 결정한다.[10] 이러한 통찰력은 자명한 것처럼 보일 수 있지만, 기업은 성장을 대비하면서 핵심 전략을 잃어버려서는 안 된다. 기업이 산만해지거나 제시된 모든 성장 기회를 추구하기 시작하면 경쟁이 불리한 영역으로 쉽게 벗어날 수 있다. 예를 들어, 핸드백, 여행용 가방, 배낭 등을 전문적으로 판매하는 온라인 판매자 eBags는 한때 신발을 판매하는 웹사이트를 인수했다. 그러나 3년 후에 핵심 전략과 핵심 역량과는 너무 멀어 신발 사업을 포기하고, Shoedini.com 웹사이트를 Zappos에 판매했다.

대부분의 비즈니스는 일단 자신의 핵심 전략과 일치하는 제품이나 서비스를 판매하면서 출발하고, 이후에는 강점과 핵심 능력과는 다른 영역으로 서서히 진출하며 매출을 늘려나간다. 이것이 Zappos가 운영하는 방식이다. 이 회사는 처음에는 신발을 판매하다가 차츰 의류, 가방, 집기 등 다른 많은 제품으로 확장해왔다. 새로운 제품 라인의 성공은 회사의 기존 핵심 역량이 이러한 항목을 충분히 수익성 있게 판매할 수 있는지에 따라 결정된다. 그렇지 않은 경우, Zappos는 추가적인 핵심 역량을 개발하거나 인수해야 하며, 그렇지 않으면 성장을 효과적으로 관리하기 어려울 것이다.

Jim Collins의 책 《Good to Great》에서는 핵심 전략을 지키는 것이 얼마나 중요한지를 강조하는 우화를 제공한다. 이 책에서 Collins는 Isaiah Berlin이 쓴 여우와 고슴도치의 우화를 다시 각색하고 있다. 이 우화에 따르면, 여우는 교활하고 기만적이며 강한 덕분에 누구나 고슴도치보다

우수하다고 생각한다. 그러나 일상적으로 여우가 사용하는 수많은 100가지 기술을 시도해보더라도, 고슴도치는 항상 이길 수 있다. 왜냐하면 고슴도치는 하나의 일(공을 말아 몸을 보호한다)을 잘하기 때문이다. 《Good to Great》에서 Collins는 장기적으로 성공하는 비즈니스는 여우보다는 고슴도치와 같다고 말한다. 성공한 비즈니스는 여우처럼 모든 방향으로 빠르게 움직이는 것이 아니라 머리를 숙이고 하나의 일을 특히 잘한다. 그들은 고슴도치처럼 필수적인 것을 보고 나머지는 무시한다.[11]

성장을 위한 계획 수립

성장을 위해 기업이 할 수 있는 세 번째 일은 성장 관련 계획을 수립하는 것이다.[12] 이 작업은 기업이 미리 생각하고 원하는 성장의 유형과 양을 예상하는 것을 의미한다.

제6장에서 다룬 사업 계획서 작성 과정은 성장 관련 계획을 개발하는 데 매우 도움이 된다. 사업 계획서에는 보통 기업의 첫 3~5년간의 판매에 대한 상세한 예측과 그에 따른 자원 계획이 포함된다. 비록 기업은 처음 3~5년간 동안 변화할 수 있지만, 그래도 계획을 가지고 있으면 좋다. 많은 기업은 성장 관련 결정을 지원하기 위해 사업 계획을 주기적으로 수정한다.

기업이 성장을 추구하기 위해 선택할 전략을 가능한 한 빨리 결정하는 것도 중요하다. 예를 들어, 여드름 치료제 회사인 Proactiv는 단일 제품 회사이며 국내 매출을 꾸준히 늘리고, 제품을 외국 시장에 도입하고, 성인 남성과 같은 비전통적인 여드름 치료제 사용자에게 제품을 사용하도록 권장함으로써 성장해왔다. Proactiv는 하나의 제품에 집중하고 인수나 라이선싱과 같은 노력으로 성장하는 것을 피함으로써 마케팅과 브랜드 구축에 집중할 수 있었다. 반면에 사례 13.1의 주인공인 Sir Kensington's는 2010년 설립 이후 다양한 신제품 라인으로 회사를 확장해왔다. 처음에는 케첩을 판매하다가 이제는 마요네즈, 머스터드, 파바네이즈를 판매한다. 파바네이즈는 아쿠아파바로 만든 비건 마요네즈이다. 아쿠아파바는 병아리콩과 물로 만든 천연 달걀 대체품이다.[13]

중요한 것은 기업이 성장 관련 계획과 목표를 수립하는 것이다. 여기 젊은 두 창립자가 수년간의 미래 성장 계획을 수립하고 있다.

Fuse/Getty Images

개인적인 측면에서는, 사업주는 회사의 성장 계획을 자신의 목표와 열망에 맞추어 검토해야 한다. "원하는 것을 조심하라"라는 옛 속담은 비즈니스뿐만 아니라 삶의 다른 영역에서도 참된 것이다. 예를 들어 회사가 빠르게 성장할 수 있는 잠재력이 있다면, 빠른 성장 방식을 선택하면 무엇을 기대할 수 있을지 알아야 한다. 빠른 성장은 일반적으로 빠른 활동 속도, 급격하게 증가하는 경상 비용, 사업주가 시간과 주의를 총동원해야 함을 의미한다. 긍정적인 측면은 비즈니스가 성공하면 사업주는 보통 재정적으로 매우 잘된다. 하지만 부정적인 측면은 긴 시간과 가족과의 시간이 지체될 수 있다는 것이다. 빠른 성장을 경험하는 많은 기업가가 경험하는 균형 잡기에 대해, GPS 추적 소프트웨어 회사인 Position Logic의 이사이자 창립자 Felix Lluberes는 다음과 같이 말한다.

> (회사를 성장시키는 데 있어) 가장 큰 어려움은 행복한 가정을 유지하고 중요한 가족 행사를 언제 빠질지를 끊임없이 결정하는 것이다. 궁극적인 목표를 달성하는 한 열심히 일하는 것은 희생이 아니다.[14]

이러한 상황에서 제시하는 절충안은 일부 기업주에게는 수용 가능하지만 다른 기업주에게는 그렇지 않을 수 있다.

성장을 계획하는 데 성실한 노력을 기울이더라도, 일부 기업은 단순히 충분한 성장을 창출하지 못해 손익분기점 도달이나 이익을 예상할 수 없어 실패한다. 이는 '무엇이 잘못됐는가?'에 나오는 Dishero의 사례이다. Dishero의 주요 사업은 음식을 사진으로 찍는 것이었다. 수익과 만족한 고객을 보유한 채 시작했지만, 손익분기점 도달과 수익성 있는 미래를 예상할 만큼 빠르게 성장하지 못했다.

성장의 이유

학습목표 2

기업이 성장을 추구하는 가장 일반적인 여섯 가지 이유를 논의할 수 있다.

성장은 대부분 사려 깊은 의도와 신중한 계획의 결과이지만, 기업은 자신의 성장 속도를 항상 선택할 수는 없다. 기업의 **성장 속도**는 연간 성장률이다. 때로는 기업이 많은 고객의 요구를 충족하는 제품이나 서비스를 개발하고 주문이 매우 빨리 들어오면, 기업은 빠르게 조정해야 하거나 위험에 처할 수 있다. 또한 기업이 예상치 못한 경쟁에 직면하면 시장 점유율을 유지하기 위해 성장해야 할 수도 있다.

이 절에서는 그림 13.1에서 볼 수 있는 것처럼, 기업이 수익성과 가치를 높이기 위해 성장을 시도하는 주요한 여섯 가지 이유를 살펴보자.

규모의 경제 확보

규모의 경제는 생산량이 증가할 경우 생산되는 각 단위의 평균 비용이 낮아질 때 발생한다. 규모

- 규모의 경제
- 범위의 경제
- 시장 지배력
- 영향력, 권력, 생존성
- 핵심 고객의 증가에 대한 대응 필요
- 인재 유치 및 보유 능력

그림 13.1 기업 성장의 주요 이유

무엇이 잘못됐는가?

Dishero: 적당한 성공이 어려운 결정으로 이어질 수 있는 이유

Dishero는 Alex Fishman, Ilya Ginzburg, Dmitry Fink가 2013년에 시작한 레스토랑 업종의 회사였다. 주요 서비스는 음식 사진 촬영이었다. 많은 레스토랑에서는 메뉴, 스마트폰 앱, 소셜 미디어 페이지, 매장 비디오 모니터에 그들의 요리 사진을 사용한다. Dishero는 280만 달러의 자금을 조달했으며 6개 도시 및 3개 국가에서 17명의 강력한 엔지니어링 및 비즈니스 팀을 구성했다. 회사는 거의 첫날부터 수익과 만족스러운 고객을 만들었다. 그리고 회사의 약 2/3 지점에서 우수한 인재를 영입했다. Dishero는 OpenTable의 첫 영업이사를 역임했던 사람을 고용했다. 그는 OpenTable에서 회사 최초로 45명의 판매 직원을 고용하고 최초로 1,000개의 레스토랑을 인수했다. 안타깝게도, 2016년에 Dishero는 운영을 중단했다. 무엇이 잘못되었을까?

Dishero는 음식 사진 촬영 분야에서 전문성을 갖췄으며, 모든 객관적인 측면에서 그 분야에서 매우 뛰어났다. 만약 Dishero의 사진 샘플을 보고 싶다면 Google 이미지에서 Dishero를 검색해보라. 대부분의 레스토랑은 자신들의 요리 사진을 찍어서 메뉴에 활용한다. 예를 들어, 캘리포니아주 샌타클래라에 위치한 Spreadz Deli & Café는 Dishero의 고객 중 하나였다. 이 식당에는 손님들이 줄 서 있는 동안 볼 수 있는 비디오 모니터가 나란히 설치되어 있었다. Dishero가 처음 Spreadz에 접근했을 때, 두 모니터 모두 샌드위치와 샐러드, 커피 등 메뉴를 보여주고 있었다. Dishero는 Spreadz가 하나는 메뉴를 보여주는 모니터로, 다른 하나는 고품질 메뉴 사진을 보여주는 모니터로 바꾸는 것을 도와주었다. 이를 통해 식당 직원들은 모니터에 나타난 항목을 추천할 수 있었고, 대기 줄도 더욱 빨라졌다. 회전하는 30여 장의 사진은 메뉴를 이름과 함께 보여준다. 따라서 BBQ 연어 샌드위치가 모니터에 떴을 때 손님이 그걸 보고 그 메뉴가 마음에 들면 계산 창구에서 "BBQ 연어 샌드위치 하나 주세요"라고 말하면 되는 것이다.

Dishero는 다른 레스토랑에도 유사한 서비스를 제공했다. 예를 들어, 캘리포니아 앨라메다에 위치한 Dragon Rouge 레스토랑도 Dishero의 고객 중 하나였다. Dishero는 레스토랑 곳곳에 설치된 비디오 모니터를 위해 음식을 촬영했다. 이 바의 모니터는 많은 대화를 불러일으켰다. 사람들은 이전에 시도하지 않았던 요리를 볼 수 있었고, 평소 시키지 않았던 것을 주문하기도 했다.

Dishero의 공동창업자인 Alex Fishman은 "공동창업자가 '우리가 하는 일을 좋아한다'고 말했지만 결국 우리는 회사를 폐업했다"라는 제목의 인터넷 게시물을 통해 Dishero가 실패한 이유에 대해 썼다. 간단히 말하자면, Dishero는 충분히 빠르게 성장하지 못했다. 회사가 폐업할 무렵 수입은 한 달에 약 9,000달러였지만 지출은 한 달에 약 10만 달러였다. 이는 스타트업에서는 드물지 않은 현상이다. 많은 스타트업이 창업 후 일정 시간이 지나서야 손익분기점에 도달하며 그 이후에 이익을 내기 시작한다. 그러나 Dishero의 경우, 수익성 증가는 고통스러울 정도로 느리고

의 경제는 전통적인 제조 기업뿐만 아니라 서비스 기업에서도 창출될 수 있다.[15] 이러한 현상은 두 가지 이유로 발생한다. 첫째, 회사의 경우 구성부품을 대량으로 구매해 할인을 받을 수 있고, 생산량을 증가시키면 개당 변동 비용을 낮출 수 있다. **변동 비용**은 회사가 매출을 창출하면서 발생하는 비용이다. 둘째, 기업은 생산을 증가시킴으로써 **고정 비용**을 더 많은 단위로 분산시킬 수 있다. 고정 비용은 기업이 제품을 팔든 팔지 않든 발생하는 비용이다. 예를 들어 제조 업계에서는 공장에 에어컨을 켜는 데 월 1만 달러가 들 수 있다. 에어컨 비용은 고정 비용이다. 공장을 냉방하는 데 드는 비용은 한 달에 제품 10개를 생산하든 1만 개를 생산하든 같다. 서비스 업계의 경우 호텔 로비나 레스토랑 같은 공간은 특정 날짜에 예약한 객실 수에 상관없이 에어컨이 작동해야 한다.

기업이 성장하는 이유는 하나는 노동력과 기타 여러 가지 사용하지 않은 자원을 활용하기 위해서이다. 예를 들어, 기업이 거래 지역 전체를 완전히 커버하려면 정확히 2.5명의 영업직원이 필요할 수 있다. 그러나 기업은 정확히 2.5명의 영업직원을 고용할 수 없기 때문에 3명의 영업직원을 고용하고 거래 지역을 확장할 것이다.[16]

예측할 수 없었다. Fishman은 Dishero가 최악의 상황에 처했다고 말했다. 모든 것이 잘되면 해야 할 일도 명확하다. 모든 것이 잘 되지 않으면 힘들긴 하지만 해야 할 일은 명확하다. Dishero는 중간에 있었다. 실패하지는 않았지만 성공하지도 않았다. 그래서 무엇을 해야 할지 판단하는 것이 필요했다.

Fishman은 자신이 쓴 게시물에서 Dishero가 직면한 일부 도전 과제에 대해 상세히 설명했다. 첫째, 레스토랑에 판매하기가 어렵다. 레스토랑 소유주는 바쁘며 저마진 비즈니스를 운영하고 직원 이탈률이 높다. 또한 예약 앱, 식사 배달 서비스, 전자 메뉴 태블릿, 새로운 소셜 미디어 전략 등을 판매하려는 스타트업이 많이 나타나고 있다. 많은 스타트업이 큰 약속을 했다가 그것을 지키지 못하거나 실패한다. 그 결과, 레스토랑 경영자나 소유주의 관심을 끌기가 어려웠으며 만족한 고객이 되어 다른 레스토랑에 Dishero를 추천하기는 더욱 어려웠다. 둘째, Dishero는 레스토랑 소유주에게 접근하기 위해 영업 인력을 고용해야 했다. 이 전략은 고객 유치 비용이 높아지는 결과를 초래했다. Dishero를 폐쇄하기로 결정하기 전에 공동창업자들은 세 가지 옵션을 파악했다. 여전히 투자자들의 돈이 은행에 들어 있었기 때문에 상황은 치명적이지 않았다. A 옵션은 계속 반복하는 것이었다. B 옵션은 레스토랑 산업 내에서 전환하는 것이었다. C 옵션은 회사를 폐쇄하는 것이었다. 그들은 레스토랑 산업 이외의 분야로 전환하는 D 옵션을 진지하게 고려하지 않았다. 팀을 레스토랑 업종에 맞춰 구성했기 때문이다.

Dishero의 창업자들은 C 옵션을 선택하는 어려운 결정을 내렸다. Fishman의 인터넷 글(URL은 아래에서 제공함)에는 회사를 폐쇄하기로 한 결정에 대해 Fishman과 Dishero의 투자자들이 이메일을 교환한 내용이 포함되어 있다. 이메일 교환은 흥미롭고 정중하게 이루어졌다. Dishero를 폐쇄할 당시 회사는 은행에 180만 달러를 보유하고 있었다. 투자자들은 이 돈을 계속 유지하라고 조언했고, 결국 이로 인해 Dishero의 공동창업자 셋 중에서 Alex Fishman과 Dmitry Fink 두 사람이 창업한 회사 Bugsee가 탄생했다. Bugsee(www.bugsee.com)는 앱 개발자를 위한 도구를 만드는 회사이다.

비판적 사고를 위한 문제

1. 만약 당신이 레스토랑의 소유주나 경영자라면, Dishero의 서비스를 사용할 것인가? 그 이유는 무엇인가?
2. Dishero의 공동창업자들이 회사를 시작하기 전에 예상 매출 수준을 파악하기 위해 할 수 있는 일은 무엇이었을까? Dishero는 제품-시장 적합성(product-market fit)을 달성했다고 생각하는가?
3. Dishero의 공동창업자들이 회사를 폐쇄하는 C 옵션을 선택한 것이 옳은 결정이었다고 생각하는가? 그 이유는 무엇인가?
4. 창업기업은 Dishero의 경험을 통해 어떤 점을 배울 수 있을까?

출처: My Cofounder Said "I love what we're doing" And We Shut Down Our Startup, available at https://entrepreneurs.maqtoob.com/my-cofounder-said-i-love-what-were-doing-and-we-shut-down-ourstartup-80d5e710c2b2#.f9l2d77vc (posted June 17, 2016, accessed March 17, 2017); Dishero Testimonial—Spreadz Deli & Cafe, available at https://www.youtube.com/watch?v=Sy61jyXxKao (posted May 5, 2015, accessed March 18, 2017); Dishero Testimonial—Dragon Rouge, available at https://www.youtube.com/watch?v=-1xG_TT_Cel (posted May 15, 2015, accessed March 18, 2017).

범위의 경제 확보

범위의 경제는 규모의 경제와 유사하다. **범위의 경제**에서 회사가 얻는 이점은 생산 규모가 아닌 회사 운영 범위로부터 온다.[17] 예를 들어, 회사의 영업팀은 10개의 제품을 5개의 제품보다 더 효율적으로 판매할 수 있다. 이는 출장 비용과 영업자의 급여가 10개가 아닌 5개 제품에 분산되기 때문이다. 마찬가지로, 사례 4.2의 주인공인 TOMS와 같은 회사는 TOMS 신발과 함께 TOMS 안경과 TOMS 커피를 광고할 때 광고 비용에서 범위의 경제를 얻을 수 있다.

시장 지배력

시장 지배력은 매출액 측면에서 산업이나 특정 시장에서 1위 또는 2위 자리를 차지할 때 발생한다. 많은 회사가 시장 지배력을 얻기 위해 노력하며, 규모의 경제와 범위의 경제를 실현하고 브랜드 리더로 인정받기 위해 노력한다. 시장에서 리더가 되는 것은 'Apple 앱 스토어 1위 앱'과 같은 슬로건을 사용해 고객을 유치하고 재능 있는 직원 및 비즈니스 파트너를 유치하는 데 도움이 되기 때문에 회사에 이익을 준다.

영향력, 권력, 생존성

대기업은 일반적으로 산업 규격을 설정하고 주요 고객 및 공급업체와 함께 일하기 위한 발판을 마련하며, 명성을 얻는 데 있어서 작은 기업보다 더 많은 영향력과 권력을 가진다. 게다가 대기업은 일반적으로 창업기업보다 더 쉽게 실수하더라도 살아남을 수 있다. GE의 전 CEO인 Jack Welch는 이 문제에 대해 다음과 같이 말했다. "규모는 우리에게 또 다른 큰 이점을 제공한다. 우리의 영향력과 자원은 더 자주 대응하고 더 많은 시도를 할 수 있게 만들어주며, 작은 기업과는 달리 때로는 실패해도 다시 시도할 수 있다."[18]

성장 능력은 기업의 생존에 추가적인 영향을 미친다. 예를 들어, 창업자나 소수의 사람들의 노력과 열정에 의존하면서 작은 규모를 유지하는 기업은 이 사람들이 회사를 떠나거나 비즈니스에 대한 열정을 잃으면 취약해진다. 제1장 '무엇이 잘못됐는가?'에서 설명한 것처럼 Prim의 실패에는 이러한 이유도 일부 영향을 미쳤다. Prim의 실패는 창업자들이 비즈니스에 대한 관심을 잃고 다른 일로 전향하기로 결정한 것이 일부 원인이었다. 회사가 성장하면서 직원들이 추가되면 한 사람 또는 소수의 참여나 열정의 손실에 대한 취약성은 보통 그렇게 높지 않다.

핵심 고객의 증가에 대한 대응 필요

가끔 기업은 핵심 고객의 증가에 대응하기 위해 성장해야 하는 경우가 있다. 예를 들어, Intel이 반도체 칩을 대량 구매하는 전자 제품 업체와 주요 거래 계약을 맺고 있는데, 해당 전자 제품 업체가 연간 20%의 성장률로 성장하고 있다면, Intel은 고객 성장에 맞춰 매년 수용력을 늘려야 할 수도 있다. 그렇지 않으면 비즈니스 일부 또는 전체를 잃을 위험이 있다.

인재 유치 및 보유 능력

회사가 성장하는 마지막 이유는 능력 있는 사람들을 유치하고 유지하기 위함이다. 능력 있는 직원이 승진 기회, 높은 연봉, 더 큰 책임을 제공할 수 있는 회사에서 일하고 싶어 하는 것은 자연스러운 일이다. 성장은 직원에게 승진 기회를 창출하는 회사의 주요 메커니즘이며, 핵심 직원을 유지하지 못하는 것은 회사의 성장 노력에 매우 해로울 수 있다. 높은 이직률은 비용이 많이 들며, 특히 바이오 기술 및 소프트웨어 개발과 같은 지식 기반 산업에서는 회사의 가장 중요한 자산이 직원들의 결합된 재능, 교육, 경험이기 때문에 이직은 매우 치명적이다.[19] 지식 집약적인 분야가 아니더라도 이직은 여전히 비용이 많이 든다. 창업기업은 직원 채용과 이직 사이의 불리한 관계를 지원하기 위해 필요한 추가 자금이 거의 없다. 그러나 능력 있는 개인이 대기업에서 자발적으로 떠나거나 해고당할 경우, 창업기업은 그들이 개발하지 않은 기술을 보유한 인재를 고용할 기회가 생긴다.

성장 관리

학습목표 3

성장의 단계를 관리할 수 있는 것의 중요성을 설명할 수 있다.

많은 기업은 회사를 성장시키는 과정에서 발생하는 도전에 대해 예상치 못한 상황에 처할 때가 있다. 한 기업이 좋은 출발을 거쳐 영업 실적을 꾸준히 늘리고 수익을 창출하면 이후 기업을 성장시키는 것이 점점 더 용이해질 것이라고 생각할 것이다. 그러나 많은 경우에 그렇지 않다. 영업 실적이 증가함에 따라 기업의 활동 속도는 빨라지고, 자원 수요는 증가하며, 창업자는 종종 이전보다 바쁘게 일해야 한다는 것을 깨닫게 된다. 중요한 도전 사항도 발생할 수 있다.[20] 예를 들어, 기업이 내년 판매량을 예측하고 증가한 작업량을 처리하기 위해 더 많은 인력과 추가 장비가 필요하다는 것을 깨닫는다면, 이를 수용하기 위해 새로운 장비를 구입하고 새로운 인력을 고용하고 교육해야 할 것이다. 이 모든 것을 어떻게 처리할지에 대해 새로운 기업의 경영진 간에 심각한 토론이 벌어질 수도 있다.

실제로, 회사는 건강하고 수익성 높은 방식으로 확장하려면 성장을 적극적으로, 주의 깊게 관리해야 한다. 비즈니스가 성장하고 더 잘 알려지면 일반적으로 더 많은 기회가 발생하지만, 잘못된 일이 발생할 가능성도 더 높아진다. 성장 과정을 신중하게 관리함으로써 많은 잠재적인 문제와 고통을 회피할 수 있다. 이 절에서는 성장 단계를 파악하고 관리하는 것에 중점을 둔다. 이 장의 마지막 절에서는 성장의 도전 과제와 관련된 문제에 초점을 맞춘다.

성장 단계를 파악하고 관리하는 방법

대부분의 기업은 조직 생애 주기라고 불리는 구분 가능한 단계를 거친다.[21] 그림 13.2에서 볼 수 있는 것처럼, 이러한 단계에는 도입, 초기 성장, 지속적인 성장, 성숙기, 쇠퇴기가 포함된다. 각 단계는 일반적으로 특정한 도전과 기회를 제공한다. 각 단계는 다르게 관리해야 한다. 기업가는 각 단계에 대해 잘 알고, 각 단계에서 제공하는 독특한 기회와 도전에 대해 이해하는 것이 중요하다.

도입 단계 이 단계는 비즈니스가 강점과 핵심 능력을 결정하고 최초의 제품 또는 서비스를 판매하기 시작하는 창업 단계이다. 이는 매우 '실무적인' 단계로, 창업자 또는 창업자 그룹은 일상적인 비즈니스 생활의 모든 측면에 참여하는 것이 일반적이다. 이 단계에서는 일반적으로 규정 및 절차가 적거나 전무한 비조직적 상태이다. 비즈니스의 주요 목표는 좋은 출발을 하고 시장에서 탄력을 얻는 것이다.

도입 단계에 있는 비즈니스의 주요 과제는 초기 제품 또는 서비스가 올바른지 확인하고 더 큰 조직을 구축하기 위한 기초를 마련하는 것이다. 무엇보다 서두르지 않는 것이 중요하다. 이러한 현상은 사례 11.1의 주인공인 Nest Labs의 성장 패턴에서 확인할 수 있다. 이 회사는 연기 및 일산화탄소 감지기 제품인 Nest Protect를 출시하기 이전에 Nest Learning Thermostat이라는 단일

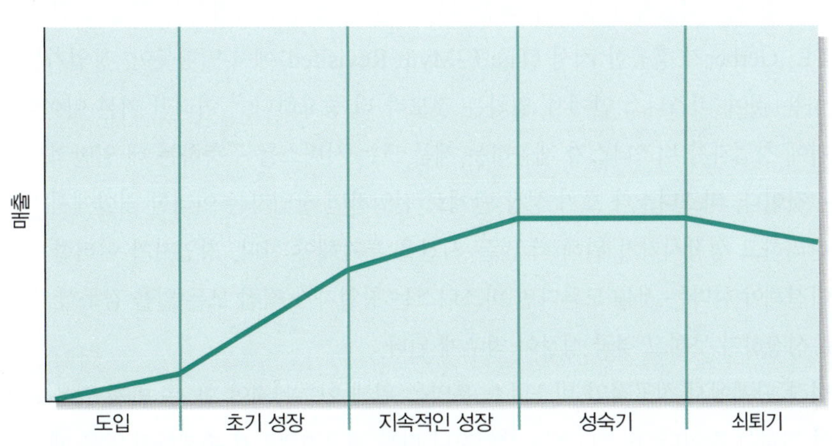

그림 13.2 조직 생애 주기

Africa Studio/Shutterstock

이 젊은 기업가는 여성 의류를 온라인으로 판매한다. 그녀는 처음에는 판매한 의류를 수제로 제작했다. 그녀의 사업을 성장시키는 능력은 수작업 의류 제작에서 벗어나 관리자 역할로 더 나아가는 의지에 따라 결정될 것이다.

제품을 2년간 판매한 후 운영 및 관리팀을 확장하고 두 번째 제품 출시를 준비하기 위해 2년이라는 시간이 필요했다. 많은 기업이 대규모 조직을 구축하기 위한 기초 작업을 다지기 위해 시행착오를 통해 어떤 것이 작동하고 어떤 것이 작동하지 않는지 확인하려고 하며, 기업이 성장함에 따라 이것이 더욱 어려워진다는 것을 인식한다. 작동하는 것을 문서화하고, 소유자가 없을 때나 비즈니스가 원래 위치를 넘어서 성장할 때 회사의 성공을 복제할 수 있는 방법에 대해 고민하는 것이 중요하다.

초기 성장 단계 한 기업의 초기 성장 단계는 일반적으로 판매액과 복잡성이 증가하는 단계이다. 비즈니스는 보통 초기 제품이나 서비스에 집중하면서 시장 점유율을 확장시키려고 하고 관련 제품을 준비 중일 수도 있다. 정책과 절차의 초기 형성이 이루어지며, 비즈니스 운영 과정은 창업자(들)의 시간과 관심을 더 많이 요구한다.

이 단계에서 비즈니스가 성공하려면 두 가지 중요한 일이 일어나야 한다. 첫째, 비즈니스의 창업자나 창업가는 직접적인 감독자 역할에서 조금씩 벗어나 기업가적 역할로 전환해야 한다. Michael E. Gerber가 훌륭한 저서 《The E-Myth Revisited》에서 말했듯이, 창업가는 '비즈니스에서' 일하는 것이 '비즈니스 안에서' 일하는 것보다 더 중요하다.[22] 이러한 기본 아이디어는 비즈니스 초기에 창업자가 비즈니스가 제공하는 제품 또는 서비스를 구축하는 데 일반적으로 직접 관여한다는 것이다. 비즈니스가 초기 성장 단계로 진입하면 창업자는 이러한 역할에서 벗어나 비즈니스를 관리하고 성장시키기 위해 더 많은 시간을 투자해야 한다. 창업자가 이러한 전환을 하지 않거나 이전해야 한다는 것을 모른다면 비즈니스는 창업자가 직접 모든 일을 감독할 수 있는 능력 이상으로 성장하지 못하고 결국 성장이 멈추게 된다.

초기 성장 단계에서 성공적인 비즈니스 운영을 위해 이루어져야 할 두 번째 일은 조직화 수준을 높여야 한다는 것이다. 비즈니스는 창업자나 다른 최고경영자가 존재하지 않을 때 직원들이 어떻게 운영해야 하는지 알려주는 정책과 절차를 개발해야 한다. 이것이 프랜차이즈 음식점이 10대 직원들로 구성된 팀으로도 원활하게 운영될 수 있는 이유다. 직원들은 단순히 문서화된 정책과 절차를 따르고 있을 뿐이다. EBL Coaching의 창립자인 Emily Levy는 비즈니스 초기에 여성 창업가 지원 네트워크인 Ladies Who Launch에서 그녀의 성장 계획에 대해 질문을 받았을 때, 이 과제를 명백히 마음에 두고 있었다. EBL Coaching은 어려움을 겪는 아이들을 위한 과외 서비스를 제공하는 비즈니스다.

우리의 미래 목표는 EBL Coaching의 고유한 자료와 자체 다감각 교수법을 사용해 프로그램을 전국적으로 계속 확대하는 것이다. 이미 '성공을 위한 전략'이라는 특정 학습 전략을 다루는 시리즈의 워크북을 개발했으며 전국의 몇몇 학교에서 사용하고 있다. 진정한 도전은 높은 수준의 교육과 맞춤형 접근법을 유지하면서 우리의 프로그램을 복제하는 방법을 찾는 것이다.[23]

지속적인 성장 단계 기업이 초기 성장 단계를 넘어 가속화된 성장 단계로 진입할수록 구조와 보다 공식적인 관계의 필요성이 증가한다. 비즈니스의 자원 요구 사항은 일반적으로 주요 우려 사항이며, 창업자와 관리자가 회사를 다음 단계로 이끌 수 있는 능력도 중요한 문제이다. 종종 비즈니스는 새로운 제품과 서비스를 개발하며 새로운 시장으로 확장한다. 작은 기업을 인수하기도 하며, 비즈니스는 더 적극적으로 다른 기업과 파트너십을 맺을 수도 있다. 이를 올바르게 처리하면 비즈니스의 확장은 강점과 핵심 역량과 관련된 영역에서 이루어지거나, 비즈니스의 활동을 보완하기 위해 새로운 강점과 역량을 개발하게 될 것이다.

지속적인 성장 단계에서 가장 어려운 결정을 내리게 된다. 한 가지 어려운 결정이 비즈니스 창업자와 현재 경영진이 회사를 더 발전시킬 경험과 능력이 있는지 여부이다. 이러한 시나리오가 홈 패브릭 비즈니스인 Shabby Chic의 창업자 Rachel Ashwell에게 적용되었다. Ashwell은 자신의 회사를 다섯 곳의 다른 지역으로 확장했고, Target과의 라이선싱 계약을 체결했으며, 자신의 비즈니스와 관련된 책을 다섯 권 저술했고, Style Network에서 자신의 TV 쇼를 진행했다. 그러나 그녀는 자신의 비즈니스가 정체되었다고 결론 내렸다. 그녀의 선택은 비즈니스를 계속 운영하거나 더 많은 경험이 있는 경영진을 찾는 것이었다. 그녀는 후자를 선택해 회사의 성장을 다시 불러일으켰다.[24]

지속적인 성장 단계에서 정책과 절차를 개발하는 것이 중요하다. 또한 비즈니스가 공식적인 조직 구조를 개발하고 비즈니스 전체에 대한 명확한 위임 경로를 결정하는 것이 중요하다. 잘 개발된 정책과 절차는 일반적으로 비즈니스 성장 과정을 조직적이고 성공적으로 만드는 데 도움이 된다.

성숙기 단계 성숙기 단계에 들어가면 성장 속도가 늦어진다. 이 시점에서 회사는 보통 새로운 영역으로 확장하기보다는 제품과 서비스를 효율적으로 관리하는 데 초점을 맞춘다. 혁신은 둔화한다. 정형화된 정책과 절차는 중요하지만 너무 엄격하고 엄한 경우 방해가 될 수 있다.[25] 회사는 계속해서 적응하고 창업자, 관리자, 직원들이 판매하는 제품과 서비스에 대해 열정을 계속 유지해야 한다. 그렇지 않으면 회사는 쉽게 성장하지 못하는 상황으로 빠질 수 있다.

제품과 서비스가 성숙한 것으로 인식되는 잘 관리된 회사는 보통 파트너십이나 인수 기회를 찾아 회사에 새로운 생명력을 불어넣으려고 한다. 예를 들어, 성숙기 단계에 있는 Coca-Cola는 오랜 인수의 역사를 가지고 있다. 1960년에는 Minute Maid를 인수했고, 1993년에는 인도의 콜라 브랜드인 Thums Up을 인수했으며, 2001년에는 과일 주스 및 스무디 브랜드와 바를 운영하는 Odwalla 브랜드를 인수했다. 또한 2007년에는 Fuze Beverages and Glaceau를 인수했으며, 2008년과 2011년에는 Honest Tea를 인수했다. 2014년에는 Monster Beverage의 소수 지분을 인수했고, 2016년에는 Unilever의 콩 음료 브랜드를 인수했다.

성숙기 단계에서 유기적인 성장을 이루는 회사는 새로운 제품이나 관련 제품이나 서비스에 투자하는 것보다는 보통 이미 판매되는 제품의 '다음 세대'에 초점을 맞춘다.

쇠퇴기 단계 모든 비즈니스가 쇠퇴기 단계로 진입하면 쇠퇴하거나 사라져야 하는 것은 아니다. 많은 미국 기업은 긴 역사를 가지고 있으며, 환경 변화에 적응하고 고객들에게 중요한 제품을 판매함으로써 번영해왔다. 모든 비즈니스의 제품이나 서비스는 언젠가는 더 관련성이 높거나 혁신적인 제품에 의해 위협을 받을 것이다. 이러한 경우 비즈니스가 쇠퇴를 피할 수 있는 능력은 리더십과 적절한 대응 능력에 달려 있다.

또한 비즈니스가 목적의식을 잃거나 자신의 시장에서 경쟁 우위를 더 이상 가지지 못할 정도로 지나치게 분산되면 쇠퇴기 단계에 진입할 수 있다. 경영진은 이러한 잠재적 위험을 인식하고 이러한 상황이 발생하는 것을 방지해야 한다.

조직 생애 주기와 유사한 프레임워크는 기술 채택 생애 주기(technology adoption life cycle)이다. 이 프레임워크는 주로 시장에 혁신적인 제품을 출시하는 기술 기업에 적합하다. 기술 생애 주기는 '틈 메꾸기'라는 개념과 관련이 있으며, 어떤 기술 제품이 주류 시장에 진입하는지 여부를 설명한다. '영리한 창업기업'에서는 기술 생애 주기의 설명과 함께 '틈을 메꿔' 성공하는 사례를 제공한다.

성장에 대한 도전

학습목표 4

역선택과 도덕적 해이가 특히 회사 성장에 어려움을 끼치는 것에 대해 논의할 수 있다.

모든 기업의 성장 단계에 영향을 미치는 일련의 도전이 있다. 도전은 일반적으로 비즈니스가 커짐에 따라 더욱 심해지지만, 비즈니스의 창업자나 경영자는 시간이 지남에 따라 더욱 간결하고 경험이 풍부해진다. 이 도전들은 어떤 기업도 경쟁자의 공백 상태에서 성장하지 않는다는 것을 보여준다.[26] 기업이 성장하면서 경쟁업체로부터 시장 점유율을 빼앗으면 반격이 일어날 것이다. 이는 비즈니스 소유자가 인식하고 준비해야 할 경쟁의 측면이다. 경쟁자의 반격은 보통 비즈니스가 성장하면서 경쟁업체들에 더 큰 위협이 될 때 증가한다.

이 절은 두 부분으로 나뉘어 있다. 첫 번째 부분은 기업 성장의 전반적인 도전을 생각하는 데 도움이 되는 관리 능력 문제에 초점을 맞춘다. 두 번째 부분은 비즈니스 성장의 가장 일상적인 도전 네 가지에 초점을 맞춘다.

관리 능력

Edith T. Penrose의 지적이고 혁신적인 책 《Theory of the Growth of the Firm》에서는 기업이 관리적 프레임워크로 조직화된 생산적 자원의 모음이라고 주장한다.[27] 따라서 기업의 주요 목적은

영리한 창업기업

틈을 메꾼 Salesforce.com

• Web: www.salesforce4.com • Facebook: Salesforce • Twitter: @salesforce

강사이자 경영 컨설턴트인 Geoffrey A. Moore는 1991년에 《Crossing the Chasm》을 출판했다. 곧바로 매니저, 기업가, 투자자의 필독서가 된 이 책은 2009년과 2014년에 개정되었으며, 기술 중심의 스타트업이 왜 일부는 대기업으로 성장하고 일부는 채택 및 성장 측면에서 뒤처지는지 이해하는 데 바이블로 거론된다.

이 책의 가설은 제품의 초기 수용자(기술 애호가 및 비전을 가진 사람들)와 초기 다수수용자 사이에 깊은 틈이 있다는 것이다. 핵심 아이디어는 이 틈을 극복하기 위해서는 기업이 먼저 초기 수용자 규모를 장악하고 강점을 확장해야 한다는 것이다. 이 개념은 기술 채택 생애 주기와 관련이 있다. 기술 채택 생애 주기의 단계는 혁신자, 초기 수용자, 초기 다수수용자, 후기 다수수용자, 지각 수용자이다. 스타트업 제품은 초기에는 '혁신자'에게 매력적이다. 혁신자는 새로운 것을 시도하는 사람이지만, 많은 돈을 쓰는 일은 거의 없다. 그다음으로는 초기 수용자 또는 비전을 가진 사람들이 찾아온다. 이들은 불타는 문제를 해결할 수 있다면 새로운 제품에 기꺼이 기회를 줄 용의가 있다. 초기 수용자 다음에는 가장 큰 부분을 차지하는 초기 다수수용자가 온다. 초기 다수수용자는 완제품을 다른 사람이 매우 추천해주면 구매한다. 추천하지 않으면 제품이 자신의 요구에 매우 적합하더라도 구매하지 않는다. 그다음은 후기 다수수용자이며 이들은 제품이 표준이 되었을 때만 구매한다. 마지막으로 지각 수용자이다.

이 틈을 메꾸는 것은 어렵다. 아이러니하게도 초기 다수수용자의 구매를 유도하는 것은 초기 수용자가 아니다. 실제로 초기 다수수용자는 종종 비전을 가진 사람들의 열정에 불신을 품는다. 그들은 자신의 그룹 내에서 동기부여가 시작되고 신뢰성이 확립되면 구매하기 시작한다. Moore는 저서에서 기업이 초기 다수수용자에게 성공적으로 어필하고 틈을 메꾸기 위한 기술로서 기업의 목표 시장, 포지셔닝 전략, 마케팅 전략, 기타 중요한 요소와 관련된 문제 등을 제안한다. 이러한 기술을 배우기 위해 독서에 시간을 투자하는 것은 매우 가치가 있다.

Salesforce.com은 이 틈을 메꾼 기업의 한 예이다. 이전에는 소프트웨어를 고객이 자신의 컴퓨터에 설치하는 디스크 형태로 판매했다. 소프트웨어는 일반적으로 고객의 시스템과 통합해야 했으며 이 비용이 소프트웨어 비용보다 더 비싸기도 했다. 소프트웨어를 설치한 시점에는 업데이트가 이미 출시된 경우가 많았다. 많은 고객이 업데이트를 설치하는 귀찮음과 추가 비용을 피하기 위해 적어도 일정 기간 동안 업데이트를 설치하지 않았다.

Salesforce.com은 더 나은 방법을 도입했다. 이 더 나은 방법은 훗날 SaaS(software-as-a-service)라는 약어로 사용되었다. 이 아이디어는 고객 컴퓨터에 설치할 디스크 형태로 소프트웨어를 판매하는 것이 아니라 Salesforce.com의 컴퓨터에 있는 소프트웨어 복사본 하나만 있으면 여러 사용자가 인터넷을 통해 소프트웨어에 동시에 접근할 수 있다는 것이었다. Salesforce.com의 홍보는 매력적이었다. Salesforce.com의 솔루션을 채택함으로써 고객은 더 이상 소프트웨어 설치, 업데이트, 유지 관리에 따른 비용과 불편함을 겪지 않아도 된다.

흥미로운 점은 Salesforce.com이 제품 출시를 관리한 방식과 회사가 결국 이 틈을 메꾼 방식이다. 제품 출시와 관련해서 회사는 영업직원에게 타기팅한 단일 시장만 선택하도록 결정했다. 제품에는 마케팅, 고객 서비스, 기업의 다른 부서를 위한 것이 없었다. Salesforce.com은 주 목표 시장으로 미국에만 집중하기로 결정했으며 이는 고객과 가까이 있기 위해서였다. 또한 회사는 처음에는 기술에 능숙한 산업을 목표로 삼았다. 이에 따라 영업직원의 목표 달성을 돕는 단일 목적을 달성하도록 디자인된 제품이 나왔다. 그 결과, 영업직원들이 이 제품을 좋아했기 때문에 다른 영업직원에게 이 제품을 알리면서 채택이 급격하게 늘었다. 초기 수용자의 수가 늘어났으며, 전시회에서 제품을 전시하고 대중 매체에서 제품이 언급되면서 신뢰성이 쌓였다. 결국 기업들(예: Merrill Lynch)도 이 서비스의 장점을 알게 되어 계약을 체결했다. Salesforce.com은 초기 다수수용자와 광범위한 사용자를 끌어들일 수 있게 되면서 틈을 극복했다.

Moore의 통찰력의 정수인 Salesforce.com 이야기의 역설은 보다 강력한 제품을 초기에 만들고 더 넓은 시장 교감을 시도하는 것보다 타기팅한 단일 시장을 선택하고 초기 다수수용자가 인식할만한 충분한 신뢰성을 확립함으로써 빠르게 틈을 극복할 수 있었다는 것이다.

비판적 사고를 위한 문제

1. 틈을 성공적으로 극복한 다른 회사를 적어도 둘 이상 말해보라. 이 회사들이 제품/서비스를 출시하는 방식과 틈을 성공적으로 메꿀 수 있었던 핵심 전략을 간단하게 요약하라.
2. 질문 1과는 반대로, 틈을 극복하지 못했다고 생각하는 스타트업을 적어도 둘 이상 말해보라. 각각의 제품이나 서비스가 틈을 메꾸지 못한 이유를 간단하게 설명하라.
3. 기술 제품과 마찬가지로 소비자 제품도 틈을 메꿀 수 있다고(혹은 메꿀 수 없다고) 믿는가?
4. 기술 제품을 채택하는 데 있어서 스스로를 초기 수용자로 보는가, 아니면 초기 다수수용자로 보는가? 당신의 답변은 제품을 구매하는 데 어떤 영향을 미치는가?

출처: Salesforce.com Homepage, www.salescorce.com (accessed July 3, 2014 and May 4, 2017); G. A. Moore, *Crossing the Chasm*, 3rd edition (New York: HarperCollins, 2014).

외부에서 획득한 자원과 함께 자원을 패키징해 이를 이용해서 수익을 창출하는 것이다. 기업이 일상적인 활동을 수행하면서 경영팀은 기업의 자원과 시장에 대해 더욱 잘 알게 된다. 이러한 지식은 기업의 **생산적 기회 집합**을 확장시키게 되는데, 이는 기업이 추구할 수 있는 기회의 집합이다. 이러한 기회는 새로운 제품 도입, 지역적 확장, 제품 라이선스 계약, 수출 등이 포함될 수 있다. 이러한 새로운 기회를 추구함으로써 기업이 성장하게 된다.

하지만 Penrose는 이 간단한 논리를 실행하는 데 문제가 있다고 지적한다. 기업의 운영 프레임워크는 기업의 성장에 중요한 두 가지 종류의 서비스인 창업 서비스와 관리 서비스로 구성된다. **창업 서비스**는 새로운 시장, 제품, 서비스 아이디어를 생성하며, **관리 서비스**는 기업의 루틴 기능을 관리하고 새로운 기회를 수익성 있게 실행하는 데 도움이 된다. 그러나 새로운 제품 및 서비스 아이디어를 도입하려면 충분한 관리 서비스(또는 관리 '능력')가 필요하다. 이는 복잡한 문제이다. 왜냐하면 기업이 창업 아이디어를 올바르게 실행하고 감독하기 위해서는 충분한 관리 서비스가 필요하기 때문이다. 기업이 관리 서비스가 충분하지 않으면 부족분을 보충하기 위해 새로운 관리자를 신속하게 고용할 수 없다. 새로운 직원을 고용하는 것은 비용이 많이 들며 새로운 관리자가 기업의 문화에 숙달되고 기업 고유의 기술과 지식을 습득하고 다른 기업 구성원과 신뢰 관계를 형성하는 데에는 시간이 걸린다.[28] 기업의 관리 자원이 새로운 제품 및 서비스 기회를 활용하기에 충분하지 않은 경우, 그 후에 발생하는 병목 현상을 **관리 능력 문제**라고 한다.

창업기업이 성장하면서 역선택 및 도덕적 해이의 이중적인 도전에 직면하게 된다. **역선택**(adverse selection)은 기업이 필요한 직원 수가 증가함에 따라 적절한 직원을 찾고 이를 적절한 위치에 배치하며 충분한 감독을 제공하기가 점점 어려워진다는 것을 의미한다.[29] 기업이 더 빠르게 성장할수록 관리자가 채용 후보의 적합성을 평가하는 데 더 적은 시간이 주어지며, 따라서 부적합한 후보를 선택할 가능성이 높아진다. '비효율적인' 또는 '부적합한' 직원을 선택하면 기업의 비용이 증가한다. **도덕적 해이**(moral hazard)는 기업이 성장하며 인력을 추가함에 따라 새로운 직원은 일반적으로 초기 창업자와는 다른 소유 동기를 가지기 때문에, 창업자만큼 근면하지 않거나 어려운 일을 회피하려고 할 수 있다는 것을 의미한다.[30] 새로운 직원이 맡은 일을 제대로 하고 있는지 확인하기 위해, 기업은 일반적으로 감독자(즉, 관리자)를 고용해 직원을 감독한다. 이러한 관행은 비용이 많이 들며, 고위 경영진을 기업의 일반 직원으로부터 고립시킨다.

Penrose가 설명한 기업 성장의 기본 모델이 그림 13.3에 나와 있으며, 그림 13.4는 성장을 제한하는 관리 능력 문제의 본질을 보여준다.[31] 그림 13.4는 관리 능력을 증가시키는 데 따른 문제점을 보여준다. 이는 ① 신규 관리자를 교체하는 데 필요한 시간, ② 기업가 및/또는 관리자의 성장 욕구를 어떻게 동기부여하는지, ③ 역선택, ④ 도덕적 해이로 인해 제약을 받거나 제한된다.

관리 능력 문제의 현실은 기업가와 경영자가 성장에 대해 매우 걱정하는 주요 이유 중 하나이

그림 13.3 기업 성장의 기본 모델

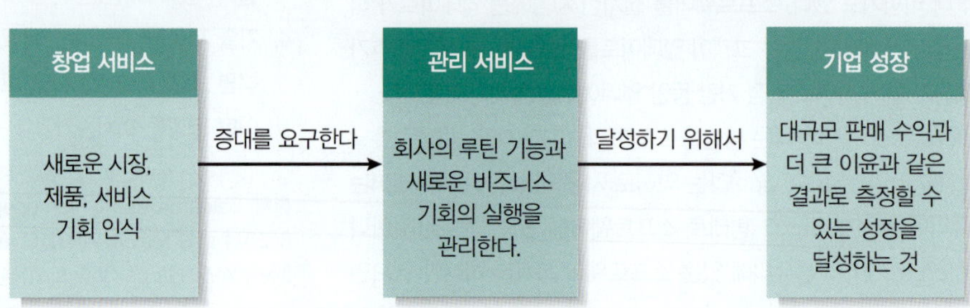

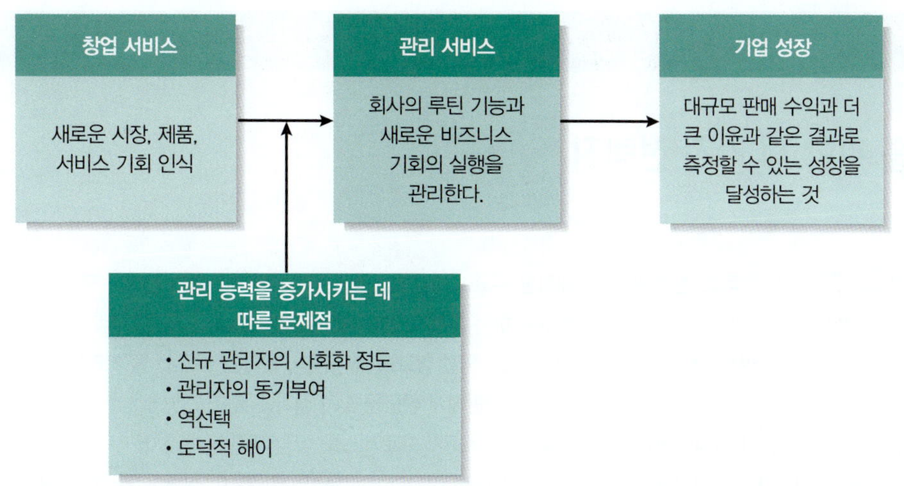

그림 13.4 경영 능력의 영향
출처: Based on material in E. T. Penrose, *The Theory of the Growth of the Firm* (New York: Oxford University Press, 1959).

다. 성장은 일반적으로 긍정적이지만, 기업의 관리 능력을 과도하게 초과하는 성장은 매출과 수익을 감소시킨다.

온라인으로 제품을 판매하는 회사의 경우, 내부에서 유지해야 하는 관리 능력과 관련된 한 가지 결정은 주문을 이행하는 방식이다. 이 문제를 '성공을 위한 파트너십'에서 다룬다.

기업 성장의 일상적인 과제

경영 능력 문제로 인한 대처 과제 외에도 기업 성장에 관련된 일상적인 과제가 몇 가지 있다. 다음은 가장 일반적인 네 가지 과제에 대한 논의이다.

자금 유지 관리 제8장과 10장에서 논의한 바와 같이, 기업은 성장함에 따라 고객에게 서비스를 제공하기 위해 점점 더 많은 현금이 필요하다. 기업은 현금을 주의 깊게 관리해서 현금을 유지해야 한다. 창업자에게는 종업원의 급여를 충당하기 위해 급히 은행에 가서 두 번째 주택 담보 대출을 받는 등 다채로운 일화가 많이 있다. 이는 일반적으로 기업이 매출을 일으키고 고객에게 받는 돈은 늦을 때 발생한다. 기업은 100만 달러의 매출채권을 보유할 수는 있지만 2만 5,000달러의 현금 급여를 충족시킬 수는 없다. 이것이 성장하는 기업을 다루는 모든 책에서 현금 유동성의 중요성을 강조하는 이유이다.

성장은 판매액 증가로 인해 현금 유동성 관리에 관련된 문제를 증가시키는 경향이 있다. 또한 성장은 운영, 마케팅, 회계 과정(채무 및 채권 추적), 인력에 대한 추가적인 투자 비용이 많이 들어갈 수 있다. Victory Marketing Agency의 대표인 Vinny Antonio도 이러한 사실을 강조한다.

> 빠르게 성장하는 회사의 자금 유동성 관리는 세계에서 가장 어려운 스도쿠 퍼즐보다 어렵다. 누가 누구에게 얼마나 빚을 졌는지 파악하고 지불 우선순위를 결정하는 일이 거의 전체 업무이다. 동시에 당신은 더 많은 성장을 추구하고 있지만 그렇게 되려면 추가 비용이 필요하다. 가장 큰 비용 중 하나가 경영진이다. 좋은 인재는 저렴하지 않으며, 당신은 종종 적절한 인재를 팀에 끌어들이기 위해 창의적인 방법을 찾아야 한다.[32]

일부 기업은 투자자나 은행에서의 신용 한도 등을 통해 성장 자금을 조달한다. 다른 기업은 자금 유동성 문제를 피하기 위해 성장 속도를 일부러 제한한다.

성공을 위한 파트너십

온라인 회사 주문 처리를 위한 세 가지 선택지

상상해보라. 당신은 전자상거래 사이트에 들어가서 운동화 한 켤레를 샀다. 신발이 다 닳았기 때문에 새 신발을 사는 일이 간절하다. 신발은 3일 후에 도착한다. 상자에서 신발을 꺼내보니 신발을 산 온라인 회사의 이름이 적혀 있다. 상자 안에 있는 주문서를 빠르게 살펴보니 구매한 사이트의 이름과 로고가 적혀 있다. 누군가가 신발이 어디서 배송되었는지 묻는다면 당신은 아마 신발을 산 온라인 회사가 소유하고 있는 창고에서 배송되었다고 말할 것이다.

실제로는 신발이 어디에서 배송되었는지 알 방법이 없다. 다음에서 볼 수 있듯이, 온라인 비즈니스가 주문을 처리하고 제품을 배송하는 방법은 세 가지이다. 각 선택 사항에는 장단점이 있다. 이 세 가지 선택지 중 두 가지는 다른 회사와 협력하는 것이다.

선택 #1 위탁 판매 업체와 협력하기: 위탁 판매(dropshipping)는 온라인 소매업자가 재고를 보유하지 않은 상태에서 주문을 받아 해당 주문을 제조업자, 도매업자, 기타 소매업자에게 전달해 이행하는 유통 전략이다. 예를 들어, 러닝화를 판매하는 온라인 사이트에서는 주문을 받는다. 그런 다음 해당 주문을 New Balance와 같은 적절한 배송업체로 전송한다. New Balance는 제품을 포장하고 보통 하루 이내에 제품을 발송한다. 제품은 온라인 소매업자의 이름과 로고가 붙어 있는 상자에 담겨 배송되며, 구매자는 그 차이를 알 수 없다. 온라인 소매업자의 관점에서 위탁 판매의 이점은 창고를 유지하거나 포장 및 배송 직원을 고용할 필요가 없다는 것이다. 또한 수요 예측이 필요 없으며 악성 재고에 연연하지 않아도 된다. 단점은 이윤 마진이 감소한다는 것이다. 온라인 소매업자는 각 주문의 이윤을 하나 이상의 위탁 판매 업체와 공유해야 한다.

선택 #2 물류 회사와 협력하기: 많은 온라인 회사는 자사의 창고, 포장, 배송을 처리해주는 풀필먼트 회사와 협력한다. Amazon Fulfillment, Shipwire, Rakuten Super Logistics는 이러한 풀필먼트 서비스의 예이다. 작동 방식은 다음과 같다. 온라인 회사는 일정 수의 제품을 판매한다. 이 제품들은 제조업체(들)로부터 풀필먼트 회사로 배송된다. 그런 다음 풀필먼트 회사는 온라인 회사의 재고를 받아서 태그를 붙여 보관한다. 온라인 회사가 주문을 받으면, 주문은 전산으로 풀필먼트 회사로 전송된다. 풀필먼트 회사는 그제서야 온라인 회사의 재고에서 상품을 꺼내 상자에 넣고 고객에게 배송한다. 상자는 온라인 회사에서 직접 배송한 것처럼 보인다. 풀필먼트 회사는 반품도 처리한다. 위탁 판매와 마찬가지로, 이 방식의 장점은 온라인 회사가 창고를 유지하거나 포장 및 배송 인력을 고용할 필요가 없다는 것이다. 단점은 풀필먼트 회사가 제공하는 서비스에 대한 비용이 든다는 것이다.

선택 #3 직접 주문 처리하기: 어떤 회사는 자사의 주문 처리를 직접 한다. 예를 들어, 여성 의류 회사인 Riffraff는 아칸소주 페이엣빌에 오프라인 매장을 두고 있다. 매장 옆에는 자사의 재고를 보관하고 모든 온라인 주문을 처리하는 창고가 있다. Riffraff가 판매하는 제품의 제조업체는 Riffraff의 재고를 직접 창고로 배송한다. 온라인 주문이 들어오면 Riffraff 직원은 창고 선반에서 상품을 찾아 상자에 넣고 고객에게 배송한다. 이 방식의 장점은 Riffraff가 프로세스를 직접 제어할 수 있어 더 엄격한 품질 관리가 가능하다는 것이다. Riffraff의 직원들이 상품을 처리하고 포장하며 고객에게 배송한다. 또한 직원들이 고객 반품도 처리한다. 단점은 회사가 창고를 유지해야 하고 포장 및 배송 인력을 고용해야 한다는 것이다.

세 가지 접근 방식 모두 장단점이 있기 때문에 최선의 선택은 없다. 많은 기업이 처음 시작할 때 자금보다는 시간이 더 많기 때문에 자체적으로 주문 처리를 한다. 또한 제품을 독특한 방식으로 포장하거나 배송하려는 회사라면 직접 처리하는 것이 가장 효과적일 수 있다. 반대로 상품 재고가 많은 회사의 경우 위탁 판매가 가장 좋은 선택일 수 있다. 예를 들어, eBags는 수천 개의 여행용 가방, 백팩, 액세서리를 판매하는 온라인 업체이다. eBags는 위탁 판매 방식을 사용하고 있는데, 이러한 모든 상품을 창고에 저장하는 것은 비용상 효율적이지 않기 때문이다. 마지막으로, 빠르게 성장하고 있는 기업은 풀필먼트 회사를 이용하는 것이 가장 좋을 수 있다. 풀필먼트 회사를 이용하면 기업 경영진은 주문 처리와 운송 대신 제품 개발, 고객 유치, 기업 확장에 집중할 수 있다.

비판적 사고를 위한 문제

1. 만약 회사가 트렌디한 제품을 판매한다면(예: 10대용 패션), 주문 처리 방법 중 어느 것이 가장 적합할까? 답변을 설명하라.
2. 회사가 제품 판매와 R&D에 모든 역량을 집중하려고 한다면, 주문 처리 방법 중 어느 것이 가장 적합할까?
3. RedStag Fulfillment(www.redstagfulfillment.com)는 미국 몇 개 도시에 거점을 두고 있는 스타트업 풀필먼트 서비스이다. RedStag의 웹사이트를 살펴보고, 이 회사가 러닝화와 의류를 판매하는 온라인 회사에 제공할 수 있는 풀필먼트 서비스를 설명하라.
4. 제14장으로 건너가서 도입부를 읽어보면 FilterEasy에 대해 언급하고 있다. 해당 글에 따르면, FilterEasy는 위탁 판매 업체인가, 풀필먼트 서비스를 이용하는가, 아니면 자체 창고를 보유하고 주문을 자체적으로 처리하는가? FilterEasy가 주문 이행과 배송과 관련해서 그러한 선택을 한 이유를 설명하라.

출처: Shopify Blogs, "Everything You Ever Wanted to Know About Third-Party Warehousing and Fulfillment," available at https://www.shopify.com/blog/60645957-everything-you-ever-wanted-toknow-about-third-party-warehousing-and-fulfillment (posted October 26, 2015, accessed April 13, 2017).

가격 안정성 회사 성장이 경쟁업체의 시장 점유율을 대가로 이루어진다면 가격 경쟁이 일어날 수 있다. 예를 들어, 근처에서 패스트푸드 레스토랑이 개업해서 Panera Bread의 시장 점유율이 감소하게 된다면, Panera Bread는 홍보나 가격 인하 등으로 반격할 것이다. 이러한 시나리오는 새로운 회사를 어려운 상황에 놓이게 하며, 사업을 시작할 때 왜 명확하게 정의한 목표 시장에서 차별화된 제품을 판매하는 것이 중요한지 설명해준다. 소규모 회사가 큰 경쟁업체와 정면으로 가격 경쟁을 벌이는 것은 좋지 않다. 다른 시장을 공략하고 그 시장을 특히 잘 공략함으로써 가격 경쟁을 회피하는 것이 가장 좋은 방법이다.

품질 관리 성장하면서 기업이 가장 어려워하는 도전 중 하나는 높은 수준의 품질과 고객 서비스를 유지하는 것이다. 기업은 성장하면서 점점 더 많은 서비스 요청과 서류를 처리하게 되며, 관심사항, 고객, 공급업체, 기타 이해관계자들과 씨름하게 된다. 기업이 증가하는 활동을 처리할 인프라를 충분히 구축하지 못하면 보통 품질과 고객 서비스가 나빠지게 된다. 많은 기업은 대개 닭이 먼저냐 달걀이 먼저냐와 같은 곤경에 처하게 된다. 실제 필요가 생기기 전까지는 추가 직원 고용이나 더 많은 사무 공간을 만들기 어렵지만, 기업이 필요할 때까지 기다리게 되면 일반적으로 충분한 직원이나 사무 공간이 없어 새로운 고객을 제대로 처리할 수 없다.

이러한 딜레마를 해결하기 위한 쉬운 방법은 없지만, 이러한 상황이 발생할 수 있다는 것을 인식하고 최선의 방법을 계획해야 한다. 많은 기업이 혁신적인 방법을 찾아 수용력을 늘려서 품질 관리나 고객 서비스의 결함을 피하려고 노력한다.

자본 제약 많은 기업이 비교적 저렴하게 시작하지만, 자본의 필요성은 일반적으로 조직 생애 주기의 초기 성장 및 지속적인 성장 단계에서 가장 두드러진다. 필요한 자본의 양은 기업 간에 크게 다르다. 식당 체인과 같은 일부 기업은 직원을 고용하고 건물을 건설하며 장비를 구입하는 데 상당한 자본이 필요할 수 있다. 그들이 필요한 자본을 조달하지 못하면 성장이 저해될 것이다.

대부분의 기업은 그들의 산업과 관계없이 성장을 촉진하는 프로젝트에 투자하기 위해 때로는 자본이 필요하다. 내부 자금 조달을 통해서든 은행이나 투자자를 통해서든 간에 자본을 조달할 수 있는 능력은 회사 성장 계획의 진행 여부를 결정할 것이다.

요약 Chapter Summary

1. 지속적인 성장은 수익과 이익이 장기간에 걸쳐 증가하는 것으로 정의한다. 성공적인 성장은 준비, 좋은 경영, 문제를 인식하는 것에 기인한다. 성장을 대비하기 위해 기업이 할 수 있는 세 가지 주요한 일은 비즈니스 성장의 본질을 이해하고 핵심 전략에 헌신하는 것과 성장을 계획하는 것이다. 이러한 의미에서 기업 성장은 우발적이거나 우연한 사건이 아니다. 기업이 의도적으로 추구하는 것이다.
2. 기업이 수익성과 가치를 높이기 위해 성장하는 가장 일반적인 이유 여섯 가지는 다음과 같다. ① 규모의 경제를 확보하는 것(즉, 생산량을 늘림으로써 각 생산 단위의 평균 비용을 낮출 때 발생하는 경제성), ② 범위의 경제를 확보하는 것(규모의 경제와 유사하게, 범위의 경제는 기업의 작업 범위에 따라 발생하는 이점들이다), ③ 시장 지배력을 확보하는 것(즉, 기업이 경쟁하는 산업이나 산업 부문에서 1위 또는 2위를 차지할 때 발생하는 것), ④ 영향력, 권력, 생존성을 유지하는 것(기업이 산업 표준을 설정하는 데 영향을 미치고, 잘못을 해도 계속 운영할 수 있을 정도의 규모와 범위를 보유하는 조건), ⑤ 핵심 고객의 증가에 대응하는 것(중요한 고객의 제품 또는 서비스 수요 확장에 대응하는 능력), ⑥ 유능한 직원을 유치하고 유지할 능력을 유지하는

것(가장 우수한 직원들은 학습과 성장 기회를 쉽게 제공할 것으로 예상되는 기업에서 일하길 원한다).

3. 많은 기업은 성장과 기업 관리에 따른 도전에 대해 미리 준비하지 못해서 당황한다. 기업의 매출액이 증가하면 활동 속도가 빨라지고, 자원 수요가 증가하며, 창업자는 종종 이전보다 바빠졌다는 것을 깨닫는다. 연구 결과, 대다수의 기업은 조직 생애 주기라고 불리는 일련의 단계를 거친다. 이 단계는 도입, 초기 성장, 지속적 성장, 성숙기, 쇠퇴기 단계를 포함한다. 도입 단계는 기업이 자신의 강점과 핵심 능력이 무엇인지 판단하고 최초 제품 또는 서비스를 판매하기 시작할 때 발생한다. 기업은 일반적으로 문서화된 규칙이나 절차가 없는 매우 비구조적인 성격을 가지고 있다. 주요 목표는 시장에서 좋은 출발을 하고 관심을 끌려는 것이다. 기업의 초기 성장 단계는 판매액이 증가하면서 복잡도가 증가한다. 기업이 이 단계에서 성공하기 위해서는 ① 기업의 창업자 또는 소유주가 기업의 모든 측면을 직접 감독하는 역할에서 좀 더 관리적인 역할로 전환하고, ② 더 많은 구조화가 이루어져야 한다. 가장 어려운 결정은 일반적으로 지속적인 성장 단계에서 이루어진다. 한 가지 어려운 결정은 기업의 소유주와 현재 경영진이 기업을 더 멀리 이끌 수 있는 경험과 능력을 가지고 있는지 여부이다. 성숙기 단계에서는 기업의 성장이 둔화되고, 결국 제품이나 서비스 혁신을 생성할 능력도 둔화된다. 쇠퇴기 단계에서는 기업의 판매가 급격하게 감소한다. 또한 기업과 고객, 공급업체, 직원, 금융 기관과 같은 이해관계자와의 관계 품질도 악화된다.

4. 기업 성장의 각 단계에서 영향을 미치는 공통적인 문제들이 있다. 이 중 첫 번째 문제는 '관리 능력 문제'이다. 이 문제는 기업이 새로운 비즈니스 아이디어를 구현할 수 있는 관리 능력(인력, 전문성, 지적 자원)이 제한된다는 것을 시사한다. 기본적인 아이디어는 관리 능력이 부족하면 기업이 성장에 대한 흥미로운 아이디어가 있더라도 구현할 수 없다는 것이다. 두 번째 주요 도전 과제는 '일상적인 성장 관련 문제'로, 네 가지 부분으로 구성된다. 일상적인 성장 관련 도전 과제는 현금흐름 관리(기업이 필요한 만큼의 현금을 항상 보유하고 있는지 지속적으로 확인해야 함), 가격 안정성(대규모 경쟁업체와 경쟁해 이에 대응하기 위해 가격 경쟁에서 불리한 상황을 맞이하는 신생벤처기업), 품질 관리(성장함에 따라, 기업이 고객들이 요구하는 제품이나 서비스의 품질을 유지하기 점점 어려워질 수 있음), 자본 제한(초기 및 지속적인 기업 성장을 지원하기 위해 필요한 자금을 찾는 문제)을 포함한다.

주요 용어 Key Term

관리 능력 문제	도덕적 해이	성장 속도	창업 서비스
관리 서비스	범위의 경제	시장 지배력	핵심 역량
고정 비용	변동 비용	역선택	
규모의 경제	생산적 기회 집합	지속적인 성장	

복습 문제 Review Question

1. 지속적인 성장이란 무엇인가? 그것이 중요한 이유는 무엇인가?
2. 대부분의 기업은 신속한 성장 기업으로 분류할 수 있는가? 답변을 설명하라.
3. 기업 성장의 잠재적인 단점은 무엇인가?
4. 모든 기업이 공격적인 성장 기업이 될 수 있는 가능성이 있는가? 그 이유는 무엇인가?
5. 기업이 지나치게 빠르게 성장할 수 있는가? 그렇다면 이것의 잠재적인 단점은 무엇인가?
6. 왜 일부 기업은 성장하거나 운영 규모를 확대하는 것이 어려운가?
7. 성장을 위한 계획 수립의 이점은 무엇인가?
8. 성장을 준비할 때 고려해야 할 요소는 무엇인가? 기업이 너무 빠르게 성장하고 있다는 것을 나타내는 지표는 무엇인가?
9. 기업이 성장을 추구하는 이유는 무엇인가? 기업이 규모의 경제를 달성하는 방법은 무엇인가?
10. 기업의 성장률이 인재를 유치하고 유지하는 능력에 미치는

영향은 무엇인가?

11. 기업이 성장을 관리하지 못할 때 어떤 결과가 발생하는가?
12. 관리 능력 문제란 무엇인가?
13. 역선택이란 무엇이며, 창업기업에 어떤 영향을 미칠까?
14. 도덕적 해이란 무엇이며, 창업기업에 어떤 영향을 미칠까?
15. 혁신적인 성장을 위해 기업이 현금흐름 관리를 하는 것이 왜 중요한 문제인가?
16. 급속한 성장 기업은 잠재적인 현금흐름 부족을 어떻게 처리할까?
17. 가격 안정성이 혁신적인 성장 기업에 중요한 문제인 이유는 무엇인가?
18. 이 장에서는 급격한 성장과 관련해서 가장 어려운 도전 중 하나가 품질 관리라고 언급한다. 이것이 그렇게 어려운 이유는 무엇인가?
19. 역선택과 도덕적 해이의 이중 도전 과제를 설명하라.
20. 기업이 성장하는 데 비용이 많이 드는 이유는 무엇인가?

응용 문제 Application Question

1. Sean Damsey는 최근 6개월 동안 버짓 호텔을 운영하며 상당히 잘 진행하고 있다. 그는 빠른 조사를 통해 그의 마을이 아직도 특히 주말과 휴일에 방문하는 관광객을 수용할 수 있는 호텔이 충분하지 않다는 것을 발견했다. 현재 Sean Damsey의 호텔을 포함해 세 개의 호텔만 있다. Sean은 확장을 계획하고 동일한 지역에서 다른 호텔을 시작할 계획이다. 그러나 사업이 너무 빨리 성장해 성장을 관리할 수 없을 것 같아 걱정하고 있다. 그에게 어떤 조언을 해줄 수 있을까?
2. Joanna Collins와 Pete Stash는 최근 교외에 고급 레스토랑을 오픈했다. 그들은 매우 열정을 쏟으며 성공적인 비즈니스 성장을 기대하고 있다. 그러나 Joanna와 Pete는 신규 사업가이며, 레스토랑 사업은 처음이라 경험이 부족하다. 친구인 Stanley Black이 이탈리안 레스토랑을 5년째 운영하고 있어 Joanna는 그에게 조언을 구하려고 한다. Stanley가 성장하는 기업의 일상적인 도전에 대해 어떻게 대처해야 할지 조언해줄 수 있을까?
3. Patty Stone은 Get Smart Industrial이라는 산업용 장비 회사를 소유하고 있으며, 석유 서비스 산업에서 세 가지 제품을 판매하고 있다. Get Smart의 제품은 직접 판매 인력을 통해 판매한다. Patty는 새로운 제품을 추가해 기업을 성장시키려고 하지만, 최고재무책임자(CFO)가 이에 저항하며 새로운 제품 추가는 재고 비용을 증가시키고 회사의 현금흐름에 부담을 줄 것이라고 주장한다. Patty는 CFO의 우려를 이해하지만, 기업을 효과적으로 성장시키는 방법으로 새로운 제품을 추가하는 것에 찬성할 수 있는 근거는 무엇일까?
4. 3년 전, Chris Dees는 당뇨병 환자를 위한 제품을 제공하는 의료 제품 회사를 창업했다. 그의 회사는 해당 산업에서 1위이다. 최근 경쟁업체 몇 개가 등장해 Chris는 1위를 유지하기 위해 싸워야 할 가치가 있는지 의문을 가지고 있다. 기업 성장 측면에서 시장 선도 업체가 가지는 이점은 무엇인가?
5. Kyle Simms는 아버지의 뒤를 이어 캘리포니아주 미션 비에호에 있는 소비재 회사의 CEO가 되었다. 가족 사업으로 복귀하기 전까지 Kyle은 신시내티의 Procter & Gamble에서 11년간 근무한 경험이 있다. Kyle의 아버지는 튼튼한 회사를 만들었지만, 지난 5년간 회사 성장은 둔화되었다. Kyle은 회사를 성장시키고 싶지만, 건강한 기업 문화를 해치지 않거나 성장 능력을 초과하지 않으려 한다. Kyle이 "어떻게 이 조심스러운 균형을 유지할 수 있을까?"라는 질문을 했다. 당신은 무엇을 조언할 것인가?
6. Yolande는 작은 컴퓨터 및 전자 제품 수리 비즈니스를 운영하고 있다. 최근에 수리 수요에 변화가 생겼다. 노트북 수리는 작업의 70%에서 10% 미만으로 감소했다. 태블릿은 거의 20% 증가했으며, 스마트폰은 이제 70%이다. 데스크톱 컴퓨터 수리는 드물다. 이 수치가 전하는 바는 무엇이며, 그녀는 미래를 대비해 어떤 준비를 해야 할까?
7. Meredith Colella는 육류 포장에 대한 혁신적인 접근 방법을 개발한 식료품 엔지니어이다. 그녀의 방법은 대부분의 육류 제품의 유통 기한을 약 30% 연장시킬 것이다. Meredith는 투자자에게 이 아이디어를 판매하려고 준비 중이다. 투자자에게 빠른 성장의 어려움에 대처할 준비가 되어 있다는 확신을 줄 수 있는 말은 무엇일까?
8. 25년의 경험이 있는 기업가 Martin Perry는 지역 자치단체에서 자신의 경험을 바탕으로 창업에 도전하는 젊은 기업가들을 위해 강연을 하게 되었다. 이미 기업가정신 워크숍에 참석한 이들에게 Matthew의 강연은 어떤 내용을 다루어야 할까?

9. Bruce Steven은 당신의 지역에서 유명한 기업가이다. 그는 지난 10년간 피트니스 센터를 운영해왔으며 이웃과 주변 지역의 모든 사람이 그의 회원이다. 그는 센터의 성장이 둔화되어 비즈니스에 대한 열정을 잃어가고 있다고 설명했다. 그에게 다음 단계의 행동 계획에 대해 설명해보자.

You Be The VC 13.1

회사명: Double Robotics

• Web: www.doublerobotics.com • Facebook: Double Robotics • Twitter: @doublerobotics.com

사업 아이디어: 원격으로 로봇의 몸체를 조종할 수 있는 텔레프레전스 로봇을 디자인하고 제조해, 사람이 수백 마일, 수천 마일 떨어져 있어도 사무실, 학교, 기타 시설을 자유롭게 이동할 수 있게 하기

개요: 어떤 이유에서든지 물리적으로 있는 장소와는 다른 곳에서 가상으로 존재하고 싶어 하는 상황이 많이 있다. 예를 들어, 한 장소에 있는 과학자나 엔지니어가 다른 장소의 동료들과 상호작용하며 하루를 보내고 싶어 하는 경우가 있다. 짧은 회의는 Skype와 같은 화상 회의 도구로 쉽게 이루어질 수 있다. 그러나 Skype는 각 참여자가 화면을 투사하는 모니터에 액세스할 수 있는 단일 장소에 참여를 제한한다. 만약 한 장소에서 다른 장소에 가상으로 존재하고, 다양한 동료들과 함께 사무실에서부터 연구소까지 이동하며 상호작용하고 싶다면 어떨까?

Double Robotics는 이러한 상호작용을 용이하게 하는 솔루션을 만들었다. 이 솔루션은 Double이란 이름의 로봇으로, 바닥에 두 개의 바퀴가 있고 그 위로 눈높이까지 올릴 수 있는 기둥이 있다. 기둥 위에는 iPad가 장착되어 있다. 전 세계 어디에서든 컴퓨터, iPad, 스마트폰에서 iPad에 로그인해 로봇을 조종하면서 함께 있는 모든 사람과 상호작용할 수 있도록 양방향 오디오와 비디오를 스트리밍할 수 있다. Double Robotics의 웹사이트에는 Double의 다양한 사진이 있다. 미래적이고 미니멀한 디자인으로 고안된 이 로봇은 iPad가 장착된 기둥이 높이 조절이 가능해 앉아서나 서서 있는 사람들의 눈높이에 맞춰진다. 세그웨이 스타일의 바닥은 고효율 모터를 사용해 한 번 충전으로 최대 8시간 동안 움직일 수 있다. 터치 기반 인터페이스로 Double을 제어하는 것이 쉽고, 가속도계와 자이로스코프가 장치를 안정적으로 유지하며, 이동을 완료하면 이중 킥스탠드가 튀어나와 배터리를 쉴 수 있게 해준다. Double의 최초 가격은 3,000달러이다.

Double은 적용 분야가 다양하다. 먼저 서로 다른 위치에서 상호작용해야 하는 동료들에게 최고의 도구이다. 대부분의 직원은 통화 약속을 잡거나 화상 채팅을 위해 컴퓨터나 노트북을 설정하는 것이 어렵다는 것을 알고 있다. Double을 사용하면 예를 들어 피닉스에 있는 한 엔지니어나 임원이 두 번째 시설이 있는 솔트레이크시티의 Double 로봇에 로그인해 사실상 사무실에서 사무실로 이동하면서 다른 위치에 있는 동료들과 상호작용할 수 있다. 이 외에도 다른 용도가 있다. 예를 들어, 의료 상황으로 인해 학교에 참석할 수 없는 학생들을 대신하기 위해 학교에서 Double을 사용할 수 있다. 뉴욕시의 한 공립학교에서는 근위축증으로 인해 움직임에 심한 제약이 있는 한 2학년 학생을 수용하고 있다. 그녀는 일부 시간은 학교에 다닐 수 있지만 상황에 따라 모든 시간을 다닐 수는 없다. 그녀는 Double을 통해 선생님과 동급생들을 볼 수 있으며 수업 활동에 참여할 수 있다.

- 이 장에서 다룬 자료를 바탕으로, 투자를 결정하기 전에 회사 설립자에게 어떤 질문을 할 것인가? 어떤 대답이 여러분을 만족시킬까?
- 개요와 회사 웹사이트에 제공된 정보만 보고 투자 결정을 내려야 한다면 이 회사에 투자하겠는가? 왜 그러한가? 혹은 왜 그렇지 않은가?

You Be the VC 13.2

회사명: Savioke

• Web: www.savioke.com • Facebook: Savioke • Twitter: @Savioke

사업 아이디어: 호텔 직원이 다른 고객 서비스에 집중할 수 있도록 호텔 손님에게 스낵과 필요 용품을 배달하는 호텔 배달 로봇 개발하기

개요: 호텔은 종종 최소한의 직원으로 운영된다. 그 결과로 손님이 룸서비스 식사나 간식을 주문하면 배달이 이루어지기까지 시간이 오래 걸리게 되어 고객 경험을 떨어뜨리게 된다. 동시에 호텔은 비용을 줄이기 위해 노력하고 있다. 이는 Airbnb와 같은 대체 시설들이 많은 호텔의 점유율과 수익을 감소시켰기 때문이다.

Relay는 Savioke Inc.의 창조물로, 호텔의 이러한 문제에 대한 중요한 해결책이다. Relay는 〈Star Wars〉 시리즈의 사랑받는 로봇인 R2D2와 비슷한 디자인의 배달 로봇이다. 평평한 윗면에는 자물쇠가 걸려 있고 자동으로 열리는 뚜껑이 있다. 앞쪽에 센서가 있어 누구와도 부딪히지 않으면서 길을 잃지 않고 복도를 지나갈 수 있다. 전형적인 사용 사례는 다음과 같다. 누군가가 호텔 프런트 데스크에 전화를 걸어 몇 개의 수건이 더 필요하다고 말한다. 프런트 데스크 직원은 수건을 Relay 안에 넣고 방 번

호를 입력한 뒤 Relay를 보낸다. Relay는 엘리베이터를 타고 지정된 층과 방으로 이동하며 방에 전화를 걸어 전화를 받는 손님에게 "Relay가 귀하의 배달물과 함께 문 앞에 있습니다"라는 자동 음성을 전달한다. 문이 열리면 Relay의 뚜껑이 열리고 손님이 수건을 받는다. Relay는 손님 앞에 몇 초 동안 머무르며 상호작용을 한다. 미리 프로그래밍된 "불편한 게 없나요?"와 같은 말을 한 뒤 자리를 떠나 메인 데스크로 돌아간다.

호텔에서 Relay는 간단한 배달 업무를 수행해 배달 시간을 단축시키고 호텔 직원들이 다른 일에 집중할 수 있게 도와준다. Relay는 호텔에 추가적인 수익원도 제공한다. 많은 호텔에서 밤시간엔 프런트 데스크에 한 명만 있기 때문에 늦은밤에는 배송을 할 수 없다. Relay는 새벽 3시에 전자레인지용 피자와 스낵을 배달할 수 있다. Relay는 현재 샌프란시스코 베이 지역과 로스앤젤레스의 12개 호텔에서 운용하고 있으며 1만 2,000건 이상의 배달을 성공적으로 완료했다. Relay가 수행하는 업무와 더불어 Relay가 제공하는 참신한 요소는 고객 경험을 향상시키는 데 기여한다.

Relay가 호텔에 존재하는 것은 서비스 산업에서의 첫 번째 응용일 뿐이다. Relay의 창조자인 Savioke는 최첨단 로봇 배송 기술의 선구자이다. Savioke의 목표는 Relay 및 유사한 로봇 기술을 노인 복지 등의 다양한 서비스 분야에도 도입하는 것이다. 회사는 현재 국립과학재단으로부터 그들의 작업을 확대하기 위한 보조금을 받고 있다. 성과를 인정받아 Savioke는 최근 Robotics Business Review 선정 최고의 소비자 솔루션 부문에서 게임 체인저(GameChanger) 상을 수상했다.

- 이 장에서 다룬 자료를 바탕으로, 투자를 결정하기 전에 회사 설립자에게 어떤 질문을 할 것인가? 어떤 대답이 여러분을 만족시킬까?
- 개요와 회사 웹사이트에 제공된 정보만 보고 투자 결정을 내려야 한다면 이 회사에 투자하겠는가? 왜 그러한가? 혹은 왜 그렇지 않은가?

사례 13.1 CASE

Sir Kensington's: 서두르지 않으면서 유망한 성장 추구하기

• Web: www.sirkensingston.com • Facebook: Sir Kensingston's • Twitter: @sirkensingstons

Bruce R. Barringer(오클라호마주립대학교)
R. Duane Ireland(텍사스A&M대학교)

소개

2008년 초, 브라운대학교의 동기였던 Scott Norton과 Mark Ramadan은 점심을 먹고 있었다. 그들은 음식에 대해 이야기하다가 흥미로운 주제에 눈길이 갔다. 대부분의 음식에는 많은 선택지가 있다. 우유를 생각해보라. 다양한 우유 브랜드뿐 아니라 일반 우유, 2% 저지방 우유, 탈지유와 더불어 두유, 쌀 우유, 아몬드 우유, 코코넛 우유도 있다. 시리얼, 요구르트, 머스터드, 소스도 마찬가지이다. 그러나 유일하게 선택지가 하나인 제품이 있는데, 그것은 케첩이다. Heinz 케첩 말이다. 두 사람은 그것이 그렇게 된 이유와 그것에 대해 무언가 할 수 있는 것이 있는지 궁금해졌다.

두 사람은 어떤 이유에서인지 새로운 케첩 브랜드를 만드는 아이디어에 흥미가 끌렸다. 그들은 브랜드를 만들 수 있는 매력적인 무언가를 만들고 싶었고, 그것이 그들의 가치를 반영하는 것이어야 했다. 대부분의 케첩은 토마토 농축액, 옥수수 시럽, 식초, 양파 분말로 만들어진다는 것을 알게 되었다. 그래서 그들은 만약 케첩을 만든다면 신선한 토마토, 사탕수수 설탕, 양파 분말 대신 진짜 다진 양파 등 천연 재료로 만들어야겠다고 빠르게 결정했다. 그들은 대부분 Norton의 아파트에서 레시피를 만들어 보았다. 초기 레시피를 시험해보기 위해 친구들을 케첩 파티에 초대했다. 여덟 가지 다른 케첩을 준비해서 블라인드 테스트를 실행했다. 두 사람은 친구들에게 맛, 질감, Heinz와의 유사성 등 여러 가지 기준으로 맛을 평가해달라고 요청했다. 일반 맛과 매운맛 두 가지가 가장 좋았다. 이에 두 케첩을 병에 담아 출시해보기로 결정했다.

다음 단계를 진행하기 전에, 두 사람은 브랜딩에 대해 많이 생각해봤다. 그들은 본능적으로 천연 재료와 맛만으로는 원하는 주목을 받을 수 없다는 것을 알고 있었다. 그들의 케첩은 식료품 가게의 진열장에서 뛰어나게 보여야 했다. 그들은 Sir Kensington's라는 케첩 병에 그려질 가상의 상인 이름을 상상해봤다. 그들은 또한 병과 라벨을 독특하게 만들기로 결정했다. 플라스틱 튜브 용기 대신 윗부분이 좁지 않고 넓은 굵은 사각형 병을 선택했다(그래서 케첩을 병에서 짜는 대신 수저로 떠먹을 수 있다). 그들은 또한 케첩 병이 아닌 고급 음식처럼 보이는 라벨을 디자인해 인쇄했다.

2009년에는 Norton과 Ramadan이 학교를 졸업하고 비즈니스 세계에서 일자리를 구했다. 그들은 Sir Kensington's 아이디어를 살려두었고, 파트타임으로 프로젝트를 계속했다. 2010년에는 두 사람 모두 전통적인 일자리를 떠나 Sir Kensington's에 전념하기 시작했다.

초기 성장

2010년 6월, Sir Kensington's가 뉴욕의 연례 팬시 푸드 쇼에서 데뷔했다. 쇼 이후, Norton과 Ramadan은 거리로 뛰쳐나와 판매를 시도했다. 이들의 노력은 임의대로 한 것이 아니었다. 그들은 기술 채택 수명 주기를 알고 있었으며 이를 비즈니스에 적용하기로 결정했다. 기술 채택 수명 주기의 단계는 혁신자, 초기 수용자, 초기 다수수용자, 후기 다수수용자, 지각 수용자이다. 이 장에서 설명한 대로, 생애 주기는 종종 1991년에 Geoffrey A. Moore가 처음 소개한 '틈 메꾸기' 개념과 관련되어 있다. 요약하자면, 생애 주기 개념은 기업이 혁신자로 시작해서 각 단계에서 단단하게 자리를 잡은 후 다음 단계로 이동해야 한다고 주장한다. 가장 어려운 전환은 초기 수용자에서 초기 다수수용자로의 전환이다. 혁신자와 초기 수용자는 새로운 것을 시도하기를 즐기는 사람들이다. 초기 다수수용자는 대중 고객이다. 기업이 초기 수용자에서 초기 다수수용자로 이동할 때 '틈 메꾸기'라는 말이 나온다. 기술 채택 수명 주기 다이어그램이 그림 13.5에 나와 있다.

위에서 언급된 이론들과 일치하게, Norton과 Ramatan은 Sir Kensington's 케첩을 처음 채택할 수용자로 독립 식료품점을 대상으로 설정했다. 독립 상점은 새로운 선택을 찾는 '혁신자'에게 매력적인 곳이다. Norton과 Ramatan은 혁신자를 유인하는 방법에 대해 많은 고민을 했다. 중요한 부분 중 하나가 제품 포장이었다. 그들은 남달라 보이며 Sir Kensington's의 가치를 전달할 수 있는 병과 라벨을 만드는 데 많은 노력을 기울였다. 그들은 결국 케첩 코너에서 흔하게 찾아볼 수 없는 짧고, 굵으며, 위쪽에 넓은 구멍이 있는 병과 전면에 Sir Kensington's 이미지가 눈에 띄게 보이는 라벨을 만들어냈다. 이 조합이 혁신자를 동기부여할 것이라고 생각했다. 이제 혁신자의 손에 들어가면 라벨이 중요한 역할을 할 것이다. 라벨은 Sir Kensington's 케첩과 다른 케첩의 명확한 차이점을 나타낸다. 이 라벨은 구매자에게 Sir Kensington's 케첩이 엄선한 천연 원료로 만들어졌으며, 전통적인 케첩의 절반 수준의 설탕과 소금이 들어가 있다는 것을 상기시켜 준다. 이것이 판매를 완성시킬 것이라고 생각했다. 첫 번째로 승낙을 받은 곳은 뉴욕 그리니치 빌리지의 독립 식료품점인 Murray's Cheese였다. 다른 독립 상점들도 빠르게 따라갔다. 이 초기 성공을 기반으로, Norton과 Ramatan은 Dean & DeLuca, Williams-Sonoma, Whole Foods 등을 확보할 수 있었다. 그러나 쉽게 이루어진 것은 아니었다. 예를 들어, Whole Foods는 다양한 카테고리의 제품을 체험해볼 수 있는 시즌이 있었다. Norton과 Ramatan은 Whole Foods의 일정을 알고 있는 식품 브로커와 관계를 형성해서 적절한 때 소개를 받았다. 첫해에 1만 병을 판매했다.

2012년경에는 레스토랑이 그 뒤를 이었는데, 일반적으로 새로운 식품 회사가 공략하기에는 소매점보다 더 어렵다. 특히 케첩 같은 제품에 대해서는 더 그렇다. 소매업자들은 케첩을 판매하며, 이를 통해 수익을 얻는다. 반면 레스토랑은 케첩을 무료로 제공하며, 이는 비용이 든다. Sir Kensington's는 프리미엄 가격이었다. 그 결과, 어려운 판매였다. 최종적으로는 Four Seasons 호텔을 비롯해 대체로 Sir Kensington's 제품과 브랜드를 좋아하는 몇몇 하이엔드 레스토랑과 계약을 체결했다. Four Seasons와 계약하자 다른 하이엔드 레스토랑들을 설득하는 것이 더 쉬워졌다.

틈 극복하기

2013년, Norton과 Ramatan은 Sir Kensington's가 틈을 극복하기에 적합한 시기라고 결정했다. 이것은 혁신자와 초기 수용자가 아닌 일반 대중에게 맞추는 방법을 찾는 것을 의미한다. 또한 Safeway와 Target과 같은 보다 일반적인 매장과 Amazon.com과 같은 온라인 매장에서 판매할 수 있는 기회가 생긴 것도 이러한 변화를 야기했다. 앞서 언급한 대로, 틈을 극복하는 것은 쉽지 않다. 혁신자와 초기 수용자에게 매력적인 제품과 스타일이 꼭 일반 대중에게 매력적인 것은 아니다. Norton과 Ramadan이 직면한 과제는 일반 소비자가 구매를 원활만한 방식으로 제품을 좀 더 부드럽게 만드는 동시에 제품의 품질과 특성을 유지하는 것이었다.

이동을 준비하면서 몇 가지 변화가 이루어졌다. Sir Kensington's의 이미지가 변경되었다. 원래 Sir Kensington's는 패셔너블한 콧수염을 깔끔하게 다듬은 단정한 모습이었다. 새로운 Sir Kensington's는 좀 더 행복한 표정과 더 덥수룩한 수염을 하고 있다. 이는 일반 소비자들이 행복한 Sir Kensington's를 자신의 집으로 초대하기 더 편할 것이라고 생각했기 때문이다. 또한 제품의 맛은 일반 대중에게 더 매력적으로 다가갈 수 있도록 약간 조정되었다. Norton과 Ramadan은 이러한 변화가 제품이나 회사의 정체성을 저해하지 않을 것이라고 느꼈다. 그들은 단지 제품을 일반 대중에게 더 매력적으로 바꾸는 것이었다. 다음 쪽의 사진은 두 Sir Kensington's 케첩 제품을 비교한 것이다.

이러한 전환은 성과를 거두었으며, Sir Kensington's는 틈을 극복했다. 2014년 초가 되자, 미국 내 3,000개 이상의 상점과 많은 레스토랑 및 레스토랑 체인에서 제품을 구매할 수 있게 되었다.

그림 13.5 기술 채택 수명 주기

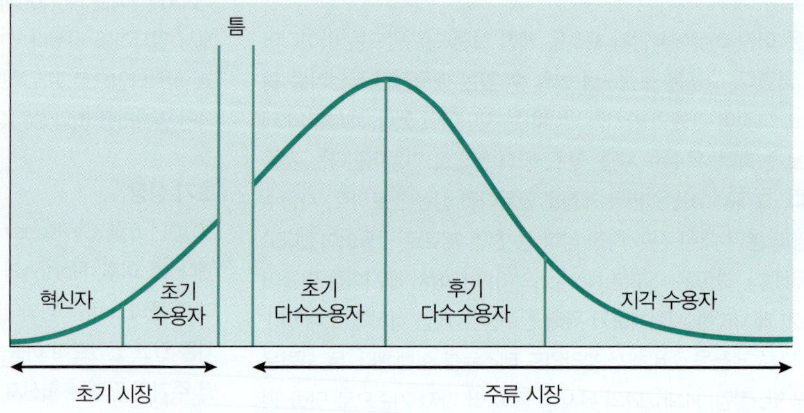

Kensington + Sons, LLC.

초기 Sir Kensington's 병(왼쪽)과 새로운 Sir Kensington's의 병(오른쪽)을 비교한 사진. 초기 Sir Kensington's는 꽤 딱딱한 모습을 하고 있는 반면, 새로운 Sir Kensington's는 좀 더 행복한 모습이다. 회사는 주류 소비자들이 행복한 모습의 Sir Kensington's를 더 좋아할 것이라고 생각했다.

오늘날 Sir Kensington's

새로운 제품 라인을 추가하는 것이 회사 성장을 위한 명백한 길이지만, Norton과 Ramadan은 잠시 그 유혹을 뿌리쳤다. Sir Kensington's 케첩이 Heinz의 케첩 시장 독점에 대안을 제공하므로 어느 정도는 성공적이라고 느꼈기 때문이다. 그것은 많은 제품에 대해서는 사실이 아니었는데, 2008년 그들이 처음 케첩에 대해 이야기할 때 소비자들이 선택할 수 있는 선택지가 매우 적다는 것을 발견했기 때문이다. 그들은 나중에 많은 식당이 Sir Kensington's 케첩과 머스터드를 일치시키기를 원한다고 말했다는 것을 관찰했다. 그러나 놀랍게도, 소비자들은 많은 머스터드 선택지를 가지고 있다. Norton과 Ramadan은 케첩을 판매하는 데 유리한 모든 것이 머스터드를 판매하는 데는 불리하다는 것을 느꼈다.

2014년, Sir Kensington's는 두 가지 종류의 마요네즈(클래식과 치폴레)를 추가해 제품 라인을 확장했다. 케첩과 마찬가지로 마요네즈 브랜드도 많지 않기 때문에 Norton과 Ramadan은 익숙한 영역에 있다. 2015년에는 스파이시 브라운 머스터드, 디종 머스터드, 옐로 머스터드 세 가지 종류의 머스터드를 추가했다. 2016년에는 두 가지 종류의 파바네이즈(마요네즈 대체품)를 추가했다. 이 제품은 일반 마요네즈 대신 병아리콩과 물로 만든 천연 계란 대체품인 아쿠아파바를 사용해 만들어졌다. 파바네이즈는 비건, 알러지가 있는 사람들 또는 일반 마요네즈 대신 더 좋은 맛을 선호하는 소비자들을 대상으로 한다.

Sir Kensington's는 더 큰 성장을 위한 야심 찬 계획을 가지고 있다. 2015년에 회사는 850만 달러의 자금을 조달했다. 흥미로운 점은 회사가 커질수록 더 높은 품질의 원료를 조달하기가 더 쉬워진다는 것이다. Norton과 Ramadan은 Sir Kensington's가 조미료에 국한되는 캐릭터나 브랜드가 아니라는 것을 강조하며, 최종 목표는 음식 세계에 족적을 남기고 음식을 통해 사람들의 삶을 개선하는 것이다.

토의 문제

1. 이 장의 초반부에서 성장 준비의 필요성에 대한 논의가 있다. Scott Norton과 Mark Ramadan이 성장을 완전히 이해하고 그에 대한 영향을 파악하기 위해 취한 조치는 무엇인가?
2. 이 장에서는 핵심 역량이란 기업이 특히 잘하는 것이라고 했다. Sir Kensington's의 핵심 역량은 무엇인가? 이러한 핵심 역량은 얼마나 지속 가능한가?
3. 조직 생애 주기를 보여주는 그림 13.2를 살펴보라. Sir Kensington's가 위치한 단계는 어디인가? 이 단계에서 Sir Kensington의 창업자들은 어떤 문제에 특히 민감해야 할까?
4. Sir Kensington's의 성장 방식을 연구함으로써 창업가가 학습할 수 있는 성장 가능성에 대한 네 가지 핵심 교훈은 무엇인가?

출처: Sir Kensington's website, www.sirkensington.com (accessed April 13, 2017); M. Watrous, "Sir Kensington's Making Bold Moves in Condiment Category," *Food Business News*, December 2, 2015; Sir Kensington's Gourmet Ketchup LORE Workshop, available online at http://www.youtube.com/watch?v=21JjzvXgsD4 (posted October 5, 2012, accessed April 14, 2017).

사례 13.2

CASE

Airbnb: 모범적인 방식으로 성장 과정을 거치며 발전하기

• Web: www.airbnb.com • Facebook: Airbnb • Twitter: @Airbnb

Bruce R. Barringer(오클라호마주립대학교)
R. Duane Ireland(텍사스A&M대학교)

소개

모든 것은 두 명의 디자이너 지망생이 월세를 내기 위해 돈이 필요했기 때문에 시작되었다. 2007년 10월, Brian Chesky와 Gebbia는 샌프란시스코에서 아파트를 공유하고 있었다. 국제 디자인 콘퍼런스가 도시에서 열릴 예정이었다. 두 사람은 콘퍼런스 웹사이트에 나와 있는 모든 호텔이 매진되어 있음을 알아챘다. 이들은 자신들의 아파트 공간을 콘퍼런스 참가자들에게 임대해서 돈을 벌 수 있을 것이라는 생각을 했다.

그들은 서랍 속에 있는 에어베드 몇 개를 꺼내 서로에게 "이거야. 우리는 적어도 주말 동안에는 AirBed & Breakfast가 될 거야"라고 말했다. 두 사람은 빠르게 웹사이트(www.airbedandbreakfast.com)를 디자인해서 게시했고, 아파트에 있는 세 개의 공간을 꾸몄다. 그들은 마지막 순간에 콘퍼런스 참석을 결정한 수백 명의 남성이 몇 명 올 것이라고 생각했다. 그러나 그들의 비즈니스와 시장에 대한 모든 가정을 깨는 세 명의 고객을 받게 되었다. 첫 번째 고객은 인도 출신인 남성이었는데, 그는 아파트 공간을 제공하는 웹사이트를 만들었다는 것을 믿을 수 없었다. 두 번째는 보스턴 출신 35세 여성이었고, 세 번째는 유타에서 온 다섯 자녀의 아버지였다.

이 초기 경험은 Chesky와 Gebbia에게 더 큰 기회가 있을 수 있다는 생각이 들게 했다. 그들은 콘퍼런스를 위해 자신의 공간을 임대해서 약 1,000달러의 좋은 수익을 얻었다. 두 사람은 또한 그들이 지망하는 분야와 정확히 같은 분야에 종사하는 뛰어난 디자이너 세 명을 만날 수 있었다. 또한 손님이 자신들의 아파트에서 머문 경험에 대한 피드백을 고려하기 시작했다. 그들은 이 경험에서의 소셜 요소를 좋아했다. 두 사람은 충분하게 갖춰진 호텔에서 머무는 대신 샌프란시스코를 알고 있는 다른 디자이너들과 함께 머물며 새로운 것을 배울 수 있었다. 그리고 약간의 돈도 절약할 수 있었다.

출시 이전과 출시

Chesky와 Gebbia는 AirBed & Breakfast 콘셉트를 실행하는 대신 룸메이트 매칭 사이트에 대한 아이디어를 작업하는 데 4개월을 보냈다. 그러나 다른 사람들이 이미 그 아이디어를 추구하고 있음을 깨닫고 다시 AirBed & Breakfast 아이디어로 돌아왔다. 그들은 프로그래밍에서 도움이 필요할 것이라고 판단해 좋은 친구이자 전문 프로그래머인 Nate Blecharczyk에게 연락을 취했고, Blecharczyk는 그들의 일에 동참하기로 합의했다. 그들은 SXSW(South by Southwest)가 열리는 2008년 2월을 출시일로 정했다. SXSW는 매년 열리는 영화, 음악, 신흥 기술 콘퍼런스이다. 이 시점에서 아직 AirBed & Breakfast로 불리는 이 비즈니스는 간단했다. 콘퍼런스 참석 시 호텔 대신 민박을 찾을 수 있는 방법을 제공했다. AirBed & Breakfast는 어떤 숙박 시설도 소유하지 않았다. 대신 중개업자로서 호스트와 게스트 모두로부터 예약 건당 서비스 수수료를 받았다. 숙박 비용은 AirBed & Breakfast가 아니라 호스트가 정했다.

SXSW에서 AirBed & Breakfast의 반응은 계속 진행하기에 충분히 고무적이었다. Chesky, Gebbia 그리고 이제 Blecharczyk는 자신들의 회사를 추구하기로 결정하고 그것을 어떻게 만들어나갈지 살펴보기로 했다.

성장 과정

대부분의 기업은 성장하는 동안 조직 생애 주기라고 불리는 분명한 단계를 거친다. 이 단계는 도입, 초기 성장, 지속적인 성장, 성숙기, 쇠퇴기로 이루어져 있다. 각 단계는 고유한 특성을 가지며 다르게 관리해야 한다. 이 사례를 작성한 2017년 4월 현재, AirBed & Breakfast는 이제 조직 생애 주기의 지속적인 성장 단계에 있다. Airbnb는 지금은 강력하고 성공적인 기업이지만, 그 여정은 쉽지만은 않았다. 다음은 Airbnb가 조직 생애 주기의 도입, 초기 성장, 지속적인 성장 단계에서 초창기를 어떻게 헤쳐 나갔는지에 대한 설명이다.

도입

오스틴에서 열린 SXSW 콘퍼런스 이후 Chesky, Gebbia, Blecharczyk는 또 다른 콘퍼런스를 선택하고 서비스를 광고했다. 이 콘퍼런스에서 그들은 이전에 들어본 적 없던 말들을 듣게 되었다. 사람들이 다음 달 런던을 방문할 때 사이트를 이용하고 싶어 하지만, 콘퍼런스나 이벤트에 참석하지는 않을 것 같다는 것이었다. 그래서 Chesky와 Gebbia는 자신들의 비즈니스가 콘퍼런스나 이벤트보다 더 큰 비즈니스라는 생각을 하게 되었다. 또한 그들은 자신들의 비즈니스가 에어베드보다 더 크다고 결정하게 된다. 그래서 사이트의 콘텐츠를 에어베드에서 아파트, 개인실, 보트, 거의 모든 사람이 편안하게 하룻밤을 보낼 수 있는 장소로 확장하게 되었다.

그 이후로 몇 달간은 느리게 흘러갔다. 창업팀이 희망했던 것만큼 비즈니스가 부상하지 않았다. 그들은 주로 개인 신용카드를 통해 비즈니스를 위한 자금을 지원하고 있었다. 2008년 여름, 자금을 모으기 위해 Chesky, Gebbia, Blecharczyk는 독특한 아이디어를 내놓았다. 당시

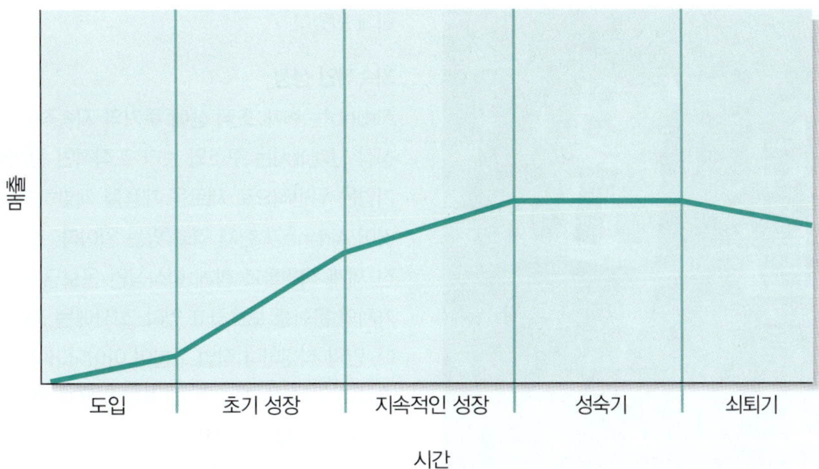

미국 대통령 선거에서 Barack Obama와 John McCain의 경합이 한창이었다. 두 사람은 각각 Obama O's와 Cap'n McCain's의 한정판 시리얼 상자를 디자인했다. 이 시리얼 상자는 대선 파티에서 각각 40달러에 판매되었다. 그들은 시리얼 상자 약 800개를 팔아 3만 달러의 자금을 마련했다.

2009년 초, 몇몇 친구들이 Chesky, Gebbia, Blecharczyk에게 실리콘밸리의 액셀러레이터인 Y Combinator에 지원해보라고 권유했다. Y Combinator는 참가자에게 작은 규모의 자금을 제공하고 적은 수익을 얻는 대신 3개월간의 집중적인 멘토십을 제공한다. 세 사람은 Y Combinator의 책임자인 Paul Graham과 만났는데 그는 처음엔 이들의 아이디어를 싫어했다. 그러나 회의가 끝나갈 때쯤 시리얼 상자 이슈가 떠올랐다. Graham은 깊은 인상을 받아 4달러짜리 시리얼 상자에 40달러를 내도록 사람들을 설득할 수 있다면 그들에게 기회를 줄 것이라고 말했다. Chesky는 나중에 Y Combinator에 합류한 것이 비즈니스에 대한 전환점이었다고 말했다. 이는 창업자가 회사에 전념할 수 있는 구조를 제공하며, 고품질의 멘토와 조언에 접근할 수 있게 해주었다.

이 시점에서, AirBed & Breakfast 비즈니스의 대부분은 뉴욕시에서 이루어졌다. Graham은 Chesky가 후에 최고의 조언이라고 말한 것을 AirBed & Breakfast 팀에게 전했다. 즉, 자신의 서비스를 좋아하는 100명의 사람보다 어느 정도만 좋아하는 100만 명의 사람들이 더 좋다는 것이다. 이 아이디어는 아이디어를 좋아하는 사람은 다른 사람에게도 이야기를 하며, 그들이 다시 다른 사람에게 이야기하면서 자연스럽게 아이디어가 전파된다는 것이다. 이 지식은 Chesky와 Gebbia가 캘리포니아와 뉴욕시 사이를 왕복하며 Y Combinator 행사에 참석하거나 고객들을 만나기 위해 뉴욕시로 갔을 때 모든 고객을 만나기로 결심하게 만들었다. 그들은 고객들의 장소 사진을 찍었다. 그리고 서비스에 대해 이야기하기 위해 고객들을 위한 파티를 주최했다. 두 가지 일이 일어났다. 첫째, 뉴욕시에서의 예약이 증가하기 시작했다. 고객들은 본인의 의견을 묻는 것을 고마워했고, 서비스에 대해 이야기하기 시작했다. 둘째, 그들이 뉴욕시로 갈 때마다 자신들의 서비스를 이용하기 시작했다. 그들은 자신들의 웹사이트에서 방을 예약하려고 시도하면서 '짜증 난다'라고 생각하기도 했다. 그들은 또한 대여하려는 방의 작은 사진을 본 후 실제로 가서 '와, 이곳은 아름답다. 작은 사진으로는 절대 알 수 없겠는데'라고 생각하기도 했다. 스스로 비즈니스 고객으로서의 경험한 것을 통해 그들은 사이트와 비즈니스를 재설계하는 데 많은 노력을 기울였다. 이후 되돌아보면 Chesky와 Gebbia는 그 이후 회사를 좋은 방향으로 바꾸는 데 중요한 역할을 한 2009년 봄 뉴욕시에서 사용자와의 만남을 가장 중요한 요소로 여겼다. 그들은 단순히 사용자와 대화하는 것뿐만 아니라 그들의 집에서 방을 예약하고 숙박하며, 함께 시간을 보내며, 사용자들의 조언을 수시로 구했다. 이를 통해 회사의 비즈니스, 웹사이트 디자인, 정책 등이 만들어졌다. 이는 Paul Graham의 명언 "사람들이 원하는 것을 만들라"로 돌아가게 만든다.

2009년 4월, 비즈니스는 개선되고 있었다. AirBed & Breakfast는 Airbnb로 이름을 바꾸었으며 Sequoia Capital에서 58만 5,000달러를 모금했다. 이는 매우 중요한 합법적인 이벤트였다. 뉴욕에서 배운 것, Sequoia의 투자, 변경 사항을 바탕으로 Airbnb 팀은 제품/시장 적합성을 달성한 것으로 판단했다. 투자자 Marc Andreessen에 따르면 "제품/시장 적합성이란 좋은 시장에서 시장을 충족시킬 수 있는 제품이 있는 것을 의미한다." Airbnb는 조직 생애 주기의 초기 성장 단계로 이동할 준비가 되어 있었다.

초기 성장

Airbnb의 서비스가 확산되기 시작했다. 회사가 가지고 있던 이점은 네트워크 효과였다. 초기 호스트 대부분은 뉴욕시와 샌프란시스코에 있었지만, 방을 예약한 사람들은 곳곳에서 올 수 있었다. 이들은 자신의 도시로 돌아가서 입소문을 내기도 하며, 그중 일부는 Airbnb 호스트가 되기도 했다. 이 시기에 Airbnb 팀은 성장을 가속화하기 위해 다양한 노력을 기울였다. 회사는 음악 축제, 대규모 스포츠 이벤트, 컨벤션과 같은 이벤트를 대상으로 자사의 서비스를 알리기 위해 노력했다. 각 이벤트에서 언론 관계를 형성하고 인지도를 높이기 위해 노력했다. 또한 '시장 켜기'라는 실천 방식을 사용했다. 파리와 런던과 같은 도시를 여행하면서 Airbnb 호스트를 만나 뉴욕시의 초기 호스트들을 만났을 때와 똑같은 일을 했다. 그들이 떠난 후, 방문한 도시의 Airbnb 예약이 증가하는 것을 볼 수 있었다. 또한 1~3박 대여뿐만 아니라 한 달 이상 공간을 임대하려는 사람

robert cicchetti/Shutterstock.

Airbnb는 여행 중에 호텔이나 호스텔에 머무는 대안을 제공한다. 만일 샌프란시스코를 여행 중이라면 위 사진과 같은 숙소를 제시한다.

들을 위한 시장도 있음을 깨달았다. 이는 다른 누구도 수용할 수 없는 시장이었다. 한 달 동안 도시에서 숙박할 장소가 필요하다면, 호텔 방을 빌리거나 호스텔에 머무르기에는 시간이 너무 길고 아파트를 빌리기에는 시간이 너무 짧다. 호스트가 이 서비스를 제공할 의사가 충분히 있다면, Airbnb가 완벽한 해결책이었다.

이러한 활동들이 동시에 진행되는 동안, Chesky와 Gebbia는 우선순위를 변경했다. 제품을 만드는 것에서 회사를 만드는 것으로 전환했다. 초기 성장 단계에 들어가기 전에 Chesky와 Gebbia는 회사가 추진하는 거의 모든 결정과 이니셔티브에 참여했다. 이제 그들의 주된 역할은 비전 설정, 고용, 회사 문화의 유지 및 강화, 조직화를 증대시키는 것이다. 조직화 증대의 좋은 예가 Airbnb가 신규 직원 교육에서 진화한 방식이다. 초기에 Chesky는 회사의 새로운 고용자에 대해 각각 개별 교육을 진행했다. 회사가 성장하면서 매주 한 번씩 그룹으로 진행하기 시작했다. 더욱 성장함에 따라 교육 내용은 녹화하게 되었고, 새로운 고용자가 공식 입사 절차의 일환으로 그 비디오를 시청하게 되었다. 초기 성장 단계에서 일어난 다른 변화는 Airbnb가 의사 결정에 직관보다는 데이터에 더 의존하기 시작했다는 것이다.

초기 성장 단계는 Airbnb가 새로운 도전에 직면하게 만들었다. 성공으로 인해 경쟁업체들이 나타나기 시작했고, 정부와 규제 관련 문제도 발생하기 시작했다. 일부 도시에서는 단기간 임대에 대한 제한이 있다. 많은 도시에서는 호스트가 지역 당국에 등록하고 면허나 허가를 받아야 한다. 게다가 어떤 지역에서는 Airbnb에서 임시 거주 대한 세금을 징수해야 한다. Airbnb는 법적 문제에 대한 접근 방식으로 모든 측면을 듣고 모든 당사자가 만족할 수 있는 타협점을 찾으려고 했다. 회사가 직면하게 될 법적 도전은 지속적인 성장 단계에 도달하면 더욱 심화될 것이다.

또 다른 도전은 안전 문제이다. 2011년 6월, Airbnb의 임차인이 Airbnb 호스트의 집을 거의 파괴했다. 이 사건은 회사에 대한 경고였다. 당시 Airbnb는 신뢰와 안전 팀이 없었으며, 많은 사용자를 삭제하지 않았다. 이 사건으로 인해 회사는 안전에 대한 사고방식이 바뀌게 되었고, 시장을 관리하는 데 매우 적극적으로 참여하게 되면서 안전장치를 강화하게 되었다.

지속적인 성장

Airbnb는 현재 조직 생애 주기의 지속적인 성장 단계에 있다. 지속적인 성장 단계에서는 구조와 보다 조직적인 관계의 필요성이 증가한다. 또한 기업은 일반적으로 새로운 제품을 개발하고 새로운 시장에 진출한다. 이것이 Airbnb가 현재 겪고 있는 일이다. 조직화가 증가했다. 이제 회사는 전 세계 직원들과 함께 형식적인 온보딩 프로세스를 가지고 있다. 핵심 가치와 문화를 보호하고 있다. 회사에는 공식적인 핵심 가치 위원회가 있다. 만약 직원이나 작업 그룹이 아이디어나 이니셔티브가 Airbnb의 핵심 가치와 일치하는지 또는 그렇지 않은지 확신이 서지 않는 경우 위원회에 상담을 요청할 수 있다.

성장 측면에서 회사는 여전히 공격적인 성장 경로를 유지하고 있다. 현재 회사는 4개의 시장을 보유하고 있다. 첫째, 사람들이 자신의 집 방을 1~3박까지 대여하는 시장이다. 이는 Airbnb가 시작한 시장이며 여전히 대여의 50% 이상을 차지한다. 둘째, 집 전체나 아파트를 짧은 기간 동안 대여하는 사람들이다. 대부분의 Airbnb 예약이 이 두 시장에서 이루어진다. 세 번째 시장은 Airbnb가 추구하지 않았지만 유기적으로 일어난 휴가 임대 시장이다. 이 시장은 타호호, 올랜도, 케이프 코드와 같은 휴가지에 집을 소유하고 있는 사람들이 집을 비울 때 임대를 해주는 '두 번째 집'을 포함한다. 네 번째 시장은 초기 성장 단계에서 Airbnb가 개척한 서브리스 시장이다. 이 시장은 한 달 이상 대여가 필요한 사람들을 위한 시장이다.

Airbnb의 앞으로의 전망

Airbnb는 이제 큰 회사이다. 그 성장과 규모는 창업자들을 비롯한 많은 이의 예상을 뛰어넘었다. 현재 전 세계에서 300만 개 이상의 숙소가 등록되어 있으며, 6만 5,000개의 도시와 마을에서 서비스를 제공하며, 191개국에 진출해 있다. Chesky는 2017년 《Fortune》과의 인터뷰에서 "당신은 Airbnb가 이렇게 커질 것이라고 생각했나요?"라는 질문에 "Joe(Gebbia)와 내가 대화를 나눌 때, '이 일은 엄청날 것이다. 언젠가는 수백 명이 전 세계의 에어비앤비에 머무를 것이다'라고 말했던 기억이 난다"라고 답변했다. 2016년 연말, 191개국에서 200만 명이 Airbnb에서 머물렀다. 이 회사의 가치는 이제 310억 달러이다.

Airbnb는 계속 성장하고 있다. 매년 등록된 전체 대여 수가 증가하고 있다. 회사의 예약 일수는 2015년의 2,500만 건 대비 2016년에는 5,200만 건을 기록했다. 시장 침투 측면에서 Morgan Stanley의 연구에 따르면, 2015년에 레저 여행객 중 15%가 지난 12개월 동안 Airbnb를 이용했고, 2016년에는 19%로 증가했으며, Morgan Stanley는 이 수치가 2017년에는 25%로 증가할 것으로 예측한다.

Airbnb의 가장 큰 성장 위협은 여전히 정부 규제이다. 전 세계 많은 도시에서 공유 숙박 시장을 규제하기 위해 법률을 시행하고 있다. 예를 들어, 스페인 바르셀로나에서는 단기간 숙박을 제공하기 위해서는 특별한 면허가 필요하다. 이 도시에서는 2014년부터 면허를 발급하지 않으며, 새로운 Airbnb를 시작하려면 이미 면허가 있는 부동산을 구매해야 한다. 비슷하게, 2017년 초 뉴욕시에서는 상주인이 없는 상태에서 30일

미만을 숙박할 시 매물을 게시한 Airbnb에 벌금을 부과하는 법안을 발의했다.

그러나 이러한 도전에도 불구하고, Airbnb는 여전히 조직 생애 주기에서 지속적인 성장 단계에 있다. 다음 단계는 성숙기 단계로, 성장이 둔화되면 기업은 이 단계로 진입한다.

성장이 둔화되는 것을 방지하기 위해 2016년 말 Airbnb는 처음으로 대여 이외의 새로운 서비스를 발표했다. 신규 서비스는 현지 주민의 주최로 여행과 체험을 제공하는 Experiences이다. 이 서비스는 런던, 샌프란시스코, 파리, 도쿄를 포함한 12개 도시에서 출시했으며, 천문 관측, 서핑, 산악자전거 타기, 음식 시식, 범죄 추리 투어 등의 체험을 제공한다. 지금까지 수천 명의 사람이 자신의 Experiences를 제출해 검토를 받았다. Airbnb는 Experiences 호스트에게 예약 수수료로 20%를 부과할 예정이다. 또한 Airbnb는 여행자의 모든 요구 사항을 수용하는 'end-to-end'이라는 서비스를 하고 있다. 해당 서비스에는 공항 전송, 항공 여행, 레스토랑 예약, 도시 안내 등이 포함될 것으로 예상된다.

토의 문제

1. Airbnb가 비즈니스를 성장시키는 데 성공한 것으로 생각하는 것들을 나열하라.
2. Airbnb의 창업자들이 고객 피드백을 수령하는 경향에 대해 논평하라. 사례에서 제공한 정보를 기반으로, 그들이 너무 자주, 충분히 자주, 딱 적절하게 피드백을 수집했다고 생각하는가? 창업 시 피드백을 얻는 방법에서 Airbnb의 접근 방식 중 모방할만한 것이 있다고 생각하는가?
3. Airbnb가 조직 생애 주기의 도입 단계와 초기 성장 단계를 각각 권장한 대로 다룬 정도는 어느 정도인가?
4. 정부 규제가 Airbnb의 계속적인 성장에 어느 정도 위협이 될까? Experiences와 같은 새로운 이니셔티브로 인해 엄격한 규제로 인한 이익 감소를 상쇄할 만큼 충분한 이익을 올바르게 창출할 수 있을까?

출처: L. Gallagher, "Airbnb's Profits to Top $3 Billion by 2020," *Fortune*, February 15, 2017; B. Stone, *The Upstarts*, Little Brown and Company, New York, 2017; D. T. Skift, "Airbnb Is Becoming an Even Bigger Threat to Hotels Says a New Report," Skift.com, available at https://skift.com/2017/01/04/airbnb-is-becoming-aneven-bigger-threat-to-hotels-says-a-new-report/ (posted January 4, 2017, accessed April 21, 2017); A. Kharpal, "Airbnb's Growth is Slowing Because It's Being Hit By Regulation, UBS Says." *CNBC*, April 13, 2017; B. Chesky, "Brian Chesky on Airbnb's Rapid Growth, Vator," available at https://www.youtube.com/watch?v=iw4vqKc7HjM (posted July 15, 2015, accessed April 20, 2017); B. Chesky and R. Hoffman, "Bizscaling 18: Brian Chesky on Launching Airbnb and the Challenges of Scale," Greylock Partners, available at https://www.youtube.com/watch?v=W608u6sBFpo (posted November 30, 2015, accessed April 20, 2017).

에세이 문제

1. 친구가 새로운 보드 게임을 만들었다고 상상해보라. 친구가 다니는 공학대학의 프로토타입 연구실에서 게임의 프로토타입을 만들었고, 그것을 트레이드 쇼에 가져가 열광적인 반응을 얻었다. 그는 게임 2,000개의 주문을 받았다. 초기 제작비를 지불하는 방법에 대해 물어보니, 그는 자신의 이익으로 회사를 부트스트랩하고 모든 것을 지불할 계획이라고 한다. 그러나 친구는 시장에 새로운 제품을 출시하는 것의 재무적 영향에 대해 충분히 이해하고 있는 것일까? 친구의 상황에서 더 일어날 것으로 예상되는 시나리오를 몇 단락 분량으로 작성해보라.
2. Lush Cosmetics(www.lush.com)의 웹사이트를 살펴보면 신선하고 다양한 천연 화장품 제품을 판매하는 회사임을 알 수 있다. Lush는 계속해서 새로운 시장에 진출하며 전통적인 브랜드들과 경쟁을 벌이고 있다. 이 확장 프로그램을 계속할 때 고려해야 할 몇 가지 문제를 개괄하고 권고사항을 한 장 분량으로 작성해보라.

미주 Endnote

1. J. Boulay, B. Caemmerer, H. Evanschitzky, and K. Duniach, "Growth, Uniformity, Local Responsiveness, and System-Wide Adaptation in Multiunit Franchising," *Journal of Small Business Management* 54, no. 4 (2016): 1193–1205; D. Lessard, D. J. Teech, and S. Leih, "The Dynamic Capabilities of Meta-Multinationals," *Global Strategy Journal* 6, no. 3 (2016): 211–224.
2. S. Leibs, "Grow, Hire. Repeat," *Inc.*, available at http://www.inc.com/magazine/201403/scott-leibs/sustained-growth-predicts-business-success.html (posted Feb ruary 25, 2014, accessed April 7, 2017).
3. R. Demir, K. Wennberg, and A. McKelvie, "The Strategic Management of High-Growth Firms: A Review and Theoretical Conceptualization," *Long Range Planning* 50, no. 4 (2017): 431–456; A. H. Anglin, A. F. McKenny, and J. C. Short, "The Impact of Collective Optimism on New Venture Creation and Growth: A Social Contagion Perspective," *Entrepreneurship Theory and Practice* 2017, in press.
4. D. Packard, *The HP Way: How Bill Hewlett and I Built Our Company*, ed. D. Kirby with K. Lewis (New York: HarperBusiness, 1996).
5. Packard, *The HP Way*.
6. K. C. Cox, J. Lortie, and S. A. Stewart, "When to Pray to the Angels for Funding: The Seasonality of Angel Investing in New Ventures," *Journal of Business Venturing Insights* 7, June (2017): 68–76; M. S. Cardon, C. Mitteness, and R. Sudek, "Motivational Cues and Angel Investing: Interactions Among Enthusiasm, Preparedness, and Commitment," *Entrepreneurship Theory and Practice* 2017, in press; D. K. Dutta and S. Thornhill, "Venture Cognitive Logics, Entrepreneurial Cognitive Style, and Growth Intentions: A Conceptual Model and an Exploratory Field Study," *Entrepreneurship Research Journal* 4, no. 2 (2014): 147–166.
7. IBISWorld Homepage, available at www.ibisworld.com (accessed April 11, 2017).
8. IBISWorld Homepage, available at www.ibisworld.com (accessed April 11, 2017).
9. D. Christopher, *The Pampered Chef* (New York: Doubleday, 2005).
10. R. P. Garrett, C. Miao, S. Qian, and T. J. Bae, "Entrepreneurial Spawning and Knowledge-Based Perspective: A Meta-Analysis, *Small Business Economics* 49, no. 2 (2017): 355–378.
11. J. Collins, *Good to Great* (New York: Collins Books, 2001).
12. C. M. Carnes, F. Chirico, M. A. Hitt, D. W. Huh, and V. Pisano, "Resource Orchestration for Innovation: Structuring and Bundling Resources in Growth- and Maturity-Stage Firms," *Long Range Planning* 50, no. 4 (2017): 472–486; A. Cord, J. S. Frankish, R. G. Roberts, and D. J. Storey, "Predicting New Venture Survival and Growth: Does the Fog Lift?" *Small Business Economics* 47, no. 2 (2016): 217–241.
13. Sir Kensington's Homepage, www.sirkensington.com (accessed April 11, 2017).
14. J. Hall, "12 Challenges Faced by the Fastest-Growing Companies," *Forbes*, available at https://www.forbes.com/sites/johnhall/2013/11/03/12-challenges-faced-by-the-fastest-growing-companies/#331b7753657e (posted November 3, 2013, accessed April 10, 2017).
15. A. Diaz-Chao, J. Sainz-Gonzalez, and J. Torrent-Sellens, "The Competitiveness of Small Network-Firm: A Practical Tool," *Journal of Business Research* 69, no. 5 (2016): 1769–1774; L. C. Leonidou, P. Christodoulides, and D. Thwaites, "External Determinants and Financial Outcomes of an Eco-friendly Orientation in Smaller Manufacturing Firms," *Journal of Small Business Management* 54, no. 1 (2016): 5–25.
16. K. Wennberg, F. Delmar, and A. McKelvie, "Variable Risk Preferences in New Firm Growth and Survival," *Journal of Business Venturing* 31, no. 4 (2016): 408–427; D. Grichnik, J. Brinckmann, L. Singh, and S. Manigart, "Beyond Environmental Scarcity: Human and Social Capital as Driving Forces of Bootstrapping Activities," *Journal of Business Venturing* 29, no. 2 (2014): 310–326.
17. C. Corradini, P. Demirel, and G. Battisti, "Technological Diversification Within UK's Small Serial Innovators," *Small Business Economics* 47, no. 1 (2016): 163–177; Y. Lai, G. Saridakis, R. Blackburn, and S. Johnstone, "Are the HR Responses of Small Firms Different from Large Firms in Times of Recession?" *Journal of Business Venturing* 31, no. 1 (2016): 113–131.
18. J. Welch, "Growth Initiatives," *Executive Excellence* 16, no. 6 (1999): 8–9.
19. R. Agarwal, B. A. Campbell, A. M. Franco, and M. Ganco, "What Do I Take With Me? The Mediating Effect of Spin-Out Team Size and Tenure on the Founder-Firm Performance Relationship," *Academy of Management Journal* 59, no. 3 (2016): 1060–1087; A. Rauch and I. Hatak, "A Meta-Analysis of Different HR-Enhancing Practices and Performance of Small and Medium Sized Firms," *Journal of Business Venturing* 31, no. 5 (2016): 485–504.
20. C. Baert, M. Meuleman, M. Debruyne, and M. Wright, "Portfolio Entrepreneurship and Resource Orchestration," *Strategic Entrepreneurship Journal* 10, no. 4 (2016): 346–370; W. Bartz and A. Winkler, "Flexible or Fragile? The Growth Performance of Small and Young Businesses During the Global Financial Crisis—Evidence from Germany," *Journal of Business Venturing* 31, no. 2 (2016): 196–215.
21. M. Drnovsek, M. S. Cardon, and P. C. Patel, "Direct and Indirect Effects of Passion on Growing Technology Ventures," *Strategic Entrepreneurship Journal* 10, no. 2 (2016): 194–213; L. Sleuwaegen and J. Onkelinx, "International Commitment, Post-Entry Growth and Survival of International New Ventures," *Journal of Business Venturing* 29, no. 1 (2014): 106–120.
22. M. Gerber, *The E-Myth Revisited* (New York: HarperCollins, 2004).
23. Ladies Who Launch, Emily Levy, available at https://www.ladieswholaunch.com/magazine/emily-levy/ (posted December 22, 2004, accessed April 12, 2017).
24. Entrepreneur, "When Success Isn't Enough," available at www.entrepreneur.com/article/185574 (posted November 13, 2007; accessed April 4, 2017).
25. J. Corbett and A. W. Montgomery, "Environmental Entre

preneurship and Interorganizational Arrangements: A Model of Social-Benefit Market Creation," *Strategic Entrepreneurship Journal* 2017, in press; D. A. Lerner, "Behavioral Disinhibition and Nascent Venturing: Relevance and Initial Effects on Potential Resource Providers," *Journal of Business Venturing* 31, no. 2 (2016): 234–252.

26. T. Chen, M. A. Tribbitt, Y. Yang, and X. Li, "Does Rivals' Innovation Matter? A Competitive Dynamics Perspective on Firms' Product Strategy," *Journal of Business Research* 76, July (2017): 1–7; E. Pahnke, R. McDonald, D. Wang, and B. Hallen, "Exposed: Venture Capital, Competitor Ties, and Entrepreneurial Innovation," *Academy of Management Journal* 58, no. 5 (2015): 1334–1360.
27. E. T. Penrose, *The Theory of the Growth of the Firm*, 3rd ed. (Oxford: Oxford University Press, 1995).
28. E. T. Penrose, *The Theory of the Growth of the Firm* (New York: Oxford University Press, 1959).
29. V. Failla, F. Melillo, and T. Reichstein, "Entrepreneurship and Employment Stability—Job Matching, Labour Market Value, and Personal Commitment," *Journal of Business Venturing* 32, no. 2 (2017): 162–177; W. Fuchs, B. Green, and D. Papanikolaou, "Adverse Selection, Slow-Moving Capital, and Misallocation," *Journal of Financial Economics*, 120, no. 2 (2016): 286–308.
30. S. Dutta and T. B. Folta, "A Comparison of the Effect of Angels and Venture Capitalists on Innovation and Value Creation," *Journal of Business Venturing* 31, no. 1 (2016): 39–54; T. W. Moss, D. O. Neubaum, and M. Meyskens, "The Effect of Virtuous and Entrepreneurial Orientations on Microfinance Lending and Repayment: A Signaling Theory Perspective," *Entrepreneurship Theory and Practice* 39, no. 1 (2015): 27–52.
31. Penrose, *The Theory of the Growth of the Firm* (New York: Oxford University Press, 1959).
32. J. Hall, "12 Challenges Faced by the Fastest-Growing Companies," *Forbes*, available at https://www.forbes.com/sites/johnhall/2013/11/03/12-challenges-faced-by-the-fastest-growing-companies/#331b7753657e (posted November 3, 2013, accessed April 10, 2017).

FILTEREASY와 친해지기

Filter Easy, Inc./Photo Credit: Kevin Barry

공동창업자

Kevin Barry

노스캐롤라이나주립대학교 풀경영대학 BS 코스, 미정

Thad Tarkington

노스캐롤라이나주립대학교 풀경영대학 BS 코스, 미정

Kevin Barry와의 대화

스마트폰 음악 리스트에서 가장 좋아하는 밴드

Simon and Garfunkel

신규 창업자를 위한 조언

비전을 정의하고 이루어나가라.

일하지 않을 때 하는 것

다운힐 스키, 운동, 요리

내가 가장 좋아하는 스마트폰 앱

Nest

기업가로서 가장 놀랐던 때

내가 모르는 것이 얼마나 많은지 배운 것

내가 들은 최고의 조언

실패는 선택이 아니다.

CHAPTER 14

기업 성장을 위한 전략

FILTEREASY

성장을 위한 내부 및 외부 전략 활용

• Web: www.filtereasy.com • Facebook: FilterEasy • Twitter: @FilterEasy

만약 당신이 집이나 아파트를 직접 관리해본 적이 있다면 Kevin Barry의 이야기에 공감할 수 있을 것이다. 그는 아파트 난방/에어컨 시스템의 공기 필터를 교체해야 했다. 그래서 가게에 가서 필터를 샀고 집으로 가져왔지만, 그 필터가 맞지 않는다 것을 깨달았다. 그는 다시 가게로 돌아가서 맞는 필터를 찾았다. 필터를 설치한 후, 그는 단지 공기 필터를 교체하는 데에만 2시간을 썼다는 생각이 들었다.

Barry는 노스캐롤라이나주립대학교 동기인 Thad Tarkington과 이 경험을 공유했다. Tarkington은 자신의 이야기를 들려주었다. 그의 어머니는 두 해 동안 필터 교체를 잊고 있다가 전체 HVAC(난방, 환기, 에어컨) 시스템을 교체해야 했다. 공기 필터는 집에서 두 가지 중요한 역할을 한다. ① 먼지, 꽃가루, 세균 등 오염 물질을 제거하고, ② 집의 HVAC 시스템을 보호한다. 문제는 필터는 더러워져서 일반적으로 두세 달마다 교체해야 한다는 것이다.

이러한 상황들이 Barry와 Tarkington의 아이디어를 자아내게 했다. 공기 필터 구매는 번거롭다. 보통 철물점에 가야 하며, 정확한 사이즈를 기억하기 어렵다. 게다가 많은 사람이 그냥 잊어버리는 집 유지 보수 관련 제품이다. HVAC 시스템의 공기 필터를 적시에 교체하지 않으면 거주하는 사람의 건강에 영향을 미치며, 전기 요금이 증가하고, 시스템의 수명을 단축시킬 수 있다.

Barry와 Tarkington은 이 상황에 대처하기 위한 사업 아이디어를 결정했다. Netflix, Birchbox, Dollar Shave Club과 같은 월간 구독 서비스에서 영감을 받아 공기 필터의 월간 구독 서비스를 만드는 것이 아이디어였다. 두 사람은 이 아이디어에 열정을 느껴 대학을 그만두고 2012년 11월 FilterEasy라는 회사를 창업하기로 결정했다.

2013년 봄, Barry와 Tarkington은 사우스캐롤라이나주 그린빌에 있는 Iron Yard의 액셀러레이터 프로그램에 합격했다. 적은 금액의 자금과 멘토에게 접근할 수 있는 기회를 받아 베타 웹사이트를 구축하고 FilterEasy의 접근 방식을 구체화했다. 고객의 관점에서 보면 결정된 접근 방식은 매우 간편하다. FilterEasy의 서비스 구독을 위해 회사 웹사이트에 접속하고 필요한 필터 개수와 필터 크기 정보를 입력하고, 필터 배송 주기를 선택하기만 하면 된다. 그 후 FilterEasy는 필터를 발송하며, 고객은 기존 필터를 새 필터로 교체한 뒤 그 다음 새 필터가 도착할 때까지 사용하면 된다.

Iron Yard 액셀러레이터 프로그램을 졸업한 직후, Barry와 Tarkington은 초기 판매를 부트스트랩으로 시작했다. 두 사람은 가족과 친구들에게 연락해 첫 번째 고객을 확보하고 창고에서 주문을 처리하기도 했다. 그들은 또한 하루에 하나의 새로운 고객을 확보하는 것을 목표로 삼았으며, 처음 몇 달 동안 이 목표를 달성해 수백 명의 구독자를 확보했다.

2013년 겨울, 여러 일이 한데 모여 드디어 좋아지기 시작했다. 그들은 미국 최대의 필터 제조업체 AAF Flanders와 파트너십을 맺고 필터를 생산하기로 결정했다. 이번 전략을 통해 Barry와 Tarkington은 비즈니스 성장을 가속화할 수 있게 되었다. 이들이 만들어가

학습목표

1. 창업기업의 핵심 내부 성장 전략을 파악하고 논의할 수 있다.
2. 창업기업이 사용할 수 있는 추가적인 내부 제품 성장 전략을 설명할 수 있다.
3. 국제적 확장을 성장 전략으로 살펴볼 수 있다.
4. 다양한 유형의 외부 성장 전략을 논의할 수 있다.

고 있는 기세를 바탕으로, 2013년 12월에는 31만 달러의 시드 라운드 투자를 유치했다. 이 시드 라운드를 통해 웹사이트를 개선하고 마케팅을 확대하고 인력을 채용할 수 있었다. 또한 성공적인 온라인 비즈니스를 구축한 멘토에게 접근할 수 있는 기회를 제공했다.

FilterEasy는 2014년 3월 업데이트된 웹사이트를 출시했다. 그들은 계속해서 성장을 이어갔으며, 2015년 초에는 1만 명 이상의 구독자를 보유하게 되었다. 이 구독자 수로 또 다른 투자 라운드를 유치할 수 있었으며, 마케팅, 고객 지원, 엔지니어링 분야에서 새로운 인력을 추가로 채용할 수 있었다. 또한 새로운 로고와 마스코트를 포함한 브랜드 개편을 진행했다. FilterEasy 웹사이트에서 볼 수 있는 이 마스코트는 이름이 Effie이며 코끼리를 모티브로 하고 있다. 코끼리는 기억력이 좋은 동물로 FilterEasy의 신뢰성 높은 구독 서비스와 함께 기억하기 쉽다는 의미를 담고 있다.

FilterEasy가 추가 자금을 획득하고 더 경험 많은 멘토들에게 접근하면서 성장 전략이 발전했다. FilterEasy는 현재 B2C 회사이자 B2B 회사이다. B2C 영업은 개별 소비자의 구독자 기반을 계속 확대하고 있다. 최근 시작한 B2B 영업은 여러 채널에서 구현 중이다. 그중 하나가 몇 개가 아닌 수백 또는 수천 개의 공기 필터가 필요한 아파트 단지와 기업이다. 최근 FilterEasy는 미국과 캐나다 일부 지역의 고객에게 전기 및 천연가스를 제공하는 여러 에너지 회사와 파트너십을 맺었다. 이 회사들은 고객이 에너지를 절약하고 건강한 환경에서 살 수 있도록 노력하고 있으며, 이를 위해 매월 보내는 명세서에 FilterEasy의 구독 서비스 참여 옵션을 포함시켰다. FilterEasy는 이러한 파트너십을 더 확보하려고 하고 있으며, 이는 엄청난 성장 잠재력을 가지고 있다. FilterEasy는 인수를 통해도 성장하고 있다. 회사는 두 개의 작은 필터 배송 서비스를 인수했다.

FilterEasy는 지속적으로 내부 및 외부 성장 전략을 통해 성장하고 있다. 모든 기업에 급속한 성장은 고된 일이므로 FilterEasy의 미래도 도전이 없진 않겠지만, Barry와 Tarkington은 기업을 수익성 있게 성장시키는 일에 헌신하고 있다.

이 장에서는 기업이 성장하기 위해 가장 일반적으로 사용하는 전략에 대해 논의한다. 성장 전략은 내부 성장 전략과 외부 성장 전략으로 나뉘며, 그림 14.1에 나와 있다.

내부 성장 전략

학습목표 1

창업기업의 핵심 내부 성장 전략을 파악하고 논의할 수 있다.

내부 성장 전략은 회사 내부에서 신제품 개발, 다른 제품 관련 전략, 국제적 확장과 같은 노력을 의미하며, 매출 증가와 수익성을 위한 것이다. Nest Labs, Sir Kensington's, Zappos와 같은 많은 기업이 내부 성장 전략을 통해 성장하고 있다. 내부 발생 성장의 독특한 특성은 기업이 자체 역량, 전문성, 비즈니스 관행, 종업원에 의존한다는 것이다. 내부 성장은 종종 외부 개입에 의존하지 않으므로 **유기적 성장**이라고도 부른다. 거의 모든 회사가 조직 생애 주기 초기에 유기적으로 성장한다.

내부 성장은 효과적일 수 있지만 한계가 있다. 회사가 생애 주기의 중반과 후반기로 진입할수록 내부 수단으로 성장을 유지하는 것이 더욱 어려워진다. 이로 인해 성장이 '벽에 부딪혀' 극도로 둔화하거나 심지어 하락할 수 있다. 이는 회사가 동일한 제품 또는 서비스를 동일한 잠재 고객 목록에 판매하려고 하는 경우 발생할 수 있다. 이러한 상황에서는 회사가 고객 목록을 확장하거나, 기존 제품이나 서비스를 보완하는 새로운 제품이나 서비스를 추가하거나, 성장을 위한 새로운 방법을 찾아야 한다. 때로는 회사가 이러한 도전에 직면하게 된다.

표 14.1에서는 내부 성장 전략의 명확한 장단점을 설명하고 있다.

표 14.1 내부 성장 전략의 장단점

장점	단점
점진적이고 균형 잡힌 성장: 꾸준한 성장을 통해 환경 조건 변화에 대한 조정을 계속해서 할 수 있다. 반면, 합병이나 인수를 통해 순식간에 회사를 2배로 늘리는 기업은 한 번에 더 큰 몰입을 하고 있다.	**느린 성장 형태:** 어떤 산업에서는 안정적이고 균일한 성장 접근 방식으로는 경쟁력 있는 규모의 경제를 충분히 빠르게 달성할 수 없다. 또한 어떤 산업에서는 충분한 자원을 개발해 경쟁력을 유지하기가 어려울 수 있다. 이러한 산업에서는 대개 합병 및 인수 활동이 많이 일어난다.
최대한의 제어: 내부 성장 전략을 사용하면 성장 과정에서 제품과 서비스의 품질에 대한 제어를 유지할 수 있다. 반면 제휴 또는 합작으로 성장하는 기업은 비즈니스 파트너와 감독 기능을 공유해야 한다.	**새로운 자원 개발 필요:** 신제품 개발과 같은 몇 가지 내부 성장 전략은 기업이 혁신적이고 새로운 자원을 개발해야 할 필요가 있다. 내부 혁신에는 많은 긍정적인 측면이 있지만, 일반적으로 느리고 비용이 많이 들며 위험을 감수해야 한다.
조직 문화 유지: 내부 성장을 강조하는 기업은 조직 문화를 다른 조직과 혼합할 필요가 없다. 그 결과, 명확하고 통합된 기업 문화하에서 벤처를 성장시킬 수 있다.	**내부 노력의 실패에 따른 투자 회수의 어려움:** 신제품 개발과 같은 내부 성장 전략은 새로운 제품이나 서비스 아이디어가 판매되지 않을 위험이 있으며, 이는 기업이 소비한 개발 비용을 회수하기가 어렵게 만든다.
내부 창업 촉진: 내부 성장 전략을 통해 성장하는 기업은 외부가 아닌 내부에서 새로운 아이디어를 찾고 있다. 이 접근 방식은 내부 창업과 혁신의 기폭제가 된다.	**산업 용량 추가:** 일부 내부 성장 전략은 산업 용량을 추가하며, 이는 궁극적으로 산업의 수익성을 강제로 낮출 수 있다. 예를 들어 지리적 확장을 통해 성장하는 레스토랑 체인은 이미 혼잡한 시장에서 새로운 레스토랑을 계속 개장함으로써 궁극적으로 산업의 수익성을 낮출 수 있다.
내부 승진 가능성: 내부 성장 전략을 강조하는 기업은 자사 내에서 승진할 가능성이 생긴다. 기업 내에서 승진 기회가 생기면 직원 동기 부여에 강력한 도구가 된다.	

신제품 개발

신제품 개발은 기업 수익과 수익성을 높이기 위한 수단으로, 새로운 제품(또는 서비스)을 디자인, 생산, 판매하는 것을 말한다. 많은 빠른 속도의 산업에서는 새로운 제품 개발이 경쟁의 필수 조건이다. 예를 들어, 컴퓨터 소프트웨어 산업의 제품 수명 주기는 아무리 길어도 14~16개월이다. 우리가 새로운 컴퓨터, 새로운 스마트폰, 기타 관련 제품을 얼마나 빠르게 접하게 되는지 생각해보면 이 산업에서 제품이 얼마나 빠르게 변화하는지 알 수 있다. 이러한 빠른 변화 때문에 소프트웨어 회사는 경쟁력을 유지하기 위해 항상 새로운 제품을 준비해야 한다. 일부 기업은 지속적으로 새로운 제품을 개발하는 것이 그들의 존재 이유이다.

새로운 제품을 개발하는 것은 상당한 보상을 가져올 수 있지만, 높은 위험을 수반한다. 핵심

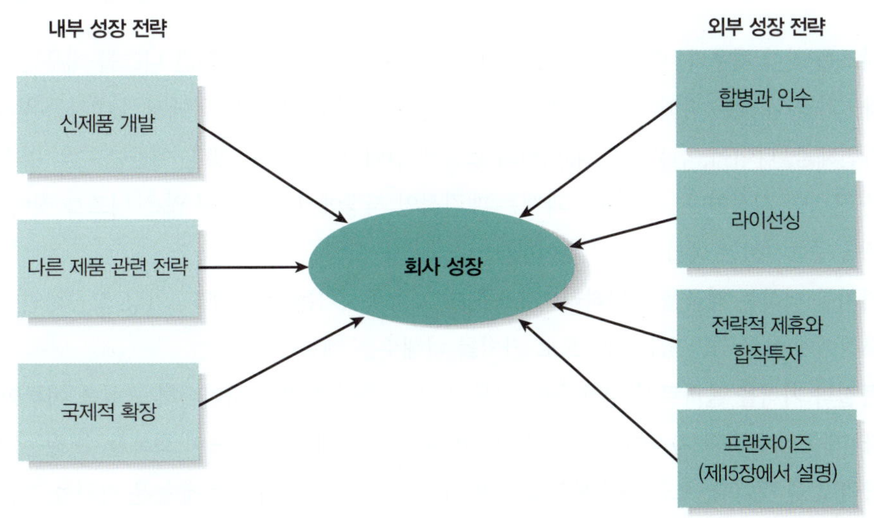

그림 14.1 내부 및 외부 성장 전략

Pablo Calvog/Shutterstock

이 젊은 기업가들은 자사의 유기농 식품 스타트업을 스마트폰 앱을 통해 확장하기를 희망하고 있다. 그들은 고객들이 게시한 앱 리뷰를 확인하고 있다.

은 이미 포화된 시장에 진입하는 '미미한' 제품이 아닌 혁신적인 신제품을 개발하는 것이다. 이를 올바르게 실행할 경우 새로운 제품 및/또는 서비스 개발은 엄청난 성장 잠재력이 있다. 예를 들어, 많은 바이오 기술 및 제약 회사는 고객의 삶의 질을 향상시키는 제품뿐 아니라 안정적인 수익 흐름을 제공하는 제품을 개발해왔다. 많은 경우 이러한 제품들은 특허를 취득하므로 다른 회사는 적어도 특허가 만료될 때까지 해당 제품을 생산할 수 없다. 성공적인 신제품은 또한 충분한 현금흐름을 제공해 기업의 운영을 지원하고 추가적인 신제품 개발을 지원하기 위한 자원을 제공할 수 있다. 예를 들어, 대규모이며 과거에도 수익성이 높았던 생명공학 회사인 Amgen은 Enbrel과 Neupogen을 비롯한 몇 가지 뛰어난 의약품을 보유하고 있다. Enbrel은 류머티즘 관절염 및 관련 질환을 치료하는 데 사용하는 종양괴사인자(TNF) 차단제이며, Neupogen은 특정 유형의 항암 화학요법을 받는 암 환자의 감염을 예방하는 데 도움이 된다. 이러한 제품은 회사가 경상 비용을 충당하고 신제품 개발에 투자하며 장기간 수익을 창출하는 데 충분한 수익을 제공하고 있다.[1]

유망한 신제품 및 서비스 개발의 핵심은 기회 인식(제2장) 및 타당성 분석(제3장)과 일관된다.

- **니즈를 찾아 채우라:** 대부분의 성공적인 신제품은 현재 충족되지 않은 니즈를 채우는 제품이다. '과잉' 시장은 피해야 한다. 예를 들어, 미국 및 대부분의 선진국에서 소비자들은 충분한 가전제품, 타이어, 신용카드, 휴대전화 요금제 선택권을 가지고 있다. 이들은 수익 마진이 낮은 혼잡한 시장이다. 기업가의 과제는 매력적인 시장에서 충족되지 않은 니즈를 찾아 그 니즈를 충족시키는 방법을 찾는 것이다.
- **가치를 더하는 제품을 개발하라:** 니즈를 찾고 충족시키는 것 외에도, 가장 성공적인 제품은 고객에게 어떤 의미 있는 방식으로 '가치를 더해주는' 제품이다.
- **품질과 가격을 올바르게 설정하라:** 모든 제품은 품질과 가격 사이에서 균형을 이루어야 한다. 제품의 품질과 가격이 호환되지 않으면 제품은 실패할 수 있으며 회복할 수 있는 기회도 거의 없을 것이다. 조금 다르게 말하자면, 고객은 높은 품질의 제품에 높은 가격을 지불할 의

표 14.2 새로운 제품 실패의 주요 원인 Top 5

1. 잠재 시장이 과대평가되었다.
2. 고객이 제품을 너무 비싸다고 생각했다.
3. 제품 디자인이 미흡했다.
4. 제품이 경쟁 제품과 별반 다를 것이 없었다("나도 이런 제품 만들 수 있어").
5. 제품 라인 개발 비용이 너무 높았다.

향이 있고, 낮은 가격을 지불할 때는 낮은 품질을 받아들일 것이다.

- **특정 목표 시장에 집중하라:** 모든 신제품과 서비스는 이 책에서 강조한 대로 특정 목표 시장을 대상으로 해야 한다. 이 정도의 명확성은 혁신적인 창업벤처가 집중적인 홍보 캠페인을 수행하고 적절한 유통업체를 선택할 수 있는 기회를 제공한다. '좋은 제품이니까 누군가 사겠지'라는 생각은 순진한 사업 방식이며 종종 실패의 원인이 된다.
- **지속적으로 타당성 분석을 수행하라:** 제품이나 서비스를 출시하면 타당성 분석과 마케팅 조사를 끝내지 말아야 한다. 초기 시장 반응은 고객 인터뷰, 포커스 그룹, 설문조사를 통해 검증해야 하며, 적절할 때 적극적으로 조정해야 한다.

eSeller Media가 제시하는 새로운 제품이 실패하는 일반적인 이유가 표 14.2에 나와 있다.[2] 기업가는 이러한 이유들을 인식하고 이러한 영역에서 부실한 실행으로 인한 신제품 실패를 예방하기 위해 노력해야 한다.

이 논의는 신제품을 개발하거나 다른 방법을 통해 건강한 성장을 이루기 위해서는 회사가 합법적으로 가치를 창출하고 판매와 함께 이익을 발생시킬 수 있는 제품이나 서비스를 판매해야 한다는 것을 상기시키는 것이다.

추가적인 내부 제품 성장 전략

기존 제품이나 서비스를 개선하거나, 기존 제품이나 서비스의 시장 보급을 확대하거나, 제품 확장 전략을 추구함으로써 기업은 제품을 개발하는 것 외에도 성장할 수 있다.

학습목표 2

창업기업이 사용할 수 있는 추가적인 내부 제품 성장 전략을 설명할 수 있다.

기존 제품 또는 서비스 개선

기존 제품 또는 서비스 개선을 함으로써 기업은 종종 수익을 높일 수 있다. 제품의 품질을 개선하거나, 크기를 더 크게 혹은 작게 만들거나, 사용이 더 편리하도록 개선하거나, 내구성을 향상시키거나, 최신 상태로 만들어 제품의 가치와 가격 잠재력을 고객의 관점에서 증가시키는 것이다. 예를 들어, 스마트폰 기업은 기존 핸드폰의 '새로운' 버전을 출시함으로써 매출을 늘리는 것이 보통이다.

많은 기업이 기존 제품과 서비스를 개선할 기회에 대해 충분히 경계하지 않는 실수를 범하기도 한다. 기존 제품이나 서비스를 수정해서 수명을 연장하는 것은 보통 처음부터 새로운 제품이나 서비스를 개발하는 것보다 훨씬 저렴하다. 예를 들어, 많은 여성이 수년간 머리를 손질할 때 사용해 온 판고데기를 버리고 더 안전하고 나은 성능을 제공하는 세라믹 판고데기를 구입하고 있다. '개선된' 판고데기를 판매함으로써 봉고데기 제조업체는 완전히 새로운 제품을 개발하는 것보다 매출을 늘리는 더 저렴한 방법을 찾아낼 수 있다.

기존 제품 또는 서비스의 시장 보급 확대

시장 보급 확대 전략은 더 큰 마케팅 노력 또는 생산 능력 증대를 통해 제품 또는 서비스의 판매를 증가시키는 조치를 말한다.[3] 제품의 시장 점유율 증가는 일반적으로 광고 비용 증대, 판매 프로모션 제공, 가격 인하, 판매 직원 증원, 회사의 소셜 미디어 노력 강화와 같은 방법으로 달성한다. 예를 들어, 스킨케어 회사 Proactiv는 창립 이후 유명인들의 지지를 받아 제품을 시연하고 홍보하는 데 의존해왔다. 배우 Judith Light와 배우 겸 가수 Vanessa Williams가 회사의 첫 번째 유명인 지지자였다. 그 후 회사는 더 다양한 고객층을 끌어들이기 위해 추가적으로 유명인 지지자를 섭외하기도 했다. 이들에는 배우 Jane Seymour, 가수 Katy Perry, Maite Perroni, Justin Bieber, 테니스 선수 Caroline Wozniacki 등이 포함된다.[4] Proactiv의 공동창업자인 Katie Rodan 박사는 유명인 지지자 프로그램을 시장 점유율을 높이기 위해 실행한 가장 영리한 조치 중 하나로 꼽았다.[5]

다른 예로는 거의 모든 음식점과 소매업체에서 제공하는 Starbucks 카드와 같은 선불 카드가 있다. 고객이 제품을 더 편리하게 구매할 수 있게 함으로써 음식점과 소매업체는 수익을 높인다. 선불 카드는 음식점이나 소매업체의 제품을 선물로 제공하는 것도 더 쉽게 만들어준다. 생일이나 휴일 선물로 Target, Macy's, Pottery Barn 선불(기프트) 카드를 구입하는 사람들이 얼마나 많은지 생각해보자. 이러한 카드를 받는 사람에게는 진정한 필요를 충족시키는 제품을 구매할 수 있는 기회가 제공된다.

시장 보급 확대는 생산 능력과 효율성의 증가를 통해서도 이루어질 수 있다. 제조 분야에서 제품 생산 능력을 높이는 것은 공장과 장비를 확충하거나 제조 과정 일부를 다른 회사에 아웃소싱함으로써 가능하다. **아웃소싱**이란 회사의 정규 직원이 아닌 다른 사람들이 회사를 대신해서 일하는 것이다.[6] 예를 들어, 이전에 제조 및 포장을 직접 수행하던 회사는 포장 기능을 다른 회사에 아웃소싱함으로써 기본 제품 생산을 늘리기 위한 공장 공간을 확보할 수 있다. 또한 회사는 정보 기술 기능을 아웃소싱해 제품 개발 노력에 투자할 자원을 확보할 수 있다.

제품 라인 확장

제품 라인 확장 전략은 제품의 추가 버전을 만들어 다양한 고객층을 유치하거나, 동일한 고객층에게 판매할 관련 제품을 만드는 것을 포함한다.[7] 예를 들어, 회사는 기존의 저가 제품보다 좀 더 나은 다른 버전을 만들고, 그중 한 제품을 향상시켜 최고급 버전으로 만들어서 다른 고객층을 유치할 수 있다. 이는 개발 비용을 많이 들이지 않고 하나의 제품을 여러 제품으로 확장시키는 전략이다. 컴퓨터 제조업체는 제품 라인 확장 전략을 실행하는 방법에 대한 좋은 예를 보여준다. 각 제조업체는 여러 버전의 데스크톱 및 노트북 컴퓨터를 판매한다. 동일한 컴퓨터의 다른 버전은 일반적으로 프로세서 속도, 메모리 용량, 모니터 크기, 그래픽 성능, 기타 기능 등에 따라 좋은 제품, 더 좋은 제품, 최고의 제품을 대표한다. 관련 제품을 만들어 동일한 고객층에게 판매하는 경우, 많은 회사는 하나의 제품이나 서비스를 시작으로 관련 분야로 확장한다.

또한 핵심 역량을 관련 분야로 확대하는 제품 확장 전략을 추구하기도 한다. 예를 들어, 인기 있는 자동차 공유 서비스인 Zipcar는 소비자용 자동차 공유 서비스에서 발전한 전문성을 활용해 기업용 Zipcar를 출시했다. 이는 개인과 동일한 방식으로 기업이 Zipcar 서비스를 사용할 수 있게 해준다. 마찬가지로 최근 FastFleet이라는 서비스를 출시해 도시에서 차량을 더 효율적으로 사용할 수 있게 지원하고 있다. 컴퓨터 데이터베이스 소프트웨어 회사인 Oracle의 역사를 살펴보면 제품 확장 전략의 잠재적 이익에 대한 흥미로운 사례를 알 수 있다. 이 사례에서는 제품 확장 전략이 시간과 인내가 필요하지만 효과적인 성장 전략을 이끌어낼 수 있다는 것을 보여준다.

> Ellison(Oracle의 CEO)은 거의 모든 세계 최대 대기업에 데이터베이스를 판매했다는 사실을 깨닫고 새로운 제품이 필요하다는 것을 알게 되었다. 이것이 애플리케이션 아이디어를 생각해내게 된 계기였다. Oracle 애플리케이션은 Oracle 데이터베이스 위에 위치하며 재고 관리, 인사 기록 유지, 판매 추적과 같은 기능을 수행하기 위해 사용한다. 이러한 아이디어를 검증하는 데 거의 7년이 걸렸지만, 회사는 1995년에 애플리케이션 제품으로 거의 3억 달러의 라이선스 수익과 추가로 4억 달러의 애플리케이션 관련 서비스 수익을 창출했다.[8]

지리적 확장

지리적 확장은 또 다른 내부 성장 전략이다. 많은 창업기업은 원래 위치에서 다른 지리적 위치로 확장함으로써 성장한다. 이러한 확장은 대개 소매업에서 가장 흔하다. 예를 들어, 한 지역에서 성공적인 소매점을 운영하는 작은 기업은 인근 지역에 두 번째 매장을 오픈해 확장할 수 있다. Gap Inc., Walgreens, Panera Bread는 지리적 확장을 통해 성장한 기업의 예시이다. 물론 거의 3만 7,000개의 매장을 보유한 McDonald's도 지리적 확장을 통해 놀라운 성공을 거둔 대표적인 사례이다. Subway는 전 세계적으로 거의 3만 4,000개의 지점을 보유하고 있으며, 지리적 확장을 통해 상당한 성과를 거두고 있다. 성공적인 지리적 확장의 핵심은 다음과 같다.

- **초기 위치에서 성공적으로 수행하기:** 추가 위치는 초기 위치의 성공으로부터 배울 수 있다.
- **확장 위치에서 사업 콘셉트의 합법성 확립하기:** 예를 들어, 특정 유형의 피트니스 센터는 한 지역에서 오랜 기간 있었고 충성 고객을 보유하고 있기 때문에 원래 지역에서는 잘 받아들여질 수 있다. 그러나 인근 지역의 잠재 고객은 그 독특한 제품과 서비스에 대해 전혀 익숙하지 않을 수 있다. 창업기업이 한 커뮤니티에서 다른 커뮤니티로 확장할 때 저지르는 일반적인 실수는 어떤 것이 한 곳에서 잘되면 자동으로 다른 곳에서도 잘될 것이라고 가정하는 것이다.
- **확장 위치를 고립시키기 않기:** 때로는 확장 위치의 직원들이 본사에서 충분한 교육과 감독을 받지 못하는 것으로 느껴질 수 있다. 초기 위치에서 비즈니스를 구축하는 데 필요한 만큼의 관심과 육성 없이 확장 위치가 뛰어나게 성장할 수 있다고 믿는 것은 잘못된 생각이다.

제품 관련 전략은 형태와 관계없이 제품이 수요가 있는지, 소비자 트렌드가 그에 반하지 않는지 기업이 주시할 때 가장 잘 작동한다. 이 분야에서의 경계심 부족이 Crumbs Bake Shop의 실패에 기여했다. 이 회사는 한때 미국에서 가장 인기 있는 컵케이크 전문 제과점 중 하나였다. 기업가정신을 가진 모든 기업이 배울 수 있는 예시로서 Crumbs Bake Shop이 실패한 이유에 대한 설명을 '무엇이 잘못됐는가?'에서 제공하고 있다.

무엇이 잘못됐는가?

Crumbs Bake Shop의 실패로부터 성장을 추구하는 스타트업이 얻을 수 있는 교훈

Crumbs Bake Shop은 Jason과 Mia Bauer 부부가 2003년에 창업한 회사이다. 아이디어는 고급 컵케이크를 판매하는 것이었다. 컵케이크는 다양한 크기와 필링으로 제공되었다. 대부분의 컵케이크는 쿠키 반죽, 티라미수, 캐러멜 애플과 같은 익숙한 맛을 가졌으며, Elvis Presley나 Artie Lange과 같은 유명인 이름을 딴 컵케이크도 있었다. 컵케이크는 세 가지의 주요 크기, 즉 미니 '맛보기' 크기, '클래식' 크기, '시그니처' 크기로 나뉘었다. 시그니처 크기의 컵케이크는 일반 컵케이크의 거의 2배 크기였으며, 가격은 3.50~4.50달러까지 다양했다. Crumbs는 각 컵케이크나 베이커리 앞에 가격과 칼로리를 알려주는 작은 안내판을 놓았다. 블랙보텀 치즈케이크 브라우니 컵케이크는 1,090칼로리라고 적혀 있다. 후반기에는 최대 여덟 명까지 먹을 수 있는 42달러의 '거대한' 컵케이크도 만들었다.

Crumbs Bake Shop은 빠르게 확장하며 빠르게 미국 최대 규모의 컵케이크 체인으로 성장했다. 규모가 커지면서 더 많은 매장을 계획했고 제품 라인도 조금 확장했지만, 주로 컵케이크를 판매하는 데 중점을 두었다. 2011년 초 Crumbs는 셸컴퍼니에 매각되어 6월에 공개됐다. 동일 매장 매출이 처음으로 감소하기 시작한 시기였다. 새로운 CEO인 Edward Slezak은 Crumbs 브랜드 제품을 다른 매장에서 판매하는 라이선싱 거래를 맺는 새로운 성장 전략을 시도했다. 그리고 수익성이 떨어지는 지점을 폐쇄하기 시작했다. 2013년 중반, Crumbs는 유명 셰프이자 요리사인 David Burke와 제휴를 맺고 새로운 고급 샌드위치와 샐러드 라인을 일부 Crumbs 매장에서 마케팅하기 시작했다. 그러나 매출이 좋지 않아 제휴는 한 달 만에 종료되었다. 2013년 말, Crumbs는 뉴욕 맨해튼 시내에 글루텐 프리 매장을 오픈했다.

2014년 7월 8일, Crumbs는 모든 매장을 폐쇄할 계획이라고 발표했다. 며칠 전에는 나스닥 주식 거래소에서 주식이 상장 폐지되었다. 이로 인해 최대 1,400만 달러의 부채가 적자로 전환될 수 있다는 경고를 받았다. 슬픈 결말이다. 한때 Crumbs는 자신감 있게 성장하던 기업이었다. 지금은 문을 닫으려고 한다. 그렇다면 무엇이 잘못됐을까? 성장 중인 기업에 귀중한 교훈을 제공하는 다음과 같은 몇 가지 요소가 문제가 되었다.

첫째, 점점 혼잡해지는 시장이다. Crumbs가 2003년에 문을 열었을 때는 독특한 매장이었다. 전국적으로 컵케이크를 전문으로 하는 베이커리는 손에 꼽을 정도였다. 그러나 2011년 Crumbs의 매출이 하락하기 시작한 해에는 그 수가 많아졌다. 일부는 베이커리, 일부는 간이 키오스크 형태였다. 또한 거의 모든 베이커리가 원한다면 고급 컵케이크를 제공할 수 있었다.

둘째, 소비자들이 컵케이크에 대한 관심을 잃기 시작했다. Crumbs가 처음 개업했을 때는 컵케이크가 인기를 끌었지만, 시간이 지남에 따라 소비자들은 다른 제품으로 이동하기 시작했다. 이를 보여주기 위해 《Wall Street Journal》은 2013년 초에 '금은 잊어라, 고급 컵케이크 시장은 붕괴 중'이라는 기사를 게재했는데, 이 기사에서 Crumbs의 매출 하락을 보도했다. Crumbs의 매출 하락은 일부는 허리케인 샌디의 영향을 받았다고 언급했지만(Crumbs 레스토랑의 상당수가 뉴욕 지역에 있었다), 《Wall Street Journal》 기사는 '고급 컵케이크에 대한 피로감'이라는 큰 문제로 인해 Crumbs가 고통받고 있다고 전했다.

셋째, 고액의 부동산 비용이다. Crumbs는 멋진 가게를 가졌다. 대부분의 가게가 한 가지 제품만 판매하는 회사치고는 큰 크기였다. Crumbs의 가게 크기는 평균 1,000평방피트였다. 2014년 《Business Insider》 기사에 따르면, 시카고 근처의 한 Crumbs Bake Shop은 3,300평방피트였다. 이는 방 4개인 집과 같은 크기이다.

넷째, 전환 또는 전략 변경이 없었다. Crumbs는 매출이 하락하는 것을 알면서도 새로운 매장을 계속 오픈했다. 2011년 중반부터 2013년까지만 35개의 매장을 추가로 오픈했다. 이 기간 동안 동일 매장 판매가 하락하고 있다는 것을 알면서도 계속 컵케이크에만 집중하며 다각화를 진지하게 시도하지 않았다. 컵케이크와 같은 제품을 판매하는 것의 어려움은 그것이 정기적이지 않은 구매라는 것이다. 사람들은 매일 같은 음식점에서 식사를 하거나 일주일에 몇 차례 같은 빵집에서 빵을 사지만, 고급 컵케이크와 같은 제품은 자주 구매하지 않는 사람들이 대부분이다.

비판적 사고를 위한 문제

1. Crumbs의 실패에서 다른 스타트업이 배울 수 있는 세 가지 교훈은 무엇인가?
2. Crumbs가 고급 컵케이크에 대한 관심이 감소하는 것을 어느 정도로 예상했어야 했을까?
3. 왜 동일 매장 매출이 감소한 상황에서도 Crumbs는 컵케이크 판매에 집중하려고 했을까?
4. Crumbs의 실패는 예방할 수 있었을까? Crumbs를 구할 수 있는 방법이 있을까? 이 장에서 언급한 내용을 바탕으로 Crumbs가 추구하지 않았던 성장 방식은 무엇일까?

출처: H. Peterson, "4 Reasons Why Crumbs Bake Shop Massively Failed," *Business Insider*, available at https://www.businessinsider.com/4-reasons-why-crumbs-bake-shop-closed-2014-7 (posted July 8, 2014, accessed July 8, 2014); Wikipedia, Crumbs Bake Shop, www.wikipedia.com (accessed April 9, 2017); E. Maltby and S. Needleman, "Forget Gold, the Gourmet-Cupcake Market is Crashing," *The Wall Street Journal*, April 17, 2013.

국제적 확장

학습목표 3

국제적 확장을 성장 전략으로 살펴볼 수 있다.

국제적 확장은 창업기업의 또 다른 일반적인 성장 전략이다.[9] 미국 중소기업청(SBA) 홍보국에 따르면, 미국 기업은 2014년에 기록적인 2조 3,000억 달러의 상품과 서비스를 수출했다. 개별 기업 측면에서 보면 모든 미국 수출의 97%는 소기업에서 발생했다.[10] 전 세계 인구 및 구매력 통계를 살펴보면, 성장 지향적인 기업에 국제 시장의 중요성을 확증한다. 세계 인구의 약 95.6%와 총구매력의 70%가 미국 외부에 위치하고 있다. 이러한 데이터에 영향을 받아, 오늘날 미국에서 출범하는 새로운 기업 중에서는 점점 더 국제적 신진기업이 늘어나고 있다.

국제적 신진기업이란 창업 단계부터 자원을 활용해 제품이나 서비스를 여러 나라에 판매하며 경쟁 우위를 얻으려고 하는 기업이다.[11] 이러한 기업은 때때로 '글로벌 스타트업' 또는 '본 글로벌'이라고 불린다. 이들은 시작부터 한 국가에 국한하지 않고 세계 시장을 대상으로 본다. 국제적 신진기업이 되는 것은 의도적일 수도 있고 해외 구매자의 의도치 않은 요청에 따라 발생할 수도 있다. 예를 들어 uShip은 텍사스 오스틴에 본사를 둔 회사로, 운송 서비스를 위한 온라인 마켓플레이스를 운영한다. 2003년에 출범한 지 얼마 지나지 않아 해외 고객들이 uShip의 웹사이트를 통해 배송을 요청하기 시작했다. 현재 uShip은 약 20개국에 진출해 있으며 암스테르담에 사무실을 두고 있다.[12]

해외 판매에는 막대한 잠재력이 존재하지만, 이는 상당히 복잡한 형태의 기업 성장이다. 물론 기민한 기업가는 2008년과 2009년 전 세계가 경험했던 금융 위기와 같은 사건으로 인해 세계 사회의 구매력에 발생하는 변화를 주의 깊게 관찰해야 한다. 지금부터 기업가정신을 가진 기업이 국제적 확장을 통해 성장을 추구할 때 고려해야 할 가장 중요한 문제를 살펴볼 것이다.

국제 시장을 통한 성장을 추구하는 벤처기업이 고려해야 할 관리

국제 시장에서 성장하기 위해 벤처기업이 고려해야 할 문제들을 검토한 내용을 표 14.3에서 볼 수 있다. 이는 조직/경영 문제, 제품 및 유통 문제, 재무 및 위험 관리 문제를 포함한다. 이러한 문제들을 성공적으로 해결할 수 있다면 국제 시장을 통해 성장하는 것은 창업기업 입장에서 뛰어난 선택이 될 수 있다. 이 분야에서 가장 큰 장애물은 도전에 대한 충분한 이해가 없는 것이다.

해외 진출 전략

대부분의 창업기업은 수출자로서 외국 시장에 처음 진입한다. 그러나 기업은 라이선싱, 합작투자, 프랜차이즈, 턴키 프로젝트, 완전 자회사 설립 등을 활용해 국제적 확장을 시작한다.[13] 이러한 전략과 주요 장단점을 표 14.4에서 설명하고 있다.

해외 판매

많은 창업기업이 먼저 외국 바이어의 요청에 응답해 해외에서 판매를 시작한다. 문의를 적절하게 처리하고 고객의 요구를 충족시키기 위해 프로토콜을 준수하는 것이 중요하다. 외국 시장에서 제품을 판매하는 몇 가지 팁은 다음과 같다.

- 요청에 빠르고 명확하게 대답하라. 문법적으로 명확하지 않은 요청을 해도 무시하지 말라. 국외의 언어를 사용해 국외의 기업에 연락하는 개인은 제2언어를 사용하는 데 미숙할 수

표 14.3 국제 시장에서 성장하기 위한 기업의 전반적인 적합성 평가

조직/경영 문제

경영진의 몰입 수준: 기업이 국제 시장에 진출할 수 있는 몰입 수준을 검토하는 것이 가장 중요하다. 기업은 최소한의 위험으로 수출을 시작할 수 있지만, 다른 형태의 국제화는 훨씬 큰 몰입이 필요하다. 적절하게 자금을 지원하고 실행하는 국제 전략은 최고 경영진의 지원이 필요하다.

국제 시장 경험 수준: 기업은 국제 시장에서의 경험 수준도 평가해야 한다. 많은 창업기업은 이 분야에서 경험이 전무하다. 따라서 경험이 부족한 창업기업이 성공하기 위해서는 수출 문서 및 기타 수출 프로세스의 미묘한 면을 익히기 위해 수출 관리 회사를 고용해야 할 수 있다. 많은 창업기업이 해외에서 제품 또는 서비스를 판매하고 유지하는 것이 국내에서 하는 것과 그렇게 크게 다르지 않다고 잘못 생각하기도 한다. 그러나 실제로는 다르다.

다른 기업 이니셔티브에 대한 방해: 해외 시장에서 판매하는 방법을 배우는 것은 창업자나 관리자의 많은 시간을 소모한다. 해외 출장이 종종 필요하며, 다른 언어를 사용하며 다른 시간대에 살고 있는 구매자에게 제품이나 서비스를 판매하는 것은 귀찮은 일이다. 따라서 기업은 국제 시장에서 경쟁하는 것의 장점을 고려하면서 투입해야 할 시간과 다른 기업 이니셔티브와의 잠재적인 방해를 고려해야 한다.

제품 및 유통 문제

제품 이슈: 기업은 먼저 제품이나 서비스가 해외 시장에 적합한지 여부를 결정해야 한다. 이를 판단하기 위해 많은 관련 질문에 대답해야 한다. 예를 들어, 기업의 제품이 국가 건강 또는 제품 안전 규정을 따라야 하는가? 제품에 대한 현지 서비스, 공급품, 스페어 파트 배송 능력이 필요한가? 제품을 외국 시장의 고객 요구 사항에 맞게 재설계해야 하는가? 외국 고객들이 제품을 원하는가? 해외 시장에 진입하기 전에 이러한 질문에 대한 적절한 답을 찾아야 한다. 기업은 제품이 외국에서 판매 가능하며 쉽게 서비스 가능하다고 '가정'해서는 안 된다.

유통 이슈: 제품을 미국에서 다른 국가로 어떻게 운송할 것인가? 또는 스웨덴에서 생산한 제품을 미국 시장으로 운송하는 방법은 무엇인가? 운송은 신뢰성이 있고 비용 효율적인가? 제품은 기업 본사에서 수출할 수 있는가, 아니면 판매할 국가에서 생산해야 하는가?

재무 및 위험 관리 문제

수출 운영 자금 조달: 해외 시장 진출에 자금 지원을 할 수 있는가, 아니면 추가 자금이 필요한가? 외국 고객은 기업에 어떻게 지불해야 하는가? 기업은 외국에서 부실 채권을 어떻게 회수해야 하는가? 이러한 질문에 대한 체계적인 답을 얻어야 기업이 해외 시장 판매를 시작할 수 있다.

외환 리스크: 기업은 환율 변동을 어떻게 관리해야 하는가? 미국에 위치한 창업기업이 일본의 바이어에게 판매할 경우, 대금을 미국 달러로 받아야 하는가, 일본 엔화로 받아야 하는가?

있다.

- 이메일이나 팩스 외의 외국어 문의에 대한 대답은 항공우편이나 급송 서비스를 통해 전달해야 한다. 세계 일부 지역에서는 지상 운송이 너무 느리기 때문이다.
- 모든 외국어 문의에 대한 사본을 보관할 파일을 만들라. 문의가 즉시 판매로 이어지지 않더라도 문의를 한 기업의 이름은 추후 고객 선점에 유용하게 활용할 수 있다.
- 약속을 지키라. 미국 기업에 대한 외국 바이어의 가장 큰 불만은 제시간에(또는 약속한 대로) 발송하지 않는 것이다. 첫 주문은 앞으로 이어질 관계의 질을 결정하는 데 가장 중요하다.
- 모든 서신에는 개인 서명이 있어야 한다. 양식 편지는 일부 문화권에서 불쾌하게 받아들일 수 있다.
- 예의, 공손함, 친절함, 존중을 갖추라. 이것은 간단한 상식이다. 예의는 특히 일부 아시아 문화권에서 매우 중요한 요소이다. 그리고 미국의 고유한 비즈니스 용어를 사용하지 말아야 한다. 이 용어는 많은 다른 문화권에서 의미가 없기 때문이다. 간단히 말해서 문화적 규범과 기대에 민감해야 한다.
- 미팅을 할 때는 항상 동등한 지위의 사람을 보내라. 일부 문화권에서는 미국 기업의 영업 사원이 외국 기업의 부사장 또는 사장과 만나는 것이 부적절하게 여겨질 수 있다.

표 14.4 다양한 해외 시장 진출 전략의 주요 장단점

외국 시장 진입 전략	주요 장점	주요 단점
수출: 수출은 국내에서 제품을 생산하고 외국 시장으로 배송하는 과정이다. 대부분의 창업기업은 수출을 시작으로 국제적인 참여를 시작한다.	수출은 기업이 외국 시장에 진출하는 비교적 저렴한 방법이다.	물건이 부피가 클 경우, 높은 운송 비용으로 인해 수출이 비경제적일 수 있다.
라이선싱: 라이선싱 계약은 제품에 대한 독점 권리를 가진 기업이 다른 기업에 해당 제품을 특정 로열티 또는 기타 대가를 지불하고 제조할 수 있는 권한을 부여하는 계약이다. 프로토타입 서비스와 프로세스도 라이선싱할 수 있다.	특허권을 얻은 제품을 해외에서 생산하려는 경우, 라이선시는 대개 대부분의 자본금을 제공한다.	회사는 사실상 자사의 고유 제품을 생산하는 방법을 외국 회사에 '가르치게' 된다. 결국 외국 회사는 독립해서 자사 제품을 자체적으로 변형해 생산을 시작할 가능성이 있다.
합작투자: 합작투자는 서로 독립적인 두 개 이상의 기업이 공동 소유하는 회사를 설립하는 것을 말한다. 예를 들어, 1962년에 설립한 Fuji-Xerox는 미국 기업과 일본 기업의 합작법인이다.	해당 외국 파트너의 지역 관행 및 시장 선호도에 대한 지식에 접근할 수 있다.	회사는 자사의 비즈니스 운영 제어력을 일부 잃게 된다.
프랜차이즈: 프랜차이즈는 프랜차이즈 사업자(고유한 제품, 서비스, 비즈니스 방법을 보유한 모회사)와 가맹점(제품, 서비스를 판매하거나 비즈니스 방법을 사용할 권리를 가진 프랜차이즈 사업자에게 수수료를 지불할 의사가 있는 개인 또는 회사) 간의 계약이다. 미국 기업은 외국 시장에서 프랜차이즈를 판매할 수 있으며, 그 반대의 경우도 마찬가지이다.	해외 시장에서 사업을 운영하는 데 필요한 자본 대부분을 가맹점이 마련한다.	품질 관리
턴키 프로젝트: 턴키 프로젝트는 한 나라의 계약자가 다른 나라에서 시설을 건설하고 운영할 인력을 훈련시킨 다음 프로젝트가 완료되고 운영 준비가 완료되면 그것을 '넘겨주는' 것을 말한다.	수익 창출 능력	일반적으로 일회성 활동이기 때문에 외국 시장에서 형성한 관계가 미래 프로젝트를 원활하게 진행하는 데 유용하지 않을 수 있다.
완전 자회사: 완전 자회사를 설립하는 기업은 일반적으로 외국에서 생산하고 영구적인 존재로 확립하기로 결정한 것이다.	해외 사업에 대한 완전한 통제력을 제공한다.	외국에서 제조 시설 및 영구적인 입지를 구축하고 유지하는 데 필요한 비용이 높을 수 있다.

외부 성장 전략

학습목표 4

다양한 유형의 외부 성장 전략을 논의할 수 있다.

외부 성장 전략은 제3자와의 관계를 확립하는 데 의존한다. 합병, 인수, 전략적 제휴, 합작투자, 라이선싱, 프랜차이즈는 외부 성장 전략의 예이다. 지금부터 이러한 전략적 옵션 각각에 대해 설명할 것이며 프랜차이즈는 별도로 제15장에서 다룬다.

외부 성장 전략에 중점을 둘 경우 신제품 개발 및 외국 시장 진출과 같은 느린 내부 전략과는 달리 더 빠른 속도로 협력적인 성장 방식을 취할 수 있다. 외부 성장 전략은 작은 기업과 대기업 간의 경쟁을 공평하게 만들어준다.[14] 예를 들어, 〈Toy Story〉, 〈Finding Nemo〉, 〈Piper〉와 같은 애니메이션 히트작을 제작한 작은 애니메이션 스튜디오 Pixar는 2006년 Disney와 핵심 전략적 제휴를 맺었다. Disney와 파트너십을 맺음으로써 Pixar는 Disney의 경영 노하우, 기술 전문성, 유통 채널에 대한 접근 권한 일부를 획득할 수 있었다. Disney와의 관계는 Pixar가 성장하고 시장에서 효과적으로 경쟁할 수 있는 능력을 향상시키는 데 도움이 되었으며, 결과적으로 Pixar는 인수 대상으로 매력적인 기업이 되었다.

표 14.5에 나타난 것처럼, 외부 성장 전략에 중점을 두는 것은 고유의 장단점이 있다.

합병과 인수

많은 창업기업이 합병과 인수를 통해 성장한다. **합병**이란 두 개 이상의 기업을 하나로 합치는 것

표 14.5 외부 성장 전략 중심의 장단점

장점	단점
경쟁력 감소: 경쟁자를 인수함으로써 경쟁이 감소한다. 이렇게 함으로써 가격 경쟁을 피할 수 있으며 적어도 하나의 경쟁자와 가격 경쟁을 벌이는 것을 방지할 수 있다. 잠재적인 경쟁자들을 파트너로 바꾸고 제휴와 프랜차이즈를 통해 회사가 경험하는 경쟁의 양을 줄일 수 있다.	**고위 경영진의 충돌:** 인수, 제휴, 라이선스 계약, 프랜차이즈 조직과 관련된 기업의 최고경영진은 서로 충돌할 수 있으며, 이로 인해 계획이 어려울 수 있다.
독점적인 제품이나 서비스에 접근 가능: 인수 또는 제휴는 종종 한 회사가 다른 회사의 독점적 자산에 합법적으로 접근하려는 욕구에 의해 수행된다.	**기업 문화의 충돌:** 외부 성장 형태는 두 개 이상의 기업이 함께 노력해야 하므로 기업 문화가 종종 충돌해 좌절감을 불러일으키거나 좋지 않은 성과를 낼 수 있다.
새로운 제품과 시장에 접근 가능: 인수, 제휴, 프랜차이즈를 통한 성장은 기업이 새로운 제품과 시장에 빠르게 접근할 수 있는 방법이다. 라이선싱은 회사가 시장에 초기 진입을 할 수 있는 기회를 제공할 수도 있다.	**운영 문제:** 다른 회사를 인수하거나 협력할 때 나타날 수 있는 또 다른 문제는 기업의 장비 및 비즈니스 프로세스가 완전히 호환되지 않을 수 있다는 것이다.
기술 전문성에 접근 가능: 가끔은 기업이 기술 전문성에 접근하기 위해 다른 기업을 인수하거나 파트너로 협력한다. 프랜차이즈 조직에서, 프랜차이즈 계약자는 종종 프랜차이즈 사업주로부터 유용한 팁과 제안을 받는다.	**비즈니스 복잡도 증대:** 대부분의 인수 및 제휴는 동일한 또는 관련 산업에 종사하는 회사들이 참여하지만 어떤 기업은 관련 없는 산업에 종사하면서 기업을 인수하거나 제휴를 맺는다. 이러한 접근은 결합된 비즈니스의 복잡도를 크게 증가시킨다. 브랜드에 대한 접근성을 획득하기 위해 다른 회사 및 브랜드를 인수하거나 파트너십을 맺은 기업은 자사 브랜드와 상표를 더 이상 개발하지 못할 수 있다. 이러한 실패는 인수 또는 제휴 브랜드에 대한 의존도를 증가시켜 시장에서 고유한 정체성을 확립하고 유지하는 능력을 감소시킬 수 있다.
인지도 있는 브랜드명에 접근 가능: 우수한 제품이나 서비스를 보유한 성장 중인 회사는 종종 상표 및 브랜드 인지도를 얻기 위해 보다 오래되고 인지도 있는 회사를 인수하거나 제휴한다.	**조직 유연성의 상실:** 한 회사를 인수하거나 제휴를 맺는 것은 다른 회사를 인수하거나 제휴를 맺을 가능성을 배제할 수 있다.
규모의 경제: 인수, 제휴, 프랜차이즈를 통해 이전에 분리되어 있던 두 회사 이상을 합병하는 것은 종종 합병된 회사들에 대한 더 큰 규모의 경제를 불러온다.	**반독점 영향:** 인수 및 제휴는 반독점 검토 대상이다. 또한 일부 국가는 기업 간 일부 비즈니스 관계를 금지하는 엄격한 반독점법을 가지고 있다.
비즈니스 리스크 다양화: 모든 협력 또는 소유권 공유의 주요 동력 중 하나는 비즈니스 리스크를 다양화하는 것이다.	

을 말한다. **인수**는 한 기업이 다른 기업을 완전히 사들이는 것이다. 인수에서 살아남은 기업을 **인수자**(acquirer)라고 하며, 인수되는 기업을 **인수 대상**(target)이라고 한다.

다른 기업을 인수하면 기업의 제품 라인 확장, 유통 채널 확보, 규모의 경제 달성, 현재 제공하고 있는 것을 개선할 수 있는 기술 확보, 능력 있는 종업원 확보 등 기업의 여러 가지 필요를 충족시킬 수 있다. 대부분의 경우 기업은 경쟁업체를 인수하거나 제품 라인이나 필수 역량이 필요한 기업을 인수한다. 예를 들어, 사례 11.1에서 설명한 것처럼 Nest Labs는 2014년에 보안 카메라 제조업체인 Dropcam을 인수했다. Nest Labs는 카메라를 업그레이드하고 브랜드를 개편해 현재 Nest Cam Indoor와 Nest Cam Outdoor라고 부르며 이를 제품 라인에 추가했다. 마찬가지로 2017년 Walmart는 비교적 작은 전자상거래 기업 Moosejaw, Shoebuy, Modcloth 세 곳을 인수했다. 각각의 인수는 Walmart에 새로운 온라인 구매자를 제공하고 더 많은 인터넷 쇼퍼들과 경쟁할 수 있도록 더 잘 준비하게 한다.[15]

비록 이러한 접근 방식이 이점이 될 수 있지만 기업이 인수를 통해 성장 결정을 내리는 것은 신중하게 접근해야 한다.[16] 다른 기업을 자신의 현재 운영에 통합하는 과정은 쉽지 않으며 이 때문에 재정적으로 곤란해질 수 있다.

적합한 인수 대상 찾기 기업이 인수를 통해 성장하기로 결정한 경우 매우 조심스럽게 인수 대상

Eugenio Marongiu/Shutterstock

창업자가 종종 놀라는 한 가지 사실은 기업을 성장시키는 것이 창업하는 것만큼이나 어렵다는 것이다. 여기 세 명의 창업자 그룹이 다른 젊은 기업과 전략적으로 제휴하는 것의 장점을 평가하고 있다.

을 찾는 것이 매우 중요하다. 인수를 실패한 사례가 많은 것은 회사가 결정력이 부족한 것이 아니라 처음부터 서로 맞지 않았기 때문이다. 일반적으로 적절한 회사를 찾기 위해서는 두 단계가 필요하다. 첫 번째 단계는 시장을 조사하고 유망한 후보들의 '목록'을 작성하는 것이다. 두 번째는 각 후보를 신중하게 검토해 인수 적합성을 판단하는 것이다. 이 두 단계를 수행하는 데 집중해야 할 핵심 영역은 다음과 같다.

- 인수 대상 회사가 인수 아이디어에 대해 열린 마음을 가지고 있으며 주요 제3자로부터 인수에 대한 동의를 받을 수 있는 능력이 있는지 여부. 동의가 필요한 제3자에는 은행, 투자자, 공급업체, 직원, 핵심 고객이 포함될 수 있다.
- 인수 대상 회사의 경영진과 해당 산업의 강점, 인수 기업 본사와의 지리적 근접성
- 인수 기업의 최고경영진 및 기업 문화와 인수 대상 회사의 최고경영진 및 기업 문화의 상호 호환성
- 인수 대상 회사의 과거 및 예상 재무 성과
- 인수 시 핵심 직원 및 고객이 유지될 가능성
- 인수 대상 회사의 지식재산인 특허, 상표, 저작권 보호의 범위 및 구매를 방해할 수 있는 법적 문제의 확인
- 인수 기업이 인수 대상 회사의 비즈니스와 산업을 얼마나 이해하고 있는지 여부

스크리닝은 가능한 한 포괄적으로 이루어져야 하며, 인수 대상 기업에 대한 현실적인 제시 가격을 결정하기에 충분한 자료를 제공해야 한다. 인수하는 기업이 범하는 흔한 실수 중 하나는 구매하려는 비즈니스에 지나치게 비싼 값을 지불하는 것이다. 기업은 짐작이나 직관 대신 하드 데이터를 기반으로 입찰가를 제시함으로써 이러한 실수를 피할 수 있다.

인수 단계 인수를 완료하는 것은 그림 14.2에 나와 있는 9단계 과정으로 이루어진다.

1단계 인수 대상 기업의 임원들과 미팅 일정 잡기: 인수 기업은 이 단계에서 법률 대리인을 통해 초기 협상을 구성하고 법적 문제를 해결하는 데 도움을 받아야 한다. 또한 인수 기업은 인수 대상이 어느 정도 가치가 있는지 알고 있어야 한다.

2단계 인수 대상 기업 임원의 인수에 대한 감정 파악하기: 인수 대상이 '빨리 팔기를 원하는' 경우 인수 기업에 유리하게 작용한다. 그러나 인수 대상이 거래를 망설이기 시작하면 협상이 어려워질 수 있다.

3단계 가장 적절한 인수 자금 조달 방법 결정하기: 인수 기업은 조건이 유리하다면 거래를 완료할 수 있도록 재정적으로 준비되어 있어야 한다.

4단계 인수 대상 기업과 적극적으로 협상하기: 인수가 임박한 경우 필요한 모든 주주 및 제3자의 동의와 승인을 얻어낸다.

5단계 협상 결과가 적절하다고 판단하면 제안서 제시하기: 양 당사자는 서로의 이익을 대변하는 변호사 및 공인 회계사(CPA)에게 제안서를 검토하게 해야 한다. 또한 지불 방법을 결정한다.

6단계 잔류하게 될 인수 대상 기업의 핵심 인력과 경쟁 금지 협약 체결하기: 제7장에서 설명한 대로, 이 계약은 인수 기업의 영업 영역 내에서 일정 기간 동안 인수된 회사의 핵심 인력이 동일한 유형의 비즈니스를 시작하는 것을 제한한다.

7단계 변호사를 고용해 마감 서류 작성하기: 거래를 완료한다.

8단계 가능한 한 빨리 모든 직원과 만나 인수에 대해 설명하기: 인수 기업 및 인수 대상 기업의 직원들과 가능한 한 빨리 만나 회의를 개최한다. 합병된 회사의 비전을 설명하고 직원들의 불안을 완화시킨다.

9단계 인수한 기업을 조직에 통합하기 위한 계획 실행하기: 경우에 따라 인수된 기업을 즉시 인수한 기업의 운영에 통합할 수 있다. 또 다른 경우에는 인수된 기업이 상대적으로 자율적으로 운영될 수 있다.

그림 14.2 다른 회사 인수 완료 프로세스

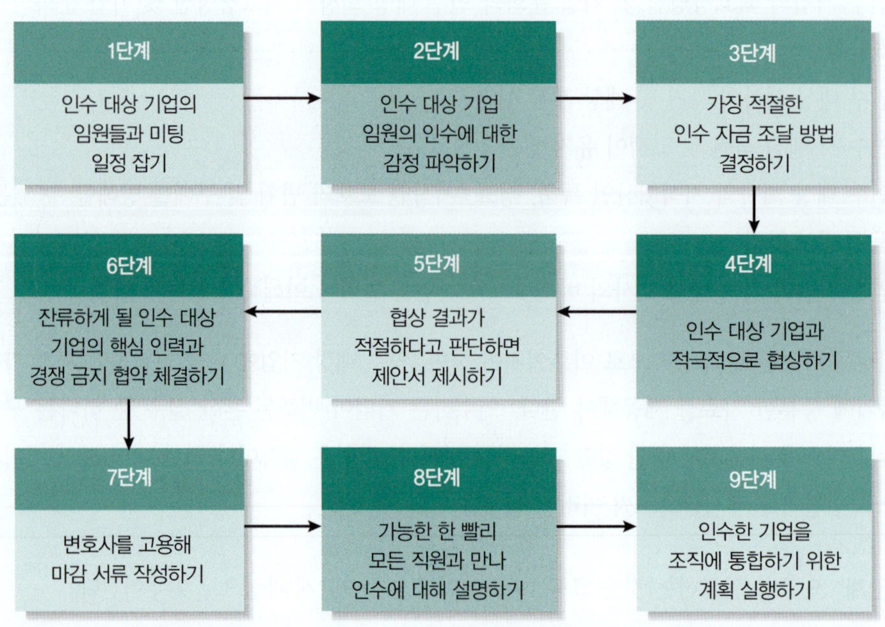

창업기업은 성장을 가속화하기 위해 다른 기업을 인수하는 것 외에도 독점 기술을 확보하거나 새로운 시장에 진입하려는 대기업의 인수 대상이 되기도 한다. 대기업에 팔리는 것은 투자자들이 투자금을 환원하는 수단으로 종종 이용된다. 어떤 기업가는 성장을 가속화시키기 위해 자신의 기업을 대기업에 매각하기도 한다. 예를 들어 사례 14.2의 주인공인 Justin's Nut Butter는 2016년 Hormel에 매각되어 주로 Hormel의 전 세계적인 유통 채널에 통합되었다. Hormel은 현재 Justin's가 도달하지 못했던 시장에 대한 접근성을 제공하고 있다.[17]

라이선싱

라이선싱은 한 회사가 다른 회사에 특정 형태의 지식재산을 명확히 정의한 조건하에서 사용할 수 있는 권한을 부여하는 것이다. 특허, 상표, 저작권으로 보호받는 회사의 지식재산 중 거의 모든 것은 제3자에게 라이선스를 부여할 수 있다. 제조 능력이나 유통망을 이미 구축한 다른 회사들과 달리 새로운 제품을 만드는 회사에 라이선싱은 매우 유용하다.

창업기업은 대기업에 기술에 대한 라이선스를 부여해서 이점을 얻을 수도 있다. 예를 들어 무료 웹 기반 개인 재무 관리 서비스인 Mint.com은 대기업인 Yodlee에 기술을 라이선싱해서 회원들의 신용카드 잔액 및 결제 마감일과 같은 계좌 정보를 얻을 수 있었다.

라이선스의 조건은 **라이선싱 계약**을 통해 명확히 규정된다. **라이선서**는 지식재산을 소유한 회사이며, **라이선시**는 그것을 사용할 권리를 구매하는 회사이다. 라이선스는 독점적인 것, 비독점적인 것, 특정 목적을 위한 것, 특정 지역을 위한 것으로 구분된다.[18] 대부분의 경우 라이선시는 지식재산 사용 권한을 얻기 위해 초기 지불금과 지속적인 로열티를 라이선서에 지불한다. 초기 지불금이나 로열티의 양을 결정하는 공식은 없다. 이는 라이선싱 계약을 협상하는 과정의 일환이다.[19] 창업기업은 종종 초기 지불금을 상대적으로 크게 요구해서 운영 자금을 즉각적으로 조달하는 방법으로 이용하기도 한다.

라이선싱에는 두 가지 주요 유형이 있다. 바로 기술 라이선싱과 상품 및 캐릭터 라이선싱이다.

기술 라이선싱 **기술 라이선싱**은 라이선서가 보통 실용 특허를 통해 제어하는 특허 기술의 라이선싱을 말한다.[20] 이러한 종류의 라이선싱 계약은 일반적으로 두 가지 시나리오 중 하나를 포함한다. 첫째, 기업은 자사 제품을 개선하기 위해 기술을 개발하고, 그 기술을 라이선스할 비경쟁 업체를 찾아 비용과 위험을 분산시킨다. 둘째, 신제품 개발에 집중하는 기업은 제품을 시장에 내놓는 데 필요한 자원을 보유한 마케팅 지향적인 기업에 라이선싱 계약을 통해 신제품을 제공한다.

대기업과 라이선싱 계약을 체결하는 것은 협상이 어려울 수 있다. 창업자는 잠재적 라이선시에 대해 라이선스료를 제때 지불한 기록이 있는지, 일하는 데 협력적인지 신중히 조사해야 한다. 이러한 정보를 얻기 위해 잠재적 라이선시에 참조 자료를 요청하는 것이 적절하다. 또한 창업자는 잠재적 라이선시와의 첫 만남에서 독점 기술의 본질에 대해 너무 많은 정보를 공개하지 않도록 주의해야 한다. 이 과제는 너무 많은 정보를 공개하지 않으면서 잠재적 라이선시의 관심을 끌어낼 수 있는 적절한 균형을 찾아야 함을 의미한다. 제7장에서 설명한 비밀 유지 협약은 잠재적 라이선시와 독점 기술에 대해 논의할 때 사용해야 한다.

상품 및 캐릭터 라이선싱 **상품 및 캐릭터 라이선싱**은 라이선서가 일반적으로 등록상표나 저작권을 통해 제어하는 인정받는 상표나 브랜드의 라이선싱이다. 예를 들어, Harley-Davidson은 티셔츠, 재킷, 수집품, 기념품, 보석, 시계, 바이크 액세서리 등에 Harley 상표를 부착하는 여러 회사에 라이선스를 부여한다. 이렇게 함으로써 Harley는 라이선싱 수익을 창출할 뿐만 아니라 Harley-Davidson 모터사이클의 판매도 촉진한다. 마찬가지로 eBay와 Starbucks와 같은 기업은 자사 상표를 라이선싱해서 라이선싱 수익을 창출할 뿐만 아니라 현재 및 잠재 고객에게 제품이나 서비스를 홍보한다.

상품 및 캐릭터 라이선싱의 핵심은 상표를 너무 넓게 라이선싱하려는 유혹에 저항하고 관련성 있고 회사 고객에게 매력적인 제품 범주로 라이선스를 제한하는 것이다. 회사가 상표를 너무 넓게 라이선싱하면 상표로 구분할 수 있는 제품의 품질을 제어할 수 없게 되며 이 결과 회사의 브랜드 강도가 약화될 수 있다. 예를 들어 디자이너 드레스와 액세서리를 대여하는 온라인 회사인 Rent the Runway(사례 3.1의 주인공)와 같은 회사는 Rent the Runway 여성용 시계 라인을 생산하려는 시계 제조업체에 상표를 라이선싱할 수 있다. Rent the Runway는 자사의 상표가 붙은 시계가 패셔너블한지, 자사에서 대여하는 의류 및 액세서리와 유사한 품질인지, 고객에게 매력적인지 확인하고 싶어 할 것이다. Rent the Runway는 이러한 기준을 라이선싱 계약 조건을 통해 적용할 수 있다.

라이선싱은 추가적인 하이브리드 형태가 있다. 많은 기업은 인수, 전략적 제휴, 합작투자, 라이선싱, 프랜차이즈과 같은 외부 성장 형태를 사용한다. '영리한 창업기업'에서는 Fetchr의 사례를 보여준다. Fetchr는 배송 및 배송 기술 앱 기반 서비스인 중동 지역에 근거를 둔 회사로서 인수와 제휴를 통해 지역의 특이한 문제를 해결하는 회사로 빠르게 성장했다.

전략적 제휴와 합작투자

전략적 제휴와 합작투자의 인기 상승은 기업이 '혼자서는 성공할 수 없다'는 인식이 증가하면서 이루어졌다.[21] 모든 기업 성장 형태와 마찬가지로 전략적 제휴와 합작투자에는 장단점이 있다. 이러한 점을 표 14.6에서 제시하고 있다.

전략적 제휴 **전략적 제휴**는 특정 목표를 달성하기 위해 체결하는 두 개 이상의 기업 간의 파트너십이다. 다양한 연구에서 제휴 참여가 기업의 특허 출원 비율,[22] 제품 혁신,[23] 외국 판매[24]를 촉진시킬 수 있다는 것을 보여주고 있다. 제휴는 일반적으로 비공식적이며 새로운 개체(예: 합작투자와 같은)의 생성을 포함하지 않는다. 제휴에 참여하는 것이 창업기업에 큰 도움이 될 수 있지만 제휴를 설정하고 작동시키는 것은 까다로울 수 있다. 이러한 제휴의 측면을 '성공을 위한 파트너십'에서 강조하고 있다.

기술 제휴와 마케팅 제휴는 가장 일반적인 두 가지 제휴 형태이다.[25] **기술 제휴**는 연구 개발, 엔지니어링, 제조에서의 협력을 특징으로 한다. 연구 개발 제휴는 종종 특정 기술을 가진 창업기업과 개발 및 마케팅 경험을 갖춘 대규모의 성숙기업을 하나로 묶어준다. 이러한 기업들은 서로 보완적인 자산을 모아 일반적으로 한 기업이 혼자서 할 수 있는 것보다 빠르고 저렴하게 제품을 생산하고 시장에 내놓을 수 있다.[26] 예를 들어 Pfizer의 대히트 약물인 Celebrex는 기술 제휴를 통해 개발되었다. Celebrex는 관절염 처방약이다. **마케팅 제휴**는 일반적으로 상품이나 서비스의 판매를 증가시키기 위해 유통 시스템을 가진 회사와 맺는 제휴이다. 예를 들어 미국의 한 식품 회사가 유럽에 있는 Nestlé(스위스의 식품 회사)의 유통 채널을 확보하기 위해 Nestlé와 제휴를 맺을 수

표 14.6 **전략적 제휴 및 합작투자의 장단점**

장점	단점
특정 자원에 접근 가능: 기업은 자본, 특수 기술을 보유한 직원, 현대적인 생산 시설과 같은 특정 자원에 접근하기 위해 전략적 제휴와 합작투자를 이용한다. **규모의 경제:** 많은 산업에서 높은 고정 비용으로 인해 기업은 규모의 경제를 개발하기 위해 생산량을 확장할 파트너를 찾아야 할 필요가 있다. **위험 및 비용 공유:** 전략적 제휴와 합작투자는 두 개 이상의 기업이 특정 사업 노력의 위험과 비용을 공유할 수 있게 한다. **외국 시장 진출:** 현지 기업과 제휴를 맺는 것은 종종 외국 시장에 접근할 수 있는 유일한 현실적인 방안이다. **학습:** 전략적 제휴와 합작투자는 참가자에게 파트너로부터 학습할 기회를 제공한다. **시장 진입 속도:** 기술적으로 강한 한 기업과 시장 접근성이 강한 다른 기업과 같은 보완적 기술을 가진 기업은 시장 진입 속도를 높이기 위해 파트너를 맺으며 최초 진입자의 이점을 확보하기를 원한다. **경쟁업체 무력화 또는 차단:** 전략적 제휴와 합작투자를 통해 기업은 경쟁업체의 조치를 무력화하거나 차단할 수 있는 능력과 시장 권력을 얻을 수 있다.	**자산 유출 우려:** 기밀 정보가 이미 경쟁자가 되었거나 미래에 경쟁자가 될 가능성이 있는 파트너에게 유출될 가능성이 있다. 기밀 정보의 유출은 공통적인 우려 사항이다. **경영 복잡성:** 전략적 제휴와 합작투자는 두 개 이상의 기업이 결합하려는 노력이 필요하기 때문에 관리하기 어렵다. 이로 인해 좌절과 비용이 발생할 가능성이 높다. **재정 및 조직적 위험:** 전략적 제휴와 합작투자는 실패율이 높다. **파트너에게 의존하는 위험:** 한쪽 파트너가 지나치게 다른 쪽에 의존하면 권력 불균형이 생기게 된다. 이러한 상황은 강력한 파트너의 기회주의적 행동 가능성을 높이게 된다. 기회주의적 행동은 파트너를 이용하는 것이다. **의사결정 자유의 부분적 손실:** 공동 기획 및 의사결정은 의사결정 자유의 일부 손실을 초래할 수 있다. **파트너끼리의 문화 충돌:** 제휴 파트너의 기업 문화가 서로 충돌할 경우 제휴의 구현과 관리가 어려워진다. **조직 유연성 손실:** 하나의 회사와 제휴를 맺으면 다른 회사와 제휴를 맺을 가능성이 사라진다.

출처: Based on B. R. Barringer and J. S. Harrison, "Walking a Tightrope: Creating Value Through Interorganizational Relationships," *Journal of Management* 26, no. 3 (2002): 367-403.

있다. 두 파트너가 이러한 유형의 제휴를 맺는 전략적 논리는 간단하다. 제품을 더 많은 판매 채널로 유통함으로써 제품을 공급하는 파트너는 규모의 경제를 확대하고 단위당 비용을 줄일 수 있다. 유통 채널을 공급하는 파트너는 제품 라인에 제품을 추가함으로써 단일 공급업체로부터 다양한 제품을 구매하고 소비자에게 더욱 매력적인 제품 라인을 보유할 수 있다.

기술 및 마케팅 제휴는 기업이 자신의 전문 분야에 집중하고 다른 회사와 함께 자신의 역량을 보완할 수 있게 한다. 이러한 접근 방식은 특히 재무 자원이나 시간이 부족해 제품을 신속하게 시장에 내놓을 수 있는 능력이 부족한 기업에 매우 매력적이다. Michael Dell은 Dell Inc.의 초기 년도를 다음과 같이 설명한다.

> 우리는 작은 창업기업으로서 PC를 제조하는 데 사용하는 부품을 직접 만들 돈이 없었다. 그러나 우리는 또한 "우리가 왜 그러려고 하는 걸까?"라는 질문을 했다. 우리는 경쟁업체들과는 달리 선택권이 있었다. 즉, 전문업체로부터 부품을 구매함으로써 이미 투자한 투자금을 이용하고, 우리가 가장 잘하는 것, 즉 고객에게 직접 솔루션과 시스템을 디자인하고 제공하는 것에 집중할 수 있는 것이다. 우리는 이러한 초기 공급업체와의 제휴를 통해 신속하게 성장할 수 있는 완벽한 전략을 만들었다.[27]

합작투자 **합작투자**는 합작은 두 개 이상의 기업이 자원 일부를 합쳐 새롭게 공동 소유 회사를 만드는 것이다.[28] 예를 들어, Cereal Partners Worldwide는 General Mills와 Nestlé의 50-50 합작회사이다. 1991년에 설립한 이 합작회사는 전 세계 130개국에서 아침 식사용 시리얼을 판매하고 있다. General Mills 웹사이트에 따르면, 이 합작회사는 General Mills의 제조 전문성과 Nestlé

영리한 창업기업

Fetchr: 인수와 제휴를 통한 성장

• Web: www.fetchr.us • Facebook: Fetchr

회사로 택배를 보내야 하는데 택배 회사의 주소가 없는 경우를 상상해보라. 이것은 대부분의 중동 지역에서 발생하는 일이며 공식적인 도로 주소 체계가 없기 때문에 발생하는 흔한 딜레마이다. 이 문제를 해결하려는 기업 중 하나가 두바이에 기반을 둔 Fetchr이다. Fetchr는 혁신적인 서비스를 통해 지역에서 전통적인 수송 및 배송 비즈니스를 혁신했다. Fetchr는 2012년 두 명의 기업가인 Idriss Al Rifai와 Joy Ajlouny가 아랍에미리트 두바이에서 시작했으며 소포를 주고받는 일을 원활하고 쉽고 간편하게 만들었다.

아랍에미리트도 다른 중동 지역과 같은 문제를 공유하기 때문에 택배 배송이 매우 불안정하다. Fetchr는 특허 기술로 이를 가능하게 만들었다. Fetchr 앱은 고객의 핸드폰 GPS를 사용해 위치를 결정하고 고객이 Google 지도를 사용해 픽업 및 배송 서비스의 위치를 지정할 수 있도록 한다. 이 서비스는 무게에 따라 8~13달러 사이의 가격으로 제공된다.

Fetchr의 미션은 고객의 시간을 절약하고 삶을 더 쉽게 만드는 것이라고 말한다. 창업자들은 고객이 배송물 픽업이나 배송을 위해 물류 회사가 도착할 때까지 기다리는 대신 물류 회사가 고객을 찾아가야 한다고 생각한다. Fetchr 앱은 또한 개인 간 거래도 허용하며 비즈니스 요구 사항도 충족한다.

'Fetchr NOW' 기능은 고객에게 즉시 배송 솔루션을 제공한다. 요청이 들어오면 가장 가까운 위치에 있는 운전자에게 통지되며, 운전자는 지체 없이 바로 배송물 픽업 위치로 이동해 수취인에게 배송한다. 서비스는 운전자의 가용성에 따라 연중무휴로 이용할 수 있다. 고객은 앱을 통해 실시간으로 배송물을 추적하고 업데이트된 도착 예상 시간(ETA)을 확인할 수 있다. 배송이 완료되면 고객에게 비용을 청구한다.

Fetchr는 대기업, 중소기업, 소매업체, 온라인 상점, 전자상거래 사이트, 소셜 미디어 판매자, 은행 등 온라인 비즈니스를 수익성 있게 구축, 출시, 성장시키려는 모든 비즈니스에 배송 서비스를 제공한다. Fetchr는 디지털 변환으로 인해 많은 소매업체와 전통적인 비즈니스가 오프라인이 유일한 유통 채널이 될 수 없다는 것을 깨닫고 온라인으로 이동했다고 믿는다.

Fetchr는 최고의 실리콘밸리 벤처 캐피털로부터 투자금 1,100만 달러를 조달한 중동 최초의 스타트업이다. 2016년에 Fetchr는 인도의 Patel Integrated Logistics와 합작투자를 체결해 전자상거래 전용 시설을 출시했다. 이를 위해 두 회사는 50만 달러를 투자해 인도 내 200개 지점을 개설하는 것을 목표로 했다. 2017년에는 바레인 시장으로 진출하기 위해 Fetchr가 중동 최대 가문 소유의 다국적 비즈니스 그룹 중 하나인 YBA Kanoo로부터 바레인 택배 서비스 회사 KRT를 인수했다. 이 인수의 목적은 첨단 기술로 고객 서비스를 개선하기 위한 협력을 강화하는 것이다.

Fetchr는 5년 동안 크게 성장해 사우디아라비아, 요르단, 오만, 바레인, 이집트로 확장했으며 다른 국가로의 확장도 계획 중이다. 회사는 인수, 제휴, 합작투자를 통해 외부 성장을 이루었다. 이후 미국의 New Enterprise Associates 등의 투자를 통해 외부 자금 4,100만 달러를 추가로 유치해 요르단 및 오만과 미공개된 2개 시장에서 국제적 확장을 더욱 촉진할 예정이다. 창업자들은 외부 자금을 이용해 지리적으로 더욱 확장하고 기술 직원을 더욱 추가할 계획이라고 밝혔다. 회사는 새로운 시장에 진출하고 서비스 유형을 다양화해 지역에서 공격적인 성장을 추구하고 있다.

비판적 사고를 위한 문제

1. Fetchr는 어떤 시장의 공백을 메우고 있는가? 그리고 지역의 택배 서비스 회사들과 비교해서 Fetchr의 경쟁 우위는 무엇인가?
2. Fetchr가 국제적으로 확장하는 데 합병 및 인수 모델이 좋은 선택인가? 그리고 이 방법을 사용할 때 Fetchr는 어떤 분야에 초점을 맞춰 적절한 후보를 찾아야 할까?
3. Fetchr가 라이선싱을 사용해 국제적으로 확장하기로 결정한다면 고려해야 할 요인은 무엇인가?
4. Fetchr는 성장을 위해 외부 자금에 의존했다. 성장을 위해 외부 자금을 사용하는 것의 장단점을 논하라.

출처: V.W. Sathis, "UAE, Indian Firms Enter into Logistics Joint Venture," *Emirates 24 Business*, August 12, 2016 (accessed December 1, 2017); Robert Anderson, "Dubai App Fetchr to Expand in Four Markets after $41m Funding Round," *Gulf Business*, June 3, 2017 (accessed December 1, 2017).

성공적인 제휴를 위한 세 가지 단계

제휴는 창업기업이 성장을 가속화할 수 있다는 점에서 점점 더 인기가 높아지고 있는 방법이지만 전략적이고 신중하게 접근해야 한다. 제휴가 실패하면 기업이 돈을 잃을 뿐만 아니라 제휴를 해지하는 데 매우 많은 시간과 노력이 들어가서 좌절감을 느낄 수 있다. 제휴는 종종 결혼이나 다른 밀접한 관계와 비교된다. 즉, 쉽게 들어갈 수 있지만 우아하게 빠져나오기는 힘들다.

성공적인 제휴 관계를 설정하고 실행하기 위한 세 가지 핵심 단계가 있다. 다음은 각 단계와 이를 처리하는 방법에 대한 조언이다.

파트너 선택

기업이 필요한 것을 가지고 있는 어떤 회사나 집단도 제휴 파트너가 될 수 있다. 예를 들어 작은 식품 회사는 종종 대형 식품 회사와 파트너십을 맺고 유통 채널에 접근하기도 한다. 하지만 회사는 잠재적 파트너가 시장에서 경쟁하는 동안 얻을 수 있는 어떤 혜택을 찾고 있다는 것을 기억해야 한다. 만약 작은 식품 회사가 거래를 위해 대형 식품 회사에 자사의 최고 제품에 대한 '독점적인' 유통 권리를 제공해야 한다면 그것은 가치가 없을 것이다. 제휴 파트너십에 참여하기 위해서는 기업의 상황을 개선해야 한다. 즉, 점프볼이 아니어야 한다. 제휴 파트너십은 관리하는 것이 매우 어려우므로 성공적으로 관리하기 위해서는 많은 노력이 필요하다. 제휴 파트너십에서 모든 회사가 성과를 균등하게 달성한다면 시간과 노력에 비해서 제휴 파트너십은 대개 가치가 없다.

또한 기업은 파트너십을 고려하고 있는 기업의 평판을 항상 조사해야 한다. 심지어 회사가 유명하더라도 파트너가 협력 중인 다른 비즈니스의 참조 자료를 요청하는 것이 좋다. 참조 자료 제공을 꺼리거나 거부한다면 다른 곳을 찾아보는 것이 좋다.

존경받는 실리콘밸리 기업가이자 벤처 캐피털리스트인 Guy Kawasaki는 대부분의 기업이 잘못된 이유로 제휴 파트너십을 형성한다고 말한다. Kawasaki는 이것은 어리석은 것이라고 말한다. Kawasaki에 따르면 제휴 파트너십은 매출을 늘리거나 비용을 줄이기 위해 형성되어야 한다.

딜 짜기

제휴 협상은 여러 차례의 회의, 콘퍼런스 콜, Skype 콜, 이메일 메시지가 필요할 수 있다. 그러므로 가능한 한 빨리 거래가 가능한지 파악하는 것이 가장 좋다. 소규모 기업이 Facebook이나 Google과 같은 대기업과 수개월간 협상에 시달리다 거래가 실패할 가능성이 크다. 소규모 기업과의 협상에 실패해서 직원들의 시간을 낭비해도 Facebook이나 Google에는 아무런 피해가 없을 것이다. 그러나 소규모 기업에서 시간 손실은 훨씬 더 치명적일 수 있다.

거래를 체결하는 데 가장 중요한 고려 사항은 잠재적 파트너가 실제로 시너지를 가지고 있으며(즉, 2 + 2 = 5) 그 시너지가 지속 가능한지 확인하는 것이다. 그렇지 않으면 전문가들은 '어떤 계약도 이들은 뭉치지 못할 것'이라고 조언한다. 또한 실무를 담당할 사람들이 완전히 찬성하지 않는 어떤 신호가 있다면 제휴를 맺는 것에 신중해야 한다. 최악의 시나리오는 두 CEO가 회의에서 만나 서로의 회사와 '함께 일하는' 방법을 이야기하는 것이다. 만약 그들이 무의미한 제휴 아이디어를 제안하면 조직의 중간급 인사들이 자신의 입장을 고수할 수 있는 권한을 부여받아야 한다. 양쪽 기업 모두 제안을 실제로 실행할 사람들의 의견을 들어줘야 한다. 그들이 제안에 열광적이지 않다면 제안을 취소해야 한다.

제휴 계약을 체결하면 일상적인 운영을 안내하는 일련의 운영 원칙을 함께 제시해야 한다. 또한 각 제휴 당사자가 비교적 쉽게 참여를 중단할 수 있는 '탈퇴' 조항을 포함하는 것이 현명하다.

성공적으로 작동하기

성공적인 제휴를 유지하는 데 있어서 가장 큰 장애물은 기업 문화가 중요한 면에서 매우 다양하다는 점이다. 결과적으로 제휴 관리 방법을 결정할 때 가장 먼저 결정해야 할 것은 의사결정이 이루어지는 방식이다. 스타트업은 빠르게 결정을 내리는 것에 익숙할 수 있지만 대기업 파트너는 최종 결정이 내려지기 전에 여러 위원회를 거치기도 한다. 파트너가 무엇을 기대하는지 모르는 경우 좌절할 수 있다.

각 제휴 파트너는 제휴의 건강과 진행 상황에 직접적인 책임을 지는 내부 '챔피언'을 지정해야 한다. '그냥 가능할 때 도와주는 일부 사람'으로는 충분하지 않다. 직원에게 상사가 있는 것처럼 제휴도 각 조직 내에 부하들의 진행 상황과 모든 일에 책임을 지는 보스가 있어야 한다.

제휴를 모든 이해관계자에게 성공적으로 이루어지도록 만들기 위해서는 관련된 모든 사람이 대면으로 만나야 한다. 사람들이 서로를 신뢰하고 개인적으로 알아갈 수 있는 기회를 가지게 되면 거리를 넘나들며 협력하는 것이 보통 더 쉬워진다.

비판적 사고를 위한 문제

1. 창업자는 어떤 방식으로 제휴 참여의 잠재적 이점에 초점을 맞추면서 잠재적 단점에는 장점과 동등하게 초점을 맞추지 않을 수 있는가?
2. 학생들과 팀 프로젝트를 수행하는 것을 비롯해 참여한 파트너십 배치를 고려해보자. 이 특집에서 언급하지 않은 제휴를 작동시키는 몇 가

지 도전 과제는 무엇인가?

3. 인터넷 검색을 통해 소기업과 대기업 간의 제휴 중에서 잘 작동하는 예를 찾아보자. 해당 제휴의 성격을 간단히 설명하고 성공한 이유를 설명하라.
4. 경량화, 효율성, 가속성, 운전 재미를 갖춘 전기 오토바이를 제조하는 스타트업 Zero Motorcycles에 대해 알아보라. 그리고 Zero Motorcycles의 가능한 제휴 파트너 3~5곳을 떠올려보자. 각 파트너가 Zero Motorcycles의 수익을 늘리거나 비용을 줄이는 데 어떻게 도움을 줄 수 있는지 설명하라.

출처: G. Kawasaki, *The Art of the Start 2.0*, Portfolio, 2015. "Inc. Guidebook, Build Business Alliances," Inc, June 1, 2010.

의 전 세계적인 입지, 현지 시장 지식과 유통 강점을 결합한 것이다.[29]

일반적으로 합작투자는 외국 시장 진출을 위해 형성한다.[30] 이러한 경우, 합작투자는 외국 시장에 진입하려는 기업과 하나 이상의 현지 파트너로 구성된다. 외국 시장 진입 이외의 이유로 설립된 합작투자는 일반적으로 규모 합작투자 또는 링크 합작투자로 설명된다.[31] **규모 합작투자**에서 파트너는 생산이나 유통에 있어 규모의 경제를 얻기 위한 가치 있는 체인 안에서 협력한다. 이 유형의 합작투자는 새로운 제품이나 서비스를 개발하는 데 좋은 수단이 될 수 있다. **링크 합작투자**는 파트너의 위치가 대칭적이지 않고 목표가 서로 다를 수 있다. 예를 들어 미국과 유럽 식품 회사 간의 합작투자 중 상당수가 미국 파트너는 유럽 시장 및 유통 채널을 확보할 수 있고 유럽 파트너는 제품 라인을 추가할 수 있는 기회를 얻는다.

일부 대기업이 이용하는 하이브리드 형태의 합작투자는 유망한 신생기업에 대한 소규모 지분을 가지는 것이다. 이 경우 대기업은 제10장에서 설명한 대로 기업 벤처 캐피털리스트 역할을 한다. Google은 2009년에 Google Ventures로 시작해서 현재는 GV로 불리는 벤처 캐피털 프로그램을 설립했다. 이 프로그램은 초기 벤처기업을 발전시켜 초기 기업 공개부터 인수 지점까지 돕기 위해 개인 기업에 투자한다. 주목할만한 투자 사례로는 Nest Labs, Blue Bottle Coffee, Uber, 23andMe, Farmers Business Network 등이 있다.[32] 기업은 일반적으로 미래에 공급업체, 고객, 인수 대상이 될 가능성이 있는 기업에 이러한 투자를 한다. 대기업은 지분을 통해 중소기업의 개발에 대한 '발언권'이 생긴다. 가끔 적은 지분을 가진 대기업이 작은 기업을 인수하기도 한다. 이러한 거래를 **스핀인**(spin-ins)이라고 한다. 스핀인의 반대 개념은 **스핀아웃**(spin-out)으로, 대기업이 지분이 적은 부문을 자체적으로 분리하는 것을 말한다. 예를 들어, Hewlett-Packard는 검사 및 측정 장비 부문을 Agilent Technologies로 분리했다.

요약 Chapter Summary

1. 내부 성장 전략은 신제품 개발, 다른 제품 관련 전략, 국제적 확장, 인터넷 기반 전략과 같이 회사 내에서 발생하는 노력에 의존한다. 외부 성장 전략은 합병, 인수, 라이선싱, 전략적 제휴, 합작투자, 프랜차이즈와 같은 제3자와의 관계를 설정하는 데 의존한다. 내부 성장 전략의 핵심인 신제품 개발의 효과적인 열쇠는 다음과 같다. 즉, 수요를 찾아 채우고, 가치를 더하는 제품을 개발하고, 적절한 품질과 가격을 설정하고, 특정 목표 시장에 초점을 맞추고, 지속적으로 타당성 분석을 수행하는 것이다. 새로운 제품이 실패하는 이유로는 불충분한 타당성 분석, 시장 잠재력 과대평가, 나쁜 타이밍(잘못된 시기에 제품 출시), 부적절한 광고와 홍보, 서비스 부족 등이 있다.
2. 창업기업이 사용하는 내부 제품 성장 전략으로는 기존 제품 및 서비스를 개선, 기존 제품 및 서비스의 시장 보급 확대, 제품 라인 확장, 지리적 확장 등이 있다. 기존 제품 개선은 고객에게 추가적인 제품 기능으로 가치를 더하는 회사가 생성하는 것이다. 시장 확대 전략으로 회사는 더 큰 마케팅 노력이나 증가된 생산 능력과 효율성을 통해 제품이나 서비스의 판매를 늘리려고 한다. 제품 라인 확장을 통해 회사는 일반적으로 제품의 다른 버전을 만들어 새로운 고객 집단을 끌어들인다. 지리적 확장을 통해 회사는 초기 위치에서 추가적인 위치로 운영을 확장해 성장을 추구한다.
3. 국제적 신진기업은 창립 시점부터 여러 국가에서 자원을 활용하고 제품을 판매해 상당한 경쟁 우위를 창출하려는 비즈니스이다. 이 성장 전략을 성공적으로 활용하려면 기업은 국내 시장 이외에서 제품이나 서비스를 수익성 있게 판매하는 복잡성을 극복해야 한다.
4. 외부 성장 전략을 통해 창업기업은 제3자와의 관계를 수립한다. 합병, 인수, 전략적 제휴, 합작투자, 라이선싱, 프랜차이즈는 외부 성장 전략의 예이다. 이 장에서는 창업기업에서 인수에 비해 자주 발생하는 합병에 초점을 맞춰 설명했다. 다른 기업을 인수하는 것은 제품 라인을 확장하거나 유통 채널에 접근하거나 경쟁력 있는 규모의 경제를 달성하거나 회사의 지리적 범위를 확장하는 등 회사의 여러 가지 필요를 충족할 수 있다. 유망한 인수 후보는 다음과 같은 특징을 가지고 있다. 즉, 성장하는 산업에서 운영, 독점적인 제품 및/또는 프로세스 보유, 잘 정의되고 확립된 시장 지위 보유, 좋은 평판 보유, 소송 등과 거의 관련이 없으며, 다른 기업에 인수될 가능성이 있고, 인수에 대해 중요한 제3자 동의를 쉽게 얻을 수 있으며, 인수 기업의 본사 위치에서 쉽게 접근 가능한 지리적 영역에 위치한다. 라이선싱은 한 회사가 다른 회사에 명확하게 정의된 조건하에서 특정 형태의 지식재산을 사용할 수 있는 권한을 부여하는 것이다. 회사가 소유한 거의 모든 지식재산을 제3자에게 라이선싱하는 것은 특히 소프트웨어 및 바이오 기업과 같은 지식재산이 풍부한 기업이 수입을 올릴 수 있는 매우 효과적인 방법일 수 있다. 전략적 제휴는 특정 목표나 목적을 달성하기 위해 두 개 이상의 기업 간에 형성된 파트너십이다. 기술 제휴는 연구 개발, 엔지니어링, 제조와 같은 분야에서 협력한다. 마케팅 제휴는 일반적으로 매출을 늘리려는 회사와 유망한 파트너의 유통 시스템을 연결한다. 합작투자는 두 개 이상의 기업이 자원 일부를 풀어 새로운 공동 소유 조직을 만드는 것이다. 규모 합작투자에서 파트너는 자신의 전문 기술을 결합해 생산이나 유통에서 규모의 경제를 얻기 위해 한 지점에서 협력한다. 링크 합작투자에서는 각 당사자의 위치가 대칭적이지 않으며 각 파트너의 목표가 상이할 수 있다.

주요 용어 Key Term

국제적 신진기업
규모 합작투자
기술 라이선싱
기술 제휴
기존 제품 또는 서비스 개선
내부 성장 전략
마케팅 제휴
라이선서
라이선스 계약
라이선시
라이선싱
링크 합작투자
상품 및 캐릭터 라이선싱
스핀아웃
스핀인
시장 보급 확대 전략
신제품 개발
아웃소싱
외부 성장 전략
유기적 성장
인수
인수 대상
인수자
전략적 제휴
제품 라인 확장 전략
지리적 확장
합병
합작투자

복습 문제 Review Question

1. 내부 성장 전략과 외부 성장 전략의 차이는 무엇인가?
2. 신제품 및 서비스 개발을 통해 성공을 달성하기 위한 기업의 핵심 요소는 무엇인가?
3. 기존 제품이나 서비스를 개선하는 것이 비즈니스 수익을 어떻게 증대시키나?
4. 시장 보급 확대 전략이란 무엇인가? 이 전략의 예를 들어보고 그것을 효과적으로 사용하면 어떻게 기업의 매출을 증가시킬 수 있는지 설명하라.
5. 제품 라인 확장 전략이란 무엇인가? 제품 라인 확장 전략의 예를 들어보고 그것을 효과적으로 사용하면 어떻게 기업의 매출을 증가시킬 수 있는지 설명하라.
6. 국제적 확장 전략이란 무엇인가? 이 전략을 창업기업에서 성공적으로 구현하기 위한 핵심 요소는 무엇인가?
7. 국제적 신진기업란 무엇인가? 왜 창업 초기부터 국제적 신진기업으로 자리 잡는 것이 창업기업에 이익이 될 수 있는가?
8. 해외 시장 진출 전략 여섯 가지는 무엇이며, 각 전략의 주요 특징은 무엇인가?
9. 창업 벤처가 해외에서 제품을 성공적으로 판매하기 위해 따라야 하는 암묵적 규칙은 무엇인가?
10. 합병과 인수의 차이점은 무엇인가? 인수는 기업이 필요한 것을 충족하는 데 어떤 도움을 줄 수 있는가?
11. 새로운 제품과 서비스를 발견하는 방법 중 일부는 무엇인가?
12. 라이선서와 라이선시의 차이는 무엇인가?
13. 라이선싱이란 무엇을 의미하며, 어떻게 라이선싱을 통해 기업의 수익을 증대시킬 수 있는가?
14. 국제 시장에서 성장하기에 적합한 기업을 판단하는 데 영향을 미치는 요소는 무엇인가?
15. 기술 라이선싱과 상표 및 캐릭터 라이선싱의 차이는 무엇인가? 두 유형의 라이선싱의 예를 제시하고 이들이 기업의 매출 증대에 어떻게 기여할 수 있는지 설명하라.
16. 지난 몇 년간 전략적 제휴와 합작투자가 창업기업의 성장 전략으로 점점 더 많이 사용되는 이유는 무엇인가?
17. 기술 제휴와 마케팅 제휴의 차이는 무엇인가? 두 유형의 제휴의 예를 들고 이들이 기업의 매출 증대에 어떻게 기여할 수 있는지 설명하라.
18. 합작투자란 무엇인가?
19. 합작투자와 전략적 제휴의 차이점은 무엇인가?
20. 규모 합작투자와 링크 합작투자의 차이점은 무엇인가? 이 두 유형의 합작투자의 예를 제시하고 이들의 효과적인 활용이 기업의 매출 증대에 어떻게 기여할 수 있는지 설명하라.

응용 문제 Application Question

1. You Be the VC 14.2의 주인공 Made.com을 연구해보자. 이 회사는 내부 성장 전략보다 외부 성장 전략을 통해 성장할 가능성이 높은가? 이 회사의 경우 내부 성장 전략 또는 외부 성장 전략 중 어떤 것이 합리적인가?
2. 당신의 동기인 Jessica Martin은 대학 기술 인큐베이터에서 후원하는 창업 부트 캠프에서 돌아왔다. 부트 캠프에서는 회사를 성공적으로 시작하는 방법에 대해 3일간 집중적으로 연구한다. 다른 동기가 Jessica에게 "세상에 어떻게 회사를 성장시키는 데 3일이나 할애할 수 있어?"라고 묻자 Jessica가 다가올 3일 부트 캠프에 대한 10개의 의제가 적혀 있는 노트를 꺼내 보여주었다. 이 10개 항목이 무엇인지 생각해보라(제13장과 이 장의 내용을 고려해 답을 구상하라).
3. 지역에 있는 한 사업체를 방문해보라. 소유자 또는 관리자의 허락을 받아 내부 성장 전략을 활용해 성장할 가능성을 평가하라. 이 사업체가 채택한 내부 성장 전략에 대해 이야기해볼 수도 있다.
4. Zynga는 브라우저 기반 게임을 개발하는 소셜 네트워크 게임 개발사이다. 게임은 독립형 게임일 뿐만 아니라 Facebook 같은 소셜 네트워크 사이트의 애플리케이션 위젯으로도 작동한다. 다른 회사의 플랫폼(즉, Facebook)을 통해 게임을 출시해서 목표 대상에게 접근하는 Zynga 접근 방식의 장단점은 무엇인가? Zynga는 주로 내부 성장 전략으로 성장하고 있는 것인가, 아니면 외부 성장 전략을 주로 활용하고 있는 것인가?
5. Cisco Systems, Microsoft, IBM은 종종 소규모 기술 베이스의 창업기업을 인수한다. 제품 개발 전문가 및 엔지니어 수백 명을 고용하고 있는 Cisco Systems, Microsoft,

IBM이 왜 기술을 인수하고 제품 라인을 추가하기 위해 다른 회사를 구매하는가? 왜 이 회사들은 기술과 새로운 제품을 직접 개발하지 않는 것인가?

6. Shana Adams는 외국 시장 진출 전략에 관한 강의 개요를 준비해야 한다. 각 전략의 장단점을 설명하라. Shana는 가장 높은 위험성과 가장 낮은 위험성을 가진 외국 진출 전략을 강조해야 한다.
7. Arthur Drake는 제과점을 확장하려고 한다. 그는 지난 6년간 이 비즈니스를 운영해왔으며 지금이 성장하기에 적기라고 느낀다. 그는 합병 및 인수(M&A)를 비롯한 다양한 성장 옵션을 검토해보고 결국 인수를 하기로 결정하게 되었다. 이제 그는 올바른 인수 후보를 찾고 전체 프로세스를 완료하는 데 주의를 기울여야 한다. 어떤 단계를 거쳐야 하는가?
8. Rupert Dwine은 과일 주스를 생산하는 제조업체를 운영하고 있으며 사업을 확장하려고 한다. 그는 성장을 추구하는 데 도움이 될 수 있는 몇 가지 내부 성장 전략을 찾고 있다. 그에게 제안할 수 있는 내부 성장 전략은 무엇인가?
9. 인기 있는 소셜 네트워크 사이트 LinkedIn을 연구해보자. 이 회사는 어떤 성장 전략을 채택했는가? 이 회사가 앞으로 사용할 수 있는 가장 적합한 성장 전략은 무엇인가? 왜 그렇게 생각하는지 적어보라.

You Be the VC 14.1 회사명: Farmers Business Network

• Web: https://farmersbusinessnetwork.com • Facebook: Farmers Business Network, Inc. • Twitter: @FBNFarmers

사업 아이디어: 농부들이 모든 농업 관행에 대한 데이터를 공유할 수 있는 플랫폼 만들기. 이 데이터는 비슷한 농장에서 모은 다른 데이터와 취합해서 농부들에게 비용, 최적 파종 시기, 최적 비료량, 최적 수확 시기, 곡물 최적 판매 시기, 기타 중요한 요소에 대한 통찰력을 제공하는 분석 결과를 제공한다.

개요: 다음의 경우를 생각해보자. 아이오와 농촌 마을의 한 카페에서 아침을 먹고 있다. 긴 테이블에서는 사람들이 커피를 마시고 있다. 그들의 대화를 들어보니 농부임을 알게 되었다. 지금은 3월이며 작물을 심을 때가 다가오고 있다. 농부들은 구매한 종자용 씨앗에 대해 이야기하고 있다. 무리 중 두 명이 동일한 종류의 Pioneer 씨앗의 구매 가격을 비교해봤다. 그들은 서로 다른 딜러에게서 시드를 구매했고, 한 사람은 다른 사람보다 15% 더 비싼 가격을 지불했다. 둘 다 약 6만 달러를 종자용 씨앗에 소비했으므로 15%는 9,000달러이다. 더 높은 가격을 지불한 농부가 "올해는 당신의 종자 딜러에게 사야겠어요. 99센트 커피 한 잔 값으로 9,000달러 아꼈네요. 정보 고맙습니다"라고 말했다.

이러한 대화는 미국 전역의 카페, 사료점 등 농부들이 모이는 곳에서 일어나는 일이다. 이 대화는 농부들이 직면하는 어려움을 보여준다. 씨앗, 비료, 살충제와 같은 농사 투입 비용에 대한 투명성이 부족한 것이다. 농부들은 종종 자신이 농사에 투입하는 비용이 공정한지 알지 못한다. 이러한 결과는 손실을 초래할 수 있다. 위에서 언급한 농부가 파종량을 2배로 늘렸다면 이웃 농부보다 올해 종자용 씨앗에 1만 8,000달러를 더 지불할 수도 있었다.

이러한 문제점을 해결하기 위해 2014년에 농업 데이터를 집계해서 회원에게 제공하는 미션 기반 회사인 Farmers Business Network(FBN)가 출범했다. 농부는 1년에 500~600달러를 지불하고 3,400개 농장(계속 증가 중), 1,200만 에이커(대략 델라웨어와 메릴랜드 면적과 비슷함), 현재까지 2만 5,000개의 송장을 기반으로 투입 비용 및 기타 관련 정보를 제공하는 데이터베이스에 접근할 수 있다.

농부들이 최대 이익을 창출하는 것을 방해하는 몇 가지 체계적인 문제점이 있다. 첫째, 방금 언급한 사례와 같이 가격 투명성 부족으로 인해 투입 비용의 대한 가격 정보가 부족하다. 둘째, 농부들이 씨앗, 비료, 기계 등을 구매하는 대부분의 공급업체가 과점 상태이며, 소수의 공급업체로 구성되어 있다. 예를 들어, 종자용 씨앗은 소수의 기업만 판매하고 있으며 트랙터와 결합기도 마찬가지이다. 이로 인해 농부들은 협상력 면에서 불리하다. 셋째, 농부들은 순종적인 경향이 있는데 이는 많은 면에서 좋은 일이다. 때로는 부업으로 종자용 씨앗을 판매하는 이웃 사람에게 씨앗을 구매하고, 계속 이웃에게 구입하는 충성도를 유지하면서 최적의 가격으로 구매하지 않는 경우 재정적으로 손해를 입을 수 있다. 마지막으로, 농부들은 심각한 변수들(언제 심을 것인가, 어떤 종류의 씨앗을 심을 것인가, 비료를 얼마나 사용해야 하는가, 농약을 얼마큼 사용해야 하는가, 언제 수확하는가, 곡물을 언제 판매하는가 등)과 마주친다. 많은 농부가 정교한 만큼 여전히 어느 정도는 추측에 의존하고 있다. 자신의 농장뿐만 아니라 유사한 농장을 통해 얻을 수 있는 역사적으로 최적 파종 시기, 최적 비료량, 최적 수확 시기 등의 데이터는 100% 확실하진 않지만 매우 유용하게 사용할 수 있다.

Farmers Business Network는 이러한 결함들을 해결하기 위해 고안되었다. 그들은 두 가지 주요 제품을 가지고 있다. 첫째, 회원들로부터 수집한 데이터를 기반으로 제공하는 분석이다. 수집한 데이터는 엄격하게 비밀로 유지되며 개인 데이터는 절대 공유하지 않는다. 오직 집계한 데이터만 보고 및 분석한다. 둘째, 회사는 자체적으로 농작물 재배에 필요한 재료를 판매한다. 예를 들어, 농부가 종자용 씨앗을 지나치게 싸게 사고 있다면 기존 공급업체로부터 저렴한 가격으로 종자용 씨앗을 구매할 수 있게 해준다. Farmers Business Network는 각 판매에서 작은 수수료를 받아 수익을 창출한다.

- 이 장에서 다룬 자료를 바탕으로, 투자를 결정하기 전에 회사 설립자에게 어떤 질문을 할 것인가? 어떤 대답이 여러분을 만족시킬까?
- 개요와 회사 웹사이트에 제공된 정보만 보고 투자 결정을 내려야 한다면 이 회사에 투자하겠는가? 왜 그러한가? 혹은 왜 그렇지 않은가?

You Be the VC 14.2 회사명: Made.com

• Web: www.made.com • Twitter: @madedotcom

사업 아이디어: 좋은 가구 디자인 및 제조를 모든 사람에게 접근 가능하게 만들기

개요: Ning Li는 파리에 있는 자신의 아파트에 놓을 세련되고 저렴한 가구를 찾다가 Made.com을 만들었다. 그는 더 찾아볼수록 선택의 부재로 인해 점점 더 좌절감을 느꼈다. 그는 대안을 만들기로 결심하고 자신을 중심으로 팀을 꾸렸다. 목표는 품질 좋은 제조업체와 협력해서 모든 소비자에게 좋은 디자인과 아이디어를 제공하는 것이다.

그 결과 품질과 가격을 염두에 두고 디자인된 유행을 타지 않는 상당히 다재다능한 제품을 출시했다. 내 집에 두기 충분히 좋은 제품이면 고객에게도 충분히 좋을 것이라는 게 그들의 철학이었다.

Ning Li는 회사에서 7년을 보낸 후 2016년 CEO를 사임했지만 여전히 자문가 및 주요 주주로 참여하고 있다. Li의 주요 관심사는 새로운 비즈니스를 창출하고 시장에 자리를 잡는 것이다. 그가 사임한 시점에서 Made.com은 매출 성장률 50%를 보이며 매출이 1억 3,500만 달러를 넘어섰다.

이 비즈니스는 짧은 기간 내에 많은 발전을 이루었다. Li의 성공은 대부분 가구 제조업체를 운영하고 있는 중국 친구와의 대화에서 비롯됐다. 그 친구는 소파를 500달러에 대리점에 팔았고 대리점은 이를 유럽 도매업자에게 다시 판매했으며 결국 소파는 소매점에서 4,000달러 이상의 가격으로 판매됐다. Li의 비즈니스 모델은 공급망을 혁신해서 고객이 제조업체로부터 직접 구매할 수 있도록 하는 데 초점을 맞춰왔다.

유럽 가구 산업은 수십 년간 변화하지 않았지만 Made.com은 인터넷을 통한 가정용 제품 구매가 크게 성장하는 시기에 자리 잡으며 성공적으로 자신의 입지를 확고히 구축했다. 결과적으로 Made.com은 400명 이상의 직원을 두고 영국에서 시작해 독일, 네덜란드, 벨기에, 프랑스로 확장했다.

Li는 새로운 CEO인 Pihlippe Chainieux와 10년간 협력해왔으며 새로운 CEO는 국제적인 확장에 집중할 계획이다. Chainieux는 복잡한 국제적인 업무 경험이 있으며 확장과 인수 상황을 다룬 경험이 있다. Chainieux이 회사를 매각할 준비를 하고 있다는 소문이 퍼졌지만 Li는 이를 부인했다. 대신 즉각적인 계획은 매출을 4억 달러에 가깝게 늘리는 것이다. Chainieux이 대표이사로 취임한 이후 영국 매출은 38% 증가했고, 국제 매출은 69% 증가해 전체 매출의 35%를 차지하고 있다. 또한 Made.com은 파리와 베를린에서 새로운 쇼룸을 오픈했다(현재까지 일곱 개의 오프라인 매장을 운영하고 있다).

단기적인 목표는 인터넷 기술을 이용해 고객 제품 의견을 수집하고 그들의 기대를 예측하고 뛰어넘는 독특한 제품을 만드는 것이다. 최근 성장한 분야는 오스트리아에 진출해서 홈웨어, 액세서리, 선물 등의 다양한 제품 라인을 창출한 것이다.

- 이 장에서 다룬 자료를 바탕으로, 투자를 결정하기 전에 회사 설립자에게 어떤 질문을 할 것인가? 어떤 대답이 여러분을 만족시킬까?
- 개요와 회사 웹사이트에 제공된 정보만 보고 투자 결정을 내려야 한다면 이 회사에 투자하겠는가? 왜 그러한가? 혹은 왜 그렇지 않은가?

사례 14.1 CASE

Warby Parker: 옴니채널 전략을 추구해 성장하는 회사

• Web: www.warbyparker.com • Facebook: Warby Parker • Twitter: @WarbyParker

Bruce R. Barringer(오클라호마주립대학교)
R. Duane Ireland(텍사스A&M대학교)

소개

모든 것은 비즈니스 스쿨에서 시작되었다. 2008년 가을, 28세의 Neil Blumenthal과 David Gilboa는 펜실베이니아대학교 워튼스쿨에서 MBA 프로그램 첫해에 재학 중이었다. 안경에 대한 이야기가 나왔을 때 두 사람은 동료인 Andrew Hunt, Jeffrey Raider와 함께 비즈니스 아이디어를 구상하며 컴퓨터 랩에서 놀고 있었다. Gilboa는 최근 안경을 잃어버려서 다시 안경을 구매하려고 하니 700달러나 되는 비용에 충격을 받았다고 했다. 그는 iPhone이 200달러인 것을 떠올리며, '상상도 못할 일을 할 수 있는 iPhone도 200달러인데 고작 이 단순한 안경 하나가 700달러나 하는 거지?'라는 생각을 했다고 한다.

Blumenthal은 답을 알고 있다고 생각했다. 그는 VisionSpring이라는 비영리 단체에서 일하면서 개발도상국의 저소득층에게 안경을 제공하는 일을 했다. VisionSpring에서 일하는 동안 그는 세계 안경 산업을 한 회사인 Luxottica가 지배하고 있음을 알게 되었다. Luxottica는 세계 최대의 안경 회사이며 세계 안경 브랜드의 80% 이상을 제어한다. Oakley, Persol, Ray-Ban, Sunglass Hut, LensCrafters, Pearle Vision 등을 소유하고 있으며, Sears Optical 및 Target Optical을 비롯한 몇몇 대형 소매업체 내 안경 매장도 소유하고 있다. Luxottica의 거의 독점적인 지위 때문에 안경 가격이 700달러였다. 네 사람은 VisionSpring이 개발도상국 사람들을 위해 자체적으로 안경을 제조해서 Luxottica를 이길 수 있다면 우리들도 똑같은 처지에 있는 사람들을 위해 일을 할 수는 없을지 생각했다.

안경 산업

론칭하기 전에, Blumenthal과 세 명의 친구들은 안경 산업을 연구하는 데 시간을 보냈다. '안경'이라는 용어는 안경, 콘택트렌즈, 선글라스를 포함한다. 그들은 산업에 대해 네 가지 흥미로운 특성을 발견했다. 첫째, 이 산업은 거의 혁신을 경험하지 않았다. 오늘날 안경을 구입하는 것은 20년 전과 크게 다르지 않다. 둘째, 열정을 불러일으키거나 사람들이 자신과 연관 지을 수 있는 브랜드가 거의 없었다. 셋째, 안경의 단 1%만 온라인에서 구입할 수 있다. 그들은 사람들이 안경을 사기 전에 반드시 시착하고 싶어 하기 때문이라고 생각했다. 마지막으로, 안경은 엄청나게 선한 영향을 미칠 수 있다. 미시간대학교는 안경을 착용할만한 소득이 없는 저소득 국가에서 안경을 착용할 수 있게 한 VisionSpring의 노력이 어느 정도의 영향을 끼쳤는지를 측정하는 연구를 수행했다. 연구에서 VisionSpring 안경 한 개가 사용자의 월수입을 평균 20% 증가시키고 전반적인 생산성을 평균 35% 증가시켰다는 것을 발견했다. Blumenthal과 동료들은 안경 산업에 혁신이 필요한 시대가 되었다고 결론을 내렸다. 그들이 필요한 것은 ① 자체 안경 제조로 Luxottica를 우회할 용기가 있는 회사, ② 온라인 판매로 가격을 낮출 수 있는 회사, ③ 사람들이 열정을 가질 수 있는 브랜드를 만들어낼 수 있는 능력을 가진 회사, ④ 판매하는 안경 한 개 당 개발도상국의 저소득층에게 한 개를 기부할 의향이 있는 회사였다.

Warby Parker가 탄생하다

Warby Parker는 위에서 언급한 원칙에 기반해 2010년 온라인 안경 회사로 출범했다. 창업 당시에는 네 명의 창업자가 모두 참여했지만 이후 Hunt와 Raider는 떠나게 되었다. Warby Parker라는 이름은 Jack Kerouac의 책에 등장하는 두 캐릭터인 Warby Pepper와 Zagg Parker에서 따왔다. Blumenthal과 Gilboa는 중국 제조업체로부터 프레임, 이탈리아 회사로부터 렌즈를 구매해 안경 제조 과정을 직접 제어할 수 있게 되었다. 이들은 현재와 같은 95달러로 가격을 정했다. 이 가격은 프레임과 교정용 렌즈가 포함된 것으로, 제품을 직접 디자인하고 해외에서 제조하며 온라인에서 판매함으로써 전통적인 안경 제조 및 소매와 연관된 많은 비용을 줄일 수 있었다. 이들은 라이선싱 비용도 내지 않았다. Coach, Polo Ralph Lauren, Gucci와 같은 브랜드는 자사의 이름을 표시하는 데 안경 한 쌍 가격의 최대 15%를 요구한다.

구매 과정은 다음과 같이 진행된다. Warby Parker 웹사이트에 접속해 프레임을 선택하고 교정용 렌즈의 처방전을 제출하면 안경이 배송된다. 만약 프레임을 선택하기 어려운 경우 '집에서 시작해보기' 프로그램을 활용할 수 있다. 이 프로그램은 고객이 다섯 개의 프레임을 고르면 5일 동안 집에서 무료로 착용해볼 수 있게 해준다. 만약 프레임 중 하나가 마음에 들었다면 온라인으로 주문한 뒤 처방전을 제출하면 안경이 배송된다. 모든 주문은 무료 배송, 30일 무조건 환불 정책, 1년간의 스크래치 보증이 포함된다.

처음부터 Warby Parker는 18~34세를 대상으로 한 힙하고 도시적인 브랜드를 만들기 위해 노력했다. 그들은 시장을 선택하고 열정을 불러일으키기를 원했다. 그들은 마케팅에 많은 비용을 들이지 않았지만 한 가지 예외를 두었다. 그들은 언론 보도 확보하는 데 도움이 되는 홍보 회사를 원했다. 100여 개의 홍보 회사와 프리랜서를 인터뷰해 적절한 파트너를 찾았다. 그들은 Brandbury Lewis를 선택하게 되었고, 곧 《Vogue》와 《GQ》 등에 실리면서 목표 시장의 개인들에게 가시성을 높였다. 안경

Warby Parker 남성용 안경 샘플

프레임 이름	프레임 설명
Nash	어떤 상황이든 Nash의 빈티지한 모양(넉넉한 사각형 프레임)은 당신을 더 똑바로 앉게 할 것이다.
Roosevelt	현대적이고 클래식한 Roosevelt는 키홀 브리지 디자인의 대형 프레임이다.
Durland	Durland의 원형 렌즈와 넓은 폭은 날카로운 첫인상을 만든다.
Milton	일본산 경량 티타늄으로 만든 Milton은 약간 크고 매우 편안한 원형 렌즈를 가진 안경이다.
Hardy	Hardy는 기울어진 직사각형 프레임과 재치 있는 키홀 브리지로 다른 안경과 구분된다.

자체가 브랜딩 전략의 일환이다. 그들은 무난한 색상(회색, 파랑, 버건디)의 단순한 프레임에 살짝 두꺼운 안경다리를 가진 제품을 갖추었다. 안경 이름은 단정하면서 전통적인데 이는 위 표에서 볼 수 있다.

워비 파커는 판매하는 안경 하나당 1개의 안경을 기부하는 사회적인 미션도 적극적으로 추진한다. 회사의 노력은 진정성 있게 보이지만, 이는 회사에 좋은 일이기도 하다. 최근 연구에 따르면, 약 80%의 미국인은 가격과 품질이 비슷할 경우, 회사가 사회를 지원하기 시작하면 브랜드를 바꿀 가능성이 높다고 한다. 사회를 지원하는 회사는 사람들이 그들을 지원하는 것에 대해 기분이 좋아져서 자연스럽게 지원 범위를 확산하는 경향도 있다.

Warby Parker는 비공개 회사이므로 매출 수치는 발표하지 않지만, 2012년 말까지 회사는 30만 개 이상의 안경을 판매한 것으로 추정된다.

성장 전략

2013~2015년까지 Warby Parker의 추산 매출은 3,500만 달러에서 1억 달러로 거의 3배로 증가했다. 그리고 엄선된 위치에 팝업 스토어를 여는 것과 함께 오프라인 매장을 개설하고 전략적 제휴를 맺는 등 성장 전략을 확장했다. 제품 라인도 추가했다. 이 회사는 현재 다중 초점 렌즈, 밝은색에서 어두운색으로 변하는 트랜지션 렌즈, 한정판 안경 컬렉션을 판매하고 있다. 현재 활용하고 있는 것 이상으로 성장할 수 있는 다른 길이 있을 수 있다. 2015년 초 《Fast Company》에 CEO로서 성장 전략의 진화에 대해 논했을 때, Warby Parker의 공동창업자 겸 CEO인 David Gilboa는 다음과 같이 말했다.

ZUMA Press, Inc./Alamy Stock Photo

뉴욕에 있는 Warby Parker 매장

> "우리가 론칭할 당시 많은 사람이 우리를 전적으로 전자상거래 기업으로 분류했지만, 우리는 스스로를 전자상거래 기업으로 생각한 적이 없다. 그리고 우리가 이러한 매장을 열기 시작하자 많은 사람이 놀라기도 했다(Warby Parker의 오프라인 쇼룸을 가리키며). 지금은 안경만 판매하지만 시간이 지남에 따라 브랜드는 그 이상을 대변할 수 있을 것이라 믿는다."

다음은 Warby Parker가 현재 추구하고 있는 성장 전략을 분석한 것이다. 이는 Warby Parker의 핵심인 온라인 안경 판매 이외의 전략에 대한 것이다.

팝업 스토어 팝업 스토어는 온라인 소매업자가 일시적으로 특정 장소에 나타나서 이전에 접근하지 못했던 고객들과 직접적으로 연결할 수 있는 방법이다. 이러한 노력이 성공하면, 그들과 연결된 사람들은 그들을 온라인에서 팔로하게 될 것이다.

2012년, Warby Parker는 학교 버스를 리모델링해 멋진 모바일 팝업 스토어로 만들었다. 이 버스는 'Class Trip'이라는 이름의 투어를 통해 미국 전역을 여행하며, 회사가 잠재적으로 오프라인 스토어 개설을 잘 수행할 수 있는 도시들을 테스트했다. Warby Parker가 추구한 또 다른 방법은 호텔 로비와 고급 쇼핑 지역에 키오스크를 설치하는 것이다. 예를 들어, 회사는 뉴욕 맨해튼의 프리덤 타워 근처에 있는 비즈니스 및 소매 복합시설인 브룩필드 플레이스에 키오스크를 운영하고 있다. 이 키오스크는 1960년대 스타일의 신문 가판대로, 책, 엽서, 엄선된 Warby Parker 안경 컬렉션을 제공한다. 2015년 Warby Parker는 Nordstrom과 협력해 매달 열리는 팝업숍의 일환으로 자사 안경을 전시했다. 당시 Warby Parker의 공동창업자인 David Gilboa는 Nordstrom과의 파트너십이 제품을 도매로 판매하는 실험이 아니라고 말했다. Warby Parker는 소비자에게 직접 판매를 하고 있으며, 이 한 번의 단기적인 협력 이외에는 이 경로를 벗어나지 않았다.

오프라인 매장 2013년 초, Warby Parker는 뉴욕 소호에 첫 번째 매장을 오픈했다. 처음에는 두 개의 매장을 열 계획이었지만, 소호 매장의 반응이 매우 긍정적이어서 회사는 현재 48개의 매장을 운영하며 2017년 말까지 70개의 매장을 운영하는 것이 목표다. 매장은 Warby Parker의 브랜드를 반영한다. 정리가 잘되어 있으며, 디자인이 아름답고, 친절한 판매원이 상주한다. 매장의 외관은 다양하다. 소호 매장은 도서관을 연상시키는 반면, 로스앤젤레스의 한 매장은 1950년대 비치 클럽을 연상시키며, 중세 가구가 있고 바닥이 파란색으로 마감된 콘크리트 바닥이다. 모든 매장에서는 회사의 안경이 나무 선반에 잘 진열되어 있다. 매장은 또한 책, 빈티지 아케이드 게임, 전신 거울, 사진 촬영 부스가 있다. 예약을 통해 안과 검진도 받을 수 있다. 판매원은 태블릿을 사용해 주문을

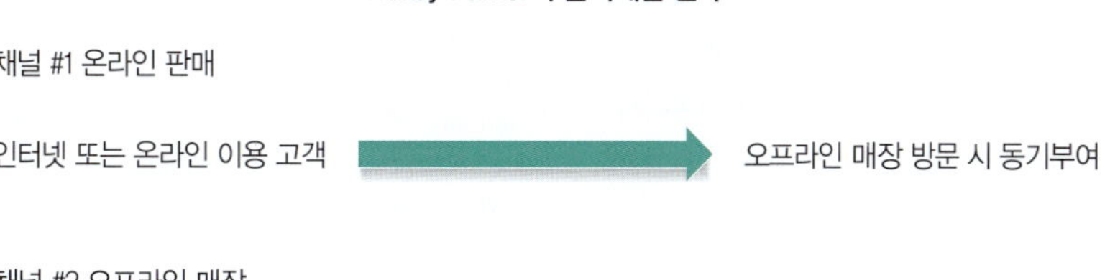

처리하고 고객이 저장한 스타일을 포함한 구매 이력을 확인한다. 매장은 또한 현지 제작품 및 장난감도 판매한다. 예를 들어, Warby Parker의 필라델피아 매장이 2017년에 오픈했을 때 핸드드로잉 아티스트 Andy Rementer의 작품을 사용한 안경닦이를 기간 제한으로 판매하기도 했다. 또한 동네에서 책을 읽을 수 있는 최고의 장소들을 표시한 손그림 지도를 무료로 나눠주기도 했다.

매장 이면에 있는 아이디어는 회사의 매장과 온라인의 존재가 상호 보완되는 '옴니채널 전략'을 만드는 것이다(위 그림 참조). 매장은 온라인 매출을 빼앗지 않고 오히려 도와준다. Warby Parker는 자사 매장에서 쇼핑하는 사람 중 30~50%가 원래 온라인에서 구매하지 않았을 가능성이 있는 사람들이라는 것을 알았다. 그러나 90% 이상의 매장 고객은 Warby Parker 웹사이트를 방문한 경험이 있으며, 매장에서 쇼핑하는 고객(기업과 개인적으로 접촉한 사람) 중 많은 사람이 이후 두 번째나 세 번째 구매를 온라인에서 한다. 이로 인해 두 채널, 즉 소매 및 온라인이 함께 판매를 촉진한다. 지금까지 매장은 매우 잘 운영되고 있다. 매년 스퀘어피트당 매출이 3,000달러로, 이는 Apple 스토어와 Tiffany's와 비슷한 수준의 성과이다.

Warby Parker는 소매 확장에서 큰 꿈을 꾸고 있다. 공동창업자인 Neil Blumenthal은 언젠가 회사가 800~1,000개의 실제 매장을 운영할 수도 있다고 밝혔다.

파트너십 Warby Parker는 다양한 파트너십을 맺고 있다. 회사는 VisionSpring과 협력해서 판매한 안경 한 쌍에 대해 한 쌍을 기부하는 약속을 지키고 있다. 이 방식은 매달 Warby Parker가 판매한 안경 수를 계산해서 VisionSpring(및 비슷한 비영리 파트너)에 기부하는 것이다. VisionSpring 및 Warby Parker와 함께 일하는 기타 비영리 단체는 개발도상국에서 남녀를 교육해 지역사회에서 안경 검진 및 판매를 할 수 있도록 지원한다. 이 접근 방식은 안경을 판매하는 국가에서 기업가정신을 유도하는 데 도움이 된다. 안경을 판매하는 남녀는 생계를 유지하고, Warby Parker의 파트너들은 구매자가 구매하고 싶어 하는 안경을 만들어야 한다. 현재 전 세계에는 7억 300만 명의 사람들이 안경을 구입할 수 없는 상황에 처해 있다. 앞서 언급한 대로, 적절한 처방 안경을 사용하는 것은 개인의 생산성과 월수입을 크게 증가시킬 수 있다.

Warby Parker는 또한 뉴욕시와 파트너십을 맺고 있다. 2015년 중반, 뉴욕 시장 Bill de Blasio는 시민학교 130곳 모두에 시력 검사 프로그램을 확대하고, 필요한 모든 학생에게 무료 안경을 제공하기 위해 Warby Parker와 파트너십을 맺을 것을 발표했다. de Blasio 시장의 추산에 따르면, 이는 앞으로 4년간 약 2만 명의 학생에게 해당된다.

판매를 늘리기 위해 파트너십을 맺는 관점에서, Warby Parker는 일반 제품 외에도 전략적 파트너와 함께 디자인하고 마케팅하는 한정판 컬렉션을 계속 출시하고 있다. 예를 들어, 음악가 Beck과 David Egger의 비영리 문학 단체 826NYC와 함께한 한정판 컬렉션 등이 있다. 이러한 파트너십은 Warby Parker와 제품을 새로운 잠재 고객에게 노출시키는 효과를 가지고 있다.

앞으로의 길

Warby Parker의 앞으로의 길은 위험과 기회가 함께 존재한다. 이 회사는 매출과 이익을 공개하지 않지만, 일반적인 의견으로는 아직 수익을 내지 못하고 있다. 회사는 단기적인 수익보다 성장에 집중하고 있지만, 손실이 커지고 예상보다 수익이 빨리 나오지 않으면 가격을 인상하거나 비용을 절감해야 할 수 있다. 또한 매장을 개설함으로써 회사는 인력을 늘리고 장기적인 계약을 약속하게 된다. 예를 들어, 일부 매장은 10년 임대 계약이 필요한 지역에 위치하고 있다. 그리고 Warby Parker의 대표 안경이 유행에 뒤처지게 될 수도 있다.

기회 면에서는 낙관적일 여지가 있다. 회사의 가치는 10억 달러 이상이다. Crunchbase에 따르면, Warby Parker는 2억 1,500만 달러 이상의 자금을 조달했다. 가장 최근 투자 라운드는 2015년 4월 1억 달러였으며, 매장을 개설하는 데 사용되었다. 이러한 자금 조달은 투자자들이 회사에 대한 신뢰가 있다는 것을 보여준다. 수익성 면에서는 2016년 12월에 공동창업자인 Neil Blumenthal이 뉴욕 블룸버그 본사에서 열린 강연에서 Warby Parker가 건강한 총매출이익과 넓어지는 충성 고객층으로 인해 수익성을 향해 나아가고 있다고 말했다. Warby Parker는 새로운 기회를 모색하고 있으며, 2017년에는 최초의 광학 실험실을 개설해 프레임에 렌즈를 절단해서 삽입할 수 있게 될 것이다. 자체적으로 렌즈를 생산함으로써 회사는 고객에게 빠른 시간 내에 안경을 제공할 수 있을 것이다. 회사의 장기적인 목표 중 하나는 휴대폰을 통해 안과 검사를 할 수 있는 방법을 찾는 것이다. 이러한 목표에 대한 연구는 아직 진행 중이다.

토의 문제

1. 왜 Warby Parker는 저렴한 가격에 안경을 판매할 수 있는가?
2. Warby Parker의 옴니채널 전략의 근거를 설명하라. 이 책에 나온 다른 회사 중 이와 유사한 전략을 추구하는 회사의 예를 들어보라. 이 전

략이 Warby Parker의 매출과 수익성 증대에 얼마나 많은 잠재력을 가지고 있는지 1~10까지의 점수(10이 가장 높음)로 평가하라.

3. Warby Parker의 비즈니스 모델이 안경 시장 이외에 다른 시장에서도 작동할까? Warby Parker가 안경 시장 밖으로 확장하기로 결정한다면, 어떤 시장에 도전할 것 같은가?
4. 2017년 Warby Parker는 프레임에 렌즈를 절단해서 삽입하는 광학 연구소를 처음으로 개설했다. 이는 수직 통합 기업이 되는 첫 단계이다. Warby Parker가 자체 제조를 하는 것이 합리적인 결정일까? 이 방향으로 이동하는 것의 장단점은 무엇인가?
5. Warby Parker의 성장 전략에 대해 의견을 말해보라.

출처: Warby Parker Homepage, www.warbyparker.com (accessed April 8, 2017); L. Sun, "Could Warby Parker Be Worth More Than Luxottica One Day?," *The Motley Fool*, available at https://www.fool.com/investing/2016/07/10/could-warbyparker-be-worth-more-than-luxottica-on.aspx (posted July 10, 2016, accessed April 7, 2017); D. Howland, "Warby Parker to Open At Least 25 Physical Stores in 2017," *RetailDive*, January 24, 2017; "Mayor de Blasio Announced Partnership with Warby Parker to Provide Free Eyeglasses to Students at Community Schools," NYC OverviewNewsMayor's BioOfficials, available at https://www1.nyc.gov/office-of-the-mayor/news/436-15/mayorde-blasio-partnership-warby-parker-provide-free-eyeglassesstudents-at#/0 (posted June 24, 2015, accessed April 8, 2017); F. Cineas, "Here's What You'll Find at Warby Parker's New Center City Location," *BizPhilly*, January 23, 2017; *Crunchbase*, Warby Parker, www.crunchbase.com (accessed April 9, 2017); "How Warby Parker is Turning Affordable Eyewear Into a Long-Lasting Legacy," Techatbloomberg.com, available at https://www.techatbloomberg.com/blog/warby-parker-turning-affordable-eyewearlong-lasting-legacy/ (posted December 16, 2016, accessed April 9, 2017); M. Chafkin, "Warby Parker Sees the Future of Retail," *Fast Company*, February 17, 2015.

사례 14.2 CASE

Justin's Nut Butter: 대기업이 스타트업을 인수하는 이유와 스타트업이 인수에 동의하는 이유

• Web: www.justins.com • Facebook: Justin's • Twitter: @justins

Bruce R. Barringer(오클라호마주립대학교)
R. Duane Ireland(텍사스A&M대학교)

소개

2000년 대학에서 졸업한 후, Justin Gold는 캘리포니아에서 1년을 보내고 콜로라도주 볼더에 정착했다. 집세를 내기 위해 웨이터로 일하며, 하이킹, 클라이밍, 탐험 등 야외 활동을 즐겼다. Gold는 채식주의자였고, 단백질이 필요할 때는 많은 양의 땅콩버터와 견과류 버터를 먹기 시작했다. 푸드 프로세서가 있어서 땅콩버터를 만드는 것이 쉬웠다. 맛을 돋우기 위해 그는 꿀, 시나몬, 건조 블루베리, 바나나 칩 등의 재료를 첨가해 다양한 맛의 땅콩버터를 만들기 시작했다. 전체적인 아이디어는 자신이 먹을 것을 만드는 것이었다. Gold의 룸메이트들은 이 물건을 좋아해서 냉장고에서 계속 훔쳐 갔다. 도둑질을 막기 위해 Gold는 악의 없이 병에 자신의 이름 'Justin's'를 쓰기 시작했다.

Gold의 룸메이트들은 그의 견과류 버터를 팔아보기 위해 볼더 농산물 시장에서 판매대를 차려볼 것을 권했다. 그는 시도해보았고, 견과류 버터는 대성공을 거뒀다. 이 경험으로 Justin은 생각하기 시작했다. 볼더 농산물 시장에서 판매하기 위해서는 FDA 승인 시설에서 견과류 버터를 만들어야 한다. 오늘날은 많은 주에서 소규모 생산자가 자신의 집에서 특정 항목을 만드는 것이 허용되지만 당시 콜로라도주에서는 그렇지 않았다. Gold는 농산물 시장에서 견과류 버터를 판매하기 위해 FDA 승인 시설에서 버터를 만드는 수고를 한다면, 일부 상점에도 매물을 제안할 수 있을 것이라고 생각했다.

사업의 시작

취미를 비즈니스로 바꾸는 방법을 배우기 위해 Gold는 비즈니스 서적을 열심히 읽었다. 그는 사업 계획서가 담긴 책을 찾았고 그중 하나가 그의 눈에 띄었다. 토마토 통조림 회사에 대한 것이었다. Gold는 이 계획서를 첫 사업 계획서의 모델로 사용했다. 또한 조언을 구하기 위해 노력했다. 한번은 지역 식료품점에 가서 지역에서 생산한 제품을 소개하는 구역을 찾아갔다. 그는 찾을 수 있는 모든 회사의 이름과 연락처를 적은 뒤 그들에게 자신의 생각을 이야기했다. 피드백을 받은 후, 그는 2002년 첫 사업 계획서를 작성했다. 계획서의 강점을 바탕으로 친구들과 가족으로부터 2만 5,000달러를 모금할 수 있었다.

Gold는 덴버의 Salsa 회사와 계약을 체결해 제품을 만들기 시작했고, 점차적으로 유통을 시작했다. 일부 끈기를 가지고 전국적인 유통망을 구축하기 시작했고, 처음에는 Rocky Market 지역에서 제품을 판매했다. 그는 또한 작은 젤 팩에 자신의 땅콩버터와 견과류 버터를 판매할 수 있는지 궁금해졌다. 패키지를 작은 파우치로 제공하는 모든 회사(패스트푸드 음식점에서 사용하는 종류의 팩)에 전화를 걸었지만, 아무도 도와주지 않아서 혼자 결심했다. 그는 파우치팩 기계 비용을 포함해 사업 계획서를 다시 작성했다. 새로운 아이디어를 바탕으로, 그는 가족과 친구로부터 추가로 12만 달러를 모금할 수 있었다. 그리고 슈퍼마켓에서 파우치팩을 어떻게 배치할지 실험한 후에 판매를 시작했다.

성장의 시기

다음 10년은 Justin's에 성장의 시기였다. Gold는 회사를 성장시키고 발전시키기 위해 경험이 풍부한 CEO인 Lance Gentry를 고용했다. Gentry는 Pepsi에 인수되기 전까지 초기에 2,500만 달러의 매출을 올린 지역 음료 회사 Izzy를 발전시키는 데 도움을 준 경험이 있었다. 또한 경험이 풍부한 자문단을 구성했다. 2009년, Justin's는 100만 달러의 자금을 조달할 수 있었다. 2010년, Gold는 땅콩버터 컵을 만들기로 결심했다. 그는 Reese's 대안으로 유기농 천연 땅콩버터 컵을 생산하고 싶었다. 그러나 그는 함께 일할 쇼콜라티에를 찾는 데 시간이 걸렸다. 그러나 결국 가족 경영 중심의 소규모 회사를 찾아내 제품을 만들게 됐다. Gold는 이것이 그의 회사에 결정적인 전환점이라고 생각했다. 다른 제품을 생산하고 판매할 수 있는 플랫폼이 되면 Justin's는 본질적으로 다양한 제품을 고안하고 생산하고 판매할 수 있는 곳이 될 수 있다. 땅콩버터 컵은 대성공을 거뒀다. 이는 빠르게 회사의 가장 큰 수익원이 되었다.

팀을 구성하면서 Gold는 독특한 방식을 사용했다. 고용한 각 직원은 평균보다 낮은 급여를 받았지만 보상으로 Justin's 주식을 받았다. Justin's는 모든 사람에게 주식을 주어 각 직원이 자신의 소유인 것처럼 회사를 대우하도록 자극했다.

몇 년 동안 운영한 후 Justin's의 제품은 판매가 급증했다. 해당 제품은 Whole Foods Markets, Target, Safeway, Kroger, 전국의 여러 전문 소매업체 및 커피숍에서 판매되었다. 제품에는 견과류 버터와 땅콩버터의 여러 가지 맛 조합, 동일한 맛 조합의 파우치팩, 땅콩버터 컵의 여러 가지 맛, 스낵팩이라는 신제품이 포함되었다. 스낵팩은 작은 팩으로, 엄마가 아이의 학교 도시락 가방에 넣을 수도 있다. 스낵팩에는 메이플 아몬드 버터와 프레첼, 허니 땅콩버터와 바나나칩, 클래식 아몬드 버터와 프레첼, 기타 여러 조합이 포함되어 있다. Justin's는 또한 《Justin My Kitchen》이란 요리책도 팔았다.

성장기에 Justin's는 볼더 지역의 회사로 남았다. 또한 소유자 종업원에 기반하는 독특한 문화를 구축했다. 2015년 《Wall Street Journal》은 Justin's의 연간 수입이 5,000만 달러를 넘는다고 보도했다. Justin's는 또한 Hain Celastial의 전 임원인 Peter Burns를 공동 CEO로 고용했다.

2013년과 2016년에 두 가지 중요한 사건이 있었는데, 이 사건들은 Justin's의 성장 가능성을 더욱 발전시켰다.

VMG Partners와의 합병

2013년 10월 Justin's는 캘리포니아에 본사를 둔 사모투자회사인 VMG Partners와 합병했다. VMG는 브랜드 소비재 기업에 투자하고 성장시키는 것을 전문으로 하고 있다. 이 합병으로 Justin's는 자본, 옵션, 증권의 조합으로 4,700만 달러를 얻었다. 합병에 대한 소감을 묻자 Gold는 "수요를 따라가기가 힘들어졌고, 성장이 너무 빨라서 품질을 때로는 희생시키기도 한다. 따라서 우리에게 투자해서 우리가 목표를 달성하는 데 도움을 줄 수 있는 스마트한 자본을 찾아야 할 필요성이 있었다"라고 말했다. 그는 또한 회사는 볼더에 머무를 것이며, 합병을 통해 새로운 인력을 채용할 것이며, 일상적인 운영에는 변화가 없을 것이라고 말했다. VMG Partners의 대표인 Wayne K. Wu는 자신의 회사가 자본을 제공하는 것 외에도 Justin's의 운영과 판매 전략을 개선하는 데 도움을 줄 수 있다고 말했다. 이에 따라 Gold는 회사를 계속 볼더에 둘 수 있었으며 회사의 성장이 가속화되었다. Justin's의 대표이자 CEO인 Peter Burns는 훗날 VMG Partners와의 합병을 회상하며 이렇게 말했다.

> "VMG와 함께 일하는 것은 독특한 협력 관계였다. 그들은 우리 비즈니스를 완전히 이해하고 매우 유용한 지도, 자금, 자원을 제공해주었다. 중요한 것은 우리가 기업가정신을 유지하면서 빠르게 성장할 수 있도록 자율적으로 운영하게 해주었다는 것이다."

Hormel에 의한 인수

2016년 3월, Justin's(그리고 VMG Partners가 보유한 Justin's의 지분)는 대규모 식품 회사인 Hormel이 2억 8,600만 달러로 인수했다. Hormel은 SKIPPY 땅콩버터와 Applegate Meats, Spam, Jennie-O, Dinty Moore, Vital Cuisine, Hormel Foods 등 유명 식품 브랜드를 생산하는 기업이다. VMG Partners와의 합병에서 자산 관리 회사가 Justin's의 미래를 결정하는 소수 지분을 보유하게 한 것과는 달리, Hormel에 의한 인수는 상당한 주목을 받았다. 다음은 Justin's와 Hormel 양측의 관점에서 인수의 합리성을 분석한 것이다. 이는 Hormel이 Justin's를 인수한 이유를 이해하는 데 도움이 될 뿐만 아니라 "왜 대기업은 스타트업을 인수하며 스타트업은 인수를 받아들이는가?"라는 광범위한 질문에 대한 통찰력을 얻을 수 있다.

Hormel이 Justin's를 인수한 이유 Hormel은 Justin's 인수를 통해 두 가지 주요 목표를 달성했다. ① 땅콩버터와 견과류 버터 제품 강화와 ② 많은 전통적인 브랜드보다 젊고 건강에 관심이 많으며 이동이 잦은 소비자에게 매력적인 브랜드를 포트폴리오에 추가한 것이다.

이에 대해 Hormel의 CEO Jim Snee는 "Justin's 브랜드는 견과류 버터 제품군에서 가장 빠르게 성장하는 천연 및 유기농 특수 견과류 버터 스프레드 분야에서 우수한 플랫폼을 제공한다"라고 말했다. Hormel은 2013년 SKIPPY를 인수함으로써 땅콩버터와 견과류 버터 시장에 진입했다. 그 당시 이 인수는 Hormel이 자신의 주력 제품인 고기 카테고리에서 사업을 다양화하기 위한 대규모 노력의 일부였다. Snee는 앞선 코멘트에 더해 "Justin's는 2004년 설립 이후 엄청난 성장을 경험했다. Justin's는 F.Y.(회계 연도) 17개 부문에서 순매출 약 1억 달러에서 출발해 낮은 두 자릿수 성장률을 보일 것으로 예상한다"고 말했다.

젊고 건강에 관심이 많으며 이동이 잦은 소비자에게 매력적인 것과 관련해서 SKIPPY는 이미 '천연' 견과류 버터 제품군을 보유하고 있지만, Snee는 SKIPPY의 천연 제품군이 다른, 보통 소비자를 대상으로 하기 때문에 Justin's와 경쟁하지 않는다고 말한다. 그러므로 Hormel은 보다 프리미엄 브랜드를 추가해 다른 고객층에 접근할 수 있다. Snee

는 "SKIPPY에 대해 수행한 수많은 연구의 결과, Justin's의 시장 분야로 확장하기에는 적합하지 않다는 것을 알게 되었다"라고 말한다. 또한 "Justin's는 더 젊고 건강에 관심이 많으며 이동이 잦은 밀레니얼 세대 소비자를 끌어들이는 것으로 알려져 있다"라고 말했다.

Justin's가 Hormel과의 인수에 합의한 이유 Hormel의 인수 발표 날, Justin Gold는 회사의 Facebook 페이지에 비디오를 게시해 Justin's의 관점에서 인수의 이유를 설명했다. 이 비디오와 Gold의 다른 발언들은 Justin's이 인수를 통해 세 가지 목표를 달성했다는 것을 시사한다.

첫째, Justin's은 성장을 위해 더 많은 자원이 필요했다. Gold는 비디오에서 "목표는 비즈니스를 충분한 규모로 키워서 다음 단계로 나아갈 수 있게 도와줄 수 있는 적합한 운영 파트너를 찾는 것이었다"라고 말했다. Justin's가 자원에 대한 필요성을 느끼는 이유는 다양한 측면이 있었다. 비디오에서 Gold는 "그들(Hormel을 가리킴)은 단백질에 대해 잘 알고 있으며, 우리 비즈니스와 커뮤니티를 사랑하고, 모든 지속 가능성 노력을 지원할 것이며, 원료 조달, 품질, 안전성, 유통 확장 측면에서 실제로 우리 비즈니스를 규모화하는 데 도움이 될 것이다"라고 덧붙였다. Justin's의 유통 확장을 돕는 것과 관련해서 Hormel은 미국의 거의 모든 식료품점에 제품을 공급하고 있고 50개국 이상으로 수출하고 있었다. 반면 인수 당시 Justin's의 판매 1위 제품인 클래식 아몬드 버터는 미국 식료품점의 35%에만 있었고, 해외에는 전혀 진출하지 못했다. 또한 편의점에서의 Justin's의 제품은 아예 없었다.

Hormel의 인수를 통해 Justin's가 달성하려는 두 번째 목표는 유사한 파트너를 찾는 것이었다. 인수 발표 당일 Gold는 Justin's 웹사이트에 글을 게시하기도 했다. Hormel이 인수 회사라고 밝히기 전, 그는 인수 파트너를 찾을 때 세 가지 최우선 목표는 다음과 같았다고 말했다.

1. 우리는 볼더에 남아 우리의 사람들과 독립적인 운영 단위를 유지해야 한다.
2. 우리의 사명, 비전, 가치를 유지하고 강화해야 한다.
3. 우리의 파트너는 우리의 핵심 역량인 견과류 버터 제조 및 유통을 공유해야 한다.

Gold는 계속해서 Justin's를 인수한 회사의 이름을 밝히면서 "우리는 매우 운이 좋다. 만약 당신이 회사를 설립하고 다음 단계로 나아가기 위해 도움이 필요한데 당신의 미션을 신뢰하는 적합한 운영 파트너를 찾지 못하면 어떻게 될까? 그런 의미에서 Hormel Foods는 우리의 미션에 대한 헌신과 SKIPPY 브랜드를 통한 운영 능력이 우리와 부합했기 때문에 함께하게 되었다"라고 말했다. Gold는 다른 문서에서도 이러한 감상을 반복했다. 예를 들어, Gold는 Project NOSH(푸드 창업에 대해 다루는 웹사이트)에 "그들(Hormel을 지칭)은 우리의 미션을 믿는다. 그들은 유기적 지원을 원하고, 지속 가능한 노력을 지원하기를 원하며, 따라서 Justin's의 특별한 모든 것을 지원하기를 원한다"라고 말했다.

인수를 통해 Justin's가 달성하려는 세 번째 목표는 뉴스에는 나오지 않았지만, Justin Gold를 포함해서 Justin's의 주주, 투자자, 종업원 등 주식을 소유한 모든 사람에게 유동성 이벤트를 만들어냈다는 것이다. Gold는 Justin's의 웹사이트에 올린 성명서에서 이를 암시했다. 해당 성

Justin's

Justin's의 다양한 상품

명서에는 "이것(인수)은 우리에게 윈–윈이다! 우리 회사의 모든 사람이 주인이며 이제 우리는 미션을 더 발전시킬 수 있는 훨씬 더 큰 플랫폼을 가지게 되었다"라고 쓰여 있다. 기억하는가, Justin's의 고용 철학 중 하나는 직원들에게 평균 이하의 급여를 주되 그에 대한 보상으로 회사의 주식을 주는 것이었다. 이번 인수는 Justin's의 주식을 소유한 모든 사람이 자신의 주식을 현금으로 바꿀 수 있는 메커니즘을 만들었다.

Justin's의 앞으로의 방향

Justin's를 인수한 Hormel의 의문점 중 하나는 Justin's의 고객들이 충성을 유지할지 여부이다. 인수가 발표됐을 때, 소셜 미디어에서는 '왜 독립적이고 지역 기반의 소규모 회사 Justin's가 대기업에 팔리는지'와 같은 부정적인 반응이 있었다. 또한 Justin's의 문화, 제품 품질, 지속 가능성에 대한 의문도 제기되었다. 이러한 반응을 예상한 것일지 모르겠지만, Gold는 인수가 발표된 날 Justin's 웹사이트에 게시한 성명서에서 "식품업계는 변화하고 있으며, Justin's의 투자자들이 주식을 판매할지도 모르지만, 우리는 팔리지 않습니다. Hormel이 산 것입니다"라고 말했다.

Hormel 인수가 Justin's의 운영 및 제품에 미치는 영향은 아직 알 수 없다. 그러나 흥미로운 점은 인수 1년 후 Justin's 웹사이트를 빠르게 검색해보면, Hormel이 Justin's를 독립적인 브랜드로 운영할 수 있도록 약속한 것 같다.

토의 문제

1. 왜 Hormel은 자체 R&D 실험실에서 유사한 제품을 개발하는 대신에 자사의 땅콩과 견과류 제품을 강화하고 보다 건강을 중시하는 젊은 소비자들의 니즈를 충족시키는 제품을 포트폴리오에 추가하기 위해 Justin's를 인수했을까?
2. Justin's가 자사의 성장을 관리하기 위해 추가 자금을 조달하려 하지 않고 Hormel에 판매하는 대신 왜 더 많은 자원을 확보하기 위해 추가 자금을 조달하지 않았을까?
3. 당신이 Hormel의 인수 발표 당시 Justin's의 충성 고객이었다면 인수에 부정적으로 반응했을까? 그 이유는 무엇인가?
4. 유동성 이벤트란 무엇인가? 투자자로부터 자금을 조달한 기업이 5~7년 내에 유동성 이벤트를 찾으려고 노력하는 이유는 무엇인가?

Justin's가 유리한 '출구' 혹은 '유동성 이벤트'를 가졌는지 판단해보라. 답변을 설명하라.

출처: Justin's Homepage, www.justins.com (accessed April 7, 2017); A. Wallace, "Justin's LLC, Boulder-Based Nut Butter Maker, Sells Minority Stake to Private Equity Firm," *Daily Camera*, October 17, 2013; PRNewswire, "VMG Partners Completes Sale of Justin's LLC to Hormel Foods," May 26, 2016; "Justin's Merges With California Equity Firm," UsaPublicData.com, available at https://www.usapublicdata.com/newspaper/cw0DambG/ (posted October 17, 2013, accessed April 7, 2017); M. Watrous, "What Does Hormel See in Justin's?" *Food Business News*, May 19, 2016; C. Ortenberg, "Hormel 'Bought In To What Justin's Is' Says Founder Gold," BevNet.com, available at https://www.projectnosh.com/news/2016/hormel-bought-justins-says-founder-gold (posted May 18, 2016, accessed April 7, 2017); L. Josephs, "Nut-Butter Firm's Founder Adjusts to Growth," *The Wall Street Journal*, June 25, 2015; Justin's blog, "A Message From Our Founder," available at https://justins.com/blog/a-message-from-our-founder (posted May 18, 2016, accessed April 7, 2017).

에세이 문제

1. 이 장에서 논의한 성장 전략 중에서 가장 위험한 것과 가장 위험하지 않은 것은 무엇인가? 회사가 특정 성장 전략을 추구할 때 위험이 어떤 역할을 해야 할까? 이러한 질문에 대한 답변을 몇 단락으로 서술하라.
2. 15년 전 두바이에서 설립한 Sumo Sushi and Bento(sumosushibento.com)는 중동 전역으로 확장했으며 미국, 캐나다, 인도에도 진출 계획을 가지고 있다. 이 회사가 사용한 성장 전략에 대해 한두 문단으로 개괄하라. 이 회사가 앞으로 직면할 성장에 관해 어떤 문제가 있을까? 그리고 이 회사가 이러한 문제를 어떻게 해결할까?

미주 Endnote

1. Amgen Homepage, www.amgen.com (accessed April 4, 2017).
2. D. Matthews, "Why New Product Lines Fail or Succeed," eSeller Media, available at https://esellermedia.com/2012/10/31/why-new-product-lines-fail-or-succeed/ (posted October 31, 2012, accessed July 6, 2014.)
3. A. Besharat, R. J. Lengan, and C. A. Nguyen, "Fashionably Late: Strategies for Competing Against a Pioneer Advantage," *Journal of Business Research* 69, no. 2 (2016): 718–725; A. C. Godley, "Entrepreneurial Opportunities, Implicit Contracts, and Market Making for Complex Consumer Goods," *Strategic Entrepreneurship Journal* 7, no. 4 (2013): 273–287.
4. Proactiv Homepage, www.proactiv3.com (accessed April 10, 2017).
5. K. Rodan, "Stanford Technology Ventures," Entrepreneurial Thought Leaders Podcast, April 20, 2006.
6. P. L. Hartman, J. A. Ogden, J. R. Wirthlin, and B. T. Hazen, "Nearshoring, Reshoring, and Insourcing: Moving Beyond the Total Cost of Ownership Conversation," *Business Horizons* 60, no. 3 (2017): 363–373; N. Lin, T. M. Devinney, and T. R. Holcomb, "Examining Managerial Preferences and Choices: The Role of Value Creation and Value Appropriation Drivers in Strategic Outsourcing," *Long Range Planning* 49, no. 6 (2016): 706–722.
7. M. Hubert, A. Florack, R. Gattringer, T. Eberhardt, E. Enkel, and P. Kenning, "Flag Up!—Flagship Products as Important Drivers of Perceived Brand Innovativeness," *Journal of Business Research* 71, February (2017): 154–163; C. Giachetti and G. Lanzolla, "Product Technology Imitation Over the Product Diffusion Cycle: Which Companies and Product Innovations do Competitors Imitate More Quickly?" *Long Range Planning* 49, no. 2 (2016): 250–264.
8. F. M. Stone, *The Oracle of Oracle* (New York: AMACOM Books, 2002), 125.
9. N. Symeonidou, J. Bruneel, and E. Autio, "Commercialization Strategy and Internationalization Outcomes in Technology-Based New Ventures," *Journal of Business Venturing* 32, no. 3 (2017): 302–317; L. F. Mesquita, "Location and the Global Advantage of Firms," *Global Strategy Journal* 6, no. 1 (2016): 3–12.
10. P. Delehanty. "Small Businesses Key Players in International Trade, SBA Office of Advocacy," www.sba.gov/advocacy (accessed April 4, 2017).
11. Q. Li and P. Deng, "From International New Ventures to MNCs: Crossing the Chasm Effect on Internationalization Paths," *Journal of Business Research* 70, January (2017): 92–100; P. McDougall-Covin, M. V. Jones, and M. G. Serapio, "High-Potential Concepts, Phenomena, and Theories for the Advancement of International Entrepreneurship Research," *Entrepreneurship Theory and Practice* 38, no. 1 (2014): 1–10.
12. uship Homepage, www.uship.com (accessed April 4, 2017).
13. J. Larimo, H. L. Nguyen, and T. Ali, "Performance Measurement Choices in International Joint Ventures: What Factors Drive Them?" *Journal of Business Research* 69, no. 2 (2016): 877–887; S. A. Fernhaber and D. Li, "International Exposure Through Network Relationships: Implications for New Venture Internationalization," *Journal of Business Venturing* 28, no. 2 (2013): 316–334.
14. B. Swoboda and E. Olejnik, "Linking Porcesses and Dynamic Capabilities of International SMEs: The

Mediating Effect of International Entrepreneurial Orientation," *Journal of Small Business Management* 54, no. 1 (2016): 139–161; L. Naldi and P. Davidsson, "Entrepreneurial Growth: The Role of International Knowledge Acquisition as Moderated by Firm Age," *Journal of Business Venturing* 29, no. 5 (2014): 687–703.

15. S. Nassauer. "Wal-Mart Buying Spree Irks Some Hipsters," *The Wall Street Journal*, March 25, 2017, B3.
16. P.-J. Norback, L. Persson, and R. Svensson, "Creative Destruction and Productive Preemptive Acquisitions," *Journal of Business Venturing* 31, no. 3 (2016): 326–343; S. Arvanitis and T. Stucki, "How Swiss Small and Medium-Sized Firms Assess the Performance Impact of Mergers and Acquisitions," *Small Business Economics* 42, no. 2 (2014): 339–360.
17. Hormel Foods Press Release, "Hormel Foods Announces Acquisition of Justin's Specialty Nut Butter Brand," available at https://www.hormelfoods.com/Newsroom/Press-Releases/2016/05/20160518-2 (posted May 18, 2016, accessed April 10, 2017).
18. C. S. Hayter, "A Trajectory of Early-Stage Spinoff Success: The Role of Knowledge Intermediaries within an Entrepreneurial University Ecosystem," *Small Business Economics* 47, no. 3 (2016): 633–656; A. Bhaskarabhatla and D. Hegde, "An Organizational Perspective on Patenting and Open Innovation," *Organization Science* 25, no. 6 (2015): 1744–1763.
19. J.-S. Lee, J.-H. Park, and Z.-T. Bae, "The Effects of Licensing-In on Innovative Performance in Different Technological Regimes," *Research Policy* 46, no. 2 (2017): 485–496; J. Li-Ying, and Y. Wang, "Find Them Home or Abroad? The Relative Contribution of International Technology In-Licensing to 'Indigenous Innovation' in China," *Long Range Planning* 48, no. 3 (2015): 123–134.
20. G. de Rassenfosse, A. Palangkaraya, and E. Webster, "Why Do Patents Facilitate Trade in Technology? Testing the Disclosure and Appropriation Effects," *Research Policy* 45, no. 7 (2016): 1326–1336; T. Fischer and P. Ringler, "What Patents Are Used as Collateral? An Empirical Analysis of Patent Reassignment Data," *Journal of Business Venturing* 29, no. 5 (2014): 633–650.
21. J. M. Pollack, S. Barr, and S. Hanson, "New Venture Cre ation as Establishing Stakeholder Relationships: A Trust-Based Perspective," *Journal of Business Venturing Insights* 7, June (2017): 15–20; K. Moghaddam, D. A. Bosse, and M. Provance, "Strategic Alliances of Entrepreneurial Firms: Value Enhancing then Value Destroying," *Strategic Entrepreneurship Journal* 10, no. 2 (2016): 153–168.
22. R. Khanna, I. Guler, and A. Nerkar, "Fail Often, Fail Big, and Fail Fast? Learning from Small Failures and R&D Performance in the Pharmaceutical Industry," *Academy of Management Journal* 59, no. 2 (2016): 436–459; P.-H. Soh and A. M. Subramanian, "When Do Firms Benefit from University-Industry R&D Collaborations? The Implications of Firm R&D Focus on Scientific Research and Technological Recombination," *Journal of Business Venturing* 29, no. 6 (2014): 807–821.
23. B. Bos, D. Faems, and F. Noseleit, "Alliance Concentration in Multinational Companies: Examining Alliance Portfolios, Firm Structure, and Firm Performance," *Strategic Management Journal* 2017, in press; S. Dutta and T. B. Folta, "A Comparison of the Effect of Angels and Venture Capitalists on Innovation and Value Creation," *Journal of Business Venturing* 31, no. 1 (2016): 39–54.
24. R. B. Bouncken and V. Fredrich, "Business Model Innovation in Alliances: Successful Configurations," *Journal of Business Research* 69, no, 9 (2016): 3584–3590; H. Milanov and S. A. Fernhaber, "When Do Domestic Alliances Help Ventures Abroad? Direct and Moderating Effects from a Learning Perspective," *Journal of Business Venturing* 29, no. 3 (2014): 377–391.
25. C. S. Lioukas, J. J. Reuer, and M. Zollo, "Effects of Information Technology Capabilities on Strategic Alliances: Implications for the Resource-Based View," *Journal of Management Studies* 53, no. 2 (2016): 161–183; T. C. Flatten, A. Engelen, T. Moller, and M. Brettel, "How Entrepreneurial Firms Profit from Pricing Capabilities: An Examination of Technology-Based Ventures," *Entrepreneurship Theory and Practice* 39, no. 5 (2015): 1111–1136; H. Yang, Y. Zheng, and X. Zhao, "Exploration or Exploitation? Small Firms' Alliances Strategies with Large Firms," *Strategic Management Journal* 35, no. 1 (2014): 146–157.
26. D. K. Dutta and M. Hora, "From Invention Success to Commercialization Success: Technology Ventures and the Benefits of Upstream and Downstream Supply-Chain Alliances," *Journal of Small Business Management* 55, no. 2 (2017): 216–235; V. Gilsing, W. Vanhaverbeke, and M. Pieters, "Mind the Gap: Balancing Alliance Network and Technology Portfolios During Periods of Technological Uncertainty," *Technological Forecasting and Social Change* 81, no. 4 (2014): 351–362.
27. M. Dell, *Direct from Dell* (New York: HarperBusiness, 1999), 50.
28. C. Oberg, "What Creates a Collaboration-Level Identity," *Journal of Business Research* 69, no. 9 (2016): 3220–3230.
29. General Mills. "Joint Ventures," available at www.generalmills.com/Company/Businesses/international/joint-ventures (accessed April 4, 2017).
30. F. H. Liang, "Does Foreign Direct Investment Improve the Productivity of Domestic Firms? Technology Spillovers, Industry Linkages, and Firm Capabilities," *Research Policy* 46, no. 1 (2017): 138–159; R. Ragozzino and C. Moschieri, "When Theory Doesn't Meet Practice: Do Firms Really Stage Their Investments?" *Academy of Management Perspectives,* 28, no. 1 (2014): 22–37.
31. L. Trigeorgis and J. J. Reuer, "Real Options Theory in Strategic Management," *Strategic Management Journal* 38, no. 1 (2017): 42–63; T. W. Tong and J. J. Reuer, "Competitive Consequences of Interfirm Collaboration: How Joint Ventures Shape Industry Profitability," *Journal of International Business Studies* 41, no. 8 (2010): 1056–1073.
32. GV Homepage, www.gv.com (accessed April 4, 2017).

UPTOWN CHEAPSKATE와 친해지기

Uptown Cheapskate/Photo credit: Holly Simmonds

공동창업자

Chelsea Sloan

브리검영대학교 경영학 학사, 2012

Scott Sloan

유타대학교 마케팅 학사, 2008

Chelsea Sloan과의 대화

내가 들은 최고의 조언

기업가가 된다는 것은 다른 사람들의 삶을 개선할 수 있다는 것을 의미한다. 그렇게 하라.

첫 창업 경험

Sloan 유령의 집: 입장료 0.5달러(8세)

스마트폰 음악 리스트에서 가장 좋아하는 밴드

차이콥스키, 이매진 드래곤스

가장 좋아하는 스마트폰 앱

Airbnb

일하지 않을 때 하는 것

웨이크보드 타기 및 독서

기업가로서 가장 놀랐던 때

모든 프랜차이즈가 지침을 따르지는 않는다는 것을 알았을 때

CHAPTER 15

프랜차이즈

UPTOWN CHEAPSKATE

비즈니스 소유와 성장의 한 형태인 프랜차이즈

• Web: www.uptowncheapskate.com • Facebook: Uptown Cheapskate • Twitter: @ucheapskate

Chelsea Sloan은 어린 시절, 아버지가 쇼핑센터 재개발 관리자로 일하던 오하이오에서 가족과 함께 살았다. 어머니는 10세 미만인 네 자녀(두 자녀는 나중에 태어났다)의 옷을 입히기 위해 중고 매장에서 옷을 샀다. 상태가 좋은 중고 아동복을 사고파는 가게인 'Once Upon a Child'가 부모님의 눈길을 끌었다. Sloan의 부모님은 'Once Upon a Child' 프랜차이즈를 인수하는 것을 고려했지만, 'Once Upon a Child'의 콘셉트를 개선할 수 있다고 생각했다. 그래서 그들은 자신의 아동복 프랜차이즈를 개발하기 위해 가족과 함께 유타로 이사했다. 1992년에 그들은 직접 만든 설비를 사용해 첫 번째 'Kid to Kid' 중고품 매장을 열었다. 초기 매출은 미미했지만, 그들은 성공적인 비즈니스 모델을 빠르게 개발해 Kid to Kid를 미국과 포르투갈에서 120개 이상의 프랜차이즈 지점을 보유한 성공적인 브랜드로 성장시켰다.

Sloan이 열 살이 되었을 때, 그녀는 이미 Kid to Kid 매장에서 일하면서 상품에 태그를 붙이고 장난감을 청소하는 잡다한 일을 했다. 기업가의 자녀로서 그녀는 저녁 식사 시간에 프랜차이즈와 그와 관련된 주제를 이야기하는 수많은 대화에 참여했다. 2006년까지 Sloan은 브리검영대학교의 학생이었으며, 이미 여러 개의 Kid to Kid 매장을 열고 운영하는 데 도움을 주었다. 그녀의 오빠 Scott은 유타대학교에서 마케팅 학위를 마치고 Kid to Kid에서 일하고 있었다. 두 사람은 자신만의 회사를 소유하고 싶다는 생각을 했고, 함께 일하기로 결정했다. 그들은 몇 가지 아이디어를 고려하다가 상태가 좋은 중고 남성복 및 여성복을 위한 고급 중고 매장을 열기로 결정했다. 그들은 매장 분위기를 쇼핑몰 같은 분위기로 연출해 저렴한 가게처럼 느껴지지 않도록 만들어서 차별화할 계획을 세웠다. 또한 의류도 깨끗하고 신선하며 스타일리시하게 유지하게 위해 제품을 수작업으로 선별할 계획이었다.

사업은 바로 구체화되지는 않았다. Sloan은 알래스카에서 선교 활동을 하기 위해 1년 반 동안 휴식을 취했다. 그동안 그녀는 오빠 Scott과 자주 연락을 주고받으며 잠재적인 사업에 대한 아이디어를 공유했다. 시간이 걸렸던 것 중 하나는 이름을 선택하는 것이었다. 이름은 기억하기 쉽고 상표 등록이 가능하며 사용 가능한 URL이 있는 것이어야 했다. 수백 가지 대안을 고려한 후, 그들은 'Uptown Cheapskate'로 결정했다. 그들은 또한 첫 번째(또는 시범 운영) 매장을 열기 훨씬 전에 성장 전략에 대해 이야기했다. 그들은 매장 위치에 큰 투자를 하지 않고도 빠르게 성장하기를 원했다. 그들은 프랜차이즈 사업을 하기로 결정했다.

Sloan이 선교를 마치고 돌아왔을 때, 아침 10시에 솔트레이크시티에 도착했고 같은 날 오후 2시까지 오빠와 함께 Uptown Cheapskate에서 작업을 했다. 그들은 성공적인 프랜

학습목표

1. 프랜차이즈와 이러한 형태의 사업 소유권이 어떻게 작동하는지 설명할 수 있다.
2. 기업가가 프랜차이즈 시스템을 구축하기 위해 취할 수 있는 단계를 설명할 수 있다.
3. 프랜차이즈 시스템 구축의 장단점을 숙지할 수 있다.
4. 프랜차이즈 구매 결정과 관련된 조치 및 문제를 설명할 수 있다.
5. 기업가가 프랜차이즈를 구매하기 위해 거치는 단계를 설명할 수 있다.
6. 프랜차이즈 관계와 관련된 다양한 법적 측면을 파악하고 설명할 수 있다.
7. 기업가가 프랜차이즈에 대해 고려해야 할 두 가지 추가적 문제, 즉 프랜차이즈 윤리와 글로벌 프랜차이즈에 대해 논의할 수 있다.

차이즈 조직이 되려면 가맹점에서 프랜차이즈 수수료와 로열티로 지불한 만큼의 가치를 다시 가맹점에 지속적으로 제공해야 한다는 것을 알고 있었다. 그래서 Sloan과 오빠는 Uptown Cheapskate의 콘셉트를 다듬기 위해 이후 8개월 동안 노력했다. 그들은 독특한 소매 제품 판매를 위한 프런트엔드와 백엔드를 구축하는 것에 집중했다. 첫 번째 작업 중 하나는 프랜차이즈 가맹점주가 가져온 품목에 대해 지불할 금액을 신속하게 결정할 수 있는 독점 소프트웨어 플랫폼을 만드는 것이었다. 이러한 유형의 시스템을 개발하는 데 있어 어려운 점은 가져온 품목에 대해 사람들에게 적절한 가격을 지불하는 동시에 쇼핑객에게 경쟁력 있는 가격을 제공하며 이익을 얻을 여지를 남겨둬야 한다는 것이었다. 이 플랫폼은 또한 현재 브랜드, 의류 선택, 합리적인 가격대로 채워져야 했다. 이 플랫폼을 구축하는 데 몇 달이 걸렸지만 결국 완성되었다. 또한 Uptown Cheapskate의 브랜드, 매장 레이아웃, 가맹점을 위한 판매 기록 메커니즘에도 많은 생각을 기울였다.

첫 번째 Uptown Cheapskate 매장은 2009년 중반 유타주 솔트레이크시티에서 문을 열었다. 첫 번째 프랜차이즈는 그해 말 노스캐롤라이나주 그린즈버러에 있는 한 개인에게 판매되었다. 회사는 이후 꾸준히 성장해 1년 차 이후 2개 점포, 2년 차 이후 6개 점포, 3년 차 이후 14개 점포, 현재는 50개 이상의 가게를 가진 기업으로 성장했다. 평균적으로 매장은 6자리 숫자 이상의 순이익을 올리고 있으며, 이는 소매업계에서 뛰어난 성과이다. 이러한 성과로 인해 회사의 많은 가맹점이 다양한 장소에서 개업하고 있다. Sloan과 오빠는 Uptown Cheapskate의 콘셉트를 구체화하기 위해 수행한 초기 작업과 프랜차이즈 가맹점주에게 제공하는 지원에 성공의 많은 부분을 돌려주고 있다. 다음은 Uptown Cheapskate가 가맹점에 제공하는 지원 유형의 일부 목록이다.

- **독점 소프트웨어 플랫폼:** 위에서 언급한 바와 같이 플랫폼을 통해 가맹점의 판매자가 매장에 가져온 물품에 대한 가격을 신속하게 결정할 수 있다. 시간이 지남에 따라 이 플랫폼은 매우 견고해졌다. 현재 4,000개 이상의 브랜드와 거의 300개의 하위 카테고리를 포함하고 있다. 예를 들어 판매자가 5 사이즈 Abercrombie & Fitch 여성용 청바지를 가져오면, 플랫폼은 즉시 해당 의류에 대한 가격 범위를 제공해준다. 이 기능을 사용하면 단일 구매자가 하루에 수백 개의 상품을 구매할 수 있고, 구매한 각 상품에 대해 합리적인 가격을 지불할 수 있다.
- **박스형 프랜차이즈:** Uptown Cheapskate는 가맹점주가 매장을 구성하는 데 도움을 준다. 사용 가능한 공간에 대한 설명을 기반으로 가맹점에 매장을 어떻게 구축하고, 비품을 배치하며, 상품을 전시할지에 대한 계획을 제공한다. 이 서비스를 통해 가맹점은 빠르게 가게를 열고 운영할 수 있다.
- **바이어 교육:** 가맹점주들에게 어떤 패션과 의류 품목이 인기가 있고 잘 팔릴 가능성이 있고, 어떤 것이 그렇지 않은지를 판단할 수 있도록 많은 지원이 제공된다. 교육은 월간 팟캐스트, 교육 비디오 및 기타 지원 형태로 제공된다.
- **마케팅 자료:** Uptown Cheapskate는 매장 내 간판에서부터 라디오 광고, 게시판, 매스 미디어에 이르기까지 모든 것을 개발하는 사내 마케팅 팀을 유지하고 있다.
- **매출 및 기타 지표를 추적하는 백엔드 시스템:** Uptown Cheapskate 소유자들은 실시간으로 매장 숫자를 업데이트하는 백엔드 보고서에 액세스할 수 있다. 예를 들어 가맹점들은 다른 매장과 매출 및 기타 지표를 비교할 수 있다. 회사는 이러한 기능이 가맹점 간의 건전한 경쟁을 유발한다는 사실을 발견했다. 매출 및 기타 지표를 추적하는 여러 백엔드 시스템 제품군이 개발되었다.

Uptown Cheapskate는 계속해서 성장하고 있다. 이 회사는 자매 회사인 Kid to Kid와 함께 《Entrepreneur》 선정 500대 프랜차이즈(현재 182위)에 자주 등재된다. Sloan은 프랜차이즈에 대해 이야기하는 것을 좋아하며, 대학생들과 자신의 이야기를 공유하는 것이 가장 즐거운 경험이라고 한다. 2012년 11월, Sloan은 Entrepreneurs' Organization의 Global Student Entrepreneur Award를 수상한 최초의 여성이 되었다. 이 대회에는 20개국에서 온 1,700명의 후보자가 참여했다. 2013년과 2015년에 Sloan은 《Inc.》 매거진 선정 30세 미만 30인 중 한 명으로 선정되기도 했다. Uptown Cheapskate는 또한 가장 성공적인 가맹점을 표창하는 것을 즐긴다. 예를 들어, 2017년 3월 오하이오주 보드먼에 있는 Uptown Cheapskate 프랜차이즈는 솔트레이크시티에서 열린 회사 연례 회의에서 '올해의 그랜드 오프닝' 상을 수상했다.

Uptown Cheapskate와 마찬가지로 많은 소매 및 서비스 기업은 프랜차이즈를 매력적인 비즈니스 소유 및 성장 형태라고 생각한다.[1] 자동차 및 소매 식품과 같은 일부 산업에서는 프랜차이즈가 지배적인 사업 소유 형태이다. 프랜차이즈 사업은 인터넷 서비스 제공업체, 가구 복원, 인력 충원, 노인 돌봄과 같은 다양한 산업에서 사용되지만, 다른 산업에서는 보편적인 형태는 아니다.

프랜차이즈가 적절하지 않은 경우가 있다. 예를 들어, 새로운 기술은 프랜차이즈 시스템을 통해 도입하지 않으며, 특히 해당 기술이 독점적이거나 복잡한 경우에는 더욱 그러하다. 왜냐하면 본질적으로 프랜차이즈는 프랜차이즈 사업자(가맹주)와 가맹점 간의 지식 공유를 포함하기 때문이다. 대형 프랜차이즈 회사에서는 수천 명의 사람이 이 작업에 참여할 수도 있다. 새로운 기술의 발명가는 영업 비밀이 알려지지 않게 하기 위해 보통 자신의 새로운 제품이나 서비스를 출시하는 과정에 가능한 한 적은 수의 사람만 참여시킨다. 그들은 일반적으로 자사의 신기술을 자체적으로 사용하거나, 엄격한 기밀 유지 계약을 체결한 소수의 회사에만 라이선스를 부여한다.[2]

그럼에도 불구하고 프랜차이즈는 사업 확장의 일반적인 방법이며, 인기가 계속해서 증가하고 있다. 2016년에는 미국에서 73만 2,842개의 프랜차이즈 가맹점이 운영되고 있다. 이러한 사업은 760만 개의 일자리와 6,740억 달러의 경제적 효과 창출에 기여한다.[3] www.franchising.com을 방문하면 잠재적 기업가가 고려할 수 있는 다양한 프랜차이즈를 살펴볼 수 있다. 이 웹사이트에서는 산업, 주(state), 필요한 투자, 기타 여러 기준별로 프랜차이즈 기회를 그룹화한다. 이러한 분류는 현재 고려할 수 있는 프랜차이즈 기회가 폭넓다는 것을 강조한다.[4]

안타깝게도 프랜차이즈에 대한 모든 소식이 다 긍정적인 것은 아니다. 일부 전체 프랜차이즈 시스템은 실패한다. 게다가 어떤 경우에는 성공적인 프랜차이즈 시스템에 속한 개별 가맹점도 실패할 수 있다. 또한 프랜차이즈의 사업 소유권과 성장 형태는 상대적으로 잘 이해가 안 되는 부분이 있다. 대부분의 학생과 기업가는 일반적으로 프랜차이즈가 무엇이고 어떤 내용을 포함하는지 알고 있지만, 프랜차이즈의 미묘한 측면은 경험 또는 주의 깊은 연구를 통해서만 배울 수 있다.

이 장에서는 기업가정신과 이후의 벤처 성장에 대한 중요한 잠재적 경로인 프랜차이즈에 대해 다룬다. 프랜차이즈에 대한 설명과 그것을 사용하는 시기에 대한 설명으로 이 장을 시작한다. 그런 다음 가맹점의 관점에서 프랜차이즈 시스템을 설정하고 가맹점의 관점에서 프랜차이즈를 구매하는 방법을 살펴본다. 다음으로 프랜차이즈의 법적 측면을 살펴볼 것이다. 이 장을 마무리하는 부분에서는 프랜차이즈의 성공적인 사용과 관련된 몇 가지 추가 주제를 다룬다.

프랜차이즈란 무엇이며 어떻게 운영하는가

학습목표 1

프랜차이즈와 이러한 형태의 사업 소유권이 어떻게 작동하는지 설명할 수 있다.

프랜차이즈는 이미 성공적인 제품이나 서비스를 보유한 회사(**프랜차이즈 사업자**)가 가맹비와 경상로열티를 받고 다른 기업(**가맹점**)에 상표권 및 비즈니스 수행 방법을 라이선싱하는 비즈니스 조직의 한 형태이다.[5] 일부 프랜차이즈 사업자는 기존 기업이기도 하고 새로 창업하는 신생기업일 때도 있다. 이 절에서는 프랜차이즈의 기원과 프랜차이즈를 어떻게 운영하는지 설명한다.

프랜차이즈란 무엇인가

프랜차이즈라는 단어는 프랑스어의 오래된 방언에서 유래했으며 '특권' 또는 '자유'를 의미한다. 프랜차이즈의 역사는 길다. 중세에 왕과 귀족은 특정 개인이나 집단에 그들의 영역에서 사냥을 하거나 특정 형태의 상업을 수행할 수 있는 권한을 부여했다. 1840년대에 독일의 양조장은 특정 선술집에 해당 지역 맥주의 독점 유통업체가 될 수 있는 프랜차이즈를 주었다. 미국 남북전쟁 직후, Singer Sewing Machine Company는 재봉틀에 대한 유통 프랜차이즈를 부여하기 시작했고 프랜차이즈 협약을 서면으로 하는 방식을 개척했다. KFC(1952), McDonald's(1955), Burger King(1955), Midas Muffler(1956), H&R Block(1958)을 포함해 미국에서 가장 친숙한 프랜차이즈의 대부분이 1940년대와 1950년대의 제2차 세계대전 이후에 시작된 것이다.

프랜차이즈 조직인 Comfort Keepers는 프랜차이즈를 어떻게 시작하는지 잘 보여준다. 회사 설립 1년 전, 간호사인 Kristina Clum은 그녀의 부모님이 일상적인 집안일에 어려움을 겪고 있다는 사실을 알게 되었다. 그녀는 누군가 집에 와서 도와주기를 원했지만 그렇게 해줄 사람을 찾을 수 없었다. 그래서 Kristina와 남편 Jerry는 노인들의 식사 준비, 가벼운 집안일, 식료품 쇼핑, 세탁, 심부름과 같은 일상적인 비의료 업무 처리를 돕는 회사를 설립했다. 최초의 Comfort Keepers 사무실이 1998년 3월 오하이오주 스프링필드에 문을 열었다. 두 번째는 1년 후 데이턴에서 문을 열었다.

Comfort Keepers는 특정 목표 시장의 니즈를 해결하는 시의적절한 아이디어이다. 앞선 장들에서 논의한 바와 같이 견고한 사업 아이디어를 가지는 것은 기업 성장을 달성하는 데 매우 중요하다. 2015년에는 미국 인구의 14.9%인 4,490만 명이 65세 이상이었다.[6] 이 수치는 앞으로 꾸준히 증가할 것으로 예상된다. Comfort Keepers의 서비스는 일부 노인들에게 비용이 더 많이 드는 양로원에 들어가는 대신 집에 머무를 수 있는 선택권을 제공했다. 1999년 8월 이 회사는 프랜차이즈 사업을 시작했으며 2017년까지 미국, 캐나다 등 여러 국가에 700개 이상의 프랜차이즈 가맹점을 보유하게 되었다.[7]

많은 패스트푸드와 캐주얼 다이닝 레스토랑이 비즈니스 포맷형 프랜차이즈이다. 이 친구들은 비즈니스 포맷형 프랜차이즈에서 함께 스무디를 마시며 즐거운 시간을 보내고 있다.

Scott Griessel/123rf.com

Comfort Keepers의 경우에는 회사가 좋은 상표와 훌륭한 비즈니스 방법을 가지고 있기 때문에 프랜차이즈에 적합할 수 있었다. 게다가 사업의 특성상 Comfort Keepers 프랜차이즈를 시작하는 데 드는 비용이 상대적으로 낮기 때문에 프랜차이즈를 구매할 수 있는 사람들이 상당히 많다. Comfort Keepers와 가맹점 간에 프랜차이즈가 상호 윈윈할 수 있는 제안이었던 것이다. Comfort Keepers는 가맹점의 돈을 사용해서 사업을 빠르게 성장시키고 브랜드를 강화할 수 있었기 때문에 성공할 수 있었다. 가맹점의 경우, 성장하는 산업에서 상대적으로 저렴하게 사업을 시작할 수 있고, Comfort Keepers 상표와 사업 방식을 채택함으로써 이익을 얻을 수 있기 때문에 성공했다.

프랜차이즈는 어떻게 운영하는가

프랜차이즈에 마법 같은 것은 없다. 비즈니스 파트너 또는 '가맹점'의 노력을 통해 제품이나 서비스를 시장에 출시하는 것이 가능한 성장의 한 형태이다. 앞서 설명한 바와 같이 프랜차이즈는 프랜차이즈 사업자(Uptown Cheapskate 또는 Comfort Keepers와 같은 모회사)와 가맹점(프랜차이즈 사업자에게 제품을 판매할 수 있는 권리에 대한 수수료를 기꺼이 지불하려는 개인 또는 기업) 간의 계약이다.[8] 예를 들어 Planet Smoothie는 매우 성공적인 프랜차이즈 시스템이다. 가맹점(Planet Smoothie, Inc.)은 개별 사업자(지역 가맹점)에 Planet Smoothie 상표 및 사업 방법을 사용할 수 있는 권리를 부여한다. 그러면 가맹점은 Planet Smoothie에 프랜차이즈 수수료와 경상로열티를 지불하고, Planet Smoothie Inc.의 기준에 따라 Planet Smoothie 레스토랑을 운영하는 데 동의한다.

프랜차이즈 시스템에는 두 가지 서로 다른 유형이 있다. 바로 제품 및 상표 프랜차이즈와 비즈니스 포맷형 프랜차이즈이다. **제품 및 상표 프랜차이즈**는 프랜차이즈 사업자가 가맹점에 제품을 팔고 상표를 사용할 수 있는 권리를 부여하는 계약이다. 이 접근 방식은 일반적으로 단일 제조업체가 다수의 딜러 또는 유통업체의 네트워크와 연결되는 것을 바탕으로 한다. 예를 들어, General Motors는 GM 자동차를 판매하고 광고 및 프로모션을 위해 GM 상표를 사용하는 딜러들의 네트워크를 구축했다. 마찬가지로 ExxonMobil은 휘발유를 유통하기 위해 가맹점주 소유의 주유소 네트워크를 구축했다. 제품 및 상표 프랜차이즈는 일반적으로 가맹점주가 상당히 자율적인 방식으로 운영하는 것을 허락한다. GM이나 ExxonMobil과 같은 모회사는 일반적으로 딜러나 주유소 점주의 일일 활동을 모니터링하는 것보다 제품의 통합성을 유지하는 데 더 관심이 있다. 제품 및 상표권 프랜차이즈 시스템의 다른 예로는 농업 기계 딜러, 탄산음료 제조업자, 맥주 유통업체 등이 있다. 제품 및 상표 가맹점은 로열티나 프랜차이즈 수수료를 받는 대신 제품을 딜러나 유통업체에 인상된 가격으로 판매해 수입의 대부분을 얻는다.

프랜차이즈의 두 번째 유형인 **비즈니스 포맷형 프랜차이즈**는 프랜차이즈의 가장 대중적인 방법이며 창업가나 벤처기업에서 일반적으로 활용하는 방식이다. 비즈니스 포맷형 프랜차이즈에서 프랜차이즈 사업자는 교육, 광고, 기타 형태의 지원과 함께 가맹점에 비즈니스를 수행하기 위한 방식을 제공한다. 표 15.1은 비즈니스 포맷형 프랜차이즈를 운영하는 상위 10개 비즈니스가 정리되어 있다. 비즈니스 포맷형 프랜차이즈는 가맹점에 비즈니스를 수행하기 위한 공식을 제공하지만, 이 유형은 매우 엄격하고 까다로울 수 있다. 예를 들어, McDonald's와 Burger King 같은 패스트푸드점은 가맹점에 감자튀김을 몇 초 동안 조리해야 하는지부터 직원이 고객을 맞이할 때 사용해

표 15.1 비즈니스 포맷형 프랜차이즈를 주로 사용하는 10개 업종

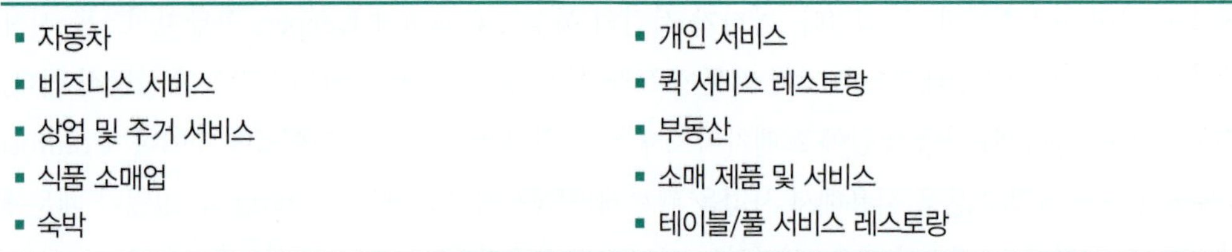

▪ 자동차	▪ 개인 서비스
▪ 비즈니스 서비스	▪ 퀵 서비스 레스토랑
▪ 상업 및 주거 서비스	▪ 부동산
▪ 식품 소매업	▪ 소매 제품 및 서비스
▪ 숙박	▪ 테이블/풀 서비스 레스토랑

출처: *The Economic Impact of Franchised Businesses*: Volume IV, 2016, PWC, 2016.

야 하는 정확한 인사말(예: "여기서 드시겠습니까, 아니면 포장하시겠습니까?")에 이르기까지 식당을 운영하는 것과 관련된 모든 상세한 부분을 가맹점에 가르쳐야 한다. 비즈니스 포맷형 프랜차이즈는 수익의 대부분을 로열티 및 프랜차이즈 수수료 형태로 가맹점주에게서 얻는다.

제품 및 상표 프랜차이즈와 비즈니스 포맷형 프랜차이즈 두 유형 모두, 프랜차이즈 사업자-가맹점 관계는 프랜차이즈 계약의 세 가지 형식 중 하나를 취한다(그림 15.1 참조). 프랜차이즈 계약의 가장 일반적인 유형은 개별 프랜차이즈 계약이다. **개별 프랜차이즈 계약**은 특정 위치에 대한

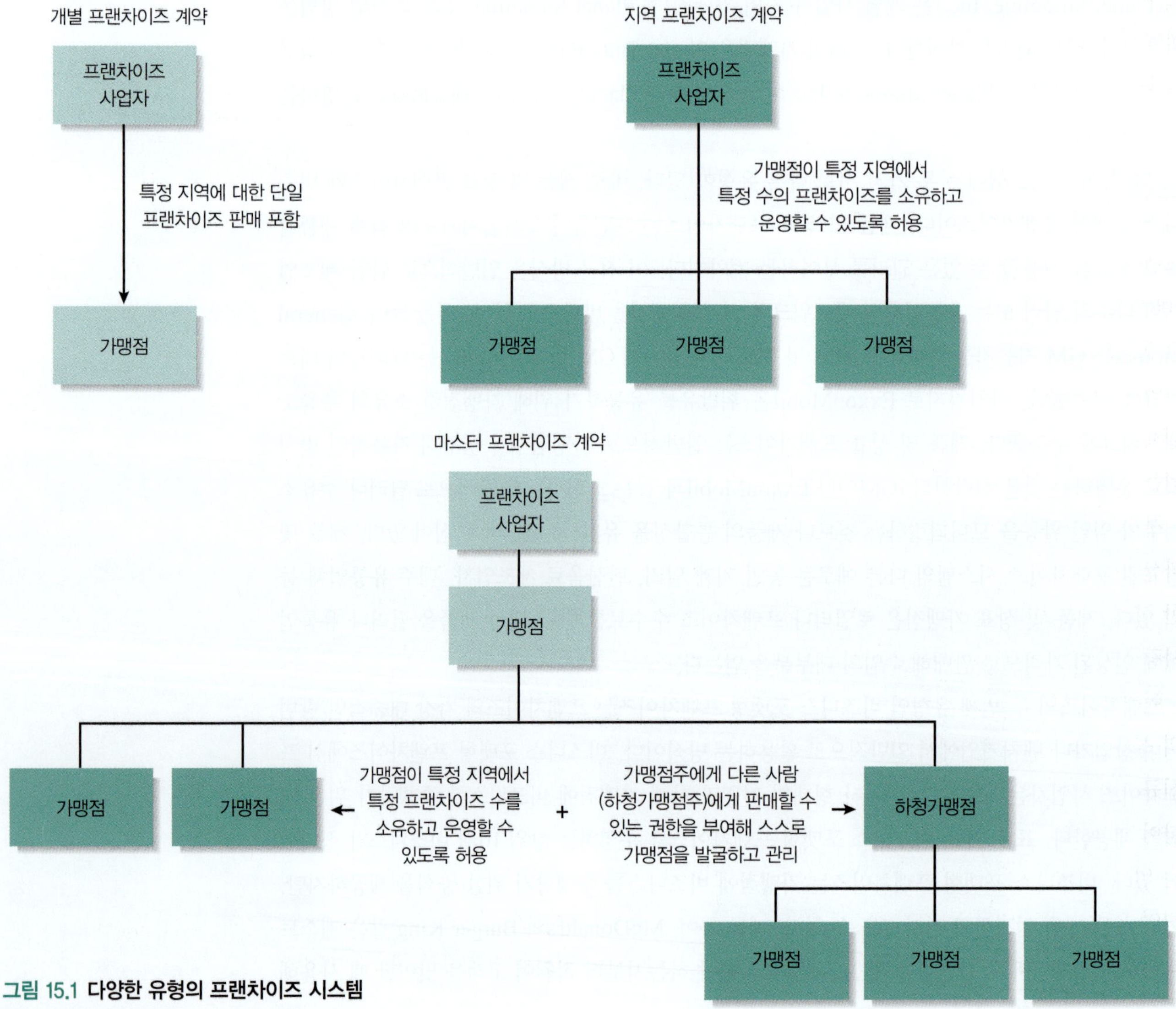

개별 프랜차이즈 계약
프랜차이즈 사업자
특정 지역에 대한 단일 프랜차이즈 판매 포함
가맹점

지역 프랜차이즈 계약
프랜차이즈 사업자
가맹점이 특정 지역에서 특정 수의 프랜차이즈를 소유하고 운영할 수 있도록 허용
가맹점 가맹점 가맹점

마스터 프랜차이즈 계약
프랜차이즈 사업자
가맹점
가맹점 가맹점
가맹점이 특정 지역에서 특정 프랜차이즈 수를 소유하고 운영할 수 있도록 허용
+
가맹점주에게 다른 사람(하청가맹점주)에게 판매할 수 있는 권한을 부여해 스스로 가맹점을 발굴하고 관리
하청가맹점
가맹점 가맹점 가맹점

그림 15.1 다양한 유형의 프랜차이즈 시스템

단일 프랜차이즈를 판매하는 것을 말한다. 예를 들어, 개인은 콜로라도주 볼더의 901 펄스트리트에서 운영할 수 있는 Play It Again Sports 프랜차이즈를 구매할 수 있다. **지역 프랜차이즈 계약**은 가맹점이 특정 지역 내에 특정 수의 매장을 소유하고 운영할 수 있다. 예를 들어, 가맹점은 사우스다코타의 수폴스 지역 내에서 5개의 Play It Again Sports 프랜차이즈를 열 수 있는 권리를 구매할 수 있다. 이것은 가맹점에 주어진 영역에 대한 독점권을 부여하기 때문에 매우 인기가 있다. 마지막으로 **마스터 프랜차이즈 계약**은 지역 프랜차이즈 계약과 유사하지만 한 가지 중요한 차이점이 있다. 마스터 프랜차이즈는 특정 지역에서 일정한 수의 지점을 열고 운영할 수 있는 권리 외에도 해당 지역의 다른 사람들에게 프랜차이즈를 제안하고 판매할 권리가 있다. 마스터 가맹점에서 프랜차이즈를 구입하는 사람을 일반적으로 **하청가맹점**이라고 부른다.

지역 프랜차이즈 또는 마스터 프랜차이즈 계약을 통해 동일한 프랜차이즈 사업자의 두 개 이상의 매장을 소유하고 운영하는 사람을 **다중유닛 가맹점**이라고 한다. 가맹점 입장에서는 다중유닛 프랜차이즈의 장단점이 모두 존재한다. 다중유닛 가맹점은 하나 이상의 단위를 소유함으로써 규모의 경제를 얻고, 매출당 관리 간접비를 줄일 수 있다. 다중유닛 가맹점의 단점은 프랜차이즈 사업자가 더 많은 위험을 감수해야 하며, 단일 가맹점에 더 많은 노력을 기울여야 한다는 것이다. 일반적으로 프랜차이즈 사업자는 다중유닛 프랜차이즈를 권장한다. 프랜차이즈 사업자는 기존 가맹점에 추가 프랜차이즈를 판매함으로써 사업을 수행하기 위해 관계를 유지해야 하는 총 가맹점 수를 늘리지 않고도 사업을 성장시킬 수 있다.

프랜차이즈 시스템 구축

학습목표 2

기업가가 프랜차이즈 시스템을 구축하기 위해 취할 수 있는 단계를 설명할 수 있다.

프랜차이즈 시스템을 구축하는 것은 매우 신중하게 접근해야 한다. 프랜차이즈는 2017년 초에 100개 이상의 국가에 3만 6,899개의 레스토랑을 보유한 McDonald's와 같은 회사에는 친숙한 프로세스인 반면, 새로운 프랜차이즈 조직에는 익숙하지 않은 과정이다. 프랜차이즈 사업은 복잡한 사업이기 때문에 창업자는 프랜차이즈 사업을 결정하기 전에 모든 측면을 면밀히 살펴봐야 한다. 실제로 프랜차이즈 사업은 가맹점을 교육하고, 지원하고, 감독하고, 육성하는 관리상 까다로운 작업을 수반하는 경우가 많다.

창업자는 또한 수년에 걸쳐 많은 사기성 프랜차이즈 조직이 나왔다가 사라졌으며 재정적으로 파산을 겪은 가맹점의 사례가 있다는 사실을 인지해야 한다. 이 때문에 프랜차이즈는 상당히 엄격한 규제를 받고 있다. 그러나 이러한 규정에도 불구하고, 프랜차이즈를 사업 기회로서 추진하는 사람들에게는 주의가 필요하다.

이러한 어려움이 있음에도 불구하고, 프랜차이즈는 성장을 위해 선호되는 방식이다. 이는 기업의 성장을 도와주고 상당한 금액의 자금 조달 문제를 완화해주기 때문에 소매 및 서비스 분야의 신규 기업에 특히 매력적이다. 그러나 많은 기업이 프랜차이즈 프로그램을 성급하게 추진하는 경향이 있으며, 충분한 시간을 들였다면 더 나은 성과를 얻을 수 있었을지 모른다는 결과를 보여주는 일화가 많다.[9] 비록 프랜차이즈가 사업을 빠르게 확장시키는 방법으로 자주 소개되지만, 효과적인 프랜차이즈 시스템은 비즈니스의 확장 형태와 마찬가지로 의식적으로 시작, 관리, 지원할 필요가 있다.[10] 의식적으로 관리되고 합리적인 방식으로 성장한 프랜차이즈 조직의 예로는 '영리한

영리한 창업기업

Wahoo's Fish Taco: 중간 정도의 성장률을 보이지만 매우 성공적인 프랜차이즈 조직

• Web: www.wahoos.com • Facebook: Wahoo's Fish Taco • Twitter: @WahoosFish

Wahoo's Fish Taco는 멕시코 음식에 브라질과 아시아의 풍미가 혼합된 프랜차이즈 기업이다. 이는 1988년에 중국계 브라질인 Eduardo Lee, Mingo Lee 형제와 Wing Lam이 캘리포니아주 코스타 메사에 설립한 '패스트 캐주얼' 레스토랑이다. 이들은 멕시코 여행 중에 만난 다양한 요리와 중국과 브라질의 전통적인 풍미를 결합시켰다. 첫 번째 Wahoo's Fish Taco 레스토랑은 형제의 서핑과 음식에 대한 사랑을 결합시키기 위해 시작되었다.

올해로 창립 30주년을 맞이한 Wahoo's는 캘리포니아, 콜로라도, 텍사스, 네바다, 네브래스카, 하와이, 펜실베이니아, 일본에 51개 지점을 보유하고 있다. 이 회사는 특별한 숯불 생선구이, 스테이크, 치킨 타코, 부리토로 유명하다. 비록 매우 성공했지만, 이 회사는 '급격하게 성장한' 프랜차이즈 시스템으로 설명할 수는 없다. 대신 창립자들은 Wahoo's Fish Taco를 비교적 느린 성장 시스템으로 만들기로 결정하고, 빠른 성장 대신에 브랜딩과 서비스 품질에 집중하고 있다. 이 철학은 Wahoo's Fish Taco가 창립부터 사업을 진행해온 방식으로 확고하게 자리 잡았다. 1988년 한 개의 레스토랑으로 시작해서 두 번째 레스토랑은 창업자들이 부채 없이 운영할 수 있을 만큼 돈을 모았을 때 추가했다. 이 패턴은 회사의 성장을 특징짓는 요소이다. 초기에는 1년에 레스토랑을 한 개씩만 추가했고, 그다음에는 두 개, 세 개를 추가하는 식으로 레스토랑을 늘려나갔다. 성공에도 불구하고 창업 이후 연평균 신규 레스토랑 수는 두 개 미만이었다. 수년 동안 이 회사는 창업자가 개인적으로 알고 신뢰하는 사람에게만 프랜차이즈를 판매했다.

최근 몇 년 동안 Wahoo's의 확장 속도가 다소 빨라졌지만 극적인 수준은 아니다. 이 브랜드는 서핑 및 기타 익스트림 스포츠에 대한 열정을 바탕으로 구축되었다. 레스토랑의 70% 이상이 캘리포니아에 있으며, 다른 주에 위치한 레스토랑은 주로 대학가나 '힙'한 커뮤니티에 있다. 해외 지점은 일본 도쿄 한 곳뿐이다.

Wahoo's Fish Taco는 대표 메뉴와 함께 두부, 반자이 채소, 현미 등 다양한 채식주의자 및 비건 옵션을 제공한다. 레스토랑은 안팎으로 매우 매력적이며 '서퍼' 느낌이 물씬 나는 편안한 환경을 제공한다. Wahoo's Fish Taco 프랜차이즈를 구매하려면 상당한 재정적 투자가 필요하다. 초기 프랜차이즈 수수료는 3만 5,000달러이다. 경상로열티는 총매출의 5%에 마케팅을 위한 추가 2%가 더해진다. Wahoo's Fish Taco 레스토랑을 구축하는 데 드는 비용은 위치, 레스토랑 규모, 조경, 지역 조례에 따라 425,000~715,000달러까지 다양하다.

비판적 사고를 위한 문제

1. Wahoo's Fish Taco의 가맹점 확장에 대한 느린 성장 철학의 장점과 단점은 무엇인가?
2. 시간을 내서 Wahoo's Fish Taco의 웹사이트를 살펴보고, 특히 메뉴와 매장 레이아웃을 중점적으로 살펴보라. 현재 잘되고 있는 레스토랑 유형과 오늘날의 음식 선호도에 비추어볼 때, 이 비즈니스가 현재 트렌드를 활용하기에 좋은 위치에 있다고 생각하는가, 아니면 좋지 않은 위치에 있다고 생각하는가? 답을 설명하라.
3. Wahoo's Fish Taco가 사업 확장에 있어 어느 정도 보수적이었다고 생각하는가?
4. 유사한 프랜차이즈 조직과 비교해서 Wahoo's Fish Taco 가맹점이 되는 데 드는 비용을 조사하라. Wahoo's Fish Taco를 인수하고 소유하는 데 드는 비용은 가장 가까운 경쟁업체와 비교했을 때 높은 편인가, 중간 정도인가, 낮은 편인가? 당신의 답변이 Wahoo's의 성장 속도에 어느 정도 영향을 미쳤다고 생각하는가?

출처: Wahoo's Fish Taco's website, www.wahoos.com (accessed April 3, 2017); Wikipedia, Wahoo's Fish Taco, www.wikipedia.org (accessed April 3, 2017).

창업기업'에서 소개하고 있는 Wahoo's Fish Taco가 있다.

이제 창업가가 프랜차이즈가 사업을 성장시키기 위한 적절한 방법인지 결정하려고 할 때 고려해야 할 이슈들에 대해 더 자세히 살펴보자.

프랜차이즈의 시기

오프라인 소매업체는 두 가지 상황에서 성장한다. 첫 번째는 신규 레스토랑이든 피트니스 센터든 기업의 제품이나 서비스의 매력이 잘 알려져 있을 때이다. 두 번째는 기업이 제품이나 서비스에 대한 수요를 충족시키는 데 필요한 매장을 오픈할 수 있는 재정적 능력이 있는 경우이다.

오프라인 매장을 성장시키기 위해 회사가 선택할 수 있는 두 가지 옵션이 있다. 회사 소유 매장을 짓는 것은 이러한 옵션 중 하나이다. 그러나 이 선택은 회사에 확장을 위한 자금을 조달해야 하는 과제를 안겨준다. 제10장에서 논의한 바와 같이 이 옵션은 전형적으로 채무, 투자 자본, 수입 등을 통해 추진되며, 따라서 스타트업이 달성하기 쉽지 않다.

프랜차이즈는 기업이 이용할 수 있는 두 번째 성장 대안이다. 특히 프랜차이즈는 확장에 필요한 자금 대부분이 가맹점으로부터 나오기 때문에 신생기업에 특히 매력적이다. 프랜차이즈는 기업이 강력하거나 잠재적으로 강력한 상표, 잘 설계된 비즈니스 모델, 성장에 대한 열망을 가지고 있을 때 적당하다. 프랜차이즈 시스템은 가맹점의 브랜드가 고객에게 가치를 창출하지 못하거나, 비즈니스 모델에 결함이 있거나, 제대로 개발되지 않으면 결국 실패할 것이다.

어떤 경우에는 프랜차이즈가 적합하지 않을 수 있다. 예를 들어 프랜차이즈 사업은 Burger King에는 효과가 있지만 Walmart에는 효과가 없다. Burger King은 수많은 프랜차이즈 매장을 보유하고 있지만, 각 매장은 상대적으로 작고 제한된 메뉴를 가지고 있으며, 거의 모든 우발 상황에 대처할 수 있는 정책과 프로세스가 작성되어 있다. 대조적으로 Walmart는 강력한 상표권과 수천 개의 매장을 가지고 있다는 점에서 Burger King과 유사하지만, Walmart의 상점은 훨씬 크고 건설하는 데 비용이 더 들어가며, Burger King을 운영하는 것에 비해 더 복잡하다. Walmart가 매장을 열고 성공적으로 운영하는 데 필요한 자본과 적절한 수의 전문성을 지니고 자격을 갖춘 사람을 찾는 것은 거의 불가능하다.

비즈니스를 프랜차이즈하는 단계

창업자로서 당신이 프랜차이즈를 벤처 성장의 수단으로 사용하기로 결정했다고 가정해보겠다. 프랜차이즈 시스템을 개발하려면 어떤 조치를 취해야 하는가? 그림 15.2에서 볼 수 있듯이 창업가로서 프랜차이즈 시스템을 성공적으로 구축하려면 9단계를 거쳐야 한다.

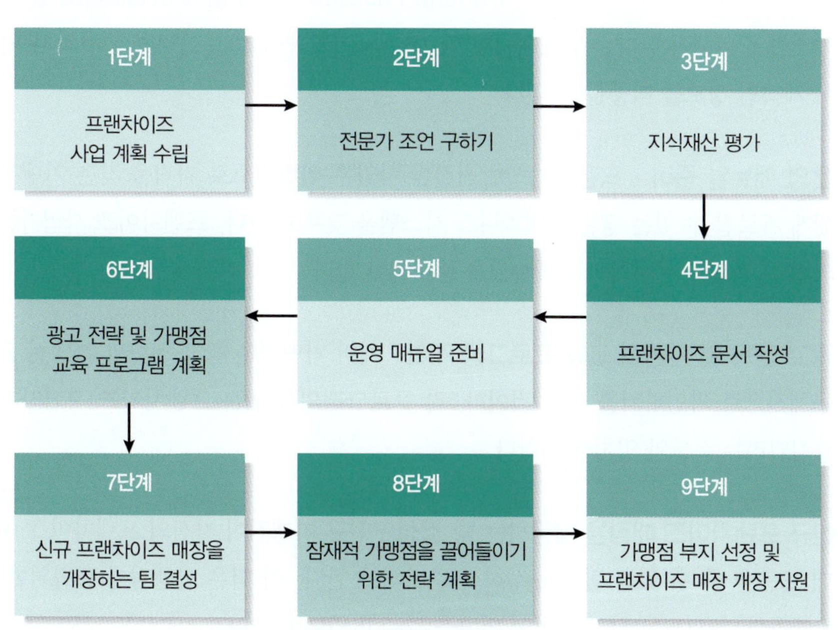

그림 15.2 프랜차이즈 시스템 구축의 아홉 가지 단계

1단계: 프랜차이즈 사업 계획 수립 프랜차이즈 사업 계획은 제6장에서 논의한 일반적인 사업 계획서의 형식을 따라야 하며, 사업을 프랜차이즈화하려는 이유를 논리적으로 설명해야 하고, 사업을 전개하기 위한 청사진 역할을 해야 한다. 특히 제안된 프랜차이즈 지점의 위치에 대해 특별한 주의를 기울여야 한다. 예를 들어 Baskin-Robbins 프랜차이즈가 중산층 이상이 살고 있는 지역에 있는 쇼핑몰 내 푸드코트에서 성공했다고 해서 이것이 중산층 지역의 덜 번화한 곳에서 성공한다는 것을 의미하지는 않는다.

2단계: 전문가 조언 구하기 더 진행하기 전에 잠재적인 프랜차이즈 사업자는 자격을 갖춘 프랜차이즈 변호사, 컨설턴트, 회계사로부터 조언을 구해야 한다. 만약 사업을 현실적으로 프랜차이즈로 전환할 수 없는 경우라면, 전문가는 프랜차이즈 사업자에게 조언을 통해 프로세스를 중단하도록 당부함으로써 많은 시간과 비용을 절약하고 좌절감을 줄일 수 있다. 만약 그 사업이 프랜차이즈로 전환할 수 있다면, 전체 프로세스를 총괄하는 것을 돕는 전문가의 조언을 받는 것을 추천한다.

3단계: 지식재산 평가 제12장에서 논의한 바와 같이, 이 단계는 기업이 소유한 지식재산을 확인하고, 이것이 적절하게 등록되어 있고 보호받고 있는지 확인하는 것이 필요하다. 운영 매뉴얼, 교육용 비디오, 광고 브로슈어 등 모든 문서, 오디오, 비디오의 원자료는 저작권 보호를 받아야 한다. 만약 기업이 고유한 비즈니스 모델을 가지고 있는 경우에는 해당 비즈니스 방법에 대한 특허를 취득하는 것도 고려해야 한다. 이러한 보호 조치는 기업이 프랜차이즈 사업을 시작하면 상표, 비즈니스 모델, 고유한 비즈니스 방법 등이 전파되어 고객과 경쟁업체에 더 많이 노출되기 때문에 매우 중요하다. 또한 프랜차이즈 사업자는 자신의 상표가 다른 회사의 상표를 침해하지 않는지 확인해야 한다.

4단계: 프랜차이즈 문서 작성 이 장의 뒷부분에서 프랜차이즈 사업을 시작하기 위해 필요한 문서에 대해 설명한다. 여기에서는 프랜차이즈 평가 과정의 시작 단계에서 예비 프랜차이즈 사업자가 프랜차이즈 공개 문서(공식적으로는 Uniform Franchise Offering Circular라고 함)와 프랜차이즈 협약서를 준비해야 한다는 점에 주목한다. 프랜차이즈 변호사는 이러한 문서의 내용 및 형식에 대한 구체적인 정보를 제공할 수 있다.

5단계: 운영 매뉴얼 준비 프랜차이즈에 적절한 사업은 일반적으로 자격을 갖춘 가맹점에 상대적으로 쉽게 가르칠 수 있는 정돈된 비즈니스 시스템을 갖추고 있다. 프랜차이즈 사업자는 비즈니스 모델의 모든 측면을 문서화하는 매뉴얼을 준비해야 한다.

6단계: 광고 전략 및 가맹점 교육 프로그램 계획 예비 가맹점은 광고 전략과 가맹점 교육 프로그램을 구체적으로 확인하기를 원할 것이다. 각 프로그램의 범위는 프랜차이즈 사업자가 비즈니스를 성장시키려는 속도와 일치해야 한다.

7단계: 신규 프랜차이즈 매장을 개장하는 팀 결성 신규 가맹점이 자신의 프랜차이즈 매장을 개장하는 데 도움을 줄 수 있는 팀을 구성하고 준비해야 한다. 이 팀은 가맹점에 광범위한 훈련 및 가이드를 제공할 수 있도록 잘 훈련받고 역량을 갖추고 있어야 한다.

8단계: 잠재적 가맹점을 끌어들이기 위한 전략 계획 프랜차이즈 사업자가 잠재적 가맹점을 모집하고 유치하기 위해 사용할 수 있는 많은 채널이 있다. 프랜차이즈 박람회, 신문 광고, 프랜차이즈 간행물, 소셜 미디어 플랫폼, 인터넷 광고가 이러한 채널의 예이다.

9단계: 가맹점 부지 선정 및 프랜차이즈 매장 개장 지원 위치는 대부분의 소규모 사업에서 매우 중요하므로 프랜차이즈 사업자는 프랜차이즈 매장의 부지 선택에 깊숙이 관여해야 한다. 또한 프랜차이즈 사업자는 가맹점의 매장 개장 행사를 지원해야 한다.

그림 15.2에 나와 있는 구체적인 단계 외에도, 프랜차이즈 사업자는 가맹점과의 관계의 질이 프랜차이즈 시스템의 궁극적인 성공을 정의한다는 점을 기억하는 것이 중요하다. 프랜차이즈 사업자는 모든 약속을 지키고 모범적인 명성을 쌓는 것이 유리하다. 이것은 프랜차이즈 사업자가 가맹점에 지속적으로 이행해야 할 약속이다.

효과적인 가맹점 선정 및 개발

효과적인 가맹점을 선택하고 개발하는 프랜차이즈 사업자의 능력은 프랜차이즈 시스템의 성공에 큰 영향을 끼친다. 대부분의 시스템에서 이상적인 가맹점은 견고한 아이디어와 제안을 가지고 있지만 프랜차이즈 시스템의 규칙 안에서 일하려는 사람이다. 대담하고 공격적인 성향을 지닌 창업자는 보통 좋은 가맹점이 되지 못한다. 가맹점은 성공적인 프랜차이즈 시스템의 맥락 안에서 적절히 맞출 수 있는 팀 플레이어여야 한다.

일단 가맹점이 선정되면, 프랜차이즈 사업자는 가맹점의 잠재력을 개발하기 위해 노력하는 것이 중요하다. 표 15.2는 프랜차이즈 사업자가 예비 가맹점에서 찾아야 할 특성들과 가맹점의 잠재력을 개발하기 위해 취해야 하는 조치를 나열한 것이다.

표 15.2 효과적인 가맹점 선정 및 개발

예비 가맹점에서 찾아야 할 특성

- 올바른 직업 윤리
- 지시에 따라 행동할 수 있는 능력
- 최소한의 감독으로 운영할 수 있는 능력
- 팀 중심적인 태도
- 프랜차이즈가 경쟁하는 산업에서의 경험
- 충분한 재정 자원 및 좋은 신용 기록
- 제안을 할 수 있는 능력, 만약 제안이 받아들여지지 않더라도 대립하거나 화를 내지 않고 제안하는 능력
- 프랜차이즈 사업자를 긍정적으로 대표할 수 있는 능력

가맹점이 프랜차이즈의 잠재력을 개발할 수 있는 방법

- 일상적인 교육을 뛰어넘는 멘토링 제공
- 운영 매뉴얼을 최신 상태로 유지
- 제품, 서비스, 비즈니스 시스템을 최신 상태로 유지
- 가맹점으로부터 의견을 수렴해 더 큰 시스템에서 가맹점의 중요성을 강화
- 가맹점주들이 프랜차이즈 협회를 발전시킬 수 있도록 장려
- 프랜차이즈 시스템의 청렴성 유지

프랜차이즈 시스템 구축의 장단점

학습목표 3

프랜차이즈 시스템 구축의 장단점을 숙지할 수 있다.

프랜차이즈는 두 가지 주요 장점이 있다. 첫째, 조직의 초장기에는 일반적으로 자본이 부족하며, 브랜드 인지도와 규모의 경제를 달성하려면 빠른 성장이 필요하다. 프랜차이즈는 대부분의 가맹점이 대부분의 자본을 제공하기 때문에 벤처가 빠르게 성장하는 데 도움이 된다.[11] 예를 들어 Comfort Keepers가 프랜차이즈가 아닌 회사 소유의 직영점을 통해 성장했다면 오늘날의 700개가 넘는 매장이 아닌 소수의 매장만 보유했을 것이다. 많은 프랜차이즈 사업자가 자사 소유 매장을 통해 성장하고 싶었지만 자사의 성장을 위해 필요한 자본 이슈 때문에 프랜차이즈를 선택하게 되었다고 인정한다. 이것은 Hardee's의 임원이 이 패스트푸드 체인의 성장에 대해 다음과 같이 기술한 것에서 확인할 수 있다.

> Hardee's는 단 한 곳도 프랜차이즈를 주는 것을 선호하지 않았다. 우리는 직영점을 선호했다. 그러나 막대한 자본 투자가 필요했기 때문에 특정한 정도까지만 회사 소유의 사업장을 확장할 수 있었다. 거기서 우리는 멈춰야 했다. 각 운영은 10만 달러를 초과하는 투자가 필요하기 때문에, 결국 프랜차이즈 사업에 뛰어들었다.[12]

둘째, **에이전시 이론**(agency theory)이라는 개념은 레스토랑 체인과 같이 여러 단위로 구성된 조직의 경우 직영점을 운영하는 관리자보다 가맹점으로 운영하는 것이 그 조직에 더 효과적이라고 주장한다. 이 이론에 따르면 관리자는 일반적으로 급여를 받기 때문에 사실상 개별 지점의 성공에 대해 가맹점처럼 헌신적이지 않을 수 있으며, 가맹점은 사실상 자신이 관리하는 지점의 소유자이기 때문에 더욱 헌신적일 것이라는 것이다.[13]

프랜차이즈의 주요 단점은 조직이 다른 사람들에게 자사의 상표 및 비즈니스 모델로 이익을 얻는 것을 허용한다는 것이다. 예를 들어, Comfort Keepers는 프랜차이즈를 판매할 때마다 초기 프랜차이즈 수수료 4만 5,000달러와 총매출의 5%에 해당하는 경상로열티를 받는다. 그러나 Comfort Keepers가 같은 위치에서 자체적으로 서비스를 제공했다면 그 장소에서 얻는 총매출과 순이익의 100%를 얻게 된다. 이것이 프랜차이즈에 완벽하게 적합한 일부 조직이 프랜차이즈가 아닌 직영점을 통해 성장하는 주된 이유이다. Olive Garden, Bahama Breeze, LongHorn Steakhouse, The Capital Grille, Seasons 52, Eddie V's, Yard House의 모회사인 Darden Restaurants Inc.가 좋은 예이다. 이 회사는 1,500개 이상의 지점을 운영하며, 15만 명 이상의 직원을 고용하고, 연간 3억 2,000만 회 이상의 식사를 제공하며, 68억 달러 이상의 매출 수익을 창출한다.[14] Darden의 모든 지점은 회사의 직영점이다. Starbucks도 프랜차이즈에 적합한 회사 중 하나이지만 프랜차이즈 매장은 소수이다. 표 15.3에서 사업 확장의 수단으로서 프랜차이즈의 장점과 단점을 보다 자세하게 제시하고 있다.

기업의 성장 수단으로 프랜차이즈 사업을 고려하기로 결정했을 때, 기업과 기업의 제품 또는 서비스가 몇 가지 기준을 충족하는지 확인해야 한다. 이러한 기준을 충족하지 못하는 사업은 효과적인 프랜차이즈 시스템을 만들지 못할 가능성이 높다. 프랜차이즈를 결정하기 전에 기업은 다음을 고려해야 한다.

- **제품 또는 서비스의 차별성:** 기업의 제품 또는 서비스는 고객에게 가치를 창출하는 몇 가지 차원에서 독특해야 한다. 독특한 제품이나 서비스를 제공하는 기업은 전형적으로 큰 성장 잠

표 15.3 비즈니스 확장 방법으로서 프랜차이즈의 장단점

장점	단점
신속하고 저렴한 비용으로 시장 확장: 가맹점주가 확장 비용의 대부분을 부담하기 때문에 프랜차이즈 본사는 사업 규모를 상당히 빠르게 확장할 수 있다. **프랜차이즈 수수료 및 로열티 수입:** 가맹점 수수료 징수를 통해 프랜차이즈 사업주는 제품/서비스, 비즈니스 모델의 독점적 성격에 대한 수익을 상당히 빠르게 회수할 수 있다. 또한 프랜차이즈 사업주는 상당한 위험 부담 없이 가맹점으로부터 경상로열티를 받을 수 있다. **가맹점주 동기 부여:** 가맹점주는 개인 자본을 위험에 빠뜨리기 때문에 가맹점을 성공적으로 운영하려는 동기가 높다. 반면, 회사 소유 매장의 관리자는 일반적으로 자신의 자본을 위험에 빠뜨리지 않는다. 따라서 이러한 관리자는 가맹점주만큼 열심히 일하지 않거나 비용 절감에 주의를 기울이지 않을 수 있다. **아이디어와 제안에 대한 접근성:** 가맹점주는 지적 자본의 원천이며 종종 프랜차이즈 사업주에게 제안을 하기도 한다. 이러한 아이디어를 비즈니스 모델에 통합함으로써 프랜차이즈는 사실상 개별 가맹점주의 아이디어와 제안을 활용할 수 있다. **비용 절감:** 가맹점은 지역 및 전국 광고 비용과 같은 프랜차이즈 사업주의 많은 비용을 공유한다. **구매력 증가:** 가맹점은 사업 규모를 확대해서 제품 및 서비스 구매 시 더 많은 수량을 구매할 수 있는 구매력을 프랜차이즈 사업주에게 제공한다.	**이익 공유:** 회사 소유의 매장을 운영하는 대신 프랜차이즈를 판매함으로써, 프랜차이즈 사업주는 독점 제품 및 서비스에서 발생하는 수익을 가맹점과 공유한다. 예를 들어, 대부분의 Starbucks 매장은 회사 소유 매장으로, 스타벅스가 거의 모든 수익을 보유한다. **통제력 상실:** 일반적으로 회사가 직원을 통제하는 것보다 프랜차이즈 사업주가 가맹점을 통제하는 것이 더 어렵다. 프랜차이즈 시스템에 적용되는 규칙이 있음에도 불구하고 가맹점은 여전히 자신을 독립적인 사업가로 간주하는 경우가 많다. **가맹점과의 마찰:** 프랜차이즈 사업자의 일반적인 불만은 프랜차이즈 사업자와 가맹점주 사이에서 종종 발생하는 마찰을 처리하는 것이다. 수수료 지불, 운영 시간, 프랜차이즈 계약의 주의사항, 불시 점검 등의 문제로 마찰이 발생할 수 있다. **성장 관리:** 성장하는 산업에 속해 있고 강력한 상표를 보유한 프랜차이즈 사업주는 빠르게 성장하는 경우가 많다. 이것이 장점처럼 보일 수 있지만, 빠른 성장은 관리하기 어려울 수 있다. 프랜차이즈 사업주는 각 가맹점에 부지 선정 및 직원 교육과 같은 다양한 서비스를 제공한다. 프랜차이즈 시스템이 빠르게 성장하는 경우, 프랜차이즈 사업주는 늘어나는 가맹점을 적절히 지원하기 위해 지속적으로 인력을 충원해야 한다. **필요한 비즈니스 스킬의 차이:** 프랜차이즈 사업자가 원래 사업에서 성공할 수 있었던 비즈니스 스킬은 일반적으로 프랜차이즈 시스템을 관리하는 데 필요한 스킬과 동일하지 않다. 예를 들어, Sam Jones는 해산물 레스토랑을 매우 효과적으로 운영할 수 있는 소유주/관리자일 수 있다. 하지만 그가 해산물 레스토랑 콘셉트를 프랜차이즈화하기로 결정했다고 해서 반드시 프랜차이즈 시스템의 효과적인 관리자가 될 수 있는 것은 아니다. **법률 비용:** 많은 주에는 프랜차이즈와 관련된 특정 법률이 있다. 따라서 프랜차이즈 사업주가 여러 주에서 프랜차이즈를 판매하는 경우, 각 주의 법률을 올바르게 해석하고 준수하기 위해 많은 법률 비용이 발생할 수 있다. 안타깝게도 프랜차이즈 사업주 입장에서 가장 엄격한 법률 중 일부는 인구가 가장 많은 주에 있다.

재력을 가지고 있다.

- **기업의 지속적 수익성:** 기업은 지속적으로 수익성이 있어야 하며, 사업의 미래 수익성도 상당히 쉽게 예측할 수 있어야 한다. 프랜차이즈 시스템을 개발할 때, 회사는 비즈니스 아이디어의 실행 가능성을 테스트하고 보장하기 위해 여러 시범 매장을 운영해봐야 한다. 가맹점은 적어도 어느 정도는 '검증된' 사업 방식(비즈니스 모델의 형태)을 구매해야 한다는 점을 기억하라. 가맹점들의 시행착오를 통해 운영 방법을 배우는 프랜차이즈 사업자들(특히 프랜차이즈 가맹점 시각에서)은 보통 조기에 비즈니스를 프랜차이즈화한다.
- **연중 지속되는 수익성:** 기업은 특정 시즌 동안이 아닌 연중 내내 수익성을 지니고 있어야 한다. 예를 들어, 노스다코타의 잔디 및 정원 관리 프랜차이즈는 비성수기에도 판매할 수 있는 보완 제품 및 서비스를 가맹점에 제공할 수 있는 구조여야 한다. 그렇지 않으면 프랜차이즈를 소유하는 것이 매력적인 비즈니스 형태가 아닐 수 있다. 이 문제는 겨울철에 매출이 크게 감소하는 북부 주의 일부 아이스크림 및 스무디 프랜차이즈에서 심각한 문제이다.
- **기업의 비즈니스 시스템 개선 정도:** 비즈니스를 운영하는 시스템과 절차는 잘 다듬어져 있어야 하며, 이러한 절차들은 문서화해야 한다. 이 시스템과 절차는 또한 자격을 갖춘 후보자에

게 가르치기 매우 쉬워야 한다.

- **사업 제안의 명확성:** 사업 제안은 예비 가맹점주가 자신이 하고 있는 사업 제안을 완전히 이해할 수 있도록 명확해야 한다. 프랜차이즈 사업자와 가맹점주 사이의 관계는 완전히 열려 있어야 하며, 그들 사이의 의사소통은 솔직해야 한다.

기업이 이러한 기준을 충족한다고 판단한 후, 창업가는 한발 물러서서 사업 확장을 위한 모든 대안을 검토해야 한다. 어떤 사업 확장 형태도 모든 상황에서 최선의 선택이 아니다. 어떤 창업벤처에 가장 적합한 확장 형태는 벤처가 목표에 도달할 가능성을 높여주는 형태이다

많은 기업이 프랜차이즈 모델을 통해 국제적으로 확장하며, 이는 프랜차이즈 사업자와 가맹점에 이점을 제공한다. '무엇이 잘못됐는가?'에서는 아랍에미리트에서 가장 빠른 팔라펠 체인인 JF Street Food의 사례를 소개한다. JF Street Food는 빠른 성장을 경험했지만 성장 모델에서 어려움을 겪은 후 확장을 중단해야 했다.

프랜차이즈 구매

학습목표 4

프랜차이즈 구매 결정과 관련된 조치 및 문제를 설명할 수 있다.

이제 가맹점주 입장에서 프랜차이즈 사업을 살펴보겠다. 프랜차이즈를 구매하는 것은 상당한 금전적 부담이 수반되는 중요한 비즈니스 결정이다. 잠재적인 가맹점주는 프랜차이즈를 구입하기 전에 가능한 한 많은 정보를 얻기 위해 노력해야 하며, 프랜차이즈 관계를 법적으로나 재정적으로 청산하기 어려운 경우가 많다는 사실을 잘 인지하고 있어야 한다. 실제로 개별 프랜차이즈 기회는 꼼꼼하게 조사해야 한다. 잠재적인 프랜차이즈 기회에 대해 면밀한 조사하는 것은 프랜차이즈 사업자와의 만남, 프랜차이즈 공개 문서 주의 깊게 읽기, 법적 및 재정적 상담 요청, 해당 시스템을 탈퇴한 전 가맹점주와의 대화 등의 활동이 포함된다. 특히 패스트푸드 및 자동차 수리와 같이 프랜차이즈가 많은 산업에서는 예비 가맹점주가 20개 이상의 프랜차이즈 사업자 중에서 하나를 선택할 수도 있다. 가맹점주가 자신의 개별적인 요구를 가장 잘 충족시키는 프랜차이즈 사업자를 신중하게 선택하는 데에는 시간을 투자할 가치가 있다.[15]

일부 프랜차이즈 조직은 사람들을 끌어들이기 위해 가맹점주에게 풀타임 수입 대신 파트타임 수입을 제공하도록 설계되어 있다. 예를 들어 학령기 아동에게 과학, 기술, 공학, 수학(STEM)을 가르치는 다양한 프로그램을 만든 회사인 e2 Engineers가 있다. 초기 프랜차이즈 비용은 관련 상황에 따라 36,400~59,183달러 사이이다. e2 Engineers 프랜차이즈를 소유하는 것은 하루에 8시간이 아닌 2~3시간 일하고 싶고 STEM 교육에 열정을 가진 사람에게 이상적이다.

프랜차이즈는 사업을 시작하고 싶지만 사전 사업 경험이 없는 사람에게 특히 좋은 선택일 수 있다. 정교한 비즈니스 시스템을 제공하는 것 외에도 잘 운영되는 프랜차이즈 조직은 가맹점에 교육, 기술 전문 지식, 다양한 형태의 지속적인 지원을 제공한다.

프랜차이즈가 나에게 맞는가

기업가는 기존의 비즈니스를 인수하거나 처음부터 자신의 벤처를 시작하는 대안과 프랜차이즈를 구매하는 가능성을 잘 비교해야 한다. 다음 질문에 답하는 것이 자신의 창업벤처를 시작하려는 사람들에게 프랜차이즈가 적합한지 판단하는 데 도움이 될 것이다.

무엇이 잘못됐는가?

성장 둔화: 왜 팔라펠만 JF Street Food가 되었는가

• Web: www.jfstreetfood.com • Facebook: JFStreet Food • Twitter: @jf_streetfood

팔라펠은 가장 유명한 중동 및 지중해 요리 중 하나이다. 인기 있는 길거리 음식인 이 채식 튀김볼은 일반적으로 피타 빵과 함께 팔거나 랩 샌드위치로 만든다. 팔라펠은 중동과 그 밖의 지역에서 매우 오랜 시간 동안 소규모 레스토랑과 카페테리아에서 일반적인 음식으로 판매되어 왔는데, 한 회사에서 팔라펠을 브랜드화된 패스트푸드 품목으로 만들 수 있다고 판단했다. 그래서 2007년 아랍에미리트 아부다비에 첫 번째 매장을 오픈한 Just Falafel이 탄생했다. 이 회사는 곧 세계 최대의 팔라펠 프랜차이즈로 성장하게 되었다.

Just Falafel의 창립자들에 따르면, 이 회사는 전통을 재정의하고 고정관념을 혁신해 진정한 영양가 있는 음식을 제공하면서도 브랜드 이미지를 트렌디하고 현대적으로 바꾸는 데 미션을 가지고 출범했다. 그들의 판매 포인트는 전통적인 음식을 건강하고 현대적으로 만드는 것이었다. 소유주들은 혁신적이면서도 전통적인 팔라펠 브랜드를 전 세계적으로 확장하기 위한 야심 찬 계획을 가지고 있었으므로, 멋지고 트렌디한 매장을 오픈하고 TV, 인쇄물, 광고판, 특히 소셜 미디어를 통해 전통적 광고 전략과 비전통적 광고 전략을 모두 사용했다.

Just Falafel은 아랍에미리트에서 가장 성공적인 브랜드 중 하나가 되었으며 12개국 이상에 체인을 오픈했다. 2014년까지 회사 웹사이트에는 중동을 중심으로 42개 이상의 레스토랑 목록이 있었으며, 향후 몇 년 동안 많은 레스토랑을 오픈할 계획이었다. 이 레스토랑은 바레인, 카타르 도하, 요르단 암만, 사우디 아라비아 리야드, 리비아 트리폴리, 레바논 베이루트, 인도 벵갈루루, 오스트레일리아 시드니, 캐나다 토론토, 미국 샌프란시스코, 영국 런던 등 여러 곳에 지점을 두고 있었다.

Just Falafel은 프랜차이즈 모델을 통한 야심 찬 성장과 국제적 확장을 추구했다. 이 회사는 2020년까지 18개 국가에서 1,000개의 레스토랑을 오픈할 계획이었으며, 그중 200개가 영국에서만 오픈할 예정이었다. Just Falafel은 McDonald's의 건강한 대안이 되기 위해 노력했으며, McDonald's 그룹에서 25년을 보낸 Mike Biggins를 고용해 영국 내 공격적인 확장 계획을 주도했다.

프랜차이즈 모델은 회사에 빠른 확장이라는 이점을 제공했지만 도전과 어려움이 따랐다. 회사의 빠른 성장은 예상보다 더 어려운 것으로 판명되었고, 고객 불만, 품질에 대한 집중 부족, 일부 매장의 실적 부진, 메뉴의 다양성 부족, 여러 해외 시장에서 단일 브랜드를 관리하는 데 따른 어려움 등의 문제에 직면하기 시작했다. 순탄해 보였던 성장 경로에 의문이 생겼고 전략적 결정과 목표에 대한 재평가가 필요했다.

2015년, Just Falafel은 요르단, 레바논, 런던 등 여러 지역의 지점을 폐쇄했다. 영국에 있던 4개 지점 중 마지막 지점을 폐쇄하며 해외 확장을 축소하는 과정에서 창업자는 급격한 성장 과정에서 몇 가지 실수를 저질렀다고 인정했는데, 가장 눈에 띄는 실수는 프랜차이즈에 너무 집중하고 음식에는 소홀한 것이었다. 예를 들어, 초기 조사 결과 영국에는 대규모 채식주의자 시장이 있었지만, 이것이 채식주의자 메뉴가 대부분인 Just Falafel의 매출로 이어지지는 않았다. 이는 다른 글로벌 시장에서도 마찬가지였으며, 이에 따라 회사는 메뉴에 채식주의가 아닌 메뉴를 추가하고 JF Street Food로 브랜드를 변경하게 되었다. 닭고기와 소고기 메뉴를 도입하는 것은 회사의 새로운 제품 제공과 새로운 룩앤필에 중요한 역할을 했다.

새롭게 브랜드를 바꾼 이 회사는 많은 지점을 운영하는 것에서 적은 수의 지점에 집중하는 것으로 전략적 초점을 바꾸기로 결정했다. 이러한 전략 변화는 전 세계에 걸쳐 비즈니스 모델과 브랜드에 일관성을 더하기 위한 노력의 일환으로 이루어졌다. 앞으로 JF Street Food는 새로운 메뉴, 룩앤필을 출시하기 위해 적절한 기술을 갖춘 경험이 풍부한 새 레스토랑 운영자와 협력할 것이라고 밝혔다.

비판적 사고를 위한 문제

1. 프랜차이즈 시스템의 장점을 염두에 둔 Just Falafel이 그 혜택을 충분히 누릴 수 있었다고 생각하는가? Just Falafel이 프랜차이즈 모델을 추구하면서 해외 확장이 정체된 주된 이유에 대해 토론하라. 이것을 어떻게 피할 수 있을까?
2. Just Falafel의 경험에서 식품 프랜차이즈와 가맹점주가 배울 수 있는 교훈은 무엇인가?
3. 브랜드 리브랜딩, 신메뉴 출시, 룩앤필 변경을 통한 JF Street Food의 전략 변화가 해외 진출을 본궤도에 올리는 데 도움이 될 것이라고 생각하는가? JF Street Food는 앞으로 어떻게 더 잘 성장할 수 있는가?
4. 1~10점 척도로 JF Street Food가 새롭게 조정한 느린 성장 계획을 성공적으로 달성할 가능성을 나타내 보면 어떻게 되는가? 자신의 답에 대해 설명하라.

출처: Adam Bouyamourn, "From Just Falafel to JF Street Food and a Hunger to Succeed," *The National*, January 22, 2015, https://www.thenational.ae/business/from-just-falafel-to-jf-street-food-anda-hunger-to-succeed-1.111508 (accessed December, 20, 2017); Sananda Sahoo, "JF Street Food Scales Back Expansion as London Outlets Are Closed," March 3, 2015, https://www.thenational.ae/business/jf-street-food-scales-back-expansion-as-london-outletsare-closed-1.66496 (accessed December, 20, 2017); Dominic Walsh "Just Falafel Chain Runs out of Beans," *The Times*, February 25, 2015, https://www.thetimes.co.uk/article/just-falafel-chain-runs-outof-beans-mnxgn665kx0 (accessed December 20, 2017).

HQuality/Shutterstock

이 남성은 방금 자동차 수리 프랜차이즈를 구매했다. 예비 프랜차이즈 소유자는 구매하기 전에 체계적인 프랜차이즈 시스템의 일원이 될 의향이 있는지 신중하게 판단해야 한다.

- 당신은 지시를 기꺼이 받아들일 의향이 있는가? 프랜차이즈 사업자는 일반적으로 매장 운영 방식에 대해 매우 엄격하다. 예를 들어, McDonald's와 다른 성공적인 패스트푸드 체인점은 레스토랑의 외관과 각 지점의 음식 준비 방법에 대해 매우 엄격한 규정을 가지고 있다. 프랜차이즈는 일반적으로 자신만의 아이디어를 실험하는 것을 좋아하거나 독립적인 사고를 가진 사람에게는 적합하지 않다.
- 당신은 독립적인 사업자가 아닌 프랜차이즈 '시스템'의 일부가 될 의향이 있는가? 예를 들어, 가맹점은 자신의 판매 시장이 아닌 타 지역이나 타 국가의 시장을 겨냥한 광고 비용을 충당해야 할 수도 있다. 누군가가 당신의 돈을 사용해서 '시스템' 전반에 도움이 되는 광고를 개발하는 것이 거북한가? 당신의 비즈니스 홍보 방법에 대한 창의력을 통제당하는 것에 동의하는가?
- 당신이 프랜차이즈 사업자에게 어떤 제안을 했는데 거절당했다면 어떻게 반응하겠는가? 당신의 제안은 효과가 있을 수 있지만 시스템의 모든 부분에서 잘 작동해야 적용할 수 있다는 말을 듣는다면 기분이 어떻겠는가?
- 당신은 비즈니스에서 무엇을 찾고 있는가? 당신은 얼마나 열심히 일하려고 하는가?
- 당신은 자신의 돈을 위험에 노출시키는 것에 얼마나 동의하는가? 당신의 사업이 순손실을 내면서 운영됨에도 불구하고 여전히 총매출에 대한 로열티를 지불해야 한다면 기분이 어떻겠는가?

이러한 질문 중 어느 것도 프랜차이즈가 창업자에게 매력적인 비즈니스 소유 방법이 아니라는 것을 암시하는 것은 아니다. 그러나 잠재 가맹점주가 프랜차이즈 매장을 구매하기 전에 프랜차이즈와 관련된 세세한 것을 완벽히 인지하는 것이 중요하다.

프랜차이즈 비용

프랜차이즈 사업 형식의 초기 비용은 가맹점비, 사업을 시작하는 데 필요한 자본, 프랜차이즈 사업자의 강점에 따라 다르다. 예를 들어, McDonald's와 같은 일부 프랜차이즈 사업자는 가맹점이

표 15.4 가맹점의 초기 비용에 대한 프랜차이즈 조직의 샘플

프랜차이즈 조직	프랜차이즈 시작 연도	본사 소유 지점	프랜차이즈 지점	프랜차이즈료	경상로열티	총 초기 투자금
Anytime Fitness	2002	38	3,386	$19,000~37,500	$449~549/월	$80,020~490,100
Budget Blinds	1994	0	1,087	$19,950	다양함	$99,240~202,070
Edible Arrangements	2001	8	1,245	$30,000	5%	$196,610~327,810
Hampton Inn Hotels	1984	1	2,148	$75,000	6%	$420~1,490만
Liberty Tax Service	1973	351	3,753	$40,000	14%	$58,700~71,900
Pinkberry	2006	33	242	$35,000	6%	$310,842~615,145
Play It Again Sports	1988	0	285	$25,000	5%	$240,300~397,200
Qdoba Mexican Gril	1997	359	330	$30,000	5%	$851,600~1,131,000
The UPS Store	1980	0	4,910	$29,950	5%	$159,224~434,521
Wetzel's Pretzels	1996	9	294	$35,000	7%	$164,950~405,850

출처: Based on Entrepreneur.com, www.entrepreneur.com (accessed March 31, 2017).

사용하는 토지와 건물을 소유하고 가맹점에 부동산을 임대한다. 그에 반해, 다른 기업은 프랜차이즈 매장을 운영하는 데 필요한 토지, 건물, 장비를 가맹점에서 구매하도록 요구한다. 표 15.4는 여러 프랜차이즈 조직의 총 구매 비용을 보여준다. 보다시피 총 초기 비용은 Liberty Tax Service 프랜차이즈의 저렴한 58,700달러부터 Hampton Inn Hotel 프랜차이즈의 1,490만 달러까지 다양하다.

또한 표 15.4에는 다양한 조직에서 유지하고 있는 직영점 수와 가맹점 수에 대한 분석이 나와 있다. 회사 직영점은 회사 직원이 관리 및 운영하며, 가맹점은 포함되지 않는다. 프랜차이즈 조직은 직영점과 가맹점에 대한 철학이 다르다. 이 장의 앞부분에서 언급했듯이 일부 회사(예: Budget Blinds)는 엄격하게 가맹점으로만 운영하며, 회사 소유의 직영점이 없다. Qdoba Mexican Grill과 같은 다른 회사는 가맹점과 직영점의 수가 거의 동일하다. 또한 일부 미국 기반 프랜차이즈 시스템은 국내 프랜차이즈보다 해외 프랜차이즈가 더 많다. 예를 들어 KFC는 국제 시장에 1만 567개, 미국에 4,064개의 프랜차이즈를 보유하고 있다. 실제로 KFC는 미국보다 중국에 더 많은 매장(약 5,000개)을 보유하고 있다.

프랜차이즈 비용을 평가할 때 예비 가맹점은 관련된 모든 비용을 고려해야 한다. 프랜차이즈 사업자는 법적으로 프랜차이즈 공개 문서라고 부르는 문서에 모든 비용을 공개하고, 이를 가맹점에 보내야 한다. (이 장의 후반부에서 이 문서에 대해 자세히 설명할 것이다.) 성급한 판단을 피하기 위해 가맹점은 회보를 받은 후 14일 동안 프랜차이즈를 구매하지 않을 수도 있다. 일반적으로 비즈니스 포맷형 프랜차이즈 구매와 관련된 비용은 다음과 같다.[16]

- **초기 프랜차이즈 가맹점비:** 초기 프랜차이즈 가맹점비는 표 15.4와 같이 프랜차이즈 사업자별로 상이하다. 간접비가 높은 오프라인 프랜차이즈는 더 낮은 비용(총매출의 4~5%)을 부과하는 반면, 낮은 간접비, 홈 기반(home-based), 서비스 프랜차이즈는 더 많은 비용(총매출의 8~10%)을 청구한다.
- **자본 요구 사항:** 이 비용은 프랜차이즈 사업자에 따라 다르지만 부동산 구입 비용, 건물 건축

비용, 초기 재고 구입 비용, 사업 허가 취득 비용을 포함할 수 있다. 일부 프랜차이즈 사업자는 신규 가맹점이 사업을 시작하는 데 도움을 주기 위해 '개업 지원' 수수료를 지불하도록 요구하기도 한다.

- **지속적인 로열티 지불:** 대부분의 경우 가맹점은 주별 또는 월별 총매출의 일정 비율에 따라 로열티를 지불한다. 수수료는 일반적으로 순이익이 아닌 총매출에 따라 산정하기 때문에 가맹점은 사업이 손실을 보고 있더라도 매월 로열티를 지불해야 할 수 있다. 로열티 수수료는 일반적으로 총매출의 약 5%이다.[17]
- **광고비:** 가맹점은 광고가 가맹점의 제품이나 서비스 홍보 이외의 목적을 위한 것일지라도 국가 또는 지역 광고 비용을 지불해야 하는 경우가 많다. (예를 들어, 광고는 새로운 가맹점을 유치하려는 프랜차이즈 사업자의 시도에 초점을 맞출 수 있다.) 광고비는 일반적으로 총매출의 3% 미만이다.
- **기타 비용:** 기타 비용은 추가 직원 교육, 필요시 경영 전문 지식 제공, 컴퓨터 지원 제공, 기타 여러 항목이나 지원 서비스 제공을 포함한 다양한 활동에 대해 부과된다.

엄밀히 따지자면 수수료는 아니지만, 많은 프랜차이즈 조직은 사업에 사용하는 제품을 가맹점에 판매한다. 예를 들어 레스토랑 프랜차이즈의 경우, 레스토랑 용품 등이 있을 수 있다. 이러한 제품은 마크업으로 판매하는 경우가 많으며 가맹점이 공개 시장에서 얻을 수 있는 것보다 더 비쌀 수 있다.

예비 프랜차이즈 가맹점이 고려해야 할 가장 중요한 질문은 프랜차이즈 사업자가 부과하는 수수료와 경상로열티가 프랜차이즈의 가치와 일치하는지 여부이다. 만약 그렇다면, 가격 구조는 공정하고 공평할 수 있다. 그러나 그렇지 않은 경우 예비 가맹점은 조건을 재협상하거나 다른 곳을 찾아야 한다.

프랜차이즈 찾기

예비 가맹점이 이용할 수 있는 수천 개의 프랜차이즈 기회가 있다. 프랜차이즈 기회 조사의 초기 단계에서 가장 중요한 것은 창업자가 가장 적합한 프랜차이즈 유형을 결정하는 것이다. 예를 들어 정비공이 아닌 사람이 머플러 수리 프랜차이즈 구매를 고려하는 것은 비현실적이다. 프랜차이즈 사업자는 가맹점에 거래가 아닌 비즈니스 모델의 내용을 활용하는 방법을 가르친다. 프랜차이즈를 구매하기 전에 잠재적인 가맹점주는 미래의 프랜차이즈 매장 운영을 상상해보거나, 더 좋은 방법으로 프랜차이즈 매장 중 한 곳에서 일하면서 일정 기간을 보내야 한다. 예를 들어, 인쇄소를 운영하고 싶은 사람이 일주일 동안 인쇄소에서 일한 후 자신이 그 일을 싫어한다는 것을 알게 될 수 있다. 이러한 유형의 경험은 가맹점과 프랜차이즈 사업자 모두에게 비용이 많이 드는 실수를 피하는 데 도움이 될 수 있다.

프랜차이즈 기회에 대한 정보를 제공하는 다양한 정기 간행물, 웹사이트, 협회가 있다. 《Wall Street Journal》과 《USA Today》는 정기적으로 프랜차이즈 광고를 게재한다. 프랜차이즈 기회를 모아놓은 정기 간행물에는 《Inc.》, 《Entrepreneur》, 《The Franchise Handbook》, 《Franchise Times》와 같은 프랜차이즈 전문잡지가 있다. 예비 가맹점주는 미국 주요 도시에서 정기적으로 열리는 프랜차이즈 전시회나 미국 전역의 여러 도시에서 매년 열리는 국제 프랜차이즈 엑스포

표 15.5 프랜차이즈를 구매하기 전에 질문해야 할 사항

프랜차이즈 사업자에게 물어볼 질문

- 회사의 설립 배경과 실적은 어떠한가?
- 회사의 현재 재무 상태는 어떠한가?
- 내 상권 내에 있는 기존 가맹점의 이름, 주소, 전화번호는 무엇인가?
- 가맹점주를 어떻게 교육하고 멘토링하는가?
- 어느 시점에 가맹 관계를 종료하기로 결정한 경우, 종료 절차는 어떻게 진행되는가?
- 어려움을 겪고 있는 가맹점주와 어떤 방식으로 협력하는가?

현재 가맹점주에게 물어볼 질문

- 당신의 프랜차이즈 연간 총매출은 얼마인가? 순이익은 얼마인가? 가맹점주에게 로열티를 지급하는 절차가 부담스럽지 않은가?
- 프랜차이즈 사업자가 제공한 매출, 비용, 이익에 대한 재무적 예측이 당신이 판단할 때 정확한가?
- 프랜차이즈 사업자가 사업 운영에 대해 충분한 지원을 제공하는가?
- 일주일에 평균적으로 몇 시간을 일하는가?
- 얼마나 자주 휴가를 갈 수 있는가?
- 예상치 못한 비용이나 기대치 때문에 당황한 적이 있는가?
- 프랜차이즈 사업자가 지속적인 교육과 지원을 제공하는가?
- 다시 시작해야 한다면 이 시스템에서 프랜차이즈를 구매하겠는가? 왜 또는 왜 그렇지 않은가?

에 참석하는 것도 고려해야 한다. 미국 중소기업청은 프랜차이즈 정보에 대한 또 다른 좋은 정보원이다. 또한 Twitter에 자주 글을 올리는 우수한 프랜차이즈 관련 개인 및 조직이 있다. 예를 들면 Franchise Expert(@FranchiseBiz), 국제 프랜차이즈 협회(@Franchising411), Franchise Direct USA(@TopFranchises), Franchise Update Media(@franupdatemedia)가 있다. 프랜차이즈와 관련된 위험 때문에 프랜차이즈 사업자를 선택하는 것은 신중하게 진행해야 한다. 잠재적 프랜차이즈 가맹점주가 할 수 있는 가장 현명한 조치 중 하나는 현재 프랜차이즈 가맹점주와 이야기하고 그들이 돈을 잘 벌고 있는지, 프랜차이즈 사업자에게 만족하는지 물어보는 것이다. Cruise Planner 프랜차이즈의 가맹점주 Carleen Peaper는 이 접근 방식이 프랜차이즈 구매에 어떻게 도움이 되었는지에 대해 다음과 같이 말했다.

> 나는 시간과 돈을 프랜차이즈에 투자하는 것이 정말 걱정되어서 50명의 Cruise Planner 에이전트에게 일련의 질문과 함께 정직한 피드백을 요청하는 이메일을 보냈다. 모든 사람이 응답해주었다. 그것은 쉽지 않은 일이었고, 내가 그들과 합류하고 싶다고 결정하는 데 도움이 되었다.[18]

표 15.5에는 투자하기 전에 프랜차이즈 사업자와 일부 현재 가맹점주에게 물어볼 질문 목록의 예시가 제시되어 있다. 잠재적 창업가는 이러한 질문에 대한 답변을 연구함으로써 많은 것을 배울 수 있다.

프랜차이즈 구매의 장단점

프랜차이즈를 구매하면 다른 형태의 비즈니스 소유권보다 두 가지 주요 이점이 있다. 첫째, 프랜차이즈는 기업가에게 검증되고 정제된 비즈니스 모델을 사용해 비즈니스를 소유할 수 있는 기회를 제공한다. 이 속성은 비즈니스 실패의 가능성을 줄여준다. 또한 프랜차이즈와 함께 제공되는 상표권은 종종 비즈니스에 대한 즉각적인 정당성을 제공한다.[19] 예를 들어, 새로운 Gold's Gym을 개업하는 창업자는 독립적으로 소유한 새로운 피트니스 센터를 여는 창업자보다 더 많은 고객을 유치할 수 있다. Gold's Gym의 목표 시장에 있는 많은 사람이 이미 회사에 대해 알고 있으며 긍정적인 인상을 가지고 있기 때문이다. 둘째, 개인이 프랜차이즈를 구매할 때 프랜차이즈 사업자는 일반적으로 교육, 기술 전문 지식 등을 지원한다. 예를 들어, 많은 프랜차이즈 조직은 기업 본사와 개별 프랜차이즈 매장에서 가맹점주에게 주기적으로 프랜차이즈 교육을 제공한다.

이와 관련된 비용은 프랜차이즈 구매 및 운영의 주요 단점이다. 앞서 언급했듯이 가맹점은 초기에 가맹비를 지불해야 한다. 가맹점은 또한 프랜차이즈 사업자에게 경상로열티를 지불하고 프랜차이즈 조직에 따라 다양한 자금을 지불해야 한다. 따라서 가맹점은 즉각적인(즉, 초기 가맹점비) 비용과 장기적인(즉, 지속적인 로열티 지불) 비용을 모두 부담하게 된다. 독립적인 사업을 개업하는 경우, 성공한다면 창업가는 수익의 100%를 가지고 갈 수 있다.

표 15.6에는 프랜차이즈 구매의 장단점 목록이 포함되어 있다.

표 15.6 프랜차이즈 구매의 장점과 단점

프랜차이즈의 장점	프랜차이즈의 단점
기존 시장 내에서 입증된 제품 또는 서비스: 프랜차이즈 구매의 가장 강력한 이점은 프랜차이즈가 기존 시장 내에서 입증된 제품이나 서비스를 제공한다는 것이다.	**프랜차이즈 비용:** 프랜차이즈 운영을 구매하고 설립하는 초기 비용은 표 15.4에서 보여주는 것과 같이 상당히 높을 수 있다.
인지도 있는 상표 또는 비즈니스 시스템: 인지도가 있는 상표권이 있는 프랜차이즈를 구매하는 것은 가맹점에 상당한 시장 지배력을 제공한다. 예를 들어, McDonald's 프랜차이즈 구매자는 입증된 시장 지배력을 가진 상표를 가지고 있다.	**창의성 제한:** 많은 프랜차이즈 시스템은 매우 엄격하며 개별 가맹점주가 창의성을 발휘할 기회가 거의 없다. 이는 가맹점주가 자주 언급하는 불만 중 하나이다.
프랜차이즈 사업자의 교육, 기술 전문성, 경영 경험: 프랜차이즈의 또 다른 중요한 속성은 프랜차이즈 사업자가 가맹점에 제공하는 교육, 기술에 대한 전문 지식, 경영 경험이다.	**계약 기간과 약정:** 다양한 이유로 많은 프랜차이즈 계약은 해지하기 어렵다. 게다가 사실상 모든 프랜차이즈 계약에는 비경쟁 조항이 포함되어 있다. 이러한 조항은 심각성 측면에서 다양하지만, 일반적으로 전 가맹점주가 프랜차이즈 사업자와 경쟁하지 않도록 2년 이상의 기간 동안 제한을 둔다.
확보된 마케팅 네트워크: 강력한 프랜차이즈 시스템을 구매하는 가맹점은 엄청난 구매력과 상당한 광고력, 마케팅 능력을 가진 시스템의 일원이 되는 것이다.	**사기, 오해, 프랜차이즈 사업자의 역할 수행 부족에 따른 위험:** 프랜차이즈 성공에 대한 많은 고무적인 이야기와 함께, 프랜차이즈 사업자의 약속 불이행에 실망하는 가맹점의 이야기도 많다.
프랜차이즈 사업자의 지속적인 지원: 매장을 완전히 소유하는 것보다 프랜차이즈를 구매하는 것의 가장 매력적인 이점 중 하나는 프랜차이즈 사업자가 가맹점에 교육, 제품 업데이트, 경영 지원, 광고 측면에서 지속적인 지원을 제공한다는 개념이다. 프랜차이징에서 인기 있는 슬로건은 사람들이 프랜차이즈를 구매하는 이유가 '스스로 사업을 운영하지만 혼자가 아닌 상태'라는 것이다.	**종료 또는 이전 문제:** 일부 프랜차이즈 계약은 해지 또는 이전하기가 매우 어렵고 비용이 많이 들 수 있다. 종종 가맹점주는 상당한 금전적 손해를 지불하지 않고는 프랜차이즈 계약을 해지할 수 없다.
자금 조달 가능성: 일부 프랜차이즈 사업자는 가맹점주에게 자금 조달을 제공하지만, 이러한 경우는 예외적인 사례이다. 이 정보는 프랜차이즈 공개 문서의 섹션 10에서 확인할 수 있다.	**다른 가맹점의 부진한 실적:** 프랜차이즈 시스템의 일부 가맹점이 저조한 성과를 내기 시작해 대중에게 비효율적인 인상을 남기면, 프랜차이즈의 명성에 영향을 미치게 되고 결국 동일한 시스템에서 잘 운영하고 있는 프랜차이즈의 매출에도 영향을 미칠 수 있다.
비즈니스 성장 가능성: 만약 프랜차이즈 가맹점주가 원래 위치에서 성공을 거둔다면, 종종 동일한 프랜차이즈 사업자로부터 추가 프랜차이즈를 구매할 기회가 주어진다. 많은 가맹점주에게 이러한 가능성은 성공하기 위해 노력하는 강력한 동기가 된다.	**실패 가능성:** 어떤 프랜차이즈 시스템은 단순히 목표를 달성하지 못하는 경우도 있다. 이런 일이 벌어지면 가맹점주의 재산에 부정적인 영향을 끼칠 수 있다. 실제로 프랜차이즈 시스템이 실패하면 일반적으로 그것은 가맹점주도 함께 실패하게 만든다.

프랜차이즈 구매 단계

학습목표 5

기업가가 프랜차이즈를 구매하기 위해 거치는 단계를 설명할 수 있다.

프랜차이즈 시스템 구매는 그림 15.3과 같이 7단계 프로세스로 진행된다. 프랜차이즈 구매의 첫 번째 규칙은 성급한 결정을 피하는 것이다. 다시 말하지만, 프랜차이즈를 소유하는 것은 일반적으로 비용이 많이 들고 노동 집약적이며, 프랜차이즈 구매는 신중하고 신중한 결정이어야 한다. 그러나 일단 프랜차이즈 구매 결정이 거의 내려지면, 다음 단계를 수행해야 한다. 가맹점주가 가맹 계약을 서명하기 전에 언제든지 다시 생각해보려 한다면, 관련 우려 사항이 충분히 해결될 때까지 과정을 중단해야 한다.

1단계: 프랜차이즈 사업자의 여러 매장을 방문 프랜차이즈 사업자를 만나기 전에 예비 가맹점주는 프랜차이즈의 여러 매장을 방문해 점주 및 직원과 대화해봐야 한다. 방문하는 동안 예비 가맹점주는 "이것이 내가 소유하고 운영하고 관리할만한 유형의 사업인가?"라고 계속해서 질문해야 한다.

2단계: 프랜차이즈 변호사와의 만남 예비 가맹점주는 프랜차이즈 사업자의 이익이 아닌 자신의 이익을 대변하는 변호사를 두어야 한다. 변호사는 프랜차이즈 사업자와의 만남을 위해 예비 가맹점주를 준비시키고, 계약하기 전에 모든 프랜차이즈 문서를 검토해야 한다. 만약 프랜차이즈 사업자가 예비 가맹점주의 변호사 선임을 막으려 한다면 이는 위험 신호이다.

3단계: 프랜차이즈 사업자와 만나 프랜차이즈 사업자의 레퍼런스를 확인 예비 가맹점주는 가능하다면 프랜차이즈 본사에서 프랜차이즈 사업자와 만나야 한다. 미팅을 하는 동안 가맹점주는 자신이 직접 관찰한 내용과 프랜차이즈 사업자가 말하는 내용을 직접 비교해야 한다. 추가적인 참고 자료도 확인해야 한다. 프랜차이즈 공개 문서는 좋은 참고 자료이다. 이 문서의 20번 섹션에는 지난 3년 동안 가맹 시스템을 탈퇴한 모든 가맹점의 목록과 연락처 정보가 나와 있다. 이 중 몇몇과는 연락해봐야 한다. 이는 과도한 체크인 것처럼 보일 수 있겠지만, 예비 가맹점주에게 중요한

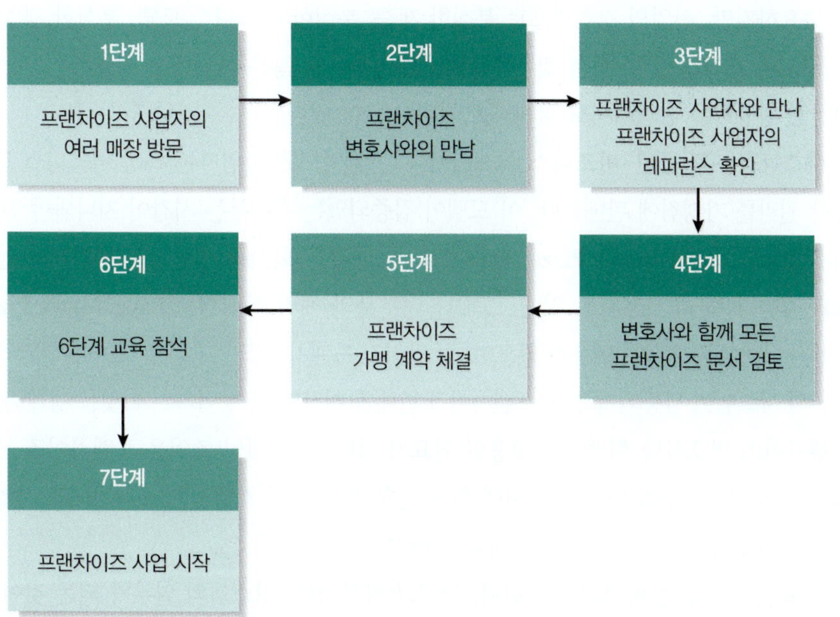

그림 15.3 프랜차이즈 구매 7단계

원칙은 프랜차이즈 사업자의 참고 자료를 확인하고 다시 확인하고 세 번 확인하는 것이다.

4단계: 변호사와 함께 모든 프랜차이즈 문서 검토 프랜차이즈 변호사는 프랜차이즈 공개 문서 및 프랜차이즈 계약서를 포함한 모든 프랜차이즈 문서를 검토해야 한다.

5단계: 프랜차이즈 가맹 계약 체결 이 시점까지 도달하면 가맹 계약을 체결할 수 있다. 프랜차이즈 계약은 프랜차이즈 사업자-가맹점과의 관계 조항이 요약된 문서이다. 이 장의 뒷부분에서 이 계약에 대해 자세히 설명한다.

6단계: 교육 참석 거의 모든 프랜차이즈 조직에서 가맹점 교육을 제공한다. 예를 들어, Comfort Keepers는 신규 가맹점이 매장을 열기 전에 회사의 교육 센터인 Comfort Keeper's Academy에서 40시간의 교육을 받도록 요구한다.

7단계: 프랜차이즈 사업 시작 많은 프랜차이즈, 특히 레스토랑의 경우 개업 후 처음 2~3주가 가장 바쁜 시기인데, 이는 잠재 고객이 '맛보기'를 하기 때문일 수 있다. 그렇기 때문에 많은 프랜차이즈 조직은 가맹점이 가능한 한 원활하게 사업을 시작할 수 있도록 숙련된 인력을 파견한다. 가맹점의 목표 중 하나는 처음부터 비즈니스에 대한 긍정적인 입소문을 만들어내는 것이다.

주의! 프랜차이즈에 대한 일반적 오해

많은 조언에도 불구하고 많은 가맹점이 프랜차이즈에 대해 잘못된 추정을 한다. 대부분이 프랜차이즈가 매력적이라는 생각이다. 프랜차이즈의 약속에 매혹되어 잠재적인 문제를 분석하는 데 충분한 시간을 투입하지 않게 된다. 다음은 가맹점이 프랜차이즈에 대해 가지는 오해의 목록이다.

- **프랜차이즈는 안전한 투자이다:** 프랜차이즈 자체가 다른 사업 소유 형태보다 안전한 투자는 아니다.
- **강력한 산업은 프랜차이즈의 성공을 보장한다:** 일반적으로 성장하는 산업에서 운영하는 것이 중요하지만, 산업의 강점만으로 부실한 제품, 부실한 비즈니스 모델, 부실한 경영, 부적절한 광고가 보상받을 수 있는 것은 아니다. 매력적이지 않은 산업에서 성공하는 기업이 있는 것처럼 성장하는 산업에서도 실패하는 기업이 많이 있다.
- **프랜차이즈는 '검증된' 비즈니스 시스템이다:** 프랜차이즈 사업자는 특정 비즈니스 모델을 사용할 권리를 가맹점에 판매한다. 이 모델이 검증되었는지 여부는 시간이 지나봐야 한다. 분명히 Subway, Papa John's Pizza, H&R Block과 같은 회사는 세련되고 시간이 지남에 따라 효과 좋은 모델을 사용하고 있다. 그러나 대부분의 예비 가맹점은 Papa John's Pizza 또는 Subway 매장을 오픈할 여유가 없으며, 덜 알려진 프랜차이즈를 고려할 것이다. 대부분 기업은 자신의 시스템이 검증되기 전에 프랜차이즈 판매를 시작한다. 창업가는 이것을 경계해야 한다.
- **프랜차이즈 변호사나 회계사를 고용할 필요가 없다:** 전문적인 조언은 프랜차이즈 구매 과정에서 예비 가맹점주를 안내하기 위해 항상 필요하다. 예비 가맹점은 프랜차이즈 사업자의 조언에만 의존해서 돈을 절약하려는 유혹에 빠져서는 안 된다.
- **가장 좋은 시스템은 빠르게 성장한다. 그리고 빠른 성장 시스템의 일부가 되는 것이 가장 좋**

다: 일부 프랜차이즈 시스템은 좋은 상표와 세련된 비즈니스 모델을 가지고 있기 때문에 빠르게 성장하는 반면, 다른 프랜차이즈 시스템은 주로 프랜차이즈를 판매하는 데 중점을 두기 때문에 빠르게 성장할 수 있다. 프랜차이즈 가맹점으로서는 견고한 상표와 비즈니스 시스템을 갖춘 곳의 일부가 되는 것이 이득일 것이다. 그러한 상표와 시스템은 더 많은 고객을 유치하게 될 것이지만, 어떤 프랜차이즈 시스템은 너무 빠르게 성장해서 가맹점에 충분한 지원을 제공할 능력을 넘어서는 경우도 있다.

- **프랜차이즈 사업자가 예상한 것보다 더 적은 비용으로 프랜차이즈 매장을 운영할 수 있다:** 프랜차이즈 매장 운영은 일반적으로 프랜차이즈 사업자가 예측한 것보다 더 많은 비용이 필요하다.
- **프랜차이즈 사업자는 좋은 사람이고, 내가 필요할 때 도와줄 것이다:** 다른 사람의 선의에 의존하는 것이 인간의 본성일 수 있지만 프랜차이즈 사업자에게 계약서에 써 있지 않은 것을 기대하지 말라.

이런 오해들은 종종 발견되기 어렵기 때문에, 일부 예비 프랜차이즈 가맹점은 프랜차이즈의 장단점을 가르쳐주는 세미나나 프랜차이즈 '부트 캠프'에 참석하기도 한다. 이런 종류의 세미나와 부트 캠프는 프랜차이즈에 관심을 가진 사람들을 위해 여러 조직에서 정기적으로 제공하고 있으며, Women in Franchising, 미국 히스패닉 상공회의소(United States Hispanic Chamber of Commerce), 국제 프랜차이징 기구(International Franchising Organization)와 같은 조직에서 주최하곤 한다.

프랜차이즈 관계의 법적 측면

학습목표 6

프랜차이즈 관계와 관련된 다양한 법적 측면을 파악하고 설명할 수 있다.

연방통상위원회(Federal Trade Commission, FTC)에 따르면 프랜차이즈는 사업 운영이 다음과 같은 경우 발생한다. 즉, ① 상표가 있는 상품 또는 서비스를 판매하는 경우, ② 비즈니스 운영에 대한 상표권자의 중요한 통제나 지원이 유지되는 경우, ③ 비즈니스를 구매한 사람이 상표권자에게 상표를 사용할 권리를 얻기 위해 로열티를 지불하는 경우이다.

프랜차이즈를 둘러싼 법률 및 규제 환경은 예비 가맹점에 특정 프랜차이즈 사업자의 특성과 관련한 정보를 가능한 한 많이 제공하는 것이 공익에 부합한다는 전제에 기반한다. 프랜차이즈의 제공과 판매는 주와 연방정부 수준에서 함께 규제한다. 프랜차이즈 관계의 법적 측면은 프랜차이즈 법률 전문 변호사가 따로 있을 정도로 독특하다.

연방 규칙 및 규정

연방법은 자동차 및 석유 산업을 제외하고 직접적으로 프랜차이즈 사업자-가맹점 관계를 다루지는 않는다. 대신 프랜차이즈 분쟁은 계약법의 문제이며, 주 수준에서 소송으로 처리된다. 1990년대에 의회가 프랜차이즈 관계를 규율하기 위한 연방 규제법 몇 가지를 제안하는 것을 고려했지만 법률로 제정된 것은 없었다.

그러나 프랜차이즈의 제공과 판매는 연방 수준에서 규제한다. 연방통상위원회(FTC)가 시행하는 프랜차이즈 규칙에 따르면, 프랜차이즈 사업자는 예비 가맹점에 프랜차이즈 사업자, 프랜차이즈 사업, 프랜차이즈 관계에 관한 정보를 제공하는 문서를 공개해야 한다. 공개는 프랜차이즈 계약이 체결되거나 가맹점이 프랜차이즈 사업자에게 돈을 지불하기 최소 14일 이전에 이루어져야 한다.[20] 대부분의 경우 공개 문서는 50개 주와 캐나다 일부에서 통용되고 있는 '프랜차이즈 공개 문서'로 불리는 상당 분량의 문서이다. **프랜차이즈 공개 문서**(Franchise Disclosure Document, FDD)에는 예비 가맹점에 해당 프랜차이즈의 배경과 재무 건정성에 대한 광범위한 정보를 제공하는 23가지 범주의 정보가 포함되어 있다. FDD에 포함된 정보를 요약한 내용이 표 15.7에 나와

표 15.7 프랜차이즈 공개 문서(FDD)에 포함된 정보 및 그 의미에 대한 설명

섹션 및 항목	설명
1. 프랜차이즈사업주, 전임자, 계열사	이 항목은 프랜차이즈 사업주의 운영 이력, 사업 제휴, 과거 소송 및 파산 경험(있는 경우)에 대한 정보를 제공한다.
2. 프랜차이즈 사업주의 비즈니스 경험	대기업에서 소송을 경험한 적이 있는 것은 드문 일이 아니다.
3. 프랜차이즈 사업주의 소송 경험 4. 프랜차이즈 사업주의 파산	그러나 불균형한 소송 비율이 현재 또는 전 가맹점과의 소송과 관련되어 있다면 위험 신호일 수 있다.
5. 초기 가맹비 6. 기타 수수료 7. 초기 투자	이 항목에는 가맹점의 초기 투자금과 함께 가맹점이 부담해야 하는 수수료가 명시되어 있으며, 그 금액이 상당히 클 수 있다. '기타 수수료' 섹션을 주의 깊게 살펴보고 예상치 못한 수수료가 발생하지 않게 해야 한다.
8. 제품 및 서비스 출처에 대한 제한	이 항목에는 가맹점의 의무와 함께 가맹점이 소모품 및 서비스를 구매할 수 있는 장소와 관련된 제한 사항이 명시되어 있다.
9. 가맹점의 의무	일부 프랜차이즈 계약서에는 가맹점주가 프랜차이즈 사업주로부터 소모품을 구매하도록 규정하고 있다.
10. 자금 조달 가능 여부 11. 프랜차이즈 사업주의 의무	이 항목에는 프랜차이즈 사업주의 의무와 이들이 가맹점주에게 제공하는 자금 지원(있는 경우)에 대한 설명이 명시되어 있다. 프랜차이즈 사업주의 의무에는 일반적으로 가맹점 개설 지원, 지속적인 교육, 광고 제공이 포함된다.
12. 지역 13. 상표 14. 특허, 저작권, 소유권	이 항목에는 가맹점주에게 부여된 지역적 권리(있는 경우)와 다른 가맹점을 허가하고 회사 소유의 매장을 개설할 수 있는 프랜차이즈 사업주의 권리가 설명되어 있다. 또한 항목 13과 14에는 프랜차이즈 사업주가 소유한 주요 상표, 특허, 저작권, 기타 독점 정보와 가맹점주가 이러한 항목을 사용할 수 있는 범위가 명시되어 있다.
15. 프랜차이즈 사업의 실제 운영에 대한 참여 의무	이 섹션에서는 프랜차이즈 운영에 직접 참여해야 하는 가맹점주의 의무에 대해 다룬다. 프랜차이즈는 일반적으로 부재중 가맹점을 원하지 않는다.
16. 가맹점이 판매할 수 있는 품목의 제한 17. 갱신, 해지, 양도, 분쟁 해결	이 섹션에서는 가맹점이 판매할 수 있는 품목과 프랜차이즈 사업주가 가맹점과의 분쟁을 해결하는 방법에 대해 다룬다. 항목 17에는 가맹점주가 프랜차이즈를 갱신, 해지 및/또는 양도할 수 있는 방식에 대한 중요한 정보도 포함되어 있다.
18. 공적 인물	이 섹션에는 광고 및 기타 수단을 통해 프랜차이즈와 제휴한 유명 인사가 나열되어 있다.
19. 수입 청구	프랜차이즈 사업주가 프랜차이즈 제안과 관련해서 수익 청구를 하는 경우, 특정 과거 및 예상 수익 정보를 제공해야 한다.
20. 매장 목록	이 섹션에는 ① 프랜차이즈 사업주가 판매한 프랜차이즈 수, ② 회사 소유 매장 수, ③ 모든 가맹점주의 이름과 모든 매장 주소 및 전화번호(특정 한도 내에서), ④ 내년에 판매할 프랜차이즈 수 추정치, ⑤ 시스템에서 탈퇴한 모든 가맹점주(지난 3년간 포함)의 목록(마지막으로 알려진 집 주소 및 전화번호 포함)이 포함되어 있다.
21. 재무제표	이 섹션에는 프랜차이즈 사업주의 지난 2년간 독립적으로 감사한 재무제표가 포함되어 있다.
22. 계약서 23. 영수증	이 마지막 두 섹션에는 프랜차이즈 사업주가 서명해야 하는 문서 사본이 포함되어 있다. 다음은 FDD에 첨부하는 일반적인 전시물이다. **첨부 파일:** 프랜차이즈 협약서(또는 계약서), 장비 리스, 건물 임대, 대출, 계약서

있다. 예비 가맹점은 프랜차이즈 계약에 서명하기 전에 FDD에 포함된 모든 정보를 완전히 이해해야 한다.

FDD는 프랜차이즈 사업자가 프랜차이즈 계약서 사본을 첨부하고 다른 계약 관련 문서를 회람에 첨부하도록 요구한다. **프랜차이즈 협약서** 또는 계약서는 프랜차이즈 판매를 체결하는 문서이다. 프랜차이즈 계약서는 다양하지만 일반적으로 각 계약서에는 구매 계약서와 프랜차이즈 또는 라이선스 계약서의 두 항목이 포함된다. 구매 계약서에는 일반적으로 가격, 프랜차이즈 사업자가 가맹점에 제공할 서비스, '프랜차이즈 패키지'가 명시되어 있다. 프랜차이즈 패키지란 가맹점에서 기대할 수 있는 모든 항목을 나타낸다. 프랜차이즈 또는 라이선스 계약서는 일반적으로 가맹점에 부여된 권리(프랜차이즈의 상표 사용권 포함), 프랜차이즈 사업자의 의무와 책임, 가맹점의 의무와 책임, 영업 제한 사항, 프랜차이즈 계약의 이전 또는 종료에 관한 권리 및 제한, 분쟁 발생 시 변호사 비용을 누가 부담하는지 등을 규정한다. 대부분의 주에서는 프랜차이즈 계약이 서면으로 이루어지도록 요구하는 사기방지법을 제정하고 있다.

연방정부는 프랜차이즈 사업자에게 FTC 등록을 요구하지 않는다. 프랜차이즈 판매 제안은 FTC가 프랜차이즈 사업자를 조사해서 FDD에 포함된 정보가 정확한지 결정했다는 것을 의미하지 않는다. 프랜차이즈 사업자는 법을 자발적으로 준수해야 할 책임이 있으며, 예비 가맹점은 프랜차이즈 기회를 분석하는 데 노력을 기울여야 하는 책임이 있다. 대부분의 프랜차이즈 사업자-가맹점 관계는 전적으로 윤리적인 방식으로 진행되지만, 프랜차이즈 사업자가 가맹점에 대한 신임 의무가 있다고 가정하는 것은 잘못된 생각이다. 이것은 만약 프랜차이즈 사업자가 가맹점에 대한 **신임 의무**가 있다면, 항상 가맹점의 최선의 이익을 위해 행동하거나 가맹점의 '편'에 서 있어야 한다는 것을 의미한다. 이 문제에 대해 경험 많은 프랜차이즈 변호사인 Robert Purvin은 다음과 같이 코멘트했다.

> 전통적인 시각에서 프랜차이즈 사업자와 가맹점의 적극적인 관계를 이야기하지만, 사실상 미국에서 결정된 모든 법원 판례는 프랜차이즈 사업자가 가맹점에 대한 신임 의무가 없다고 판결했다. 대신 미국 법원은 프랜차이즈 계약이 '무조건' 비즈니스 거래라는 프랜차이즈 사업자의 주장을 받아들였다.[21]

Purvin의 발언은 예비 가맹점이 프랜차이즈 계약을 협상할 때 프랜차이즈 사업자의 선의에만 의존해서는 안 된다는 것을 시사한다. 예비 가맹점은 프랜차이즈 법을 충분히 이해하는 변호사를 고용하고, 모든 프랜차이즈 관련 법적 문서를 면밀히 검토해야 한다.

주 규칙과 규정

FTC 공개 요구 사항 외에도 15개 주에는 예비 가맹점을 추가적으로 보호하는 프랜차이즈 투자법이 있다.[22] 15개 주는 캘리포니아, 하와이, 일리노이, 인디애나, 메릴랜드, 미시간, 미네소타, 뉴욕, 노스다코타, 오리건, 로드아일랜드, 사우스다코타, 버지니아, 워싱턴, 위스콘신이다. 프랜차이즈 투자법에서는 프랜차이즈 사업자가 예비 가맹점에 '사업 제공 안내문'으로 알려진 사전 매출 공개자료를 제공하도록 요구한다. 13개 주에서는 프랜차이즈 판매를 증권 판매와 같이 취급하는 법률을 가지고 있다. 이러한 주에서는 프랜차이즈 사업자의 FDD를 지정된 주정부 기관에 제출하고 공개 기록으로 관리할 것을 요구한다.

프랜차이즈 사업자에게 FDD를 주정부 기관에 제출하라고 요구함으로써 이러한 주들은 프랜차이즈 가맹점에 주 공개 요구 사항 위반에 대해 프랜차이즈 사업자를 고소할 수 있는 권리를 포함한 중요한 법적 보호를 제공한다(만약 프랜차이즈 가맹점이 FDD의 전체 공개가 이루어지지 않았다고 느끼는 경우). 예를 들어, 만약 어떤 사람이 앞에서 언급한 주에서 프랜차이즈를 구매하고, 6개월 후에 프랜차이즈 사업자가 FDD에서 요구하는 문제를 공개하지 않았다는 것을 발견한 경우(결과적으로 자신이 피해를 입었다고 느낀다면), 그 사람은 주 법원에 프랜차이즈 사업자를 고소해서 구제를 구할 수 있다. 가맹점에 대한 추가 보호 조치를 제공하는 15개 주 모두 해지 프로세스의 일부 측면도 규제한다. 조항은 주마다 다르지만 일반적으로 프랜차이즈 사업자가 '합당한 이유'가 있지 않는 한 프랜차이즈 계약이 만료되기 전에 프랜차이즈를 종료하는 것을 제한한다.

미국만큼 포괄적이진 않지만, 최소 24개 국가에서는 이제 어떤 형태로든 프랜차이즈를 규제하는 법률이 존재한다. 이러한 국가로는 오스트레일리아, 브라질, 루마니아, 대한민국, 스페인이 있다.[23]

프랜차이즈에 대한 부가 사항

학습목표 7

기업가가 프랜차이즈에 대해 고려해야 할 두 가지 추가적 문제, 즉 프랜차이즈 윤리와 글로벌 프랜차이즈에 대해 논의할 수 있다.

프랜차이즈 사업자-가맹점 관계와 관련된 몇 가지 부수적인 문제가 있다. 프랜차이즈 사업자와 가맹점 모두에 중요한 세 가지 주제는 프랜차이즈 윤리, 글로벌 프랜차이즈, 사업 소유와 성장의 방법으로서 프랜차이즈의 미래이다.

프랜차이즈 윤리

대부분의 프랜차이즈 사업자와 가맹점은 자신의 투자에서 공정한 수익을 얻는 것에 관심이 있는 매우 윤리적인 개인들이다. 실제로 프랜차이즈 사업자와 가맹점 간 문제의 경우, 흔히 널리 퍼져 있는 사례보다는 특정한 상황에서 발생하는 것이 일반적이다.[24] 그러나 프랜차이즈의 특성 때문에 윤리적인 남용이 발생할 가능성도 높다. 이러한 특성을 이해함으로써 프랜차이즈 사업자와 가맹점이 윤리적 실수를 피하도록 도울 수 있다. 이러한 특성은 다음과 같다.

- **벼락부자 정신:** 일부 프랜차이즈 사업자는 프랜차이즈를 빨리 부자가 될 수 있는 계획으로 보고 프랜차이즈를 그들의 제품이나 서비스를 합법적으로 배포하는 수단으로 사용하는 것보다 프랜차이즈를 판매하는 데 더 관심을 가진다. 이러한 프랜차이즈 사업자는 프랜차이즈의 잠재력을 과잉 판매하거나 가맹점에 제공할 지원을 과도하게 약속하는 경향이 있다.
- **프랜차이즈 구매가 사업의 성공을 보장한다는 잘못된 가정:** 프랜차이즈 구매는 다른 모든 사업 투자와 마찬가지로 위험을 수반한다. 이와 반대로 이야기하는 것은 일반적으로 사실을 호도하는 것이거나 비윤리적이다. 프랜차이즈 사업자는 자신이 사업 성공의 '열쇠'를 쥐고 있다는 주장을 피해야 하며 가맹점은 그러한 모든 주장을 경계해야 한다.
- **프랜차이즈 사업자와 가맹점 간의 이해 충돌:** 프랜차이즈 관계의 구조는 프랜차이즈 사업자와 가맹점 사이에 이해 충돌을 일으킬 수 있다. 예를 들어, 가맹점은 매장의 수익으로 이익을 얻는 반면, 프랜차이즈 사업자는 매출 증가로부터 이익을 얻는다(가맹점의 로열티는 일반적으로 순수익이 아닌 총매출의 일정 비율로 지급함을 상기하라). 이러한 프랜차이즈 계약의

이상적인 면모는 프랜차이즈 사업자가 전체 시스템의 수익을 늘리지만 개별 가맹점의 이익을 해칠 수 있다. 예를 들어, 프랜차이즈 사업자는 매출은 높지만 마진(또는 순이익)이 낮은 제품을 가맹점에 판매할 것을 주장할 수 있다. 마찬가지로 프랜차이즈 사업자는 각 프랜차이즈 가맹점의 순이익에 미치는 영향에 관계없이 해당 지역의 수익 잠재력을 극대화하기 위해 일정한 지역에서 여러 가맹점을 모집하기도 한다. 이러한 행동은 때때로 윤리적으로 문제가 될 수 있으며 종종 프랜차이즈 시스템에 대한 이해 충돌로 이어지기도 한다.

프랜차이즈 협회의 옹호와 법의 보호에도 불구하고, 개별 프랜차이즈 사업자와 가맹점은 그들의 관계에서 성실히 자기 역할을 수행해야 한다. '매입자 위험 부담 원칙(buyer beware)'은 프랜차이즈 사업자를 선택하는 예비 가맹점과 가맹점을 선택하는 프랜차이즈 사업자에게 좋은 모토가 된다. 프랜차이즈 관계를 맺는 것은 양 당사자 모두에게 중요한 단계이며, 그에 맞춰 처리해야 한다. 프랜차이즈 사업자-가맹점 관계를 설명하기 위해 자주 사용되는 비유는 결혼이다. 결혼과 마찬가지로 프랜차이즈 사업자-가맹점 관계는 일반적으로 긴밀하고 장기적이며 종료하기가 고통스럽다. 프랜차이즈 파트너는 각자 프랜차이즈 계약을 체결하기 전에 상대의 과거 윤리적 행동을 면밀히 살펴봐야 한다.

글로벌 프랜차이즈

미국 내에서 일부 프랜차이즈 제품 시장이 포화되어 가면서 국제적인 프랜차이즈 기회가 점점 더 흔해지고 있다.[25] 실제로 McDonald's, KFC, Century 21 Real Estate와 같은 프랜차이즈는 글로벌 시장에서 큰 성장을 경험하고 있다. 다양한 산업 분야에서의 세계화 추세는 글로벌 프랜차이즈 추세를 가속화하고 있으며, 많은 국가에서 중산층이 증가함에 따라 미국 스타일의 상품을 열망하는 많은 소비자 집단이 만들어지고 있다. 실제로 세계적으로 친숙한 프랜차이즈 시스템이 얼마나 많은지를 보여주는 사례로 뉴질랜드 타우포의 McDonald's, 중국 자금성의 Starbucks, 아프가니스탄 카불의 Pizza Hut이 있다.

세계 어디에 있든 외국에서 프랜차이즈를 구매하려는 미국 시민은 미국 회사 또는 외국 회사 중 어느 것을 선택할지 고려해야 할 수 있다. 미국 시민이 외국에서 프랜차이즈를 구매하기 전에 다음의 단계를 고려할 수 있다.

- **해외에서 가맹점 이름이 지닌 가치를 생각하라:** 세계적으로 이름을 알린 가맹점 시스템은 많지 않다. McDonald's, Coca-Cola, Starbucks, KFC 등 엄선된 몇몇 브랜드를 제외하면 미국인에게 잘 알려진 대부분의 상표는 소수의 외국 사람들에게만 알려져 있을 수 있다. 외국에서 미국 기반 프랜차이즈 구매를 고려할 때 그 국가에서 해당 상표의 가치를 신중하게 평가하라.
- **유능한 변호사와 함께 일하라:** 미국에서 예비 가맹점에 제공되는 많은 법적 보호는 외국에서는 이용할 수 없기 때문에, 외국에서 가맹점을 구입하려 할 경우 탁월한 법률 자문을 받아야 한다. 국내 프랜차이즈 구매와 관련된 모든 위험은 외국에서 프랜차이즈를 구매할 때 더욱 커진다.
- **제품 또는 서비스가 외국에서도 판매 가능한지 여부를 결정하라:** 제품 또는 서비스가 미국

인에게 바람직하다고 해서 외국 문화에서 성공을 보장하는 것은 아니다. 외국에서 프랜차이즈를 구입하기 전에 제품 또는 서비스가 외국에서도 충분한 시장을 가지고 있다고 확신할 수 있을 만큼 마케팅 조사를 충분히 수행했는지 확인하라.

- **프랜차이즈 사업자가 해외 시장에서 경험이 있는지 확인하라:** 프랜차이즈 사업자가 해외 시장에서 사업을 운영하기를 원하는지 알아보기 위해, 가맹점이 프랜차이즈 사업자의 '시범 케이스'가 되는 것은 좋은 생각이 아니다. 공격적인 확장 계획을 가지고 있지만 글로벌 경험이 거의 없는 프랜차이즈 사업자를 경계하라.
- **프랜차이즈 사업자로부터 얼마나 많은 교육과 지원을 받을 수 있는지 알아보라:** 프랜차이즈 매장이 외국에 있고 프랜차이즈 사업자가 미국에 본사를 두고 있는 경우, 기대할 수 있는 교육 및 지원의 정도를 확인해야 한다. 프랜차이즈 사업자가 당신의 국가에서 지역 대표자를 가지고 있는가? 그렇지 않다면 프랜차이즈 사업자와 통화하고 싶을 때마다 국제 전화를 걸어야 하는가? 당신의 프랜차이즈 사업자가 당신에게 훈련과 지원을 제공하기 위해 기꺼이 외국으로 올 수 있는가? 프랜차이즈 교육 담당 직원의 해외 출장 비용은 누가 지불하는가? 외국에서 광고를 담당하는 사람은 프랜차이즈 사업자인가, 가맹점인가?
- **환율 제약을 확인하라:** 해당 국가에서 자국 통화를 미국 달러로 환전할 때 적용되는 제약 사항을 평가한다.

여기에서 언급한 잠재적 문제 중 일부를 피하기 위해 미국 프랜차이즈 사업자는 일반적으로 다음과 같은 방법을 통해 글로벌 진출을 체계화한다.

- **직접 프랜차이즈 계약:** 직접 프랜차이즈 계약의 경우, 미국의 프랜차이즈 사업자는 개인 또는 회사(개발자)에 한 국가 또는 영토 내에서 여러 프랜차이즈 사업을 개발할 수 있는 권리를 부여한다. 예를 들어 Play It Again Sports가 스페인에서 처음으로 프랜차이즈를 판매하기로 결정한 경우, Play It Again Sports는 스페인의 한 회사에 여러 Play It Again Sports 프랜차이즈를 개발할 권리를 부여할 수 있다.
- **마스터 프랜차이즈 계약:** 마스터 프랜차이즈 계약의 경우, 미국 기업은 개인 또는 회사(마스터 프랜차이즈 가맹점)에 한 나라나 영토 내에서 하나 이상의 프랜차이즈 사업을 개발하고, 다른 사람에게도 한 나라나 영토 내에서 하나 이상의 프랜차이즈 사업을 개발할 수 있는 권리를 부여한다.
- **기타 계약:** 해외 시장으로 확장하는 프랜차이즈 사업자는 다양한 형태로 조합된 계약을 사용하기도 한다. 합작투자 계약, 직접 판매 계약, 직접 프랜차이즈 계약 등이 그 예이다.

프랜차이즈의 미래

프랜차이즈의 미래는 밝아 보인다. 프랜차이즈는 미국 비즈니스의 소매 및 서비스 부문에서 크고 성장하는 부문을 대표하며, 경우에 따라 전통적인 사업 소유 형태를 대체하고 있다. 더 많은 대학 졸업자가 프랜차이즈가 많은 산업에서 직업을 선택하고 있다. 또한 프랜차이즈는 노인들 사이에서도 더욱 인기를 얻고 있다. 동시에 '노인 돌봄'에 중점을 둔 프랜차이즈의 수도 증가하고 있다. Aging Excellence, FirstLight HomeCare, Visiting Angels는 노인 돌봄 프랜차이즈의 예시이

성공을 위한 파트너십

비영리 단체와 협력해 사회 환원을 실천하는 프랜차이즈

점점 더 많은 프랜차이즈 조직이 이익을 사회에 환원하기 위해 비영리 조직과 협력하고 있다. 한 예로 Panera Bread가 있다. 매일 저녁 Panera의 베이커리 카페는 판매되지 않은 빵과 베이커리 제품을 지역의 기아 구호 및 자선 단체에 기부한다. 이를 통해 Panera Bread는 사업을 운영하는 지역 사회의 사람들에게 영양가 있는 음식을 제공한다는 목표를 확장한다.

다음은 비영리 단체와 성공적인 파트너십을 맺은 프랜차이즈 조직이 준수해야 할 세 가지 원칙이다.

#1 올바른 파트너 찾기

대부분의 프랜차이즈 조직은 그들의 목적을 정의하는 미션 또는 가치 체계를 가지고 있다. 예를 들어, 아동복을 판매하거나 아이들에게 방과 후 개인 교습을 제공하는 프랜차이즈 조직은 St. Jude Children's Research Hospital과 같은 조직과 제휴할 수 있다. St. Jude는 아픈 어린이들에게 무료 의료 지원을 제공한다. 어린이를 위한 프랜차이즈 조직이 St. Jude나 유사한 비영리 단체를 위한 자금을 모으면, 그 어린이와 그들의 가족들은 자신들보다 불운한 상황에 있는 다른 어린이들에게 도움을 제공할 수 있다.

#2 직원 및 고객 참여

비영리 단체와 협력하는 프랜차이즈 조직은 직원과 고객을 참여시키는 것이 중요하다. 이는 직원과 고객에게 회사에 대한 특별한 정서적 애착과 더 높은 브랜드 충성도를 제공한다. 예를 들어 주택 수리 및 개조 프랜차이즈는 생활 공간을 구축하는 데 도움을 주는 Habitat for Humanity나 유사한 비영리 단체와 파트너 관계를 맺을 수 있다. Habitat for Humanity는 '기업 봉사활동'이라는 프로그램을 운영하고 있는데, 이 프로그램은 조직화된 그룹을 환영해서 그들이 작업 중인 주택 중 하나를 건설하는 데 도움을 준다. 이 프로그램에 참여하는 기업은 종종 직원들에게 근무 시간 일부를 자원봉사로 쓸 수 있는 기회를 허용한다. Habitat for Humanity는 기업의 직원들이 함께 주택 건축 프로젝트를 진행함으로써 다음과 같은 이점을 얻는다는 사실을 발견했다. ① 서로를 더 개인적인 수준에서 알게 된다. ② 자신들이 사는 지역에 대한 더 깊은 연결감을 얻는다. ③ 사무실이나 가게로 가져갈 수 있는 긍정적인 경험을 얻는다. 만약 고객도 참여할 수 있다면 더 좋다. 프랜차이즈 조직 입장에서는 봉사활동에 직원과 고객을 참여시킴으로써 조직에 대한 헌신도를 깊이 강화하게 된다. 조직은 직원과 고객에게 단순히 돈을 버는 것보다 더 높은 목적을 가지고 있다고 전달하게 된다.

#3 직접 참여

프랜차이즈 조직과 비영리 단체 간의 파트너십이 진정성을 가지기 위해서는 프랜차이즈 조직이 직접 참여하는 것이 중요하다. 직원과 고객은 돈이나 시간을 기부하라는 요청을 받는 것뿐만 아니라 프랜차이즈 조직이 희생할 때 더 긍정적으로 반응한다. 예를 들어, 2014년에 약 1,400개의 Denny's 레스토랑은 배고픔에 시달리는 1,600만 명 이상의 미국 어린이를 돕기 위한 No Kid Hungry 캠페인을 지원하기 위해 쿠폰을 판매했다. 고객은 3달러를 기부하면 Denny's 레스토랑에서 사용할 수 있는 9달러 상당의 쿠폰을 받았다. 마찬가지로 Sport Clips Haircuts는 'Saving Lives Never Looked So Good'이라는 제목의 연례 캠페인을 주최한다. 이 캠페인은 스포츠를 테마로 한 이발소 프랜차이즈와 미국 적십자 간의 파트너십이다. Sports Clips는 한 달 동안 진행하는 연간 캠페인 기간 동안 헌혈하는 모든 사람에게 무료 이발 쿠폰을 제공한다.

비판적 사고를 위한 문제

1. 대학생을 대상으로 하는 피트니스 센터 프랜차이즈가 파트너로 협력하기에 이상적인 비영리 단체를 찾아보라. 그리고 선택한 이유를 설명하라. 지역에서 활동하는 비영리 단체나 국가적인 영향력을 가진 비영리 단체 중에서 선택할 수 있다.
2. 주택 개조 및 수리 프랜차이즈 조직에서 일한다면 어느 정도까지 기부할 수 있을까? Habitat for Humanity와 같은 비영리 단체에 '근무 중' 일정 시간을 기부할 수 있도록 허용한다면 조직에 대한 헌신도가 어느 정도 높아질까?
3. 인터넷 검색을 통해 프랜차이즈 조직과 비영리 단체 간의 파트너십 중에 이 특집에서 언급하지 않은 것을 찾아보라. 해당 파트너십의 목적과 양측이 어떻게 혜택을 얻는지 설명하라.
4. 성공적인 프랜차이즈 조직과 비영리 단체 간의 파트너십을 원활하게 이끌어가는 네 번째 규칙을 고민해보라.

출처: B. Litalien, "Era of the Social Franchise: Where Franchising and Nonprofits Come Together," *Franchise World*, June 2006; Franchising Gives Back, "2015 Award Winners," Franchise Gives Back, https://franchisinggivesback.org (accessed March 31, 2017); Habitat for Humanity Homepage, www.habitforhumanity.com (accessed March 31, 2017).

며, 이전에 이 장에서 언급한 Comfort Keepers도 여기에 포함된다.[26] 또한 많은 프랜차이즈 조직이 자원봉사 활동에 참여하거나 자선단체를 위한 기금을 모으며 '사회 환원'을 실천하고 있으며, 이러한 추세는 특히 밀레니얼 세대 사이에서 인기가 있다. '성공을 위한 파트너십'에서는 이러한 트렌드를 강조하며, 비영리 단체와 성공적인 파트너십을 맺는 프랜차이즈 조직의 세 가지 원칙을 제시하고 있다.

오늘날 프랜차이즈 분야에서도 다양한 혁신이 일어나고 있다. 많은 프랜차이즈 조직에서 활발하게 사용하는 소셜 미디어의 활용이 그중 하나이다.[27] 더불어 즉석할인 쿠폰을 활용해서 사람들의 방문과 구매를 유도하는 방식도 더 많이 사용하고 있다. 많은 레스토랑 프랜차이즈는 건강을 중요시하는 소비자를 위해 메뉴를 개선하고 있다. 또한 최근 몇 년 동안 중요해진 기술을 가르치는 프랜차이즈 조직들도 있다. 예를 들어, Code Ninjas는 7~14세 어린이들에게 코딩을 유쾌하고 즐거운 분위기에서 가르치는 프랜차이즈 조직이다. Code Ninjas는 미래에 코딩을 배우는 것이 언어를 배우는 것만큼 젊은 사람의 진로에 중요할 것이라고 믿는다. Code Ninja 프랜차이즈 가맹점은 코딩, 수학, 논리, 문제 해결을 가르치는 고품질의 지속적인 교육 과정을 제공하는 장소이다.[28]

요약 Chapter Summary

1. 프랜차이즈는 프랜차이즈 사업자(McDonald's와 같은 모회사)와 가맹점(제품이나 서비스를 판매할 권리에 대한 수수료를 기꺼이 지불하려는 개인 또는 회사) 간의 계약이다. 프랜차이즈 시스템에는 제품/상표 프랜차이즈와 비즈니스 포맷형 프랜차이즈의 두 가지 유형이 있다. 제품/상표 프랜차이즈는 프랜차이즈 사업자가 가맹점에 제품을 구매하고 상표명을 사용할 수 있는 권리를 부여하는 계약이다. 자동차 판매점 및 청량음료 판매점은 제품/상표 프랜차이즈의 예이다. 비즈니스 포맷형 프랜차이즈에서는 프랜차이즈 사업자가 교육, 광고, 기타 형태의 지원과 함께 가맹점에 비즈니스를 수행하기 위한 방법을 제공한다. Comfort Keepers는 이러한 유형의 프랜차이즈 시스템의 예이다. 개별 프랜차이즈 계약은 특정 위치에 대한 단일 프랜차이즈의 판매를 포함한다. 지역 프랜차이즈 계약을 통해 프랜차이즈 가맹점은 특정 지역에서 특정 수의 매장을 소유하고 운영할 수 있다. 마스터 프랜차이즈 계약은 지역 프랜차이즈 계약과 유사하지만 한 가지 큰 예외점이 있다. 즉, 특정 지역에서 특정 수의 지점을 운영할 수 있는 권리 외에도 가맹점은 해당 지역의 다른 사람들에게 프랜차이즈를 제안하고 판매할 권리가 있다.
2. 창업자는 프랜차이즈 시스템을 구축하기 위해 다음 9단계를 수행한다. ① 프랜차이즈 사업 계획 개발, ② 전문가 조언 얻기, ③ 지식재산 감사 실시, ④ 프랜차이즈 문서 개발, ⑤ 운영 매뉴얼 준비, ⑥ 광고 전략 및 가맹점 교육 프로그램 계획, ⑦ 신규 가맹점 개설을 위한 팀 구성, ⑧ 잠재 가맹점 모집 전략 계획, ⑨ 가맹점 부지 선택 및 프랜차이즈 매장 개점 지원
3. 프랜차이즈 시스템 구축의 장점은 신속하고 비용 효율적인 시장 확장, 프랜차이즈 수수료 및 로열티 수입, 가맹점에 동기 부여, 아이디어 및 제안에 대한 접근, 비용 절감 및 구매력 증가가 있다. 프랜차이즈 시스템 구축의 단점으로는 가맹점과의 이익 공유, 통제력 상실, 가맹점과의 분쟁, 성장 관리, 필요한 비즈니스 스킬의 차이, 법적 비용 등이 있다.
4. 다음 질문에 대한 답변을 준비하는 것은 창업가가 프랜차이즈를 구매하는 것이 좋은 결정인지 판단하는 데 도움이 된다. 창업가는 신중하게 생각해서 다음 질문에 답변을 준비해야 한다. ① 명령을 받을 준비가 되어 있는가? ② 독립적으로 운영하는 대신 프랜차이즈 시스템의 일부가 되기를 원하는가? ③ 프랜차이즈 사업자에게 제안을 했는데 그 제안이 거절당하면 어떻게 반응하겠는가? ④ 비즈니스에서 무엇을 찾고 있는가? ⑤ 자신의 돈을 위험에 빠트릴 준비가 어느 정도 되어 있는가?
5. 창업가가 지속적인 프랜차이즈 시스템의 일부로 프랜차이즈를 구매하기로 결정하면, 구매 거래를 완료하기 위해 다음 단계를 수행해야 한다. ① 프랜차이즈 가맹점의 여러 매장 방문, ② 프랜차이즈 변호사와 면담, ③ 프랜차이즈 사업

자와 면담하고 프랜차이즈의 레퍼런스를 확인, ④ 변호사와 함께 모든 프랜차이즈 문서를 검토, ⑤ 프랜차이즈 계약서에 서명, ⑥ 훈련에 참석, ⑦ 프랜차이즈 사업 매장 개업.

6. 미국에는 프랜차이즈와 관련된 연방 및 개별 주 단위의 규정과 규제가 많이 있다. 이러한 모든 규정과 규제의 전제는 예비 가맹점이 개별 프랜차이즈 사업자의 특성에 대해 가능한 한 많은 정확한 정보를 가지고 있을 때 공공의 이익에 가장 잘 부합한다는 것이다. 프랜차이즈의 제공 및 판매는 연방 수준에서 규제한다. 프랜차이즈 사업은 미국 이외의 국가에서도 점점 어떤 형태로든 규제를 받고 있다. FDD(Franchise Disclosure Document, 프랜차이즈 공개 문서)는 미국에서 널리 사용하는 23개 범주의 정보가 포함된 문서이다. 이 문서는 예비 가맹점에 프랜차이즈의 배경과 재정 상태에 대한 광범위한 정보를 제공한다. FDD는 가맹점 계약이 체결되거나 가맹점이 프랜차이즈 사업자에게 돈을 지불하기 최소 14일(영업일 기준) 전에 예비 가맹점에 제공해야 한다.

7. 프랜차이즈를 고려하는 창업가는 또한 프랜차이즈 관계 내에서 윤리의 역할을 인식해야 한다. 대부분의 프랜차이즈 사업자와 가맹점은 이익 창출 비즈니스 거래를 추구하면서도 서로를 지원하기를 원하는 윤리적 당사자라는 증거들이 있다. 한편, 창업가는 프랜차이즈의 세 가지 특징, 즉 빨리 부자가 되는 사고방식, 프랜차이즈 구입이 기업의 성공을 보장한다는 잘못된 가정, 프랜차이즈 사업자와 가맹점주 사이의 잠재적인 이해 충돌이 윤리적 문제를 일으킬 가능성이 있다는 것을 이해해야 한다. 프랜차이즈를 생각하는 창업가는 또한 프랜차이즈가 엄밀히 말하면 미국에만 국한되지 않은 현상임을 인식해야 한다. 실제로, 해외 프랜차이즈에 참여할 수 있는 기회가 점점 더 널리 퍼지고 있다. 하지만 다른 나라에서 프랜차이즈를 구매하려는 어떤 나라의 창업자라도 구매 결정을 내리기 전에 해당 국가의 모든 규정과 규제, 그리고 프랜차이즈 사업자를 주의 깊게 검토해야 한다.

주요 용어 Key Term

가맹점
개별 프랜차이즈 계약
다중유닛 가맹점
마스터 프랜차이즈 계약
비즈니스 포맷형 프랜차이즈
신임 의무
에이전시 이론
제품 및 상표 프랜차이즈
지역 프랜차이즈 계약
프랜차이즈
프랜차이즈 공개 문서(FDD)
프랜차이즈 사업자
프랜차이즈 협약서
하청가맹점

복습 문제 Review Question

1. 프랜차이즈란 무엇인가?
2. 프랜차이즈는 다른 형태의 사업 소유권과 어떻게 다른가?
3. 제품/상표 프랜차이즈와 비즈니스 포맷형 프랜차이즈의 차이점은 무엇인가? 두 가지 유형의 프랜차이즈 계약에 대해 최소한 두 가지 예를 들라.
4. 개별 프랜차이즈 계약, 지역 프랜차이즈 계약, 마스터 프랜차이즈 계약의 차이점은 무엇인가?
5. 프랜차이즈 시스템 구축 단계는 무엇인가?
6. 프랜차이즈 시스템 구축의 장점과 단점은 무엇인가?
7. 예비 가맹점에서 찾아야 할 자질은 무엇인가?
8. 프랜차이즈 구매의 장점과 단점은 무엇인가?
9. 창업가가 "프랜차이즈가 나에게 좋은 선택인가?"라는 질문에 답할 때 고려해야 할 몇 가지 문제는 무엇인가?
10. 비즈니스 포맷형 프랜차이즈 구매와 관련된 비용은 얼마인가? 이러한 비용은 프랜차이즈 시스템 전반에 걸쳐 비슷한가, 아니면 매우 다양한가? 어떤 비용이 일회성 비용이고 어떤 비용이 무기한 계속되는가?
11. 신임 의무의 의미는 무엇인가?
12. 오늘날 프랜차이즈에서 일어나고 있는 혁신은 무엇인가?
13. 프랜차이즈 구매의 주요 장점과 단점은 무엇인가?
14. 예비 가맹점이 자신의 변호사를 보유하는 것이 왜 중요한가?
15. "프랜차이즈는 안전한 투자이다." 잡지나 블로그에서 이 문구를 본다면 어떤 생각이 드는가?
16. FDD의 목적은 무엇인가? 예비 가맹점에 FDD를 제공해야 하는 시기에 관한 규정이 있는가? 그렇다면 그것은 무엇인가?
17. 프랜차이즈 계약의 목적은 무엇인가?

18. 윤리적 남용의 대상이 되는 프랜차이즈의 일부 측면은 무엇인가?
19. 미국 시민이 외국에서 프랜차이즈를 구매하기 전에 고려해야 할 주요 문제는 무엇인가?
20. 많은 미국 프랜차이즈 시스템이 글로벌 시장으로 확장되는 주된 이유는 무엇인가? 이 확장이 시간이 지남에 따라 계속해서 모멘텀을 얻을 것이라고 생각하는가, 아니면 감소할 것인가?

응용 문제 Application Question

1. 당신의 친구가 룸메이트들이 다양한 종류의 프랜차이즈에 대해 이야기하고 있는 것을 들었다. 그녀가 질문을 하기도 전에 그들은 수업 프로젝트를 진행하기 위해 팀 회의를 하러 떠났다. 친구는 당신이 기업가정신 과정을 수강하고 있다는 것을 알고 있다. 그녀가 당신에게 질문한다. "제품 및 상표 프랜차이즈와 비즈니스 포맷형 프랜차이즈의 차이점이 뭐야?" 그녀는 초보 창업가에게 이러한 유형의 프랜차이즈 계약 중 하나가 다른 계약에 비해 이점이 있는지 궁금하다. 그렇다면 초보 창업자에게 어떤 것이 더 유리하며 그 이유는 무엇인가? 친구에게 어떤 대답을 하겠는가?
2. 거주지 근처에 있는 프랜차이즈 위치를 파악하고 소유자와 대화해보라. 소유자에게 이 장의 'You Be the VC' 특집 중 하나를 보여주고 해당 회사가 성공할 것이라고 생각하는지 물어보라. 소유자의 응답을 간략하게 요약하라.
3. Bill Watts는 Super Subs라는 하위 상점 프랜차이즈를 구매하기로 결정했다. 그는 아이오와주 시더폴스에 거주하며, 해당 주에서 최초의 Super Subs 가맹점주가 될 것이다. Bill은 Super Subs 프랜차이즈 구매와 함께 시더폴스 지역의 다른 사람들에게 Super Subs 프랜차이즈를 제공하고 판매할 권리도 구매하고자 한다. Bill은 Super Subs와 어떤 유형의 프랜차이즈 계약을 협상해야 하는가? Bill에게 이러한 유형의 계약의 장단점은 무엇인가?
4. '성공적인 프랜차이즈를 만드는 방법' 세미나의 강사인 당신은 프랜차이즈 사업에서 해야 할 일과 하지 말아야 할 일에 대해 청중에게 설명하고 있다. 세미나가 끝난 후 한 참가자가 당신에게 다가와 프랜차이즈의 법적 측면에 대해 여전히 혼란스러워하며 개인 지도가 필요하다고 한다. 그에게 설명하라.
5. 표 15.4를 보라. 표 15.4에 나열된 프랜차이즈 조직 중 하나에 투자할 수 있는 기회가 생긴다면 어떤 조직을 선택할 것인가? 선택한 이유를 설명하라.
6. Franchise Arabia(franarabia.com)는 전 세계 프랜차이즈 기회에 대한 직접 링크를 제공하는 많은 웹사이트 중 하나이다. 이 사이트는 특히 중동 및 북아프리카 지역에 중점을 두고 있지만, 세계 다른 지역의 프랜차이즈에 대한 링크도 제공하고 있다. 이 사이트에서는 업종 유형, 위치, 투자 예상 금액을 필터로 사용할 수 있다. 각각 하나씩 선택하고 제공되는 정보와 범위에 대해 의견을 나누어보라. 그리고 사이트의 작은 글씨에 따르면, 그들은 리드 제너레이터(리드 생성자)로 자신을 설명하고 있다. 이는 그들이 프랜차이즈 사업자에 초점을 맞추고 있다는 의미이다. 제공된 기회의 품질을 판단하는 데 필요한 다른 정보는 무엇인가?
7. School of Rock 프랜차이즈를 여는 데 관심이 있다고 가정해보자(이 회사에 대한 자세한 내용은 사례 15.2 참조). 당신은 필라델피아로 날아가 회사 본사를 방문한다. 기회에 대해 자세히 알아본 후, School of Rock 담당자에게 정말 관심이 있고 앞으로 나아가고 싶다고 말했다. School of Rock이 예비 가맹점주인 당신과 협상할 때 요구되는 절차를 따른다면 이 시점에서 앞으로 무엇을 기대해야 하는가?

You Be the VC 15.1 회사명: iLoveKickboxing.com

• Web: www.iLoveKickboxing.com • Facebook: iLoveKickboxing • Twitter: @iLoveKickboxing

사업 아이디어: 고객이 더 건강하고 행복하며 건강한 삶을 위해 손에 장갑을 끼고 펀치와 킥을 하며 운동할 수 있는 운동 스튜디오 프랜차이즈 만들기

개요: 킥복싱은 킥과 펀치를 기반으로 하는 집단, 스탠드업, 격투 스포츠이다. 이는 호신술, 일반 피트니스, 접촉 스포츠로 활용된다. 킥복싱은 복싱과 가라테를 결합한 것이다. 킥복싱 경기에서 참가자는 보호 장비를 착용한 뒤, 허리 위로 허용되는 펀치와 킥, 발목 아래에서 실행하는 풋 스윕으로 점수를 얻는다. 킥복싱 경기에서는 펀치, 킥, 풋 스윕에 각각 1점씩을 부여한다. 머리에 킥을 하거나 몸통에 점프 킥을 하면 2점을 받는다. 머리에 점프 킥을 하면 3점을 받는다. 킥복싱 경기는 3라운드로 진행된다. 전 세계적으로 수많은 킥복싱 리그와 대회가 있다. 챔피언십 수준의 킥복싱 선수는 세계에서 가장 마른 체형을 가진 강력하고 위엄 있는 선수 중 하나이다.

iLoveKickboxing.com 프랜차이즈는 건강을 유지하고 체중을 줄이려는 사람들에게 킥복싱을 쉽고 재미있게 즐길 수 있게 해준다. 각 지점에서는 하루에 여러 개의 수업이 열리며, 각 수업당 15~30명의 참가자가 참가한다. 훈련된 강사가 진행하는 60분 수업은 6개 부분으로 구성된다. ① 워밍업: 수업은 스쿼트, 런지, 점핑 스쿼트 등과 같은 다양한 운동으로 시작한다. ② 스트레칭: 스트레칭 운동은 부상을 방지하고 킥복싱 동작을 효과적으로 수행하는 데 도움이 되도록 설계되었다. ③ 샌드백 훈련: 샌드백 훈련은 장갑을 끼고 샌드백을 때리는 것으로 구성된다. ④ 파트너 드릴: 각 참가자는 파트너와 팀을 이루어 킥복싱 훈련을 수행한다. ⑤ 컨디셔닝: 칼로리를 태우고 근육을 강화하기 위해 수행된다. ⑥ 쿨다운: 쿨다운 및 휴식 훈련으로 수업이 끝난다. iLoveKickboxing 수업은 강도가 높지만 재미있으며, 오래 지속되는 결과를 위해 커뮤니티와 지원을 강조한다. 많은 참가자가 다른 iLoveKickboxing 회원들과 우정을 쌓는다. 수업은 또한 자신감과 자존감을 키우도록 설계되어 있다. 대부분의 iLoveKickboxing.com 회원은 일주일에 1~3회 수업에 참석한다. 지루함은 사람들이 운동을 그만두는 가장 큰 이유이다. iLoveKickboxing.com 수업은 활력을 불어넣으며 경쟁적이며 재미있고 지루하지 않다.

iLoveKickboxing 스튜디오는 미니멀한 디자인이 특징이며 개방적이고 넓고 깨끗하다. 이로 인해 가맹점은 유지 보수 및 관리 비용이 낮아진다. 색 조합은 자신감, 힘, 열정을 불러일으킨다. 탈의실은 대리석 타일, 밝은 녹색 대나무, 뛰어난 조명, 넉넉한 공간으로 아름답게 꾸며져 있다. 영양 교육은 회원들에게 추가 서비스로 제공된다. 이 서비스는 체중 조절을 위해 노력하는 사람들을 돕기 위한 것이다.

지점에 따라 iLoveKickboxing.com 프랜차이즈를 소유하려면 120,000~312,000달러에 이르는 투자가 필요하다. 경상로열티는 6%(기본 로열티 수수료) + 1%(광고 로열티 수수료)이다. 현재 미국에는 약 390개의 iLoveKickboxing 프랜차이즈 지점이 있다.

- 이 장에서 다룬 자료를 바탕으로, 투자를 결정하기 전에 회사 설립자에게 어떤 질문을 할 것인가? 어떤 대답이 여러분을 만족시킬까?
- 개요와 회사 웹사이트에 제공된 정보만 보고 투자 결정을 내려야 한다면 이 회사에 투자하겠는가? 왜 그러한가? 혹은 왜 그렇지 않은가?

You Be the VC 15.2 회사명: IceBorn

• Web: www.ice-born.com • Facebook: Iceborn • Twitter: @MyIceBorn

사업 아이디어: 경쟁력 있는 가격으로 신선하고 깨끗한 얼음을 제공하는 24시간 편리한 온디맨드 얼음 자판기 만들기

개요: 얼음 구매 경험을 생각해보라. 당신이 슈퍼마켓이나 편의점에 가서 냉동실 칸에 손을 넣어 얼음 봉지를 끄집어내면 다른 얼음 봉지에 붙어 있던 얼음 봉지가 분리된다. 그런 다음 얼음 봉지를 집으로 가져와 조리대 위로 여러 번 내려쳐서 얼음 조각들을 분리한다. 운이 좋으면, 얼음이 어떻게 만들어졌는지 생각하지 않아도 된다. 보통 중앙 위치에서 제조한 뒤 봉지에 담아 트럭에 싣고, 카트에 실려 매장으로 나가게 된다. 봉지에는 '숨 쉴' 수 있는 작은 구멍들이 있다. 불행하게도 이 구멍은 세균 및 기타 오염 물질을 얼음으로 옮길 수도 있다. 이 얼음이 당신의 가족과 손님들의 유리잔에 담기게 될 얼음이다.

IceBorn은 게임 체인저 역할을 할 수 있는 대안을 제공한다. 이들은 최첨단 24/7 온디맨드 얼음 및 물 자동판매기를 제조하는 프랜차이즈 조직이다. 이 기계는 여러 가지 크기로 제공되며 물을 정수해서 봉지에 담은 얼음과 아이스박스에 바로 담을 수 있는 얼음을 공급한다. 가장 큰 자동판매기인 Ice House는 하루에 1만 2,000파운드 이상의 얼음을 제공할 수 있으며, 이는 20파운드 봉지 600개에 해당한다. 이 자동판매기는 일반적으로 주차장에 자리 잡고 있으며 약 2개의 주차 공간을 차지한다. 얼음은 현장에서 여과되는 지자체 공급수를 사용해 신선하게 생산된다. 회사의 독자적 시스템은 5개의 미국 특허로 보호받고 있으며, 프랜차이즈 가맹점주는 컴퓨터 또는 스마트폰을 통해 원격으로 모니터링 및 제어할 수 있다. 얼음은 하루 종일 계속 만들어지며, 위생적인 내부 용기에 저장

된다. 따라서 항상 신선하고 깨끗하다. 구매자 외에는 아무도 얼음을 만지지 않는다.

IceBorn은 2012년 5월 프랜차이즈 사업을 시작했다. IceBorn 모델에 따라 초기 투자 금액은 27,095~213,500달러이다. 초기 프랜차이즈 비용은 1,000~5,000달러이며, 6%의 경상로열티와 1%의 광고 로열티가 있다. 재향 군인의 경우, 초기 프랜차이즈 비용이 절반으로 줄어들며 첫해 로열티가 면제된다. IceBorn은 미국, 카리브해, 남미 일부 지역에 2,500개 이상의 장치를 보유하고 있다. Ice-Born은 교통량이 많은 지역에 기계를 설치할 추가 프랜차이즈 가맹점을 찾고 있다.

얼음은 연간 40억 달러 규모의 산업이다. 불과 10년 만에 얼음 자판기 사업은 시장의 4%를 점유했으며, 일부 업계 전문가는 향후 10년 동안 매년 3~5%씩 증가할 것으로 예상하고 있다. IceBorn은 성장의 주요 부분을 차지하기에 완벽한 위치에 있다고 느낀다.

- 이 장에서 다룬 자료를 바탕으로, 투자를 결정하기 전에 회사 설립자에게 어떤 질문을 할 것인가? 어떤 대답이 여러분을 만족시킬까?
- 개요와 회사 웹사이트에 제공된 정보만 보고 투자 결정을 내려야 한다면 이 회사에 투자하겠는가? 왜 그러한가? 혹은 왜 그렇지 않은가?

사례 15.1 CASE

Quiznos: 샌드위치 및 서브 숍 프랜차이즈 업계에서 선두 자리를 되찾을 수 있을까

• Web: www.quiznos.com • Facebook: Quiznos • Twitter: @Quiznos

Bruce R. Barringer(오클라호마주립대학교)
R. Duane Ireland(텍사스A&M대학교)

소개

1980년대 초, Jimmy Lambatos는 대학에 다니기 위해 뉴욕에서 덴버로 이사했다. 뉴욕에서 자란 그는 딱딱한 이탈리아 빵으로 만든 서브 샌드위치를 자주 먹었다. 그것은 향신료, 오일, 식초가 들어간 아티산 빵이었다. 덴버에 온 후에도 Lambatos는 서브 샌드위치를 계속 먹었지만, 아티산 빵을 사용하는 샌드위치 가게를 찾을 수 없었다. 어느 날 그는 핫도그 빵에 서브 샌드위치를 먹고 있는 자신을 발견하고 더 나은 방법이 있어야 한다고 생각했다. 이 일로 계기로 Lambatos는 Todd Disner와 함께 덴버의 그랜트 13번가에 첫 번째 Quiznos 서브 샌드위치 가게를 열게 되었다. 첫 번째 Quiznos 매장은 여전히 그곳에 있으며, 월~토는 오전 10시부터 오후 9시까지, 일요일에는 오전 11시부터 오후 8시까지 운영한다. 처음에 Quiznos는 바로 인기를 끌었다. 거의 동시에 Subway와 Blimpie를 포함해 여러 서브 샌드위치 프랜차이즈가 문을 열었다. 다른 프랜차이즈에서는 부드러운 빵을 사용했다. Quiznos는 유명한 이탈리안 서브 샌드위치와 같은 더욱 풍부한 맛의 아티산 빵을 사용했다. 또한 샌드위치를 구워서 팔았는데, 이는 적어도 초기에는 다른 샌드위치 가게에서 하지 않던 방식이었다. 실제로, 첫 번째 Quiznos 레스토랑의 참신함 중 하나는 컨베이어 형식의 오븐을 사용했다는 것이다. 이것은 오븐 한쪽에 차가운 샌드위치를 놓으면 다른 쪽 끝에서 구워진 상태로 나와서 긴 줄을 빨리 처리할 수 있으면서 샌드위치 굽는 시간을 확보할 수 있었다. 샌드위치를 굽는다는 아이디어는 단순히 어떤 사람들이 샌드위치를 따뜻하게 먹기를 좋아해서 그런 것이 아니라 열이 아티산 빵의 풍미를 이끌어낸다는 것에 착안한 것이다. 덴버의 그랜트 13번가에서 2년 동안 매장을 운영한 후, Quiznos는 1983년에 프랜차이즈 사업을 시작했다. 1987년까지 미국 내에서 12개의 Quiznos 레스토랑이 운영되었다. 그해, 23세의 Richard Schaden과 항공 변호사였던 그의 아버지가 콜로라도주 볼더에서 Quiznos 프랜차이즈를 열었다. 그들은 1991년 1월에 18개의 레스토랑 체인을 구입하기 전까지 3개의 Quiznos 서브 샌드위치 가게를 추가로 열었다.

Schaden 일가는 Quiznos에 대한 큰 계획을 세웠고, 이후 10~15년은 성공으로 가득한 시기였다. 2001년까지 Quiznos는 미국에서 가장 빠르게 성장하는 패스트푸드 프랜차이즈 중 하나였다. 2007년 최고조에 달했을 때는 5,000개 이상의 Quiznos 프랜차이즈 매장이 있었다. 그러나 2007년과 2008년에 금융 위기가 닥쳤고 Quiznos의 운명은 바뀌었다. 2007~2009년 사이에 이 서브 샌드위치 프랜차이즈는 1,000개 이상의 매장을 폐쇄했다. 추가 폐점이 계속되었다. 2014년 Quiznos는 재무 구조 조정과 운영 개선을 위해 Chapter11을 신청했다. IBIS World의 2013년 10월 보고서에 따르면, 회사 전체 매출은 2008년 약 16억 달러에서 2013년 7억 1,600만 달러로 감소했다. 이는 연평균 15.5% 감소한 것이다. 파산은 약 4개월 동안 진행되었다. 2015년까지 미국 내 Quiznos 레스토랑은 1,000개 미만이었다. 2016년에 Quiznos는 새로운 리더십, 메뉴 및 포지셔닝 전략의 변화, 가맹점과의 관계 개선을 포함한 회복 노력을 시작했다. 이 회복 노력이 효과가 있었을까? 계속 읽어보고 결정하라.

Quiznos에서 무엇이 잘못됐는가

Quiznos가 급속한 성장에서 수천 개의 매장 폐쇄로 방향을 180도 전환하게 된 것은 2007~2008년의 금융 위기 때문만은 아니었다. Quiznos에는 많은 문제가 발생하고 있었으며, 금융 위기로 인해 이러한 문제들이 전면으로 나오게 된 것이다. 다음은 Quiznos의 급격한 하락에 기여한 네 가지 문제에 대한 개요이다.

정체성 위기 Quiznos는 독창적인 토스팅 기술과 고기를 더한 풍부한 샌드위치를 중심으로 구축된 프리미엄 브랜드로 시작했다. 이 조합은 Quiznos의 프랜차이즈가 경쟁사보다 더 높은 가격을 청구할 수 있게 했다. 이 전략은 경기 침체가 닥친 2008년까지는 효과가 있었다. 현금이 부족한 소비자에게 어필하기 위해 Quiznos는 Subway, Jimmy John's 등과 가격 경쟁을 시작했다. 가격 경쟁은 Quiznos 프랜차이즈들의 재정적 문제를 초래했다. 그들은 고기가 더 많이 들어간 샌드위치 비용을 부담해야 했을 뿐만 아니라 많은 지점이 프리미엄 브랜드와 걸맞은 고급 지역에 공간을 임대했다. 2012년 Quiznos는 Panera Bread, Potbelly 등이 만든 패스트 캐주얼 트렌드에 따라 가격 경쟁에서 벗어나 신선함과 천연 재료를 중심으로 경쟁하는 전략을 취했다. Quiznos는 아티산 빵, 자연산 닭고기, 자연산 치즈, 신선한 채소 등을 사용한 신메뉴를 선보였다. 또한 저렴한 샌드위치도 없앴다. 이 전환은 Quiznos를 어려운 상황에 놓이게 했다. 가격은 Subway의 5.00달러짜리 풋롱과 경쟁할 수 있을 만큼 저렴하지도 않았고 인프라가 비용 효율적이지도 않았으며, 재료의 품질과 매장의 분위기 면에서 Panera Bread 및 Potbelly와 경쟁할 수 있을 만큼 충분히 차별화되지도 않았다. 아래 그림에서 알 수 있듯이, Quiznos는 실질적인 경쟁 우위를 가지지 않은 상태였다. 또한 구운 샌드위치라는 가장 큰 차별화 요소도 잃었다. 2004년에 Subway가 거의 모든 매장에 TurboChef 토스트 오븐을 설치해서 Quiznos의 차별점을 무력화한 것이다.

가맹점과의 갈등 Quiznos는 가맹점과의 불안정한 관계로 어려움을 겪은 역사를 가지고 있다. 가맹점들은 Quiznos가 너무 많은 위치에 권리를 판매하며, 지역의 저렴한 공급자가 아닌 회사에서 공급품을 구매하게 만든다는 것을 지속적으로 비난했다. 첫 번째 비판 요소인 너무 많은 위치에 권리를 판매하는 것은 프랜차이즈와 관련된 본질적인 문제이다. 프랜차이즈 사업자(즉, Quiznos 기업)는 가맹점(시스템 전체) 총매출의 일정 비율을 기준으로 수익을 얻는다. 따라서 한 지역에서 가맹점 수를 4개에서 6개로 늘리면 총수입을 늘릴 수 있다. 프랜차이즈 가맹점은 이것을 좋아하지 않는다. 예를 들어, 원래 4개의 Quiznos 프랜차이즈를 소유한 가맹점은 아마도 6개가 아닌 4개로 숫자를 유지하는 것을 선호했을 것이다. 그들의 거래 지역에 두 개의 가맹점을 추가하면 개별 매출과 순이익이 줄어들 위험이 있기 때문이다.

프랜차이즈가 지역의 저렴한 공급자가 아닌 회사에서 공급품을 구매하도록 요구하는 문제와 관련해, 이러한 주장을 뒷받침하는 증거가 Quiznos의 가맹점에서 발견되었다. 대부분의 레스토랑 프랜차이즈 사업자는 가맹점을 대신해 공급업체와 협상하고, 그런 다음 가맹점이 공급업체에서 직접 빵, 육류, 기타 상품을 구매한다. 대부분 가맹점은 유사한 품질을 더 나은 가격으로 구입할 수 있는 경우 지역 공급업체와 직접 협상할 수도 있다. 반면에 Quiznos는 공급업체로부터 직접 상품과 공급품을 구입한 다음, 추가 요금을 부과해 가맹점에 재판매했다. 가맹점은 더 나은 가격으로 제품을 구매할 수 있어도 지역에서 살 수 없었다. Quiznos 가맹점은 이러한 관행이 그들을 경쟁력 없게 만들었으며, 직접적으로 수익에서 돈을 빼앗는 것이라 주장했다.

Quiznos와 가맹점 간의 적대적 관계로 인해 여러 소송이 발생했다. 많은 Quiznos 프랜차이즈 가맹점이 회사가 너무 많은 지역에 권리를 판매하고 가맹점을 '강제 소비자'로 만든다며 집단 소송을 제기하면서 상황이 극단으로 치달았다. 이 소송은 2009년 Quiznos가 일련의 집단 소송을 해결하기 위해 9,500만 달러를 지불하는 데 동의하면서 해결되었다.

일관성 없는 광고 최근 몇 년 동안 Quiznos의 마케팅 전략에 대해 여러 사람이 고개를 갸우뚱했다. 2004년 여전히 성장 중이던 Quiznos는 Spongmonkey라는 캐릭터가 출연하는 캠페인을 시작했다. Quiznos 레스토랑을 배경으로 원숭이-인간 혼합체들이 공중에 떠다니며 엉뚱한 노래를 부르는 이상한 광고였다. 만약 광고 중 하나를 보고 싶다면, YouTube로 이동해 검색창에 'Quiznos Spongmonkeys'를 검색해 보라. 이 광고의 맥락을 이해하기 어려울 것이다. 2009년에 회사는 4달러짜리 토스티 토피도 샌드위치를 홍보하기 위한 일련의 광고를 시작했다. 이것은 Subway의 5달러짜리 풋롱에 대항하는 경쟁 제품이었다. 이 제품의 광고는 토스트 오븐이 Quiznos 직원과 신제품에 대해 이야기하는 내용을 담고 있다. 광고의 이상한 유머는 주 소비자층에게 어필하지 못했고 많은 사람에게 불쾌감을 주었다. 검색창에 'Quiznos' Toasty Torpedo'를 입력하면 이 광고를 볼 수 있다. Quiznos는 논란이 된 다른 광고들도 제작했다. YouTube 검색창에 'Quiznos Controversial Ads'를 입력하면 볼 수 있다.

Quiznos는 성공적인 광고도 제작한 바 있다. 2006년에는 'Eat Up'이라는 새로운 슬로건을 공개했다. 이 광고는 전국적으로 방영되었으며, 김이 모락모락 나는 Quiznos 샌드위치와 함께 "Mmmm ... tosaty"라는 태그라인이 포함되었다.

리더십 변화 지난 7년 동안 Quiznos는 5명의 CEO가 교체되었다. 1991년 창립자로부터 Quiznos를 인수한 Rich Schaden을 대신해 2010년에 Greg MacDonald가 CEO로 임명되었다. MacDonald는 2010~2012년까지 Quiznos를 이끌었고, 이 기간 동안 Quiznos는 수백 개의 매장을 폐쇄하고 가격 경쟁을 계속했다. 2012년에 MacDonald는 The UPS Store 네트워크의 전 회장이자 Domino's Pizza의 프랜차이즈 운영 부사장이었던 Stuart Mathis로 교체되었다. Mathis는 가

2012년 중간에 낀 상태인 Quiznos

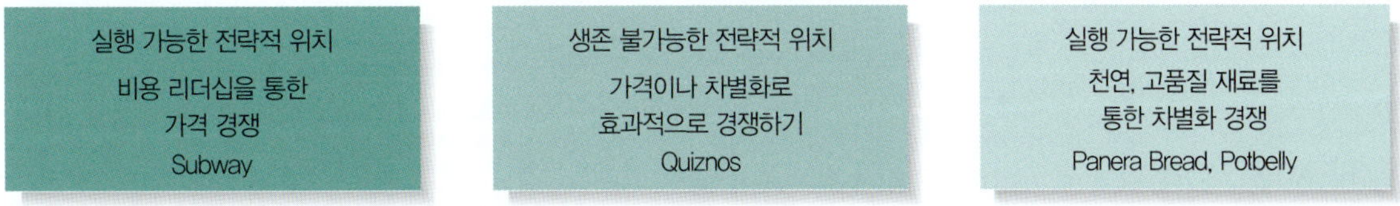

실행 가능한 전략적 위치	생존 불가능한 전략적 위치	실행 가능한 전략적 위치
비용 리더십을 통한 가격 경쟁	가격이나 차별화로 효과적으로 경쟁하기	천연, 고품질 재료를 통한 차별화 경쟁
Subway	Quiznos	Panera Bread, Potbelly

격 경쟁에서 고품질 재료 경쟁으로 전환하는 전략을 꾀했으나 성과는 복합적이었다. 2015년 초 Mathis는 Krystal 버거 체인의 전 CEO인 Douglas Pendergast에게 자리를 양보하고 물러났다. Pendergast가 이끄는 동안 Quiznos는 여러 분야에서 진전을 이루었다. 특히 그는 가맹점주가 모회사에서 재료와 소모품을 사도록 요구하는 Quiznos의 정책을 폐지하고 가장 저렴한 공급자로부터 물건을 살 수 있도록 문을 열었다. 근무한 지 16개월 만에 Pendergast는 현재 CEO인 Susan Lintonsmith로 교체되었다. Lintonsmith는 Quiznos의 내부 인사로 1,500개의 매장을 오픈할 계획인 중국 시장에 진출하는 데 큰 역할을 했다. 여러 번의 어려움 끝에 이제 Quiznos를 다시 긍정적인 궤도에 올려놓는 것이 Lintonsmith의 임무이다.

"Quiznos에서 무엇이 잘못됐는가?"를 설명하는 목록에서 누락된 요소 중 하나는 경쟁의 증가이다. Quiznos는 경쟁이 치열한 시장에서 경쟁하고 있지만, 시장 자체는 건강하게 성장을 유지하고 있다. IBIS World에 따르면 '샌드위치 및 서브 샌드위치 매장 프랜차이즈' 산업은 Quiznos가 수백 개의 매장을 폐쇄한 기간인 2011~2016년까지 매년 2.8%의 비율로 성장했다. 이와 비교해 동일한 5년 동안 Subway는 8,910개, Jimmy John's는 1,408개, Jersey Mike's는 682개의 레스토랑을 추가했다.

Quiznos는 시장의 선두주자로 재탄생할 수 있을까

Quiznos의 목표는 서브 샌드위치 숍 프랜차이즈 업계의 선두주자로 재탄생하는 것이다. 이 회사는 현재 미국 내에서 새로운 프랜차이즈 사업부를 개설하고 있으며, 국제적으로 확장하고 있고, 신선하고 건강한 메뉴를 제공하고 있다. 또한 운영 개선도 추진하고 있다. 2016년에는 진행 상황을 평가하기 위해 1만 8,000건의 고객 설문조사를 실시했다. 빠른 서비스, 주문 정확도, 고객 만족도와 같은 지표에서 큰 발전을 이룬 것이 확인되었다. 이러한 지표는 서브 샌드위치 업계에서 매우 중요한 부분이다

Quiznos 계획 중에서 큰 부분은 국제 시장으로의 확장이다. 중국 및 기타 40개국에서 주요 프랜차이즈 계약을 체결했거나 체결할 계획이다. Quiznos가 주목하는 다른 국가에는 유럽, 중동, 동남아시아, 중남미 지역이 포함된다. Quiznos 산업의 모든 업체에 긍정적인 점은 산업이 계속 성장하고 있다는 것이다. IBIS World에 따르면, 2016~2021년 5년 동안 연간 1.6%의 성장률이 예상된다. 서브 샌드위치 숍은 다른 유형의 패스트푸드점보다 건강한 음식을 제공하는 것으로 인식된다. 예를 들어 Subway는 저칼로리 메뉴 옵션으로 잘 알려져 있다. Quiznos는 이러한 트렌드에 따라 자체적으로 저칼로리의 맛있는 제품을 제공하고 있다. Quiznos는 최근 수익성 있는 아침 식사 부문에서 경쟁하기 위해 메뉴에 조식 항목을 추가했다.

Quiznos는 한때 서브 샌드위치 업계의 시장 리더였지만, 현재는 그렇지 않다. 현재 이 산업에서 가장 큰 두 경쟁업체는 Subway와 Jimmy John's이고, 이들의 시장 점유율은 각각 53.5%와 11%의 이다. Quiznos는 Subway 및 Jimmy John's보다 하위 카테고리에 속하며, Firehouse Subs 및 Jersey Mike's Subs와 비슷한 수의 매장을 보유하고 있다. Jersey Mike's Subs와 Firehouse Subs 모두 고유한 전략을 가지고 있다. Jersey Mike'ss Subs는 33개 주에 진출해 있으며, 약간 높은 가격으로 고품질 재료를 제공함으로써 차별화를 시도하고 있다. Firehouse Subs는 35개 주에 진출해 있으며, 핫 서브 샌드위치를 전문으로 한다. 이 회사는 전직 소방관 출신 창업자들이 설립했으며, 소방관을 위한 지원을 제공하는 Firehouse Subs Public Safety Foundation을 운영하고 있다. Quiznos의 현재 차별화 전략은 이보다 덜 명확하다. 이는 6달러짜리 칠면조 랜치 & 스위스와 같은 클래식 서브 샌드위치부터 7달러짜리 랍스터 서브와 같은 프리미엄 서브 샌드위치에 이르기까지 다양한 종류의 서브 샌드위치 메뉴를 갖추고 있다. 또한 샐러드, 맥앤치즈, 수프, 감자튀김, 디저트, 다양한 음료도 제공한다.

토의 문제

1. Quiznos의 브랜드가 그동안의 실수로 인해 영구적으로 손상된 정도는 어느 정도라고 생각하는가? Quiznos는 브랜드를 복구하기 위해 최선을 다하고 있다고 생각하는가? 만약 당신이 Quiznos의 CEO라면 Quiznos 브랜드를 되살리기 위해 무엇을 다르게 할 것이며, 그렇지 않다면 무엇을 더 해야 할 것이라고 생각하는가?
2. Quiznos가 가맹점주 사이에서 그토록 많은 불안을 야기한 정책을 수립한 이유는 무엇이라고 생각하는가?
3. 한때 Quiznos의 경쟁 우위의 주요 요소는 서브 샌드위치를 굽는다는 사실이었다. 구운 서브 샌드위치를 프랜차이즈 체인의 경쟁 우위의 주요 원천으로 홍보하는 데 내재된 위험은 무엇인가?
4. Quiznos가 시장 점유율을 잃어버리게 만든 네 가지 요인(정체성 위기, 가맹점과의 불화, 일관성 없는 광고, 리더십 변화) 중에서 가장 큰 피해를 입힌 요인은 무엇이라고 생각하는가? 대답을 설명하라.
5. Quiznos가 샌드위치 및 서브 샌드위치 숍 프랜차이즈 업계의 선두주자로 다시 자리매김할 수 있을 것이라고 생각하는가?

출처: Quiznos Homepage, www.quiznos.com (accessed April 1, 2017); A. Alvarez, "Sandwich & Sub Store Franchises in the U.S.," IBISWorld Industry Report OD5550, December, 2016; C. Zillman, "Quiznos and Potbelly: A Tale of Two Sandwich Chains," *Fortune*, March 18, 2014; K. Strauss, "Is Quiznos Toast?" *Forbes*, June 17, 2015; E. Sealover, "Quiznos, Still Shedding Stores, Begins Turnaround Effort with New Concept (Slideshow)," *Denver Business Journal*, March 4, 2016; E. Sealover, "Quiznos Picks a New CEO," *Denver Business Journal*, July 14, 2016; J. Daley, "Why These 3 Once Thriving Franchises Have Fallen on Hard Times," *Entrepreneur*, August 6, 2014.

사례 15.2 CASE

School of Rock: 음악 교육의 격차 해소 및 프랜차이즈를 통한 성장

• Web: www.schoolofrock.com • Facebook: School of Rock • Twitter: SchoolofRockUSA

Bruce R. Barringer(오클라호마주립대학교)
R. Duane Ireland(텍사스A&M대학교)

소개

1996년 펜실베이니아대학교 철학과 졸업생인 Paul Green은 집에서 기타 레슨을 시작했다. 어느 날 그는 수강생 몇 명을 그룹으로 초대해서 자신의 밴드와 함께 '즉흥 연주(jam)'를 했다. 초기에는 결과가 기대에 못 미쳤다. 그러나 시간이 지날수록 그룹으로 연주한 학생이 개별 지도만 받은 학생보다 더 잘한다는 것을 발견했다. 그 결과, 그는 개인 레슨과 그룹 연습을 결합하는 방식으로 교수법을 수정했다. 그는 이것을 농구공을 던지는 것과 농구를 하는 것의 차이에 비유했다.

Green은 계속해서 개인 지도와 즉흥 연주 그룹 세션을 결합했다. 1998년에 그는 집을 벗어나 필라델피아에 'Paul Green School of Rock Music'을 개설하기로 결정했다. 그가 선택한 건물에는 즉흥 연주와 콘서트를 위한 큰 공간과 함께 개인 레슨을 위한 여러 개의 작은 방이 있었다. 그는 또한 비슷한 수준의 학생들을 밴드로 구성하기 시작했다. 최고의 실력을 가진 학생들은 '올스타즈 밴드'라고 부르는 스쿨 밴드에 합류시켰다. 이 밴드는 필라델피아 지역에서 공연을 시작했고 언론의 주목을 받았다. 2003년 영화 제작자 Sheena M. Joyce와 Don Argott는 학생들의 콘서트에 참석했고, Paul Green School of Rock Music과 이 음악스쿨이 어떻게 고등학생들을 공연 음악가로 변화시켰는지에 대한 다큐멘터리를 만들기로 결정했다. 한 영화 제작진이 9개월 동안 학생들을 따라다니며 〈Rock School〉이라는 제목의 다큐멘터리를 제작했다. 다큐멘터리가 공개된 직후, Paramount는 아이들에게 록 음악을 가르치는 뮤지션 지망생이 등장하는 〈School of Rock〉이라는 픽션 영화를 공개했다. 많은 관객이 이 영화가 Green과 그의 학생들과의 작업을 바탕으로 한 것이라고 생각했다.

초기 성장

2002년까지 Green은 100명 이상의 학생들을 지도하고 있었고, 필라델피아에서 서쪽으로 35마일 떨어진 펜실베이니아주 다우닝타운에 추가 지점을 열기로 결정했다. 그 이후 필라델피아 인근 지역, 뉴저지와 델라웨어로 확장을 계속했다. 그 과정에서 Green의 치과 주치의인 Joseph Roberts는 Green이 하는 일에 관심을 가지게 되었고, 캘리포니아, 뉴욕, 텍사스를 포함한 여러 주에 School of Rock 지점을 개설하는 자금을 제공했다. 어느 시점에서 Green은 Paul Green School of Rock Music에서 School of Rock으로 이름을 줄였다.

2009년 Green은 School of Rock을 사모펀드 회사인 Sterling Partners에 매각했다. Sterling은 School of Rock의 원래 비전을 그대로 유지하면서 추가 확장을 위해 재정 자원을 사용했다.

운영 방식

School of Rock의 각 지점은 록 음악에 대한 열정을 가진 아이들이 록 악기 연주 방법을 배우거나 기존 기술을 연마할 수 있는 장소를 제공한다. 또한 아이들이 록 음악을 배우고 록 밴드의 일원이 될 수 있는 건전하고 안전한 장소이기도 하다. 초보 학생은 록 101 프로그램에 등록해 기초를 배우면서 성공의 기반을 마련한다. 이 프로그램에는 그룹 리허설과 함께 매주 개인 교습이 포함된다. 상급 학생은 주간 개인 레슨과 더 도전적인 음악을 다루는 밴드 리허설이 포함된 공연 프로그램에 등록한다. 학생들은 또한 실제 음악 공연장에서 실제 록 공연을 하는 그룹에 배치된다. 각 스쿨의 최고 학생들은 올스타즈 밴드의 멤버가 되어 전국 투어를 한다. 최근 School of Rock 올스타즈 밴드는 캘리포니아 할리우드에 있는 니팅팩토리를 시작으로 27개 도시 투어를 마쳤다. 이와 같은 경험의 결과로 다수의 School of Rock 졸업생들이 현재 공연 뮤지션이 되거나 다른 방식으로 음악 산업에서 생계를 유지하고 있다.

대부분의 School of Rock 강사는 밴드에서 활발하게 활동하고 있는 음악 강사들이다. 때때로 유명한 록 뮤지션들이 School of Rock 지점에 특별 출연하기도 한다. 강사는 학생이 음악적 기술을 연마하도록 돕고, 성공담과 실패로부터 회복한 이야기를 통해 학생들에게 영감을 준다. 무언가를 배우는 가장 좋은 방법은 직접 해보는 것이라는 게 회사의 기본 신념이므로, 학생들은 등록하는 순간부터 악기를 손에 들고 록 음악을 연주하게 된다. 커리큘럼은 학생의 기술 수준에 따라 체계적으로 프로그램이 정해지며, 학생들이 밴드에 합류해서 청중 앞에서 라이브로 연주하게 되는 동기를 부여한다. 이 음악스쿨은 학생들이 즉흥연주를 하거나, 다른 학생들과 함께 곡을 작업하거나, 밴드를 결성하거나, 독창적인 음악을 작곡하도록 권장한다. 학교는 참가자들을 위한 공동체가 되어 참가자들이 음악을 배울 뿐만 아니라 지속적인 우정을 형성할 수 있게 한다. 많은 학생이 12주 세션을 여러 번 수강해 자신의 기술을 발전시킬 수 있다. 음악스쿨은 연중 운영된다.

프랜차이즈

School of Rock은 프랜차이즈 조직이다. 현재 미국과 해외 8개국에 16개의 회사 소유 매장과 172개의 프랜차이즈 지점이 있다. 《Entrepreneur》 잡지에 따르면, 프랜차이즈 구매 비용은 시설의 위치와 크기에 따라 113,100~334,600달러 사이이다. 이 비용에는 49,500달

michaeljung/Shutterstock

이 청소년처럼 기타에 관심이 있는 고등학생은 School of Rock의 프로그램에 적합한 대상이다.

러의 초기 프랜차이즈 수수료가 포함된다. 경상로열티는 총수입의 8%이며 3%의 지속적인 광고 로열티가 있다.

수수료와 로열티에 대한 대가로, 가맹점은 웹사이트를 포함한 IT 지원, 부동산 선택 지원, 시설 설계 지원, 지속적인 마케팅 지원 등 School of Rock 지점을 운영하는 방법에 대한 교육을 받는다. 전체 School of Rock 프랜차이즈 가맹점의 1/3이 하나 이상의 지점을 소유하고 있다. School of Rock 프랜차이즈를 얻으려면 획득한 지점을 적극적으로 운영하고 관리할 것을 약속해야 한다(즉, 부재자 소유권 없음).

새로운 프로그램

School of Rock은 7~19세를 위한 주요 12주 음악 교육 프로그램과 함께 추가 프로그램을 추가하고 있다. 현재 Jimi Hendrix의 동명의 노래 제목을 딴 '리틀 윙'이라 불리는 미취학 아동을 위한 프로그램을 가지고 있다. 아이들은 45분 동안 연령별 음악 관련 활동에 참여한다. 1학년과 2학년을 위한 '루키즈'라는 프로그램이 있다. 1시간 동안 진행하는 이 프로그램은 전적으로 그룹 기반이므로 아이들은 처음부터 밴드에서 연주하는 방법을 배운다. 현재 성인 아마추어 뮤지션을 위한 '성인 공연 프로그램'이라는 프로그램도 있다. 성인 학생들은 주간 밴드 리허설과 함께 기타, 베이스, 드럼, 키보드, 보컬에 대한 개별 레슨을 받는다. School of Rock은 기타, 베이스, 드럼, 키보드, 보컬을 연주할 수 있는 모든 수준의 음악가를 위해 설계된 여름, 겨울, 봄 방학 록 음악 캠프도 제공한다. 이 캠프는 재미있고 창의적인 환경에서 음악 연주와 앙상블 기술을 연마하도록 설계되어 있다.

School of Rock의 미래

School of Rock의 강력한 미래를 시사하는 두 가지 요소가 있다. 첫 번째는 공립학교의 음악 프로그램이 축소되고 있다는 것이다. 유감스럽게도 빠듯한 예산으로 인해 미국 전역에서 점점 더 많은 학교가 음악 프로그램을 줄이고 있다. School of Rock은 이 공백을 메울 준비가 되어 있다. 이미 School of Rock은 미국에서 가장 큰 방과 후 음악 프로그램이다. 둘째, 현재 미국에는 4,170만 명의 10~19세 청소년이 있으며, 모두 잘 어울리고 맞춰갈 수 있는 장소와 빛을 발할 수 있는 기회를 찾고 있다. School of Rock은 성공적인 음악가가 되기 위한 혹독함과 기쁨에 기꺼이 헌신하려는 7~19세 사이의 학생들에게 특별한 경험을 제공한다.

토의 문제

1. School of Rock이 가맹점에 어떤 특성을 기대한다고 생각하는가?
2. 표 15.2를 보라. 이 표에서 언급한 프랜차이즈 사업자가 가맹점을 개발하는 방법 중에서 School of Rock이 가맹점을 지원하기 위해 강조해야 할 가장 중요한 방법은 무엇인가?
3. School of Rock 프랜차이즈 구매를 고려한다면, 이 회사가 프랜차이즈로서 성공할 수 있는 능력과 관련해서 가장 우려되는 문제는 무엇인가?
4. 향후 10년 동안 School of Rock의 앞날은 어떨 것이라 생각하는가? 회사가 성장 수단으로 프랜차이즈 지점을 계속 판매함에 따라 회사에 '올바르게' 갈 수 있는 것과 '잘못될' 수 있는 것은 무엇인가?

출처: School of Rock Homepage (www.schoolofrock.com) (accessed April 3, 2017); Wikipedia, School of Rock, www.wikipedia.com (accessed April 3, 2017); W. Boast, "A School for Brooklyn's Youngest Hipsters," *New Yorker*, May 12, 2014; *Entrepreneur*, School of Rock, available at https://www.entrepreneur.com/franchises/schoolofrock/333874-0.html (accessed April 2, 2017); D. Homan, "Small Business Snapshot: School of Rock," *Business News Daily*, October 3, 2016.

에세이 문제

1. 교체용 배터리 소매 프랜차이즈를 구매하려는 오랜 친구를 우연히 만났다고 가정하자. 그는 자신이 구매하려는 시스템이 ① 사실상 성공을 보장하는 산업에 속해 있고, ② '증명된' 비즈니스 모델을 가지고 있으며, ③ 문서를 검토하기 위해 프랜차이즈 변호사를 고용하는 비용을 아낄 정도로 사람들이 정직하게 운영한다고 믿기 때문에 이 기회에 매우 흥분하고 있다고 말했다. 만약 친구가 "네 생각은 어때? 난 이 기회에 올바르게 접근하고 있을까?"라고 묻는다면 당신은 어떻게 대답하겠는가? 친구에게 제공할 답변을 한두 단락 분량으로 자세히 설명하라.
2. 프랜차이즈 구매를 고려하고 있다면 검색 범위를 자국으로 제한하거나 자국에서 제공되는 해외 아이디어를 고려하지 않을 이유가 없다. 해외에서 국제적으로 인정받는 브랜드나 새로운 개념의 프랜차이즈를 구매하는 것은 당신이 찾고 있는 바로 그 기회일 수 있다. 이 경우 가맹점 입장에서 장단점은 무엇인가? 한두 단락 분량으로 장단점을 설명하라.

미주 Endnote

1. H. Evanschitzky, B. Caemmerer, and C. Backhaus, "The Franchise Dilemma: Entrepreneurial Characteristics, Relational Contracting, and Opportunism in Hybrid Governance," *Journal of Small Business Management* 54, no. 1 (2016): 279–298; I. Ater and O. Rigbi, "Price Control and Advertising in Franchising Chains," *Strategic Management Journal*, 36, no. 1 (2015): 148–158.
2. N. Symeonidou, J. Bruneel, and E. Autio, "Commercialization Strategy and Internationalization Outcomes in Technology-based New Ventures," *Journal of Business Venturing* 32, no. 3 (2017): 302–317; P. K. Toh and C. D. Miller, "Pawn to Save a Chariot, or Drawbridge into the Fort: Firms' Disclosure During Standard Setting and Complementary Technologies within Ecosystems," *Strategic Management Journal* 2017, in press.
3. The Economic Impact of Franchised Businesses: Volume IV, 2016, PWC, available online at https://www.franchise.org/sites/default/files/Economic%20Impact%20of%20Franchised%20Businesses_Vol%20IV_20160915.pdf (accessed March 31, 2017).
4. Franchising.com Homepage, www.franchising.com (accessed March 31, 2017).
5. M. Kacker, R. P. Dant, J. Emerson, and A. T. Coughlan, "How Firm Strategies Impact Size of Partner-Based Retail Networks: Evidence from Franchising," *Journal of Small Business Management* 54, no. 2 (2016): 506–531; J.-S. Chiou and C. Droge, "The Effects of Standardization and Trust on Franchisee's Performance and Satisfaction: A Study on Franchise Systems in the Growth Stage," *Journal of Small Business Management* 53, no. 1 (2015): 129–144.
6. Quickfacts, United States Census Bureau, available at https://www.census.gov/quickfacts/table/PST045216/00 (accessed March 31, 2017).
7. Comfort Keepers Homepage, www.comfortkeepers.com (accessed March 31, 2017).
8. A. Watson, O. Dada, M. Grunhagen, and M. L. Wollan, "When Do Franchisors Select Entrepreneurial Franchisees? An Organizational Identity Perspective," *Journal of Business Research* 69, no. 12 (2016): 5934–5946; W. E. Gillis, J. G. Combs, and D. J. Ketchen, Jr., "Using Resource-Based Theory to Help Explain Plural Form Franchising," *Entrepreneurship Theory and Practice* 38, no. 3 (2014): 449–472.
9. R. C. Hoffman, J. Munemo, and S. Watson, "International Franchise Expansion: The Role of Institutions and Transaction Costs," *Journal of International Management* 22, no. 2 (2016): 101–114; L. Altinay, M. Brookes, M. Madanoglu, and G. Aktas, "Franchisees' Trust in and Satisfaction with Franchise Partnerships," *Journal of Business Research* 67, no. 5 (2014): 722–728.
10. H. J. Jeon, R. P. Dant, and B. L. Baker, "A Knowledge-Based Explanation of Franchise System Resources and Performance," *Journal of Marketing Channels* 23, no. 3 (2016): 97–113; H. Cori, O. Harmen, and T. Civilai, "Determinants of Franchise Conversion: A Franchisee Perspective," *European Journal of Marketing* 47, no. 10 (2013): 1544–1575.
11. S. Lopez-Bayon and B. Lopez-Fernandez, "Partner Empowerment and Relationship Failure in Franchising," *Journal of Small Business Management* 54, no. 4 (2016): 1059–1079; B. L. Fernandez, B. Gonzalez-Buston, and Y. A. Castano, "The Dynamics of Growth in Franchising," *Journal of Marketing Channels* 20, no. 1 and no. 2 (2013): 2–24.
12. R. Bennett, "To Franchise or Not: How to Decide," in C. L. Vaughn and D. B. Slater (Eds.), *Franchising Today: 1966–1967* (New York: Matthew Bender and Company, 1967), 20.
13. C. Mishra, "The Theory of Franchising," SSRN Papers, (2016), available at https://papers.ssrn.com/sol3/papers.cfm?abstract_id=2695800 (accessed April 2, 2017); W. E. Gillis, E. McEwan, T. R. Crook, and S. C. Michael, "Using Tournaments to Reduce Agency Problems: The Case of Franchising," *Entrepreneurship Theory and Practice* 35, no. 3 (2011): 427–447.
14. "Darden Homepage, www.darden.com (accessed March 31, 2017).
15. S. Weaven, B. L. Baker, and R. P. Dant, "The Influence of Gratitude on Franchisor-Franchisee Relationships," *Journal of Small Business Management* 2017, in press; E. Calderon-Monge and P. Huerta-Zavala, "Brand and Performance Signals in the Choice of Franchise Opportunities," *The Service Industries Journal* 34, no. 9 and no. 10 (2014): 772–787.
16. M. Herz, C. Hutzinger, H. Seferagic, and J. Windsperger, "Trust, Decision Rights Delegation, and Performance—The

Case of Franchising," *Journal of Small Business Management* 54, no. 3 (2016): 973–991; Federal Trade Commission, Consumers Guide to Buying a Franchise (Washington, DC: U.S. Government Printing Office, 2017).
17. K. D. Anita, S. Mani, and K. H. Wathne, "Franchisor-Franchisee Bankruptcy and the Efficacy of Franchisee Governance, *Journal of Marketing Research* 2017, in press; S. Jayachandran, P. Kaufman, V. Kumar, and K. Hewett, "Brand Licensing: What Drives Royalty Rates," *Journal of Marketing* 77, no. 5 (2013): 108–122.
18. J. Bennett, "Cruise Franchisee Says It's Been Smooth Sailing," *StartupJournal.com*, www.startupjournal.com (accessed May 30, 2006).
19. G. Fisher, D. F. Kuratko, J. M. Bloodgood, and J. S. Hornsby, "Legitimate to Whom? The Challenge of Audience Diversity and New Venture Legitimacy," *Journal of Business Venturing* 32, no. 1 (2017): 52–71; F. A. Zafeiropoulou and D. N. Koufopoulos, "The Influence of Relational Embeddedness on the Formation and Performance of Social Franchising," *Journal of Marketing Channels* 20, no. 1 and no. 2 (2013): 73–98.
20. Bureau of Consumer Protection, "A Consumer's Guide to Buying a Franchise," https://business.ftc.gov/documents/inv05-buying-franchise-consumer-guide#2 (accessed April 9, 2017).
21. R. L. Purvin, *The Franchise Fraud* (New York: John Wiley & Sons, 1994), 7.
22. Federal Trade Commission, www.ftc.gov/bcp/franchise/netdiscl.shtm (accessed April 9, 2017).
23. Franchise Regulation, Franchise Direct, https://www.franchisedirect.com (accessed April 9, 2017).
24. E. P. M. Croonen and T. L. J. Broekhuizen, "How Do Franchisees Assess Franchisor Trustworthiness?" *Journal of Small Business Management* 2017, in press.
25. R. C. Hoffman, S. Watson, and J. F. Preble, "International Expansion of United States Franchisors: A Status Report and Propositions for Future Research," *Journal of Marketing Channels* 23, no. 4 (2016): 180–195; V. Baena and J. Cervino, "International Franchising Decision-Making: A Model for Country Choice," *Latin American Business Review* 15, no. 1 (2014): 13–43.
26. Franchise Business Review, Senior Care, available at https://topfranchises.franchisebusinessreview.com/category/top-senior-care-franchises/?utm_source=bing&utm_medium=cpc&utm_campaign=Cate (accessed April 9, 2017); Senior Care Franchises, Entrepreneur.com, https://www.entrepreneur.com (accessed August 20, 2014).
27. M. Kacker and R. Perrigot, "Retailer Use of a Professional Social Media Network: Insights from Franchising," *Journal of Retailing and Consumer Services* 30, May (2016): 222–233; M. Hummel, "How Franchises Are Using Social Media to Grow Their Business," Blogpost, https://www.linkedin.com (accessed August 20, 2014).
28. Code Ninja Homepage, www.codeninjas.com (accessed March 31, 2017)

용어 사전

가격(price) 소비자가 제품을 구매하기 위해 지불하는 금액으로, 기업의 마케팅 믹스에서 4P 중 하나

가격-품질 귀인(price-quality attribution) 소비자는 가격이 높은 제품일수록 품질도 더 좋다고 자연스럽게 생각한다는 가정

가맹점(franchisee) 프랜차이즈 계약을 체결하고 프랜차이즈 사업자의 상표와 사업 방식을 사용하는 대가로 프랜차이즈 사업자에게 초기 수수료와 경상로열티를 지불하는 개인 또는 회사

가상 비서(virtual assistant) 홈 오피스에서 원격으로 고객에게 관리, 기술, 창의적인 지원을 제공하는 프리랜서

가상 비즈니스 이름 허가(fictitious business name permit) 비즈니스 소유자의 이름이 아닌 다른 가상의 이름을 사용하려는 비즈니스에 필요한 허가증(dba 또는 doing as라고도 함)

가상 프로토타입(virtual prototype) 컴퓨터가 생성한 아이디어의 3D 이미지

가정 시트(assumptions sheet) 신생기업의 사업 계획서에서 재무 예측 수치의 출처와 이를 생성하는 데 사용한 가정에 대한 설명

가출원(provisional patent application) 특허법의 일부로, 완전하고 최종적인 출원을 제출할 때까지 최대 1년 동안 발명가에게 '임시 권리'를 부여하는 제도

가치(value) 상대적 가치, 중요성, 유용성

가치 기반 가격 책정(value-based pricing) 소비자가 제품에 대해 지불할 의향이 있는 금액을 추정한 다음 약간의 여유를 두고 정가를 책정하는 가격 책정 방식

강한 유대 관계(strong-tie relationships) 동료, 친구, 배우자 등 같은 생각을 가진 사람들 사이에서 형성되는 빈번한 상호작용을 특징으로 하는 관계로, 이러한 관계는 개인이 이미 가지고 있는 통찰력과 아이디어를 강화하는 경향이 있으므로 새로운 아이디어를 도입할 가능성이 낮다.

개별 프랜차이즈 계약(individual franchise agreement) 가장 일반적인 유형의 프랜차이즈 계약으로, 특정 위치에 대한 단일 프랜차이즈 판매와 관련된 계약

개인 기업가(solo entrepreneurs) 자신의 사업 아이디어를 스스로 발굴한 기업가

개인사업자(sole proprietorship) 소유주가 사업을 완전히 통제하고 사업 손실이 소유주의 개인 세금 신고에서 공제될 수 있는 가장 단순한 형태의 비즈니스 조직으로, 한 사람이 사업을 운영하는 가장 단순한 형태

게릴라 마케팅(guerilla marketing) 전통적인 기법보다는 독창성, 기발함, 놀라움에 의존하는 저예산 마케팅 접근 방식

경쟁 금지 협약(noncompete agreement) 개인이 특정 기간 동안 이전 고용주와 경쟁하지 못하도록 하는 계약

경쟁 분석 그리드(competitive analysis grid) 기업이 경쟁사에 대해 수집한 정보를 정리해서 경쟁사와의 비교 우위를 확인하고, 시장에서 추구해야 할 아이디어를 제공하며, 경쟁 우위의 주요 원천을 파악하기 위한 도구

경쟁사 분석(competitor analysis) 기업의 직접, 간접, 잠재 경쟁사에 대한 자세한 평가

경쟁 인텔리전스(competitive intelligence) 기업이 경쟁사에 대해 알기 위해 수집하는 정보

경제스파이법(Economic Espionage Act) 1996년에 통과된 법으로, 영업 비밀 절도를 범죄로 규정하는 법

고객 자문위원회(customer advisory boards) 새로운 제품, 서비스, 고객 서비스 아이디어로 이어질 수 있는 필요 사항, 요구 사항, 문제를 논의하기 위해 일부 회사에서 정기적으로 모이는 개인 패널

고정 비용(fixed costs) 회사가 제품을 판매하든 판매하지 않든 비즈니스를 운영할 때 발생하는 비용(예: 간접비)

고정 비율 예측법(constant ratio method of forecasting) 기업의 손익계산서의 비용 항목이 매출과 동일한 비율로 증가할 것으로 예상하는 매출액 백분율법을 사용하는 예측 방식

고정 자산(fixed assets) 부동산, 건물, 장비, 가구 등 장기간에 걸쳐 사용하는 자산

공개법인(public corporation) 뉴욕 증권거래소나 나스닥과 같은 주요 증권거래소에 상장된 회사로, 소유주가 거의 즉시 주식을 매각할 수 있는 기업

공급업체(supplier) 다른 회사에 부품이나 서비스를 제공하는 회사

공인투자자(accredited investor) 창업과 같은 고위험 투자에 투자할 수 있도록 허용된 사람

공정 이용(fair use) 비평, 논평, 뉴스 보도, 교육, 장학 등의 목적으로 저작권이 있는 자료를 제한적으로 사용하는 것

과거 재무제표(historical financial statements) 과거 실적을 반영하는 재무제표로, 일반적으로 분기별 및 연간 단위로 작성

관리 능력 문제(managerial capacity problem) 기업의 성장이 새로운 비즈니스 아이디어를 조사하고 실행하는 데 사용할 수 있는 관리 능력(예: 인력, 전문성, 지적 자원)에 의해 제한될 때 발생하는 문제

관리 서비스(managerial services) 새로운 기회의 수익성 있는 실행을 촉진하는 기업의 일상적인 기능

광고(advertising) 사람들이 제품이나 서비스를 구매하도록 설득하기 위해 사람들에게 알리는 것

국제적 신진기업(international new ventures) 창업 초기부터 여러 국가에서 제품이나 서비스를 판매하기 위해 자원을 사용해서 상당한 경쟁 우위를 확보하려는 기업

규모의 경제(economies of scale) 제품을 대량 생산해서 평균 비용을 낮출 때 발생하는 현상

규모 합작투자(scale joint venture) 파트너가 가치 사슬의 한 지점에서 협력해서 생산 또는 유통에서 규모의 경제를 달성하기 위한 합작투자

글로벌 산업(global industry) 해외에서 상당한 매출을 올리고 있는 산업

글로벌 전략(global strategy) 기업이 모든 해외 시장에서 동일한 기본 접근 방식을 사용해 시장 점유율을 놓고 경쟁하는 국제 확장 전략

기술 라이선싱(technology licensing) 라이선서가 일반적으로 실용 특허를 통해 제어하는 특허 기술의 라이선싱

기술 제휴(technological alliances) R&D, 엔지니어링, 제조 분야에서 협력하는 비즈니스 제휴

기업가적 기민함(entrepreneurial alertness) 의도적인 검색 없이도 사물을 주의 깊게 인식하는 능력

기업가정신(entrepreneurship) 개인이 현재 통제하고 있는 자원에 관계없이 기회를 추구하는 과정

기업 공개(initial public offering, IPO) 회사의 주식을 대중에게 처음으로 판매하는 것을 의미하며, 회사에 네 가지 이유로 중요한 이정표이다. 즉 자본을 조달하는 방법이며, 회사의 대중적 인지도를 높이는 방법이며, 유동성 행사이며, 회사를 성장시키는 데 사용할 수 있는 또 다른 형태의 통화(회사 주식)를 창출한다.

기업 벤처 캐피털(corporate venture capital) 기업이 관심 분야와 관련된 새로운 벤처에 투자한다는 점에서 일반 벤처 캐피털과 유사한 자본 유형

기여 마진(contribution margin) 판매 단위당 남은 금액으로 회사의 고정 비용을 충당하기 위해 '기여'할 수 있는 금액

기존 제품 또는 서비스 개선(improving an existing product or service) 제품이나 서비스를 더 크게 또는 더 작게 만들거나, 사용하기 쉽게 만들거나, 더 최신으로 만들어서 그 가치와 가격 잠재력을 높이는 등 품질을 향상시키는 것

기타 자산(other assets) 누적된 영업권을 포함한 기타 자산

기회(opportunity) 새로운 제품, 서비스, 비즈니스에 대한 필요성을 창출하는 유리한 상황

기회 격차(opportunity gap) 기업가는 문제를 인식하고 이를 해결하기 위해 비즈니스를 창출

기회의 창(window of opportunity) 기업이나 기업가가 새로운 시장에 현실적으로 진입할 수 있는 기간

기회 인식(opportunity recognition) 수익성 있는 새로운 사업이나 새로운 제품 또는 서비스의 가능성을 인식하는 과정

내부 성장 전략(internal growth strategies) 신제품 개발, 기타 제품 관련 전략, 내부 확장 등 기업 자체에서 창출된 노력에 의존하는 성장 전략

네트워크 기업가(network entrepreneurs) 사회적 인맥을 통해 자신의 아이디어를 확인한 기업가

네트워킹(networking) 관심사가 비슷하거나 회사에 이점을 가져다줄 수 있는 사람들과 관계를 구축하고 유지하는 것

다국적 전략(multidomestic strategy) 기업이 국가별로 시장 점유율을 놓고 경쟁하고 현지 시장의 수요를 충족하기 위해 제품 또는 서비스 제공을 다양화하는 국제적 확장 전략

다중유닛 가맹점(multiple-unit franchisee) 지역 또는 마스터 프랜차이즈 계약을 통해 동일한 프랜차이즈 사업자의 매장을 두 개 이상 소유하고 운영하는 개인

단일 목적 대출(single-purpose loan) 특정 금액을 빌려서 정해진 기간 내에 이자와 함께 상환해야 하는 일반적인 대출 유형 중 하나

단체표장(collective marks) 협동조합, 협회, 기타 단체의 구성원이 사용하는 상표 또는 서비스표로, 조합 또는 이와 유사한 단체의 회원임을 나타내는 상표를 포함

도덕적 해이(moral hazard) 기업이 성장하고 인력을 충원할 때 직면하는 문제로, 신규 채용자가 기존 창업자와 동일한 소유권 인센티브를 갖지 않거나 열심히 일할 동기를 갖지 않을 것이라는 가정에서 비롯한다.

독점 유통 계약(exclusive distribution arrangements) 소매업체 또는 기타 중개업체에 특정 기간 동안 특정 지역에서 회사의 제품을 판매할 수 있는 독점권을 부여하는 계약

동질적인 팀(homogeneous team) 개별 구성원의 경험과 전문

분야가 매우 유사한 팀

디자인 특허(design patents) 제조된 제품을 위한 새롭고 독창적이며 장식적인 디자인의 발명을 다루는 두 번째로 일반적인 유형의 특허

땀 자본(sweat equity) 창업자가 새로운 회사에 투입하는 시간과 노력의 가치

라운드(rounds) 투자자가 회사에 투자하는 후속 투자 단계

라이선서(licensor) 라이선스를 제공하는 회사

라이선스 계약(licensing agreement) 라이선스 제공자와 라이선스 사용자 간의 공식적인 계약

라이선시(licensee) 다른 회사의 지식재산을 사용할 수 있는 권리를 구입하는 회사

라이선싱(licensing) 한 회사가 다른 회사에 명확하게 정의된 조건하에 특정 형태의 지식재산을 사용할 수 있는 권한을 부여하는 것

라이프스타일 기업(lifestyle firms) 소유주에게 특정 라이프스타일을 추구하고 이를 통해 생계를 유지할 수 있는 기회를 제공하는 비즈니스(예: 스키 강사, 프로 골퍼, 여행 가이드)

랜딩 페이지(landing page) 일반적으로 "하와이 휴가를 구매하려면 여기를 클릭하세요"와 같은 직접 판매 문구를 제공하는 단일 웹페이지

레퍼런스 계정(reference account) 제품 사용 경험에 대한 평가를 기꺼이 제공할 의사가 있는 회사 제품의 초기 사용자

로드쇼(road show) 상장을 원하는 기업의 최고 경영진이 주요 도시에서 투자자 그룹을 대상으로 사업 계획을 발표하는 회의로 구성된 순회 투어

로엔드 시장 파괴(low-end market disruption) 한 산업의 기업이 고객의 요구나 욕구의 상당 부분보다 실제로 더 나은 수준까지 제품이나 서비스를 지속적으로 개선하는 파괴적 혁신의 한 유형

리더십 전략(leadership strategy) 기업이 업계에서 지배적인 플레이어가 되기 위한 경쟁 전략

리스(lease) 부동산 소유자가 개인이나 기업이 정기적으로 지불하는 대가로 특정 기간 동안 부동산을 사용할 수 있도록 허용하는 서면 계약

리워드 기반 크라우드 펀딩(rewards-based crowdfunding) 이러한 유형의 펀딩을 통해 기업가는 어떤 종류의 편의나 보상을 대가로 자금을 모을 수 있다.

링크 합작투자(link joint venture) 당사자의 위치가 대칭적이지 않고 파트너의 목표가 다를 수 있는 합작투자

마스터 프랜차이즈 계약(master franchise agreement) 지역 프랜차이즈 계약과 유사하지만, 가맹점은 특정 지역에서 특정 수의 지점을 운영할 수 있는 권리 외에도 해당 지역의 다른 사람들에게 프랜차이즈를 제공하고 판매할 수 있는 권리도 가진다.

마인드맵(mind map) 정보를 시각적으로 정리하는 데 사용하는 다이어그램

마케팅 믹스(marketing mix) 기업이 목표 시장에서 원하는 반응을 이끌어내기 위해 사용하는 통제 가능한 전술적 마케팅 도구의 집합으로, 일반적으로 제품, 가격, 프로모션, 장소(또는 유통)의 네 가지 'P'를 중심으로 구성

마케팅 전략(marketing strategy) 제품 및 서비스를 마케팅하기 위한 기업의 전반적인 접근 방식

마케팅 제휴(marketing alliances) 일반적으로 제품이나 서비스의 판매를 늘리기 위해 유통 시스템을 갖춘 회사와 판매할 제품이 있는 회사를 매칭하는 것

매입 조항(buyback clause) 대부분의 창업자 합의서에서 찾을 수 있는 조항으로, 떠나는 창업자가 남아 있는 창업자가 관심을 보이는 경우 자신의 회사 지분을 법적으로 판매할 수 있는 의무를 부과하는 조항

매출액 백분율법(percent-of-sales-method) 각 비용 항목을 매출의 백분율로 표현하는 방법

매출 예측(sales forecast) 특정 기간(예: 1년) 동안의 회사 매출에 대한 예측이지만, 대부분의 회사는 향후 2~5년 동안의 매출을 예측

매출원가(cost of sales) 재료비와 직접 노동비(즉, 매출원가)를 포함한 제품이나 서비스를 생산하거나 인도하는 것과 관련된 모든 직접 비용

매출채권(accounts receivable) 회사가 고객으로부터 받는 돈

멘토(mentor) 창업자보다 경험이 풍부해서 기꺼이 상담과 조언을 제공할 수 있는 사람

목표 시장(target market) 특정 시점에 기업이 목표로 삼거나 어필하려고 하는 제한된 개인 또는 기업 그룹

무역 박람회(trade show) 특정 산업의 상품이나 서비스를 전시하고 시연하는 행사

무한책임 파트너(general partners) 벤처 캐피털 펀드를 관리하는 벤처 캐피털리스트

미션 또는 미션 선언문(mission or mission statement) 회사가 존재하는 이유와 비즈니스 모델이 달성해야 하는 목표를 설명하는 성명서

바이럴 마케팅(viral marketing) 사람들이 특정 제품이나 서비스

에 대한 마케팅 메시지를 쉽게 전달하도록 장려하는 새로운 마케팅 기법

발명 양도 계약(assignment of invention agreement) 고용 계약의 일부로 직원이 서명한 문서로, 직원이 고용 기간 동안 발명한 발명의 특허를 출원할 수 있는 권리를 고용주에게 양도하는 계약서

버그 보고서(bug report) 브레인스토밍을 가르치기 위해 교실에서 많이 사용하는 기법

버즈(buzz) 회사와 그 제품에 대한 인식과 기대감

범위의 경제(economies of scope) 기업이 생산 규모보다는 운영 범위(또는 범위)를 통해 얻는 이점

법인(corporation) 국가의 권한하에 조직된 별도의 법인

법인의 상호(piercing the corporate veil) 법인의 소유주가 연간 납세 신고를 하지 않거나, 연회비 납부를 소홀히 하거나, 사기를 저지르는 경우 발생하는 일련의 사건으로, 법원은 법인이 설립되었다는 사실을 무시할 수 있으며 소유주는 법인의 행위에 대해 개인적으로 책임을 지게 될 수 있다.

벤처 리스 회사(venture-leasing firms) 임대 계약에 관련된 당사자들을 연결해주는 중개자 역할을 하는 회사(예: 특수 장비 생산업체를 잘 알고 있어서 해당 생산업체와 해당 장비가 필요한 신규 벤처를 연결해주는 회사)

벤처 캐피털(venture capital) 벤처 캐피털 회사가 성장 잠재력이 뛰어난 스타트업 및 중소기업에 투자하는 자금

변동 비용(variable costs) 회사가 매출을 창출할 때 발생하는 고정되지 않은 비용

부채 비율(debt-to-equity ratio) 회사의 장기 부채를 주주 자본으로 나누어 계산한 비율

부채 조달(debt financing) 대출을 받는 것. 부채 조달의 가장 일반적인 출처는 상업은행과 중소기업청(SBA)의 보증 대출 프로그램이다.

부트스트래핑(bootstrapping) 돈을 빌리거나 전통적인 자금 조달원으로부터 자본을 조달하는 대신 창의력, 기발함, 가능한 모든 방법을 사용해서 자원을 얻는 것

브랜드(brand) 사람들이 회사와 연관시키는 긍정적 또는 부정적인 특성의 집합

브랜드 관리(brand management) 소비자의 마음속에 있는 조직의 브랜드 이미지와 가치를 보호하는 프로그램

브랜드 자산(brand equity) 브랜드와 연결되어 기업의 가치를 높일 수 있는 자산과 부채의 집합

브레인스토밍(brainstorming) 많은 아이디어와 문제 해결책을 신속하게 도출하는 데 사용하는 기법으로, 제품 또는 비즈니스 기회를 나타낼 수 있는 아이디어를 창출하기 위해 실시

비공개법인(private corporation) 경영진이나 가족 등 소수의 주주가 모든 주식을 보유하고 있으며 주식이 공개적으로 거래되지 않는 법인

비밀 유지 협약(nondisclosure agreement) 직원 또는 다른 당사자(예: 공급업체)가 회사의 영업 비밀을 공개하지 않겠다는 약속

비용 구조(cost structure) 비즈니스 모델을 지원하는 데 발생하는 가장 중요한 비용에 대한 설명

비용 절감 전략(cost reduction strategy) 프로세스 개선을 통해 산업에서 존재하는 것보다 낮은 가격을 제공하는 마케팅 전략

비유동성(illiquid) 지인투자법인과 비공개법인의 주식을 모두 설명하며, 일반적으로 주식 구매자를 찾기가 쉽지 않음을 의미

비율 분석(ratio analysis) 기업이 재무 목표를 달성하고 있는지 여부와 업계 동료와 비교해서 어떠한지 파악하는 데 사용하는 기업의 재무제표 항목 간의 관계를 보여주는 비율

비즈니스 모델(business model) 기업이 어떻게 경쟁하고, 자원을 사용하고, 관계를 구성하고, 고객과 소통하고, 창출한 이익을 바탕으로 지속 가능한 가치를 창출하는지에 대한 기업의 계획

비즈니스 방법 특허(business method patent) 사업 수행 방법 또는 이를 용이하게 하는 발명을 보호하는 특허

비즈니스에 대한 열정(passion for their business) 자신의 비즈니스가 사람들의 삶에 긍정적인 영향을 미칠 것이라는 기업가의 신념으로, 성공적인 기업가의 특징 중 하나

비즈니스 엔젤(business angels) 개인 자본을 새로운 벤처에 직접 투자하는 개인

비즈니스 포맷형 프랜차이즈(business format franchise) 프랜차이즈 사업자가 교육, 광고, 기타 형태의 지원과 함께 가맹점주에게 사업 운영 공식을 제공하는 가장 인기 있는 프랜차이즈 방식

사내 기업가정신(corporate entrepreneurship) 능동적이고 혁신적이며 위험을 감수하는 기업가정신을 가진 기존 기업이 보여주는 행동 지향성

사내이사(inside director) 회사의 임원이면서 이사회의 구성원인 사람

사모펀드(private placement) 대규모 기관 투자자에게 증권을 직접 판매하는 IPO의 변형

사베인스-옥슬리 법(Sarbanes-Oxley Act) Enron이나 Worldcom과 같은 유명 기업의 회계 스캔들에 대응하기 위해 통과된 연방법

사업 계획서(business plan) 비즈니스 벤처의 모든 측면을 설명하는 서면 문서로, 일반적으로 자금을 조달하고 우수한 비즈니스 파트너를 유치하는 데 필요

사외이사(outside director) 회사에 고용되어 있지 않은 회사 이사회의 구성원

사용 의사에 의한 상표 출원(intent-to-use trademark application) 상표를 등록하고 사용하려는 신청자의 의도에 기반한 신청

사전 창업 경험(prior entrepreneurial experience) 미래의 기업가적 성과를 가장 일관되게 예측하는 요인 중 하나

산업(industry) 필라테스 및 요가 스튜디오, 태양광 패널 등 유사한 제품이나 서비스를 생산하는 회사들의 그룹

산업/목표 시장 타당성(industry/target market feasibility) 제안하는 제품이나 서비스에 대한 산업 및 목표 시장의 전반적인 매력에 대한 평가

산업 분석(industry analysis) 산업의 잠재력에 초점을 맞춘 비즈니스 연구

상표(trademark) 제품 또는 서비스의 원천(source)이나 생산지(origin)를 알아볼 수 있게 하고 해당 제품 및 서비스를 타사의 것과 구별하기 위해 사용하는 모든 저작물, 명칭, 기호, 장치

상품 및 캐릭터 라이선싱(merchandise and character licensing) 일반적으로 라이선서가 등록상표나 저작권을 통해 제어하는 공인 상표 또는 브랜드에 대한 라이선싱

생계형 기업(salary-substitute firms) 소유주에게 고용주를 위해 일할 때와 비슷한 수준의 수입을 제공하는 소규모 회사(예: 세탁소, 편의점, 식당, 회계법인, 소매점, 미용실)

생산적 기회 집합(productive opportunity set) 회사가 추구할 수 있다고 생각하는 일련의 기회

서비스(service) 비행기 여행이나 변호사의 조언과 같이 무형적이고 물리적 형태를 취하지 않는 활동 또는 혜택

서비스표(service marks) 일반 상표와 유사하지만 기업의 물리적 제품이 아닌 서비스 또는 무형의 활동을 식별하는 데 사용

선도자 우위(first-mover advantage) 제품이나 서비스를 최초로 출시하거나 시장에 최초로 진입한 기업이 브랜드 인지도 및/또는 시장 지배력을 구축할 수 있는 기회를 통해 얻을 수 있는 중요한 이점

설립서(articles of incorporation) 법인을 설립한 주(state)의 국무부 장관실에 제출하는 법적 단체를 구성하는 문서

성숙 산업(mature industry) 수요 증가가 느리거나 전혀 없고, 신규 고객보다는 단골 고객이 많으며, 제품 혁신에 한계가 있는 산업

성장 속도(pace of growth) 기업이 매년 성장하는 속도

소셜 플러그인(social plug-ins) 웹사이트가 사용자에게 개인화된 소셜 경험을 제공하는 데 사용하는 도구

손익계산서(income statement) 특정 기간 동안의 회사 운영 결과를 반영하는 재무제표로 월별, 분기별, 연간 단위로 작성

손익분기점(break-even point) 총수익이 산출물과 관련된 총비용과 같아지는 지점

쇠퇴 산업(declining industry) 수요 감소를 겪고 있는 산업

수익률(yield rate) 엔젤 투자자의 관심을 끌 수 있는 투자 기회 중에서 실제 투자로 이어진 비율

수익성(profitability) 이익을 얻을 수 있는 능력

수익흐름(revenue streams) 기업이 돈을 버는 방법에 대한 설명

순매출(net sales) 총매출에서 반품 및 할인에 대한 수당을 차감한 금액

스킬 프로필(skills profile) 가장 중요한 필요 스킬과 스킬 격차가 존재하는 위치를 나타낸 차트

스핀아웃(spin-out) 대기업이 소규모 사업부 중 하나를 분사할 때 발생하는 스핀인의 반대 개념

스핀인(spin-ins) 소규모 회사의 지분이 적은 대기업이 해당 회사의 지분 100%를 인수하기로 결정할 때 발생하는 거래

시그널링(signaling) 우수한 개인이 회사의 이사회에서 봉사하기로 동의하는 행위로, 해당 개인이 회사가 성공할 잠재력이 있다고 믿는다는 것을 의미

시장 보급 확대 전략(market penetration strategy) 시장 공략을 강화하거나 생산 능력과 효율성을 높여 제품 또는 서비스의 판매를 늘리기 위해 고안된 전략

시장 분석(market analysis) 업계를 여러 부문(세그먼트)으로 나누고 회사가 어필하려는 특정 부문(또는 목표 시장)에 집중하는 분석

시장 세분화(market segmentation) 기업이 경쟁하려는 산업을 연구해 해당 산업에서 다양한 잠재적 목표 시장을 결정하는 과정

시장 지배력(market leadership) 판매량 측면에서 산업 또는 틈새 시장에서 1위 또는 2위 기업일 때 기업의 위치

식물 특허(plant patents) 씨앗을 심지 않고 접목이나 교배를 통해 무성 생식으로 번식할 수 있는 새로운 품종의 식물을 보호하는 특허

신생벤처팀(new-venture team) 새로운 벤처를 아이디어에서 완전한 기능을 갖춘 회사로 발전시키는 창립자, 핵심 직원, 고문으로 구성된 그룹

신생조직의 불리함(liability of newness) 회사를 시작하는 사람들이 새로운 역할에 충분히 빨리 적응하지 못하고 고객 및 공급업체에 대한 '실적'이 부족해 신생 회사가 종종 흔들리는 상황

신시장 파괴(new market disruption) 이전에는 제공되지 않았던 시장을 공략하는 시장 파괴적 혁신

신임 의무(fiduciary obligation) 항상 상대방의 최선의 이익을 위해 행동할 의무. 프랜차이즈 사업자가 가맹점에 대한 신임 의무가 있다고 가정하는 것은 잘못된 것이다.

신제품 개발(new product development) 기업의 수익을 늘리기 위한 수단으로 새로운 제품(또는 서비스)을 만들어 판매하는 것

신흥 산업(emerging industry) 표준 운영 절차가 아직 개발되지 않은 새로운 산업

실사(due diligence) 잠재적 벤처의 장점을 조사하고 사업 계획서의 주요 주장을 검증하는 과정

실용 특허(utility patents) 우리가 일반적으로 생각하는 새로운 발명을 다루는 가장 일반적인 유형의 특허로, 유용해야 하고 해당 분야의 선행 기술과 관련해서 참신해야 하며, 해당 분야의 통상의 기술자에게 명백하지 않아야 한다.

실행 지능(execution intelligence) 탄탄한 사업 아이디어를 실행 가능한 비즈니스로 만드는 능력으로, 성공한 기업가의 핵심 특징

아웃소싱(outsourcing) 회사의 정규 직원이 아닌 다른 사람이 회사를 위해 수행하는 업무

아이디어(idea) 생각, 인상, 관념

아이디어-표현의 이분법(idea-expression dichotomy) 아이디어는 복제할 수 없지만 아이디어의 구체적인 표현은 복제할 수 있다는 개념을 설명하는 법적 원칙

안정성(stability) 회사의 전반적인 재무 상태의 강점과 활력

약속어음(promissory note) 대출 조건을 자세히 설명하는 서면 계약

약한 유대 관계(weak-tie relationships) 공통점이 많지 않은 우연히 알게 된 사람들 사이에서 형성되는 드문 상호작용을 특징으로 하는 관계로, 완전히 새로운 아이디어의 원천이 될 수 있다.

에이전시 이론(agency theory) 대리인은 월급을 받기 때문에 자신이 관리하는 비즈니스의 성공에 대해 비즈니스의 이익을 취하는 소유주만큼 헌신적이지 않을 수 있다고 주장하는 경영 개념. 이 이론은 프랜차이즈의 개념을 지지하는데, 프랜차이즈 사업자는 사실상 자신이 관리하는 사업체의 소유자이기 때문이다.

엘리베이터 스피치(또는 피치)[elevator speech (or pitch)] 비즈니스 기회의 장점을 간결하고 신중하게 정리한 짧은 발표문

역선택(adverse selection) 기업이 성장함에 따라 직원 수가 증가하면, 적절한 직원을 찾고 적절한 위치에 배치하며 적절한 감독을 제공하는 것이 더 어려워진다는 것

연방상표법(Lanham Act) 1946년에 통과된 미국 의회의 법안으로, 상표법에 따라 보호되는 내용을 명시하고 있다.

연방 직원 식별 번호(Federal Employee Identification Number, EIN) 각종 세금 신고 시 사용하는 세금 식별 번호

연소율(brn rate) 회사가 수익성에 도달할 때까지 자본을 지출하는 비율

영업 비밀(trade secret) 정보 소유자에게 시장에서의 경쟁 우위를 제공하는 공식, 패턴, 물리적 장치, 아이디어, 프로세스, 기타 정보

영업 활동(operating activities) 당기 순이익(또는 손실), 감가상각비, 현금 및 단기 차입금을 제외한 유동 자산과 유동 부채의 변동에 영향을 미치는 활동

예비 투자 설명서(preliminary prospectus) 투자은행이 발행하는 문서로, SEC가 공모에 대한 조사를 진행하는 동안 일반 대중에게 잠재적인 공모를 설명하는 문서('붉은 청어'라고도 함)

예산(budgets) 회사의 수입, 지출, 자본 수요에 대한 항목별 예측으로, 재무 계획 및 관리를 위한 중요한 도구

예측(forecasts) 기업의 과거 실적, 현재 상황, 향후 계획을 바탕으로 한 기업의 미래 수입과 지출에 대한 추정치

외부 성장 전략(external growth strategies) 합병, 인수, 전략적 제휴, 합작투자, 라이선스, 프랜차이즈와 같은 제3자와의 관계 구축에 의존하는 성장 전략

요약(executive summary) 바쁜 독자에게 새로운 사업의 특징에 대해 알아야 할 모든 것을 제공하는 전체 사업 계획서 대한 간략한 개요

요약 사업 계획서(summary business plan) 10~15쪽 분량의 사업 계획서로, 전체 계획서를 작성할 준비가 되지 않은 개발 초기 단계의 회사에 가장 적합

우선주(preferred stock) 일반적으로 배당 및 청산 시 회사 자산에 대해 보통주보다 우선권을 갖는 보수적인 투자자에게 발행되는 주식

운영(operations) 회사의 전체 비즈니스 모델에 필수적인 활동이자 일상적인 기업 경영에서 중심 역할을 하는 활동

운영 레버리지(operating leverage) 기업의 고정 비용과 변동 비용을 비교한 분석

운영비(operating expenses) 제품 또는 서비스 생산과 직접 관

련이 없는 마케팅, 관리비, 기타 비용

운영 사업 계획서(operational business plan) 회사 운영에 대한 청사진으로, 주로 내부 사용자를 대상으로 한다.

운전 자본(working capital) 기업의 유동 자산에서 유동 부채를 뺀 값

원가 기반 가격 책정(cost-based pricing) 제품 원가에 마크업 비율을 추가해서 정가를 결정하는 가격 책정 방식

위치(position) 경쟁사 대비 회사 전체의 위치

유기적 성장(organic growth) 외부의 개입에 의존하지 않고 기업 내에서 내부적으로 생성되는 성장

유동 부채(current liabilities) 외상매입금, 미지급 비용, 장기 부채의 당기 상환액을 포함해서 1년 이내에 지급해야 하는 의무

유동 비율(current ratio) 회사의 유동 자산을 유동 부채로 나눈 비율

유동성(liquidity) 사업체나 기타 자산을 시장 가치에 가까운 가격으로 신속하게 매각할 수 있는 능력. 또한 기업이 단기적인 재정적 의무를 이행할 수 있는 능력

유동성 행사(liquidity event) 새로운 벤처기업이 상장하거나, 구매자를 찾거나, 다른 기업에 인수되는 등 회사 주식의 일부 또는 전부를 현금으로 바꾸는 사건

유동 자산(current assets) 현금 및 매출채권, 재고, 유가 증권과 같이 현금으로 쉽게 전환할 수 있는 자산

유동적인 주식 시장(liquid market) 조직화된 거래소를 통해 주식을 상당히 쉽게 사고팔 수 있는 시장

유통 채널(distribution channel) 제품이 제조된 곳에서 최종 사용자인 고객에게 전달되는 경로

유한책임 파트너(limited partners) 벤처 캐피털 펀드와 같이 유한 책임을 지는 파트너십의 참여자로, 투자한 금액까지만 책임을 지고 관리 권한이 없다.

유한책임회사(limited liability company, LLC) 법인의 유한 책임 이점과 파트너십의 세금 혜택을 결합한 사업 조직 형태

윤리 강령(code of conduct) 특정 윤리적, 사회적 이슈에 대한 조직의 가치관을 공식적으로 명시한 문서

윤리 교육 프로그램(ethics training programs) 직원들에게 업무상 발생할 수 있는 윤리적 딜레마 유형에 대응하는 방법을 가르치기 위해 고안된 프로그램

윤리적 딜레마(ethical dilemma) 자신이나 조직에 이익이 되지만 비윤리적일 수 있는 일을 해야 하는 상황

이사회(board of directors) 회사의 주주들이 회사 경영을 감독하기 위해 선출한 개인들로 구성된 패널

이익률(profit margin) 순이익을 평균 순매출액으로 나누어 계산하는 기업의 매출 수익률의 척도

이정표(milestone) 사업 계획의 맥락에서 비즈니스의 과거 또는 미래 발전에서 주목할만한 사건

이중 과세(double taxation) 법인의 순이익에 대해 세금을 부과하는 과세 방식. 동일한 소득이 배당금 형태로 주주에게 분배될 경우, 주주의 개인 소득세 신고 시 다시 과세한다.

이질적인 팀(heterogeneous team) 팀원 개개인의 능력과 경험이 다양한 팀

이탈(churn) 구독 기반 비즈니스가 매월 잃는 구독자 수

인수(acquisition) 한 회사가 다른 회사를 완전히 사들이는 것

인수 대상(target) 인수의 경우, 인수되는 회사를 의미

인수자(acquirer) 인수 과정에서 남아 있는 기업

인턴(intern) 실무 경험을 쌓을 목적으로 견습생 또는 수습생으로 사업체에서 근무하는 사람

일반주(common stock) 기명식 주식보다 더 광범위하게 발행되며 주주에게 회사 이사회를 선출할 수 있는 의결권을 부여하는 주식

일반 파트너십(general partnership) 두 명 이상이 자신의 기술, 능력, 자원을 모아 비즈니스를 운영하는 비즈니스 조직의 한 형태

일상생활 연구(day-in-the-life research) 기업이 고객의 가정이나 사업장에 연구원을 파견해서 고객의 만족도를 확인하고 신제품 아이디어를 조사하기 위해 사용하는 인류학적 연구의 한 형태

자금 출처 및 사용 내역서(sources and uses of funds statement) 사업 계획서의 재무 항목에 일반적으로 포함되는 문서로, 회사에 필요한 자금의 양, 자금의 출처, 자금의 용도를 구체적으로 설명하는 문서

자기 자본(owners' equity) 소유주가 기업에 투자한 지분과 배당금을 지급한 후에도 기업이 여전히 보유하고 있는 누적 수익

자문위원회(advisory board) 기업의 경영진으로부터 지속적인 자문과 조언을 요청받는 전문가 패널로, 이사회와 달리 기업에 대한 법적 책임이 없으며 구속력이 없는 자문을 제공

자문위원회(board of advisors) 회사 경영진의 요청에 따라 지속적으로 자문과 조언을 제공하는 전문가 패널

자원(resources) 기업이 제품이나 서비스를 생산, 판매, 유통, 서비스하는 데 사용하는 투입물

장기 부채(long-term liabilities) 부동산, 건물, 장비의 매입과 관련된 부채를 포함해 1년 이상 상환해야 하는 어음 또는 대출

장소(place) 기업의 제품을 원산지에서 소비자까지 이동시키는 모

든 활동(유통이라고도 함)을 포괄하는 마케팅 믹스 범주

재고 자산(inventory) 기업의 상품, 원자재, 판매 대기 중인 제품

재무 관리(financial management) 가장 높은 수익률을 달성하는 방식으로 자금을 조달하고 회사의 재정을 관리하는 과정

재무 비율(financial ratios) 기업이 재무 목표를 달성하고 있는지 여부와 업계 동료와 비교하는 데 사용되는 재무제표 항목 간의 관계를 보여주는 비율

재무상태표(balance sheet) 회사의 자산, 부채, 자본의 특정 시점에서의 현황을 보여주는 것으로, 회사의 재무 상태를 나타내는 스냅숏

재무제표(financial statement) 기업의 재무 상태를 정량적으로 설명하는 서면 보고서

재무 타당성 분석(financial feasibility analysis) 필요한 총 창업 자금, 유사 비즈니스의 재무 성과, 제안된 벤처의 전반적인 재무 매력도를 고려한 신규 벤처에 대한 예비 재무 평가

재무 활동(financing activities) 특정 기간 동안 돈을 빌리거나 주식을 팔아 현금을 조달하거나 배당금 지급, 발행 주식 환매, 발행 채권 환매 등을 통해 일정 기간 동안 현금을 사용하는 활동

저작권(copyright) 저작물 소유자에게 저작물의 사용 방법을 결정하고 저작물의 경제적 이익을 얻을 수 있는 법적 권리

저작권 버그(copyright bug) 출시 연도 및 저작권 소유자를 표시한 동그라미 안의 문자 c(예: © 2018 Dell Inc)

저작권 침해(copyright infringement) 한 저작물이 다른 저작물에서 파생되었거나 정확한 복제품이거나 저작권이 있는 원본 저작물과 상당한 유사성을 보일 때 발생하는 타인의 저작권 침해

적당한 수준의 위험(moderate risk takers) 지나치게 보수적이거나 도박을 할 가능성이 높지 않고, 비즈니스에서 적당한 수준의 위험을 감수할 의향이 있는 것으로 묘사되는 기업가

적절한 산업 경험(relevant industry experience) 기업가의 현재 벤처와 동일한 산업에서의 경험으로, 업계 인맥 네트워크와 산업의 미묘한 부분에 대한 이해를 포함

전략적 제휴(strategic alliance) 두 개 이상의 회사 간의 파트너십으로 특정 목표를 달성하기 위해 개발되는 파트너십

전체 사업 계획서(full business plan) 요약 사업 계획서보다 훨씬 더 자세하게 회사의 운영 및 계획을 설명하는 문서로, 일반적으로 투자자를 위한 사업 계획서를 작성하는 데 사용되는 형식

제품(product) 기업이 목표 시장에 제공하는 재화 또는 서비스인 마케팅 믹스 요소로, 흔히 물리적 형태를 가진 것

제품/고객 중심(product/customer focus) 고객을 만족시킬 수 있는 능력을 갖춘 좋은 제품을 생산하는 것을 강조하는 성공하는 기업가의 특징

제품 라인 확장 전략(product line extension strategy) 다양한 고객에게 어필할 수 있도록 제품의 추가 버전을 만드는 전략

제품 및 상표 프랜차이즈(product and trademark franchise) 프랜차이즈 사업자가 가맹점주에게 자사 제품을 구매하고 상표명을 사용할 수 있는 권리를 부여하는 계약

제품/서비스 타당성 분석(product/service feasibility analysis) 제안 중인 제품 또는 서비스의 전반적인 매력에 대한 평가

제품 속성 맵(product attribute map) 주요 라이벌과 비교해서 기업의 포지셔닝 전략을 보여주는 지도

제품/시장 범위(product/market scope) 회사가 집중할 제품과 시장을 정의하는 범위

제품/시장 적합성(product/market fit) 제품 또는 서비스가 제공하는 혜택과 잠재 고객이 필요로 하고 요구하는 사항

제품 프로토타입(product prototype) 신제품의 첫 번째 물리적 표현으로, 종종 조잡하거나 예비적인 형태

제한 파트너십(limited partnership) 일반 파트너십의 변형된 형태로, 일반 파트너와 제한 파트너라는 두 가지 종류의 소유자를 포함한다. 일반 파트너는 파트너십의 채무와 의무에 대해 책임을 지지만 제한 파트너는 투자 금액까지만 책임을 진다. 제한 파트너는 자신의 제한적인 책임 상태를 위태롭게 하지 않는 한 조직에 대한 중요한 통제권을 행사할 수 없다.

제한 파트너십 계약서(limited partnership agreement) 일반 파트너와 제한 파트너의 권리와 의무를 명시하고, 파트너십의 관리 및 해산 방법에 대한 세부 사항을 규정

조직도(organizational chart) 회사 내에서 권한과 책임이 어떻게 배분되어 있는지를 그래픽으로 표현한 도표

조직 타당성 분석(organizational feasibility analysis) 제안된 사업이 성공할 수 있는 충분한 경영 전문성, 조직 경쟁력, 자원을 갖추고 있는지 확인하기 위해 수행하는 연구

주가 대비 수익(P/E) 비율[price-to-earnings (P/E) ratio] 수익 대비 회사 주식의 가격을 측정하는 단순 비율

주식 기반 크라우드펀딩(equity-based crowdfunding) 이러한 유형의 자금 조달은 비즈니스에 대한 지분을 대가로 자금을 제공하는 개인을 활용해 비즈니스가 자금을 조달하는 데 도움을 준다.

주식 옵션(stock options) 직원에게 일정 기간 동안 정해진 가격으로 회사 주식의 일정 수량을 매입할 수 있는 옵션 또는 권리를 부여하는 특별한 형태의 인센티브 보상

주주(shareholders) 기업의 부채와 의무에 대해 개인적 책임이 면제되는 기업의 소유주

중재(mediation) 공정한 제3자(주로 전문 중재자)가 분쟁에 관련된 당사자들이 합의에 도달하도록 돕는 프로세스

증명표장(certification marks) 제품이나 서비스에 대한 특정 품질을 인증하기 위해 소유자가 아닌 다른 사람이 사용하는 마크, 문자, 명칭, 기호, 장치

지리적 롤업 전략(geographic roll-up strategy) 한 기업이 다른 지역에 위치한 유사한 기업을 인수하기 시작하는 것

지리적 확장(geographic expansion) 창업 비즈니스가 원래 위치에서 다른 지역으로 단순히 확장함으로써 성장하는 내부 성장 전략

지분투자(equity financing) 일반적으로 주식의 형태로 기업의 일부 소유권을 자금 지원과 교환해서 자금을 조달하는 수단

지속적인 성장(sustained growth) 장기간에 걸쳐 매출과 이익이 모두 성장하는 것

지식재산(intellectual property) 무형이지만 시장에서 가치가 있고 특허, 상표, 저작권, 영업 비밀과 같은 도구를 통해 보호받을 수 있는 인간의 지성, 상상력, 창의성, 독창성의 산물

지식재산 감사(intellectual property audit) 기업이 소유하고 있는 지식재산에 대한 평가

지역 프랜차이즈 계약(area franchise agreement) 프랜차이즈가 특정 지역에서 특정 수의 매장을 소유하고 운영할 수 있도록 허용하는 계약

지인투자법인(closely held corporation) 의결권 주식을 소수의 개인이 보유하며 거래가 거의 없거나 드물게 일어나는 법인

직원(employee) 기업의 정책 및 절차에 따라 도구와 장비를 활용해 기업이 있는 곳에서 또는 가상 공간에서 기업을 위해 일하는 사람

진입 장벽(barrier to entry) 새로운 기업이 산업에 진입하는 데 불이익을 주는 조건

차별화 근거(basis of differentiation) 소비자가 다른 회사 제품보다 한 회사의 제품을 선택하는 이유

창업 강도(entrepreneurial intensity) 매우 보수적인 기업에서 매우 혁신적인 기업에 이르는 연속선상에 있는 기업의 위치

창업기업(entrepreneurial firms) 기회를 창출하고 포착해서 새로운 제품과 서비스를 시장에 출시하는 기업

창업 서비스(entrepreneurial services) 새로운 시장, 제품, 서비스 아이디어를 창출하는 서비스

창업자 합의서(founders' agreement) 회사 창업자들 간의 지분 분할, 개별 창업자가 회사에 투자한 현금 또는 '노력'에 대한 보상 방법, 창업자가 자신의 지분을 완전히 획득하기 위해 회사에 머무르는 기간 등과 같은 문제를 다루는 서면 문서. 때로는 '주주 계약(shareholders' agreement)'이라고도 한다.

창의성(creativity) 참신하거나 유용한 아이디어를 창출하는 과정

창조적 파괴(creative destruction) 기업가가 개발한 새로운 제품과 기술이 시간이 지남에 따라 기존의 제품과 기술을 쓸모없게 만드는 과정을 나타내며, 이는 경제 활동을 촉진하는 역할을 한다.

채널(channels) 기업이 고객에게 제품 또는 서비스를 제공하는 방법에 대한 설명

초기 창업팀(founding team) 새로운 벤처를 시작하기 위해 선택된 개인들로 구성된 팀. 이 팀을 구성한 회사는 개인이 창업한 회사보다 유리한 점이 있는데, 그 이유는 팀이 단독 창업자보다 더 많은 인재, 자원, 아이디어, 전문 인맥을 새로운 벤처에 투입할 수 있기 때문이다.

최종 투자 설명서(final prospectus) 증권거래위원회(SEC)가 공모를 승인한 후 투자은행이 발행하는 문서로, 공모의 날짜와 발행 가격이 명시되어 있다.

최초 사용 기한 후 1년(one year after first use deadline) 제품 또는 공정이 처음으로 판매되거나 공개 사용되거나 인쇄물에 기재된 날로부터 1년 이내에 특허를 신청해야 하는 요구 사항을 의미한다. 이 요건을 어길 경우 특허 신청 권리가 상실된다.

추정(또는 예상) 재무제표[pro forma (or projected) financial statements] 사업 계획서의 재무 항목에서 핵심이 되는 재무제표

추정 손익계산서(pro forma income statement) 특정 기간 동안 회사의 예상 운영 결과를 보여주는 재무제표

추정 재무상태표(pro forma balance sheet) 기업의 활동이 단기 부채를 상환하는 능력에 어떤 영향을 미치는지와 시간이 지남에 따라 재무 상태가 어떻게 변화할 것인지에 대한 전망을 제공

추정 재무제표(pro forma financial statements) 기업의 예측에 기반한 미래 기간에 대한 예측으로, 일반적으로 향후 2~3년 동안 작성된다.

추정 현금흐름표(pro forma statement of cash flows) 특정 기간 동안 회사로 들어오고 나가는 현금의 예상 흐름을 보여주는 재무제표

캐리(carry) 벤처 캐피털리스트가 받는 이익의 백분율

컨설턴트(consultant) 전문적인 조언을 제공하는 개인. 컨설턴트는 유료 컨설턴트와 비영리 또는 정부 기관을 통해 무료 또는 할인된 가격으로 이용 가능한 컨설턴트의 두 가지 범주가 있다.

컴퓨터 소프트웨어 저작권법(Computer Software Copyright

Act) 1980년 미국 의회는 이전의 저작권법을 수정한 이 법을 통과시켰으며, 현재 모든 형태의 컴퓨터 프로그램이 이 법의 보호를 받는다.

콘셉트 설명서(concept statement) 제공되는 제품 또는 서비스에 대한 설명, 예상 목표 시장, 제품 또는 서비스의 혜택, 시장에서 제품의 위치, 제품 또는 서비스의 판매 및 배포 방법을 포함하는 비즈니스에 대한 예비 설명

콘셉트 테스트(concept test) 고객의 관심도, 선호도, 구매 의도를 측정하기 위해 잠재 사용자에게 제품 또는 서비스를 표현하는 것

크라우드펀딩(crowdfunding) 일반적으로 인터넷을 통해 사람들이 돈과 기타 자원을 모아 다른 사람이나 조직이 시작한 노력을 지원하는 자금 조달 방법

타당성 분석(feasibility analysis) 사업 아이디어가 추진 가치가 있는지 여부를 결정하기 위한 예비 평가

탈중개(disintermediation) 유통업체 및 소매업체와 같은 중개자 단계를 제거해서 고객에게 직접 판매하는 과정

태그라인(tagline) 회사의 홍보물, 광고, 판촉물, 문구류, 심지어 청구서에도 일관되게 사용되는 문구로, 회사가 시장에서 확보한 입지를 개발하고 강화하기 위해 사용

통일영업비밀법(Uniform Trade Secrets Act) 영업비밀법에 대한 전국적인 표준을 설정하기 위해 1979년 특별 위원회에서 초안을 작성한 법으로, 대부분의 주에서 이 법을 채택했지만 대부분 개정해 영업비밀법 및 집행과 관련해서 주마다 큰 격차가 발생하고 있다.

투자은행(investment bank) 증권 발행 회사의 인수인 또는 대리인 역할을 하는 금융 기관

투자 활동(investing activities) 부동산 및 건물과 같은 고정 자산의 구매, 판매, 투자를 포함하는 활동

트리거 이벤트(triggering event) 개인이 기업가가 되도록 유도하는 사건(예: 실직, 재산 상속, 특정 라이프스타일 수용)

특허(patent) 특허 기간 동안 다른 사람이 발명을 제작, 판매, 사용하는 것을 배제할 수 있는 권리를 부여하는 연방정부의 허가

특허 침해(patent infringement) 한 당사자가 다른 당사자의 특허를 무단으로 사용하는 행위

틈새 시장(niche market) 큰 시장 부문 내에서 비슷한 관심사를 가진 소수의 고객 그룹을 대표하는 장소

틈새 전략(niche strategy) 업계의 좁은 부문에 초점을 맞춘 마케팅 전략

파괴적 비즈니스 모델(disruptive business models) 드물고, 표준 비즈니스 모델의 프로필에 맞지 않으며, 산업 또는 산업 내 중요한 틈새 시장에서 비즈니스를 수행하는 방식을 방해하거나 변화시킬 만큼 영향력이 있는 비즈니스 모델

파생 저작물(derivative works) 이미 저작권이 있는 것을 새롭게 표현한 저작물로, 이 역시 저작권을 받을 수 있다.

파트너십 계약서(partnership agreement) 조직과 관련된 파트너의 책임과 소유 지분을 자세히 설명하는 문서

파편화된 산업(fragmented industry) 규모가 거의 비슷한 다수의 기업이 존재하는 산업

판매업자 신용(vendor credit) 공급업체가 기업에 신용을 제공해서 기업이 제품 및/또는 서비스를 선불로 구매하되 대금 지급을 나중으로 연기할 수 있도록 허용하는 신용의 한 형태

판매원가(cost of goods sold) 기업 매출액을 발생시키는 데 필요한 재료비와 직접 노동비

판매 프로세스(sales process) 잠재 고객을 파악하고 판매를 성사시키기 위해 기업이 수행하는 체계적인 프로세스

팩터링(factoring) 기업이 현금을 받는 대가로 미수금을 할인된 가격으로 제3자(팩터링 업체)에게 판매하는 금융 거래

포커스 그룹(focus group) 논의 중인 문제와 관련해서 공통된 특성을 기준으로 선정된 5~10명의 사람으로 구성된 모임. 이 그룹의 목적은 제품 또는 비즈니스 기회를 나타낼 수 있는 아이디어를 창출하는 것

표준 비즈니스 모델(standard business models) 기업이 이해관계자를 위해 가치를 창출, 전달, 포착하는 방법을 결정하는 데 사용할 수 있는 기존 계획 또는 레시피를 묘사하는 모델

프랜차이즈(franchising) 이미 성공적인 제품이나 서비스를 보유한 기업(프랜차이즈 사업자)이 초기 가맹비 및 경상로열티를 받는 대가로 다른 기업(가맹점)에 자신의 상표와 사업 방식을 라이선싱하는 사업 조직 형태

프랜차이즈 공개 문서(Franchise Disclosure Document, FDD) 미국 50개 주와 캐나다 일부 지역에서 통용되는 이 긴 문서는 예비 가맹점주에게 해당 프랜차이즈 사업자의 배경과 재무 건전성에 대한 광범위한 정보를 제공하는 23가지 범주의 정보가 포함되어 있다.

프랜차이즈 사업자(프랜차이저)(franchisor) 성공적인 제품 또는 서비스를 보유한 회사가 수수료와 로열티를 지불하는 대가로 다른 비즈니스에 상표와 사업 수행 방법을 라이선싱하는 프랜차이즈 계약을 체결하는 기업

프랜차이즈 협약서(franchise agreement) 프랜차이즈 판매를 완료하는 문서로, 일반적으로 ① 구매 계약서, ② 프랜차이즈 또는 라이선스 계약서의 두 가지 항목으로 구성

프레스 키트(press kit) 일반적으로 언론인에게 배포하고 온라인으로 제공하는 자료집으로, 회사에 대한 배경 정보와 최신 성과 목록이 포함되어 있다.

프로모션(promotion) 회사가 목표 시장에 제품의 장점을 알려서 사람들이 제품을 구매하도록 설득할 목적으로 계획하는 활동을 포함하는 마케팅 믹스 범주

프로토타입(prototype) 개념이나 프로세스를 테스트하기 위해 제작한 제품의 초기 샘플, 모델, 출시

프리랜서(freelancer) 스스로 사업을 하고, 자신의 도구와 장비로 자신의 시간에 일하며, 다양한 고객을 위해 서비스를 수행하는 사람

하청가맹점(subfranchisees) 마스터 프랜차이즈로부터 프랜차이즈를 구입하는 사람들

한도 대출(line of credit) 차입 '한도'가 설정되어 있고 차입자는 재량에 따라 신용을 사용할 수 있으며, 주기적으로 이자를 지불

합병(merger) 두 개 이상의 회사를 하나로 결합하기 위해 지분을 모으는 것

합작투자(joint venture) 두 개 이상의 회사가 자원의 일부를 모아 별도의 공동 소유 조직을 만들 때 생성되는 법인

핵심 역량(core competency) 제품이나 시장을 초월하고, 고객이 인지하는 이익에 크게 기여하며, 모방하기 어렵고, 경쟁사 대비 기업의 경쟁 우위의 원천이 되는 고유한 기술 또는 역량

핵심 자산(key assets) 비즈니스 모델이 작동할 수 있도록 회사가 소유하고 있는 자산

핵심 전략(core strategy) 기업이 경쟁사를 상대로 경쟁하는 전반적인 방식

혁신(innovation) 기업의 핵심인 새로운 것을 창조하는 과정

현금흐름표(statement of cash flows) 특정 기간 동안 기업의 현금 상태 변화를 요약하고 변화가 발생한 이유를 자세히 설명하는 재무제표. 월말 은행 거래명세서와 유사하게 월말에 보유 중인 현금의 양과 더불어 한 달 동안 현금이 어떻게 들어오고 나갔는지를 보여준다.

홍보(public relations) 기업이 네트워크를 통해 대중에게 특정 이미지를 구축하고 유지하기 위해 기울이는 노력. 언론인 및 다른 사람들이 회사와 제품에 대해 좋은 말을 하거나 글을 쓰도록 관심을 유도하는 노력

확증 편향(confirmation bias) 자신의 선입견을 검증하는 정보를 검색하는 경향

회귀 분석(regression analysis) 미래 가치를 예측할 목적으로 변수 간의 관계를 찾는 데 사용하는 통계 기법

효율성(efficiency) 기업이 수익률과 비교해서 자산을 얼마나 생산적으로 활용하는지를 나타내는 개념

후속 자금 조달(follow-on funding) 투자자의 초기 투자 이후 기업에 대한 추가 자금 지원

C법인(C corporation) 법적으로 소유주와 별개의 법인

P2P 대출 기관(peer-to-peer lenders) 개인 또는 '동료' 간에 직접 발생하는 금융 거래의 범주

S법인(subchapter S corporation) 파트너십과 C법인의 장점을 결합한 사업 조직 형태로, 사업의 이익과 손실에 이중 과세가 적용되지 않는다는 점에서 파트너십과 유사하며, 소유주가 사업 행위에 대해 개인적 책임을 지지 않는다는 점에서 법인과 유사하다.

SBA 보증 대출 프로그램(SBA Guaranteed Loan Program) 미국 내 9,000개 은행 중 약 50%가 참여하는 중소기업을 위한 중요한 자금 공급원

SBIR 프로그램(SBIR Program) 중소기업 혁신 연구(SBIR) 경쟁 보조금 프로그램으로, 초기 단계 및 개발 프로젝트를 위해 중소기업에 연간 10억 달러 이상을 제공

STTR 프로그램(STTR Program) SBIR 프로그램과 유사한 정부 보조금 프로그램으로, 연구 대학이나 연방 연구소와 같은 연구 기관의 참여가 필요하다.

1차 연구(primary research) 잠재 고객 및 주요 업계 참여자와의 대화 등을 통해 기업가가 직접 수집한 독창적인 연구

2차 시장 제공(secondary market offering) 기업 공개 이후 공개적으로 주식을 발행하는 것

2차 연구(secondary research) 다른 사람이 다른 목적으로 이전에 수집한 데이터

2차적 의미(secondary meaning) 이는 시간이 지남에 따라 소비자가 상표를 특정 제품과 동일시하기 시작할 때 발생한다. 예를 들어, CHAP STICK이라는 립밤 이름은 원래 설명적인 의미로 간주되어 상표 보호를 받지 못했다.

7(A) 대출 보증 프로그램[7(A) Loan Guaranty Program] 중소기업청(SBA)이 보증하는 대출을 제공하는 민간 부문 대출 기관을 통해 운영되는 소기업을 위한 SBA의 주요 프로그램. 일반 대출 채널을 통해 자금을 확보하기 어려운 소기업을 대상으로 한다.

10-K 연례 보고서와 유사하지만 회사의 사업에 대한 더 자세한 정보를 포함하는 보고서

찾아보기